U0946630

中国社会科学年鉴

中国新闻传播学

CHINA JOURNALISM AND COMMUNICATION YEARBOOK

中国社会科学院新闻与传播研究所 编

中国社会科学出版社

图书在版编目（CIP）数据

中国新闻传播学年鉴. 2017 / 中国社会科学院新闻与传播研究所编. -- 北京：中国社会科学出版社，2018.3

ISBN 978-7-5203-2343-7

Ⅰ. ①中…　Ⅱ. ①中…　Ⅲ. ①新闻学－传播学－中国－2017－年鉴
Ⅳ. ①G219. 2-54

中国版本图书馆CIP数据核字（2018）第065136号

出 版 人　赵剑英
责任编辑　彭莎莉
责任校对　林福国
责任印制　张雪娇

出　　版　中国社会科学出版社
社　　址　北京鼓楼西大街甲158号
邮　　编　100720
网　　址　http://www.csspw.cn
发 行 部　010－84083685
门 市 部　010－84029450
经　　销　新华书店及其他书店

印刷装订　三河市东方印刷有限公司
版　　次　2018年3月第1版
印　　次　2018年3月第1次印刷

开　　本　787×1092　1/16
印　　张　53.75
插　　页　12
字　　数　1340千字
定　　价　348.00元

图说 2016

会议·新闻传播史学

2016 年 6 月 25—26 日，“中国新闻史学会学术年会暨第二届新闻传播学学会奖颁奖典礼”在暨南大学召开。

2016 年 7 月 16—17 日，第六届“中国报刊与社会历史研究”学术研讨会在安徽大学举行。

2016年9月24—25日，第五届新闻史论青年论坛暨北京大学新闻学研究会年会在吉林大学举行。

2016年11月26—27日，以“媒介、交往与近代化中国”为主题的第四届“传播视野下的中国研究”论坛在暨南大学举行。

会议·新闻学

2016年6月18日，第三届中美媒体论坛在北京大学举行。

2016 年 8 月 14 日，第六届中国西部传媒与社会发展高层论坛在新疆大学举行。

2016 年 9 月 24—25 日，第九届中国新闻学年会暨“中国新闻学的未来发展之路”研讨会在浙江传媒学院举行。

2016 年 10 月 22—23 日，第三届华南青年传播学者年会暨 2016 中国新闻业研究圆桌论坛在中山大学召开。

会议·传播学

2016 年 6 月 29 日，“文化软实力调研”学术研讨会暨“中国对外传播文化软实力研究丛书”首发式在北京大学举行。

2016年7月24日，第九届“中国青年传播学者论坛”在安徽大学举行。

2016年8月22—23日，“信息传播技术、发展与社会变革——中国社会科学论坛”在北京召开。

2016 年 10 月 15 日，第十三届中国传播学大会暨南京大学新闻传播专业建设八十周年庆典“公共传播：新理念、新挑战、新机遇”在南京大学举办。

2016 年 11 月 12 日，安徽大学第四届舆情与社会发展论坛在安徽大学举行。

2016 年 11 月 27 日，第四届国家传播战略高峰论坛在华中科技大学举行。

2016 年 12 月 17 日，以“创新与融合——国家形象与战略传播”为主题的“2016 清华国家形象论坛”在清华大学举行。

会议·广告学

2016年6月16日，第四届数字营销传播研究与应用国际研讨会在暨南大学召开。

2016年12月2—6日，“中国新闻史学会公共关系分会首届学术年会暨第九届公关与广告国际学术论坛”系列会议在香港浸会大学举办。

2016 年 12 月 11 日，第 15 届中国广告教育学术年会暨第三届新媒体发展与创新国际论坛在华南理工大学举行。

2016 年 12 月 17 日，北京大学新闻与传播学院传播大讲堂第八讲在北京大学举行。图为美国西北大学莫迪尔新闻学院终身荣誉教授唐・E. 舒尔茨做主题发言。

会议・跨学科

2016年7月3—5日，"2016年四川大学传播符号学高层论坛"在四川大学举办。

2016年9月24日，第十届新闻与传播心理研讨会暨中国社会心理学会传播心理专业委员会第七届年会在华北电力大学召开。

2016年10月22—23日，何去何从·中国传统村落国际高峰论坛在河北大学举行。

2016年12月4—6日，“视觉、观看与历史记忆”学术研讨会在中山大学举行。

会议 · 新媒体

全球传播与东亚国际学术论坛
Global Communication meets East Asia

2016 年 6 月 17 日，“全球传播与东亚：来自新媒体与社交网络的全球传播灵感”论坛在中国传媒大学举办。

2016 年 7 月 28—31 日，首届“数据与媒介发展论坛”在北京举行。

2016 年 9 月 22 日，第十六届“中国传播论坛”（2016）暨第二届“新媒体公共传播”国际学术研讨会在郑州大学召开。

2016 年 10 月 22 日，由中国社会科学院新闻与传播研究所、北京师范大学新闻传播学院主办的“首届中外合作互联网治理论坛”在北京举行。

2016 年 12 月 17 日，由复旦大学与中山大学联合举办的首届互联网治理智库联盟高峰论坛在复旦大学举办。

2016 年 11 月 19 日，全国“网络时代的新闻传播”博士论坛暨第七届华中地区研究生新闻传播学术论坛在武汉大学举行。

会议·新闻教育

2016 年 6 月 17 日，中宣部、教育部在河南郑州召开 2016 年部校共建新闻学院工作推进会。图为与会者在郑州大学穆青研究中心参观。

2016 年 6 月 18 日，国务院学位委员会第七届新闻传播学学科评议组会议暨 2013—2017 年教育部高等学校新闻传播学类专业教学指导委员会第七次全体会议在中国传媒大学召开。

2016年12月3日，安徽省第八届新闻传播学科研究生论坛在安徽大学磬苑校区举行。

2016年12月10日，暨南大学新闻教育70周年庆典暨第五届南方传媒学术论坛在暨南大学举行。

培　训

2016 年 6 月 20—24 日，第二期“两岸四地青年学者研修班”——“大数据时代传播学量化研究方法”在暨南大学顺利开班并结业。

2016 年 7 月 10—17 日，第九期“传媒领袖讲习班”在暨南大学举办。

2016 年 12 月，天津市“千人计划”特聘教授，美国肯塔基大学拉尔斯教授为天津师范大学新闻传播学院教师讲授调查研究方法强化培训课程：SPSS 和调查数据的使用。

新　生

2016年9月14日，山东大学新闻传播学院正式成立。山东广播电视台台长、党委书记吕芃担任院长。

2016年12月10日，清华大学文化创意发展研究院成立大会在清华大学举行。

2016年12月15—16日，中国高校影视学会广播专业委员会成立大会暨首届中国广播创新发展高端论坛在广州举行。

专题·纪念

甘惜分

甘惜分（1916—2016），四川邻水人。新闻理论家，中国人民大学新闻学院教授，中国人民大学首批荣誉教授、首批荣誉一级教授。1937年奔赴延安投身革命工作。1954年到北京大学中文系新闻专业任副教授，主讲新闻理论。1958年，北京大学新闻专业合并到中国人民大学新闻系，在中国人民大学历任副教授、新闻理论教研室主任、硕士生导师、教授、博士生导师，先后培养了我国第一届新闻理论专业的硕士和新中国第一位新闻学博士。创办并任中国人民大学舆论研究所首任所长，创办《新闻学论集》并任首任主编，创办中国新闻教育学会并任首任副会长。编写新中国第一本新闻理论专著《新闻理论基础》，主编中国第一部大型新闻学辞书《新闻学大辞典》。

1938年，甘惜分在延安抗大校园。

1956年，甘惜分在北京大学中文系新闻专业办公室。

1947年，《晋绥日报》工作人员合影，甘惜分站在二排右二。

1959年，甘惜分去内蒙古讲学后回到延安。

中国人民大学新闻系1978级研究生毕业合影。一排右三为甘惜分。

1988 年，甘惜分与《新民晚报》总编辑徐铸成在一起。

1992 年，甘惜分与《人民日报》原总编辑李庄在河南南阳参加新闻研讨会。

1993 年，甘惜分在日本大阪学院大学部讲学。

2000 年元旦，甘惜分与他的博士弟子们在中国人民大学宿舍前合影。

2007 年，甘惜分在中国人民大学举办的“甘惜分从事新闻教育五十周年纪念座谈会”上。

2011 年 8 月 21 日，甘惜分在《甘惜分文集》终审会议上发言。

宁树藩

1951 年 2 月，宁树藩与夫人查爱真合影。

宁树藩（1920—2016），安徽青阳人。1941年就读于浙江大学，1946年毕业于国立中山大学外文系。中国新闻史学家。曾任中国新闻教育学会副会长、中国新闻史学会副会长。复旦大学新闻学院教授、博士生导师。合作编著中国第一部新闻学辞书《新闻学词典》和《新闻学基础》，担任《中国新闻事业通史》（多卷本）副主编和《中国新闻事业通史》（现代卷）主编，《新闻学大辞典》副主编。

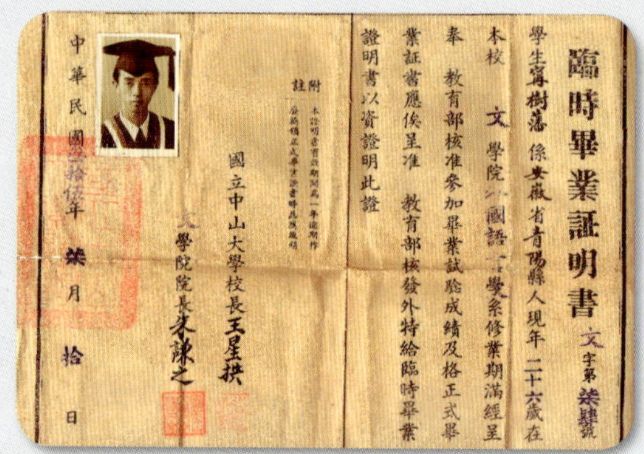

臨時畢業證明書 文字第柒肆號

學生寗樹藩係安徽省青陽縣人現年二十六歲在本校 文 學院外國語言學系修業期滿經呈奉 教育部核准參加畢業試驗成績及格正式畢業證書應俟呈准 教育部核發外特給臨時畢業證明書以資證明此證

附註

國立中山大學校長王星拱

文學院院長朱謙之

中華民國叁拾伍年柒月拾日

1946 年，宁树藩毕业于国立中山大学。图为其毕业证书。

1987 年，宁树藩（二排左二）参加夏威夷大学主办的“传播与社会变迁”工作坊合影。

宁树藩主编的《中国新闻事业通史》和《新闻学基础》。

2008 年 6 月 13 日，宁树藩和前来拜访的北京大学教授程曼丽在一起。

复旦大学新闻学院图书馆的油画《教授们》，讲述 1988 年 7 月复旦大学首届新闻学博士答辩会的现场。从左至右分别为：余家宏、钱维藩、张隆栋、舒宗侨、宁树藩。

2009 年 10 月 30 日，复旦大学新闻学院举行“宁树藩先生 90 寿辰座谈会”。图为宁树藩和参会老师在一起。

2015 年，宁树藩（左）获第二届范敬宜新闻教育奖“新闻教育良师奖”。

特辑

《中国新闻传播学年鉴》第二届编辑出版研讨会

2017年6月10日，《中国新闻传播学年鉴》第二届编辑出版研讨会在郑州大学召开。会议由中国社会科学院新闻与传播研究所、中国社会科学出版社主办，郑州大学新闻与传播学院承办。会上12位领导、学者先后致辞、发言。（详见本书第813页）

郑州大学 李兴成

中国社会科学院新闻与传播研究所 唐绪军

郑州大学新闻与传播学院 张举玺

中国社会科学院新闻与传播研究所 季为民

中国社会科学出版社 张昊鹏

中国社会科学院新闻与传播研究所 钱莲生

重庆大学新闻学院 董天策

河北大学新闻与传播学院 白贵

天津师范大学新闻与传播学院 刘卫东

南京师范大学新闻与传播学院 顾理平

厦门大学新闻与传播学院 阎立峰

暨南大学新闻与传播学院 支庭荣

郑州大学新闻与传播学院 张淑华

华中科技大学新闻与信息传播学院 何志武

中国人民大学新闻学院 赵云泽

四川大学新闻传播学院 张放

《中国新闻传播学年鉴》第二届编辑出版研讨会合影留念

参会代表合影

《中国新闻传播学年鉴·2017》编委会

编辑部

阎立峰（厦门大学新闻传播学院）
张　放（四川大学文学与新闻学院）
张淑华（郑州大学新闻与传播学院）
赵　泓（华南理工大学新闻与传播学院）
赵思莹（暨南大学新闻与传播学院）
赵云泽（中国人民大学新闻学院）
郑中原（武汉大学新闻与传播学院）
周　逵（中国传媒大学）
周如南（中山大学传播与设计学院）
周婷婷（华中科技大学新闻与信息传播学院）

《中国新闻传播学年鉴》编辑部
地址：北京市朝阳区潘家园东里 9 号国家方志馆 2 层中国社会科学院新闻与传播研究所
邮编：100021
电话：（010）87791663　（010）65025792（兼传真）
E - mail：zgxcnj@163. com

编辑说明

《中国新闻传播学年鉴》是记录中国新闻学与传播学学科发展变化的大型年刊，忝列中国社会科学院创新工程项目“中国社会科学年鉴”品牌系列学科家族。

《中国新闻传播学年鉴》由中国社会科学院新闻与传播研究所主办、中国社会科学出版社出版发行，每年出版一卷。2017 年卷是继本刊 2015 年创办以来连续出版的第三卷，全面、真实反映了 2016 年我国新闻学与传播学学科发展的实绩。

一、栏目设置

全书以 15 篇连缀成卷，内含 4 个板块：历史篇、成果篇、综合篇和概况篇。

（一）历史篇

设“历史回眸”栏目，梳理和回顾了中国新闻传播史研究、中国新闻业务研究百年来的发展历程和 20 世纪以来中国传播学科的发展历程。

（二）成果篇

涵盖“研究综述”“论文选粹”“论文辑览”“国际交流”“学术出版”5 个栏目，全方位反映了 2016 年我国新闻传播学研究的成果。

“研究综述”栏目分“学科综述”和“专题综述”两部分。“学科综述”对 2016 年我国新闻理论、应用新闻学、新闻传播史、广播电影电视、传播学理论、网络新媒体、传媒经济学、广告学等领域的成果进行了梳理和述评；“专题综述”主要刊发了 2016 年马克思主义新闻观、媒介法规、媒体融合、数据新闻、社交媒体、媒介素养、政治传播、公共传播、国际传播、微传播、人际传播、健康传播等专题的研究成果。

“论文选粹”栏目摘编了十篇论文，这是中国社会科学院新闻与传播研究所第五届全国新闻传播学优秀论文遴选活动的成果，是从全国新闻传播专业期刊、综合性社科期刊、高校学报等一百多种期刊的一万多篇论文中筛选出来的。此外，还选摘了五十余篇有代表性文章的学术观点。

“论文辑览”栏目刊发了 2016 年《新华文摘》《中国社会科学文摘》《高等学校文科学术文摘》、人大复印报刊资料《新闻与传播》《新闻学传播学文摘》转载的新闻传播学论文篇目。

“国际交流”栏目则呈现了中国学者 2016 年在国际期刊（SSCI 期刊）发表论文的概况，同时对发表的 86 篇论文的内容提要等予以摘登。

“学术出版”栏目特别选编了 2016 年度 11 本有代表性的论著的序跋、前言或编纂说明，整理了 2016 年我国出版的新闻传播学论著的书目，还收录了“中文学术图书引文索引”新闻学与传播学来源书目。

（三）综合篇

涵盖“学术评奖”“科研项目”“学人自述”“学术动态”4 个栏目。

“学术评奖”栏目涉及论著、论文、教学成果、人物等方面的评奖情况。

“科研项目”栏目汇集了国家社科基金、教育部、国家新闻出版广电总局三个国家级课题的立项、结项情况。

“学人自述”栏目主要刊载在新闻传播学领域取得突出成就、做出重要贡献的学人的治学经历和学术思考，以期从一个侧面反映“人”在中国新闻传播学科发展历史进程中的作用。本卷收录了31位学人的治学自述，其中：内地24位，香港地区4位（放在香港地区专辑里），台湾地区3位（放在台湾地区专辑里）。这些自述性文字均为学者本人亲撰或由学者口述、他人整理。

“学术动态”栏目包括“会议综述”“学术纪事”两个子栏目。“会议综述”特别选取了2016年度8个有代表性的学术会议；“学术纪事”对2016年我国新闻传播学界的大事件做了整理。

（四）概况篇

涵盖“高校学术概况”“研究机构及社团概况”“研究生学苑”“港澳台学术概况”“海外特辑”5个栏目。

“高校学术概况”栏目介绍了二十余家主要新闻传播学院系2016年在学术研究方面的情况。

“研究机构及社团概况”栏目介绍了社科院系统7家研究所和中央级媒体（人民日报、新华社）2家研究机构、1家学会（中国新闻史学会）的发展情况。

“研究生学苑”栏目重在反映我国研究生教育的状况。主要收录了2016年度2篇优秀博士学位论文的内容提要；继续刊登2016年新闻传播学博士学位论文、博士后出站报告篇目；根据专家建议，特别收录了早年（1978—1988年）我国新闻传播学硕士学位论文篇目，本卷收录了暨南大学新闻系、四川省社会科学院新闻研究所2家单位硕士毕业生论文篇目；还收录了8家新闻传播学院（系）2016年研究生入学试卷。

“港澳台学术概况”栏目介绍了香港、澳门和台湾地区主要高校新闻传播学教学和研究机构的情况、学人自述等内容。

“海外特辑”栏目重在反映2016年海外新闻传播学研究热点、国际新闻与传播学主流期刊的重点篇目以及主要国际学术会议概况。

此外，卷首“图说2016”按图片内容分类编排。

二、编辑方式

（一）体式

本卷年鉴在编辑手段上兼具条目体和文章体。

条目（文章）的标题通栏编排；正文除“历史回眸”通栏编排外，一律双栏编排。

（二）排序

栏目内条目顺序因循空间和时间两个坐标轴排列。“学术评奖”不分级别，按奖项设置时间的先后排列；“学人自述”栏目按学者出生时间的先后排序；“序跋选粹”按图书出版时间的先后排序，图书书目先按内容大体分类，再按出版时间排序，同一月份出版的按图书名称音序排列；“研究机构概况”“高校学术概况”等栏目按机构、院系成立时间的先后排序；“研究生学苑”栏目按高校行政区划排序。

其他栏目按内容分类编排。

（三）署名

条目作者不在目录署名，一律放在文末。凡专为年鉴写作者，根据条目内容分别用“撰稿”“整理”标示，凡本刊摘转稿件的著作人用“作者”标示。

（四）检索

鉴于本书未专设人名、机构名及专有名词等的检索，本卷丰富了目录的层级信息，每条（篇）介绍到正文中的一级标题。

全书最后专设篇目详细呈现撰稿人、作者、供稿人、审稿人、供稿机构等信息，也体现本刊对著作人劳动成果的尊重。

《中国新闻传播学年鉴》编辑部

2017 年 12 月

《中国新闻传播学年鉴·2017》简目

第一篇　历史回眸 ……………… (1)

第二篇　研究综述 ……………… (43)

学科综述 ……………… (45)

专题综述 ……………… (133)

第三篇　论文选粹 ……………… (215)

论文选摘 ……………… (217)

观点摘编 ……………… (248)

第四篇　论文辑览 ……………… (265)

第五篇　国际交流 ……………… (283)

第六篇　学术出版 ……………… (331)

序跋选粹 ……………… (333)

书目辑览 ……………… (377)

第七篇　高校学术概况 ……… (403)

第八篇　研究机构及社团概况 ……………… (519)

研究机构概况 ……… (521)

学术社团 ……………… (551)

第九篇　学术评奖 ……………… (555)

第十篇　科研项目 ……………… (573)

第十一篇　学人自述 ………… (595)

第十二篇　学术动态 ………… (633)

会议综述 ………… (635)

学术纪事 ………… (669)

第十三篇　研究生学苑 ……… (675)

第十四篇　港澳台学术概况 …… (733)

香港地区专辑 …… (735)

澳门地区专辑 …… (748)

台湾地区专辑 …… (751)

第十五篇　海外特辑 ………… (779)

附录 ……………………………… (813)

编后记 ………………………… (826)

目　录

第一篇　历史回眸

中国新闻传播史研究一百年（1917—2016） …………………………………… (3)
　一、中国新闻史的研究 ………………………………………………… (3)
　二、外国新闻史的研究 ………………………………………………… (12)
　三、研究思路、范式与方法论 …………………………………………… (14)
百年来中国新闻业务研究的发展历程回顾 ………………………………… (16)
　一、历史性介入：新闻业务研究的体验式阐释与经验性概括 ……………… (17)
　二、新闻业务研究的制度化约束 ………………………………………… (20)
　三、多面向拓展：新闻业务研究的专业化和学理化 ………………………… (22)
　四、结语 ……………………………………………………………… (28)
20 世纪以来中国传播学科发展历程回顾………………………………………… (30)
　一、中国传播学的前学科时代（1978—1997） ………………………… (31)
　二、中国传播学的学科化阶段（1998— ） …………………………… (34)
　三、四十年的回顾与展望：进化抑或循环 ………………………………… (40)

第二篇　研究综述

学科综述

中国新闻学研究 2016 年综述 ……………………………………………… (45)
　一、学科及其方法论建设 ……………………………………………… (45)
　二、马克思主义新闻史论研究 …………………………………………… (47)
　三、新闻体制研究 ……………………………………………………… (49)
　四、新闻法治研究 ……………………………………………………… (50)
　五、新闻伦理研究 ……………………………………………………… (52)
　六、舆论引导和媒体监督研究 …………………………………………… (54)
　七、应用新闻学研究 …………………………………………………… (56)
　八、新闻史学研究 ……………………………………………………… (58)

中国应用新闻学研究 2016 年综述 …… (59)
一、主流媒体话语变迁和影响力重塑 …… (60)
二、专业新闻报道机制和策略创新 …… (61)
三、移动社交平台的新闻生产 …… (63)
四、互联网技术对新闻生产的影响 …… (64)
五、海外媒体的新闻生产实践 …… (66)
六、结语 …… (68)
中国新闻传播史研究 2016 年综述 …… (69)
一、中国特色新闻传播史研究受到高度重视 …… (69)
二、抗战新闻传播史研究保持较高热度并继续延伸 …… (70)
三、中外新闻传播思想史研究日趋活跃 …… (71)
四、研究路径创新为中国新闻传播史研究增添活力 …… (73)
五、外国新闻传播史研究不温不火 …… (74)
六、中外新闻传播史教学研究受到重视 …… (75)
中国广播电视研究 2016 年综述 …… (77)
一、中国广播研究综述 …… (77)
二、中国电视研究综述 …… (84)
中国传播学研究 2016 年综述 …… (93)
一、2016 年传播学研究知识图谱 …… (93)
二、2016 年传播学研究重点议题 …… (95)
三、总结 …… (99)
中国网络新媒体研究 2016 年综述 …… (100)
一、多种进路推动新媒体研究多元化 …… (100)
二、多维方法与多维视野促进研究精细化 …… (109)
三、传播与媒介的泛化趋势呼唤研究范式创新 …… (111)
中国传媒经济学研究 2016 年综述 …… (114)
一、传媒经济理论研究：学科范式与传媒经济本质的探索 …… (114)
二、媒介融合与传统媒体转型 …… (115)
三、新媒介技术驱动下的广告与影视产业发展 …… (117)
四、新媒介生态中媒介生产与消费的嬗变 …… (120)
五、传媒规制的困境与发展趋势 …… (121)
中国广告学研究 2016 年综述 …… (122)
一、学科亮点：研究型大学、各学科、学术刊物继续发挥对广告学学科的学术培植作用 …… (122)

二、发展支点：广告学科核心研究群体正在形成，博硕士广告学论文成果比较丰硕 ……………………………………………………………………………… (124)
三、研究热点：网络新媒体广告研究正在成为广告学显学 …………………… (125)
四、研讨焦点：广告学界业界对广告发展与网络信息技术互动的会议探讨 …… (127)
五、年度重点：广告（尤其是网络广告）的治理与规范发展 ………………… (128)
六、基金项目：以基金项目支持的课题形式带动学科研究 …………………… (129)
七、拓展视点：从“副文学”“副文本”、批判反思、市场价值创新与跨学科理论嫁接的视角 ……………………………………………………………………………… (130)
八、学科难点：要积极建设学术阵地，提高研究质量，突破计算广告学的学科建设瓶颈 ……………………………………………………………………………… (131)

专题综述

新闻学专题

马克思主义新闻观研究 2016 年综述 ………………………………………… (133)
一、习近平新闻舆论思想专题研究成果显著 ………………………………… (133)
二、经典作家新闻思想研究进度有限 ………………………………………… (137)
三、马克思主义新闻观教育研究成果丰硕 …………………………………… (137)
四、中国特色新闻学研究兴起 ………………………………………………… (140)
媒介法规研究 2016 年综述 …………………………………………………… (140)
一、隐私权与个人信息保护问题研究 ………………………………………… (141)
二、网络诽谤问题研究 ………………………………………………………… (142)
三、网络版权问题研究 ………………………………………………………… (143)
四、网络与司法问题研究 ……………………………………………………… (144)
五、网络空间表达与治理问题研究 …………………………………………… (144)
媒体融合研究 2016 年综述 …………………………………………………… (146)
一、国内研究发展动态 ………………………………………………………… (146)
二、“媒体融合”研究重要议题 ……………………………………………… (146)
三、其他学科视角“媒体融合”研究 ………………………………………… (150)
中国数据新闻研究 2016 年综述 ……………………………………………… (151)
一、整体研究情况 ……………………………………………………………… (151)
二、数据新闻的概念与叙事模式 ……………………………………………… (152)
三、数据新闻的生产与流程 …………………………………………………… (153)
四、数据新闻的团队与职业角色 ……………………………………………… (154)
五、数据新闻的教育 …………………………………………………………… (155)
六、数据新闻的实践 …………………………………………………………… (155)

七、数据新闻的批判性思考 …… (157)
八、数据新闻的未来 …… (157)
社交媒体研究 2016 年综述 …… (158)
一、研究概况 …… (158)
二、社交媒体的用户研究 …… (160)
三、社交媒体的内容研究 …… (161)
四、社交媒体的广告研究 …… (162)
五、社交媒体的影响力研究 …… (162)
媒介素养研究 2016 年综述 …… (165)
一、媒介素养教育研究 …… (165)
二、受众媒介素养研究 …… (166)
三、媒介素养理论研究 …… (168)
四、媒介素养实践研究 …… (169)
五、外国媒介素养研究 …… (171)
传播学专题
政治传播研究 2016 年综述 …… (172)
一、政治传播基础理论及政治传播史研究 …… (172)
二、国家形象研究 …… (174)
三、国际话语体系中的话语权及中国话语体系建设研究 …… (176)
四、马克思主义意识形态领导权及核心价值观建设研究、马克思主义在中国的传播研究 …… (177)
五、习近平新闻舆论与网络传播思想研究 …… (178)
六、舆论引导及舆论/舆情治理研究 …… (179)
七、互联网的全球治理与国内治理研究 …… (180)
八、新媒体政治参与研究 …… (181)
九、政务新媒体研究 …… (182)
十、政治话语研究 …… (183)
公共传播研究 2016 年综述 …… (185)
一、公共传播研究的基本问题与范式创新 …… (185)
二、政策、技术演进与公共传播的伦理隐忧 …… (186)
三、“多元公众模式”及公共领域中的交往理性 …… (187)
四、“石头剪子布”：公共事件视域下的议题呈现与问题集中 …… (188)
五、研究不足与未来方向 …… (189)

国际传播研究 2016 年综述 …… (190)
一、以媒介为中心的国际传播研究多点开花 …… (190)
二、现实政治导向下的国际传播热点纷呈 …… (192)
三、国家形象热度未减，“平行国际传播”受到重视 …… (193)
微传播研究 2016 年综述 …… (195)
一、微传播引发新闻传播模式的变革 …… (197)
二、微传播引导思想政治教育领域的新变化 …… (197)
三、微传播对社会话语权的深刻影响 …… (198)
四、微传播在传播影响力上的效应分析 …… (198)
五、微传播作为传播手段的推广应用 …… (199)
人际传播研究 2016 年综述 …… (200)
问题设定与研究方法 …… (200)
议题之一：微信与关系建立、维护 …… (201)
议题之二：特殊关系语境中的社会支持 …… (203)
议题之三：场域转换与人际传播理论之适用性 …… (204)
研究动向：反思与建议 …… (205)
健康传播研究 2016 年综述 …… (207)
一、从缺席到主导：传播学者对健康传播理论和实践的逐步深入 …… (208)
二、内容生产、媒介效果、现状反思：传媒语境变迁中的研究视域 …… (209)
三、受众健康行为、医患关系、艾滋病：健康传播不容回避的三大议题 …… (211)
四、精准健康传播、组织健康传播、危机健康传播：多元传播维度的模式探索 …… (211)
五、不足与期待：健康传播研究的未来趋势 …… (212)

第三篇　论文选粹

论文选摘

概念、语境与话语：“小骂大帮忙”使用之流变 …… (217)
一、从泛指到特指：“小骂大帮忙”使用的出现与竞争 …… (217)
二、从特指到象征：“小骂大帮忙”使用的承袭、转化与延伸 …… (218)
三、从辩诬声到多元化：《大公报》与“小骂大帮忙”使用的重构 …… (218)
结语 …… (219)
从业态转向社会形态：媒介融合再理解 …… (220)
一、媒介融合功能和内容生产的整合 …… (220)
二、媒介融合：由内容生产向产业形态延伸 …… (221)

三、媒介融合：社会关系的结构性转变 …………………………………… (222)
四、媒介融合：网络社会形态及其特征 …………………………………… (222)
五、余论 ………………………………………………………………………… (223)
沉默与边缘发声：当前中国劳动关系治理中的媒体境况 ………………… (223)
一、劳动关系：转型中国社会的一个关键议题 …………………………… (223)
二、媒体：参与劳动关系治理的潜在行动者 ……………………………… (224)
三、一项具体相关研究：以新生代农民工为核心 ………………………… (224)
四、媒体在劳动关系治理中的境况 ………………………………………… (225)
公共对话外的言论与表达：从新《广告法》切入 ………………………… (226)
一、新《广告法》与保护消费者 …………………………………………… (226)
二、公共对话之外的言论与表达：广告、学术言论和专业言论 ………… (227)
结语 ……………………………………………………………………………… (228)
从标语管窥中国社会抗争的话语体系与话语逻辑：
基于环保和征地事件的综合分析 …………………………………………… (229)
一、西方学者对抗争性话语的研究 ………………………………………… (229)
二、中国特色的抗争性话语 ………………………………………………… (229)
三、标语作为一种抗争性话语 ……………………………………………… (230)
四、中国社会抗争的话语体 ………………………………………………… (230)
五、中国社会话语的抗争逻辑 ……………………………………………… (231)
培育劳工立场的在线“抗争性公共领域”
——对一个关注劳工议题之新媒体的个案研究 …………………………… (232)
一、理论出发点：从“公共领域”到“抗争性公共领域” ……………… (232)
二、市场化改革年代多重公共领域的形成及其与劳工的关系 …………… (233)
三、研究方法与个案说明 …………………………………………………… (233)
四、表征维度：社会正义话语与劳工阶层的主体性表达 ………………… (234)
五、互动维度：如何培育抗争性公众（counter-publics） ……………… (234)
六、结构维度：嵌入其中的政治经济结构及互联网生态 ………………… (235)
电视的物质性与流动的政治
——来自两个城中村的媒介地理学观察 …………………………………… (235)
一、电视与流动性：从“两分法”到“新流动范式” …………………… (235)
二、购置：作为阈限性空间的二手电视 …………………………………… (236)
三、摆放：在游弋与定着之间 ……………………………………………… (236)
四、连接：有线翻墙 ………………………………………………………… (237)
五、结论 ………………………………………………………………………… (237)

新传播形态与新闻专业主义再思考
——以澎湃新闻“东方之星”长江沉船事故报道为个案 …………………… (238)
一、研究背景 ………………………………………………………………… (238)
二、作为话语实践的“新闻专业主义”：新闻业的信念、边界、工作常规 …… (239)
三、澎湃新闻“东方之星”长江沉船事故报道：外部压力与内部冲突 ……… (239)
四、新传播环境下的新闻业：从新闻生产到新闻策展（curation） ………… (240)
五、讨论：“液态”的新闻业与“新闻专业主义”再思考 ………………… (240)
第三种论坛：体制性网络空间的公共性透视
——以苏州“寒山闻钟论坛”为个案 ………………………………………… (241)
一、构与主体实践互构中的媒介公共性 …………………………………… (241)
二、体制化的媒介与威权协商的潜能 ……………………………………… (241)
三、以私域性内容介入公共议题的协商 …………………………………… (242)
四、有限的公共性和多向协商模式的不足 ………………………………… (243)
网络时代言论自由的刑法边界 ………………………………………………… (244)
一、时代难题：网络时代言论自由的合法边界 …………………………… (244)
二、行为构成：以网络言论内容本身为核心的重构 ……………………… (244)
三、行为主体：网络服务提供者不作为传播新罪责 ……………………… (245)
四、公安证据协助下网络亲告罪再审视 …………………………………… (246)
五、公诉程序：网络言论可罚性基准与罚则之限制 ……………………… (247)
结语 ……………………………………………………………………………… (247)

观点摘编

超媒体时代的国际传播战略思考 ……………………………………………… (248)
从新媒介通达新传播：基于技术哲学的传播研究思考 ……………………… (248)
告别“黄金时代”
——对52位传统媒体人离职告白的内容分析 ………………………………… (248)
对话2015传播学研究：网络社会的建构及其可能 …………………………… (248)
努力缩小我国互联网与世界先进水平的差距 ………………………………… (249)
“后家族时代”浙江祠堂建筑文化场域内涵刍议 ……………………………… (249)
拓展“关联”：新闻网站专业性重塑 …………………………………………… (249)
从网络集群行为到网络集体行动
——网络群体性事件及相关研究的学理反思 ………………………………… (249)
美国传播学研究的心理战争背景
——一种新的传播学史观 ……………………………………………………… (250)
办报与读报：晚清报刊大众化的探索与困惑 ………………………………… (250)

借船出海：中国媒体“走出去”战略背后的公共话语 …………………………… (250)
批判的国际传播研究：传播媒介在全球政治、经济与文化秩序中的角色 ………… (250)
二十年来的中国互联网新闻政策变迁 ……………………………………………… (251)
中国广播电视记者现状研究
——基于社会学的某种观照 ……………………………………………………… (251)
当代中国马克思主义新闻观科学化大众化的时代表达 …………………………… (251)
论汉语“广告”一词的意义流变 …………………………………………………… (252)
民国士人观影的心路历程
——基于《余绍宋日记》中观影笔记的解读 …………………………………… (252)
澳大利亚公共外交探索期的管理与实践研究
——一种国际传播的视角 ………………………………………………………… (253)
互联网电视的规制及其政策张力 …………………………………………………… (253)
微信新闻：一个交往生成观的分析 ………………………………………………… (253)
“媒介逻辑”如何影响中国的抗争？
——基于40个拆迁案例的模糊集定性比较分析 ………………………………… (253)
大数据热的冷思考 …………………………………………………………………… (254)
分权体制与地方政府的媒介治理
——以“守土有责”的地方性理解与实践为视角 ……………………………… (254)
社交媒体与移动APP新闻使用对青年政治抗议的影响 ………………………… (254)
激发应对效能与自我效能：公众适应气候变化的风险传播治理 ………………… (254)
时空转移与智慧分流：媒体的分化与重构 ………………………………………… (255)
网络舆论的概念认知、分析层次与引导策略 ……………………………………… (255)
媒介融合视阈下的手机新闻个性化发展探究 ……………………………………… (255)
公共关系的哲学批判与回应 ………………………………………………………… (256)
报纸革命：1903年的《苏报》
——媒介化政治的视角 …………………………………………………………… (256)
《百鸟朝凤》的乡土叙事：寻找更合理的叙事逻辑 ……………………………… (256)
新自由主义现代性阴影下的家、审美权威与阶级认同
——《交换空间》与生活方式电视节目的文化政治 …………………………… (256)
农民抗争政治的行动逻辑与治理启示
——以G省W村农民土地维权事件为例 ………………………………………… (257)
作为知识生产的新闻评论：知识话语呈现的公共修辞与框架再造 ……………… (257)
国外跨屏受众测量的发展特征与思考 ……………………………………………… (257)
传播的逻辑：寻求多元共识的亚洲文明对话 ……………………………………… (258)

全球模式与地方性知识：电视生产社群的民族志阐释 …………………………（258）
节点与变量：突发事件网络“扩音效应”产生的过程考察和一般模式
——基于对“鲁山大火”和“兰考大火”的比较研究 …………………………（258）
网上民间新闻发布会的概念建构与社会意义
——兼论文明维权的新模式 …………………………（258）
我国食品安全议题的新闻生产常规及规制因素分析
——基于对14名媒体人的深度访谈 …………………………（259）
国外舆论研究现状及启示 …………………………（259）
机器人新闻：原理、风险和影响 …………………………（259）
从批判话语分析CDA到传播民族志EoC …………………………（259）
恢复人与技术的“活”关系：对“使用与满足”理论的反思 …………………………（260）
“商业主义”统合与“专业主义”离场：数字化背景下中国新闻业转型的话语形构及其构成作用 …………………………（260）
个人隐私数据“二次使用”中的边界 …………………………（260）
网络社群传播与社会化阅读的发展 …………………………（260）
《超越西方霸权》的视野、方法论与文化根性 …………………………（261）
报纸新闻客户端的发展现状及趋势 …………………………（261）
搜索引擎网站社会责任的现实考量与提升路径 …………………………（261）
互联网环境下公众议程与政策议程的关系及治理进路 …………………………（261）
空间争夺战
——中国大城并区的媒介话语分析 …………………………（262）
后互联网时代传媒时空观的嬗变与融合 …………………………（262）
微信春节红包在中国人家庭关系中的运作模式研究
——基于媒介人类学的分析视角 …………………………（262）
政治传播的基本形态及运行模式 …………………………（262）
20世纪三四十年代左翼报人的新闻理论
——从《文艺新闻》到《新闻记者》 …………………………（263）
冲突与调适：微信空间版权正当性的反思 …………………………（263）

第四篇 论文辑览

2016年国内主要文摘类书刊转载新闻传播学论文篇目 …………………………（267）
《新华文摘》 …………………………（267）
《中国社会科学文摘》 …………………………（269）

《高等学校文科学术文摘》 …… (270)
人大复印报刊资料《新闻与传播》 …… (271)
《新闻学传播学文摘》 …… (275)
《高等学校文科学术文摘》历年转载新闻传播学论文篇目（1984—2013） …… (277)

第五篇　国际交流

2016年中国新闻传播研究的国际发表与国际合作
——以SSCI传播学期刊数据库为例 …… (285)
一、中国内地学者2016年在国际新闻传播学期刊的发表概况 …… (286)
二、2016年中国学者境外发表中的国际合作 …… (289)
三、中国学者国际新闻传播学研究的选题及内容分析 …… (290)
四、中国新闻传播学者境外发表的影响力 …… (293)
五、总结与讨论 …… (294)
2016年中国学者国际期刊发表新闻传播学论文篇目概览 …… (296)

第六篇　学术出版

序跋选粹

《媒介效果与社会变迁》序 …… (333)
《媒介心理学——记者思维模式与新闻文本生成》写在前面的话 …… (335)
《全球新闻传播：理论架构、从业者及公众传播》总序 …… (341)
《媒介话语的进路》总序 …… (345)
断裂与延续：《人际影响》的影响
——《人际影响：个人在大众传播中的作用》代译者序 …… (349)
全球化背景下的公众舆论
——《美国舆论管理研究》序 …… (355)
《媒介仪式：一种批判的视角》序 …… (361)
《连接与互动——新媒体新论》前言 …… (364)
《近代中国报刊与社会重构的传媒镜像（1915—1937）》 …… (366)
《新闻德性论：原则框架》序 …… (372)
《全球化媒介社会背景下的新闻生产研究》序 …… (374)

书目辑览

2016年中国新闻传播学书目 …… (377)

新闻传播理论 …… (377)
新闻传播业务 …… (379)
新闻传播史 …… (381)
媒介经营与管理 …… (382)
新媒体 …… (384)
广告 …… (385)
广播电视 …… (387)
电影 …… (389)
国外新闻传播论（译）著 …… (391)
论文集及综合性工具书 …… (393)
其他 …… (396)
“中文学术图书引文索引”新闻学与传播学来源书目 …… (397)

第七篇　高校学术概况

中国传媒大学2016年学术发展概况 …… (405)
一、学术成果概述 …… (405)
二、学校现任领导 …… (405)
三、所承担的国家级、省部级科研项目、课题 …… (405)
四、主要学术成果 …… (407)
五、新闻传播学刊物及学术网站 …… (422)
中国人民大学新闻学院2016年学术发展概况 …… (424)
一、学术成果概述 …… (424)
二、学院现任领导 …… (424)
三、2016年学院新晋升教授 …… (424)
四、所承担的国家级、省部级科研项目、课题 …… (425)
五、主要学术成果 …… (426)
六、新闻传播学刊物 …… (433)
复旦大学新闻学院2016年学术发展概况 …… (435)
一、学术成果概述 …… (435)
二、学院现任领导 …… (435)
三、2016年学院新晋或引进教师（正高级以上） …… (435)
四、2016年新设学术科研机构 …… (435)
五、所承担的国家级、省部级科研项目、课题 …… (436)

六、主要学术成果 …………………………………………………… (436)
七、新闻传播学刊物 …………………………………………………… (441)
南京师范大学新闻与传播学院2016年学术发展概况 …………………… (442)
一、学术成果概述 …………………………………………………… (442)
二、学院现任领导 …………………………………………………… (442)
三、2016年学院新晋或引进教师（正高级以上） ………………………… (442)
四、所承担的国家级、省部级科研项目、课题 ………………………… (442)
五、主要学术成果 …………………………………………………… (443)
六、新闻传播学刊物 …………………………………………………… (445)
四川大学新闻学院2016年学术发展概况 ……………………………… (446)
一、学术成果概述 …………………………………………………… (446)
二、学院现任领导 …………………………………………………… (446)
三、2016年学院新晋或引进教师（正高级以上） ………………………… (446)
四、所承担的国家级、省部级科研项目、课题 ………………………… (446)
五、主要学术成果 …………………………………………………… (447)
六、新闻传播学刊物 …………………………………………………… (450)
七、特色学科简介 …………………………………………………… (450)
河北大学新闻传播学院2016年学术发展概况 …………………………… (451)
一、学术成果概述 …………………………………………………… (451)
二、学院现任领导 …………………………………………………… (451)
三、2016年新设学术科研机构 ………………………………………… (451)
四、所承担的国家级、省部级科研项目、课题 ………………………… (451)
五、主要学术成果 …………………………………………………… (452)
六、新闻传播学刊物及学术网站 ……………………………………… (453)
武汉大学新闻与传播学院2016年学术发展概况 ………………………… (454)
一、学术成果概述 …………………………………………………… (454)
二、学院现任领导 …………………………………………………… (455)
三、2016年新设学术科研机构 ………………………………………… (455)
四、所承担的国家级、省部级科研项目、课题 ………………………… (456)
五、主要学术成果 …………………………………………………… (456)
六、新闻传播学刊物 …………………………………………………… (457)
北京大学新闻与传播学院2016年学术发展概况 ………………………… (457)
一、学术成果概述 …………………………………………………… (457)
二、学院现任领导 …………………………………………………… (458)

三、所承担的国家级、省部级科研项目、课题 …………………………… (458)
四、主要学术成果 ………………………………………………………… (458)
五、新闻传播学刊物 ……………………………………………………… (460)
暨南大学新闻与传播学院2016年学术发展概况 ……………………………… (461)
一、学术成果概述 ………………………………………………………… (461)
二、学院现任领导 ………………………………………………………… (461)
三、2016年学院新晋或引进教师（正高级以上） ………………………… (461)
四、2016年新设学术科研机构 …………………………………………… (461)
五、所承担的国家级、省部级科研项目、课题 …………………………… (462)
六、主要学术成果 ………………………………………………………… (463)
七、新闻传播学刊物及学术网站 ………………………………………… (467)
清华大学新闻与传播学院2016年学术发展概况 ……………………………… (468)
一、学术成果概述 ………………………………………………………… (468)
二、学院现任领导 ………………………………………………………… (468)
三、2016年学院新晋或引进教师（正高级以上） ………………………… (468)
四、2016年新设学术科研机构 …………………………………………… (468)
五、所承担的国家级、省部级科研项目、课题 …………………………… (469)
六、主要学术成果 ………………………………………………………… (469)
七、新闻传播学刊物 ……………………………………………………… (473)
中山大学传播与设计学院2016年学术发展概况 ……………………………… (474)
一、学术成果概述 ………………………………………………………… (474)
二、学院现任领导 ………………………………………………………… (474)
三、所承担的国家级、省部级科研项目、课题 …………………………… (474)
四、主要学术成果 ………………………………………………………… (475)
天津师范大学新闻传播学院2016年学术发展概况 …………………………… (479)
一、学院发展概况 ………………………………………………………… (479)
二、学院现任领导 ………………………………………………………… (479)
三、2016年学院新晋或引进教师（正高级以上） ………………………… (479)
四、所承担的国家级、省部级科研项目、课题 …………………………… (479)
五、主要学术成果 ………………………………………………………… (480)
安徽大学新闻传播学院2016年学术发展概况 ………………………………… (481)
一、学术成果概述 ………………………………………………………… (481)
二、学院现任领导 ………………………………………………………… (482)
三、2016年学院新晋或引进教师（正高级以上） ………………………… (482)

四、所承担的国家级、省部级科研项目、课题 …………………………… (482)
五、主要学术成果 …………………………………………………………… (482)
汕头大学长江新闻与传播学院2016年学术发展概况 ……………………… (484)
一、学术成果概述 …………………………………………………………… (484)
二、学院现任领导 …………………………………………………………… (484)
三、2016年学院新晋或引进教师（正高级以上） ………………………… (485)
四、2016年新设学术科研机构 ……………………………………………… (485)
五、所承担的国家级、省部级科研项目、课题 …………………………… (485)
六、主要学术成果 …………………………………………………………… (485)
南京大学新闻传播学院2016年学术发展概况 ……………………………… (486)
一、学术成果概述 …………………………………………………………… (486)
二、学院现任领导 …………………………………………………………… (486)
三、2016年学院新晋或引进教师（正高级以上） ………………………… (486)
四、所承担的国家级、省部级科研项目、课题 …………………………… (487)
五、主要学术成果 …………………………………………………………… (487)
六、新闻传播学刊物 ………………………………………………………… (490)
七、特色学科简介 …………………………………………………………… (490)
郑州大学新闻与传播学院2016年学术发展概况 …………………………… (491)
一、学术成果概述 …………………………………………………………… (491)
二、学院现任领导 …………………………………………………………… (491)
三、2016年学院新晋或引进教师（正高级以上） ………………………… (491)
四、所承担的国家级、省部级科研项目、课题 …………………………… (491)
五、主要学术成果 …………………………………………………………… (492)
六、特色学科简介 …………………………………………………………… (496)
华南理工大学新闻与传播学院2016年学术发展概况 ……………………… (497)
一、学术成果概述 …………………………………………………………… (497)
二、学院现任领导 …………………………………………………………… (497)
三、2016年学院新晋或引进教师（正高级以上） ………………………… (497)
四、所承担的国家级、省部级科研项目、课题 …………………………… (497)
五、主要学术成果 …………………………………………………………… (498)
浙江大学传媒与国际文化学院2016年学术发展概况 ……………………… (501)
一、学术成果概述 …………………………………………………………… (501)
二、学院现任领导 …………………………………………………………… (501)
三、所承担的国家级、省部级科研项目、课题 …………………………… (501)

四、主要学术成果 …………………………………………………………（502）
厦门大学新闻传播学院 2016 年学术发展概况 ………………………………（505）
一、学术成果概述 …………………………………………………………（505）
二、学院现任领导 …………………………………………………………（505）
三、2016 年学院新晋或引进教师（正高级以上） …………………………（505）
四、所承担的国家级、省部级科研项目、课题 ……………………………（505）
五、主要学术成果 …………………………………………………………（506）
六、新闻传播学刊物 ………………………………………………………（508）
七、特色学科简介 …………………………………………………………（509）
重庆大学新闻学院 2016 年学术发展概况 …………………………………（509）
一、学术成果概述 …………………………………………………………（509）
二、学院现任领导 …………………………………………………………（509）
三、2016 年学院新晋或引进教师（正高级以上） …………………………（510）
四、2016 年新设学术科研机构 ……………………………………………（510）
五、所承担的国家级、省部级科研项目、课题 ……………………………（510）
六、主要学术成果 …………………………………………………………（511）
华中科技大学新闻与信息传播学院 2016 年学术发展概况 …………………（513）
一、学术成果概述 …………………………………………………………（513）
二、学院现任领导 …………………………………………………………（513）
三、2016 年学院新晋或引进教师（正高级以上） …………………………（513）
四、2016 年新设学术科研机构 ……………………………………………（514）
五、所承担的国家级、省部级科研项目、课题 ……………………………（514）
六、主要学术成果 …………………………………………………………（514）
七、新闻传播学刊物 ………………………………………………………（517）

第八篇　研究机构及社团概况

研究机构概况

中国社会科学院新闻与传播研究所 2016 年概况 ……………………………（521）
一、机构概述 ………………………………………………………………（521）
二、科研工作 ………………………………………………………………（521）
三、学术交流活动 …………………………………………………………（523）
四、学术出版 ………………………………………………………………（526）
上海社会科学院新闻研究所 2016 年概况 …………………………………（530）

一、基本情况 …………………………………………………………………………（530）
二、科研工作 …………………………………………………………………………（530）
三、学术交流活动 ……………………………………………………………………（531）
四川省社会科学院新闻传播研究所 2016 年概况 ……………………………………（532）
一、发展概况 …………………………………………………………………………（532）
二、科研工作 …………………………………………………………………………（533）
三、2016 年学术交流 …………………………………………………………………（534）
天津社会科学院舆情研究所 2016 年概况 ……………………………………………（535）
一、机构概况 …………………………………………………………………………（535）
二、科研工作 …………………………………………………………………………（535）
三、2016 年主要学术交流活动 ………………………………………………………（536）
河北省社会科学院新闻与传播学研究所 2016 年概况 ………………………………（536）
一、机构概述 …………………………………………………………………………（536）
二、科研工作 …………………………………………………………………………（536）
三、重要学术会议及学术交流 ………………………………………………………（538）
安徽省社会科学院新闻与传播研究所 2016 年概况 …………………………………（539）
一、机构概况 …………………………………………………………………………（539）
二、科研工作 …………………………………………………………………………（539）
三、学术交流 …………………………………………………………………………（540）
北京市社会科学院传媒研究所 2016 年概况 …………………………………………（540）
一、机构概况 …………………………………………………………………………（540）
二、科研工作 …………………………………………………………………………（541）
三、主要学术活动 ……………………………………………………………………（542）
四、学术社团、期刊 …………………………………………………………………（542）
新华社新闻研究所 2016 年概况 ………………………………………………………（543）
一、基本情况 …………………………………………………………………………（543）
二、科研工作 …………………………………………………………………………（543）
三、学术交流活动 ……………………………………………………………………（548）
四、期刊 ………………………………………………………………………………（549）
人民日报社研究部 2016 年概况 ………………………………………………………（549）
一、机构概况 …………………………………………………………………………（549）
二、科研工作 …………………………………………………………………………（550）
三、新媒体建设：“研究事儿”微信公众账号和“煮酒话媒”“智观天下”融媒体工作室 …………………………………………………………………………………（550）

四、其他工作 …………………………………………………………………………… (550)

学术社团

中国新闻史学会及其二级学会 2016 年概况 ………………………………………………… (551)
一、学术活动 …………………………………………………………………………… (552)
二、第二届“新闻传播学学会奖” ……………………………………………………… (552)
三、二级学会发展概况 …………………………………………………………………… (552)
四、学刊出版 …………………………………………………………………………… (553)
五、国际交流 …………………………………………………………………………… (553)
六、公众号、网站等日常工作 …………………………………………………………… (553)

第九篇 学术评奖

第二十六届（2015 年度）中国新闻奖（新闻论文） …………………………………………… (557)
第十四届全国广播影视学术论文评选获奖作品 ……………………………………………… (559)
第四届（2015 年度）全国新闻传播学优秀论文遴选 ………………………………………… (566)
中国新闻史学会第二届“新闻传播学学会奖” ……………………………………………… (570)

第十篇 科研项目

项目名录

国家社科基金 2016 年度重大项目立项一览表（新闻学与传播学） …………………… (575)
国家社科基金 2016 年度重点项目、一般项目、青年项目立项一览表（新闻学与传播学）
…………………………………………………………………………………………… (575)
国家社科基金 2016 年度西部项目立项情况（新闻学与传播学） ……………………… (587)
国家社科基金 2016 年度中华学术外译项目立项名单（新闻学与传播学） …………… (587)
国家社科基金 2016 年度后期资助项目立项名单（新闻学与传播学） ………………… (588)
国家社科基金 2016 年度后期资助项目结项名单（新闻学与传播学） ………………… (588)
教育部 2016 年度人文社会科学重点研究基地重大项目（新闻学与传播学） ………… (589)
教育部 2016 年度人文社会科学研究规划基金、青年基金、自筹经费项目（新闻学与传播学）
…………………………………………………………………………………………… (589)
教育部 2016 年度人文社会科学研究西部和边疆地区项目立项（新闻学与传播学）
…………………………………………………………………………………………… (591)
国家新闻出版广电总局 2016 年度部级社科研究项目立项名单 ………………………… (592)

第十一篇　学人自述

曹　璐（597）　叶凤英（598）　何道宽（600）　龚文庠（602）　刘京林（603）
柯惠新（604）　蒋晓丽（606）　哈艳秋（608）　刘卫东（610）　黄　瑚（611）
白　贵（612）　杨伯溆（614）　陈卫星（615）　何扬鸣（616）　刘燕南（617）
沈　浩（619）　苏宏元（620）　何苏六（622）　陈建云（624）　支庭荣（625）
王天根（626）　谢　静（628）　张晓锋（629）　周葆华（631）

第十二篇　学术动态

会议综述
全球化时代新闻传播全英文教学实践与省思
——“华语世界英文传播教育的经验与想象”研讨会综述 …………………… （635）
一、全英文传播教育目标与使命 …………………………………… （635）
二、“教什么”：全英文传播教育理念内容 ………………………… （636）
三、“谁来教”：全英文传播教育师资主体 ………………………… （637）
四、“谁来学”：全英文传播教育培养对象 ………………………… （637）
五、“如何教”：全英文传播教学体系建设 ………………………… （638）
六、未来全英文传播教育的想象 …………………………………… （639）
移动互联与传播创新
——2016 年中国新媒体传播学年会综述 ……………………………… （640）
一、新媒体对于社会结构的影响 …………………………………… （640）
二、新媒体对于新闻传播领域的影响 ……………………………… （640）
三、新媒体对于广告行业的影响 …………………………………… （640）
第九届“中国青年传播学者论坛”综述 ………………………………… （641）
一、传播学史与新闻史研究 ………………………………………… （641）
二、媒介与传播学研究 ……………………………………………… （641）
三、互联网时代的新闻研究 ………………………………………… （641）
四、社交媒体研究 …………………………………………………… （642）
五、网络现象研究 …………………………………………………… （642）
六、政治传播与公共传播 …………………………………………… （642）
应用新闻传播研究的困惑、追问与反思
——中国新闻史学会应用新闻传播学研究委员会成立研讨会会议综述 ……… （643）
一、新闻实务研究及其理论化路径建构 …………………………… （643）

二、应用新闻传播实践教学创新及人才培养 …………………………………………… (644)
三、互联网时代的应用新闻传播研究 …………………………………………………… (644)
含英咀华厚积薄发，心怀担当与时俱进
——第十三届中国传播学大会会议综述 ……………………………………………… (645)
一、会议概况 ………………………………………………………………………………… (645)
二、学术争鸣 ………………………………………………………………………………… (646)
三、总结与展望 ……………………………………………………………………………… (654)
互联网治理：实践、规则与发展
——首届中外合作互联网治理论坛会议综述 ………………………………………… (655)
一、开幕式和主题发言 ……………………………………………………………………… (655)
二、互联网治理的中外实践 ………………………………………………………………… (657)
三、互联网治理的发展与挑战 ……………………………………………………………… (659)
四、国际互联网治理的顶层设计 …………………………………………………………… (661)
五、互联网治理的中国方案 ………………………………………………………………… (662)
六、结语 ……………………………………………………………………………………… (663)
国际舆论场中的中国故事、中国声音和中国战略传播
——第四届国家传播战略高峰论坛综述 ……………………………………………… (664)
一、国家形象与国家传播能力建设 ………………………………………………………… (664)
二、中国故事与国际话语权 ………………………………………………………………… (665)
三、中国声音与国际舆论 …………………………………………………………………… (665)
四、国家传播战略与跨文化交流 …………………………………………………………… (666)
五、国际品牌战略与对外传播 ……………………………………………………………… (666)
互联网时代下广告的创新与未来
——2016 年第 15 届中国广告教育学术年会综述 ……………………………………… (667)
一、互联网下对广告的重新定义 …………………………………………………………… (667)
二、未来广告学教育的发展趋势及问题研究 ……………………………………………… (668)
三、媒体环境下消费者的广告消费行为研究 ……………………………………………… (668)
学术纪事
2016 年中国新闻传播学术大事记 …………………………………………………………… (669)

第十三篇 研究生学苑

2016 年新闻传播学优秀博士学位论文选粹 …………………………………………………… (677)
《中国报纸形态演化进程研究》内容摘要 …………………………………………………… (677)

《中共在国统区及海外统战宣传之研究（1937.07—1947.02)》内容摘要……… (678)
2016年新闻传播学博士学位论文、博士后出站报告篇目辑览 …… (679)
中国社会科学院研究生院新闻学系与传播学系 …… (679)
北京大学新闻与传播学院 …… (679)
清华大学新闻与传播学院 …… (680)
中国人民大学新闻学院 …… (681)
河北大学新闻传播学院 …… (682)
复旦大学新闻学院 …… (683)
武汉大学新闻与传播学院 …… (684)
华中科技大学新闻与信息传播学院 …… (686)
厦门大学新闻与传播学院 …… (686)
中山大学传播与设计学院 …… (686)
暨南大学新闻与传播学院 …… (687)
四川大学新闻学院 …… (687)
中国新闻学硕士学位论文篇目辑览（1978—1988） …… (689)
暨南大学 …… (689)
四川省社会科学院 …… (689)
新闻传播学研究生入学试题选登 …… (690)
中国社会科学院研究生院2016年研究生入学试题 …… (690)
博士研究生入学试题 …… (690)
硕士研究生入学试题 …… (692)
中国传媒大学2016年研究生入学试题 …… (694)
博士研究生入学试题 …… (694)
硕士研究生入学试题 …… (699)
北京大学2016年研究生入学试题 …… (711)
博士研究生入学试题 …… (711)
硕士研究生入学试题 …… (712)
河北大学2016年研究生入学试题 …… (718)
硕士研究生入学试题 …… (718)
浙江大学2016年研究生入学试题 …… (721)
硕士研究生入学试题 …… (721)
中山大学2016年研究生入学试题 …… (721)
硕士研究生入学试题 …… (721)
暨南大学2016年研究生入学试题 …… (723)

博士研究生入学试题 ……………………………………………………………… (723)
硕士研究生入学试题 ……………………………………………………………… (724)
汕头大学2016年研究生入学试题 …………………………………………………… (728)
硕士研究生入学试题 ……………………………………………………………… (728)

第十四篇 港澳台学术概况

香港地区专辑
香港地区大学新闻传播学院（系）2016年学术发展概况 ……………………………… (735)
香港大学新闻与传播研究中心 ………………………………………………………… (735)
香港中文大学新闻与传播学院 ………………………………………………………… (736)
香港浸会大学传理学院 ………………………………………………………………… (736)
香港城市大学媒体与传播系 …………………………………………………………… (738)
香港地区新闻传播学术期刊2016年概况 ……………………………………………… (739)
Chinese Journal of Communication（CJOC）2016年概况 ………………………… (739)
附：2016年*Chinese Journal of Communication*（CJOC）总目录 ………………… (739)
《传播与社会学刊》2016年概况 ………………………………………………………… (741)
附：2016年《传播与社会学刊》总目录 ………………………………………………… (742)
香港地区新闻传播学人自述 …………………………………………………………… (743)
冯应谦（743） 李月莲（744） 肖晓穗（746） 朱顺慈（747）
澳门地区专辑
澳门地区大学新闻传播学院（系）2016年学术发展概况 ……………………………… (748)
澳门大学社会科学学院传播系 ………………………………………………………… (748)
澳门科技大学人文艺术学院 …………………………………………………………… (749)
台湾地区专辑
台湾地区新闻传播学研究2016年综述 ………………………………………………… (751)
一、2016年台湾地区新闻传播学研究 ………………………………………………… (751)
二、新闻学研究 ………………………………………………………………………… (752)
三、传播学研究 ………………………………………………………………………… (754)
四、广告与公关研究 …………………………………………………………………… (757)
五、广播、电视与电影研究 …………………………………………………………… (761)
六、新媒体与游戏研究 ………………………………………………………………… (762)
七、文化创意产业与图文传播 ………………………………………………………… (763)
八、2016年重要学术会议 ……………………………………………………………… (767)

九、新闻传播学著作和重要教材出版 …… (768)
台湾地区高校新闻传播学院（系）2016 年学术发展概况 …… (770)
台湾政治大学传播学院 …… (770)
台湾中正大学传播学系 …… (771)
台湾世新大学新闻传播学院 …… (772)
台湾地区新闻传播学术出版 2016 年概况 …… (773)
附：2016 年《新闻学研究》总目录 …… (774)
台湾地区新闻传播学人自述 …… (775)
陈百龄（775） 苏 蘅（776） 游梓翔（778）

第十五篇 海外特辑

海外新闻学与传播学 2016 年度研究热点透视 …… (781)
一、从数据新闻到“自动化新闻”：对新兴新闻技术的探索、接纳与融合 …… (782)
二、对社交媒体在新闻生产和信息分享中的角色和影响的深入研究 …… (784)
三、美国新闻与传播学教育的新趋势 …… (789)
国际新闻与传播学主流期刊 2016 年热点扫描 …… (791)
一、期刊目录摘译 …… (791)
二、期刊论文摘要选登 …… (803)
2016 年国际重要新闻传播学学术会议介绍 …… (809)

附录：
《中国新闻传播学年鉴》第二届编辑出版研讨会综述 …… (813)
《中国新闻传播学年鉴·2017》撰稿人及供稿单位名录 …… (818)

编后记 …… (826)

第一篇
历史回眸

中国新闻传播史研究一百年（1917—2016）
百年来中国新闻业务研究的发展历程回顾
20世纪以来中国传播学科发展历程回顾

中国新闻传播史研究一百年（1917—2016）

从 1917 年第一部新闻史著作产生到今天，中国新闻传播史整整经历了一百年。新闻传播史研究是关于人类新闻传播活动，主要是新闻传播事业及其理念、规制产生与变迁历史的研究，是新闻传播学的重要组成部分。新闻传播学的研究，无论中外，都是从新闻传播史的研究开始的。已知的世界上最早的新闻学著作，是 1845 年出版于德国的《德国新闻事业史》，它也标志着世界新闻传播研究领域超越操作层面、开始从历史变迁的宏观视角考察人类新闻传播活动的客观规律。美国最早的新闻学著作是 1873 年出版的《美国新闻史》；日本最早的新闻学著作是 1899 年出版的松本君平的《新闻学——欧米新闻事业》，是关于欧美新闻史的研究。中国最早的新闻学专著，是姚公鹤 1917 年写的《上海报纸小史》。中国的新闻史研究虽然仅有百余年历史，但是蔚为壮观，在整个新闻传播学领域独树一帜，成果丰硕。

中国新闻史学泰斗、中国人民大学荣誉一级教授方汉奇曾说：新闻史是一门科学，是一门考察和研究新闻事业发生发展历史及其衍变规律的科学。它和新闻理论、新闻业务一样，都是新闻学的重要组成部分。新闻史是一门历史的科学，新闻史的研究和每时期的政治史、经济史都有着紧密的联系。新闻史从宏观的角度来说，需要研究整个人类新闻传播活动的历史；从微观的角度来说，需要研究一个国家、一个地区、一个时代、一个时期、一类报刊、一类报人，乃至于具体到某一家报刊、某一个报刊工作者、某一个宣传战役的历史。近代以来的则还要兼及通讯社、广播电台、电视台等现代化新闻传播机构和新闻传播手段的历史。中国的新闻事业历史悠久、内容丰富，是世界上任何其他国家所难以比拟的。

本文梳理百年来中国的新闻史研究成果，以研究中国的为主，也兼及在中国开展的外国新闻史研究。新闻史研究在中国经过百年的发展，已经有了更深入的开掘、更新的范式，近年出现了可贵的反思和批评，但是对于推翻、重构的思路，本文未敢苟同。从百年的文献研究归纳出的历程，可以清晰地概括出，百年来的新闻史研究，显示的是“传承、开拓、创新”的学术轨迹。

一、中国新闻史的研究

中国新闻传播史的研究已经有 100 多年的历史，可以分为三大阶段。

1. 第一阶段，从 1917 年第一部新闻史专著问世之前的散见报刊文章开始，到 1949 年中华人民共和国成立前。新闻史专著不下 50 种，其中最具代表性的是 1927 年出版的戈公振的《中国报学史》。

中国的新闻史研究，早在 19 世纪 30 年代就开始出现了，研究新闻史的专著，则以姚公鹤1917年写的《上海报纸小史》为最早。[①] 1927年11月戈公振的《中国报学史》出版，标志着我国新闻史系统研究的开端，之后直到1981年方汉奇的《中国近代报刊史》问世，才有了与戈氏相提并论的成果，因此他们被称作中国新闻史研究的两座高峰。

中国新闻学的研究，是从介绍和研究外国新闻史开始的。中国境内最早的新闻学文章，是1834年1月刊于《东西洋考每月统记传》上的《新闻纸略论》，主要介绍的是西方报纸的起源和当时西方一些国家的报纸出版情况。中国人自己写得最早的一批鼓吹和介绍他们的办报思想的文章如王韬的《论日报渐行于中土》、郑观应的《日报》、陈炽的《报馆》和梁启超的《论报馆有益于国事》等，也往往首先从外国新闻事业史谈起，以此来鼓吹他们的办报主张、呼吁在中国创办西方式的近代化报纸，以取代旧式的官报和报房京报。《清议报》1901年发表的梁启超的《中国各报存佚表序》，也是新闻历史研究的作品。[②] 《申报》较早发表了一些有关外国新闻事业的论文，如《英国新闻纸之盛》（1873年2月18日）、《论中国京报异于外国新报》（1873年7月18日）、《论各国新报之设》（1873年7月20日）、《论日本禁止新报》（1876年2月23日）等。[③]《申报》1915年3月至12月连载了朱世溱所写的《欧西报业举要》一书共53期，相当于一部外国新闻史专著。戈公振于1927—1928年自费在欧、亚、北美洲考察，曾访问《泰晤士报》《纽约时报》。他搜集了大量新闻史资料，回国后写了《世界报业考察记》一书（完稿于1931年2月10日），拟由当时在上海的商务印书馆出版发行（收稿于1931年5月26日），就在他定稿准备付印之时，书馆毁于日本侵略者的轰炸，书稿在战火中散失，一直令人扼腕。[④]

这段时期的著作，通史类的代表作有戈公振的《中国报学史》、黄天鹏的《中国新闻事业》、蒋国珍的《中国新闻发达史》、赵君豪的《中国近代之报业》等；地方新闻史的代表作有项士元的《浙江新闻史》、胡道静的《上海新闻事业之史的发展》、蔡寄鸥的《武汉新闻史》、长白山人的《北京报纸小史》等；新闻史文集的代表作有孙玉声的《报海前尘录》、胡道静的《新闻史上的新时代》等；报刊史人物研究方面的代表作有张静庐的《中国的新闻记者》、黄天鹏的《新闻记者外史》、赵君豪的《上海报人之奋斗》等；新闻史专论的专著则有赵敏恒的《外人在华新闻事业》、林语堂的《中国舆论史》、如来生的《中国广告事业史》和吴宪增的《中国新闻教育史》等。

这段时期还出现了第一部外国人写的有关中国新闻史的英文专著：白瑞华（Roswell Sessoms Britton，又称白瑞登、白来安）的《中国报刊1800—1912》（*The Chinese Periodical Press, 1800 - 1912*），在1933年7月写的自序中作者说：该书简述了中国本土报纸走向消亡、近代形态报刊逐渐兴起阶段中国报业的发展状况。其中有关外国人在华办报的部分引用了很多英美传教士和在中国从事办报活动的外国人提供的第一手资料，论述十分精详，在一定程度上弥补了《中国报学史》的不足。

这一阶段报刊史著作的普遍不足是：偏于资料性介绍，缺乏必要的论述和分析；立

---

① 方汉奇：《新闻史是历史的科学》，《新闻纵横》1985年第3期。

② 方汉奇：《近一个世纪以来的我国外国新闻史研究》（2008年12月在中国新闻史学会外国新闻史研究委员会成立会上的发言），《国际新闻界》2009年第1期。

③ 李秀云：《中国新闻学术史》，新华出版社2004年版。

④ 令人惊喜的是，这部尘封86年的《世界报业考察记》的完整手稿，于2017年春竟在上海图书馆被戈公振后人孙戈意外发现，经整理后由商务印书馆于2017年10月出版，成为与戈氏《中国报学史》相互辉映的双璧。

场观点比较陈旧，多数以统治阶级出版的官报和其他报刊为正统，视革命、进步报刊为异端并且对其介绍既简单又有偏见；少数作者功力不足，辗转抄袭，缺少新意。[①] 此外不少著作还有史实上的讹误，考订精详如戈公振《中国报学史》那样的专著，经杨瑾铮、宁树藩、方汉奇和王凤超等学者的复查，发现有两百多处错误。[②]

教学方面，从1920年我国高等学校出现第一个新闻系科——上海圣约翰大学报学系以后，“中国新闻事业史”或“中国报学史”就成为新闻系科的必修课程，20世纪三四十年代也是如此，教学用书包括戈公振的《中国报学史》等。1924年燕京大学新闻学系成立后，最初开设的3门课之一就有报学史（Newspaper History），受美国密苏里大学新闻学院派遣到燕京大学创建新闻系的美籍教授白瑞华之后出版了《中国报刊》。民国时期新闻学高等教育以美国为圭臬，从所用教学材料和教育工作者的背景来看，来自西方新闻理论和业务的训练是比较成熟的。[③] 20世纪20—40年代是中国新闻史研究的初创阶段，以戈公振、胡道静为代表，其特点是重视对新闻传媒发展的历史沿革研究，以新闻为本位，兼及广告、经营、新闻法规与新闻教育等有关方面。[④]

2. 第二阶段，1949年至1978年。中国新闻史研究的重点是无产阶级的革命报刊史，从成果来看其间有多年断档。由于当时的封闭和基本思想的局限，加上理论与方法的不足，研究不全面也不够深入。

新中国成立后，中国需要建立自己的高等教育新闻学体系，中国新闻史便成为重要基础和核心内容。甚至如下之说也不为过：中国新闻史的学科建设是新闻学在中国获得合法性的基础，是新闻学在中国独立性体现的关键因素之一。[⑤] 新中国成立后，新闻学在教育过程中逐渐学科化，新闻史研究也逐渐在新闻史课程设立的基础上得以开展。1952—1954年，复旦大学等学校均提升新闻发展史课程的地位，重视在实践操作能力的专业课程中增加学科历史的部分。1954年为了提高宣传干部的理论水平，在马列学院（即中共中央党校）成立新闻班，中国报刊史被列为教学与研究的重点之一，组织了专门的队伍，由该班副主任丁树奇主持收集资料，起草教学大纲。1956年年初《中国报刊史教学大纲（草稿）》送胡乔木审阅。同年2月22日，中共中央宣传部召开座谈会，传达胡乔木对大纲草稿及报刊史教学的意见，讨论大纲草稿的修改问题。座谈会由中宣部秘书长熊复主持，参加者有黎澍、廖盖隆、王谟、姜丕之、何辛、江横、丁树奇、李龙牧等。这是第一个研究中国新闻史的学术团队，第一个讨论中国新闻史教学问题的座谈会，特别是有了第一份中国新闻史教学大纲。这份教学大纲草稿，不仅成为中国新闻史教学的依据，而且是引导中国新闻史研究的纲要，标志着中国新闻史研究进入了一个新的阶段，其特点是，重视新闻传媒的内容研究，以中国共产党的、革命的、进步的新闻传媒的历史为主体，以新闻传媒在政治斗争、思想斗争中的作用为基本内容。“新阶段的研究比初创阶段更为深入，前进了一大步。”1956年是新中国成立以来社会气氛最为活跃的一年，大家都充满着革命热情，企盼实现作为革命目标的和平建设。在这个时候出现一份全面、系

---

① 方汉奇：《中国新闻史研究的历史与现状》（在1992年6月中国新闻史学研讨会上的专题发言），《新闻研究资料》1992年第4期。

② 杨瑾铮、宁树藩、方汉奇、王凤超：《〈中国报学史〉史实订误》，《新闻研究资料》1985年第4期。

③ 李金铨、张咏、邓绍根、王海等对密苏里新闻学院与中国民国新闻教育的联系有过深入的研究。

④ 丁淦林：《中国新闻史研究需要创新——从1956年的教学大纲草稿说起》，《新闻大学》2007年第1期。

⑤ 王润泽：《方汉奇：新闻史是历史的科学》，《光明日报》2017年2月27日，第16版。

统、完整并有很强思想性的大纲，“对于大学新闻系老师来说，莫不喜出望外”。当时的大学新闻系教师对于国民党的新闻传媒和《大公报》等都较为熟悉，而对于解放区报刊却不了解，大家都希望多知道一些革命报刊的历史。“因此，对于大纲草稿所认定的基调和思路，毫无疑问地欣然接受。”另一个认同的重要原因就是，希望通过“学习苏联”加快我们前进的步伐。①

20 世纪 50 年代初期，中国人民大学新闻系的一部分教员，以上述中共中央党校新闻班为基础，共同编写了一部《中国现代报刊史》讲义，着重介绍和论述了五四运动以后到新中国成立以前近 30 年的无产阶级革命报刊的历史，于 1959 年由中国人民大学新闻系作为内部教材铅印出版。1962 年复旦大学新闻系编印出版的《中国新民主主义革命时期新闻事业史讲义》，1966 年中国人民大学新闻系编印出版的《中国新闻事业史（新民主主义时期）》弥补了旧中国新闻史研究工作的空白，奠定了我国无产阶级新闻史的基础。这一时期还出版了带有资料性质的新闻史参考用书，包括中共中央马恩列斯著作编译局研究室编辑出版的 3 集《五四时期期刊介绍》，潘梓年等撰写的《新华日报的回忆》，张静庐编辑的《中国近代出版史料》3 大本、《中国现代出版史料》5 大本等，发表的新闻史论文 150 篇。这段时期是有成绩的，但是受“左”倾思想的影响，开展得不够深入，对党报以外的其他类型报刊的历史研究不够。从事新闻史教学和研究的只有少数高校的教师和个别业余研究者，总数不过二三十人。“文化大革命”期间新闻史课停开，这些研究者基本上转了业，新闻史的研究全面停顿。②

这段时期台湾的新闻史研究有很多成果，各类专著不下 30 种，主要的有曾虚白主编的《中国新闻史》、赖光临的《中国新闻传播史》、朱传誉的《宋代新闻史》和《报人报史报学》、冯爱群的《华侨报业史》、陈纪滢的《报人张季鸾》《胡政之与大公报》等。台湾出版的专著和论文在中国古代报刊史的研究、华侨新闻史的研究和个别近代报刊报人历史的个案研究上有较高的造诣，可以补大陆新闻史学者的不足。

这段时期国外学者从事中国新闻史研究也取得了一些成果，主要是日本学者的研究，代表性著作有牛岛俊的《中国的新闻》、小野秀雄的《中共的新闻》和《台湾的新闻》、藤田正典的《中国共产党新闻杂志研究》、小京忠吾的《中西之交流与邸报》、小野信尔的《民吁报的斗争》、小野川秀美的《民报索引》和足立利雄的《中国报纸史研究》等。③

3. 第三阶段，1978 年党的十一届三中全会以来至今，其间大概每十年就上一个更高的台阶。新闻传播史研究取得了空前的成就，成果包括通史、断代史、编年史、专业史、地方史、专题史、媒介史等全方位研究，思想较以前解放了，视野较以前开阔，开掘也更深入。这明显得益于党的思想路线方针政策上的改变和新闻事业在一段时期内的蓬勃发展。最见功力、最为系统、影响最大的，是方汉奇的著作《中国近代报刊史》、其主编的《中国新闻事业通史》《中国新闻事业编年史》等。1989 年经民政部批准、1992 年召开首届年会的中国新闻史学会，是这段时期里程碑性的事件。

① 丁淦林：《中国新闻史研究需要创新——从 1956 年的教学大纲草稿说起》，《新闻大学》2007 年第 1 期。

② 方汉奇：《新闻史是历史的科学》，《新闻纵横》1985 年第 3 期。

③ 方汉奇：《中国新闻史研究的历史与现状》（在 1992 年 6 月中国新闻史学研讨会上的专题发言），《新闻研究资料》1992 年第 4 期。

1978年起，几个老的大学新闻系恢复了新闻史课程，重建了教研室组织。1978年以后中国人民大学新闻系和复旦大学新闻系相继招收新闻史方向硕士研究生，中国社会科学院成立了新闻研究所，调集老同志从事新闻史研究并招收新闻史方向的研究生。为了解决新开办的新闻系/专业的新闻史师资问题，教育部委托中国人民大学新闻系设立新闻史教师进修班、培养相关人才，这些使新闻史研究及其队伍都有了大发展。1980年以后北京及各省、直辖市、自治区纷纷设立新闻学会和研究所，组织会员从事新闻史研究，仅首都新闻学会的新闻史组就有40位成员。[①] 1985年以后中国人民大学和复旦大学新闻系开始招收新闻史方向博士研究生。新闻史研究者的队伍迅速扩大，到1990年已经接近500人。

1978年党的十一届三中全会以后，新闻史研究出现了大批成果，包括新闻史教材、教学参考资料、专著和论文。在头15年左右出版的专著如方汉奇的《中国古代的报纸》、黄卓明的《中国古代报纸探源》、方汉奇的《中国近代报刊史》、李龙牧的《中国新闻事业史稿》、赵玉明的《中国广播事业简史》，还有不少专著以及多部教材、传记等50余种。各地出版当地新闻史料也如雨后春笋一般，发表近4000篇文章，其中仅中国社会科学院新闻研究所的《新闻研究资料》从1979年至1992年就发表了1100多篇文章，1300余万字。[②] 除通史、断代史、编年史以外，某一部分的新闻史、地方新闻史、报刊个案史、新闻界人物历史，都有研究。在1978年至2007年间，粗略统计累计出版了新闻史方面的著作238部、论文文章约6000篇。[③]

方汉奇的《中国近代报刊史》出版于1981年，是厚积薄发之作，也是十一届三中全会以后最早问世的新闻史力作，开启了改革开放以后新闻学研究的新纪元。它诞生于万马齐喑的学术空白之后，有筚路蓝缕、以启山林之义。该著作对1815年到1915年百年间中国近代新闻事业的产生和发展作了全面、系统的论述，涉及报刊500余种，报人1500余名，纠正前人著述失误200余处，大量补充了新的史料，加了丰富的注释，考订精良，论必有据，论从史出，无一字空谈，篇幅近60万言，被公认为继1927年戈公振的《中国报学史》之后"50年来第一部有影响的新闻史专著"，受到海峡两岸新闻学界高度评价和国外新闻学界的注意。在该著的后记中，方汉奇提议要补充新中国成立前出版的戈公振的《中国报学史》的不足。后来，他与几位学者专门撰写、订正戈著多至200余处。

另一部最具代表性和最能体现这一时期新闻史研究学术水平的是三卷本的《中国新闻事业通史》。这部专著由方汉奇任主编，宁树藩、陈业劭任副主编，由24个部门的50位学者用12年的时间合作完成。全书共263.5万字，上限起于公元前3世纪，下限止于1990年，时间跨度达2200年。内容以报刊的历史为主，兼及通讯社、广播、电视、新闻摄影、新闻纪录电影，以及漫画、广告等新闻事业多个领域的历史，被认为是改革开放以来中国大陆新闻史研究成果的集大成之作。在这部通史中，方汉奇对他10多年前写的《中国近代报刊史》一书进行了反思，与时俱进，对有些部分几乎是推倒再建重写了一部近代报刊史，观点颇有新意。在之后的《中国新闻事业编年史》中，方汉奇领导团队认真考订，纠正此前出版的新闻史专著中的错误超过了2000处。这部通史2014年已经由新加坡的

---

① 方汉奇：《新闻史是历史的科学》，《新闻纵横》1985年第3期。

② 方汉奇：《中国新闻史研究的历史与现状》（在1992年6月中国新闻史学研讨会上的专题发言），《新闻研究资料》1992年第4期。

③ 方汉奇：《1949年以来大陆的新闻史研究》，《新闻与写作》2007年第1期。

出版社翻译出版了英文版 *A History of Journalism in China* 共10卷，成为第一批向海外介绍中国新闻学研究的经典文献。方汉奇还联合全国新闻史学工作者在1998年完成《中国新闻事业编年史》共计217万字，编撰了自《开元杂报》以降到1997年中国新闻史上的大事；2015年，《中国新闻事业编年史》又进行修订，将编年史的下限延伸到2015年。有了通史和编年史，中国新闻史的学术基础更加稳固，在整个新闻传播学中的地位大大提高。

这段时期通史、断代史、地方史、专题史、个案史的研究均取得了长足的发展，多种领域的开拓，令人耳目一新，无法全述，仅列举如下（著作类）。

断代史包括古代、近代、现代、当代史的研究成果，研究有多项填补了空白，并向更纵深的领域拓展，代表性成果古代的如尹韵公的《中国明代新闻传播史》、李彬的《唐代文明与新闻传播》。近代的代表性著作除了方汉奇的《中国近代报刊史》，还有卓南生的《中国近代报业发展史1815—1874》，挖掘了大量散佚于英、美、日、中国香港的珍贵报刊原件、翻版、抄本，纠正了历史上的不少错误和定论。此外还有陈玉申的《晚清报业史》，史媛媛的《清代前中期新闻传播史》，王润泽的《北洋政府时期的新闻业及其现代化（1916—1928）》，唐海江的《清末政论报刊与民众动员：一种政治文化的视角》，王天根的《〈天演论〉传播与清末民初社会动员》《晚清报刊与维新舆论建构》《近代中国报刊与社会重构的传媒镜像》。对近代新闻史的开拓越来越深入。现代新闻史方面，有王洪祥的《中国现代新闻史》，蔡铭泽的《中国国民党党报历史研究》，刘继忠的《新闻与训政：国统区新闻事业研究（1927—1937）》（上、下）。当代史方面，这个时期出现了一些新中国新闻史的研究成果，如20世纪90年代初出版的张涛的《中华人民共和国新闻史》，方汉奇、陈业劭主编的《中国当代新闻事业史》，21世纪以后出版的刘家林的《新中国新闻传播60年长编》（上、下卷），方汉奇、陈昌凤主编的《正在发生的历史：中国当代新闻事业》（上、下卷），李春的《当代中国传媒史1978—2010》。

地方新闻史除了方志、媒体编撰的当地史，还有学者撰写的新闻史，如黄河的《北京报刊史话》，秦绍德的《上海近代报刊史论》，彭继良的《广西新闻事业史》，马光仁主编的《上海新闻史1850—1949》和《上海当代新闻史》，李楠的《晚清民国时期上海小报》，张鸿慰的《桂系报业史》，陈昌凤的《香港报业纵横》（香港当代报业史），李谷城的《香港中文报业发展史》，陈扬明、陈飞宝、吴永长的《台湾新闻事业史》，林玉凤的《中国近代报业的起点：澳门新闻出版史》，马艺等的《天津新闻史》，曹立新的《在统制与自由之间：战时重庆新闻史研究（1937—1945）》《东北新闻史（1899—1949）》，王文科、张扣林的《浙江新闻史》，张梦新的《杭州新闻史》，王作舟的《云南新闻史话》《太原新闻史》等。

专题史方面近年有很大拓展，20世纪八九十年代有黄河和张之华的《中国人民军队报刊史》，李良荣的《中国报刊文体发展概要》，姚福申的《中国编辑史》，马运增、胡志川等的《中国摄影史》，曾建雄的《中国新闻评论发展史》，胡太春的《中国报业经营管理史》等，史类多样，角度多元。

新闻思想史学术史出了不少成果，如20世纪90年代徐培汀、裘正义的《中国新闻传播学说史》，张昆的《传播观念的历史考察》，21世纪又有徐培汀著的《中国传播学说史》，郑保卫主编的《中国共产党新闻思想史》，谢骏的《新闻传播史论研究》，李秀云的《中国新闻学术史》，胡太春的《中国近代新闻思想史》（增订本），涂凌波的《现代中国新闻观念的兴起》等。胡太春的《中国近代新闻思想史》第一版出版于1987年，是国内首部专门研究近代新闻思想的著作，其增订版历时30年，增加了三分之二的内容，分上、下两卷69万余字，内容跨度从1815年《察世俗每月统记传》到1915年《青年杂志》一百年，涉及中西报人近30名，以第一手资料丰富取胜，并有许多新的历史资料发掘发现。

新闻法制史从1990年代黄瑚的《中国近代法制史论》，到21世纪以后倪延年的《中国报刊法制发展史：古代卷、现代卷、当代卷、史料卷》《中国报刊法制发展史：港澳台卷》和《中国新闻法制史》，对新闻法制史全面系统地做了研究。

个案史方面，学者对重点媒体的研究和媒体编撰的历史均有深入的开掘，如八九十年代出版的韩辛茹的《新华日报史》，王敬主编的《延安〈解放日报〉史》，以及《大众日报史》《晋绥日报简史》《盐阜大众报五十年》《晋察冀日报史》《东北日报简史》《黑龙江日报史》《羊城晚报社史》等在1949年以前创刊的中共各地的机关报的报刊史。关于《申报》的研究，如徐载平、徐瑞芳的《清末四十年申报史料》，上海图书馆的《〈申报〉丛书》，徐谷甫、王延林的《〈申报〉索引》，宋军的《申报兴衰》。关于《大公报》研究从20世纪80年代起先后有周雨的《大公报史》，方蒙的《大公报与现代中国》，吴廷俊的《新记〈大公报〉史稿》，方汉奇主编的《大公报百年史》，贾晓慧的《大公报新论——20世纪30年代大公报与中国现代化》，侯杰的《〈大公报〉与近代中国社会》，俞凡的《新记〈大公报〉再研究》。还有《文汇报史略》，张林岚的《新民晚报四十年》，新华社的《新华社六十年》《新华通讯社社史》，《中央人民广播电台1940—1990》，杨波主编的《中央人民广播电台简史》，成坊的《人民日报纪事》，《中国中央电视台30年》《中国中央电视台40年》，李晓灵、王晓梅的《渊源与化变：延安〈解放日报〉的传播体系及其当代价值之研究》，赵耀宏、薛琳的《〈解放日报〉上的批评和自我批评》，张友鸾等的《世界日报兴衰史》，程曼丽的《〈蜜蜂华报〉研究》，饶立华的《〈上海犹太报纪事〉研究》。1990年代还有何扬鸣主编的《老报人忆东南日报》，王淮冰、黄邦和主编的《大刚报史》。此外还有李杰琼的《半殖民主义语境中的“断裂”报格：北方小型报先驱〈实报〉与报人管翼贤》以及大量的媒体个案史，使新闻史研究向更深层次发展。

人物传记方面，1980年代方蒙的《范长江传》，1990年代顾行、成美的《邓拓传》，成美的《丁一岚传》，洪惟杰的《戈公振年谱》，张海林的《王韬评传》，姜纬堂的《爱国报人维新志士彭翼仲》，王植伦的《林白水》，庞荣棣的《史量才——现代报业巨子》，谭一的《毛泽东新闻活动》，以及21世纪以来张圭阳的《金庸与报业》，庞荣棣的《史量才研究选粹》，王瑾、胡玫编的《胡政之文集》，陈志强的《胡政之新闻职业观及其实践研究》，王芝琛的《百年沧桑：王芸生与〈大公报〉》，以及大批的人物传记、纪念文集、回忆录、口述史。中国社会科学院新闻研究所编辑出版的《新闻界人物》（11辑），颜景政主编的“中外名记者丛书”，以及近年出版的程曼丽、乔云霞主编的《中国新闻传媒人物志》丛书10卷，柳斌杰任主编、李东东任副主编的《中国名记者》（系列丛书），涉及的人物越来越广泛。关于学人的研究也开始出现，如刘泱育的《治学与治己：方汉奇学术之路研究》，陈娜的“新闻学人口述史研究”。学界关于人物的研究视野越来越开阔，开掘也越来越深入，代表性的如李金铨主编的《文人论政：知识分子与报刊》，以现代中国著名报刊为主体，结合历史与新闻、文化研究的成果，追索一系列思想史、政治史、新闻史的问题。相关的研究还有，如齐辉的《学人论政与抗战舆论——“独立评论”派学人群体抗战救亡言论研究》。值得一提的还有中国社会科学院新闻研究所主办的《中国新闻年鉴》，从1982年起开设了“中国新闻界名人简介”专栏，每年介绍100多位从19世纪初到当代的著名新闻工作者，每人600字左右，简介其经历、业绩和成就，累计已经介绍了近

3000人。

少数民族新闻史方面，从1990年代白润生的《中国少数民族文字报刊史纲》，特古思朝克图、王秀兰的《蒙古文报刊简史》，到21世纪周德仓的《西藏新闻传播史》，郑保卫任主编、周德仓任副主编的《中国少数民族地区新闻传播发展报告》，张硕勋、王晓红的《大众传播与西部民族地区社会变迁——以甘肃藏族地区为例》，以及最近于凤静的《当代东北地区少数民族新闻传播史研究》，开掘越来越深入。

广告史方面研究成果丰硕，从老一辈在1990年代出版的陈培爱的《中外广告史》，到黄升民的《中国广告图史》，陈刚主编的《当代中国广告史1979—1991》，赵琛的《中国广告史》，何玉杰的《中外广告史》，杜艳艳的《中国近代广告史研究》《中国近代民族品牌的广告传播研究》，以及许多学者的成果，再到年轻学者近年出版的著作，如祝帅的《中国广告学术史论》，学术梯队的影响力彰显。

近年还出现了新闻图史的研究，既有以图作为叙述方式呈现的历史，如代表作有方汉奇、史媛媛的《中国新闻事业图史》，也有研究图的历史，如韩丛耀的《中国近代图像新闻史：1840—1919》《中国影像史》，吴果中的《良友画报与上海都市文化》《左图右史与画中有话：中国近现代画报研究（1874—1949)》。

副刊史研究也有较多的成果，如王文彬的《中国报纸的副刊》，罗贤梁的《中国副刊史略》，陈昌凤的《蜂飞蝶舞——旧中国著名报纸副刊》，冯并的《中国文艺副刊史》，魏剑美、骆一歌的《中国报纸副刊史》，魏剑美的《报纸副刊学》，邓咏秋、李强的《京报副刊》，韩晓芹的《体制化的生成与现代文学的转型：延安〈解放日报〉副刊的文学生产与传播》，田建平的《当代报纸副刊研究》等。

关于广播电视史的研究，1980年北京广播学院曾组织了以齐越为首的调查组，对延安新华广播电台的历史进行了全面的现场调查，揭开了广播电视史研究的序幕。在“解放区”广播史的研究、现代广播史的研究、当代广播电视史的研究、广播电视系统专门史和部门史的研究、各台台史的研究以及地方广播电视史志的研究等方面，都取得了丰硕的成果。从1980年代到1990年代，先后有上海档案馆、北京广播学院和上海广播电视局合编的《旧中国的上海广播事业》，赵玉明的《中国现代广播简史》《中国解放区广播史》，左漠野主编的《当代中国广播电视》，苏力编的《延安之声：延安新华广播电台纪闻》，中央人民广播电台编写的《中央人民广播电台简史》，郭镇之的《中国电视史》《中国电视简史》，钟艺兵主编的《中国电视艺术发展史》，杨伟光主编的《中央电视台发展史》等。21世纪之后，赵玉明主编的《中国广播电视通史》上、下卷陆续出版，篇幅达65万字；同时还有郭镇之的《电视传播史》《中外广播电视史》等。

由于新技术的蓬勃发展、互联网的兴起与兴旺，新闻传播史领域出现了一批相关成果，从20世纪90年代闵大洪的《传播科技纵横》，到21世纪彭兰的《中国网络媒体的第一个十年》、闵大洪的《中国网络媒体20年（1994—2014)》，网络媒体史的研究开拓了新闻传播史的一个新空间。

21世纪以来共产党的新闻事业历史的研究得以蓬勃开展，陈信凌的《江西苏区报刊研究》、李文的《陕甘宁边区新闻事业》，都是代表之作。①

① 2017年中国新闻史学会党报党刊研究委员会成立后，这个领域的研究更是向组织化、协同化的方向发展。

新闻教育史也得到了更多的研究。先后出版的有李建新的《中国新闻教育史论》，陈昌凤的《中美新闻教育传承与流变》，龙伟等的《民国新闻教育史料选辑》，肖东发、邓绍根的《新闻学在北大》（增订本），申凡编著的《华中科技大学新闻传播教育史稿》，中国新闻史学会新闻传播教育史研究委员会近两年还组织全国的会员编撰了《中国新闻传播教育年鉴》。

中国大陆的新闻史研究开始与港台、国际的相关研究领域进行互动交流。台湾的李瞻的《中国新闻史》，赖光临的《中国近代报人与报业》《七十年中国报业史》，朱传誉的《先秦唐宋明清传播事业论集》，陈孟坚的《民报与辛亥革命》，陈纪滢的《抗战时期的大公报》等都是这一时期出版的。①

国外也在不断开展中国新闻史的研究工作，除了上述卓南生的研究，比较突出的如德国海德堡大学教授瓦格纳（Rudolf Wagner）和他的同事梅嘉乐（Barbara Mittler）、同事兼学生燕安黛（Andrea Janku）、费南山（Natascha Vittinghoff）等人。瓦格纳是德国最高学术研究奖——莱布尼茨大奖首位汉学家获得者，他从1993年开始将上海纳入他的研究视野，从公共空间的角度来切入上海研究，陆续发表论文《中国公共空间的运作：太平军的神学和宣传技术》《外国社团在中国的公共空间中的作用》《危机中的〈申报〉：郭嵩焘与〈申报〉之间的冲突和国际环境》《中国早期的报纸和它的公共空间》《进入全球想象图景：上海的“点石斋画报”》《申报馆早期的书籍出版》和《公共场所和舆论》等，他对申报馆书籍出版、《点石斋画报》等研究视角独特。梅嘉乐的英文著作 *A Newspaper for China? Power, Identity and Change in Shanghai's News Media (1872 - 1912)*（《一份为中国的报纸？上海新闻媒体的力量、认同与变迁（1872—1912）》）研究的是《申报》在本土化与中国认同中的作为与影响；燕安黛的德文著作《只是空言：晚清中国的政治话语和上海报刊》，围绕上海的新报刊探究中国19世纪晚期公共政治领域结构性发展的问题；费南山的德文著作《中国新闻业的起源1860—1911》[*Die Anfange Des Journalismus in China (1860 - 1911)*] 出版于2002年，梳理了中国近代新闻业的产生发展，对中国已有研究中的观点提出了质疑并阐述了更全球化视野的观点，她在读博士学位期间到中国调研学习，曾经访问方汉奇、参加过中国新闻史学会的会议。2004年她还出版了一部著作《意义地图：中国晚清新学习领域》（*Mapping Meanings: The Field of New Learning in Late Qing China*）。

2005年哈佛大学费正清中心举行了关于中国民国报纸的研讨会，会议主题是“研究日常生活的媒介：作为主题和信源的民国报纸1911—1949”（Studying the Daily Medium: Newspapers as Subject and Source in Republican-Era China, 1911 - 1949），一些成果发表在 *Taylor & Francis Online* 上。

这段时期新闻史研究方面可圈可点之处甚多，突出表现在：

一是中国新闻史学会为学术研究做出了重要贡献。由方汉奇、宁树藩等学者提议设立的中国新闻史学会于1989年被民政部批准，成为新闻与传播学界迄今唯一的国家一级学会。1992年召开了首届学术年会，此后以学会为平台的学术交流为新闻史研究增添了驱动力，也创出了更多的协作性成果，如《中国新闻事业通史》《中国广播电视通史》

① 方汉奇：《中国新闻史研究的历史与现状》（在1992年6月中国新闻史学研讨会上的专题发言），《新闻研究资料》1992年第4期。

等，都是壮观的团队工作的结晶，近年组织申报国家社科基金重大课题，也多是倾全国之力共同申报。此外，每年举办学会学术年会，近年参加者从数百人乃至上千人，学术气氛空前活跃；学会与新加坡南洋理工大学、华中科技大学等于1995年起联合举办“世界华文传媒与华夏文明”国际学术研讨会，目前已经举办10届，聚集了众多海内外学者参加；由中国传媒大学发起、已经举办3届中国抗战新闻传播史学术研讨会，形成了品牌和影响；由南京师范大学发起、倪延年主持的民国新闻史学术论坛也已经举办3届；从2015年起组织了会员的学术奖励活动——新闻与传播学学会奖，激励学术不断精进，其中“方汉奇奖”专门用于奖励新闻史研究的佳作，从第四届起奖金由方汉奇捐赠设立的基金支出。学会在历任会长方汉奇、赵玉明、程曼丽和现任会长陈昌凤的共同努力下，不断发展壮大，现有二级学会18个，遍及新闻学与传播学多个领域，各二级学会举办的活动精彩纷呈。

二是学术队伍与面貌焕然一新，研究者队伍已经形成了老中青几代的良好梯队，在21世纪以后还有不少从事传播学、政治史、文化史的学者参与到新闻传播史的研究中，使成果更加丰硕，思维更有新意，研究范式和方法更加创新。老前辈、老一辈学者仍然笔耕不辍，如方汉奇、宁树藩、丁淦林、赵玉明、吴廷俊、卓南生、谢骏等，资深学者如陈力丹、郭镇之、尹韵公等以及中年学者，在教学科研领域担起了重任，而青年学者正在迅速成长。新闻史学会与中国社会科学院新闻与传播研究所等联合组织的新闻史青年学者论坛，向芬、唐海江等青年学者成为核心组织者；北京大学新闻学研究会也带动了不少青年学者参与学术活动，邓绍根等整理的研究会的丛书引起了广泛的关注；王润泽、邓绍根、王天根、姜红、李秀云、黄春平、艾红红、王晓梅、唐海江、郭恩强、吴果中、刘宪阁、赵建国、王咏梅、向芬、林溪声、齐辉、朱志刚、俞凡、蔡斐等一批年轻学者专注于新闻史的研究，已经形成了较大的影响。

三是21世纪以来出版了一批有创新意识的新闻史研究成果，包括专著、教材和数量丰富的论文，《新闻与传播研究》《国际新闻界》《新闻大学》《现代传播》等几家学术刊物上，都有新闻史新的力作推出。

四是国家社科基金资助的新闻史研究项目越来越多，1999年以前总共只有9项，21世纪以来已有数十项，近年更不乏重大课题，如韩丛耀主持的“中国新闻传播技术史”，倪延年主持的“中华民国新闻史”，王润泽主持的“百年中国新闻史史料整理与研究项目”，王天根主持的“不列颠图书馆藏中国近代珍稀文献辑录、校勘并考释”，王春泉主持的“延安时期新闻传播文化史”等。中国新闻传播史还被列入了“马克思主义理论研究和建设工程”，吴廷俊任首席专家的该工程教材，正在通过教育部的评审。

五是与国际和港台的学术交流密切，扩大了学术视野，也密切了学术交流，带动了更多的国际国内学者参与到新闻史研究，台湾花木兰出版社近几年还请方汉奇主编出版了多卷本新闻史的丛书。

二、外国新闻史的研究

中国学者从事外国新闻史的研究，也大体上分为三个时期。①

---

① 方汉奇：《近一个世纪以来的我国外国新闻史研究》（2008年11月8日在中国新闻史学会外国新闻史研究委员会成立会上的发言），《国际新闻界》2009年第1期。

第一个时期，从 1915 年朱世溱的《欧西报业举要》在《申报》上连载，到新中国成立前即 1949 年的 35 年。这一时期公开出版的外国新闻史专著已不下十部。最早的是李昭实的《世界报纸大观》，出版于 1925 年，作者曾经是上海《时报》的驻法记者。书中介绍了 155 家世界著名的报纸。稍后还有复旦大学新闻系主任谢六逸主编的《国外新闻事业》（1936 年出版）和程其恒主编的《各国新闻事业概述》（1944 年出版）。还有一本余戾林的《世界新闻大事记》。也有翻译的作品，如宋善良译的法国淮尔写的《日报期刊史》等。

第二个时期，从 1949 年中华人民共和国成立到改革开放后的 1978 年。这一时期由于实行闭关锁国政策，外国新闻史的研究对象只剩下了苏联一家，对社会主义阵营以外的其他西方国家的新闻史很少研究。少量被翻译过来的及西方新闻事业历史的著作，其目的也都是用作批判。1961 年中国人民大学新闻系出过一个小刊物《国际新闻界》，当时只在内部发行，篇幅也很小，没出几年就停刊。外国出版的外新史著作很少进口，在国内基本上看不到。而台湾在这段时期出版了 13 部外国新闻史专著和教材，其中李瞻编写的《世界新闻史》出版于 1966 年，1206 页 100 多万字，代表了那一时期两岸外国新闻史研究的最高水平。

第三个时期，1978 年改革开放以来。这段时期研究空前繁荣。1981 年宁新编写的《日本报业简史》是最早的一部，当时美国新闻史、英国新闻史的研究受到重视。《国际新闻界》在 1979 年也恢复出版，成为外国新闻史研究的重要园地。张隆栋、舒宗侨、林珊、傅显明、梁洪浩、张允若、郑超然、王泰玄、郭镇之、陈力丹、李良荣、张咏华、刘家林、程曼丽、马庆平、李磊、李彬、张昆、陈昌凤、赵永华、王辰瑶，以及学术界新秀吴璟薇、董晨宇、陈继静等都有相关的成果问世。

1980 年代出版的外国新闻史著作包括张隆栋、傅显明的《外国新闻事业史简编》，陈力丹的《世界新闻史纲》，1990 年代又有傅显明、郑超然的《苏联新闻史》，21 世纪以来有郑超然、王泰玄、程曼丽的《外国新闻传播史》，陈力丹的《世界新闻传播史》，陈力丹、王辰瑶的《外国新闻传播史纲要》，陈力丹近年又主持一项教育部基地重大课题“欧洲五国新闻史研究”[①]，目前已经出版的包括《英国新闻传播史》《德国新闻传播史》《法国新闻传播史》，李彬的《全球新闻传播史》等。除了通史、国别史研究，在一些方面还有更深入的开掘，如邓绍根的《美国在华早期新闻传播史，1827—1872》。此外还有丰富的译著，包括美国埃默里的《美国新闻史》、舒德森的《发掘新闻：美国报业的社会史》等，以及英国及其他国家的新闻史研究译著。

外国新闻史领域特别值得铭记的是中国人民大学教授张隆栋，他主讲外国新闻事业史、中外资产阶级新闻思想研究等课程，著有外国新闻史教材和 20 多篇外国新闻史相关的论文，参加《国际新闻界》复刊工作并担任该刊第一任主编，他也是我国较早从事大众传播学研究的学者之一。另一位值得铭记的是复旦大学教授舒宗侨，他在改革开放后重上讲台，主讲外国新闻事业史等课程，主编《外国新闻事业》《世纪新闻事业》等学术刊物。他们在外新史的教学与研究方面做了不少开拓性的工作，对外新史研究的繁荣功不可没。[②]

---

① 陈力丹：《关于世界单国新闻传播史的研究》，《全球传媒学刊》2016 年第 1 期。

② 方汉奇：《近一个世纪以来的我国外国新闻史研究》（2008 年 11 月 8 日在中国新闻史学会外国新闻史研究委员会成立会上的发言），《国际新闻界》2009 年第 1 期。

2008 年 11 月 8 日中国新闻史学会外国新闻史研究委员会在清华大学成立，郭镇之任会长，陈昌凤任副会长兼秘书长。这个园地和平台，很快聚集了大量有为的中国学者，如今外新史研究队伍已经更加壮大，现由孙有中继任该会会长。

三、研究思路、范式与方法论

21 世纪以来，围绕新闻史研究的范式、思路等，有过非常集中的讨论和思考，这些对未来开拓新闻史研究、创新已有学术会有重要影响。

方汉奇是当代新闻史研究的奠基人之一，他引领和倡导的研究思路产生了广泛的影响。方汉奇新闻史研究所坚持的方法和立场，是经得起历史检验的：史料第一、多打深井、厚积薄发。他曾说：新闻史是一门科学，从事新闻史的研究，必须有一个科学的态度。事实是第一性的。每一个从事新闻史研究的人，都必须对新闻历史上的事实和他所研究的对象进行详细的调查研究，充分地占有第一手材料，然后运用马克思主义的立场观点方法，以历史唯物主义辩证唯物主义为指导，进行由表及里、由此及彼、去伪存真、去芜存菁的分析，才能得出正确的符合实际的结论。方汉奇还指出：理论的指导是重要的，但绝不能以论代史。史料挂帅当然不好，但也不必讳言史料。没有史料，还搞什么历史？没有对史料的充分掌握和过细研究，没有对重要的关键的史料的考订和甄别，是不可能对历史事实作出正确的分析和诊断的。一切从概念出发、先入为主、脱离实际、游谈无根的做法，都是历史研究工作者的大忌，也是新闻史研究工作者的大忌。没有深入细致的调查研究，没有对一个一个报纸、报人和宣传战役的认真的专门的研究，一部完整的新闻史是难以写好的。[①] 有一份史料说一份话，言必有征，无征不信。新闻史研究要重视调查研究。方汉奇研究著名新闻工作者邵飘萍，辗转数千里进行实地调查，通过对其家人的访谈和多个事实的佐证确定了邵飘萍的出生年代，并四次走访罗章龙，确定了邵飘萍的中共党员身份。方汉奇所引领的新闻史研究方法和路径，对学界后辈影响深远。

新闻史研究也要不断创新。这一点老一代学者已经多次呼吁，比如 2004 年丁淦林在中国新闻史学会年会上发表的文章《中国新闻史教学需要适时革新》,[②] 以及后来进一步发表的《中国新闻史研究需要创新：从 1956 年的教学大纲草稿说起》[③]，对新中国成立后新闻史研究的偏向、仅仅新闻业在研究政治斗争和思想斗争中的作用，提出了不同看法，对其过分突出理论、以论带史的偏向也进行了反思。丁淦林还提出了研究方法上要学会定量与定性相结合，要建立资料库、数据库，要善于抓当前。他还提出用库恩的科学研究范式理论，创新新闻史研究。

2007 年年初方汉奇在一篇文章里，在总结当代新闻史研究之后，也提倡要在新闻史研究的范式上有所创新：第一要突破传统的与各时期的政治紧密结合的范式，要更多地从新闻传播自身的发展规律来研究新闻史；第二要引入新的理论、方法，完成从单一的新闻史到丰富的新闻传播史的转向；第三要多借鉴其他学科如史学、社会学、经济学、

---

① 方汉奇：《新闻史是历史的科学》，《新闻纵横》1985 年第 3 期。

② 丁淦林：《中国新闻史教学需要适时革新》，《新闻春秋》论文集，2004 年。

③ 丁淦林：《中国新闻史研究需要创新：从 1956 年的教学大纲草稿说起》，《新闻大学》2007 年第 1 期。

文学史的研究思路和方法。[①]

2007 年春复旦大学信息与传播研究中心和《新闻大学》专门组织了“中国新闻史研究的体例、视野和方法——中国新闻史研究现状笔谈”，参加笔谈的学者包括老一辈学者如宁树藩、方汉奇、丁淦林、吴文虎等，也包括中青年骨干如黄瑚、黄旦、李彬等，这次笔谈和其前后出现的一批论文，讨论史料与事实的关系，宏大叙事与内在逻辑的问题，叙事模式与书写方式的问题，开始将中国新闻史研究转向革新范式的讨论中。过去的新闻史研究，被归入了“革命史范式”，较之“现代化叙事”和“社会史视角”，“革命史范式”是线性的[②]。也有归纳为社会文化史的视角、政治文化视角、本体视角等的研究。黄旦之后更提出了新报刊史书写[③]，在学界引发了又一轮广泛的讨论。

值得关注的是海外学者对中国新闻史研究的视角、路径，在 2003 年中国新闻史学会年会上，陈昌凤发表的《从哈德森到夏德森：美国新闻史研究的视角和方法谈》[④]，曾专门介绍和分析了美国新闻史研究的经验，是较早涉及这个问题的探讨，之后结合译作以《新闻史研究的社会学转向——再读〈发掘新闻：美国报业的社会史〉》[⑤]，对此话题进行了进一步讨论。在实际研究的范式方面，除了上述德国学者的研究可以成为观察对象，华人学者的研究更有直接的借鉴意义，如李金铨、张咏的论文《文人论政：密苏里新闻教育模式在现代中国的移植》，张咏的 *From Gospel to News Evangelicalism and Secularization of the Protestant Missionary Press in China, 1870s - 1900s*。李金铨近年从美国明尼苏达大学荣休后在香港任教，他的多篇论文如《社会科学对中国新闻史学研究的启示与借鉴》《社会科学丰富新闻史研究的问题意识》，[⑥] 对中国新闻史研究创新范式，或有直接的启发意义。

从一百年来中国的新闻传播史研究成果，可以看出从无到有、由浅入深、去芜存菁的渐进历程，可以说新闻史是新闻学科中最先诞生也最早成熟的一个领域，正因如此，才出现了可贵的反思和批评，目的是向更精深、更创新的方向发展。百年的文献梳理可以清晰地表明：百年来的中国新闻传播史研究，走的是“传承、开拓、创新”的学术之路。

撰稿：陈昌凤（清华大学新闻与传播学院教授、常务副院长，中国新闻史学会会长）

---

① 方汉奇：《1949 年以来大陆的新闻史研究》，《新闻与写作》2007 年第 1、2 期。

② 王晓梅：《反思与重构：对中国新闻史研究和书写的一种观察》，《新闻与传播研究》2017 年第 9 期。

③ 黄旦：《新报刊（媒介）史书写：范式的变更》，《新闻与传播研究》2015 年第 12 期。

④ 陈昌凤：《从哈德森到夏德森：美国新闻史研究的视角和方法谈》，《新闻春秋》，四川大学出版社 2003 年版。

⑤ 陈昌凤：《新闻史研究的社会学转向——再读〈发掘新闻：美国报业的社会史〉》，《新闻春秋》2016 年第 3 期。

⑥ 李金铨、张宁：《社会科学对中国新闻史学研究的启示与借鉴》，《新闻记者》2014 年第 9 期；李金铨：《社会科学丰富新闻史研究的问题意识》，《新闻春秋》2015 年第 1 期。

百年来中国新闻业务研究的发展历程回顾

理论、业务和历史共同构成了新闻学研究的三个层面。新闻业务研究的任务是“总结、研究各种新闻业务知识和新闻工作的技能技巧，包括新闻采访、新闻写作、新闻编辑、新闻摄影、报刊发行等”①。新闻业务一般包括采、写、编、播、评等诸项与新闻产制环节相关的实践活动。由此，新闻业务研究关注的是研究主体对新闻产制实践的分析、解释和探索。新闻业务研究发展与演变的方向大致受到如下三方面因素的影响：其一，新闻业务的发展状况。新闻业务的发展状况是新闻业务研究的基础，新闻业务研究的对象是具体而细微的新闻产制实践，一旦后者发生变化，前者也必然随之进行调整。其二，新闻业务研究的一般规律。新闻业务研究的一般规律是新闻业务研究发展的内在因素，作为新闻学研究体系的一个支系，新闻业务研究也遵循学科发展的一般规律，有其学科发展的自身逻辑。新闻业务研究与新闻产制实践之间的关系尤其密切，其形成需要一定的经验累积以及学科基本知识的积淀。前者是经验事实或社会现象积累到一定程度后要求建立新的学科对这些事实或现象进行解释和分析；后者则来自其他学科或所属学科研究过程中相关知识的积累从而使得一门新的学科的出现成为必然。与其他学科的发展一样，新闻业务研究也遵循着从经验到学理、从表层到里层、从学科整体阐释到专业领域探讨这一普遍规律。其三，新闻业务研究的整体环境。政治、经济和文化三种因素构成了新闻业务研究的整体环境，这决定着新闻业务研究的价值立场选择、理论资源使用、研究方法应用等。在这些因素中，新闻业务与政治之间的密切联系使得政治因素成为影响新闻业务研究最主要的因素。一方面，从实然的角度来看，新闻业务是在一定时代背景下所进行的新闻实践，针对它的研究也就离不开研究者对特定的政治、经济和社会环境的认知和把握；另一方面，就应然的角度而言，理想中的新闻业务应当如何，这是研究者在当时的社会政治环境中所做出的价值判断。当然，这两个方面并不是截然分开的，而是共同融入研究者的研究过程之中，表现为研究者立足现实实践探寻理想状态的价值追求，或从理想出发审视新闻业务实践。可以说，实践逻辑、政治逻辑、学理逻辑在新闻业务的发展过程中，或明或暗地交织在一起，共同推动着新闻业务研究的发展和演变。

本文立足于新闻业务研究内容的梳理，从研究环境的变化、研究内容和研究方法三个方面探究我国新闻业务研究一百余年来的发展状况，重点从环境性因素、新闻产制实践、学科规律三个维度描述新闻业务研究并解释新闻业务研究何以如此，以期呈现出新闻业务研究变迁的路径和规律，并在此基础上讨论现有研究的特点，展望新闻业务研究下一步发展和演变的可能性。由于地区间新闻业务理念和实践存在较大差异，因而，本文仅限于讨论大陆地区出版发行的新闻业务研究领域的著作和学术期刊论文等，不涉及

① 李良荣：《新闻学概论》，复旦大学出版社 2014 年版，第 1 页。

港澳台地区新闻业务研究的成果。

在分期问题上，现有新闻传播思想史、新闻学术史、新闻理论研究等通常将1918年新闻学研究的建立、1949年新中国成立、1978年改革开放、1992年社会主义市场经济体系建立四个具有转折意义的年份作为分期的四个时间节点，将研究阶段分为五个时期。这一划分方法较为细致，但结合对新闻业务研究成果的梳理与分析，我们认为，这样的划分方法在某些层面上难以反映出不同时期新闻业务研究成果之间的内在联系，因此，本文采用更为宽泛的三个阶段的分期方法，试图呈现出同一研究主题的延续性和变化的内在逻辑：从鸦片战争到1948年为新闻业务研究的起步阶段；1949年至1977年为新闻业务的制度化阶段；1978年至今为新闻业务研究的本位回归和多面向拓展阶段。

一、历史性介入：新闻业务研究的体验式阐释与经验性概括

从鸦片战争到1948年，中国新闻学完成了从新闻理念启蒙到新闻学学科化的转变。这一转变主要是随着社会政治环境的变化以及民族国家独立的历史使命发生的。相应地，这一时期新闻业务的研究也经历了从早期的体验式阐释到此后的经验总结的转变。

晚清以来，特别是鸦片战争之后，西方列强用坚船利炮强行打开了大清的国门，昔日蛮夷的强大震撼了国人，一部分较早觉醒的仁人志士开始进行艰辛的探索，走上了自强图存之路。在这种背景下，中西对比成为这一时期有识之士认知世界的框架，“师夷长技以制夷”和“中体西用”等观念即是其代表。这一时期的新闻业务并不能算是真正意义上的研究，更多的是对作为中西文化交流一个面向的新闻实践观念的阐释：一方面，传教士的办报活动输入了西方的办报理念，并在对中国传统的“报纸”（如《京报》）进行分析和评价的基础上，将中国传统文学作品中的词语、句式（如章回体小说的写法）引入新闻报道中；另一方面，传统社会的士大夫阶层以匡扶时世为己任，在报纸上发表救亡图存方略。他们身上带着中国士大夫的传统印记以及现代知识分子精神，进而形成了所谓的“文人论政”风格①。他们结合对传教士办报活动的观察以及自身的海外游学经历，在中西比较的视野下讨论报纸在社会改良中的作用，代表性的作品有《论日报渐行于中土》（王韬）、《报馆有益于国事》（梁启超）、《敬告我同业诸君》（梁启超）以及《日报》（郑观应）等。在他们看来，办报并不是一种职业，而是一种表达其政治主张、推行社会变革的手段。因此，他们重点讨论的是报馆或新闻纸之于社会的重要性，对新闻业务方面的讨论则较少，多在办报实践过程中出于服务论政需要偶尔提及。

“中体西用”的框架体现在有识之士对西方报纸社会功能的体察并将之与传统相附会从而成为认识报纸、寻求办报活动正当性的依据，如谭嗣同引用曹丕《典论·论文》中关于“文章”功能的论述来描述报纸的功能：“信乎经国之大业，不朽之盛事……斯事体大，未有如报章之一备哉灿烂者也。”② 康有为的《开设报馆议》③ 在描述西方社会报纸的功能的同时，将之与中国古代的采诗活动进行了类比：“盖诗者，即今之新报”“泰西能用吾采诗之法以致富强，吾不能推吾采诗之法、邸报之法而致愚弱，甚非计也。”

---

① 李金铨主编：《文人论政：知识分子与报刊》，广西师范大学出版社2008年版，“序言”第1页。

② 谭嗣同：《报章文体说》，《谭嗣同全集》，生活·读书·新知三联书店1954年版，第119页。

③ 康有为：《开设报馆议》，《强学报》1896年1月12日，参见方汉奇、谷长岭、冯迈《近代中国新闻事业史事编年（三）》，《新闻研究资料》1982年第1期。

“内—外”和“上—下”成为报纸“去塞求通”功能的两大维度，前者乃就救亡图存的外部环境而言，后者则是救亡图存的内部着力点，体现在梁启超和吴恒炜的“万民之喉舌”①、王韬的“民隐得以上达”、严复的“开民智”等表述中，“民”由此成为办报活动的主要对象。

报纸是“文人论政”的阵地，而对“民”的重视则是“文人论政”的基调，这两个方面的结合使得评论写作及报章的文体风格成为这一时期新闻业务讨论的焦点议题。在评论的写作上，梁启超提出了公（“不偏徇一党之意见”）、要（讨论一国一群的大问题）、周（“务献刍荛，以助达识”）、适（与社会接受程度相适宜）四大方针②。在此精神下，《时报》开创了配合当天新闻的短评，有别于长篇评论。严复提出要根据不同的对象开办不同类型报纸的主张③，谭嗣同提出了“民史”“民口”的观念④，认为报章文体可分为“三类十体”⑤，应做到骈散合一、半文半白。晚清时期主导散文风格的主要是“桐城派”余绪，文风较为刻板。王韬则一反此风，将是否直抒胸臆、通俗易懂视为判断文章优劣的标准，“文章所贵，在乎纪事述情，自抒胸臆，俾人人知其命意之所在，而一如我怀之所欲吐，斯即佳文”⑥。梁启超在《时务报》《清议报》《新民丛报》等报纸上所刊发的文章，以宣传变法、议论政事为主，时人称为“报章体”或“新文体”。梁启超后来自己总结了这一文风的特点：“自是启超复专以宣传为业，为《新民丛报》《新小说》等诸杂志，畅其旨义，国人竞喜读之，清廷虽严禁不能遏……启超夙不喜桐城派古文，幼年为文，学晚汉、魏晋，颇尚矜炼，至是自解放，务为平易畅达，时杂以俚语、韵语及外国语法，纵笔所至不检束，学者竞效之，号‘新文体’。老辈则痛恨，诋为野狐，然其文条理明晰，笔锋常带情感，对于读者，别有一种魔力焉。”⑦ 在报道的内容上，办报者认为《京报》仅涉及朝廷事务，报道面太窄，“但传朝廷之政事，不录闾里之琐屑”⑧，而报纸应当兼顾“朝野之新闻”，并规定了办报的一般原则和伦理原则，如《万国公报》确立了“厚道”“直道”等伦理原则；《大公报》则确立了“忘己之为大无私，之谓公”的原则；而梁启超认为报纸应当做到“宗旨定而高”“思想新而正”“材料富而正”“报事确而速”⑨；郑贯公则进一步提出了办报人应在道德、调查、翻译、文字风格、编辑、校对、广告等方面遵循“报律”⑩。

---

① 梁启超：《论报馆有益于国事》，《饮冰室合集·文集》（第一册），中华书局 2015 年版，第 100—102 页；吴恒炜：《知新报缘起》，参见方汉奇、谷长岭、冯迈《近代中国新闻事业史事编年（三）》，《新闻研究资料》1982 年第 1 期。

② 梁启超：《〈时报〉发刊例》，《时报》1904 年 6 月 12 日，参见《中国近代报刊史参考资料》，中国人民大学新闻系（校内用书），1980 年，第 502—503 页。

③ 严复：《〈国闻报〉缘起》，《严复集》（第二册），中华书局 1986 年版，第 454 页。

④ 谭嗣同：《〈湘报〉后叙》，《谭嗣同全集》，生活·读书·新知三联书店 1954 年版，第 139 页。

⑤ 谭嗣同：《报章文体说》，《谭嗣同全集》，生活·读书·新知三联书店 1954 年版，第 116—119 页。

⑥ 王韬：《弢园文录外编》，中州古籍出版社 1998 年版，“自序”。

⑦ 梁启超著，夏晓虹点校：《清代学术概论》，中国人民大学出版社 2004 年版，第 206 页。

⑧ 《论中国京报异于外国新报》，《申报》1873 年 7 月 18 日，转引自卢宁《西方新闻纸在华本土化的早期尝试——以初创时期的〈申报〉为例》，《编辑之友》2012 年第 8 期。

⑨ 梁启超：《本馆第一百祝词并论报馆之责任及本馆之经历》，载张之华《中国新闻事业史文选》，中国人民大学出版社 1999 年版，第 40 页。

⑩ 郑贯公：《据约须急设机关日报议》，载张之华《中国新闻事业史文选》，中国人民大学出版社 1999 年版，第 52—55 页。

这一阶段的新闻从业者（包括办报者）多数是传统文人，他们对办报原则以及新闻从业者的要求带有显著的文人意识。“无论西化程度多深，这些人的身上洗刷不掉儒家士大夫的熏陶，连反儒家反传统者（如鲁迅）的道德承担也有浓厚的儒家痕迹。”[①] 王韬对主笔的要求是德才兼备，就德的方面来说，“其居心务期诚正”，并以德为评判主笔的品级[②]。《申报》要求新闻从业者“才学兼全”，以达到“见闻较确”“巨细皆书”的目的[③]。梁启超也提出新闻从业人员应该具有“五本”“八德”[④]。从这些表述来看，衡量新闻从业者素质的标准，混杂了传统文人和新闻专业人才两种不同的标准。

此时的新闻业务研究实质上只是文人的体验式阐释。之所以说是“体验”，主要原因在于他们对新闻业务的研究是在对西方报纸的实际观察基础上为宣传变法、改良等诉求而提出来的一些主张。政论这一表达意见的体裁在1912年袁世凯加强对报界的控制后受到了较大的限制。这就促使报纸把运营的重心转向了新闻报道上，这一转变为新闻业务的探索和总结积累了丰厚的经验。相对于梁启超提出的“八德”，黄远生提出的“四能”更加强调从业者自身的专业素养：“脑筋能想”“腿脚能奔走”“耳能听”“手能写”[⑤]。

正如蔡元培指出的那样，欧美各国新闻学的建立与其新闻界经验的积累有着必然联系，“凡一科学之成立，必先有事实，然后有学理。以无事实则无经验可言；无经验，则学理亦无由发生”[⑥]。学界现在公认我国新闻学建立的标志是徐宝璜《新闻学》（1918年）的刊印。我国新闻学的建立一方面与此前的新闻实践所积累的经验有关，如梁启超认为，1912年的时候“报馆之发达，一日千里，即以京师论，已逾百家……崇论闳议，家喻户晓”[⑦]；另一方面也与国外新闻学著作的翻译引介（松平君本的《新闻学》和休曼的《实用新闻学》）有着必然的联系。邵飘萍1924年总结说，“有时每觉行之而有所未安焉，乃稍稍从事于所学，以与平时之经验相商榷。至第二次亡命赴东之日，始贻吾人以绝好机会，得涉猎一二世界新闻学者所著之书，尤喜与平时之经验理想有常合之处”[⑧]。徐宝璜的《新闻学》尽管更多的是从本体的角度对新闻学研究的基本范畴进行了体系化建构，但书中除了新闻学研究的一般范畴之外，还包括了“新闻之采集”“新闻之编辑”“新闻之题目”等与新闻业务直接相关的内容，其中讨论的新闻理论的其他范畴（如对新闻价值的判定标准）对于新闻业务的实际操作也有着相当的启发[⑨]。这一时期新闻业务研究体系化、专门化的标志是任白涛的《应用新闻学》（1922年）、邵飘萍的《实际应用新闻学》（1923年）和周孝庵的《最新实验新闻学》（1928年）等著作的出版。《应用新闻

---

① 李金铨主编：《文人论政：知识分子与报刊》，广西师范大学出版社2008年版，“序言”第3页。

② 王韬：《论日报渐行于中土》，载张之华《中国新闻事业史文选》，中国人民大学出版社1999年版，第7页。

③ 《觅寻报事人》，《申报》1876年1月22日；《延请访事人》，《申报》1876年3月14日，转引自曾来海《晚清民国时期传媒经济（管理）学研究的历史考察》，《国际新闻界》2013年第3期。

④ 梁启超：《〈国风报〉叙例》，载张枬、王忍之主编《辛亥革命前十年间时论选集》（第3卷），生活·读书·新知三联书店1977年版，第588—590页。

⑤ 黄远生：《忏悔录》，《远生遗著》，台湾华文书局1938年版，第94—103页。

⑥ 蔡元培：《北大新闻学研究会第一次期满式训词》，载高平叔主编《蔡元培全集》，中华书局1984年版，第348页。

⑦ 梁启超：《鄙人对于言论界之过去及将来》（1912年10月22日），载陈书良主编《梁启超文集》，北京燕山出版社2009年版，第572页。

⑧ 邵飘萍：《我国新闻学进步之趋势》，载《邵飘萍新闻学论集》，北京大学出版社2008年版，第214页。

⑨ 徐宝璜：《新闻学》，中国人民大学出版社1994年版。

学》包括总论、采访、写作和编辑四个部分①，《最新实验新闻学》由陈布雷作序，包括新闻采访、新闻编辑和新闻标题三个部分②。从体例上看，两本书基本包括了新闻业务研究的基本层面，具有体系化特征。《实际应用新闻学》是专门讨论新闻采访的著作，用邵飘萍的话来说就是具体说明“新闻材料采集法”③。该书涉及新闻从业者的职业道德、新闻敏感与新闻价值判定之间的关系、根据采访对象的心理反应确立不同的采访策略等方面的内容，这是新闻业务研究专门化的体现。在此后的发展中，新闻业务研究基本遵循着从经验到概括分析的路径，以包括采、写、编为基本内容的体系化研究和以单一新闻产制环节为核心的专门化研究为基本的框架，奠定了后续新闻业务研究的基调。随着抗战的爆发，“战时新闻学”成为了新闻业务研究的重点，任白涛、张友鸾、田玉振等人均围绕其进行了探讨。

此外，伴随着早期马克思主义思想的引介以及之后革命斗争的需要，中国共产党人对自身的新闻实践活动进行了阐释，逐渐形成了新闻理论体系和新闻实践观念。这主要体现在20世纪20年代初期以来所建立和逐步完善的马克思主义新闻观，代表作品包括李大钊的《在北大新闻记者同志会成立会上的演说》（1922年）、张友渔的《新闻之理论与现象》（1936年）、陆定一的《我们对于新闻学的基本观点》（1943年）、毛泽东的《对晋绥日报编辑人员的谈话》（1948年）以及刘少奇的《对华北记者团的谈话》等。这些新闻思想发展了马克思主义新闻观，为中国特色社会主义新闻理论体系的建立奠定了基础。

整体上看，这一阶段新闻业务研究是伴随着报纸作为“文人论政”的工具而进入中国近代历史当中的，并从以感性思考和以感情说服为方式的体验式阐释逐渐演变为20世纪20年代前后的经验总结式概括。这一时期新闻学研究中业务经验的概括与基本理论的描述之间并没有泾渭分明的界限。理论与业务研究的混杂性一直存在于此后的理论和业务研究中，代表性作品有黄天鹏的《新闻学概论》、任毕明的《战时新闻学》、萨空了的《科学的新闻学概论》以及储玉坤的《现代新闻学》、田玉振的《战时新闻工作的途径》及谢六逸的《通讯练习》等。正如有学者概括的那样，“在近代中国，没有一本纯粹的理论新闻学著作，新闻学著作基本上都是将基本理论的阐释与新闻业务经验的介绍融为一体”④。

二、新闻业务研究的制度化约束

从新中国成立初期到1976年“文化大革命”结束，我国的新闻事业逐渐被改造成社会主义事业的一个组成部分，政治因素开始成为新闻事业发展和新闻业务研究的主导性因素，这种主导性因素在新中国成立初期到“文化大革命”之前表现为对新闻业务研究的制度化约束；“文化大革命”期间，新闻业务研究则完全被政治因素所主导，制度化约束最终演化为政治化主宰。

1949年，中华人民共和国成立。伴随着社会主义政治制度的确立，中国开始进入社会主义建设时期，新闻学研究被纳入到制度化建设的道路上来。20世纪50年代初到“文

---

① 任白涛：《应用新闻学》，生活·读书·新知三联书店2014年版。
② 周孝庵：《最新实验新闻学》，上海时事新报馆1928年版。
③ 邵飘萍：《实际应用新闻学》，上海书店出版社1989年版，第1页。
④ 李秀云：《中国新闻学术史》，新华出版社2004年版，第347页。

化大革命”之前这一时期，新闻业务的实践与研究逐渐被纳入社会主义建设轨道，成为社会主义新闻理论的有机组成部分。制度化一方面使得社会主义新闻理论体系得以完善，另一方面也使得新闻业务研究受到了制约。此外，由于新中国成立初期经济力量薄弱，新闻界出现了以节约成本为主要诉求的市场化讨论，提出了报纸的市场化发展构想，强调市场、受众和报纸的商品属性等，但这与国家推行的计划经济相悖，因此，市场化并未得到深入讨论。整体言之，这一时期的新闻业务研究制度化主要与以下三方面因素有着密切关联：首先，对旧中国新闻事业的接收和对新闻从业人员观念的改造成为新闻学研究（包括新闻业务研究）制度化的现实基础。如何对新闻实践理念和新闻从业人员的观念进行改造，成为这一时期新闻业务研究的重要内容。其次，新中国成立之后，由于社会主义建设面临着重重困难和巨大挑战，经济和社会事业的发展均实行严苛的计划，这一以国家主导为核心的体制对新闻事业、新闻业务研究的发展产生了较大的影响。最后，从新中国成立前的战时到新中国成立以后，对苏联新闻管理体制的借鉴，成为新闻业务研究制度化制约比较直接的动因。

研究的制度化具体表现为在计划安排下新闻业务研究的统一化，主要方式是在国家统一号召和动员之下，对新闻业务的具体原则、方针和任务的阐释。这一时期新闻业务研究突出新闻研究的政治性趋向，很大程度上忽视了新闻业务研究自身的规律性，尤其未注意到新闻业务自身区别于党报业务的特殊性。

这一时期绝大部分关于新闻业务原则、观念的阐释基本上处于国家的主导之下。从1950年4月《人民日报》发表的《中国共产党中央委员会关于在报纸刊物上展开批评和自我批评的决定》提出的“引导人民群众在报纸刊物上公开地批评我们工作中的缺点和错误”的观点，到1954年7月《中共中央关于改进报纸工作的决议》对“社论”的重视，再到1956年7月《人民日报》摒弃苏联《真理报》模式，实施以“扩大报道范围，多发新闻”“开展自由讨论，阐发社会言论”“改进文风，活跃空气”为主旨的改版，以及1957年4月此次改版的中止，这些变化或改版的方向均是在国家意志的统一要求下进行的，这使得新闻业务的研究不再只是一个遵循自身学科规律的研究，更多是一个国家关于新闻业务的看法的表达。其中值得注意的是邓拓在《关于报纸的社论》一文中对于报纸社论的对象、立场、写作等诸环节的阐释①。

新闻业务的阐释空间的大小有赖于国家指令与新闻业务自身规律之间相符合的程度。当两者相冲突的时候，新闻业务的阐释空间缩小，反之，新闻业务的阐释空间变大。穆青正是在后一种情况下提出了“应该增加一些报道问题的新闻”的观点：“在报道中能够及时地提出问题，揭示矛盾，本身就是一种有力的批评。这种批评是客观的，就事论事的，也是最适合新闻报道所采取的一种批评方法”②，同时，穆青还对新闻采访和写作过程中应重视客观事实、抓住新鲜事物、重视小新闻和注意“兴趣”等方面的问题进行了阐释③。

在国家指令下，晚报的生存遭遇着严峻的挑战，其新闻业务徘徊在“跟着党报的调

① 邓拓：《关于报纸的社论》，载《邓拓全集》（第5卷），花城出版社2002年版，第356—376页。

② 穆青：《应该增加一些报道问题的新闻》，载穆青《新闻散论》，新华出版社1996年版，第32页。

③ 穆青：《改造采访与写作》，载穆青《新闻散论》，新华出版社1996年版，第61—64页。

子、还是用自己的语言讲话好”① 这一困境中。在此情况下，赵超构于1956年提出了“短”“广”“软”② 的办报思路，试图调和两者之间的矛盾，“所有的报纸都应该宣传党的政策，都应该宣传社会主义，都应该具有指导性……我们需要高尚的情操，需要愉快的休息，需要健康无害的趣味，需要丰富多彩的社会主义文化生活”③。

“文化大革命”期间，我国进入了高度集中的计划经济时期，新闻事业完全服从于国家意志，新闻业务研究也开始进入了制度化主宰时期。1966年开始，国家意志全面主导了新闻业务的阐释工作，新闻业务研究受到了严格的限制，“不是单纯地介绍新闻业务知识、采访方法和写作技巧，而主要是为了……帮助读者更好地掌握新闻报道这一阶级斗争的锐利武器，为巩固无产阶级专政服务”④，这一阶级斗争立场在全国各高校的新闻业务教材中均有体现。在阶级斗争立场具有压倒性优势的形势下，恽逸群的《论新八股》（1973年）一文对此做出了批判。这一时期的新闻业务研究成果主要有蓝鸿文的《专业采访报道学》、邱沛篁的《新闻采访艺术》等，有参考价值的成果并不多。

在这一阶段，出于社会主义建设的需要，政治因素成为我国新闻事业发展的支配性因素。政治因素通过对新闻实践的渗透以及对学理逻辑的约束，最后成为支配新闻业务研究的主要力量。因此，这一阶段的新闻业务研究整体上处于制度化约束的境遇中。

三、多面向拓展：新闻业务研究的专业化和学理化

1978年以来，我国新闻业务研究在对实践反思的基础上逐渐开始回归新闻本位，加之此后市场经济体制的建立，这一回归本位的趋势进一步加快，新闻业务研究自身规律得到了尊重，而伴随着国外理论成果和研究方法的引入，新闻业务研究逐渐呈现出专业化和学理化的发展势头。尽管实践经验总结和思辨性研究依旧是这一阶段新闻业务研究的主流，但我国新闻业务研究总体上进入了多面向拓展阶段。

1978年，“解放思想，实事求是”观念的提出以及改革开放政策的实施使得我国整个社会呈现出开放的状态，新闻界围绕着新闻与政治、新闻与宣传、党性与人民性等话题进行了讨论，并形成了基本共识，摆脱了“左”的思想对新闻业务研究的禁锢。1981年，中央提出的“真”“短”“快”“活”“强”⑤ 成为改进新闻工作的主导方向。随着国家工作重心的转移，新闻如何为经济建设服务也成为新闻研究者必须加以讨论的话题。随后，新闻学研究出现了关于新闻商品性、新闻价值的讨论。表面上看，这些讨论似乎属于新闻理论研究的范畴，但实际上，它们或多或少代表了整个新闻界对新闻学领域（包括新闻业务）一些核心问题的关注。范敬宜就是通过思索宣传与新闻的关系而提出了新闻报道的“三贴近”方针，即“同中央精神贴得近些再近些，同实际工作贴得近些再近些，同群众脉搏贴得近些再近些”⑥。“三贴近”方针实际上是在寻求宣传与新闻之间的联结

---

① 丁法章：《办好社会主义晚报之路——谈谈赵超构同志的办报思想》，《中国记者》1992年第4期。

② 同上。

③ 丁法章：《中国晚报界的一面旗帜——写在赵超构百年诞辰之际》，《新闻记者》2010年第5期。

④ 《新闻采访与写作》编写组：《新闻采访与写作》，北京大学中文系新闻专业，1977年5月，“写在前面”第2页。

⑤ 《习仲勋代表中央书记处对新华社的宣传报道提出五点希望》，中国社会科学院新闻研究所：《开创新闻工作的新局面》，中国新闻出版社1985年版，第43页。

⑥ 陈崇山：《在宣传改革中改革宣传——访〈经济日报〉总编辑范敬宜》，《新闻战线》1987年第9期。

点。正是通过这一时期所展开的几次大讨论，研究者才真正形成了对1949—1977年新闻学研究的反思，而反思所形成的共识也使得新闻学研究逐渐走上正轨，并与国家经济、社会发展产生了密切的联系，从此，包括新闻业务研究在内的新闻学研究开始走上了以发展为主旨的“回归新闻本位”的道路。可以说，“新闻本位”成为1978年之后中国新闻业务研究的基本旨趣，这体现在研究者开始从新闻业务本身的实际状况出发，重点讨论新闻产制实践的总体规律以及不同产制流程应当遵循的基本规律。

1992年，中央提出建立和完善社会主义市场经济体制的决定，市场因素开始影响着新闻业的发展，市场化改革使得市场成为影响新闻产制环节的重要因素。由此，国家、市场、媒体成为新闻业务研究的基本框架。同时，新闻业务在新的时代背景下得到了较快的发展，随着以互联网为代表的新媒体的出现，新闻业务开始呈现出与传统媒体时代不同的新实践和新现象。这些变化促使新闻业务研究呈现出专业化趋势，具体体现在两方面：一是经验总结性研究依旧是新闻业务研究的主流，但在经验总结的对象上越来越细化，既包括了对采、写、编等诸环节更为深入和细致的分析，也包括了一些对新闻业务新实践和新现象的讨论，如深度报道、精确报道、网络新闻等。二是随着国内外学术界理论沟通的深入和对话的加强，国外相关新闻传播理论和方法在我国新闻业务研究领域的应用更加深入，最终，新闻业务研究的跨学科研究成果不断涌现。

（一）研究视野的拓展

在新闻业务研究反思的过程中，其他学科的理论资源被作为了一种促进反思的极佳手段，由此，新闻业务研究开始迈上了交叉研究的道路。在这些研究中，最具代表性的成果是艾丰关于新闻采访方法论的探索。在1982年出版的《新闻采访方法论》[①] 一书中，艾丰运用马克思认识论和辩证法，从方法论的角度讨论了新闻采访中存在的矛盾、普遍规律以及我国新闻采访的特殊规律，主要内容包括采访与事实、记者和采访对象、基本采访方法等。他认为，采访不仅仅需要感性、程序性以及对局部规律的了解，更为重要的还是要有理性、规律性、全面性的了解，并且要注重把握新闻手段的普遍规律和特殊规律。由此，艾丰打破了“报纸是阶级斗争的工具”这一僵化的新闻观念。延续这一研究思路，艾丰出版了《新闻写作方法论》（1993年）。

借用其他学科的理论来反思新闻业务研究这一现象还体现在社会学、心理学、伦理学等学科理论在新闻业务研究中的运用。从稍早的系统论、信息论、控制论到后来的心理学、社会学、伦理学，这些理论成果随着改革开放的深入迅速被引进到国内。这些新理论或新研究成果的引入在新闻学领域形成了学科交叉的研究。心理学在新闻学研究中的运用最早起于徐宝璜的《新闻学》对采访心理和受众心理的探讨，此后，邵飘萍、袁殊、任白涛也曾对此进行了讨论[②]。但在1949—1977年，新闻业务的心理学研究处于停滞状态。到1978年之后，心理学在新闻业务研究中重新兴起，代表作有张骏德和刘海贵的《新闻心理学》（1986年）、徐培汀和谭启泰的《新闻心理学漫谈》。不过这些研究始终还停留在新闻学与心理学的交叉研究方面，尚未对具体的新闻心理机制进行探讨。社会学和伦理学同样也被引入到新闻业务研究中，但对西方新学科、新理论的使用仅仅停留在引介和“勉强撮合”阶段，即借用其

---

① 艾丰：《新闻采访方法论》，人民日报出版社1982年版。

② 邓绍根：《新闻心理学在中国研究发展历史的再考察》，《现代传播（中国传媒大学学报）》2014年第7期。

他学科的概念来解释新闻业务现象，未出现有深度的新闻业务研究成果。

经过1978—1991年的引介和普及，1992年以来新闻业务研究在采用文学、心理学、社会学、伦理学等交叉学科理论时更加成熟。语言学、叙事学等学术理论和方法进入了新闻业务研究后，出现了新闻语言学、新闻符号学和新闻叙事学等交叉研究成果，如曾庆香、何纯借用话语分析、文学叙事学理论框架，分别出版了《新闻叙事学》（2005年）、《新闻叙事学》（2006年），并发表了若干的相关论文。语言学方面，新闻语言学专著则有李元授和白丁的《新闻语言学》（2001年）、高小方的《新闻语言学》（2012）、黄匡宇的《电视新闻语言学》（2000年）、李玮的《新闻符号学》（2014年）以及刘智的《新闻文化与符号》（1999年）等。

伴随市场化而出现的有偿新闻、隐性广告、新闻寻租等现象也开始成为新闻业务研究的关注焦点[①]，并被纳入了新闻道德伦理范畴加以讨论[②]，代表性著作包括黄瑚的《新闻法规与新闻职业道德》（1998年）、陈桂兰的《新闻职业道德教程》（1997年）以及徐新平的《新闻伦理学新论》（2001年）等。新闻心理学领域的研究也更加细化和深入，既有采访心理学、写作心理学和编辑心理学等分门别类的研究，也有如获取信息的心理、读者的自主性心理、参与性心理等方面的细致研究。截至1994年，我国共有新闻心理学专著14本，论文集2本[③]。

新闻本质上是社会活动，对这一活动的研究很难仅在新闻学的学科视野内完成。从早期对新闻采访、写作、编辑、评论等不同产制环节的概括和梳理逐渐转变到了“新闻生产”或“新闻产制”活动的分析。在这里面，新闻业务研究不再明确区分各环节的相对独立性，而是将其纳入到了整体新闻产制环节中进行考量，这与西方社会学研究以及新闻社会学研究视野的引入有着较大关系。张志安借用布尔迪厄的场域理论对新闻编辑部中的新闻生产进行了讨论[④]，并展现了新闻生产与新闻控制之间所存在的张力问题[⑤]；洪兵则讨论转型社会中新闻生产的变迁问题[⑥]；知识社会学、情感社会学、社会记忆、职业意识等也是新闻生产研究的重要内容[⑦]。

---

① 王博：《“新闻寻租”何以成为“常规行为”——从制度经济学视角解读新闻寻租》，《兰州学刊》2008年第12期；张信国：《新闻隐性广告的存在及辨析》，《新闻界》2007年第5期；王亦高、黄彪文：《正确的判断如何得到确认——以“广告新闻”讨论为例》，《国际新闻界》2007年第3期；郑保卫、陈绚：《传媒人对“有偿新闻”的看法——中国新闻工作者职业道德调查报告》，《新闻记者》2004年第5期；陈超：《论“新闻性广告”和“广告性新闻”》，《新闻记者》2002年第1期；王泊：《有偿新闻的本质及其法律责任》，《新闻记者》2001年第8期。

② 蒋颖：《新闻媒体公信力缺失与新闻道德建设》，《新闻界》2011年第2期；马艺、张培：《多重价值的融合与冲突——新闻伦理道德失范原因的深层阐释》，《新闻与传播研究》2009年第2期。

③ 陈力丹：《对我国新闻心理学学科建设的几点意见》，《新闻大学》1995年第2期。

④ 张志安：《编辑部场域中的新闻生产》，博士学位论文，复旦大学，2006年；张志安、阴良：《新闻生产：职业意识与社会环境的影响——以1987“深度报道年”为个案》，《新闻大学》2009年第1期。

⑤ 张志安：《新闻生产与社会控制的张力呈现——对〈南方都市报〉深度报道的个案分析》，《新闻与传播评论》，2008年卷。

⑥ 洪兵：《转型社会中的新闻生产》，博士学位论文，复旦大学，2005年。

⑦ 张志安：《深度报道从业者的职业意识特征研究》，《现代传播（中国传媒大学学报）》2008年第5期；王君玲：《新闻生产社会学研究的范畴、理论与发展》，《东南传播》2008年第9期；徐桂权：《知识社会学视野下的新闻生产》，博士学位论文，中央民族大学，2008年；周海燕：《“赵占魁运动”：新闻生产中工人模范的社会记忆重构》，《新闻记者》2012年第1期；袁光锋：《同情与怨恨——从“夏案”、“李案”报道反思“情感”与公共性》，《新闻记者》2014年第6期。

随着社会学、心理学和文学研究理论的应用，这些学科所采用的研究方法也随之被运用到新闻业务研究中。实证逐渐成为新生代研究者主要采用的研究方法。到目前为止，量化研究以及以民族志、深度访谈为代表的质化研究[①]被研究者奉为圭臬，如常见的对农民形象、工人形象、农民工形象的框架研究采用的是内容分析法，对新闻编辑室内新闻产制环节的分析则多采用了深度访谈的方法。

（二）研究领域的细分

随着高等教育逐步走上正轨，新闻学教育开始现身高校，这刺激了对新闻业务相关教材和著作的需求。据统计，1979—1992 年，仅出版的新闻业务方面的书籍约有 1200 种之多[②]，其中，有代表性的著作或教材有：安岗的《新闻论集》、胡绩伟的《新闻工作论说集》、林帆的《新闻写作纵横谈》、李良荣的《中国报纸文体发展概要》、邝妙云的《新闻写作教程》、洪天国的《现代新闻写作技巧》、刘海贵和尹德刚等的《新闻采访新编》、刘文峰主编的《编辑学》（1988 年）、彭朝丞的《现代新闻标题学》（1989 年）、陆炳麟的《怎样当编辑》、姚文华的《实用新闻评论学》（1985 年）以及丁法章的《新闻评论学》（1985 年）等。由于 1949—1977 年新闻业务研究的停滞，加上专业研究人才奇缺，新闻业务的研究成果较之前变化不大，缺乏有分量的学理性专著。1992 年，新闻学教育进入专业化培养阶段，这极大加快了新闻业务研究的进程，全国有 52 所高校设立了新闻专业类教学点，共 77 个新闻学类专业，其中包括 39 个新闻学专业，9 个广播电视新闻学专业[③]。一大批关于新闻采访、新闻写作、新闻编辑的教材纷纷出版，蔡雯的《现代新闻编辑学》（1995 年）、张子让的《当代新闻编辑》（1999 年）、范敬宜的《总编辑手记》（1997 年）等皆是其中的典范。随着新媒体的出现，网络新闻业务研究方面的专著和教材也频频出版，如杜骏飞的《网络新闻学》（2001 年）、彭兰的《网络新闻学原理与应用》（2003 年）、仲志远的《网络新闻学》（2002 年）、金梦玉的《网络新闻实务》（2001 年）、廖卫民和赵民的《互联网媒体与网络新闻业务》（2002 年）以及蒋晓丽的《网络新闻编辑学》（2012 年）等。

研究领域的细分不仅体现在对采、写、编等产制流程的研究更加细致，还体现在对诸如深度报道、民生新闻等新的报道样式的讨论上。

深度报道兴起于 20 世纪 80 年代。深度报道兴起初期，学界对深度报道的研究更多体现在报道形式的争论、报道技巧的阐释、电视媒介进行深度报道的可能性等方面[④]，这些研究停留在经验层面的总结上，未上升到理性的分析和研究上。关于批评性报道的研究情况与深度报道情况相似。随着深度报道实践经验的积累，1992 年之后深度报道的研究

---

① 卞清、赵金昳：《媒介融合语境下的编辑部改造——基于“澎湃新闻”日常实践的考察》，《新闻记者》2015 年第 12 期；王芳：《社会学视角下的“新闻民工”群体研究》，《青年研究》2008 年第 12 期。

② 方汉奇主编：《中国新闻传播史》，中国人民大学出版社 2002 年版，第 492 页。

③ 李建新：《中国新闻教育史论》，新华出版社 2003 年版，第 260 页。

④ 范敬宜：《宏观意识·理论意识·建设意识——“关广梅现象”报道给我们的启示》，《新闻知识》1988 年第 9 期；刘宏：《电视能不能搞深度报道？——兼评中央电视台新节目〈社会瞭望〉》，《新闻战线》1988 年第 4 期；王茂亮：《采写深度报道需有三个基本功》，《新闻大学》1988 年第 4 期；洪颖：《深度报道的崛起——评近期报纸新闻发展趋势》，《新闻战线》1988 年第 3 期；樊凡：《时代呼唤深度报道》，《新闻记者》1987 年第 7 期；何光先：《对深度报道的思考——从第八届全国好新闻评选增设深度报道项目谈起》，《中国记者》1987 年第 7 期；叶子：《论电视新闻的深度报道》，《现代传播》1987 年第 2 期。

更加注重学理性，并重视新的媒介环境下深度报道存在形态的研究，同时，深度报道在我国的起源、原因与发展趋势等也成为研究者关注的一个层面①。深度报道是对新闻观念、各种新闻文体和媒介角色定位的整合②，在从平面媒体到电视媒体的发展过程中，深度报道并不是一个简单的报道技巧或体裁的电视化移植，而是一种思维方式的转变③。由于深度报道生产周期相对较长，如何实现深度报道生产速度和深度的共赢，成为新媒体语境下深度报道发展的关键问题④。

另一种新的报道形式民生新闻，产生于20世纪末21世纪初，一般将之视为一种新闻类型或新闻体裁。董天策认为，民生新闻既不是类型也不是体裁，也不只是一种价值取向，"而是题材选择上的民生内容、报道立场上的平民视角、价值取向上的民本意识、报道方式上的民众话语的有机结合所构成的一种新型新闻传播范式"⑤。朱寿桐以党的方针、政策等为立论依据，系统性地从民生新闻的"党性原则"和政治倾向性、中国特色与时代特色、历史性、学术可能性等方面对民生新闻的理论进行了考察和建构⑥。经过多年的发展，民生新闻成为一种社会现象⑦，新闻本位、舆论监督、人文关怀是民生新闻的公信力要件⑧。尽管民生新闻受到了媒体尤其是电视媒体的青睐，研究者对之仍缺乏足够的理论关注。

社会科学方法直接在新闻业务实践中的运用催生了一种新的报道形式——精确新闻。精确新闻起源于美国，20世纪90年代中期以来在我国得到广泛运用和发展。精确新闻的产生与社会科学量化研究方法在新闻报道领域中的应用直接相关⑨。对精确新闻的研究首先集中在对精确新闻的概念、历史、由来、种类、特点等的分析⑩上。从形式上看，精确新闻能较为主动客观地反映社会现实，尤其能够摆脱新闻源对新闻采制的影响和限制⑪。精确新闻的独特性体现在其对社会科学方法（如实验、调查和内容分析）的使用，满足了人们对客观性和真实性的价值追求。因而，精确新闻的实践及生产流程、数据及调查方法的使用等成为新闻业务研究的重要内容之一⑫。精确新闻生产流程中同样面临着数据

---

① 林如鹏：《论我国深度报道的崛起与发展》，《暨南学报》（哲学社会科学版）1999年第4期；姜英：《新世纪深度报道的动因及其传播策略探析》，《新闻界》2009年第1期；董媛媛：《再探深度报道的起源与发展趋向》，《新闻大学》2008年第1期。

② 胡翼青：《论深度报道的整合》，《广播电视大学学报》（哲学社会科学版）2001年第2期。

③ 陈力丹：《深度报道"深"在哪儿?》，《新闻与写作》2004年第4期；刘倩、周晶：《从〈新闻调查〉看电视新闻深度报道画面的叙事功能》，《新闻知识》2011年第11期；何婕：《深度报道——电视新闻报道的新思维》，《新闻大学》1998年第2期；喻国明：《深度报道：一种结构化的新闻操作方式》，《电视研究》1997年第6期。

④ 张洁：《速度与深度：鱼和熊掌如何兼得？——论新媒体背景下的电视深度报道》，《中国记者》2011年第3期；白贵、周正昂：《网络时代报纸深度报道的"整合"叙事》，《当代传播》2006年第2期；邹学麟：《新媒体语境下的网络深度报道研究》，《福建论坛》（人文社会科学版）2011年第4期。

⑤ 董天策：《民生新闻：中国特色的新闻传播范式》，《西南民族大学学报》（人文社会科学版）2007年第6期。

⑥ 朱寿桐：《民生新闻概论》，中国社会科学出版社2006年版。

⑦ 朱天、程前、张金辉：《解读电视"民生新闻"现象》，《传媒观察》2004年第8期；李舒、胡正荣：《"民生新闻"现象探析》，《中国广播电视学刊》2004年第6期。

⑧ 陈龙：《新闻本位、舆论监督、人文关怀：民生新闻的公信力要件》，《中国电视》2004年第6期。

⑨ 喻国明：《从精确新闻到大数据新闻——关于大数据新闻的前世今生》，《青年记者》2014年第36期。

⑩ 刘保全：《我国"精确新闻报道"发展综述》，《当代传播》2004年第3期；刘海贵：《论精确性报道》，《新闻爱好者》2002年第1期。

⑪ 苏林森：《精确新闻报道的社会功能》，《当代传播》2006年第2期。

⑫ 章永宏、黄琳：《重建客观：中国大陆精确新闻报道研究》，中国书籍出版社2013年版；肖明、丁迈：《精确新闻学》，中国广播电视出版社2002年版。

的陷阱[①]，应通过保证统计的精确性、社会科学的真实性、媒体呈现的客观性等实现精确新闻的精确性[②]。

（三）网络新闻业务研究的兴起

1994 年中国接入国际互联网。然而，互联网真正对传统媒体地位形成挑战是在 2003 年，这一年，互联网成为舆论发起的重要平台。此后，随着 3G 和 4G 移动互联网的发展，以互联网为代表的新媒体对传统媒体形成了冲击。这种冲击主要表现在新媒体对传统媒体新闻产制过程的挑战和影响。互联网使得新闻生产具有了吉登斯意义上的“脱域”特征，即新闻生产主体和客体的多元化、生产范式的互动化。在这种状况下，媒介全球的在地化是应对策略[③]。

互联网的核心在于用户中心思维的确立，这就意味着传统媒体时代的“作品”演变成为以效用为主的“产品”，新闻人则成为了“产品经理”，“受众中心”则演变成为“用户驱动”[④]。以互联网为代表的新媒体模糊了新闻生产者与接受者之间的角色界限，使得两者之间的关系更加复杂，并可能产生“放大的同行争议”“强烈的群体抗议”和“失焦的民众异议”三种类型的争议[⑤]，造成新闻生产理念和流程的巨大变化。融媒体时代新闻生产流程的再造[⑥]，就要求新闻从业者具有全能素质，以适应兼顾报道速度和深度的“钻石模型”[⑦]。而“众筹新闻”[⑧]等新的新闻生产方式也随之应运而生，并受到研究者的关注。更为重要的是，手机、DV 等技术为公民参与提供了机会，这可能形成以公民参与、公民报道、公民传播为特征的“公民共享新闻学”[⑨]。然而，也有研究表明，在获取信息源、确立新闻生产规则和期待社会认可方面，当前的新闻生产并未脱离传统的新闻生产实践，而是受到了传统新闻生产实践的“结构性制约”[⑩]。尽管微信新闻的编辑生产模式能够有效地弥补传统媒体新闻生产机制的弊端，但其自身也存在难以逾越的新闻类型局限[⑪]。在传统媒体选择融媒体发展之路后，其新媒体平台编辑部的新闻创新动力主要来自于不确定性，然而“编辑部创新既体现出路径依赖也仍然存在着多重可能”[⑫]。由此，

---

① 刘鹏、何锋：《谨防“数字陷阱”——精确新闻常见的三种问题》，《新闻记者》2002 年第 3 期；陈敏：《对精确新闻中数据的冷思考》，《新闻知识》2005 年第 2 期。

② 刘毅：《精确新闻的演进及其精确性》，《重庆社会科学》2008 年第 10 期。

③ 操慧：《脱域：互联网时代的新闻生产》，《四川大学学报》（哲学社会科学版）2012 年第 3 期。

④ 林晖：《从“新闻人”到“产品经理”，从“受众中心”到“用户驱动”：网络时代的媒体转型与“大众新闻”危机——兼谈财经新闻教育改革》，《新闻大学》2015 年第 2 期。

⑤ 王辰瑶：《记者为什么成了不可爱的人？——兼论网络时代新闻生产者、使用者的“冲突”》，《新闻记者》2015 年第 8 期。

⑥ 栾轶玫：《融媒体时代新闻生产的流程再造》，《视听界》2010 年第 1 期。

⑦ 白红义、张志安：《平衡速度与深度的“钻石模型”——移动互联网时代的新闻生产策略》，《新闻实践》2010 年第 6 期。

⑧ 栾轶玫：《“众筹新闻”：新闻生产的新模式》，《新闻与写作》2014 年第 2 期。

⑨ 韩鸿：《论新媒体背景下的公民共享新闻学》，《新闻与传播研究》2006 年第 3 期。

⑩ 王辰瑶：《结构性制约：对网络时代日常新闻生产的考察》，《国际新闻界》2010 年第 7 期。

⑪ 金春平：《自媒体时代微博新闻编辑模式分析——基于新闻生产市场学视角》，《编辑之友》2015 年第 1 期。

⑫ 王辰瑶、喻贤璐：《编辑部创新机制研究——以三份日报的“微新闻生产”为考察对象》，《新闻记者》2016 年第 3 期。

专业的新闻生产与用户生产两种模式之间可能存在深度融合[①]。

与新媒体技术发展一道兴起的还有以大数据技术为支撑的数据新闻。有研究者认为，数据新闻由精确新闻发展而来[②]。对数据新闻的研究主要集中在数据新闻的理念和实践等方面[③]。就目前来看，大数据技术渗透到了新闻生产的核心环节，重塑了新闻质量标杆，这说明大数据技术在一定程度上也影响着传统的新闻生产模式和机制[④]，并赋予了新闻从业人员以新的角色[⑤]。大数据新闻主要具有数据驱动的调查性新闻、数据可视化叙事、数据驱动的运用三个创新维度[⑥]。但数据新闻也存在数据可能误导传播者和受众、过分依赖数据导致质性分析的缺失、导致报道的模式化和程序化[⑦]等问题。更为严重的是，大数据方法在新闻传播创新中面临的最大问题是“大数据方法与新闻传播价值逻辑之间的矛盾以及大数据的数据源的开放”[⑧]。

1978年以来，中国确立了以经济建设为中心的基本国策，我国开始转变到以经济建设为中心的发展道路上来，新闻产制实践也嵌入到国家现代化进程中，并与之相适应。在这一背景下，新闻业务研究走上了按照自身学科逻辑发展的道路。研究视野的拓展、研究领域的细分、网络新闻业务研究的兴起这三方面的变化既体现了学科逻辑也体现了实践逻辑，同时也与这一时期新闻事业的发展与国家工作重心的转移以及市场经济体制的建立等宏观背景密切相关。从1978年以来的研究成果看，新闻业务的研究开始呈现多面向拓展的趋势：既有传统的经验式的总结，又有学理性较强的研究出现；既保持了传统的思辨性研究方法，又借助其他学科的理论和方法，赋予新闻业务研究以不同的面向和路径。在某种程度上，我们可以说，1978年以来我国的新闻业务研究是学理逻辑、实践逻辑和政治逻辑相互交织和相互渗透的结果。

四、结语

一百多年来，我国的新闻业务研究大致经历了历史性介入、制度化约束、多面向拓展三个阶段。从总的趋势来看，我国新闻业务研究整体形成了内、外两种研究路径，内部路径主要在新闻业务或新闻学体系内讨论新闻的采、写、编等环节；外部路径则是讨论新闻业务与其他学科之间的关系，形成了交叉研究的态势。然而，这样的变化并不能掩盖我国新闻业务研究当前存在的诸多问题。

首先，新闻业务研究的学理性尚显不足。一百多年来，新闻业务研究从体验性概括到经验性总结再向学理性分析转变，尤其在最后一个时期，既有经验性总结，又有一定

---

① 曾祥敏、曹楚：《专业媒体新闻内容生产创新实践——用户生产与专业生产深度融合的路径研究》，《现代传播》2015年第11期。

② 徐锐、万宏蕾：《数据新闻：大数据时代新闻生产的核心竞争力》，《编辑之友》2013年第12期。

③ 方洁、颜冬：《全球视野下的“数据新闻”：理念与实践》，《国际新闻界》2013年第6期；钱进、周俊：《从出现到扩散：社会实践视角下的数据新闻》，《新闻记者》2015年第2期。

④ 彭兰：《“大数据”时代：新闻业面临的新震荡》，《编辑之友》2013年第1期；彭兰：《社会化媒体、移动终端、大数据：影响新闻生产的新技术因素》，《新闻界》2012年第16期。

⑤ 赵江峰：《可视化“数据新闻”：记者角色的新转换》，《新闻知识》2013年第10期。

⑥ 王斌：《大数据与新闻理念创新——以全球首届“数据新闻奖”为例》，《编辑之友》2013年第6期；郎劲松、杨海：《数据新闻：大数据时代新闻可视化传播的创新路径》，《现代传播（中国传媒大学学报）》2014年第3期。

⑦ 王村村、丁柏铨：《数据新闻：价值与局限》，《编辑之友》2014年第7期。

⑧ 喻国明：《大数据方法与新闻传播创新：从理论定义到操作路线》，《江淮论坛》2014年第4期。

的学理性分析。然而，从总体上看，新闻业务研究的经验性总结成果要远远多于学理性分析成果。这种状况的形成既与整体的政治环境有关，也与新闻业务研究自身的特点有关。具体表现在：其一，新闻业务实践性较强，难以对之进行抽象研究。其二，专业研究人才的稀缺。尽管20世纪90年代新闻类专业人才的培养得到了强化，但作为一个新兴学科，这样的人才储备和供给还是很难满足学理性研究的需要。其三，新闻业务实践的各个环节在研究中被人为割裂，导致新闻业务研究各部分之间缺乏关联性，丧失整体感。新闻业务一般包括采、写、编、播、评等诸多环节，而总体性的研究通常以教材的方式存在，更多的是以经验的总结和技巧的描述为目的，且研究者通常也是按照新闻采访、写作、编辑的顺序逐个罗列其观点，这就导致这些环节之间互相割裂、各自为政。如何总结新闻业务的一般性规律，并在新闻产制的整体语境下开展不同产制环节的独立研究，成为提升新闻业务研究水平的重要内容和关键环节。

其次，研究方法多以哲学思辨和朴素的经验归纳为主，价值判断居多，事实判断不足，对量化和质化等研究方法均重视不够。哲学思辨的方法往往会导致研究者忽视事实材料，仅仅从观点推论到观点，导致研究不接地气，“一个问题是我们的宏观思辨学术传统有时使得我们的研究规范过于‘百花齐放’，致使因为缺乏规范而无法切实提高我们的研究质量”①；而朴素的经验归纳则往往执着于“术”的细节，缺乏对实践活动的整体观照，导致研究成为操作技巧的讲解，且重复性成果较多。

最后，简单搬用国外理论和方法，忽视其适用性问题，导致研究的实际意义和价值不大。以国家、市场和媒体这一研究框架为例，相当多的研究直接将“市场”概念搬用到新闻业务研究当中，忽略了中国的“市场”是一个由国家推动、以“发展”为目的市场，并不完全是西方“市场”的概念。在此状况下，忽视两者之间的差别可能会导致我国的新闻业务研究落入西方的理论“套路”中，难以做出符合我国实际情况的分析，也就无法对我国的新闻产制实践有实际的指导意义。

针对上述问题，本文认为，就内部研究而言，应当将新闻业务研究作为一个新闻产制的整体过程来加以讨论，然后将其置于新闻理论和新闻史的观照下，考察产制实践与理论概念和历史变迁之间的关系，从中寻找实践与理论、实践与历史之间的矛盾和张力，以形成明确的研究问题，进而展开研究；就外部研究而言，应注重对新闻产制实践的观察和总结，从事实中观察外部力量是如何影响新闻实践的，并将社会学、政治学等学科的理论和方法进一步运用到新闻产制过程的分析中，以勾画出新闻场域与其他场域之间的关系。在这一方面，国外的新闻社会学研究以及1992年以来国内学者运用社会学理论和方法讨论新闻产制问题的相关研究做出了有益的探索。

本文系国家社会科学基金青年项目“新闻事件流行语的意识形态镜像表征研究”（项目编号：17CXW021）的阶段性研究成果。

撰稿：强月新（武汉大学新闻与传播学院院长，教授，博士生导师）
刘莲莲（安徽省社会科学院助理研究员，博士）

① 郭可、张军芳、潘霁：《中美新闻传播学学术传统比较研究——兼谈我国新闻传播学的发展》，《新闻大学》2008年第1期。

20世纪以来中国传播学科发展历程回顾

如果将1978年郑北渭先生在《外国新闻事业资料》第1期上译介的华伦·K. 艾吉的两篇论文《公众传播工具概论》和《美国资产阶级新闻学：公众传播》作为开端，传播学在中国的学科化进程已经完整地经历了40年的历程。之所以更多的意见认为传播学在中国走过了40年，并不是因为郑北渭先生是中国最早译介西方传播学的学者，而更多的是因为自此以后，尽管其发展道路几经坎坷，但是传播学再也没有真正中断过，“总的说来该学术领域一直处于专业化的进程之中”①。

一系列研究表明，早在20世纪20年代，在西方传播学仍处于萌芽状态时，孙本文、顾执中等学者便已经采用了今天传播学的视角与方法展开了各自的研究。新中国成立之初，中国人民大学和复旦大学的学者们也译介过一定数量的西方传播学著作供内部学习与批判。只是这些努力都因为众所周知的原因并未走向学科化进程。1978年至今，传播学学科化在各个领域全面持续展开，无论是科学研究的专业化、人才培养的专门化还是学科地位的社会认可度，都不断得到提升。但关于这40年来传播学的发展阶段，存在着不同的观点。

最常见的分期是所谓的三分法，把传播学的发展分为三个重要的阶段：“1978年到1989年是传播研究的萌芽阶段；1990年到1997年是传播学科地位确立的阶段；1998年至今是传播步入快速专业化进程的阶段。”② 理由是：“在1990年以前，学者们主要关心的是如何将西方传播理论引入中国为新闻体制改革服务，这是一个前专业化的阶段；20世纪90年代以后，学者们将关注的目标放在了大众传播研究如何实现理论化、本土化这些问题上，于是学科的专业化开始萌芽；1997年底传播学二级学科的地位确立以后，大量专职研究者进入这一场域，学科专业化进程大大加快。”③

然而，10年过去了，这种分期的缺点逐渐暴露出来，其实从学科建设的角度来看，真正的分水岭只有一个，那就是1997年。这一年，国务院学位委员会和国家教育委员会联合颁布了《授予博士、硕士学位和培养研究生的学科、专业目录》，传播学成为具有授予博士学位资格的二级学科。尽管传播学在1989年以后渐渐落入低谷，1993年以后又渐渐复兴，因此在20世纪90年代初有一个明显的转折点，但从1978至1997年，总体上都可以被看作是传播学的前学科时期，其学术发展的样貌与1997年之后有着明显的不同。有鉴于此，以二级学科确立的时间为起点，将传播学科发展划分成两个阶段，更符合中国传播学科发展的实际情况。传播学在中国的四十年，可以看作两个阶段：传播学的前学科阶段（1978—1997）与传播学的学科化阶段（1998— ）。

---

① 胡翼青：《专业化的进路：中国传播研究30年》，《淮海工学院学报》（社会科学版）2009年第4期。

② 同上。

③ 同上。

一、中国传播学的前学科时代（1978—1997）

在传播学的前学科阶段，中国传播研究的主要特点主要集中在以下几个方面：

（一）研究队伍：资源匮乏，人员稀少

尽管从20世纪80年代初起，各大学就陆陆续续地恢复或新建了新闻传播专业，但新闻学仍然是这些专业的主攻方向。尽管到20世纪90年代中期，主要从事传播学研究的学者人数有所增加，但他们的数量仍然无法与新闻学专业的师资力量相提并论。

在20世纪80年代，传播学的研究主要集中在北京的中国社会科学院新闻所、中国人民大学和北京广播学院以及上海的复旦大学，数量不超过50人，这其中中国社会科学院新闻所的学者相对比较活跃，较成规模。在当时较为知名的传播学者有新华社的李启，中国社会科学院新闻所的徐耀魁、张黎、陈崇山、明安香等，中国人民大学的张隆栋、林珊等，北京广播学院的苑子熙、肖月等，复旦大学的郑北渭、陈韵昭、居延安等。另外，江苏的张学洪、邵培仁，广东的吴文虎，兰州的戴元光则是北京、上海之外的代表性学者。

由于资源有限，当时这批学者的发表量有限，主要学术发表阵地是中国社会科学院新闻研究所的《新闻学刊》、中国人民大学的《国际新闻界》、北京广播学院的《新闻广播电视研究》、复旦大学的《新闻大学》等。由于缺乏足够的科研经费，身处异地的他们聚在一起召开学术会议的机会非常有限，甚至互相讲学交流的机会也非常罕见。在这20年中，全国传播学研讨会一共就召开了5届，其他关于传播学的研讨都只能依托于各种新闻学的学术研讨会。学生资源的匮乏也是显而易见的，由于缺乏专门方向上的培养，传播研究不仅根本不能为业界提供专门人才，连自身后继人才的培养都很成问题。很多年轻学者跨入这个领域仅仅只是凭借自己的兴趣和热情，具有极大的偶然性。在《中国传播学30年：1978—2008》一书的学者自述部分，很多学者的经历都非常相似，他们完全是因为偶然接触到了传播学并对其产生浓厚兴趣而“不小心”成为了传播学者。由于在各校图书馆保存的可供参考的传播学文献少得可怜，学者们的研究往往是从零开始，进展当然缓慢。

尽管人力物力都高度匮乏，但就是这所谓的“几个花甲上下的老人和十几个人来七八条枪”，为中国传播学的后续发展奠定了基调和格局。在他们的激情与坚持之下，20世纪90年代初，一批更加年轻和更加专门化的传播学者如卜卫、王怡红、郭庆光、喻国明、胡正荣、李彬、张国良、吴予敏、段京肃、董天策等迅速在各个大学成长起来，为传播学后来的学科化进程奠定了良好的基础。

（二）学术研究：局部突破，政策导向

由于学者队伍的稀少，生产的研究成果相当有限，因此20世纪80年代的传播研究局限在极其有限的几个领域，而且这些主要的研究突破都是集中在行政管理、社会治理和经营管理的框架范围内，如受众研究、传媒政策研究和公共关系研究等。尽管这一时期的研究不乏纯粹概念、方法、学派和理论体系上的讨论，但研究的主要目的还是推动政治和社会的变革或改良，而非学理的创新和知识体系的建构。这种情况在20年代90年代早中期略有改观，但基本的格局是一脉相承的。

由陈崇山所主持，中国社会科学院新闻研究所与北京新闻学会调查组联合开展的“北京地区读者、听众和观众调查”是这一时期最有代表性的研究之一，这种代表性不仅表现在其研究方法和水准上，也直接体现在这一研究想要达到的目的上。在1982年开展的这项调查，研究者采用了类型抽样法，将全市人口按职业分为22个部门，用计算机分层抽选样本，样本量超过5000。无论从哪个角度看这在当时都是一项了不起的巨大工程，所以该研究也被认为是“中国大陆第一次采用现代科学的方法和手段进行的受众调查”①。然而，费了那么多人力物力所开展的这项研究，其主要目的竟然只是调查党报党台受众对媒体内容的看法，仅仅只是一项关于媒体使用行为的民意调查。当然这并不能抹杀这项研究的重要意义和历史价值，但此后一系列的调查不过是这项调查的一次次的翻版而已。在此后，陈崇山、张学洪、喻国明、祝建华等学者又在北京、浙江、江苏、上海等地做过一系列受众调查，尽管统计工具也变得越来越复杂，从开始的以频数为基础的描述到后来的多元回归分析，从简单统计到数学建模，研究的实用目的也变得更加丰富，包括为落后地区发展寻找出路，包括为新闻体制改革甚至政治体制改革提供思路，但这些调查并没有带来有效的理论建构。所以当资源更为丰富、人员更为专业的专业调查公司在20世纪90年代开始在中国建立它们的固定样本库以后，这种大型受众调查在学界便渐渐式微了。

与“京派”研究不太相同的是，1980年代“海派”学者的研究则更注意传播学的商业面向。早在1986年就出版了《信息·沟通·传播》的居延安，在1987年因为承担国家课题“社会主义公共关系的理论体系与方法运用和管理”而将兴趣转向公共关系。公共关系研究在居延安、潘玉鹏等学者的努力下，一度成为复旦大学应用传播研究的一大特色。1990年代，随着社会主义市场经济改革的深化，关于“市场经济转型与中国新闻传播传媒”的讨论变得越来越引人关注。在20世纪90年代初，学者们普遍意识到市场经济体制下我国传播学将面临的诸多课题，如：市场经济下大众传播功能的延伸；大众传播活动中经济因素的介入及社会如何对大众传播事业实施宏观控制；大众传播者的权利；社会使命及职业道德规范；受众的媒介消费行为以及传媒集团的形成与管理；等等。② 顺着这些问题，形成了当代应用传播学的许多传统，如媒介经济学、传媒经营管理、公共关系学等，但这些研究的目标同样是对策性的而非理论性的。

如果套用布尔迪厄的场域理论，我们不难发现，早期传播学的理论场域，独立性和自主性偏弱，受到政治场域和经济场域深远的影响。这也是跟这一学科缺乏学科建制的保障相关联的。

（三）学术理念：中学为体，西学为用

美国实证主义传播学对20世纪八九十年代的影响是深远的。这种自我标榜为科学的传播研究范式，确实与新中国成立前30年新闻学者们使用的方法和路径大相径庭。所以很多人在阅读了施拉姆的《传播学概论》和其他美国传播学论著后，被深深地吸引了，

---

① 钱辛波：《新闻民主的催化剂（代序）》，载陈崇山、弭秀玲主编《中国传播效果透视》，沈阳出版社1989年版，第1页。

② 参见张咏华《市场经济与大众传播研究》，载中国社会科学院新闻研究所等编《传播·社会·发展——全国第四次传播学研讨会论文集》，成都科技大学出版社1996年版，第285—286页。

很快便陷入了一种内在东方主义的语境。

西方传播学最能引发认同的便是它所使用的一系列研究方法。在接触到西方的传播研究方法后，陈崇山对以往中国受众研究的科学性表示了质疑。她指出："过去，我们习惯于把受众看成是个体的简单相加，仅从分析个体着手，'解剖麻雀'，再从对个体的认识中去推测全体。……这种做法从确定调查对象开始，就掺杂了调查者的主观因素，容易以点代面，以偏概全，使调查结果带有片面性。"① 因此，陈崇山认为很有必要将民意调查的方法引入中国的业界和学界，因为她认为民意调查是"一种运用现代化的科学方法及数理统计手段，迅速、及时、准确地收集、整理、统计、报告民众意见、测定社会舆情变化的社会活动"。② 同样着迷于研究方法并将其作为终生志业的还有祝建华。他在去美国读书之前，就在《新闻大学》上不断发表文章介绍各种传播研究方法。到了20世纪90年代，已经有学者将传播研究方法运用得炉火纯青。卜卫不但再次系统讨论了传播研究方法，进一步完善了祝建华等人在这方面所做的开创性工作，而且采用规范的方法研究媒介与儿童的社会化、媒介与儿童观念的现代化、媒介与妇女儿童权利的保护、妇女儿童的媒介选择等方面的问题，结论颇具说服力和启发性。

而美国的主流传播理论同样令人着迷。从《新闻大学》第1期开始到第8期为止(第5期未刊)，陈韵昭一共发表了7篇"传学浅谈"，以深入浅出、娓娓道来的叙述方式，向中国学界介绍传播学。这7篇文章分别涉及了传播的基本概念与研究现状，传播的基本要素，传播的符号、媒介与媒介的历史，传播者与受众之间的关系以及传播的效果等内容。③ 俞旭1983年就介绍了德弗勒关于受众理论四种类型的划分；④ 肖月1984年就开始讨论西方传播学与社会学的关系，并讨论社会学理论在美国传播学中形成的四大研究谱系：结构功能主义、进化论、社会冲突理论与符号互动论。⑤ 居延安很早就介绍了有限效果论和认知心理学中关于选择性接受的理论；⑥ 王怡红在1986年就把议程设置理论介绍到了中国⑦；而"把关人理论"则被多人多次介绍和使用。尽管当时中国传播学界还没有能力完全掌握整个西方传播学的知识地图，但主流传播学理论带着一种科学神话的光环。在这个方面，陈韵昭是很有代表性的，她认为传播学就是一门客观的科学知识："他们（指西方传播学）对传播过程的解剖是比较细致的；他们对传通效果的分析，不据主观推断而凭实际调查；他们已经摸索出来的若干传通模式，是符合客观实际的。"⑧

不过，不管传播学的理论方法有多么引人入胜，学者们仍然倾向于将其看作一种理论工具，并想将其纳入有中国特色的传播理论框架中。他们对中国传播学科体系建设的讨论如火如荼。徐耀魁将建立中国的传播学理论体系看作中国传播学研究的最终阶段："我国传播学研究将经历三个阶段：一，评价外国传播学；二，与传统新闻学研究相结

① 陈崇山：《系统方法与受众研究》，《新闻学刊》1986年第3期（总第6期）。

② 陈崇山：《民意调查在中国》，载陈崇山、弭秀玲主编《中国传播效果透视》，沈阳出版社1989年版，第11页。

③ 参见陈韵昭《传学浅谈》，《新闻大学》1981—1984年总第1—8期。

④ 参见俞旭编译《大众传播的接收对象》，《新闻大学》1983年6月（总第6期）。

⑤ 参见肖月《试析西方传播学的社会学理论》，《新闻广播电视研究》1984年第4期。

⑥ 参见居延安《心理选择与新闻报道》，《新闻大学》1982年5月（总第3期）。

⑦ 参见王怡红《美国大众传播学的一项新研究——"议程安排"理论的探讨》，《国际新闻界》1986年第4期。

⑧ 陈韵昭：《传学浅谈》，《新闻大学（创刊号）》1980年第1期。

合；三，创建独立的传播理论体系。"[①] 基于对中国传统文化的浓厚兴趣，颜建军提出了建立中国沟通学的设想，他的总体设计是："以西方传播学的合理内核为框架，以中国传统的传播方式、习惯等为内容，全面探索传播在中国文化背景下的规律。"[②] 吴文虎同样从当前中国新闻传播的现实关切出发，提出新闻传播应当建构起一个一体化的研究框架。他指出，新闻传播可分为内部子系统和外部母系统，其中内部子系统包括新闻的研究对象和方法、信息、媒介、传播者与受众以及传播效果五个方面的要点；而外部母系统则包括新闻传播的社会功能、新闻传播的社会制约、新闻传播与现代化以及新闻传播与社会改革四个要点。[③]

到20世纪90年代，关于传播学本土化是否可能和何以可能终于成为争论的焦点。尽管本土化的议题在1982年第一次全国传播学研讨会上，就作为发展目标被写入了"十六字方针"，但真正去设法启动这一设想却是在1993年。在香港学者余也鲁的推动下，一批中国学者开始接手探索传播学本土化的一系列研究项目。在这一系列研究的总论《华夏传播论》中，孙旭培指出："传播学研究在经过必要的引进介绍以后，不能只依赖于西方人总结出的原理和方法。中国传播学者要做出自己的特殊贡献，就必须研究中国的传播实践。"[④] 至于具体的做法，孙旭培指出："传播研究中国化是一个过程，就是通过大量挖掘中国文化（包括传统文化和现代文化）中关于传播方面的财富，促进传播学的发展，最终创造出集东西方文化精华之大成的传播学。"[⑤] 然而，孙旭培的观点在当时并没有得到所有人的认同。李彬在当时就指出了这其中的内在东方主义风险："以独立独行相标举的本土化，本质上也许恰恰显示出西方话语的支配性"，"从本土化的实绩看，传统文化似乎不像被'弘扬'，而倒像被拉到'国际'博览会上被拍卖，一切都得按'接轨'的标准办理，结果就跟金发碧眼的西方女子穿一袭旗袍，让人总感到有种说不出的不伦不类。"[⑥] 而王怡红则认为，就中国传播学当时的发展状况还够不上谈本土化，因为"我们始终缺乏一种对话的氛围和勇气"[⑦]。这场争执从1994年的成都会议延续到1999年的上海会议，不仅没有达成什么共识，反而让李彬感觉中国传播学"何去何从，麻烦真是剪不断，理还乱"[⑧]。

事实上，进入21世纪以后，任何学术本土化运动都被纳入学科发展的框架中。在本土化研究方面的困惑，恰恰说明1978年后的20年，中国传播学并没有经历过学科化的洗礼，无法支撑本土化的美好设想。

二、中国传播学的学科化阶段（1998— ）

1997年年底，传播学学科地位被官方确立，传播学学科化的大幕终于拉开。大量的

---

① 参见徐耀魁《试论中国传播学研究的发展方向》，《新闻学刊》1986年第5期（总第8期）。

② 颜建军：《关于建立中国"沟通学"的构想》，《新闻学刊》1987年第1期（总第10期）。

③ 参见吴文虎《传播学理论构架初探》，《新闻学刊》1986年第5期（总第8期）。

④ 孙旭培主编：《华夏传播论》，人民出版社1997年版，序言第1页。

⑤ 钟元：《为"传播研究中国化"开展协作——兼征稿启示》，《新闻与传播研究》1994年第1期。

⑥ 转引自孙旭培主编《华夏传播论》，人民出版社1997年版，序言第3—4页。

⑦ 王怡红：《对话：走出传播研究本土化的空谷》，《现代传播（中国传媒大学学报）》1995年第6期。

⑧ 李彬：《反思：传播研究本土化的困惑》，载中国社会科学院新闻研究所等编《传播·社会·发展——全国第四次传播学研讨会论文集》，成都科技大学出版社1996年版，第31页。

传播学二级学科博士点相继建立，成批量成建制地开展传播学硕士博士培养成为可能，高校纷纷开设相关专业，社会对大众传播学的教学和科研队伍有了更大的需求，使更多的学者加入了传播研究的行列，传播学真正进入了快速发展的时期。到2016年年底，全国一共有82个新闻传播学博硕士一级学科点参与了教育部的学科评估，办学规模显得相当可观。相比于前学科阶段，这一个阶段中国传播学的特点可以概括为如下几个方面：

（一）研究队伍：增长迅速，平台升级

自1998年以来，专职的传播研究者数量快速增长。用一个数字就能说明一切：1982年，第一届全国传播学研讨会20多个人与会且没有一篇论文（有几篇介绍性文章与译文，构成了后来的《传播学简介》一书），到2008年的第十届全国传播学研讨会，就有200多人与会且收到300多篇论文。最近一次在南京大学举办的第十四届全国传播学研讨会，在严格限定与会人数的前提下，参会人数仍然接近300人。

由于大量学科点的出现，学者们的构成发生了变化。那种凭借兴趣而偶然加入传播研究队伍的学者已经非常罕见，科班出身的学者不断增加。另外，留学海外的学者和毕业生大批量地回到中华文化圈任教并更多地介入大陆传播学的研究圈层，他们的介入进一步促进了中国传播研究的专业化。专业化和职业化学者比例的增加，导致的直接后果是传播学学术研究比前学科时代更加注重学术规范。相应地，一整套学术伦理也逐渐地形成并受到越来越多的重视。

专业学科点的建设及其大规模招生为传播研究提供了一大批的阅听人。传播学研究比以往任何时期都有了更多的受众。这些阅听人对传播学研究水平的提高起到了积极的推动作用，而且也为传播学研究队伍的不断再生产提供了基础。

专业学科点的建立，意味着传播学有了自身的专属空间与发展平台。大量资源因而可以通过这一平台注入学科建设。纵向科学研究经费以几何级数增长，传播业为传播研究提供的大量横向经费，出版和发表空间的不断扩张，各种学术组织的纷纷成立，极大地改善了学者的研究条件，为他们的学术交流创造了比以往多得多的机会。以学术研讨会为例，有时甚至就在一个周末，在全国各地会有三到四场传播学研讨会同时召开。与传播学有关的各种学术文献不仅数量可观，而且易于获得。另外，随着各种数据库的不断完善，研究者可以在第一时间同步阅读到国际同行的最新研究成果。这些供传播学教学和研究的优越外部条件，可能是20世纪80年代和90年代早期的学者根本不敢想象的。

（二）学术成果：数量的快速增长与领域的全面开花

队伍的繁荣壮大必然导致学术成果的快速增长，中国传播学学术生产能力在不断增强这几乎是一个不争的事实。进入21世纪以后，论文、专著、教材和译著数量一度以几何级数增长。近些年，尽管增速放缓，但仍处于不断增长之中。

在论文方面，在2008年前后，即使用最苛刻的标准来测量（不算书评，不算综述，不算应用传播学如广告、公关和媒介经营管理的论文），在新闻传播类核心刊物（CSSCI）上发表的传播学论文年平均数量都超过120篇，约是传播学萌芽阶段年平均论文数量的6倍。在2008年以后，传播学在更多综合类CSSCI来源期刊上开辟了阵地，每年传播学论文发表量超过200篇。目前，《中国地质大学学报》《南京社会科学》《西南民族大学学报》《暨南学报》《山西大学学报》《中州学刊》等刊物都开设了固定的传播研究专栏。

专著和教材方面的增长更是惊人。今天，每年各大出版社出版的传播类专著，数量就足以超过在传播前学科时代出版的传播学专著的总和。根据周伟明主编的《中国新闻传播学图书精介》提供的数据，1998 年前出版的传播学专著与教材加在一起都不到 40 本。① 而现在，仅仅一个中国传媒大学出版社，每年新出版的传播学专著都不下 20 部。

然而，上述成绩与译著的出版相比，还是有相当的差距。进入 21 世纪以来，在多位学者的组织下，大批西方传播学教材与传播学专著被系统地译介进中国。其中比较有代表性的有华夏出版社的“传播·文化·社会译丛”和“高校教材经典译丛·传播学”；中国人民大学出版社的“国外经典教材系列·新闻与传播学译丛”和“当代世界学术名著·新闻学与传播学译丛·大师经典系列”；新华出版社的“西方新闻传播学经典文库”；商务印书馆的“文化与传播译丛”等。除了这些成套的译著外，许多单行本的译著也很重要，因为这些作品往往紧跟西方学术前沿，有时几乎可以做到与西方的发行同步。在一些译者的努力下，有一些思想流派的几乎所有作品都被翻译进来，从而使研究者可以全面地把握一种思想的系谱和脉络。比如在何道宽等学者的努力下，媒介环境学的思想谱系被全面地译入中国。从伊尼斯、麦克卢汉到莱文森和林文刚，媒介环境学半个多世纪的经典文本在短短几年之间全面呈现在中国学人面前。这些译著的引进对于我国 21 世纪传播研究的繁荣居功至伟。

从呈现在我们面前的学术文本内容来看，传播学的理论研究视野得到了极大的拓宽，研究方法变得丰富多彩，而传播学分支学科的研究也全面开展。

就理论研究而言，这 20 年来，传播学理论资源从空间到时间都得以较大地扩展。从空间上讲，学者们的视野开始从实证主义转向后实证主义，又渐渐关注到后实证主义的对立面——诸多文化批判的思潮上。法兰克福学派文化研究、传播政治经济学派、后现代主义的学者们，如本雅明、阿多诺、马尔库塞、哈贝马斯、威廉斯、霍尔、莫利、费斯克、凯瑞、默多克、戈尔丁、莫斯可、福柯、巴尔特、波德里亚、布尔迪厄、列斐伏尔、德塞托等开始为这个学科耳熟能详。近些年来，随着社交媒体技术的兴起，媒介技术哲学渐渐成为传播学研究关注的热点。海德格尔、基特勒、斯蒂格勒等学者开始受到关注，这是理论空间拓展的又一典型范例。从时间上看，学者们的视野越过了实证主义的传播学奠基人们，从芝加哥学派到李普曼到大众传播学科确立的过程，重新评估了杜威、帕克、库利、李普曼等人的传播学贡献和其影响，同时也对施拉姆所确立的四大奠基人提出了质疑，带动了研究界对传播思想发端的聚焦。② 当然，即使不再拓展时空的维度，也能获得新知。学者们用新方法，比如知识社会学对一些旧有经典的再解读，也能深化人们对于经典理论的理解，因此有人重读哥伦比亚学派，重读拉斯韦尔，重读麦克卢汉，凡此种种，都有很多新的收获。从陈力丹所做的年度总结来看，几乎每一年大家都会集中讨论一些理论和学派（见表 1）。

---

① 参见周伟明《中国新闻传播学图书精介》，复旦大学出版社 2008 年版，第 1—37 页。

② 参见黄旦《美国早期的思想及其流变——从芝加哥学派到大众传播研究的确立》，《新闻与传播研究》2005 年第 1 期（第 12 卷）；胡翼青《四大奠基人神话的背后》，《国际新闻界》2007 年第 4 期；胡翼青《再度发言：论社会学芝加哥学派传播思想》，中国大百科全书出版社 2007 年版。

表1

年度＼领域	传播理论研究	具体内容
2009	重读经典	通过重读《社会传播的结构与功能》，提出既有传播研究仅关注5W模式的做法窄化了拉斯韦尔的传播思想，并通过反思并不见得存在的“魔弹论”如何在研究者标榜自身效果理论创新性的过程中作为假想敌被建构的过程，批评了生硬套用美国效果理论解释中国问题的做法
	传播政治经济学	在传播研究中“重新发现”传播政治经济学，通过讨论从“文化工业”向“文化产业”概念的变迁，呈现20世纪70年代中期传播政治经济学的批判视角从宏大叙事转向对传媒业实践和具体文化现象的分析
	文化研究	着重讨论伯明翰学派关于亚文化如何被主流文化收编的论述
	符号学	结合消费社会理论，讨论当代信息传播中的符号崇拜与符号迷思
2010	媒介环境学	麦克卢汉百年诞辰引发对其“媒介即讯息”“冷媒介”等概念对传播研究启发的再讨论
	文化霸权理论	以对概念翻译的讨论为起点对葛兰西文化霸权理论进行语境化解读
2012	经典理论重读	施拉姆访华30周年纪念之际反思以“四大奠基人”为基础的学科史书写。介绍经验主义效果研究理论最新动态，并对议程融合、第三人效果等经典理论中的具体结论进行一系列再次验证
2013	编码解码理论	对霍尔编码解码理论形成的理论史回溯；对关于受众的民族志研究进行了一系列讨论
	媒介环境学	梳理媒介环境学学派在中国的引进与传播；在绘制这一学派知识谱系的过程中对莱文森等具体学者的思想进行讨论
2014	重读经典	通过重读《媒介事件》与《作为文化的传播》厘清“媒介事件”与“传播的仪式观”概念，而斯图亚特·霍尔逝世引发对《编码/解码》再次关注
2015	传播的仪式观	通过追溯凯瑞“传播的仪式观”思想形成脉络及其人类学知识背景，与上一年通过重读经典对“传播仪式观”概念的厘清形成学术交锋

研究方法的多样化运用和在某一时段的流行同样不容忽视，人文和科学的方法都在不断发展，同时也构成拉动传播研究向前发展的两翼。

西方经典实证研究在中国环境下的验证。其实早在卜卫刚开始研究媒介与儿童时，她就采用了这种方式，但不久后就有了自己的理论创新。在1998年以后，张国良及其弟子在这个方面做了一系列的问卷调查。“议程设置”“沉默的螺旋”“使用满足理论”“涵化理论”“知沟理论”和“第三人效果理论”是这一系列研究的几大主旋律，其结果是发表了一批相关论文，出版了一系列相应的专著。对于这些研究，赞成的声音认为，有必要在中国的环境中重新证实西方的理论假设，这样可以帮助我们更系统、更深入地理解西方的传播理论。而反对的声音则认为，这种对西方大众传播理论的模仿无助于中国传播学研究的本土化，也看不到什么理论创新，价值不大。事实是，尽管现在还是大量年轻学者在尝试用西方的经典量化方法解决新问题，但大家也都基本赞同这种方法存在着较大的局限性。

20世纪和21世纪之交，潘忠党开始在国内介绍框架理论，框架理论与内容分析在国内迅速流行起来。在21世纪初的中国，几乎当时世界上所有重要的热点事件都被用以进行框架分析。比如：2002年的“9·11”事件，2003年对“非典”事件的传播学分析，2004年“马加爵事件”，2005年的《超级女声》，2006年的“馒头”事件，等等。然而，这种研究方式终因其缺乏理论繁殖力而渐渐变成一种辅助性的研究方法，通常是刚入门的研究生科研习作的常用手段。

2003年以后，郭建斌对独龙族媒介使用的田野研究逐渐引起了学界的关注。[①] 传播人类学的方法开始逐渐影响到传播学研究。此后这一类研究方法向任何具有空间意味的领域扩散。除了郭建斌自身继续对包括藏区在内的少数民族媒介使用的关注外，关于新闻生产的田野研究也在国内受到重视，周海燕等学者在集体记忆研究中也广泛采用了这种方法[②]，黄顺铭和李红涛等学者甚至将其运用到关于南京大屠杀的集体记忆研究中。[③] 与传播人类学研究相似的情况还包括话语分析和符号学等人文方法，它们也正在传播研究中发挥着越来越重要的作用。尤其是在赵毅衡的率领下，以四川大学为中心，传播符号学的影响力正在越来越彰显。

社交媒体的兴起，使传统的量化研究方法面临挑战。先是社会网络分析的方法得到重视，被运用于网络传播研究，后是大数据方法的先进性被传播学界所认知。大数据挖掘在2010年以后开始成为受人关注的量化方法。在此基础上，计算传播学研究逐渐受人关注，正在成长为传播学的学术前沿。

与国外一样，传播学的分支领域在这20年中开始蓬勃发展，这是学科专门化的一个必然特点。早年就已经具有相当良好基础的发展传播学在这些年继续着强劲的理论繁殖力，对于传媒与西部地区发展的研究成为这一领域的热点，源自西北的学者在这个方面取得了令人关注的成果。[④] 随着传播全球化的趋势，跨文化传播研究日益凸显其重要性。学者研究了后殖民语境下跨文化传播的状况，重新定义了其研究对象；[⑤] 另外，还有学者研究了风险社会中的跨文化传播[⑥]。在“非典”以后，一直无人问津的健康传播研究成为热点。这些年来对健康传播的内容系列研究已然很成体系。[⑦] 同样的情况也发生在国际传播、环境传播和科技传播领域。大量的资金注入与学者队伍的不断扩充，是这些研究不断繁荣的根本原因。

当学科的社会基础得以确立，物质资源得以保障，快速成长便指日可待，20年来传播学的发展很好地说明了这一点。快速扩展学科的内涵与外延，也是一个新学科在学科化进程中必须经历的一个过程。

---

① 参见郭建斌《独乡电视：现代传媒与少数民族乡村生活》，山东人民出版社2005年版。

② 参见周海燕《媒介与集体记忆研究：检讨与反思》，《新闻与传播研究》2014年第9期。

③ 参见李红涛、黄顺铭《“耻化”叙事与文化创伤的建构：〈人民日报〉南京大屠杀纪念文章（1949—2012）的内容分析》，《新闻与传播研究》2014年第1期。

④ 王锡苓等：《互联网在西北农村的应用研究：以“黄羊川模式”为个案》，《新闻大学》2006年春季刊。

⑤ 参见姜飞《从学术前沿回到学理基础——跨文化传播研究对象初探》，《新闻与传播研究》2007年第3期；姜飞《跨文化传播的后殖民语境》，《新闻与传播研究》2004年第1期。

⑥ 参见秦志希、郭小平《论“风险社会”危机的跨文化传播》，《国际新闻界》2006年第3期。

⑦ 参见张自力《健康传播研究什么——论健康传播研究的9个方向》，《新闻与传播研究》2005年第3期；《“健康的传播学”与“健康中的传播学”——试论健康传播学研究的两大分支领域》，《现代传播（中国传媒大学学报）》2003年第1期；《论健康传播兼及对中国健康传播的展望》，《新闻大学》2001年第3期；等等。

（三）学术理念：GDP 导向与自反性思考并举

资源的注入对学术研究当然有其正面的意义，但资源显然不是中立的，它会对学科产生形塑和导向的作用。资源是追求回报的，因此它必然追求目标的达成与运作效率，容易形成学术的社会动员效应。

在前学科的时期，传播研究者就习惯于工具性地使用西方理论去解决实际问题，形成了不以学术为目标的学术理念。到了学科化的阶段，这一问题非但没有得到改善，反而被进一步放大了。与其他社会科学场域一样，各传播学专业点的竞争结果将直接影响到资源的分配，其结果就是：量化指标成为衡量学科发展优劣的唯一标准。课题数、SSCI 和 CSSCI 发文量、专著数、成果获奖情况等指标指挥着所有专业点的学科建设，量的追求所能获得的回报远远超过质的追求，而质的追求的风险又远远大过量的追求。因此，工具理性、行政导向、急功近利的问题成为了学术研究的痼疾。

学科场域是一种两重性构造，学科发展必须在两者之间达成平衡："在社会层面，它是一种专业意识形态的构造，核心的游戏规则是权力……另一方面，学科也是一种认识论的构造……核心的游戏规则是学术创新。"① 学科社会向面的过度发展，会使学科化进程对学科的认识论内核产生不可逆转的伤害。当然，这种过度发展也会召唤认识论层面的反击和抵抗。从目前的情况看，这种抵抗是通过对学科发展的不断反思实现的。

尽管平衡学科社会向面的力量很弱小，但这种抵抗正在形成。对于自身研究的自反性思考以及对西方理论局限性的习惯性思考已经在传播研究中渐渐扎根。从陈力丹的年度综述中可以看出，对学科发展和学科范式的反思性研究几乎每年都是受到高度关注的话题（见表 2）。

表 2

领域 年度	传播理论研究	具体内容
2009	传播研究自身反思	将传播研究视为一个处在特定时空中的场域，继而讨论其中的知识生产与作为行动者的传播研究者
2010	传播研究自身反思	对传播研究中本土经验与西方理论间相割裂的现象进行了反思；指出对社会环境和社会实践高度敏感反映传播研究自主性程度低
2012	传播学科反思	反思传播研究主流范式中的科学至上主义以及对人本身的忽略
	反思结构功能主义	通过对与中国传播学发生与展开密切相关的结构功能主义进行知识考古，探讨超越这一框架的研究可能性
2013	本土化研究反思	既有本土研究在东西方间人为建构的壁垒阻碍了中国传播研究在世界范围内的理论生产进行对话

① 胡翼青：《传播学科的奠定：1922—1949》，中国大百科全书出版社 2012 年版，第 266 页。

续表

年度 \ 领域	传播理论研究	具体内容
2014	传播学科反思	《新闻记者》组织学界翘楚围绕传播学在中国发展的反思及其进路探讨进行笔谈
	传播学史反思	受国外传播思想史研究中"修正史学"影响,对既有传播思想史叙事进行解构与重新建构
2015	收视率研究反思	从文化研究角度对"收视率"概念的形成与运作逻辑进行分析;提出不能将电视市场乱象简单归结于对收视率的追求
	传播学科反思	探索传播研究的哲学根基与人本主义之根;在关注经验事实与追求数据之外增加传播研究中对历史视野的观照;增强传播研究多元视野与本地化知识之间的对话
	反思思想史研究	继续解构传播思想史主流叙事,重访思想史书写"灰色地带";重新审视大众传播研究中"受众"观念的形成与变迁

在这些反思性文章中，学者们提出传播学存在的各种问题，从批判工具理性和功能主义的僵化世界观到呼唤传播学的精神家园[①]，从批判传播学过于保守不够开放[②]到用新的概念包装旧的思维模式[③]，有力地提醒研究者们注意学科化的负面后果。

另外，中国学者对待西方理论的态度也在悄然改变。学者们开始习惯于挖掘传播不同学派学者的思想谱系，用各自的概念工具和方法去解构西方学者对西方传播理论的辉格史解读。这一切在一定程度上改变了传播学理论知其然而不知其所以然的局面，使碰撞、批判与对话变得理所当然。西方理论再也不是教科书的经典，更不是理论神话，而只是一种需要不断反思其适用性的认知框架。当然，这种解构、质疑和批判并没有改变我们对西方各种概念、理论和方法的依赖，而且这种与西方思想的对话并不成熟，但应当说是一种进步，是一种学术自觉的开始。

三、四十年的回顾与展望：进化抑或循环

历史到底是一种进化还是一种循环，这一直是历史观的斗争。

站在今天去看 1980 年代的传播研究，毫无疑问任何人都会感慨社会进化的力量。无论是著述数量和研究队伍，还是研究领域和学术水平，从任何一个方面来评估，这 40 年的传播学研究已经取得了长足的进步。不容否认的是，在现象层面、在著述方面，传播学教材、译著和专著的数量都成倍增长，每个月都有不少相关成果问世；在研究队伍方面，专业化的培养体系不断成熟，使传播学的学术队伍不断壮大，优秀研究者不断涌现；在研究领域方面，更多的分支领域不断涌现，使学科研究体系更为全面；在学术水平方

① 吴飞：《何处是家园：传播研究的逻辑追问》，《新闻记者》2014 年第 9 期。

② 杜骏飞、周玉黍：《传播学的解放》，《新闻记者》2014 年第 9 期。

③ 黄旦：《对传播研究反思的反思：读吴飞、杜骏飞和张涛甫三位学友文章杂感》，《新闻记者》2014 年第 12 期。

面，无论是理论的深度、广度还是规范性，均有较大的进步，有一些领域已经达到了较高的学术水准。这是本学科不应妄自菲薄的重要原因。

然而这只是现象层面的直观。这种繁荣是否仅仅是因为资源的注入和队伍的专业化而被堆砌？这种繁荣有没有导致学术理念的真正革命？从陈力丹对历年新闻传播领域重要文献的梳理来看，并不能说新理论资源的引入力度不够。不仅有文化研究、符号学、霸权理论等多种理论框架的介绍，诸如认知神经科学这样的自然科学研究成果也为传播研究提供了新的测量工具，"大数据""云计算""虚拟现实"等围绕新技术层出不穷的新概念也都在一时间引发过热烈的讨论。然而与这种"乱花渐欲迷人眼"的热闹形成反差的却是知识产出的单薄，大量相关的论文基本还是停留在概念描述和理论介绍的层面，没有在此基础之上进行进一步的研究拓展与问题挖掘。有学者将这种现象描述为新闻传播领域盲目的"圈地"运动，执着于通过机械的"增量"来扩充本领域研究的疆界，却无法在已有的研究议题上深挖下去，造成"广田自荒"，使理论知识的增加无法回应现实问题，成为不接地气的"理论浮标"①。

在10年前，我们指出："我们有许多研究领域都还极其薄弱，我们的理论创新还少得可怜，我们的研究队伍也并非兵强马壮。那种认为当下中国传播理论已经成为显学或即将成为显学的思想实在是井底之蛙式的观点。"② 不幸的是，十年过去了，这种情形依然可以用来形容当下的传播学。所以，我们有理由相信，传播学的内在逻辑处于不断的再生产过程中，在这个意义上，历史在深层逻辑上仍然是不断循环的。似乎有这么两个根本的理念，40年来就一直被坚定地捍卫和再生产着：

一是研究的功利主义。学术之外的目的总是强于学术目的，导致的结果是对策性研究远比基础性研究更受欢迎。中国的传播理论基本都是舶来品，根本就谈不上有什么本国的基础理论，但我们似乎比任何国家都善于应用现成的理论提出对策，而往往对耗时耗力的基础理论研究避之不及。传播学当然要注重应用研究，但如果没有理论创新，那可以应用什么呢？我们又如何与其他学科的理论对话？如果更深一层去追究其中知识主体的工具性价值取向，就更让人感到担忧，因为只有工具理性的问题是专业化进程不断深化仍然无法解决甚至不断加重的问题。如果理论创新的兴奋敌不过申请到一个国家重大课题或做一个上市公司的独立董事，那理论创新将永远都是一个口号。

二是自我封闭。布尔迪厄想通过场域理论说明新闻场域为什么总是封闭和保守的，然而这种情况在新闻传播学研究中也是普遍存在的。由于只关注自己的专业、研究对象和学术圈层，使许多传播研究者常常坐井观天。这主要体现在两个方面：

其一是学者团体内部欠缺良好的沟通、传承和认同，容易封闭在自己有限的视野中。传播研究可能是所有人文社会学科中争执最少的学科之一。这不是因为学科内部有共识，而是研究主体常常自说自话、自娱自乐。这当然与传播研究的领域较为分散有关，但也与学科理论积淀不够有关。不仅本学科不同代学者之间，就是在同一代学者之间，基本没有什么可以对话的场域和语境。从传播研究主题的延续性来看，很少有人愿意在上一代学者的研究成果基础上，继续辛苦耕耘。他们无视前人研究中的精华，不再追寻他们的脚步由浅入深。其结果必然是，中国传播研究无法形成自身的思想谱系，缺乏传承，

① 张涛甫：《新闻传播理论的结构性贫困》，《新闻记者》2014年第9期。

② 胡翼青：《专业化的进路：中国传播研究30年》，《淮海工学院学报》2009年第6期。

而仅仅是一堆碎片化的知识景观。

其二是无法与社会公众和其他学科形成有效的对话。传播研究者利用本学科的便利传播自己的思想并形成对公众的影响，这本是天经地义之事。但让人感到沮丧的是，由于理论阐释能力的欠缺，因此，即使本学科的研究者很有新闻敏感性，但他们类似常识的观点并不能真正引起公众的兴趣，也很少能引发其他学科学者的关注。从理论上讲，传播研究者只把自身的研究焦点放在媒介和大众文化景观上，容易忽略由此引发的一系列社会现象和深层社会结构问题。但更深层次的问题还是理论积累的欠缺。由于传播理论通常并不深深植根于哲学和人文社会科学的理论矿脉之上，因此既无法深入，也无法浅出，在重大社会事件面前只能处于一种失语的状态。

如果承认面临的这些问题，对未来的传播学研究就应当抱有审慎乐观的态度。新媒体传播确实给传播学带来一片全新的开阔地带。它不仅形塑了新的媒介产业与媒介形态，也彻底地改变了传媒与受众的关系以及受众与受众的关系。它正在创造着一种完全不同的社会意义。新媒体给传播学提出了全新的问题域。“一类新媒介一旦取老媒介而代之，它就会通过传播方式的改变而改变和重构人们的存在方式，这其中就包括个体的观念、行为方式与社会关系。这种存在方式的变化极其丰富，它包括：人的时空观念如何因传播和媒介的变化而变化；人们头脑中不同观念重要性排序如何因传播和媒介的变化而变化；历史与未来通过媒介以何种新的方式进入我们的观念世界；如何通过媒介和传播弥补已经消逝的社会行为引发的真空；如何通过媒介和传播缓解新出现的社会行为引发的焦虑；如何通过新媒介和传播重新审视人类旧关系的延伸和新关系的创立。另外，最重要的就是，这种观念、行为方式和社会关系的变化又以何种方式反过来强化或弱化新媒介的偏向与发展。”① 正如喻国明所观察到的那样，关于互联网的研究已经成为全世界人文社会科学学术产出论文最多的领域。然而，这并不意味着传播学天然可以借此成为显学。如果我们不直面自己所存在的顽疾，中国传播学的历史将仍然是循环的而不是进化的。“当前的确是讨论新闻传播研究的一个上好时机，但要有新的基点和思路。我们不是再爬从前的那座山，修葺从前的那座庙，而是需要新的想象力。”② 所以互联网研究确实可能或未来可能成为中国人文社会科学学术产出论文最多的领域，但话语权也许并不在传播学者这里。

撰稿：胡翼青（南京大学新闻传播学院教授）
张婧妍（南京大学新闻传播学院研究生）

① 胡翼青：《重塑传播研究范式：何以可能与何以可为》，《现代传播（中国传媒大学学报）》2016 年第 1 期。

② 黄旦：《对传播研究反思的反思：读吴飞、杜骏飞和张涛甫三位学友文章杂感》，《新闻记者》2014 年第 12 期。

第二篇
研究综述

学科综述

中国新闻学研究2016年综述

中国应用新闻学研究2016年综述

中国新闻传播史研究2016年综述

中国广播电视研究2016年综述

中国传播学研究2016年综述

中国网络新媒体研究2016年综述

中国传媒经济学研究2016年综述

中国广告学研究2016年综述

专题综述

新闻学专题

马克思主义新闻观研究2016年综述

媒介法规研究2016年综述

媒体融合研究2016年综述

中国数据新闻研究2016年综述

社交媒体研究2016年综述

媒介素养研究2016年综述

传播学专题

政治传播研究2016年综述

公共传播研究2016年综述

国际传播研究2016年综述

微传播研究2016年综述

人际传播研究2016年综述

健康传播研究2016年综述

· 学科综述 ·

中国新闻学研究 2016 年综述

2016 年，新闻学科在国家政治议程中的重要性进一步彰显，学界的研究视域覆盖了更丰富的新闻现象和更多的传播介质形态，在方法探索、理论建构、问题应对以及院校专业教育等各个方面拓展了学科建设的知行空间。

一、学科及其方法论建设

2016 年 5 月 17 日，中共中央总书记习近平在“哲学社会科学工作座谈会”上发表的重要讲话中，将新闻学与哲学、历史学、经济学、政治学、法学等并称为“对哲学社会科学具有支撑作用的学科”，提出要通过努力，使这些基础学科加快完善、更加健全扎实①。就新闻学科而言，其支撑作用之所以日益凸显，主要得势于互联网勃兴与新媒体崛起对传统新闻生态、新闻理念和新闻管理模式的深度冲击和挑战，它前所未有地促生了亟待新闻传播研究应答的各种虚实议题，也为新闻学研究的创新进取和跨学科发展提供了熠熠良机。

该年度，《新闻记者》发表的一篇《如何重新理解新闻学——学术对话录》提出：信息社会的发展趋势显示，新闻实践的重要性在增强而不是减弱。如今的“新闻”正在以各种前所未有的形式和途径更深地进入我们的日常生活，它不仅包括看报纸、收看晚间新闻，还包括在吃饭时扫一眼网络新闻主页，接收手机短信，在朋友的电子邮件或博客里跟进一条新闻线索，在回家的路上取免费报纸，乃至新闻游戏、VR 新闻之类，等等。从这个意义上重新观察、理解和研究“新闻”，的确需要学术想象力，需要具有打破学科成见、拆除自我封闭之墙的勇气。理解新闻不能离开新闻实践、媒介本身及其二者关系，只有这样才能真切地探讨每个时期是不是会出现不同的新闻，这些不同的新闻是否有一个不变的内核，如果有的话，这个内核在不同时期的衡量标准是否在变化，变化的又是什么，包括同一个时期，只有一种新闻还是有不同类型的新闻，它们是否可以兼容，等等。新闻学科的研究不能只是创造出仅供自家使用的概念，更要提供一种共用性的概念，让其他学科也来讨论和共同使用，为全社会提供其独特并且有价值的知识，这才是新闻学科建设的最大成功②。

在互联网传播形态下，以往基于大众传播生态的新闻学理建构已难完全适用于认知、解析新的媒介现象与传播规律，新闻传播研究需要更多地引入其他人文社会学科的知识和理论，拓展学科议题，丰富研究方法。经济学界的数位学者考察了媒体报道对中央部门“三公”预算编制的影响，发现政府“三公”预算编制行为存在着预算执行比率越高，预算增长程度越大

---

① 习近平：《在哲学社会科学工作座谈会上的讲话》（2016 年 5 月 17 日），2016 年 5 月 18 日新华社电。

② 黄旦、王辰瑶：《如何重新理解新闻学——学术对话录》，《新闻记者》2016 年第 7 期。

的现象，而媒体关注能够显著抑制二者间的正相关关系；不同报道情绪对“三公”预算的治理作用存在差异；正面新闻报道能够直接激励官员抑制本期“三公”预算执行比率对下期预算增长率的正向影响，负面新闻报道则只有在行政治理机制介入时，才能发挥预算抑制作用。这一调研成果从预算公开视角拓展了媒体治理研究的视野和方法[①]。

发表于《心理技术与应用》的一篇研究报告采用情景故事法的实验范式和移情归因测量的问卷调查方法，测量了诱发正性、中性和负性道德情绪的负面新闻对人际信任的影响，结果表明：阅读诱发不同道德情绪的负面新闻对受众的人际信任有显著影响，并且阅读诱发负性道德情绪的负面新闻将使受众的人际信任水平下降[②]。《心理学报》登载的一项国家自然科学基金项目的研究成果，采用大数据研究方法对“温州动车事故”发生后40天内的94562条相关微博进行了情感分析，研究发现：包含不同道德基础的事件与不同的道德情绪相关联；对于愤怒、厌恶和鄙视，男性普遍有更高的表达倾向和表达强度，而女性更倾向于表达爱和同情且强度更高；对于爱和同情，团体VIP用户组表达的可能性和强度都高于其他用户，个体VIP用户比非VIP用户更可能表达愤怒、鄙视和厌恶，而团体VIP用户表达这类情绪的强度最小。该项研究表明，虚拟网络中人们道德情绪特点依然符合道德基础理论，数据挖掘技术和情感分析方法可以作为网络表达情绪研究的有效手段[③]。

此外，该年度先后发表的《跨学科视野下中国舆论史研究体系构建》[④]《新媒体从业人员的政治效能感与政治参与意愿——一项针对成、渝两地新媒体从业者的调查研究》[⑤]《新闻游戏：概念、动因与特征》[⑥]《中国特色词在中外传媒的使用特点及影响因素》[⑦]《甲午战争期间日本的摄影报道活动——以中国国家博物馆馆藏〈日清战争写真帖〉为中心的考察》[⑧]等研究成果，在跨界视角和方法运用上也都饶有新意。

《新闻战线》发表的一篇《新闻学研究的外部学科引证分析与评价》指出：近5年来，我国新闻学研究的外部学科引证率有了一定程度的提高，呈现出更加开放的发展态势，但这一学科领域的研究也存在“引证面窄，很多对于新闻学相当有价值的学科引证较少甚至完全没有引证；引证内容陈旧，较少关注外部学科前沿；引证结论多，关注研究方法少”等欠缺和不足。这表明随着媒介技术和传播环境的发展变化，新闻学科也需要反观自身面临和存在的问题，不断自我调整、补充、更新和完善[⑨]。

新闻传播教育历来是新闻学知识传承和理论成果产出的最大基地，有学者撰文提出，伴随着网络化关系社会的兴起，传媒行业正从过去以传统媒体、主流媒体、机构媒体为核心的“新闻传播舆论场”，

① 张琦等：《媒体关注、报道情绪与政府“三公”预算抑制》，《经济研究》2016年第5期。

② 熊梦辉等：《负面新闻影响人际信任的心理机制》，《心理技术与应用》2016年第8期。

③ 叶勇豪：《网民对“人祸”事件的道德情绪特点——基于微博大数据研究》，《心理学报》2016年第3期。

④ 陈虹：《跨学科视野下中国舆论史研究体系构建》，《新闻记者》2016年第10期。

⑤ 郭小安等：《新媒体从业人员的政治效能感与政治参与意愿——一项针对成、渝两地新媒体从业者的调查研究》，《新闻大学》2016年第4期。

⑥ 潘亚楠：《新闻游戏：概念、动因与特征》，《新闻记者》2016年第9期。

⑦ 章宜华：《中国特色词在中外传媒的使用特点及影响因素》，《学术研究》2016年第7期。

⑧ 罗永明：《甲午战争期间日本的摄影报道活动——以中国国家博物馆馆藏〈日清战争写真帖〉为中心的考察》，《中国国家博物馆馆刊》2016年第1期。

⑨ 袁文丽：《新闻学研究的外部学科引证分析与评价》，《新闻战线》2016年第2期。

逐步转变成专业媒体、平台媒体和自媒体协同互补的“公共传播舆论场”，因此，新闻传播教育的整体范式需要从面向“新闻传播”转向“公共传播”，应将新闻学这门注重规范和技能的学科与传播学这门注重经验和方法的学科进一步融合，这种融合既不会丢掉新闻教育最看重的“原则性知识”，又能强化传播学研究的“经验性知识”，实现两者的有效对接、充分交融①。

新闻学科建设的任务，不仅要产出高质量的研究成果、建构具有自身特质的先进理论体系，也包括建立科学权威、公开透明的成果评价体系和优秀成果推介制度，不断优化和完善本学科的概念和术语体系②。两年前，为增强评奖工作的公平公正性和客观性，中国记协增设了中国社会科学院、清华大学、中国人民大学、中国传媒大学、复旦大学等11家新闻教研机构为首批试点请奖报送单位，这些单位可根据教学和研究工作中掌握的情况，推荐优秀新闻作品参加定评。2016年，中国记协又新增了浙江大学、华中科技大学、湖南大学等7所高校新闻学院为试点报送单位，这种广泛吸纳新闻学术和教育组织进入国家新闻奖项评价体系的制度创新，在学界与业界之间开拓了一个新的评价对话和评优互动的制度空间。

在优秀研究成果的评选和推广方面，新闻学界这几年也更加积极有为，先后创设了数项新闻传播学研究成果的评优推介规程。2016年，中国社会科学院新闻与传播研究所、中国新闻史学会、中国新闻史学会传媒经济与管理研究委员各自分别接续公布了第三届“全国新闻传播学优秀论文遴选结果”、第二届“新闻传播学学会奖”和“2016年中国传媒经济与管理年会教师优秀论文奖及青年学子优秀论文奖”，这些常态化的优秀学术成果评价和推介，对于凝聚学界力量，弘扬学术精神，激励学术新人的成长，促进中国新闻与传播学研究的优质发展无不良有助益。

同样值得一提的是，在该年度，《新闻学与传播学名词》和《中国大百科全书》第三版新闻学卷、传播学卷的编写和审定工作全面展开，前者是对新闻学与传播学所用名词术语进行专业的规范化审定③，后者是对新闻传播学概念和知识进行高质量的条目化总汇④，这两项基础性工作的开展对我国未来新闻传播学科基本建设的助推作用和深远影响，令人期待。

二、马克思主义新闻史论研究

2016年2月19日，中共中央总书记习近平在北京主持召开党的新闻舆论工作座谈会并发表重要讲话。他强调，党的新闻舆论工作是党的一项重要工作，要坚持党的领导，坚持正确政治方向，坚持以人民为中心的工作导向，尊重新闻传播规律。新闻观是新闻舆论工作的灵魂。要深入开展马克思主义新闻观教育，引导广大新闻舆论工作者做党的政策主张的传播者、时代风云的记录者、社会进步的推动者、公平正义的守望者。随着形势发展，党的新闻舆论工作必须创新理念、内容、体裁、形式、方法、手段、业态、体制、机制，

① 张志安：《从新闻传播到公共传播——关于新闻传播教育范式转型的思考》，《暨南学报》2016年第3期。

② 习近平：《在哲学社会科学工作座谈会上的讲话》（2016年5月17日），2016年5月18日新华社电。

③ 新闻学与传播学名词审定委员会秘书组：《新闻学与传播学名词审定委员会第三次审定会议纪要》，《新闻与传播研究》2016年第1期。

④ 《中国大百科全书》第三版新闻学卷编委会秘书处：《〈中国大百科全书〉第三版新闻学卷工作通讯》第5期，2016年6月30日出刊。

增强针对性和实效性[①]。

有研究者系统阐述了习近平在上述座谈会讲话中提出的"党媒姓党"要求的深刻历史底蕴和强大现实意义。作者认为，在当今现实逻辑中，新闻舆论工作者坚定"党媒姓党"信念，必须做到：第一，恪守新闻舆论工作党性原则；第二，增强看齐意识，在思想上政治上行动上同党中央保持高度一致；第三，正确处理好党性和人民性关系；第四，强化能力意识，践行马克思主义新闻观[②]。

有研究者在《安徽大学学报》（哲学社会科学版）上载文对习近平重新并提"党性"和"人民性"进行了系统的思想溯源及现实意义阐释，指出：在中国共产党的历史上，党的领导人也一向强调党的媒体与人民群众的关系是统一的，党报的党性和人民性是一致的、统一的，这是中国共产党党建理论的重要概念之一。2013年8月19日，习近平在全国宣传思想工作会议上重新并提"党性"和"人民性"的概念，强调二者的统一并对各自的内涵做了定义。2016年2月19日，他在党的新闻舆论工作座谈会上再次谈到"坚持党性和人民性相统一"，这一要求的提出，破除了我国新闻宣传领域最近30多年来人为制造的一个禁区，无论在党的理论建设上还是现实的宣传实践上，都具有重大意义。如何平衡摆正媒体的党性和人民性，考验着各级党委和其宣传部以及领导下的媒体对党性和人民性的忠诚。例如，遭遇重大灾害或突发事件之时，也正是检验各级宣传部门和媒体对党性和人民性把握的典型时期。而一段时期以来，一些地方只要发生了灾害，宣传报道都习惯性地要求突出本地区或本系统党和政府领导的政绩，而不是人民群众急需的各方面灾难信息，形成"灾害不是新闻，抗灾才是新闻；群众抗灾不是新闻，领导下指示才是新闻；灾害信息不重要，好人好事宣传才重要"的宣传报道套路。这种官本位"救灾"思路没有把人民的生命安危和生活困难放在第一位，而把政绩、政绩宣传当作了追求的目的本身。这样的思路不是为人民服务，脱离群众，传播效果不好，甚至产生逆反效果[③]。

此外，《论新闻舆论工作队伍建设——学习习近平新闻舆论工作座谈会讲话的体会》[④]《深化新闻供给侧改革　创新繁荣新闻产品供给——学习习近平关于新闻舆论和网信工作讲话有感》[⑤]《事事处处都要尊重新闻传播规律——学习习近平在党的新闻舆论工作座谈会上讲话的体会》[⑥] 等论文，也对习近平新闻舆论工作座谈会讲话作了深入的解读和阐释。

有研究者在复旦大学召开的"马克思主义新闻观与中国媒介社会研讨会"上的主题演讲中，提出了发展马克思主义新闻理论，创立中国特色的社会主义新闻学科必须做到五个"坚持"，即：坚持以马克

---

① 杜尚泽：《习近平在党的新闻舆论工作座谈会上强调：坚持正确方向创新方法手段，提高新闻舆论传播力引导力》，《人民日报》2016年2月20日，第1版。

② 邓绍根：《"党媒姓党"的理论根基、历史渊源和现实逻辑》，《新闻与传播研究》2016年第8期。

③ 陈力丹：《党性和人民性的提出、争论和归结——习近平重新并提"党性"和"人民性"的思想溯源与现实意义》，《安徽大学学报》（哲学社会科学版）2016年第6期。

④ 林爱珺：《论新闻舆论工作队伍建设——学习习近平新闻舆论工作座谈会讲话的体会》，《新闻记者》2016年第5期。

⑤ 蒋亚平：《深化新闻供给侧改革　创新繁荣新闻产品供给——学习习近平关于新闻舆论和网信工作讲话有感》，《新闻与传播研究》2016年第7期。

⑥ 王宇、童兵：《事事处处都要尊重新闻传播规律——学习习近平在党的新闻舆论工作座谈会上讲话的体会》，《新闻记者》2016年第4期。

思主义为灵魂，坚持以中国特色社会主义实践为基础，坚持以科学认识世界和改造世界为己任，坚持以现代信息科学和传播技术为支撑，坚持以培养和造就高素质新闻舆论专业人才为目标。他将这五个坚持，称为中国特色社会主义新闻学的五块基石①。

《构建中国特色新闻学：何以可能与何以可为》一文，聚焦“新闻学”的学科主体，从国际与国内、历史与现在、资本主义与社会主义的视野出发，分析了构建中国特色新闻学的“何以可能”，进而对西方新闻学的历史、概念和理论进行梳理，在此基础之上论证了立足于中国特色新闻学的理论体系、教学体系、实践体系“何以可为”的问题。作者认为，在西方新闻学的构建过程中，自由主义的思想传统是其理论渊源，新闻客观性作为基石承载了新闻专业主义的一整套话语、规范和理论体系，结合作为标准流程的新闻生产及相应的法律法规，西方新闻学完成了理论与实践的主体性建构。然而，这套主体性建构在资本主义不断遭遇挑战下逐渐丧失了回应和批评的能力，更不适宜“削足适履”地套用到当代中国蓬勃发展的社会主义语境和实践中。因此，构建中国特色新闻学的任务恰逢其时，也迫在眉睫。构建中国特色新闻学的终极目标不是学习西方新闻学“照猫画虎”，构建一套在马克思主义传统上的“终结了”的意识形态和理论体系，这本身就不符合马克思主义的批判传统、整体观点和辩证方法。构建中国特色新闻学的最大目的和价值在于，摆脱理论脱离实际的唯心主义哲学，摆脱理论为少数人、上等人服务的立场，基于社会主义新闻舆论工作的现实，完成中国特色新闻实践的抽象化和理论化构建，提供西方一元意识形态之外的另一种“合法性叙事”②。

三、新闻体制研究

近些年来，国家多次从不同层面推出有利于传统新闻媒体与新兴媒体融合发展的政策，为媒体融合进程的深入推进创造了良好的条件。但也正是新闻体制、传媒政策层面存在的一系列问题，构成了加快推进传统媒体与新兴媒体融合发展的巨大阻力。有研究者分析了中国传统媒体与新兴媒体融合发展进程中在意识层面、执行层面、技术应用与推广层面存在的诸多限制性因素，并从推动体制改革和创新发展势能的过程中解决媒体业发展存在问题、在宏观层面形成多方博弈主体协调机制、根据媒体融合发展要求调整体制改革思路等方面，对传媒体制改革路径进行了分析和探讨③。

在我国新闻宣传的责任体制内，“守土有责”是一种常态的工作要求，其基本含义是地方政府必须在自身的行政范围与职权范围负起政治责任，管好新闻宣传工作。有研究者考察了我国政府治理的“分权体制”对地方政府新闻管理的一种体制性影响，指出：分权体制促使地方政府不仅在经济市场同时也在信息和声誉市场上展开竞争，“守土有责”因此成为地方政府政治治理和媒体治理中最为常见的工具选项。在压力型体制主导的政府竞争中，地方政府对媒体的管制并非完全依照中央政策，其对“守土有责”的理解与执行，也未必符合“大局利益”。“守土有责”由

① 柳斌杰：《中国特色社会主义新闻学的五块基石——在马克思主义新闻观与中国媒介社会研讨会上的主题演讲》，《全球传媒学刊》2016 年第 4 期。

② 胡钰、虞鑫：《构建中国特色新闻学：何以可能与何以可为》，《国际新闻界》2016 年第 8 期。

③ 严三九：《媒体融合过程中传媒体制改革研究》，《新闻记者》2016 年第 12 期。

中央层面提出，执行和落实的主体则在地方层面，因此这一要求在地方政府的实践过程中，难免带有某种“地方色彩”。正如在其他领域普遍存在的“上有政策，下有对策”的做法一样，对于宣传领域的“守土有责”，各级地方政府向来在原则上“高调拥护”，但在实践层面却做了简单化和利己化的处理，“守土有责”往往从守“国土”策略性地被转化为了“守地方之土”。在许多情形下，地方政府将“坏事不出门”等同于“守土有责”。近年来的许多案例都证明了这种逻辑的存在。正如2014年习近平总书记在党的群众路线教育实践活动总结大会上所批评的：“有的地方和单位有了问题总想捂着盖着，甚至弄得保护错误的力量大过伸张正义的力量，这个问题要认真解决。”① 这种机会主义的“守土逻辑”在中央与地方之间形成了某种张力，这一现象值得重视和关注②。

《媒介体制：一个亟待梳理的研究领域——专访加利福尼亚大学圣地亚哥分校传播学院教授丹尼尔·哈林教授》和《媒体规制理论的演进——从传统离散规制到数字媒体融合规制》两篇文章，分别介绍了国外有关媒介体制与规制的学理观点、理论动态。前文是对加利福尼亚大学圣地亚哥分校传播学院教授丹尼尔·哈林的学术访谈，该教授认为，媒介体制实际上是不同媒介机构、不同媒介实践之间相互作用，以及它们同社会其他因素、机构之间的相互作用而融于其中的一个整体。每一种媒介体制都根植于特定的历史情境之中，但并没有任何一种媒介体制堪称完美。一种优良的媒介体制需要具备以下几个特征：人们能就所处社会的实际情况形成公众意见；社会的不同成员都能以某种方式发出自己的声音；整个社会能够获知外界的思想和信息。中国媒介体制在某种程度上说，是一种多元体制，这源于商业逻辑与政治逻辑的交织并存③。后一篇文章概要梳理了媒体规制理论的思想流派与发展脉络，指出早期的资源视角与经济学范式以科斯定理为集中代表，数字化背景下的内容视角则以文化规制理论以及网络环境下围绕数字媒体规制所展开的诸多争论为主线。作者进而分析了数字媒体规制的融合趋势，阐述了规制俘获理论对数字媒体规制动机的质疑及其意义。最后，作者依据已有研究的成果与局限性，提出了未来数字媒体规制理论发展的可能方向④。

四、新闻法治研究

该年度有关媒体和新闻人权利、媒体侵权、新闻立法等传统新闻法治议题的研究仍显沉寂，相对而言，有关言论自由、网络表达等邻接领域的外围研究产出更为活跃。

有研究者对“新闻侵权”“媒体（介）侵权”“传播侵权”等传媒侵权概念表述的合理性问题进行了论证，认为“新闻侵权”“媒体（介）侵权”这两种表述都有语法语义问题及落后于媒介发展、诉讼实践的局限性；而“传播侵权”从此类行为的特征入手，比从行为主体入

---

① 习近平：《在党的群众路线教育实践活动总结大会上的讲话》（2014年10月8日），《习近平关于严明党的纪律和规矩论述摘编》，中央文献出版社2016年版，第27页。

② 李东晓、潘祥辉：《分权体制与地方政府的媒介治理——以“守土有责”的地方性理解与实践为视角》，《新闻记者》2016年第5期。

③ 丹尼尔·哈林、秦汉：《媒介体制：一个亟待梳理的研究领域——专访加利福尼亚大学圣地亚哥分校传播学院教授丹尼尔·哈林教授》，《国际新闻界》2016年第2期。

④ 周庆山、刘济群：《媒体规制理论的演进——从传统离散规制到数字媒体融合规制》，《现代情报》2016年第1期。

手更能揭示其本质特征，且包容性强、更符合媒介发展趋势及诉讼实践[①]。论者提出：既然媒体传播活动引发的侵权属于一般侵权，其所侵犯的客体如人格权等是确定的，而侵犯的行为、途径、方法则是多样的，要在此基础上进行细分，只能从侵权行为特征上进行，而此类侵权的特点是利用传播媒介进行的传播活动——因此，此类侵权行为的本质特征就是"传播"。"媒体（介）"为传播而生、为传播而存在、为传播而发展，离开传播，"媒体（介）"将成为一堆没有意义的设备或一具空壳。"传播侵权"从"行为"的传播特征入手，能准确、科学地概括此类侵权，可打通媒体传播行为侵权中不同媒介和主体的共同空间，揭示此类行为的共同特征。

有研究者讨论记者拒证权问题，其论文概括了国内学界对于应否引入记者拒证权制度的三种主张，即"现在就应考虑确认记者拒证权""待将来若干条件具备后方能设定记者拒证权"和"中国不可能建立记者拒证权制度"。作者指出：持有前两种主张的文论既没有提供我国记者在履行作证义务中披露秘密消息来源的具体实例和讼案，更没有提供此类做证义务的履行妨碍新闻舆论监督功能的发挥、危及秘密消息提供者权益的实证描述。事实上，到目前为止，国内仍少见法院要求媒体出庭做证交代秘密消息来源的讼案，更罕见媒体因自身承担这一义务而有所异议或明确提出"拒证"的要求和主张。主张在国内确认记者拒证权的文论，多止于旁观性质的抽象理念构想而少内生例证的支撑与利益相关方的诉愿考察。尽管如此，考虑到记者拒证权理念背后彰显的是对新闻舆论监督重要性的确信、对媒体和记者职业特性的尊重与认同。从这个意义上讲，了解和探讨国外记者拒证权的内在理据、制度设计和司法实践，对于我国的媒介法制建设不无拓展眼界的参考价值，并可以进一步丰富我国记者职业权利及媒介法治化的学理视野和研究议题[②]。

有数篇论文深入讨论了言论自由的类型、边界及其触法入罪问题。《中国社会科学》刊载的《网络时代言论自由的刑法边界》一文，深入探讨了网络时代言论型犯罪的界限划分问题，作者的持论是：在言论型犯罪的构造中，应将客观真实和合理确信规则下的"主观真实"作为违法阻却事由；基于网络媒介的科技特点与社会属性，网络服务提供者只具备中立义务，对其不应简单地以共犯理论或不作为犯罪理论入罪。言论型犯罪的诉讼，原则上应依据实际或推定的被害人意愿启动刑事诉讼程序，当言论行为严重危害社会秩序和国家利益且被害人无法表达其是否告诉意思时，可直接适用公诉程序；"严重危害社会秩序和国家利益"等入罪基准须是现实物理的秩序混乱，且行为人主观上有无任何正当目的的故意，对轻微言论犯罪不应轻易适用有期徒刑的刑罚[③]。

有研究者从新《广告法》切入，论证了保护消费者——而不是促进广告业发展或广告主的表达自由——才是《广告法》的首要目的。作者强调，新《广告法》中绝大多数对广告内容的规定，虽然看上去限制了广告的表达自由，但却是为了服务于更大的公共利益——保护消费者免受虚

① 罗斌：《"新闻侵权""媒体（介）侵权"抑或"传播侵权"——媒体传播行为侵权概念法律化问题研究》，《国际新闻界》2016 年第 10 期。

② 冯建华：《记者拒证权研究：价值模式与发展趋向》，《新闻与传播研究》2016 年第 4 期。

③ 刘艳红：《网络时代言论自由的刑法边界》，《中国社会科学》2016 年第 10 期。

假广告欺骗和误导。因此这些规定总体而言是合理且正当的。在此基础上，该文又将讨论扩展到学术言论和专业言论，指出“广告、学术言论和专业言论均处公共对话之外，这三个领域的价值都是为公共对话和社会公众提供可靠的信息、知识或服务。它们有着不同于公共对话的逻辑、原则和正当性基础。把公共对话的规范强加于它们，不仅会破坏它们自身的规律，更会对公共对话和现代社会的运转产生不利影响。”①

两位研究者在《清华法学》上分别发表了长篇论文《言论自由与刑事犯罪》和《言论的两种类型及其边界》。前一篇论文将言论自由与刑事犯罪分为四类进行讨论：1. 宪法不保护且刑法所禁止的言论；2. 刑法不禁止且宪法所保护的言论；3. 宪法不保护但刑法未禁止的言论；4. 需要具体判断宪法是否保护及刑法是否禁止的言论。作者强调：对于通常情况下可以发表的言论，需要根据个案的特殊情境判断宪法是否保护、刑法是否禁止；刑法规定了七种具体的煽动罪，但对于煽动罪的认定不能过于形式化，必须充分考虑言论自由的宪法价值，尽可能保护利益主体的诉求表达，肯定人民的“小额反抗权”。上述四类情形都存在边界问题，各类之间的界限只具有相当性②。后一篇论文的立论是：“言论”具有宪法权利和民事利益两重含义。宪法意义上的言论是指以政治表达为核心的“公共言论”，由于其对于公共治理的重要性、面对政府时的脆弱性，才需宪法予以严格保护，其“权利”的刚性特征和超越性地位应予特别观照。指向民事利益的“私人言论”则不具有这些特征，不应赋予其优先于名誉、隐私等民事人格利益的资格。基于言论的公、私之分，立法、行政、司法的标准应有所区分，对公共言论应严加保护以维护公共治理的信息机制，对私人言论则需严加管制以维护个体人格利益和公共利益。言论之细致边界的划定，也应置于一个包括政治审议、司法审查、公共讨论在内的制度性框架中进行③。

还有法学研究者撰文提出了理解自媒体时代表达自由法律限制问题的新思路，认为德国宪法审查中采用的“比例原则”和德国学者阿列克西关于法益衡量的分量公式法则可以引为借鉴④。

上述几篇论文的讨论内容虽然溢出了狭义的新闻法治议程，但其成果一方面为厚植新闻法治研究的学理基础提供了新鲜的滋养；另一方面，由于当代新闻类表达的泛主体化发展，个人的言论和表达具有了更多的准新闻类传播内容或效果，因此，对个人言论自由的立法、执法和司法问题的讨论，正逐渐和传统的新闻法治议题融会成一种能够满足时代传播生态发展需要的更加广谱的传播法治论域。

五、新闻伦理研究

网络和数字技术迅猛发展，已带来媒体格局深刻变革。新兴媒体相对开放的多元、多样化传播，对既往的新闻伦理道德形成各种冲击，引发了传媒领域和社会各界对新闻和媒介伦理问题的持续关注、困惑与争议。

《新闻记者》接续第三年发布了年度《十大传媒伦理问题研究报告》，该报告梳理了上一年度中十起影响较大的传媒伦理案例，并就这些案例中新闻从业者面对的“隐私权与知情权”“人物报道的细节与新

---

① 左亦鲁：《公共对话外的言论与表达——从新〈广告法〉切入》，《中外法学》2016 年第 4 期。

② 张明楷：《言论自由与刑事犯罪》，《清华法学》2016 年第 1 期。

③ 姜峰：《言论的两种类型及其边界》，《清华法学》2016 年第 1 期。

④ 胡彦涛：《自媒体时代表达自由法律限制的论证方法》，《政治与法律》2016 年第 3 期。

闻价值”“充分报道与二次伤害”“保护信源与遮掩失实”“公众喉舌与公器私用”“追查真相与越界触法”等矛盾冲突的是非界限展开讨论①。

《青年记者》也将自2014年开始连载的“媒体道德与伦理经典案例评析”专栏（主撰人：展江），接续延展至2016年。该专栏先后刊出了“危险的记者：与消息来源的超常关系”“媒体刊登译文能否如此改头换面”“暗访偷拍：在争议中绵绵不绝”“记者该不该救人”“记者的灵魂和社会的灵魂”“救人优先还是报道优先”等典例个案的学理述评②。上述这种以核心专业期刊为载体，以稳定的编辑设置为支撑的新闻与传媒伦理案例述评的发布，无疑有助于新闻职业道德案例文献的系统积累和公共认知，增进新闻学界和业界的专业伦理意识和共识。

有研究者主张正确认识记者道德和媒介群体道德的差异，认为虽然二者之间有联系，但应区分二者的差异。用个体道德去规范群体行为，或反过来仅用群体道德要求个体，都可能造成道德沦丧。新闻职业道德规范应该被从业者充分讨论接受，并被结构化于记者价值观念中。通过个人的良知与社会的舆论发挥新闻道德的监督作用，在达到媒介社会公德与记者品行私德的有机统一前提下，构建文明合理的媒介制度。这样的新闻职业道德体系才能够与现代契约社会的自由、民主、法制等理念相协调③。

当代媒体泛化环境的生成，使得社交媒体身影无处不在，媒体与人的联系无时不在，正在广泛而普遍地影响着人们的生活、心理与社会实践各方面。有研究者撰文描述了泛媒语境下公民传播存在的三大问题：一是传播角色不专业，二是公民身份不健全，三是公民意识不成熟；产生这些问题的原因在于立法、理论和启蒙教育的滞后。作者提出的泛媒语境下公民传播伦理的建构路径是：以职业传播伦理为基，展开公民传播伦理建设；形塑公民传播责任伦理，确证理想传播学术治理；汲取与借鉴中外伦理思想资源；培养公民精神，克服公民传播“无精神的伦理”④。

既往的新闻传播伦理大多是在应对单一或同质文化报道实践的基础上生成的，因此缺乏跨文化的维度，这种类型的新闻传播伦理难以适应新闻全球化的发展，往往阻碍了记者正视跨国、跨文化报道中的问题，无益于规范和指导跨文化报道实践。有研究者尝试在全球化的视域下探讨新闻伦理的反思、重构以及跨文化转向的必然与路径。作者考察的跨国、跨文化报道实践中的新闻伦理问题包括对报道内容的全面性与客观性的质疑，对引发冲突和仇恨的跨文化社会责任的争议，以及报道者和报道对象在跨文化新闻报道实践中遭遇的职业道德理念差异等。作者指出，针对全球新闻实践中产生的各类跨文化伦理问题，各种不同于既有跨国新闻报道模式的尝试和主张被提出并付诸实践，

① 年度传媒伦理研究课题组：《2015年十大传媒伦理问题研究报告》，《新闻记者》2016年第2期。

② 展江：《危险的记者：与消息来源的超常关系——媒体道德与伦理经典案例评析（二十一）》，《青年记者》2016年2月上，第61—62页；展江：《媒体刊登译文能否如此改头换面——媒体道德与伦理经典案例评析（二十四）》，《青年记者》2016年5月上，第74—76页；展江：《暗访偷拍：在争议中绵绵不绝——媒体道德与伦理经典案例评析（二十五）》，《青年记者》2016年6月上，第74—76页；展江：《记者该不该救人：典型的媒体伦理议题——媒体道德与伦理经典案例评析（二十六）》，《青年记者》2016年7月上，第73—75页；展江：《记者的灵魂和社会的灵魂——媒体道德与伦理经典案例评析（二十八）》，《青年记者》2016年9月上，第71—74页；展江：《救人优先还是报道优先——媒体道德与伦理经典案例评析（二十九）》，《青年记者》2016年10月上，第67—70页。

③ 陈绚：《论记者的私德与媒介的公德》，《山西大学学报》（哲学社会科学版）2016年第1期。

④ 金文恺、陆地：《泛媒语境下公民传播的责任伦理建构》，《现代传播》2016年第10期。

寻求更符合全球化、多元化、多样性的跨文化新闻报道模式，以通过改变和完善新闻实践来解决新闻全球化催生的新伦理问题。例如，针对客观新闻报道常使冲突地区局势更加恶化的问题，冲突敏感新闻（conflict sensitive journalism）与和平新闻（peace journalism）的探索应运而生。针对异文化、弱势群体、边缘群体及亚文化群体等报道的他者化、刻板化问题，女性主义新闻实践提供了一种可能的解决模式。总之，虽然面临现实的困难与局限，但从新闻伦理跨文化转向的视野去探讨新闻全球化时代中跨国、跨文化报道的种种问题，是一种不同于新闻内容、新闻生产与新闻传播效果的研究路径，从反思与重构新闻报道伦理规范的维度去解决跨国、跨文化报道的实践问题，也是一种值得探索的解决路径，亟待中国学者们进一步深入。在新闻全球化时代洞察新闻伦理的跨文化转向，参与跨文化新闻伦理重构的探讨，贡献转型中国语境下的经验研究成果，不仅有益于中国媒介伦理学界融入国际学术前沿发展的交流合作，也将有益于指引中国新闻媒体“走出去”的跨文化报道实践①。

六、舆论引导和媒体监督研究

随着新媒体快速发展，国际国内、线上线下、虚拟现实、体制外体制内等界限愈益模糊，由此促生的越来越复杂的舆论场，显现出了自发性、突发性、公开性、多元性、冲突性、匿名性、无界性、难控性等特点。对此，习近平在2016年党的新闻舆论工作座谈会讲话中提出：要“尊重新闻传播规律，创新方法手段，切实提高党的新闻舆论传播力、引导力、影响力、公信力”②。这一讲话在中央此前提出的新闻工作“传播力”“公信力”和“影响力”之外，增加了“引导力”这一概念。有研究者指出：新闻舆论的引导力就是特定的组织、个人和媒体根据其意图对舆论的性质、发展趋势和方向进行引导的能力。在新的媒体格局下，提升新闻舆论引导力的路径在于更新运营理念，发挥传统主流媒体在组织、技能和新闻源等方面的优势，重点打造专业性报道，从以消息为主向以专业性深度报道为主转变。同时，突出公共议题的报道，彰显服务公众的专业规范，并对传统主流媒体的内容进行个性化表达，促使传统主流媒体及其新媒体平台一道成为新型主流媒体，最终达致提升新闻舆论引导力的目的③。有研究者阐释了“舆论引导”论的理论体系及创新发展，其要点是：20世纪80年代末和稍后一段时间里，江泽民提出了“舆论引导”的重大命题，这一命题经过不断发展，成为中共新闻舆论工作理论体系的重要内容，它包括如下构成部分：以导向为核心，以党性原则为保障，以“五个有利于”为衡量标准，以提高引导艺术为传播好、引导好的抓手，以遵循规律获取良好的传播和引导效果，以舆论引导能力为执政能力结构的重要构成部分。习近平同志在党的新闻舆论工作座谈会上发表的重要讲话中，对“导向论”的理论创新主要体现在两个方面：一是针对导向提出“举旗引领”；二是提出“讲导向”要覆盖到一切舆论空间④。

有研究者从意见表达者、平台开放性、观点集中度三个要素阐述了舆论引导面临

① 唐佳梅：《全球新闻伦理的跨文化问题与重构》，《暨南学报》（哲学社会科学版）2016年第5期。

② 杜尚泽：《习近平在党的新闻舆论工作座谈会上强调：坚持正确方向创新方法手段，提高新闻舆论传播力引导力》，《人民日报》2016年2月20日，第1版。

③ 计永超、刘莲莲：《新闻舆论引导力：理论渊源、现实依据与提升路径》，《新闻与传播研究》2016年第9期。

④ 丁柏铨：《“舆论引导”论：理论体系及创新发展》，《中州学刊》2016年第4期。

的新挑战，在回顾舆论引导理念和方式变化历程的基础上，就舆论引导范式转型提出了若干建议，即：把握社会问题、设置稳定的公共议题，鼓励实名制表达、形成理性的观点互动，超越单一性思维、强化复杂性认知框架①。还有的研究结合典例个案的媒体报道，探讨了具体的新闻操作产生正向舆论引导效果的障碍和条件。例如，2016 年 1 月 7 日至 8 日，中国法院网、北京法院网连续两天直播了北京市海淀区人民法院对“快播”涉嫌传播淫秽物品牟利一案的庭审过程，引发网民热议。有研究者考察了“快播”一案关注度高、普法效果弱的问题，指出其主要原因在于控辩双方法庭辩论有欠深入、娱乐“段子”喧宾夺主、“网络直播”不够慎重、舆论对冲触发反感等欠缺，进而提出了改变单纯“用观念引导舆论”的模式，多用事实引导舆论，以真实的情况、数据弥补社会媒体零散、片面的报道，最大程度地还原事件全貌等对策建议②。

在国内的舆论研究领域，与舆论引导并重的另一项议题是舆论监督。有研究者指出，新时期的舆论工作中，舆论监督是至关重要但又比较薄弱的环节。习近平在党的新闻舆论工作座谈会讲话中既强调了新闻舆论的导向问题，同时也确认“舆论监督和正面宣传是统一的。新闻媒体要直面工作中存在的问题，直面社会丑恶现象，激浊扬清、针砭时弊”③。在作者看来，舆论监督与舆论引导都有独特的内涵和内在特质，两者既相互联系又相互区别，共存于舆论工作的统一体中。新闻媒体开展舆论监督和舆论引导工作，两者的侧重点不同，但最终的目的和社会效果是一致的，也可以说，舆论监督是舆论引导的重要手段、有力补充和特殊形式，是正面宣传的重要组成部分，与正面宣传是高度统一的。我们应正确把握舆论监督和舆论引导之间的关系，充分发挥舆论监督的舆论引导作用④。

2016 年 12 月 2 日，聂树斌强奸杀人一案经最高人民法院最终审理宣判其无罪。从 1994 年到 2016 年，多家媒体一直在跟进报道此事。有研究者结合该案中的媒体监督实践，阐述了我国媒体异地监督的变迁以及异地监督在国家和社会生活中的必要性和重要性。作者主张：因人为因素和经济因素等影响导致本地媒体监督有所缺失的情况下，新闻媒体应运用人民赋予的权利，积极开展异地舆论监督。媒体的异地舆论监督工作不是为政府的工作添乱，而是为了保障大众的知情权，同样也是让事件能够更好地解决。媒体也应该更加审慎地对待自己手中掌握的媒体发言权，在吸引公众积极参与社会舆论讨论的同时，引导社会舆论向有利于社会发展的方向发展，为促进整个社会的良性发展贡献自己应有的力量⑤。

有研究者考察了腐败治理中我国媒体监督的功能定位和角色担当的复杂性。该篇论文的主要观点是：媒体监督功能的发挥与一国的政治制度以及在此基础上形成的媒介制度息息相关。我国媒体的事业性质决定了媒体不具有监督权力的独立身份，因此媒体反腐效力的发挥只能依赖于管理机构给予的自由度和空间大小。新媒体的

① 张志安、张美玲：《互联网时代舆论引导范式的新思考》，《学术前沿》2016 年第 3 期。

② 王瑞奇、王四新：《“快播”案直播传播效果分析》，《现代传播（中国传媒大学学报）》2016 年第 8 期。

③ 杜尚泽：《习近平在党的新闻舆论工作座谈会上强调：坚持正确方向创新方法手段，提高新闻舆论传播力引导力》，《人民日报》2016 年 2 月 20 日，第 1 版。

④ 靖鸣、吴星星：《舆论监督与正面宣传是高度统一的——学习习近平总书记在党的新闻舆论工作座谈会上的讲话》，《新闻爱好者》2016 年第 9 期。

⑤ 靖鸣、单奕：《聂树斌案异地监督的实践与思考》，《新闻爱好者》2016 年第 12 期。

出现在一定程度上改变了信息传播中的权力过滤机制，也改变了媒体反腐的信息传播环境，为贪腐官员及其行为的曝光提供了平台，于是网络反腐日益被强调和重视。然而，在我国的政治语境中，网络反腐效力的发挥仍然要依赖于体制内反腐工作的进程，体制内反腐机构对互联网便捷的贪腐信息搜集功能的使用与独立的媒体反腐有着本质区别①。

近年来，网络舆论监督作为传统媒体监督的延伸和发展，在社会监督中发挥了十分重要的作用。但是网络舆论监督自身的特点也导致其失范行为频发，有研究者主张：应从法治的视角，从权利和义务平衡的层面对网络舆论监督实施规范，这不仅是最具根本性的规范方式，也是法治社会的基本要求。这种规范一方面强调权利保障理念，即确认舆论监督是一种合法的权利行使行为。另一方面强调权利限制现象，即既注重舆论监督实施者的自主监督，也注重舆论监督主管者的事后追惩。与此同时，还要强调对监督者和被监督者相应权利的保护和相应义务的履行②。

七、应用新闻学研究

针对新近发生或者长期接续的报道案例展开具有学理深度的调研或反思，是该年度应用新闻学研究的重要内容。

有研究者结合天津港“8·12”特别重大火灾爆炸事故的报道案例，阐述了灾难报道和危机传播在制度和现实层面呈现的矛盾与冲突，指出城市危机传播的提升需以科学和专业为支撑，实现危机传播与公众需求、宣传框架内灾难报道和应急框架内危机传播的合理对接，以制度的形式消弭危机传播的随意性③。《新闻记者》刊载的数篇论文，分别探讨了河南辉县市“掏鸟窝获刑”事件报道、常州外国语学校“毒地”事件报道、山东问题疫苗事件报道等存在的问题及原因，并从制度、管理、伦理等层面论述了可供采纳的解决方案④。

有研究者考察了以《人民日报》为代表的传统主流媒体所做的环境报道在2013年至2015年间与2003年至2012年间的异同，以求呈现在党的十八大将生态文明建设纳入“建设中国特色社会主义”总体布局之后环境报道的基本情况和创新之处。其研究结论是：我国主流媒体的环境报道与十八大之前相比亦呈现出不少新的特征，例如在议题上持续侧重自然生态保护与监管、大气污染防治等方面的输出，在体裁上更多地通过深度报道、评论及研究类文章反映学术研究者等专业意见领袖的观点，在主体的描述上对政府这一核心主体的行为的呈现更多地向立法与执法领域倾斜。但十多年来主流媒体环境报道长期秉持的正面舆论导向、对政府和非政府主体赋予的“主动—被动”二元特征、以政府作为核心主体的叙述方式，一定程度上让“新闻报道成为宣传生产”，这有可能在更加强调平等、尊重、对话、协商的新媒体时代使得大量的环境宣传信息遭遇少有关注、缺乏倾听、正面信息负面理解等种种尴尬。因此，媒体应更多地坚持“公众本位”，

---

① 李东晓：《中国政治语境下的媒体反腐及其变迁》，《郑州大学学报》（哲学社会科学版）2016年第2期。

② 顾理平：《网络舆论监督中的权利义务平衡》，《社会科学战线》2016年第3期。

③ 滕朋：《传播的对接：城市危机传播的提升关键——以2015年天津港“8·12”特别重大火灾爆炸事故为中心》，《新闻记者》2016年第11期。

④ 范玉吉、杨心怡：《从“掏鸟窝”事件审视传媒法律素养》，《新闻记者》2016年第2期；周海燕：《环境公害报道“受害者叙事”议程设置与理性协商——以常州外国语学校事件为例》，《新闻记者》2016年第5期；董天策、班志斌：《自媒体传播在公共卫生事件中的信息噪音——以“疫苗之殇”大讨论为例》，《新闻记者》2016年第5期。

着眼于公众的生活处境和权益诉求；更客观地看待政府之外的企业、社会组织、意见领袖及公众在环境领域的积极角色；更努力地进行话语创新，主动、有节奏地输出客观的、平衡的、符合新闻基本规律的报道，从而建构与公众共通的意义空间和话语体系①。

该年度应用新闻学领域的另一类热点议题是如何将新兴媒体的各种传播技术手段施用于新闻业务领域，使新闻的采制、表达和报道更好地契合新媒体传播的特性与规律。有研究者以《人民日报·海外版》微信公众账号“侠客岛”为例，考察分析了网络社交媒体的新闻文体“杂糅”现象，认为这种新型的新闻文体既不属于消息、通讯或解释性报道等新闻报道范畴，也不属于社论、一般评论或新闻述评等新闻言论范畴，而是上述不同新闻样式的“杂糅”，是一种消解具体新闻体裁差别、融汇多种表达元素的后现代主义新闻叙事，它符合新闻文体的可变易性规律。作者将这种新闻文体“杂糅”现象出现的原因归纳为：技术变革提供物质基础、用户需求结构调整是原动力、网络戏谑文化的生长提供了文化环境，提出面对新闻文体“杂糅”现象的出现，应该关注它、研究它、批判它，尽可能使之规范化地发展②。

“动新闻”作为一种新的技术驱动的新闻叙事形式，正在被越来越多的媒体所采用，它以3D技术再现新闻发生的模拟场景为主线，并辅以现场照片、卡通形象动画、旁白、音效和数据等元素，往往模拟的是新闻事件的全过程或其中关键场景，具有娱乐性、可视性和互动性等特点。有研究者总结了当前“动新闻”实践的《苹果日报》模式、新华社模式和《新京报》模式，并对“动新闻”在新闻真实性、新闻及时性、新闻伦理、版权界定和人的异化等方面存在的问题进行了探讨。作者强调：因为“动新闻”强调细节、表情和动作，因此新闻的可视化本身就具有某种伦理上的风险。著名的例子就是南希·里根拍摄的反毒品广告通过大规模传播希望人们不要去吸毒，但后来的研究结果显示，这则广告让更多的青少年吸毒，因为这则广告让吸毒这种行为可视化，成为一种社会模仿行为。因此，如果不希望看到更多错误行为的发生，“动新闻”就不要向人们强调这些错误行为，如“没有买卖就没有伤害”可能导致更多人企图猎杀，经常报道女大学生失踪案件会导致更多女大学生失踪……这些都是新闻可视化的结果，更是“动新闻”伦理上的陷阱③。

“大数据”对各行各业和公众生活的广泛覆盖，催生出了数据新闻这一新型新闻报道方式，它被视为未来新闻业的一种发展趋势，本年度发表的一项有关数据新闻研究的分析报告指出：我国数据新闻研究的论文数量从2013年起明显增多，研究主题不断扩大，但总体看，这一方向的成果仍以发展研究和应用研究为主，且多采用个案研究和思辨研究方法。报告者认为，未来数据新闻研究应着力从表层研究进入里层研究，增强研究思维的批判性和研究方法的多元化④。

---

① 刘琳琳、黄河：《传统主流媒体环境报道的“变”与“不变”——针对十八大前后〈人民日报〉环境报道的比较研究》，《国际新闻界》2016年第2期。

② 罗以澄、王继周：《网络社交媒体的新闻文体“杂糅”现象分析——以〈人民日报·海外版〉微信公众账号“侠客岛”为例》，《现代传播（中国传媒大学学报）》2016年第2期。

③ 李彪：《融媒时代“动新闻”的三种模式》，《新闻记者》2016年第1期。

④ 袁满：《我国数据新闻研究的回顾与前瞻》，《郑州大学学报》（哲学社会科学版）2016年第2期。

八、新闻史学研究

该年度的新闻史研究成果延续了既往的产出平稳、内容多元化、方法多样化的发展态势，尤其在新闻学术史和新闻观念史研究方向上，不乏深耕精研之作。

有研究者提出：目前国内的舆论研究在理论建构方面较为薄弱，相关研究体系尚不完善，特别是在舆论史研究方面，亟待建立与其他人文社科研究领域的对话与沟通，深入掌握舆论所处的社会场域，与社会诸多因素形成互动；从舆论的基本构成要素出发，以鲜活的历史事实呈现显著的时代特征；拓展与丰富舆论史研究议题，凸显舆论的核心问题；增强舆论本体意识，体现舆论本身的独特性与自主性①。

有研究者将“小骂大帮忙”作为新闻传播史的一个重要概念加以考察，其研究发现：从1920年代初期至1940年代末期，“小骂大帮忙”从最初泛指新闻界经历了特指《大公报》的过程；从1940年代末期至1970年代末期，该概念逐渐由对《大公报》的特指关系，转化、延伸为阶级立场、政治路线斗争与运动的隐喻与象征，并被运用到文艺思想、国际关系与问题等领域；从1980年代开始至今，该概念经历了从辩诬声到多元化的使用过程，并在政治、文化、新闻宣传、日常生活等领域获得多元化的概念内涵阐释与重构②。

有研究者在其考察新时期中国新闻观念演进的论文中指出，当代中国新闻业的变革呈现出一条比较清晰的观念变革或演进的路线，其进阶分期可以划分为：1. 新闻本位观念的回归（1978年到1982年）；2. 新闻（媒介、传播）多元功能观念的形成（1983年到1988年）；3. 特殊的观念反思与党报观念的进一步强化（1989年到1991年）；4. 新闻业双重属性观念的明确（1992年到2001年）；5. 开放多元的新闻观念（2002年至今）这样几个阶段。作者尝试从中梳理出改革开放30多年来我国新闻业、新闻观念演变的一些或清晰或模糊的规律性的线索，其论点是：第一，中国社会的整体变化转型，特别是经济、政治领域的变革转型，是新闻观念演变更新的基础，也是最为根本、最为重要的动力。第二，所谓新闻观念的更新，从新闻观念史的角度看，就是一个去除和抛弃各种非新闻观念的过程，就是一个不断认识新闻特征、新闻规律，回归新闻本位的过程，也是一个认识和把握不同时代新闻（行业、媒体、媒介、传播）个性特征的过程，以及扬弃旧观念提出新观念的过程。第三，稳中求进既是中国改革开放的总体特征，也是新闻业发展的基本特征。超越中国实际、无视中国特色的所谓观念发明创新，无论以怎样的面目出现（激进的或保守的），都可能给中国新闻业以及中国社会的正常平稳发展带来负面影响。第四，新的传播技术在观念演变更新过程中有着特殊的功能作用，以客观的力量产生和促成了一系列有待人们面对的新问题、新课题。新闻传播技术（技术丛）创新实质上是以最具革命性的“新闻生产力”（工具）要素变革的方式促成了新闻观念的一些特殊变革，有些观念变革甚至具有全局性的、历史性的意义。第五，新闻观念变革更新成为中国新闻业进步的重要精神力量，甚至成为中国社会发展的重要动力。尽管改革开放30多年来，批判旧的观念与借鉴西方的新闻传播观念取得了许多成绩，然而在对未来展望与现实反思的观念领域，成

---

① 陈虹、潘玉：《跨学科视野下中国舆论史研究体系构建》，《新闻记者》2016年第10期。

② 郭恩强：《概念、语境与话语：“小骂大帮忙”使用之流变》，《新闻大学》2016年第1期。

果仍然较为贫乏①。

该年度《新闻与传播研究》编发了第二组新报刊史书写文章，与第一组文章（载该刊2015年第12期）分析电报、电话、伪奏章等各种媒介不同，本组四篇文章都以报纸为研究对象。其中黄旦撰写的《报纸革命：1903年的苏报——媒介化政治的视角》从“媒介既为政治沟通之中介，其自身逻辑又改变并形塑政治”这一视角考察1903年《苏报》的实践，发现《苏报》以“学界风潮”所导引的社会“观看”，提供了观察当时社会和政治的标准视野：中国教育会介入《苏报》，使爱国学社、张园演讲与报纸交汇鼓荡，大大引发出激进倾向；章士钊主掌《苏报》后，放言革命抨击保皇，以一旨归，从而以自己的革命实践，产生中国报刊史上一种新的报刊文化。中国此后的革命报刊实践乃至“党报”的集体知识，都可以从这里找到某些影子②。另外其他三篇论文分别考辨了“民初《暂行报律》事件中呈现的‘共和’想象”“晚清义赈中，作为一种中介性关系的《申报》与义赈结合所呈现出的多层多样的关系样态”“20世纪初，上海游戏场与游戏场报如何联合起来产制出生产性的娱游者”等议题。这组新闻史学文论的研究路径、问题、切入角度不一，但其试图突破已有中国报刊史研究路数的努力明显可见③。

撰稿：宋小卫（中国社会科学院新闻与传播研究所研究员）

中国应用新闻学研究2016年综述

2016年，VR技术被更多运用于“两会”报道，数据新闻的创新采纳受到更多关注，党媒微信文章的点击率常常突破十万，整体影响力显著提升，美国媒体对总统大选的新闻报道引起争议……新媒体时代，技术正深刻影响着新闻报道的生产方式和内容形态，传统媒体和新媒体的影响力加速发生着此消彼长的变化，置身于“后真相时代”的中外新闻业也面临着更大挑战。在此背景下，这一年的中国应用新闻学研究有何新特点、新趋势，这是本文试图回答的问题。

本文选择了12本具有代表性的新闻传播类期刊：《新闻与传播研究》《国际新闻界》《现代传播（中国传媒大学学报）》《新闻大学》《新闻记者》《当代传播》《新闻战线》《中国记者》《中国广播电视学刊》《新闻界》《青年记者》《新闻与写作》。这12本期刊中，既有坚持学术定位的CSSCI新闻传播类期刊，也有媒体集团主办的以新闻实务研究为主的行业性刊物，大体能够比较全面反映国内新闻学界和业

① 杨保军：《新时期中国新闻观念的演进》，《中国社会科学报》2016年5月19日，第3版。

② 黄旦：《报纸革命：1903年的苏报——媒介化政治的视角》，《新闻与传播研究》2016年第6期。

③ 周叶飞：《报刊与政府关系的重组：报律风波中的“共和”想象》，《新闻与传播研究》2016年第6期；郭恩强：《作为关系的新闻纸：〈申报〉与晚清义赈》，《新闻与传播研究》2016年第6期；季凌霄：《大世界与〈大世界〉报（1917—1927）：空间、报纸与娱游者》，《新闻与传播研究》2016年第6期。

界的应用新闻学研究现状和水平。

通过对相关文献的梳理，我们发现2016年中国应用新闻学研究主要聚焦于五个方面的议题：主流媒体在新媒体时代的影响力重塑，专业新闻报道的新机制和新话题，移动社交平台上的新闻生产，技术对新闻生产的复杂影响，海外媒体新闻生产的实践创新。总体来说，这些研究关注到了新闻实践领域出现的变化和趋势，但分析对象和切入角度上略显同质化，问题意识和阐释深度也有待继续深化。而且，大多数研究着重于描述现象、总结策略，或者提供基于经验甚至价值观的预测和建议，缺少运用实证数据来分析实践或进行理论建构的高水平研究成果。

一、主流媒体话语变迁和影响力重塑

我国以党媒为代表的传统主流媒体，其影响力受到过两个因素的冲击。其一是1979年之后的市场化媒体，以其更加多元化的报道分流了传统主流媒体的受众。①

其二是新兴的网络媒体，以其更加主流化的传播渠道和更有吸引力的呈现方式吸引了年轻受众。这两个因素导致了传统主流媒体影响力的式微，继续与其他社会心理、文化和情境相结合，形成了新华社原社长南振中说的“官方舆论场”和“民间舆论场”的割裂。不过，随着微博微信等社交媒体平台的崛起，主流媒体越来越善于整合资源、创新话语，利用社交平台重构其在网络空间中的影响力。

有研究发现，党媒逐渐在新浪微博和微信公众平台上，成为了占主导地位的力量。其重夺话语权的策略包括提供区别于传统党报的内容，以及转发已被大量关注的文章来扩大影响力、利用党媒“权威”形象来增加传播度、每天多次推送内容以取得更大关注等。②

还有一些研究总结了主流媒体新闻话语的变化特点，如表达方式上更加活泼，呈现角度上更加生活化。有研究分析了《人民日报》微信和微博上的传播语态，发现语言特点有从严肃到活泼的倾向。具体来说，新闻内容上广泛运用时尚表达方式、流行语和表情符号，新闻呈现形式也从文字向“九宫图”等数读漫画方式转变。由此，政务信息传播呈现出更“亲民”的姿态。③ 有研究总结了《人民日报》和《央视新闻》微信公众号的话语特征，包括把政治和普通人生活结合、激发民族自豪情绪、提供情绪抚慰、在标题上设置悬念等。④ 有研究则运用“亲近性”的视角分析了《人民日报》《央视新闻》、新华社对全国“两会”的报道，发现时政新闻的文本体现出“全时性”“互动性”和“沉浸感”的特点。⑤ 这些特点和媒体对VR技术的运用是分不开的，由此可以看出新技术给主流媒体亲近性的话语呈现方式探索提供了更多可能性。

从传播效果的角度，研究者们关注到了主流话语变迁后，受众对信息的关注、接受程度和信息对受众的影响。比如，有研究发现了主流媒体内容变化后被更多关

① 参见李良荣、林晖《试析双重压力下党报面临的困难及其对策》，《复旦学报》（社会科学版）1999年第3期；丁柏铨、肖艳艳《改革开放30年党报的新闻业务改革》，《新闻与写作》2009年第2期。

② 方可成：《社交媒体时代党媒“重夺麦克风”现象探析》，《新闻大学》2016年第3期。

③ 王晓冬：《人民日报“两微一端”的传播语态研究》，《新闻战线》2016年第5期。

④ 方可成：《社交媒体时代党媒“重夺麦克风”现象探析》，《新闻大学》2016年第3期。

⑤ 张志安、曾子瑾：《网络时政新闻的亲近性文本研究——以三家央媒2016年全国“两会”报道为例》，《新闻大学》2016年第3期。

注和接受的趋势，[①] 有研究从观照“发展”的角度总结了省级党报新闻客户端的发展现状。[②] 此外，相关研究也进一步探讨了影响主流媒体话语变迁的内外部复杂因素。有研究从总体新闻生产趋势上阐述了技术革新对新闻内容的影响，也从受众特征的角度说明了受众年轻化现象及其导致的对新闻内容需求特点，倒逼新闻生产内容改变的情况。[③] 方可成关注到节点性事件和高层决策对主流媒体话语变迁的影响，如习近平主席在2014年2月对“运用网络传播规律”的强调，以及中央网络安全和信息化领导小组在2014年的成立。

除了主流媒体新闻话语的“变”，也有研究者从报道“权威性”的角度关注了主流媒体的“不变”。有研究者描述了报道风险议题过程中，两个不同传统媒体对专业权威的维护方式。《人民日报》以“科学权威”如信息科普等支撑媒体权威，《南方都市报》以主题侧重“程序正义”、消息来源平衡的专业化报道等维护权威。[④] 孙彦然以“玉林狗肉事件”的报道为例，探究了传统媒体和自媒体的媒介逻辑差异：传统媒体的报道更理性化、平衡性、专业，自媒体重个体化、感性化，具有不平衡性。[⑤] 逯彦萃从反转新闻报道的角度切入，建议主流媒体在信息多元化背景下的新闻报道中“关注热点，调查核实，挖掘真相，倡导价值”，当好“定音鼓”。[⑥]

二、专业新闻报道机制和策略创新

围绕不同题材和领域的专业报道，不少学者研究了法制报道、环境报道、健康报道的报道机制和策略，同时结合一些焦点事件剖析报道、舆论和行业生态之间的关系。关于法制报道，针对大学生“掏鸟窝获刑”事件，相关研究指出，这个案例的报道反映了法制新闻操作中存在“报道悖离法律事实”“煽情主义驱逐法理分析”“专业知识缺乏”“法律意识淡薄”等不足。[⑦] 有研究还从“泛标签化”的角度审视法制新闻，指出当事人的性别、社会身份、经济地位、年龄、姓名、地域等成为新闻报道中被普遍运用的标签。这种不当的新闻操作方式损坏了当事人的名誉权，也转移了受众注意力，并因此弱化了普法效果，还容易加剧公众刻板印象，引发社会信任危机。[⑧] 有研究则从新闻操作的角度分析了媒体把普通社会新闻“大学生掏鸟窝获刑”进行冲突性呈现，从而吸引关注的策略。作者指出，在媒体议程设置是“零和博弈”的情况下，这种新闻操作方式会削弱更重要议题的传播力。[⑨]

关于环境报道，研究者除了关注具体操作规范外，也关注了记者看待环境问题的角度。有研究者以常州外国语学校的“毒地”事件为例，分析了“受害者叙事”，并提出新闻界报道环境问题，应该

---

① 方可成：《社交媒体时代党媒“重夺麦克风”现象探析》，《新闻大学》2016年第3期。

② 孙晨颖、任琦：《省级党报新闻客户端发展现状观察》，《中国记者》2016年第1期。

③ 王晓冬：《人民日报“两微一端”的传播语态研究》，《新闻战线》2016年第5期。

④ 王宇琦、曾繁旭：《风险议题中传统媒体专业权威维护的两种范式》，《新闻记者》2016年第9期。

⑤ 孙彦然：《媒介逻辑视角下的自媒体研究——以“玉林狗肉节”事件为例》，《新闻战线》2016年第3期。

⑥ 逯彦萃：《主流媒体如何在“反转新闻”中当定音鼓》，《中国记者》2016年第6期。

⑦ 范玉吉、杨心怡：《从“掏鸟窝”事件审视传媒法律素养》，《新闻记者》2016年第2期。

⑧ 郑雅宁、范玉吉：《法制新闻报道中的“泛标签化”》，《新闻战线》2016年第23期。

⑨ 夏文蓉：《一则社会新闻为何引起舆论热议？——对“大学生掏鸟获刑10年半”新闻文本的研究》，《新闻记者》2016年第2期。

从“抗争”角度转变到“环境公害”角度。① 杜诗画则分析了《新京报》报道雾霾的特点，将其概括为报道篇数较多、版面安排优先、报道主题多元、消息来源较权威。② 有学者则从知识能力、信源使用等方面对比了中国和美国的环境记者对气候问题的知识习得、认知角度和报道方式。研究发现，由于历史、社会和文化语境的差异，美国记者多从气候变化等“科学性”角度关心环境问题，而中国记者大多从“人的生存与发展”角度关注。③

有研究者从“环境话语”的角度分析了6家活跃的ENGO在过去7年中的话语生产，发现相关话语内容有非争议性、去政治化、把环境问题归因于个人和道德层面、关注实践特点。作者认为，国内现有研究过多关注政府话语，忽略了其他群体的绿色话语实践，一些研究过于强调运用西方理论来描述本土环境事件，然而“这些西方理论是否可以恰当解释有中国特色的绿色话语空间还有待深入探究”④。

关于健康报道，“食品安全”是在2016年继续凸显的议题。之前的研究发现，食品安全问题曝光比率和地区发达程度大体正相关⑤。有研究者通过分析纵向数据，发现2009年到2015年北京食品安全事件的首发报道有上升趋势。他们还发现媒体主要从涉事食品类型、问题发生环节、违法性质等方面呈现食品安全问题，传统媒体与新媒体的“议程互动”更会吸引公众对相关事件的注意力。⑥ 有研究者分析了食品安全报道中存在的“结构性失衡”问题，包括报道着重呈现“问题预防阶段”、忽视问题发生和治理阶段，新闻消息来源主要为政府官员，新闻主体以政府为主并强调其正面形象，新闻框架中“政府行动”比例过高。这种报道倾向会让媒体在风险问题的博弈中缺位，导致“风险民主化”缺失，最终放大社会食品风险。⑦

学者们还关注到了冲突报道。比如，有研究者分析了医患冲突报道中媒体的类型化叙事方式，包括冲突叙事、受害叙事、反思叙事和正面颂扬叙事。⑧ 此外，研究者们还关注了针对特定群体的报道，如对女大学生在媒体中的负面形象总结及其原因分析⑨，对“性别敏感新闻”的操作方式总结⑩，对农民工群体报道角度变化的

---

① 周海燕：《环境公害报道：受害者叙事、议程设置与理性协商——以常州外国语学校事件为例》，《新闻记者》2016年第5期。

② 杜诗画：《议程设置理论下〈新京报〉的雾霾报道》，《青年记者》2016年第23期。

③ 王积龙、路鹏程、黄康妮、David Paulson：《中美环境新闻记者气候报道知识之比较研究——一种第三世界生态批评的阐释》，《新闻与传播研究》2016年第12期。

④ 刘景芳：《中国绿色话语特色探究——以环境NGO为例》，《新闻大学》2016年第5期。

⑤ 厉曙光、陈莉莉、陈波：《我国2004—2012年媒体曝光食品安全事件分析》，《中国食品学报》2014年第3期；Holtkamp, N., Liu, P., & Mcguire, W., “Regional Patterns of Food Safety in China: What Can We Learn from Media Data?” *China Economic Review*, 2014, 30, pp. 459 - 468.

⑥ 陈静茜、马泽原：《2008—2015年北京地区食品安全事件的媒介呈现及议程互动》，《新闻界》2016年第22期。

⑦ 冯强、石义彬：《结构性失衡：我国食品安全议题的消息来源与报道框架分析》，《现代传播（中国传媒大学学报）》2016年第5期。

⑧ 刘双庆：《中国报纸对医患形象的再现研究——基于四起医患暴力冲突事件的叙事分析》，《当代传播》2016年第3期。

⑨ 萧子扬：《女大学生媒介形象及社会学分析——以中国妇女报为例》，《青年记者》2016年第33期。

⑩ 张敬婕：《制作出性别敏感的新闻是否可能？——基于对北京市10家媒体机构40位媒体从业者的深访》，《现代传播（中国传媒大学学报）》2016年第2期。

梳理[①]。除了从话题角度切入外，也有研究系统性分析新闻报道的呈现特点。比如总结了框架构建的部分理论视角和研究发现，提出了一个对中国负面媒体事件中的“事后解释模型”：媒体报道框架（损失框架、责任框架）影响受众看待事件的框架和相应情绪，进而影响受众的信息加工、时间判断和最终的行为倾向。[②]

三、移动社交平台的新闻生产

以微博、微信为代表的社交平台，给新闻生产的移动化、数字化和互动化操作带来了新机遇，2016 年的应用新闻研究对这个话题给予了不少关注。

清博大数据的研究报告描述了传统媒体新闻客户端的总体发展现状，包括：地域分布上集中于沿海经济发达地区，用户尚未规模化，产品同质化、盈利模式模糊等[③]。有研究者以排名前十的电视频道为例，总结出电视微信公众号具有“信息有针对性”“内容呈现形式多样”“推送频次稳定”“提供自定义菜单”等特点，同时也存在“缺少优质账号”“缺乏推广力度”“表达方式官方化”等不足。[④] 有研究者总结了微信订阅号“长江云”中信息传播的规律，如新闻越“口语化”“易读”“可视”，转发率越高。信息产生的地域、话题、软硬程度和消息性质都和阅读转发率显著相关，比如生活服务类话题转发率均值最高。[⑤]

也有研究关注到自媒体时代“内容创业”的生产逻辑和机制。有研究者引用“自由劳动”概念，即用户生成内容为“免费劳动”，可能被售卖或剥削，指出“内容”是资本积累的“白糖”并分析由此产生的问题。譬如，由于资本是逐利的，媒体追逐“注意力经济”导致内容标签化。并且，很多内容创业的主体沦为“劳工”，已获利的数字“精英”和“劳工”阶层分化加剧。[⑥]

关于新媒体平台上的新闻生产，有研究者总结了记者在微博平台上的新闻生产特征，研究发现，记者在微博舆论场上有较高可见度，发布内容以“新闻”居多。同时，记者在微博的信息发布有更多观点表达，“中立记录”角色被弱化。[⑦] 有研究者研究“有槽”和“米糕新闻日记”微信公众号，指出社交平台给记者提供了更多新闻生产方式，这两位前记者写公众号时更“个性化”和重“私人化表达”[⑧]。

一些学者也关注了社交媒体平台上的新闻话题及其传播特点。有研究者分析发现，对于健康类信息，微信平台中专业传播者缺位，企业公众号成为主要传播者。企业公众号多在信息操作上不规范，内容推送上重营销。另外，信息生产者不详造

---

① 李道荣、刘亚、徐剑飞：《我国农民工报道的发展历程研究——以〈人民日报〉为例》，《当代传播》2016 年第 1 期。

② 张结海：《负面事件新闻报道的媒体框架建构——一个认知—情绪的事后解释模型》，《现代传播（中国传媒大学学报）》2016 年第 11 期。

③ 清博大数据新媒体指数团队：《中国传统媒体新闻客户端发展报告》，《青年记者》2016 年第 4 期。

④ 黄楚新、彭韵佳：《我国电视微信公众号台的发展现状、问题及建议——以排名前十的电视频道为例》，《中国广播电视学刊》2016 年第 3 期。

⑤ 郝永华、阎睿悦：《移动新闻的社交媒体传播力研究——基于微信订阅号“长江云”数据的分析》，《新闻记者》2016 年第 2 期。

⑥ 王蕾：《自媒体时代对“内容创业”的批判思考》，《新闻界》2016 年第 22 期。

⑦ 陈宁、杨春：《记者在社会化媒体中的新闻专业主义角色——以记者微博的新闻生产为例》，《现代传播（中国传媒大学学报）》2016 年第 1 期。

⑧ 陈刚、王继周：《独立报道与解读的另一种可能——微信公众账号“有槽”和“米糕新闻日记”访谈录》，《新闻记者》2016 年第 8 期。

成了微信平台上健康类谣言泛滥。[①] 有研究发现，公益内容在微信平台上具有传播优势，因为朋友圈“强链接”的特点有利于建立信任关系，微信支付降低募捐的时间精力成本，传播方式多样有利于吸引注意力和达到慈善目的，传播人群涵盖公益对象由此便于援助等。[②] 有研究则关注了“央视新闻”微信公众号的突发事件报道，分析了其优势：快速及时，“一对一”传播效果好，信息呈现多元化，互动性强。同时，也指出“报道缺乏特性内容”“仪式化信息过多”等不足。[③]

移动社交平台上信息生产所带来的问题引起学者关注。有研究者[④]梳理了微信平台上谣言集聚的原因：用户基数庞大、交流频次高给谣言大规模传播提供可能；信息发布的不可跟踪性给谣言消解带来困难；受众自助式发布让微信丧失审核屏蔽谣言的功能；微信的闭环式传播导致内部传播速度快、外部信息流入慢等。还有研究者则着重分析了财经类谣言，并指出新媒体是谣言高发区，产生的谣言占比近九成。[⑤]

“标题党”是社交平台上内容传播的另一个问题。有研究者通过对 7 个有代表性的微信公众号文章标题进行文本分析，总结出其“多用长标题”“强调信息与受众关系”“标题党”的倾向。有研究者分析指出，微信中的“标题党”主要包括“内容上追求点击率”“语言上符号化、低俗化”“借助图片等形式吸引眼球”等特征。[⑥] 他们把“标题党”现象存在的主要原因归结于公众号盈利模式单一、微信缺少把关淘汰机制、公众号运营者缺乏社会责任感。[⑦]

四、互联网技术对新闻生产的影响

有学者认为，“以移动化、智能化为基本特征的移动互联网、物联网、大数据与云计算等新技术力量，已经开始渗透到专业机构新闻生产的核心环节，未来还将给新闻业带来更多革命性的变化，新闻业的某些环节甚至面临着被重新定义的可能”[⑧]。延续近年来的关注焦点，大数据对新闻业的影响仍然是热点话题之一。有研究者总结了大数据时代新闻生产的特点，包括记者能够精准判断选题、信息来源多样化、信息可信度变得更可验证等。[⑨] 有研究者指出，数据既可帮助分析者了解整体情况，也可加强信息与个体用户的关联性。除描述数据新闻生产实践的特点之外，学者们对此进行了反思。[⑩] 有研究者提出，数据的合法性、代表性、真实性、解释力都可能存在问题。研究者还提出，数据清

① 李东晓：《微屏时代谁在传播健康？——对微信平台健康养生信息兴起的传播学分析》，《现代传播（中国传媒大学学报）》2016 年第 4 期。

② 张筱筠、连娜：《微信公益传播的类型与优势》，《青年记者》2016 年第 5 期。

③ 李飞雪、赵梦婷：《试论微信公众号“央视新闻”对突发事件的报道》，《中国广播电视学刊》2016 年第 12 期。

④ 牛慧清、钱梦姣：《浅析社交媒体中谣言的传播和消解机制——以微信谣言传播为例》，《新闻战线》2016 年第 7 期。

⑤ 郝雨、邱凌燕：《财经谣言传播的分析与应对——基于 2014—2016 年间中国证券市场谣言信息的实证研究》，《当代传播》2016 年第 4 期。

⑥ 何凌南、胡灵舒、李威、张志安：《“标题党”与“负能量”——媒体类微信公众号的语言风格分析》，《新闻战线》2016 年第 13 期。

⑦ 靖鸣、钟倩：《微信空间里的“标题党”现象》，《新闻与写作》2016 年第 5 期。

⑧ 彭兰：《移动化、智能化技术趋势下新闻生产的再定义》，《新闻记者》2016 年第 1 期。

⑨ 周勇、赵璇：《大数据新闻生产的实践与反思》，《新闻与写作》2016 年第 6 期。

⑩ 孟威：《数据新闻的比较优势与隐忧》，《新闻战线》2016 年第 13 期。

洗过程和数据搬运、加工过程都可能导致信息缺失。[①] 也有研究者指出，数据不一定能客观反映现实，因为数据的呈现方式可能导致解读偏差，数据的解释和预测作用也有限。[②]

有研究者试图追溯数据新闻的前身，比如“计算机辅助报道”“精确新闻”[③]。有研究者梳理了促使数据新闻兴起的因素，包括近年来西方开放数据运动，以及计算机辅助新闻报道技术。他们也指出，国内数据新闻的发展受到“太多数据未公开”“商业企业具有比媒体更丰富的数据资源”“记者编辑缺乏数据素养”等因素制约。[④]

研究者也分析了特定媒体数据新闻的生产特点。有研究发现，《南方都市报》数据新闻的制作特点包括时效性弱、内容客观性强，拓宽了消息来源，但数据处理粗放，视觉化呈现形式单一。[⑤] 有研究分析了新华网“数据新闻”栏目的不足，比如可视化泛用混淆了数据新闻概念，可视化形式固化制约了新闻报道深度，过分追求可视化削弱了新闻叙事效果。[⑥]

值得一提的是，有研究者分析了大数据环境下的“信息呈现机制”及其对受众认知的影响。她以 Facebook 为分析对象，列举了算法决策所依赖的机制，也描述了算法原则在不同阶段的侧重点。研究发现，在算法过滤中，新闻呈现更取决于用户的需要，这容易加强受众在新闻接触中的偏向和社会认知中的偏见。此外，Facebook 在“趋势话题”中对话题的选择性呈现，以及百度的“魏则西事件”都暴露出人为因素干涉搜索结果的问题。[⑦]

虚拟现实（简称 VR）和增强现实（简称 AR）技术也被运用到新闻生产中。“受众可以借助于 VR 设备，亲身进入具体情景，在宏大语境中捕捉各类细节，进而深刻理解新闻真实”。研究者也总结道，2015 年是 VR 新闻爆发式增长的一年，产生了有影响力的报道，比如 PBS（美国公共广播电视）使用 VR 技术将观众带到了埃博拉病毒肆虐的地区，CNN 用 VR 让用户体验民主党候选人辩论现场。[⑧]

学者们也对 VR 等技术进行了溯源和分析。有研究者梳理到，美国《得梅因记事报》的解释性新闻项目《收获的变化》是新闻界对 VR 技术的首次尝试。[⑨] 国内 VR 新闻起步则是在 2015 年《人民日报》的阅兵视频和新华社的深圳救援现场。有研究者对 VR 和 AR 两个概念进行了历史回溯，并指出 AR 和 VR 技术导致传统新闻业发生三个转向，即内容从浅层叙事转到深度内容，新闻业态从“各自为政”到“跨界融合”，报道样式从“原画复现”到“沉浸 + 参与”[⑩]。有研究者把 VR 新闻的

① 周勇、赵璇：《大数据新闻生产的实践与反思》，《新闻与写作》2016 年第 6 期。

② 高杨：《质疑大数据新闻》，《中国广播电视学刊》2016 年第 1 期。

③ 沈浩、罗晨：《数据新闻：现代性视角下的历史图景》，《新闻大学》2016 年第 2 期。

④ 方洁、胡杨、范迪：《媒体人眼中的数据新闻实践：价值、路径与前景——一项基于七位媒体人的深度访谈的研究》，《新闻大学》2016 年第 2 期。

⑤ 李小华、张卉：《纸质媒体数据新闻实践特征及趋势分析——以〈南方都市报〉为例》，《当代传播》2016 年第 2 期。

⑥ 付砾乐：《数据新闻可视化存在的问题分析——以新华网“数据新闻”栏目为例》，《青年记者》2016 年第 24 期。

⑦ 方师师：《算法机制背后的新闻价值观——围绕“Facebook 偏见门”事件的研究》，《新闻记者》2016 年第 9 期。

⑧ 史安斌、张耀钟：《虚拟/增强现实技术的兴起与传统新闻业的转向》，《新闻记者》2016 年第 1 期。

⑨ 孙振虎、李玉荻：《“VR 新闻”的沉浸模式及未来发展趋势》，《新闻与写作》2016 年第 9 期。

⑩ 史安斌、张耀钟：《虚拟/增强现实技术的兴起与传统新闻业的转向》，《新闻记者》2016 年第 1 期。

话语范式概括为“采用第一视角”“叙事空间和阅读场景融合”“与受众形成对话”以及“采用超文本架构”①。有研究者对国外媒体对VR技术的运用进行了描述和总结。② 有研究者指出了VR技术在报道中的优势主要是让受众有现场感、自主性，让新闻有客观性、交互性。③

20世纪60年代，麦克卢汉提出了冷媒介和热媒介的概念，从“媒介的清晰度”和“人的参与度”两个方面来描述媒介。有研究者运用此角度探讨了VR技术的媒介呈现方式和受众对内容接受方式的关系。作者指出，以文字为主的单一媒介中，“媒介本身‘冷’，使人自身变‘热’，激发了个人的主观能动性”。而沉浸体验更强后，“媒介是变得越来越‘热’，与此同时，受众的主观能力却‘冷’了下来”④。

此外，研究者们还探讨了VR可能给新闻生产和受众认知带来的负面影响。有研究者认为，由于VR和AR强大的效果，受众可能产生思维惰性和刻板印象，忘记思考他们所看到的“真实”是否是客观现实。⑤ 有研究者指出，目前难以找到合适的方式将“沉浸感”和“新闻叙事”协调好。⑥ 有研究者也指出，VR新闻可能“模糊新闻的边界，消解新闻客观性，弱化公众的理性思考，催生新闻泛娱乐化倾向，导致社会共识缺失”。⑦ 而有研究者则认为，沉浸式体验只是提升用户体验，改变新闻叙述方式，影响新闻内容不是必然。⑧

除了数据新闻和VR新闻之外，人工智能技术在新闻生产中的运用也得到学者们的关注。有研究者认为，机器人新闻预示着“新闻工业化生产”时代到来。⑨ 有研究者把人工智能技术对新闻生产的影响概括为三个方面：从专业生产走向“专业生产＋用户生产＋机器人生产”；新闻议题设置更加个性化，为用户定制；新闻操作上更加偏向“产业链”运作。⑩ 有研究者指出了机器人和记者在写稿方面各有优势，前者的优势是数据收集、处理能力和写作速度，后者的优势在于洞察力、敏感性、深度挖掘能力、人文关怀等。⑪ 对于机器人新闻的问题，有研究者认为机器人对复杂新闻生产中的“化约”太简单，并且机器人会犯错但难纠错。⑫ 有研究者也注意到机器人新闻的局限性，比如报道主题局限、缺乏深度、模式化、难提供评论等。

五、海外媒体的新闻生产实践

欧美国家媒体的新闻生产和融合转型，始终吸引着国内学者的研究。有研究者分析了10年间7项普利策奖获奖报道，发现其选题倾向是深挖静态选题、聚焦中性选题、监测全社会、报道可视化。⑬ 有研究

① 刘先根、彭培成：《融合新闻虚拟化叙事的话语范式探析》，《新闻战线》2016年第23期。

② 赵金：《VR新闻及对媒体融合转型的启示》，《青年记者》2016年第13期。

③ 孙振虎、李玉荻：《“VR新闻”的沉浸模式及未来发展趋势》，《新闻与写作》2016年第9期。

④ 周敏、侯颗：《冷热媒介视角下虚拟现实新闻探究》，《当代传播》（汉文版）2016年第5期。

⑤ 史安斌、张耀钟：《虚拟/增强现实技术的兴起与传统新闻业的转向》，《新闻记者》2016年第1期。

⑥ 周敏、侯颗：《冷热媒介视角下虚拟现实新闻探究》，《当代传播》（汉文版）2016年第5期。

⑦ 刘先根、彭培成：《融合新闻虚拟化叙事的话语范式探析》，《新闻战线》2016年第23期。

⑧ 邓建国：《机器人新闻：原理、风险和影响》，《新闻记者》2016年第9期。

⑨ 梁智勇、郑俊婷：《人工智能技术对新闻生产的影响与再造》，《中国记者》2016年第11期。

⑩ 陈小晰：《机器人新闻与记者稿件的对比》，《新闻记者》2016年第9期。

⑪ 同上。

⑫ 邓建国：《机器人新闻：原理、风险和影响》，《新闻记者》2016年第9期。

⑬ 窦锋昌：《普利策奖深度报道奖项的“选题常规”——基于10年间7项普利策奖获奖报道的全样本分析》，《新闻大学》2016年第5期。

者总结了英国媒体 BBC《广角镜》记录节目现场新闻的报道方式，包括直播普通人的生活状态并以人性化角度重构现场，以图片、视频、图表等多种媒体形态和手段还原现场元素等。①

研究者也关注欧美媒体的新闻操作方式的变革。有研究者以“谷歌新闻实验室”为例，考察了“目击媒体”的发展，厘清了“目击媒体”的概念：“指与新闻编辑室无关的人拍摄新闻现场的图片或视频”“不在于拍摄者到底是什么身份……而在于拍摄者是事件的目击者。”研究也指出，目击媒体的发展在带来丰富信息的同时，容易促使虚假信息传播。因此，专业新闻机构要充分利用新工具搜索信息源，检验信息准确性。②

外媒对华形象的报道是另一个受关注的议题。有研究者用“批判性话语分析”方法，分析了《华盛顿邮报》对“一带一路”的报道，发现在其报道中，中国“一带一路”倡议有积极意义，但充满新殖民主义色彩，并在道德、环保方面有问题。外媒这种视中国的倡议为“挑战”和“扩张”的观念，源于“冷战思维”和“中国威胁论”心态。③ 此外，有研究者分析了《华尔街日报》的构建媒介框架，发现报道被消极和疑虑占主导，体现出警惕和防范心理。④

有研究者分析了 CNN、《纽约时报》《华盛顿邮报》的 90 篇对我国少数民族的报道。研究发现，报道有“含冲突框架”“内容较负面”“信源选择有偏见”“关注‘历史背景’”等特点。影响这些报道框架的因素有政治诉求、历史思维、文化霸权等。⑤ 有研究者在 Twitter 有高影响力的社交媒体账号中搜索含有“China”的推文，并加以抽样、分析，以了解美国社交媒体中的中国议题。研究得出结论是中国经济发展受到全方位关注、政治议题的意见偏向较负面、环境议题评价负面等。⑥

另一些研究关注了事实核查类新闻和 2016 年美国总统大选中的新闻报道。“自 2009 年‘政治事实’网站获得普利策新闻奖以来，事实核查性新闻正成为社交媒体时代一股不然忽略的力量”，有研究者梳理了政治事实核查类网站的发展，指出社交媒体时代，“事实核查”从之前主流媒体的新闻产制变成一个独立的新闻品类，也质疑了它“正本清源”的作用。⑦ 有研究者则从生产逻辑和效果上对事实核查新闻进行考察。⑧ 他们发现，在选题上，“事实核查新闻”生产会受到受媒体所需关注度的影响。在效果上，被核查新闻点名批评的候选人反而因为曝光等因素支持率变高。

有研究者关注了 2016 年美国总统大选中，VR、大数据等新媒体技术带来的新闻呈现方式变化，也考察了新闻媒体在报道

① 贺俊浩：《社会化传播时代如何报道现场新闻——以 BBC〈广角镜〉追踪直播老牌钢铁厂倒闭过程为例》，《中国记者》2016 年第 3 期。

② 黄雅兰、陈昌凤：《“目击媒体”革新新闻生产与把关人角色——以谷歌新闻实验室为例》，《新闻记者》2016 年第 1 期。

③ 朱桂生、黄建滨：《美国主流媒体视野中的中国“一带一路”战略——基于〈华盛顿邮报〉相关报道的批评性话语分析》，《新闻界》2016 年第 17 期。

④ 周萃、康健：《美国主流媒体如何为“一带一路”构建媒介框架》，《现代传播（中国传媒大学学报）》2016 年第 6 期。

⑤ 高卫华、贾梦梦：《美国主流媒体的中国多民族国家形象报道框架分析》，《新闻大学》2016 年第 4 期。

⑥ 赵曙光、李海容：《美国社交媒体关注的中国议题——基于 2015 年 Twitter 高影响力账号的描述性分析》，《新闻记者》2016 年第 10 期。

⑦ 史安斌、饶庆星：《事实核查类新闻的兴起：救赎还是纵容？》，《青年记者》2016 年第 16 期。

⑧ 虞鑫、陈昌凤：《美国“事实核查新闻”的生产逻辑与效果困境》，《新闻大学》2016 年第 4 期。

操作上的偏颇之处，以及总统候选人对社交媒体的运用。① 有研究者分析了社交媒体主导美国大选、自由主义偏见"潜规则"民意等新闻操作中的不足之处。② 有研究者分析了川普的传播策略，如使用"策略性模糊"的说辞、利用社交媒体的"情感放大"效应等议题操控方法，并认为这些现象反映了西方新闻学理念中信奉"反常放大"和"冲突新闻学"等积弊。③

六、结语

从2016年应用新闻学的研究综述看，有三类研究问题的重要性和关注度逐渐凸显。第一，相关研究把新闻报道放在更加复杂的生产过程、专业要求、行业情境和社会舆论的场域中分析，更加注重从"社会现实"和"行业规范"维度来讨论新闻报道的职业化和专业化。研究者们从食品、环境、法治等某类报道切入，探讨了新闻生产中报道失衡、忽略问题核心、标签化等问题。

第二，相关研究注重各种新技术、平台，尤其是社交媒体、移动传播对新闻实务的直接或间接影响。在常规的权力、市场、受众变量之外，研究者格外注重"技术"这个结构性的重要变量对新闻实务的短期和长期影响。无论是移动社交平台对新闻生产方式和新闻内容的影响，还是大数据、VR技术带来的新闻报道形式的变化，都引起了研究者的关注和探讨。

第三，相关研究关注了主流媒体在新闻话语和范式修订领域的积极变革，注重从变化特征、影响因素和社会功能等角度多维度分析"主流党媒如何重构影响力"的问题。不少研究关注了主流媒体的"两微一端"在新媒体时代的话语特点、报道视角，总结了此趋势对新闻传播效果的影响，也在大的新闻业背景和社会背景下对此变化进行了分析。上述问题，也为后续研究如何进一步深化提供了可资借鉴的启示和方向。应用新闻学的相关研究总体仍然处于需要提升实证研究取向的阶段，要更加注重实证研究方法的运用。此外，如何超越个案、超越描述层面的分析，通过综合更多案例、寻求普遍理论阐释，也是研究者可以努力的方向。

撰稿：张志安（中山大学传播与设计学院教授、广东省舆情大数据分析与仿真重点实验室主任、中国新闻史学会应用新闻传播学研究会会长）

江晓雅（中山大学传播与设计学院科研秘书、大数据传播实验室项目助理）

---

① 胡瑛、陈力峰：《美国总统大选的新媒体传播策略》，《新闻战线》2016年第15期。

② 张天培、丑则静：《美国大选，主流媒体为何错得如此离谱》，《新闻战线》2016年第23期。

③ 史安斌、周迦昕：《"川普"奇观与美国政治新闻的困境》，《青年记者》2016年第4期。

中国新闻传播史研究2016年综述

2016年，中国新闻传播史研究十分活跃，研究者深入梳理和发掘现存史料，对于研究的薄弱环节予以查漏补缺，不断扩展中国新闻传播史研究的学术版图，还原中国新闻传播史波澜壮阔的图景。同时不断突破研究盲区，以更加广阔的视野，引入新的理论范式和叙事框架，赋予历史以新的解读与意义，挖掘其发展的深层动因。在资深前辈的引领下，注重传承与交流的学术氛围业已形成，大批中青年学者从中获益，由此崭露头角。

一、中国特色新闻传播史研究受到高度重视

中国新闻传播史学界积极响应习近平总书记“加快构建中国特色哲学社会科学”的号召，秉承以马克思主义为指导的理论自觉，聚焦中国问题，提出具有中国立场、中国智慧、中国价值的原创性理念，不断深化对于中国共产党新闻传播理念与实践的研究，成为本年新闻传播史研究的突出亮点。

针对当前新闻舆论工作中“党性”与“人民性”的关系问题，研究者从核心概念出发，对其历史演进进行寻根溯源，为解决该问题提供依据。《党性和人民性的提出、争论和归结——习近平重新并提“党性”和“人民性”的思想溯源与现实意义》追溯了党性和人民性思想的历史渊源，归纳了马克思、恩格斯关于报刊和人民关系的观点，列宁关于党报的党性以及党报与人民关系的观点，描述了中国共产党关于党性与人民性的论证历程，认为习近平总书记重申“党性和人民性从来都是一致的、统一的”，打破了我国新闻宣传领域30多年来人为制造的一个禁区，无论在党的理论建设上还是现实的宣传实践上，都具有重大意义。[①]《马克思主义新闻观中的“受众”》对于马克思主义经典作家马克思、列宁、毛泽东、习近平的“受众”观作了翔实分析，揭示了马克思主义新闻观中“受众”观的特点及演化规律。[②]《“党媒姓党”的理论根基、历史渊源和现实逻辑》强调坚持新闻舆论工作的党性原则，不仅是中国共产党新闻工作的优良传统，更是中国革命和社会主义建设实践的历史结论。党性和人民性是一致的、统一的，根本原因就在于党和人民的关系是一致的、统一的，这是坚持党性和人民性相统一的客观基础。文章系统梳理了“党媒姓党”的历史渊源，认为正是因为新闻舆论工作是党的整个事业的一部分，研究者早就从20世纪80年代末提出了“党报姓党”的观点，历经数十年逐渐为公众所接受，且“姓党”逐渐扩散指称党的其他事业，这充分反映出“党媒姓党”是深思熟虑的结果，具有深刻的历史底蕴。[③]

从理论碰撞和技术变革的角度，研究

---

① 陈力丹：《党性和人民性的提出、争论和归结——习近平重新并提“党性”和“人民性”的思想溯源与现实意义》，《安徽大学学报》（哲学社会科学版）2016年第6期。

② 童兵：《马克思主义新闻观中的“受众”》，《新闻与写作》2016年第10期。

③ 邓绍根：《“党媒姓党”的理论根基、历史渊源和现实逻辑》，《新闻与传播研究》2016年第8期。

者对传播学视角下马克思主义研究进行路径创新。有研究者发现西方传播学一直在以不同形式与马克思主义发生联系，在思想史的维度上，主流传播学通过实用主义、进步主义等培育的社会批评传统，与马克思主义的批判精神“对视”，传播学批判研究在马克思主义园地里寻找思想材料，以揭示资本主义大众传播背后的权力运作机制，媒介环境研究则在反思技术文明的层面与马克思主义相遇，走向技术文明的道德批判，为马克思主义研究引入了“他者”视角。① 有研究者结合各时代的社会背景，归纳了马克思、恩格斯、列宁及以毛泽东为代表的中国共产党历代领导人在不同时代的媒介技术思想，勾勒出媒介技术形成发展的路径。②

中共新闻传播史料得到了进一步梳理与发掘。有研究者发现中共党报典型报道的源头至少可以追溯到《红色中华》，而非改版后延安《解放日报》对吴满有的报道，并将典型报道的产生归因为红色革命根据地的社会文明程度不发达，揭示了社会环境对于媒介传播方式的影响。③ 有研究者回顾了毛泽东与《湘江评论》《新湖南》《湖南通俗报》等报刊的交汇历程，由此总结出五四时期毛泽东的报刊思想的主要内涵，提出这种独具个人特色的报刊思想，是毛泽东新闻思想体系的重要组成部分。④

中国社会科学院新闻与传播研究所编撰的《马克思主义新闻传播史论的研究历程——中国学界文选》（三卷本）通过文献的多源检视和攫选，收录了 1980 年至 2015 年国内发表的马克思主义新闻学相关文论，将其按照史实考辨、原著解读、理念阐析的类属编排，为推进马克思主义新闻理念的中国化、时代化、大众化，拓建中国特色社会主义新闻理论创新体系提供了有价值的文献咨鉴。在 2016 年度国家社科基金课题申报中，“‘新报刊史’视阈下革命文化的城市传播史研究（1949—1966）”（上海社会科学院董倩）、“从苏区到延安时期马克思主义新闻思想中国化的历程及经验研究”（江西财经大学张品良）获得一般项目资助，“东北地区革命文化传播史研究（1905—1949）”（黑龙江大学田雷）获得青年项目资助，占新闻传播史领域一般项目和青年项目总数的四分之一，显示了研究者敏锐的学术嗅觉。

二、抗战新闻传播史研究保持较高热度并继续延伸

2015 年，纪念世界反法西斯战争暨中国抗日战争胜利 70 周年为新闻传播史研究带来了新的聚焦点，产出了大批优秀学术成果。2016 年，抗战新闻传播史研究热度不减，并向更深、更广的层次延伸。在 2016 年度国家社科基金课题申报中，“抗战时期日本在华新闻侵略与殖民传播研究（1931—1945）”（重庆大学齐辉）、“抗战大后方新闻史研究（1937—1945）”（西南政法大学蔡斐）获得一般项目资助。9 月，北京大学新闻学研究会和吉林大学新闻与传播学院共同主办第五届新闻史论青年论坛暨北京大学新闻学研究会年会，论坛以“新闻传播与文化政治：近代以来亚洲新闻事业研究”为主题，近半数参会论文都涉及华北沦陷区报刊、东北沦陷区报刊、

① 单波、冯济海：《西方传播学理论是如何与马克思主义发生联系的?》，《新闻大学》2016 年第 3 期。

② 郑保卫、叶俊：《从印刷、电报到互联网——论马克思主义媒介技术观的历史演变》，《新闻大学》2016 年第 2 期。

③ 熊国荣：《中共党报典型报道源考》，《现代传播》2016 年第 10 期。

④ 哈艳秋、何婧：《试论五四时期毛泽东的报刊实践与报刊思想》，《现代传播》2016 年第 10 期。

殖民地电影等，以丰富史料和多元视角解析侵华殖民文化现象，拓展了抗战新闻传播史研究的边界与范畴。

报刊宣传作为抗战新闻传播史之热点，其研究出现新的转向，从关注报刊如何扮演战争宣传工具的角色，对抗战产生了何种影响，转而分析报刊何以转化为战争宣传工具，这种转化需要何种条件。对于中日宣传战，超越以我为主的视角，以“不在场”的方式对日系报刊以观照，通过这种视界交汇与融合反映抗战新闻传播史的全貌。有研究者论述了日本在构建“总力战”国家形态的战时体制下，通过法律和经济手段使日本报界从由富有批判功能的“社会木铎”变身为战争宣传工具的转变过程，由此形成政府当局言论统治的“被害者”与煽动侵略战争的“加害者”这一战争责任观撕裂，对于报刊在战争体制下作出的不同选择进行了反思，并对日本报界“受害论”战争责任观予以驳斥。① 有研究者揭示了在战时体制下日系蒙文报刊作为日本侵略者的文化同化工具和蒙古族知识分子的抵抗书写工具的两面性，以及新闻统治政策下日系蒙文报刊的生存状态和文化功能。② 有研究者以现代公共关系实践为视角，将国民政府的国际宣传战理解为以政府为主导，以国家为主体，以外国民众、社会团体、立法机构与政府为对象的国际公共关系，视其为中国现代公共关系实践的重要开端。③

对于作为战争宣传工具的报刊，研究者扩大研究的时间跨度、引入更多的冲突主体。《清末民国画报上的战争叙事与国家神话》通过分析清末《点石斋画报》和民国《良友》画报对中日军事冲突图像表征的差异，揭示了中国视觉文化从传统走向现代的过程，以及媒介对于建构民族共同体的重要作用。④《沙俄统治下“关东州”新闻事业及其管制》揭示了沙俄在“关东州”租借地创办报社、出版社与书店，建立现代通信系统，使之成为鼓吹将旅大乃至全东北变成“黄俄罗斯”之报信者，但因其新闻事业未深植当地文化空间和遭到日本新闻力量挑战而最终失败的过程。认为在日俄新闻战的过程中，新闻事业作为侵略工具的角色得到淋漓尽致的发挥。⑤《〈上海泰晤士报〉与近代日本关系考》发现出于对华宣传战的需要，近代日本官方曾在中国利用大量报纸进行宣传。缕析了作为其代表的英文《上海泰晤士报》从英国人经营转为日本人控制的过程，揭示了日本对华宣传的隐秘路径。⑥

三、中外新闻传播思想史研究日趋活跃

2016 年，中国新闻史学会新闻传播思想史研究委员会正式成立，并召开第三届新闻思想史高峰论坛，与会者围绕“问题域与关键词：变革时代的新闻传播思想史研究”的主题，发表论文 50 多篇，对于“关键词”和“问题域”的重新审视成为该论坛的主要特征。⑦ “中外传播思想史”丛书取得阶段性成果，《欧洲传播思想史》率先出版，将与即将出版的《美国新闻传

---

① 孙继强：《论战时日本报界国家宣传机构身份的构建》，《新闻与传播研究》2016 年第 5 期。

② 赵丽芳：《日系蒙古文报刊的两面性：同化工具与抵抗书写》，《新闻与传播研究》2016 年第 1 期。

③ 王晓乐：《中国现代公共关系实践之发轫》，《新闻与传播研究》2016 年第 10 期。

④ 徐沛、周丹：《清末民国画报上的战争叙事与国家神话》，《新闻与传播研究》2016 年第 10 期。

⑤ 虞文俊：《沙俄统治下“关东州”新闻事业及其管制》，《新闻与传播研究》2016 年第 11 期。

⑥ 许金生：《〈上海泰晤士报〉与近代日本关系考》，《新闻大学》2016 年第 5 期。

⑦ 张媛：《问题域与关键词：变革时代的新闻传播思想史研究——第三届新闻传播思想史高峰论坛综述》，《国际新闻界》2016 年第 5 期。

播史》《中国近现代传播思想史》共同展示中外新闻传播史的整体面貌，令人期待。《现代中国新闻观念的兴起》以知识社会学方法，从新闻知识整体变动的角度，考察了1815—1926年中国现代新闻观念兴起的历史脉络。①

从“关键词”切入，通过对概念的语义考辨和运用演变的分析，洞见中国新闻传播思想史发展的图景，是该领域研究的一条主要路径。《新闻与传播研究》设置的“全国科学技术名词审定委员会·新闻学与传播学名词审定分委员会特约专栏”，对此起到了重要促进作用。《“造健全之舆论”：清末民初士人对于“舆论”的表述与群体认知》从“舆论”这一清末民初士人表述和思维的重心出发，揭示了舆论如何在伦理、政治以及认识论等层面获得转换，诱发士人“造健全之舆论”的群体自觉。发现中西关于“舆论”观念的“伦理本位”与“理性本位”之差异，造成了中国舆论之难局，并影响了中国舆论的未来走向。②《跨语际旅行：“记者”一词在中国演变历史再考察》考证了古汉语中“记者”一词由“记述者自谓”转变为泛指新闻工作者的新名词，再发展成新闻学关键词，最终演变为新闻职业称谓的过程。认为“记者”在中国的发展历史，不仅是一个从古汉语到新名词再到关键词的概念演变过程，也是一次由中国传入日本再由日本返转中国并与英文世界对话的跨语际旅行，更是一个在中国新闻业从政论时代向新闻时代过渡中新闻学术话语体系和记者自由职业确立的过程。③ 有研究者认为词汇的跨语际旅行会带来语义的转化，news、newspaper与中国传统文化和语境的嫁接，造成了二者的语义随着中国社会的变革而衍变，折射出中国近代新闻传播思想的嬗变轨迹和近代士大夫知识分子的艰难转型之路。④ 有研究者发现“小骂大帮忙”从最初泛指新闻界，经历了特指《大公报》，随后转化、延伸为阶级立场、政治路线斗争与运动的隐喻与象征，并被运用到文艺思想、国际关系与问题等领域，最后从辩诬声到多元化的使用过程，并在政治、文化、新闻宣传、日常生活等领域获得多元化的概念内涵阐释与重构，从中揭示概念语话与社会结构之间存在的辩证关系，以及背后隐含的复杂权力力量。⑤ 有研究者发现“广告”最早发源于佛教文献，所蕴含的“自度度人”的理念，旨在通过信仰传播引导和构建向善的社会，到近代则转变为“告白”这一中国化表达，其意蕴客观上是工业文明对中国传统的农业文明和生产方式的颠覆。⑥ 有研究者聚焦“新女性”的概念，对于在大生产运动中，中共改造农村女性的模本来自哪里，中共塑造的新女性有哪些特质，以及新女性形象又是如何被传播出去的等问题作了探讨，认为女性话语被整合进宏大话语之中，女性解放的目标被置换，所谓的“男女平等”只是消灭了男女差异，延安时期

① “中外传播思想史”丛书由黄旦任主编。《欧洲传播思想史》由李彬、曹书乐等著，复旦大学出版社2016年9月出版。《现代中国新闻观念的兴起》由涂凌波著，中国传媒大学出版社2016年5月出版。

② 唐海江：《“造健全之舆论”：清末民初士人对于“舆论”的表述与群体认知》，《新闻与传播研究》2016年第12期。

③ 邓绍根：《跨语际旅行：“记者”一词在中国演变历史再考察》，《现代传播（中国传媒大学学报）》2016年第4期。

④ 向芬、刘晓平：《从news到“新闻”，从newspaper到“报纸”——兼论近代新闻词语的衍变路径及话语实践》，《新闻与传播研究》2016年第6期。

⑤ 郭恩强：《概念、语境与话语：“小骂大帮忙”使用之流变》，《新闻大学》2016年第1期。

⑥ 王凤翔：《对汉语“广告”一词意义流变的考察》，《新闻与传播研究》2016年第4期。

展示出来的女性男性化趋势在新中国成立以后显得更为明显，揭示了概念转换对于人的形塑作用。[①] 有研究者对中西方的“舆论”概念进行了区分，分析了社会观念、政治制度在华夏舆论传播演变过程中的重要作用，进而探讨了当代中国舆论传播机制如何成型。[②]

许多研究者关注媒介传播观念对于社会变革的影响，将历史主义搬到地域性的社会现实中以解决现实主义问题。有研究者从办报与读报的角度观察晚清报刊如何进入下层社会，认为“劝民读报”是晚清报人共同秉持的理想与追求，早期宗教报刊向下层社会免费赠阅，商业性报刊争取“四民”阅读都是为了实现报刊大众化的目标。维新之后，以“开民智”为目标的白话报刊促进了下层社会的阅读，但由于晚清下层民众消费意愿与文字能力的局限，想象的读者与实际的读者之间的明显差距，使得报刊的大众化仍然进展缓慢。[③] 有研究者引入文化地理学的视角，探寻广州沙面租界对报刊地理分布的作用和影响，呈现清末民初广州媒介空间的转换及特征，以及对于社会文化革新和社会政治结构变革的促进作用，为报刊史研究的“地理转向”提供了一个典型案例。[④] 有研究者将传播思想史的论述分化为两条河流，一条探索人的不可交流性，以哲学思辨为主，一条围绕共同性展开叙述，拥抱实用主义。认为人的交流具有不可交流性和追求共同性的双重特征，应该建立“免于交往”的自由，实现关于交往的文明。[⑤]

四、研究路径创新为中国新闻传播史研究增添活力

2016 年 11 月，《学术月刊》杂志社、复旦大学信息与传播研究中心、暨南大学新闻与传播学院共同举办“第四届传播视野下的中国研究论坛”。论坛以“媒介、交往与近代化中国”为主题，以媒介、交往关系建构为主线，探讨近代媒介、社交网络和近代中国的社会转型，反思各种话语建构与背后的结构，来自内地和香港高校的 30 余位学者在媒介变革与近代知识变迁、媒介变革与近代政治生态、媒介交往与文化建构、媒介与社会传播形态革新等议题上进行切磋，体现了中国新闻传播史研究的“媒介本位”。

滥觞于 2015 年的“新报刊史”书写得到部分研究者的积极响应，他们聚焦媒介本身，以此为中心将媒介与政治、社会、文化相勾连，揭示媒介对于形塑政治、改造社会、变革文化的重要作用，赋予媒介以更为丰富的意义，其研究成果的不断出现推动“新报刊史”书写进一步由理念转为现实。有研究者通过突出媒介逻辑对政治的侵入，发现《苏报》以“学界风潮”所导引的社会“观看”，提供了观察社会和政治的标准视野；中国教育会介入《苏报》，使爱国学社、张园演讲与报纸交汇鼓荡，大大引发出激进倾向；章士钊主掌《苏报》后，放言革命抨击保皇，以一旨归，从而脱出从此前的“开民智”“通上下”的启蒙史报刊文化之窠臼，以自己的革命实践，产生中国报刊史上一种以政治

① 黄华：《论延安大生产运动中农村“新女性”形象的内容与传播》，《现代传播（中国传媒大学学报）》2016 年第 3 期。

② 谢清果、王昀：《华夏舆论传播的概念、历史、形态及特征探析》，《现代传播（中国传媒大学学报）》2016 年第 3 期。

③ 蒋建国：《办报与读报：晚清报刊大众化的探索与困惑》，《新闻大学》2016 年第 2 期。

④ 赵建国：《报刊地理：广州租界与近代报刊（1827—1912）》，《新闻与传播研究》2016 年第 1 期。

⑤ 卞冬磊：《传播思想史的“两条河流”》，《国际新闻界》2016 年第 8 期。

和社会动员为目的的新型报刊文化。通过媒介与政治的交汇，揭示了媒介在动荡时期推动政治甚至塑造政治的可能与路径。① 有研究者从民初《暂行报律》风波出发，发现报界与政府对于“共和”存在不同想象，政府赋予报刊在制度内建言的角色，而报界则在共和框架内寻求权力制衡的角色安排，双方的“合法性焦虑”导致彼此间的冲突；提出近代中国的“共和”有其自身的复杂和中国性，这种“共和”词语的意义对抗，体现出时人思维方式、价值观念之现代性变革及其多种可能，带出了民国初年多样的报刊实践和媒介化政治。② 有研究者从《申报》和义赈结合体现的关系变革视角切入，揭示晚清大众报刊如何通过非常事态介入各群体的日常生活。发现新闻纸作为勾连各方的中介关系，在义赈中不仅展示了对信息的连接传输，也体现出义赈士绅凭此拓展社会交往空间的意义，其对于义赈士绅和普通民众的勾连，凸显了义赈行动的“体”“用”两分，以此为中介产生了新的交往体系与行事方式。③ 有研究者以大世界游戏场，和作为其宣传媒介的《大世界》报为例，展示《大世界》报作为游戏空间生产的重要环节，如何嵌入并拓展游戏场空间，组织人们在游戏场中的空间实践，塑造读者对游戏场的欲望，从而制造生产性的娱游者。④

部分研究者关注技术进步对于媒介变革的重要作用，但其研究并非宣扬“技术决定论”，而是关注人们在使用和改进媒介的过程中所“遵守适当的程序和技法，满足运转所需的全部物质条件”，即媒介使人做了什么，形成了何种传播形态，并由此产生何种改变。有研究者揭示了民国初年，电报、电话、轮转印刷、照相、传真等传播技术的进步，有力地推动了新闻报道的全面、时效、真实、客观性的实践，这些观念反过来又影响着传播技术在新闻事业领域的运用与普及。技术与观念的互动促进了民初报业的进步，加快了我国报业现代化进程。⑤ 有研究者对民国时期电视文献进行了梳理，发现时人对电视媒介的技术原理、传播特性和传播功能有较充分的了解，对电视的发展趋势及其社会影响也有前瞻性的思考。这种认知形塑了国人对于电视的态度与行为，对电视在中国的传播起到了“启蒙与普及”的作用，且为新中国电视事业的启动作了技术准备和人才储备，由此展示了观念与媒介互动的典型案例。⑥ 有研究者通过揭示强权专制下的传播失控和媒介技术与形态的兴替所带来的社会变革这正反两方面的事例，揭示媒介并非会令人绝望地在传统的轨道内徘徊和停滞不前。⑦

五、外国新闻传播史研究不温不火

2016 年的外国新闻传播史研究比较分散，不温不火。有研究者认为：仅就新闻史研究而言，我国学界对外国新闻史的研究比对中国新闻史的研究要薄弱得多。目前只有宏观叙述略有规模，外国单国史研究尚处于介绍和叙述阶段。关于外国新闻史的研究路径，前期较长时间内，采用世

① 黄旦：《报纸革命：1903 年的〈苏报〉——媒介化政治的视角》，《新闻与传播研究》2016 年第 6 期。

② 周叶飞：《报刊与政府关系的重组：报律风波中的“共和”想象》，《新闻与传播研究》2016 年第 6 期。

③ 郭恩强：《作为关系的新闻纸：〈申报〉与晚清义赈》，《新闻与传播研究》2016 年第 6 期。

④ 季凌霄：《大世界与〈大世界〉报（1917—1927）：空间、报纸与娱游者》，《新闻与传播研究》2016 年第 6 期。

⑤ 王润泽、余玉：《技术与观念的互动：民初传播技术进步与新闻业务发展》，《国际新闻界》2016 年第 3 期。

⑥ 黄志辉：《民国时期国人电视认知考辩》，《新闻与传播研究》2016 年第 3 期。

⑦ 程丽红：《媒介变迁与乾隆朝的社会异动》，《现代传播（中国传媒大学学报）》2016 年第 4 期。

界范围内以先进的新闻传播发展为主线的论证框架，具有一定的局限性。作者主张进行单国新闻史研究，突破既定框架，将单个国家作为具体研究对象，着力于分析各国新闻传播的发展特点。目前，在全球197个主权国家中，已有68个国家的新闻传播史进入了中国学者的视野，单国新闻传播史论著的研究亦开始提上日程。①

《英国新闻传播史》出版，《法国新闻传播史》和《德国新闻传播史》业已完成书稿。② 有学者带领团队在《新闻界》上接连发表论文《从动荡走向平稳发展的乌干达新闻传播业》《从合作社会主义走过来的圭亚那新闻传播业》《平和发展的挪威新闻传播业》《牙买加：加勒比地区新闻传播业发达的国家》《海纳百川的荷兰新闻传播业》《走向法治化新闻自由的智利新闻传播业》《从严控封锁走过来的阿尔巴尼亚新闻传播业》等，对牙买加、乌干达、荷兰、挪威、智利、阿尔巴尼亚等7个国家新闻传播业的历史与现状进行论述，这些论文注重分析各国新闻传播业的发展特点，尤其是文化特点。③ 也有一些学者对勃列日涅夫时期的新闻传播业、巴西新闻业的特点、美国反奴隶制刊物的流通等论题进行了研究。

《欧洲传播思想史》梳理了现代欧洲传播学学者及流派的研究成果，缕析了相关传播思想的理论演进，系统展现了百年欧洲传播智慧。也有研究者通过译介外国新闻传播史的研究成果，形成中外新闻传播史研究的“对视”和“交互”，由 Wilbur Schramm 著，Seteven H. Chaffee、Everett M. Rogers 编，王金礼译的《美国新闻传播研究的开端：亲身回忆》作为“传播学奠基人”的韦尔伯·施拉姆本学科领域的“最后遗言”，被誉为传播研究领域第一部通史性论著，为学人了解传播学的历史进程、学人的事业追求、学科史和学术史的撰写方式提供了参考。

六、中外新闻传播史教学研究受到重视

在大数据时代，新闻史教学也遭遇到前所未有的挑战，其教学内容脱离了新媒体时代的新闻实践语境。在此背景下，新闻界不断发问：新闻教育还需要新闻史吗？如果不需要，新闻史本身内在的那些知识性、规范性探求，如真实、新鲜、公开的新闻逻辑是如何形成的？“第四等级”或“喉舌”的历史成因为何？这些内容是否可以置若罔闻，或为其他课程所代替？如果还需要新闻史，那么接下来的问题应该是讲什么和怎么讲？面对新闻教育的困境，研究者积极从新闻史教学实践出发展开研究，给予了合理的解答。

有研究者以中国人民大学新闻学院本科生中国新闻史课堂为研究对象，论证了实施翻转式教学改革的必要性与可行性，对于课堂形式的设计和教学内容的结构调整进行了探讨。主张在数字时代，可采用学生在课前阅读文献或者其他材料，完成相应要求，课堂上师生对相关内容进行讨论，从而培养学生阅读能力、分析能力、自主学习能力的教学方法，实现“教学科研一体化”④。有研究者则从自身外国新闻史教学实践出发，认为在教学内容上可以采用人类学视角，将中国新闻史和外国新闻史两门课还原成一门新闻史；同时使新闻史教学从囿于史实的教学中突围，进

① 陈力丹：《关于世界单国新闻传播史的研究》，《全球传媒学刊》2016年第1期。

② 《英国新闻传播史》由陈力丹、董晨宇著，人民日报出版社2015年10月出版；《法国新闻传播史》由陈继静著，《德国新闻传播史》由吴璟薇著。

③ 陈力丹、陈辉：《2016年中国新闻传播学研究》，《国际新闻界》2016年第1期。

④ 赵云泽：《中国新闻史教学改革的新探索：翻转式课堂的应用》，《新闻大学》2016年第2期。

入为工具理性“祛魅”、更具批判性视野的辽阔场域。在教学手段上，可以引入美式 Syllabus 做契约，借助互联网技术，搭建全时空课堂。认为新闻需要数据，但更需要历史，作为新闻史教师，要有能力将历史的“界面”设计得现代而富有吸引力。①

有研究者则主张新闻史内容可以新闻传播事业现代化作为核心线索。从新闻传播事业的媒介形态、组织结构、理论观念三个方面进行历史的考察，证明现代化的观念和方法符合新闻传播事业发展的客观史实，从中洞析新闻史发展的重要规律。②

总之，2016 年的中国新闻传播史研究通过范式更新和视界转换，产出了大批优秀成果，在时间跨度上大多集中于清末和民国时期，在研究对象上报刊成为学人研究的焦点，马克思主义、战争、技术、政治、语境、互动成为研究的关键词语。部分学人以深沉的学术关怀，对于中国新闻传播史研究的历史与现状进行了梳理和反思。有研究者认为“社会学转向”使新闻史研究日趋“科学化”，而科学化的研究提升了对新闻传播规律性的认识，极大提升了新闻史对于新闻业历史、现状与发展前景的解释力乃至预测力。③ 2016 年新闻传播史学术会议也精彩纷呈，专门召开了 2016 年中国新闻史学会学术年会、第三届民国新闻史研究高层论坛、第六届中国报刊与社会历史研究研讨会。这种视域的高度集中，展示了中国新闻传播史研究的共同想象空间，但也需要学人对于古代新闻传播史研究予以更多的学术关怀，同时关注除报刊以外的媒介在历史进程中的意义与作用，以个案研究的勾连展示中国新闻传播史研究宏大叙事的完整图景。尤其在暨南大学召开的以“中国气派　世界眼光：新媒体时代的新闻与传播研究”为主题的“2016 年中国新闻史学会学术年会”，在其发展史上创下四项第一：第一次各个分会尝试联合举办学术年会；第一次在“新闻传播学学会奖”的“优秀学术奖”中设立“方汉奇奖”（新闻史专项）；第一次独立举办“新闻传播学学会奖”颁奖典礼；第一次评选和表彰优秀二级分会。这标志着中国新闻史学会进入了一个壮大发展的成熟阶段。④ 虽然，2016 年中国新闻传播史研究还存着诸多需改进问题，但我们对其发展前景充满信心。正如中国新闻史学会会长陈昌凤教授说：在资深前辈的引领下，中青年学者已经成为新闻与传播学领域的学术主力军，比起十年前、二十年前，我们的学术队伍更加年轻化，青年一代接受了优质的学术训练，理论积淀丰厚，方法全面，视野开阔，中国新闻传播学的未来充满了希望。

撰稿：邓绍根（暨南大学新闻与传播学院教授，博导，中国新闻史学会联席秘书长）
陈　龙（暨南大学副研究员，新闻与传播学院博士研究生）

① 李煜：《数据新闻时代，新闻教育还需要新闻史吗？——以新闻史教学实践为中心的探究》，《现代传播（中国传媒大学学报）》2016 年第 11 期。

② 阴艳、龚鑫：《中外新闻史教学的核心线索：新闻传播事业现代化的历时考察》，《新闻界》2016 年第 10 期。

③ 陈昌凤：《新闻史研究的社会学转向——再读〈发掘新闻：美国报业的社会史〉》，《新闻春秋》2016 年第 3 期。

④ 邓绍根、尚旭旭：《2016 年中国新闻史学会学术年会综述》，《现代传播（中国传媒大学学报）》2016 年第 9 期。

中国广播电视研究2016年综述

一、中国广播研究综述

在互联网高歌猛进、蓬勃发展的势头下，广播作为一个传统媒介如何适应新环境的变化，成为广播媒体可持续发展的重要议题。概括来看，2016年广播研究的聚焦点都在于新媒体环境下广播与互联网的融合层面。被频频提及的关键词分别是“互联网+”、媒介融合、跨界、转型升级、改革与创新。除此之外，对广播本体理论研究、产业政策解读、地方广播媒体案例分析等相关研究成果较为丰富。

（一）“互联网+”构建广播媒体全新格局

为了应对互联网对广播媒体的巨大冲击及响应政府“互联网+”行动计划，有学者提出，“互联网+”作为国家战略的到来正改变着整个媒介生态环境，也重构着传统的广播、电视行业，这种资源的融合也必然会给传统广电媒体带来新的革命与转机。但这并不意味着传统广电媒体要一味盲目地与互联网建立联系，而是应该在与互联网互动的基础上，主动突出自身优势，提高传播效能，认为未来广电媒体转型的关键在于“移动、互动和主动”，建构出传统广电媒体徜徉互联网时代的融合创新模型。[①] 这篇文章也在一定程度上获得了学界的认同。另有学者分析了“广播+互联网”与“互联网+广播”两种发展战略。提出这两者的区别是前者以广播媒体为主体，凭借其内容制作及音频服务方面的核心优势，在此基础上利用互联网共享、连接的特点，以实现运营理念、平台搭建、内容生产、盈利模式和终端应用等领域的深层次融合。[②] 而后者则用互联网思维审视并改造广播形态，将移动、互联、共享、连接、场景融入音频节目制作与受众连接中去。这两种发展战略并无优劣之分、高下之别，如果说前者是广播媒体在“存异”基础上的“求同”，那么后者则是通过对“异”的改造、吸收、转化以实现“求同”。中央人民广播电台总编室《从“广播+互联网”到“互联网+广播”》项目也对国内部分传统广播电台“互联网+广播”的现状进行了调研，以访谈和问卷结合的方式较为全面地呈现了10家广播电台的媒介融合现状。[③]

具体说来，“广播+互联网”的发展战略思路主要有建设移动客户端、内容为王，即遵循广播媒体运营老路子，如贴近性优势，尊重新闻传播规律，改进报道方式等，在此基础上学习借鉴新媒体的传播手段，让用户参与到节目的生产中来。[④]

与之相比，“互联网+广播”的发展

---

① 欧阳宏生、梁湘梓、徐书婕：《论互联网时代“广电媒体+”之融合创新模型的建构》，《西南民族大学学报》（人文社会科学版）2016年第1期。

② 周冲：《从“互联网+”到“+互联网”：广播的融媒战略》，《视听界》2016年第1期。

③ 郝丽婷、王菁、覃继红、邓炘炘：《国内部分传统广播电台“互联网+广播”现状调研》，《中国广播》2016年第1期。

④ 马维军：《传统媒体在“互联网+”时代的坚守与变革》，《中国广播》2016年第5期。

战略改革力度要大很多，其主体是互联网，并以一种统领式的姿态进入社会认知体系。传统媒体在深入理解、吸收其先进观念的同时也需要转换视角，灵活地看待和处理二者关系。[①] 概括起来说，“互联网 + 广播”是以互联网为驱动力，使广播在内容、渠道、终端、场景、平台等各方面呈现新的形态。[②] 首先，内容上，突破传统广播电台内容制作的单向模式，变听众为用户，尤其是伴随着移动互联网的普及，互联网作用于广播的方式不再限于“两微一端”式产品延伸效应，而是如蜻蜓 FM、荔枝 FM 和喜马拉雅听书等的“移动互联网 + 广播”“移动互联网 + 音频”平台，是用互联网思维而不是传统广播思维向用户提供音频产品的交互式平台。[③] 用户不仅是音频内容的接收者，更是内容的生产者，通过点播、上传音频的方式参与着平台建设，有些用户甚至本身就是著名的自媒体，如罗辑思维、吴晓波频道，作为互联网的音频供应商不仅颠覆了音频节目生产方式、节目形态，而且其盈利模式及受众关系更是互联网思维淋漓尽致的体现，创造了诸如“社群经济”“粉丝经济”等全新的盈利模式。

其次，从渠道及平台上讲，突破了收音机和车载广播这两种接收方式，使广播成为处处都能听到的广播，并从收听渠道、收听范围、收听对象三个方面拓展了广播的平台和渠道。即收听渠道上，从固定到移动，从单一到多样收音机、车载到电脑、手机等现代化移动终端；收听范围上，从区域限制到全球性覆盖；收听对象上，从被动接受者到主动选择者再到参与制作者。[④]

再次，场景得以拓展，互联网技术普及之前，广播媒体囿于其声音属性，信息传播场景单一，限于收音机广播及车载广播两种方式。互联网时代到来，拓展了广播收听场景，不仅使广播听得见而且看得见。例如，广东广播通过线下组织现场活动，并用无人机航拍制作视频上传网络，这种“线下活动 + 视频制作 + 新媒体传播”的方式[⑤]，使广播活动空间得以扩大。

与此同时，广播媒体借助互联网时代的东风，积极拓展新领地，如今各广播媒体都有自己的微信公众号及微博官方账号，其上不仅有传统的音频节目，还有定时的每日资讯推送及不定期的线上活动，如读书日、有奖问答等，通过“资讯推送 + 线上活动 + 社交媒体”这种方式，拓展了广播的应用场景，使得广播不仅听得见，还看得着，并与受众产生互动，变听众为用户，进而成为粉丝，拓展了广播的传播力、影响力。

最后，智能广播、虚拟现实技术、车联网成为广播发展大势所趋。

据国家新闻出版广电总局颁布的《新闻出版广播影视“十三五”科技发展规划》要求，到 2020 年，各类广电终端基本实现标准化智能化，并成为智慧家庭、智慧社区和智慧城市的重要基础，这意味着我国广播影视数字化进展加快将向智能化转型。[⑥]

智能广播成为广播第三次发展浪潮。所谓智能广播即依赖互联网的无线网络传

---

① 徐明卿、张雯雯：《论“互联网 +”背景下广播的身份认知》，《中国广播》2016 年第 3 期。

② 曹毅：《互联网下的广播新形态》，《中国广播》2016 年第 3 期。

③ 侯东合：《“移动互联网 + 音频”的新广播发展方向与路径》，《中国广播》2016 年第 1 期。

④ 曾少华：《“广播 +”的无限可能——广东广播在互联网时代的融媒实践和探索》，《中国广播电视学刊》2016 年第 12 期。

⑤ 同上。

⑥ 新华社：《我国广播影视数字化进展加快将向智能化转型》，《新闻记者》2016 年第 11 期。

输技术，以可穿戴设备为接收终端，以智能化的接听方式接收节目内容（如语音搜索、筛选与收听），并形成收听群落的新型广播形态。智能广播的未来趋势是节目形态上，人机合作成为现实；从节目制作上讲，突破现有的节目制作流程，形成智能广播生产圈；从节目存储上讲，建立云存储的大数据库，方便用户智能检索。[①]

除了智能广播外，虚拟现实技术也为广播未来发展诸多设想。虚拟现实技术凭借沉浸式体验、互动性、想象性等特点，延展了广播作用方式，有望成为广播的“第三屏幕”[②]。广播要想实现虚拟现实化，不仅需要硬件平台，还需要生产出适用于虚拟现实技术的节目内容，并且与各收看场景，如客厅场景、卧室场景、车内场景相匹配。

另外，“车联网”概念被频频提及，所谓车联网（Internet of Vehicles）本质上是物联网（Internet of Things）的一种，即“万物皆可通过网络互联”。车联网实施方式，即移动互联网通过与汽车驾驶台的中控屏相连接，提供导航、资讯报道、行车记录、车内控制、车载娱乐等功能。[③] 车联网作为广播媒体在移动端的重要领地，在现有移动视听生态格局中占据主要一环。

目前广播媒体与车联网合作有三种模式，分别是与整车厂合作、自建硬件及签订协议，但这三种模式只能是解决手段非应对策略，要想避免成为附庸，有两个解决方案，分别是充当资源整合者和内容提供商。广播媒体核心竞争力是内容，优质内容是品牌保证；主要障碍是体制转型困难，关键在于人才流失；广播媒体要想挺进车联网领域机会与挑战并存，抓住时机搭建自身独有平台，对内信息资源整合和对外联合开发双管齐下，增强与听众互动，学习网络音频平台经营方式，方能在网络音频平台市场的激烈竞逐中立于不败之地。

（二）广播媒介融合研究走向深化

2016 年关于广播媒体的媒介融合研究仍是重点，且自 2014 年提出，经过两年探索与实践，媒介融合在 2016 年迈入攻坚之年，由浅层“相加”走向深度“相融”，而融合难度也在逐渐增大。推进广播媒体媒介融合压力一方面来自政策方面的顶层设计，先是 2015 年李克强总理提出制定“互联网 +”行动计划，再到 2016 年习近平总书记在党的新闻舆论工作座谈会上的“2·19”重要讲话中再度强调推动融合发展的战略意义，打造主流旗舰媒体；然后到同年 7 月，国家新闻出版广电总局发布了《关于进一步加快广播电视媒体与新兴媒体融合发展的意见》，明确要求加快“融合型体系建设”。至此，媒介融合被提升到国家文化战略发展高度；而另一方面压力也来自行业自觉，[④] 即应对新型媒体的冲击，实现广播媒体可持续发展。

2016 年广播媒体媒介融合研究重点在于在新的媒体环境情况下，广播媒体改革与创新以何种方式具体推进媒介融合。就目前研究成果看，研究成果颇丰，研究视角主要有三个方面，分别是广播媒体融合的路径选择、传统广播与互联网融合探索及地方广播媒体融合实践研究。

在对广播媒体融合的路径选择上，有研究者认为是广播媒体在新的媒介环境下，要想从容应对复杂多变的市场环境和竞争对手，关键在于审视并认清自身作为声音

① 刘福瀛：《智能广播：广播的第三次发展浪潮》，《视听界》2016 年第 11 期。

② 冯洁萍：《虚拟现实技术在广播中的运用设想》，《中国广播》2016 年第 8 期。

③ 郑莞雨：《车联网给传统广播带来的挑战与机遇》，《中国广播电视学刊》2016 年第 9 期。

④ 姜宇佳、曾祥敏：《从“相加”到“相融”——2016 年广播电视媒体融合发展综述》，《中国广播电视学刊》2017 年第 3 期。

媒介的伴随特性优势，利用互联网模式进一步强化此优势，核心是按照“终端上，移动终端与物联网作为声音接入渠道；内容上，摒弃对受众全身心投入的预设，强调快捷与简约，适应当下碎片化信息环境，以张弛有度的节奏感充分发挥广播的伴随性优势，打造‘伴侣广播’；关系上，实现从伴随性到互动性的转化。通过媒体团队内部建设、平台搭建、建立强大的受众信息数据库并做好分析、分类与分发，运用数据挖掘方式寻找受众真正关心的话题，加强与用户互动；服务上，由公共服务后商业服务过渡，逐步将原有品牌资源‘嫁接’到新媒体领域”的新媒体业态演进逻辑，通过适当的前瞻性“想象”，重构“声音媒介”核心竞争力，确保广播转型成功。①

与“发挥广播本体功能优势”相对应，有学者提出“双轮驱动”的观点。在“广播为体，新媒为用”和“新媒为体，广播为用”的双重框架下，既要“自己走路”，经营好传统广播，又要寻求突围，打造成品牌媒体和思想媒体，积极推进新媒体广播建设，通过资源整合、内容优化和科学管理以强身健体、转型升级，进而塑造崭新的媒介形象。②

另外有学者通过实地调研发现广播媒体融合出现的问题，并对广播融合的实现路径做出思考。发现问题有：布局意识不强，缺乏大局观；对广播融合操之过急，顶层设计有待完善；广播人观念落后；技术作用未充分发挥，广播智库建设意识薄弱。实现路径是在充分认识广播特点基础上，打造好直播流、主播及广播的客户端、守住车载广播和移动收听阵地、建立大数据中心、开发以活动为引领和抓手的广播生态产业、建立平台整合资源、创新机制和体制、引进资本运作。③

相似的研究是学者基于当前国内多家电台融合实践的整体分析，总结出广播媒体融合发展“造船”“借船”和“买船”这三种策略模式。其中“造船”是以广播媒体为引擎，独立运营自己的新媒体，通过互动实现融合发展；“借船”是与网络应用平台合作，通过内容产品的平台化实现跨界融合发展；“买船”是以资本为纽带，通过并购完全市场化的新媒体企业实现融合发展。由此，可以得出未来广播媒体融合发展两大趋势：一方面，传统广播为本体，内容及品牌优势是王牌；另一方面，传统广播媒体融合涉及诸多领域，动漫游戏娱乐、户外数字媒体、移动增值服务等是新的热点领域。④

还有学者将传统广播电台和移动互联音频企业结合起来做调研走访，提出前者优势在于本土化的传播力、车载端的先发优势、专业直播流的市场价值、基于资源整合的落地服务功能、专业主播塑造培养能力，而后者则在技术、机制和资本三个方面。⑤ 在明确各自的优劣势后，接下来就是明确传统广播的定位，即三个诉求：便携、移动的终端；个人、个性的内容提供；参与、互动的服务平台。核心用户是汽车人群和年轻用户。传统广播媒体融合进程中取“本土化”“车载端”“直播流”之长，补“平台”“跨区域、跨层级、跨媒体发展”之短。

关于媒介融合的第二个层面即运用互联网技术助推广播媒体融合，那么互联网

① 周冲：《伴随的想象：媒体融合语境下广播的优势重构与路径分析》，《中国广播》2016 年第 12 期。

② 申启武：《坚守与突围：广播媒体融合发展的战略选择》，《现代传播（中国传媒大学学报）》2017 年第 5 期。

③ 董传亮：《广播媒体融合的战略思考》，《中国广播》2016 年第 12 期。

④ 熊科伟：《广播媒体融合发展的三种策略——基于当前国内多家电台融合实践的整体分析》，《中国广播》2016 年第 1 期。

⑤ 项勇：《知己知彼　融合有道——传统广播与移动互联音频调研分析报告》，《中国广播》2016 年第 9 期。

在其中到底扮演什么样的角色？起到了什么样的作用？对于这个问题，不同学者给出不同解答。有研究者认为，在广播媒体融合过程中，互联网在信息传播方面是新渠道；在用户关系拓展、维护方面是新工具；在广播媒体整体运营上是新平台。因此，要利用、借用与依托互联网，突破传输局限，提升用户黏度，拓展运营空间。[①]在这里，互联网更多的是作为“工具”这一属性而存在，是“1 + 1 = 2”的简单物理变化。而要切实推进广播媒体融合，更为重要的是改变广播人的思维模式，具备互联网思维对广播生产流程、服务理念和运营模式进行再梳理和再创造，简单来讲，即产品思维、数据思维、入口思维，这是融为一体的前提。

还有学者视角独特，提出“广播二次元”观点，“二次元”是相对于“一次元”而言，互联网出现以前的广播称为“广播一次元”，其最大的特点是线性传播，主要表现为无间断性、方向确定性、互动和反馈机制较弱。“广播二次元”则是融媒体语境下的广播，其传播路径是双向甚至是多向，呈现出网状的传播结构，具有传播速度快、传播范围广、互动强度高等特质。[②]“二次元”的出现，使得广播的媒介形态摆脱物理频率控制，变为移动互联网技术下的大音频模式；生产方式上，打破了内容制作由专业队伍垄断的模式，形成了专业队伍、用户以及专业用户共同生产内容的新模式；产品形态上，产生了许多杂糅和复合的节目形态；传播渠道上，形成多渠道采集、传播、反馈的传播格局；传播对象上，用户为上，参与和互动被重视；收听终端和商业模式上，多终端、智能化、垂直和水平一体化经营策略、粉丝经济成为标配。

相比于前两个宏观视角而言，从地方广播媒体融合实践入手展开研究则显得更为微观、具体，研究者以业界为主，比较有代表性的是北京电台和东方广播中心的融合实践探索。关于北京电台的融合实践，研究者提出三个举措：建立微信公众号，创办独有传播平台“菠萝台”和客户端“听听 FM”，并发现发展过程中融合面临主要问题有体制机制障碍、目标用户不明、缺乏版权意识及新型创新人才等，由此得出未来发展方向：先进技术为支撑，以内容建设为根本，以融合发展为契机，倒逼机构进行互联网化改革。[③]

相比于北京电台的实践探索研究，东方广播中心的融合实践研究则更为深入。2016 年 10 月 26 日，上海广播节举办“阿基米德高峰论坛”，论坛主题即为广播媒体的融合发展。

主要围绕其在移动互联网上的音频平台类产品“阿基米德”的实践探索展开论述。研究者在对该音频产品所取得的成绩作出简要论述后，总结其产品特点及成功经验为：独特的音频播放技术、主打社交概念、专注广播节目、商业模式清晰。今后发展举措是改建“广播梦工厂”、打造以@ RADIO 为核心的云平台、再造以策划部为主轴的新闻生产流程。与此同时，对东广新闻台全新改版的互联网新闻广播产品“新闻 +”全媒体互动、全方位即时资讯特点予以介绍。[④]

此外，对于广东电台的融合实践探索颇有新意。研究者另辟蹊径，对广东珠江经济台众筹广播及广播跨界经营、融媒电

① 金俊：《广播的互联网融合探索》，《中国广播》2016 年第 9 期。
② 黄学平：《融媒体语境下广播二次元构建》，《中国广播电视学刊》2016 年第 12 期。
③ 刘彤：《“互联网 +”时代，北京电台的媒体融合探索》，《中国广播》2016 年第 1 期。
④ 宁黎黎：《拥抱移动互联，做互联网音频产品提供商》，《中国广播》2016 年第 1 期。

商的盈利模式展开研究。其中众筹广播，关键在于转化受众与众筹融资，前者实现从“免费听众”到“付费用户”的质变，而后者架起名牌栏目与用户参与节目的桥梁。而对于跨界经营，关键在于依托电商平台与大数据技术为用户提供精准和优质的服务。①

（三）对广播节目本体及生产的研究：互联网属性凸显

2016年随着移动互联网的普及与传统广播忠诚听众不断老去，如何培养年轻一代听众群使用习惯，提高对广播节目认可度、忠诚度、依赖度，关乎传统广播的未来。对于传统广播新闻类节目的制作，研究者从有声语言艺术创作与互联网思维及其音频节目运作相结合角度提出探讨，提出把音响思维运用到战略层面，在节目设计上重点考虑。具体实施步骤：首先，针对互联网时代信息接收碎片化的特点，对各种信息碎片和声音碎片做有机整合；其次，赋予信息表达更多声音特色，使之更为真实、生动、权威；要让丰富的声音成为节目节奏处理的一部分。②

与此同时，研究者积极探索互联网音频节目实践，如以自媒体节目《罗辑思维》为例展开研究，延伸探讨传统广播早期新闻节目的制作方法与发展方向。该研究首先分析了《罗辑思维》较传统广播在语音推送方面的明显优势：基于微信传播；节目短小精悍，碎片化传播，传播集中力佳；节目内容“接地气”，充满思考和人文情怀。对此，传统广播可取其所长，采取差异化竞争策略：提供高质量的声音服务；细化传统节目区隔时间，有效利用单位时间传播效率；并用情感共鸣、人格思维黏住用户和凝结社群。③

此外，还有学者对媒介融合时代下广播节目生产、制作展开研究，提出文化产业化、集成化、节目可视化及构建全媒体传播格局的发展方向。具体而言，将“转瞬即逝”的广播新闻音频变成历史性的文本，尤其是将其中优秀的新闻文本精选整理成文字，将其变成笔记本、周记本、日记本等具有创意的文化产品。④

而节目生产集成化，是指建设广播媒体的互联网集成平台，将客户端、网页，还有微信、微博接入同一后台管理系统，进行着内容审核、广告管理、UGC内容管理及与受众互动等工作，并通过此平台第一时间掌握电台互联网端的所有数据，通过数据跟踪并分析研究音频产业链的各种核心资源，结合数据挖掘和数据分析与市场需求变化相印证，为制作高品质、高收听率的栏目及音频提供决策依据和资源保障。⑤

音频节目可视化，打造“能听又能看”的全媒体传播格局，是广播节目生产的着力方向。学者以央广网2016年里约奥运会报道实践运作经验为例对广播节目可视化路径展开探讨。具体说来，首先，“央广新闻”客户端推出央广记者视频秀；其次，“一机三端”（收音机、PC端、WAP端、客户端）同步直播；然后会聚台内优质资源，突出声音优势；最终形成央广网、“央广新闻”客户端、“中国广播”客户端、“央广新闻”微信公众号、中央人民广播电台官方微博、央广网官方微博

① 曾少华、陆敏华：《深度融合下的区域性“广播+”新盈利模式》，《新闻与写作》2016年第10期。

② 吴悦峰：《运用音响思维，提升广播早新闻节目的吸引力和影响力》，《中国广播》2016年第9期。

③ 张楠：《早间新闻与〈罗辑思维〉——自媒体成功案例对传统广播早间资讯节目的启发》，《中国广播》2016年第6期。

④ 张寅：《融媒体传播背景下新闻广播频率的升级传播路径研究》，《中国广播》2016年第3期。

⑤ 汤泱：《“广播电台+互联网”的运营模式及发展构想》，《中国广播》2016年第6期。

等渠道和载体立体式全媒体报道格局，[①] 通过这四步走实现广播节目可视化。

（四）广播供给侧改革：聚焦转型与创新

“供给侧结构性改革”是中央财经领导小组第十一次会议提出的概念，指从供给、生产端入手，通过结构性改革，优化供给体系，提高供给效率，促进经济发展。对广播媒体进行供给侧改革，一方面是由广播文化及商品的双重属性决定的；另一方面，是由于广播单一媒介形态的内容生产，造成了精品内容的需求供给不足，而同质化产品生产过剩的局面。[②] 因此，优化广播的供给结构和形式，成为当下广播发展的关键议题。而且广播“供给侧改革”同“媒介融合”一样，既来自顶层设计，也来自行业自觉。对此的研究，以业界代表为主，大多数研究者结合其业务实践，以寻求一条可供借鉴的广播供给侧改革路径。

如有研究者结合北京电台的实践对广播供给侧改革内容、融媒体的打造、营销服务以及机制改革展开论述。[③] 具体而言，首先，淘汰低端、无效产能，挖掘有潜力的内容产品，其中内容把关、做强自有平台、巩固车载收听端、依托互联网生产订阅性内容是基本；其次，打造融媒体生产平台，以产品思维为指导，再造生产流程；再次，将营销贯穿内容生产全过程，提供增值服务；最后，以主持人为核心进行品牌挖掘。而这一切都需要机制改革来推动，其中人才培养、团队建设是关键。

还有研究者从“时间”“场景”两个维度出发，提出供给侧改革思路：以广播需求侧改革为先导，从时间到场景，更新生产理念，并在内容适配、平台建设、技术保障等方面进行改革。首先，以受众作为需求侧最核心的要素，发现以下特点：广播受众接收终端趋于多元、受众结构及内容分化、收听习惯发生改变。其次，对受众广播接听场景调研，得出车载及手机接听市场是供给侧改革核心区域的结论。[④] 最后，基于“场景”给出改革方案：适应当下碎片化的信息接受方式，打造小而精的音频内容，重视与受众的“关系”维护，提高用户黏性；通过划分内容单元，增强节点意识使内容制作与场景相匹配；专注于某一细分市场的共性场景需求建设音频平台；增强对大数据人才、技术团队投入，完善场景参数，从技术上保障基于受众场景的供给侧改革。

与业界的热情相比，对于广播的供给侧改革，学界相对审慎得多。广播产业的供给侧改革不是一个“头痛医头，脚痛医脚”的过程，不可能一蹴而就。应着眼于产业内部最核心的病根：调整产业结构和转变产业发展方式，从制度、人才、机制、组织架构、创新能力到呈现给受众的产品入手，多层次、多维度共同发力，才能解决广播产业中长期存在的结构性问题，[⑤] 并从供给的保障、主体、方式、内容四方面给出良方。首先，对于供给保障而言，需要建立现代化的管理和运行制度、放宽广播机构设立许可、健全广播行业法制。其次，对于供给主体而言，行业整合，优化产业结构，淘汰落后产能，打造龙头企业并由政府主导，降低整合成本。再次，供给方式上，创新驱动，开创广播新业态。基于互

---

① 王健、赵净：《广播二次传播和可视化路径探析——以央广网奥运会报道为例》，《中国广播》2016 年第 10 期。

② 王哲平、王凌羽：《2016 年中国广播电视研究的十个关键词》（下），《声屏世界》2017 年第 2 期。

③ 王秋：《广播内容生产的供给侧改革实践》，《中国广播》2016 年第 12 期。

④ 周宇博：《从“时间”到“场景”——广播供给侧改革路径思考》，《中国广播》2016 年第 12 期。

⑤ 王灿、申启武：《探索广播产业发展新路径——以供给侧改革来推动》，《声屏世界》2016 年第 5 期。

联网思维，改良传统广播形态，与此同时，开展跨界合作，创新广播经营模式。最后，供给内容方面，差异发展，品质为先。

此外，针对新媒体环境下的广播法规，在2016年也出现了一些结合实践中出现的新问题进行的细化解析。如对于广播直播转播版权法规问题，有学者提出《中华人民共和国著作权法》为广播组织规定的转播权不能规制通过网络实施的同步传播行为。为保护广播组织的正当利益并在立法上实现技术中立，应当对广播组织的转播权进行扩张，使之能够控制通过任何技术手段和媒介实施的同步传播行为。国际著作权和邻接权条约并不干预成员国如何保护本国国民的权益，转播权的扩张无须以国际条约为立法依据。因我国已参加的国际条约将邻接权国民待遇原则适用的范围仅限于条约专门规定的权利，因此外国广播组织在我国不能必然地享有扩张后的转播权权益。① 同时，该学者也敏锐观察到我国《著作权法》并未将“固定在物质载体上”规定为作品受保护的前提，同时还规定了用于保护广播信号的广播组织权。认为降低对独创性的要求、将直播画面认定为作品将在很大程度上降低使广播组织权的意义，提出对现场直播画面的保护，应当通过完善《著作权法》对广播组织权的规定加以实现。② 其他还有探究分析网络实时转播行为的版权问题③，国际传播的法规问题等。④

总体而言，2016年中国广播研究成果颇丰，实践导向明显，对政策的敏感度较强，如“互联网+”“媒介融合”“供给侧改革”等，针对当下广播媒体存在的问题做出思考，具有指导现实作用。此外，一些旧话题如媒介融合，通过新的研究视角切入以及新的实践探索，得到不同的诠释。

但是，有一些研究存在议题相似度高、理论推导过程不够科学严谨，过于强调实用导向，对策类研究过多，理论基础不足等问题。造成这种现象的根本原因，不仅与广播研究本身紧密联系实践有关，还与当下社会大环境实用主义导向有关。而解决这些问题，依赖研究者开阔的研究视野，敏锐把握政策动向的同时，关心现实存在的问题，深化对基础理论的研究，以跨学科研究视角拓展研究领域。

撰稿：殷　乐（中国社会科学院新闻与传播研究所研究员）
郭　倩（中国社会科学院研究生院博士生）

二、中国电视研究综述

2016年，媒介融合仍是中国电视媒体发展的主题，这也是整个广电生态系统的主旋律。网络和新媒体呈崛起之势，各级电视媒体打破思维桎梏，探索并提出多种深度融合的路径来实现传统电视媒体的转型与升级。2016年2月5日，国家新闻出版广电总局发布的《电视台融合媒体平台建设技术白皮书》和《广播电台融合媒体平台建设白皮书》为贯彻落实中央加快推动传统媒体和新兴媒体融合发展的战略

---

① 王迁：《论广播组织转播权的扩张——兼评〈著作权法修订草案（送审稿）〉第42条》，《法商研究》2016年第1期。

② 王迁：《论体育赛事现场直播画面的著作权保护——兼评“凤凰网赛事转播案”》，《法律科学（西北政法大学学报）》2016年第1期。

③ 周洣：《体育赛事节目的独创性认定及网络转播性质研究——新浪诉凤凰网非法转播中超联赛纠纷案评析》，《法制与社会》2016年第1期。

④ 张超：《〈现代史密斯——蒙特法〉与美国国际广播走向》，《对外传播》2016年第3期。

部署提供了保障。在媒体融合的大趋势下，2016 年的广播电视研究再次呈现出多元化和多层次性的特点，电视媒介的革命以及由此推动的内容、传播、产业、影响等多层次的迭代被广播电视学者广泛探讨。

本文集纳的研究文本基于 2016 年中国知网论文，搜索发现知网中“广播电视”“电视”主题词相关文章分别为 7437 篇和 36939 篇，数量较 2015 年都有所下降。然后主要针对 2016 年 1 月至 12 月的新闻传播学的主要核心期刊及其他相关期刊的电视研究文章进行梳理，最终筛选出符合条件的论文共计 747 篇，具体包括《新闻与传播研究》《国际新闻界》《现代传播》《新闻记者》《新闻大学》《当代传播》《电视研究》《中国广播电视学刊》《新闻战线》等 CSSCI 核心期刊。本文着重从六个方面考察梳理 2016 年度中国电视研究的热点问题及重要观点。

（一）新媒介环境下的电视研究

电视新形态及影响研究。随着网络及新媒体的迅猛崛起，电视这个传统媒体的发展遭受一定的冲击，曾有多位学者提出“电视消亡”的论调，电视业转型之路成为业界研究的焦点，因此“媒体融合”这一概念的出现也并非偶然，近年来已经得到各类媒介学者的广泛关注及探讨。2016 年“媒体融合”概念的探讨也较之前出现了变化。2016 年广播电视研究从更加丰富的媒介维度来讨论“媒介融合”的概念，包括体制和机制、用户关系、传播渠道、内容生产、媒介效果、业态发展、价值范式、电视话语权等不同广度和深度的融合内容。有多位学者从顶层设计层面探究媒体融合之路，认为各级电视台应调整好办台思路，建立健全相应的运行管理体制①，还提到电视媒体与新媒体平台的信息流动机制存在的困境与挑战②，这为电视与新媒体融合提供实践经验。也有文章从社交媒体时代电视受众向用户转变的思维来探讨媒体融合之路③，但也有文章一反“电视已死”论调，独辟蹊径从传播渠道层面提出媒体融合时代下电视媒体凭借其固有优势重构传播渠道之可能④，还有学者试图从认知传播研究范式来找寻电视内容生产融合实践的根源⑤。此外，主持传播作为电视媒体的重要传播样态，在媒介融合大环境下也悄然发生变化，有学者通过梳理主持传播领域的新现象和新特点对其发展态势做出预测⑥。媒介影响力是检验媒介效果的重要指标，2016 年论文中对电视媒介影响力的研究增多，有文章结合融媒体的时代特征对电视媒介影响力评估原则进行探讨⑦。除上述微观层面的探讨外，有些文章着眼于电视业态这一宏观层面，认为“在操作层面上要有大视野，着眼于跨屏融合，最终形成‘内容为中心、资源

① 谭天、郭尚源：《未来电视的四种业态》，《南方电视学刊》2016 年第 6 期。

② 赵如涵、郭笑晨、樊攀：《电视媒体“移动传播化”的机制与困境：以“三微一端”实践为例》，《电视研究》2016 年第 10 期。

③ 田维钢、孙婧：《社交媒体时代电视受众如何变用户——来自〈罗辑思维〉的启示》，《当代传播》2016 年第 4 期。

④ 杨华：《媒介融合背景下谈电视重构传播渠道》，《西部广播电视》2016 年第 23 期。

⑤ 欧阳宏生、王江蓬：《认知传播视域下的电视内容生产》，《中国出版》2016 年第 10 期。

⑥ 高贵武、刘娟：《新媒体环境下的主持传播格局演变》，《国际新闻界》2016 年第 3 期。

⑦ 王斌：《媒体融合语境下电视媒体影响力评价新论——兼对“郑丽勇指标体系”的补充与发展》，《中国广播电视学刊》2016 年第 4 期。

可共享、多屏相联动’的媒体融合大格局”①。此外，还有文章从价值范式层面分析如何借媒体融合发展之势重塑电视的影响力②，从舆论影响力层面探讨电视媒介话语权的重建路径③，由此可见媒体融合的探讨内容有从媒介实践策略向更深融合层次转变的趋势。

电视产业运营研究。在新媒体时代，电视产业运营模式的转型成为学者们讨论的焦点，其中电视收益模式成为关注的重中之重。有许多学者从宏观层面探讨“电视+电商”模式作为互联网时代电视转型策略的可行性和未来升级的可能性，认为该模式不仅会为电视产业价值链带来平台整合，也将为内容生产和营销模式带来新的变革④，也有学者认为该模式还有很大的提升空间，最终可以升级为一个以人为核心的立体结构。还有文章从电视内容及电视收益等微观层面来探讨新媒体时代的电视运营模式，并认为用户至上、体验为王的理念以及市场化的运作是节目成功的要素⑤。此外，电视广告曾是电视产业收入的支柱，而在网络发展的刺激下，电视产业的颠覆式变革也让依赖于旧模式的电视广告陷入困境，亟待找寻转型路径。有文章围绕电视广告的招标方式进行探讨，通过对比网络招标和电视招标的优势和劣势来提出合理的转型策略⑥。

网络直播VS电视直播研究。2016年被称为“中国网络视频直播元年”。2016年上半年，我国网络文化市场整体营收达1017亿元，其中仅表演秀直播的市场收入就超过了82亿元⑦。网络直播作为一种新兴网络社交方式的涌现，让具有电视直播的独家优势逐渐消失，且电视媒体被迫进入转型升级阶段，鉴于此，网络直播对电视媒体的影响得到业界学者关注。有学者从电视直播本身出发，对其已有优势、应用价值以及在网络直播冲击下所具有的特点进行探讨，从而尝试提出电视媒体在新媒介环境下实现直播突围的可行路径⑧。也有文章指出，作为传统媒体的电视应该从整体布局、内容生产、采编流程及盈利模式几个方面来着手改善⑨。还有研究将理论与实践相结合，从社会学、传播学及经济学等多个维度来解读网络直播，并基于案例研究，得出应该从内容和平台两个方面来制定电视媒体的多屏直播策略⑩。然而，网络直播的井喷式发展助长了违法犯罪等行业乱象的出现，为此，国家相关部门先后出台有力政策，规约网络直播行业发展。有文章从政策规约层面着手，认为网络直播市场逐步规范为电视媒体的介入提供契机，电视应该在盈利且保持原有优势的基础上，实现大屏播出与网络直播

① 吴蕴聪、吴跃先、刘杰：《新媒体环境下广播电视媒体运营模式及发展路径探析》，《电视研究》2016年第5期。

② 喻国明：《打造新型主流媒体价值范式与影响力的关键——以北京广播电视总台线上直播平台“北京时间”G20杭州峰会报道为例》，《新闻与写作》2016年第10期。

③ 王晓雄：《融媒时代电视话语权的重建路径》，《中国广播电视学刊》2016年第10期。

④ 薛梅：《T2O模式下的电视产业变革》，《电视研究》2016年第3期。

⑤ 谢毅、马虹：《电视节目用户思维运营模式探析——以〈奔跑吧兄弟〉为例》，《电视研究》2016年第7期。

⑥ 沈刘红：《网上招标——电视广告招标新趋势》，《电视研究》2016年第1期。

⑦ 《今年上半年我国网络文化市场营收破千亿元》，《中国文化报》2016年8月10日。

⑧ 李昂、伊天威：《网络视频直播热潮下传统电视媒体的突围》，《出版广角》2016年第21期。

⑨ 陈建飞：《网络直播时代，电视媒体的流程再造与模式革新》，《中国记者》2016年第11期。

⑩ 谢妍、王晓红：《电视媒体多屏直播的策略与思考——以部分电视媒体的直播实践为例》，《青年记者》2016年12月（上）。

良性互动[1]。

（二）电视国际传播研究

随着中国国际地位的提升及“一带一路”倡议的提出，国际传播成为中国“软实力”提升的重要渠道，在 2016 年 2 月 19 日党的新闻舆论工作座谈会上，习近平总书记强调要遵循新闻传播规律，创新方法手段，建立对外传播话语体系，增强国际话语权。因此，电视作为主流媒体如何提升国际传播能力，是目前学界和业界共同关心的话题。

电视国际传播能力研究。2016 年学术领域对电视国际传播的研究大多从传播效果和传播政策的构成要素进行分析，且大部分文章基于纪录片和电视剧等电视节目，来分析如何讲好中国自己的故事，从而塑造国家形象来提升国家文化“软实力”。其中，有学者将电视娱乐性作为出发点，探讨电视娱乐文化与我国国际形象建构的联系[2]，为电视国际传播发展提供方向；也有学者以电视话语视角入手，认为应通过新媒体环境下“策略性叙事”的模式转换来补齐电视国际传播策略和效果层面的短板[3]。也有文章从政策层面探讨中国广播电视要如何审时度势推进对外传播事业的持续健康发展[4]。此外，还有一些文章通过分析国外媒体案例，尤其以分析卡塔尔电视台的案例居多，为我国电视国际传播能力的提升提供实践参照。

电视英语媒体传播研究。电视英语媒体是我国对外传播的重要载体，也是中国对外发声的重要窗口，尤其随着中国国际地位的提升，电视英语媒体的作用更是不言而喻，因此成为业界的重要研究议题。根据各核心杂志论文梳理，可以得知大部分论文从内容角度来分析电视英语节目，尤其是英语新闻节目的作用、现状及存在问题，从而来探讨全球化环境下的国际传播发展策略与路径，认为电视英文节目应该从新闻业务层面来打造优质内容，从而提升对外传播技能，做好外宣工作。有学者从受众的视角来分析我国电视双语采访类节目所面临的问题并提出相应策略以提升对外传播效果，认为应在受众定位方面真正体现出国际化的视野，重视国际受众的需求，整合媒体资源，适应国际市场化，培养主持人才[5]。也有文章从产业层面来探讨我国英语媒体对外传播发展之路，认为应重视电视英语节目品牌建设，提升电视媒体核心竞争力，推动我国电视英语媒体对外传播的发展[6]。

（三）电视节目研究

娱乐性是电视媒介的主要特征之一，而电视节目是这一特征的重要载体，因此 2016 年电视节目依然是学界研究的主要内容。随着新媒体时代的到来，整个电视节目模式产生了巨大变革，国外电视模式的引入已经进入瓶颈期，综艺节目同质化现象严重，都迫切面临转型；电视剧无论从内容还是产业都有质的突破，国产剧数量仍位于世界前列、海外剧因政策因素有所下降；另外纪录片在时代和政策大背景下蓬勃发展；真人秀和网络自制剧是媒介融合时代的产物，成为发展的潮流。

电视模式与综艺节目研究。2016 年是中国综艺节目模式从引进转向原创的元年，因此该年对模式节目研究的势头依然不减，中国知网 2016 年以“模式节目”与“综

---

① 朱思东：《网络直播政策规约下电视媒体的机遇与应对》，《南方电视学刊》2016 年第 6 期。

② 张庆：《我国电视娱乐文化对外传播国际形象的构建》，《电视研究》2016 年第 2 期。

③ 史安斌、廖鲽尔：《国际传播能力提升的路径重构研究》，《现代传播（中国传媒大学学报）》2016 年第 10 期。

④ 刘焕兴：《如何创新广播电视对外传播管理》，《中国广播电视学刊》2016 年第 1 期。

⑤ 龙晓华：《论我国电视双语采访类节目的创新》，《新闻战线》2016 年 6 月下。

⑥ 刘黎黎：《论我国电视英语节目的品牌建设》，《新闻战线》2016 年 7 月。

艺节目”为关键词搜索到的文章达到3100余篇①。国内各级电视台引进国外节目模式如火如荼，曾为我国电视业带来一线生机，但同时同质化现象日益严重以及模式费用高昂、版权纷争等问题的出现也使国内电视节目面临升级发展的新瓶颈，因此2016年电视节目模式研究侧重点较之前有所改变，主要集中于对电视节目模式的冷思考以及未来突破围困等应对策略上。有学者从创新视角指出中国电视节目模式应当树立文化自信，从人民群众中寻找创意素材，并借助移动互联网的传播优势，打造国际化的品牌节目②。然而《等着我》《挑战不可能》《中国诗词大会》《欢乐喜剧人》等一批中国原创节目的悄然崛起，表明中国电视节目创作的原创意识已经觉醒。鼓励原创并非要“一刀切”，中国仍需要借鉴和学习国外先进经验。有学者立足国际高度认为，中国可从累积性创新、混杂文化、艺人快速消费产业链及模式节目的社交媒体适应性等日韩模式创新路径和策略中得到启发和思考，以在多元化内容市场中占据有利位置③。亦有学者提出，境外电视节目模式的引入需要一个本土化的再生产过程，也就是改造和利用模式节目的叙事方式来表达本土观众的文化认同，从而满足其观看需要④。因此，引进与原创并不是非此即彼的敌对关系，引进也是电视节目发展的一个环节，符合中国电视节目在这个原创蓄力期的客观现实和发展规律，有其必然性⑤。

电视剧研究。“网络+”时代为电视剧带来了颠覆式的变革，主要体现在内容、竞争态势、产业运营等多个维度，因此，2016年业界学者也主要对这几方面进行关注。中国作为电视剧大国，无论在量还是质方面都有迅猛发展，因此2016年电视剧内容的研究重头还是落在国产剧上，从国产剧内容来看，大多数论文针对国产剧的题材、审美艺术及功能等方面进行探讨。国产剧题材依然呈现以历史剧⑥、抗战剧⑦和都市剧⑧为主的三角结构。此外，近年来网络自制剧呈井喷式发展，IP剧热的背后也出现了许多行业乱象，这都成为2016年学者们深思的热点问题。有文章从传者、受众、媒介、内容等传播要素来分析网络自制剧成功的必然性⑨。但亦有学者对影视业IP热陷入冷思考，认为IP资源市场出现虚假繁荣、冲击影视业生态环境，IP剧仍应坚持内容为王⑩，这为电视剧产业的发展敲响警钟。另外自2015年“一剧两星”政策出台后，各卫视平台进入竞争模式，在此大背景下，有学者从审片机制层面来研讨地方电视台的生存之道⑪。还有学者从产业运营角度来探讨电视剧的发展之路，认为电视剧营销应全面升级、打造全媒体产业链，可从IP衍生价值、跨媒

---

① 中国知网：http：//kns. cnki. net/kns/brief/default_ result. aspx，2016年12月30日。

② 黄楚新、彭韵佳：《我国电视节目模式发展的现状与创新》，《新闻与写作》2016年第9期。

③ 殷乐：《电视模式创新的日韩路径分析》，《中国广播电视学刊》2016年第2期。

④ 佘文斌：《重建文化连接：境外电视节目模式的改编》，《中国编辑》2016年第6期。

⑤ 冷淞：《海外模式冲击下的中国原创电视节目供给侧路径解析》，《现代传播（中国传媒大学学报）》2016年第10期。

⑥ 郭婷：《浅谈革命历史题材电视剧中的人物塑造》，《电视研究》2016年第11期。

⑦ 徐书婕：《新使命新担当：抗战题材电视剧创作的现状与反思》，《现代传播（中国传媒大学学报）》2016年第1期。

⑧ 李磊：《论都市题材电视剧的现代性价值重建》，《中国广播电视学刊》2016年第7期。

⑨ 王晗、黄洪珍、颜开：《网络自制剧的创作与营销》，《中国广播电视学刊》2016年第11期。

⑩ 李正良、赵顺：《影视业IP热背景下的冷思考》，《电视研究》2016年第2期。

⑪ 郑硕：《试论城市电视台在“剧战”中的对策》，《电视研究》2016年第8期。

介整合营销与电商剧等方面进行新探索[①]。此外，大数据在电视剧发展中的作用也成为业界的争论点。有学者基于美国《纸牌屋》案例提出电视剧生产可以借助于大数据实现配置转型，升级电视剧生产行业[②]。亦有学者对此持异见，从审美艺术视角进行探讨，认为大数据无法取代艺术创作，会成为电视剧内容和模式创新的绊脚石[③]。因此，未来电视剧发展应从把握好大数据的价值与电视剧艺术创作之间的平衡着力。另外，随着海外剧引进政策的趋紧，美剧、韩剧热现象有所降温，但是也有研究以大众传播与全球化视角，采用质化研究方法，从参照式解读或者批评式解读分析中国受众所固有的国族主义理念不会受美剧影响的原因[④]。

纪录片研究。2016 年中国纪录片领域仍是国家政策扶持的重点，无论是研究还是创作都有很大进展与突破，该议题论文主要围绕纪录片本体研究、文化研究、产业研究三方面进行阐述。纪录片本体研究主要围绕纪录片的创作理念与技巧、美学特征等方面展开，有学者从创作理念视角出发提出“精准共情”的传播思维，为未来纪录片创作的升级转型提供了方向[⑤]。也有学者从叙事学理论和专业话语角度分析，进而得出目前我国纪录片叙事研究的谱系框架和研究取向[⑥]。有学者采用样本分析法，从受众角度出发，研究受众对于纪录片艺术性的一般观点与解读状态[⑦]。随着我国国际地位的提升，文化“软实力”升级至关重要，而从纪录片的功能定位来看，是中国文化传播的一条最佳途径，有学者从社会意义与文化意义视角进行探究，认为纪录片可以将传统文化与中国现状结合起来，以实现传统文化电视传播中的价值重构[⑧]。此外，在新媒体时代和“网络 +”背景下，纪录片产业运营方面的研究主要集中于分析产业发展态势[⑨]、新形态[⑩]，进而提出产业链优化发展策略，从投融资机制、制播模式和商业价值几个维度进行优化[⑪]，但亦有学者基于纪录片的社会功能和文化功能持批判论调，认为不能用简单的商业思维来判断纪录片的发展路径和前景[⑫]。

真人秀与网络自制节目研究。据中国产业调研网发布的《中国综艺节目行业现状分析与发展前景研究报告》[⑬] 显示，综艺节目竞争的主战场已转移至真人秀，而且在未来几年内这一潮流或将持续，但目前真人秀泛化问题逐渐显现，亟待解决，因此 2016 年真人秀节目仍是业界关注焦

---

① 顾亚奇、胡智锋：《“剧”变 2015：多屏时代电视剧制播新业态》，《新闻战线》2016 年第 3 期。

② 农海燕：《基于大数据的电视剧配制化生产》，《电视研究》2016 年第 5 期。

③ 吴雷：《大数据时代电视剧产业生态的嬗变与重塑——基于受众互动体验逻辑的考量》，《中国广播电视学刊》2016 年第 7 期。

④ 陈阳：《为什么观看美剧不影响国族主义？——全球化背景下的中国受众》，《国际新闻界》2016 年第 9 期。

⑤ 张德宏：《构建“精准共情”的传播思维》，《新闻在线》2016 年第 10 期。

⑥ 吴雨蓉：《我国纪录片叙事研究的框架及取向》，《电视研究》2016 年第 2 期。

⑦ 陆敏：《纪录片艺术性的受众解读初探——基于张以庆纪录片“豆瓣影评”的分析》，《现代传播（中国传媒大学学报）》2016 年第 6 期。

⑧ 郭讲用：《〈记住乡愁〉：儒家文化电视传播中的价值重构》，《当代传播》2016 年第 3 期。

⑨ 张凌霄：《借势登高：电视纪录片产业发展态势探析》，《中国广播电视学刊》2016 年第 4 期。

⑩ 何苏六、徐锦、李宁：《透视 2015 年新媒体纪录片发展现状》，《电视研究》2016 年第 3 期。

⑪ 赵丹、宋培义：《我国纪录片产业链优化发展策略》，《电视研究》2016 年第 8 期。

⑫ 邢林池：《求发展不应简单依赖“产业化”》，《新闻战线》2016 年第 19 期。

⑬ 《中国综艺节目行业现状分析与发展前景研究报告》，http: //www. cir. cn/R_ QiTaHangYe/05/ZongYiJieMuDeFaZhanQianJing. html。

点。大部分研究从真人秀节目内容维度来进行探讨，有学者借鉴符号学理论框架，来分析电视户外真人秀节目的地域形象价值，从而有针对性地提升节目的品质①。然而随着真人秀节目泛化严重，许多节目内容失真，对受众产生错误导向，有研究主要从真人秀节目发展背景的深层根源来为该类节目发展寻找出路，如从受众媒介批判能力视角来探讨受众在解读节目时如何在去伪存真的过程中平衡受众与媒介之间的关系②。此外，基于“互联网+”大背景下，有学者从题材、规则、参与人员、受众、需求满足等方面，将电视真人秀与网络真人秀进行对比，通过优势互补来探寻两类真人秀的融合之路③。随着网络视频产业的崛起，以《奇葩说》为首的一批网络自制节目也蔚然成风，这成为业界关注的热点，一般基于案例进行分析研究，其中有学者就以网络自制节目成功典范《奇葩说》为例，独辟蹊径在节目研究中引入文本分析，从符号学视角来剖析网络自制节目新模式的创新性，探讨节目中“符号消费”与受众“自我认同”之间的互动关系④，为媒介融合中网络视频自制内容的实践提供指导。

（四）电视文化研究

影视文化已经日益成为现代社会的主流文化形态之一，而电视文化作为影视文化的一部分自然也是文化形态不可或缺的构成要素，因此仍是2016年该领域的研究重点之一。大部分研究者主要从艺术、性别、民族、农村等方面来全面阐释电视文化，除了以往从电视内容中艺术形式和制作方法方面来探讨电视文化发展之策外，2016年该领域研究的新方向在于从更深层理论框架和背景探讨电视文化在新媒体时代的应对之策。有文章将电视文化放到大众文化的大环境中来进行阐述，认为电视应该全面阐述文化的社会性，不仅有“乐”，还应有“教”，“寓教于乐”才是电视价值文化的立体表现⑤。也有文章从媒介文化和后现代文化层面出发来定位电视艺术和电视文化的特点，认为应平衡好电视艺术和电视产业之间的关系才是电视未来的发展方向⑥。随着社会的发展，女性地位逐渐提升，其边缘化形象在电视中也逐渐消失，有研究者基于样本案例从元传播层面的框架理论来探讨电视剧中女性客观形象转换为主观形象的框架机制与文化规约⑦。民族文化关系到中华民族长远的生存发展利益，亦是社会文化的构成要素，因此电视文化传播研究中不能忽视民族文化，有文章从媒介文化传播和符号学方向来探讨在塑造国族认同过程中电视媒介符号结构性规范的构成与复制，基于该框架提出边疆少数民族电视形象的传播策略⑧。还有文章基于实地访谈探讨了电视重塑少数民族村落

① 朱晓彧、庞雯：《户外真人秀节目中地域形象的符号化呈现》，《当代传播》2016年第3期。

② 张玲玲、易领高：《真人秀节目“批判性观看”研究》，《当代传播》2016年第3期。

③ 刘绩宏、徐志彬、戚晟昊：《差异竞争与融合创新——电视真人秀与网络真人秀的传播特色与发展对策》，《中国广播电视学刊》2016年第1期。

④ 王树良、谌椿：《自我认同与符号消费：网络自制节目中的符号建构研究——以〈奇葩说〉为例》，《国际新闻界》2016年第10期。

⑤ 李贵森：《价值取向与大众意识的再造——电视艺术的文化导向性刍议》，《电视研究》2016年第8期。

⑥ 陈旭光：《电视艺术的定位与电视文化的“后现代性”》，《现代传播（中国传媒大学学报）》2016年第1期。

⑦ 漆亚林、仲呈祥：《中国电视剧农村女性形象的框架研究——以1983—2015年获“飞天奖”农村题材剧为研究对象》，《现代传播（中国传媒大学学报）》2016年第9期。

⑧ 尹兴、尹燕：《国家认同与边疆少数民族形象电视传播的编码策略——对新疆卫视纪实栏目〈东西南北新疆人〉的镜像考察》，《现代传播（中国传媒大学学报）》2016年第8期。

的公共空间[1]，强调了电视文化的重要性。关于农村视角的电视文化研究，从2016年论文的数量上来看整体偏少，但关于农村题材的电视剧不少，然而高质量的影视作品却凤毛麟角，故有学者认为农村题材电视剧反映的新农村现状与现实脱节[2]，应该让影视作品担负起美丽乡村建设赋予的认知传播使命[3]。

（五）电视史论研究及电视研究方法

在传播学研究中史论与方法并重，电视研究更是如此。电视媒介偏重实践，而实践过程中需要理论指导，也需要以史为鉴，这样电视媒介及电视产业的发展才更具方向性，因此在电视研究过程中应注重史论方面的研究。此外，电视研究方法的选取对于研究结果具有指向意义和指导意义，在学科领域中越来越强调跨学科的研究方法，这也应顺应了多元化的时代背景。

电视史论研究。电视史论方面的研究主要集中于电视文献、电视文化方面，有学者考究历史资料纠正“《电视之进步》为中国最早介绍电视的文章”之论断[4]，这是中国电视历史研究方面的进步；此外也有学者从话语理论和文化史研究思路探讨20世纪80年代电视与精英受众的关系[5]，这为之后受众对电视文化影响的研究奠定了基础。在新媒介融合趋势中，有学者从媒介环境学、传媒经济学、产业经济学、网络传播学等理论来探讨电视与新媒体的融合发展之路，为其提供理论支持[6]。还有学者从神话—仪式理论、仪式心理分析理论、仪式功能结构理论、仪式阈限理论、仪式语言理论、仪式象征理论、仪式表演理论、仪式互动理论探讨了电视仪式传播理论的理论根源，并提出相应的研究范式[7]。

电视研究方法。随着社会经济的快速发展，整个媒介业态发生巨变，研究对象也更加丰富和多元化，而媒体融合促使研究者们尝试采用创新的思路进行研究。通过梳理论文发现，2016年电视研究依然以内容分析、个案分析等传播学中的传统研究方法为主，除此外已经有许多学者与时俱进尝试采用地理学、社会学和心理学等跨学科视角对媒介现象、媒介生态及媒介主体进行探讨，为整个传播学研究开辟了新视野。如有学者采用民族志的研究方法探讨了电视节目模式全球化与地方性知识之间冲突及其应对策略[8]。亦有学者根据心理学中的认知神经科学理论来评估电视剧收视效果，这为媒体效果的评估提供了新视角和新案例[9]。这些跨学科研究融合多元的研究方法，为传统的传播学研究提供了新思路和新维度，这符合媒介融合时代的特点和要求。

（六）电视版权研究

融媒体发展创造了许多新型电视媒介

---

① 韩亮、张丹、张映兰：《电视媒体对彝族村落公共空间演变的影响》，《现代传播（中国传媒大学学报）》2016年第5期。

② 马光复、吴蕴聪：《新农村题材电视剧的缺失》，《电视研究》2016年第3期。

③ 欧阳宏生、胡畔：《乡土历史与现实的传播使命——论当下乡土纪录片的认知传播作用与缺失》，《现代传播（中国传媒大学学报）》2016年第1期。

④ 黄志辉：《中国第一篇电视文献考》，《中国广播电视学刊》2016年第2期。

⑤ 常江：《20世纪80年代中国的精英话语与电视文化》，《新闻春秋》2016年第1期。

⑥ 高红波：《电视媒体与新兴媒体融合发展的学理思考》，《中国电视》2016年第5期。

⑦ 张兵娟：《电视仪式传播：理论、范式与研究视角》，《新闻爱好者》2016年第1期。

⑧ 张潇潇、冯应谦：《全球模式与地方性知识：电视生产社群的民族志阐释》，《国际新闻界》2016年第7期。

⑨ 李思屈、诸葛达维：《认知神经科学方法在媒体效果测评中的应用研究——以电视剧收视率预测为例》，《现代传播（中国传媒大学学报）》2016年第9期。

形态和电视产业形态，但也让电视作品的复制与盗版更为猖獗，因此加强这方面规范的重要性日益凸显。2016 年电视研究的显著议题就是电视版权、转播权和电视媒体的法治性建设，研究者主要从电视行业及电视节目生产者角度来探讨应对策略。戴进发表多篇文章围绕电视著作权问题展开讨论，分析了问题的症结在于电视著作权利性质和权属关系的界定不准确①，还针对电视作品复制②和体育电视作品③这两种不能划入著作权的个例从法律层面提出相应对策，这为以后赋予其著作权奠定了基础。在“网络 +”背景下，有学者提议广播影视传媒的版权保护可以向网络行业借鉴经验。亦有学者通过案例研究，从电视节目制作者角度来探讨版权问题，认为可以借鉴国外电视节目版式开发者的维权策略④。也有研究从依法治国大背景进行分析，认为广播电视媒体应从组织保障、制度创新、基础职能和法务专项工作等方面铺好法制建设之路⑤。

总体来看，2016 年度电视学科研究成果可观，紧跟国家政策，能敏锐把握热点和前沿主题，仍将媒体融合趋势作为研究重点，研究领域和对象范围广，对研究问题分析厚度和深度都有所增加，尤其对策性研究不再蜻蜓点水，更加注重挖掘现象背后的深层原因和理论基础，这对现实的指导性和针对性更强，研究方法基本以案例研究和内容研究为主，同时也引入跨学科视角，这也是 2016 年电视研究的亮点所在。尤其值得着重提出的是《新闻与传播研究》在 2016 年刊出的几篇电视相关研究，有学者应用地理学的思维来讨论电视的物质性与流动性关系，以此深化对媒介与地方、媒介与流动的关系理解⑥，研究聚焦电视机的购买、摆放方式和有线电视连线三个方面，发现一是原本缺乏便携性的电视可以通过购买二手电视的方式创造一个定居和迁徙之间的阈限性空间；二是人们通过电视机的摆放来促进公共与私人、工作与休闲空间之间的流动而不是将它们隔离开；三是有线电视网的连接也成为当地人抵抗社会排斥、争取城市权利的有效工具。文章采用了“流动力”（motility）的概念，提出电视的物质性面向对农村移民的流动性具有同样重要的意义，认为它打开了另一种实践的空间，使农村移民获得了一份参与流动的政治、协商社会归属和边界的资源。视角独特，观察细致，方法扎实，是对注重对策应用的电视研究的一个拓展和深化。此外，还有学者有从当前语境解读霍尔电视研究的经典著作，文章提出中国新闻传播学界对霍尔著述的了解主要局限于其《电视话语的编码和解码》，并将该文的主旨简化为“编码/解码模式”，在很大程度上忽略了文章版本流变的历史语境。该文在对霍尔文章的深化解析中将其对传媒系统、文本结构、话语生产和消费的微观和中观研究，与广阔的社会历史制度分析和政治经济批判结合起来，既深化了对霍尔的研究，同时也为今天的电视研究提供了一个批判的视角⑦。

---

① 戴进：《媒体融合发展背景下电视著作权权属关系研究》，《电视研究》2016 年第 7 期。

② 戴进、张姗姗、李运团：《融媒时代对电视作品复制的法律调适》，《当代传播》2016 年第 2 期。

③ 戴进：《融媒时代体育电视作品著作权性质与保护》，《当代传播》2016 年第 5 期。

④ 刘文杰、周欣月：《国外电视节目版式开发者的维权策略——以〈流行偶像〉为例》，《电视研究》2016 年第 5 期。

⑤ 何跃新：《切实加强法治建设　提升依法治理能力》，《中国广播电视学刊》2016 年第 1 期。

⑥ 袁艳：《电视的物质性与流动的政治——来自两个城中村的媒介地理学观察》，《新闻与传播研究》2016 年第 6 期。

⑦ 黄典林：《重读〈电视话语的编码与解码〉——兼评斯图亚特·霍尔对传媒文化研究的方法论贡献》，《新闻与传播研究》2016 年第 5 期。

然而2016年的电视研究同样存在着一些问题，部分研究议题同质化现象严重、缺乏创新，研究方法仍然较单一，单一案例研究的局限性也逐渐增加，普适性较差，很难在实践中进行推广，跨学科领域研究整体偏少，大部分研究为现象研究，并未从学术理论深度找到问题的内在根源，前瞻性和批判性研究也相对较少，大部分观点认知呈“一边倒”趋势，很难形成学术争论，也不利于电视学科领域的观点创新。这些问题需要逐步解决，电视研究需要扩展研究领域、创新研究方法、强化理论深度、增强批判性思考，才能对广电实践更有指导意义。

撰稿：殷　乐（中国社会科学院新闻与传播研究所研究员）
高慧敏（中国社会科学院研究生院博士生）

中国传播学研究2016年综述

为了全面整体地把握2016年度中国传播学研究，兼顾宏观与微观，本文拟通过两个维度回顾这一年的传播研究。第一部分将选取2016年综合影响因子最高的五本大陆新闻传播专业学术期刊，分别是《新闻与传播研究》（0.887）、《新闻记者》（0.84）、《国际新闻界》（0.778）、《新闻大学》（0.706）、《现代传播（中国传媒大学学报）》（0.535），利用CNKI自带的数据与工具资源绘出知识图谱，从宏观上描绘2016年新闻传播学界的研究动态以及不同话题在专业场域内的位置。尽管如此分析具有一定的整体性，但有可能忽略了部分综合期刊新闻传播栏目与港澳台学术同仁的研究成果，且难以窥探在具体议题上的真知灼见。因此本文第二部分选取2016年中文期刊中有价值的传播学论文，在第一部分的基础上深入评述，从微观层面呈现2016年传播学的核心议题和重要成果。

一、2016年传播学研究知识图谱

根据初步统计，2016年发表于上述五大期刊上的新闻传播学术文章共有1157篇，相比于2015年的1197篇略有下降，其中《现代传播（中国传媒大学学报）》484篇，《新闻记者》276篇，《国际新闻界》146篇，《新闻与传播研究》131篇，《新闻大学》120篇，发文机构也主要集中于中国传媒大学（145篇）、中国人民大学（66篇）、复旦大学（50篇）、中山大学（34篇）、武汉大学（33篇）等国内新闻传播学科重镇。

利用关键词共现词网络分析可得出知识图谱如图1所示。节点大小表示该词出现的频次，连接线的粗细表示两个节点词的共现频次，将按关键按照共现聚类，节点灰度深浅表示节点归属不同类别的词团，出现同心圆的节点为该词团的中心节点。

从图谱中可以看出，2016年新闻传播领域的学术探讨主要集中于六个话题：新媒体与大数据研究、互联网与政治传播、媒介融合与数据新闻、国际传播、健康传播、新闻生产与社交媒体研究，传播学相关话题占据主流。最大的词团是近年来在理论和实践领域得到广泛运用但又饱受争议的大数据和社交媒介，新媒体、传播学、新闻生产、新闻专业主义作为中心节点，连接起诸多相关话题。图2绘出了2016年新闻传播研究的高频关键词及出现频次，其中社交媒体频次最高，高达21篇，大数据、媒体融合、新媒体紧随其后，分别是19篇、18篇、18篇。除此之外，关键词的弥散分布也充分展现了传播学研究话题的广泛，既有日常生活息息相关的新媒体研究，也有抽象层面的学理探讨。本文根据知识图谱和关键词分布将2016年的传播学研究分为以下几类，并逐一展开探讨：新媒体与大数据研究、政治传播与互联网政治、传播理论、媒介话语研究、国际传播与跨文化传播、文化研究。

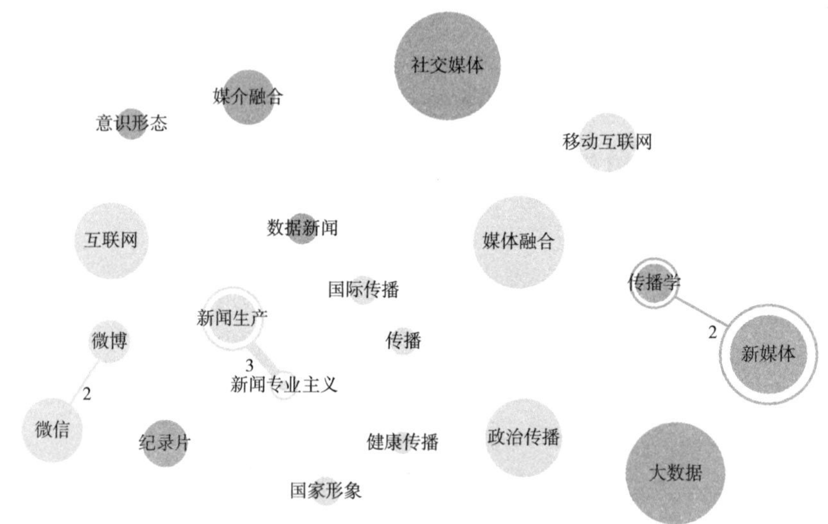

图1　2016年五本新闻传播核心期刊的知识图谱

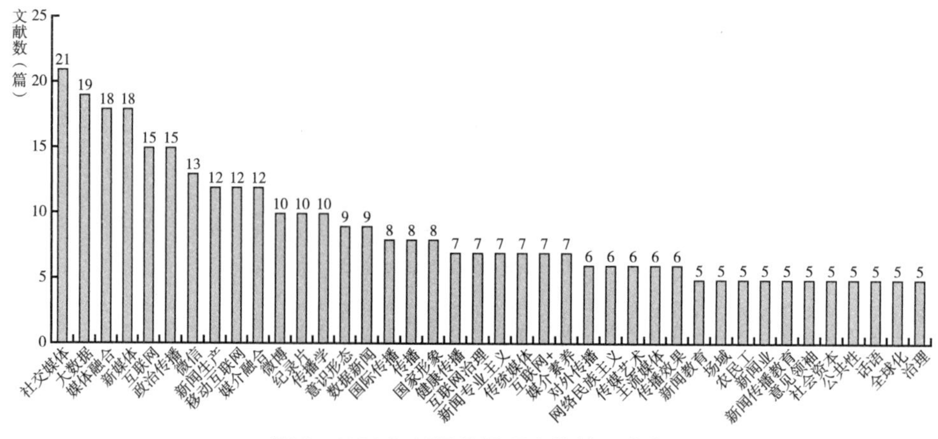

图2　2016年新闻传播研究关键词分布

二、2016年传播学研究重点议题

（一）新媒体与大数据研究

媒体的新旧划分本身是一种文化塑造，而非本质属性，新媒体只是在相对情境中被人们视为时髦的媒体[①]，因而谈及新媒体，便往往一方面涉及其对传统媒体的突破，以及带来的机遇和挑战；另一方面则要探讨传统媒体的创新、发展、转型与融合。有学者强调了信息技术对社会场景、经验、权力的革命性影响，打破重组了人们认知、交往和行动的框架，社会关系网络和资源配置面临着双重转型[②]。有学者则强调数字文化中的挑战：自由与控制、如何建立数字信任、数字社会的成熟化必然要求填平数字鸿沟与提高网络素养[③]。

近些年来，微博、微信等新兴媒体的传播效果和影响成为学术研究的一大焦点。有研究者以微信为例分析社交媒体新闻的“生成”，分析其互文类型与方式，探讨这种“在交往中生成”的方式对大众传播时代形塑新闻的诸多边界所带来的冲击[④]。有研究者聚焦于微信朋友圈中的点赞和评论行为对个体社会资本的影响，通过问卷分析发现，评论行为能够增加个体的桥接型和凝聚型社会资本，而只有配合评论行为，点赞才能促进实质性的社会资本[⑤]。而在自我展示方面，有研究发现，用户的线上行为很大程度受到所感知的媒介环境因素的左右，其自我效能及其对于社交媒体社区的经济基础信任和认同信任，与线上自我展示呈显著正相关[⑥]。在新媒体层出不穷的时代，媒体多工（media multitasking，同一时间参与一个媒体的使用）现象相当普遍。一项针对台北大学生的调查研究发现，媒体多工对于幸福感没有影响，但对于社会资本中的参与休闲活动面向以及同侪接受度正相关。整体而言，本研究并没有发现媒体多工的负面影响[⑦]。

大数据的应用给社会科学领域带来了新的议题，但目前多将大数据作为学术分析的现实背景。已有的研究主要集中于伦理层面的探讨，关乎用户的隐私安全与二次使用问题、被遗忘权、云计算等问题。有学者呼吁对于间接可识别个人信息的收集、存储、加工和转让等建立明确的法律规则[⑧]；而在国家层面，中国的信息安全管理范式需要创新转型，形成新模式、新路径和新政策；全球的治理体制变革需要用“共”的价值观来推进、尊重并维护信息主权、建立反恐情报共享合作机制[⑨]。

（二）政治传播与互联网政治

“政治传播”作为一个舶来的概念，在西方主要聚焦于选举与民意调查等议题，而中国则常常面临着研究对象的缺失和研究方法的瓶颈。2016年的政治传播主要集中于舆论引导、政治话语、社交媒体等方面。

---

① Natale, Simone, “There are No Old Media”, *Journal of Communication*, 2016, 66 (4), pp. 585 - 603.

② 喻国明、马慧：《互联网时代的新权力范式：“关系赋权”——“连接一切”场景下的社会关系的重组与权力格局的变迁》，《国际新闻界》2016年第10期。

③ 胡泳：《旧制度与数字大革命》，《新闻战线》2016年第1期。

④ 谢静：《微信新闻：一个交往生成观的分析》，《新闻与传播研究》2016年第4期。

⑤ 周懿瑾、魏佳纯：《“点赞”还是“评论”？社交媒体使用行为对个人社会资本的影响——基于微信朋友圈使用行为的探索性研究》，《新闻大学》2016年第1期。

⑥ 郭羽：《线上自我展示与社会资本：基于社会认知理论的社交媒体使用行为研究》，《新闻大学》2016年第4期。

⑦ 陈忆宁：《媒体多工的是与非：从幸福感、社会资本、同侪接受与社会成功来看》，《传播与社会学刊》（香港）2016年第37期。

⑧ 陶盈：《我国网络信息化进程中新型个人信息的合理利用与法律规制》，《山东大学学报》2016年第2期。

⑨ 王世伟：《论大数据时代信息安全的新特点与新要求》，《图书情报工作》2016年第6期。

作为政治传播中的核心概念，“民主”本就是模糊而富争议的话题，加上“电子”无疑更加复杂。电子民主之争的根本问题，在于技术和制度之间的关联。互联网的发展使得当下中国广泛的政治参与成为可能，也带来了新的变数。有学者在研究方法上做了新的尝试，采用直接提问法和列举实验法来测量中国网民的网络政治参与。研究发现，相较于传统调查方法，列举实验能够有效削减社会意愿偏差的影响；集体性地使用互联网提升了网民批评政府或讨论集体行动的行为，而个体性地利用互联网则降低了网民批评政府行为①。舆情管理一直是中国政治传播中的重要组成部分。地方政府常常以“治理”为名钳制舆论或鼓励舆论，目的均在于改善投资环境，最终服务于政府竞争与官员政绩竞争的需要。实际上，它是将我国政治治理中的“分权体制”转化为了“坏事不出门”的行动逻辑，地方政府此种对“守土有责”的理解与执行，在中央和地方之间形成了某种张力②。

有学者试图探讨媒介使用如何影响城市居民的政治参与，研究认为媒介使用中的新闻接触同样能正面显著影响抗争性的非制度性政治参与，从而拓展了以往研究中对政治参与的影响因素的理解③。除此之外，网络新闻信任、人际交流、政治兴趣等个人因素同样可能影响到人们对事件的认知。有研究者发现人际交流对于认知事件的性质有直接正影响，政治兴趣对于事件的认知有直接正影响，实际的知晓程度对于自认为的知晓程度有正影响④；就农村居民而言，有学者研究认为城乡空间地理距离越远，农村居民越有可能参加农村公共事务，并且，新旧媒体的使用以及不同的媒介类型对公共事务的参与存在强度和方向的差异，可见，空间的媒介化并不仅依靠各类媒介（特别是新媒介）对空间的渗透和扩展，还包括实践者之间的基于社会网络互动，从而使空间媒介化的功能得以加强⑤。

2016年年初的“帝吧出征”成为了解当代青年表达民族主义情感的典型案例。和以往的男性化的严肃话语不同的是，以“90后”为代表的网络亚文化人群是在远离政治的后现代商业文化中完成政治化的⑥。采用协商、收编、挪用和对抗等竞争性的图像行动主义，小粉红的爱国情感隐藏在戏谑化的表情包之后，“注意力占领”的狂欢成为网络民族主义运动的主要动员模式⑦。游戏化的行动策略，有效地组织起了一群在集体化与个体化之间寻求满足的网民，将自我身份转换为国族身份

---

① 孟天广、季程远：《重访数字民主：互联网介入与网络政治参与——基于列举实验的发现》，《清华大学学报》（哲学社会科学版）2016年第4期。

② 李东晓、潘祥辉：《分权体制与地方政府的媒介治理——以“守土有责”的地方性理解与实践为视角》，《新闻记者》2016年第5期。

③ 曾凡斌：《城市居民的社会资本、媒介使用对政治参与的影响研究》，《传播与社会学刊》（香港）2016年第36期。

④ 徐晖明：《自认为的知晓程度：个人因素与议题认知之间的重要中介变量》，《国际新闻界》2016年第2期。

⑤ 卢春天、朱晓文：《城乡地理空间距离对农村青年参与公共事务的影响——媒介和社会网络的多重中介效应研究》，《新闻与传播研究》2016年第1期。

⑥ 王洪喆、李思闽、吴靖：《从“迷妹”到“小粉红”：新媒介商业文化环境下的国族身份生产和动员机制研究》，《国际新闻界》2016年第11期。

⑦ 周逵、苗伟山：《竞争性的图像行动主义：中国网络民族主义的一种视觉传播视角》，《国际新闻界》2016年第11期；郭小安、杨绍婷：《网络民族主义运动中的米姆式传播与共意动员——以“帝吧出征Facebook”事件为例》，《国际新闻界》2016年第11期。

意识，共同完成了一场集体的互动仪式①。在这其中，互联网、青年文化、视觉符号和情感化的脉络复杂交织，不少学者从网络亚文化、自我呈现、集体行动、历史脉络等视角解读这一两岸表情包大战，有学者将这种新媒体语境下的爱国主义视为“粉丝民族主义”②。

（三）传播理论

相比于提出新理论，近些年来的传播学研究面临更多的是经典命题在新环境中的挑战，经典命题是否仍然适用、经典命题的检验和完善成为关注焦点。不同于传统议程设置研究关注大众传媒报道对于大众观点的影响，有研究将其推进到对大众政治参与与行为的考察，采用调查实验法测量不同类型的议题（马航事件、文章事件、反腐败事件）对网民政治参与的不同刺激影响。研究发现，互联网的多元化讨论使得议程设置的可控性大大降低，未来互联网时代的议程设置需要纳入对大众互动方式的考量③。

二级传播理论中至关重要的一环是舆论领袖。有研究者则关注网络意见领袖的社区迁移行为，研究发现技术驱动、舆论关注、信息红利、圈群认同、可用性感知是影响意见领袖向未来新社区迁移的重要变量，表明了意见领袖对舆论场域势能的感知倾向④。

而使用与满足理论自提出以来就饱受质疑，为什么使用与满足理论停留于现象的概括和总结，而难以成为真正的传播理论？有学者从学术史和理论结构角度做出解释，认为该理论的功能主义媒介观影响了传播研究的深入开展⑤，给予了釜底抽薪式的否定；有学者则尝试建设性地反思“使用与满足”将技术与人“主客二分”而产生的严重范式危机，在细致分析该理论的五个中层假设后提出了新的研究命题⑥。

随着德布雷的书籍不断被引进到国内，欧洲学界对于媒介学的建构与“媒介化”的热度也蔓延至国内，不少研究从理论上和经验上运用“媒介化”的概念，强调媒介对社会形态的形塑和建构⑦。有研究尝试批判性地回顾欧洲“媒介化”学派，反思与澄清这一概念的起源、发展与不足之处。从媒介学原理出发，有研究对新媒体与社会生产力的升级换代、与受众接触界面的接近、与媒介技术植入权力序列等问题逐一做了探讨⑧。

（四）媒介话语研究

新闻记者作为阐释的共同体，在长时段地对其他事件的报道中建构社群的身份认同，他们经历着“双重时间”：既是社会事件的叙事者；在历时维度上也是新闻事业的叙事对象。新闻社群同样依靠话语成为一个凝聚的共同体，媒体人的“告别”话语常常为转型期的新闻业提供一份“局内人”

---

① 王喆：《“今晚我们都是帝吧人”：作为情感化游戏的网络民族主义》，《国际新闻界》2016 年第 11 期；刘国强：《作为互动仪式的网络空间集体行动》，《国际新闻界》2016 年第 11 期。

② 刘海龙：《像爱护粉丝一样爱国：新媒体与粉丝民族主义》，《现代传播（中国传媒大学学报）》2017 年第 4 期。

③ 郭凤林、严洁：《网络议程设置与政治参与：基于一项调查实验》，《清华大学学报》（哲学社会科学版）2016 年第 4 期。

④ 沈阳、杨艳妮：《中国网络意见领袖：社区迁移影响因素及路径分析》，《国际新闻界》2016 年第 2 期。

⑤ 胡翼青、张婧妍：《功能主义传播观批判：再论使用满足理论》，《新闻大学》2016 年第 1 期。

⑥ 潘霁：《恢复人与技术的“活”关系：对“使用与满足”理论的反思》，《国际新闻界》2016 年第 9 期。

⑦ 戴宇辰：《走向媒介中心的社会本体论？——对欧洲“媒介化学派”的一个批判性考察》，《新闻与传播研究》2016 年第 5 期。

⑧ 陈卫星：《新媒体的媒介学问题》，《南京社会科学》2016 年第 2 期。

视角，具有难得的史料价值。有学者分析了52封传统媒体人离职信，发现传媒体制的禁锢、新技术冲击、媒体经营压力与个人职业规划成为记者离职的主要原因①。有学者从新闻从业者对数字化挑战所发表的文本切入，分析转型新闻业的话语实践。研究认为，商业主义取代新闻专业主义，成为新闻业者面对数字化技术变迁挑战时的话语核心，新闻业对于专业的身份认同也因此而被消解②。而“不合时宜”的新闻工作者则采用“黄金时代”（1990年代中后期到21世纪初的新闻改革和市场化媒体勃兴）的怀旧话语，传递对当下的批判和对过往的缅怀，其内核是个体层面的青春和理想主义叙事与新闻改革大叙事的结合③。

还有学者考察了《人民日报》《南方都市报》《中国安全生产报》2000—2015年对我国所有特别重大事故的媒体呈现，勾画出了十余年来事故报道的影响因素和变迁路径④。有研究通过考察“慰安妇”议题进入国人记忆的背景与路径，质疑了叙述“慰安妇”的民族主义框架，后者有可能撕裂国族同一性的性别压迫机制，记住的只是作为民族苦难象征的抽象的“慰安妇”⑤。

（五）国际传播与跨文化传播

有学者认为，在以“策略性受众”为核心的新媒体时代，应以“策略性叙事”为出发点，引入“战略传播”思维，发挥“议题叙事”作用，关注“策略性受众”群体，构建起具有中国特色的策略性叙事话语体系，增强国际传播的道义感召力及整体传播能力⑥。有研究者用跨文化敏感的发展模型来考察作为“一个具有共同性的跨文化群体”的西方传教在与中国人（跨文化接触主体）互动后形成的中国形象认知（image perception of China）及其调适过程⑦。有研究者尝试引介检验跨文化语境中有效沟通程度的重要基础理论——焦虑/不确定性管理理论。作者认为，该理论充分回应了跨文化交流的核心主旨，希望研究者能进一步对该理论进行学理上的深化，“完善双向的有效沟通测量机制，克服对心理意识的过度依赖，改良公理设置的西方偏见性”⑧。

（六）文化研究

2016年《新闻与传播研究》第8期刊登了一组“青年的数字生活与都市文化”研究，采纳都市日常生活中空间的社会生产和建构这一新的理论实践，拷问“城市”“空间”“场所”“传播”和“媒介”等城市传播的基本概念⑨。和前述《国际新闻界》专题类似，两组稿件都将关注对象聚焦于当下复杂多元的中国青年群体。在这组论文中，媒介泛指使交往活动成为

① 陈敏、张晓纯：《告别“黄金时代”：对52位传统媒体人离职告白的内容分析》，《新闻记者》2016年第2期。

② 李艳红、陈鹏：《“商业主义”统合与“专业主义”离场：数字化背景下中国新闻业转型的话语形构及其构成作用》，《国际新闻界》2016年第9期。

③ 李红涛：《“点燃理想的日子”——新闻界怀旧中的“黄金时代”神话》，《国际新闻界》2016年第5期。

④ 闫岩：《喧哗与寂灭：中国特别重大事故的媒体呈现（2000—2015）》，《新闻与传播研究》2016年第5期。

⑤ 宋少鹏：《媒体中的“慰安妇”话语——符号化的“慰安妇”和“慰安妇”叙事中的记忆/忘却机制》，《开放时代》2016年第3期。

⑥ 史安斌、廖鲽尔：《国际传播能力提升的路径重构研究》，《现代传播（中国传媒大学学报）》2016年第10期。

⑦ 单波、王媛：《跨文化互动与西方传教士的中国形象认知》，《新闻与传播研究》2016年第1期。

⑧ 徐迪：《跨文化交际能力的理论基础：Gudykunsts焦虑/不确定性管理（AUM）理论》，《新闻大学》2016年第1期。

⑨ 潘忠党：《城市传播研究的探索——“青年的数字生活与都市文化”专题研究的导言》，《新闻与传播研究》2016年第8期。

可能的载体、平台和工具，既有线下的博物馆、文化消费空间和苏州市民卡；也有线上的体制性论坛、UGC 视频；而传播也不只是信息间的流通，它包括了不同行动主体间的交往活动，包括人与政府、人与博物馆、人与城市空间等，意义和身份也在其中生成。

中国当下的网络亚文化中孕育着民族主义情绪，而国族身份问题也在方言节目中有所体现。有学者探讨了地方方言节目如何在权力与资本夹缝中塑造去政治化的地方公共性。作者发现，大陆方言节目并不是地方主义反抗中央权威的工具，而是中央放松管制、地方社会认同复归、市场逻辑深化与本土媒体相互作用的产物。由于方言节目挑战了普通话的文化霸权，又强调地域身份，使得其与统一的民族国家身份之间存在不同程度的张力①。

性别视角在文化研究中从不缺席。例如，我国调查报道领域就是一个显著男性化的领域，中国女性调查记者面临的性别刻板印象的建构主要有三条渠道：社会建构（领域群体、家庭）、职场建构（岗位分派、新闻工作室文化）和自我建构（刻板印象的内化）。这种性别刻板印象给调查报道的从业者，尤其是女性调查记者带来了工作角色和家庭角色的矛盾，从而限制她们的职业发展②。有研究从历史维度出发，探究女性形象、话语和意识等建构的过程。在延安大生产运动中农村“新女性”形象的内容与传播研究中，研究者发现，在对劳动英雄的宣传中，陕甘宁边区采取了低处传播的策略。女性话语被整合进国家话语之中，但国家、民族的利益远远高于女性自身的性别权益③。也有研究者利用电影、电视、报刊和宣传画等诸多媒介材料，分析论述了 20 世纪中国性别观念的建构以及如何受到国族观念、政治意识形态和资本权力等的影响④。

三、总结

整体来看，2016 年中国的传播研究深受媒介技术变化带来的影响。这种影响既体现在对新媒介技术的直接研究，如社交媒体、大数据等，也体现在对新媒体技术带来的社会变迁的影响的研究上，例如新媒体条件下的民族主义、媒体转型话语、政治传播等。但是目前对新媒体的研究仍然失之碎片化和微观，重视现象的描述或行业新趋势的总结，缺乏对传播技术和社会间关系的整体考量。在媒介技术对中国当前传播体制及格局的影响的宏观问题上，理论建构还不够。同时，对于新媒体的考察过多集中于产业和政治方面的研究，对于新媒体与中国日常生活的关系，虽然有个别研究，但关注仍然不够。新媒体给中国传播研究带来了一个弯道超车的发展契机，但是需要我们更具有理论的想象力和对中国现实经验的扎实深描。

撰稿：刘海龙（中国人民大学新闻学院教授）
方　惠（中国人民大学新闻学院博士生）

① 庄梅茜：《方言节目与大陆新时期的地方媒体政治：以〈百晓讲新闻〉为例》，《传播与社会学刊》2016 年第 37 期。

② 王海燕：《女性调查报道记者的性别迷思——社会刻板印象建构的视角》，《新闻大学》2016 年第 4 期。

③ 黄华：《论延安大生产运动中农村“新女性”形象的内容与传播》，《现代传播（中国传媒大学学报）》2016 年第 3 期。

④ 王青亦：《制造性别：现代中国的性别传播》，社会科学文献出版社 2016 年版。

中国网络新媒体研究2016年综述

随着现代科技特别是新媒体技术的飞速演进，以及由此带来的媒介生态的巨变，“新媒体”作为一个研究领域，不仅持续成为新闻传播学研究的热点，甚至已然成为整个社会科学研究中的显学。新媒体研究，也正是在不断的技术变迁中，在理论与实践的双重驱动下，逐渐拓展自己的研究领域和学术视野。

2016年的新媒体研究①，一方面与技术同步，“大数据”“云计算”“物联网”“人工智能”等技术发展的热点同步呈现为研究的热门领域，引领新媒体研究的不断深入；另一方面，整体呈现出多元化与精细化的特点，或针对某一热点问题采取不同研究路径与研究取向，或基于某一具体问题和具体案例展开深入挖掘，力求以严谨的方法对新媒体现象做出精确而细致的描述。此外，更为重要的是，“万物皆媒”的泛媒时代的来临、媒介的泛化不仅为新媒体研究提供了新的研究对象和研究领域，更带来了对既有理论和研究范式的冲击。于是，在“技术”这个关键词之下，学人们在诸多层面展开反思，并期冀以此带来研究范式上的创新和突破，乃至推动整个新闻与传播学科的发展与进步。

一、多种进路推动新媒体研究多元化

新媒体技术构成了现代传媒发展的基础环境，这也使得新媒体研究具有极为丰富的内涵：“认识和理解新媒体不仅拥有丰富的实践价值，更是认识人类社会从工业化向信息化社会（information society）演变的关键。”② 2016年的新媒体研究，在新媒体技术的发展和新媒体实践的自然引领下，呈现出多元化的态势，从基础问题到前沿问题，学者们从各自的兴趣出发，从多种进路共同推动了新媒体研究的丰富与深入。

（一）宏观研究描绘中国新媒体景观与趋向

对新媒体发展业态与趋势的宏观研究，在2016年出版的与传媒业相关的蓝皮书中集中地体现出来。

由清华大学新闻与传播学院主持编写的《中国传媒产业发展报告（2016）》（传媒蓝皮书）总结了2015年中国网络新媒体发展的六大态势，包括：网络新闻资讯业的转型与移动互联网的崛起，网络视频业在高速发展中渐成格局，社交媒体市场巨大但赢利模式仍不清晰，视频直播掀起投资热潮，自媒体从小打小闹拐进融资快车道，IP概念被中国重新定义。③

由中国社会科学院新闻与传播研究所主持编写的《中国新媒体发展报告（2016）》（新媒体蓝皮书）对2015年中国新媒体的发展进行了全面总结，指出，新

---

① 本文的内容来源主要有两个，一是对2016年《新闻与传播研究》《国际新闻界》《新闻大学》《现代传播（中国传媒大学学报）》《当代传播》《新闻记者》以及人大报刊复印资料《新闻与传播》等期刊新媒体研究内容的检索；二是对我国一些著名学者新媒体研究论文的检索。

② 魏然：《新媒体研究的困境与未来发展方向》，《传播与社会学刊》2015年第31期。

③ 参见崔保国《中国传媒产业发展报告（2016）》，社会科学文献出版社2016年版，第11—18页。

媒体进一步深度嵌入我国社会经济和民生生活，成为影响中国未来发展的重要因素。互联网平台成为经济发展新动能，“互联网+”成为媒体深化融合的新引擎，网络舆论影响政府决策和中国政治进程，中国新媒体战略传播力量在全球传播变局中凸显。新媒体连接多行业多领域发展，成为中国社会转型新阶段的关键因素。各种新技术、新理念、新形态、新模式的竞相呈现，推动中国成为网络强国。①

人民网研究院主持编写的《中国移动互联网发展报告（2016）》（移动互联网蓝皮书）则侧重移动互联网发展状态与趋势的研究。该报告指出，2015 年，中国移动互联网在稳健发展的同时，呈现明显转折迹象，主要发展指标趋缓，规模化增长到达临界点，总体趋势为：从高速发展转向稳健发展，从粗放扩张转向深耕细作，从业务改造转向模式创新，从要素整合转向平台融合。②

此外，2016 年出版的《中国网络媒体 20 年（1994—2014）》一书③，以翔实的资料，对中国网络媒体诞生以来的 20 年历史进行了系统的梳理，记录了中国新媒体发展的关键节点与事件，描绘出中国新媒体演进的多重轨迹。

研究者也在逐渐形成对未来传媒业发展趋向的判断。有学者认为，未来的媒体将出现以下趋势：虚拟与真实的渗透融合，人们将“深度沉浸”于媒介之中，在现实和虚拟之间自由穿梭，甚至无法明确区分现实和虚拟的界限；嵌套式平台成为媒介共生新形态，在平台战略成为互联网主流发展模式以后，大平台嵌套小平台的模式正在成为主流；媒介组织很难再保持带有事业单位性质的独立形态特征，而被迫转变为庞大移动互联产业当中的重要一环，提供用户所需要的媒介产品和媒介服务。④

有研究者提出，未来媒体将出现智能化趋向，也可以称为智媒化。智媒化的特征主要体现为万物皆媒、人机共生、自我进化。智能技术与新闻生产的结合，将带来个性化新闻、机器新闻写作、传感器新闻、临场化新闻以及分布式新闻等新的新闻生产模式。未来的传媒业生态也将在用户系统、新闻生产系统、新闻分发系统、信息终端等方面实现无边界重构。但在机器和算法流行的时代，人更需要坚守自己的价值，人机博弈中，也始终要把人文观照放在首位。⑤

有研究者⑥则提出了新新闻生态系统的说法，并指出，在这样的新生态系统中会出现如下趋势：大型企业将在变局中获胜，非营利性新闻业兴起，新的新闻加工方式出现，传播权力向受众转移。

（二）基本概念再梳理带来新的认识维度

概念不仅是我们思维的基础工具，也往往成为学术论争的焦点。2016 年，诸多学人在研究中对新媒体的一系列基本概念进行重新界定，一方面试图厘清伴随时间的推进而发生演变，且在不同的文化语境下亦会产生变化的新媒体概念或概念网络，并由此形成新的认识维度；另一方面则希望通过对这些关键概念的新的阐释过程，来考察我们这个时代社会与文化所发生的关键变迁。

有研究者通过对从主权到“网络主权”的概念发展史考察，认为网络主权是一个涉及互联网治理的关键概念，不仅存

---

① 参见唐绪军《中国新媒体发展报告（2016）》，社会科学文献出版社 2016 年版。

② 参见官建文、唐胜宏、许丹丹《中国移动互联网发展报告（2016）》，社会科学文献出版社 2016 年版。

③ 参见闵大洪《中国网络媒体 20 年（1994—2014）》，电子工业出版社 2016 年版。

④ 喻国明、吴文汐、何其聪：《传媒的进化趋势与未来可能》，《北方传媒研究》2016 年第 3 期。

⑤ 彭兰：《智媒化：未来媒体浪潮——新媒体发展趋势报告》，《国际新闻界》2016 年第 11 期。

⑥ 张志安：《新新闻生态系统：当下与未来》，《新闻记者》2016 年第 7 期。

在于国际关系的流动之中，更指向国际关系的具体实践。而对于互联网治理中“国家主权模式”和“多利益相关方模式”的对立，最好的方式是让国家政府与公民、企业加强协商，以便协调和整合各自的不同，积极促进公民社会和企业在全球治理、合作与沟通中发挥作用。①

有研究者对“网络治理”这一概念进行了分析，他们认为，发展到今天，由于互联网以及互联网影响的复杂性，网络治理应该从相对包容和广义的角度来重新定义。传统意义的政府主导的互联网管理，和政府不占主导地位的多利益相关方的社会化网络治理，两者应该不是非此即彼的关系，而是相辅相成的关系。也就是说，通常意义的网络治理应该是广义的，包括了政府主导的管理和非政府主导的社会化治理两大部分。②

有研究者则通过对“互联网治理”概念的全球化语境和技术发展脉络的梳理，认为互联网治理所在的全球化、区域化、全国和本土化维度，增加了互联网治理的复杂性。因此，我们既要理解并不存在适合所有国家的治理方案，也不要陷入一国一议的极端情况中。进而建议，在全球互联网秩序的变革之际，中国不仅应逐步将互联网治理常规化和制度化，更应该积极主动地与世界对话，分享经验，共筑未来。③

有研究者围绕“网络群体性事件”及相关概念展开梳理与分析，认为大多数的网络群体性事件并非社会危机，而是具有积极作用的网络公共事件。然而，网络公共事件难以涵盖所有的网络集群行为与网络集体行动，因此必须建立开放多元的概念群，才能有效概括错综复杂的研究对象，并且从网络公共领域、网络与集体行动、网络与社会运动等多元的理论视域与研究领域出发开展研究，才能推动该领域学术研究的切实进步。④

有研究者认为，作为分析性乃至解释性概念的“新媒体事件”至少应该达到新的“媒体事件”这一层次，也就是至少应与戴扬及卡茨的“媒介事件”理论对话，比如在事件基本类型、专业组织人士的操控手法、制造共识效果等方面有新的发现。否则仅因为有新媒体介入就叫新媒体事件，这是流于现象表面的肤浅定义。⑤

2016年8月，《汕头大学学报》人文社科专刊《网络空间研究》问世，该刊为双月刊，是我国少数聚焦网络空间研究的学术期刊。这一专刊的面世，是管理者与研究者对网络空间概念认识的不断升级、相关研究不断升温的一个结果。

（三）经典问题研究开掘新的解释框架

网民、网络社区、网络文化、互联网的社会影响、网络时代的个人权利等一些新媒体研究的“老”问题或者说经典问题在2016年得到持续关注。但在很大程度上，这些研究并不是对前人的简单重复，而是开掘出了一些新的研究和解释框架。

有研究者指出，互联网发展到今天，不仅是一种传播媒介、传播渠道或平台，而且是可以与物质、能量相提并论的生产要素，是重新构造世界的结构性力量。互联网，尤其是移动互联网，极大地激活了个体及其嵌入的关系网络资源，从社会的

① 胡泳：《“网络主权”辨析》，《新闻与传播研究》2016年第1期。

② 方兴东、张静：《中国特色的网络治理演进历程和治网之道》，《汕头大学学报》（人文社会科学版）2016年第2期。

③ 章晓英、苗伟山：《互联网治理：概念、演变及建构》，《新闻与传播研究》2015年第9期。

④ 董天策：《从网络集群行为到网络集体行动——网络群体性事件及相关研究的学理反思》，《新闻与传播研究》2016年第2期。

⑤ 邱林川、苗伟山：《反思新媒体事件研究：邱林川教授访谈录》，《国际新闻界》2016年第7期。

“底部”改变了赋权模式与权力格局。关系赋权作为一种新的范式迅速崛起，成为比行政赋权、资本赋权更加高效的赋权机制，它作用于社会资源、影响力、价值与机会的流转与分配，为少数群体、边缘群体和能力丧失者参与社会公共事务创造了条件。①

有研究者认为，数字文化中充满了挑战。一方面，每个国家和地区的先行者都在利用新技术促进社会转变，特别是少数群体第一次获得机会挑战主流话语，为自身争取权益；另一方面，网上充斥仇恨言辞和排外情绪，理性的公共讨论和建设性的批评甚为少见，达成共识也更加不易。他认为互联网正在走向一个建立新的“大宪章”的时刻，其主题主要有三个方面：一是自由与控制的关系，即如何平衡个人权利与安全；二是如何建立数字信任；三是数字社会的成熟化必然要求填平数字鸿沟与提高网络素养。②

有研究者认为，移动互联网时代，网络用户是以节点化方式在网络中存在。节点化的用户是传播的基础单元，他们可以根据自己的意愿来构建个人化传播中心，这样一个传播网络的基本单元也是社会网络连接的基本单元，同时还是内容—社交—服务的融合单元以及资源的贡献单元。在新媒体用户被全面数据化的今天，用数据测量用户的节点位置变得可能，这包括用户的物理位置、社会位置及服务位置的测量。③

有研究者认为，新媒体时代，新媒介即新社区，社区居民即网络化的个人。网络化个人主义理论视角下的社会秩序，既不同于基于科层官僚制下的宏大社会体系，也不同于基于家庭或邻里的紧密联结的传统社群结构，而是以社会网络的形式呈现的。个人不再嵌入群体之中，而是处于社会网络之中。每个人都是自己多元社会网络的中心，同时又是他人社会网络的一环。④

有研究关注“意见领袖”在不同网络社区之间的迁移行为，认为网络意见领袖在不同社区平台的迁移，不仅反映了用户对网络社区的选择倾向，且在一定程度上能够代表新兴媒介的发展趋向。研究发现，技术驱动、舆论关注、信息红利、圈群认同、可用性感知是影响意见领袖向未来新社区迁移的重要变量。⑤

大数据、云计算技术的兴盛，以及社交网络、即时通信和在线支付等渐趋融合，通过数据整合与信息加总，就可以很容易地再现一个人生活的轨迹和全景，个人隐私似乎已无所遁形。于是，个人信息的安全和隐私的保护愈发成为一个人们关注和担忧的社会问题。薛可等人则注意到了人们在社交媒体使用中既关切隐私问题又热衷于分享隐密的个人信息的“隐私悖论”现象。⑥并以隐私计算理论为基础，不仅证实我国社会化媒体中存在着较明显和直观的隐私悖论现象，还发现感知风险、感知价值和边界管理三个变量能够很好地解释隐私悖论现象：感知风险正向影响隐私关注，负向影响自我表露；感知价值正向影响自我表露，负向影响隐私关注；边界管理是一个在隐私悖论现象中起调节效

① 喻国明、马慧：《关系赋权：社会资本配置的新范式——网络重构社会连接之下的社会治理逻辑变革》，《编辑之友》2016 年第 9 期。

② 胡泳：《旧制度与数字大革命》，《新闻战线》2016 年第 1 期。

③ 彭兰：《移动时代的节点化用户及其数据化测量》，《暨南学报》（哲学社会科学版）2016 年第 1 期。

④ 逯义峰、杨伯溆：《新媒介即新社区：网络化个人主义理论探析》，《新闻界》2016 年第 3 期。

⑤ 沈阳、杨艳妮：《中国网络意见领袖社区迁移影响因素及路径分析》，《国际新闻界》2016 年第 2 期。

⑥ 薛可、何佳、余明阳：《社会化媒体中隐私悖论的影响因素研究》，《当代传播》2016 年第 1 期。

应的变量，它可以显著缓和隐私悖论。

“被遗忘权”既是一个大数据时代实现个人信息保护的重要法律概念，同时也是一项正在被建构却又颇具争议的个人信息权利。有研究者在梳理历史和现状的基础上，提示我们一是要做好“被遗忘权”与表达自由之间的平衡，二是要对“被遗忘权”中的特殊人群：未成年人、公众人物、罪犯与恐怖分子，进行区别对待。① 有研究者认为应当通过立法的形式，明确界定被遗忘权的内涵、行使条件；明确被遗忘权与知情权、新闻自由和表达自由权的关系，并妥善考虑该项权利的限制性规则。②

网络社会的发展和传播技术的更新使得语言处于比任何历史时期都要敏感的动态变化之中。网络流行语不仅是一种对现实语言系统的补充，它还汇集了某段时间公众的集体记忆，流行语获得了集体认同并借助网络媒体进一步扩张，从而形成一种特殊的社会文化符号。曹进借助模因理论分析了为什么某些网络语言流行不衰，具有强大的传播力，而另外一些网络语言则昙花一现。其研究表明，“强势模因”在网络语言的流行和传播方面具有重要的作用。视觉优先、语境创设与人际交往等因素使得表情符号在网上大行其道；社会语用模因伴随着一些热门话题迅速传播，极易成为人人效仿的强势模因，传播力迅速增强；时空压缩、心理语境与键盘逻辑合谋引爆了缩略语大量产生；话语对抗、数字谐音与外语汉化则成为谐音类模因主要驱使力。因此，社会语用类模因、表情符号类模因、谐音类模因、缩略类模因这四类网络语言模因符号是网络语言生产、演变和传播的主要力量。③

不同于学界对网络流行语宏观社会意义的关注，有研究者力图从微观层面考察其传播机制，发现网络流行语存在三条有力传播的微观路径：当事人自主创造的、以戏谑方式呈现且被纳入官方话语场的流行语；在政治事件中由大众戏谑调侃某种不满情绪和诉求的流行语；在政治事件中大众杜撰表达不满情绪且进入官方话语场的流行语。④

在“信息传播技术与发展”这一经典的发展研究视角下，新媒体对不同群体的影响依然是研究的热点。

有研究者关注于互联网使用与新生代农民工社会发展之间的关系。他们发现，人口结构性因素（其中又以教育程度、行业和单位属性的影响最为突出）和互联网使用情况（其中以网络操作技能的影响最为突出）对于新生代农民工的社会发展具有较为明显的影响。这也提示我们，在信息时代要促进新生代农民工群体的社会发展，新媒体的接近性或者说触网只是第一步，有必要同时在他们的基本素质提升（如教育水平的提升）、劳动环境的改善和新媒体素养的培育方面着手。⑤

有研究者关注城乡地理空间背景下，不同传播类型信息对农村青年参与公共事务所发挥直接与间接的影响。研究表明，城乡地理空间距离对公共事务的参与不仅有着直接的效应，还通过新、旧媒介及垂直社会网络的中介发挥了间接效应；不同的媒介类型对公共事务的参与存在强度和

① 李涵：《网络环境下个人信息“被遗忘权”研究》，《当代传播》2016 年第 3 期。
② 李艺：《大数据时代的被遗忘权》，《当代传播》2016 年第 2 期。
③ 曹进、靳琰：《网络强势语言模因传播力的学理阐释》，《国际新闻界》2016 年第 2 期。
④ 周俊、王敏：《网络流行语传播的微观影响机制研究——基于 12 例公共事件的清晰集定性比较分析》，《国际新闻界》2016 年第 4 期。
⑤ 何晶、晏齐宏：《互联网使用与北京市新生代农民工的社会发展研究》，《新闻与传播研究》2016 年第 4 期。

方向的差异。[①]

有研究者发现，网络社区的参与度对老年人的人际网络、社会认同感以及获取社会支持等方面有积极作用。[②]

（四）社会化媒体研究持续拓展

“社会化”不仅已成为新媒体的一大主要发展趋势，而且已有充分的数据和事实表明，社交媒体正在成为人们获取新闻的最主要渠道[③]。因此，在当下主流的互联网应用或多或少都具有社会化媒体属性的情况下，关于社会化媒体的研究也就具有了丰富的研究内容和多维的研究面向。

有研究者通过对“广州区伯嫖娼事件”微博发帖和跟帖评论的内容分析，在这个有关个人私德和监督公车私用对立的事件中，勾勒出了社会化媒体舆论的演变过程。他发现整体舆论环境并不多元，轻事实、重情感发泄，舆论呈现出意见极化和共识的共生特点。进而认为，社会化媒体的舆论是一种破碎的共识，在事件的事实层面上容易产生意见的碎片化，而在一般评价层面和情感层面上则容易产生意见的“一边倒”极化，乃至形成网络共识。因此，社会化媒体仅从技术层面无法赋予网络民主商议的特质。[④]

有研究者则发现社交媒体的依赖和使用对大学生的拖延行为有显著的正向影响，因此在人们享受它带来的便捷和消遣的同时，也面临着被其反向驯化的危险。[⑤] 陈素白等人以锚定效应（anchoring effect）理论作为切入视角，通过对豆瓣这个社交网站进行实验研究进而发现：豆瓣电影在线评分中确实存在着锚定效应，并且高锚使消费者打分偏高、低锚使消费者打分偏低，预警对评分中的锚定效应存在影响。[⑥]

在突发事件中，传统的信息获取途径已经不能满足民众的信息需求，民众面临“信息缺失”（information death）的困境。在这种情况下，以信息共享为特征的社会化媒体一定程度上充当了填补信息沟的角色。有研究者通过对天津港“8·12”特别重大火灾爆炸事故社会化媒体传播的研究，发现在此事件的危机传播中，政府不仅没有进行及时的信息公开，还在社会化媒体上单一地进行信息控制，由此引发公众话语的进一步对抗，加剧了危机。因此，政府危机公关和形象传播的难度根植于信任缺失的社会现状和决策封闭的制度结构因素。[⑦]

在社会化媒体研究中，微博、微信研究依然是2016年研究的焦点，但在研究方向、方法上，有新的拓展。

有研究者通过对腾讯微博这一失败案例的考察，发现其失败很大程度上源于包

---

① 卢春天、朱晓文：《城乡地理空间距离对农村青年参与公共事务的影响——媒介和社会网络的多重中介效应研究》，《新闻与传播研究》2016年第1期。

② 潘曙雅：《网络社区使用对老年人群拓展社会关系和社会扶持的影响》，《国际新闻界》2016年第1期。

③ 参见郭雅楠《新闻消费社交化移动化：看什么，怎么看，相信谁？——牛津路透新闻研究院〈2016年数字新闻研究报告〉》，《新闻记者》2016年第7期。

④ 杨洸：《社会化媒体舆论的极化和共识——以“广州区伯嫖娼”之新浪微博数据为例》，《新闻与传播研究》2016年第2期。

⑤ 李彪、杜显涵：《反向驯化：社交媒体使用与依赖对拖延行为影响机制研究——以北京地区高校大学生为例》，《国际新闻界》2016年第3期。

⑥ 陈素白、章怡成、高诗劼：《锚定效应在网络口碑领域中的考察：以豆瓣电影在线评分为例》，《国际新闻界》2016年第3期。

⑦ 王宇琦、陈昌凤：《社会化媒体时代政府的危机传播与形象塑造：以天津港“8·12”特别重大火灾爆炸事故为例》，《新闻与传播研究》2016年第7期。

括政府监管部门、微博运营商、大V等各类传播参与者之间的内在动机分歧和利益矛盾，特别是均缺乏维护健康、理性和有序公众传播的公共价值诉求。因此，作者认为，如果微博在今后的实践中依然无法把握和尊重微博的内在媒介逻辑，并且无法凸显其核心公共价值的话，那么它就很有可能短期内加速沉沦乃至彻底退出历史舞台。①

有研究者通过分析新浪微博使用者的认知行为，发现人际互动动机和网络公民参与度，与网络讨论的异质性正向相关，而更大程度的异质性也会导致更多的认知失调。并且，在社会政治议题讨论发生认知失调的情况下，人们可能会受到个人意识形态倾向性的影响来进行人际关系的调整（而不是调整自己的观点）。②

拥有超过5亿月活跃用户的微信在2015年年初开始了商业化的尝试，巨大的受众基数和市场，广告也引起学者的重视。徐智等人通过对微信朋友圈信息流广告的用户参与（点赞、发表正面评论、查看详情）行为的研究，发现与广告有关的变量对用户参与的影响是有限的，相比之下，与社交媒体属性有关的变量则对用户参与有非常显著的影响。这种与社交媒体属性显著相关的数据结果也提示，新媒体广告效果的评估应该建立在互动性的基础上，且应发展有别于传统媒体广告效果评估的新评价标准。③

政务微博、微信的研究也在一定程度上拓展与深化。有研究者以位居全国前列的五城市的政府官方微博为研究对象，发现它们缺少反映现实社会的内容以及对公共事件和公共问题的讨论，而是通过“内容上便民、形式上亲民”，竭力营造起一个乌托邦式的次私密领域。④ 然而，政府官方微博这种淡化公共性、去政治化的努力并不成功，网民们还是倾向于从媒体属性及公共性的角度来对待政府官方微博并参与互动，普遍利用政府官方微博的评论区域，对公权力进行质疑或对信息进行反向解读，从而形成一种对抗性公共空间。上述需求与期待的错位，同样存在于政务微信。

有研究者通过对全国15个综合影响力排名靠前的微信公众号进行量化分析，发现政务微信存在信息发布频率较低、信息内容与用户需求错位、信息呈现方式单一、语言欠缺活泼、即时交流活动不足、反馈缺失等问题。⑤

与之形成对照，有研究者通过对甘肃陇南成县12镇5乡的政务微博观察，发现基层政务微博正逐步被纳入到参与式乡村传播网络中来，不仅为普通村民呈现当地政府的公共服务内容，全面展示政策文本与政策实践过程，也成为乡村电子商务的官方培育与推广平台，更为普通村民的政治参与提供了有效的表达与对话空间。⑥ 看似矛盾的结论，也在提示我们，中国政治体系内部高度复杂，是一个多层级、多主体、包含各种逻辑和传统的杂合体。因此，在这种语境下进行的新媒体研究并没有固定的单一模式，更不能简约化。

2016年社会化媒体实践中的热点现象

---

① 刘宏宇、蒋欣逸、魏祯：《论微博现实困境的形成机制及解决途径——基于腾讯微博案例调查研究》，《国际新闻界》2016年第4期。

② 王喆：《社会政治议题网络讨论之认知失调与选择性修正》，《国际新闻界》2016年第2期。

③ 徐智、杨莉明：《微信朋友圈信息流广告用户参与效果研究》，《国际新闻界》2016年第5期。

④ 尹连根、黄敏：《政府官方微博：形似公共领域和次私密领域的集合体》，《国际新闻界》2016年第5期。

⑤ 朱颖、丁洁：《互动仪式链视角下政务微信与用户的互动研究》，《新闻大学》2016年第4期。

⑥ 詹骞：《乡村治理视野下的乡镇政务微博研究——以甘肃陇南成县12镇5乡政务微博为例》，《当代传播》2016年第2期。

是自媒体内容创业、网红、社群经济、IP，相关研究数量也很可观，但多数研究还未能走出现象描述+简单反思或是浅层案例分析的研究模式。这或许是因为，实践本身还处于变化与动荡之中，而深层次研究需要建立在实践的不断沉淀的基础上。

（五）新媒体业务热点研究渐入深层

近年，移动互联网、物联网、大数据与云计算等新技术力量已经开始渗透到专业机构新闻生产的核心环节，新闻业面临着被重新定义的可能。于是，数据新闻、机器新闻写作、传感器新闻、虚拟现实新闻、网络视频直播等新媒体业务热点成为学者们关注的新媒体实践领域的主要问题。

随着数据技术的日渐成熟以及数据信息重要性日益凸显，数据驱动的新闻渐成趋势，成为引领当下新闻实践的一股风潮，业界的日趋成熟的实践反过来也促使学界进行理论总结与深入反思。

有研究者通过对国外数据新闻作品的分析，发现数据新闻依然以叙事为中心，但这种叙事已经建立在新的技术与理念的基础上，并且是讲述一个由数据驱动的、可视化的新闻故事，一个关乎读者且读者可以自己讲述的故事，一个更能把握真实、抵达真相的故事。[①] 因此，参与、互动、开源成为数据新闻故事的新特征，它既体现为新技术条件下重组后的新闻编辑室对传统新闻价值与样式的继承，也体现了新闻采集、呈现及其理念的变革。

有研究者在梳理数据新闻发展历程的基础上，认为我国的数据新闻实践主要存在着如下问题：数据源开放程度低，数据监管不力；新闻从业者数据素养偏低，数据处理能力有限；可视化技术滥用问题突出；专业化数据新闻团队建设有待加强。[②]

有研究者通过对7位国内媒体人的访谈，分析了数据新闻在中国的实践情况及阻碍因素。他们认为，数据新闻加速了融合报道机制的形成，催生了多元化的产品运营路径。但实践中，数据新闻最显著的阻碍在于中国缺乏数据文化的环境，从政府到社会，对于开放数据的认可度偏低，且对数据处理的科学性、专业性的要求不高。其次，尽管媒体是大数据时代的受益者，但是媒体并不是大数据时代的主宰。此外，国内的新闻教育传统使媒体的大多数记者编辑缺乏数据素养，而具有写代码能力的新闻从业人员的匮乏已经成为突出的问题。[③]

有研究者在分析机器人新闻（Robot Journalism）[④] 生产背后的逻辑和所面临挑战的基础上，认为尽管机器人新闻还存在很多不足，但它仍然对现有新闻生产方式产生了巨大的变革性影响：一方面，它预示着“新闻工业化生产”时代的到来；另一方面，人类记者也将更能发挥其优势，实现新闻生产的“人机共生”（在机器人新闻时代，事实性报道将由机器人记者完成，解读性报道则将由人类记者完成）。[⑤] 陈小晰持有相近的观点。[⑥] 她对比了近年来自动机器写作软件和人类记者撰写的财经类、体育比赛类新闻稿件，认为虽然机器写作软件在数据收集、数据处理、新闻

---

① 李岩、李赛可：《数据新闻：“讲一个好故事”？——数据新闻对传统新闻的继承与变革》，《浙江大学学报》（人文社会科学版）2015年第6期。

② 陈虹、秦静：《数据新闻的历史、现状与发展趋势》，《编辑之友》2016年第1期。

③ 方洁、胡杨、范迪：《媒体人眼中的数据新闻实践：价值、路径与前景——一项基于七位媒体人的深度访谈的研究》，《新闻大学》2016年第2期。

④ 指通过运用一套软件或算法语言（algorithm）自动采集数据，并自动撰写生成完整新闻报道的新闻生产方式。

⑤ 邓建国：《机器人新闻：原理、风险和影响》，《新闻记者》2016年第9期。

⑥ 陈小晰：《机器人新闻与记者稿件的对比》，《新闻记者》2016年第9期。

写作速度等方面具有优势，但人类记者的新闻洞察力、新闻敏感性以及相关新闻的拓展、联想能力无法在短期内被机器复制。未来人类将和机器携手为读者提供更全面、快捷的报道。

随着物联网技术的发展以及新闻媒体对数据信息的依赖与日俱增，传感器逐渐泛在化，这为基于传感器进行信息采集、以大数据处理技术为支撑的“传感器新闻”（Sensor Journalism）① 的普及带来了可能，传感器开始进入新闻生产领域。有研究者认为，作为新闻源的传感器，将在很大程度上帮助人突破自身的局限，从更多空间、更多维度获得与解读信息。传感器也将重新定义新闻传播的反馈机制，使得用户反馈从意见层面深化到人体生理与心理层面。② 有研究者提示我们，传感器新闻使得新闻信息的采集从公共场合单纯的人类观察转变到了技术层面的全面监控，在为媒体提供更大发展空间的同时，也带来了安全、法律及伦理等问题。③

视频摄录技术的360度全景化发展，使得新闻业可以进一步挖掘客观世界的数据，从而推动了虚拟现实新闻（VR News）的发展。有研究者认为，虚拟现实对新闻传播业的重大意义体现在它能几近“穷尽地”记录和传输（再现）新闻事件。④ 有研究者认为，VR技术目前对于传统新闻叙事带来的影响，主要是一种“弥补”或“增强”，其效应在于扩大新闻作品叙事的能量和受众对信息加以感知的效度。⑤ 有研究者认为，VR和AR这两项新技术将在内容（从浅层叙事到深度内容）、业态（从“各自为政”到“跨界融合”）、样式（从“原画复现”到“沉浸+参与”）三个方面影响传统新闻业的转向。⑥

在看到虚拟现实技术已经或即将给新闻业带来重大变革的同时，学者们也意识到了VR新闻可能存在的技术性挑战和新闻伦理风险。例如，有研究者认为，VR新闻对公众可能具有更大的操纵性和欺骗性；仍然具有极强的把关、议程设置和显化功能。在这点上，学者有着大致相同的认识。

而随着技术本身的进一步成熟和相关生产条件的改善，VR新闻领域完全有可能实现一种跃进式的范式突破——以“交互”和“融合”为核心的全新新闻生产模式。有研究者介绍了“新闻游戏”（reportage games）——这种西方新闻编辑室在数字环境下进行新闻创新的产物。⑦ 她认为，新闻游戏具备三个主要特点：真实与虚拟的融合，拥有开放式结局的液态新闻；沉浸式传播，通过任务完成模式唤起共情体验；视角的转换，从旁观者到第一人称视角。而随着虚拟现实和增强现实技术在新闻生产中的应用越来越成熟，新闻游戏与前二者的结合将有可能为受众新闻消费带来全新体验。

2016年被业界称为“网络直播元年”。网络直播与传统电视直播究竟差异何在？有研究者认为，传统的直播是PGC（专业生产内容），而网络直播则属于UGC（用户生产内容），这种传播方式令网民成为直播内容的生产者和传播者。⑧ 要做好网络新闻直

① 指的是通过传感器获得数据信息，进行分析整合，将其以一定的方式融入新闻报道的新闻生产模式。

② 彭兰：《移动化、智能化技术趋势下新闻生产的再定义》，《新闻记者》2016年第1期。

③ 许向东：《大数据时代新闻生产新模式：传感器新闻的理念、实践与思考》，《国际新闻界》2015年第10期。

④ 邓建国：《时空征服和感知重组——虚拟现实新闻的技术源起及伦理风险》，《新闻记者》2016年第5期。

⑤ 常江、杨奇光：《重构叙事？虚拟现实技术对传统新闻生产的影响》，《新闻记者》2016年第9期。

⑥ 史安斌、张耀钟：《虚拟/增强现实技术的兴起与传统新闻业的转向》，《新闻记者》2016年第1期。

⑦ 潘亚楠：《新闻游戏：概念、动因与特征》，《新闻记者》2016年第9期。

⑧ 谭天：《在中国，网络直播到底能走多远?》，《南方电视学刊》2016年第4期。

播必须满足三个条件：一是要有用户思维；二是要有互动，保持用户黏度，才有可能接入服务产品；三是要对接好互联网平台。

基于用户角度的研究则在探析网络直播热的原因及影响。有研究者认为，网络直播的内核是经济利益下的人际交互，网络直播的兴盛是缘于情感体验下的狂欢，但网络直播这种“无剧本式碎片化表演”正在严重摧毁人们最基本的文化享受能力——阅读能力。[①] 有研究者认为，媒介的发展触发网络直播从重大事件的报道向普通受众的转型，其背后隐藏着极为复杂的文化及心理现象。[②] 网络直播由公共空间向私人领域的转向，既有文化学上的自我形象构建、形塑认同的驱动，也有人们对窥视欲的满足、象征性移植以及性驱动力等复杂的心理驱动。

二、多维方法与多维视野促进研究精细化

2016 年的新媒体研究，研究方法更为丰富，与此同时，很多研究的焦点趋向精准、细化，不同学者之间围绕同一主题进行的多视野聚合研究，也为未来新媒体领域的研究提供了一种可能的合作模式。

（一）研究方法的多维拓展

研究方的多元化拓展是 2016 年新媒体研究的一大特点。在传统的个案研究、问卷调查之外，如语义分析、社会网络分析、参与式观察、民族志、日记法等多种方法更广泛地应用于新媒体领域。这一方面说明了学者们研究视野上的开拓，另一方面也在某种程度上反映了新媒体研究的步步深入。实际上，本文所涉及的研究论文，大多都在研究方法上有着精当选择和运用，由此也可见学术群体的方法和科学素养正在逐步提升。以下通过几个案例，来加以进一步说明。

有研究者用日记法和问卷法在三座城市展开调查，以时间为核心指标，分析移动互联网使用行为与 PC 互联网、传统媒介使用行为间的关系。[③] 研究发现，就日均接触时长而言，移动互联网与电视存在明显的竞争关系，与书籍、PC 网则存在显著共生关系。而将媒介使用行为置于场景中考察时则发现移动互联网与其他媒介的关系因时空场景而异。

有研究者基于对“鲁山大火”和“兰考大火”两个个案的比较研究，从“节点”和“变量”两条线索揭示了突发事件在网络时代的特殊传播机制：扩音效应——信息传播和情绪传播的“共振”——公众探究真相的信息需求和维护社会公义的遍在情绪构成了事件传播与扩散的驱动机制。[④]

有研究者以具体舆情事件为研究背景，运用语义分析法、社会网络分析法构建在线网络用户瞬时传播态度网络，借助可视化图谱追踪不同时间刻度的网络用户之间形成的瞬时传播态度网络结构的动态变化趋势，揭示群体观点形成、两级或多级分化的过程和规律。[⑤]

有研究者通过运用参与式观察和深度访谈的方法，进入新闻编辑室内部，以此展开对一个特定媒体的数据新闻生产实践和新闻职业文化的考察。他们发现，与传

① 贾毅：《网络秀场直播的“兴”与“衰”——人际交互 · 狂欢盛宴 · 文化陷阱》，《编辑之友》2016 年第 11 期。

② 袁爱清、孙强：《回归与超越：视觉文化心理下的网络直播》，《新闻界》2016 年第 16 期。

③ 吴文汐、喻国明：《竞争还是共生：移动互联网对当前媒介格局的影响——基于媒介接触时间的研究》，《现代传播（中国传媒大学学报）》2016 年第 10 期。

④ 张淑华：《节点与变量：突发事件网络“扩音效应”产生的过程考察和一般模式——基于对“鲁山大火”和“兰考大火”的比较研究》，《新闻与传播研究》2016 年第 7 期。

⑤ 田依林：《基于可云集性的网络舆情传播中在线用户态度演化研究》，《新闻与传播研究》2016 年第 1 期。

统新闻室中的新闻生产不同，该媒体的数据新闻实践是在一个全新的情境下展开的。新的工作领域、新的知识技能和新的团队成员组合，都将会对新闻编辑室空间里的社会关系和交往进行重构，而新闻室中的职业文化也随之发生变化。比如，新的工作流程和新员工（工程技术人员）都要求新闻编辑室成员不能再像以前那样处于相对独立的工作状态，而是需要频繁地与同事进行沟通，协同成为一种必需。①

孙信茹在对新媒体的研究中，不仅把视线投向了少数民族群体，更是采用了人类学意义上的经典研究方法。② 她运用民族志的方法来考察云南普米族乡村年轻人的微信使用和微信群活动，发现微信之于这个少数民族群体来说，既是一种完全自我参与式的文化“书写”和实践过程，又通过西尔弗斯通所说的“双重勾连”而成为人们日常生活的有机构成。即借助微信，个体生活空间与网络虚拟空间得以自由转换，乡村个体意识与族群信念得以交织融合，村落内部和村落外部实现更为紧密和多元的互动。

（二）焦点问题的多维视野聚合

除了对多元方法的应用，2016 年的新媒体研究有了更多的整体性和综合性。以多维视角关注一个焦点性问题，无疑有助于我们在整体上深化对特定问题的认知。2016 年《新闻与传播研究》所刊载的“青年的数字生活与都市文化”专题，即集体中体现了这种研究的整体性（在形式上也以组稿的形式呈现）。

在“青年的数字生活与都市文化”这个大的命题下，该专题的 5 篇论文聚焦于苏州的个案研究，并通过对“城市”“空间”（space）、“场所”（place）、“传播”和“媒介”等核心概念的考察，聚焦于作为日常生活实践的、伴随身体参与的、落实于具体的空间场景的新媒体使用，并以此完成相互之间的勾连。③

其中，有研究以苏州为个案，对优酷网中 13 部记录该城市景观的 UGC 视频及围绕这些视频的网友评论文本展开分析，发现在网络社交平台上，UGC 视频的制作是市民主动参与城市形象塑造的一种文化实践。④ UGC 视频的生产者运用重构参与式场景、强化被忽略的细节和重塑“异见”时空的空间生产策略，创造性地表征自身所处的城市空间。作为一种参与式文化实践，网民的话语构成了城市形象议题在网络空间中的公共表达，他们通过对官方和商业资本的认同、嬉戏、协商或对抗，维系了自身与城市的亲密关系，重新定义了城市的自我认同。

有研究以政府机构主办的“寒山闻钟论坛”为考察对象，探讨这个作者所谓的“体制化的媒介”可能具备的公共性特质。⑤ 研究显示，由政府定制的体制性网

---

① 钱进、周俊：《论数据新闻对新闻职业文化的改造——以 M 媒体的数据新闻生产作为考察对象》，《新闻记者》2016 年第 5 期。

② 孙信茹：《微信的“书写”与“勾连”——对一个普米族村民微信群的考察》，《新闻与传播研究》2016 年第 10 期。

③ 这 5 篇文章分别为：《数字媒体时代城市文化消费空间及其公共性——以苏州平江路为例》（作者：於红梅）；《第三种论坛：体制性网络空间的公共性透视——以苏州“寒山闻钟论坛”为个案》（作者：马中红）；《镜像苏州：市民参与和话语重构——对 UGC 视频和网友评论的文本分析》（作者：杜丹）；《引向城市共同体的标识？——以苏州市民卡为例》（作者：顾亦周）；《城市认同叙事的展演空间——以苏州博物馆新馆为例》（作者：陈霖）。

④ 杜丹：《镜像苏州：市民参与和话语重构——对 UGC 视频和网友评论的文本分析》，《新闻与传播研究》2016 年第 8 期。

⑤ 马中红：《第三种论坛：体制性网络空间的公共性透视——以苏州“寒山闻钟论坛”为个案》，《新闻与传播研究》2016 年第 8 期。

络空间并不具备理想或应然意义上的公共性，但强有力的后台支撑体系保障了政府对网络议题的迅速回应，对公共舆论的关注，并引发后续积极的管理政策和措施的推行。另外，民众以个体身份，“携带”私域话语进入网络公共空间，在特定条件下有可能转化成公共议题，甚至推动公共论辩，促进政府与民众以及民众间的沟通交流。因此，这些实践层面的特征，体现了这一类型的网络公共空间具有“威权协商”的民主潜能。

媒介和信息技术的发展，进一步凸显了公共与私人之间边界的流动性和不确定性。有研究以苏州文化历史街区平江路为例，探讨在数字化媒体时代，城市特定空间如何通过人们的文化消费实践活动而呈现出生成中的公共性的可能性，以此呈现类似空间边界流动中所具有的张力。[①] 不同于对消费社会“公共性的衰落”（the decline thesis）的论调，於红梅认为，基于数字化媒体使用而生成的虚拟空间，经由与实体空间的相互交织，在一定程度上为拓展城市空间的公共性提供了可能性。

正如潘忠党所言，这几篇论文有一个共同特点：作者们都各自选择了一个可操作的小切口，紧密贴近经验观察，谨慎阐释所运用的核心概念，并将它们置于具体的现实场景中。[②] 就方法而言，这组论文有些单一，都是某种形式的个案研究，但是，每位作者都试图走出所分析的个案，上升到一定的抽象层次，论述具有一定普适意义的理论观点。

未来，类似这样的同一话题上多维视野的聚合性研究也许会更为普遍。而除了新闻传播领域的学者外，其他学科的学者及其研究成果的加入，将会为相关研究的深入提供更多可能。

三、传播与媒介的泛化趋势呼唤研究范式创新

新媒体技术的发展不仅正在推动新闻业的巨变，也为新媒体研究提出全新的课题和更高要求。“在物联网、人工智能、云技术等新技术的推动下，一个万物皆媒的泛媒时代正在到来。”[③] 媒介的“泛化”，给新媒体研究乃至整个新闻传播研究所带的最大困惑是，什么是“媒介”？——媒介“泛化”发展的趋势把学人们又重新引向了对“媒介”自身的再思考。新闻传播研究历经了几十年发展之后，似乎又回到了原点。

有研究者通过对“跨界融合”这一不同于“媒介融合”概念的探讨来回应媒介泛化的困惑。[④] 他认为，新媒体技术发展所引发的跨界融合，使得连接信源与信宿的中间体——媒介，从传统媒体中分化出来，并借助传播技术提供的平台，在不同的社会分工及其运行过程中，提供着基于信息的连接，进而引发了传统媒体诸种传播要素的分化，并在新平台上重新结构了信息传播的过程和形态。从媒体融合到跨界融合的变化，是传播要素重新结构导致的媒体形态的演进，媒介作为一种“中间物”融合社会分工的诸领域，使大量的社会过程都表现为一种媒介化的连接过程。

---

① 於红梅：《数字媒体时代城市文化消费空间及其公共性——以苏州平江路为例》，《新闻与传播研究》2016 年第 8 期。

② 潘忠党：《城市传播研究的探索——“青年的数字生活与都市文化”专题研究的导言》，《新闻与传播研究》2016 年第 8 期。

③ 彭兰：《万物皆媒——新一轮技术驱动的泛媒化趋势》，《编辑之友》2016 年第 3 期。

④ 韩立新：《时空转移与智慧分流：媒体的分化与重构》，《新闻与传播研究》2016 年第 5 期。

他进一步指出，跨界融合及其形成的跨界媒体是媒体发展的新阶段，正在改写或重写新闻和媒体的知识体系，推动新闻学知识体系进行“范式转换”。

有研究者认为，信息传播边界的消失，对于人类的意义不仅是信息传播权利的重新赋予，而且是人类社会运行模式的重新设计，是人类文明形态的重新建造。① 有研究者则认为，媒介已作为一种制度化要素开始独立作用于社会文化变革，它与之相互交融，并且不断更深入地卷入各种领域的变化之中。②

有研究者认为，传播学的架构仅是大众传播的产物，随着互联网对观念、消息传递、内容生产、人们日常生活消费的重构，以及新一代人对互联网用途的重构，“媒体”可能是任何一种想象不到的形态，因此，原有的传播学理论已无法解释非线性、圈层、超链接的互联网传播现象。③

也有研究者指出，传播学在原有学科局限性的掣肘之下，难以与新媒体发展的大势相融合，我国的新媒体研究虽然一直试图根据技术形态的演变进行学术视域的不断调整，但是总体看来还是处于被技术牵着鼻子走，在既有框架之下进行零散的修补工作的境地。④ 新媒体研究是一个具备多学科背景的研究领域，既有媒体自身的研究规律，又需要依靠多学科的知识体系，由此才能体现新媒体研究的社会认同和学术价值。

由此可见，学者们对新媒体研究目前所面临的问题和困难有着共同的、清醒的认知。但问题在于，如何进行范式的创新和转换，以推动新媒体研究乃至整个新闻传播学科的进步？

有研究者通过对微信新闻的具体研究间接回应了上述问题。⑤ 她认为，有关社交媒体新闻的研究，需要转变思路，反思形成于大众传播时代的新闻理念，突破既有范式，将新闻生产置于社会交往的动态关系之中。“传统大众传播时代的生产观是以一种媒体（作为技术与组织）为本位的观念，在社会生活重心转向交往的新媒体时代，我们需要走出以传者为中心的生产本位，不是考察如何继续在社交媒体上传递新闻产品，而是考察人们如何在社交媒体的交往中生成新闻。”

对此，潘忠党有着相同的看法和更为直接的解释：在他看来，什么是或不是“媒介”这个问题，可以有两个语境中的回答。其一是我们所熟悉的，即在以媒介技术、形态和应用为对象（包括对它们的前置或后果）的研究中，媒介是以信息承载和传递为设计功能的技术或物件（如电视、报纸、手机、户外大屏幕等），这里的“媒介”是具有特定指代的概念；其二是在所研究的特定人类交往活动或被置于交往视角下的特定人类社会现象中，那些因其自身的结构、意指和勾连作用等而生成被考察现象的历史与文化积淀或意味的特定物件（如平江路、苏州博物馆的建筑、博物馆内的展品及其陈列、智能市民卡等）。这些物件的设计功能并不一定是信息承载和传递，但却在人的交往活动中被用来发挥这样的作用。这里的“媒介”是个隐喻，以及由此构成的对特定物件的思考框架。所以，对于“什么是媒介”的

① 参见高钢《传播边界的消失》，中央广播电视大学出版社 2016 年版，第 194 页。

② 戴宇辰：《走向媒介中心的社会本体论？——对欧洲“媒介化学派”的一个批判性考察》，《新闻与传播研究》2016 年第 5 期。

③ 陈力丹、宋晓雯、邵楠：《传播学面临的危机与出路》，《新闻记者》2016 年第 8 期。

④ 谢新洲、李冰：《新媒体研究的困境及发展》，《新闻与写作》2016 年第 2 期。

⑤ 谢静：《微信新闻：一个交往生成观的分析》，《新闻与传播研究》2016 年第 4 期。

问题，只有在特定的研究场景中才可形成具有理论解读、叙事建构意义的具体解答。①

也有学者聚焦于德布雷“媒介学”②，以此重新思考新媒体和社会建构的关系，并期待由此带动新媒体研究范式创新和突破。有研究者认为，从德布雷的媒介学原理出发，“媒介不仅仅是技术体系和文化体系，还是一种历史结构”。③ 他认为，“从重新塑造社会生态和产业结构开始，当今时代的新媒体正在对社会生产和社会生活进行全面介入。新媒体不仅仅是一种信息生产方式，更是围绕着它所依托的介质和载体所产生的组织性、结构性的活动，重新结构社会性的生产关系”。因此，新媒体研究应该关注“新媒体与社会生产力的升级换代的关系、与受众的接触界面的接近关系、与媒介技术植入权力序列的关系，以及媒介技术的制度化过程的关系等”。

有研究者在新媒体之于社会实践和社会生产关系的巨大改变上，与潘忠党、陈卫星、谢静等人有着一致的认同。④ 她认为，为应对新媒体浪潮，传播研究不能局限于既有主流传播学的功能主义理论框架，必须进行范式创新，并由此提出自己的3个建议：其一，传播的含义必须拓展；其二，新技术崛起促使学术思想界正在经历传播的“中介化”转向；其三，在当前人类社会实践中，传播正在成为社会的构成性要素。而问题的关键在于，必须推动这些在其他人文、社科研究中已有的认识，尽快进入传播学研究的核心视域。

美国诗人爱默生指出，新的挑战所带来的逆境具有一定的科学价值，它允许我们重新定位，并提供了重整旗鼓的契机。⑤ 人类学家格尔兹在论文集《可鉴之光》中讨论人类学学科发展时也认为，“我们的困惑就是我们力量的源泉”。学科发展面临困惑从另外一种意义上来说是一个学科的幸运，可以让一个学科在问题解决过程中保持生机和活力，避免学科发展的“内卷化”。⑥ 而对于当下的新媒体研究来说，为解决媒介泛化的困惑所做出的种种努力，也必将成为推动其向前发展的一大动力。

撰稿：彭　兰（清华大学新闻与传播学院教授）
苏　涛（云南民族大学文学与传媒学院讲师）

① 潘忠党：《城市传播研究的探索——“青年的数字生活与都市文化”专题研究的导言》，《新闻与传播研究》2016年第8期。

② 参见［法］雷吉斯·德布雷《媒介学引论》，刘文玲译，陈卫星审译，中国传媒大学出版社2014年版。

③ 陈卫星：《新媒体的媒介学问题》，《南京社会科学》2016年第2期。

④ 孙玮：《从新媒介通达新传播：基于技术哲学的传播研究思考》，《暨南学报》（哲学社会科学版）2016年第1期。

⑤ 熊铮铮编译：《界定新闻业面临的挑战：危机还是不确定性?》，《新闻记者》2016年第5期。

⑥ 付来友、韦小鹏：《从村落到流域：人类学的新尝试》，《中国社会科学报》2016年10月19日。

中国传媒经济学研究2016年综述

一、传媒经济理论研究：学科范式与传媒经济本质的探索

进入21世纪以来，西方传媒经济学遭遇了发展瓶颈，在学科制度化进程中放缓了步伐，至今尚未成为一个独立的学科，其中一个重要原因就是始终无法建立超越经济学的独特的研究范式[①]。科学共同体与学科范式是一种相互依存的关系，二者紧密相连。有研究者对国际传媒经济学共同体进行研究后发现：传媒经济学尚未形成一个结构紧密的科学共同体；存在明显的“知识老化”现象；共同体内直接交流较少；马太效应明显[②]。即便如此，与西方传媒经济学相比，中国传媒经济学在研究方法、研究视野、团队协作等方面仍有较大的差距，存在明显的薄弱环节，有着较大的提升空间。与西方类似，中国传媒经济学学科范式困惑、模糊的问题同样突出。从学科背景和研究范式来看，中国的传媒经济研究更多地偏向新闻传播学，借鉴了新闻传播学的理论成果，更多地具有新闻传播学的学科属性[③]。有研究者指出，从研究范畴来说，传媒经济学应该是用经济学来解释一切与传媒相关的活动，而传媒经济学现有的研究范式仅仅将与传媒企业经营管理、传媒产业结构及市场发展相关的内容视为传媒经济学的研究对象，这样的理解实际是将经济学的理解狭隘化了[④]。对新闻传播学研究范式的路径依赖，不利于对传媒实践的经济本质解读，也使传媒经济学的研究陷入困境[⑤]。

也有学者断言，中国传媒经济学的研究正逐渐走向成熟，不仅拥有了清晰的学科定位、明确的研究范畴和具体的研究议题，更涌现出一批专业化的研究团队和大量丰硕的研究成果。其主要涉及的是传播学与经济学的交叉领域，但该学科研究领域的广泛性又使其与管理学、广告学、营销学等学科有着紧密的联系。在经济学视野下，传媒经济学可以被视为应用经济学的一个分支，产业经济学、制度经济学的研究理论在其中多有运用；在新闻传播学视野下，传媒经济学可以被置于媒介研究的范畴，新闻学与传播学的基本理论在其中同样适用[⑥]。近年来，关于传媒经济学的学科归属及研究范式始终是一个不断被讨论的问题，从2016年发表的成果来看，尽管该话题的探索仍属进行时，但研究者的认识有逐渐趋同之势：厘清学科范式与研究边界是传媒经济学学科发展首先要解

---

① 姚曦、李斐飞：《学科制度结构视角下的西方媒介经济学起源与演化——基于SSCI数据库的知识图谱分析》，《新闻与传播研究》2016年第12期。

② 曹璞、喻国明：《“无形学院”视域下的传媒经济学：静态结构与动态演进》，《新闻大学》2016年第3期。

③ 喻国明、潘佳宝：《西方传媒经济学发展的学科图谱——基于文献计量学的分析（2003—2014）》，《辽宁大学学报》（哲学社会科学版）2016年第1期。

④ 张雁、刘峰：《传媒经济学的研究范式》，《光明日报》2016年4月12日，第7版。

⑤ 吕铠、钱广贵：《媒介融合的多元解读、经济本质与研究路径依赖反思》，《湖北社会科学》2016年第2期。

⑥ 崔保国、杭敏：《传媒经济与管理研究的回望与前瞻》，《传媒经济与管理研究》2016年第1辑，第19页。

决的问题；传媒经济学首先属于经济学的范畴，但同时它又是一个与诸多学科有着广泛联系的学术场域。

“传媒经济的本质是什么”是传媒经济学理论的基础问题。随着技术的发展、经济形态的改变、媒介结构的变迁，研究者对这个问题又产生了一些新的理解。在移动互联网时代，传媒经济价值的实现需要以用户需求为出发点和立足点，同时用户在生产、传播和消费这三个方面不断创造着传媒价值，因此，有研究者提出传媒经济本质上是一种“用户经济”①。有研究者则从连接的角度出发去探讨传媒经济的本质，认为传媒经济是以用户为核心，围绕用户建立产品与用户、产品与产品、用户与用户的关联，因此，“相关性经济”是传媒经济的本质②。此外还有研究者从社会资本理论出发，认为传媒对社会的影响力是一种“社会资本”，传媒经济的本质是一种“社会资本经济”，其关键之处在于“实现传媒社会资本与经济资本之间的良性的循环转化”③。

二、媒介融合与传统媒体转型

（一）媒介融合研究：新的理论视角与批判性反思

媒介融合是一个涉及技术、产业、市场、管理等诸多维度的热点问题，随着媒介融合向纵深阶段发展，对其深层规律的探索成为重要议题。媒介间性、技术创新等理论为理解媒介融合提供了新的视角。有研究者基于媒介间性理论，认为媒介融合应将媒介文化而非技术作为融合主体，重点考察新旧媒介在冲突中对话、在协商中共谋的动态，以及新旧媒介弥合话语裂痕与观念鸿沟、合作共建社会主流价值体系的过程④。有研究者基于技术创新理论的视角将媒介融合分为物品融合、知识融合、活动融合、意志融合四个层面，即工具维度的物质技术融合、知识维度的智力成果融合、过程维度的活动方式融合、意志维度的主体形态融合⑤。还有研究者则认为，媒介融合的本质是产业间的产业融合，应遵循经济学的研究范式，而现有对媒介融合的解释局限于业务或现象领域，忽略了其经济层面的产业融合和市场融合的本质⑥。

对媒介融合的理论研究不仅有新的视角的引入，而且有一些研究者对其思考路向、逻辑起点进行批判性反思。有研究者认为，对媒介融合既有的思考路向大多是以大众媒介机构为依据，从媒介机构的门内往外看；应从业态转向社会形态，并从社会形态层面上的“媒介融合”来重新反观产业形态维度中的“媒介融合”，从而重塑传播观念和范式，更好推动我国传播实践的创新和变革⑦。还有研究者提出，现有对媒介融合的研究缺乏批判性反思，并未领会该议题在中国的复杂性和精神实质；应基于中国现实需求和数字逻辑的框架去理解媒介融合，在新传播环境中强化意识形态宣传才是媒介融合的核心所在⑧。

---

① 王庆凯：《用户经济：移动互联网时代的传媒经济新模式》，《中国广播》2016 年第 4 期。

② 王桂娜：《媒介经济活动的本质：关于“相关性经济”的一些阐释》，《青年记者》2016 年第 11 期。

③ 王胜源：《传媒经济：一种社会资本经济？——兼论传媒企业的社会资本及其开发策略》，《中国出版》2016 年第 6 期。

④ 张玲玲：《媒介间性理论：理解媒介融合的另一个维度》，《新闻界》2016 年第 1 期。

⑤ 吴文涛、张舒予：《技术创新视角下“媒体融合”动因、内涵及趋向》，《中国出版》2016 年第 14 期。

⑥ 吕铠、钱广贵：《媒介融合的多元解读、经济本质与研究路径依赖反思》，《湖北社会科学》2016 年第 2 期。

⑦ 黄旦、李暄：《从业态转向社会形态：媒介融合再理解》，《现代传播（中国传媒大学学报）》2016 年第 1 期。

⑧ 陈刚：《数字逻辑与媒体融合》，《新闻大学》2016 年第 2 期。

（二）传统媒体转型：融合主导权之争与转型路径追问

媒介融合正在改变以“内容”为核心要素的传统媒体产业形态，形成以“连接”为核心要素的新的传媒产业形态①。传统媒体融合转型的主导权、转型路径、转型战略等问题是研究者探讨的热点议题。

媒介融合本来是从传统媒体的立场出发的，融合的过程是传统媒体将其传统优势资源向新兴媒体市场转移②。但是由互联网企业发起针对传统媒体进行收购兼并的“倒融合”渐成趋势，媒介融合的态势已经发生逆转，互联网公司已经掌握了融合的主动权③。以 BAT 为代表的互联网公司巨头成为互联网生态的主要引领者，在信息生产、传播、广告等方面占据了支配性的地位④。随着互联网公司积极融入信息技术、资本和内容市场，在传媒业不断扩张，传媒业进入了一种混合媒介系统，在这个系统中，互联网公司日益成为创造和分配内容的主导⑤。对媒介融合主导权的转移，有研究者认为，互联网巨头倒过来融合传统媒体，完全符合互联网发展规律，而且能够充分发挥互联网和传统媒体的各自优势，能够帮助传统媒体实现转型⑥。但也有研究者指出，倒融合将很快触及中国传媒制度和体系的底线，成为很大的社会问题和政治问题⑦。

传统媒体在融合变革中普遍存在互联网思维缺失、发展模式模糊、管理变革乏力、技术研发不足等问题⑧。因此，创新传统体制机制、更新传统新闻传播理念、重构商业模式等成为媒体融合工作开展的重点与难点⑨。对此，传统媒体应打破简单化思维，与新媒体在内容、渠道、营销、平台以及管理上进行多维化、立体化、全方位融合⑩。传统媒体应与互联网企业或新媒体公司在技术、平台、股权、人力等方面开展合作、互动，由传统媒体提供内容资源，由互联网企业或新媒体公司进行全媒体运作⑪。

平台全能化是新媒体产业发展的核心趋势，互联网经济的未来演进路径，是以平台经济为基础，逐步建构以“一人一价一物”为最高目标的高度个性化、定制化的新经济形态⑫。因此，“平台媒体”应成为传统媒体新的实践目标⑬。而要构建平

① 韩立新：《时空转移与智慧分流：媒体的分化与重构》，《新闻与传播研究》2016 年第 5 期。

② 崔保国：《传媒产业发展的格局与趋势分析》，《传媒》2016 年 5 月（下）。

③ 崔保国：《传统媒体的深层危机是产能过剩》，《新闻与写作》2016 年第 7 期。

④ 严三九：《传统媒体与新兴媒体产业集群融合发展研究》，《当代传播》2016 年第 6 期。

⑤ 党东耀：《媒体新生态系统的建构与国际化路径分析》，《新闻大学》2016 年第 6 期。

⑥ 郭全中：《媒体融合实践的五种路径》，《新闻与写作》2016 年第 11 期。

⑦ 崔保国：《传媒产业发展的格局与趋势分析》，《传媒》2016 年 5 月（下）。

⑧ 张昆、周钢：《党报集团（报社）融合变革的现存问题及突破路径》，《现代传播（中国传媒大学学报）》2016 年第 3 期。

⑨ 黄楚新、王丹：《2014—2015 中国媒体融合发展状况、问题与趋势》，《现代传播（中国传媒大学学报）》2016 年第 5 期。

⑩ 郝雨、李灿：《全媒重构格局中电视与新媒体融合路径深层探寻》，《现代传播（中国传媒大学学报）》2016 年第 4 期。

⑪ 张昆、周钢：《党报集团（报社）融合变革的现存问题及突破路径》，《现代传播（中国传媒大学学报）》2016 年第 3 期。

⑫ 周笑：《新媒体产业年度趋势解析及战略远景展望——平台全能化成为新动力机制》，《新闻大学》2016 年第 3 期。

⑬ 张志安、曾子瑾：《从“媒体平台”到“平台媒体”——海外互联网巨头的新闻创新及启示》，《新闻记者》2016 年第 1 期。

台媒体，必须构造价值网络；传媒与合作伙伴之间通过数据和信息的分享，形成网状连接关系，形成价值网①。

（三）融合转型中的媒体商业模式研究

目前传统媒体在技术和渠道方面的融合已经能够实现，但业态和商业模式的融合还需经历一个过程。

在商业模式的探索中，必须清晰辨别盈利模式与盈利能力这两个概念，盈利能力是企业获取利润的能力，盈利模式则并不直接考察利润，而是重点考察自身以及相关利益者资源的整合程度，从而找到实现价值创造、价值获取、利益分配的组织机制及商业架构②。有研究者在“基于转型的媒体融合模式、基于用户的内容运营模式和基于创新的互动合作模式”的框架下，把视听新媒体产业的产业模式整理为媒体融合平台建设模式、“TV +”视听媒体新业态模式等八种类型③。还有研究者对内容创业的盈利模式进行整理，将其分为两种：第一种是直接盈利模式，即以热门的版权内容或原创 IP 为基础，通过内容付费与广告两种方式实现内容变现；第二种是间接盈利模式，即首先以内容为跳板吸引足够多的用户，再通过媒体电商与社群经济的方式变现④。

有研究者指出，传统媒体盈利困境的根源在于缺乏明晰的盈利逻辑，因此传统媒体需要重建盈利逻辑，即重建连接，在连接中创造商业价值⑤。传统媒体不应因“二次销售”模式困境而放弃内容变现，不应仅仅依靠直接广告变现的方式，而应多领域、多方式探索间接内容变现⑥。有研究者认为，要突破传统媒体经营思维，“不务正业”，跨界打造新兴综合经营体，副业支持媒体主业，不断创造高质量的内容，完成党和国家所赋予的职责⑦。喻国明指出，“粉丝经济”的营造和“在地性”资源的激活能帮助传媒重新实现内容的价值变现⑧。

三、新媒介技术驱动下的广告与影视产业发展

（一）广告产业：大数据推动业态与产业变革

在大数据时代，广告产业的生产形态和产业格局都在发生深刻变革。有研究者认为，由于大数据的推动，以广告人智慧为主的广告信息生产体系和以大众媒体为基础的传统信息传播方式遭遇颠覆性变革，广告产业核心业态正在由智力驱动型向技术驱动型转变⑨。大数据时代营销环境发生巨大变革，消解了原有的广告运作体系，而构建起以精准化广告投放为核心的新的运作模式⑩。基于数据驱动的产业协同运行机制促使广告产业结构合理化，大数据引发的广告技术创新推动广告产业结构高度化，由此大数据可以解决中国广告产业结构失衡的突出问题，推动了广告产业结

① 吕尚彬、戴山山：《“互联网 +”时代的平台战略与平台媒体构建》，《山东社会科学》2016 年第 4 期。

② 罗永雄：《新媒体盈利模式和盈利能力之辨》，《当代传播》2016 年第 2 期。

③ 石长顺、梁媛媛：《现代视听新媒体产业模式创新研究》，《现代传播（中国传媒大学学报）》2016 年第 2 期。

④ 曾繁旭、王宇琦：《移动互联网时代内容创业的盈利模式》，《新闻记者》2016 年第 4 期。

⑤ 郑青华：《重建连接：传统媒体客户端盈利逻辑的再思考》，《编辑之友》2016 年第 7 期。

⑥ 范以锦：《转型新媒体传播平台后的内容变现分析》，《新闻与写作》2016 年第 9 期。

⑦ 陈刚：《数字逻辑与媒体融合》，《新闻大学》2016 年第 2 期。

⑧ 喻国明：《关系赋权范式下的传媒影响力再造》，《新闻与写作》2016 年第 7 期。

⑨ 马二伟：《大数据时代广告产业核心业态的变革与重塑》，《现代传播（中国传媒大学学报）》2016 年第 11 期。

⑩ 奚路阳、程明：《大数据营销视角下广告运作体系的嬗变》，《编辑之友》2016 年第 3 期。

构优化升级[①]。

在新的传播环境中，品牌与消费者的关系、消费者在品牌传播中的角色与作用的变化引起了研究者的关注。大数据、互联网、移动互联网与品牌传播的交互融合，使品牌传播的形态模式与传播路径发生嬗变，在新的传播路径中，用户行为的价值衡量已经超越原有的媒介载体价值，成为制约品牌传播路径价值的关键因素[②]。有研究者认为，自主信息传播时代品牌建构方式正在发生从“制度化”到“新制度化”的转变；与传统的品牌建构方式相比，“新制度化”品牌建构的特点在于品牌与消费者的关系从垂直线性转变为交互网状，建构品牌的主体由原来的品牌商转变为品牌和消费者双向合作，消费者成为品牌建构的主导者[③]。

原生广告这种新的广告模式被视为目前发行量和广告收入持续下滑的传统媒体的福音[④]。原生广告对传统广告是机遇还是挑战、有何影响、如何监管成为热点的研究议题。有研究者认为，原生广告对传统广告的概念构成了挑战，模糊了媒体内容与广告边界，也对新闻职业规范构成挑战[⑤]。还有研究者讨论了原生广告带来的监管难题，原生广告的“原生之困”是管理无从着手之困，新媒体广告管理应从推行广告公信力评估管理制度、舆情大数据有机融入评估体系、评估发布与执法监管形成衔接等方面进行创新[⑥]。还有研究者反思了原生广告的伦理问题，认为原生广告的隐性传播方式与现有广告可识别性的要求相冲突，可能对受众的隐私构成侵犯[⑦]。

中国广告产业的发展与演进也是重要的研究议题。有研究者以 Logistic 回归模型为计量基础，以产业规模为视角对广告产业的发展进行了阶段定位，将我国广告产业的发展阶段划分为形成、成长和成熟三个阶段[⑧]。有研究者引入了产业经济学有关产业区域转移的“雁行模式”，认为从自然形成的“飞雁式”产业布局的初级形态向在“雁行模式”理论指导下复杂的“雁阵式”产业结构过渡将是中国广告产业演进的必然选择[⑨]。

（二）影视产业：“互联网 +”促进新的产业格局形成

中国电影市场尽管票房增速骤减，但中国电影产业的发展刚性没有变，刚性增长是中国电影产业的必然趋势[⑩]。中国电影产业正在趋于自信、均衡、开放和可持续性发展[⑪]。但也有研究者指出，当前以票房为中心的“唯票房论”有很大的弊端，不利于合理调整电影产业的发展结构，

① 马二伟：《大数据时代广告产业结构优化研究》，《国际新闻界》2016 年第 5 期。

② 段淳林、闫济民：《扩散与增值：品牌传播路径的嬗变与价值审视》，《国际新闻界》2016 年第 5 期。

③ 程明、薛海霞：《自主信息传播时代品牌“制度化”的颠覆与“新制度化”的建构——从垂直设计到交互设计》，《现代传播（中国传媒大学学报）》2016 年第 6 期。

④ 韩红星、覃玲：《原生模式：美国媒体广告的创新和趋向》，《编辑之友》2016 年第 12 期。

⑤ 陈力丹、李唯嘉、万紫千：《原生广告及对传统广告的挑战》，《新闻记者》2016 年第 12 期。

⑥ 舒咏平、陶薇：《新媒体广告的“原生之困”与管理创新》，《现代传播（中国传媒大学学报）》2016 年第 3 期。

⑦ 戴世富、赵思宇：《隐性与隐私：原生广告的伦理反思》，《当代传播》2016 年第 7 期。

⑧ 张晓静：《中国广告产业发展阶段的判断与识别》，《新闻界》2016 年第 20 期。

⑨ 吕尚彬、权玺：《构建中国广告产业发展“雁行模式”初探》，《江淮论坛》2016 年第 5 期。

⑩ 周星：《440 亿之后：在增长与起伏中发展的中国电影市场》，《现代传播（中国传媒大学学报）》2016 年第 11 期。

⑪ 支菲娜：《2015 年中国电影产业研究报告》，《电影新作》2016 年第 3 期。

中国电影产业的格局需要再造和完善[①]。

互联网基因全面渗透到电影产业中，“互联网＋”电影成为中国电影产业新常态[②]。互联网思维在制作、营销、发行、放映等环节已经重塑电影产业[③]。网络 IP 成为电影创意的丰富来源，互联网领军企业直接参与电影创作生产，网络售票和在线选座成为市场主流，社交网站成为电影营销的新途径，网络成为电影衍生品的重要销售渠道，网络大数据越来越为电影产业发展提供重要支持……上述构成了“互联网＋”电影的新型业态[④]。金融资本和互联网企业公开携巨资跨入电影行业，影视圈迈入一个资本运作的新时代，推动着电影产业的格局变化[⑤]。

电影票房仍然是研究的热点领域。有研究者对美国动画电影票房进行研究后发现，产业链因素和口碑因素是影响电影票房的主要因素[⑥]。有研究者发现，基于个体评论和专家评论的口碑传播对票房表现具有重要影响，其中评论数量对票房表现具有正向显著影响[⑦]。有研究者对中国电影票房明星效应进行实证研究后发现，明星导演和明星演员会对电影票房产生显著影响，其中明星导演的影响力更强[⑧]。还有研究者构建了华莱坞电影票房预测模型，模型显示首周票房、导演和制作公司对总票房的影响是最显著的[⑨]。

2014—2015 年世界电视剧市场整体呈现两大趋势：一是优质、窄众化的电视剧产品日渐成为市场主流，传统的大众电视模式则呈下滑之势；二是网络剧规模性崛起成为全球电视剧行业近年来的最大亮点[⑩]。中国电视剧市场的亮点则主要体现在互联网对电视剧行业全面渗透和深度融合。“互联网＋电视剧”对行业施加的影响愈发明显，带来电视剧产业格局的变革[⑪]。网台联动、跨屏共生已成为客观的事实，IP 改编热潮也为中国电视剧行业注入了新的活力[⑫]。

影视产业国际化的策略研究也是研究者关注的热点问题之一。有研究者从产品、生产、资本、平台等层面探讨了我国电视剧产业走出去的路径[⑬]。有研究者认为，“一带一路”倡议为影视产业“走出去”带来新的机遇，国家应加大影视产品出口扶持力度，因地制宜，按地区输出不同的影视产品，积极融入“一带一路”，承担文化传播重任[⑭]。有研究者认为国内市场的区域分割、资源过于分散消解了我国超大国内市场规模这一天然优势，我国影视产业“走出去”应利用“互联网＋”的良

---

① 李春：《中国电影：产业格局路在何方》，《光明日报》2016 年 10 月 15 日，第 11 版。

② 尹鸿、孙俨斌：《2015 年中国电影产业备忘》，《电影艺术》2016 年第 2 期。

③ 曹三省、李璐：《“互联网＋”时代的电影产业创新态势概观》，《传媒》2016 年第 4 期。

④ 刘汉文、陆佳佳：《2015 年中国电影产业发展分析报告》，《当代电影》2016 年第 3 期。

⑤ 周星：《近年来中国电影市场景观与创作潮流演变》，《现代传播（中国传媒大学学报）》2016 年第 3 期。

⑥ 丁汉青、郑馨怡、周志成：《美国动画电影票房的影响因素分析及预测模型建构——与真人电影的比较研究》，《新闻大学》2016 年第 1 期。

⑦ 彭岚：《电影票房影响因素分析与展望》，《西南民族大学学报》（人文社会科学版）2006 年第 5 期。

⑧ 池建宇：《演员与导演谁更重要——中国电影票房明星效应的实证研究》，《新闻界》2016 年第 21 期。

⑨ 王锦慧：《华莱坞电影票房预测模型的实证分析》，《新闻大学》2016 年第 1 期。

⑩ 苗棣：《2014—2015 年世界电视剧市场趋势观察》，《现代传播（中国传媒大学学报）》2016 年第 12 期。

⑪ 顾亚奇、胡智锋：《“剧”变 2015：多屏时代电视剧制播新业态》，《新闻战线》2016 年第 2 期。

⑫ 张国涛、张陆园：《2015 年中国电视剧的生态与格局之变》，《中国广播电视学刊》2016 年第 3 期。

⑬ 张斌、莫茵：《从产品到资本——国产电视剧“走出去”的路径探索》，《中国电视》2016 年第 11 期。

⑭ 赵玉宏：《“一带一路”战略下我国影视文化产品“走出去”策略研究》，《现代传播（中国传媒大学学报）》2016 年第 2 期。

机，形成以产业集群为依托的企业创新关系网络①。

四、新媒介生态中媒介生产与消费的嬗变

在新的媒介生态中，传媒、产品、市场的边界越来越模糊，这意味着媒介生产的格局被重塑，多元化的生产力量正在加入到媒介生产中来。有研究者将互联网对新闻生产实践变革的影响总结为：新闻生产呈现出生产主体从专业化到社会化、生产机构从封闭性到透明性、生产周期从周期性到循环性等变化趋势以及软性新闻主导等②。有研究者对澎湃新闻"东方之星"长江沉船事故报道进行个案研究后发现，新闻业正呈现出"液化"状态：新闻生产体现为职业记者和公众共同参与的动态实践；媒介机构不再是新闻事件的唯一阐释主体，公众集体参与、重塑新闻报道的价值和意义；报纸新闻为主的新闻生产流程和常规被颠覆；组织化新闻生产正在变成协作性新闻"策展"③。

在新闻生产的变革中，技术起到了至关重要的作用。有研究者指出，智能机器、智能物体和其他技术进入到新闻生产领域，将带来个性化新闻、机器新闻写作、传感器新闻、临场化新闻以及分布式新闻等新型的新闻生产模式④。在新闻生产方式变革的背景下，传统媒体积极进行组织融合和机构创新，重塑新闻生产流程，建立了融媒体中心、中央编辑部、全媒体中心、中央厨房等机构⑤。随着媒介融合的深入发展，传统报业编辑部在新的现代传媒劳动分工的基础上进行组织重构，形成了传统纸媒与新兴媒体整体性融合的编辑部，采取矩阵制组织结构和"中央厨房"的工作机制，实现资源共享，运作高效⑥。但是，报业组织结构转型仍然是围绕"中央编辑部（系统）"的传者主体地位而展开的，这种延续以专业机构单边生产内容作为经营核心环节的 Web1.0 模式，固守原有组织结构向新媒体渐进迁移的转型实践，至今未呈现出有效拯救传统报媒的可能⑦。

媒介消费也是研究者关注的重点领域。有研究者通过对受众新闻信息需求与接收习惯进行调查后发现，传统媒体仍是受众新闻信息的重要来源，移动化、碎片化的新闻信息接收方式正在加剧，受众新闻接收过程中的互动参与行为变得频繁⑧。有研究者对城市居民媒介接触与使用进行调查发现，在人们对于各类媒介的接触中，互联网是无所不在的全域媒介；移动互联网正在改变人们的生活时间配置方式和生活节奏，移动、社交、多屏以及多任务操作成为媒介使用新常态⑨。将媒介使用行为间的关系置于场景当中进行考察，则可以发现移动互联网与 PC 互联网、传统媒体

---

① 朱春阳：《我国影视产业国际竞争力政策的反思》，《中国电视》2016 年第 2 期。

② 张志安、吴涛：《互联网与中国新闻业的重构——以结构、生产、公共性为维度的研究》，《现代传播（中国传媒大学学报）》2016 年第 1 期。

③ 陆晔、周睿鸣：《"液态"的新闻业：新传播形态与新闻专业主义再思考——以澎湃新闻"东方之星"长江沉船事故报道为个案》，《新闻与传播研究》2016 年第 7 期。

④ 彭兰：《智媒化：未来媒体浪潮——新媒体发展趋势报告（2016）》，《国际新闻界》2016 年第 11 期。

⑤ 黄楚新、王丹：《2014—2015 中国媒体融合发展状况、问题与趋势》，《现代传播（中国传媒大学学报）》2016 年第 5 期。

⑥ 严俊、宋宣谕：《媒介融合时代传统报业编辑部的转型研究》，《新闻大学》2016 年第 5 期。

⑦ 吕尚彬、贾军：《从迁移到重构：2005—2015 年报业组织结构转型研究综述》，《中国出版》2013 年第 13 期。

⑧ 洪杰文、丁世杰、杨菲：《"互联网＋"背景下受众的新闻信息接收行为研究》，《新闻界》2016 年第 18 期。

⑨ 喻国明：《城市居民媒介接触与使用的基本特点与最新变化——基于〈中国城市居民媒介接触与使用〉两期调研成果的概述》，《新闻与写作》2016 年第 9 期。

均既存在竞争的一面，也存在共生的一面，而是竞争还是共生，则取决于具体的场景①。

五、传媒规制的困境与发展趋势

在新媒介不断崛起和媒介融合逐步展开的过程中，政府规制成为影响传媒产业发展的主要变量之一。近年来的实践表明，国家在新媒介领域的规制虽动作频频，但效果有限，有时甚至陷入进退失据的困境。在这一领域，研究者多从政府角色、政治考量、规制逻辑等角度探讨规制困境出现的原因。有研究者研究了三网融合的政策演化，发现政治、经济等多重因素的制约是造成规制效果低于预期的根本原因；作为三网融合的推动者，政府在平衡与裁判广电系统与电信系统的利益关系中有时会陷入一种角色模糊和行动摇摆的困境，当经济利益与政治利益相冲突时，政府一般会秉承执政党的意志，不惜牺牲经济利益以保障政治利益②。有研究者讨论了数字频道的边缘化地位，认为在数字频道发展过程中，政府通过强力的政策推动、规定了其发展方向，但是对既有媒体格局稳定性的重视以及对意识形态安全的顾及，使得数字化进程不能适应市场自发演绎的发展节奏③。还有研究者重点探讨了规制逻辑，认为国家对互联网视听内容的规制在逻辑上沿用的仍旧是电视内容规制的逻辑，其最主要的出发点是维护道德的，这种以“道德”名义所展开的管控在互联网上效率有限，面临失效④。

研究者在规制的现实困境和问题中探寻传媒规制的发展趋势。有研究者通过对2014—2015年新媒体管理政策进行梳理后发现，我国互联网管理仍以行政命令的形式为主，以行政、警察等强制性的力量，发动群众运动来治理互联网，运动性治理仍然是主要的治理思路⑤。传统规制模式的发展趋势应该是走向合作规制，有研究者指出，倡导分权、协作的合作规制模式因其专业、灵活、成本低等优势正在各国的网络空间规制中发挥着越来越重要的作用⑥。还有研究者指出，互联网电视的政策困境在于其封闭性，因此规制的破题思路在于国家实行“网络治理模式”，开放场域让包括公众在内的多种力量进入规制空间，结成相互依赖的行动网络⑦。

总体来看，我国的传媒规制研究侧重于规制效果的研究，重点讨论随着新技术的兴起、媒介边界的消融引发的规制困境，并探讨传媒规制的发展趋势。不过，数字媒体的规制不应仅仅关注后端的“效果规制”，更应分析前段的“权力规制”或“动机规制”，有研究者指出从规制俘获理论来看，应合理地制约规制主体的规制权，规范法律流程，以防其被特定利益集团控制或干预，造成宏观数字媒体规制政策的偏差⑧。

撰稿：丁和根（南京大学新闻传播学院教授）
郑青华（烟台大学人文学院副教授）

---

① 吴文汐、喻国明：《竞争还是共生：移动互联网对当前媒介格局的影响——基于媒介接触时间的研究》，《现代传播（中国传媒大学学报）》2016年第10期。

② 丁和根：《中国三网融合政策演化的政治经济学分析》，《中国出版》2016年第5期。

③ 李兆丰：《政策与效率：数字付费频道边缘地位形成分析》，《新闻大学》2016年第2期。

④ 郎劲松、樊攀：《视听内容规制的新困境：公共性与商业化的重构》，《新闻界》2016年第8期。

⑤ 刘锐：《2014—2015年我国新媒体管理政策评估与评价》，《编辑之友》2016年第1期。

⑥ 匡文波、杨春华：《走向合作规制：网络空间规制的进路》，《现代传播（中国传媒大学学报）》2016年第2期。

⑦ 赵瑜：《互联网电视的规制及其政策张力》，《新闻大学》2016年第3期。

⑧ 周庆山、刘济群：《媒体规制理论的演进：从传统离散规制到数字媒体融合规制》，《现代情报》2016年第1期。

中国广告学研究 2016 年综述

2016 年，中国广告学学术研究、学科发展符合广告发展与繁荣的现实需求，服务广告发展的学术诉求。

一、学科亮点：研究型大学、各学科、学术刊物继续发挥对广告学学科的学术培植作用

亮点主要是指广告学研究的先行大学、国内广告学界学科发展嬗变与国内知名学术刊物对广告学科建设的推动与发展。由此形成的中国高等院校学科学术地位与广告学学术引导，积极有为地推动了高校广告学科的建设与完善以及广告学的发展与创新。

高校学科建设及其学者推动广告学的发展繁荣。在各个大学形成了以新闻传播学为学科核心，法学、经济管理、文学、史学等学科为主要学科，形成了较系统的、跨学科的广告学研究。跨学科的共振与借鉴推动了中国广告学的发展、创新与嬗变。以篇名为“广告”对中国期刊网 2016 年论文进行检索①，中国传媒大学、武汉大学、上海大学高校论文数量排名位居前三，四川大学、北京大学等高校广告学论文也在 20 篇以上（参见表 1）。

表 1　2016 年高校广告学研究的学科、论文数量与主要作者概况　　单位：篇

序号	高校	数量	所涉学科	主要作者
1	中国传媒大学	48	新闻传播	丁俊杰、初广志、王凤翔、邵华冬
2	武汉大学	42	新闻传播、经济管理	姚曦、程明、廖秉宜、奚路阳
3	上海大学	32	新闻传播、法学	许正林、查灿长、闫峰
4	四川大学	23	经济管理、新闻传播	尹世民、牛羿轩、李诗颖
5	北京大学	21	新闻传播、计算机信息技术、药学	陈刚、韩心慧、祝帅、崔安琪
6	中国人民大学	19	新闻传播、文学	陈力丹、倪宁、徐智
7	南京师范大学	18	新闻传播	郑蓓
8	湖南师范大学	17	法学、新闻传播、史学	曾琼、王战、施欣
9	郑州大学	16	新闻传播、药学	颜景毅、罗雁飞、王卫峰
10	厦门大学	13	新闻传播	林升栋、黄合水、孙蕾、陈瑞
11	广西大学	13	文学、数理统计、新闻传播	彭林祥、覃朝勇、李春红

① 为便于研究，本文在中国期刊网（www. cnki. net）索引的广告学论文，均以篇名“广告”一词为主进行检索，或兼顾其他关键词。下文不再另做说明。

本表统计以 2016 年发表的广告学论文为主，主要作者名单及其单位署名，是根据其文章发表刊物影响力级别，或引用数量、下载数量确定的。多个作者的，选择第一作者或第一作者、第二作者作为主要作者代表。

据统计，2016年在核心刊物、CSSCI、SCI期刊上发表的广告学论文共有715篇。在“顶级”刊物发表的广告学论文有4篇，分别发表于《中国社会科学》《新闻与传播研究》《文艺研究》。其中，《新闻与传播研究》发表2篇。在“权威”刊物发表的有11篇，分别发表于《清华大学学报》《法学》《南开管理评论》《管理学报》《国际新闻界》。其中，《国际新闻界》有6篇。在15篇“顶级”“权威”刊物论文中，新闻传播学学科的广告学文章占8篇（参见表2）。①

表2　2016年发表在顶级刊物、权威刊物的广告学论文概况

级别	刊名	主办单位	广告学论文
顶级	《中国社会科学》	中国社会科学院	彭林祥:《中国现代文学广告的价值》,第4期
顶级	《新闻与传播研究》	中国社会科学院新闻与传播研究所	1. 王凤翔:《对汉语“广告”一词意义流变的考察》,第4期 2. 望海军:《不同时间距离广告的说服效果研究》,第10期
顶级	《文艺研究》	中国艺术研究院	舒怡:《21世纪以来消费经济视域下的中国商业广告设计研究》,第2期
权威	《清华大学学报》(自然科学版)	清华大学	韩心慧、丁怡婧、王东祺、黎桐辛、叶志远:《Android恶意广告威胁分析与检测技术》,第5期
权威	《法学》	华东政法大学	宋亚辉:《广告代言的法律解释论》,第9期
权威	《南开管理评论》	南开大学商学院	叶琼伟、张谦、杜萌、宋光兴:《基于双边市场理论的社交网络广告定价分析》,第1期
权威	《管理学报》	华中科技大学	1. 蔡佩儿、沙振权:《互联网视频贴片广告下的品牌说服效果》,第10期 2. 尹世民、牛羿轩、牛永革:《房地产平面广告信息线索、USP和广告诉求分布特征及其关系研究》,第12期
权威	《国际新闻界》	中国人民大学	1. 陈瑞、李小玲、林升栋:《反酒后驾车广告的说服效果:规避伤害与克制冲动》,第3期 2. 徐智、杨莉明:《微信朋友圈信息流广告用户参与效果研究》,第5期 3. 马二伟:《大数据时代广告产业结构优化研究》,第5期 4. 李明伟、董蕾:《以信息对抗信息:美国广告披露制度的法经济学分析》,第8期 5. 倪宁、徐智、杨莉明:《复杂的用户:社交媒体用户参与广告行为研究》,第10期 6. 孙蕾、蔡昆濠:《漂绿广告的虚假环境诉求及其效果研究》,第12期

① 这里根据中国社会科学院《2014年版中国人文社会科学期刊评价报告》“顶级”“权威”“核心”期刊目录索引。下同。

2016年新闻传播学学科“核心”刊物发表广告学论文数量为42篇。其中，《中国出版》12篇，《现代传播（中国传媒大学学报）》10篇，《编辑之友》8篇，《中国广播电视学刊》7篇，《新闻记者》5篇。另外，《新闻大学》4篇，《广告大观》（理论版）36篇，《全球传媒学刊》1篇。其中《广告大观》理论版、媒介版对广告学的研究较为全面，成果较为丰硕，成为国内广告学界业界进行学术对话的重要研究阵地。

二、发展支点：广告学科核心研究群体正在形成，博硕士广告学论文成果比较丰硕

广告学科经过多年发展，初步形成以中国传媒大学、北京大学与武汉大学为核心的研究群体。“凡益之道，与时偕行。”学术团队需要学术阵地、研究方向、人员培养与学术周期，中国传媒大学、北京大学与武汉大学由此成为了我国广告学研究的龙头院校。同时，其他高校广告学研究呈现百花争艳的发展态势。具体情况如下：

1. 形成了主要以黄升民、丁俊杰为核心的中国传媒大学广告学院研究群体。中国传媒大学广告学院注重广告市场、媒介形态与信息技术的研究，在我国乃至亚洲地区广告学界业界占有重要地位。国家广告研究院于2011年12月在中国传媒大学成立，丁俊杰任院长。2015年4月，丁俊杰任广告学院院长，黄升民卸任院长。由国家广告研究院、中国传媒大学等共同发起，花10年筹建的中国广告博物馆，在数字资源库建设、藏品体系建设、重点学术研究等方面取得了一系列成果，填补了国内广告史学方面的多项空白。以《媒介》刊物［《广告大观》（媒介版）月刊］为阵地，黄升民、丁俊杰等先后任总编辑，对网络媒体、媒体融合与广告业界的发展进行了前沿性探讨，成为新闻传播业界关注的一本期刊。自2011年以来，中国传媒大学广告学院每年出版《广告主蓝皮书》，由黄升民、杜国清、邵华冬等担任主编。自2005年以来，学院每年出版《IAI广告作品年鉴》，由刘立宾、丁俊杰、黄升民等担任主编。该年鉴以“留存历史见证、提供创意参考、搭建沟通平台、尊重广告产权”为宗旨，收藏中国年度广告作品。同时，学院每年出版《IMI消费行为与生活形态年鉴》，由黄升民、丁俊杰等担任主编，对广告与消费行为、生活形态等进行探讨。2015年广告学院（深圳）新媒体广告实验室在中国（深圳）新媒体广告产业园成立，并于2016年出版《广告的超越——中国4A十年蓝皮书》。[①] 以中国传媒大学为单位发表在期刊上的广告学论文有48篇，主要发表在《新闻与传播研究》《现代传播》《广告大观》（理论版）、《新闻与写作》《中国广告》等刊物上，主要作者有丁俊杰、初广志、王凤翔、邵华冬、王昕等。[②]

2. 形成了以北京大学广告研究所陈刚为核心的研究群体。陈刚主持的社科基金重点项目“广告产业中国模式的理论构建研究”引领了国内广告学术研究的发展，同时带动了北京大学博士生、硕士生研究群体的成长。北京大学广告研究所以《广告大观》（理论版）（双月刊）为阵地，以发展广告学为理论旗帜，在全国形成了一批研究广告学的中青年学者群，在广告学界发挥了学术引领作用。以“北京大学”为单位发表的期刊类论文为21篇，主要发表在《广告大观》《中国广告》《新闻与写作》《学术研究》等刊物上。

① 丁俊杰：《广告的超越——中国4A十年蓝皮书》，中信出版社2016年版。

② 检索日期：2017年10月3日。中国传媒大学、北京大学与武汉大学三所高校检索日期相同。

3. 形成了以武汉大学广告系为核心的研究群体。2016 年以“武汉大学”为单位的期刊类论文为 42 篇，主要发表在《现代传播》《新闻大学》《广告大观》（理论版）、《新闻战线》上，主要作者为姚曦、程明、廖秉宜、奚路阳等。张金海 2002 年面世的《20 世纪广告传播理论研究》对广告学界影响较大。

另外，博士、硕士广告学论文成果比较丰硕，正在成为广告学研究的重要力量。2016 年广告学博硕士论文达 480 篇，被引次数超过 1 次的博硕士论文为 49 篇，为博硕士论文总数的近 10%。论文研究主题主要集中在新闻传播、新媒体、市场营销、计算机信息科学、艺术学、史学等方面。

从论文下载次数来看，新媒体广告、网络广告研究深受关注。下载次数超过 2000 次的广告学博硕士论文有《新媒体广告传播研究》1 篇，超过 1000 次的有《大数据时代移动互联网广告精准营销研究》等 4 篇论文（参见表 3）。

表 3　下载次数超过 1000 次的 2016 年博硕士论文概况　　单位：次

序号	论文题目	作者	学位授予单位	学位	下载次数
1	《新媒体广告传播研究》	宋安琪	哈尔滨师范大学	硕士	2121
2	《大数据时代移动互联网广告精准营销研究》	乌　韦	西南大学	硕士	1987
3	《微信用户对朋友圈广告接受意愿的影响因素研究》	徐东超	吉林大学	硕士	1731
4	《名人微博的广告价值研究——以新浪微博为例》	高　洁	吉林大学	硕士	1215
5	《网络视频广告精准投放及优化策略研究——基于广告代理公司视角》	夏菲菲	安徽大学	硕士	1212

三、研究热点：网络新媒体广告研究正在成为广告学显学

第 39 次《中国互联网络发展状况统计报告》显示：2016 年中国网民规模为 7.31 亿，手机网民规模达 6.95 亿，网络直播用户规模达到 3.44 亿。微信活跃账户数为 8.89 亿，微信公众号近 3000 万。国家广告研究院数据显示：2016 年互联网广告营业额为 2305.21 亿元，比 2015 年 1175 亿元增长了 29.87%。艾瑞咨询报告显示：2016 年中国移动互联网广告规模将超 2500 亿元。网络广告成为了移动社交时代发展新趋势，其研究也将成为一个持久热点。主要包括：

1. 加强网络广告与新媒体专业规划教材建设，深化高校广告学教育改革。《广告主数字媒体营销传播》一书作为规划教材，探讨了数字媒体营销传播的环境变化、主要参与者、发展历程、广告主互联网营销传播等内容。①

2. 注重对广告信息精准技术研究，促进广告市场健康发展。一是计算广告学成为一门新兴交叉学科，符合媒介融合时代的精准定制传播需求，是新旧技术更替形成的经济范式转换。有研究者认为计算广告学的核心精髓是实现广告、语境和消费者的精准匹配，大数据技术和双向互动平台是实现这一目标的两大支柱。计算广告学带来了整个广告产业链的巨大变革，引

① 邵华冬、陈怡：《广告主数字媒体营销传播》，中国传媒大学出版社 2016 年版。

发了定制化推荐、融合化传播、智能化调整、程序化购买等与传统广告传播业态截然不同的新模式。① 二是有效扩展微博广告文本特征的模型研究。有研究者等针对传统微博广告忽略微博广告文本的数据稀疏性、语义影响与广告背景领域特征等问题，使用隐含狄列克雷分配（LDA）分类特征扩展的微博广告过滤方法，构建 LDA 主题模型来预测短文本的主题分布，为广告主提供精准投放。② 三是加强广告精准营销路径研究。有研究者认为提高微博广告平台精准营销有两种路径：识别近似话题与算法，并利用大规模的推特实验数据评估所提算法，实验验证了算法的精确性与有效性。③

3. 对微信广告的研究。自 2015 年 1 月微信内测朋友圈广告之后，宝马、VIVO 等企业纷纷投入品牌广告，社交广告引发广泛热议；5 月，腾讯广点通与微信广告合并成立“社交与效果广告部”，微信等社交媒体广告深受研究者关注。一是通过理论嫁接进行探讨。有研究者利用双边市场理论分析了社交网络企业平台福利最大化约束下双边参与者的行为，综合考察了双边市场和社交网络两个方面的特征，提出最优广告要价下的关系强度模型。④ 有研究者通过计划行为理论（TPB）实证研究微信朋友圈，构建微信朋友圈广告接受意愿模型。⑤ 二是注重传播效果研究。有研究者通过对微信朋友圈信息流广告用户参与效果进行研究认为，新媒体广告效果评估应建立在互动性的基础上，发展新的广告效果评估、评价标准。⑥ 三是关注技术发展形成的广告互动。有研究者对 H5 交互广告在交互形式和交互手段方面提出“优势整合”的设计思路。⑦

4. 对大数据广告的研究。一是大数据营销视角下广告运作体系的嬗变。有研究者认为：广告市场调查分析方式面临变革、广告信息设计重心发生转移、广告媒介渠道设计由粗放型转向精准化与广告效果评估标准实现变迁，为此构建起以精准化广告投放为核心的新的运作模式，为本土广告产业有效挖掘大数据的营销价值提供思路。⑧ 二是大数据时代广告产业结构优化研究。有研究者认为大数据引发的广告技术创新推动广告产业结构高度化，大数据带来广告产业结构优化升级，⑨ 广告产业的核心业态正在由智力驱动型向技术驱动型转变，数据化与智能化重塑广告产业核心业态。⑩ 三是“广告 + 大数据”的理念更新要拓展视野范畴。有研究者认为关系、理解、参与是大数据与广告互动的三个关

---

① 刘庆振：《计算广告学：大数据时代的广告传播变革——以“互联网 +”技术经济范式的视角》，《现代经济探讨》2016 年第 2 期；刘庆振：《“互联网 +”背景下计算广告技术体系的创新与应用》，《新闻界》2016 年第 2 期；刘庆振：《媒介融合新业态：数字化内容与广告融合发展研究》，《新闻界》2016 年第 10 期。

② 邢金彪、崔超远、孙丙宇、宋良图：《基于隐含狄列克雷分配分类特征扩展的微博广告过滤方法》，《计算机应用》2016 年第 8 期。

③ 何永强、秦勤、王俊鹏：《微博中基于多路径目标的广告投送技术》，《计算机工程与设计》2016 年第 10 期。

④ 叶琼伟、张谦、杜萌、宋光兴：《基于双边市场理论的社交网络广告定价分析》，《南开管理评论》2016 年第 1 期。

⑤ 杨萍、王斌、纪春礼、聂元昆：《基于 TPB 修正模型的微信朋友圈广告接受意愿研究》，《商业经济研究》2016 年第 21 期。

⑥ 徐智、杨莉明：《微信朋友圈信息流广告用户参与效果研究》，《国际新闻界》2016 年第 5 期。

⑦ 胡晓林、马振龙：《基于 H5 技术的微信交互式广告在交互设计方面的“优势整合”创新思考》，《包装工程》2016 年第 24 期。

⑧ 奚路阳、程明：《大数据营销视角下广告运作体系的嬗变》，《编辑之友》2016 年第 3 期。

⑨ 马二伟：《大数据时代广告产业结构优化研究》，《国际新闻界》2016 年第 5 期。

⑩ 马二伟：《大数据时代广告产业核心业态的变革与重塑》，《现代传播（中国传媒大学学报）》2016 年第 11 期。

键问题，即："广告+大数据"应以打造品牌与用户之间的长期亲密关系为核心，大数据在消费者研究中的目的不在于"控制"而在于"理解"，"广告+大数据"应以参与式营销为载体。①

5. 网络新媒体广告发展存在治理与监管挑战。有研究者认为新媒体广告呈现出内容无差异之困、接受的两面效应之困、管理无从着手之困等"原生之困"，必须继续推行广告公信力评估管理制度、舆情大数据有机融入评估体系、评估发布与执法监管形成衔接。② 广告发布者陷入"违反公法义务，承担公法责任"和"履行公法义务，承担民事责任"的两难困境，必须面对广告发布者的著作权审查义务问题。③ 更重要的是，网络广告存在技术治理之困。加强对网络恶意广告威胁研究，强化以信息技术治理恶意广告，是未来网络广告治理发展之道。有研究认为，Android 第三方广告框架应用广泛，但 Android 系统漏洞及其第三方广告框架的逻辑缺陷严重威胁着 Android 市场安全。作者总结了 4 种 Android 恶意广告攻击方式，并有针对性地设计了一种基于后向切片算法和静态污点分析的 Android 第三方广告框架静态测量方法，以及一种基于 API Hook 和靶向 API Trace 的 Android 恶意广告敏感行为动态检测方法。④

四、研讨焦点：广告学界业界对广告发展与网络信息技术互动的会议探讨

在互联网络信息技术语境下，VR 技术、资本并购、计算技术媒体发展、广告监管、商标自主产权、消费升级、纸媒广告发展、助力"走出去"战略实施、广告教育变革与国际接轨等问题，成为 2016 年广告业发展的热点，也是学界积极探讨的主题。学界业界的相互切磋与学术互动，促进了互联网络信息技术语境下广告学学科的积极发展。

3 月，第二届中国广告业大会在北京开幕。广告学界业界对广告生态趋势与展望、媒体融合与"互联网+"、媒体与新技术应用、营销颠覆与重建、广告主的探索、广告新技术的展览展示等进行了深入探讨。

6 月，中国（第五届）大数据与移动广告营销大会在广州举行，主题是"数据为王·颠覆营销"，主要探讨移动互联网时代内容传播和营销的新趋势。

8 月，中国户外广告业大会在北京举行，探讨户外广告变革发展趋势和经济大环境的应对策略、户外广告观点创新和技术变革、作为传统媒体的户外广告和新媒体的有效融合、户外广告牌的程序化购买之路，以及户外媒体传播由一线城市向二三线城市下沉户外媒体主的应对思路。

12 月，第十五届中国广告教育学术年会在广州举行，主题为"使命与责任：中国广告的创新与未来"，讨论了新技术时代下中国广告的创新与未来、广告学理论的转向与重构、数字营销的规范与伦理、广告人才培养模式与教学方法创新、新媒体环境下传统广告融合与创新、广告发展的未来趋势等前沿话题。

12 月，全国广告学术研讨会暨中国广告协会学术委员会第八届会员代表大会在南京召开，主题是"模式与路径——中国广告业的创新与发展"。该会议主要探讨

---

① 王昕：《关系·理解·参与：大数据与广告互动的三个关键问题》，《现代传播（中国传媒大学学报）》2016 年第 11 期。

② 舒咏平、陶薇：《新媒体广告的"原生之困"与管理创新》，《现代传播（中国传媒大学学报）》2016 年第 3 期。

③ 姚志伟、刘润涛：《广告发布者的著作权审查义务问题研究》，《知识产权》2016 年第 4 期。

④ 韩心慧、丁怡婧、王东祺、黎桐辛、叶志远：《Android 恶意广告威胁分析与检测技术》，《清华大学学报》（自然科学版）2016 年第 5 期。

了互联网经济环境下中国广告业创新与发展的“模式与路径”。

五、年度重点：广告（尤其是网络广告）的治理与规范发展

“魏则西事件”是2016年一个标志性的网络事件，推动了互联网广告治理及其研究的新发展。① 针对互联网广告发展乱象，国家工商总局于2016年7月4日发布出台《互联网广告管理暂行办法》，于2016年9月1日实施。这是继2015年9月1日正式实施的新修订《中华人民共和国广告法》之后的一个重大举措。该办法对互联网广告的定义与范围作了界定，首次对程序化购买、广告需求方平台等网络广告发展新特征作了明确界定，对其实际操作与买卖流程作了规范化要求。这深化了习近平总书记“4·19”网信工作会议强调企业社会责任是发展要义的精神。同时，为网络广告研究提供了法理依据与传播视野，夯实与丰富了广告学学科发展的学理基础与话语体系。

广告治理是一个系统工程，需要建立完善社会监督制度，形成政府监管和行业自律的相互协作，形成共生发展的系统合力，促进广告监管绩效的提升优化。主要表现在：一是强调广告的社会监督创新重点在于氛围营造、制度保障、协同机制、技术支持，希望以此实现广告市场的制度化、规范化与高效化，而助推社会监督创新，催生出系统完备、监督有力的广告监管体系。② 二是重视互联网络信息技术，加强系统协同与治理优化。大数据技术带来了互联网广告治理体系的根本性变革，利用数据资源开放和数据技术的应用，有助于互联网广告治理的有效性的提升。大数据时代的互联网广告治理体系将建立信息流通共享的合作网络体系，并实现互联网广告的协同治理与智慧治理。③ 三是加强对漂绿广告（Greenwash Advertising）④ 的监管治理。有研究者通过实验法测试对漂绿广告进行效果研究。从治理角度看，培养足够清醒的“反漂绿”消费者群体以维护真正的绿色产业，需要媒体的持久关注和对消费者环境素养培养。⑤ 四是探讨新《广告法》。

---

① 魏则西事件是2016年4月至5月在互联网引发网民关注的一起医疗相关事件，是近年来前所未有的网络舆情事件与网络广告事件。西安科技大学学生魏则西医疗过世，让百度推广、莆田系民营医院、部队医院承包体制以及医疗监管制度等话题成为关注焦点、舆论热点。国家互联网信息办公室与国家工商总局、国家卫计委5月2日组成联合调查组，对此事件及互联网企业依法经营事项进行调查并依法处理。5月9日，国家网信办公布联合调查组进驻百度的调查结果，要求百度就其竞价排名等问题立即整改。7月4日，国家工商总局发布出台《互联网广告管理暂行办法》。该事件是我国新闻舆论监督发展与互联网舆论发展史上的标志性事件，也是我国互联网广告发展史上的一个标志性事件。参见王凤翔《魏则西事件彰显网络舆论监督力量：社会责任担当是发展要义》，http：//www.zgg.org.cn/xwdd/201605/t20160504_ 578946.html。

② 刘传红、王春淇：《社会监督创新与“漂绿广告”有效监管》，《中国地质大学学报》（社会科学版）2016年第6期。

③ 张晓静：《协同治理与智慧治理：大数据时代互联网广告的治理体系研究》，《广告大观》（理论版）2016年第10期。

④ 漂绿广告是虚假的绿色广告，利用环保诉求，误导消费者，掩饰原本不符合甚至违背可持续发展理念的企业行为或产品形象。消费者缺乏环保知识，以及信息不对称，是漂绿广告盛行的重要原因。主要表现在：一是包括“漂绿广告”在内的各种漂绿行为日渐引起社会关注。比如，《南方周末》从2009年创设“绿板”并于2010年年初首次推出“年度漂绿榜”，至今已有七个年头；二是“漂绿广告”对当下生态文明建设造成了极为负面的影响，环保产业、绿色产品正遭受信任危机；三是“漂绿广告”对广告产业发展构成了新威胁，使得广告的公信力雪上加霜；四是“漂绿广告”的社会认知、监管实践与理论研究均严重滞后。把“漂绿广告”纳入监管视野，就是提醒和约束企业要全环节绿化生产经营活动，为市场提供源源不断的、值得消费者信赖的环保产品，而不是假借“漂绿广告”这一手段欺骗或误导消费者。[参见王伟、刘传红《“漂绿广告”监管需要建立引爆机制》，《中国地质大学学报》（社会科学版）2013年第6期；刘传红、王春淇《“漂绿广告”：新的监管难题和研究视域》，《现代传播（中国传媒大学学报）》2016年第11期；孙蕾、蔡昆濠《漂绿广告的虚假环境诉求及其效果研究》，《国际新闻界》2016年第12期。]

⑤ 孙蕾、蔡昆濠：《漂绿广告的虚假环境诉求及其效果研究》，《国际新闻界》2016年第12期。

有研究者认为新《广告法》超越效法模板，确立了管制色彩浓厚的广告代言法律制度。为降低过度管制带来的市场风险，实践中呈现出随意宽松化的解释倾向。①

六、基金项目：以基金项目支持的课题形式带动学科研究

自2014年以来，国家社科基金新闻传播学学科广告学方向的项目有10项：2014年3项，2015年5项，2016年2项。其中，重点项目1项，一般项目8项，青年项目1项。三年来，2016年社科基金广告学项目是最少的。主要集中在广告产业、广告史与广告发展转型上（参见表4）。

表4 2014—2016年国家社科基金新闻传播学学科广告学方向项目概况

项目名称	主持人	工作单位	项目类别	批准号
广告产业中国模式的理论构建研究	陈　刚	北京大学	重点项目	14AXW012
大数据背景下广告业转型研究	马二伟	重庆工商大学	一般项目	14BXW066
全球争议广告研究	王　晶	厦门大学	一般项目	14BXW067
大数据与中国广告产业发展研究	张金海	武汉工商学院	一般项目	15BXW081
大数据与中国广告产业集约化发展研究	颜景毅	郑州大学	一般项目	15BXW082
中国网络广告发展史(1997—2016)	王凤翔	中国社会科学院	一般项目	15BXW083
广告“积极传播”与中国新世纪社会消费转型研究	黄也平	吉林大学	一般项目	15BXW087
中国近代广告史史料整理与研究(1840—1949)	杜艳艳	浙江工业大学	青年项目	15CXW004
中国当代广告口述史(1979—2010)	祝　帅	北京大学	一般项目	16BXW086
中国互联网广告监管制度研究	廖秉宜	武汉大学	·般项目	16BXW087

2016年中国期刊网“国家社会科学基金”项目的论文有53篇，核心刊物、CSSCI、SCI等有32篇。其中，2014—2016年国家社科基金广告学项目成果达15篇。2014年广告学项目有11篇：“广告产业中国模式的理论构建研究”有《重新定义广告——数字传播时代的广告定义研究》等5篇成果与1篇综述成果②，“大数据背景下广告业转型研究”有《大数据时代广告产业结构优化研究》等5篇论文成果③。2015年广告学项目成果有3篇论文：“大数据与中国广告产业集约化发展研究”

① 宋亚辉：《广告代言的法律解释论》，《法学》2016年第9期。

② 陈刚、潘洪亮：《重新定义广告——数字传播时代的广告定义研究》，《新闻与写作》2016年第4期；许正林、马蕊：《程序化购买与网络广告生态圈变革》，《山西大学学报》（哲学社会科学版）2016年第2期；许正林、闫峰：《当前世界发展中国家广告产业发展态势及其中国机遇分析》，《现代传播》2016年第10期；姚曦、李菲飞：《价值重构——数字时代广告公司商业模式的创新》，《广告大观》（理论版）2016年第6期；秦雪冰：《广告产业演化：一个研究框架建构的尝试》，《广告大观》（理论版）2016年第6期；孙美玲：《数字营销环境下发展广告学理论与广告教育的创新实践——第八届中国发展广告学论坛综述》，《广告大观》（理论版）2016年第6期。

③ 马二伟：《大数据时代广告产业结构优化研究》，《国际新闻界》2016年第5期；马二伟：《大数据与广告产业生态环境的变迁》，《现代传播》2016年第11期；马二伟：《大数据时代广告产业核心业态的变革与重塑》，《当代传播》2016年第3期；马二伟：《大数据时代广告产业的危机与变革》，《中国出版》2016年第11期；马二伟：《大数据时代广告产业融合发展的模式与机制分析》，《新闻界》2016年第15期。

有《自媒体公众号广告传播风险解析》1篇成果①，“广告‘积极传播’与中国新世纪社会消费转型研究”有《新世纪“广告语错传播”的现实意义——“广告语错”与现代汉语发展关系分析》1篇②，“中国近代广告史史料整理与研究（1840—1949）”有《明清时期两种特殊的政治广告形态初探》1篇③。2016年广告学项目“中国当代广告口述史（1979—2010）”有《当代中国广告史研究的学术谱系》1篇④。2016年国家社科基金广告学研究的其他成果，集中于2011—2015年广告学方向、新闻传播学方向、文学方向、艺术学方向等项目。“环保类虚假广告的危害及其监管有效性研究”（项目编号：11BXW039）有《“漂绿广告”：新的监管难题和研究视域》等3篇论文。⑤“新媒体广告规制研究”（项目编号：12BXW047）有《美国在线行为广告的自律规制研究》等成果⑥。文学广告研究方面，彭林祥“中国现代文学广告史论”（项目编号：15BZW125）社科基金项目有《广告与现代长篇小说的传播》等论文⑦。国家社科基金艺术学项目，如“儿童与卡通角色认同心理机制研究”（项目编号：14BA013）有《广告播出频次对儿童的广告好感度、记忆度影响研究——以卡通广告为例》⑧，“新时期以来我国电视公益广告的传播效果”（项目编号：14CC103）有《刍议新时期我国电视公益广告的传播效果》等研究成果⑨。

国家自然科学基金、国家科技支撑计划、教育部人文社科项目、相关部委项目、省级社科基金、省级教育部门基金与高校基金项目等，有关广告学研究的成果不少。自然科学基金项目在核心期刊、CSSCI、SCI发表的成果有36项，国家科技支撑计划有4篇。⑩其他项目，如：江苏省“十二五”教育规划项目“江苏城镇化进程中学前教育公共意识形成与践行研究”成果有《我国儿童广告研究的现状与趋势》⑪。

七、拓展视点：从“副文学”“副文本”、批判反思、市场价值创新与跨学科理论嫁接的视角

从“副文学”“副文本”探讨文学广告。彭林祥《中国现代文学广告的价值》认为作为“副文本”的中国现代文学广告，促进了现代文学书刊的销售，实现了现代文学预告、呈现与揭示的功能，利用不同广告媒介分层次实现了现代文学既广泛而又有针对性的传播与接受。中国现代

① 罗雁飞：《自媒体公众号广告传播风险解析》，《现代传播》2016年第11期。

② 黄也平：《新世纪“广告语错传播”的现实意义——“广告语错”与现代汉语发展关系分析》，《吉林师范大学学报》（人文社会科学版）2016年第3期。

③ 张剑：《明清时期两种特殊的政治广告形态初探》，《文化与传播》2016年第6期。

④ 祝帅：《当代中国广告史研究的学术谱系》，《学术研究》2016年第7期。

⑤ 刘传红、宋玉书：《企业家代言的互利效应与风险防范》，《新闻大学》2016年第2期；刘传红、王春淇《“漂绿广告”：新的监管难题和研究视域》，《现代传播（中国传媒大学学报）》2016年第11期；孙蕾、蔡昆濠：《漂绿广告的虚假环境诉求及其效果研究》，《国际新闻界》2016年第12期。

⑥ 孟茹：《美国在线行为广告的自律规制研究》，《新闻界》2016年第10期。

⑦ 彭林祥：《广告与现代长篇小说的传播》，《现代中国文化与文学》2016年第1期；彭林祥：《鲁迅去世后出版界的“商业竞卖”——以出版广告为中心的考察》，《新文学史料》2016年第3期。

⑧ 何建平、罗爱：《广告播出频次对儿童的广告好感度、记忆度影响研究——以卡通广告为例》，《现代传播（中国传媒大学学报）》2016年第9期。

⑨ 张莹、张陨：《刍议新时期我国电视公益广告的传播效果》，《传媒》2016年第22期。

⑩ 检索日期：2017年10月12日。

⑪ 郑蓓：《我国儿童广告研究的现状与趋势》，《现代传播（中国传媒大学学报）》2016年第7期。

文学广告作为一种“副文学”，营造了引导阅读的氛围和空间，促进读者“期待视阈”和审美心理形成。①

广告史研究有批判视野。一是从大历史视角探讨汉语“广告”一词意义的历时性流变。有研究者第一次比较全面、系统与科学地论述与阐释了汉语“广告”一词及其含义在中国历史长河里的发展流变。②二是探讨清教主义价值观在美国广告批判中的脉络。有研究者认为广告作为连接生产与欲望的桥梁，集中体现了清教价值观中生产主义和禁欲主义之间的冲突。③

探讨电影广告的市场价值创新。有研究者基于移动互联与社会化媒体勃兴的背景，提出全面整合制片、院线与企业三方资源，应用社群营销与场景营销的理念实现电影广告的价值创新，是电影广告的战略选择与发展路径。④

通过跨学科理论的嫁接，加强互联网广告的品牌研究。有研究者借鉴认知反应模式和事前预测的 4 种模型，探讨在一定强制性的视频贴片广告下，受众对平台、广告和品牌态度的转变与行为意向，进而探索视频平台、广告商、广告投放主三方之间的平衡策略。⑤

八、学科难点：要积极建设学术阵地，提高研究质量，突破计算广告学的学科建设瓶颈

1. 研究成果总体数量下降，与中国大国广告地位及其发展不相称。2016 年中国广告行业发展形势整体向好向上，进入了一个新的历史发展时期，年广告经营额首次突破 6000 亿元人民币，年增长率为 8.63%，占 GDP 的比重为 0.87%。通过对中国期刊网题名“广告”关键词检索⑥，2016 年 1—12 月广告学文献总量为 5309 篇；期刊类文献数量为 3836 篇，是近 7 年来最低。作为广告学科，没有一家核心的学科杂志作为学术阵地，导致广告学研究随波逐流，自然难以奠定自身学术地位，难以发挥自身学科优势。由此可见，研究成果数量以及质量，与中国大国广告发展与地位不相称。

论文被引数量比较低，学术质量亟待提升。至 2017 年 10 月 17 日，被引用次数 1 次以上的广告学论文达 641 篇，⑦ 为广告学论文总数的 16.71%。被引次数超过 10 次，有 2 篇：《重新定义广告——数字传播时代的广告定义研究》被引次数为 11 次，《微信朋友圈信息流广告用户参与效果研究》为 10 次。《2015—2016 年中国媒体广告市场现状与趋势》被引 8 次，《色彩语义在现代平面广告设计中的应用》为 7 次。被引次数 6 次、5 次的论文，各为 8 篇。被引次数 4 次的有 16 篇，被引次数为 3 次的有 35 篇，被引 2 次的为 113 篇。

2. 有学理深度与学术高度的专著较少。教材类、参考类、市场营销类等书籍较多，学理性广告学专著不多。广告学专著有：一是广告史研究。《广告呈现与传播中的近代澳门社会》从多元文化共存与交融的视角，以丰富史料、学理分析显示

---

① 彭林祥：《中国现代文学广告的价值》，《中国社会科学》2016 年第 4 期。

② 王凤翔：《对汉语“广告”一词意义流变的考察》，《新闻与传播研究》2016 年第 4 期；王凤翔：《论汉语“广告”一词的意义流变》，《全球传媒学刊》2016 年第 3 期。

③ 余晓莉：《物欲的原罪与悖论》，《新闻大学》2016 年第 4 期。

④ 王晓乐、刘晨：《电影广告的市场图景与价值创新》，《当代电影》2016 年第 3 期。

⑤ 蔡佩儿、沙振权：《互联网视频贴片广告下的品牌说服效果》，《管理学报》2016 年第 10 期。

⑥ 检索日期：2017 年 9 月 20 日 11：30—12：00。

⑦ 检索日期：2017 年 10 月 18 日 20：50。

广告史与澳门社会发展研究方面的学术价值。①《抗战时期〈广西日报〉（桂林）广告研究（1937—1945）》以新桂系喉舌《广西日报》广告发展为例，侧面生动反映抗战时期广西经济社会发展的进程和特点，剖析展现广告对抗战动员和宣传的独特作用和影响。②《“百年麦肯”美国早期广告设计研究：20世纪商业文化变迁下的广告艺术（1902—1945）》以麦肯世界集团为个案，用纵向性研究和案例研究方法分析其广告的发展轨迹，折射出一个时代的美国广告业的发展历程。③ 二是性别研究。《广告中的两性研究》围绕广告中的女性形象、角色，和广告中两性关系、形象等问题进行研究，研究主题属于性别与媒介领域。④ 三是广告法制研究。《日本广告行为行政规制研究》探讨日本广告行为在国家法律、地方条例以及行业自律等多个层面上的监管特点，对中日两国在广告行为行政规制上存在的差异进行分析。⑤ 四是城市景观研究。《城市街道景观中的广告元素特征研究：以哈尔滨市中央大街为例》归纳出中央大街步行道路显性广告元素景观特征研究、隐性广告元素景观特征研究和显隐结合广告元素景观特征研究等问题，提出了其广告元素景观设计策略。⑥ 五是语言学研究。《语类的复杂性和广告对政治语篇的侵殖》从语言学与广告传播的视角对广告对政治传播的影响进行论述。⑦

3. 对广告信息技术研究与算法的天生缺陷，形成不利于广告学科建设的发展瓶颈。计算广告学是大数据时代的广告传播变革，亟须广告信息技术研究与算法融入广告学研究之中。但是，计算广告学涉及计算机信息技术、工商管理与新闻传播学等学科，而新闻传播学学科带头人以及学科建设原来都是基于社会人文学科，纯粹计算机学科的无法有效构建该学科。因此，计算广告学的学科建设需要一个比较长的过程，受到极大挑战，学科建设的整合完善任重而道远。

4. 基金项目署名成果显示学术浮躁现象。2016年广告学研究成果大多以国家社科基金项目、国家社科基金艺术学项目、自然科学基金、教育部人文社科基金项目、各省区市社科基金与高校自主基金等成果展示。但是，唯有相关研究者成果以社科基金项目作为唯一项目名称署示，除《新闻与传播研究》等学刊要求成果展示只有一项基金项目外，其他成果与多数学刊大多以多项基金的阶段成果展示，这说明广告学界在研究成果方面存在追求效益最大化趋向，从而使学术成果权重有所下降，不利于展示成果的唯一标识性与学术权威性，重复性成果使基金项目研究含金量打了折扣。

撰稿：王凤翔（中国社会科学院新闻与传播研究所副研究员）

① 徐莉莉：《广告呈现与传播中的近代澳门社会》，上海交通大学出版社2016年版。

② 陈洪波：《抗战时期〈广西日报〉（桂林）广告研究（1937—1945）》，厦门大学出版社2016年版。

③ 郅阳：《“百年麦肯”美国早期广告设计研究：20世纪商业文化变迁下的广告艺术（1902—1945）》，光明日报出版社2016年版。

④ 周雨：《广告中的两性研究》，厦门大学出版社2016年版。

⑤ 陈肖盈：《日本广告行为行政规制研究》，法律出版社2016年版。

⑥ 王树东：《城市街道景观中的广告元素特征研究：以哈尔滨市中央大街为例》，光明日报出版社2016年版。

⑦ 王宏俐：《语类的复杂性和广告对政治语篇的侵殖》，科学出版社2016年版。

· 专题综述 ·

· 新闻学专题 ·

马克思主义新闻观研究 2016 年综述

伴随着新闻学学科的发展和学科地位的提升以及马克思主义新闻观在顶层设计予以的高度重视，马克思主义新闻学研究在 2016 年得到较快发展。从研究总体数量来看，中国知网数据库显示，2016 年相关文章总数近 3000 篇。从文章发表的期刊来看，《新闻与传播研究》专门开辟了“马克思主义新闻学”专栏，每期发表一篇，是所有学术型期刊中发表数量最多的杂志，《现代传播》《新闻大学》《国际新闻界》《新闻记者》《当代传播》《新闻爱好者》等杂志也有一些相关文章，其他业务类学术期刊发表了大量学习讲话类的文章，也是这一年度马克思主义新闻观研究的一大特点。从研究队伍来看，2016 年马克思主义新闻观领域研究的作者群也突破以往只局限于少数学者的状态，在学习讲话精神和一些杂志的策划下，有一批学界和业界人士参与了本年度马克思主义新闻观的研究与讨论。本文从习近平新闻舆论思想、经典作家新闻思想、马克思主义新闻观教育、中国特色新闻学四个角度对 2016 年马克思主义新闻学研究作总体性描述。

一、习近平新闻舆论思想专题研究成果显著

党的十八大以来，习近平先后在 8 次讲话中对新闻舆论工作做出了论述，提出了要求。特别是 2016 年习近平在党的新闻舆论工作座谈会上的讲话，对新时代中国新闻舆论工作者的角色规范、角色定位、职责使命、作风文风做出了系统性的论述，引发了对习近平新闻舆论思想研究的高潮。中国知网数据库显示，2016 年关于习近平新闻舆论思想研究的文章有 1000 余篇。这些文章大致有两类。一是习近平新闻舆论宣传思想的理论研究，此类研究围绕习近平新闻舆论宣传思想的背景、内涵、意义等展开。二是习近平新闻宣传舆论思想的实践指导作用的认识。

（一）习近平新闻舆论思想的背景与历史脉络研究

习近平新闻舆论思想的形成是基于什么背景？其个人的新闻舆论思想从何而来？有学者分析了习近平新闻舆论工作重要讲话的背景，认为这一讲话源于当前我国面临的国内外意识形态领域的复杂形势，国际传媒领域的激烈竞争、新闻队伍面临的实际情况等背景。认为习近平“2 · 19”讲话同“8 · 19”讲话一样，是中国共产党新闻思想史上具有里程碑意义的纲领性文献，是指导我们做好当前新闻舆论工作的强大思想武器和理论指南。①

有学者从习近平的个人成长经历的历练与影响、治国理政经验的提炼和总结等角度剖析了习近平新闻宣传舆论观形成的背

① 郑保卫：《论习近平党的新闻舆论工作重要讲话的背景及意义》，《新闻爱好者》2016 年第 4 期。

景，并指出，习近平新闻宣传舆论观是对马克思恩格斯列宁新闻观和中国共产党新闻宣传和舆论思想的继承、创新和发展。①

除了这种宏观层面的背景与意义剖析，也有研究对习近平新闻舆论思想中的一些重要概念进行的历史分析。在“8·19”讲话和“2·19”讲话中，习近平都强调了“党性原则”。有学者由此对党性与人民性关系的提出、争论的历史进行溯源，并认为习近平破除了我国新闻宣传领域最近30多年来人为制造的一个禁区，无论在党的理论建设上还是现实的宣传实践上，都具有重大意义。②

习近平在“2·19”讲话中提出，“党和政府主办的媒体是党和政府的宣传阵地，必须姓党”。有学者就此结合讲话原文及媒体有关报道入手，描绘了“党媒姓党”的形成过程。他认为，“党媒姓党”的理论根基、历史渊源和现实逻辑尚需要从新闻舆论工作党性原则作进一步深入系统的阐述，并从“党性原则”入手，对“党媒姓党”的历史进行了溯源。③

“2·19”讲话首次公开提出“新闻舆论”的概念。有学者从“新闻宣传”转为“新闻舆论”的话语转型入手，对中国共产党“新闻宣传”概念的历史做出了论述，并指出，从“新闻宣传”到“新闻舆论”这一话语转型的背后有着宣传观念转型与现实工作需要的多重意义。④

针对习近平提出的“提升新闻舆论的引导力”，有学者对此做出了历史描述。文章把新闻舆论引导追溯到了马克思关于舆论和制造舆论、中国共产党早期对舆论的认识及中国共产党历代领导人对舆论的论述，而具体到新闻舆论引导力，是马克思和恩格斯关于舆论的认识在引入中国之后也根据中国实际状况进行了不断的中国化，最终形成了习近平关于新闻舆论引导力的新阐释。⑤

（二）习近平新闻舆论思想的创新与发展研究

习近平新闻舆论思想不仅是对马克思主义新闻思想的继承，提出并发展了一些传统新闻舆论思想的概念，还有一系列创新与发展之处。

有学者系统分析了习近平新闻舆论思想的创新与发展之处，包括：论述对象的创新，如互联网领域的舆论斗争、媒体融合发展的新格局；思想理念的创新，如“新闻舆论工作”新理念、“创新、协调、绿色、开放、共享”新理念；观点表达的创新，如有独特的语言风格和巧妙的引用与类比。⑥

有学者对习近平新闻舆论思想的理论创新进行了总结。文章认为，这些创新包括对党的新闻舆论工作性质地位做出新定位；对党的新闻舆论工作方针原则进行新归纳；对党的新闻舆论工作职责使命做出新表述；对党的新闻舆论工作创新发展提出新要求；对丰富发展马克思主义新闻观做出新贡献等内容。⑦

习近平新闻舆论思想中有一系列重要的概念和理论创新，从“新闻宣传”到“新闻舆论”的变化就是其中一个。有学

① 郑保卫：《习近平新闻宣传舆论观的形成背景及理论创新》，《现代传播》2016年第4期。

② 陈力丹：《党性和人民性的提出、争论和归结——习近平重新并提“党性”和“人民性”的思想溯源与现实意义》，《安徽大学学报》（哲学社会科学版）2016年第6期。

③ 邓绍根：《“党媒姓党”的理论根基、历史渊源和现实逻辑》，《新闻与传播研究》2016年第8期。

④ 叶俊：《新闻宣传概念的历史及其终结》，《全球传媒学刊》2016年第4期。

⑤ 计永超、刘莲莲：《新闻舆论引导力：理论渊源、现实依据与提升路径》，《新闻与传播研究》2016年第9期。

⑥ 蔡尚伟、张帆：《试论习近平新闻舆论思想的创新与发展》，《新闻战线》2016年6月（上）。

⑦ 郑保卫：《论习近平党的新闻舆论工作重要讲话的理论创新》，《中国广播电视学刊》2016年第4期。

者提出，这一创新反映了我们党对时代变化的准确把握、对现实挑战的清醒判断以及对舆论认识达到了新的高度。[①] 也有学者认为，“新闻舆论工作”概念的提出，绝不仅仅是简单的提法变化，而是展示了习近平总书记传媒思想的新理念和新认识，是根本性的和转折性的。[②]

随着新媒体的发展，如何运用与发展新媒体，成为摆在学界业界的难题，也是摆在党和政府面前的一大课题，而习近平在系列讲话中对此有诸多论述。有学者对习近平的新媒体观做了系统性论述。文章认为，习近平新媒体观主要是强调新媒体在治国理政中的重要地位，把媒体融合上升为国家战略，强调利用新技术占领信息制高点，鼓励理念、体制机制变革，重视网络强国战略的构建与国际话语权的掌控。而综观习近平的新媒体观，可以看到以先进技术为支撑，发展新媒体人才优势，实施理念、手段、内容、体制创新是扶持和促进新媒体发展的三个切入点。[③]

推动媒体融合发展是习近平关于媒体创新思想的新发展。有学者对习近平媒体融合思想进行了系统论述，文章认为，习近平关于媒体融合发展的系列重要讲话，系统阐述了融合发展的政治逻辑、技术逻辑与市场逻辑。从政治逻辑来看，推动传统媒体和新兴媒体融合发展，既是做好意识形态工作的战略要求，也是壮大主流舆论的紧迫任务；从新媒体发展的技术逻辑来看，新闻产品需要从相加走向相融，最终创造真正体现互联网特质的融合型新闻产品，并且传媒管理与新闻生产的体制机制也需要随之变革；从市场逻辑来看，融合发展需要把市场作为重要的资源配置手段，并且发展成果要能够经得起市场的考验。[④]

十八大以来，网信事业提升到一个非常重要的位置。在习近平系列论述中，网信事业也频繁被提及。有学者对习近平的网信思想做了系统研究。作者认为，习近平网信思想的核心是“治网于草野，取信于草根”。文章认为，网信事业至关重要，对于网络文化管理要比宣传管理要求更高，这就要求意识形态管理部门不能只管住传统媒体，还要管好用好新媒体乃至整个互联网；不能用传统媒体思维来管理互联网，而要用互联网思维来进行管理，要张弛有度，收放自如。[⑤]

（三）习近平新闻舆论思想对新闻工作的指导作用研究

在习近平系列讲话中，其体现的新闻舆论思想对新闻工作具有很好的指导性作用，很多观点都具有现实针对性，对新闻工作提出可信的更高要求。这引发了学界与业界的关注。

以人民为中心的工作导向是习近平反复强调的，有学者对新闻舆论工作如何坚持以人民为中心的工作导向做出论述。文章认为，习近平以自己的言行践行着他提出的“把实现好、维护好、发展好最广大人民根本利益作为出发点和落脚点，坚持以民为本、以人为本”的要求。作者认为，习近平“2·19”讲话再次提出“为了谁、依靠谁、我是谁”，很有针对性，因为确实有些新闻工作者没有摆正自己在社会中的位置，忘记了党的新闻工作的光

---

① 唐绪军：《由“宣传”到“舆论”意味着什么?》，《中国社会科学报》2016 年 4 月 29 日。

② 尹韵公：《习近平新闻舆论思想新理念》，《新闻与写作》2016 年第 4 期，卷首语。

③ 黄楚新、王丹、任芳言：《试论习近平的新媒体观》，《新闻与传播研究》2016 年第 3 期。

④ 林如鹏、汤景泰：《政治逻辑、技术逻辑与市场逻辑：论习近平的媒体融合发展思想》，《新闻与传播研究》2016 年第 11 期。

⑤ 谭天：《治网于草野，取信于草根——习近平网信思想解读》，《新闻与传播研究》2016 年第 5 期。

荣传统和新闻职业规范。[①] 也有学者系统总结了讲话所传达出的习近平新闻思想的人民观，认为其核心是“媒体要为人民讲话，要让人民讲话，要讲人民的话”[②]。

以人民为中心的工作导向，表现在网络上即习近平在“4·19”讲话中提出的“网上群众路线”。对此，有学者指出面对互联网时代群众的网民化趋势，密切联系群众成为一个全新、严峻的时代命题，而面对喧嚣汹涌的网络典论场和更为复杂的网络传播关系，如何走网上群众路线，是摆在执政党面前的巨大挑战。作者认为，不解决7亿网民的心理感受问题，党的群众路线就难以落地。因此，走网络群众路线，必须把握网络民心民意的特征，对症下药；要从“心”出发，取信于网民，赢得民心。[③]

习近平系列讲话一个重要的时代背景是，当前我国处于新兴媒体蓬勃发展之际，网络安全与信息化工作已成为党的事业的一个重要组成部分。有学者指出，习近平强调按照“创新、协调、绿色、开放、共享”的新发展理念推动我国网信事业发展，并以此基调阐述网络安全和信息化工作的主要问题，可谓切中肯綮，让网络管理回归到网络的本质。针对当前围绕网络管理中存在着各种模糊的认识，封堵甚至“一关了之”的极端观点和行为，作者认为，习总书记的讲话从战略高度阐释了网络发展的基本逻辑：一个健康网络生态的形成，需要尊重网络传播基本规律，从而释放其在社会发展中的正能量。[④]

新兴媒体的发展对新闻事业提出了更高要求，新闻工作如何更好满足人民群众的需求成为一大挑战。对此，有学者结合习近平系列讲话认为，新闻传播业应当抓住我国在经济新常态下大力推进供给侧改革和媒体多向融合的契机，加大对与劳动力、资本、技术和制度等要素相关领域的改革强度，去产能，调结构，惜人才，强投入、新体制，改机制，创新和繁荣新闻传播产品供给，重建正能量、接地气、有效用的我国新闻舆论格局。[⑤]

面对媒体格局与舆论生态巨变的环境，新闻舆论工作者队伍建设也是习近平讲话中强调的重要内容。对此，有论述指出，深入学习宣传贯彻习近平总书记在党的新闻舆论工作座谈会上的重要讲话精神，必须始终坚持强化“四个意识”、坚持正确舆论导向、坚持创新创优、坚持严实作风。[⑥] 也有论述指出，讲话的一个重要内容，就是对坚持政治家办报提出了新的时代要求，“必须准确把握坚持政治家办报的深刻内涵和时代要求，使党的新闻舆论工作勇立时代潮头、展现时代新貌，不负党和人民重托”[⑦]。有学者认为，习近平对新闻人才的重要论述，道出了今天传媒格局下影响力竞争、话语权争夺的关键所在，对新的时代条件下新闻舆论工作的队伍建设提出了新的更高要求。该作者认为，新闻舆论工作者不仅是时代的记录者、观察

---

① 陈力丹：《坚持以人民为中心的新闻工作导向》，《国际新闻界》2016年第7期。

② 吴信训：《为人民讲话 让人民讲话 讲人民的话——习近平新闻思想的人民观》，《新闻与传播研究》2016年第7期。

③ 张涛甫：《从“心”出发，打造群众路线升级版》，《新闻与写作》2016年第6期。

④ 周勇：《重网络传播规律　促进网络健康发展》，《新闻与传播研究》2016年第6期。

⑤ 蒋亚平：《深化新闻供给侧改革　创新繁荣新闻产品供给——学习习近平关于新闻舆论和网信工作讲话有感》，《新闻与传播研究》2016年第7期。

⑥ 聂辰席：《牢记职责使命　壮大主流舆论　唱响时代强音——深入学习宣传贯彻习近平总书记在党的新闻舆论工作座谈会上的重要讲话精神》，《中国广播电视学刊》2016年第4期。

⑦ 杨振武：《把握好政治家办报的时代要求——深入学习贯彻习近平同志在党的新闻舆论工作座谈会上的重要讲话精神》，《新闻战线》2016年3月（上）。

者，而且也是思考者、建设者；新闻舆论队伍建设，尤其要强调政治觉悟高、业务素质硬、作风优良，它不仅影响新闻业态、舆论生态，更关系着全社会的价值导向和思想动向。①

二、经典作家新闻思想研究进度有限

经典作家新闻思想是马克思主义新闻观的源头所在，对经典作家新闻思想的研究是不断夯实马克思主义新闻观的基础性工作。综观2016年的有关研究，经典作家新闻思想研究成果较少。

暨南大学马克思主义新闻观课题组组织的系列马克思主义新闻观名词，在《新闻前哨》和《新闻界》两个杂志，陆续发表了一系列名词概念的考据文章。这是本年度经典作家思想研究的一大特色。这一系列文章篇幅不长，但对马克思主义新闻观发展史上的一些重要名词概念做出了考据、界定，对深化马克思主义新闻观认识有促进作用。

随着媒介的迅速发展，对媒介技术的认识进入了学者视角。有学者对经典作家的媒介技术观作了系统论述。文章认为，从马克思恩格斯所处的现代报刊发轫时期，到如今我们所处的以互联网为基础的多媒体融合并存的时期，人类媒介技术经历了从印刷和电报时代到互联网时代的多次跨越。而在这一演进过程中，马克思主义关于媒介技术的思想也得以不断丰富发展。②文章结合每一时代的社会背景，全面论述马克思恩格斯、列宁及以毛泽东为代表的中国共产党历代领导人在不同时代的媒介技术思想。文章通过对马克思主义媒介技术观的全面回顾与总结，勾勒出媒介技术形成发展的路径，为更好地理解媒介技术在整个传媒业改革发展中的作用提供一个可供参考的历史视角。

有学者对马克思主义经典作家利用党报党刊宣传主导思想的理论与实践做出研究。文章认为，以马克思、恩格斯、列宁、毛泽东等为代表的马克思主义经典作家，在长期领导、主办、主编或为不同风格报刊撰稿的过程中，不仅从理论上提出无产阶级政党的党报党刊应注重思想性、科学性、现实性、层次性，而且运用党报党刊撰发战斗檄文、宣传无产阶级政党的主张、揭批多种错误思潮，为宣传马克思主义积累了丰富的实践经验。③

综观2016年度有关经典作家新闻思想的研究，研究学者明显偏少，研究内容也很局限，创新性也还不够。这表明，当前关注马克思主义经典作家新闻思想的正在减少，人才队伍缺乏。欣喜的是，其他学科领域出现了对经典作家新闻思想的研究。

三、马克思主义新闻观教育研究成果丰硕

在中央对马克思主义新闻观教育的高度重视及部校共建新闻学院的推动下，马克思主义新闻观教育在2016年成为学术热点，相关研究成果丰硕。中国知网数据显示，2016年相关主题文章近300篇，是历年来数量最多的一年。综观这些研究，主要可以分为三类。

一是关于马克思主义新闻观的历史与内涵研究。有学者对马克思主义新闻观教育概念的提出、发展历程进行了回顾。作者指出，尽管马克思主义新闻观教育早在

---

① 林爱珺：《论新闻舆论工作队伍建设——学习习近平新闻舆论工作座谈会讲话的体会》，《新闻记者》2016年第5期。

② 郑保卫、叶俊：《从印刷、电报到互联网——论马克思主义媒介技术观的历史演变》，《新闻大学》2016年第2期。

③ 罗艳梅：《马克思主义经典作家利用党报党刊宣传主导思想的理论与实践》，《当代中国价值观研究》2016年第6期。

20世纪40年代就已经出现，“马克思主义新闻学”概念早在20世纪50年代也开始出现，但“马克思主义新闻观”概念一直到90年代末才开始出现，到2003年才有全国性的马克思主义新闻观教育。①

有学者提出了马克思主义新闻观哲学基础，认为马克思主义新闻观以辩证唯物主义和历史唯物主义作为自己的哲学基础，在长期的新闻传播实践中检验和强化自己的真理性，克服片面性，不断走向完善和深化，从而显示出无穷的生命力和巨大的战斗力。文章认为，马克思主义新闻观的哲学基础大致包括，从事物联系的普遍性考察人类社会交往的必要性；从存在决定意识规律认识新闻传播的本质；对立统一法则制约新闻传播机制；经济基础与上层建筑互动原理规定新闻事业的性质；人民的历史地位决定人民是新闻事业发展的动力。②

在马克思主义新闻观成为学术热点之时，其内涵再次受到关注。有学者指出，在新形势下，马克思主义新闻观的重要组成包括新闻舆论工作的使命观、政治观、人民观、真实观和创新观。③ 也有学者对马克思主义新闻观核心理念做出界定，认为在这个体系中，党性原则、坚持正确舆论导向、以人民为中心、责任先于自由等方针原则，经过数代马克思主义经典作家和各国无产阶级政党的提出、凝练和发展，经过一百多年来无产阶级政党尤其是中国共产党新闻舆论工作实践的检验，已成为马克思主义新闻观的核心理念。④ 还有学者对马克思主义经典作家马克思、列宁、毛泽东、习近平的“受众”观作了较为翔实的分析，揭示了马克思主义新闻观中“受众”观的特点及演化规律。⑤

二是对马克思主义新闻观的现状和问题的总结。针对当前我国马克思主义新闻观备受关注的现状，有学者运用范畴认知的方法，从习近平的三次重要讲话中提炼出同新闻学相关的十对范畴，通过对它们的分析阐述，深化对马克思主义新闻观的学习与研究。文章认为，这十对范畴是：新闻舆论的功能与危害、网络舆论的引导与管理、舆论监督与正面宣传、信息公开与网络安全、引导人民与学习草野、人才使用与人才培养、中国特色与世界视野、学习借鉴与生搬硬套、学科构建与话语创新、真懂真信与不懂假信。⑥ 这里提出的“学习借鉴与生搬硬套”“真懂真信与不懂假信”等范畴，有助于当前形势下对马克思主义新闻观研究有一个清晰的判断。

有学者对在新的历史条件下进行马克思主义新闻观研究，与过去时代进行了比较。作者认为，由于社会政治、经济、文化等方面的情况和条件的变化，进行马克思主义新闻观研究，客观上已经有了比较大的差异。在研究中，存在一些问题。比如：对某些应当能讲得比较透彻的问题，实际上却讲得不够深也不够透；在对有些问题的讲述中，逻辑上显得脱节，或不甚严密；就新闻学子或新闻舆论工作者感到困惑的问题，未做出有说服力的回应或干脆不作回应。⑦

针对高校开展马克思主义新闻观教育，

① 郑保卫、叶俊：《马克思主义新闻观教育的形成、推进及意义》，《中国大学教学》2016年第12期。

② 童兵：《试析马克思主义新闻观的哲学基础》，《南京社会科学》2016年第1期。

③ 胡钰：《论马克思主义新闻观的时代内涵》，《思想教育研究》2016年第3期。

④ 陈建云：《马克思主义新闻观的核心理念》，《当代传播》2016年第6期。

⑤ 童兵：《马克思主义新闻观中的“受众”》，《新闻与写作》2016年第10期。

⑥ 童兵：《从范畴认知深化马克思主义新闻观研究——对习近平关于新闻舆论、网络传播和哲学社会科学工作讲话提出的十对范畴的思考》，《新闻大学》2016年第5期。

⑦ 丁柏铨：《对马克思主义新闻观研究中若干问题的思考》，《编辑之友》2016年第10期。

有学者对这一教育的效果进行了调查研究。研究发现，当前高校马克思主义新闻观教育存在教学效果堪忧，学生马克思主义新闻观学习途径单一，学生马克思主义新闻观认知模糊，学生对马克思主义新闻观教育重视程度不够等问题。①

三是关于马克思主义新闻观教育方法与路径的探索。如何开展马克思主义新闻观教育并有效提升教育效果是马克思主义新闻观教育的重要命题。对此，有学者认为，新闻院校开展马克思主义新闻观教育，一要深入理论学习，理解马克思主义新闻观的理论精髓；二要完善教学体系，践行马克思主义新闻观的精神实质；三要推动教材创新，体现马克思主义新闻观的时代价值；四要积累培养成果，输送传播马克思主义新闻观的优秀人才。②

在新闻传播学科中，马克思主义新闻观教育集中表现在新闻学理论类课程和马克思主义新闻思想类课程上。有学者认为，理论类课程是学生接受马克思主义新闻观的常规性与简易性方式，而思想类课程是学生直接进入马克思主义新闻观理论本体的最便捷途径。作者认为，2009 年以后，马克思主义新闻观教材的编写出现了新的探索，表现为：更多地体现了集体的智慧、组织的意志，教材也显得更具规范性、标准化与权威感；在设计与阐述中既体现出了创新性，又显得平实稳妥，更具现实解释力。但从发展眼光看，此类教材还存在着一些需要完善和弥补的地方。③

针对课堂马克思主义新闻观教育，有一系列文章对此作了探索。例如，有学者以提升马克思主义新闻观教育效果为着眼点，按照历史与逻辑统一、理论与现实统一的原则，提出了加强马克思主义新闻观教育的 5 个着力点：讲清楚马克思的形象和马克思主义的立场、观点、方法；讲清楚新闻与政治的关系；讲清楚中国共产党的新闻思想；讲清楚中国国情与问题意识；讲清楚全球传播与文化自信。④ 有学者指出，推进马克思主义新闻观教学体系建设，需要进一步从教学机制、教学内容、教学设计、教学实践四个角度切入，以此推动马克思主义新闻观进课堂、进教材、进头脑。⑤ 也有学者从高校教育实践经验进行总结，认为学院从高校培养社会主义人才的战略高度上予以重视，建构知识·体验·实践“三位一体”的马克思主义新闻观教育模式，指导思想是秉承“知识、体验、实践”一体化的理念，包含历史传承、现实体验与实践运用等核心环节，构建一个立体化的互动教学体系。⑥

为加强马克思主义新闻观教育，提高高校新闻人才培养水平，2013 年来，部校共建新闻学院模式得到推广。2016 年，有关部校共建新闻学院的议题也受到了学者关注。有学者认为，在教学机制上，“部校共建”模式不仅实现了培养主体的多元化，而且促进了协同培养模式的有效落实。⑦ 有学者结合本院共建经验，认为部校共建新

---

① 郭小良：《高校新闻专业学生马克思主义新闻观教育现状调查——以西部四所高校为例》，《新闻知识》2016 年第 4 期。

② 高晓虹、赵希婧：《马克思主义新闻观与新时期新闻传播高等教育》，《中国大学教学》2016 年第 12 期。

③ 陈信凌、张毓桓：《马克思主义新闻观教材的新探索与新趋向》，《中国大学教学》2016 年第 12 期。

④ 胡钰：《马克思主义新闻观教育的着力点》，《现代传播（中国传媒大学学报）》2016 年第 7 期。

⑤ 刘涛、林如鹏、支庭荣：《一元主导与多维互动——马克思主义新闻观教学体系建设的现状、理念与路径》，《中国大学教学》2016 年第 12 期。

⑥ 许加彪：《知识·体验·实践：“三位一体”的马克思主义新闻观教育模式的建构》，《艺术教育》2016 年第 6 期。

⑦ 刘涛、林如鹏、支庭荣：《一元主导与多维互动——马克思主义新闻观教学体系建设的现状、理念与路径》，《中国大学教学》2016 年第 12 期。

闻学院，是培养造就高素质新闻舆论后备人才队伍的关键部署，是有效应对高校新闻教育困境，切实强化马克思主义新闻观教育的关键一招。作者认为，部校共建新闻学院要突出精神引领、问题导向、教育主体、项目牵引和机制保障。①

四、中国特色新闻学研究兴起

随着中国走上世界舞台中央，中国新闻学寻求理论自主性步伐加快。十八大以来，构建中国特色社会主义新闻学的呼声高涨，涌现出一批理论成果。特别是2016年召开的哲学社会科学工作座谈会上，习近平明确指出要构建中国特色哲学社会科学学术体系、学科体系和话语体系。此后，相关成果明显增多，中国特色新闻学的理论构建雏形初现。

2016年6月3日，复旦大学新闻学院、清华大学新闻与传播学院联合主办中国特色社会主义新闻学理论创新研讨会，成为中国新闻教育史和学术史上首次以“中国特色社会主义新闻学”为主题的会议。这表明中国特色社会主义新闻学的呼声已日益变为实践。有学者认为，“它将结束近百年来中国新闻教学照搬照抄、迷信苏美、有学无论、有教无学的混乱局面”。如何构建这一理论，有学者认为：“中国特色社会主义新闻学应当具有科学性、真理性、当代性、国际性。”②

与此同时，也出现了关于建构中国特色社会主义新闻理论的尝试。有学者认为，构建中国特色社会主义新闻学，需要坚持以马克思主义为指导，坚持以人民为中心的研究导向，同时需要坚持体现继承性和民族性、原创性和时代性、系统性和专业性，需要坚持党的领导。③ 有学者认为，建构这一理论体系必须坚持以马克思主义为灵魂，坚持以中国特色社会主义实践为基础，坚持以科学认识世界和改造世界为己任，坚持以现代信息科学和传播技术为支撑，坚持以培养和造就高素质新闻舆论专业人才为目标。④

这些观点都是对构建中国特色社会主义新闻学的探索，其中，“以马克思主义为指导”已成为共识。这标志着这一理论体系建构已迈出实质性一步。

撰稿：叶　俊（中国社会科学院新闻与传播研究所助理研究员）

媒介法规研究2016年综述

2016年的媒介法规研究首先有对传统问题的深入探究和边缘性拓展。如有研究

① 郭强：《部校共建新闻学院的道与路——安徽部校共建的实践探索》，《新闻战线》2016年8月（上）。

② 徐佳：《追求真理、开宗立派、改革创新——中国特色社会主义新闻学理论创新研讨会综述》，《新闻大学》2016年第5期。

③ 郑保卫：《坚持以马克思主义为指导构建中国特色社会主义新闻学——学习习近平总书记哲学社会科学工作座谈会讲话》，《新闻战线》2016年12月（上）。

④ 柳斌杰：《中国特色社会主义新闻学的五块基石——在马克思主义新闻观与中国媒介社会研讨会上的主题演讲》，《全球传媒学科》2016年第12期。

者通过史料分析，批评了将杰斐逊和汉密尔顿的出版自由思想“二元对立”的认知框架①；有研究者通过社会学分析，指出传媒的社会性分化必然产生负面效果，政治整合是目前解决这些问题的主要手段②；有研究者比较分析了中外关于新闻敲诈的法律规制手段③；有研究者在对美国广告披露制度的缘起、发展及其价值与实效争论的追溯与分析中，揭示了它的法经济学原则和价值。④

更多学者把研究的关注点放在新时代背景之下。新媒体的发展为社会发展提供了新的变量，各类社会主体之间的交往方式和利益关系面临重构。法律如何应对这样的挑战？如何在数字交往的网络结构中确立新的规范？这一命题成为2016年媒介法规研究者们广泛关注的新焦点。

一、隐私权与个人信息保护问题研究

大数据时代的到来，导致一种新的工业污染的产生——“大数据污染”。即个人信息被收集、加工、处理和利用的过程中所造成的网络隐私问题泛滥成灾，亟待解决。作为新闻传播学科，理应针对此现状提出相关对策分析。

在大数据的背景下，隐私权的定义出现了许多新的内涵。有研究者通过分析网络服务提供者收集和使用个人信息的性质来界定网络隐私的内涵，认为网络隐私是自然人在网络环境下的个人秘密信息及私生活安宁，文中对个人网络信息隐私性的判断标准和侵害方式都进行了分析。⑤ 有研究者对新媒体环境下隐私权的本质属性进行了辨析，认为隐私权必须回归其基本出发点——人格尊严上，隐私权呈现出精神性权益与财产性权利复合的特征，从消极的不受干涉的权利到积极的能动权利。⑥ 有研究者把隐私权与媒介发展结合起来分析隐私观念的变化，在互联网时代主要是基于社交媒体的隐私交往，通过对社交媒体个人生活分享的内容、频率和影响来探讨当代隐私保护的限制和存在的问题。⑦

与传统隐私相比，大数据时代个人隐私的保护面临着更多的冲突和更大的挑战。有研究者提出个人隐私数据“二次使用”的概念，大数据时代，数据的价值并不仅局限于数据的基本用途，深入发掘与分析后的“二次使用”已属常态。但公民的人身权甚至财产权都处在潜在的或现实的侵害状态，他认为必须借鉴传播隐私管理理论进行个人隐私数据的管理，从而联合各方协调管理好隐私边界，妥善保护公民隐私。⑧ 有研究者提出要构建完整的公民隐私安全保障机制，主要包括法律保障机制、综合治理机制、技术防控机制、宣传教育机制和道德自律机制。⑨ 有研究者指出我国网络隐私权立法保护仍存在以下几个问题：网络隐私权的定位不明确、界定不统一、保护不具体和救济不到位。并

---

① 彭桂兵：《汉密尔顿与出版自由：新闻法制史的考察——兼对“二元对立”框架生成的反思》，《国际新闻界》2016年第8期。

② 刘洪超：《分化与整合：中西传媒制度变迁的动力与逻辑》，《编辑之友》2016年第1期。

③ 姚广宜：《新闻敲诈的成因及对策——中外新闻法律与规制的比较研究》，《当代传播》2016年第6期。

④ 李明伟：《以信息对抗信息：美国广告披露制度的法经济学分析》，《国际新闻界》2016年第8期。

⑤ 罗素红、罗斌：《个人网络信息的隐私性及侵害方式》，《新闻法制研究》2016年第2期。

⑥ 路鹃：《新媒体传播中隐私权的价值之辨》，《现代传播（中国传媒大学学报）》2016年第8期。

⑦ 殷乐：《互联网治理中的隐私议题：基于社交媒体的个人生活分享与隐私保护》，《新闻与传播研究》2016年增刊。

⑧ 顾理平：《个人隐私数据“二次使用”中的边界》，《新闻与传播研究》2016年第9期。

⑨ 李军林：《大数据时代公民隐私安全保障机制构建》，《新闻法制研究》2016年第3期。

对我国当代网络隐私权立法提出了改进策略：加强立法的系统性、指向性和精准性。①

进入大数据时代，信息记录容量的无限提升和人们行为数据被广泛记录，令更多的人觉得自己的隐私“无处安放”。“被删除”和“被遗忘权”变成了隐私权最具时代色彩的表达方式。有研究者认为“被遗忘权”是大数据时代实现个人信息保护的重要法律概念，其核心是数据删除，目的是遗忘与重新开始，通过对“被遗忘权”的深层分析来讨论这项权利在当代的现实意义。② 有研究者介绍了美国和欧盟对网络空间“被遗忘权”的不同态度，阐释差异和原因，从隐私文化传统和实际效用的角度来分析其普适性，但他指出“被遗忘权”作为数字时代隐私权的一种新意蕴，对于保护个人数据具有重要的意义。③ 有研究者归纳了中美关于隐私保护的最新法规，发现双方存在三大区别：数量上存在“以一敌百”的悬殊；细则上存在八个方面的差别；理念上中国重尊严，美国重价值。④

二、网络诽谤问题研究

在网络名誉权侵权的问题上，有研究者认为司法实践应该遵循利益平衡的原则，在民法没有对言论自由做出规定的当下，应按照宪法关于保护言论自由的精神，平衡网络言论自由和网络名誉权的关系。⑤ 有研究者则对网络新媒体名誉侵权案进行案例分析，归纳出该类新型案件具有行为主体的多样性、侵害客体的关联性、事实认定的复杂性、损害结果的广泛性和电子证据的技术性五大特点，通过对策性研究得到了以名誉利害制约名誉侵害；对主体双方给予名誉保护；建立数据证据保全机制；适当支持精神损害赔偿的启示。⑥ 有研究者认为在网络转载侵害名誉权责任承担上遵循“以处罚为主，适当免责”原则，在网络转载具有主观故意的情况下必须承担侵权后果，而如果转载网络只是因为过失造成侵权，则应引入“善意原则”免除侵权责任。⑦

对诽谤入罪的处理，有研究者从国际比较的视角探讨了诽谤入罪的判决标准。诽谤去罪化是当今时代发展的趋势，但美、德、法、意等国家依然保留了诽谤罪，并将其付诸司法实践。⑧ 研究者则对网络诽谤行为入罪问题进行了探析，探讨网络诽谤构成诽谤罪之构成要件，并结合现实案例对我国自诉与公诉模式、网络诽谤与网络寻衅滋事认定困境、网络言论自由与网络诽谤罪的刑法边界的司法认定争议问题进行了解析。⑨ 有研究者认为网络诽谤犯罪地域管辖的逻辑起点是设定相应的刑事诉讼程序，确保刑事诉讼程序合理启动、规范运行，进而从程序上实现国家对犯罪的控制。⑩

针对一个新的商业诽谤法规则——禁

---

① 顾理平、胡颖：《我国网络隐私权的立法保护研究》，《新闻大学》2016 年第 2 期。

② 李艺：《大数据时代的被遗忘权》，《新闻法制研究》2016 年第 2 期。

③ 李兵：《美国和欧盟对网络空间“被遗忘权”的不同态度》，《传媒法制》2016 年第 12 期。

④ 王敏、江作苏：《大数据时代中美保护个人隐私的对比研究——基于双方隐私保护最新法规的比较分析》，《新闻界》2016 年第 15 期。

⑤ 李伟平：《网络名誉权与网络言论自由的冲突与制衡》，《北京邮电大学学报》2016 年第 5 期。

⑥ 龚培：《网络新媒体名誉侵权案的基本问题与审理对策研究》，《武汉理工大学学报》2016 年第 3 期。

⑦ 曹小娟、慕明春：《“免责”还是“处罚”》，《陕西师范大学学报》2016 年第 5 期。

⑧ 邵国松：《诽谤入罪的判决标准：国际比较的视角》，《南京社会科学》2016 年第 10 期。

⑨ 吴祥义等：《网络诽谤行为入罪问题探析》，《山西省政法管理干部学院学报》2016 年第 2 期。

⑩ 李思宇：《“微时代”网络诽谤问题初探》，《山西省政法管理干部学院学报》2016 年第 2 期。

令，研究者认为法院应予一定的考虑，以避免损害的持续扩大。① 有研究者结合“考拉诉中国经营报社”案中的“禁止令”，指出事先限制的特定价值，同时还就新闻传播领域“禁止令”制度的适用展开了探讨。②

三、网络版权问题研究

针对新闻版权问题，尤杰则认为鉴于新闻资讯自身所具有的重大民主价值以及新闻生产与传播在网络 2.0 时代所具有的参与式特征，相关立法机构应该反思在网络新闻转载问题上取消法定许可制度以及合理使用规定的强硬立场。③ 有研究者认为应重点解决网络转载是否适用法定许可、网络转载侵权原则如何认定以及公民网络版权意识如何激发等核心问题。④ 有研究者认为新老媒体对版权正当性和合法性的论争既有冲突也有互融，并从新闻文化的特殊性、反不正当竞争、技术保护措施三个角度对我国新闻版权保护制度改革提出建议。⑤ 有研究者对微信空间版权正当性进行了研究，认为与以往历次版权危机化解的路径相似，有关微信空间版权正当性的质疑都可以通过对既有理论和制度的调适予以回应和化解。⑥

在版权侵权方面，有研究者认为在认定“信息网络传播行为”时应当灵活适用“服务器标准”，以利益平衡原则为指导，并受到合理使用原则、法定许可原则、技术中立原则等的限制。“用户感知标准”“法律标准”在一定情况下可以弥补“服务器标准”适用的不足。⑦ 对于“合理使用”问题，研究者认为谷歌侵权案促使法律对“合理使用”做出新的诠释：判定受版权保护作品之“使用的目的和性质”时，关键要看对内容的使用是否具有“转变性”；倾向于将“合理使用”看作积极权利。同时“合理使用”的判决并不意味着合理的利益关系。⑧

在当前，解决网络版权问题，除了司法上要有突破，还应从多个方面入手。有研究者认为立法者和主管机关往往过于依赖“堵”的方式解决问题，却不愿意产业主体自己构建授权机制来完善“疏”的途径。授权机制如果不解决，我们将永远无法真正建立高效合规的版权市场。⑨ 研究者认为针对大数据背景下信息网络传播权保护的首要方式就是完善著作权许可机制。⑩ 研究者认为，在“网络版权”的崭新时代，除了继续完善网络版权的法律制度设计之外，还要进一步强化和规范网络版权司法保护和行政执法，从而实现网络版权社会环境的全面净化。⑪ 研究者认为需因应商业模式与技术变迁挑战网络版权

① 展江、王锦东：《法院为何对媒体下达报道禁令?》，《新闻界》2016 年第 19 期。

② 杨秀：《禁止令与新闻传播程序法的发展》，《编辑之友》2017 年第 5 期。

③ 尤杰：《网络新闻转载规制的正当性边界——以“关于规范网络转载版权秩序的通知”为例》，《新闻记者》2016 年第 4 期。

④ 邵亚萍：《网络转载中的版权保护问题及其对策》，《中国出版》2016 年第 6 期。

⑤ 彭贵兵：《今日头条事件中版权论争的话语省略——兼议新闻版权保护制度改革的路径》，《现代传播（中国传媒大学学报）》2017 年第 7 期。

⑥ 朱鸿军：《冲突与调适：微信空间版权正当性的反思》，《国际新闻界》2016 年第 12 期。

⑦ 冯晓青、韩婷婷：《网络版权纠纷中“服务器标准”的适用与完善探讨》，《电子知识产权》2016 年第 6 期。

⑧ 张大伟、于成：《谷歌侵权案判决中的合理使用新技术、新市场与利益再平衡》，《新闻大学》2016 年第 6 期。

⑨ 熊琦：《网络版权保护十年：产业与制度的相生相克》，《电子知识产权》2016 年第 10 期。

⑩ 于志强：《信息网络传播权的现实困境与解决思路——以网络深度链接为视角》，《现代传播（中国传媒大学学报）》2016 年第 11 期。

⑪ 吴汉东：《网络版权的技术革命、产业变革与制度创新》，《中国版权》2016 年第 6 期。

制度，在多元治理格局下持续推动网络版权环境改善。① 有研究者认为在新媒体版权保护的实施机制中，除必要的行政保护之外，建设全民参与的社会保护环境也非常重要。②

四、网络与司法问题研究

在当前，一方面，网络的发展加强了公民的司法参与度，各级法院也都在积极创新司法公开形式；另一方面，由于诸多现实因素的影响，导致网络与司法之间存在众多矛盾冲突。

对于网络民意、网络舆情与司法之间的关系学界研究硕果累累，有研究者从协商民主的角度阐释了网络民意参与司法的正当性，认为网络民意参与司法体现了协商民主的精神，并以协商型正义为结果。③ 公民通过网络来表达民意，带动网络反腐潮流的兴起，研究者通过对网络反腐媒介“事实”和司法事实本质属性的分析，认为媒介“事实”可信度低不具有客观性，而司法事实具有客观性、逻辑性。④ 有研究者认为互联网时代，需构筑网络舆情与司法审判的良性互动机制，实现网络舆情与司法审判的平衡关系。⑤

除去公民主动参与司法建设之外，司法机关也积极响应“互联网 +”方针，利用网络平台引进了庭审网络直播强化司法公开。有研究者认为庭审网络直播一定程度上打破时空限制，塑造出司法公开的中国范式。⑥ 有研究者通过对欧洲人权法院的考察，借鉴其经验，提出庭审阶段媒体介入司法程序时，落实司法公开的前提是需要协调好庭审程序中相关人员的隐私权保护、程序安定、审判实效等问题。⑦ 在实证研究中，研究者认为，我国网络直播庭审总体运行已初显常态化，直播体系和模式日渐成熟并日趋制度化，但也存在地区发展不平衡、形式化、规则缺失等问题。⑧ 有研究者指出微博直播庭审过程涉及多方权利主体，不同主体有着各自的利益诉求，形成多维交叉的利益冲突格局。⑨

从宏观角度把握时代背景，有研究者认为互联网时代，司法系统防止媒体影响的难度越来越大，媒体编辑的“把关人”作用大大降低，媒体与司法的关系仍然应当遵守司法自律、媒介自律等规则，同时应当全面依法综合治理互联网，为网络信息治理提供法律保障。⑩

五、网络空间表达与治理问题研究

随着近年来网络空间现实影响力的不断提升，有关网络空间表达与治理的相关研究逐渐成为热点。研究者阐释了互联网的革命性影响对于一国宪法文化的意义，

① 田小军、柏玉珊：《我国网络版权制度演化的现状、挑战与应对》，《中国版权》2016 年第 3 期。

② 欧阳斐斐、薛荣：《我国新媒体版权保护环境问题分析》，《编辑之友》2016 年 6 月。

③ 张昌辉：《协商民主视角下网络民意参与司法的正当性阐释》，《政法学刊》2016 年第 33 期。

④ 廖伟、王娟：《论网络反腐媒介“事实”与司法事实的认知》，《重庆大学学报》（社会科学版）2016 年第 22 期。

⑤ 孙鉴：《网络舆情与司法审判良性互动机制研究》，《法制与经济》2016 年第 3 期。

⑥ 支振锋：《庭审网络直播——司法公开的新型方式与中国范式》，《法律适用》2016 年第 10 期。

⑦ 谢锦添：《庭审中媒体介入司法程序的效果与规制——欧洲经验及其启示》，《重庆大学学报》（社会科学版）2017 年第 23 期。

⑧ 张悦：《“互联网 + 司法”之网络直播庭审问题实证研究》，《辽宁大学学报》（哲学社会科学版）2016 年第 44 期。

⑨ 姚广宜、张新阳：《微博直播庭审中的利益冲突与调整》，《当代传播》2016 年第 1 期。

⑩ 高一飞：《互联网时代的媒体与司法关系》，《中外法学》2016 年第 28 期。

进而以此为基点，围绕尊重个体价值、尊重公民权利的现代宪法的核心，论证了传媒监管改革应确立的理念。① 有研究者结合实证调查指出新媒体存在着对权利的扭曲和对权力的不当限制、对公众理性思考的阻碍等法律问题，事前限制与事后规制相配合是解决新媒体中自由与秩序之争的可选方法。② 研究者从民主、法治、公平、多方参与、共建机制等角度对网络虚拟空间秩序的建设提出建议。③

围绕网络表达权问题，研究者结合《刑法修正案（九）》之立法范式，探讨了当今中国语境下网络表达权的刑法解释边界，认为应当通过严格区分事实表达与意见表达的解释方法，最大限度地保护公民的网络表达权。④ 有研究者认为网络言论型犯罪的行为构成是以网络言论内容本身为核心、行为主体中的网络服务提供者只具备中立义务，对之不应简单地以共犯理论或不作为犯罪理论入罪、言论型犯罪的诉讼原则上须根据实际或推定的被害人意愿来启动刑事诉讼程序。⑤ 有研究者认为网络批评性表达不应过度援引“寻衅滋事”追责，“寻衅滋事”正确适用有赖于法条实质性解释，“刑事优先”应当慎重介入网络批评性言论之中。⑥ 有研究者分析了当下中国网众传播时代民众表达自由的现状及对其运用不当带来的种种问题，并据此提出个体作为社会化媒体的使用主体应承担的社会责任。⑦

在互联网的内容治理方面，有研究者发现国家规制与传媒市场化之间的张力不断强化，而实现两个领域管控的并轨，注重传媒公共性，探索传媒法治化应成为当前视听内容规制的新思路。⑧ 针对淫秽色情内容，研究者认为在确立适度法律责任问题上，施加严格责任更符合社会公正，并提出了严惩利益链上非法得利的主体、强化地方网络监管部门的行政责任等具体的责任设定。⑨ 有研究者考察了探索中立和探索偏向在美国的主要争论观点和典型案例，认为沿着“思想理念、价值判断、规范和治理”的思路有助于厘清搜索引擎的本质特征，从而促进搜索引擎职业道德和设计机制。⑩ 有研究者对青少年网络欺凌的界定、特点和危害进行了综述，并给出了一般攻击模型框架下防止网络欺凌的对策建议。⑪ 有研究者整理了删帖刑事案件，对其中的信息传播和信息违法救济展开探讨，剖析“删帖生意”产生的信息规制原因。⑫ 针对垃圾邮件、垃圾短信泛滥的情况，有研究者指出对垃圾邮件、短信进行定义能为精微的法律规制提供理论支援，在对其实质性规制上，必须确立新媒

① 李丹林：《互联网革命、宪法文化与传媒监管》，《现代传播（中国传媒大学学报）》2016 年第 9 期。

② 王少、孔燕：《规制新媒体的法律进路研究》，《当代传播》2016 年第 2 期。

③ 匡亚林、马健：《网络公共空间的“净化”与秩序建构》，《科学社会主义》2016 年第 6 期。

④ 李立丰、高娜：《“网络表达权”刑法规制之应然进路——以刑法第二百九十一条第二款之立法范式为批判视角》，《苏州大学学报》（哲学社会科学版）2016 年第 6 期。

⑤ 刘艳红：《网络时代言论自由的刑法边界》，《中国社会科学》2016 年第 10 期。

⑥ 陈堂发：《网络批评性表达不应过度援引“寻衅滋事”追责》，《新闻记者》2016 年第 9 期。

⑦ 黄朝钦、彭芳：《网众传播时代的表达自由与社会责任》，《当代传播》2016 年第 2 期。

⑧ 郎劲松、樊攀：《视听内容规制的新困境：公共性与商业化的重构》，《新闻界》2016 年第 8 期。

⑨ 陈堂发：《互联网安全中的淫秽色情内容治理严格责任问题》，《南京邮电大学学报》（社会科学版）2016 年第 3 期。

⑩ 邓元宏：《搜索中立和搜索偏向在美国的争论和理论分析》，《新闻界》2016 年第 15 期。

⑪ 孙时进、邓士昌：《青少年的网络欺凌：成因、危害及防治对策》，《现代传播（中国传媒大学学报）》2016 年第 2 期。

⑫ 李婷婷、邓德花：《删帖生意：买方及其信息规制》，《当代传播》2017 年第 1 期。

体环境下空间隐私权与现实物理空间同等的法律保护界限。①

撰稿：邹　举（南京师范大学新闻与传播学院研究生）
顾理平（南京师范大学新闻与传播学院教授）

媒体融合研究2016年综述

随着媒体融合进程的不断深化，传播体系与业态格局正发生着前所未有的变化，融合发展是互联网时代媒体发展的聚焦方向。相对应地，围绕“媒体融合”的学术研究依旧是新闻学领域的热点话题。

2016年，“媒体融合”研究更加深入，关于媒体融合的研究成果覆盖范围广泛，学界从跨学科角度对媒体融合进行解读，探讨其内涵与外延，同时以个案为例探讨实操层面的融合成果与发展进程，针对技术、体制、经营等细分领域进行条块化研究，预估融合发展的潜在问题与未来趋势。

一、国内研究发展动态

截至2016年12月31日，以“媒体融合”为关键词在CNKI（中国知网）上进行全文检索可以发现，被CNKI归入的文献数量达到3794篇，以204篇略高出2015年的研究文献。相较于2015年针对媒体融合的井喷式增长，媒体融合研究在2016年趋于平缓，热度有所下降。遵循新事物发展的规律特征，随着融合进程的不断深化，学界逐渐跳出“媒体融合”定义界定的研究。2016年针对“媒体融合”的研究充分采用定性研究，运用个案分析法对不同行业的发展路径与问题对策进行重点探讨。其中，针对媒体融合在生产机制、产品创新、经营模式、渠道平台等不同环节的细分化讨论成为2016年研究的重要特征之一。

二、“媒体融合”研究重要议题

“媒体融合”内涵解读。2016年，基于“媒体融合”内涵与概念的研究进一步深化，挣脱了单一“下定义”的讨论局限，开始深入解读其内涵。“媒体融合”并不是一次修修补补，而是一场涉及思维、内容、组织和经营等方面的系统性的创新革命。② 其不同于媒介融合，是媒介融合在新闻生产和传播中的角色和作用，以及由此引起的生产关系和社会关系的改变。③ 从技术创新理论角度来看，媒体融合的内涵可构建为“四维一体”框架：工具维度的物质技术融合、知识维度的智力成果融合、过程维度的活动方式融合、意志维度的主体形态融合。④

“媒体融合”政策研究。自2013年“推动传统媒体与新兴媒体融合发展”写入《中共中央关于全面深化改革若干重大问题的决定》后，“媒体融合”开始成为

① 路鹏：《新媒体环境下垃圾邮件、短信的危害及法律规制探讨》，《新闻界》2016年第14期。
② 陈刚：《数字逻辑与媒体融合》，《新闻大学》2016年第2期。
③ 彭增军：《媒体融合为什么成了夹生饭》，《新闻记者》2016年第12期。
④ 吴文涛、张舒予：《技术创新视角下“媒体融合”动因、内涵及趋向》，《中国出版》2016年第14期。

党中央媒体创新的重要概念，频现于领导人讲话与政府的意见指使中。2016 年 2 月 19 日，习近平总书记在对人民日报社、新华社以及中央电视台进行实地调研后，在新闻舆论座谈会上指出："要适应分众化、差异化传播趋势，加快构建舆论引导新格局；要推动融合发展，主动借助新媒体传播优势。"近年来，习近平关于媒体融合发展的系列重要讲话系统体现了融合发展"既是做好意识形态工作的战略要求，也是壮大主流舆论的紧迫任务"的政治逻辑、"从相加走向相融，创造体现互联网特质的融合型新闻产品"的技术逻辑与"要遵循市场发展规律"的市场逻辑。[①] 有研究者通过分析媒体融合政策的发展，认为我国媒体融合政策本质上是党的新闻政策在新媒体语境下的延续和发展，其核心目标是使官方的意识形态在新媒体环境中依然保持主流地位，发挥引领作用。[②]

2016 年，国家新闻出版广电总局印发《关于进一步加快广播电视媒体与新兴媒体融合发展的意见》，包括总体要求、重点任务和实施保障三部分内容，对广电媒体与新媒体的融合发展做出了顶层设计与规划。有研究者结合广电转型中的实际问题对相关政策进行解读分析，认为传统媒体只有跨越体制、思维和人才的束缚，才能实现真正的融合。[③]

"媒体融合"发展现状研究。2016 年，学界针对国内媒体融合的总体态势开展了广泛讨论，既包括不同行业的融合进程研究，也包括结合个案的阶段性成果研究。中国社会科学院新闻与传播研究所出版的《中国新媒体发展报告（2017）》指出：现阶段，媒体融合步入提速升级期，具体表现为：从中央到地方，各级媒体的融合发展举措同步展开，各具特色的融合策略促使媒体融合进度加快；传统媒体通过合作与共享，逐步与新媒体融为一体，"你中有我，我中有你"[④]。作为媒体融合发展的重要模式之一，以"两微一端"为主体的多态化发展模式成为研究热点。有文章对 110 家国内主流媒体展开调查，认为 60% 的媒体已经完成两微一端布局，其中央媒用户规模领跑全国。[⑤]

梳理国内外的媒体融合实践举措，总结相关经验，探求学理支持始终是学界媒体融合研究的重点。有研究者对当前国内媒体融合实践进行了梳理与分析，认为主要形成了自建平台式、自建终端式、倒融合式、U 盘生存与跟进式五种媒体融合路径。[⑥] 相较于国内融合实践，针对国外媒体的融合举措研究呈小范围趋势，相关研究有限。同时，大多数介绍西方媒体融合的研究仅限于对某个媒体组织或某项融合举措的案研究者介绍，这些成果存在一定的局限性。有研究者突破微观案例的局限，以媒体融合在内容、渠道和平台三方面的政策导向为分析框架，选择在报纸、广播电视与互联网平台中的典型媒体，梳理英美媒体近一年的融合实践，将个案置于产

---

① 林如鹏、汤景泰：《政治逻辑、技术逻辑与市场逻辑：论习近平的媒体融合发展思想》，《新闻与传播研究》2016 年第 11 期。

② 林世华、谢慧娟：《媒体融合政策体系研究》，《新闻世界》2016 年第 4 期。

③ 谭天：《对"加快广播电视媒体与新兴媒体融合发展意见"的解读》，《中国广播》2016 年第 9 期。

④ 唐绪军、黄楚新、王丹：《智能化与视频化：中国新媒体发展的新趋势》，《中国新媒体发展报告（2017）》，社会科学文献出版社 2017 年版。

⑤ 向安玲、沈阳、罗茜：《媒体两微一端融合策略研究——基于国内 110 家主流媒体的调查分析》，《现代传播（中国传媒大学学报）》2016 年第 4 期。

⑥ 郭全中：《媒体融合实践的五种路径》，《新闻与写作》2016 年第 11 期。

业趋势下考察。[①]

报业是率先开展媒体融合的领域，也成为学界较为关注的行业之一。有研究者对2015年中国报业媒体融合状况展开研究，认为党报融合转型的首要目的在于巩固宣传阵地，强化舆论引导；都市报与晚报加快布局移动互联网，增加新媒体业务收入；行业报则注重延续既往优势，突出信息供应和行业服务。[②] 报业集团的转型融合也是被持续关注的话题。有文章以上海报业的融合发展为例，重点解析上海报业改革成功之路，并从中总结媒体战略转型的经验。[③] 同时，《人民日报》《新京报》等在业内勇于创新融合，其融合策略与路径则成为典型研究案例。

在国家战略部署下，广播电视的融合发展也不断深化。目前中国电视的媒体融合大多处在网台融合、网台联动阶段，主要表现在基于具体节目的局部联动与物理层面的渠道相加，但国内尚没有普遍意义的模式可循。[④] 但有研究者通过综合CNN、BBC和NETFLIX的转型，指出较为明确的融合路径：广播电视集团糅合独立开发、业内合作、内部拆分以及外部合作四种路径进行融合改革。[⑤] 与报业融合研究类似，学界也针对当前广播电视融合取得一定成果的个案进行了深入分析与探讨。

“媒体融合”实践路径研究。利用新技术实现新闻内容生产与产品创新已经成为当前媒体融合演进过程中的首要环节。传统媒体在转型过程中，进行“中央厨房”的采编流程再造，但有研究者认为“中央厨房”是系统工程，各地媒体应当理性思考，不能一哄而上，要明晰自身优势，扬长避短。[⑥]“中央厨房”的集中使用体现在“两会”期间，2016年全国“两会”也成为了检验全国各地媒体融合进程的窗口。微视频、可视化报道成为2016年全国“两会”报道新宠，媒体从业者借助360度相机、视频直播等新技术与手段提供了优质新闻内容报道，实现与用户深度互动。[⑦] 作为近年来较为热门的AR（增强现实）与VR（虚拟现实）依旧是当前研究融合生产方式的重点。有研究者通过对AR与VR的技术演进规律进行研究，认为其帮助传统新闻业实现内容由浅层叙事到深度内容的转向，并实现用户对新闻报道的参与。[⑧] 除了直接运用于新闻产品创新上，技术发展衍生出的数据分析工具可以重构“生产者—内容—用户”之间的新型互动关系，将助益于媒体融合时代信息生产模式的变革。

渠道融合是传统媒体与新兴媒体融合发展的鲜明体现，也是业界普遍关注的融合策略。有学者从传统媒体渠道拓展、新兴媒体渠道创新、多元渠道立体化融合三个角度对渠道融合发展现状予以概括，其认为渠道融合是在技术、产业、内容、资本、体制等多维要素驱动下逐步推进，“人”的生产生活空间成为渠道融合的核心落脚点。[⑨] 2016年，双向渠道融合趋势更为明显。科技公司寻求与传统媒体合作，开发新闻产品，逐渐实现自身的媒体化。因此，有

① 黄淼：《媒体融合的英美实践》，《新闻与写作》2016年第11期。

② 张志安、陈席元、章震：《2015中国报业媒体融合发展年度报告》，《传媒》2016年3月（上）。

③ 张涛甫、覃琴：《下好一盘战略转型的大棋——以上海报业集团媒体融合为例》，《新闻与写作》2016年第3期。

④ 于烜：《中国电视媒体融合发展新态势》，《当代传播》2016年第4期。

⑤ 张斌、高福安、吕杨、梁宇：《广播电视与新媒体融合发展的路径研究》，《中国广播电视学刊》2016年第9期。

⑥ 范以锦：《“中央厨房”产品不是终极产品》，《新闻与写作》2016年第3期。

⑦ 黄楚新、王丹：《全视野　深融合　微传播——2016年全国两会新媒体报道观察》，《新闻与写作》2016年第4期。

⑧ 史安斌、张耀钟：《虚拟/增强现实技术的兴起与传统新闻业的转向》，《新闻记者》2016年第1期。

⑨ 严三九：《中国传统媒体与新兴媒体渠道融合发展研究》，《现代传播（中国传媒大学学报）》2017年第7期。

研究者认为传统媒体仅仅将互联网作为延伸自身影响力的工具的做法难以持久，媒体要转变多渠道搭建“媒体平台”的做法，以形成“平台媒体”为新的实践目标。①

媒体融合的难题是盈利模式不清晰。媒体融合进程中，传统媒体多处于盈利困难的状态，其主要是通过单干、并购与联盟实现媒体融合，但在此过程中普遍遇到了辨析高价值新媒体品种的困难以及缺失数字技能。就此问题，有研究者提出了精益核心专长、有限合作目标等盈利策略，使得传统媒体寻求融合发展盈利模式的可持续发展点。②

传媒体制改革创新是媒体融合的关键环节。通过调查，有研究者发现传媒体制的运行方式、变革驱动与其他因素相比具有更强的主观性，并能够使得其他维度的诸多因素产生连续性变化，而当前我国传媒体制改革多存在不同环节、不同媒体类型、不同市场主体的博弈，以及社会经济转型升级所产生的新要求。③

“媒体融合”问题研究。当前，“媒体融合”面临着发展瓶颈。学界普遍认为当前“媒体融合”存在“形”融“神”未融的问题，缺乏对组织架构和融合文化的深度解读，这种缺失深度互通的融合必定使得双方经历融合初期的合作阵痛与迷茫。④而传统媒体的人才流失、体制改革以及行业规制等问题同样引发了热议。此外，行业内较为具体的融合问题也成为学界关注的分析样本。有研究者以报业转型中的商业模式为探讨对象，认为当前报业在转型过程中仍停留在“以内容传播力拉动广告”的二次销售模式上。⑤

新媒体时代，互联网赋予了用户自主发布信息与发表评论的权利，传播主体的多元化以及发布渠道的匿名化使得当前出现了很多信息传播失范行为。因此，除了业务方面的问题，媒体融合引发的伦理问题同样引发了业界与学界的关注。新媒体的技术平台使得信息传播超越障碍和界限，引发了信息把关与信息过滤的问题，同时技术霸权使得弱势群体“失声”现象严重，加剧信息鸿沟。⑥

2016年，有研究者提出国内缺少对媒体融合统一的科学评价标准。目前，针对媒体融合的评标准基本上是根据传统媒体两微一端的搭建情况，将其平台下载量、粉丝量、浏览量等作为主要评估标准，对其进行算法推演，得出相应的融合传播力排名等。但是在此过程中则可能存在数据真实性、评估标准权重分配以及算法科学性等问题，未能充分考虑到媒体在转型过程中应承担的社会责任，导致评价标准单一片面。因此，建立全国媒体数据库并通过大数据、云计算等方式制定科学的评价体系成为媒体融合发展过程中的必要一环。⑦

随着媒体融合浪潮的到来，相关研究日趋增多，但是这些研究成果的主要问题也比较突出。有研究者认为当前“媒体融合”研究主要存在以下三方面的问题：第一，在政府每次关于“媒体融合”的重大

① 张志安、曾子瑾：《从“媒体平台”到“平台媒体”——海外互联网巨头的新闻创新及启示》，《新闻记者》2016年第1期。

② 张立伟：《战略联盟：盈利模式清晰的媒体融合》，《当代传播》2016年第4期。

③ 严三九：《媒体融合过程中传媒体制改革研究》，《新闻记者》2016年第12期。

④ 朱剑飞、胡玮：《唯改革创新者胜——再论媒体融合的发展瓶颈与路径依赖》，《现代传播（中国传媒大学学报）》2016年第9期。

⑤ 范以锦：《报业转型中的商业模式困境与突围》，《新闻研究导刊》2016年第7卷第14期。

⑥ 杨翠芳：《媒体融合语境下的媒介伦理问题》，《中国广播电视学刊》2016年第3期。

⑦ 黄楚新、彭韵佳：《2016年中国媒体融合发展报告》，《中国新媒体发展报告（2017）》，社会科学文献出版社2017年版。

决策之后，相关跟随性对策式研究就集中出现，这些研究多是“回响式”研究，缺乏对引领性的独立思考；第二，把“媒体融合”和传统媒体的存在视为天然合法性，对问题及概念缺乏批判性反思，并未领会“媒体融合”在中国的复杂性和精神实质；第三，缺乏对比性研究和历史性研究，特别是对美国媒体融合相关产业现象缺乏免疫力，没有认清中美之间的差异。①

“媒体融合”发展对策研究。2016年2月19日，习近平总书记在党的新闻舆论工作座谈会上发表重要讲话，指出“融合发展关键在融为一体、合而为一”。媒体融合不是传统媒体和新兴媒体简单的量的叠加，而是质的升华，是建立在新的理念、机制基础上的内容、渠道、平台、经营、管理等方面的深度融合，只有发生“化学反应”，才能实现内容生产效率和媒体影响力的双重提升。② 有研究者从新闻生产机制、信息传播机制以及媒体管理机制等方面提出了较为具体的应对方式，明确了媒体融合应当全面展开。③

三、其他学科视角“媒体融合”研究

从其他学科角度介入媒体融合研究将对媒体融合的认识放在了更为广阔的学术环境中，多元视角使得媒体融合的研究更为立体化。

有研究者从传播史学角度出发，认为不应当仅止步于针对互联网技术条件下的媒体融合领域现象，也应当对“前互联网时代”的媒体融合实践进行研究，他爬梳了20世纪以来的西方传媒史，对包括戏剧电影、广播、电视等在内的传统媒体间融合发展的历程进行了分析，通过梳理案例和总结历史经验，提炼出科学认知媒体融合进程的一般化框架：媒体融合是技术驱动下的周期性现象，内容的跨媒介跃迁也是普遍选择等规律。④

针对媒体与法律之间关系的研究从未停止。在媒体融合的大环境中，从法律角度分析媒体版权、著作权等法律制度的发展适应了时代发展，也延伸了媒体融合的法律问题研究。媒体融合发展引发了著作权主体、权利内容与客体等法律关系要素的变动，成为著作权法律制度发展的重要维度，有研究者对媒体融合环境中的邻接权制度展开讨论，认为要丰富现有权项，同时也要创设新的邻接权类型。⑤ 面对学界提出借鉴国外媒体融合相关法律制度的声音，有研究者以德国报刊创设独立的“报刊出版者邻接权”为例，指出不应忽视从制度生成层面结合一国特有的法制传统和文化因素进行比较法考察，要以我国的问题表象为指引，思考我国相关制度失灵的内在机理。⑥

撰稿：黄楚新（中国社会科学院新媒体研究中心副主任，
中国社会科学院新闻与传播研究所新闻学研究室主任，研究员）
彭韵佳（中国社会科学院研究生院新闻系研究生）

---

① 陈刚：《数字逻辑与媒体融合》，《新闻大学》2016年第2期。

② 李亚彬：《积极打造新型主流媒体　不断提高舆论引导能力——关于传统媒体和新兴媒体融合发展的研究》，《重庆邮电大学学报》2016年第2期。

③ 唐绪军、黄楚新、王丹：《2016年媒体融合：现状、问题与对策》，《人民政协报》2016年11月30日，第12版。

④ 罗青林：《媒体融合背景下传媒企业经营管理模式分析——基于传播史的视角》，《江西财经大学学报》2016年第3期。

⑤ 王国柱：《著作权法律制度发展的“媒体融合”之维》，《出版发行研究》2016年第10期。

⑥ 李陶：《媒体融合背景下报刊出版者权利保护——以德国报刊出版者邻接权立法为考察对象》，《法学》2016年第4期。

中国数据新闻研究 2016 年综述

这是一个大数据的时代，也是媒体融合的时代，大数据背景下的媒体融合正以一种全新的生产方式改变着新闻内容生产、传播渠道和权力重构的新媒介生态，同时媒体融合语境下的新闻业变革和演化过程也在影响着新闻从业者的工作、生活和思维方式。

几乎所有媒体和新闻人都意识到“数据驱动未来”的时代已经来临，近两年来“大数据”“数据新闻”“机器新闻写作”“无人机新闻报道”“VR/AR 虚拟现实”和“人工智能”等新概念层出不穷。特别是在新闻传播领域，大数据背景下的数据新闻更是一个热门话题。媒体融合时代的显著特征就是大数据和人工智能所带来的传媒产业的变革，在数据新闻领域，大数据挖掘、数据可视化和人工智能技术越来越与传统新闻融合，在一定程度上改变了新闻的生产方式和传播渠道。

今天的数据新闻更体现了鲜明的大数据时代特色，基于大数据挖掘和数据可视化为显著特征的数据新闻报道形式可能更具新闻的本质，它不仅可以从海量的大数据中挖掘出传统新闻的 5W 要素，同时能够更深入地从公开的数据中发现和挖掘，并揭示出受众自身无法或没有时间完成的有用的信息和事物内在的逻辑，并以更可视化和有说服力的技术手段与受众分享。

一、整体研究情况

在中国知网以“数据新闻”为关键词进行论文篇名搜索，一共得到 257 个搜索结果，经过人工浏览内容，去除报道、篇首语等非学术论文的部分，得到 247 篇论文，其中期刊论文 205 篇（55 篇发表在 CSSCI 收录期刊上），硕士、博士学位论文 42 篇。

通过绘制这247篇论文的关键词网络图可以看出，关键词之间的联系较为紧密，除去数据新闻这个研究主题词之外，大数据、新闻叙事、《纽约时报》、英国《卫报》、可视化处理和可视化数据也经常出现。这表明2016年我国的数据新闻研究带有鲜明的实践倾向。

二、数据新闻的概念与叙事模式

有关数据新闻的概念，早年的数据新闻就已经强调利用多学科的技术手段，把庞杂的数据中不同变量的复杂关系及其与整个社会发展的关系用视觉语言向公众展示，以更客观的报道方式激发公众对公共事务的探讨、参与。记者兼计算机工程师Jonathan Stray将数据新闻定义为："为了公正的利益去获取信息、报道事件、策划并发布相关数据的新闻生产方式。"数据新闻的领军人物之一Paul Bradshaw提道："数据新闻汇聚了多领域的知识，涵盖了包括调查研究、数据分析，视觉设计和编程技术等领域。"万维网创始者伯纳斯-李（Tim Berners-Lee）指出："数据（驱动型）新闻就是未来。"早期数据新闻报道的核心理念是通过对客观真实的数据进行筛选、整合、分析，利用新媒体的可视化相关技术，从而更好地阐述事实、传递信息、帮助受众理解新闻。正如伯明翰城市大学保罗·布拉德·肖（Paul Bradshaw）所说："数据新闻为把传统的新闻敏感性和有说服力的叙事能力，与海量的数字信息相结合创造了新的可能。"根据国内关于新闻的定义"新近发生的事实的最新报道"，数据新闻就是"新近从数据中发现的事实的最新报道"。

笔者曾经给出一个新的数据新闻定义，即信息社会中一种新型新闻形态，立足于对新近发生的事件予以数据支持，或者从大量数据中提取出可供报道的事实性信息。在制作过程中必须依靠互联网技术采集、处理和分析数据，最后通过可视化的表达形式制作发布新闻，数据新闻力求在传统新闻要素基础上结合海量数据，提供更有公信力的新闻叙事①。

数据新闻的叙事模式也是很多研究者关注的主题。数据新闻作为新的新闻报道形式，与传统新闻叙事相比有很大改变，有研究者从4个方面分析了数据新闻的叙事模式。首先，叙事主体方面，"文本写作者和文本讲述者开始呈现分离倾向"，数据叙事者呈现出"去职业化"的现象。而自动化新闻协作机器人的出现，代表部分新闻叙事者的角色让渡至机器，出现了"角色转移"的趋势。其次，在叙事语法方面，数据新闻"突破了传统树形二维叙事结构的局限，形成了立体的叙事法则"。再次，在叙事话语生成上，数据新闻对结构化的数据进行筛选和分析，对半结构化和非结构化数据进行重新建构，"是对数据再结构化的过程"，并呈现可视化倾向。最后，数据新闻从大众传播演进到定制传播，在提升叙事接受方面有着较强的技术优势。②

有研究者通过对2012年至2016年全球数据新闻奖提名的350部作品进行文本分析，归纳了3组数据新闻的基本叙事模式。一是线性模式与延伸模式，叙事按照时间线展开，数据应用于线性叙事的每个环节，对传统叙事进行补充，在此基础上通过更深层次的分析挖掘拓展叙事时空，强化传播效果。二是利基模式与类比模式，前者根据不同受众使用数据定制细分化与个性化的新闻，后者则列举不同类别的相关信息，进行比较并发现规律。三是组合

① 沈浩、罗晨：《数据新闻：现代性视角下的历史图景》，《新闻大学》2016年第2期。

② 张军辉：《从"数字化"到"数据化"：数据新闻叙事模式解构与重构》，《中国出版》2016年第8期。

模式与网状模式。组合模式将一篇新闻报道拆分为多个单元，数据呈现嵌入其中，再通过关键词和主题重新组合，受众可选择感兴趣的主题进入浏览。网状模式基于对多元数据的挖掘分析，强调报道主体之间的相互关联，以及背后的逻辑关系①。

尽管数据新闻叙事是一个非常流行的话题，但由于“叙事”这个词语概念并不是完全清晰，有些研究者未能厘清研究概念，对术语的使用不是非常恰当，这一点需要在研究中加以注意。

三、数据新闻的生产与流程

在概念和模式之后，研究者们对数据新闻的研究首先体现在试图确立一个明晰的生产流程上。有研究者将数据新闻的生产分为7个步骤，分别是：（1）找选题；（2）找报道角度；（3）数据搜集整理和清洗；（4）数据分析；（5）选择合适的图形；（6）丰富图形的内涵；（7）用代码呈现图形。他还结合财新的数据新闻作品《周永康的人与财》详细阐述了这7个过程的实践情况②。

有研究者通过将数据新闻与传统新闻进行对比，认为数据新闻生产的核心就是在纷繁复杂的数据环境中用敏锐的新闻视角发现具有新闻价值的特定主题，并对该主题相关内容进行数据的抓取、清洗与过滤、分析与挖掘、交互性设计、场景化设计、可视化呈现、故事化讲述，是一种新型新闻报道方式③。

有研究者抓住了数据新闻生产中的运算转向这一特点，提出建立媒体数据库和记者服务平台作为数据新闻生产模式的创新。其中媒体数据库的整体架构分为搜索、处理、可视化与故事化、发布四个部分，基于数据产生模型，模型又反作用于平台和信息，处于一个生生不息的循环体系中。记者服务平台则包含多个服务于记者的子系统，促进了数据在选题、视觉呈现、故事化叙述、新闻价值判断等方面的多维度功能再造，最终形成“数据库→媒体平台→筛选分类数据→故事化→可视化→用户平台”的数据新闻生产流程④。

由于数据新闻与数据紧密相连，而对数据的分析需要软件的参与，对于大多数媒体来说，昂贵的商业数据、商业分析和可视化软件是他们所不能负担的。因此数据新闻几乎天生与开放数据、开源软件这样的词语联系在一起。有研究者认为媒体可以通过对数据做可视化解读更加准确地向受众梳理新闻进程，挖掘数据之间的关系制作优质的独家报道，也能通过申请信息公开开展舆论监督⑤。有研究者认为数据新闻作为一种软件驱动的实践创新，给新闻带来极大变革，开源以软件的形式构成数据新闻的技术基础，以一种文化的形式渗透至数据新闻的整个过程。围绕着开源所形成的诸如透明化、糅合以及众包等实践也形塑着数据新闻的生产⑥。有研究者探究《纽约时报》的数据新闻，发现《纽约时报》善于挖掘政府和机构的开放数据，深度整合社交媒体上的公开内容，“身体力行”“开源”理念，使用开源软件并反过来为其贡献代码，使之发展为可视化应用程序的主流⑦。其在数据新闻的实

① 孟笛：《数据新闻生产特征及叙事模式——基于数据新闻奖提名作品的实证研究》，《当代传播》2016年第6期。
② 黄志敏、张玮：《数据新闻是如何出炉的——以财新数据可视化作品为例》，《新闻与写作》2016年第3期。
③ 白贵、任瑞娟：《传统新闻与数据新闻的比较与再审视》，《云南社会科学》2016年第1期。
④ 冯炜、谢誉元：《运算转向：数据新闻生产的新路径》，《编辑之友》2016年第9期。
⑤ 毕秋灵：《数据新闻中的开放数据应用》，《湖北社会科学》2016年第7期。
⑥ 钱进：《作为开源的数据新闻》，《新闻大学》2016年第2期。
⑦ 孟笛：《开放理念下的新闻叙事革新——以〈纽约时报〉数据新闻为例》，《新闻界》2016年第3期。

践中也善于以全媒体、互动式、游戏化的方式讲述精彩的新闻故事。

四、数据新闻的团队与职业角色

传统新闻媒体的组织结构多是按照功能分类的，采访、编辑、广告等各司其职。而数据新闻生产有它的特殊性所在，它往往跨越多个环节，需要打通原本的部门设置。同时数据采集、分析、交互设计、可视化等也对媒体的人员配置提出了新的问题。面对这种要求，财新建立了数据可视化实验室，有十几个成员，根据需要可组成不同的项目组，完成不同的数据新闻。并将人员划分为四种角色：记者编辑负责内容的组织；数据分析师负责数据搜集、整理与清洗；美术设计师负责图形的设计与优化；程序员负责用代码呈现图形①。

《南方都市报》的数据新闻工作室则采用了另一种形式，它是一个虚拟架构，其中采编创意、数据抓取、数据分析、可视表现、网络技术、视频动画、渠道发布等均是一环，涉及《南方都市报》各部门及外围组织，设立“主持人”负责统筹协调，针对“当天重大新闻的即时数据可视化”“热点话题的每周定向数据发布”和“特殊新闻的长期数据储备”建立三个梯队②。

人民网的数据新闻则一般由各编辑部门策划和统筹，技术人员和美编共同参与完成。选题策划以编辑部门为主，可视化工作由设计部完成，数据分析处理由研发部、人民在线完成，复杂的数据新闻也会采取对外合作的方式③。

在数据新闻团队中，记者编辑、设计人员、技术人员构成了数据新闻的“三驾马车”，不同背景人员的结合“有助于新闻生产突破原有的视域阈限，向更多元的媒体形态拓展。这也加强了媒体内部的交流沟通，为融合新闻生产创造了更为扁平化的管理和沟通氛围”④。

有研究者选择了一家媒体的数据新闻生产作为考察对象，进入新闻室内部，通过田野观察和深度访谈等方式研究新闻从业者在数据新闻这样一种新实践下的变化。由于数据新闻新的知识结构和技能要求，媒体必须招入一定数量的技术工程师，新的工作领域、新的知识技能和新的团队成员组合，都将会对新闻室空间里的社会关系和交往进行重构，在这些跨工种的协同和沟通中，各方先前的职业逻辑、工作概念和流程习惯实际上会对协同的展开形成障碍，这样产生了一个新的中介角色⑤。前述《南方都市报》数据新闻团队中的“主持人”正是这样一个功能角色的存在。

除了团队变化和新增角色外，一些原本就存在于新闻媒体中的职业角色也在因为数据的加入而发生改变。数据新闻采编的核心是对数据内容的信息挖掘和验证。数据新闻编辑应该梳理数据新闻报道的应用理念，保持对数据的敏感性，善于用数据建立新闻事实之间的联系，还要关注如何将数据变成故事⑥。在电视节目中，数据新闻的可以让沉默的数据发声，由于电视媒介的特点，将数据可视化技术引入电

---

① 黄志敏、张玮：《数据新闻是如何出炉的——以财新数据可视化作品为例》，《新闻与写作》2016 年第 3 期。

② 邹莹：《〈南方都市报〉数据新闻的进阶之旅》，《传媒》2016 年第 14 期。

③ 唐述权：《让数据说话，提升新闻价值——人民网数据新闻发展综述》，《传媒》2016 年第 14 期。

④ 方洁、胡杨、范迪：《媒体人眼中的数据新闻实践：价值、路径与前景——一项基于七位媒体人的深度访谈的研究》，《新闻大学》2016 年第 2 期。

⑤ 钱进、周俊：《论数据新闻对新闻职业文化的改造——以 M 媒体的数据新闻生产作为考察对象》，《新闻记者》2016 年第 5 期。

⑥ 韩新明、刘海明：《数据新闻编辑应该注意的几个问题》，《中国出版》2016 年第 9 期。

视新闻节目制作，再加上拍摄剪辑技术的创新，数据可以形成视觉冲击。在这样的条件下电视新闻主持的形态也需要创新，在大数据环境中，主持人需要加强数据分析理解能力，并注入更多人文关怀，从海量的数据资源挖掘出有价值、有意义的新闻①。

五、数据新闻的教育

为了适应数据新闻所带来的团队、职业改变，新闻教育也要相应发生改变。有关数据新闻教育方面的研究主要是在借鉴欧美的基础上思考我国现状。有研究者分析了欧美数据新闻人才的培养路径，总结了导师制培养模式，大规模网络公开课，开办专业会议和训练营、新闻教育机构转型为数据新闻专业教育和建立网络学习共同体等方式培养数据新闻人才②。

有研究者解读了哥伦比亚大学新闻学院的数据新闻教学，指出国内院校数据新闻教学尚处于起步阶段，课程时间上应尽量保证充裕，课程内容保证学生可以系统地学习数据新闻制作。在数据基础入门后，教学重点应聚焦数据挖掘、数据分析处理、数据可视化等数据新闻技术的培养方面，强化学生数据新闻的实践能力③。

有研究者分别总结并比较了中美数据新闻人才的培养模式。国内数据新闻教学以教师系统讲授为主，实践操作为辅，多采用案例教学加课后作业的教学模式，课程设计上先理论后技术，课程体系先基础后专业，授课以本院系教师为主。而美国哥伦比亚大学新闻学院和密苏里大学新闻学院的数据新闻则先实践后理论，重视技能训练，强调实践能力，并积极开发网络教学资源，提供自主学习的便利④。

有研究者总结了国内的数据新闻教育现状，从最初的业界通过工作坊主导学界，到现在数据新闻教育也在快速跟进并深入。但仍然面临着新闻学专业招收的学生知识结构单一，院校课程体系有待完善，师资结构组成单一，缺乏业界实践导师，学生实践流于形式等。针对以上问题，研究者也提出了在招生层面打破学科壁垒，文理跨专业培养；在课程体系和师资建设上整合资源，优势互补，建立全方位的课程体系和复合型师资队伍；以及依托校内外平台，提供多样化实践等对策⑤。

六、数据新闻的实践

数据新闻，乃至新闻本身就是实践性很强的领域。因此在数据新闻的研究中，对实践的研究也是非常重要的一方面。这次研究对象的200余篇文章中，实践研究也占大多数。在这些研究中，有的研究者基于纸媒、电视媒体等不同媒介的特点研究其中的数据新闻，有的研究者则将眼光投向了国外，研究国外数据新闻实践以及对我们的指导借鉴意义。还有一些则针对具体作品分析其特征。

有研究者以《南方都市报》为例研究纸质媒体数据新闻的实践特征和趋势。纸媒的数据新闻在新闻实践方面时效性减弱，客观性增强，消息来源可以突破政府公职人员、学者名人等社会精英的话语控制，但数据分析仍然以直接引用和简单统计为主，未能发挥出纸质媒体深入分析的报道特点。研究者同时还对比了纸媒和网媒的

① 杜洋：《新媒体环境下数据新闻对电视新闻主持的影响——以〈数说命运共同体〉为例》，《今传媒》2016年第1期。

② 刘银娣：《欧美数据新闻人才培养路径探析》，《中国出版》2016年第1期。

③ 陈积银、杨廉：《哥大新闻学院数据新闻教学的解读与借鉴》，《新闻大学》2016年第5期。

④ 许向东：《对中美数据新闻人才培养模式的比较与思考》，《国际新闻界》2016年第10期。

⑤ 金梅珍、丁迈：《我国数据新闻教育的困境与对策》，《现代传播（中国传媒大学学报）》2016年第3期。

数据新闻。纸媒的数据新闻以报道硬新闻为主，时政类新闻较多，而网媒软新闻较多，重点报道社会生活类议题，即便发表政治经济类新闻，标题和用语也都具有较强的娱乐性。纸质媒体享有新闻采编权，新闻数据大多来自统计部门、政府网站等官方资料，同时注重自主调查，追求独家报道。而新闻网站因为可以转载其他媒体的报道或借助其他机构的研究报告，数据来源较广。纸媒数据新闻包含较多的文字分析，数据呈现以静态的传统图表为主，形式较为单一。网媒虽然也大多使用静态图，但以新式图表为主，图形元素多样，色彩搭配和图标设计更具视觉效果。此外还可运用交互式、AR 增强、LBS 定位等高新技术①。

在电视媒体方面，有研究者研究了央视的数据新闻《数说命运共同体》。该节目采用人物带动、图配乐、权威人士说明、脸谱化和动态地图等多种表现手法，视听语言生动丰富，整合多方信息数据源，依托多个权威数据库，挖掘和提炼海量数据中的本质联系。“该节目在国内电视媒体数据新闻可视化领域中实现了多项首次突破，包括首次使用卫星定位跟踪系统数据，通过大量 GPS 移动轨迹提升数据新闻的视觉表达效果；首次使用数据库对接可视化工具，将数据示意图时代带入真实数据轨迹呈现的空间。”②

各类数据新闻大赛作为学界和业界共同关注的前沿，经常会出现一些优秀的作品。陈积银对中国首届数据新闻大赛作品进行了计量统计，在关注领域、数据质量、版面设计、技术应用和表现形式五个方面进行了分析，并对学界和业界进行了对比。

在国外的数据新闻实践方面，有研究者总结了国外数据新闻可视化的实践特征，有数据闭环式的结构性数据叙事、动态交互式可视化为主的视觉化传播以及受众以“数据众包”形式互动并参与聚集意义的生成。数据新闻可视化的本质是逻辑信息以外的情感关系的传播③。有研究者对比了卫报的“数据博客”和网易的“数读”，“数据博客”中来源为自身媒体调查的数据明显多于“数读”，选题范围也更广，新闻生产呈现出更加常态化的趋势，并更多利用众包等创新形式。在团队构成方面，“数读”的数据新闻团队成员较少且分工不够精细，我国数据新闻还具有较大的发展空间④。

除此之外，还有一些专题性的研究。有研究者看到 2016 年欧洲杯报道中，信息图表成为展示赛程与特色数据的标配，参与式游戏为资深受众提供更深入的互动和体验，而针对入门球迷也有趣味测试作为科普⑤。有研究者选取《纽约时报》和《卫报》及数据新闻奖中的涉华数据新闻，使用视觉修辞分析手段，发现西方数据新闻在“数据化”和“可视化”两个维度上“大做文章”，悄无声息地生产了某种隐性的、匿名的、生产性的劝服话语，从而在视觉意义上实现了对中国形象的“另类建构”⑥。有研究者研究了数据新闻在微博平台中的传播效果，从主要的网络新闻媒体官方微博账号中抽取了 200 条数据新闻和 200 条非数据新闻，统计了这 400 条微博的转

① 李小华、张卉：《纸质媒体数据新闻实践特征及趋势分析——以〈南方都市报〉为例》，《当代传播》2016 年第 2 期。

② 佟志莹：《央视〈数说命运共同体〉的数据新闻可视化特色研究》，《影视制作》2016 年第 10 期。

③ 王长潇、徐静、耿绍宝：《数据新闻可视化的域外实践及发展趋势》，《传媒》2016 年第 14 期。

④ 甘馨月、马凯、张韵秋：《中外数据新闻实践比较研究——以英国卫报“数据博客”与中国网易“数读”为例》，《新媒体研究》2016 年第 24 期。

⑤ 方洁、范迪：《融媒时代大型赛事报道中的数据新闻——以 2016 年欧洲杯报道为例》，《新闻与写作》2016 年第 8 期。

⑥ 刘涛：《西方数据新闻中的中国：一个视觉修辞分析框架》，《新闻与传播研究》2016 年第 2 期。

发、评论和点赞数量，通过数据转换和分析发现，数据新闻在各个项目上并未显著高于非数据新闻，甚至在一些项目上表现较低。作者分析了可能造成数据新闻传播效果不理想的原因，提出了受众接受能力、微博平台“碎片化”和“短平快”特点，数据新闻选题集中于较为枯燥的经济类新闻，以及软新闻等题材局限性，还有可能存在数据来源不清、可靠性存疑、数据理解分析不足造成质量不佳等四个原因①。

七、数据新闻的批判性思考

大数据为媒体提供了新的表达形式，但我们也应该看到，在这股数据新闻的热潮中，需要一些批判性的思考。有研究者指出大数据的合法性、代表性、真实性、解释性和预测性等问题在应用于新闻生产时仍然值得警惕和反思②。有研究者从数据新闻偏离新闻逻辑的几个方面进行分析，提出数据新闻强调新闻素材的完整性，这与传统新闻强调时效性的逻辑不相吻合，而且以数据建构新闻主体，用新闻之间的相关性代替传统新闻叙事的因果性，重视发现问题而非解释。数据新闻作为大数据在新闻领域的运用与延伸，更关注宏观社会，远离微观现象和个体生活，造成了新闻个体特征的弱化，而个体的深度挖掘正是新闻报道价值所在。数据新闻强调数据可视化的形式，图表成为主要表现方式，消解了传统新闻报道中以文字表达为核心的文本建构方式。这些都可能会造成受众情感共鸣的缺失③。

有研究者从成本角度思考了数据新闻可能遇到的局限性。数据搜集的成本限制了数据新闻所能使用的数据类型，也进一步限制了数据新闻的发展空间。“媒体以较高成本自行挖掘有价值的数据，将其贩售给商业公司或许比向大众公开更能获利，那么该媒体就是作为数据公司的角色参与到商业交易中，而不再是向公众负责的新闻媒体角色。如果走调查性数据新闻模式，媒体高成本制作的数据新闻自然对社会公众而言很有价值，但其价值却无法通过市场变现，商业机构对此也不感兴趣。”④

八、数据新闻的未来

数据新闻作为新闻本身，以一种有意义的方式向读者提供相关信息，新闻机构和报道者通过在新闻中使用数据找到隐藏的故事，发现更多事实支持他们的叙述。数据新闻使得被动的新闻网站变为互动的信息平台，在这样的平台上，读者不仅阅读、消费新闻，还可以与数据可视化和原始数据集进行交互。数据新闻的核心不仅仅是一个故事，而是成百上千个。每个读者都可以进入这个新闻应用程序，找出与自身经验和自己的社区相关的故事。同时，与传统新闻用读者人数和阅读时间不同，读者的互动性也成为测量新闻传播效果的指标之一。

近两年数据新闻作品的发展已经不仅仅限于计算机辅助新闻报道、数据驱动型新闻、信息图表化、数据可视化和数据库新闻基本要素和形式，更凸显大数据技术背景下，挖掘开放数据来源和新闻事实深层逻辑，以响应式的交互网页可视化技术的不同技术团队协作，如记者、交互设计师、程序员、分析师的协同合作的数据新闻产品。主要特点是充分采用大量数据作为事实依据，结果主要以可视化的视觉语言输出；具有良

① 胡灵舒：《数据新闻在微博平台中的传播效果研究》，《编辑之友》2016 年第 2 期。

② 周勇、赵璇：《大数据新闻生产的实践与反思》，《新闻与写作》2016 年第 6 期。

③ 李小华、张付伟：《基于数据新闻热的审视与思考》，《中国出版》2016 年第 8 期。

④ 陆新蕾：《数据新闻热中的冷思考》，《当代传播》2016 年第 5 期。

好的互动性，受众可以根据个人需要在一则新闻中获得自己需要的个性化信息。

预测性新闻报道、互动化及更新形式的可视化是数据新闻的发展方向，计算机“编辑”的出现也是数据新闻领域的新尝试①。数据新闻是传统媒体把握融合时代发展趋势的有力抓手，并且伴随着媒体融合的不断深入和传媒科技的不断发展，人工智能机器人生产更多新闻，无人机提供视角更为丰富的产品，而虚拟现实等技术的发展将带来更好的新闻现场体验②。传感器、公共监控系统数据的应用将成为数据新闻中的重要主题，但在利用数据的同时也需要考虑数据的准确性问题和隐私问题。由 NGO 组织或媒体机构设立运营的数据图书馆也是一个值得关注的焦点。这些资源能够极大地丰富数据来源，提升数据新闻的整体质量③。

在数据新闻发展中不同阶段存在着不同的关注话题和热点，新闻从业者和新闻管理部门都在积极思考和探索数据新闻的生产模式、盈利模式、新闻人才素养、组织架构和传播渠道的创新与变革。通过实践和创新不断寻找和推进数据新闻报道在传统新闻事业与新兴媒体的融合发展。近年来，国内主流新闻媒体人也在思考和探索适应信息传播通道不断多元化背景下的数据新闻生产模式，如何培养数据人才，将数据挖掘、数据可视化与传统新闻选题和叙述手段有效融合，探索数据主导的新闻生产、业务流程再造和可视化创新的新闻叙事手段。以及如何打造新型数据新闻工作室，适应不同新媒体传播机制，生产具备科学与艺术融合的数据新闻信息产品，通过不同的内容分发平台传播给受众和目标消费者。

数据新闻是可视化传播的产物，大数据时代加速了数据新闻的发展。在媒介融合的时代，数据新闻的内涵和外延也在不断丰富扩展，数据新闻成为一种新闻事业的核心竞争力的趋势越来越明显，以数据挖掘和新闻可视化为要素的数据新闻，将给新闻事业带来更具可信度的传播公信力和全球化视野。

撰稿：沈　浩（中国传媒大学新闻学院教授）
元　方（中国传媒大学互联网信息研究院博士生）

社交媒体研究 2016 年综述

近年来，随着以微博、微信为代表的社交媒体迅速普及，社交媒体备受学界、业界关注，针对社交媒体的研究成果总体呈现快速上涨的趋势。2016 年针对社交媒体的学术研究热度持续。

一、研究概况

笔者通过中国人民大学中文学术资源

① 刘高颖：《数据新闻生产模式及发展方向研究》，《传媒》2016 年第 12 期。

② 秦福贵、白洁：《媒体融合视角下数据新闻的创新与未来》，《河北大学学报》（哲学社会科学版）2016 年第 2 期。

③ 徐笛：《数据新闻：发展现状与趋势》，《中国出版》2016 年第 10 期。

发现平台对“社交媒体”一词进行限制性检索，仅检索2016年所有围绕社交媒体展开的研究，成果类型包括图书、期刊、报纸、学位论文、会议论文，系统返回6075个检索结果。

中文学科领域，文化、科学、教育、体育类关于社交媒体的研究成果最多，多达2229项，其次是经济类、工业技术类以及政治、法律类。按中文学科分类对社交媒体的相关研究成果情况进行统计，如图1所示。

学术成果中，期刊论文形式的研究成果最多，共4760篇，其次是学位论文769篇。学术刊物中，《新闻研究导刊》《青年记者》等对社交媒体的研究成果登载较多，《新闻战线》《传媒》《新闻记者》《现代传播》《中国记者》等期刊对社交媒体也有较多关注。按期刊种类对社交媒体的相关研究成果情况进行统计，如图2所示。

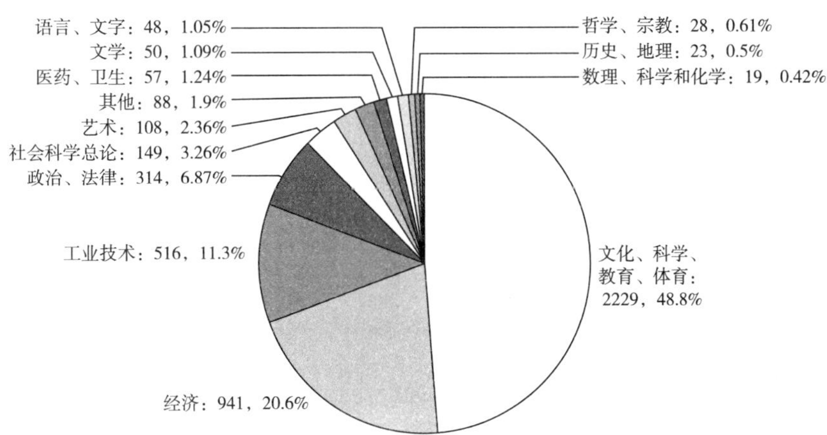

图1　社交媒体——按中文学科分类统计

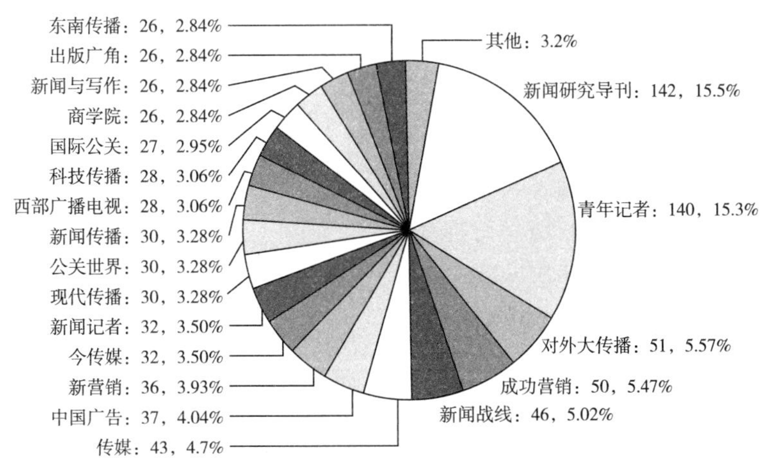

图2　社交媒体——按刊种统计

2016 年，我国人文社科、自然科学领域对社交媒体均有研究。这些学术成果中，涉及国家社会科学基金项目 155 个，省市基金项目 116 个，国家自然科学基金项目 92 个，国家教育部基金项目 78 个，科技部国家科技计划项目 10 个。按地区进行分类统计，北京地区相关研究成果最多，共 522 项，其次成果数量排序比较靠前的江苏 210 项，湖北 202 项，广东 195 项，上海 174 项（见图 3）。

自然科学领域主要针对社交媒体的话题检索追踪技术、信息挖掘、数字保存等方面进行技术层面的研究，人文社科领域的研究主要集中在社交媒体的用户研究、内容研究、商业模式研究以及在政治、教育、媒体融合等领域的应用研究。本文将对 2016 年人文社科领域“社交媒体”研究成果进行综述。

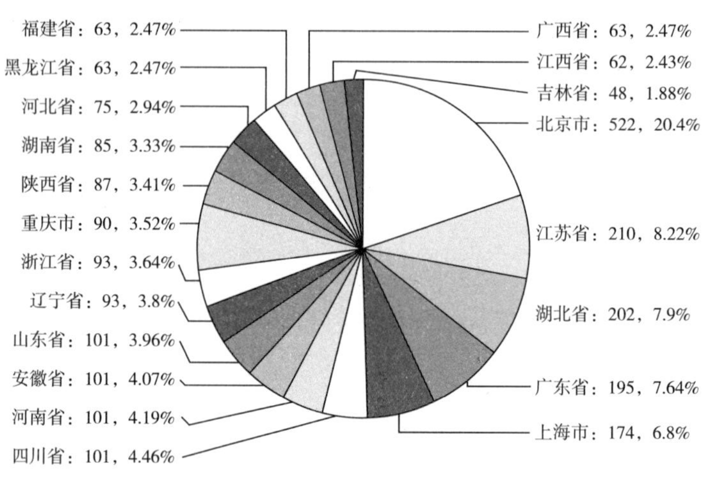

图 3 社交媒体——按地区统计

二、社交媒体的用户研究

当前，用户对社交媒体的使用，总体呈现出一定的依赖性和盲目性，自我安全保护意识较差。研究者围绕大学生对社交媒体的使用频率、信任程度、参与度、个人信息公开度 4 个维度通过调查问卷对湖北在校大学生社交媒体使用状况进行抽样调查和实证分析，认为湖北在校大学生社交媒体使用中存在着网络交流成瘾（61.4% 的学生每隔几小时就登录一次社交平台）、缺乏理性易被谣言和大 V 裹胁、交流的标签化、圈子化导致看待问题视角狭窄、时常遭遇财产及人身安全隐患，提出以下建议：建立信息审核平台，强化网络实名认证；官方及时发声，加强舆论引导；构建高校网络安全教育体系，提高大学生自我安全保护意识；倡导网络公民精神，提升大学生媒介素养等。①

感知的有用性和趣味性会促进用户使用社交媒体。基于互联网的社交媒体实现了通信与社交的低成本、便捷性，迅速形成广泛普及之势，但社交媒体过度窥探用户隐私，一定程度上影响用户体验，导致用户流失。研究者通过问卷调查论证了正向情感响应（满意）对用户持续使用社交媒体服务有显著的正向影响，而基于隐私风险产生的负向情感响应（担忧）对行为意愿的影响效果强于正向情感影响。社交

① 万晓红、夏方志：《湖北高校大学生社交媒体使用状况的实证分析》，《理论月刊》2016 年第 2 期。

媒体服务可以以用户的情感诉求为出发点，规范隐私信息收集途径和使用权限，严禁收集、使用非授权的用户信息，以完善功能提高用户满意度。[①]

随着大数据的广泛应用，个人隐私信息已成为各类在线平台最重要的资源之一，基于互联网的社交媒体也不例外。有研究指出，个体在意识到组织未经允许就收集或使用其个人隐私信息的情况下，将会触发隐私关注。个性差异（内向还是外向、独立还是依赖等）、人口差异（性别、年龄、受教育程度等）、文化差异都会影响用户对隐私关注程度。此外，社交媒体用户对隐私的关注水平不是一成不变的，而是不断变化的，一方面，会很大程度上受到朋友观点的影响；另一方面，也受到在线平台隐私政策和隐私非法使用等行为的影响，此外，还会受到突发事件等因素的影响。[②]

三、社交媒体的内容研究

2016 年社交媒体关于内容方面的研究成果，主要集中在内容生产和内容的图像符号话语研究。内容生产方面的研究主要是对特定主体进行细分领域的内容生产策略研究。社交媒体应当结合互联网的传播特性和用户特性进行内容生产。研究者选取澎湃新闻微信公众号推送讯息作为分析对象，从话题类别、话题关键词、语言风格、情感诉求点及文章来源 5 个编码类目，分别对《头条》《澎湃思想》《澎湃时局》《澎湃联播》《澎湃打虎》5 个分类栏目进行内容分析，发现澎湃新闻关注时政、重视思想争鸣、文风通俗而又富有个性，且非常注重媒体开放性，进而得出结论：传统媒体只有顺应互联网的特点，充分尊重用户需求与习惯，才能达到更好的传播效果。[③]

图片、表情包是社交媒体内容的重要组成部分。表情作为一种图像符号，在社交媒体中被广泛使用。研究者认为，表情符号在当下“视觉文化”和“读图时代”的社会环境中，成为一种传播文化的渠道。甚至有研究者通过对 Facebook“表情包”大战进行研究后，认为网络表情包暗示了社交媒体上的图像转向。[④] 另有研究者以 Line 表情贴图为例，运用罗兰·巴尔特的符号学理论对社交媒体表情符号进行解析，分析潜藏于图形完形下的文化传播机制和运作方式，探寻具有代表性的表情符号在获取经济效益的基础上，如何推动传统文化的传播、制造社会幻象、构建现代神话。他认为，表情符号可以将意识文化自然化输出，潜移默化的传播方式不会引起用户的反感，还能将传播效果发挥到极致，创造经济价值的同时，还能传播文化，为打造国家软实力提供可行的方法。[⑤]

除了表情符号，另一种活跃在社交媒体上的内容形式当属以自拍图片为主、图文结合的文本叙事。研究者认为，自拍图像话语正在建立新的身份认同、文化主题和社会影响力。自拍者以身体的杂志化表达，试图争夺传统媒体的图像话语权，然后，这种貌似对生活的真实记录，标榜“有图有真相”，实则大多数情况下是一种伪记录行为。这种对形象美的追求进入到一个全民跟风的时代，繁荣的自拍文本背后，正是各种商业利益的陷阱。[⑥]

---

① 陈昊、李文立、柯育龙：《社交媒体持续使用研究：以情感响应为中介》，《管理评论》2016 年第 9 期。

② 朱侯：《社交媒体用户隐私关注的心理机制研究》，《图书情报知识》2016 年第 2 期。

③ 张燕、陈思思：《传统新闻媒体转战社交媒体的内容运营策略——对澎湃新闻微信公众号的内容分析》，《出版科学》2016 年第 4 期。

④ 夏冬：《社交媒体上的图像转向——以 Facebook“表情包”大战为例》，《青年记者》2016 年第 26 期。

⑤ 王春明：《社交媒体表情符号解析——基于罗兰·巴尔特符号学视域》，《新闻传播》2016 年第 10 期。

⑥ 陈娟：《社交媒体自我形象的建构与传播——以手机自拍的图像话语表达为例》，《当代传播》2016 年第 4 期。

四、社交媒体的广告研究

广告是社交媒体最为主流的商业模式。社交媒体因其传播特性决定了其广告与传统广告存在较大区别。研究者认为，社交媒体的广告呈现出以消费者为中心、泛在传播、精准投放越来越明显、与媒介内容高度融合等特征，未来社交媒体广告应加强精准定位与灵活管理、注重产品的个性塑造、注重直接与间接交互传播，实现传播效果的最大化。①

大数据分析与精准广告投放为社交媒体的广告传播提供了科学的参考依据。基于大数据的精准广告就是针对消费者个性化特征和需求而推送具有高度相关性商业信息的传播与沟通方式：社交媒体不断精致化所造成的信息碎片的“精”，和通过使用大数据分析和标签功能所获得的信息的“准”，就能准确地将信息、受众联结在一起。②

然而，有学者认为，关于社交媒体广告的传播效果，不能单以广告点击率作为唯一衡量指标。即便精准面向用户投放的个性化广告，仍无法避免用户的广告回避，也不一定能直接实现广告产品销量的提升。因为个性化广告效果并非全然是正面的：一方面，提升广告的个性化程度能减少与用户不相关的广告所造成的干扰；另一方面，个性化技术的精准，可能会引发用户对隐私被暴露和利用的忧虑，从而对广告及品牌不利。③ 社交媒体平台中的用户不再是单向接受信息、做出消费行为的“受者”，他们有自己的意愿和思想，对广告会生成正面或负面甚至与广告不相关的内容。研究者认为社交媒体用户在面对广告时的真实体验，无论是积极意识下的主动行为、积极意识下的被动行为还是消极意识下的被动行为，都是在进行社交媒体广告效果评估、评价社交媒体广告价值时不可忽视的，也是点击率、到达率等简单指标所无法全面反映的。④

原生广告作为社交媒体的独特广告形式近年来受到广泛关注。原生广告是一种通过在信息流里发布具有相关性的内容产生价值，提升用户体验的特定商业模式，简而言之，广告语媒体内容合二为一，广告即内容，内容即广告，消费者通过对内容的感知触发某种消费欲求达到相应的广告效果。有学者对 BuzzFeed 进行个案研究，认为 BuzzFeed 通过改变对新闻价值的认识和创制原生广告，实现了广告的迅速增长，而其成功的秘密在于，关系是最好的传播媒介，正如拉扎斯菲尔德所说，“没有那种媒介比人更能打动其他人”⑤。同时，BuzzFeed 有意识地管控广告投放时间、投放量，以优化点击率和分享率，并且避免影响用户体验，这也是其成功的重要原因。⑥

五、社交媒体的影响力研究

作为一种快速普及的新型媒体形态，社交媒体不仅影响着用户的行为、习惯及在传播活动中的角色和地位，也对传统媒体的传播模式、运营策略产生了较大影响，重塑传媒行业的整体秩序，此外，社交媒体还对整个社会的政治、经济产生着深远的影响。

1. 对用户的影响研究

社交媒体已覆盖人们日常生活的方方

① 陈欣：《社交媒体广告发展的新特征及传播策略》，《青年记者》2016 年第 5 期。

② 鞠宏磊、黄琦翔、王宇婷：《大数据精准广告的产业重构效应研究》，《新闻与传播研究》2015 年第 8 期。

③ 杨莉明：《社交媒体广告效果研究综述：个性化、互动性和广告回避》，《新闻界》2016 年第 21 期。

④ 倪宁、徐智、杨莉明：《复杂的用户：社交媒体用户参与广告行为研究》，《国际新闻界》2016 年第 10 期。

⑤ ［美］拉扎斯菲尔德等：《人民的选择》（第 3 版），唐茜译，中国人民大学出版社 2012 年版，第 134 页。

⑥ 胡翼青：《社交媒体如何盈利——对 BuzzFeed 的个案研究》，《编辑之友》2016 年第 7 期。

面面，正在改变人们寻找、分享信息的方式和相互交往的渠道、手段。2016 年关于社交媒体的研究中，对用户影响方面的研究成果颇丰。

有研究认为社交媒体的使用对大学生的拖延行为有直接影响，甚至导致了人的异化。研究者以北京地区的高校大学生为例分析社交媒体使用对大学生拖延行为的影响机制，发现社交媒体的依赖和使用的确对拖延行为有明显的正向影响，其中女性群体更为明显，受教育程度越低的人群受影响程度越高。研究者认为这种影响会伴随着大学生对社交媒体依赖程度的加深而增强。人们急于利用社交媒体填塞生活中每一个时间空隙时，社交媒体也使人们面临着被技术反向驯化的危险。① 社交媒体出现后，"饭前拍照"这一行为严重占用了人们的用餐时间，拍照、修图、发布、回复评论、反复查看新消息……现代人对媒介的过度依赖已经导致了人的异化。本应为大众生活带来便利的技术成了人们生活中的"慢性杀手"，这种现象不得不引起反思。②

也有研究者认为社交媒体催生了"沉默螺旋"效应。研究者通过对 25 名香港大学生的深度访谈，发现社交媒体出现了 4 种影响个体政治参与的现象：观点一边倒、同辈压力大、"小众观点"被放大以及语言暴力。这 4 种现象对香港青年人在公众事务讨论中自我观点表达存在明显的抑制作用，催生了"沉默螺旋"效应。而社交媒体的实名制和网络暴力妨碍了个体观点的自由表达、社会观点的多元化发展以及公民表达性政治参与的实现。因而，社交媒体对政治参与的影响需要理性地审视、辨识和引导。③

还有研究者立足受众商品论，认为在消费主义全面渗透和统治之下，受众对媒体的一切接受行为，都无法逃避商业信息或显或隐的影响，社交媒体环境下受众的主动地位上升只是虚幻的表象，受众被商品化的程度没有减弱反而上升。④

2. 对传统媒体的影响研究

社交媒体为传统媒体的创新发展带来了很好的机遇与严峻的挑战。有学者认为，社交媒体的崛起与发展带给新闻业翻天覆地的变化，从传播模式到内容再到整个体系，革命性变化的背后是整个媒介环境的变化与多元化融合的过程。⑤

然而，传统媒体依赖社交媒体将内容传输给受众的简单融合方式，并不能给传统媒体带来良性的造血功能。2015 年欧美 9 家传统媒体陆续与社交媒体 Facebook 签署协议，尝试通过后者的"即时文章"项目直接发布部分内容，这种被某些传统媒体视为"对天使的拥抱"的融合方式削弱了传统媒体的差异，消解了读者对媒体的忠诚度，使媒体无法充分实现内容价值，加剧了传统媒体收入的不确定性，使传统媒体行业不得不面临社交媒体"赢家通吃"的困境，实际成为"与魔鬼签约"⑥。

传统媒体单一的内容发布与社交媒体融合，难以成就其良性可持续发展。有研究者认为，要实现传统电视媒体的转型发

---

① 李彪、杜显涵：《反向驯化：社交媒体使用与依赖对拖延行为影响机制研究——以北京地区高校大学生为例》，《国际新闻界》2016 年第 3 期。

② 曹思宁：《从"饭前拍照"看社交媒体对人的异化》，《视听》2016 年第 7 期。

③ 周凯、刘伟、凌惠：《社交媒体、"沉默螺旋"效应与青年人的政治参与——基于 25 位香港大学生的访谈研究》，《现代传播（中国传媒大学学报）》2016 年第 5 期。

④ 谈海亮：《社交媒体受众商品化的两种路径》，《新闻前哨》2016 年第 11 期。

⑤ 田智辉、刘颖琪、张晓莉：《社交媒体平台的新闻传播模式》，《新闻与写作》2016 年第 11 期。

⑥ 魏明革、陈睿：《欧美传统媒体与社交媒体 Facebook 融合的思考》，《编辑之友》2016 年第 9 期。

展，必须实现电视媒体与社交媒体在内容、渠道和平台等方面的深度融合，将社交元素融入电视节目创意策划、生产制作和编排播出的每一个环节，内容方面，基于社交媒体数据制作电视节目；渠道方面，利用社交媒体改善用户收视体验；平台方面，社交电视或成为电视转型的新路径。①

随着社交媒体的介入，传统新闻媒体以“新闻生产为中心”已悄然变为“以用户为中心”，传统媒体一方面坚守社会责任与新闻规范，另一方面又要反映普通受众需求，在各种博弈中寻找生存法则。传统专业媒体走向社会化媒体过程中，受众被纳入到媒介议程，新闻呈现出去精英化以迎合网民的态势，传统媒体继续发挥舆情引导功能，承担媒体的社会责任。②

3. 对社会的影响研究

社交媒体对传统媒体领域乃至整个社会的政治、经济产生着重要影响。社交媒体已改变了传统的媒体秩序。研究者以巴黎恐怖袭击事件的社交报道为例展开研究，认为社交媒体对国际新闻报道产生了重大影响，一定程度上平衡了信息资源配置，提高了信息传播效率，丰富了新闻的内容，另外，也增加了新闻核查的难度，但总体来讲，社交媒体已逐渐跻身于媒体行业的领先位置，成为传统媒体最大的竞争对手和合作伙伴。③

除了传媒领域，社交媒体也具有无限的商业价值和政治意义。研究者认为，社交媒体是基于关系的信息传播，具有更好的营销效果，给商业的发展带来了新的契机。另外，可以说社交媒体正在掀起一场“网络革命”：社交媒体不再是人们单独进行交流的工具，也是人们关注热点事件，组织政治活动，发动公民运动，实施危机救助的平台。④ 社交媒体的一大功能是政治家们向追随者进行宣传、鼓动、号召，另一功能是让观点迅速扩散，引发政治运动和政治变革。⑤ 社交媒体的传播活动甚至可能成为现代战争的重要诱因。有研究者认为，把叙利亚内战视为有史以来第一场由社交媒体全面主导的战争并非言过其实。在这场危机的发展过程中，社交媒体平台成为叙利亚国内外不同政治势力和宗教派别的主战场。在社交媒体的助推作用下，叙利亚内战所产生的震荡效应已经扩展到伊斯兰世界，乃至整个国际社会。⑥

社交媒体既是社会信息扩散的平台，也是凝聚社会共识的平台。⑦ 社交媒体可能放大风险，也能在风险控制上发挥积极作用。在社交媒体盛行的环境下，信息发布的主体、信息数量、信息的敏感性和信息发布的时间都有可能放大风险，同时，社交媒体的互动性为各方意见的交流提供了一个良好的平台，搭建了一个公众与公众、公众与官方之间理性对话的公共空间，沟通的过程实际上也是一个汇集民智、集

① 陈波：《从用户争夺到平台融合——电视媒体与社交媒体联姻的动因、可能及路径》，《中国电视》2016 年第 3 期。

② 王翎子、章洁：《社交媒体介入传统媒体的传播特质探析——“人民日报”“央视新闻”“澎湃新闻”微信公众号内容对比分析》，《中国出版》2016 年第 3 期。

③ 方雪悦、陈怡博：《社交媒体发展对国际新闻的影响——以巴黎恐怖袭击事件社交媒体报道为例》，《新媒体研究》2016 年第 16 期。

④ 刘济群：《国外社交媒体影响力研究——进展与启示》，《现代情报》2016 年第 3 期。

⑤ 陈文胜：《社交媒体的政治性应用——国外相关研究述评》，《新闻记者》2016 年第 4 期。

⑥ 史安斌、盛阳：《叙利亚危机：社交媒体“导演”的战争》，《青年记者》2016 年第 1 期。

⑦ 陈文胜：《社交媒体的政治性应用——国外相关研究述评》，《新闻记者》2016 年第 4 期。

纳民意的过程……最终可使社交媒体在风险事件中发挥积极作用。①

社交媒体不仅是人们获取新闻的重要渠道，更是人们参与社会生活的重要媒介手段。CNNIC 数据显示，社交媒体已逐渐成为新闻获取、评论、转发、跳转的重要渠道，已成为网络舆论重要源头。② 社交媒体正在全方位渗透社会的各个领域。2016 年社交媒体研究从心理学、社会学、管理学等多学科视角展开，已经取得了丰富的成果。随着技术的发展完善与应用的多元走向，社交媒体将迎来新发展与新问题，社交媒体的研究还有待与时俱进，继续深入。

撰稿：匡文波（中国人民大学新闻学院教授、博士生导师，中国人民大学新闻与社会发展研究中心研究员，全国新闻自考委员会秘书长，中国科技新闻学会常务理事）
童文杰（中国人民大学新闻学院博士研究生）

媒介素养研究 2016 年综述

2016 年中国媒介素养研究，虽然研究层次有所提升，但总体呈现不均匀状态。

随着大数据时代的到来，学界对新兴媒体信息传播特点和随之而来的传播问题做了些回应研究。这一年媒介素养学术主要体现在媒介素养教育研究、受众媒介素养研究、媒介素养理论研究、媒介素养实践研究和外国媒介素养研究等方面。笔者以 CSSCI 中文索引数据库、CNKI 数据库为依据，以主题词“媒介素养”进行模糊检索，使用 Cite Space 可视化分析软件，对 2016 年度发表的期刊论文及硕博士论文进行内容梳理和计量分析，通过剔除报刊等不相关文章，得到 447 份有效样本（含 CSSCI 期刊 22 篇），以下的阐述和分析均基于对 447 份样本数据分析。

一、媒介素养教育研究

技术的变迁、平台的更新在不断重构人们信息感知、接触方式和生存理念。这一年的媒介素养研究的相关议题也基本围绕着当下媒介环境变化而展开，涉及媒介素养教育研究的文章共 164 篇，其中包含 5 篇 CSSCI 期刊论文。综合起来看，研究基本集中在四个层面上。

1. 在教育理念上

有研究者提出新媒体时代“媒介本质从信息传递向关系传播的嬗变，媒介素养的核心概念从信息批判向情感交往升华，媒介素养培养方式从工具范式向体验范式转向”③。

2. 在课程培养方面

“大学生媒介素养教育课程则需要在立足马克思主义理论学科的基础上重视历

① 马超：《社交媒体的风险放大、风险沟通与风险治理》，《编辑之友》2016 年第 10 期。

② 中国互联网络信息中心：《2016 年中国互联网新闻市场研究报告》，http://www.cnnic.cn/hlwfzyj/hlwxzbg/mtbg/201701/t20170111_66401.htm，2017 年 1 月 11 日。

③ 石晋阳、陈刚：《论媒介素养教育的情感转向》，《现代传播（中国传媒大学学报）》2016 年第 4 期。

史分析方法，甄别媒介舆论的意识形态立场，将媒介素养教育融入思想政治理论课中逐步实现通识课程的教学设想”①。而中小学媒介素养教育的目标定位在“一种培养学习者‘技术理性’的启蒙教育，一种培养学习者媒介认知、媒介技能、媒介价值观念的综合素养教育，一种培养学习者终身学习媒介知识和媒介技能的奠基性教育”② 上。

3. 在课程设计理念上

有研究者认为，“媒介素养课程应探索一种新的以自组织为核心的混沌课程设计”③。鉴于我国新闻传播专业媒介素养教育内容设置不合理这一现状，有学者建议采用网络现象中热点问题，以案例研究形式植入课程，从而弥补不足和启发学生讨论和思考，激发学生通过案例对媒介素养的体验与理解。

4. 在教育策略上

有研究者提出“建立基于培养大学生新媒介素养的教育实践基地，增强大学生新媒体心理素养教育，建立以社会、家庭和学校为共同体的媒介素养教育立体网络”④ 的见解。另外，面对不完善的高校媒介素养教育体系，有研究者认为现在各高校对学生进行媒介素养教育，应该搭上高校大学生的创业基础课程的快车，利用该课程日常的课堂教学，为大学生提供最实际的提高媒介素养能力的机会，提高大学生在创业过程中对网络媒介信息的解读与利用能力。

关于我国中小学生媒介素养，有研究者从媒介化社会及其影响的角度，阐述了媒介素养教育的重要性及必要性并就如何开展媒介素养教育提出建议。比如，有研究者认为政府是媒介素养教育的主导者，应将媒介素养教育纳入我国中小学教育体系中。研究者还建议中小学校应把媒介素养教育课程纳入现有的教学课程体系中，将其作为一门独立的课程来设置⑤。也有研究者基于启蒙教育的认知，认为小学媒介素养教育在整个媒介素养教育体系中居于基础性的地位，还明确表示小学媒介素养教育的内容应限定为指向自媒体系统认知的媒介知识教育、指向技术理性启蒙的媒介观念教育、指向自媒体有效应用的媒介技能教育和指向学习者自我教育的媒介学习方法教育⑥。

二、受众媒介素养研究

该年度受众媒介素养研究的论文有192篇，其中CSSCI期刊论文8篇，占全年媒介素养研究总量的43%，也就是说受众媒介素养研究是该年度学术研究的重头戏。对不同人群的研究相较于前两年有明显的增加，从原先的只观照学生和领导干部两大群体，拓展到大中小学生、党政干部、公务员、媒体从业人员、教师、进城务工人员等。对成年人的媒介使用能力、信息批判能力、信息甄别能力和传播能力的研究是这一年受众媒介素养研究的亮点。这一年度的媒介素养研究能对成年人进行分人群的深入研究，说明该领域的研究已经意识到成年人的媒介素养水平高低直接牵动社会发展的方方面面，如社会环境、知识经济、社会竞争力、终身学习观念、

① 袁慧、李锦珍：《大学生媒介素养教育的实施路径研究》，《思想教育研究》2016年第2期。

② 姚姿如：《自媒体背景下小学媒介素养教育的目标定位和内容体系研究》，《中国电化教育》2016年第7期。

③ 吴靖、陈晓慧、卞丽娟：《自组织视域下“种子课程”标准设计与应用研究——以大学媒介素养课程为例》，《中国电化教育》2016年第8期。

④ 朱彬娴：《新媒体时代大学生媒介素养的培塑策略》，《中国广播电视学刊》2016年第10期。

⑤ 周素珍：《媒介化社会语境下中小学媒介素养教育研究》，《出版广角》2016年第4期。

⑥ 姚姿如：《自媒体背景下小学媒介素养教育的目标定位和内容体系研究》，《中国电化教育》2016年第7期。

文化发展、儿童的成长和自我实现等。这是学界对传播现象出现的问题和危机的回应性研究。

《大数据时代公务员媒介素养面临的新问题及提升对策》一文，从公务员数据意识淡薄、缺乏统一标准、缺少复合型人才、数据应用水平低、公务员自身行为不规范等方面分析了大数据时代公务员媒介素养面临的新问题及原因，并依据问题原因，提出了树立数据意识、创新机制、专业人才培养和选拔、提升数据应用水平以及正确行使公权力等提升对策[①]。朱坚梅对于新闻编辑的媒介素养也提出了自己的观点，她从新闻编辑在新媒体时代背景下的工作现状和新闻编辑在新媒体时代应该具备的媒介素养两个层面，阐述了自己的观点，认为在新媒体时代，应强烈要求新闻编辑工作者建立起与新时代新时期相适应的媒介素养，进而方方面面提升新闻编辑者应有的专业能力水平。在媒体融合的背景下，媒体工作者，如主持人，应该实现从“技巧＋”到“素养＋”，从专才到通才，从提升产品意识与用户意识等方面重新定义自身与媒介环境的关系[②]。教书育人的高校教师也成为研究者的研究对象，“高校教师面对开放的高校环境和融媒体时代教育教学改革的发展，自身需要转变媒介观念，掌握使用新媒介的方法，在实践中探寻育人路径”[③]。对于普通媒介受众，学者认为应努力构建“一个以人的主体性为核心的信息观，并从渠道、主体与话题三个维度下功夫”[④]。

与媒介素养联系最为紧密的是教育工作者，因此，学校教师的媒介素养水平直接影响了媒介素养教育的效果。融媒体发展颠覆了传统的师生关系，教师的知识权威因互联网的发达而不断受到挑战，教师需要自身转变媒介观念，积极掌握新媒介使用方法，也需要重视开展教师媒介素养的不定期培训[⑤]。在大学生的政治思想工作和媒介素养能力培养方面，高校辅导员角色不可忽略，因此，辅导员应增强自己的媒介意识，积极采取多种媒介手段服务于教育工作，与学生及时沟通，要加强培训，建立长效机制[⑥]。

此外，新媒体环境下大学生群体成为这一年的受众媒介素养研究的对象。关于受众研究方面的文章共 192 篇，其中 160 篇是涉及具体群体的媒介素养研究，大学生群体的研究论文占比达 31%。研究者期望通过对大学生群体的网络使用现状的考察，为不同区域大学生的媒介使用行为和行为意识的形成的背后原因找到依据和应对办法。这一类研究大都以实证调查为主要方式，人群不仅涵盖内地高校，还对港澳台、少数民族、党员、中医院校等不同群体的大学生有所观照。

有研究者发现，在新媒体环境下，部分大学生在使用新媒体时“存在深度依赖新媒体环境、信息评判能力和自媒体运用水平不足、媒介道德法律素质不强等媒介素养缺失问题”[⑦]。相比于普通高校大学生而言，少数民族大学生多来自于农村和牧区，受经济文化落后、信息滞后、交通闭

---

① 燕博：《大数据时代公务员媒介素养面临的新问题及提升对策》，《东南大学学报》2016 年第 6 期。

② 孙良：《意义　建构　路径——媒介融合背景下主持人媒介素养论要》，《电视研究》2016 年第 10 期。

③ 郭兆云：《融媒体时代高校教师媒介素养要求及实践》，《中国高校科技》2016 年第 10 期。

④ 杨龙飞：《自媒体传播下受众媒介素养中信息观的构建》，《中国出版》2016 年第 2 期。

⑤ 周素珍：《媒介化社会语境下中小学媒介素养教育研究》，《出版广角》2016 年第 4 期。

⑥ 谢文娟：《新媒体时代高校辅导员媒介素养的现状及提升研究》，《当代教育实践与教学研究》2016 年第 7 期。

⑦ 闫婕、焦枫媛：《新媒体背景下大学生媒介素养现状分析——以山西高校为例》，《中北大学学报》（社会科学版）2016 年第 8 期。

塞的影响，他们文体活动能力强，却缺乏自我约束与管控的能力，他们大多具备强烈的民族自我意识，却容易被个别民族分裂势力所利用，加上少数民族地区本身基础设置和教学软硬件落后，在移动互联网、智能终端的冲击下他们的媒介素养水平往往面临困境①。有研究者认为，大学生媒介素养与思想政治教育的结合是解决这些问题的一个出路。“互联网＋”背景下应该将媒介素养教育融入高校思想政治教育中以创新内容，比如，让大学生能够正确评论信息、合理利用网络、文明交往、学习相关规章制度等②。

青少年媒介素养的研究一是围绕新媒体环境下和网络社会中青少年社会成长，二是媒介对青少年情感和认知等诸多方面的影响及应对策略。对该群体的研究主要包括城市中小学生、农村儿童和部分少数民族地区儿童等。对于城镇小学生来说，电视、网络是他们目前使用率最高的媒介，小学生一般能分清新闻、广告、娱乐节目和电视剧，但是受制于认知能力，对真伪善恶还缺少判断，他们接触媒介的主要目的是娱乐③。农村地区儿童接触到的媒介主要是电视，因此电视媒介素养是农村儿童媒介素养研究中心要点。研究者发现，不同于城市儿童，农村儿童观看电视节目的首要目的是增长见识、拓宽眼界、学习知识和了解信息，而娱乐则占据次要地位。

三、媒介素养理论研究

多年来，媒介素养理论研究话题一直局限在媒介素养的定义、内涵、目的和路径上，缺少有深度和学理性的研究。2016年的媒介素养理论研究论文有43篇，其中核心期刊论文4篇，研究话题有所突破。有研究者出于媒介素养长远发展的思考，对学科建立进行了探索。有研究者从不同学科的角度对媒介素养进行了深入浅出的探讨，研究表明从认知心理学角度来看，媒介素养是一种能力，即通过对信息的加工将外部世界进行内化的能力；从传播学角度来看，媒介素养是一种使用传播工具的技能，是信息时代和知识社会的生存能力；从社会学角度来看，媒介素养是一种权益，即通过媒介素养教育活动赋权于广大民众，提高其权利意识，维护其媒介使用权益；从教育学角度来看，媒介素养是一种培养过程的收获和收成，是着眼于人的素质、能力教育的预期效果和所期待的成效；从政治传播学视角来看，媒介素养是一种意识形态。文章主要从学科建立的普遍规律出发，对媒介素养学科建立的必要性、存在的问题和亟须努力的重点做了较为深入的探索。④

有研究者从特定的文化传统、媒介域和媒介素养生产的个体性三个方面，对媒介素养研究进行了冷思考。作者以为，虽然媒介素养是针对接受者接触媒介内容所需要的能力，但是社会文化是媒介素养的基本环境，因为其决定着媒介体制，因此，“对媒介素养的讨论需置身于特定文化及其传统”⑤。再者，作者对中西方社会的形象思维和直觉思维的差异进行了历史维度的阐释，从而得出的结论是“媒介素养这样一个概念在西方更容易成为社会个体知识”，而在我国媒介素养概念的形成依然在路上。文章悲观地认为现有媒介素养对中国这样一个特定的文化传统国家环境没

① 高欢欢：《少数民族大学生媒介素养教育研究》，《内蒙古师范大学学报》（教育科学版）2016年第1期。

② 刘丽：《互联网＋时代大学生媒介素养的提升研究——基于思想政治教育的角度》，《亚太教育》2016年第9期。

③ 崔尧、熊飞飞：《西安市小学生媒介素养现状调查与分析》，《教育科学论坛》2016年第10期。

④ 张开：《媒介素养学科建立刍议》，《现代传播（中国传媒大学学报）》2016年第1期。

⑤ 王贵斌：《媒介素养三题——基于本土化视野》，《编辑之友》2016年第7期。

有进行批判性反思，当代媒介素养看上去很美的论证，恐怕很难成为科学知识的一个基本构成，它在指导我们行为方面存在极大的不确定性，所以在理论和实践上都需要进行重构。

有研究者对当前媒介环境的新变化语境下媒介素养教育理论提出了质疑。作者认为尽管从20世纪90年代开始媒介素养逐渐受到中国学界广泛关注与研究，然而数字技术与网络传播的兴起，媒介素养教育理论研究便陷入困境，作者以为借鉴信息素养教育理论研究成果，开展信息素养与媒介素养融合研究已渐成学界共识，将是媒介素养教育理论研究未来发展的重要方向。[①]

有研究者认为，中国大陆媒介素养理论研究自1997年开始，学界每年发表的论文和著作不断增加，通过课程推广、媒介素养教育试点、理论引介、高峰论坛、田野调查等不同形式，媒介素养在中国不断取得新的成绩。然而目前仍然需要冷静思考的是，“在中国开展媒介素养教育，能不能完全照搬西方的理论？西方的媒介素养教育是否完全符合中国国情？”[②] 当前中国媒介素养研究者已经具备一定的理论自觉性，开始思考中国媒介素养教育理论体系的问题。

随着新媒介的发展不断影响人类生活的方方面面，尤其是面对信息传播在新媒介环境下呈现出极强的参与式特征，有研究者从参与式媒介文化与媒介素养关系入手，提出媒介素养发展需关注技术与知识、批判与保护和共建与共享这三个核心问题的观点。研究者认为参与式文化是人类生存的常态，媒介素养发展三个核心问题则是确保这种常态包容性、可持续发展的重要动力，要充分发挥媒介素养这一动力的作用，未来媒介素养发展要坚持三个超越，即超越保护、超越个人和超越本土。[③]

有研究者将教育技术与媒介素养进行巧妙融合，基于多年的“视觉文化与媒介素养”课程教学实践，大胆地具有创建性地提出了媒介素养、视觉素养、信息素养的融合途径的理念，包括“以传统文化为内容、以视觉表征为手段、以媒介技术为支撑、以信息建构为核心”[④]。作者认为，在融合的过程中实现传统文化的解读与再创作，促进媒介技能学习的同时也培养面对媒介技术的主动性、参与性与批判性思维。

研究者们依据各自的研究对媒介素养理论研究提出不同的看法，这一研究现状在当前“社会环境、文化环境、技术环境、经济环境、政治环境及人类个体本身组成的复杂且不断变化的社会情境下，素养不仅仅是一个不断演变的概念，更具有情境、多元、动态和综合等特点”[⑤]，因此，媒介素养的概念和内涵依然需要学者们结合社会的发展来进行潜心的、持续的、深入的研究。

四、媒介素养实践研究

媒介素养的发展离不开实践研究，因为媒介素养是关于行动的知识，必须在行动中学习，在行动中研究。媒介素养并不完全是老师教出来的，它需要实践，需要有参与者的主动参与。这一年度，涉及媒介素养实践话题的论文有37篇，其中含CSSCI期刊3篇，这些论文对中国媒介素养的本土教育实践做了探索性研究。例如，

① 韩永青、林俐：《媒介素养教育理论研究述评》，《重庆文理学院学报》（社会科学版）2016年第4期。

② 周然毅：《建构中国特色媒介素养教育理论体系》，《中国广播电视学刊》2016年第10期。

③ 杨光辉：《新媒介环境下媒介素养发展的三个核心问题》，《学理论》2016年第10期。

④ 肖婉、张舒予：《VMIL：视觉、媒介与信息素养融合之教育实践探索——以优秀传统文化的视觉表征为途径》，《现代远距离教育》2016年第5期。

⑤ 黄丹俞：《UNESCO倡导与发展媒介与信息素养述评》，《图书馆》2016年第1期。

采用以定性研究（扎根理论）为主、定量分析（问卷调查法）为辅的混合方法，对数字移民的媒介素养能力进行观察的研究，该研究从动机、情感、能力特征等不同层面对数字移民（以年龄在40—70岁的中老年网民为界定对象）的媒介素养能力进行分析和归纳，结果发现，新媒体环境下的数字移民活跃好学却又相对保守，其媒介素养水平与使用动机、情感感知、社会环境息息相关。因而，未来针对数字移民的媒介素养教育要持一种更为开放、互动的态度，在不断参与、接触的过程中提升其数字悟性和能力①。

有研究者从教育活动设计角度对大学生群体的媒介素养实践研究，以西安欧亚学院为本科生开设的媒介素养课程为例，用时下网络热点事件，如2015年春节“微信摇一摇抢红包”网络事件、陕西媒体虚假报道西北政法大学校方停止供暖事件等，通过体验式媒体角色模拟、分析式的文本解读、自我检视等教学活动设计，让学生在潜移默化中掌握媒介素养的核心要案。②

针对青少年群体的媒介素养教育实践，有研究者以中国著名的华西村为例，认为该村的社区网站设置的栏目大多是官方口吻、宏大叙事，缺少平民视角和草根表达方式，应该改变网络村庄的定位，让村庄成为“青少年实用空间、草根自下而上的试验田、青少年社交空间、草根表达空间、舆论阵地、文化传承基地”，“让青少年在创办网络村庄的过程中充当信息的采集者、发布者、筹建者、社交达人、舆论引导者和传统文化的继承者”③。这对于目前缺乏学校媒介素养课程的农村地区而言不失为一种备选方案。有研究者从儿童图书馆开展媒介素养教育的优势与途径出发，认为儿童图书馆可以通过开设媒介素养教育阅览室、增加媒介素养教育内容、建设健康媒体社区、开展在职培训形成一套行之有效的媒介素养教育体系。④

基于养成良好媒介素养对青少年健康成长的重要性的基本认识，还有研究者对我国现行的青少年媒介素养教育的问题提出一些改善建议，比如，我国的媒介素养教育必须多方参与、形成合力，丰富媒介素养教育内容、充分利用媒体普及媒介素养教育、大力拓展媒介素养教育途径⑤。还有研究者另辟蹊径，研究家庭媒介素养教育，这类研究虽然数量不多，但为提升儿童媒介素养水平打开思路和拓宽路径。他们认为对儿童而言，学校和家庭是他们日常活动的主要场所，媒介素养的推广不仅仅需要依靠学校的课程，更重要的是家庭的力量。在当前传媒型的社会化语境下，儿童社会化的重要途径是一种虚拟的媒介屏幕上的理想生活，而父母则需要通过媒介素养这一中介对儿童社会化过程产生间接影响，比如父母需要正确引导儿童模仿电视节目中人的语言和动作，理解电视节目的意义，充当把关人角色才能推进儿童媒介素养的养成⑥。

从青少年及其父母的家庭媒介素养水平出发，有研究从父母受教育程度、沟通方式、家庭网络生活规范、家庭氛围和主体间性五个维度，探索家庭因素对青少年

① 李舒欣、赵宇翔：《新媒体环境下数字移民的媒介素养探索：基于智能手机应用的扎根分析》，《图书馆情报工作》2016年第7期。

② 李妵：《媒介素养教育西安本土化路径探究——基于案例教学的视角》，《今传媒》2016年第4期。

③ 周敏：《网络村庄：中国农村青少年媒介素养教育实践研究》，《新闻界》2016年第12期。

④ 苏瑞竹、张云开：《儿童图书馆与儿童媒介素养教育及介入策略》，《图书馆界》2016年第3期。

⑤ 朱宁：《网络社会青少年媒介素建构研究》，《中国青年研究》2016年第3期。

⑥ 张蕾：《父母对小学生媒介素养的影响》，《新闻研究导刊》2016年第10期。

媒介素养水平的影响。研究结果显示，父母学历水平越高，孩子媒介素养也较高，多元的亲子沟通方式在一定程度上会提高青少年的媒介素养水平，建立适当的家庭网络生活规范会提高青少年的媒介水平，家庭越和谐、家庭成员之间越平等，青少年媒介水平则越高。①

五、外国媒介素养研究

众所周知，媒介素养起源于西方，中国的媒介素养研究的的确确是从引进开始。对西方媒介素养理论及教育实践经验的引进和思考是为了更好地在中国发展和推广适合中国社会需求的媒介素养。根据笔者的检索，这一年关于外国媒介素养研究不多，总共只有11篇文章，其中CSSCI期刊2篇。

有研究者从历史的角度将美国媒介素养教育的发展分为1950年代之前的热身阶段、1960年代的起步阶段（两个阶段都集中于电影教育方面）、1970年代的发展阶段（集中于电视教育）、1980年代受挫阶段（专业领导力、资金缺乏）、1990年代的飞跃阶段（政府大力支持），这为整体把握美国媒介素养的演进提供了一个纵向的视角，但对21世纪的多年发展并无跟进。② 有研究者通过对日本媒介素养教育政策中关于媒介素养概念的定义、推进实行的部门、教育政策中的定位三个维度，分析教育政策中关于媒介素养教育内容变迁过程、实践可行性，希望为我国媒介素养教育的发展提供构建策略。文章说日本媒介素养自1980年代开始兴起，到1990年代政府对媒介素养的重视，目前媒介素养的发展与中国情况颇为类似，即“学校教育中媒介素养开始试点、但是并没有像加拿大一样正式列入教学课程，媒介素养教育没有贯穿学校整体教育，在具体实施方面，教学内容缺乏系统的科学性的教科书，媒介素养教师极少”③。

有研究者采用比较研究的方法，对英国媒介素养教育较为成熟的结构体系进行了仔细分析，英国媒介素养课程贯穿基础教育的全过程，比如基础教育阶段的Key stage 1到Key stage 4的英语课程学习中包含有使用媒介文本的方法，中学阶段则有针对14—16岁学生开设的选修课“媒介研究”和融于其他必修学科课程的“融合式”课程两类。而中国媒介素养课程设置目前只在极少学校里进行尝试性的实践，对于媒介素养课程要教什么、开发什么样的教材仍然是困惑。该研究有助于了解当下中国媒介素养教育的不足和问题。④

此外，我国学者对国际媒介素养教育也有了深入的思考，《文化向度的国际媒介素养教育考察》从文化的视角来考察媒介与人的关系，认为英、加、澳、美四国媒介素养教育的起源虽不尽相同，但都与“文化”问题相关，英国“文化保护”理念是为了保护精英文化，加拿大“文化抵制”的传统是为了抵制美国文化入侵，澳大利亚“文化融合”理念旨在培养和提高国民的跨文化媒介素养，美国的媒介素养教育也在发展中实现了从干涉主义向文化研究视角的转变，四国媒介素养教育发展的历程表明，文化是媒介素养教育的重要表征，文化精英主义和文化民粹主义的不断交锋是媒介素养教育的持久主体，而应对新媒体文化

① 韩璐：《自媒体环境下青少年媒介素养家庭影响因素的实证研究》，硕士学位论文，南京邮电大学，2016年5月。

② 郭丽萍：《美国媒介素养教育发展述评》，《武汉理工大学学报》（社会科学版）2016年第1期。

③ 王俊红：《日本媒介素养教育政策变迁研究及启示》，《语文学刊》2016年第8期。

④ 张丽荣：《中英两国中小学媒介素养教育研究》，《北京教育》（普教版）2016年第2期。

的影响则是当前媒介素养教育发展的重要契机，由此，不同国家的发展经验比较及本土化研究还需要在文化研究范式上不断开拓①。

撰稿：张　开（中国传媒大学传播研究院教授）
付　玉（中国传媒大学传播研究院博士生）

·传播学专题·

政治传播研究 2016 年综述*

2016 年，中国的政治传播研究呈现出成果数量庞大、议题相对集中又多元弥散的状态，并体现出鲜明的中国特色，回应了当前中国在对外、对内政治传播实践中面对的重要现实问题。在政治传播基础理论和政治传播史等基础性议题之外，明显集中的议题包括：中国的对外政治传播研究（又包括国家形象研究、国际话语体系中的话语权及中国话语体系建设研究）、马克思主义意识形态领导权及核心价值观传播研究、马克思主义在中国的传播研究、习近平新闻舆论与网络传播思想研究、舆论引导及舆论/舆情治理研究、互联网治理研究、新媒体政治参与研究、政务新媒体研究、政治话语研究等。以下分十大具体议题述之。

一、政治传播基础理论及政治传播史研究

在政治传播的基础理论维度上，研究者对政治传播内容的内涵和层次、政治传播与意识形态的关系、② 政治话语与意识形态的关系、③ 政治传播中政治、媒介、资本的逻辑及其博弈关系④做出了详细的分析。如就政治传播内容而言，有研究将其分解为由表及里的意识形态、政治价值和政治文明三层结构，⑤ 有研究认为应区分传播内容中的政治信息和政治话语，二者分别对应具有较强客观性的事实内容和具有强烈主观意图的意识形态内容。⑥ 此外，还有研究对国外政治传播领域中广受关注的框架效应的研究现状进行了回顾性分析。⑦ 社会化媒体的政治传播功能与影

① 卢锋、丁雪阳：《文化向度的国际媒介素养教育考察》，《现代传播（中国传媒大学学报）》2016 年第 8 期。

* 感谢中国社会科学院大学新闻传播学院硕士研究生王治国、方佳媛、彭楠在资料收集过程中提供的帮助。

② 施惠玲、杜欣：《政治传播与主流意识形态构建》，《社会科学战线》2016 年第 9 期。

③ 权宗田：《政治话语的意识形态逻辑》，《武汉理工大学学报》（社会科学版）2016 年第 5 期。

④ 荆学民、祖昊：《政治传播中政治、媒介、资本的三种逻辑及其博弈》，《社会科学战线》2016 年第 9 期。

⑤ 荆学民：《关于政治传播内容的理论思考》，《南京社会科学》2016 年第 3 期。

⑥ 施惠玲、杜欣：《政治传播内容中政治信息与政治话语的区分及其意义》，《南京社会科学》2016 年第 3 期。

⑦ 马得勇：《政治传播中的框架效应——国外研究现状及其对中国的启示》，《政治学研究》2016 年第 4 期。

响、[①] 媒介融合时代政治传播的变化与现实特征[②]等议题也得到了探讨，研究认为在新的媒介环境下传播主体、对象和中介都发生了变化，相应的媒介和政治传播活动的特征都随之变化。

在政治传播研究的历史维度上，已有研究对中外不同历史时期的政治传播现象进行了梳理与分析。如关于中国古代时期，有针对中国古代传统社会舆论传播活动的华夏舆论传播历史研究、[③] 对经筵会讲这一中国本土的政治传播仪式及其演变的历史梳理、[④] 对唐代中央为了促进国家整合所进行的政治传播体系建设活动的分析[⑤]以及“开元杂报”作为唐代朋甲士人间口头传播朝政新闻的记录的解读。[⑥] 作为中国现代转型的关键时期，清末民国的政治传播历史片段得到了较多关注。首要的分析维度是媒介与政治间关系，如研究第一批国人自办报刊的舆论对于维新运动正反两方面的影响、[⑦] 从话语权控制的角度对清朝官方在《时务报》不同时期扮演的角色的分析、[⑧] 从媒介政治化角度对1903年《苏报》的解读、[⑨] 对民国南京临时政府新闻事业管理体制的研究、[⑩] 从媒介与政府博弈的关系角度解析民初《暂行报律》事件所折射出的南京临时政府与上海报界对于“共和”的不同认知[⑪]等。这一时期的研究还较多地涉及中日冲突在报刊文本的呈现和中日在报刊领域的争斗，如对清末民国中国画报有关中日军事冲突图像文本的战争叙事、对民族国家神话的展示等的分析，有关奉系军阀对东北日人报刊的限制和论战、[⑫] 1913年至1914年的东三省中日记者大会上中日新闻界的交流与对抗、[⑬] 清末民初日本外务省初次尝试利用通讯社操纵报纸的对华宣传活动[⑭]等。此外，对于19世纪上半叶和晚清时期，在华外报分别通过传播天文与世界地理知识以瓦解中国的“天朝”意识形态，[⑮] 作为意识形态桥梁以传递西方的价值观甚至是直接的政治观念[⑯]，也都有详尽的分析。中国共产

① 陈勇、杜佳：《社会化媒体的政治传播功能与影响研究》，《学术论坛》2016年第8期。

② 朱殿勇、张哲瑜：《媒介融合时代政治传播的变化与现实特征》，《新闻爱好者》2016年第5期。

③ 谢青果、王昀：《华夏舆论传播的概念、历史、形态及特征探析》，《现代传播（中国传媒大学学报）》2016年第3期。

④ 朱鸿军、季诚浩：《经筵会讲：一种中国本土的政治传播仪式及其演变》，《现代传播（中国传媒大学学报）》2016年第10期。

⑤ 陈雅莉、张昆：《唐代的政治传播体系建设与国家整合》，《现代传播（中国传媒大学学报）》2016年第10期。

⑥ 赵尚：《士人间口头传播朝政新闻的记录——“开元杂报”新解》，《新闻界》2016年第21期。

⑦ 刘兴豪、李红祥：《论第一批国人自办报刊舆论与洋务运动的共同局限》，《新闻春秋》2016年第1期。

⑧ 蒋建国、许高勇：《〈时务报〉与官方话语权的控制》，《兰州大学学报》（社会科学版）2016年第2期。

⑨ 黄旦：《报纸革命：1903年的〈苏报〉——媒介化政治的视角》，《新闻与传播研究》2016年第6期。

⑩ 高山冰：《妥协的自由：民国南京临时政府新闻事业管理体制》，《现代传播（中国传媒大学学报）》2016年第5期。

⑪ 周叶飞：《报刊与政府关系的重组：报律风波中的“共和”想象》，《新闻与传播研究》2016年第6期。

⑫ 王健：《奉系军阀对东北日人报刊的限制》，《编辑之友》2016年第12期。

⑬ 赵建国：《民初中日新闻界的交流与对抗——以东三省中日记者大会为中心》，《安徽大学学报》（哲学社会科学版）2016年第4期。

⑭ 许金生：《〈清国报纸通讯纲要〉与近代日本官方对华宣传战》，《江海学刊》2016年第4期。

⑮ 谢庆立：《为“天朝”建构“新世界”——19世纪在华中文外报天文与地理知识传播现象分析》，《新闻记者》2016年第4期。

⑯ 赵云泽、刘珍：《晚清在华外报：作为新知与意识形态的桥梁》，《现代传播（中国传媒大学学报）》2016年第3期。

党的报刊活动是进入新民主主义革命时期以来中国政治传播研究的重要关注点。相关议题包括了《新时代》月刊在建党初期对马克思主义和党的纲领的传播、① 抗战期间《群众》周刊对党的青年观的传播、②《新民主主义论》在沦陷区和国统区的传播等。③ 研究还追溯了有关党报的党性和人民性相一致的渊源，即1947年1月11日，《新华日报》发表文章《检讨和勉励》，首次公开使用"党性"和"人民性"的概念来阐明中国共产党党报的党性和人民性的关系。④ 中国共产党的海外传播也得到了特别的探究，如对抗战时期中共侨务的对外传播⑤、《晋察冀日报》的国际报道⑥、《救国时报》的海外抗日舆论动员⑦等议题的研究，以及作为中国共产党早期海外宣传重要喉舌的《先锋报》革命宣传活动的研究⑧等。此外，对于国共两党间的宣传战、国民党及其重要领导人的报刊活动、商业性报刊的政治传播活动，也有相应的研究。如对1944年中外记者西北参观团西北之行期间国共两党争夺中共政治合法性话语权的宣传战分析、⑨ 1927—1937年绥远地区国民党党报和政府机关报与党派之争的分析、⑩ 蒋介石的媒介形象建构⑪与形象修复⑫研究、胡政之有关"五卅惨案"的评论研究⑬等。并且，研究者对于国外的政治传播历史现象也有所关注，如有研究从东正教传统中的"弥赛亚主义"寻找苏联政治传播的渊源。⑭

二、国家形象研究

这一议题呈现出理论研究与对策研究并行，传播学、政治学、历史学多学科介入的态势。研究对"国家形象"的定义进行再辨析，认为应从主客体关系的角度来认识国家形象。⑮ 国家形象跨文化生成的构成要素和影响国家形象跨文化传播的心理因素、⑯ 符号层面的国家形象建构机制、⑰ 国家形象塑造的象征政治学阐释⑱等

---

① 何梦茹、柳作林：《〈新时代〉月刊在建党初期的贡献及其影响》，《出版发行研究》2016年第9期。

② 罗艳梅：《试论抗战时期〈群众〉对中国共产党青年观的宣传》，《出版发行研究》2016年第8期。

③ 程美东、裴植：《抗战期间〈新民主主义论〉在沦陷区和国统区的传播及反响》，《中共党史研究》2016年第2期。

④ 陈力丹：《党报的党性和人民性一致——新华日报最早发表的相关文章》，《青年记者》2016年7月（上）。

⑤ 黎海波：《抗战时期中共侨务对外传播的路径、方式与经验》，《理论月刊》2016年第7期。

⑥ 张金凤：《抗战时期〈晋察冀日报〉的国际报道》，《青年记者》2016年第1期。

⑦ 苏梦奇：《〈救国时报〉在抗日舆论动员中的作用》，《青年记者》2016年7月（上）。

⑧ 于安龙：《〈先锋报〉与中国共产党早期的海外宣传》，《青年记者》2016年8月（上）。

⑨ 吴志娟：《一九四四年中外记者西北参观团与国共舆论宣传战》，《中共党史研究》2016年第5期。

⑩ 张丽萍：《1927年至1937年的绥远报刊与国民党地方派系》，《新闻春秋》2016年第2期。

⑪ 季芬：《蒋介石媒介形象的建构研究——以〈良友〉图像新闻报道为中心》，《新闻界》2016年第5期。

⑫ 冯兵：《西安事变后蒋介石对其形象的重塑——〈西安半月记〉再研究》，《厦门大学学报》（哲学社会科学版）2016年第6期。

⑬ 王咏梅：《"以公正舆论促进国家现代化"：胡政之对"五卅惨案"的评论》，《新闻春秋》2016年第2期。

⑭ 潘祥辉：《弥赛亚主义：苏联政治传播对东正教传统的因袭和转化》，《现代传播（中国传媒大学学报）》2016年第2期。

⑮ 吴献举、张昆：《国家形象：概念、特征及研究路径之再探讨》，《现代传播（中国传媒大学学报）》2016年第1期。

⑯ 吴献举：《国家形象的跨文化生成机制研究——基于主体评价的分析视角》，《南昌大学学报》（人文社会科学版）2016年第6期。

⑰ 刘丹凌：《国家形象建构：作为表征意指实践的"文化循环"》，《南京社会科学》2016年第4期。

⑱ 王海洲：《国家形象塑造的象征政治学阐释》，《南京社会科学》2016年第10期。

理论议题以及国家品牌、国家品牌传播[①]这些与国家形象紧密相关的概念都得到了探讨，也不乏基于个案研究的国家形象叙事分析[②]。还有研究从构成要素、国家功能、行业领域三个维度出发，构建了包含十二项指标的国家形象评估体系。[③] 在国家形象建构的历史维度上，唐帝国在外交往来和对外传播活动中所形成的“我—他”关系下的形象与社会化身份认同、晚清时期的世博会上西方对中国形象的歧视性呈现、[④] 民初的巴太万国博览会上民国政府及实业资本家对民国国际形象成功的自我塑造、[⑤] 新中国成立后新政权对国家形象的初步建构[⑥]等不同历史时期中国国家形象的生成过程及特点都得到了专门的探究。在实践层面上，纪实影像传播、[⑦]抗战剧在进行国家形象建构方面的得失、[⑧]“一带一路”倡议中国家形象的传播策略等都被广泛涉及。[⑨] 值得注意的是，政治学者指出了国内已有的国家形象传播研究存在的不足，如过于强调传播学的视角，偏对策研究，轻理论建构，对国外有关这一领域的研究成果关注不够等，提醒需要关注传播学之外尤其是政治学的贡献。[⑩]传播学者也从形象载体、形象来源、形象维度、研究层面、研究性质5个方面对本学科有关国家形象研究的不足进行了反思。[⑪] 作为国家形象研究的一个延伸，“讲好中国故事”议题也得到了特别的关注，较多研究给出了对策建议，如传播观念的转型、[⑫] 内容的选择、[⑬] 讲述路径的创新、[⑭]中国全球性政治与经济象征身份的战略定位等。[⑮] 2015年习近平访美在“脸谱”开设专页并与国内主流媒体及相关单位近百个新媒体平台联动发声，被作为讲好中国故事的典型个案进行了分析。[⑯] 作为“我们”如何讲好中国故事的对照，一项关于美国对中国叙事的历史分析提供了新的视角，“一个和19世纪相比变化不大的、……能够反衬出美国之所以是老师与领袖的中国”是美国从过去延续到今天的

---

① 舒咏平、沈正赋：《论国家品牌传播——信息社会语境下价值导向的国家传播》，《学术界》2016年第9期。

② 侯洪、董彦君：《国家形象叙事的“他者”视域：从〈超级中国〉说起》，《新闻界》2016年第1期。

③ 李卫东、张昆：《国家形象评估理论初探?》，《中州学刊》2016年第1期。

④ 翁春萌、蒋昕：《近代“中国印象”在西方的演绎变迁——基于晚清世博会的影像考察》，《福建论坛》（人文社会科学版）2016年第4期。

⑤ 吕晓峰：《民初国家形象的国际传播实践——以旧金山巴太万国博览会为例》，《青年记者》2016年2月下。

⑥ 周良书：《“新中国”观念的生成和国家形象的初步建构》，《北京师范大学学报》（社会科学版）2016年第4期。

⑦ 何苏六、程潇爽：《映像中国：纪实影像对外传播的国家形象研究》，《现代传播（中国传媒大学学报）》2016年第12期；许光：《纪录片传播国家形象的策略》，《青年记者》2016年6月下。

⑧ 何天天：《抗战剧在国家形象传播中的作用——从经典抗日剧到“抗日神剧”》，《新闻爱好者》2016年第2期。

⑨ 储殷、黄日涵：《“一带一路”视阈下国家形象构建的巧实力探析》，《新疆师范大学学报》（哲学社会科学版）2016年第2期。

⑩ 季乃礼：《国家形象理论研究述评》，《政治学研究》2016年第1期。

⑪ 韦路：《中国形象研究的问题及反思》，《新闻与写作》2016年第4期。

⑫ 常江、杨奇光：《从形象建构到话语策略——讲好“中国故事”的传播观念转型》，《青年记者》2016年10月上。

⑬ 王嘉婧：《国家形象塑造中的“中国故事”内容选择》，《新闻界》2016年第18期。

⑭ 程征：《讲好中国故事的几个路径创新》，《中国记者》2016年第9期。

⑮ 任孟山：《中国国际传播的全球政治与经济象征身份建构》，《现代传播（中国传媒大学学报）》2016年第9期。

⑯ 曲昌荣：《用跨文化交流视角讲好中国故事——从习近平访问美国脸谱平台报道看领导人出访国际传播新趋势》，《新闻大学》2016年第3期。

叙事动机和策略。[①] 与国家形象相关的国家领导人形象、[②] 执政党形象[③]以及夫人外交这一中国对外传播实践中较新的现象也都得到了一定程度的关注。[④]

三、国际话语体系中的话语权及中国话语体系建设研究

研究者认同国际话语权本质上是一种政治经济权利，以硬实力为基础。[⑤] 新中国成立以来，中国的国际话语权经过三个主要发展阶段，自2008年以来进入国际话语权意识增强、话语权提升的阶段。[⑥] 研究认为，“十八大后，习近平在一系列讲话中以更加宏阔的历史视野，着重从世界社会主义发展史和中华文明发展史这两个维度解读中国特色社会主义，即把中国特色社会主义置于人类思想文明发展的历史长河中进行考察，以凸显中国特色社会主义是人类文明发展大道上的产物，也是对世界文明进步的贡献。这是十八大以来中国特色社会主义话语理论建构的最鲜明特点”[⑦]。有研究在社会主义价值理念和资本主义价值理念较量的视野中论证中国特色社会主义话语权的内涵，认为当下中国特色社会主义乃至世界社会主义的话语权都集中体现在中国旗帜、中国道路、中国理论、中国制度四个维度上。[⑧] 具体而言，“构建新型大国关系”“一带一路倡议”“亲诚惠容周边外交理念”“新安全观思想”等，是构建中国特色世界秩序话语体系的重要组成部分[⑨]。

作为中国国际话语体系建设的重要表现形态，对外政治传播被给予了充分关注。有研究以七个“新”解读习近平“把握国际话语权、有效传播中国声音”的外宣工作思路理念。[⑩] “复兴路上工作室”的一系列作品在思维方式、说理方式、表现形式上的创新，[⑪] 外宣网络视频《“十三五”之歌》以赋予受众更多阐释空间的方式对传统外宣思路的二元结构体系的取代，[⑫] 国内主流媒体在海外社交网站上的探索[⑬]等都被视为有效传播中国声音的努力。研究认为，中国对外传播的话语转型在转型主体、传播方式上还应继续突破；[⑭] 可以采用“策略性叙事”手段，提高国际传播能力；[⑮] 有研究提出了超媒体时代推进中国

---

① 易丹：《讲述中国与肯定自我——美国19世纪初中国叙事的话语逻辑之形成与影响》，《四川大学学报》（哲学社会科学版）2016年第6期。

② 熊蕾：《国家领导人形象传播研究的现状与反思》，《新闻界》2016年第10期。

③ 孙景峰、刘佳宝：《中国共产党形象建设面临的机遇与挑战》，《中州学刊》2016年第8期。

④ 蒋华杰：《革命外交的张力：关于新中国夫人外交的历史考察（1950--1965）》，《中共党史研究》2016年第5期；朴钟锦：《第一夫人外交的形象魅力建构及其作用机制分析》，《宁夏社会科学》2016年第3期。

⑤ 陈曙光、刘影：《论话语权的演化规律》，《求索》2016年第3期；张文富、徐刚：《软实力、硬实力与马克思主义话语权建设》，《学术论坛》2016年第11期。

⑥ 陈正良、王宁宁、薛秀霞：《新中国成立以来中国国际话语权的演变》，《浙江社会科学》2016年第6期。

⑦ 孙代尧：《习近平文明史论述与中国道路的话语建构》，《北京大学学报》（哲学社会科学版）2016年第1期。

⑧ 刘保：《关于中国特色社会主义话语权问题的思考》，《云南社会科学》2016年第6期。

⑨ 仇华飞：《论中国特色世界秩序话语体系构建的继承与创新》，《同济大学学报》（社会科学版）2016年第6期。

⑩ 文建：《把握国际话语权　有效传播中国声音——习近平外宣工作思路理念探析》，《中国记者》2016年第4期。

⑪ 王岱：《从“复兴路上工作室”的五部作品看国际传播话语体系的建构》，《中国记者》2016年第5期。

⑫ 常江、肖寒：《超越二元对立：外宣视频〈“十三五”之歌〉的传播效果与中国对外传播的后结构转向》，《新闻大学》2016年第1期。

⑬ 程小玲：《从海外社交媒体开拓看构建融通中外的话语体系》，《新闻战线》2016年5月（上）。

⑭ 李彦冰：《论中国对外传播的话语转型》，《武汉理工大学学报》（社会科学版）2016年第3期。

⑮ 史安斌、廖蝶尔：《国际传播能力提升的路径重构研究》，《现代传播（中国传媒大学学报）》2016年第10期。

国际传播的两大战略。[①] 此外，建构具有国际普遍适用意义的生态文明理论话语、[②] 中国对非洲话语体系的构建[③]、“中国梦”的对外传播[④]等议题也都得到了探讨。

四、马克思主义意识形态领导权及核心价值观建设研究、马克思主义在中国的传播研究

在对内意识形态建设上，学者们重点论证了加强马克思主义意识形态话语权建设的紧迫性[⑤]及方法路径，有学者提出通过马克思主义大众化来实现、[⑥] 有学者提出要致力于推动马克思主义与中国特色社会主义从思想体系向实践形态转化，捍卫马克思主义的指导地位；树立马克思主义的优良学风；形成宣传思想工作强大合力。[⑦] 对于当代中国主流价值观话语权的建构路径，有“四维”说（话语主体养成、话语内容创新、话语方式优化以及话语传播强化四个维度）、[⑧] “五维”说（话语主体、话语内容、言说方式、话语传播载体、话语效果体系五个维度），[⑨] 有的则强调“说什么”和“怎么说”。[⑩] 新媒体环境下意识形态话语权建设和社会主义核心价值观建设的因应之策也得到了讨论。[⑪] 有研究通过实证研究的方法，总结了核心价值观公益广告传播的有效策略。[⑫] 仅有少数研究谈及民众的话语权问题。[⑬]

党史研究学者将马克思主义在中国的传播研究分为四个时期。[⑭] 有研究梳理了《共产党宣言》自清末民初经历不同媒介形态传播的过程，[⑮] 以及五四时期《新青年》传播马克思主义所经历的日本、苏俄、欧洲三个来源以及每个来源所传播的内容重点。[⑯] 有研究回顾了《红色中华》《群众》

---

① 吴飞：《超媒体时代的国际传播战略思考》，《新闻与写作》2016 年第 1 期。

② 邵从清：《辩证法视域下中国生态文明的国际话语建构》，《南京师大学报》（社会科学版）2016 年第 5 期。

③ 龙小农：《从“兄弟”到“命运共同体”——中国建构对非洲话语体系的理念与实践》，《现代传播（中国传媒大学学报）》2016 年第 1 期。

④ 段鹏：《论“中国梦”的对外传播战略——基于对〈华盛顿邮报〉和 CNN 有关“中国梦”报道的内容分析研究》，《现代传播（中国传媒大学学报）》2016 年第 8 期。

⑤ 张国臣：《论马克思主义意识形态话语权建设的时代价值》，《学术论坛》2016 年第 1 期。

⑥ 方丽：《话语权斗争与当代中国马克思主义大众化》，《苏州大学学报》（哲学社会科学版）2016 年第 5 期。

⑦ 张杨乐：《马克思主义话语权考辨及其实践路向》，《南京师大学报》（社会科学版）2016 年第 1 期。

⑧ 刘勇、方爱东：《当代中国主流价值观话语权建构的四个维度》，《学术论坛》2016 年第 6 期。

⑨ 吴永刚：《论当代中国主流价值观话权建构》，《宁夏社会科学》2016 年第 1 期。

⑩ 吴永刚、方爱东：《“说什么”和“怎么说”当代中国主流价值观话语权提升的两个环节》，《求索》2016 年第 3 期。

⑪ 秦程节、何小春：《互联网时代社会主义核心价值观网络话语权建设》，《广西社会科学》2016 年第 9 期；文大山：《挑战与回应：新媒体时代的意识形态话语权》，《中国社会科学院研究生院学报》2016 年第 3 期；周俊成：《社会转型中意识形态叙事方式的转换》，《求索》2016 年第 8 期。

⑫ 纪德君：《新媒体环境下社会主义核心价值观公益广告传播——以“中国梦 · 梦娃”为例》，《新闻界》2016 年第 14 期。

⑬ 陈琦、赵茹、汪曼莉：《新媒体传播中民众话语权的另类表达与实践》，《当代传播》2016 年第 4 期；刘亮：《特殊弱势群体社会保障话语权问题的分析》，《湖北社会科学》2016 年第 1 期。

⑭ 耿春亮：《“马克思主义在中国传播”研究述论》，《中共党史研究》2016 年第 2 期。

⑮ 张国伟：《〈共产党宣言〉在中国的早期出版：基于传播学视角的考察》，《华东师范大学学报》（哲学社会科学版）2016 年第 5 期。

⑯ 杨荣、程甜：《精神的“日出”——〈新青年〉与马克思主义早期传播渠道研究》，《湖北大学学报》（哲学社会科学版）2016 年第 6 期。

周刊推进马克思主义中国化、大众化的历程，[①] 意在“为新形势下推进马克思主义中国化、大众化时代化提供参考和借鉴”。从国家安全的战略高度出发，深化和拓展马克思主义大众化，被认为是不断巩固和加强马克思主义意识形态话语权地位的有效路径。[②]

五、习近平新闻舆论与网络传播思想研究

多项研究分别从形成背景和理论创新、新闻舆论观、人民观、新媒体观、网络治理思想、媒体融合发展思想等不同维度对习近平新闻舆论与网络传播思想进行了具体解读。有研究梳理了习近平新闻舆论观的形成背景，总结其理论创新，认为是对中国共产党新闻宣传和舆论思想的新认识，也是对马克思主义新闻观中国化的新发展。[③] 研究认为，习近平新闻舆论观主要的创新之处在于：全面系统指明了新闻舆论工作的职责和使命，将“舆论引导”论发展为“引领导向”论，科学地阐明了党性与人民性之间一致、统一的关系，不懈地探索、认知和遵循新闻、舆论、传播规律，论析了舆论监督和正面宣传的辩证统一关系，提出了媒体融合、创新发展的重大命题，赋予国际传播以“连接中外、沟通世界”的使命，对新闻队伍建设和人才培养提出了新的更高的要求。[④] 大事观、政治观、责任观和创新观构成习近平新闻舆论观的重要组成部分。[⑤] 关于习近平新闻思想的人民观，有研究将其概括为“为人民讲话”“让人民讲话”“讲人民的话”。[⑥] 习近平的新媒体观被认为体现出鲜明的时代特色，强调了新媒体在治国理政中的重要地位，把媒体融合上升为国家战略，强调利用新技术占领信息制高点，鼓励理念、体制机制变革，重视网络强国战略的构建与国际话语权的掌控。[⑦] 其互联网治理思路尊重网络传播规律，体现了对网络发展规律的深刻洞察以及宽容、多元、法治的三位一体。[⑧] 也有研究将习近平的网络治理理念以“治网于草野，取信于草根”来概括。[⑨] 研究认为，推动媒体融合发展是习近平关于媒体创新思想的新发展，其中体现了政治逻辑、技术逻辑与市场逻辑的有机统一。[⑩] 研究论述了党报“党性”和“人民性”思想的历史渊源，论证习近平重提党的舆论宣传工作“坚持党性和人民性相统一”的重大现实意义，有益于党

---

① 林绪武：《〈红色中华〉与马克思主义大众化》，《南开学报》（哲学社会科学版）2016 年第 3 期；郭呈才：《〈群众〉周刊与马克思主义中国化》，《南开学报》（哲学社会科学版）2016 年第 3 期。

② 方丽：《话语权斗争与当代中国马克思主义大众化》，《苏州大学学报》（哲学社会科学版）2016 年第 5 期。

③ 郑保卫：《习近平新闻宣传舆论观的形成背景及理论创新》，《现代传播（中国传媒大学学报）》2016 年第 4 期。

④ 丁柏铨：《十八大以来中国共产党新闻舆论观研究论纲》，《中国出版》2016 年第 8 期。

⑤ 孟威：《习近平的新闻舆论观——深入学习习近平总书记在党的新闻舆论工作座谈会上的讲话》，《当代传播》2016 年第 3 期。

⑥ 吴信训：《为人民讲话 让人民讲话 讲人民的话——习近平新闻思想的人民观》，《新闻与传播研究》2016 年第 7 期。

⑦ 黄楚新、王丹、任芳言：《试论习近平的新媒体观》，《新闻与传播研究》2016 年第 3 期。

⑧ 周勇：《尊重网络传播规律，促进网络健康发展》，《新闻与传播研究》2016 年第 6 期。

⑨ 谭天：《治网于草野，取信于草根——习近平网信思想解读》，《新闻与传播研究》2016 年第 5 期。

⑩ 林如鹏、汤景泰：《政治逻辑、技术逻辑与市场逻辑：论习近平的媒体融合发展思想》，《新闻与传播研究》2016 年第 11 期。

的理论建设和现实的宣传实践。[①] 还有研究从习近平关于新闻舆论、网络传播和哲学社会科学工作讲话的三次重要讲话中提炼出同新闻学相关的十对范畴，以此深化对马克思主义新闻观的理解。[②] 就习近平有关新闻舆论和网络传播的几次重要讲话而言，研究认为2016年2月19日习近平在党的新闻舆论工作座谈会上的讲话，核心是党的新闻舆论工作的性质定位和方针原则问题，是对马克思主义新闻观中国化的新发展。[③] 习近平在2016年4月19日网络安全与信息化工作座谈会上的讲话被解读为中国网信事业大发展的里程碑，是中国由互联网大国向互联网强国进军的号角，[④] 同时，也提出了“网络群众路线”这一新时期执政党思索的重大时代命题。[⑤]

六、舆论引导及舆论/舆情治理研究

较多研究对新时期舆论引导及舆论/舆情治理面临的挑战和具体手段做出了分析，又以对网络舆论/舆情的关注最为突出。研究认为，网络舆论引导面临新形势、新课题和新挑战，[⑥] 提出的应对之策包括以研究和调试社会心态作为长效机制；[⑦] 遵循心理学原则、把握受众心理；[⑧] 遵循系统规律、坚持导向原则；[⑨] 有的强调超越主体视角，以官民话语融通为着眼点，以政府、媒体、民众三方协同为良策。[⑩] 研究也指出，大数据资源和技术将驱动舆论引导机制的转变，并促进政府将“民意”作为一种强大的治理工具。[⑪] 就舆论治理而言，有研究认为应从社会舆论、社会心态、社会结构的整体框架中寻找系统性的大逻辑，而非割裂三者的联系。[⑫] 对于网络舆情治理，研究认为其基本逻辑与操作关键在于以釜底抽薪的方式厘清网络舆情治理的根本逻辑，认识到“立场”优先是网络舆情治理的操作逻辑，并遵从网络舆情治理的规制逻辑，认识和把握当代网络化社会舆情的复杂性。[⑬] 作为网络舆情治理的重要环节和特殊维度，网络舆情研判、[⑭] 突发事件的舆情治理[⑮]也得到了一定程度

---

① 陈力丹：《党性和人民性的提出、争论和归结——习近平重新并提“党性”和“人民性”的思想溯源与现实意义》，《安徽大学学报》（哲学社会科学版）2016年第6期；王侃：《马克思历史总体观视域下的意识形态构建与国家治理现代化》，《浙江学刊》2016年第2期。

② 童兵：《从范畴认知深化马克思主义新闻观研究——对习近平关于新闻舆论、网络传播和哲学社会科学工作讲话提出的十对范畴的思考》，《新闻大学》2016年第5期。

③ 郑保卫：《习近平新闻宣传舆论观的形成背景及理论创新》，《现代传播（中国传媒大学学报）》2016年第4期。

④ 唐绪军：《吹响网信事业大发展的进军号》，《当代传播》2016年第3期。

⑤ 张涛甫：《从“心”出发，打造群众路线升级版》，《新闻与写作》2016年第6期。

⑥ 曲涛、臧海平：《网络舆论引导面临的挑战和应对措施》，《传媒》2016年第9期。

⑦ 张志安、张美玲：《网民社会心态与舆论引导范式转型》，《社会科学战线》2016年第9期。

⑧ 胡小川：《新媒体时代主流舆论引导社会舆论模式的构建》，《传媒》2016年第3期。

⑨ 张志安、晏齐宏：《网络舆论的概念认知、分析层次与引导策略》，《新闻与传播研究》2016年第5期。

⑩ 王凤仙：《官民话语融通：超越主体视角的舆论引导策略》，《当代传播》2016年第2期。

⑪ 张志安、曹艳辉：《大数据、网络舆论与国家治理》，《社会科学》2016年第8期。

⑫ 张涛甫、王智丽：《中国舆论治理的三维框架》，《现代传播（中国传媒大学学报）》2016年第9期。

⑬ 喻国明：《网络舆情治理的基本逻辑与规制构建》，《探索与争鸣》2016年第10期。

⑭ 丁柏铨：《舆情研判：特征把握、内涵解读和对策研究——以对近期热点事件的舆情分析为例》，《当代传播》2016年第4期；丁晓蔚、高淑萍：《大数据与重大公共危机事件舆情研判——基于对天津港爆炸事件相关舆情信息的分析》，《中国出版》2016年第22期。

⑮ 陈果：《突发性公共事件网络舆论治理的困境与突破》，《社会科学》2016年第2期；张爱军：《社会突发事件网络舆情演化规律及其治理》，《社会科学研究》2016年第6期。

的关注。实证研究的结果还发现，2003 年以来，我国地方重大舆情呈现出阶段性差异，经历了舆情类型、发生地域、首曝媒介、曝光路径、传播环境等的迁移。[①] 就整体上对于加强新闻舆论工作的建议而言，有研究特别强调了队伍建设的角度。[②] 此外，也有少量研究注重对舆论议题理论层面的探讨，如对舆论的公共性和公众性价值历史流变的梳理，[③] 对“舆情”概念在中国的生发、流变和转型的分析，[④] 研究发现这些基本概念在历史的演进中，其内涵和价值取向都在不断变化，在当下的正当性和价值都存在可调适的空间。有研究在区分舆论和舆情的差别的基础上，提出了估量舆论、舆情的数量和范围的操作方法。[⑤] 此外还有对社会化媒体舆论生成、传播机制与舆论热点的触发模式的研究[⑥]和对网络舆论的概念认知和分析层次的探讨等。[⑦]

七、互联网的全球治理与国内治理研究

研究认为 20 世纪 90 年代中期以来至今的全球互联网治理体制建设并不令人满意，原因在于没有首先确定体制潜在的原则和规范，便试图确定体制的规则和程序。[⑧] 国际数字鸿沟是全球互联网治理过程中亟待解决的问题。[⑨] 也有研究从互联网全球治理的理论预设出发，认为可以尝试以政治学中的新制度主义理论重塑互联网治理理论框架。[⑩] 有研究在回顾全球互联网治理历史的基础上，反驳了关于全球化和互联网会削弱国家在全球治理中的影响力这一观点，论证了国家将继续成为全球治理中首要的行为体。[⑪] 就中国而言，研究认为，中国参与互联网全球治理经历了被动应对、主动参与和积极构建三个阶段，在互联网的关键资源分配、核心技术掌握、互联网全球治理规则制定等方面尚处于起步阶段。[⑫] 有研究阐释了网络空间的“三个世界”理论以及中国目前所处的格局。[⑬] 由于中国需兼顾领土逻辑和资本逻辑，这一博弈式的国际融合前途如何，尚充满不确定性。[⑭] 但在网络空间秩序转型的关键时期，既有制度改革和新制度创建日益发挥重要作用，中国需要积极推动

---

① 刘锐：《地方政府重大舆情危机迁移探究——基于 2003 年—2015 年地方重大舆情危机事件》，《编辑之友》2016 年第 1 期。

② 林爱珺：《论新闻舆论工作队伍建设——学习习近平新闻舆论工作座谈会讲话的体会》，《新闻记者》2016 年第 5 期；殷陆君：《建设一支党和人民放心的新闻舆论工作队伍——深入学习贯彻习近平总书记“2·19”讲话的思考》，《传媒》2016 年第 6 期。

③ 郭小安：《舆论的公共性与公众性价值：生成、偏向与融合——一项思想史的梳理》，《新闻与传播研究》2016 年第 12 期。

④ 赵梦溪：《舆情：概念的转型及其话语》，《新闻记者》2016 年第 8 期。

⑤ 陈力丹：《准确估量舆论、舆情的数量和范围》，《新闻界》2016 年第 21 期。

⑥ 彭剑：《社会化媒体舆论生成及传播机制研究》，《编辑之友》2016 年第 4 期。

⑦ 同上。

⑧ 米尔顿·穆勒、约翰·马西森、汉斯·克莱因等：《互联网与全球治理：一种新型体制的原则与规范》，《国外理论动态》2016 年第 9 期。

⑨ 熊光清：《全球互联网治理中的数字鸿沟问题分析》，《国外理论动态》2016 年第 9 期。

⑩ 顾洁：《新制度主义理论下的互联网治理模式与理论框架重塑》，《当代传播》2016 年第 1 期。

⑪ 丹尼尔·W. 德雷兹内、曲甜：《互联网全球治理：国家的回归》，《国外理论动态》2016 年第 9 期。

⑫ 王艳：《中国参与互联网全球治理的路径分析》，《国外理论动态》2016 年第 9 期。

⑬ 崔保国：《网络空间治理模式的争议与博弈》，《新闻与写作》2016 年第 10 期。

⑭ 洪宇：《中国与国际互联网：博弈式的国际融合》，《新闻与传播研究》2016 年增刊。

建立新型互联网治理体系。① 国内学者关于互联网全球治理的未来发展方向及中国的参与路径有两种主张，即政府、私人部门和公民社会共同参与的“多利益攸关方”治理模式②和以民族国家为主导的“多边主义”治理模式。③ 研究对于“网络主权”概念的渊源和内涵、④ 网络主权存在的正当性、影响因素与治理策略等都进行了探讨。⑤ 就互联网的国内治理而言，研究明确了互联网作为意识形态技术的属性，⑥ 主张“在政府主导下倡导各方合力、公众参与”的治理模式。⑦ 关于其规则与操作原则，研究认为互联网治理中规则边界的制定应该尽可能放低，互联网治理的逻辑应在诉求于理性的基础上重视关系和情感的诉求，在互联网条件下国家意志的表达范式应该诉诸注重魅力的表达。⑧ 在具体的治理样态分析上，有研究对2000年以来的互联网新闻信息服务监管制度的演变过程、存在问题及改进之策进行全面阐述，⑨ 也有研究分析了自2014年起日趋严厉的互联网电视规则手段失效的原因。⑩

八、新媒体政治参与研究

有研究认为21世纪以来中国的网络空间呈现出一种鲜明的“大众政治参与模式”，表现出参与主体的群氓化、参与方式的极端化和娱乐化、民粹化导向三个特点。⑪ 网络抗争和冲突得到了较多关注。实证研究证明了互联网使用及在线政治讨论对于维权抗争参与有明确的影响。⑫ 微信新闻使用和移动APP新闻使用也对青年的政治抗议行为具有促进作用。⑬ 网络对抗被解读为阶层对抗向虚拟空间转移的结果，⑭ 而特定阶层如劳工阶层实践其利益诉求的网络空间也被认为具有了“抗争性公共领域”的特质。⑮“互联网不仅提供了一个信息平台，对线下的社会抗争施加着巨大影响，而且通过前所未有的社群集聚能力和议题设置能力，形塑了新的社会抗争场域与抗争形态。”⑯ 地方政府信息传播与新媒体的“结构张力”、地方政府与新媒体存在“冲突处置”与“冲突转化”的“议题偏差”，则构成地方冲突议题传播的

① 王明国：《网络空间秩序转型的国际制度基础》，《全球传媒学刊》2016年第12期。

② 邹军：《全球互联网治理的模式重构、中国机遇和参与路径》，《南京师大学报》（社会科学版）2016年第3期。

③ 刘志云、刘盛：《基于国家安全的互联网全球治理》，《厦门大学学报》（哲学社会科学版）2016年第2期。

④ 胡泳、车乐格尔：《“网络主权”辨析》，《新闻与传播研究》2016年第1期。

⑤ 杨嵘均：《论网络空间国家主权存在的正当性、影响因素与治理策略》，《政治学研究》2016年第3期。

⑥ 陈建波、庄前生：《作为意识形态技术的互联网：执政党的视角》，《新闻与传播研究》2016年第11期。

⑦ 张咏华：《试论各方合力、公众参与在互联网治理中的意义和重要性》，《新闻与传播研究》2016年增刊。

⑧ 喻国明：《互联网治理应遵循的重要规则与操作关键》，《新闻与传播研究》2016年增刊。

⑨ 魏世军：《互联网新闻信息服务监管问题研究》，《湖北社会科学》2016年第7期。

⑩ 赵瑜：《互联网电视的规制及其政策张力》，《新闻大学》2016年第3期。

⑪ 孙卫华：《表达与参与：网络空间中的大众政治模式研究》，《新闻大学》2016年第5期。

⑫ 王建武：《互联网使用、在线政治讨论与政治参与》，《青年研究》2016年第6期。

⑬ 卢家银：《社交媒体与移动APP新闻使用对青年政治抗议的影响》，《现代传播（中国传媒大学学报）》2016年第5期。

⑭ 贾彦峰：《网络对抗、弱势逆袭与文化断裂：层序格局下阶层对抗的异动》，《湖北社会科学》2016年第11期。

⑮ 李艳红：《培育劳工立场的在线“抗争性公共领域”——对一个关注劳工议题之新媒体的个案研究》，《武汉大学学报》（人文科学版）2016年第6期。

⑯ 汤景泰：《网络社群的政治参与与集体行动——以FB“表情包大战”为例》，《新闻大学》2016年第3期。

"双重结构性因素"。[①] 此外，网络群体性事件的社会心理成因、[②] 新媒体环境下的集体行动动员机制、[③] 新媒体影响群体性事件的中介机制[④]、网络民粹事件中的情感动员策略[⑤]等问题也都得到了讨论。研究认为，网络政治动员最终将会对国家安全产生严重的冲击。[⑥] 也有研究对网络群体性事件及相关研究进行了学理反思。[⑦] 2016 年 1 月的"帝吧出征"作为以中国"90 后""00 后"青年群体为行动主体的标志性网络民族主义事件，吸引了学界的特殊关注，《国际新闻界》组织专题讨论。研究强调了这一波网络民族主义所具有的青年亚文化特质以及与行动主体成长背景和日常互联网使用的关联。[⑧] 有研究认为"帝吧出征"的实质是在消费文化和全球地缘政治大环境下有关身份政治的表演，有研究将其解读为一场集体的互动仪式表演，群体团结的仪式性大于国族想象的观念内容，[⑨] 也有研究对其独具特色的米姆式传播和共意动员手段与效果进行了分析。[⑩] 当然，与前述研究普遍存在的关于互联网政治参与效果明显的假设形成对照的是，也有研究从"懒人行动主义"这一概念出发提醒应谨慎审视网络政治参与的实质功效，[⑪] 同时提醒作为参与式民主的一种特殊形式，"微博政治"有其脆弱性，[⑫] 并且，互联网介入方式是网络政治参与的关键变量，只有集体性介入才可显著促进网络政治参与，也因此，互联网普及并不会自动带来网络民主。[⑬]

九、政务新媒体研究

这一议题之下的大量研究为各级政府部门政务微博、政务微信运营现状、成绩、存在问题及发展策略等的对策性分析，政府网站、政务微视频也得到了少量的关注。以"双微联动"[⑭] 为主要特征的"微政务"，[⑮] 其价值得到了充分认可。研究者总结了政务微博问政沟通"触点管理"的三

① 吴晓林、汤明磊：《新媒体情境下冲突议题传播的"双重结构因素"——基于临武瓜农事件的分析》，《武汉大学学报》（人文科学版）2016 年第 1 期。

② 郝其宏：《网络群体性事件的成因和对策——基于社会心理的分析视角》，《福建论坛》（人文社会科学版）2016 年第 3 期。

③ 邓力：《新媒体环境下的集体行动动员机制：组织与个体双层面的分析》，《国际新闻界》2016 年第 9 期。

④ 尉建文、黄莉：《新媒体如何影响群体性事件？——中介机制与实证检验》，《北京师范大学学报》（社会科学版）2016 年第 6 期。

⑤ 郭小安、王木君：《网络民粹事件中的情感动员策略及效果——基于 2002—2015 年 191 个网络事件的内容分析》，《新闻界》2016 年第 7 期。

⑥ 何哲：《网络政治动员对国家安全的冲击及应对策略》，《南京社会科学》2016 年第 1 期。

⑦ 董天策：《从网络集群行为到网络集体行动——网络群体性事件及相关研究的学理反思》，《新闻与传播研究》2016 年第 2 期。

⑧ 王喆：《"今晚我们都是帝吧人"：作为情感化游戏的网络民族主义》，《国际新闻界》2016 年第 11 期；王洪喆、李思闽、吴靖：《从"迷妹"到"小粉红"新媒介商业文化环境下国族身份生产和动员机制研究》，《国际新闻界》2016 年第 11 期。

⑨ 刘国强：《作为互动仪式的叫络空间集体行动》，《国际新闻界》2016 年第 11 期。

⑩ 郭小安、杨绍婷：《网络民族主义运动中的米姆式传播与共意动员》，《国际新闻界》2016 年第 11 期。

⑪ 徐迪：《网络政治参与的功效性探讨——以"懒人行动主义"现象为例》，《江汉论坛》2016 年第 10 期。

⑫ 曾志伟、李建华：《"微博政治"：脆弱性及其引导》，《学术界》2016 年第 2 期。

⑬ 孟天广、季程远：《重访数字民主：互联网介入与网络政治参与——基于列举实验的发现》，《清华大学学报》（哲学社会科学版）2016 年第 4 期。

⑭ 黄楚新、张安：《"双微联动"：建构政党与民众对话新渠道》，《新闻记者》2016 年第 7 期。

⑮ 邓晓旭、马静：《"微政务"网络舆论引导的价值及存在问题》，《新闻知识》2016 年第 9 期。

大关键：利益关联，问责关联，追踪关联[1]以及建立跨部门、跨系统、跨介质、跨平台、跨区域、舆情研判应对处置等互联互通的政务新媒体运行机制的需求。[2]在更进一步的讨论中，政务新媒体与政府、社会协同治理的议题浮现，如研究认为政务微信平台的运用推动了作为民意表现出来的“社会”协同政府治理模式的创新，[3]新媒体的运用可以从“居民自治”“社区行政”和“社会资本”三个层面增益基层社区的治理，[4]《瑞安日报》则提供了媒体融合与智慧政务互融共进的新模式，即地方报社依托开发新媒体平台，主动占领政务服务市场的入口，在成为政府部门网上管家的同时，促进自身转型发展、融合发展。[5]在政务新媒体的效果及评估方面，有研究以兰德尔·柯林斯的互动仪式链理论为基础，对政务微信与用户的互动仪式进行分析，[6]有研究形成了以“交互主体覆盖度、交互时效性、网友认可度”为准则的政务微博政民交互度的评价指标体系。[7]就政务新媒体的内在特质而言，研究认为政务微博具有公的形式与私的实质，成为形似公共领域和次私密领域的集合体，而网民们所在意的恰恰是其公共性及其媒体属性。[8]

十、政治话语研究

这一议题主要包括了下述内容：(1) 特定历史阶段上所存在的政治话语内涵或变迁的分析。如对民主革命时期中共话语中“暴动”和“起义”称谓使用变迁的考察、[9]对毛泽东话语中“长征”概念内涵的分析，[10]对十一届三中全会以来党的治国纲领从“革命—斗争”话语到“改革—治理”话语变迁过程的分析[11]等。(2) 当下的抗争性/冲突性政治话语分析。有研究通过分析环保和征地事件中所使用的标语，以此总结中国民众独具特色的抗争话语体系和话语逻辑。[12]就当下频繁出现的互联网抗争及网上的群体冲突而言，研究发现，互联网空间的话语抗争有其自身的叙事技巧，[13]类似于“喂人民服雾”这样的网络话语抗争被认为是“弱者的武器”，“颠覆

---

① 冉明仙、王枫：《政务微博问政沟通“触点管理”的三大关键》，《青年记者》2016 年 6 月下。

② 徐和建：《政务新媒体急需六大互联互通》，《新闻与写作》2016 年第 3 期。

③ 王树文：《网络时代社会协同政府治理模式构建——基于政务微信的视角》，《学习与探索》2016 年第 3 期。

④ 王斌：《基于新媒体的基层治理创新路径：以城市社区为考察对象》，《暨南学报》（哲学社会科学版）2016 年第 6 期。

⑤ 华小波、林婕：《媒体融合与智慧政务互融共进的路径——互联网 + 政务平台的瑞安实践》，《新闻与写作》2016 年第 1 期。

⑥ 朱颖、丁洁：《互动仪式链视角下政务微信与用户的互动研究》，《新闻大学》2016 年第 4 期。

⑦ 李勇、龚小芳、惠鸿曜等：《政务微博条件下的政民交互度评价指标体系构建》，《重庆大学学报》（社会科学版）2016 年第 4 期。

⑧ 尹连根、黄敏：《政府官方微博：形似公共领域和次私密领域的集合体》，《国际新闻界》2016 年第 5 期。

⑨ 曹展明：《对民主革命时期中共话语中“暴动”和“起义”称谓使用变迁的考察——基于九种 482 篇历史文献的统计数据分析》，《中共党史研究》2016 年第 9 期。

⑩ 杨东：《毛泽东话语中的“长征”概念与行动维度》，《求索》2016 年第 11 期。

⑪ 张凤阳、李智：《从“革命—斗争”话语到“改革—治理”话语——以党代会报告文本为中心的政治社会学分析》，《东南大学学报》（哲学社会科学版）2016 年第 2 期。

⑫ 周裕琼：《从标语管窥中国社会抗争的话语体系与话语逻辑：基于环保和征地事件的综合分析》，《国际新闻界》2016 年第 5 期。

⑬ 李春雷、曹芝慧：《自媒体时代借媒抗争的话语表达研究——基于南昌“象湖事件”的思考》，《新闻界》2016 年第 19 期。

着社会的象征秩序，积蓄着变革的力量”①。而网络社会群体的话语冲突是话语政治的体现，实质上也是对现实政治的衍射。② （3）政治话语研究的另一个维度是官方特定话语体系的建构问题。如中国道路话语体系建构对方法论、内容、形式、话语的价值等多层面的考量以及主要路径的确立，③ 中国梦所确立的大众取向的话语体系建设的基本路向，④ 新媒体给社会价值培育在话语主体、话语客体、话语环境、话语方式等多个维度上所带来的改变以及相应的重构策略⑤等。

在上述明显集中的议题之外，政府传播、政府形象、政治修辞、媒介使用与政治信任、媒介反腐、政治新闻报道内容分析、马克思主义新闻观等议题也都得到了一定程度的关注。

纵观2016年国内有关政治传播研究的论文成果，可谓枝繁叶茂，在诸多维度上都展开了卓有成效的探索。但是，现有研究也存在明显不足，集中表现在下述方面：一是应用性研究居多，基础性研究相对匮乏。关注对策建议多，对政治传播基础理论和政治传播思想的研究较为欠缺。二是行政学派取向的研究居多，缺乏批判立场。三是效果研究和受众研究匮乏。四是在大量以国家、政府或政党等权力机构为传播主体的研究中，自上而下的单向视角突出，缺乏自下而上的视角，也缺乏对在新媒介环境下尤为明显的双向互动的分析。五是对于政治传播研究的一些传统领域如政治修辞研究、政治新闻研究、媒介制度研究等的开拓还很不够。六是就政治传播活动自身的跨学科特性而言，现有研究的学科来源还不够丰富，心理学、社会学和政治经济学等学科的缺失尤为明显。七是研究方法单一。实证研究方法除了在新媒体政治参与领域较多使用外，在其他领域甚少见到。并且实证研究方法中，基本上也只能见到调查法和内容分析法，访谈法、实验法、参与式观察法等几乎没有。总体而言，2016年中国的政治传播研究在研究问题上具有突出的中国特色，在对这些问题的分析上也体现出多元的路径并多有洞见，但在整体研究的规范性和理论建设的力度上还远未能够彰显中国气派，有待学术共同体的持续努力。

撰稿：何　晶（中国社会科学院大学新闻传播学院教授、
中国社科会科学院大学政治传播研究中心主任，博士）

① 李明洁：《互联网苍穹下的语言与抗争——以“喂人民服雾”为例》，《华东师范大学学报》（哲学社会科学版）2016年第4期。

② 陈文新：《话语政治：互联网上的社会群体冲突》，《河南社会科学》2016年第11期。

③ 邱仁富：《试论中国道路的话语体系建构》，《学术论坛》2016年第12期。

④ 王贺：《中国梦的话语建构》，《求索》2016年第2期。

⑤ 张培、胡涵锦：《新媒介语境下社会价值培育的话语转换与路径建构》，《云南社会科学》2016年第2期。

公共传播研究 2016 年综述

在现代性转型、全球化和互联网革命等多重语境的交叠下，公共传播作为一种研究范式和实践解决方案正在登场[①]。在经历了 2007 年以来的几次集中讨论和长期学术积淀之后，2016 年的公共传播研究，出现了具有历史总结性质的“集大成”之作，公共传播的主体特征越来越清晰，以媒介技术和媒介生态变迁为宏大背景、以推进公共利益和公共秩序为价值取向的实践面向的研究也正以多种方式如火如荼地展开。

一、公共传播研究的基本问题与范式创新

2016 年以前的“公共传播”概念一直处于边使用边总结、定义高度语境化状态。本体理论研究成果相对稀少，已有成果也显得浅尝辄止或语焉不详。2016 年，更多学者加入基础理论探讨，公共传播的产生语境、基本问题、学科范式、研究指向等得到了较为系统的梳理，内涵和外延逐渐明晰，权威定义呼之欲出。

“公共传播”的出现和使用被看作现代性语境的产物，新媒体、全球化、现代政治带来的受众参与公共信息制造、分享与流动使公共传播超越了传统型媒介主导的传播方式，成为个体公众、公共生活与社会结构之间的重要联系[②]。在此语境下，新闻传播业从过去以传统媒体、主流媒体、机构媒体为核心的“新闻传播舆论场”转变为专业媒体、平台媒体和自媒体协同互补的“公共传播舆论场”，公共传播的“公共”首先被定义为“公众”传播主体的增加，其次是主体结构变化下传播取向的“公共利益最大化”[③]，传播的公共性被从多个维度不断予以辨识、确认和强调。有学者在长期关注、在此领域持续深耕的基础上，对公共传播的概念和相关问题做了系统梳理和总结，堪称公共传播前期基础理论研究的“集大成”者。研究者对近年公共传播的概念研究进行了分类解读，在肯定共性、提出问题的同时，通过详细考察公共传播的产生背景、相关概念及辨析其互动关系，引申出“公共传播”的基本要素描述：主体——多元主体，价值规范和实践准则——公共性，内容——公共议题及其背后的公权力和公共利益，发生场域——公共领域的讨论，目标与预期效果——认同、共识、承认，由此总结出公共传播的定义，“多元主体基于公共性展开的沟通过程、活动与现象，旨在促进社会认同与公共之善”，并进一步提出对公共传播研究重返人的存在、重返生活世界、重返共同体，实现学科互通、学术与现实互通的全新研究范式的渴望[④]。

作为一个整体概念的公共传播，其内在特征和确认依据基本清晰，但是基于公

---

① 胡百精、杨奕：《公共传播研究的基本问题与传播学范式创新》，《国际新闻界》2016 年第 3 期。

② 谢清果、王昀：《华夏公共传播的概念、历史及其模式考索》，《华侨大学学报》（哲学社会科学版）2016 年第 1 期。

③ 张志安：《从新闻传播到公共传播——关于新闻传播教育范式转型的思考》，《暨南学报》（哲学社会科学版）2016 年第 3 期。

④ 胡百精、杨奕：《公共传播研究的基本问题与传播学范式创新》，《国际新闻界》2016 年第 3 期。

共传播丰富的包容性和使用范围的广谱性，其外延还需进一步明确，类似于内容类别、外部形态、结构功能、体系构成、时代语境等问题也期待深摹细描。在这方面，研究者对“抗争性公共领域”的关注①，对“闲话”这一特殊传播现象所隐含的公共性和社会整合功能的分析②等研究，具有将公共传播从整体建构推向深层探究和从不同构面展开多维审视的意义。

二、政策、技术演进与公共传播的伦理隐忧

2016年新闻传播业受到中央空前重视，习近平总书记连续多次发表讲话，表达他在对内、对外传播上的观点和系统思考。这就从国家战略层面提出构建公共传播体系，对外准确传达国家战略意图、构建良好国家形象、提升传播能力③，对内创新公共传播的理念方法、提高公共信息服务质量、促进传播主体多样化、提高新闻舆论传播力和引导力等要求④。

技术发展也在改变着公共传播的生态。大数据、人工智能、虚拟现实、算法等技术持续作用于传播业，如“技术流”引领2016全国“两会”报道，VR/AR等成为“两会”报道的焦点⑤。同时，技术也在深度推进新闻生产方式和改变传播主体结构，“从厨师到厨房、从大锅饭到自助餐”⑥，传统媒体则借助“集成报道”“中央厨房”等方式试图重塑主流媒体形象和重获竞争优势⑦；同时，众筹新闻、用户生产内容（UGC）、自媒体传播等进一步解构着传统的新闻集中生产的方式，公民个体或自组织借助公共平台分享、验证、表达，在“碎片”中勾勒公共空间和重新诠释媒体的公共性。

新的政策要求和技术使用至少带来两个方面的论题：一是新技术使用中的伦理问题，二是多元主体应如何平衡责任与规范管理。两者的本质都指向防范传播中的“控制”与“操纵”倾向。在“魏则西事件”中，人们对百度竞价排名误导患者进行批评，质疑大数据、算法推荐等技术伪“客观”背后的利益本质，思考广告伦理和“尊重、不伤害、有利、公正”的生命伦理的冲突和优先排序问题⑧；在人工智能、VR和AR技术中，同样存在着技术对人可能的“操纵性和欺骗性”问题，在技术营造的客观真实幻像中，媒体可能偏离其公共服务使命，“公众”也沦落为“群众”乃至“缸中大脑”⑨。有学者在分析“快播”事件、回应王欣辩护中提出的“技术无罪”论时提出，“技术本身并非价值无涉的、中性的，媒介也有着各自的特点和偏向性”，所以应该将媒介技术的“伦理责任内化于媒介技术供应者和使用者之中，从而有效地规范媒介技术的研发和应用”，并提出“技术问责”建议⑩。随着网络直播、移动通信等平台实名制等措

---

① 李艳红：《培育劳工立场的在线“抗争性公共领域”——对一个关注劳工议题之新媒体的个案研究》，《武汉大学学报》（人文科学版）2016年第6期。

② 李永萍：《隐秘的公共性：熟人社会中的闲话传播与秩序维系——基于对川西平原L村的调研》，《西南大学学报》（社会科学版）2016年第5期。

③ 赵良英、徐晓林：《加快构建中国国家战略公共传播体》，《中国行政管理》2016年第9期。

④ 周书楠：《信息时代公共传播的理念创新》，《新闻战线》2016年第22期。

⑤ 李雪坤：《两会新闻呈现形式多样 新技术让用户参与感更强》，《中国广播电视报》2016年3月11日。

⑥ 彭增军：《新闻生产方式的革命——从厨师到厨房、从大锅饭到自助餐》，《新闻记者》2016年第7期。

⑦ 张立伟：《从深度报道到集成报道——去碎片化的主流新闻范式》，《新闻记者》2016年第7期。

⑧ 苏洁、韩跃红：《基于魏则西事件的伦理反思》，《昆明理工大学学报》（社会科学版）2016年第4期。

⑨ 邓建国：《时空征服和感知重组——虚拟现实新闻的技术源起及伦理风险》，《新闻记者》2016年第5期。

⑩ 蒋晓丽、杨珊：《大数据时代媒介技术的伦理问责》，《西南民族大学学报》（人文社会科学版）2016年第7期。

施，技术控制、舆论引导与媒介素养教育等多管齐下，多元手段的协同机制依然需要细化和探索。

三、“多元公众模式”及公共领域中的交往理性

所谓“多元公众模式”，强调将公众的利益表达、认同与传播行为纳入到公共性的考察视野[①]。2016年公共传播的表征之一是公众对社会政治经济生活的全方位介入和参与[②]。从网民进入虚拟“两会”互动交流[③]到“山东问题疫苗”“魏则西事件”“雷洋事件”等舆情事件中对公共政策的建构[④]，公众主体地位进一步强化。

主体多元的结构性变革具有双重意蕴：一方面，多元主体有利于传播公共性的维护，如自媒体、“脱媒主体”（非职业新闻组织主体）在挣脱体制制约之后自主性的扩张，有利于进入一个资源共享、新闻共产、图景共绘、共同主体的“共”时代[⑤]；甚至出现了区别于商业门户网站和主流媒体开设的政府机构主办的个人化论坛（被称为“第三种论坛”），可以从私域进入网络公共空间，讨论公共议题，推进公共辩论，与其他两种形式的论坛互构互动，极大地拓展了公共传播的空间和议题领域[⑥]。但另一方面，“网民介入”、自媒体等也可能形成“噪音”和干扰因素，增加信息的不确定性和公众的恐慌感[⑦]；更有学者指出，主体间不仅存在着“技术鸿沟”，同时还存在着“人格鸿沟”，不同类型的人格在政治参与行为上会表现出巨大的差异性，敏感型、严谨型、宜人型人格都表现出不同程度的“不积极”和主体性迷失[⑧]；特别是网络大众的参与，有积极的制度和文化建构意义，但其极端激进的风格也蕴含着参与主体的群氓化、方式的极端化、娱乐化及结果的民粹化等“异常紧张”的社会风险[⑨]。

主体变化的深层结构是新媒体的赋权功能和公共领域的扩张，因此多元主体交往理性的解决方案也必须回到新媒体场域中寻找。有研究者认为，互联网从本质上改变了人与人连接的场景与方式，推动社会关系网络从差序格局、团体格局向开放、互动的复杂分布式网络转型，引发了社会资源分配规则及权力分布格局的变迁；互联网作为一种新的权力来源，它对于个体与自组织群体的激活，更多地为社会中的“相对无权者”进行赋权，使权力和垄断资源从国家行为体向非国家行为体转移[⑩]。在新媒体语境下，伴随着新一代的成长，社会认同方式也发生了改变，如以网络米

① 林宇玲：《网路与公共领域：从审议模式到多元公众模式》，《新闻学研究》（台湾）2014年总第118期。

② 黄红英、黄楚新、王丹：《技术催生公共传播新生态》，《新闻与写作》2016年第11期。

③ 魏岳江：《2016全国“两会”：新媒体助力网民进入虚拟会场互动交流》，《声屏世界》2016年第4期。

④ 卢雨文：《突发公共事件中的微博传播过程分析——以“山东问题疫苗事件”为例》，《科技传播》2016年第16期；杨帆、靖鸣、陈庆：《网络事件传播中公众焦点的转移——以“常州毒地事件”“魏则西事件”“雷洋事件”为例》，《新闻爱好者》2016年第11期；等等。

⑤ 杨保军：《“脱媒主体”：结构新闻传播图景的新主体》，《国际新闻界》2015年第7期。

⑥ 马中红：《第三种论坛：体制性网络空间的公共性透视》，《新闻与传播研究》2016年第8期。

⑦ 宋亮、周洪林：《网民介入公共政策传播的路径及其风险规避》，《新闻世界》2016年第8期；董天策、班志斌：《自媒体传播在公共卫生事件中的信息噪音》，《新闻记者》2016年第5期；等等。

⑧ 王国华、王戈、陈强：《社交媒体中政治参与的“人格鸿沟”及形成机制》，《现代传播（中国传媒大学学报）》2016年第11期。

⑨ 孙卫华：《表达与参与：网络空间中的大众政治模式研究》，《新闻大学》2016年第5期。

⑩ 喻国明、马慧：《互联网时代的新权力范式：“关系赋权”——“连接一切”场景下的社会关系重组与权力格局的变迁》，《国际新闻界》2016年第10期。

姆符号（表情包）为代表的视觉文化传播方式，“为网络民族主义运动提供一种新的动员模式，是视觉传播时代青年群体集体行动的新逻辑”①；再如网络情绪和情感化表达，网民通过悲情、戏谑、恐惧等手段来进行情感动员，进而形成优势话语，成为新媒体事件普遍的行动逻辑②；特别是社会化媒体兴起之后，个体的反抗及其对权力的围观和凝视所形成的群体力量，有着取代以往的权力引导舆论趋势，公众个体的主体性意识崛起，传统的社会认同模式遭遇危机③。作为对策，有学者提出，情感作为一种公共实践，只有将理性与情感容纳在一起，才能保证公共领域在“多元公众模式”的竞争中仍保持理性状态和防止情感对公共领域的消解④；有研究者进一步提出，在信息与情感的二元驱动中，公众对公共议题的信息诉求是了解真相，情感诉求是正义感的满足⑤；由此提出两个维度的解决方案，一是公众知情权的充分满足；二是传播主体间性的唤醒，只有在共同目标、共同遵守的规则前提下，超越血缘、地域、阶层等屏障，迈向具有宏大格局和家国情怀的“共同体传播”⑥ 愿景，才有实现的可能。

四、“石头剪子布”：公共事件视域下的议题呈现与问题集中

2016 年指涉公共空间的传播议题进一步被拓展，出现了一些新热点，如“一带一路”研究的全面展开及由此衍生的民族文化传播、意识形态传播、汉语传播等议题的兴起⑦，“扶贫”议题的激增⑧，对城市传播的集中讨论⑨和推陈出新——如对重构城市传播公共性、重新发掘“公共人”的内涵、建立可沟通城市的系统思考等⑩。这些新兴议题的出现，不断扩展着公共传播的研究范围，也在构建和完善着我国的公共传播体系。

2016 年公共传播研究实践面向的议题，有三个重要维度：（1）现象描述：作为研究切入的公共事件传播。公共传播有多个面向的议题，环境、健康、公益、法治、科学、危机公关等。在广布的议题基础上，承载着危机和争议的公共事件可以看作是类型化研究的“焦点窗口”和普遍范式。天津爆炸、山东疫苗、魏则西事件、雷洋事件等个案之外，还有类似于“基于 12 例公共事件的清晰集定性比较分析”⑪“以 2013—2016 年事故灾难微博公共事件

① 郭小安、杨邵婷：《网络民族主义运动中的米姆式传播与共意动员》，《国际新闻界》2016 年第 11 期。

② 汤景泰：《情感动员与话语协同：新媒体事件中的行动逻辑》，《探索与争鸣》2016 年第 11 期。

③ 隋岩、常启云：《社会化媒体传播中的主体性崛起与群体性认同》，《新闻记者》2016 年第 2 期。

④ 袁光锋：《“情”为何物？——反思公共领域研究的理性主义范式》，《国际新闻界》2016 年第 9 期。

⑤ 张淑华：《节点与变量：突发事件网络“扩音效应”产生的过程考察和一般模式——基于对“鲁山大火”和“兰考大火”的比较研究》，《新闻与传播研究》2016 年第 7 期。

⑥ 秦琼、彭涛：《共同体传播：一种被忽视的传播形态》，《现代传播（中国传媒大学学报）》2016 年第 8 期。

⑦ 郑保卫：《“一带一路”背景下西藏文化对外传播研究》，《当代传播》2016 年 2 期；黄会林等：《中国电影在“一带一路”战略区域的传播与接受效果》，《现代传播（中国传媒大学学报）》2016 年第 2 期；等等。

⑧ 李刚存、胡润：《新闻扶贫：拓展传统媒体公共服务的有效形式》，《红河学院学报》2016 年第 3 期。

⑨ 潘忠党：《城市传播研究的探索——“青年的数字生活与城市文化”专题研究的导言》，《新闻与传播研究》2016 年第 8 期；谢静：《连接城乡，作为中介的城市成本》，《南京社会科学》2016 年第 9 期；等等。

⑩ 章杏玲：《重构城市传播公共性：内涵、意义与路径构想》，《江淮论坛》2016 年第 3 期。

⑪ 周俊、王敏：《网络流行语传播的微观影响机制研究——基于 12 例公共事件的清晰集定性比较分析》，《国际新闻界》2016 年第 4 期。

为例”[①] 的群案研究，公共事件作为社会问题的外部呈现，其外在的传播特征和内在的生成逻辑得到了研究者的普遍关注。（2）结构性批判：公共机构主体的传播行为批判。“解剖麻雀”式的问题描摹常继以对公共问题的批判性归因。基于学术研究的公领域、普适性规范，传播主体批判极少指向个人而更多指向群层或组织、机构。在探究“迷妹”和“小粉红”[②]、网红[③]、大V[④]、“黑嘴”[⑤]、水军[⑥]等形形色色的传播群体之外，公共传播的主体性反思更多指向了公共机构，主要是政府（包括官员）。陈昌凤等人研究指出，政府在危机公关中常陷入采用“否认”“辩护”等权宜性策略而不能有效沟通和回应的“缺陷模式”，并进一步指出“政府危机公关和形象传播的难度根植于信任缺失的社会现状和决策封闭的制度结构因素，需要政府以及其他社会主体的共同努力”[⑦]，由此也提出了全媒体时代官员公共传播应具有“知媒、善用”的媒体观、“尊人、善言”的交流观、“多种能力复合”的素养观的“新三观”等讨论[⑧]。（3）问题集中：对公共政策和利益博弈的制度性反思。譬如有学者对PX事件的研究发现，“产业转入地的公众常常采用环境正义框架去理解来自发达地区的环境风险，而地方政府却使用技术安全框架对公众实施风险传播，传播障碍往往由此产生”，“结果发现程序正义意识对公众是否接受风险、支持‘邻避’，以及通过‘散步’表达环境诉求均有显著预测效应”[⑨]，由此提出了公共传播的制度设计和程序正义问题。公共传播中信息博弈的实质一直被人看作是利益博弈，是国家、社会、公众之间的“石头剪子布”游戏，目的是要通过对媒体资源的争夺和使用而实现各自利益[⑩]。这样的探讨有助于深层挖掘问题本质。

五、研究不足与未来方向

2016年的公共传播理论研究，在完成了基本概念梳理，对何谓公共传播有了大体认同之后，本体探讨和基础理论研究仍面临着如下问题：

（1）在学术定位上，公共传播是作为“大众传播”的替代还是有机构成？要不要由此推动新闻传播理论、实践、包括新

① 吴瑗瑗、朱兵杰：《事故灾难公共事件的传播与舆情应对——以2013—2016年事故灾难微博公共事件为例》，《采写编》2016年第6期。

② 王洪喆、李思闽、吴靖：《从“迷妹”到“小粉红”：新媒介商业文化环境下的国族身份生产和动员机制研究》，《国际新闻界》2016年第11期。

③ 敖鹏：《网红为什么这样红？——基于网红现象的解读和思考》，《当代传播》2016年第4期。

④ 靖鸣、王勇兵：《新浪大V传播行为的变化与思考——以突发公共事件为例》，《现代传播（中国传媒大学学报）》2016年第5期。

⑤ 林蔓：《网红的前世今生：从“黑嘴”到“大V”》，《股市动态分析》2016年第15期。

⑥ 李春雷、范帆：《意义实现和再造：商业网络水军的另一种解读——基于“新媒体与社会心理”学术对话的思考》，《新闻界》2016年第17期。

⑦ 王宇琦、陈昌凤：《社会化媒体时代政府的危机传播与形象塑造：以天津港“8·12”特别重大火灾爆炸事故为例》，《新闻与传播研究》2016年第7期。

⑧ 周云：《全媒体时代官员公共传播的“新三观”》，《青年记者》2016年第10期。

⑨ 邱鸿峰：《技术安全框架还是环境正义框架？——从东山PX事件看政府风险传播的困局与破解》，《中国地质大学学报》（社会科学版）2016年第1期。

⑩ 段雪雯、段京肃：《新媒体时代的传播利益博弈场——基于国家、社会、公众的“石头剪子布”游戏视角》，《当代传播》2015年第5期。

闻传播高等教育“从新闻传播到公共传播”[①]“从学术到学科”的转型[②]？公共传播兴起对整个新闻传播学包括大众传播等范畴的影响及它们之间转换、融合、替代等互动关系的研究，公共传播的学术地位等，都需要在未来做更为全面细致、基于科学和理性的探究。

（2）在研究范畴上，准确框定公共传播的内涵、外延乃至建构类型等之外，还要思考：公共传播究竟是一个整体概念还是一个包罗万象的泛化概念？是否能覆盖所有与“公共”有关的传播活动？公共传播研究是单纯面向概念、传播要素、传播范式等理论探讨还是面向各类相关实践的全面总结？在厘清研究范畴的基础上，如何去圈定公共传播研究的全景式版图，如何建构公共传播理论和实践之间的互动关系，如何把公共传播的理论成果转化为业界、学界的实践指导，譬如对新闻传播高等教育——能否在学科大部制和媒介融合等背景下，通过学科建制等途径重构传播学的学科体系、确立公共传播的学科地位和专业设计等，都需要更为深入和全面的思考。

在解答上述问题之外，还要防止公共传播研究的异化倾向。既要防止把公共传播作为“时尚”符号滥用，又要防止政治、管理体制等浸润下公共传播被标签化。只有在学术独立的前提下，公共传播研究对技术和现实发展的关注和回应才可能凸显其公共性价值，才“有助于在多元对话中再造多样的共同体”，化解现代社会所面临的“离散化、碎片化与原子化”[③]等共同体危机。

撰稿：张淑华（郑州大学新闻与传播学院教授，副院长）

国际传播研究 2016 年综述

国际传播关注国与国之间的信息流动。改革开放与经济发展不断推动着中国的对外交流，中国在世界舞台上也日益扮演着重要的角色。但与之相左的是，国际传播权为少数西方发达国家所掌控，第三世界国家面临着一个共同的任务：如何有效开展国际传播？在此种理念的导向下，第三世界国家的国际传播研究更多地以“建立国际传播新秩序”为目标展开，这其中，中国表现得较为抢眼。

梳理 2016 年的相关研究不难发现，国际传播的研究范围不断扩大，跨学科、多学科参与的态势清晰，研究内容涉及的面向日益广泛，国际传播新趋势与新动向值得关注。

一、以媒介为中心的国际传播研究多点开花

传播媒介历来是国际传播研究中的重点。以往报纸、电视、电影、新闻杂志、通讯社等较为学者关注，网络新闻媒体出

① 张志安：《从新闻传播到公共传播——光宇新闻传播教育范式转型的思考》，《暨南学报》（哲学社会科学版）2016 年第 3 期。

② 张淑华：《从学术到学科：2015 年中国公共传播研究综述》，《新闻大学》2016 年第 6 期。

③ 胡百精、杨奕：《公共传播研究的基本问题与传播学范式创新》，《国际新闻界》2016 年第 3 期。

现后，又扩展到大数据、移动端和社交媒体，与之相伴的是，中医药、饮食、功夫等具有中国特色的传播媒介也成为学者研究的新领域。但是，与以往的研究又有所不同，即便是传统媒体的国际传播也表现出细化、分层与进一步分化。

在具体研究中，媒体的国际传播存在怎样的问题一直是众多学者研究的重要出发点。有学者指出，中国媒体在国际热点实践中应积极主动发挥外交角色，可以运用“音量调节、声源管理、主题驯化和话语争夺”等策略以配合国家政策，传递政府声音，维护国家利益。[①] 有研究者在分析布鲁塞尔爆炸案后发现新华网报道内容单一、时效性差、信息传播技巧不足的基础上提出精准传播、扩展传播渠道、制定差异化传播策略。[②] 新华社哈拉雷分社记者许林贵、王悦根据业界实践经验，提出在对非洲传播中应基于“西强但我也不弱”的现实，我国的媒体应该与西方媒体“错位竞争”，合力发出影响舆论最强音。[③] 有研究者则以中央电视台《快乐汉语》教学栏目作为研究对象，认为该节目在跨文化传播中体现出中国文化特色，节目形式不断创新，节目以语言教学为依托，运用情景剧、交谈和城市模块大力传播中国文化。[④]

如果说上述类别的研究将视野聚焦于传统媒体的话，那么新媒体的出现则为国际传播提供了更多的可能性。有学者认为新媒体的出现为纪录片的国际传播带来了良好的机遇，更新了传播渠道与平台，但是在传播中依然存在着传播方式创新不足等问题。[⑤] 除了问题分析，学者们更多地将视野集中在了“大数据”和新兴的“融媒体”之上。研究者就以中央电视台新闻频道（CCTVNEWS）为例，提出以国际传播能力指标做大数据分析，目的是要找出那些能够对国际传播能力发展有决策意义的媒体数据。[⑥] 有研究者则以《人民日报》“中央厨房”为例，分析其在“两会”的传播上发挥的优势作用。他指出“中央厨房”在国际传播中实现了定制推送，同时解决了人手紧张、信息渠道不畅的问题，打通了国内主流声音出海通道。[⑦]

作为国际传播构成部分的文化媒介研究大放异彩。诸如影视剧、纪录片、孔子学院、对外汉语教学、音乐、武术等的跨文化传播成为2016年国际传播研究的发生点。不同学者研究的对象虽然各异，但是多数学者基本同意，无论是影视剧还是音乐、武术等具有中国特色的文化或文化产品在跨文化或“一带一路”国家中传播应该多措并举，它不仅仅关乎传播，还关乎市场、产业、教育、慈善与情感等多个面向。如有研究者就认为中医药文化的国际传播就应该“舆论先行、企业跟进、科研夯基、政府统筹与护航”[⑧]。有研究者指

---

① 王海燕、方若琳：《我国媒体的外交角色与外交策略——以斯诺登事件相关报道为例》，《现代传播（中国传媒大学学报）》2016年第4期。

② 周翔、胡成志：《新媒体语境下新华网国际传播问题与对策分析——以布鲁塞尔爆炸案报道为例》，《今传媒》2016年第9期。

③ 许林贵、王悦：《与西媒“错位竞争”，合力发出影响国际舆论“最强音”——新华社对非传播的实践与思考》，《中国记者》2016年第4期。

④ 孙慧莉：《央视〈快乐汉语〉教学节目中的中华文化对外传播研究》，《当代电视》2016年第11期。

⑤ 付海恋：《新媒体语境下中国纪录片的跨文化传播》，《当代电视》2016年第4期。

⑥ 黄峥：《数据驱动的国家媒体国际传播能力研究——以CCTVNEWS为例》，《传媒》2016年第19期。

⑦ 何炜：《人民日报推进融合发展释放新闻生产力——“中央厨房”烹制全国“两会”新闻大餐》，《传媒》2016年第6期。

⑧ 李玫姬：《“一带一路”战略背景下中医药文化国际传播的机遇、挑战与对策》，《学术论坛》2016年第4期。

出，民族艺术走向世界要经历“三重关卡”：“从‘遴选’的角度对跨文化传播中文本经典性问题的考察；从‘转义’的角度对跨文化传播中艺术经典民族性问题的诠释；立足于当代文化软实力的跨界竞争语境，对艺术经典的‘输出’问题的反思。”① 还有学者以汉传佛教为例从文化融合与文化安全性的角度思考跨文化传播。②

此类研究以传播媒介为核心，不断在面上拓展，但是研究深度还有待进一步开掘，而国际传播的策略与方法仍需细化，相应的对策研究在可操作性上应加强。

二、现实政治导向下的国际传播热点纷呈

“文化帝国主义”的核心观点认为，作为软实力的文化，由西方向第三世界国家输出，并能够对第三世界人民的价值观、世界观等产生深远影响。而学者们也指出，世界文化的传播是多向的，不少国家的文化也能够成功地输入到西方国家。③ 也正是因为如此，如何相对西方传播中国的文化、价值观、讲好中国故事等就成为中国领导人所关心的现实问题。而与之相适应的是，中国的学术界也以此为使命，展开了深入细致的研究，表现为：“中国梦”与“讲好中国故事”的相关研究热度不减；以“一带一路”作为研究背景的文章不断涌现；“周边国家传播”和“社会主义价值观”的国际传播成为新的研究增长点。

十八大以来，习近平同志多次对舆论工作提出意见建议，对对外传播工作做出重要工作部署，其中“讲好中国故事，传播好中国文化”成为时下对外传播工作的重中之重。有学者从历史和时代高度出发，在全球化语境下探索中国故事的内涵。④ 也有业界研究者以《中国日报》为案例，为讲好中国故事提供策略支持。⑤ 有研究者认为讲好中国故事就是要向国际社会传播“美丽中国”。他建议“重构美丽中国对外网络传播格局，提高网络影响力，实现‘四个转型’，提高对比度、改进表达方式，再造信源；实现‘四个转变’，提高触及率、增强信任度，再引信宿；实现‘四个转向’，提高曝光度和共鸣水平，重建信道”⑥。而习近平同志虽然关于“中国梦”的论述已有时日，但是在国际传播中依然为学者所注视。有学者选取了《华盛顿邮报》和 CNN 中有关“中国梦”的新闻报道进行了内容分析，认为西方媒体关于中国梦的报道脱离民众，中国梦被报道成了政治话语。⑦

“一带一路”被提出后，围绕“一带一路”的相关研究呈逐年上升态势。在国际传播中，“一带一路”更多地作为战略背景，而研究的核心仍然是如何依托“一带一路”或配合“一带一路”实现有效的对外传播、国际传播和跨文化传播。其研究主要集中在以下两个方面：第一是“一带一路”倡议背景下对他国传播策略研究。如有研究者就认为在面向东盟国家提

① 翁再红：《从民族艺术走向世界艺术：论跨文化传播的“三重门”》，《广西社会科学》2016 年第 7 期。

② 陈寿富、赵立敏：《跨文化传播：冲突与融合——以汉传佛教与中国传统文化为例》，《兰州学刊》2016 年第 9 期。

③ 洪浚浩：《国际传播研究的新重点》，载洪浚浩主编《传播学新趋势》，清华大学出版社 2014 年版，第 163 页。

④ 程征、李学梅：《站在历史和时代高度讲好中国故事》，《中国记者》2016 年第 2 期。

⑤ 朱灵：《讲好中国故事 做好国际传播》，《求是》2016 年第 15 期。

⑥ 李建华：《“美丽中国”对外网络传播的破局与重构》，《四川大学学报》（哲学社会科学版）2016 年第 2 期。

⑦ 段鹏：《论“中国梦”的对外传播战略——基于对〈华盛顿邮报〉和 CNN 有关“中国梦”报道的内容分析研究》，《现代传播（中国传媒大学学报）》2016 年第 8 期。

升中国国际话语权时就应该在传播战略、传播议题、传播渠道上着手，淡化政治因素、考虑他国受众需求、加大新媒体报道比重。[①] 第二是“一带一路”视域下的文化软实力研究。此类研究并未突破以往的研究路径，研究主要围绕汉语教学、电影、音乐、武术、医药文化和孔子学院展开。

以往在国际传播研究中以美欧等西方大国为重心的倾向较为明显，但是随着中国国际环境的变化，周边国家对中国的外交以及国家战略影响开始凸显，与周边国家相关的传播研究也随之兴起，但其研究空间还有待进一步深化。在国际传播中，研究者主要关注到了印度、东南亚、东北亚以及“一带一路”沿线国家，其中以南海问题争端的研究相对较为集中，如有学者研究了南海“断续线”对越南、菲律宾等国的传播，认为南海“断续线”在对外传播中虽然发出了自己的声音，但是并未能像美国那样将主张内化进国际机制，形成公约，而在国际舆论斗争中，中国长时期处于失语状态。[②] 有研究者则关注了日本媒体中的南海问题报道倾向，通过内容分析法发现日本媒体充当政府的喉舌，拉拢美国遏制中国，拉拢南海周边国家围堵中国。[③]

需要更多引起关注的是“价值观”的国际传播研究。学者们认为价值观是国家意识形态的一部分，于中国而言，价值观的对外传播是树立中国良好国际形象、提升话语优势、强化国际影响力的需要。有研究者指出，首先要形成中国的话语体系，其次要阐发社会主义核心价值观的世界意义，最后要用好新媒体。[④] 有研究者则认为当下我国价值观念的国际传播缺乏对国际受众文化价值观念的深入调查，缺乏国际受众思维方式的理解，因此，要强化受众本位，以国际受众与国具有相似价值观念作为突破口，强化互联网思维，牢牢抓住“下一代受众”，实施精准传播。[⑤] 也有研究者指出公益广告不以商品推广为目的，而是承载着价值取向。通过对中西公益广告中的价值观念对比发现，西方广告更具有个人主义、重视行动等特点，中国则重视做人、人与自然和谐相处等特点。[⑥]

在政治和政策导向下的国际传播研究着眼于现实需求，为解决实际问题提供了智力支持，但是在相关的文献中我们也发现不少研究依然在进行着低水平的重复性劳动。

三、国家形象热度未减，“平行国际传播”[⑦] 受到重视

在我国，国家形象研究热度持续近10年，在2016年的国际传播研究中，国家形象研究热度并未降低，与此同时，地方形象和地方对外传播为学者所重视，成为国际传播研究的又一新支脉。

较以往的国家形象研究，近来的研究有了更进一步的推进。国家形象研究视角

---

① 庄严：《一带一路战略背景下面向东盟国家提升中国国际话语权探析》，《桂海论丛》2016年第3期。

② 葛宏亮：《论南海“断续线”的对外传播》，《东南亚研究》2016年第4期。

③ 赵新利：《从南海报道看日本媒体的倾向——兼论我国南海问题国际传播策略》，《青年记者》2016年第9期。

④ 朱霁：《社会主义核心价值观的对外传播及其实践路径》，《马克思主义研究》2016年第8期。

⑤ 吴海燕：《受众本位视角下当代中国价值观念国际传播策略研究》，《云南社会主义学院学报》2016年第3期。

⑥ 李颜伟、邹倩：《中西公益广告交际语中的价值取向及跨文化比较》，《天津大学学报》（社会科学版）2016年第6期。

⑦ 平行外交理论的核心观念是指由次国家政府、地区、地方或非中央政府自行对外开展国家关系的行为，目的是要实现和促进自身利益。在此文中，笔者借鉴这一概念，将地方对外传播行为视为“平行国际传播”。

主要集中在策略建构、媒介中心和方法创新之上。在策略研究中，有学者通过国家形象的调查与分析，提出要明确中国国家形象的对外表述，健全传播渠道，建立话语体系，依托中国品牌，以实现国家形象的有效传播。① 在媒介中心的文献中，国家形象的传播研究主要围绕新媒体、体育赛事、文化艺术和纪实影响等视角切入。如研究 TED 演讲中的中国国家形象塑造；② 关注国家形象利用自媒体的传播。③ 有研究者则注意到了大型体育赛事中国家形象的建构与跨文化传播问题。④ 有研究者从电影与纪录片的视角探讨了国家形象的国际传播。⑤ 在研究方法的创新上，有学者认为批判性话语可作为国家形象研究的新视角。研究者认为在国家形象研究中引入批判性话语可以破解西方媒体建构中国形象背后的意识形态，从而可以有针对性地提出解决措施。⑥ 有研究者从主体性角度探讨了国家形象的跨文化生成，认为国家形象跨文化生成的构成因素包括主体对客体国家的认知、情感、行为意向以及主客体之间的价值事实。⑦ 有研究者则在跨文化传播中引入了“第三空间”的概念，认为“第三空间”易于不同文化间的交流与传播。⑧ 有研究者虽然借助大型调查数据分析了我国公众心目中的邻国形象，但是他们对国家形象进行了多维度、多层次的概念化和操作化。⑨

地方形象和地方对外传播——“平行国际传播”的研究在中国与世界关系紧密后开始为学者所注意，在 2016 年的研究中也较为抢眼。此类研究中多是以地方中具有特色的文化或文化产品作为抓手，从策略和具体的实践操作中探寻国际传播规律。

有研究者在对贵州民族文化的对外传播研究中总结道：重视新媒体；要重视对外传播宣传资料的制作；还要重视民族文化的传承与发展；要重视翻译在民族文化对外传播中的作用；也要加强对外传播人才培养。⑩ 有研究者关注了郴州的红色旅游资源，认为红色旅游资源对外传播中要差异定位，加强资源整合，加快员工英语素质培养，提升红色旅游资源的文化含量。⑪ 有研究者以《中国丛报》为例，研究了岭南风土人情的跨文化传播策略：“其中关于岭南风土人情的专栏与报道采用了‘异化’选题、地名/人名/专有名词之‘粤语注音 + 意译’、岭南文化负载词 + 副文本、兼顾时的叙事方法、中西文化比较之

---

① 孟新芝、郭子萁：《新形势下国家形象塑造及对外传播策略研究——基于 2012—2014〈中国国家形象调查报告〉的分析》，《江淮论坛》2016 年第 6 期。

② 程文灵：《探析新媒体语境下中国形象的跨文化传播——基于 TED 演讲对中国国家形象的塑造》，《今传媒》2016 年第 5 期。

③ 薛晓君：《中国国家形象的自媒体艺术传播》，《传媒》2016 年第 6 期。

④ 王婷、王相飞、王真真：《新媒体语境下大型体育赛事的跨文化传播与国家形象构建》，《体育成人教育学刊》2016 年第 2 期。

⑤ 罗维：《论电影跨文化传播中的“中国形象”建构》，《中南大学学报》（社会科学版）2016 年第 4 期；贺鸣明：《国际传播视域下的中国海外形象——从纪录片〈超级中国〉谈起》，《当代电视》2016 年第 2 期。

⑥ 余劲草、楚军、张扬：《国家形象的研究新视角——批判性话语分析》，《电子科技大学学报》2016 年第 5 期。

⑦ 吴献举：《国家形象的跨文化生成机制研究——基于主体评价的分析视角》，《南昌大学学报》（人文社会科学版）2016 年第 6 期。

⑧ 叶洪、王克非：《探索跨文化传播的“第三空间”》，《求索》2016 年第 5 期。

⑨ 张昆、崔汝源：《我国公众心目中的邻国形象及其影响因素研究——基于两轮全国性民意调查（2014—2015）》，《新闻与传播研究》2016 年第 10 期。

⑩ 杜侠：《浅谈贵州民族文化的对外传播》，《贵州民族研究》2016 年第 12 期。

⑪ 陈亚斐：《郴州红色旅游资源对外传播研究》，《山西广播电视大学学报》2016 年第 3 期。

评论等跨文化传播策略。”[①] 有研究者则研究了泉州南音的国际传播样式，认为扎根式传播和流动式传播是其最为主要的传播方式。[②] 虽然此类研究各有特色，但是在研究中并未能够完全突破前人所提供的研究路径，在今后的研究中还有开掘空间。

在国际传播研究中还有学者将西方国家的先进经验和做法引入中国，为中国的国际传播提供智力支持，此类研究亦有不少，如关于美国好莱坞的国际传播经验，德国媒体以及俄罗斯、澳大利亚等国相关的对外传播方法总结。由于篇幅所限，在此不再一一赘述。

无论何种视角，何种研究方法，使用或开创了何种理论，纵观2016年的国际传播研究不难发现，学者们尝试构建话语体系、开创新的国际传播渠道与方法，引介理论与经验，多学科、多维度地观照，核心命题是“如何进行国际传播”，其终极目的是要“构建国际传播新秩序”。无论是实现有效的国际传播还是构建国际传播秩序，都需要多方面、多维度地协调，需要各方共同实施与努力，而非“毕其功于一役”。

撰稿：张　昆（华中科技大学新闻与信息传播学院教授）
王创业（华中科技大学新闻与信息传播学院博士生）

微传播研究2016年综述

微传播是近年来传播学研究新出现的一个专题。它是伴随着微博、微信等微传播形式而产生的。我们知道：传播是人类特有的社会现象，共同的生产劳动形成了相互依赖的社会关系，彼此之间为了生存必须交流思想、传递信息，从而产生了人类的传播活动，即“传播是一定社会结构与社会关系中的信息传递与知识共享行为”[③]。所谓微传播形式是指依托互联网平台而产生的以短、小、快为主要特征，但又兼具传统媒体传播功能，以体现社交性、自媒体性、便携性和互动性为基本特征的新媒体传播形式，它集大众传播、人际传播和网络传播于一体，将信息生产与信息消费融为一体。当前受关注较多的微传播形式有微博（包括政务微博）、微信、微电影、微动漫等。[④] 而微博、微信等微传播形式的出现，民众的社会话语权得到了极大释放：大众麦克风时代来临，传统社会由政治精英、经济精英和文化精英把持的金字塔式的话语权力格局开始解构，整个社会结构变得扁平化，网络空间里弱势群体权力的成长，“主流话语”作为理性主体的中心权力有可能被“边缘话语”所解构，作为整体机制的科层制也有可能在

① 王海、覃译欧、尹静：《岭南风土人情对外译介的跨文化传播策略：以〈中国丛报〉文本为例》，《国际新闻界》2016年第7期。

② 王州：《泉州南音在海上丝绸之路交通中的国际传播样式探究》，《音乐研究》2016年第4期。

③ 刘海龙：《中国语境下“传播”概念的演变及意义》，《新闻与传播研究》2014年第8期。

④ 李彦冰、杜剑峰：《当前微传播研究的几个问题》，《新闻知识》2015年第10期。

根基上被动摇，网络给“边缘话语”的建构提供了一席之地，“主流话语”不再能够一手遮天，权力结构越来越呈现出多元化和离散的倾向，正如詹姆斯·卡伦在其《新媒体和权力》一书中所指出的，每一个时代新型传播方式的出现都会带来权力的转移。[①] 当下生活中，微传播不仅成为大众获取信息、监视环境、交流情感、沟通意见、分享新知的信息平台，同时也是大众出行参考、购物支付、金融理财、休闲娱乐、工作协调、生产调度、产品营销、举报投诉、参政议政、教学授课等方面的交流工具。截至2016年12月，我国网民规模达7.31亿，普及率达到53.2%；手机网民规模达6.95亿，增长率连续三年超过10%。截至2016年，网民在手机端最经常使用的APP应用是即时通信，手机即时通信用户达到6.38亿，调查显示：网民最常使用的APP是微信，占比为79.6%，其次是QQ，占比达60.0%。[②] 微传播不仅改变着我们的生活和工作，也在不断改变着媒体生态。微传播依靠用户自助生产、自助分享的信息生产和交流方式，不仅使信息产品的生产和营销成本大大降低，而且时效性和传播效率有了显著提升。

微传播虽是传播学研究上的一个新概念，但从传播学形态看，大众日常口耳相传的信息交流，大多数亦是微传播。微传播专题研究是在信息技术不断进步及广泛应用的环境下累积而成。2009年，随着移动通信的发展和手机上网的普及，伴随Twitter、微博和SNS网站的发展，微传播概念逐渐形成，研究逐步深入。从中国知网对“微传播”文献的检索看：2009年出现1篇论文，2010年有8篇文献，2011年有16篇文献，2012年有32篇文献，2013年有46篇文献，2014年有70篇文献，2015年有96篇文献，2016年有97篇文献，呈现出不断增长的态势。我国较早使用“微传播”学术词汇的论文出现在2009年，清华大学传播学博士栾轶玫认为，微传播的核心特征是“微”，即传播的内容是“微内容”（一句话、一个表情　符号、一张图片等）；传播体验是“微动作”（通过简单的按键操作、鼠标点击就能完成选择、评价、投票等功能）；传播渠道是“微介质”（手机等介质）；传播对象是“微受众”（小众、对象性传播）[③]。从2012年起，微传播概念开始学术界定，如：“微传播是非职业化的传播人利用可复制的电子信息技术，以信息共享和自我实现为目的，向不特定的人群传送信息的行为和过程”[④]“微传播是以微博、微信、移动客户端等新媒体为媒介的信息传播方式，其具备针对性强、受众明确、传播内容碎片化等特性”[⑤]“所谓微传播，是指借助数字通信技术，运用文字、图像、视频、音频等方式，以微博、微信作为媒介，通过移动便捷的显示终端，进行以短小精练为文化特征的一种传播活动或传播方式”[⑥]；等等。自此，微传播进入国内学者研究视野并逐渐成为传播学研究的热门专题。

2016年，微传播研究范畴和研究维度不断延展，文献数量继续呈现增长势头。中国知网中，以“微传播”为主题及篇名

① 喻国明、李彪：《社交网络时代的舆情管理》，江苏人民出版社2015年版，第68页。

② 中国互联网络信息中心：《第39次中国互联网络发展状况统计报告》，http://www.cac.gov.cn/2017-01/22/c_1120352022.htm。

③ 杨善顺：《微传播时代的来临与传统媒体的利用》，《传媒》2009年第8期。

④ 陶艺音：《微传播特征初探》，《新闻世界》2012年第2期。

⑤ 唐绪军、黄楚新、刘瑞生：《微传播：正在兴起的主流传播——微传播的现状、特征及意义》，《新闻与写作》2014年第9期。

⑥ 王锁明：《微传播的社会效应及其治理》，《中国井冈山干部学院学报》2014年第5期。

的文献有97篇，其中：公开发行的期刊论文86篇、报纸文章6篇、硕博士学位论文5篇。将搜集到的相关专著和论文进行梳理，分为5个方面进行综述。

一、微传播引发新闻传播模式的变革

近年来，微博、微信、微视频、客户端大行其道，微传播已成为便捷的传播方式。当下传统媒体和新兴媒体正在加速融合，引发新闻传播模式的变革。微传播的功能不断拓展，社会化属性日益增强，导致新媒体的安全问题日益成为各国国家战略考量的重点。2016年，专家学者进一步深化微传播新闻传播模式研究。有学者指出：微传播使新闻传播形态发生了革命性变革，表现如下：它改变了新闻信息的生产和消费形态；打破了传统媒介环境下传播类型的界限；把“受众”变为“用户”，被动接收变成了主动表达；新闻信息传播的自律和约束机制受到挑战。[①] 有学者探讨了微传播对话语生产的影响，分析微传播环境下我国网络流行语的生产与传播机制，发掘网络流行语背后的生产动因，阐述微传播环境下网络流行语的价值意义并对其予以反思。“微传播彻底改变了大众传播时代话语权的分配格局，受众不再是被动的信息接收者，而是内容和信息的积极生产者、传播者，其话语权力得到极大提升。”“微传播的碎片化引发了话语本身的结构性变化，短小、新颖、快捷的话语呈现方式成为微时代话语的典型特征。”“随着网络技术的快速发展和网络平台的更新换代，网络流行语的传播方式从相对封闭的网络平台转向了更为开放的微博、微信等自媒体平台，其传播范围、传播受众和传播效力都较之从前有很大的飞跃和提升。”[②] 有学者认为：微传播渐成主流的新闻传播模式，构建起当代中国新闻传播的新场域。微新闻本体形态呈现碎片化、生活化特征，传播形态呈现无中心、交互式、多层次特点，表达形态呈现个性化、可视化趋势。微传播中的微新闻处于聚合裂变状态，有着不容忽视的负面效应。只有主动适应才能跟上时代，只有不断创新，才能引领发展。[③]

二、微传播引导思想政治教育领域的新变化

在微传播语境下，社会主义核心价值观呈现一系列诸如传播信息碎片化带来视野狭窄化、传播信息拼图化带来真相渐进化以及传播信息感性化带来舆论情绪化等的失序状态。当前需要认知和把握微传播的基本规律，通过议程设置整合微议题带动公众视野广博化，通过意见领袖占领微阵地引领社会价值观念大方向，通过把关人职责创新激活微思维收获大成效，以此来实现对社会主义核心价值观的微传播控制。[④] 微传播备受高校青年大学生群体的青睐，对大学生政治认同产生了深刻影响。当前要准确把握微媒体的传播规律，在“微”字上下功夫，构筑寓思想性、知识性和趣味性于一体的“微内容”，打造集学习型、服务型、创新型于一体的“微队伍”，建设融时代特色、情境体验与人文关怀为一体的“微生活”，着力构建当代大学生政治认同的“互联网+”教育模式。[⑤] 微传播对当代人的思想和行为产生深远影响。高校思想政治工作者应

---

① 李彦冰、杜剑峰：《微传播对新闻传播生态的四大影响》，《新闻与写作》2016年第8期。

② 叶虎：《微传播环境下我国网络流行语论析》，《现代传播》2016年第7期。

③ 黄楚新、梁跃民：《微传播中的新闻景观》，《新闻与写作》2016年第6期。

④ 原黎黎、武玥：《社会主义核心价值观的“微”传播失序及其控制》，《河北大学学报》（哲学社会科学版）2016年第1期。

⑤ 徐霞、平凡：《微传播与大学生政治认同教育模式的构建》，《湖北社会科学》2016年第1期。

顺应“微传播”时代的要求，深刻分析微传播特点以及对大学生思想政治教育的影响，立足现实，着力创新，正视“微传播”宣传的影响，抓住“微传播”特征的优势，利用“微传播”提供的新平台，全面加强大学生思想政治教育工作。[①] 自媒体微传播的“去中心化、交互性强、传播迅速、内容参差不齐”等特点，对高校传统的思想政治教育模式产生了极大的冲击。高校的思想政治教育必须适应网络信息传播的新常态，更新传统的思想政治教育模式，抢占网上的先导权，将新的传播载体与传统的教育理论相结合，重塑思想政治教育的新格局，引导大学生树立正确的世界观、人生观和价值观。[②] 微传播不只是一种传播方式，更是一种新兴文化符号，在当前校园文化建设中，不但发挥载体传播功能，更被赋予传承与引领文化思潮的崇高使命。微传播环境下的校园文化建设，既要符合新兴时代的教育理念，更该适应时代发展的精神需求。只有始终以道德教育为内核，才能更富持久力和影响力。[③]

三、微传播对社会话语权的深刻影响

微传播所带来的日常生活式新的政治与社会体验已经融为当代中国政治与文化发展的一部分。在当代社会治理过程中，微传播使公众成为积极的实践主体，体现了对权力的反向控制，促进了社会监视权力的生成。而国家与社会的互动将在微传播发展的进程中呈现为合作与分化并存的态势，其具体的选择模式和策略应用则直接影响共生政治的发展。[④] 微传播对社会和国家进行着双向赋权。它对社会的赋权主要表现为增强社会公共意识、构造社会关系、重塑社会运动类型。微传播对社会的赋权有不均衡性。它对国家的赋权主要体现为：它是民族国家构建的新工具、推进政治社会化的新手段、国家形象构建的新载体、推行国家统治霸权的新技术。国家可以通过微传播的技术手段实施政治或社会活动的监视、监管，那些通过微传播平台实施诽谤的人会遭到国家司法的严厉打击。[⑤] 微传播使得传播的权力下移，传受关系的改变使得传播的主体多样化，普泛化的大众成为微传播的主体，普通大众、传统媒体、意见领袖等共同构成公共危机事件微传播影响力形成最为主要的因素。微传播具有人际传播、大众传播和群体传播的多重传播关系属性，这些传播关系的叠加效应，使微传播能够实现更大范围的扩散，并形成强有力的、意见趋同的舆论影响力。[⑥]

四、微传播在传播影响力上的效应分析

微传播的出现是当下社会生活节奏加快、网络技术快速发展和大众心理需求的必然产物，充分体现出即时性与社交化的融合，展示着网络社交的发展趋势。微传播的碎片化与去中心化，使得公众话题通过微博、微信、客户端等微平台的多级转发、评论，不断扩大影响力，舆情效应呈现出逐级裂变不断放大的特征。微传播的

---

① 曲一歌、王艳华：《“微传播”时代大学生思想政治教育探析》，《学校党建与思想教育》2016 年第 12 期。

② 杨静、陆树程：《自媒体微传播时代高校思想政治教育的困境与对策》，《高等财经教育研究》2016 年第 3 期。

③ 卢尚月：《微传播环境下校园文化建设的路径研究——以道德教育为视角》，《广西师范学院学报》（哲学社会科学版）2016 年第 6 期。

④ 谢进川：《微传播监视的政治与社会分析》，《新闻界》2016 年第 1 期。

⑤ 李彦冰：《微传播对国家与社会的双向赋权》，《新闻知识》2016 年第 9 期。

⑥ 祝兴平：《公共危机事件“微传播”影响力形成机制探析》，《中国出版》2016 年第 24 期。

即时性与互动性，吸引公众的阅读兴趣，使网民的沟通和交流变得更加便捷，导致“手机控”现象的出现。微传播具有较强的聚合性，容易产生较大的社会影响力。[①]媒介传播具有对主观幸福感的积极塑造功能，对于新媒体而言，微小内容的碎片化信息传播与情感表达，能够迅捷有效传递个人的幸福体验、幸福认知，能够在网络公共空间建构起幸福感的价值认同殿堂，集合起来，汇聚起来，就能够形成庞大的社会幸福能量。关键在于推进传统媒体和新媒介在微传播平台上的不断创新，吸引更多的个人、组织机构进行有效的微传播，增进微人际传播、微媒体传播、微群体互动和微组织发布的效能，从而改善微传播环境，让不同主体能在一个和谐的微传播环境中形成持续的接力和合力，汇聚正能量而不惧惮网友们各种各样的批评意见。[②]微传播中正能量信息数量、正能量信息视觉线索与信任之间，信任与影响、后续效应之间，影响与后续效应之间均呈正相关。如果受众在短时间内能够接收足够多的正能量信息，就能够感染社会大众，使得大众催生信任。当用户信任正能量信息发布者的信息时，会对用户的行为产生导向。用户对正能量信息的信任程度对用户后续效应有正向影响。[③]微传播中负信息数量对受众信任产生较大影响，负信息数量对负能量的传播、影响以及对受众接受之后的后续效应都具有一定的相关作用。只有抓住负能量信息传播的源头，从源头遏制负能量信息的产生，才能更有效地维持健康的微传播环境。这有赖于广大网民、微传播平台后台的运营者还有相关信息监管部门的监督和查处。[④]

五、微传播作为传播手段的推广应用

在微传播的背景下，全民阅读的推广必然会面临一系列挑战与困境。全民阅读的推广需要充分考虑“互联网+”浪潮的影响，将纸质阅读与数字阅读结合起来，用科技手段缩小全民阅读的“贫富鸿沟”[⑤]。在微传播语境下，电视新闻必须坚守“内容为王”的核心价值，创新思维方式，强化大策划意识，以大制作、大直播彰显权威性、影响力；创新话语表达，让文字更有朝气、观点更有锐气，抢占话语制高点；创新报道形式，增强报道的参加性、互动性、实效性，实现传播效果的最大化。探索电视新闻的表现形式，创新了多种新闻报道模式，依托新媒体，在融合上创新，在渠道上升级，努力扩大传播力、影响力和引导力。[⑥]利用自媒体平台的微传播特点，可以有效提升公益文明微传播的效果，发动全社会共同参与。在O2O的传播链条中，用户在线下参与活动后，可以通过网络平台发布自己的体验或者评价，这些交互信息既能影响到其他用户的行为，又能为传播者提供可参考的改进意见。[⑦]传统媒体在微传播中把关人角色的转变，决定着媒体在舆论场中的个性定位及权威话语地位。要把握住微传播

① 方金友：《微传播的时代背景与主要特征》，《学术界》2016年第9期。

② 何明、廖卫民：《城市幸福感与媒介微传播：基于微博样本对“幸福大连”的实证研究》，《江西师范大学学报》（哲学社会科学版）2016年第6期。

③ 江绒柔等：《微传播对社会正能量传播影响研究》，《中外企业家》2016年第13期。

④ 章舒雅等：《微传播对社会负能量传播影响的研究》，《经济研究导刊》2016年第12期。

⑤ 熊娇：《微传播环境对我国国民阅读方式的影响》，《传播与版权》2016年第5期。

⑥ 周国强：《微传播语境下的电视新闻创新》，《中国广播电视学刊》2016年第3期。

⑦ 魏颖：《O2O模式下的公益文明微传播——以“海淀家庭文明微行动”为例》，《新闻与写作》2016年第4期。

“短平快”的特点，以严谨深度内容快速跟进，迅速以自己的专业素养占据话语地位。传统媒体要主动设置议题“互动”，对舆论因势利导，拓展新闻媒体监督的范围。[①] 将微传播运用到新媒体实务教学中，要构建新媒体实务课程群，不断优化课程教学内容；要构建新媒体实务资源群，不断拓展资源合作平台；要构建新媒体实务实践群，不断丰富师生实践载体；要构建新媒体实务成果群，不断创新教学实践成果。[②] 微传播促进电视媒体的转型，体育、国学、戏剧在微传播上的应用等方面的研究皆有所涉及。

当然，微传播作为传播学上的新专题，较偏重微传播某一应用领域的研究，较少从概括或者抽象的层面考虑微传播的研究，这在学术研究上具有普遍性。迄今为止，在微传播概念及特征等基础研究上也未形成相对一致的见解。而传播学研究是从具体的现象或者问题入手，抽绎出具有普遍性的结论，从而返回具体的传媒或者传播实践去指导或者批判这种实践。当下微传播已成为社会关注热点，今后研究就不能止步于现象描述与具体应用，要从普遍或本质的角度去挖掘，考量其对我国转型社会深层次影响，则更具现实意义与学术价值。

基金项目：国家社会科学基金项目“微传播的舆情分析与治理路径研究”（项目编号：16Bxw056）。

撰稿：方金友（安徽省社会科学院新闻与传播研究所研究员）

人际传播研究 2016 年综述

20 世纪 70 年代以来，人际传播在传播学的发源地美国走上了学科化道路，越来越多的大学提供从本科到硕博士的人际传播学历教育。20 世纪 90 年代起，人际传播知识传入中国。与此同时，以计算机为中介的传播（Computer-Mediated Communication，CMC）互动成为人类越来越普遍的经验，尤其是近 10 年来，随着社交媒介的普遍采纳，人际传播的过程与模式发生了极大改变，社交媒介成为人际关系的建立、发展和维系过程中不可或缺的因素。

人类互动实践的变化刺激了人际传播新知识、新议题和新研究方法不断增长，那么，国内人际传播研究取得了哪些新进展？存在哪些问题？进一步发展动向是什么？本文通过对过去一年（2016 年）国内一些重点学术期刊出现的相关主题进行文献述评，以回答如上问题，从而推动人际传播研究向纵深地带进发。

问题设定与研究方法

要对人际传播研究成果做文献述评，首先要了解何为人际传播，人际传播的核心概念是什么。如果不能清晰界定这些问题，在确定分析对象时，就会出现指鹿为马的情形。一方面，人际传播知识传统与

① 郑安杰：《传统媒体微传播的“把关”角色探索》，《新闻世界》2016 年第 3 期。

② 王丽明：《微传播时代新媒体实务教学创新路径分析》，《西部学刊（新闻与传播）》2016 年第 1 期。

范畴来自美国，传入国内的时间尚短，国内研究者对人际传播领域的核心议题以及研究范式并不那么了然；另一方面，社会学在社会宏观结构层面上对人际关系展开研究的传统由来已久，成果丰硕，路数老练，人际传播学者总体来说已被带入到社会学路径里。基于以上两个原因，人际传播研究者基本上把“人际传播”当作一个存而不论的术语，或者干脆顾名思义地把“发生在人与人之间的传播”当作人际传播。如此简约地理解“人际传播”的结果，就是没有什么传播不是人际的，一切社会传播（大众传播、组织传播乃至商业传播，等等）无疑都是发生在人与之间。这种认知并不能把人际传播作为一个专门的知识领域与别的领域区别开。[①]

根据人际传播学普遍接受的定义，人际传播是发生在日常生活中的，“发生在两个人之间的以建立一种关系为目标的有意义互动的过程”[②]。可见，人际传播、人际关系是人际传播学领域最核心关键词。这个过程可以发生在现实空间中的不同关系中——如家庭、朋友、恋人、工作场所之间，也可以行进在虚拟空间中。

本研究选取共 183 种国内重点学术期刊（包括 40 种新闻传播期刊，45 种综合性社科期刊，77 种高校期刊，以及 21 种跨学科期刊）2016 年全年期刊作为文献分析来源，分别以“人际传播”和“人际关系”作为关键词进行搜索，一共得到 172 篇文献。筛去两个关键词搜索到的重叠篇章后，再过滤掉人际传播是如何影响政治、教育、心理、广告营销等行为的篇章，实际得到相关文献共计 72 篇。

从数量来看，比起传播学其他研究领域，人际传播研究还处于起步阶段，研究力量很弱。其中超过 40 篇文献提到了新媒体/社交媒体对人际传播的影响和作用，占了总篇数一半以上，这表明，在一定程度上，是社交媒介刺激了国内人际传播研究。但也从一个侧面反映了，人际传播基础议题研究之薄弱，研究范式之不规范，因为经典的人际传播理论都是基于面对面传播（Face to Face Communication），形成了大量解释框架和方法。

从议题分布上看，在新媒体迅猛发展和普遍采纳的语境下，国内学者将目光聚焦于在社交媒体平台上的自我呈现、符号互动、冲突管理以及关系发展与维护的新特征，思考经典理论在新媒体环境下的适用性。同时，学者们还关注了新媒体语境下特殊群体的关系互动与人际网络的建立，如医患关系、进城务工人员、留守儿童家庭、村落邻里之间的沟通互动。从媒介角度来说，学者重点考察了手机、微信等移动通信技术在人际传播中所发挥的作用。

从研究方法来看，国内的人际传播研究总体上还是以定性研究为主，包括田野日记、参与式调查、质性访谈等。但近两年来，多种实证研究方法也被运用于人际传播研究当中，不断充实学科发展。

议题之一：微信与关系建立、维护

近十多年来，社交网络化技术的广泛采纳（从西方经验中的 Facebook、Twitter、Youtube、LinkedIn、Myspace、Skype 等，到中国的微博、微信等）进一步深刻地影响着人际传播互动过程与行为，并成为人际关系建立、发展和维系过程中不可或缺的因素。人们通过微博与配偶协商谁负责接孩子放学，在微信中为早上发生过的争吵道歉等。虽然很多人认为社交媒体上的信

① 关于人际传播的学科属性、核心议题，以及与社会学人际关系研究之差异的详细内容，参见胡春阳《人际传播的认知误区与核心议题》，《中国社会科学报》2017 年 8 月 3 日，第 B02 版。

② Ronald B. Adler, *Interplay: The Process of Interpersonal Communication* (9th Edition), Oxford University Press, 2004, p. 14.

息琐碎乏味[①]，但就是这些琐碎乏味的内容维系着我们的关系，把独白（一对多）变成了对话（多对多），是“基于共同努力进行合作或者建立关系”[②]。人们对各种社交媒介的特点加以利用进行自我揭示，试图给他人留下最佳印象、吸引他人的注意或者回避不想联系的人，也会不断调整对他人的印象和评价等。当然，社交媒介的人际传播功效也受到人们的诟病，认为社交媒介为人类关系提供了更多的广度，但不是人类所需要的关系深度[③]；人们冷漠的在线行动，很少担心伤害彼此情感。一些在线行为产生压力和焦虑，导致孤独感[④]。

1. 微信自我揭示：有助于关系维护

自我揭示是人们建立、发展关系的重要机制，是人们将自己相关信息对他人进行有意识的揭示。微信朋友圈中看似寻常的日常分享实际为维护和巩固我们的人际关系发挥了重要作用。北大新媒体研究院的谢新洲、安静两位学者通过问卷调查发现，社交媒体用户的自我揭示水平要高于一般的网络环境。分析认为，基于社交媒体建立的虚拟社会网络会趋向于现实社会网络重合，这两者的迁移关系使得使用主体更在乎虚拟社交网络的维护和管理，并积极通过扩大自我信息的揭示来实现这一目的[⑤]。

有学者就年轻一代喜爱在微信朋友圈“晒”状态的现象进行观察和分析，总结了朋友圈“晒客”构建“理想化自我”、寻求身份认同以及获得存在感的三点心理动机[⑥]。研究者认为在网络社交圈选择性地“秀”自己是一种理想化的自我表演[⑦]。而复旦大学的两位学者则对此作了深入讨论，认为朋友圈的自我揭示验证了美国学者 Walther 提出的 CMC 超人际传播模型[⑧]，朋友圈经过精心挑选发布的照片、文字状态和链接分享不仅是个人身份的表征，更由于其理想化、选择性自我表达强化和放大了超人际传播的每个要素，而且促进了人们的亲密关系的维护，甚至能达到超乎面对面交流所能达到的亲密效果。

2. 微信互动：有助于关系建立

不只是朋友圈的互动，微信所创立的扫一扫、雷达加朋友、面对面建群等功能不只方便了熟人在微信上继续保持好友关系，也为萍水相逢的陌生人相识相交提供了机会。借助社交媒体为我们设计的这些按钮，我们的交友圈子得到不断壮大，即使是未曾谋面的陌生人也可以直接从交谈和自我揭示开始建立起某种联系。有学者认为，诸如微信漂流瓶、附近的人以及陌陌“摇一摇”加好友的社交媒体功能，开启了用户享受不同场景带来的新鲜感，和对同一场景其他参与者的想象，它们唤起了使用者潜在的社交冲动[⑨]。但也有学者认为，微信传播能够构建起来的是一个松

① Tong, S. T. & Walther, J. B., “Relational Maintenance and Computer-mediated Communication”, in K. B. Wright & L. M. Webb (eds.), *Computer Mediated Communication in Personal Relationships*, New York: Peter Lang, 2011, pp. 98 - 119.

② Murthy, Dhiraj, *Twitter: Social Communication in the Twitter Age*, Cambridge: Polity, 2013, pp. 7 - 8.

③ Marches, S., *Is Facebook Making Us Lonely?* http://www.theatlantic.com, Retrieved July 12, 2013.

④ Turkle, S., *Alone Together: Why We Expect More from Technology and Less from Each Other*, NY: Basic Books, 2012.

⑤ 谢新洲、安静：《社交媒体用户自我表露的影响因素分析》，《出版科学》2016 年第 1 期。

⑥ 聂晓静：《微信朋友圈中的“自恋式”传播研究》，硕士学位论文，中国青年政治学院，2016 年。

⑦ 华维慧：《“秀”：技术“中介化”与人际传播中的“自我”分析》，《编辑之友》2017 年第 8 期。

⑧ 胡春阳、周劲：《经由微信的人际传播研究》，《新闻大学》2016 年第 3 期。

⑨ 刘磊、陈红、温潇：《场景盛行下的新媒体人际传播》，《当代传播》2016 年第 5 期。

散的网络社区。在这样的虚拟空间里，以往封闭的、单向度的、自利性的传播和交往模式不复存在，取而代之的是“基于互动、分享以至于共享的传播文化①”的新型社会交往方式。经过问卷调查，研究者发现微信中陌生好友间的人际传播主体具有不确定性，亲密关系多数停留在语言层面上，在现实生活中难以为继②。

这些发现从一个侧面印证了早期CMC研究发现，即CMC可能满足两个人际目标：一是保持已存在的关系，二是和陌生人接触以发动和发展新的关系③。

然而，使CMC发生神奇传播效果的东西也会产生一些人际传播黑暗面。比如，互动伙伴说消失就消失了；互动者穿马甲与人互动，甚至盗用别人身份以他人名义说话，而他人并不知道；可以更为方便地发布亲密信息，侵犯隐私，散布诽谤性信息，进行性骚扰，甚至虚拟强奸。因此，CMC不会发展出有意义的、持久的关系，因为CMC是肤浅的、无人情味的甚至是敌意的，它比面对面交流更容易产生曲解、混乱和辱骂，会强化社会隔离和原子化，使人际接触减少，导致功利的而不是关系的意义④。显然，国内对微信人际传播的黑暗面研究还不够。

国际人际传播研究发现，经由社交网络站点的传播基于六度分隔理论⑤，比起传播的虚拟社区，社交网络化站点激发人们对“网站信任”“更信任其他成员”“朋友质量”做更高评分；社交网络化站点由于为用户提供了娱乐和更多社会参与机会，得到人们更正面的态度；但社交网络化站点和传统互联网媒介在“和新朋友相遇”“保持关系”“搜索朋友”“搜索信息”“理解和学习”等方面没有明显区别。⑥ 相比之下，国内对微信人际传播及其关系发展的研究，缺乏类目和指标建构，更多停留于现象描述与经验观察上。

议题之二：特殊关系语境中的社会支持

除了对经由社交媒体的人际传播展开研究，学者还对现实生活中的一些特殊群体的人际互动做了一些研究。有研究者就对网络交往对留学生社会适应的影响问题进行研究，发现网络人际关系能够正向预测学习适应，信息支持在网络人际关系和学习适应之间起部分中介作用⑦。有研究者则是率先采用METT微表情识别软件和16PF人格测验表来检测在人际传播学视角下大学生人格与人际关系之间的关系，进一步了解大学生微表情辨别力和人际关系

---

① 范红霞：《微信中的信息流动与新型社会关系的生产》，《现代传播（中国传媒大学学报）》2016年第10期。

② 胡春阳、周劲：《经由微信的人际传播研究（二）》，《新闻大学》2016年第3期。

③ Chapman, G., “Harassment in Cyberspace: Dr. Jekyl Becomes Mr. Hyde under Cover of the Keyboard”, *San Diego Union-Tribune*, 1995, G-3.

④ Dibbell, J., “A Rape in Cyberspace: Or, How an Evil Clown, a Haitian Trickster Spirit, Two Wizards, and a Cast of Dozens Turned a Database into a Society”, in M. Dery (eds), *Flame Wars*, Durham, NC: Duke U. P, 1994, pp. 237-261; Stoll, C., *Silicon, Snake oil: Second Thoughts on the Information Highway*, New York: Anchor Books, 1996.

⑤ 六度分隔理论（Six Degrees of Separation），又称小世界效应。其假设是，任何两个素不相识的人，通过一定的方式，总能够产生联系或关系。比如，1967年哈佛大学的心理学教授斯坦利·米尔格拉姆证明，平均只需要五个中间人就可以联系任何两个互不相识的美国人。

⑥ Hye-Jin Paek, et al., “The Perceived Benefits of Six-degree-separation Social Networks”, *Internet Research*, Vol. 21, Issue 1, 2011, pp. 26-45.

⑦ 周莉、王伟、雷雳：《网络交往对东亚留学生适应的影响：网络社会支持的中介作用》，《中国人民大学教育学刊》2016年第3期。

应对能力[①]。有学者则关注农村贫困家庭、进城农民工等弱势群体的语言传播和人际传播网络建构[②]，希望通过还原他们的人际传播网络以解决交流过程中存在的群体认同问题和交流困境。针对近期社会大众所关注的医患沟通问题，也有学者从人际传播角度试图构建医患人际关系与态度的关联模型，通过问卷和实证分析，得出调节医患关系的关键模块并提出沟通建议[③]。除此以外，还有学者从传播情景的重构和技术赋权角度，讨论分居家庭如何利用新媒体技术进行代际沟通以及维护家庭关系[④]，对国内家庭传播研究作出补充。

学术界对人际传播互动发生的语境研究，主要聚焦于友谊、浪漫关系、家庭关系（包括夫妻关系与亲子关系）、健康保健关系、工作场所关系，以及贯穿个体一生的人际关系[⑤]。两相对照，国内人际传播研究对于人际传播的多语境研究才刚刚开始，某些语境甚至还没有涉猎。

议题之三：场域转换与人际传播理论之适用性

人际传播研究始于物理空间中的面对面交流，但随着传播媒介的革新，人际传播的时空被分隔。社交媒体为人们带来全新人际交往体验的同时，也不断塑造着新的传播主体和传播形式。不少学者认为微信时代人际传播正发生转向[⑥]，也有学者考虑到技术影响下一些经典传播学理论的适应性问题[⑦]。在微信平台上，传播与主客体之间的关系发生逆转，成为海德格尔所定义的“存在方式”——主体存在于传播过程中，传播本身即传播主体[⑧]。同时微信突破了媒介研究中时空对立的前提和预设，将多种场景重叠在一起形成并行的人际关系，使得即使远在天涯的人也能“近在咫尺”。其次，微信功能设计令个体对人际关系的亲密度与距离有很强的控制感。这在一定程度上消除了人际交往的焦虑，塑造了人的主动性。与此同时，有研究者着重讨论了新媒体人际传播中的场景变化与新形势[⑨]。他们提到，在新媒体所建构的新型社交平台上，主动搭建社交场景，共享场景可以促进亲密关系，催生陌生人社交。而移动化生活加剧时间的碎片化，引发对场景的争抢，有利于网络社群关系的形成与稳定。当然，技术进步与统治并非一蹴而就。有研究者提醒人们，互联网技术将情景融合带入社交媒体中，会导致语境消解。[⑩]

---

① 黄娟娟、李静娴：《人际传播视角下大学生微表情识别和人际关系研究》，《新闻知识》2016 年第 10 期。

② 陶建杰：《农民工人际传播网络结构分析——基于宏观视角的实证研究》，《现代传播（中国传媒大学学报）》2016 年第 10 期；方艳：《语言传播视角下的人际关系建构——以城镇化进程中新移民语言传播为例》，《新闻与写作》2016 年第 3 期；乐雨婷、王朋进：《农村贫困家庭人际传播情境困局——基于河北易县坡仓乡桑岗村的调查》，《青年记者》2016 年第 21 期。

③ 卢照：《如何以言成事？——基于患者态度调查医患人际的传播》，《新闻传播》2016 年第 7 期。

④ 吴炜华、龙慧蕊：《传播情境的重构与技术赋权——远距家庭微信的使用与信息互动》，《当代传播》2016 年第 5 期。

⑤ 相关内容请参照 Mark Knapp 等编著《人际传播研究手册》，胡春阳、黄红宇译，复旦大学出版社 2015 年版。

⑥ 张莉、罗彬：《心灵还是技术？微信时代的人际传播转向研究》，《新闻爱好者》2016 年第 6 期；舒小东：《微信人际传播场域的构建与发展》，《传媒》2016 年第 11 期；赵新宁：《微时代人际传播的研究总结与反思》，《新闻知识》2016 年第 2 期；曾丹：《仪式传播视角下微信的人际传播》，《青年记者》2016 年第 17 期。

⑦ 苏金妮：《浅析新媒体环境下戈夫曼拟剧理论的适用性》，《中国报业》2016 年第 10 期。

⑧ 张莉、毛颖辉：《微信：人际传播的再建构与可能性》，《新闻与写作》2016 年第 2 期。

⑨ 刘磊、陈红、温潇：《场景盛行下的新媒体人际传播》，《当代传播》2016 年第 5 期。

⑩ 吕冬青：《微信朋友圈“语境消解”的定性研究》，《编辑之友》2016 年第 8 期。

研究动向：反思与建议

不可否认的是，2016 年是国内人际传播研究大步向前的一年。不仅文献数量有了明显增加，研究议题和方法较之以往也丰富了许多。但是，人际传播研究力量和水平还有待大幅提升，研究议题过于狭窄，研究范式不规范，把人际传播作为一个专门知识领域来对待总体来说还处于无意识状态。

1. 摆脱认知误区，加快人际传播学科化

围绕人际传播问题存在着丰富多样的理解方式和研究方式，根据巴克斯特（Baxter，L. A.）和布雷思韦特（Braithwaite，D. O.）研究成果，人际传播的研究理论大致被分为三类[①]：一是以个人为中心的人际传播。这一视角的基础是将人视为一个个体，注重理解个体如何计划、生产和加工人际传播的信息。二是以对话或互动为中心的人际传播，该视角将人际传播理解为一种信息，或是一种发生在人与人之间的、与行为有关的联合行动。在这一视角中学者感兴趣的是，“在传播中，我们的理解、意义、规范、角色和规则如何在互动的意义上被创造出来[②]”。三是以关系为中心的人际传播。这一视野重视理解发展、维持、终止社会和人际关系，例如朋友关系、约会关系、婚姻关系等亲密关系，通常强调两人或多人的语言、非语言传播过程。

显然，国内人际传播研究在上述多元层面及其多主题领域的涉猎甚少。并且，把人际传播最核心的两个关键词人际传播与人际关系窄化为一个：人际关系，忽略传播在关系建立、维护中的核心作用。对人际关系的观察与解释又多被社会学基于人情制度的解释框架带偏，把个体日常互动的人际关系等同为社会结构意义上的人际关系来处理，注重对人际关系作宏观的、静态的考察，而忽略作微观、动态（关系发展的动力、过程、机制等）考察。

因此，国内人际传播学术界需要更多学科建设的自主性和自觉性，尽快改变人际传播知识领域被误解、被遮盖的现状[③]。值得注意的是，有研究者近年来以论文[④]、译介[⑤]、专著[⑥]、教材[⑦]等方式对人际传播的知识地图、核心议题做了全面、系列阐释，对人际传播学科建设进展缓慢的根本原因做了深入分析[⑧]。尤其是翻译本《SAGE 人际传播手册》以及教材《人际传播：理论与能力》，解答了一些人际传播学的争议，并且提供了清晰的理论框架和体系，为困惑的中国研究者勾勒出人际传播的逻辑地图[⑨]。“国外已经走在前面的、相对成熟的人际传播课程是一个系列或组群，知、行，相对各有分工，相互支撑，相互

---

① ［美］巴克斯特（Baxter，L. A.）、布雷思韦特（Braithwaite，D. O.）：《人际传播理论》，殷晓蓉、赵高辉等译，上海译文出版社 2010 年版。

② Littlejohn，S. W. & Foss，K. A.，*Theories of Human Communication*（8th ed.），Belmont，CA：Wadsworth，2005，p. 45.

③ 更详细解释，参见胡春阳《人际传播的认知误区与核心议题》，《中国社会科学报》2017 年 8 月 3 日，第 B02 版。

④ 胡春阳：《经由社交媒体的人际传播研究述评——以 EBSCO 传播学全文数据库为样本》，《新闻与传播研究》2015 年第 11 期；胡春阳：《经由微信的人际传播研究（一）》，《新闻大学》2015 年第 6 期；胡春阳：《以计算机为中介的人际传播理论范式》，《中国社会科学报》2015 年 6 月 17 日，第 B01 版；胡春阳：《人际传播研究的新思潮》，《中国社会科学报》2015 年 2 月 4 日，第 B02 版。

⑤ Mark Knapp 等编著：《人际传播研究手册》，胡春阳译，复旦大学出版社 2015 年版。

⑥ 胡春阳：《寂静的喧嚣，永恒的联系：手机与人际互动》，上海三联书店 2011 年版。

⑦ 胡春阳：《人际传播学概论》，北京师范大学出版社 2015 年版。

⑧ 胡春阳：《人际传播的认知误区与核心议题》，《中国社会科学报》2017 年 8 月 3 日，第 B02 版。

⑨ 王怡红、吴昊王：《人际传播：知识积累与超越——读〈SAGE 人际传播研究手册〉》，《新闻记者》2016 年第 8 期。

配合。”[①] 就此而言，我国的人际传播学建构才刚刚开始，前景广阔，大有作为。

2. 强化被技术中介了的人际传播研究

涉及人际传播学最前沿的议题如超人际传播和网络人际传播，国内虽然已有学者对概念进行引用归纳[②]，但国内相关研究文献还是寥寥，不过这也为后来研究者拓展这一领域留下了更多的机会。国际学者提出了多元的解释框架，值得我们借鉴以进一步观察和解释本土实践。其中三大理论范式值得我们重点关注：A. 库尔兰和马尔库斯（Culnan and Markus）首创的“线索过滤”（cues-filtered-out）解释框架，被诸多学者细化为社会在场理论，社会语境线索缺失理论，媒介丰富度理论，去个体化效果的社会身份模型，信号理论，等等；B. 以计算机为中介的传播的经验和感知理论细化为电子亲近性理论，社会影响理论，渠道拓展理论等；C. 媒介的人际适应性与利用理论，最有影响力的是以计算机为中介的传播超人际模式。[③]

3. 深化、细化人际传播经典理论研究

美国的人际传播学聚焦于如下三大核心议题。第一，人际传播的一般过程。比如，人际互动与传播如何受到认知结构、语言和非语言行为的影响，人际传播质量如何受到传播者的人口统计因素、认知气质、社会—个人气质、传播气质、关系气质的协调。第二，人际传播的具体过程。比如，情感体验及其表达对人际传播的影响，如何实施支持性传播，社交网络如何影响具体人际传播过程，人际权力及其影响力如何在人际传播中产生效果，如何避免破坏性冲突，实施建设性冲突。第三，在各种语境中进行人际传播的能力。比如，浪漫关系、夫妻关系以及亲子关系中的人际传播，工作场所的人际传播，跨文化传播者之间的人际传播，医患情境中的人际传播。

显然，国内人际传播研究从广度和深度上都还未有进入到这样的地带，由此也就表明，人际传播研究将大有可为。

4. 深度切入本土人际传播实践

中国当代社会变迁极大地改变了国人的家庭结构以及家庭成员之间的传播模式，随着性别在家庭和社会中的角色的改变，职场关系从传统向现代嬗变，以及亲子关系越来越平等化带来的沟通挑战，中国人承受着人际传播的巨大挑战。这就需要更多、更系统的知识来引导国人的人际传播实践。国内人际传播学术研究应开展广泛的经验调查与分析，运用美国人际传播相关范式以及国人特有的关系结构理论解释国人在恋爱关系、夫妻关系、亲子关系等亲密关系中的传播状况，并又可能发展出具有高度本土解释力的人际传播知识范畴，使国人的亲密关系人际传播实践知识更具有可获得性。

撰稿：胡春阳（复旦大学新闻学院教授）

---

① 殷晓蓉：《格物穷理知行合一——评〈人际传播学：理论与能力〉》，《新闻大学》2016 年第 5 期。

② 张放：《论“computer-mediated communication”的中译定名问题——基于学术史与技术史的考察》，《新闻与传播研究》2016 年第 9 期。

③ 更多详细内容，参阅胡春阳《以计算机为中介的人际传播理论范式》，《中国社会科学报》2015 年 6 月 17 日，第 B01 版。

健康传播研究2016年综述

健康传播（Health Communication）研究的发端，可以追溯到20世纪70年代美国的“斯坦福心脏病预防计划”（Stanford Heart Disease Prevention Program，SHDPP），这是1971年由包括美国心脏病学专家杰克·法奎尔（Jack Farquhar）和传播学者内森·麦科比（Nathan Maccoby）在内的专家学者在斯坦福大学实施的一项以社区为单位的健康干预和促进计划，其中涉及社会学习理论、创新扩散理论和社会营销策略等理论框架[①]，可以看作是传播学研究方法在健康领域比较早的一次应用。在对健康领域感兴趣的传播学者的倡导下，1972年“国际传播学会”（ICA）之下的“治疗传播兴趣小组”（Therapeutic Communication Interest Group）成立，1975年更名为“健康传播分会”（Health Communication Division）[②]。

国内对健康传播概念的接纳大约在20世纪80年代。1985年，中国卫生宣传教育协会创办的《中国健康教育》开设专栏登载健康传播的研究成果[③]。1987年，全国首届健康教育理论学习研讨会上介绍了传播学理论，提出了传播学在健康教育中的运用问题[④]。

20世纪90年代，国内外对于健康传播概念的内涵提出了不少新的观点。如传播学家埃弗雷特·罗杰斯（Everett M. Rogers）最初把健康传播视为一种将医学研究成果转化为大众的健康知识，通过态度和行为的改变来降低疾病的患病率和死亡率，从而提高社区或全国范围的生活质量和健康水准的行为[⑤]。1996年，罗杰斯进一步将健康传播概念简化成“凡是人类传播中涉及健康内容的，就是健康传播”[⑥]，它包括自我个体传播、人际传播、组织传播和大众传播等多种模式。

国内有关健康传播的定义和健康传播学的提出，健康教育学界先行一步。1992年有学者认为健康传播“是指人们通过各种渠道，运用各种传播媒介和方法，为维护和促进健康的目的而制作、传递、分享健康信息的过程”[⑦]。1993年出版的《健康传播学》一书指出，健康传播是健康信息传输和流动的过程，健康传播学介于自然学科与社会科学之间，研究的是健康信息传播过程中各个传播要素（传播者、传播媒介、受众）之间的关系，以及传播技巧、传播效果和影响传播效果的各种因素

---

① Everett M. Rogers, “The Field of Health Communication Today”, *American Beheavioral Scientist*, 1994, 38 (2), pp. 208 - 214.

② 张自力：《健康传播学：身与心的交融》，北京大学出版社2009年版，第11—12页。

③ 韩纲：《传播学者的缺席：中国大陆健康传播研究十二年——一种历史视角》，《新闻与传播研究》2004年第1期。

④ 米光明、王官仁：《健康传播学原理与实践》，湖南科学技术出版社1996年版，第40—42页。

⑤ Everett M. Rogers, “The Field of Health Communication Today”, *American Beheavioral Scientist*, 1994, 38 (2), pp. 208 - 214.

⑥ Everett M. Rogers, “The Field of Health Communication Today: An Up-to-Date Report”, *Journal of Health Communication*, 1996, 1: pp. 15 - 23.

⑦ 米光明：《谈传播学与健康传播》，《中国健康教育》1992年第2期。

等相互之间的关系①。

2001 年，国外关于健康传播的概念定义和研究发现被引入国内②。与此同时，国内的传播学研究者逐渐涉足健康传播学领域。随着健康传播的内容、方式和技术不断更新以及传播人才趋于专业化，国内健康传播研究的论文数量越来越多。大众传播学的议程设置、恐惧诉求、媒介框架等理论方法在健康传播领域得到普遍应用，借助统计学工具的实证研究不断地规范化，健康传播研究的方向和议题也日益多元化。2005 年，有学者将健康传播划分为 9 大方向，涉及大众传播媒介和效果研究、组织健康传播研究、人际健康传播研究、健康传播史的研究、健康危机传播研究、艾滋等特殊议题研究、健康教育与健康促进研究、健康传播与文化研究、健康传播的外部环境研究等。③

至于健康传播的著述，从早期《健康传播学》（北京医科大学主编，1993 年）、《健康传播学原理和实践》（米光明、王官仁，1996 年），到后来台湾地区《台湾健康传播之研究》（秦美婷，2007 年）以及《健康传播资源与策略》（张自力编著，2014 年）、《疾病防治与健康传播》（刘娟，2016 年）……历经二十余年的积淀，国内学界逐步从对健康传播行为史和研究史的梳理步入理论与实证相结合的本土化操作，成果越发可观。

一、从缺席到主导：传播学者对健康传播理论和实践的逐步深入

本文以 CNKI 为数据来源，检索论文的标题或关键词中带有“健康传播”的文献，剔除报纸和会议论文后，经严格筛选得到 1992—2016 年（检索时间为 2017 年 6 月 28 日）的文献共 747 篇，显示成果数量在最近十年呈现急剧增长（见图 1）。其中，2016 年有关健康传播的文献量接近达到 99 篇，总下载量为 15214 篇次，总被引量为 31 次，篇均被引量为 0.31 次，有一定的研究热度。

从 CNKI 数据来看，传播学期刊 2002 年以前在健康传播学领域几乎是缺位的。1996 年，有学者指出了当时健康传播领域是“传播学中的一个边缘课题”④ 的尴尬状况。2004 年，有学者对 1991—2002 年国内涉及传播媒介及健康信息的产生、扩散、使用或效果的研究从广义的操作层面进行了一次梳理，同样发现专业的传播学者在我国大陆健康传播研究中存在着十多年的“缺席”⑤。

虽然国内专业传播学者参与健康传播研究起步较晚，但是进入 21 世纪以来，随着传播学研究视域的不断拓宽，“健康传播”开始频繁出现在学术论文的标题和关键词中，特别是传播学类期刊登载的以健康传播为研究主题的文献稳步增长。《国际新闻界》于 2015 年曾专门开辟“健康传播”话题，集中刊发了 4 篇文章，内容涵盖健康传播的理论创新、公益广告中的健康传播、新媒体时代的医患关系等热门议题。近两年来，专业传播学者关于健康传播的研究成果在国内主要传播学刊物上以每年超过 30 篇的规模发表，2016 年达到 44 篇次。

就研究内容而言，如果说 1990 年代的健康传播研究尚侧重于对概念的引介，那么进入 21 世纪后，除了对健康传播运动和

① 北京医科大学主编：《健康传播学》，人民卫生出版社 1993 年版，第 1 页。
② 张自力：《论健康传播兼及对中国健康传播的展望》，《新闻大学》2001 年第 3 期。
③ 张自力：《健康传播研究什么——论健康传播研究的 9 个方向》，《新闻与传播研究》2005 年第 3 期。
④ 王怡红：《传播学中的一个边缘课题》，《现代传播（北京广播学院学报）》1996 年第 6 期。
⑤ 韩纲：《传播学者的缺席：中国大陆健康传播研究十二年——一种历史视角》，《新闻与传播研究》2004 年第 1 期。

已有研究进行回溯和梳理外，在健康传播研究的理论和范式的界定、区分、接合和建构方面已取得了一定突破，如对“健康的传播学”和“健康中的传播学”进行了适当区分、划分出健康传播研究的几大方向、探讨了健康传播学的学科设置等。与此同时，高度的实践应用导向成为研究的整体特点。随着互联网技术的应用，基于信息生产、传播效果和受众行为认知等层面的健康议题得到逐步推进。在此基础上，逐步聚焦于立足我国国情的艾滋议题，控烟议题，癌症防治议题，健康风险议题（如“非典”），以及女性、青少年、老人等特定群体的健康促进议题等。本土化和多元化的研究议题一方面对健康信息的媒介传播过程进行了指导和规范，另一方面对我国的健康传播步入系统的学科建设进程起到了促进作用。

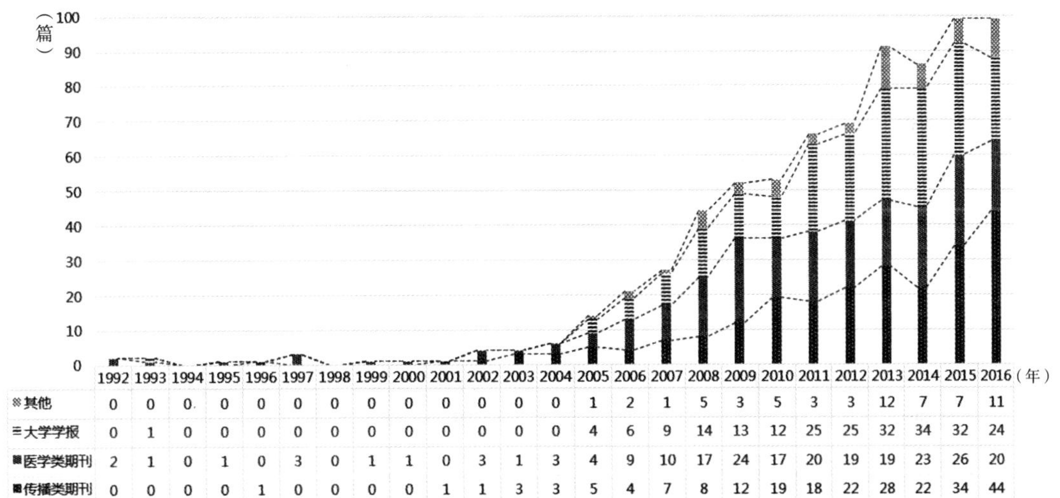

	1992	1993	1994	1995	1996	1997	1998	1999	2000	2001	2002	2003	2004	2005	2006	2007	2008	2009	2010	2011	2012	2013	2014	2015	2016
其他	0	0	0	0	0	0	0	0	0	0	0	0	0	1	2	1	5	3	5	3	3	12	7	7	11
大学学报	0	1	0	0	0	0	0	0	0	0	0	0	0	4	6	9	14	13	12	25	25	32	34	32	24
医学类期刊	2	1	0	1	0	3	0	1	1	0	3	1	3	4	9	10	17	24	17	20	19	19	23	26	20
传播类期刊	0	0	0	0	1	0	0	0	0	1	1	3	3	5	4	7	8	12	19	18	22	28	22	34	44

图 1　1992—2016 年 CNKI 文献标题或关键词中带有“健康传播”的论文数量分布

纵观 2016 年的健康传播研究，首先，大众健康媒介传播及其效果研究的文献比重最大（占比 56.7%），相关成果主要是从健康传播史的范畴分析了传媒的语境、议题的变迁，对传统媒体包括纸媒、电视、传统广告以及新媒体包括网络、APP、微信、微博等平台传播健康信息的特点、机制以及效果进行了广泛的分析；其次，基于个人层面知识、态度、行为研究和人际层面的健康教育受到了重点关注；最后，也有部分成果从宏观和中观层面探讨了健康传播的多元模式。

二、内容生产、媒介效果、现状反思：传媒语境变迁中的研究视域

与互联网时代相伴而来的，也有传媒语境的变迁和研究焦点的迁移。有学者从文献计量分析的研究中发现，随着“新媒体热潮”“自媒体时代”的来临，健康传播研究者开始从内容研究转向媒介研究，关注媒介自身的传播特性及其效果[①]；也

① 叶盛珺、陆智辉：《走向变革的我国健康传播研究——基于对 1999—2014 年 CNKI（中国知网）相关文献计量分析》，《东南传播》2016 年第 2 期。

有学者以布尔迪厄的场域理论为框架，运用定性分析指出健康传播场域变迁的三个阶段性特征，即从最初知识生产者健康信息的单向传播，到后来专家、学者、观众共同参与的多元主体的互动传播，再到全媒体环境下用户自主搜索、生产健康知识的移动交互传播[①]。基于文化、经济、政治等各种因素的碰撞，健康传播领域从封闭走向半开放，再到呈完全开放的状态，这种信息生产和传播模式的变革一定程度上影响了健康传播研究的走向。具体地说：

一是对传媒健康类内容生产的关注。如以纸媒的健康报道为对象，或研究抗战时期的医药广告夸大甚至虚假宣传的策略对于今天的启示[②]，或分析健康报道中植入式广告、内容流于浅薄引发的传播不力问题[③]；间有以养生类电视节目为对象，分析其中内容编排、主持人、道具等节目元素，指出建构健康的文本包括情感诉求、悬念设置、场景叙事、可视化操作等要素[④]；亦有研究分析健康类节目受众少、广告泛滥、内容同质化的问题，以及在网络传播时代的创新转型路径。

二是对健康信息的传播效果的关注。这方面的研究呈现出三种样式：第一，关注社会网络结构中的用户关系聚类对健康信息传播的效度的影响，如有学者利用社会网络结构分析聚焦行动者之间的关系和网络结构，利用功能分析阐述连接强度、位置等网络结构对健康信息扩散与行动者行为改变的影响[⑤]；第二，关注新兴媒体平台在传播健康信息过程中呈现的特点、发挥的功能以及存在的不足，这类议题以个案研究和实例分析为主，结合新媒体平台的海量信息供给、个性化服务、趣缘群体分组、零成本传播等特征，分析健康信息传播的新机遇和挑战；第三，关注媒介叙事和创作手法的不同在健康传播中对受众行为改变的影响，如研究影视创作中的平行叙事在健康教育传播中改善医患关系的作用[⑥]，或分析影视剧中吸烟镜头的情感偏好对受众产生的涵化作用，以及对控烟教育造成的负面影响[⑦]等。

三是对新媒体健康传播现状的反思。尽管新媒体平台在传播健康信息、影响受众认知的过程中发挥了强大功能，但也产生了诸多问题，主要表现为“养生帖”泛滥的背后，其实是新一轮内容营销手段的崛起，导致权威医疗机构的信息被湮没在诸多养生谣言之中[⑧]。此外，受众新媒介素养参差不齐，而媒介专业主义精神和传媒社会责任机制在新媒体传播过程中的失效，使得打着健康旗号的“伪健康”传播夸大事实，很容易误导受众。基于此，如何实现医药广告的自由传播，一方面不损害市场经济，另一方面又实现对公民“健康权”的保障，成为极富挑战性的当下命题[⑨]。

---

① 熊皇：《历史观照中的微健康传播场域及治理研究》，《江西师范大学学报》（哲学社会科学版）2016年第6期。

② 马超：《抗战时期〈新华日报〉医药广告的实证研究》，《医学与社会》2016年第8期。

③ 王丽超、高炜：《〈内蒙古日报〉健康传播报道分析》，《新闻研究导刊》2016年第14期。

④ 熊皇：《传播学视阈下的〈我是大医生〉节目研究》，《当代电视》2016年第12期。

⑤ 刘双庆、涂光晋：《社会网络分析视野下的健康传播》，《现代传播（中国传媒大学学报）》2016年第4期。

⑥ 梁震宇、刘卫红：《平行叙事——提高健康传播效果的有效方法》，《中国健康教育》2016年第4期。

⑦ 甘罗嘉、肖晴文：《影视吸烟镜头的涵化作用、存在现状与应对策略——一项关于影视剧艺术创作与控烟的健康传播研究》，《中国健康教育》2016年第5期。

⑧ 李东晓：《微屏时代谁在传播健康？——对微信平台健康养生信息兴起的传播学分析》，《现代传播（中国传媒大学学报）》2016年第4期。

⑨ 林承宇：《广告自由与健康权维护规范的再思考——以台湾地区药品广告为例》，《现代传播（中国传媒大学学报）》2016年第1期。

三、受众健康行为、医患关系、艾滋病：健康传播不容回避的三大议题

从受众研究层面来回顾2016年的健康传播，可以发现以实证分析为主的健康议题重点关注了媒介信息接触以及受众自身素养对他们的健康行为认知产生的影响，如基于受众饮食行为倾向的实验发现，健康信息中的正面诉求比负面诉求或恐惧诉求产生的效用更大[①]；台湾学者秦美婷通过抽样调查发现，不同城市的居民的健康信息素养存在显著差异；此外，也有研究者指出城乡居民的受教育程度高低对健康知识传播效果的影响最大，即所谓的“知识沟”“数字沟”确实存在[②]。随着大数据时代到来，数据密集型科学为健康传播的研究创造了有利的条件[③]。

关注人际传播维度的医患关系其实一直是健康传播的热点，2016年的文献侧重于从媒介的内容建构层面来反映医患关系的紧张，以及媒介报道框架的偏差。其中，多篇以特定纸媒为对象的研究，通过内容分析媒介报道医患关系的主题、体裁、情感倾向等，归纳媒介所运用的框架，以期改善媒体报道的偏向，平衡正负面消息；另外，也有学者以特定网站或搜索引擎为分析对象，结合内容分析和访谈法等对媒介的医患关系报道进行分析，发现存在放大医患矛盾、报道立场失衡、媒介形象建构两极化等传播失范现象；一些对医患冲突的原因进行分析的文献指出，医患矛盾之所以不断深化，除了医疗技术的欠缺、医疗体系的弊端、患者对医生形象的误读以及虚假医疗广告盛行等客观因素外，医患双方信息的不对称、沟通传播的失效等传播类因素也不容忽视[④]。

以艾滋病为代表的特殊健康议题的传播研究，是业界和学界都十分关注的问题。根据艾滋病媒介报道框架的国内外研究综述，可以发现国外媒体报道艾滋病时看似客观，却在艾滋病归因及其语言描述上存在歧视倾向；台湾学者的研究认为台湾地区的艾滋病报道被当作社会新闻处理，且带有煽情化的趋势；大陆的相关研究主要围绕艾滋病议题的媒体叙事特征、规律和趋势而展开[⑤]。2016年《新闻界》刊登的一篇论文选取了文化的视角，通过实验法，检验了集体主义文化中关于艾滋病歧视的新闻报道是否唤起有关羞耻与恐惧的第三人感知偏见，以及这种感知偏见对安全性行为的预测效应。[⑥] 此外，健康传播研究中对于抑郁症、自杀等其他特殊议题的关注亦已提上日程。

四、精准健康传播、组织健康传播、危机健康传播：多元传播维度的模式探索

随着健康传播研究的走向深入，传播工具与健康命题对接的矛盾逐步显露，主要表现为大众媒介传播健康信息的固有弊端越发凸显。部分媒体追求新闻的轰动性带来的以暴力、骇人、戏谑等角度再现的

① 陈致中、黄荟云、陈嘉瑜：《健康传播信息对受众健康行为影响之实证研究——基于饮食行为倾向的实验》，《现代传播（中国传媒大学学报）》2016年第7期。

② 徐其一：《城乡健康传播中“知识沟”与“数字沟”现象的实证研究》，硕士学位论文，成都理工大学，2016年。

③ 宋美杰：《数据密集型科学与大数据视域下的健康信息行为研究》，《现代传播（中国传媒大学学报）》2016年第11期。

④ 宋苗：《健康传播视域下医患冲突的原因及解决策略》，硕士学位论文，山东师范大学，2016年。

⑤ 魏颖、陈致中：《健康传播视角下艾滋病报道的媒体框架建构——国内外相关研究综述》，《青年记者》2016年第17期。

⑥ 邱鸿峰、彭璐璐：《集体主义文化与艾滋歧视报道的第三人效果》，《新闻界》2016年第21期。

健康话语，在一定程度上也体现了特定疾病医学专业常识和医学准确性在传者话语和受众认知上的缺失①，如对精神疾病的报道存在污名化和刻板印象的情况。在健康传播中，如何让医学回归医学？2016 年1月，在北京举行的首届中华精准健康传播联盟高峰论坛提出了“精准传播”的概念，认为传播首先要靠医学专家传播精准的健康知识，同时针对不同人群传播其所需要的知识，并要有精确的靶点②。此后，有学者指出精准传播就是通过研究精准传授健康知识、技能、模式与观念，以影响个体、群体及社会行为，达到消减危险因素、防控疾病、促进健康的目的③，但是对这一模式进行系统科学的定性和研究工作还有待展开。

在我国，“社区”（community）概念的出现时间不长，近年来基于社区服务的组织健康传播研究被一些田野研究者纳入了视野。2016 年，有学者开展了基于北京等地社区卫生服务中心的调查研究，对社区卫生服务中心在流动人口的疾病防治中如何开展健康传播的议题致以关注④；也有硕士学位论文选取红丝带社区（以艾滋病防治工作为核心的健康传播组织）为研究对象，分析其对青少年的健康干预情况，并对该社区的青少年群体进行了调研⑤。总体而言，以社区为单位的组织健康传播在一定程度上能强化受众的健康风险认知，但由于机制不够完善、治疗资源欠缺、工作缺乏规范性等问题，作用范围仍较有限。

在突发性的重大公共卫生事件类研究议题上，学界比较擅长的是从传播效果的维度切入，或通过内容分析探究媒体健康危机报道的呈现方式、议题结构、话语权分配、报道语气和报道框架等，或通过社会调查考察健康风险信息在政府和民众之间传播的流畅度，以衡量健康危机传播的效果，并促进专业媒体在突发公共事件中发挥舆论引导的作用。

五、不足与期待：健康传播研究的未来趋势

健康传播是一个仍处于探索发展期的、跨学科的研究领域。由于传播学在健康传播学领域介入较晚，健康传播的学科建构从一开始就缺乏专业传播学者的参与，随后的研究很长一段时间内也流于传播学和医学的各自为政，形成了健康传播的传播学研究的媒介效果偏向与医学研究的健康教育偏向，学科之间存在一定程度的壁垒和隔膜。如何实现作为自然科学的医学和作为社会科学的传播学之间的理论融合和跨界合作，将是今后健康传播研究的一个焦点。

从研究现状整体来看，目前传播学界对健康传播研究的一个不足是多流于现象的描述，一方面缺乏对健康传播现象作系统的实证研究，另一方面缺乏传播学理论的创新，使得这一领域流于边缘化。从研究内容来看，健康传播的议题关注范畴窄，普遍集中在大众媒体传播效果和媒体报道的框架分析、艾滋病的防治和控制上，对健康传播的外部环境尤其是公共政策的关注较少。从研究方法来看，控制实验、问卷调研、个案研究等较为常用，更多的文献停留在思辨的层面，流于体验式写作，符合规范的研究方法的运用比例严重不足，

① 张晨、齐文博：《精神健康传播需从价值判断回归医学判断》，《青年记者》2016 年第 5 期。

② 马文君、郭晓：《健康传播走向“精准时代”要让百姓“触手可及”》，《中华灾害救援医学》2016 年第 3 期。

③ 王立祥：《关于精准健康传播原则的探讨》，《中国研究型医院》2016 年第 1 期。

④ 王华伟：《健康传播视角下的流动人口疾病防治——基于北京等地社区卫生服务中心的调查研究》，《西北人口》2016 年第 1 期。

⑤ 徐诚：《红丝带社区青少年网络健康干预工作调查报告》，硕士学位论文，南京大学，2016 年。

内容分析、框架分析在健康传播的媒介效果评估中司空见惯，亟待推陈出新。此外，从文化的层面对健康信息传播过程中存在的一系列问题进行深层次的剖析，也是需要着力的方向。

健康传播研究的未来，应该是在研究领域内加快跨学科的专业人才的培养，在理论和实践层面完善健康传播学的学科建设，在调研分析过程中采用科学和规范的操作，推动健康传播研究向理论创新和指导实践的双重目标迈进，以创造出更多有预见性和社会价值的研究成果。

撰稿：罗　敏（暨南大学新闻与传播学院研究生）
支庭荣（暨南大学新闻与传播学院教授）

第三篇
论文选粹

论文选摘

概念、语境与话语："小骂大帮忙"使用之流变

从业态转向社会形态：媒介融合再理解

沉默与边缘发声：当前中国劳动关系治理中的媒体境况

公共对话外的言论与表达：从新《广告法》切入

从标语管窥中国社会抗争的话语体系与话语逻辑：
　基于环保和征地事件的综合分析

培育劳工立场的在线"抗争性公共领域"
　　——对一个关注劳工议题之新媒体的个案研究

电视的物质性与流动的政治
　　——来自两个城中村的媒介地理学观察

新传播形态与新闻专业主义再思考
　　——以澎湃新闻"东方之星"长江沉船事故报道为个案

第三种论坛：体制性网络空间的公共性透视
　　——以苏州"寒山闻钟论坛"为个案

网络时代言论自由的刑法边界

观点摘编（57条）

·论文选摘·

概念、语境与话语："小骂大帮忙"使用之流变

本文将"小骂大帮忙"作为新闻传播史的一个重要概念加以考察。对"小骂大帮忙"这一概念的演变提出如下问题：该词在什么样的历史状况下被首次引入或改变？其含义以及这一含义的变化如何？它又是在什么样的历史条件下为大家所接受甚至流行？在流行中概念具体用法的变化发生在哪些领域？这种变化通过什么机制被加以普遍化？同时，该概念占主导性的用法是如何形成的？又是在什么样的条件下被再使用和再概念化的？其背后支撑概念合法性的原因又何在？在特定领域的现实建构中，该概念又扮演了何种角色或发挥了何种作用？它又是如何成为新闻传播史甚或社会和政治生活的组成部分的？

一、从泛指到特指："小骂大帮忙"使用的出现与竞争

从发生学上看，"小骂大帮忙"一词从出现就带有政治指向性，暗含"鼓吹民族光明"的"革命"一方，对旧军阀式的"非革命"立场的排斥、摒弃和不认同。"小骂大帮忙"除了与媒体和政治革命产生关联，在1930年代文化思想界论战上，也时有出现。从内涵看，此时"小骂大帮忙"的使用并没有超出1920年代的范围。同时，1930年代"小骂大帮忙"的使用，也可以看成是左翼文人与自由派文人在文艺思想界路线竞争的某种象征。

"小骂大帮忙"的使用由泛指发展到特指并普遍化，是在1940年代与《大公报》发生关联之后。抗战结束后的1940年代中期，随着国共两党冲突加剧，当时声誉卓著的《大公报》卷入党争，并被不满的中共一方以对国民党"小骂大帮忙"一词加以定性。在新闻界，以谈论同行是非为卖点的都市小报，借着《大公报》在党争夹缝中的尴尬处境，不失时机地探究起"《大公报》之谜"，于是出现各种"小骂大帮忙"的变异版本。从这些词语的使用看，内涵基本没有变化，只不过此前泛指新闻界，而此时则特指《大公报》。值得注意的是，小报们使用这些概念群的词性明显趋于中性，且是从报纸定位和经营技巧层面，而非政治阶级立场角度来理解两者的关系。

除小报对"小骂大帮忙"与《大公报》勾连含义的解读，民主党派和中共背景的刊物，也对两者的关联采取坐实态度。在1946年前后的文艺思想界，"小骂大帮忙"也开始被具有无产阶级唯物史观的文化人频繁使用，在国民党的一些部门，"小骂大帮忙"也作为口头俗语在使用，共同构成了意涵相近的概念网络。直至1946年前后，这些概念的竞争还处于均势中，并没有迹象表明哪个词汇优势明显。还原历史语境可以看出，"小骂大帮忙"一直被革命的、左翼的、笃信阶级观点的主体所使用，而其他与之相近的概念群，则往往被新闻同行所使用。随着中共在政治、军事、思想文化等领域占据主导，"小骂大帮忙"在上述领域的使用大大强化，逐渐在概念群中占据垄断地位，并一直延续到1949年之后。

二、从特指到象征："小骂大帮忙"使用的承袭、转化与延伸

1946年之后"小骂大帮忙"被中共使用与《大公报》相关联，用来特指其与蒋政府的隐秘关系，而1949年到1970年代末的历次政治文化运动中，"小骂大帮忙"与《大公报》的关联则由特指演变为象征。两者紧密捆绑的关系，被使用者转换为阶级立场、政治路线斗争与运动的一种隐喻，不仅被用来为国民党政权的政治非法性做论证，在特定历史语境下，也为新政权政治路线在各个领域的实行，提供了新的话语契机。

中共使用"小骂大帮忙"概念的一以贯之，在其最权威的机关报上有明显体现。与1940年代不同，"小骂大帮忙"指代的《大公报》与蒋政府的捆绑关系，此时已逐渐转换为一种象征，它再现了与无产阶级路线、社会主义道路和社会主义报纸对立的"他者"形象，指代的是资产阶级道路及其政党（包括世界其他国家），以及为国民党政权及其人物辩护的一种关系类型。这种隐喻关系在此后也被广泛地应用在对"敌"斗争的各个领域。"小骂大帮忙"在1940年代中期开始流行并与其他相似概念相竞争，到1950年代逐渐成为官方强化的"新习俗"而被自然地接受，正是意识形态话语的"无痕化"过程。

在思想文艺界，"小骂大帮忙"也经历了新中国成立后最初几年的沉寂，直到1955年才在文化思想界的批判运动中出现。通过对词义的象征式转喻，在对待资本主义国家新闻自由和媒体的性质上，"小骂大帮忙"也成为当时宣传工作者揭示其虚伪性的常用词汇。"小骂大帮忙"成为1950年代对"右派"人物言行所贴的流行标签，比如储安平就被称作是对国民党"小骂大帮忙"的"老牌右派分子"。

"小骂大帮忙"及其相近概念网络的发展，表明了话语与社会实践的互动过程。正是在新体制和社会力量推动下，"小骂大帮忙"从原来处于竞争性的概念上升为主导性的概念，并在扩大使用的过程中愈发强大。如在1957年批判资产阶级新闻观念过程中，"小骂大帮忙"及与之相连的《大公报》，被作为敌对阶级新闻业的象征性对象，逐渐成为社会主义新闻业的典型"他者"，以用来巩固中共新闻业的价值传统。但同样重要的是，概念使用变化之中有不变的成分。虽然"小骂大帮忙"1946年后经历了从特指到象征的发展过程，但通过分析可以看出，在无产阶级道路背景下，1950年代"小骂大帮忙"的使用，也体现了对1930、1940年代左翼文人用法的承袭性。

"小骂大帮忙"在文艺思想领域的使用，主要集中在对文学作品的选读和作品分析上，其载体是各大专院校组织编写的教材。此一时期，在对待被批判政治人物上，学习材料中的"小骂大帮忙"主要用在对1950年代各种运动背景的提及。也用在1950年代胡风文艺思想批判性材料引用的按语中。在不同空间地域，上述状况并非整齐划一。对《大公报》与"小骂大帮忙"相关性的记忆，以及1970年代末《人民日报》等党报对两者作为负面背景的引用，都表明将它们并置的话语很难彻底消失。

三、从辩诬声到多元化：《大公报》与"小骂大帮忙"使用的重构

1980年代至1990年代以后，一方面，在老报人回忆和学术研究领域，"小骂大帮忙"与《大公报》及其报人被重新勾连，或坐实或辩驳，从而使两者并置的记忆被重新唤醒。另一方面，在社会的政治、文化、新闻宣传等领域，"小骂大帮忙"一词也逐渐扩散到人们的日常生活之中，由原来充满政治性、负面性甚至贬义性的

含义，重构为生活化、中性化甚至正面性的多元使用含义。

经过20世纪六七十年代的转化与延伸，“小骂大帮忙”与《大公报》在20世纪八九十年代又重新关联，但这种新关联恰恰是对两者原有关联性的质疑。在20世纪八九十年代，将“小骂大帮忙”与《大公报》重新并提，主要是互为影响的三类群体：老《大公报》人，新闻史研究者以及新闻从业者。三者中，对“小骂大帮忙”与《大公报》重新联系产生重要影响的是前两者，他们又通过后者，在大众传媒领域和出版领域使概念使用不断强化。

作为中共喉舌的党报，在“拨乱反正”后的新时期，正避免使用带有革命时代印记的词汇。但在其他领域，如文艺思想、社交礼仪、传媒研究、政治与国际关系等领域，“小骂大帮忙”的使用却很活跃，且呈现出明显的多元化格局。虽然主流党媒“小骂大帮忙”的使用频率大幅下降，但由于该词对社会广泛渗透后的延迟效应，以及老《大公报》人“拨乱反正”后话语权的重获，“小骂大帮忙”的使用还广泛存在于各个领域。比如在学术研究领域，文艺领域，很多回忆性文字也延续着革命斗争时代使用“小骂大帮忙”对“资产阶级文人”的批判或解读，在当代左翼文化领域有着持续性影响。

此时，也有文艺理论或新闻学者尝试消除“小骂大帮忙”的负面标签，做出不同的解读。诸多观点的呈现表明，在新时期的文艺思想和研究界，对“小骂大帮忙”的解读或赋义更为开放和多元化。

在日常通俗化方面，随着革命话语渐渐淡出，改革与市场话语的强势登场，在思想解放大潮下涌现出的“公共关系学”，对“小骂大帮忙”概念进行了策略化的通俗解释，声称“小骂大帮忙”“在当今社会的商业竞争或公关策略的实施中，此法仍有其特定的实用价值”。作为涉法的关键词汇，“小骂大帮忙”在使用时已经被去除了革命年代的负面性，表现为日常语言的中性甚至更为积极的意义。

在大众文化领域，“小骂大帮忙”也逐渐获得“平反”和解放。小品演员黄宏就提及他在1990年代借用“小骂大帮忙”的语言方式进行创作。与此同时，在社会上流行的社交读物，也逐渐将“小骂大帮忙”的有效使用作为技巧资源，甚至将这一词汇所代表的交际智慧追溯到战国时期。在此背景下，经典文学作品也被作为社交案例加以通俗化解读。甚至俗语词典也将“小骂大帮忙”作为词条收录其中。

结　语

“小骂大帮忙”的历史使用轨迹，大体经历了三个阶段。从1920年代初期至1940年代末期，“小骂大帮忙”经历了从出现时的泛指新闻界到特指《大公报》的过程，并在与“大处捧，小处骂”“小批评，大捧场”“明诋暗媚”等意涵相近词语的竞争中逐渐占据优势地位。从1940年代末期至1970年代末期，“小骂大帮忙”概念经过新中国成立初期的沉寂，在1950年代的运动中逐渐由对《大公报》的特指承袭关系，转化、延伸为阶级立场、政治路线斗争与运动的一种隐喻与象征，并运用到20世纪六七十年代的文艺思想路线、国际关系与国际问题领域。从1980年代开始至今，“小骂大帮忙”经历了从辩诬声到多元化的使用过程。此一阶段，“小骂大帮忙”与《大公报》在坐实与辩诬的争论声中重新得以勾连，并在政治、文化、新闻宣传、日常生活等领域获得多元化的概念内涵阐释与重构。

“小骂大帮忙”使用的变化，与中国各阶段历史语境的变化密切相连。1949年之前以改良还是革命论争为主导的社会语境，为“小骂大帮忙”概念的出现和承袭创造了基础；1949 年后直至 1970 年代末期，以社会主义道路和革命为主导的语境，则为“小骂大帮忙”概念的断裂、转化提供了土壤；而 1980 年代的“拨乱反正”以至此后的改革开放，则为“小骂大帮忙”概念的重构和再造提供了新的多元环境。概念作为一种话语形式，也是一种创造性的再生产机制。“小骂大帮忙”概念建构了不同时代、不同领域的相关规范、习俗及其背后的关系与身份特征。在当下多元背景下，“小骂大帮忙”概念话语使用的大众日常实践，正悄然解构着上述传统的主导性话语，从而也激发着“小骂大帮忙”使用的新生机。

作者：郭恩强（华东政法大学人文学院）
摘自：《新闻大学》2016 年第 1 期

从业态转向社会形态：媒介融合再理解

“媒介融合”就是人如何利用不同媒介传输（或使用）不同内容。其思考路向是以大众媒介机构为依据，是从媒介机构的门内往外看。然而，另一种“媒介融合”是社会形态的变化，即以数字技术为元技术平台，将不同维度上的媒介重新整合为一体，形成一个全球化的、涌动的“网络社会”，而媒介组织就是这个网络中的一个节点。借此，文章提出，现在需要从后者来重新理解“媒介融合”，以更好推动我国传播实践的创新和变革。

一、媒介融合功能和内容生产的整合

De Sola Pool 在 1983 年出版的著作《自由的科技》（*Technologies of Freedom*）中提出“各种模式融合”的过程正在模糊媒体之间的界限。一种单一的物理手段，无论是电线、有线电缆，还是无线电波，可以承担过去需要几种方式才能提供的服务内容；相反，过去任何一种媒介提供的服务，无论是广播、电视、报纸，还是电话，现在可以通过多种不同的物理手段来提供。过去存在于一种媒介及它的用途之间的一对一的关系正在消失，概括而言，这就是不同媒介形式融合的含义。这种着眼于传播技术手段和形式的思路，成为此后媒介融合讨论的基本出发点。可以理解为“媒介融合”就是不同技术的“无缝对接”，也就表明技术之间是不存在障碍也无须区分的。于此，“媒介融合”要讨论的就是不同媒介在功能上如何互补，以及内容生产如何分配和共享，而不是“媒介”本身——其技术和社会基础是什么、为什么是可能的以及由此造就的是什么样的一种融合等问题。

可我国一开始就是将“媒介融合”置于新闻业务及其操作层面，“融合新闻业”（convergence journalism）成为“媒介融合”的另一个代名词，并由此延伸到新闻组织的架构、新闻议题的整合、新闻生产过程资源的调配、新闻产品的发布，乃至从业者的素质和技能、新闻教育的变革等。但是“说什么”“怎么说”“有什么效果”本就是其重点，媒介在其中不过是一个空空的渠道，让内容通过就是其唯一价值。这种视角产生了讯息研究和效果研究，这样的研究使生产者享有特权。而现在需要变化的视角是以生产信息的形式化渠道去界定“融合”环境，而不是媒介技术和社会固有的文化多样性去进行界定。

二、媒介融合：由内容生产向产业形态延伸

“媒介融合”要加以拓展，从媒介机构的内容生产链条往外拉，延伸到社会接收或者消费这一环节，放大到整个产业文化形态。由此，可以为考察作为一种社会文化现象的“融合”提供一个全方位视图，亦即不同领域在“媒介融合”中的相互联系和彼此影响。*Convergence* 杂志的主编亨利·詹金斯认为：融合带来的是连锁反应，它“改变了技术、产业、市场、内容风格以及受众这些因素之间的关系。融合改变了媒体业运营以及媒体消费者对待新闻和娱乐的逻辑”。他所理解的“融合”概念，包括横跨多种媒体平台的内容流动、多种媒体产业之间的合作以及那些四处寻求各种娱乐体验的媒体受众的迁移行为等。融合代表了一种文化变迁，因为它鼓励消费者获取新信息，并把分散的媒体内容联系起来。詹金斯所批评的此前“媒介融合”赋予生产者太多特权地位，他自己却是转到了另一边，赋予消费者太多的特权地位，担当起媒介融合——“把分散的媒体内容联系起来”的重任。他所谓的融合文化，就变成了融合化的“使用与满足”。

有学者对詹金斯的观点持保留意见。他们的理由是，詹金斯有关“融合文化”的研究，属于新瓶装旧酒：仅仅是将媒介研究和文化研究的老问题拉入新的语境，即互联网的语境，重点强调的是媒介使用者的力量。也有人因此认为詹金斯完全忽略了内容生产中的权力问题，比如 Tim Dwyer 说，媒介融合是一种新的媒介“意识形态”，是促进自由主义全球市场的一种思维方式。詹金斯对媒介融合所抱持的技术乐观主义，认为媒介融合的过程是一个媒介和传播产品服务线性的、同质的、平整的展开过程，并不符合实情。詹金斯的观点得到了我国学者的直接呼应，扩展出所谓“媒介融合”塑造的九种理论场域。把“媒介融合”引申到产业的层面而不局限于内容生产环节，似乎成为这几年讨论中的一种主要趋势。熊澄宇认为，不同传媒形式正在以各种方式相互渗透、结合和交融，整合、融合和汇聚已成为当代传媒形态发展的主流。这种传媒形态的整合表现为三种类型：整合传媒终端，多种媒体功能整合在一起；整合传媒生产与传播渠道，传媒生产和传播渠道实现融合化和一体化；整合传媒机构，不同类型的传媒机构可以通过各种方式进行合作、联盟乃至合并等方式，实现业务、资源和战略等方面的整合。陈力丹等从电信业和媒介业的融合，预测未来会产生大媒体产业，即具备跨国家、跨产业、跨媒介特点的新型产业生态和产业群。

以上对“媒介融合”的讨论大致可归纳为以下几点：第一，融合过程中忽略媒介，大致遵循的是从内容生产环节和资源的整合，逐渐延伸到媒介产业层面。第二，人是主体，媒介是客体，“媒介融合”说到底，就是人（或者培养人）如何利用媒介不同特点传输（或使用）不同内容。第三，思考的路向，基本是以原有的大众媒介机构为构想依据，即在新技术影响下，大众媒介机构及其生产发生了或者应该发生什么样的变化。第四，将各种不同媒体融合在一起，达到更好地相处，产生一加一大于二的效益，这既包括社会效益也包括经济效益。第五，这些讨论基本是封闭式的，也就是说，他们的视野都是围绕大众媒介机构如何适应新传播技术，是从媒介机构的门内往外看，而不是以新传播技术带来的整个传播形态变化来反观媒介机构。罗杰·菲德勒早就提醒，不能将合并（merger）和融合（convergence，中译本译

为汇聚）混为一谈。合并是指两个或更多实体比如公司集中到一个单一的统一的实体，但是融合（汇聚）是指路径的交叉和合并，其结果是引起每一个融合实体的变革，并创造新的实体。以此看，前面所梳理的这些讨论，恐怕更多蕴含“合并”（整合意义上）的意味。正因如此，笔者将这一切讨论概括为“业态”（媒介组织）视角中的“媒介融合”。这同样也是我们国内“媒介融合”实践探索的最新面貌。

三、媒介融合：社会关系的结构性转变

媒介与技术融合带来的一个结构性变化，那就是原来互相分割的社会交往语境和形态（比如私人与公共）模糊乃至坍塌，媒介产业的霸权地位已经不在，而另外一种形式的融合——社会融合（social convergence）悄然崛起。曼纽尔·卡斯特认为，在新技术范式（信息主义）的基础上出现了一种新的社会结构，一种由电子通信技术组成的结构——具有发展动力的社会网络。当然，它是技术，但它也是网络化社会结构和蕴含在网络化逻辑中的具体关系组合。

卡斯特所看到的这种社会形态到延森这里，则是用“媒介融合”来命名，以此表明发生了“一种交流与传播实践跨越不同的物质技术和社会机构的开放式迁移”。按照延森的界定，媒介可分为三个维度：第一是人的身体以及它们在工具中的延伸，这是一个面对面交流活动得以实现的物质平台，借此社会个体可以参与到多元化的传播活动过程之中。第二是大众传播媒介，它们以对文本的复制、储存和呈现，以及跨越时空扩散信息的技术特性而著称，从此使得传播不受参与者在场与否以及数量多寡的影响。第三是数字技术，它是一种元技术，它不仅具有复制先前所有交流媒介的特征，并且可以将所有重新整合在一个统一的软硬件物理平台上，组合成为人类传播的一个统一平台。延森的三重媒介，不仅把平常所称的人、媒介、社会一网打尽融为一体，而且以数字化的元技术为逻辑，三层维度的媒介交融在一起，整合在一个一体化的平台上，我们就这样生活在（最新一代）媒介中。

因此，“广延”的“媒介融合”，呈现的是一种复杂性关系。不断“涌现”和波动是其常态。更关键的是，它有结构又最不具备结构性，其四周都是边缘也都可以是中心，可以随时进入也可以随时出来。网络属于动态的平衡，稍纵即逝；网络又是平衡的动态，各种流动系统能够在某种程度上自我组织、自我创生以及自行维持边界。以此可见，“媒介融合”注定不在一个静止的结构之中，相反，一定是在嘈杂纷乱的连接中随波逐流竞争地位和影响。

四、媒介融合：网络社会形态及其特征

网络社会（社会形态的“媒介融合”）还具有这些主要特征：第一，网络社会是全球化社会，形成地方与全球的张力。也就是说，它在结构上是全球的，在全球范围内实时存在，同时每个不同的具体社会也在全球范围内保持了它的网络化组织。第二，网络社会以一种二元模式运作，亦即在多媒体沟通系统中或是“出现”或是“缺席”。进入这个体系，就是要能适应其逻辑、语言、进入点以及编码与解码模式。第三，网络社会自然也存在权力，不过这种权力不再完全来源于结构或者单一实体。网络中的权力不仅是流动的，而且信息与媒体权力的机制及运行结果极其复杂，这反映在两方面：一方面，成千上万的信息通过成千上万的渠道不断涌出；另一方面，“企图通过强权使之有序化只会导致一系列预想不到的复杂性后果，并使这个系统远离平衡态”。

从社会形态层面上的“媒介融合”来反观产业形态维度中的“媒介融合”，即不仅存在而且也是有意义的，但充其量只是其中的一个平台，更彻底地说，不过是这张网络上的一个节点，与其他节点一样。它自身是一个网络，同时必定要嵌入到更大的网络，与其他网络共存并发生相互作用，从而显现出如下的特征：1. 有位置但不必然有效力，网络关系始终以去中心与再中心进行着波浪式的涌动；2. 原有的媒介与对象的界限消解，只有自组织自滋生的多重相互联结，线性因果不再存在，后果不可预见和不可逆；3. 作为一个节点，接入点和到达点的数量，转化转换数据的能力和水平，也就是卡斯特所谓的“转换机”作用，是评价其影响的重要标准。因而，各节点在网络中的重要性如何并不在于它们本身的属性，而在于网络中的其他节点相信不相信它们的能力。从这个意义上说，重要的节点并不是网络中心点，而是网络中起转换作用的关节点，这些“转换者”遵从的是网络运行逻辑，而不是命令逻辑。

五、余论

理解媒介融合，唯有沿着演变随从演变，跳出仅仅以媒介机构为边界的“媒介融合”，借助媒介融合的通道走出大门，转向社会形态的“媒介融合”，把产业层面的经验“意识结晶”融入“网络社会”的理论把握，重塑传播观念和范式，或许可以使“媒介融合”体现新传播时代的精神和风貌，在新的高度和气度上推动我国传播的网络化和全球化。

作者：黄　旦（复旦大学信息与传播研究中心研究员、新闻学院教授、博士生导师，南京大学新闻传播学院紫金特聘教授）
李　暄（复旦大学新闻学院博士研究生）
摘自：《现代传播》2016 年第 1 期

沉默与边缘发声：当前中国劳动关系治理中的媒体境况

一、劳动关系：转型中国社会的一个关键议题

劳动关系是生产关系的重要组成部分，是最基本、最重要的社会关系之一。在市场经济条件下，劳动关系的实质是“劳动和资本的结合”。由于这两个要素的直接追求——“利润最大化”和“工资最大化”存在着天然的矛盾；因而若双方的力量或利益对比失衡，矛盾便会激化和公开化，出现劳资冲突——劳动关系双方以“集体争议和集体行动”的方式表达诉求和争取权益。在全球化背景下，劳资关系和劳工标准已被视作最突出的社会经济问题。

广义而言，劳资冲突的实质是一种社会经济利益的冲突；置诸当下中国语境，其内涵则如社会学家拉尔夫·达仁道夫所言，是“一种应得权利和供给、政治和经济、公民权利和经济增长的对抗”。目前劳资冲突频繁，除“资强劳弱”格局所致的利益分配失衡之外，与近年来劳动者的“增长性”诉求也有密切关联。其中，以新生代

为主体的劳工阶层，诉求明确转向“分享经济增长的成果和争取有尊严的体面劳动”；在行动逻辑上趋向采取“以势维权”的集体行动——通过现代通信技术进行有效动员和组织，在短时间内形成聚合之“势”与资方进行博弈，以期实现在现行的劳动争议处理程序中难以实现的诉求。随着时间推移，新生代农民工群体内部又出现微妙的代际分层——已成长起来的“90后”正逐步成为社会的用工主体，在劳动关系问题上，他们的诉求更以体面劳动为指向。

二、媒体：参与劳动关系治理的潜在行动者

在现实情境中，媒体是否作为及其活动空间，取决于国家、资本及媒介三重逻辑的共同作用。现阶段中国社会中，“国家”这一要素更具有决定性影响。在分析2008年中国劳动关系演变状况时，曾有研究者观察到“平面媒体开始有限报道劳动争议事件，特别是围绕着东航集体返航事件和重庆出租车停运事件展开讨论，探讨如何实现劳动关系和谐，而新华社第一次使用‘罢工’的概念”。这其实与当时政府尝试“审慎而积极地”调整国家—媒体关系不无关联。

劳动争议尤其是劳资群体性事件，是典型的社会冲突性议题。一项针对1119位传统媒体新闻采编人员的调查显示：在社会冲突性议题报道的管控上，“短期稳定观和刚性稳定观起了主导作用”，以致中国内地媒体已形成了一套以“风险规避”为中心的新闻报道常规；且市场力量在此方面难以发挥作用。

三、一项具体相关研究：以新生代农民工为核心

按是否由专业媒体机构主导，当前中国媒体可以划分为大众媒体和自媒体两类形态。究其本质，它们更具有不同的权力意蕴。媒体在与社会关联的过程中形成媒介权力（media power）。按照罗伯特·哈克特（Robert A. Hackett）的阐释，媒介权力形态可划分为“经由媒介的权力”（power through the media）和“媒介自身的权力”（power of the media）。在现阶段中国社会，大众媒体实质上是政府治理体系有机构成，其权力形态更多地体现为“经由媒介的权力”。相对而言，自媒体的权力形态则侧重于“媒介自身的权力”，试图挑战信息霸权、争取公平传播权益。由此，为更全面地分析媒体在新生代农民工劳动关系治理中的作为境况，本文将选择大众媒体和自媒体分别进行考察。

大众媒体方面，本文采取内容分析方法，具体进行两项研究：其一，以“百度新闻搜索”为样本来源，进行一项横截面的考察，选取2012年标题中含关键词“新生代农民工”的新闻，最终获得分析样本379篇。其二，以《工人日报》为样本来源，进行一项纵贯性的考察，选取2000—2013年全文中关键词“新生代农民工”的新闻，最终获得分析样本319篇。此处，两项研究均只考察样本的“报道主题”和“话语引述”。

自媒体方面，本文采取个案研究方法，考察聚焦新生代农民工问题的两个自媒体：其一，新浪微博@关注新生代农民工，其认证信息为“清华、北大等高校9名社会学者集体微博”。其二，腾讯微信公众号@新生代，其是“关注新生代农民工计划”的一部分。在对二者的研究中，文本分析之外，还辅之以与相关人士的交流，包括参与开通微博的学者——北京大学的L君、香港理工大学的P君，现均致力于劳工社会学研究；负责运营公众号的T君，毕业于北京大学社会学系。为了理解可能影响媒体作为的具体因素，上述内容分析和个案研究之外，本文还采取了以下研究方法：一是非结构性访谈，与6位关注或报道过劳动关系

议题的媒体人，笔者分别通过微信、面谈进行交流，他们是《工人日报》记者Y君、《人民政协报》记者H君、《21世纪经济报道》记者T君、《财经》记者Y君、财新传媒记者W君和“澎湃新闻”记者Z君。二是参与式观察，在由关注劳工问题的学者、律师、媒体人和NGO人士组成的微信群“LGXZQ”中，笔者自2013年11月起一直在其中进行观察。该群由中国劳动关系学院的W君创建，他致力于劳动哲学和劳工文化研究，同时还是一位积极的自媒体实践者，除个人微博、微信外。还开通微信公众号，其功能介绍为“关注、记录和研究当代中国劳工运动”。综上，本文的研究设计为：以新生代农民工为对象，面向丰富经验事实，综合运用多种研究方法，从大众媒体和自媒体两方面，考察媒体在劳动关系治理中的作为境况，并尝试分析可能的影响因素。

四、媒体在劳动关系治理中的境况

在劳动关系领域中，尽管存在代际差异，所谓“新生代农民工问题”，仍然是传统农民工问题在现阶段的延续、体现和发展。一言以蔽之，可视之为“旧范畴中的新问题”。在媒体有关新生代农民工的报道中，相当程度上遮蔽了这一特征。实证研究显示：当前中国媒体远未真正成为社会转型中劳资利益协调机制的重要构成，只是劳动关系治理中的边缘角色，乃至特定状况下的“缺席者”。其中，大众媒体和自媒体的状况各有分际。

如前所述，在劳动关系议题上，现时国家—媒体关系的影响，使得大众媒体总体上呈现出“制度性沉默”，自媒体的“边缘发声”充满不确定性。质言之，在当前中国的劳动关系治理中，尽管按“文件政治”的逻辑，媒体应成为劳资利益协调机制的重要构成，但实际上只是边缘角色乃至缺席者。当然，这不意味着媒体在此方面没有作为。

首先，大众媒体并非毫无公共性的自觉，已出现令人欣喜的个案。财新传媒是其中的佼佼者，对当前中国社会的劳动关系问题，会及时地关注，并尽可能地公开报道，而且注意平衡原则。

其次，自媒体会充分利用现有的制度空间且互为奥援。在微信公众号@新生代被封禁后的数日，“关注新生代农民工计划”很快重起炉灶，于2014年12月1日开始运营一个新的微信公众号——@新声代，提出“在这样一个劳动者无法主宰劳动的时代里，我们深深体会到为劳动者发声的局限与艰辛”。

概言之，自20世纪90年代中期以来，中国社会的劳动关系持续地处于紧张状况，能否形成健全有效的劳资利益协调机制，具有重大而迫切的意义。在这一议题上，当前中国媒体的社会功能被严重弱化，其“沉默和边缘发声”境况，难以满足国家政策所要求的“营造全社会共同关心、支持和参与构建和谐劳动关系的良好氛围”。唯有践行法治理念，降低新闻生产风险，媒体才有可能作为多元主体之一参与劳动关系治理，在现实权力关系中通过促进社会保护、促成社会对话，成为推动体面劳动实施的“社会赋权器”和“公共商议场”。其间，媒体需要增强公共性的自觉、逐步提升专业素养、高度重视责任伦理；但关键是政府能够尊重新闻传播规律，克服“对主体性社会的怀疑、排斥和否定”的“社会恐惧症”，以宽容和法治为方向，对国家—媒体关系进行更积极的调整。

作者：吴　麟（中国劳动关系学院文化传播学院副教授）
摘自：《南昌大学学报》（人文社会科学版）2016年第1期

公共对话外的言论与表达：从新《广告法》切入

一个流传颇广的段子称新《广告法》禁止使用各种“极限词”。“最佳、最爱、最赚、最先进以及最新技术”等修饰词都不得在广告中出现。同样被禁的据说还有对“全国第一”“国家级”“顶级工艺”等与“级”和“极”有关表述。段子暗合了大众心理对新《广告法》的某种普遍认识。很多人看来，广告是一种表达，新《广告法》的很多规定是没必要的。究竟是新《广告法》错了，还是民众和段子错了?

由于出台时间不长，学界对新《广告法》的讨论目前尚不算丰富和深入。《广告法》只是本文的一个切入点，言论和表达自由的基本理论问题才是本文的目的所在。希望从宪法和言论自由理论层面，探讨包括广告、学术言论和专业言论在内的、公共对话外的表达的逻辑与正当性基础。

一、新《广告法》与保护消费者

本次修订集中在四个方面：对广告内容进一步严格规定；进一步明确广告主、广告经营者、广告发布者和广告荐证者等主体的责任和义务，并增加了对广告荐证者的行为规范；首次定义了构成虚假广告的四种情形；提高法律责任的可操作性和震慑力。在上述修订中，绝大多数都与广告内容有关。内容在言论自由思考中一直是一个“敏感词”。基于内容的规制通常被视为最不可接受。禁止基于内容的规制是言论自由保护的“基石”。新《广告法》何以“敢冒天下之大不韪”包含如此多针对内容的规定?

本部分将论证，新《广告法》针对内容的诸多限制并非“多管闲事”；相反是基于正当合理的价值——保护消费者。在这一公共利益压倒了广告主、广告经营者和广告发布者的利益。“保护消费者”而非广告主的利益和表达才是正确理解新《广告法》的出发点。

“保护消费者”需要放到一个更大的背景中理解，因为广大消费者在现代社会和商业交易中的弱势地位。很多对消费心理学的研究都会强调消费者的非理性和情感性——“大多缺乏专门的甚至是必要的商品知识，对商品质量、性能、价格、使用方法、维修、保养乃至市场行情不甚了解……只能根据个人好恶和感觉作出购买决策，因此，易受情感因素、企业广告宣传和促销活动的影响”。近年对消费者行为分析的日益增多和深入，也使我们对消费者决策时的不理性和局限有了更多认识。此外，消费者的弱势是贯穿整个买卖过程始终的。每年央视“3·15”晚会就是最好的例子。在法律已经做出倾斜性保护并且存在消费者协会等消费者组织的前提下，一些侵犯消费者权益的行为仍旧只有靠国家电视台的集中曝光才能得到救济，这更凸显出消费者整体的弱势和无助。

因此，法律没有把消费者和经营者间的关系认定为平等，而是赋予其更多倾斜和保护。正是基于消费者的弱势地位，现代社会需要构建一整套法律体系来实现这种保护，而《广告法》则是其中重要的一环。

首先，新《广告法》致力于斩断因“背书”而产生的欺骗和误导。其次，新《广告法》还要求大众传播媒介不得以新闻报道形式变相发布广告。再次，新《广告法》中首次出现的对广告代言人的限制也是针对“背书”。最后，新《广告法》中对广告引用内容的规定也应放到此背景下审视。对保健品、养生、教育培训、投资和房地产等“重灾区”广告的规范。新《广告法》之所以在这些领域做出如此细致严格的规定，仍是出于“保护消费者不受欺骗和误导”的目的。与日用品相比，绝大多数公民在面对药品、医疗器械、保健品、金融投资或者农药、种子和饲料时，更加缺乏足够的知识、信息和训练去进行比较和决策。消费者可能由于自己的工作或专业熟悉某些领域或产品，但作为一个整体在面对商品和服务提供者时，永远处于弱势的地位。更何况产品评测同样高度专业，因此，广告就成为了普通公民获取信息和做出决定的重要来源和依据。很多时候，广告所携带的信息是他们在黑暗中唯一的光。虽然再严格的《广告法》也不可能让消费者和厂商在信息和知识上实现平等，但《广告法》的目的就是尽可能减少这种差距和不平等。

二、公共对话之外的言论与表达：广告、学术言论和专业言论

公共对话是指“我们社会生活的一个领域，在这个领域中，像公共意见这样的事物能够形成。公共领域原则上向所有公民开放……作为私人的人们来到一起，形成了公众”。在公共对话中，参与主体是平等的公民，主要适用言论自由的原则和逻辑。不只是专家和学者，很多老百姓也深谙公共对话中的权利话语和思考模式。经过三十多年国家层面的普法宣传和好莱坞电影、美剧以及法治通俗读物潜移默化的影响，公共对话和言论自由的精神与话语早已深入人心。民众不需要知道几种主要言论自由理论的脉络，也不妨碍他们心中拥有一个朴素的理解。在面对新《广告法》问题时，“这是不是侵犯了言论自由”已经成为普通民众思维和日常话语的一部分。新《广告法》所以催生了如此多的段子和反对，一个重要原因就是违背了民众对言论自由的朴素认识。

在很多人看来，广告是一种表达。只要没有明显造假，选择如何表达是广告主的自由。新《广告法》中对内容的诸多限制侵犯了广告商的“表达自由”。大家都是成年人，应有足够的理性去鉴别和判断。

言论自由是为了“确保持有不同视角和立场的人民能够对话和辩论，从而能够形成一个鼓励真理产生的过程”。欧文·费斯认为言论自由的价值在于保护一种集体自决，而这种机制必须建立在“不受禁止、活跃和公开”的公共辩论之上。无论是“公共意见”“审议”“对话和辩论”还是“集体自决”，都不过是“公共对话”的另一种说法。对公共对话的重视有两方面的理论背景：一是言论自由理论自身发展的脉络。波斯特曾把思想市场理论、自治理论和自主理论称为“三种最主要的言论自由理论”。霍姆斯提出了著名的“思想市场理论”——“思想的自由交流更有助于人们通向他们所期望的终极的善……检验真理的最佳标准是看某一思想是否具有足够的力量在市场竞争中被接受”。后人也普遍把公共对话想象成一个不同观点自由竞争交锋的市场。

学者虽拥有各自不同的立场、进路和问题意识，但他们对公民美德、积极权利和自由、公共领域和民主商谈等问题的研究，也直接或间接促进了公共对话的“火热”。本文反对的是“公共对话中心主义”，而非公共对话本身。“公共

对话中心主义”的问题在于，它遮蔽或阻碍了人们对公共对话之外领域的思考——它让人们自觉或不自觉地把公共对话中的逻辑和原则强加于一切涉及交流和表达的领域。我们必须超越“公共对话中心主义”这种“一元化”的理解——即只关注公共对话（或不进行领域划分），并主张只有一个原则或价值贯穿始终；相反，我们应该转向一种“二元式”理解：公共对话和公共对话外分属两个不同的领域，两者应有各自不同的逻辑、原则和正当性基础。

由于缺乏信息、知识和经验，消费者在购物时其实身处一个巨大的不平等中。广告是普通公民获取信息和进行决策的重要甚至唯一依据。正是基于广告服务公众的这一“信息功能”，法律要求广告必须真实且不引人误导。在广告之外，遵循同样逻辑的还包括学者的学术言论和律师、医生、会计等专业人士的专业言论。不管是制定货币政策还是应对公共卫生事件，是治理雾霾还是判断转基因食品的安全性，现代社会都必须依靠学者专家和研究机构生产的知识。同理，当一个普通人去看病或者面临法律或财务问题时，绝大多数时候他只能仰仗医生、律师和会计所提供的建议和服务。社会和公众对可靠知识和专业服务的依赖，甚至超过他们对真实和不引人误导广告的需要。

在公共对话之外，一方面是普通公民对商业/学术/专业言论的极度依赖；另一方面却是公民面对厂商、专家和专业人士的弱势和不平等。在这种强弱关系和权力格局下，指望公民自身的判断或广告主、学者和专业人士的良知显然不够。为了保护弱者和促进公共利益，这些领域应该有一套完全不同于公共对话的逻辑、原则和正当性基础。这种不同主要体现在以下三点：第一，与公共对话对主体平等的假定不同，在公共对话之外，公民是弱势、不独立和不理性的主体。公共对话对主体平等的假定不难理解。在米克尔·约翰看来，公共对话应该允许“每一个人都可以自由地与会。他们在政治上是平等的。每一个人都有权利和义务独立思考、抒发己见、倾听其他与会者的发言”。公民作为理性平等主体参与公共对话，必须自己用理智作出判断；波斯特则称公共对话“表达了一种平等主义原则”。既然公民都被想象成平等的主体，公共对话也因此鼓励他们充分运用自己的理性和理智。

结　语

综上，公共对话外的领域是“基于听众”的。这意味着表达和言论必须首先服务于被动的听众、观众和读者，而不是发言者。强调广告、学术言论和专业言论必须首先为公众服务，并不意味着对一切政府规制大开绿灯。以《广告法》为例，要求“保护消费者”不等于可以打着这一旗号对广告内容随意干涉。恰恰相反，“保护消费者”应成为判断规制是否合理的新标准。换言之，只有那些真正能保护消费者免受欺骗和误导的内容规制才能被允许。

作者：左亦鲁（耶鲁大学法学院博士研究生）

摘自：《中外法学》2016 年第 4 期

从标语管窥中国社会抗争的话语体系与话语逻辑：基于环保和征地事件的综合分析

本文以环保和征地这两类最典型群体性事件中的标语为切入点，管窥中国文化图景下社会抗争的话语体系与话语逻辑。通过对15起环保事件与7起征地事件中143条标语的综合分析发现，扎根于中国文化土壤的行动者往往会从“家/己”的核心诉求出发，通过话语建构，沿着“空间—时间”和“我们—他们”这两个坐标轴所建立的差序格局，由内而外、推己及人、依次扩张，将小部分人的个体抗争发展成社会大众的共同使命，完成共识动员、行动动员和社会动员。与话语体系相伴的是行动者在退出、荫蔽、呼吁、效忠等不同话语地带之间游走的内在逻辑，因无路可退而走出荫蔽、在集体呼吁的同时表达“效忠式反对”，这样一个动态平衡过程使得中国的抗争性话语异常丰富多样。

抗争性政治（contentious politics）已经成为中国政治社会学的基本问题，其中，环境保护和征地拆迁分别是导致中国城镇和农村群体性事件的主因。其中，话语最能代表与体现底层行动者的“日常抵抗”，而话语又受到文化资源的深刻影响。因此，本文将聚焦于环保与征地这两类最典型群体性事件的话语实践（以标语为代表），在中国文化图景下建立不同于西方的社会抗争话语体系，寻找中国社会抗争话语的内在逻辑。

一、西方学者对抗争性话语的研究

20世纪80年代以来，话语成为西方社会运动研究中的核心命题，而框架化（framing）则成为贯穿其中的核心路径，用以阐释集体行动及社会运动中话语是如何被建构、调整以及传播。

所谓框架，是由戈夫曼（Gofiman）提出的一个微观社会学观念，它能帮助人们建立“诠释的基模”（schemata of interpretation）认识、理解和标记周遭的世界。甘姆森和本福德等人将框架视角引入社会运动研究，指出行动者们需要通过框架化来建构社会运动的意义。集体行动框架可以根据其功能分成三类：（1）诊断框架（diagnostic frame），帮助行动者定义问题和发现原因；（2）预后框架（prognostic frame），提出解决问题的办法或方案；（3）鼓动框架（motivational frame），鼓舞动员更多的人参与到行动中来。

以上三种框架属于静态分类模式，并不能解释行动者是如何根据不同阶段的抗争需求对话语进行动态调整。因此，斯诺等人提出了“策略性框架”（strategic framing）这一补充概念。即为了更好地实现社会动员，组织者往往会有意识、有目标、策略性地调整现有框架以达成新的共识，具体实现途径有四种：（1）框架搭桥，把两种或更多框架关联起来；（2）框架扩大，美化现有的社会价值；（3）框架延伸，将利益范围扩张到其他潜在的支持者；（4）框架转变，改造旧框架甚至用新框架来替换它。

二、中国特色的抗争性话语

通过对2003年至2012年间发生的40起征地拆迁事件展开类型学分析，概括出中国社会抗争的三类文化框架：（1）传统底层道义型框架，其所依托的文化资源是民间本位文化，具体表征是弱者悲情、英雄式的反抗；（2）社会主义意识形态框架，其所依托的文化资源是马克思主义及毛泽东思想等中国特色社会主义精神，具体表征是平均主义、集体主义和社会主义；（3）现代法理型框架，其所依托的文化资源是自由主义和现代法理精神，具体表征是公民权、私有财产权、程序性违法、推动法制进步。除此之外，一些具有理想主义情怀的新闻从业者，试图对缺乏理论武器的底层行动者给予“专业化”的指导，对他们的话语予以包装升级，通过“媒介化抗争”来实现“反体制的体制重建”。比如在以宜黄事件为代表的征地抗争中，新闻从业者的深度介入使得钉子户的个体抗争升级为“要求保护弱势群体利益、发动制度变革的专业化社会运动的一部分”。

三、标语作为一种抗争性话语

笔者认为存在“抗争性话语形式库”（repertoire contentious discourse），它是在一定时空和文化背景下，集体行动参与者所能采用的话语形式的总和。中国社会抗争的话语形式可以分成以下几类：（1）即兴式抗争性话语：谩骂、争吵、谣言等，它们大多是瞬时的、非正式的、诉求分散的，常见于人际传播；（2）标语式抗争性话语：口号、横幅、条幅、旗帜、口罩、车贴、文化衫等，它们大多是精心设计的、短小醒目的、正式的、诉求明确的，常见于组织/群体传播；（3）文书式抗争性话语：意见书、公开信、演讲稿、告媒体书等，它们大多是字斟句酌的、篇幅较长的、正式的、诉求集中的，常见于大众传播；（4）ICT式抗争性话语（Information and Communication Technology），即博客、微博、帖子、视频、原创或改编歌曲、独立纪录片等，它们是行动者运用ICT技术在自媒体平台上所进行的多样化话语实践。显然，上述四种形式中，标语可以说是抗争性话语最常见、最集中、最精练的体现，值得我们深入研究。

有鉴于此，本文决定选取环保与征地事件中出现的标语为话语样本，从中国特有的文化框架出发，管窥中国社会抗争话语体系的外在呈现与内在逻辑。笔者使用Lexis Nexis Academic和慧科新闻这两个数据库，以“environmental”“land”“protest”“China”或“环保”“征地”“冲突”“群体”为关键词搜索2009年至2014年发生在中国并被中外媒体报道、参与人数过百的群体性事件，共找到22起环保群体性事件和18起征地群体性事件。然后，笔者从各种渠道（媒体报道、网络论坛、微博微信）搜索上述事件中出现的标语（横幅、条幅、旗帜、口罩、车贴、文化衫等）图片，记录其具体的文字内容。笔者最终找到其中15起环保事件和7起征地事件共计143条标语，组成研究的话语样本，其中环保事件标语114条，征地事件标语29条。

四、中国社会抗争的话语体

通过研究发现，从更广阔更深远的文化图景来展开，发现这两类事件话语样本中诸多的相似性，并可从中概括出中国社会抗争的话语体系。

如图1所示，在横坐标“时间—空间”和纵坐标“我们—他们”所建构的中国社会抗争的话语体系正中央，是“家/己”这个核心。为了实现社会抗争在不同阶段的不同任务——早期的共识动员、中期的行动动员、晚期的社会动员——行动者从“家/己”的核心诉求出发，通过话语建构，沿着时空距离与人际关系的差序格局，由内而外、推己及人、依次扩张，将小部分人的私人抗争发展成社会大众的共同使命。

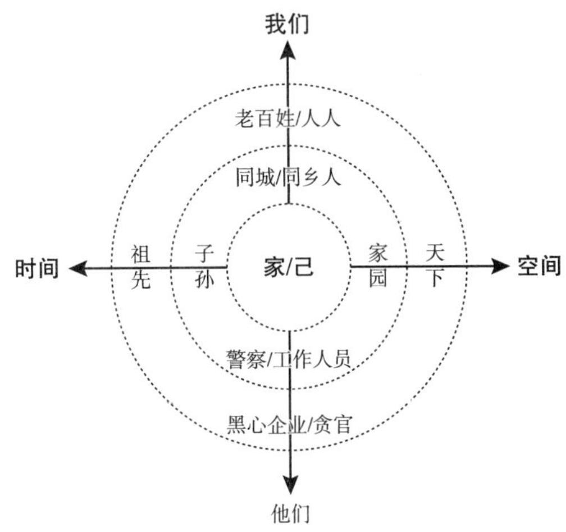

图1 中国社会抗争的话语体系

在横坐标的空间维度上，沿着家—家园（家乡、城市）—天下（国家、地球）的路径，环保与征地抗争被界定为守护家园和天下正义的行为。这种空间上由近及远的推广路径被2012年10月宁波PX事件的标语“救镇海，救宁波，救中国”体现得淋漓尽致。

在横坐标的时间维度上，上溯祖先和下及子孙更能凸显现今抗争的必要件与紧迫性。在世代更替的坐标中，当今世代的独特价值也被强调，比如2012年7月四川什邡事件中，年轻的行动者们打出“我们可以牺牲，我们是90后”的标语。图1的纵坐标以“家人”为中心向两端辐射出“我们”VS“他们”的差序格局，这对于抗争参与者获取身份认同来说至关重要。在任何集体行动中，naming（命名）、claiming（诉求）和blaming（追责）都是相伴相生的。行动者必须界定“我们是谁”，以形成集体诉求；为了追索责任，行动者又必须界定“他们是谁”。沿着“家人—同城同乡人—老百姓/人人”的路径，行动者把尽可能多的人争取到“我们”的阵营中来，实现广泛的社会动员。因此，行动者所制定的标语会尽可能地将个体诉求升华为所在城市或乡村全体民众的集体呼告。站在“我们”对立面的，就是“他们”，在微妙的差序格局中他们分处于不同的位置：处于内圈的警察与工作人员虽是对立面，但却有可能被拉到“我们”的阵营中来，所以才会出现“警察辛苦了”“警察也是昆明人”的标语；处于外圈的黑心企业和贪官，则被划清界限予以坚决抵制，比如“黑企不除人心难安”“春城集团滚出锡盟”等针对食腐官员与地方政府的标语。

五、中国社会话语的抗争逻辑

自由市场中消费者与企业的博弈的“退出，呼吁和效忠”（exit，voice，and loyalty）理论，可以用来解释环保抗争中行动者对企业，以及征地抗争中行动者对国家的话语博弈行为。从理论上来说，环保事件中的行动者有三个选择：退出（移民、搬家、拒绝购买污染企业的产品）、呼吁（投诉、示威、游行，引起社会关注）和效忠（继续忍耐，相信污染状况会得到改善）。事实上，在中国“退出”成本高昂，民众长期以来逆来顺受式“效忠”已经使环境不断恶化，“呼吁”越来越成为环保运动的主导逻辑。因此，在集体行动和社会运动中，参与者不仅要在“空间—时间”和“我们—他们”的坐标系中尽可能地扩充话语，同时也要遵循特定的话语逻辑，游走于退出、荫蔽、呼吁和效忠等不同的话语边界。

在具体实践中，行动者必须不断调整其话语策略，以适应上述逻辑。从我们抽取的143条标语样本中，可以总结出以下几条策略：其一，为了使更多的人认识到退出和荫蔽之不可行，强调“弱者悲情”，通过情感共鸣形成气场，鼓动更多的人加入到呼吁的行列中来。其二，将中央政府与地方政府、领袖与官员区分开来，向（英明的）中央政府及领导人表达效忠，以对抗（腐败的）地方政府及官员。其三，向官方借用话语，将呼吁包装成“效忠式反对”，其具体实现方式有两种：一方面，从官方意识形态中汲取话语为我所用；另一方面，从官方的执政路线中寻找支持。

作者：周裕琼（深圳大学传播学院、传媒与文化发展研究中心教授）
摘自：《国际新闻界》2016 年第 5 期

培育劳工立场的在线“抗争性公共领域”

——对一个关注劳工议题之新媒体的个案研究

关于另类媒体（alternative media）的研究一直占据批判传播研究的核心。在这些以民主和平等作为首要价值的学者看来，另类媒体、非主流媒体、草根媒体或社区媒体等非大众媒体的类型，构成了一个广阔的文化生产的领域，这种领域区别于大众媒体，往往包含更多的公民参与以及与主流媒体不同的价值观，具有深厚的民主意义。

互联网技术为另类媒体的勃兴提供了可能。新媒体技术的出现由于降低了从事信息传播的生产和发行成本，从而促使了这一生产领域的兴盛。学者们发现，互联网催生了一些新的传播实践和传播策略，这包括一些开源的媒体实践、在线的参与式新闻以及在线的文化反堵（cultural jamming）等。研究社会运动的学者则发现，由于对电子邮件列表、网络论坛、博客等技术的应用，涌现了多种多样的抗争性话语（counter-discourse）。因此，新媒体开辟的社会政治潜力究竟有多大？这已经构成了今天有关新媒体辩论的一个核心。新媒体究竟是否为另类媒体、公民媒体或草根媒体的成长开辟空间？它是否能够成为弱势阶层/群体表达的另类空间，形成迥异于主流媒体的话语和诠释，成为其认同构成的场所并催发新的集体行动？次生/抗争性公共领域（counter-public sphere）是否可能依托新媒体而勃兴？这些问题，共同构成了今天重要但尚未得到充分研究和理论化的学术领域。

本文的研究即在上述背景下展开，它提供的是当代中国随着互联网尤其是社交媒体兴起所出现的一个以关注和生产劳工议题之新闻报道和评论为己任的公民媒体网站及其微信公众号的考察。

一、理论出发点：从“公共领域”到“抗争性公共领域”

Dahlgren（2005）曾经提出公共领域的三个维度。他认为，任何公共领域都由结构（structural）、表征（representational）和互动（interactional）三个维度构成。一个运行良好的公共领域也应该在这三个维度都有良好表现。所谓结构维度，指的是正规的制度特点，包括媒介组织、组织的所有权、控制、规制、财政以及定义传播自由的法律框架等。它往往与政治制度有关，因为正是政治制度构成了传媒运作的政治生态背景；而且，政治制度也会为信息和表达形式的流通设定边界。结构维度可以视为公共领域的物质基础。二是表征维度，所谓表征维度，指的是媒体的产出，即媒体所提供的内容。一个良好的公共领域必然涉及政治传播的一些基本标准，例如公正、准确、完整性、多样性、议程设定、意识形态倾向、表征方式（modes of address）等。三是互动维度，所谓互动维度，主要涉及的是有关公众的概念化，它包含两个方面，第一是公众与媒体的互动，即公众理解、诠释和使用媒体内容的传播过程；第二是公民之间的互动。Dahlgren认为，这个三维的框架有助于指导对任何社会的公共领域特征的考察，也能够为学者们考察任何一种传播技术对于公共领域的作用提供分析的起点。例如，他本人就使用这一框架对互联网可能对公共领域所发生的影响予以了理论分析。笔者认为，这一框架也同样可以借鉴用以考察另类或抗争性公共领域的特征。针对今天中国随着新媒体兴起而浮现的另类公共领域，我们同样可以从这三个维度进行考察，以全面地认识这个公共领域的特征。

二、市场化改革年代多重公共领域的形成及其与劳工的关系

一些学者将公共领域的激进批评带入了中国语境，考察中国市场化启动之后的媒介话语空间变迁。在学者们看来，市场化改革确实在今天的中国催生了公共领域，但这一公共领域却并非内在整合和单一维度的，而是正在基于不同的生产方式和逻辑呈现出多重性的特征。一方面，代表党和国家的官方主流媒体正在形成“执政党中心”的媒介领域。由于工人一直被社会主义意识形态界定为政治的中坚主体，这一宣传中心的传播模式确实对这个工人群体予以了观照。但是，就成为劳工阶层的主体和利益表达平台而言，官方主导的媒介领域仍有颇多不足。另一方面，市场化改革催生的市场化媒体正在形成新的公共领域。学者们发现，这批以城市青年中产阶层作为主要读者对象的市场化媒体在农民工的利益表达上扮演了更为积极的角色，这表现在，涌现出了更多关于这个群体及其公共事务的报道，围绕公民权利和法治等概念展开了丰富的传播实践，进而确曾为农民的公民权利表达扮演积极角色等。但是，此类市场化媒体所构成的新生的公共领域仍然未能显示出纳入性（inclusive）的特征，而是显示出明显的阶层偏向，在积极阐述中产阶级议题的同时，倾向于边缘化或抑制劳工阶层的议题。

三、研究方法与个案说明

本研究所关注的个案X创办于2013年10月，是一个以持续关注和报道劳工议题为己任的网站及其微信公众号（以下称为X）。二者的创办者是来自中国内地和香港几所著名高校的学者。这几名学者长期关注劳工事务，并且致力于通过行动来“推动经济民主，维护劳动价值，建设公义社会”。X的创立即是他们希望“创办一个以工人为目标受众的公民媒体，用以倾听底层，传播劳工声音，并希望社会公众通过这个平台，理解农民工为中国发展所承受的牺牲，并思考中国的命运与未来”的理想的实践。我们关注了X网站和微信公众号的所有内容。在量化分析中，采取了合成周抽样的方法来分析其在报道主题上的总体分布，另外还采取了质化的话语分析的方法。内容分析的材料主要来自于2013年10月至2015年4月X所发布的所有文章。

在下文中，我们将采用Dahlgren所提供的框架来对这一个案进行分析。首先，我们将聚焦其表征和话语层面，探究这一以围绕劳工议题生产新闻、评论和相关报道的媒体平台究竟是否以及如何生产出劳工阶层本位的社会正义话语，又是否及如何为这一阶级的主体性予以表达；其在诠释方式、立场、价值和意识形态倾向等方

面如何与主流媒体进行抗争，并形成具有内在整合性的抗争性话语（counter-discourse）。其次，我们将转向分析这一表征层面的努力是否有成效地帮助其建立和维护其所欲影响和动员的抗争性公众，也即这一抗争性公共领域的互动维度。然后，我们将对这一新媒体个案兴起和生存的条件、组织方式及其嵌入其中的政治经济结构予以检视，以探讨促进以及阻碍这一另类的抗争性媒体在今天中国的语境下持续实践的结构性因素。最后，我们将对这一个案在上述三个维度上的表现进行总结，以认识和理解新媒体技术对于催生劳工阶层之另类或抗争性公共领域的社会政治潜力。

四、表征维度：社会正义话语与劳工阶层的主体性表达

作为一个以关注和报道与劳工群体关联的公共事务为己任的媒体，X已经成为一个持续和系统阐述社会正义话语的平台。主编Z恰当地表述了其立场："我们首先是希望表达一种工人自身的立场，始终以维护工人权益和表现工人真实的生活状态为首要任务；其次，在更抽象一级的价值立场上，我们还希望传达一种社会主义的价值观，对以市场经济为首要和唯一追求的资本主义和新自由主义观念予以批判。"

下文我们将通过四个层次的分析来予以具体阐述。

（一）报道模式：成为持续、均衡再现劳工事务的平台

如何围绕劳工群体及其事务建立起区别于主流媒体的差异化的报道模式，构成了X采编运作的一个原则。

（二）抗争话语之一：揭示"分配领域"的非正义——以富士康议题为例

社会经济领域的正义问题被Fraser称为分配正义。对此的报道构成了X最重要的内容。X持续关注劳工的劳动和工作条件及经济报酬等与劳工利益密切关联的问题，富士康就是其中得到X持续关注的议题，对它的分析可以帮助我们认识X如何阐述社会经济领域的正义话语。

（三）抗争话语之二：阐述劳工政治中的正义

罢工是劳动者以集体行动的方式来争取权利。如何看待和定义罢工能够彰显媒体的意识形态轮廓。1970年代以来英国格拉斯哥小组的研究工作就证实了这一点。X也对罢工和维权的行动保持密切关注。2014年，G市大学城发生环卫工人罢工事件，这一事件能够帮助我们进一步审视X在此类与劳工利益（再分配领域）密切关联的正义议题上，如何形成与主流媒体差异化的表征和话语模式。

（四）抗争话语之三：通过对生活世界的深入写作重建"承认正义"

经济和再分配仅仅是当代社会正义问题的一个领域，在此之外，文化和符号领域的正义问题同样关键，后者往往也被称为承认政治（politics of recognition）。关注劳工的生活经验，争取承认政治领域之正义，恰是X之表征实践的另一面向。

五、互动维度：如何培育抗争性公众（counter-publics）

上述分析表明，X通过持续阐述劳工阶层作为政治、经济和社会主体的社会正义话语，建立了与主流媒体差异化的话语模式，并与主流话语形成抗争。但是，X在吸引其意欲培育的抗争性公众，与其形成互动并产生影响方面，成效却并不显著。

那么，为什么X难以对劳工产生影响呢？这可能是由多方面原因造成的。首先，虽然年轻的工人多数受过高中教育，但写作对他们不是一件轻松的事，尤其是对于嵌入了高强度劳动工作的工人而言，其所嵌入的工作议程进一步限制了他们尝试写作和进行参与的可能。

X最重视的外围公众是大学生。在现实推广中，他们的用户也主要集中于这个人群。尽管X经常在大学生中招聘志愿者参与运营，但是，X在大学生中的影响力相当有限，即便在订阅了它的大学生当中，由于人手的限制，它也并没能投入精力去建立与这个读者群相对固定的互动方式，读者之间的诠释共同体仍然是松散和不确定的，这一点与今天在商业社会频繁和活跃的网络营销及线下互动形成了鲜明对比。

六、结构维度：嵌入其中的政治经济结构及互联网生态

总体而言，新媒体技术构成了X这一另类自媒体出现的前提。这是因为，一方面，当前中国对自媒体相对宽松的管制为其创造了条件。到目前为止，自媒体的创办无须审批，这使得近几年众多的微信公众号、微博和新闻客服端得以克服传统媒体所需受限的管制条件纷纷涌现。另一方面，新媒体的低门槛和低成本也为缺乏足够财政支持的少数个体、知识分子精英提供了机会，使其得以运用这一技术来开展其媒介行动。从这一角度，X的出现恰恰体现了学者们所说的新媒体技术的民主潜力。在上述条件下，X建立起了初具形态的组织架构来维持该另类媒体的日常运行。但很显然，这一组织架构具有以下两个方面的特征：一方面，它极为弱小；另一方面，它面临财政困境。这两个方面都限制了其进一步的发展。但是，值得说明的是，X的这种弱小和灵活的组织架构同时也成为一种优势，使得其获得了一种结构上的韧性，这可能增加其在当前体制结构下的生存机会。

作者：李艳红（中山大学传播与设计学院教授）
摘自：《武汉大学学报》（人文科学版）2016年第6期

电视的物质性与流动的政治

——来自两个城中村的媒介地理学观察

一、电视与流动性：从“两分法”到“新流动范式”

电视物质文化研究大都是基于对非移民家庭的观察，而针对移民社区的电视研究则以关注电视节目内容的消费为主，少有关于电视物质性的讨论。这使我们不禁要问：按照物质/非物质的界限来划分电视与流动性的关系是否真的合理？如果从物质性的角度来观察电视的使用会不会让我们对电视与流动性的关系获得新的发现？我们关心的是传统形态的电视机如何通过人们的日常使用对流动性产生影响，是在不回避电视在物质上显而易见的非便携性和定着性的前提下对电视与流动性关系的重新解读。而这一研究视角自然把“非流动性”带进了“流动性”的研究之中，迫使我们开始对这两个看似对立的概念之间的辩证关系进行重新思考“新流动范式”的特点是，它在剖析流动性的社会意义时，

既考虑各种跨界和流动现象，又不回避与之相伴随的各种非流动力量，它关注的是“流动的政治”而不是“流动的胜利”。在这一范式中，“流动力”取代“流动性”成为核心概念。它是指社会行动者所拥有的决定和控制自身和他人流动性的一种资本和能力。用这一概念来观察中国农村移民的日常生活空间实践会让我们正视“移民主体既是迁徙者又是安居者”这一事实，把“迁徙”和“安居”看作是移民的空间抗争中的两大并行不悖的主题，从移动和驻留、交往和距离的矛盾统一中理解陌生人在都市空间中的地位，而不是像以往的一些研究那样片面强调移民作为公民所应拥有的迁徙的自由和权利。这样，问题的焦点就不再是移民“流动性”的大小，而是“流动力”的高低，即他们所拥有的关于流动的选择以及控制流动的能力，而这种选择和能力自然既涉及迁移的自由又关系到安居的空间。

二、购置：作为阈限性空间的二手电视

移民家庭追求大屏幕彩电的固着性给他们带来的在家的感觉。那么他们又是如何克服大屏幕彩电对流动造成的制约的呢？除了转赠，更常见的渠道是从城中村的某家电器店买一台二手电视。每一件商品都存在不同的生命阶段，就算是使用功能不变，不同的生命阶段所表达的社会意义是不一样的。和买一台全新的电视相比，购买一台二手电视其实是开启了电视机这个商品的另一个生命阶段。在这个阶段，电视机的大多数实用功能被保留下来，但人们所消费的符号意义却发生了改变。如果说买一台新电视看重的是质量、名牌和耐久性，买一台二手电视所看重的则是便宜和实用，以及处置起来的灵活性。在实际使用过程中，二手电视在提供信息和娱乐、凝聚家庭成员等功能上并不太逊色于新电视，买一台新电视往往代表着人们对一个地方的归属感和长期定居的打算，而拥有一台二手电视则代表着一种相对灵活和松散的地方认同，并不涉及长期定居的打算。

也可以说，二手电视的购买在定居和迁移之间创造了一个阈限性空间，它允许人们在一个地方创造在家的感觉而不必牺牲他们往下一个地方迁移的灵活性。正是通过这种方式，电视机的购买成为农村移民协商自己流动力的一个空间。这似乎是在告诉我们，通过一定的消费实践，就算是再不具备便携性的媒介也可以用来增强而不是减少人们流动的选择和能力。

三、摆放：在游弋与定着之间

电视进入家庭就成为家庭微观地理的一个有机组成部分。一个在空间上相对固定的电视机的存在无疑有助于人们培养对家庭空间的熟悉感、形成一定的时空秩序，进而产生本体安全感“家”作为一个私人空间和休闲空间一定要与公共关系和生产关系隔离，另一方面家庭内部需要一个共同在场的中心，体现家庭的凝聚力。在这样的空间秩序中，电视机划定并捍卫着内与外、公与私之间的分界。这样的家庭空间秩序是近一两百年来以西方为代表的城市中产阶级生活范式的表现，它以及与它相伴社会历史条件的变迁必然带来电视机位置的流动。历史地来看，电视机在目前所谓的“标准”位置不过是它几十年来在中国人日常生活空间中“旅行”的一个站点，而“旅行”的起点并不是家庭内的私人观看而是公共或半公共空间里的集体观看。迁徙与安居的张力使得电视机位置的流动性在笔者所调查的城中村农村移民家庭中表现得尤为突出。

首先，在这里电视机的摆放位置呈现出惊人的多样性；其次，在人们日常生活中电视机的摆放通常不是用来区隔不同的空间，而是将它们融合在一起。在某些极

端的情况下，电视机会在不同空间之间运动起来。与此同时，以上这些“流动”的现象似乎并不妨碍人们对电视机定着性的追求，即把电视机的摆放作为创造日常生活规律和安全感的工具。正像有些家庭可以为了协调工作和休闲的矛盾或是增加社会交往将电视机位置的“流动性”发挥到极致，另一些家庭也会为了创造自己所需要的家庭空间采取一些措施把电视机的定着性放大。

劳尔和莫利都对电视机的附加物有过关注，他们把这种现象解读为个人和家庭对电视机的某种情感投入，使电视机具有某种类似家庭神龛的作用，赋予它更强的组织和协调起居活动的功能。在这种有节奏、有规律的身体和物体的运动之中，人们可以在一个陌生的地方逐渐找到“地方感”和“在家”的感觉。

四、连接：有线翻墙

通过“翻墙”行动，一个独特的有线电视景观在城中村逐步形成。相比城市专家系统管辖的网络，这里的有线电视网络呈现出两个特点。第一，它的运行并没有从人们身边的社会关系中抽离开来，而是深深地植根于人们的日常生活和邻里互动中，它既受制于城中村的地方性又成为地方性的一个重要的构成因素。第二，有线电视网从不可见变得可见。走在城中村狭窄的街道和楼道里，随处可见有线电视电缆像蜘蛛网一样架在空中或爬在墙上。这种暴露的图景有力地提示我们，与电子媒介相关的空间政治绝对不仅仅发生在卡斯特所说的“流动空间”中，也同样发生在“地方空间”中。城中村居民争取有线电视收视权的实践一方面使他们的电视消费进一步根植于自己的居住地，从某种程度也使自己更为“部落化”；而另一方面，正是这种基于地方的媒介实践允许他们部分地跨越了城市主流对他们的社会排斥，为他们进入城市生活创造了一条另类的通道。从这个过程中我们再一次不难看出争取居住权的空间抗争和争取流动的空间抗争之间存在的内在统一性。

五、结论

通过从购买、摆放和连线这三个方面观察作为物质性存在的电视在农村移民家庭中的使用，我们可以看出媒体与流动性的关系不在于它本身是否移动或是便携，而是要在一个特定的社会文化背景下观察它是如何被创造性地使用在人们的日常生活中，这种消费实践又是如何变成一种资源，让人们获得更大的主动权来决定自身和他人是否流动和如何流动，协商和跨越各种社会归属和社会边界，也就是说围绕媒介的消费实践如何成为人们参与流动的政治的一种手段和工具。从这一点上来讲，所谓“媒介化流动”不应该是手机、平板等移动终端的专利，它应该涉及所有形态的媒介。

从以上的分析中我们看到，原本缺乏便携性的电视可以通过二手电视的方式既发挥它的社会功能又不至于成为移民迁徙过程中的累赘；电视机的摆放既可以用来增加家庭空间的稳定性，也可以用来促进公共与私人、工作与休闲空间之间的流动，而不是将它们隔离开来；同时我们也看到，城市主流对外来人群的社会隔离以及这种隔离所引发的抵抗是如何围绕着有线电视网在城中村展开的。所有这些消费实践的出发点都不完全是为了增强农村移民的移动性、建立他们与远方的联系，或是将他们从身边的社会关系中抽离出来，同样重要的是，电视被用来锚定他们与“这里”和“此时”的关系，建立对居住地的认同和依恋，在一个将他们定义为“外来者”的社会找到一定程度的“在家”感觉。电视的物质性就是这样一个流动和定着并存的矛盾体，为农村移民争取流动力的最大化提供了一个不容忽视的实践空间。如此威廉斯的“移动私藏悖论”仍然具有强大的解释力，只是不应以物质和非物质来划分悖论的两面。

作者：袁　艳（华中科技大学新闻与信息传播学院教授）
摘自：《新闻与传播研究》2016 年第 6 期

新传播形态与新闻专业主义再思考

——以澎湃新闻“东方之星”长江沉船事故报道为个案

新传播形态究竟为新闻业带来哪些改变？“新闻专业主义”在今天还有什么意义和价值吗？在对澎湃新闻进行系统参与式观察和深度访谈的基础上，通过对“东方之星”长江沉船事故报道进行个案分析可以发现，新闻业正呈现出“液化”状态。基于互联网社交平台，媒介机构不再是新闻事件的唯一阐释主体，新闻报道的价值和意义经由公众的集体参与而被不断重塑，新闻职业社区的专业控制和社会大众的开放参与之间，形成了强大的张力，组织化新闻生产正在变成协作性新闻“策展”（curation）。

一、研究背景

新技术从外部改变了传统新闻业，挑战了组织化新闻生产实践，以及与之相应、基于现代民主政治、市场经济、专业化分工和职业自主性的“新闻专业主义”理念及操作原则，并引发了一系列有关“新闻业危机”的论述。“随机的新闻行为”（random acts of journalism）这样一种有别于传统组织化新闻生产、由非职业记者展开的多样性的新闻实践形态因此产生。这种基于互联网用户社区、公众对具有新闻价值的事件和信息的发现、分享、评论模式，与其说是刊（publish）新闻不如说是公开（publicize）新闻，是当下新闻业的重大变化，被一些学者称为“协作性新闻策展”（collaborative news curation）。

本文所分析的澎湃新闻对“东方之星”长江沉船事故的报道就是一个很好的个案。该报道之进程在职业新闻生产与“随机的新闻行为”的相互作用中展开，它突出体现了“协作性新闻策展”这一新闻生产模式的特点：生产过程的去组织化、去科层化；开放、多节点、动态的个体化实践；没有被最终文本所装载，而是不断被再生的新闻内容。沉船事故及其报道成为新闻事件并不是一个线性的持续发酵过程，而是新闻机构内部和外部围绕同一事故的同时爆发；包括职业记者和公众在内的每一个传播者都是该新闻生成的节点，如此众多的节点快速互动，通过再生产、再诠释和再传播，不断将新的资源、素材和参考框架带入对沉船事故的公共讨论，由此产生以事故为事件核心的爆炸式信息叠加。该报道所引发的公众批评甚至被部分澎湃记者认为是澎湃成立以来最大的危机，究其原因，新传播形态首当其冲。有研究者认为，新技术和互联网的发展致使新闻业遭遇两大变迁：控制逻辑转移和生产过程透明化，它们对于“新闻专业主义”及其话语实践，从个体的职业认同到维护共同体的话题资源再到整个新闻职业群体对其行业的角色和功能期许，都是挑战。澎湃的沉船事故报道为我们提供了一个机会，以考察当下新闻生产的变化，其中新的新闻生产状态或模式对新闻从业者可能产生的影响，并借此反思在新闻生产技术和方式变迁的语境下，“新闻专业主义”话语实践的特征和意义。

二、作为话语实践的“新闻专业主义”：新闻业的信念、边界、工作常规

以职业社会学观照之，“新闻专业主义”首先是一种职业意识形态，它关乎专业知识的积累与专门训练，关乎从业资质，也关乎彰显专业精神的范例和内部机制。因此，“新闻专业主义”是记者职业信念、价值观的内化。具体来说，“新闻专业主义”及其话语实践始终随新闻业的发展，在来自社会各方的种种张力与矛盾之下不断调适，在起伏变动的历史情境当中呈现出不同的变化路径和丰富的阐释面向。然而，在新传播形态下的“新闻业危机”话语中，一些声音认为这样的危机正致使新闻业脱离原有的轨道，在不同层面、不同程度上动摇了“新闻专业主义”的根基。本研究是在澎湃新闻（www. thepaper. cn）进行的，这是上海报业集团的新媒体项目，它以移动客户端、社交媒体、Web 网页为新闻发布的平台，于 2014 年 7 月 22 日上线，以“专注时政与思想”作为自我定位的口号。澎湃的采编人员主要来自《东方早报》，它的英语名称是“The Paper”，记载了孕育它的纸媒基因。本文的经验材料来自于作者之一在澎湃新闻连续 8 个月的参与观察，以及在此期间对 30 位记者、10 位实习生、10 位离职记者的深度访谈。此外，两位作者专门针对“东方之星”长江沉船事故报道，跟随事件发酵过程，在澎湃记者中进行了多次正式和非正式深度访谈，并收集了与事件相关的大量微博微信文章、朋友圈帖子和微信群讨论内容。所有受访者均知情同意，作者在文中进行了匿名处理。

三、澎湃新闻“东方之星”长江沉船事故报道：外部压力与内部冲突

我们所分析的个案始于 2015 年 6 月 2 日。当日凌晨 3 时 09 分，澎湃新闻发布了一条聚合新闻，报道一艘游轮在长江水域倾覆的突发消息。之后，澎湃新闻报道了尽可能详尽的乘客资料，集纳了各路媒体发布的现场图片和央视制作的游轮翻沉模拟动画。除此之外，还推出了一段 HTML5 作品。同一天，同题署名文章发布于澎湃新闻官方微信（以下简称“悲伤水域”）。这篇以手记形式推出的短文形容。在微信朋友圈，这条推送获得了大量的转发和点赞。通过访谈发现，当时主创认为“悲伤水域”开机画面，头戴作业设备和护具的潜水员有煽情之嫌。诸多关注时政、社会的微信公众号也加入了批评的行列。然而，类似这些批评的声音，并未引起澎湃新闻的格外关注。6 月 5 日晚，澎湃新闻官方微信发表署名为“澎湃突发新闻报道组”的稿件，该文聚合了救援行动开展以来的若干场景，指出救援行动奉行了“生命至上”原则，称赞救援人员夜以继日的一线劳作，并透过幸存者的讲述慨叹生命的顽强。

与“悲伤水域”类似，也获得大量转发和点赞，然而，与“悲伤水域”最初的正面反馈截然不同，这篇报道一上线就引发众多网友的激烈批评。更大的负面影响来自诸多同行的批评。澎湃新闻内部负责人认为，认为“悲伤水域”标题失当的同仁在编辑部内部还不算多数，但对“回到母亲怀抱”属于“不合时宜的煽情”的认知基本趋于一致。

四、新传播环境下的新闻业：从新闻生产到新闻策展（curation）

从对澎湃新闻“东方之星”长江沉船事件报道事件过程的以上梳理中，我们大致可以看到在当今新技术主导的传播环境下，新闻生产模式的转换及其特征。

首先，以职业记者为生产主体、通过“把关”将新闻呈现给受众的单向传播链，被移动互联网的多节点互动取代了；通过社交平台，公众同样也成为新闻生产和传播的主体，过往组织化媒介机构和职业记者主导的新闻生产过程因此体现为多主体、多中心的动态实践。这种新技术和媒介融合主导的新闻生产，使得互联网引发的互动快速成为影响组织化媒介机构的新闻报道逻辑和方向的决定性因素。

其次，社交平台成为职业新闻从业者、新闻事件相关当事人（和公共议题相关机构）、立场观点多样的公众之间进行即时交流和交锋的重要渠道，这些分享、讨论可以置换、扭转媒介原本的报道重点和价值取向，甚至质疑、揭穿媒介报道的立场、动机、公正性和准确性，再反馈至新闻生产各环节，对后续报道产生影响。这变化尽管对公共讨论大有裨益，但对组织化的媒介机构而言，却常常感受到巨大的压力。

再次，基于移动互联网的社交平台，不仅极大地拓展了实时的新闻扩散、分享、讨论的速度和范围，打破了传统媒介新闻生产的时间流程和版面语言，而且，以往组织化新闻生产的工作常规，比如读报评报评好稿，师傅带徒弟的条线工作模式，科层制的把关人制度等，面对新技术和媒介融合驱动下的海量信息的快速流通，都难以为继。在多节点、快速的信息流动中，以往职业新闻从业者伸张专业权威的多个路径，有些消失了，有些边缘化了，有些被新的媒介环境消解了，体现专业性的管辖权也因此正在丧失。

五、讨论：“液态”的新闻业与“新闻专业主义”再思考

根据当今环境，学者们有的用“液态的新闻业”（liquidjournalism）来概括当今新闻业在新传播形态下的变化特征。

首先是记者身份的“液化”。有学者认为，今天的公众不仅具备批判性和自我表达能力，也具备监测环境能力，长于搜集各类新闻和信息为自己所用。因此在新兴的数字媒介文化中，新闻的用户或曰消费者同时也是公共信息生产者，我们在对澎湃新闻“东方之星”长江沉船事故报道的考察中，也清晰地看到新闻用户多重角色及其相互转换，尤其是这转换的速度和频率相当之快，甚至依托于不同空间或场景（比如在不同的微信群里），每一个个体都可能同时具备新闻信息生产者、传播者、消费者的多重身份，并在这些身份当中快速反复切换。这可被视为“液态”的新闻业一个重要特征。

“液态”的新闻业第二个特征是新闻职业共同体的“液化”。职业记者和公众既无法固守原有的职业、非职业边界，但也并不是从原有社区秩序中完全脱离，而是相互渗透。这种状况一方面体现为新闻信息与信息控制的边界正在液化、弥散；另一方面体现为职业与非职业社区在从新闻生产到协作性新闻策展的变化过程中，新的新闻信息的生产及流动形式正在被共同创造中，可能重置传统新闻业的制度化权力结构。

在新技术主导的以社交平台和公共参与为重要特征的新传播形态下，“液态”的新闻业及其从新闻生产到协作性新闻“策展”的转变，呈现的是新闻从业者和社会公众，每一个个体，在新闻信息生产

和传递的网络节点上不断地相互介入、相互挤占、相互渗透，原有的框架被不断突破、变形甚至不复存在，新的意义不断溢出。

作者：陆 晔（复旦大学新闻学院教授）
周睿鸣（复旦大学新闻学院博士生）
摘自：《新闻与传播研究》2016 年第 7 期

第三种论坛：体制性网络空间的公共性透视

——以苏州“寒山闻钟论坛”为个案

一、构与主体实践互构中的媒介公共性

理想规范的公共领域包含了三重意蕴：开放，中立，理性。但大众媒体都在不同程度上或被权力掌控，或受商业资本所制约。媒介空间不等同于公共性，但具备公共性的潜能，并且存在于人们如何选择和如何行动当中。对于一个媒介平台的公共性程度、公共性特质的判断，不能仅限于对结构的分析，更要分析结构设计中的可供性，以及由此而生的话语实践，它的类型和功能等构成要素。这样的分析是本文经验考察的内容，也为本文做出体制性网络空间之公共性的理论判断提供了经验基础。本文的问题是，在政府控制和治理新媒体的特定语境下，政府定制和管理的体制性网络媒介体现出哪些公共性的症候？民众的表达和互动实践及话语如何得到特定组合，从而激发媒介空间的潜能，形成具有某些特质的公共性？它能在多大程度上达成不同群体之间的对话、协商、容忍、互惠以及创造性地解决问题？本文择取苏州市政府主办的“寒山闻钟论坛”作为个案，通过经验考察和解读，借用不断发展的公共领域理论和威权协商理论来尝试回答上述问题。

二、体制化的媒介与威权协商的潜能

“寒山闻钟论坛”是从苏州市便民服务热线中分离出来的网络问政互动平台，目的是“为了拓宽群众诉求渠道，通过解民难、聚民智、汇民力，赢得群众的拥护，形成发展的合力”。论坛的设计构架为“网民发言——便民服务员回复——对应政府部门和机构线下处理——便民服务员公布处理结果”。市政府以强制性的手段建构起了论坛作为媒介运作的机制，同时，强力的线下支撑体系，使论坛部分议题不仅仅停留在“议论”环节，而是能得到迅速回应和解决。“寒山闻钟”都鼓励个人与个人、市民与政府机构、政府机构与政府机构之间进行沟通交流，允许任何人对任何政府机构及政府官员的权力、义务、合法性等展开讨论。论坛的多互动模式及其开放性，是多元社会中构成公共生活的讨论所必备的条件。

从发帖内容和讨论回馈的情形来看，论坛几乎涵盖了城乡所有具有网络接入能

力的人群。不同的社会阶层、不同地域、不同团体都能自由进入、自由退出某个网络空间，并不足以体现该空间的“公共性”，相比之下，空间是否允许自由交往、自由表达，是否具有最广泛的包容性则更能体现媒介的公共性。更进一步而言，对于“寒山闻钟”这样由政府机构直接管控的网络论坛来说，在得到制度保障、顾及政府利益、合理平衡多方关系的同时，对网络空间的管理和控制是否超过了基本的安全需求，如信息安全、秩序安全、隐私安全等，无疑是考察媒介公共性的重要指标。以此考量“寒山闻钟”，我们有以下发现：

第一，苏州市政府动用公权力，通过行政体制化的方式推动论坛的运维，顺应网络时代政府执政方式多样化的需要，另一方面将既有执政模式延续至线上，实现中心化的管理、监管和控制。这里充满了悖论，前者要求广开言路，倾听民意，后者又将论坛的设计、运维置于政府全面的掌控之下，于是体制化的媒介在完成政府倾听民意民情，鼓励公众问政，监督政府所作所为的工具作用的同时，也反身成为政府监管和引导民众舆论的手段，凸显出体制化媒介所具有的公共性面向和规训的特性。

第二，以科层制模式建构起来的论坛预示着成员间地位的不平等和权限大小的差别，这似乎有违公共空间的平等性原则。“便民员”掌控了谁可以发言，谁被禁言的权力，部分地剥夺了网民自由表达意见的权力，减弱了论坛的公共性。

第三，论坛实施会员注册制，需手机验证，实际上完成了论坛 ID 与实名手机的捆绑。致使网友担心“说得太多，会打击报复”，一定程度上影响民众自由交流、畅所欲言的表达。

显然，作为“政府网上办公系统”的“寒山闻钟”并不是哈贝马斯理论意义上的可以自由言说的公共空间，但是政府在维持合法性、秩序性、控制性前提下释放出来的公众参与路径。在中国复杂多样的社会政治环境下，协商可以发生在威权政治条件下。而参与协商的另一方面，则表现出如下特征：其一，所有人都可以参与协商，并获得合法性。其二，在协商中积累经验，从而改变公众期待。其三，协商被纳入决策的体制化进程中。其四，协商的逻辑将指向更为开放的民主方式。简而言之，当执政者将协商作为一种手段来采集信息、倾听民意、形成决策，并通过制度性的力量改善受影响者的状况时，他们在跟民众商量和被民众所影响的互动协商过程中，形成了基于公共性的相互间的劝服。体制性媒介固然有其限制公共性的极大可能，但是民众参与、互动，他们积极拓展传播边界，创造互动话语实践，主动发起和推动多方协商，以此激活网络公共空间论坛的民主潜能。

三、以私域性内容介入公共议题的协商

互联网的崛起之所以被寄予了公共领域和民主政治的厚望，恰恰是由于它打破了社会精英控制媒介、主导公共舆论的局面，互联网时代的公共性不应该理解为共同性、一致性，恰恰相反，应该是在尊重个体意志和价值基础之上的多元性、动态性和差异性。

公共领域的要义之一是媒体是否能容纳由不同个体所代表的不同利益诉求。在一个允许自由进入的网络空间中，带有强烈个人色彩的话语能否进入公共交往结构中，什么样的话语可以转化为公共话题，形成公共舆论，促成公共利益？

针对这些问题，我们对“寒山闻钟”中 3 个栏目进行考察，发现：第一，作为议题设置的发帖内容大多是公共性话题，并且不囿于区域性。“便民员”试图

引导公众讨论一些普遍性的公共问题，为城市管理中的疑难杂症寻找解决途径。第二，公众参与讨论时往往会自觉不自觉地将自己的日常生活代入，以自身的困难或问题投诉的话语风格参与到公共话题的讨论中。第三，围绕主帖的互动交流主要在公众中展开，发出主帖的“便民员”，通常发帖之后就不再参与讨论，既不回答公众提出的问题，因此共识只存在于公众之间，并不意味着公众与政府管理部门达成了共识，相反，话题激发了公众之间无序的七嘴八舌，而非有序的对话，因此，这不一定能形成有一定系统和逻辑连贯特性的话语。网民关注力具有分散的特点。抵近这些具有公共性的议题，我们可以勾勒出它们大致的主题特征和话语风格。

第一，议题大多与政府和民众的矛盾相关。第二，无论是从自利动机出发，抑或从小群体利益出发，这些话题关乎的都是普通百姓共同利益以及社会的公正公平。第三，大多数议题并未得到合理解决。大量议题被悬置，但是，只要这些议题事关公众利益，就会不断浮帖，不断被讨论。第四，发帖者若为个人，激发的往往是同情心。发帖者如为群体利益，通常会形成一个紧密型的小团体，互相抬帖，将事件炒热、置顶，引发更多网民的参与。不同的阶层，不同的社会力量将个人化的、私利性的话题带入公共平台，这是对公共生活的一种解放或民主化，并使得那些突出的、与公共政策或公众集体应对相连接的议题，借助“私人话题”的话语风格，在交往、讨论、协商中成长，从而促使公共议题形成的渠道更加开放，而且公共议题与个人生活关系更加密切。将公共性的概念建立在议题基础上，以议题或事件为切入点来分析媒介公共性实践问题，即“元议题性公共空间”是非常有见地的。

四、有限的公共性和多向协商模式的不足

体制化的媒介因为众多普通民众的参与和多样化的话语进入，往往会引发两种可能：溢出控制的疆界，议题失控引发更严厉的管控；协商实践不断增强，变协商成为民主的先声。“只能通过分析传媒的实践及其规训实践的体制安排，具体地考察传媒如何作为或并非作为社会公器在运作”，才能判断传媒的公共性是否存在。公共性包含可达性、经管者、利益三个方面。对于媒介的公共性拷问，必须将之与中国的媒介实践相勾连，具体地衡量在特定媒介平台上所展开的交往实践所蕴含的或预示的公共性元素。

“寒山闻钟”是政府管控和治理之下的区域性网络公共论坛，任何人可以相同的成本进入，但获得的权限并不完全平等，言论和交往受到某种程度的限制，因此，以“可达性”来评价，显然很难达到公共性的标准。但是，城市公众在论坛的发帖内容、互动交流过程通过“便民员”与政府管理机构相连接，实现了与决策程序之间的对接，从而使一些问题得到了更迅速更有力的解决，见出各政府机构需要处理的海量信息和问题。这是高度体制化的媒介代表公共利益的一种模式。

“寒山闻钟”为想象的公共性提供了可能性。但是，论坛的满意评价大多数来自对日常生活中具体问题的解决，而事涉复杂、棘手的问题时，却很难得到有效的、实质性的解决，出现了以“经管者”利益为导向的交流模式，即地方政府运用双重标准，对问题加以选择性处理，凡于民众有利，又不伤及自身利益和合法性的公共性问题可以高效解决；反之，涉及民众与政府官员、群体利益与官商利益、多部门职责等自身利益的问题需要启动多方协商模式时，往往显

得捉襟见肘。

因此，“寒山闻钟”虽然具有公共领域的一些特性，但就其结构和运作机制与功能而言，它仍是政府行政管理体系在网络媒介上的延伸。公众之间的互动对话也受到了较严格的控制。结构特性严重降低了以公共议题建构论坛社区，进行深度互动乃至形构线上线下社会动员的可能性。因此，“寒山闻钟”作为媒介的公共性还有一定缺陷。但若以发展了的公共领域理论以及不单一地在结构基础上对媒介的公共性做出评判，而是分析具体场景下的交往实践以及参与者主体的能动性和创造性，那么，体制性网络空间表现出政府治理模式下的有限的公共性，具有威权协商的民主潜能。不能否认第三种论坛类型——政府直管、整合线上线下管理的公共论坛作为平台所具有的深远的符号意义：在实体公共空间日渐被消费、休闲空间所取代，民众相互之间以及民众与政府及其代表之间对话空间日渐隐去的当下，这样的论坛朝虚拟但具有实际现实效果的方向拓展了城市空间，而且这是一个公众低成本、多形式、日常性化表达意见的正当空间，这使我们对未来城市走向更加民主、开放的共同体怀有一种审慎的乐观和期待。

作者：马中红（苏州大学凤凰传媒学院教授）
摘自：《新闻与传播研究》2016 年第 8 期

网络时代言论自由的刑法边界

一、时代难题：网络时代言论自由的合法边界

网络时代，言论自由与言论犯罪之间传统的紧张关系进一步升级。被称为信息高速公路的互联网新媒介远比传统大众媒介传播速度快、扩散范围广，言论自由比以往任何时代更加自由的同时，使得言论犯罪也更易发生。面对日益膨胀的网络言论，我国刑事立法和司法积极回应。一方面，针对网络言论行为立法呈现出犯罪化的趋势。例如，2015 年 8 月 29 日《中华人民共和国刑法修正案（九）》（以下简称《刑法修正案（九）》）在以往的编造、故意传播虚假恐怖信息罪的基础上，又新增了编造、故意传播虚假信息罪。另一方面，针对网络言论行为司法具有严厉打击的倾向。

二、行为构成：以网络言论内容本身为核心的重构

行为是任何犯罪成立的共同构成要件要素，网络言论型犯罪亦有其行为构成。关于网络言论型犯罪的行为构成——不法网络言论之发表，以往的研究重视“发表”的行为方式，容易忽视作为网络言论型犯罪行为组成之物的“网络言论”内容本身。

（一）事实与观点

言论自由的真理追求价值要求严格区分事实与观点。根据《刑法》第 221 条、第 243 条、第 246 条、第 291 条之规定，

损害商业信誉、商品声誉罪、诬告陷害罪、诽谤罪、编造、故意传播虚假恐怖信息罪、编造、故意传播虚假信息罪等言论型犯罪的组成之物分别是“虚伪‘事实’”“捏造‘事实’”“编造的恐怖‘信息’”“虚假的‘险情、疫情、灾情、警情’”等。这些编造传播型和侮辱诽谤型言论犯罪，必须是就事实问题而构成；言论者关于事实发表的意见或者价值判断，不得以犯罪论处。

事实与观点二分法可将针对事实的见解之发表排除在言论犯罪的处罚之外，无论这种见解富有价值或者分文不值，正确或者错误，温和或者激进，动听或者刺耳；刑法只处罚事实性陈述，尤其是虚假的事实陈述。然而，事实与观点二分法对言论入罪的控制作用是有限的，并不能无限实现言论自由的宪法价值。

（二）私事与公事

言论自由的民主自治价值要求公事与私事的二分。公民的事实陈述和观点表达可以分为私人事务和公共事务。当公民的言论关涉政治、公共管理、公众人物等公事时，即使其言论具有一定的虚假或者夸大成分，其可罚性也受到必要的限制。

刑法规定的“虚伪‘事实’”“捏造‘事实’”“编造的恐怖‘信息’”“虚假的‘险情、疫情、灾情、警情’”的合宪性限制解释结果——“事实言论的具有罪质决定意义的主要、重要或者核心部分的内容全部为虚假”，就可以适用到公事和私事等所有言论领域。总之，编造传播型和侮辱诽谤型言论犯罪行为组成之言论，不论在公事言论或者私事言论的场合，必须具有罪质决定意义的主要、重要或者核心部分的内容全部不实且造成预期受众对不实内容的信赖；对于煽动宣扬型言论犯罪而言，罪质指向的直接性要件是必要的，例如，对政府言辞较为激烈的批评如果没有直接涉及颠覆国家政权的内容，不能轻易以煽动颠覆国家政权罪定罪处刑。

（三）客观真实和“主观真实”

就我国《刑法》规定的诽谤罪、编造、故意传播虚假信息罪等言论型犯罪而言，言论内容的客观真实性是绝对的违法阻却事由；如上文所述，言论内容客观真实且没有直接指向煽动宣扬型言论犯罪的罪质，也不能认定为煽动民族仇恨、民族歧视罪等煽动宣扬型言论犯罪。

事实与观点、公事与私事、客观真实与“主观真实”之间并不是冲突的，而是均可作为对诬告陷害罪，诽谤罪，编造、故意传播虚假信息罪等编造传播型和侮辱诽谤型言论犯罪的组成之物——“事实”等言论内容，进行以言论自由的宪法价值为导向的实质解释的一般考量规则；对煽动民族仇恨、民族歧视罪、宣扬恐怖主义、极端主义罪等煽动宣扬型言论犯罪的合宪性认定也具有重要的参照意义。而且，法律之客观目的，“其实就是解释者自己放进法律中的目的”。一国或地区的言论自由的核心价值不同，这三个具体规则的适用条件也宽窄不一。在我国，不应囿于公众人物、公共事务或公益目的条件，三个规则应被普遍适用。

三、行为主体：网络服务提供者不作为传播新罪责

言论型犯罪的犯罪主体是一般主体。随着信息网络的发展，“变革人们交流方式的新技术不断为言论自由之保护带来新挑战”，网络服务提供者（Internet Service Provider，ISP）成为其中一种新的主体类型。从司法实践上看，我国已经出现网络服务提供者涉诽谤罪的案件。

（一）网络服务提供者的保证人地位之确立

“要对不作为的贡献追责，首先必须认定该人处于保障人地位（存在作为义务）。”在明知第三方于自己运行的信息网络服务器上张贴的内容为违法信息的场合，

网络服务提供者具有形式和实质的采取删除等处置措施的作为义务。

（二）网络服务提供者的保证人地位之反思

网络媒介具有分散性、易人性、普及性与匿名性的特点。“新媒体是以完全不同的原则运行：开放、参与、互惠以及点对点；而广播媒体则是一对多的传播。”作为新媒体的信息网络的这些运行原则，源于其分散性（decentralJization）、易人性（accessibility）、普及性（prevalence）、匿名性（anonymity）的本质属性。网络所独有的这些特性恰恰为给予线上言论比线下言论等同甚至更加强有力的保护提供了根据。

（三）网络服务提供者的不作为罪责之限制

网络媒介的科技特点和社会属性决定了，即使在《刑法》肯定网络服务提供者的信息网络安全管理义务的规定之下，也应致力于限缩性地适用《刑法修正案（九）》第28条传播违法信息型拒不履行信息网络安全管理义务罪，以防止刑罚的过度介入而造成言论市场的萎缩。媒介的责任取决于媒介的角色定位。在大众媒介时代，报社和出版商都被认作为言论内容的原始发布者，它们基于编辑控制权（editorial control）而对自己的发行物或者出版物承担严格责任。在第三方于网上张贴违法信息的网络媒介场合，网络服务提供者作为信息发布者（publisher）和信息传播者（distributor）而存在。

四、公安证据协助下网络亲告罪再审视

言论型犯罪刑事案件在程序法上以公诉案件为原则，以自诉案件为例外。在网上言论型犯罪自诉案件中，由于互联网本身的科技性和匿名性，加之自诉人收集证据的能力远远低于公诉人，刑法如何实现其保护法益目的，成为难题。在新的立法背景下，如果仍将刑法上的“告诉才处理”解释为刑事诉讼法上的“向法院自诉才审理”，那么，在自诉程序的受理和审判阶段都将存在不足。

（一）在自诉程序受理阶段的缺陷

就刑事自诉程序第一阶段而言，根据《最高人民法院关于适用〈中华人民共和国刑事诉讼法〉的解释》（以下简称《刑事诉讼法司法解释》）第259条的规定，“有明确的被告人”和“有证明被告人犯罪事实的证据”是法院受理自诉案件的必备条件。因此，网络诽谤案刑事审判面临的首要问题是被告人的确定，由于网络的匿名性，这一问题在网络诽谤案中更加突出；其次是被告人犯罪事实证据的提交。从诉讼模式看，人民法院要求公安机关协助确定被告人、查证犯罪事实倒退回了纠问式诉讼。从自诉制度看，人民法院要求公安机关协助确定被告人、查证犯罪事实侵害了被害人的权利。从传统诽谤案件的处理看，人民法院要求公安机关协助确定被告人、查证犯罪事实是对传统被害人的不公。

（二）在自诉程序审理阶段的弊端

将告诉等同于自诉，在诽谤案自诉程序的审判阶段，“人民法院可以要求公安机关提供协助”的诉讼制度设计的合理性也值得怀疑。

总之，对于作为亲告罪的诽谤罪案件，需要根据被害人的意愿或者推定的被害人的意愿来启动刑事诉讼程序（公诉或者自诉）。对于非亲告诽谤罪案件，当诽谤行为严重危害社会秩序和国家利益，且被害人不能或者无法表达是否告诉的本人意思时，方能由检察院以“严重危害社会秩序和国家利益”为由提起公诉，只是不需要以推定的被害人的意愿为前提。换言之，只要被害人有能力表达告诉意愿，无论出现何种情形，一律由被害人开启刑事诉讼程序（公诉或者自诉）；当被害人不能或者无法表达是否告诉的本人意思时，只要出现“严重危害社会秩序和国家利益”的

情形，公诉程序的开启不以推定的被害人意志为前提；如果没有出现“严重危害社会秩序和国家利益”的情形，则诉讼程序由人民检察院或被害人的近亲属为被害人的利益、根据被害人的可推定意愿来启动。

五、公诉程序：网络言论可罚性基准与罚则之限制

（一）客观方面的限制：现实的物理秩序

和现实空间的言论型犯罪相比，网络空间的言论型犯罪的可罚性基准有虚拟化倾向。在互联网背景下，《诽谤等犯罪解释》制定的言论型犯罪的可罚性基准有两个特点：一是将网络虚拟空间秩序解释为现实社会秩序；二是以点击、浏览、转发次数来量化法益侵害程度。

（二）主观方面的限制：故意和不法目的

对“情节严重”“严重扰乱社会秩序”“严重危害社会秩序和国家利益”等整体的评价基准的具体适用不但能从客观上予以限制，而且在主观方面，也有限缩的余地：整体的评价要素属于故意的认识和意志的内容，只有当行为人认识到其有害言论之发表会发生严重扰乱社会秩序等危害社会的结果，并且希望或者放任这种结果发生，且无任何正当目的时，方有以言论型犯罪定罪处罚的可能。

（三）程序方面的限制：告诉意思表达之不能

由于“严重危害社会秩序和国家利益”是诽谤罪的公诉条件，与其他言论型犯罪的“情节严重”“严重扰乱社会秩序”等相比具有程序意义上的不同，故而有必要在客观和主观方面的限制之外，再增加程序方面的限制。

结　语

关于网络时代言论型犯罪的构造与诉讼，还有许多问题需要进行深入研究。例如，合理确信规则下“主观真实”之免责的根据；又如，网络服务提供者明知网络用户等第三方于网上发布违法信息仍不采取删除、屏蔽、断开链接等措施，对于技术服务提供者的这一行为如何评价，“告诉才处理”在实体法上的独立概念如何与程序法学界和司法实务相沟通，如何改革当前司法体制，使得在公诉程序中的无罪判决不再“难产”，等等。网络时代言论型犯罪的构造与诉讼问题实质上是言论自由的边界划定问题。从刑事政策与刑法文本出发，基于宪法规范与精神的实质解释能够为司法者提供缓解法益保护与人权保障的紧张关系的有效路径。有什么样的价值目标，就会有什么样的刑法解释结论。基于刑法谦抑的精神，犯罪的处罚应限制在迫不得已的必要限度以内，故言论型犯罪的认定，理应在惩罚犯罪以保护相关法益的基础上，充分尊重言论自由，以保障公民的权利。

作者：刘艳红（东南大学法学院教授）
摘自：《中国社会科学》2016 年第 10 期

· 观点摘编 ·

超媒体时代的国际传播战略思考

吴飞在《新闻与写作》2016年第1期撰文指出，网络社会的崛起，使得人类社会的组织方式与结构类型发生了颠覆性的变化。而超媒体空间的出现更是从根本上改变了人们寻找、使用、生产、传播以及反馈信息的方式。超媒体空间给社会现实世界产生的影响不仅仅是在网络上交流，而更容易在线上与线下建立起互动，中心和边缘、真实与虚拟都变得不再界限明晰，人们通过网络来传播信息，发表观点，通过相互的交流形成和传播思想观点，组织社会行动，甚至会导致社会机体的重组。未来的信息传播将更容易超越民族国家之边界，快速在云端中传播扩散，如何认识这一超媒体空间的传播问题，国家需要从战略层面来考虑和布局。

从新媒介通达新传播：基于技术哲学的传播研究思考

孙玮在《暨南学报》（哲学社会科学版）2016年第1期撰文指出，应对新媒体浪潮，传播研究不能局限于既有主流传播学的功能主义理论框架，必须进行范式创新。主要包括三个想法：其一，传播的涵义必须拓展；其二，新技术崛起促使学术思想界正在经历传播的“中介化”转向；其三，在当前人类社会实践中，传播正在成为社会的构成性要素。作者认为，突破主流传播学视野的“中介”概念，至少有两个关键点。其一，“中介”不仅要呈现媒介本身（形式）的特点，而且须进一步取消内容与形式的两元对立，将信息（内容）与媒介（形式）统一在“中介”里。其二，必须突破现代性范畴的主体观，在“主体”的历史发展中讨论“中介”及传播诸问题。

告别“黄金时代”

——对52位传统媒体人离职告白的内容分析

陈敏、张晓纯在《新闻记者》2016年第2期撰文指出，传媒体制的禁锢、新技术的冲击、媒体经营的压力以及个人职业选择四个方面，是影响传统媒体人离职的主要原因。新闻专业话语在互联网平台上的大量涌现是记者话语实践发生的重要变化，而对缺乏共识的中国新闻界来说，一次次的关键事件或热点时刻中的讨论都是一次次增进共识的机会，因此，这些以公开信、微博、微信等形式，面向社会公众公开阐释记者离职转型心态的文本，有必要放在转型中的中国新闻业的大背景下来观照，并在后续展开深入研究。

对话2015传播学研究：网络社会的建构及其可能

杜骏飞在《编辑之友》2016年第2期撰文指出，通过与三位学者就网络社会的建构逻辑展开对话，其认为网络社会正在从“空间的生产”转向“时间的生产”以时间—交往逻辑取代空间实践逻辑；网络社会共同体比专业知识共同体有更大的知识价值，而文明共同体的普世知识启蒙，则比一切知识议题都更具反思性；“宏观理性的人”可超越个体化的理性，但面对观念市场的理论可能，仍应保持审慎和批评。

努力缩小我国互联网与世界先进水平的差距

陈力丹在《新闻记者》2016 年第 2 期撰文指出，根据联合国国际电信联盟第六次《衡量信息社会报告》，我国互联网在综合平衡发展方面与世界先进水平还有较大的差距。造成差距的主要原因包括：城、乡互联网普及率差距过大；互联网公共教育普及率低；中小产业互联网使用率、云计算的普及率较低；宽带价格可承受性很差；固定宽带网速较差；电信运营商和驻地网运营商的垄断。尽管目前，我国互联网发展迅速，网络覆盖率逐步提高，但是我们要认清与世界先进水平的差距，才好明确我国互联网未来努力的方向。

“后家族时代”浙江祠堂建筑文化场域内涵刍议

陈凌广在《浙江传媒学报》2016 年第 2 期撰文指出，作为乡土的祠堂文化，在当今商业社会中既有它的文化劣势，又有它的文化优势。祠堂宗法制度中的忠孝节义、睦邻和谐对于置身都市中的危机群体是一种另类观照，随着现代社会生长在钢筋水泥密林中的人们对乡野的渴望，对野趣的追求，对自然的回归，对传统的复位，似乎我们的社会发展已进入了新的“后寻根时代”。尤其是中国当代文化的建构必须经历从“他山之石”到“就地取材”的转变。将浙江祠堂建筑营建现象、三雕工艺文化及其当代价值进行整体性研究，有助于从现象背后梳理出古代区域交流史对于地区文化传承发展的脉络和视域融合的区域性特征，从学理上分析其存在的意义与价值，才能梳理和挖掘其内在的、有益的文化动力，注入新的文化内涵，提升其传播功能，才是浙江祠堂建筑文化生存、发展的必由之路。

拓展“关联”：新闻网站专业性重塑

彭兰、刘琳琳在《编辑之友》2016 年第 2 期撰文指出，在新媒体平台上，作为新闻内容主要载体之一的新闻网站，正在从数据、用户、平台三个角度加强新闻信息之间、信息与人之间、媒介与媒介之间的关联性。这一方面反映了在社交化、移动化及大数据的背景下，新闻生产与传播正在逐渐开始与相关的技术要素、社会要素、资源要素进行关联与整合；另一方面也有助于重塑与提升新闻网站的专业性。通过将新闻生产、技术、用户等因素进行“关联”来完成新闻内容和形式的提升与创新或许会为新闻网站提升自身专业性提供另一条出路。

从网络集群行为到网络集体行动

——网络群体性事件及相关研究的学理反思

董天策在《新闻与传播研究》2016 年第 2 期撰文指出，网络媒体环境下产生了众多以事件为中心的网络舆论聚集，形成社会各界高度重视的网络舆论冲击效应乃至网络集体行动。通过对 2003 年以来的网络群体性事件的回顾与反思，从理论概念的角度描述了有关研究的基本态势，分析了网络群体性事件研究的各种范式，阐明大多数的网络群体性事件并非社会危机，而是具有积极作用的网络公共事件。不过，网络公共事件难以涵盖所有的网络集群行为与网络集体行动，必须建立开放多元的概念群，才能有效概括错综复杂的研究对象，并且从网络公关/网络营销、网络谣言治理、网络公共领域、网络与集体行动、网络与社会运动、网络与国家安全以及网络动员等多元的理论视域与研究领域出发开展研究，才能推动该领域学术研究的切实进步，为互联网时代的社会治理提供有效的理论支持。

美国传播学研究的心理战争背景

——一种新的传播学史观

柯泽在《新闻大学》2016 年第 2 期撰文指出，90 年代美国出版的一些著作创造了令人惊讶的学术景观，这些著作试图证明心理战争是现实战争以及冷战的重要组成部分，美国传播学学科的发展和建立是美国心理战争的产物，这些研究也佐证了美国传播学研究的社会心理学传统。

办报与读报：晚清报刊大众化的探索与困惑

蒋建国在《新闻大学》2016 年第 2 期撰文指出，办报者用“例证”来劝民读报，目的是激发下层民众的阅读热情。通俗的说理感化那些下层社会的读者，是白话报刊一直努力追求的目标。白话报刊与社会启蒙运动的相互结合，对清末阅报风气的改变有着一定的影响。然而，这些热心于文化普及与大众启蒙的白话报人，尽管已经将读报门槛大大降低，但从实际效果看，并没有达到他们预想的目标。大部分的农村民众仍然是文盲，对报纸的需求很少。尽管白话报刊坚持“为中人以下说法则”，但实际上下层民众却很难有机会阅读。一些白话报的读者中，上等社会的人并不少，这与白话报刊进行下层社会启蒙的初衷有着一定的差距。从阅读的层面上，报纸的普及与民智的开发是双向互动的。在物质生活没有得到很好的改善之前，读报纸仍然被视为一种高级的精神消费，是一种对下层生活并无实际价值的奢侈性消费。因此，一方面肯定清末白话报刊在下层社会启蒙过程中所做出的贡献，但从清末社会的现状看，它的实际启蒙效果并没有得到充分的释放。在白话报刊启蒙价值与读者阅读量之间，仍然存在着明显的差距。

借船出海：中国媒体“走出去”战略背后的公共话语

孙皖宁、赵文才在《全球传媒学刊》2016 年第 2 期撰文指出，中国当前在国际舞台中所面临的挑战主要体现在中国的自我认知与世界对中国的认知、国际社会对中国作为一个政治体所产生的认知和对中国的文化社会所产生的认知、是中国对美国的认知与美国对中国的认知这三种“主流认知”中存在的偏差，这些认知偏差正是中国实施公共外交政策最重要的动因。中国正通过媒体扩张以提升其全球形象，减少乃至消除这些认知偏差，但这也成为引起西方焦虑的新缘由。

文章对中国公共外交政策的衍变程度加以研判，并着重关注其随时间发生的延续及流变过程。此外，中国在实施媒体扩张的过程中采取了多种方式来调用不同道德和知识资源，以对其媒体的全球化举措提供驱动力与合法性解释，文章也对这些资源的调动方式加以详述。

批判的国际传播研究：传播媒介在全球政治、经济与文化秩序中的角色

吴靖在《全球传媒学刊》2016 年第 2 期撰文指出，在现代性和民族国家成为

理论无意识的前提下，有关文化与认同的问题也陷入了不可调和的悖论之中。民族主义所倡导的文化的独特性、自洽性和自主性与现代化理论所推崇的文化普世主义原则与进化论产生了抵牾。在国际传播领域，有关文化和信息主权与所谓全球现代化的冲突成为争论的焦点之一。这些争论构成了跨界传播秩序建构的重要语境和价值前提，为国际传播研究的展开提供了目的论和方法论的框架。在民族国家、传播秩序和文化认同三个相互交织与相互塑造的概念所构成的理论视野中，国际传播研究形成了特定的谱系和论争场域。文章认为批判的国际传播研究应该关注跨国传播活动中不平等的权力关系及其塑造性力量，并寻找和定位能够改变不平等关系的能动性的社会、科技与文化力量。

二十年来的中国互联网新闻政策变迁

武智勇、赵蓓红在《现代传播（中国传媒大学学报）》2016 年第 2 期撰文指出，互联网新闻政策经历了四个阶段的变迁：一是互联网建设初期，传统媒体“自由触网”，新闻宣传“统一入网”；二是 Web1.0 时期，支持建设重点新闻网站，规范综合性网站新闻登载和采编发布业务；三是 Web2.0 时期，细密限定综合性网站新闻采编权，实行许可证制度管理网络时政类视听节目，同时加强网络新闻舆论导向；四是媒体融合期，促进政务微博微信发展，规范即时通信工具新闻传播资质与内容，倡导打造新型媒体集团融合互联网新闻。我国互联网新闻政策的基本特点是立足于维护和强化主流话语、前瞻性缺乏、以限制为主要管理手段。当一个平台难以承载多元信息和观点的时候，信息与观点就会寻求新的突破口，并以新的方式呈现。以限制为主要管理手段的做法在一定程度上成为互联网新闻发展的桎梏，亟须改变。

中国广播电视记者现状研究

——基于社会学的某种观照

刘昶、张富鼎在《现代传播（中国传媒大学学报）》2016 年第 3 期撰文指出，在媒体融合驱动的全球媒介语境下，广播电视新闻从业者这一职业群体主要呈现出四个特点，分别是记者群体年轻化和女性化趋势增强；记者群体的职业分工发生改变，即分工的本质并不在于工种的简单划分和区隔，而在于生产过程的合作与竞争；记者群体的职业道德认知或有悖论；记者群体新闻价值观和自身角色认知呈多元化。从社会生成层面看，我国记者群体的学历普遍提高，学科背景日益多元并以新闻传播学专业为主；决定记者社会角色的家庭因素正逐渐减弱，而我国记者的婚姻关系相对稳定，离婚率较低，而单身率较高，其影响因素主要是记者的工作性质和状态。我国记者对于职业工作的精神性层面满意度高于物质性层面，而对工作时间弹性、进修和培训机会、报酬收入、福利待遇和升值空间等回报性因素满意度较低。基于以上因素，记者的职业信念有所松动，职业流动频繁，媒体面对人才的外流，需要加快自身体制机制改革，吸引和保留更多人才。

当代中国马克思主义新闻观科学化大众化的时代表达

刘卫东在《中国地质大学学报》（社会科学版）2016 年第 3 期撰文指出，沃勒斯坦的“世界体系”理论与马克思主义人类社会发展理论的关系，并且分析了当代中国在全面融入“世界体系”中，坚持马克思列宁主义、毛泽东思想和邓小平理论，成功地走出了一条区别于西方国家和任何其他民族国家的“现代化”发展道路，为马克思主义中国化做出了新的历史贡献。马克思主义新闻思想是马克思主义完整体系的重要组成部分，与其他思想体系有着不可分割的内在联系。在上述国内外大背景下，审视中国的马克思主义新闻思想体系建设的时代召唤，需要以多元视角，跨学科语境和系统的方法，从多层次社会文化体系方面给予理论创新。除此之外，当代中国马克思主义新闻思想体系的构建与时代表达需要立足全党工作大局的顶层设计与战略布局；立足科学构建马克思主义新闻思想体系的接续与创新；立足治国理政、定国安邦的媒体工作新思路新格局。

论汉语“广告”一词的意义流变

王凤翔在《全球传媒学刊》2016 年第 3 期撰文指出，汉语“广告”一词及其含义在中国历史长河里的发展流变，充分反映了生产力和交往形式之间的矛盾，以及汉语自身发展规律与文化融合活力之间的紧密关联。

从中国文字起源与文化传播视角看，“廣（guǎng）”和“广（yǎn）”两字的历时性发展，折射出中国农业社会村邑的空间格局、传播格局与伦理格局；“告”字本义是祭祀仪式，是国家祭祀制度与社会意识形态，构建了中国特色的礼法制度与民族文化；广与告在中国城乡空间结构上逐步构建了家国统合的礼制文化。

中国千年未有之大历史事件，如佛教中土传播、晚清七十年大变局、民国成立、新中国成立、改革开放、信息革命等事件，深刻影响了汉语“广告”一词词义的变化与发展。唐朝道宣《续高僧传》把“广”与“告”组合为动词“广告”，通过“度”赋予了佛教内涵与传播价值，“广度”即普度，“告度”即劝度，体现了佛家“惟道居尊，惟德生物”的道德理想、不朽精神与传播信仰。具有中国话语特色的“告白”是近代化广告（advertising），具有马克思所说的具有付费性、充满活力、产业精神与妙趣横生四方面的广告传播内涵，是西方工业文明对中国千年传统的农业文明与生产方式的颠覆。同时，“告白”是江浙文人话语的普适化应用，隐喻了时代沉重感与历史沧桑感，具有浓厚的集体主义精神与“家国”文化的意识形态传统。新中国成立，既继承民国时期广告的商业传播与美术形式的要求，又强调广告的社会主义意识形态。邓小平 1992 年南方谈话，社会主义市场经济地位确立。“明示的广告主”“使用付费形式”“非人际传播的提示”三个要素成为广告定义的主流内容，契合社会主义市场经济与全球化社会的发展趋势。网络社会里，广告含义不再强调商业广告的“付费”特征，而是将其界定为推销商品或者服务的“信息”。

民国士人观影的心路历程

——基于《余绍宋日记》中观影笔记的解读

徐洲赤在《浙江传媒学院学报》2016 年第 3 期撰文指出，清末民初为中国传统士大夫阶层解体与转型时期，电影作为新文化的重要形态，可以折射出新旧观念和文化对一个社会转型期士人的影响。《余绍宋日记》中的电影笔记，较为具体地记录了一个民国士人对电影的接受过程及其观影心态的变化，尤其对左翼电影的观感，非常典型地体现了当时士人阶层在社会冲突面前的分裂心态和立场。同时，也为传统士人阶层在时代动荡下的转型与消亡提供了一个独特的观照视角。

澳大利亚公共外交探索期的管理与实践研究

——一种国际传播的视角

叶鸿宇在《现代传播（中国传媒大学学报）》2016年第3期撰文指出，以国际传播为切入点，通过探讨现代意义上的“公共外交”概念被引入之初澳大利亚在公共外交方面的尝试和努力所呈现的特点，可以理解澳大利亚公共外交总体状况。文章认为，澳大利亚公共外交管理主要存在以下几个特点：管理机构的延续性、管理的专业性及其国际广播的两级管理。探索期的时间特点包括公共外交的多维度实践和相辅相成的理论与实践。文章认为，公共外交在这一时期资金状况有较大影响，相关领导重视与否会影响公共外交工作能否顺利开展。无论是拥有延续性、专业性、两级管理体系、以需求为导向的公共外交管理，还是多维度、与理论相辅相成的公共外交实践，在各个方面都彼此影响、相互作用，共同构成了立体的澳大利亚公共外交探索期的一部分。

互联网电视的规制及其政策张力

赵瑜在《新闻大学》2016年第3期撰文指出，自2014年，国家新闻出版广电总局对互联网电视规制日趋严厉，不仅频繁发布禁令以重申第181号文的规制权威，还从联合执法部门入手实质性升级部门规范性文件的法律位阶。但互联网电视规制意图与结果出现偏差，说明政府在设置行政垄断和市场壁垒的同时，希望市场自发自觉地达到资源的最优化配置，这不仅在经济学上无效，在意识形态管理上同样无效。

微信新闻：一个交往生成观的分析

谢静在《新闻与传播研究》2016年第4期撰文指出，微信正在逐渐成为新闻生产的空间。不同于组织化、专业化的新闻生产，微信的新闻生成是在交往中生产，其新闻方式是作为交往的新闻。这种新的新闻方式打破了大众媒体新闻生产中生产与消费的二元对立和线性序列，是一种无本原的生产。微信的新闻生成以文本间性（互文性）的方式呈现，形成了多重连接、交叉并置的互文，不断创造新的信息与世界图景，创造出含混、多维的意义。而且，微信新闻生成重塑了人们的时空体验，模糊了时新性、真实性、事实与意见、专业与业余、公共与私人等传统新闻生产所依赖并强化的固有边界，因而表征了全新的新闻范式。

“媒介逻辑”如何影响中国的抗争？

——基于40个拆迁案例的模糊集定性比较分析

郑雯、黄荣贵在《国际新闻界》2016年第4期撰文指出，以“媒介逻辑”作为核心性分析框架，系统考察了不同类型的媒介逻辑如何共同作用于40个拆迁抗争案例。其发现，媒介的内容逻辑比技术逻辑和制度逻辑更具有影响力，内容逻辑的影响力镶嵌于而不是独立于政治制度。虽然技术逻辑和制度逻辑自身无法有效解释抗争的成功，但三种媒介逻辑之间存在相互强化的效应。在内容逻辑的基础上引入其他两者可以大大提高媒介逻辑对于抗争成功的整体影响，在经验上初步验证整合的“媒介逻辑”理论框架的解释力。互联网带来的大量信息最终可能会强化对“新闻媒介逻辑”的需求。今后的研究有必要细分新的媒介逻辑和传统的媒介逻辑，并进一步考察它们对诸如社会抗争等社会现象的影响。

大数据热的冷思考

匡文波、黄琦翔、江波在《新闻与写作》2016年第5期撰文指出，数据新闻被视为未来新闻业的发展趋势，机器人写稿成为当下热点，数据成为广告实现精确定位的重要依据。但大数据不是万能的，存在数据分析复杂困难，信息孤岛普遍，对传媒业的价值应该重新考量。其分析逻辑不统一，且面临着隐私与安全问题。而机器人看似能在第一时间运用算法生成新闻稿件，但却缺少“温度”。虽然大数据看似解决了新闻客观性问题，但新闻的角度同样重要。新闻是“有温度”的，它具有一定价值，嵌入记者的思考，倡导一种理念，机器人“记者”却只能“冷冰冰”地将数据中反映的事实全盘托出，难以体现人文精神。机器人难以做到归因、举证，因此无法引导人们对某一则新闻的深入思考。大数据面临着用户是一把“双刃剑”，只有通过对大数据热的理性思考，才能促使政府与立法机关规范大数据的使用，促使企业合理应用大数据，进而才能有效地避免大数据给传媒产业及整个社会带来的问题与危害。

分权体制与地方政府的媒介治理

——以“守土有责”的地方性理解与实践为视角

李东晓、潘祥辉在《新闻记者》2016年第5期撰文指出，“分权体制”是理解中国政府治理的重要框架，这一体制促使地方政府不仅在经济市场也在信息和声誉市场上展开竞争，“守土有责”因此成为地方政府政治治理和媒体治理中最为常见的工具选项。我国的分权体制与地方政府竞争所导致的“意料外后果”之一，就是强化和激励了地方政府以地方利益为出发点，在宣传和信息管理领域对“守土有责”做出最有利于自己的理解和实践。在压力型体制主导的政府竞争中，地方政府对媒体的管制并非完全依照中央政策，其对“守土有责”的理解与执行，也未必符合“大局利益”，但在分权体制所提供的激励中，地方政府却有最大的动力这样做，这很大程度上是由这一体制下地方政府的竞争逻辑所决定的。

社交媒体与移动APP新闻使用对青年政治抗议的影响

卢家银在《现代传播（中国传媒大学学报）》2016年第5期撰文，在回顾互联网对公民政治抗议影响的基础上，对中国境内的大学生进行了网络问卷调查，系统分析社交媒体和移动APP使用对中国青年政治抗议行为的影响，其结果显示，微信新闻使用和移动APP新闻使用对青年的政治抗议行为具有促进作用，但微博新闻使用对青年的政治抗议行为并无显著影响。其中，APP新闻使用对青年政治抗议的影响最大，影响力远远超过微信、微博和传统的线上线下媒体。同时，虽然政府网络管控对青年的政治抗议表现出削弱作用，但并不能完全减弱社交媒体对青年政治抗议的影响。在政府管控的环境中，微信新闻使用仍然促进了青年的政治抗议行为。

激发应对效能与自我效能：公众适应气候变化的风险传播治理

邱鸿峰在《国际新闻界》2016年第5期撰文指出，“适应”与“减缓”已经成为全球应对气候变化的两大战略，倡导公众行动对其适应尤为关键。通过对新浪微博的内容分析和框架分析发现，气候变化主题微博以“减缓”为主导框架实施公众倡导，“适应”框架处在话语秩序的边缘，而作为重要信源的主流媒体同样忽视“适应策略”。作为低度风险感知的表现，网民以冷漠、悲观、宿命论，甚至批判性与偏离性话语来回应微博倡导。在讨论过程中，借助了吉姆·维特的“延伸的平行处理模式”，探讨了网民感知气候变化风险的心理机制，并从激发公众的应对效能与自我效能出发，对气候变化的风险传播治理提出了两方面建议，首先，改变过分注重减缓战略而忽视适应战略的传播框架；其次，地方政府、科学家与公众不仅要联合定义“此时此地”的气候风险，而且要联合确定有关适应行动的决策选项，通过公众参与使适应措施的可行性与有效性得到广泛认可等。

时空转移与智慧分流：媒体的分化与重构

韩立新在《新闻与传播研究》2016年第5期撰文指出，传播技术和社会力量推动着信息传播向两个方向发展，一是结合式融合，二是跨界融合。跨界融合的出现和形成大致过程主要是：跨界融合中，连接信源与信宿的中间体——媒介，从传统媒体中分化出来，并借助传播技术提供的平台，在不同的社会分工及其运行过程中，提供着基于信息的连接，进而引发了传统媒体诸种传播要素的分化，并在新平台上重新结构了信息传播的过程和形态，形成跨界媒体和传播智慧新格局。与以“内容”为核心要素的传统媒体产业形态不同的是，跨界媒体正在形成以“连接”为核心要素的新的传媒产业形态。跨界融合及其形成的跨界媒体是媒体发展的新阶段，它正在改写或重写新闻和媒体的知识体系，推动新闻学知识体系进行“范式转换”，媒介学的建构成为实践的呼唤。

网络舆论的概念认知、分析层次与引导策略

张志安、晏齐宏在《新闻与传播研究》2016年第5期撰文指出，要真正理解网络环境下舆论对于中国社会发展的重要意义，以及将网络对社会进步的推动作用进一步释放出来，需要我们重新认识网络舆论的本质内涵、科学地研究和研判网络舆论、实施具有实效性的引导策略。从概念认知的角度看，“作为结果的网络舆论”更加直观地反映出真实民意，“作为过程的网络舆论”则更加积极地保障公众表达。针对网络舆论研究要进行适度的层次划分，比如情绪层次的分析需要明确情绪与情绪化的界限，态度层次的分析需要注重量变与质变的转化，行为层次的分析需要注重线上与线下的互动关系。网络舆论的引导策略，则主要包括两个方面：遵循系统规律，从管理控制转向信息沟通、从短期信息调控转向长期心态调适；坚持导向原则，即权威性、合理性、公共性。

媒介融合视阈下的手机新闻个性化发展探究

周忠元、薛莹在《编辑之友》2016年第6期撰文指出，媒介融合时代，手机新闻个性化发展成为各大主流新闻媒体竞相追逐的目标。手机新闻个性化主要表现为新闻客户端的新闻菜单、新闻订阅、新闻搜索、新闻编辑和新闻标题等个性化的软件设置；在传播方式上主要呈现为交互性、广泛性、强制性、受众主动性和言论多元

性等个性化表征。在其个性化发展过程中存在着把关人失位、实名制限制和人性化缺失等问题。因此，在手机新闻个性化发展的道路上，强化个性化设置，凸显人性化关怀，弱化“台前”，突出“幕后”，避免新闻同质化，保证新闻纵深度等都成为其突破和创新发展的题中之意。

公共关系的哲学批判与回应

胡百精、高歌在《现代传播（中国传媒大学学报）》2016 年第 6 期撰文指出，公共关系在参与现代社会治理、促进公共对话等方面发挥出日益重要的作用，但从百年公关发展的历史进程来看，对公关角色的认定和价值的承认始终伴随着指向其业务、伦理之维的审视和来自哲学之维的批判。文章梳理了以哈贝马斯和乔姆斯基为代表的批判学者对公关提出的诸项指控，譬如公关对舆论的操控导致公共领域的封建化和系统对生活世界的殖民，以及公关对修辞的滥用造成真相遮蔽、心灵异化和意识形态宰制等严重后果，并在总结伯内斯、格鲁尼格和伯顿等人改良方案的基础上，循证公关对话范式转向的必要性和可能性，提出通过改造语言和交往拓展人之认知和创造力，在多元主体之间构建持续、有效的对话机制，遵守对话的理性规范，以此重建信任，再造共同体生活和社会团结。

报纸革命：1903 年的《苏报》

——媒介化政治的视角

黄旦在《新闻与传播研究》2016 年第 6 期撰文指出，考察 1903 年《苏报》的实践，发现《苏报》以“学界风潮”所导引的社会“观看”，提供了观察当时社会和政治的标准视野；中国教育会介入《苏报》，使爱国学社、张园演讲与报纸交汇鼓荡，大大引发出激进倾向。与其说是《苏报》反映了革命，不如说是《苏报》让人知道并体验了一番革命。这种“爆炸性之一击”，突出“其发行之趣意，有以别异于各新闻纸者”之处，从而创造出一种以政治和社会动员为目的的新型报纸文化。《苏报》却是以决绝的态度，以清朝政府以及一切非革命者的对立面而出现。1903 年的《苏报》革命，就是在改变政治运动方式的同时，以自己的现场表演，首次为中国社会生产了一种新的媒介文化——知识，并通过后来报纸的参与性体验和经验，一次又一次地予以证实和修订，从而沉淀积聚成一个“实在”，“是集体知识中的真实性”。

《百鸟朝凤》的乡土叙事：寻找更合理的叙事逻辑

陆绍阳在《电影艺术》2016 年第 4 期撰文指出，《百鸟朝凤》展示了乡村中国在现代化进程中生活方式和价值观的改变，对乡村传统文化的式微表现出深深的忧虑，但导演预设的叙事逻辑前后并不完全一致，几处出现了断裂和错位，影响了叙事逻辑的合理性，导致了人物形象塑造的单薄。

新自由主义现代性阴影下的家、审美权威与阶级认同

——《交换空间》与生活方式电视节目的文化政治

吴靖、云国强在《开放时代》2016 年第 4 期撰文指出，关于中国模式与新自由主义全球霸权之间的关系，一直存在着争论。明智的做法是超越概念层面的本质主义认识，去观察日常生活中文化身份、价

值认同和社会惯习的建构与博弈，这样我们才能对走向现代性文化过程中的中国元素有切实的认识。这些新的文化形态是在国家、知识精英和商业化大众传媒的合作与协商中逐步成型的，并与全球社会经济和文化影响有着复杂的关联。他们通过考察分析家居装修类的电视节目——《交换空间》，包括其背后的社会经济力量和符号策略，其所塑造和推广的社会身份、社会想象、审美追求和阶层认同，来为处于新自由主义现代性霸权阴影下的日常生活中的文化和意识形态提供更细致入微的、辩证的解释。

农民抗争政治的行动逻辑与治理启示

——以G省W村农民土地维权事件为例

周如南、朱健刚在《湖南农业大学学报》（社会科学版）2016年第5期撰文指出，20世纪90年代以来，随着中国城市化的深入推进和大规模城镇化运动的出现，农村地区由于土地纠纷引发的土地维权群体性事件日渐增多，已成为农业税取消后影响农村社会稳定发展的首要问题。因此，其农民抗争政治的行动逻辑在当前环境下值得研究和探讨。以G省的W村为例，随着农民土地维权意识的日益觉醒，当农民集体土地权益受到严重侵害、村委会组织陷入瘫痪后，代表W村村民利益的自组织临时理事会利用社区传统中的宗族结构，展现出了强大的集体动员能力，并通过娴熟的互联网和新媒体技术操作以及恰当的话语表述，依法依理与代表国家权力的政府部门在维稳框架下展开了博弈，最终促成了事件的顺利解决。从W村农民抗争案例可得到如下乡村治理启示：必须实施真正意义上的村民自治；群体事件中的压制性治理模式亟待变革；应发挥民间自组织的协同管理作用。

作为知识生产的新闻评论：知识话语呈现的公共修辞与框架再造

刘涛在《新闻大学》2016年第6期撰文指出，知识社会学立足于历史—社会决定论，致力于揭示知识的生产原理及其与社会的互动影响。作为一种特殊的知识形态，新闻评论具备“类知识化”的思想属性与社会功能。将知识社会学引入新闻评论研究，这在理论思路上不仅是可能的，而且是现实的。相对于其他新闻样式，新闻评论是最接近公共知识（public knowledge）生产的一种话语实践。立足于公共修辞（public rhetorics）的基本话语实践，公共知识的生产过程依赖于三种内在关联的修辞框架——概念框架、隐喻框架和故事框架。从“观点”到“公共知识”，往往是借助修辞学意义上的接合实践（articulation）完成的。

国外跨屏受众测量的发展特征与思考

刘燕南、刘双、刘恬在《中国地质大学学报》（社会科学版）2016年第6期撰文指出，跨屏传受和跨屏测量是新技术催生的新领域，测量机构的技术创新势在必行。对于新兴的跨屏市场，要构建新的测量体系和行业标准，测量机构之间展开适度竞争是必然的。竞争所带来的压力和动力，及其所引发的尝试、创新、质疑和检验行动，对于推动科学的测量标准乃至行业规范的建立，都具有正面意义。目前我国电视收视测量市场仅由一家机构来覆盖和回应整个市场的多元数据需求，是不现实的。要有效地激励和释放竞争主体的潜力，又要不断匹配相应的规范和第三方监督机制，是推动跨屏测量行业有序发展的当务之急。同时，注重跨屏指标的可比性或融通性，充分释放跨屏测量的数据价值。

传播的逻辑：寻求多元共识的亚洲文明对话

孟建、于嵩昕在《现代传播》2016年第7期撰文指出，中国的成功带来了“中国经验”，它的传播将构建亚洲文明的“发展共识”。中国的崛起为亚洲文明探寻自身的发展道路提供了一个良好的范例，而且强大的中国并非如西方那样强制推行价值理念和政治体制，中国展示的，不是控制与霸权，而是有益于亚洲整体发展与繁荣的“中国经验”；中国提供的不是一种绝对的“标尺”，而是一种有益的“借鉴”；中国与他国的交流与合作，是谋求“多元共识”，而非强行推广或植入。在这个过程中，需要突出“先建秩序、再谋发展”“先谈认同、再谈合作”“先谈他利、再谈共赢”的实践理念。亚洲文明对话需要通过对话的常态机制来践行这一基本理念。同时，亚洲文明对话的推进需要区分政治、经济、军事领域中的对话与文化艺术对话，民间的文化艺术对话会让亚洲文明对话在“润物细无声”中产生有益的效果。文明之间的冲突和融合在历史长河中从来就没有终止过，亚洲各文明之间需要加强对话和交流、互相借鉴有益经验、合作应对各种危机与挑战。

全球模式与地方性知识：电视生产社群的民族志阐释

张潇潇、冯应谦在《国际新闻界》2016年第7期撰文指出，哥伦比亚电视剧《丑女贝蒂》(*Yo soy Betty, la Fea*)模式在中国本土化的过程。该剧的拍摄和制作，反映了全球电视模式与地方性知识的相遇和碰撞，其中电视模式所携带的全球性知识，指引着本土生产者复制原版节目，同时电视生产社群还需依据地方性知识，对与当地社会观念冲突的元素进行适当的改编。而拥戴、协商和摒弃是本土生产者改编全球模式的常见策略，模式的引进和转译的偏差形成了混杂的文化产品。

节点与变量：突发事件网络“扩音效应”产生的过程考察和一般模式

——基于对“鲁山大火”和“兰考大火”的比较研究

张淑华在《新闻与传播研究》2016年第7期撰文指出，“扩音效应”产生是突发事件信息传播和情绪传播“共振”的结果，公众探究真相的信息需求和维护社会公义的遍在情绪构成了事件传播与扩散的驱动机制。事件信息质量与隐含的情绪张力决定着事件传播的关键节点的出现、时长、态势等，是决定“扩音”或“消音”的重要变量。突发事件中的信息与情绪传播，遇阻“扩音”，顺之则消，发展走向与问题处置的态度、方式、效果等密切相关。信息沟通和情绪安抚的能效，对事件传播“引爆点”是否出现、能否敦促舆情出现“拐点”和最终走向“终点”还是“断点”有决定性影响。

网上民间新闻发布会的概念建构与社会意义

——兼论文明维权的新模式

邱新有、叶旭洋、余秋雨在《贵州社会科学》2016年第8期撰文指出，网上民间新闻发布会，是指由民间组织或者底层民众个人，借力于微博、博客、论坛等自媒体，在网络空间向社会发布公告的新闻传播活动。网上民间新闻发布会具有草根性、仪式化、表演性等特征，作为“文明维权”的新模式，是对“依法抗争及其家族概念”的有益补充。从成本核算和传播效果的角度来看，网上民间新闻发布会具有较强的可复制性，作为民间维权文明化的一种尝试是完全可能的。

我国食品安全议题的新闻生产常规及规制因素分析

——基于对 14 名媒体人的深度访谈

冯强在《湖北社会科学》2016 年第 8 期撰文指出，食品安全议题报道的空间网络涵盖系统化和社会化场所，时间节奏与所跑部门同步化及“文化历”特点明显，新闻价值以关注度为导向，消息来源偏向政府部门等特征，并因记者所处媒体性质及工种之分而呈现出明显差异。政府对食品安全议题的控制较弱，但企业的公关和干预较多，组织内部审查和绩效制度也影响到食品安全议题的常规实践。通过对食品安全议题的新闻常规及其规制因素的分析可以看出，风险议题的信息生产和传播并非在真空中进行的，而是受到媒体工作模式及多种因素的影响及制约。作为信息接受者的个体，要结合媒体的新闻生产逻辑，来批判地阅读和分析新闻报道。

国外舆论研究现状及启示

韦路在《中国报业》2016 年第 8 期撰文指出，当前西方对舆论的研究大致可以归纳为两个方面：第一个方面是大众传播对公众舆论的影响，第二个方面是公众舆论与政治决策的互动。第一个方面大众传播对公众舆论影响研究呈现出两个特点，分别是，第一，强化了选择性信息接触，认为受众倾向于获取与自己固有知识结构及立场一致的信息。第二，由于选择性接触机制的作用，受众在遇到与自己立场不一致的信息时，会拒绝接受或从自己的立场出发进行解读，导致群体极化现象的出现。第二个方面是公众舆论与政治决策的互动，主要有三个方面的启示，分别是政治决策层对公众舆论的回应，主要发生在议程设置阶段，而非决策制定阶段；产生制度性摩擦的风险或成本越高，决策层回应的可能性就越低；决策层对于不同议题的回应程度各异，取决于议题本身的讨论热度。除此之外，国外舆论研究的最新进展在理论层面，主要是西方舆论研究关注互联网的出现是否更有利于公共领域的形成和民主进程的推进。在方法层面上，西方也倾向于通过网络大数据的方法对舆论进行研究。

机器人新闻：原理、风险和影响

邓建国在《新闻记者》2016 年第 9 期撰文指出，近两年来，国内外新闻业界和学界都在热议“机器人新闻”“自动化新闻”“算法新闻”“计算机生成内容”。据预测，“机器人生成内容”（CGC）很快将与“专业新闻记者生成内容”（PCC）以及“用户生成内容”（UGC）一起构成数字化新闻和信息的三大主体。文章分析了机器人新闻生产背后的逻辑、所面临的挑战以及给新闻业带来的影响。同时指出，在未来的新闻生产中，人类记者可能从数字泰勒主义的新闻生产模式中解脱出来，和机器人记者一起协同工作，各司其职，各尽所能，相得益彰，形成一种“人机共生”的景象。

从批判话语分析 CDA 到传播民族志 EoC

李耘耕在《暨南学报》（哲学社会科学版）2016 年第 9 期撰文指出，批判话语分析（CDA）是连接语言文本与其所在社会文化的语境的分析桥梁。然而从语言和文本本身出发的研究无法将言语行为看作在具体传播情境下社会互动的产物。与批判话语分析不同，“传播民族志”可以从传播实践出发，将话语放置在特定的“言语共同体”和具体的“传播实践”场景之中加以考察。“传播民族志”（Ethnography of Communication，EoC）可以说明不同的言语主体，如何通过调用内在或外在于该“言语共同体”的话语和传播资源建构自己的“传播资质”，从而建构权力秩序。特定情境下，话语的特定意义是不同言语主体言语行为互动和实践的结果，与批判话语分析相补充，帮助研究者更好理解话语是如何通过日常的“传播实践”建构自身的合法性，以及在一个多重话语并置甚或冲突的情境下，作为“传播资源”的话语，如何对不同“言语主体”施加权力并形塑特定话语的意义。

恢复人与技术的“活”关系：对“使用与满足”理论的反思

潘霁在《国际新闻界》2016 年第 9 期撰文指出，数字网络技术深度嵌入并重塑了人们日常的生活实践和意义生成，凸显出技术与人类生存状况间日益紧密的动态关系。新媒介环境中，“使用满足”等将技术视为外在工具的理论面临严重的范式危机。文章从恢复人与技术关系的视角出发，通过反思“使用满足”理论背后的假设揭示出该理论的局限并借此提出新的研究方向和命题。同时研究希望通过批判性反思使用满足理论，为网络时代媒介研究的范式创新开辟新的视野和路径。

“商业主义”统合与“专业主义”离场：数字化背景下中国新闻业转型的话语形构及其构成作用

李艳红、陈鹏在《国际新闻界》2016 年第 9 期撰文指出，以话语的社会理论取径，以新闻业者针对数字化挑战所发表的言说文本为素材，考察我国新闻场域中的实践者如何在这一条件下重构和概念化他们的行为。作者发现当代中国的业者主要转向了市场话语，采纳商业主义作为支配其言说的基本框架。与西方社会在类似技术条件下所产生的相对多元的危机言说相比，当下中国业者的“话语形构”显示出单一商业维度的特征。这一“话语形构”的变迁不仅内在于商业主义社会实践的兴起之中，并且为后者提供合理化的依据进而催生后者，与此同时，以“公共性”为价值主导的工作、社会关系和社会认同则在这一过程中被“去合法化”和边缘化。新闻业的结构性变迁因而蕴含在话语变迁之中。

个人隐私数据“二次使用”中的边界

顾理平、杨苗在《新闻与传播研究》2016 年第 9 期撰文指出，大数据时代，数据的价值并不仅局限于数据的基本用途，深入发掘与分析后的“二次使用”已属常态。个人隐私数据的“二次使用”不仅成为了企业的商机，也为消费者提供了便利。但是“二次使用”产生的问题必须引起我们的重视。随着个人隐私数据“二次使用”行为的普遍存在，公共领域与个人领域交织、技术发展的悖论、隐私保护法律体系的缺失等都导致了这种状态的存在，公民的人身权甚至财产权时时处在潜在的或现实的侵害状态。必须借鉴传播隐私管理理论进行个人隐私数据的管理，从而联合各方协调管理好隐私边界，妥善保护公民隐私。

网络社群传播与社会化阅读的发展

蔡骐在《新闻记者》2016 年第 10 期

撰文指出，网络社群传播，是在新媒体环境下，人与人之间从技术连接到情感共振的表现。网络社群从技术、文化和社会三个层面，催生了一种强调分享、互动、社交和可移动的全新阅读模式——社会化阅读，开启了阅读变迁的序幕。网络社群传播中的阅读变迁主要表现为四个方面，包括认知盈余下的生产革命，聚合与分化中的混合式文本，内容与关系驱动的共享式阅读，以及多终端、跨平台的融合场景。利用网络社群促进书香社会建设，一要借助终端延伸与个性定制，激活“个人云”；二要发展参与式文化与共享型经济，整合“社群流”；三要通过场景孵化与跨域融合，让阅读嵌入“社会网”，而这正是社会化阅读的发展前景。

《超越西方霸权》的视野、方法论与文化根性

朱丽丽在《新闻记者》2016 年第 10 期撰文指出，《超越西方霸权》是最近十年来对其影响最大的传播学专业书。其影响主要体现在三个方面：第一，视野，主要表现为国际化与本土化的超越以及学科间的跨越；第二，方法论，在这部作品中，作者从理论到操作非常精细地展演了何为中观距离的实证主义研究；第三，文化根性，该书是最能兼顾学术化与文化根性的佳作，其风格化不仅是语言上的，也是文化根性的。

报纸新闻客户端的发展现状及趋势

高春梅在《青年记者》2016 年第 28 期撰文指出，报纸新闻客户端数量迅速攀升，部分新闻客户端崭露峥嵘，报纸新闻客户端呈现冰火两重天，整体影响力尚有待提升；因为处于探索期，还没有形成盈利的模式；在这种情况下，报纸新闻客户端的突围之策主要包括：打造内容优势的核心竞争力，汇聚网民力量提高自身影响力；目前许多客户端还是以信息传播为主，服务型没有落地，要强化服务功能、深耕本地新闻，增强平台化发展与个性化推荐。纸媒运营的新闻客户端应该遵循移动终端的传播规律，通过合作等方式，弥补自身的技术短板，在生产优质原创内容的同时，注重用户行为，挖掘用户需求，实现信息和用户的精准匹配和个性化推送。

搜索引擎网站社会责任的现实考量与提升路径

钟瑛、李秋华、张军辉在《现代传播（中国传媒大学学报）》2016 年第 10 期撰文指出，搜索引擎网站是以向网民提供网络信息检索服务为主的功能性网站，经历了导航式搜索、自动化搜索和个性化搜索的发展演变，已成为兼备商业性和媒体性的综合门户。通过对搜索引擎网站社会责任的评估指标体系构建和量化分析，对其总体状况进行考察解析，发现存在算法隐秘性与受众知情权、个性化定制与隐私侵犯等五大现实冲突；并在网站运营层面、搜索技术层面和多维关联主体层面提供了中国搜索引擎网站责任提升的路径探索与思考。

互联网环境下公众议程与政策议程的关系及治理进路

曾润喜、杜洪涛、王晨曦在《管理世界》2016 年第 10 期撰文指出，互联网环境下传统的政策议程设置模式受到挑战并逐步转向，公众议程对政策议程制定主体和政策议程设置方式均产生了较大影响，使得政策议程设置结果更为贴近民意。制

度化和非制度化两种不同的公众网络行为成为互联网环境下公众议程进入政策议程的主要路径。政府需要在增强自身能力、拓宽政策议程采纳渠道、提升公众有序政治参与能力、正确处理媒体与政府关系等方面加强治理。

空间争夺战

——中国大城并区的媒介话语分析

孙玮、潘霁在《探索与争鸣》2016 年第 10 期撰文指出，2015 年上海市静安、闸北两区合并引发争议的公共事件并非个案，从大众媒介报道及网络话语来看，这是当前中国城市化进程中大城并区的普遍现象。它体现出中国社会“空间”意识的浮现过程，以及不同群体对于空间意义理解的差异与分歧。中国大城并区引发的空间争夺战，是历史的诗意的文化空间与实用的功能主义的经济空间的碰撞，是大众期盼的行走的城市与政府规划的容器的城市之冲突。这种围绕城市空间的意义竞争和争夺，是中国城市化进程中的重大议题。大众扎根于亲身的日常生活实践，使新媒体成为在地化的媒介，突出了城区小尺度认同的地方性价值，表达了对于社会多样性的强烈愿望，构成了在当前全球化时代抵抗城市空间均质化的力量。

后互联网时代传媒时空观的嬗变与融合

蒋晓丽、赵唯阳在《社会科学战线》2016 年第 11 期撰文指出，人类社会对于时空的认识伴随着传播技术与交往工具的发展而改变。从 19 世纪至今，人类的传媒时空观可以大致归纳为四个阶段：大众传媒兴起时形成的“时间消灭空间”；电子媒介兴起后的“时空压缩”；前互联网时代的“空间消灭时间”；以及后互联网时代（移动、智能）的“融合一体”的时空观。每一种传媒时空观的形成都受到基于传播技术发展的交往革命的推动，不同的传媒时空观之间不仅有继承与发展的关系，在后互联网时代更呈现出一种交汇互融、混存共生的状态。“时间压缩空间”状态下速度对于空间的压缩依然存在，“时空压缩”下社会物理空间、人与人之间心理空间距离持续被打破，“空间压缩时间”的特点进一步加强。在这种状态下，人们的媒介体验在时间上是碎片化的，空间上是场景化的，后互联网时代“融合一体”的媒体时空呼唤个性化的解放与对个性的尊重。

微信春节红包在中国人家庭关系中的运作模式研究

——基于媒介人类学的分析视角

张放在《南京社会科学》2016 年第 11 期撰文指出，微信春节红包的流动范围并不仅限于家庭内部，在流动方式上以“抢红包”为主要发放形式，其流动路径在结构上构成了不同于传统春节红包的“去顶金字塔”结构，并呈现出使家庭关系扁平化的趋势，其性质可以界定为一种具有仪式性的互动游戏。因此，微信春节红包在中国人家庭关系中的运作可能对后者产生相应的影响，包括触动以纵轴为中心的传统家庭关系、消融家庭与社交的边界及解构家庭节庆的神圣空间三个方面。尽管微信春节红包和传统春节红包不能相互替代，但前者对技术的依赖大于后者，因而在未来可能会被更具共享性和互动性的娱乐方式所替代。

政治传播的基本形态及运行模式

荆学民、段锐在《现代传播（中国传媒大学学报)》2016年第11期撰文指出，政治传播可划分为政治宣传、政治沟通与政治营销这三种基本形态。这三种基本形态在政治传播的历史和现实中，既有时间意义上的历史顺序关系；又有空间意义上的交织交融关系；当然，也有规范价值所诉求的逻辑升华关系。现实政治中，有以政治宣传为核心、以政治沟通为核心与以政治营销为核心的基本政治传播运行模式。以政治宣传为核心的政治传播，政治基于威权，传播关系基于“主—客”二分；以政治沟通为核心的政治传播，政治基于民主，传播关系基于“主体间性”；以政治营销为核心的政治传播，政治基于竞争，传播关系基于“主—客”二分。

20世纪三四十年代左翼报人的新闻理论

——从《文艺新闻》到《新闻记者》

李秀云、吴云柯在《学术交流》2016年第12期撰文指出，20世纪三四十年代，左翼报人先后以《文艺新闻》《记者座谈》和《新闻记者》为理论阵地，进行自我批判与建设，探讨新闻学理问题，关注中国事业发展，从而成为中国新闻学术研究的一支重要力量。左翼报人不同于政党报人，也不同于民营报人。左翼报人具有较为鲜明的政治倾向，又具有较为鲜明的职业报人特征，这在其新闻理论探讨中有着较为充分的体现。左翼报人的政治倾向首先体现在对“科学的社会主义新闻学”的理论探寻。虽然他们对社会主义新闻学的理论探讨短暂即逝，但对于“大众”利益的关切，贯穿其始终。从《文艺新闻》对报馆“阶级斗争”的关注，到《记者座谈》对小型报纸“大众化”的剖析，再到《新闻记者》有关报馆“消除阶级差异”的探讨，左翼报人为大众谋福祉的立场没有改变。左翼报人以新闻为职业，其理论探讨也因之具有职业化特征。他们既关注新闻记者自身的建设，赋予新闻记者种种神圣的责任与使命，对自身的风纪问题痛下针砭，同时也对新闻事业的现状与发展前景忧心忡忡，献言献策。左翼报人具有较为敏锐的理论触角，从对记者风纪问题的批判，到战时新闻检查政策、战时新闻宣传的分析，都紧紧扣住时代脉搏。

冲突与调适：微信空间版权正当性的反思

朱鸿军在《国际新闻界》2016年第12期撰文指出，正当性是现代版权制度的基石和现代版权理论研究的逻辑起点。版权诞生以降，其法定及适用的正当性即屡被诘疑。微信作为一种网络表达普及之后，它的版权问题也随之受到关注，特别是其版权的正当性尤受质疑，此类质疑所涉范围之广、所触理论之深，均对现有版权理念形成了较大的冲击。论证表明，与以往历次版权危机化解的路径相似，有关微信空间版权正当性的质疑都可以通过对既有理论和制度的调适予以回应和化解。反思微信空间版权正当性，不是为了推翻，而是为了使人类社会这一数百年来渐趋成熟的法制文明成果——版权制度，更加优化，更加深入人心。

第四篇
论文辑览

2016年国内主要文摘类书刊转载新闻传播学论文篇目

《新华文摘》

《中国社会科学文摘》

《高等学校文科学术文摘》

人大复印报刊资料《新闻与传播》

《新闻学传播学文摘》

《高等学校文科学术文摘》历年转载新闻传播学论文篇目

（1984—2013）

2016年国内主要文摘类书刊[*]转载新闻传播学论文篇目

《新华文摘》

2016年第1期

媒体融合背景下传统媒体舆论引导面临的困境与出路（高晓虹）
社会科学 2015-09

2016年第2期

在改革开放中建设新闻出版强国（柳斌杰） 百年潮 2015-08

从"《查理周刊》事件"透视西方新闻观的现实困境和逻辑悖论（新华社新闻研究所课题组） 新闻与传播研究 2015-10

2016年第3期

微博微信社会参与和维稳长效机制建构（王金水） 中国行政管理 2015-10

论中国特色社会主义新闻传播论的建构（曹征海） 学术界 2015-09

社会化网络时代媒介素养转型的三个关键点（蔡骐） 湖南社会科学 2015-05

"漂绿广告"的主要特征与认定标准（刘传红） 宜宾学院院报 2015-09

2016年第4期

新媒体的发展趋势与悖论（陈力丹）
人民日报 2015-10-11

构建融合媒体产业的生态系统（胡正荣）
人民日报 2015-10-11

新媒体给社会生活带来巨大变革（谢新洲） 人民日报 2015-10-11

新时代 新业态 新互联（彭兰）
人民日报 2015-10-11

2016年第5期

内容传播力如何转变成盈利模式（范以锦） 新闻与写作 2015-10

《人民日报》评论版：特色、亮点及提升空间分析（张晓红等）
中国记者 2015-11

全媒时代新闻的著作权问题（孙昊亮）
知识产权 2015-11

2016年第6期

提升我国网络媒体国际传播力的路径探析（赵惜群、王浩、刘宝堂）
中州学刊 2015-12

"TV+"：未来电视发展的主要方向（李岭涛） 中国广播电视学刊 2015-12

2016年第7期

媒介：资源配置的重要杠杆（隋岩、陈一

---

* 这里选取的国内主要文摘类书刊包括：人民出版社主办的《新华文摘》、中国社会科学杂志社主办的《中国社会科学文摘》、上海师范大学主办的《高等学校文科学术文摘》、中国人民大学复印报刊资料《新闻与传播》，以及中国社会科学院新闻与传播研究所主办、中国社会科学出版社出版的《新闻学传播学文摘》。

愚） 中国人民大学学报 2015－06

2016 年第 8 期

数据新闻的历史、现状与发展趋势（陈虹、秦静） 编辑之友 2016－01

新闻业的数据新闻转向：语境、类型与理念（张超、钟新） 编辑之友 2016－01

2016 年第 9 期

建设区域性生态媒体平台（宋建武、陈璐颖） 新闻与写作 2016－01

新闻传播研究的问题意识与学术追求（董天策） 中国记者 2016－02

2016 年第 10 期

以供给侧改革促进出版产业市场化现代化（于殿利）

中国出版传媒商报 2016－03－18

从“媒体平台”到“平台媒体”——海外互联网巨头的新闻创新及启示（张志安、曾子瑾） 新闻记者 2016－01

2016 年第 11 期

美国媒体如何“讲故事”——从近十年普利策特稿奖获奖作品谈起（张天培）

新闻战线 2016－01 & 2016－03

2016 年第 12 期

全球化语境下中国电影海外传播策略研究（金丹元、周旭）

上海大学学报 2016－02

2016 年第 13 期

从印刷、电报到互联网——论马克思主义媒介技术观的历史演变（郑保卫、叶俊） 新闻大学 2016－02

2016 年第 14 期

“互联网＋”时代的平台战略与平台媒体建构（吕尚彬、戴山山）

山东社会科学 2016－04

推动以儒学为核心的中华优秀传统文化国际传播（彭龙） 对外传播 2016－02

2016 年第 15 期

新闻出版行业如何传承弘扬好中华优秀传统文化（宋明昌）

中国新闻出版广电报 2016－05－17

2016 年第 16 期

我国新闻作品版权保护的现状、问题及对策（新闻作品版权侵犯与防范课题组）

传媒 2016－10

定性比较分析与新闻传播学研究（毛湛文） 国际新闻界 2016－04

2016 年第 17 期

互联网广告监督：问题意识与规范重构（杨柳、郝菁） 新闻前哨 2016－06

以供给侧改革破解出版业库存难题（毛剑锋） 中华读书报 2016－06－22

2016 年第 18 期

中国网络视频产业：历史、现状及挑战（王晓红、谢妍） 现代传播 2016－06

2016 年第 19 期

基于网络生态理论的网络空间安全发展研究（方兴东、张静、陈帅）

新闻与写作 2016－07

聆听世界出版的足音——2014—2015 年国际出版业解析（范军、张晴）

出版发行研究 2016－07

2016 年第 20 期

如何加快构建适应分众化、差异化传播趋势的网络舆论引导新格局（叶战备）

江苏社会科学 2016－03

精品出版：生成、规范、分享（谢清风）

中国编辑 2016－04

2016 年第 21 期

政府传播视角下环境信息公开的现状与出路（张森） 社会学评论 2016－04

编辑：传播文化、传承文明的使者（郝振省、张丽） 人民政协报 2016－08－22

2016 年第 22 期

网络言论失范及其多中心治理（许玉镇、肖成俊） 当代法学 2016－04

从混合到融合：打造新型主流媒体（葛玮） 中国行政管理 2016－08

网络心理学：行为的重构（周宗奎、刘勤学） 中国社会科学评价 2016－03

2016 年第 23 期

大搜索：网络发展的利器和催化剂（方滨兴）　中国广播 2016－08

中国政治传播的新境界及其实现路径（荆学民）　中国人民大学学报 2016－04

2016 年第 24 期

新媒体语境中重大公共危机事件舆论与社会心理关系研究（丁柏铨）　中国地质大学学报 2016－05

《中国社会科学文摘》

2016 年第 1 期

自媒体视域下党的形象建设（孙景峰、刘佳宝）　探索 2015－04

中国特色社会主义新闻传播理论的建构（曹征海）　学术界 2015－09

中国与国际媒体互引的社会网络分析（吴瑛、李莉、宋韵雅）　新闻与传播研究 2015－09

2016 年第 2 期

网络虚拟社群治理策略（杨嵘均）　东岳论丛 2015－09

2016 年第 3 期

马克思主义视域下的批判传播研究（赵月枝、石力月）　新闻大学 2015－05

中国青少年社交媒体使用与沉迷现状分析（黄含韵）　新闻与传播研究 2015－10

2016 年第 4 期

互联网文化产业的挑战与对策（陈少峰、侯杰耀）　北京联合大学学报 2016－02

2016 年第 5 期

数据新闻：一个亟待确立专业规范的领域（方洁、高璐）　国际新闻界 2015－12

数据新闻的现实逻辑与“场域”本质（李煜）　现代传播（中国传媒大学学报）2015－11

2016 年第 6 期

互联网金融创新的政府监管（陈放）　探索 2016－01

2016 年第 7 期

2015 年中国的新闻传播学研究（陈力丹、陈辉、朱至刚）　国际新闻界 2016－01

政治传播内容的结构层次（荆学民）　南京社会科学 2016－03

2016 年第 9 期

微信新闻：一个交往生成观的分析（谢静）　新闻与传播研究 2016－04

新闻传播学研究中的定性比较分析（毛湛文）　国际新闻界 2016－04

2016 年第 11 期

中国传统媒体与新兴媒体的渠道融合（严三九）　现代传播（中国传媒大学学报）2016－07

展示政治：一个新的媒介分析视角（李世敏、吴理财）　新闻与传播研究 2016－07

2016 年第 12 期

网络心理学：行为的重构（周宗奎、刘勤学）　中国社会科学评价 2016－03

《高等学校文科学术文摘》

2016 年第 1 期

移动媒介与少数民族农村社区研究的综述与展望（陈嫵如、石迪）
广西民族研究 2016 – 05

传播即控制——传播政治经济学的元理论解析（陈世华） 国外社会科学 2016 – 03

近年来我国网络民主研究述评（王磊、刘亚男） 四川师范大学学报 2016 – 06

大数据驱动社会治理的创新转向（陈潭）
行政论坛 2016 – 06

大数据与社会实在的三维构建（段伟文）
理论探索 2016 – 06

空间的流变与折叠：互联网时代的城市与区域转型（汪明峰）
南京社会科学 2016 – 10

新媒体对个体透支型消费观念的影响（谭远发、周云） 河南社会科学 2016 – 10

论互联网关键词广告的商标侵权认定规则（阳东辉） 政治与法律 2016 – 09

重建主体性：对“网红”奇观的审视与反思（张跣） 中国青年社会科学 2016 – 06

后现代媒介文化批判的三个价值维度（曾一果）
深圳大学学报（人文社会科学版）2016 – 05

2016 年第 2 期

互联网驱动的青年与社会变革（张耀铭、张路曦）
中国社会科学院研究生院学报 2017 – 01

全球流通网络的形成及其去地方化：空间生产的视角（宋宪萍、陶纪坤）
教学与研究 2017 – 02

自媒体平台网络权力的形成及规范路径——基于对网络言论自由影响的分析（梅夏英、杨晓娜） 河北法学 2017 – 01

谁主融合：媒体融合的话语博弈（靳戈）
新闻爱好者 2017 – 01

2016 年第 3 期

网络虚拟空间社会主义意识形态传播及其建设研究（王涛、姚崇）
北京师范大学学报 2017 – 02

中国智库网络影响力分系统对比评价研究（杨思洛、冯雅）
重庆大学学报（社会科学版）2017 – 02

信息时代的代际伦理与青年的代际义务（窦畅宇、肖峰） 西部论坛 2017 – 02

“互联网 +”背景下赛博世界发展趋势研究（董立人、赵晨）
天津行政学院学报 2017 – 02

论“大数据”、“云计算”时代背景下的心理学研究变革（肖前国、余嘉元）
广西师范大学学报 2017 – 01

2016 年第 4 期

“互联网 +”的统筹功能和方法论价值（闫海潮、杨博文）
湖南科技大学学报（社会科学版）2016 – 03

互联网冲击与热钱资本合谋下的电影业恐慌（刘健）
天津师范大学学报 2016 – 03

“一带一路”下跨文化传播研究的几个面向（陈力丹）
江西师范大学学报 2016 – 01

自媒体社会责任研究——基于语境、属性和判定原则（南文化）
长白学刊 2016 – 03

微信公众平台新闻传播正负效应分析（易奇志、承天蒙）
广西师范学院学报 2016 – 02

2016 年第 5 期

网络舆情的生成机理与政府善治（李礼）
首都师范大学学报（社会科学版）2016 – 03

媒介变迁与西藏传统文化传播研究——以格萨尔王传史诗为例（袁爱中、杨静）
西藏大学学报 2016－01

2016 年第 6 期

心理学客观范式的内涵、嬗变与未来（冯永辉、彭运石）
苏州大学学报（教育科学版）2016－03

人大复印报刊资料《新闻与传播》

2016 年第 1 期

国际政治传播中政治文明的共振机制及中国战略（荆学民） 国际新闻界 2015－08

认同·对抗·间离："像化"国家形象的三种认知模型（刘丹凌）
南京社会科学 2015－09

新媒体与政治思想传播的三对张力（李彦冰、杜剑峰） 新闻知识 2015－09

历史视野里的资本主义危机与批判传播学之转机（赵月枝、石力月）
新闻大学 2015－05

"沉默舆论"的传播机理及功能研究（徐翔） 南京社会科学 2015－10

民众新闻观念的实质及其可能影响（杨保军） 编辑之友 2015－10

多种声音，一个世界：中国与国际媒体互引的社会网络分析（吴瑛、李莉、宋韵雅） 新闻与传播研究 2015－09

专业自信：新闻教育创新的基本前提（郭庆光） 中国社会科学报 2015－11－05

新闻传播教学的"变"与"不变"（尹明华） 新闻与写作 2015－11

埃及革命期间网络把关以及网络框架分析（莎伦·梅拉兹、齐齐·帕帕卡利斯）
国际新闻界 2015－09

新媒介场域内的符号斗争与政治参与机制研究（陈姚） 太原大学学报 2015－02

2016 年第 2 期

再论舆论的三种存在形态（陈力丹、林羽丰） 社会科学战线 2015－11

公共舆论中的"同情"与"公共性"的构成（袁光锋） 新闻记者 2015－11

海外捕"舆"：理解国际传播的舆论如何产生（周雷） 对外传播 2015－11

重思中国传播学（李彬）
当代传播 2015－04

网络时代：传播学的涅槃与再造（崔保国） 新闻与写作 2015－12

意识形态安全与党管媒体原则（陈昌凤、杨依军）
现代传播（中国传媒大学学报）2015－11

新媒体语境下的环境传播与媒体社会责任（张淑华、员怡寒）
郑州大学学报（哲学社会科学版）2015－05

新媒体与新闻生产研究：语境、范式与问题（张志安、束开荣）
新闻记者 2015－12

数据新闻："讲一个好故事"？（李岩、李赛可）
浙江大学学报（人文社会科学版）2015－06

大数据时代新闻生产新模式：传感器新闻的理念、实践与思考（许向东）
国际新闻界 2015－10

2016 年第 3 期

重新出发：新闻学研究的反思（吴飞）
新闻记者 2015－12

新闻学理论创新：问题与突破（张涛甫）
新闻记者 2015－12

媒体人类学：概念、历史及理论视角（郭建斌） 国际新闻界 2015－10

潜行的力量：ICT 精英如何嵌入并影响社会运动（吴小坤）
新闻与传播研究 2015－11

从集体性行动到连结性行动：新媒体时代社会运动动员结构的理论初探（孙祎妮） 新闻界 2015－21

论互联网群体传播时代媒介成为资源配置的重要环节（隋岩、陈一愚） 中国人民大学学报 2015－06

社群经济与粉丝经济（胡泳、宋宇齐） 中国图书评论 2015－11

以互联网思维看互联网和关于互联网的研究（陈力丹） 新闻界 2015－20

转帖、书写互动与社交媒体的"议事共同体"重构（陈龙） 国际新闻界 2015－10

中国电视专业化建设现状、问题与对策（李岚、莫桦、罗艳） 现代传播（中国传媒大学学报）2015－12

媒介融合时代的电视媒体转型之路（蔡骐） 现代传播（中国传媒大学学报）2015－11

民国初年政治报刊的共和想象及其纷争（周叶飞） 河南大学学报（社会科学版）2015－06

2016 年第 4 期

论现代传媒与社会记忆再生产（丁华东） 学术界 2015－09

媒体记忆中的边界区分、职业怀旧与文化权威（陈楚洁） 国际新闻界 2015－12

从思想到理论：论本土传播理论建构的可能性路径（邵培仁、姚锦云） 浙江社会科学 2016－01

新闻使用者：一个亟待重新理解的群体（王辰瑶） 南京社会科学 2016－01

网络交流中的感性意识形态（刘少杰、王克蛟） 福建论坛（人文社会科学版）2015－12

移动媒体语境下内容分发变革及其影响（瞿旭晟） 新闻记者 2016－01

新闻隐匿权：未完成的理论表达及其思想困境（单波、汪振兴） 现代传播（中国传媒大学学报）2015－12

让媒体解困的"解困新闻学"（于泓洋） 新闻记者 2016－01

2016 年第 5 期

试析马克思主义新闻观的哲学基础（童兵） 南京社会科学 2016－01

20 世纪以来中国传播学发展历程回顾（李彬、刘海龙） 现代传播（中国传媒大学学报）2016－01

媒介与文明的辩证法："话语网络"与基特勒的媒介物质主义理论（张昱辰） 国际新闻界 2016－01

建设区域性生态级媒体平台（宋建武、陈璐颖） 新闻与写作 2016－01

编辑部创新机制研究（王辰瑶、喻贤璐） 新闻记者 2016－03

万物皆媒（彭兰） 编辑之友 2016－03

新制度主义理论下的互联网治理模式与理论框架重塑（顾洁） 当代传播 2016－01

新报刊（媒介）史书写：范式的变更（黄旦） 新闻与传播研究 2015－12

再造"中心"：电报网络与晚清政治的空间重构（孙藜） 新闻与传播研究 2015－12

2016 年第 6 期

从新媒介通达新传播：基于技术哲学的传播研究思考（孙玮） 暨南学报（哲学社会科学版）2016－01

关于政治传播内容的理论思考（荆学民） 南京社会科学 2016－03

忽略的维度：詹姆斯·凯瑞的新闻历史观及其批判（方晨、李金泳、蔡博方） 国际新闻界 2016－02

华夏舆论传播的概念、历史、形态及特征探析（谢清果、王昀） 现代传播（中国传媒大学学报）2016－03

从新闻传播到公共传播（张志安） 暨南学报（哲学社会科学版）2016－03

我国需要什么样的新型主流媒体（朱春阳） 新闻与写作 2016－04

传媒企业中的特殊管理股：理论、应用及

其启示（周正兵） 编辑之友 2016－03
媒介体制：一个亟待梳理的研究领域（秦汉） 国际新闻界 2016－02
互联网数据开放的中国逻辑：经济动力与政治意涵（李谦） 文化纵横 2016－01
走向合作规制：网络空间规制的进路（匡文波、杨春华）
现代传播（中国传媒大学学报）2016－02
改革才是最大的红利（朱剑飞、唐鑫）
南方电视学刊 2016－01
电视仪式传播：理论、范式与研究视角（张兵娟） 新闻爱好者 2016－01

2016 年第 7 期

定性比较分析（QCA）与新闻传播学研究（毛湛文） 国际新闻界 2016－04
传播实证研究中的修辞性问题（甘莅豪）
当代传播 2016－02
政治传播内容中政治信息与政治话语的区分及其意义（施惠玲、杜欣）
南京社会科学 2016－03
从网络集群行为到网络集体行动（董天策） 新闻与传播研究 2016－02
从“互动”到“卷入”（余婷、陈实）
新闻记者 2016－04
政务新媒体急需六大互联互通（徐和建）
新闻与写作 2016－03
西方数据新闻中的中国：一个视觉修辞分析框架（刘涛）
新闻与传播研究 2016－02
媒体人眼中的数据新闻实践：价值、路径与前景（方洁、胡杨、范迪）
新闻大学 2016－02
数字时代中议程设置理论的嬗变与革新（袁潇） 国际新闻界 2016－04
新闻媒体的知识管理：另一种角色期待（郑忠明、江作苏） 新闻记者 2016－05

2016 年第 8 期

精英框架对大学生有影响吗（马得勇、兰晓航）
清华大学学报（哲学社会科学版）2016－03
公共关系学的想象：视域、理论与方法（陈先红）
现代传播（中国传媒大学学报）2016－05
新闻传播教育改革热点观察（蔡雯、邝西曦） 当代传播 2016－03
中国新闻史教学改革的新探索：翻转式课堂的应用（赵云泽） 新闻大学 2016－02
微信新闻：一个交往生成观的分析（谢静） 新闻与传播研究 2016－04
大数据新闻生产的实践与反思（周勇、赵璇） 新闻与写作 2016－06
记者拒证权研究：价值模式与发展趋向（冯建华） 新闻与传播研究 2016－04
关系互联与相互性的边界管理（陈瑞华）
南昌工程学院学报 2016－02
美国数据新闻发展的开放与变革（孟笛）
编辑之友 2016－02
美国智库的舆论生产和传播策略（章晓英、郭金华） 新闻与写作 2016－06

2016 年第 9 期

再塑新闻魂（李彬） 新闻记者 2016－06
论潜在舆论和潜在舆论场及其引导（童兵、王宇） 当代传播 2016－03
集体行动与当代中国的媒介行动主义（韩鸿） 国际新闻界 2016－05
媒介传播与社会抗争的关系模式：基于中国情境的分析（王斌、胡周萌）
江淮论坛 2016－03
新闻归因策略与公众情感唤醒（洪杰文、朱若谷）
武汉大学学报（人文科学版）2016－04
网络时代国家战略传播的新模式：“中国屋”视角（刘新传）
广西师范学院学报（哲学社会科学版）2016－03
叙事变迁：技术驱动下的新闻表达重构（王佳航） 新闻与写作 2016－06
清末“官营商报”案研究（李卫华）
新闻与传播研究 2016－03
时务报与官方话语权的控制（蒋建国、许

高勇）
兰州大学学报（社会科学版）2016－02
治外法权与清末报律的制定（邵志择）
新闻与传播研究 2016－02

2016 年第 10 期

新闻变迁的核心问题（潘忠党）
中国社会科学报 2016－07－07
认知神经科学与新闻传播研究新范式（李思屈） 新闻与写作 2016－08
舆相学：舆情研究的一种新范式（周雷）
对外传播 2016－07
借船出海：中国媒体“走出去”战略背后的公共话语（孙皖宁）
全球传媒学刊 2016－02
影响传媒产品国际接受的文化差异维度体系研究（刘建华）
出版发行研究 2016－07
中国传统媒体与新兴媒体渠道融合发展研究（严三九）
现代传播（中国传媒大学学报）2016－07
互联网电视的规制及其政策张力（赵瑜）
新闻大学 2016－03
中国当代新闻史料的比较与研读（侯松涛） 中共历史与理论研究 2016－01
报刊与政府关系的重组：报律风波中的“共和”想象（周叶飞）
新闻与传播研究 2016－06
冷战前期 MIT 国际研究中心的中国“传播”研究（刘兢）
国际新闻界 2016－05
卫报“开放新闻”实践的个案研究（王辰瑶、刘婷婷） 编辑之友 2016－07

2016 年第 11 期

互联网革命与新闻传播学科重构之反思（唐海江） 社会科学战线 2016－07
如何重新理解新闻学（黄旦、王辰瑶）
新闻记者 2016－07
大数据热的冷思考（匡文波、黄琦翔）
国际新闻界 2016－08
走向媒介中心的社会本体论？（戴宇辰）
新闻与传播研究 2016－05
媒介的延伸：新生代农民工城市适应研究的传播学探索（郑欣）
西南民族大学学报（人文社科版）2016－06
媒介产业的三重危机（陆地、敖鹏）
新闻爱好者 2016－07
跨屏受众收视行为测量：现状、问题及探讨（刘燕南、张雪静）
现代传播（中国传媒大学学报）2016－08
新媒体正在改变全球秩序（吴靖）
社会科学报 2016－09－01
社会化媒体的“中国式反腐”（吴瑛、宋韵雅、刘勇） 新闻大学 2016－04
重读电视话语的编码与解码（黄典林）
新闻与传播研究 2016－05
新闻史研究的社会学转向（陈昌凤）
新闻春秋 2016－03

2016 年第 12 期

传播思想史的“两条河流”（卞冬磊）
国际新闻界 2016－08
重塑传播研究的知识边界（王金礼、秦艺丹）
现代传播（中国传媒大学学报）2016－08
比较新闻学的新问题与新方法（单波、林莉）
山西大学学报（哲学社会科学版）2016－04
反思新媒体事件研究：邱林川教授访谈录（邱林川、苗伟山） 国际新闻界 2016－07
探索中国政治传播的新境界（荆学民）
中国人民大学学报 2016－04
中国国际传播的全球政治与经济象征身份建构（任孟山）
现代传播（中国传媒大学学报）2016－09
如何打造新型主流媒体（宋建武、陈璐颖） 新闻与写作 2016－01
网络社群传播与社会化阅读的发展（蔡骐） 新闻记者 2016－10
微信朋友圈隐私权侵权与法律保护探究（黄金、韩文涛） 传媒 2016－18

国内数字报发展回望与思考（徐萍）
中国报业 2016－18
在中国，网络直播到底能走多远？（谭天）
南方电视学刊 2016－04
开启中国模式：视听节目创新的要素与路径（周笑）　视听界 2016－05
算法机制背后的新闻价值观（方师师）
新闻记者 2016－09

《新闻学传播学文摘》

2016 年卷第 1 期（总第 3 卷）

全文转载

解放灰色地带：对传播思想史叙事的反思（刘海龙）　山西大学学报 2015－01
识“时务”者为俊杰：晚清知识转型与中国现代报刊的兴起（1896—1898）（卞冬磊）
传播与社会学刊（香港）2015－32
公共舆论建构中的“弱势感”——基于“情感结构”的分析（袁光锋）
新闻记者 2015－04
生活惯习、行为模式与健康传播——以甘肃省武威市 DF 和 HY 社区为个案的比较研究（阙岳）
传播与社会学刊（香港）2015－31（总第 31 期）
微博异质性空间与公共事件传播中的“在线社群”——基于新浪微博用户群体的潜类分析（LCA）（郑雯、黄荣贵）
新闻大学 2015－03
记者微博自我表露的性别差异与关系建立广度的相关性研究（熊慧、廖晴）
现代传播 2015－01
我国网络有害信息的范围判定（尹建国）
政治与法律 2015－01

论文摘编

理论与范式

重造新闻学——网络化关系的视角（黄旦）　国际新闻界 2015－01
从报刊史到报刊阅读史：中国新闻史的另一种视角（卞冬磊）
国际新闻界 2015－01
两代实用主义者：从佩恩基金研究谈起（胡翼青）　学术研究 2015－04
全球语境下的新闻真实伦理（Clifford G. Christians、徐佳、郭镇之）
全球传媒学刊 2015－01
阈限性与城市空间的潜能术——一个重新想象传播的维度（潘忠党）
开放时代 2015－03
寻找失落的交往空间——城市形态对交往形式的建构（陈培婵）
新闻大学 2015－06

新闻史论

北洋时期政治权威的重建与新闻业的双重面相（阳海洪）　学术交流 2015－01
民国报业的垄断问题成舍我的思考与反省（黄顺星）
新闻学研究第 123 期，2015－04
台湾民主转型中新闻传播的变迁与发展——一项基于对台湾新闻传播界深度访谈的研究（向芬）
厦门大学学报（哲学社会科学版）2015－03

制度与法律

互联网与“观念市场”（胡泳）
国际新闻界 2015－03
告别“街头发言者”：美国网络言论自由二十年（左亦鲁）　中外法学 2015－02
从隐私到个人信息：利益再衡量的理论与制度安排（张新宝）
中国法学 2015－03
虚拟社会管理的若干基本问题（杜骏飞）
当代传播 2015－01

媒介研究

中国抗争行动的"文化框架"——基于拆迁抗争案例的类型学分析（2003—2012）（郑雯、黄荣贵、桂勇）
新闻与传播研究 2015-02

人民的选择？——收视率背后的阶级与代表性政治（张韵、吴畅畅、赵月枝）
开放时代 2015-03

新闻范式的危机与调适——基于纪许光微博反腐事件的讨论（白红义）
现代传播（中国传媒大学学报）2015-06

对外传播中的农民工群体形象建构研究——以中国日报2012年报道为例（刘旻、路淼） 湖北社会科学 2015-05

新媒体研究

以先锋的姿态怀旧：中国互联网文化生产者的身份认同研究（常江）
国际新闻界 2015-05

社交媒体时代的亲职监督与家庭凝聚（张煜麟） 青年研究 2015-03

互联网对大学生网络社会资本和现实社会资本的影响（钟智锦）
新闻大学 2015-03

新媒体语境特征与用户态度关系构建的实证研究（萌可、阳长征、余明阳）
湖南师范大学社会科学学报 2015-03

互联网使用中的多任务行为研究（巢乃鹏、王成、姚倩、曹茜）
现代传播（中国传媒大学学报）2015-04

人云亦云：在线评论对负面新闻感知的影响（闫岩） 国际新闻界 2015-03

2016年卷第2期（总第4卷）

全文转载

新报刊（媒介）史书写：范式的变更（黄旦） 新闻与传播研究 2015-12

视觉档案的再构：作为"公众史"的独立影像书写（宋嘉伟） 国际新闻 2015-09

媒体权力的四种范式（［英］德斯·弗里德曼） 国外理论动态 2015-10

网络赋权的双重性：形式化增能与实质性缺失——基于对社会底层群体的观察（朱逸、李秀玫、郑雯）
天府新论 2015-05

社交媒体，职业"他者"与"记者"的文化权威之争——以纪许光微博反腐引发的争议为例（陈楚洁、袁梦倩）
新闻大学 2015-05

微信：中国人的"在世存有"（孙玮）
学术月刊 2015-12

数据新闻：一个亟待确立专业规范的领域——基于国内五个数据新闻栏目的定量研究（方洁、高璐）
国际新闻界 2015-12

城市意义网络的可沟通性——从空间与文化视角考察上海地方认同（潘霁）
新闻与传播研究 2015-08

社会化媒体时代的全球传播图景：基于Twitter媒介机构账号的社会网络分析（韦路、丁方舟）
浙江大学学报 2015-06

国际新闻的驯化——"马航事件"的跨国比较研究（黄顺铭）
新闻传播学研究 2015-06

论文摘编

理论与范式

城市传播：重建传播与人的关系（孙玮）
新闻与传播研究 2015-07

"弱者"与新媒介赋权研究——基于关系维度的述评（黄月琴）
新闻记者 2015-07

媒体人类学：概念、历史及理论视角（郭建斌） 国际新闻界 2015-10

角色模范对大学生新闻专业主义信念的影响研究（曹艳辉、林功成、张志安）
国际新闻界 2015-07

新闻史论

再造"中心"：电报网络与晚清政治的空间重构（孙藜）
新闻与传播研究 2015-12

晚清时期北华捷报上的中国声音（李珊）
近代史研究 2015－05

回顾大公报和张季鸾的文人论政（李金铨） 新闻记者 2015－11

媒介法治与伦理

数位汇流下的伦理自觉与抉择：以台湾电视记者引用新媒体素材为例（刘惠苓）
传播与社会学刊 2015－33（总第 33 期）

付费采访与暗访的认知正当化：中国新闻人员对争议性编采手法的态度（黄建友、张志安） 传播与社会学刊（香港）2015－33（总第 33 期）

我国网站隐私保护政策研究：基于 49 家网站的内容分析（申琦）
新闻大学 2015－04

新闻隐匿权：未完成的理论表达及其思想困境（单波、汪振兴）
现代传播（中国传媒大学学报）2015－12

媒介研究

传统再造与模范重塑——记者节话语中的历史书写与集体记忆（李红涛、黄顺铭） 国际新闻界 2015－12

民族主义、国家认同与数字化时代中国网民的集体记忆（刘于思）
全球传媒学刊 2015－04

若为自由故：新媒体时代关于新闻自由的话语表征与叙事建构（李岩、江素珍）
国际新闻界 2015－09

阶级话语的变迁：1950—2010——以人民日报为例（袁迎春） 天府新论 2015－06

新闻联播：从信息媒介到政治仪式的回归（周勇、黄雅兰） 国际新闻界 2015－11

新媒体研究

“流动的”手机：液态现代性的时空架构与群己关系（黄厚铭、曹家荣）
新闻学研究第 124 期，2015－07

另类公共领域？——线上游戏社区之检视（王昀） 国际新闻界 2015－08

《高等学校文科学术文摘》历年转载新闻传播学论文篇目（1984—2013）*

1984 年第 4 期

信息及信息过程的特征（梁桂全）
华南师范大学学报 1984－03

1987 年第 1 期

语言符号和认知（夏甄陶） 文史哲 1986－05

1987 年第 1 期

新闻语言中的情感分析（林觉）
外国语 1987－01

1987 年第 4 期

传播学研究评述（姜克安）
中国人民大学学报 1987－01

1988 年第 1 期

交际的探索（沈开木）
四川大学学报 1987－03

1989 年第 5 期

新闻侵权的若干法律问题（陆全惠）
法学 1989－06

1991 年第 4 期

文化交流与翻译（徐崇信） 外国语 1991－01

1991 年第 6 期

教育传播概论（金振坤）
上海教育出版社 1991

---

* 《高等学校文科学术文摘》创刊于 1984 年，原名《高等学校文科学报文摘》，2003 年更名为现名，由教育部委托上海市教育委员会主管，上海师范大学主办。

1992 年第 1 期

跨文化交际研究（陈其洪、董虹）

成都大学学报 1991－02

1992 年第 2 期

信号、符号与认识（张晓虎）

西北大学学报 1991－04

1992 年第 3 期

黄兴新闻思想及其实践（吴求）

益阳师专学报 1992－01

1993 年第 3 期

跨文化沟通与国际经济（安占华）

深圳大学学报 1992－04

1994 年第 5 期

对中国大陆传播学研究的思考（吴文虎）

暨南学报（哲学社会科学版）1994－02

1995 年第 4 期

传播社会学与广告（刘韵涵）

思想战线 1995－02

1995 年第 6 期

信息时代的计算机文化（黄秦安）

陕西师范大学学报 1995－02

1996 年第 3 期

未来信息性企业网络结构的轮廓（萧琛）

原题为《现代西方公司组织机制变革与未来企业轮廓》

北京大学学报 1996－01

1996 年第 5 期

受众与电影的审美关系（姚力）

吉利大学学报 1996－03

1997 年第 6 期

外语交际中的文化障碍与文化教学（曹建新、司联合） 许昌师专学报 1997－02

翻译研究和文化传播国际研讨会综述（斯义宁） 高等学校文科学术文摘 1997－06

1998 年第 1 期

计算机信息网络：福音与困惑（孙小礼、刘华杰）

原题为《计算机信息网络给我们带来什么》

北京大学学报（哲学社会科学版）1997－05

1998 年第 2 期

社会心理学对传播学的影响（马广海）

文史哲 1988－01

1998 年第 3 期

传播法治化的必要性与传播法的思考（林锦峰）

中山大学学报（社会科学版）1998－01

一门新兴学科：媒介教育（宋昭勋）

广西大学学报（哲学社会科学版）1998－02

1998 年第 6 期

人际传播媒介论（罗春明）

西南师范大学学报 1998－05

1999 年第 1 期

网络空间的争夺焦点——信息控制权（汤啸天）

原题为《当今世界的信息控制权》

探索与争鸣 1998－09

1999 年第 2 期

论信息社会中的信息法制问题（周其洪）

中央民族大学学报 1999－01

1999 年第 3 期

因特网上的跨文化传播（李晨）

厦门大学学报 1999－01

1999 年第 4 期

21 世纪网络技术对中国行政决策的影响（孟华） 厦门大学学报 1999－02

1999 年第 5 期

传播伦理学的建设（单振运）

沈阳师范学院学报 1999－04

2000 年第 1 期

传播学与文艺学研究方法之比较（薛国林） 华中师范大学学报 1999－05

2000 年第 2 期

传媒、稿酬与近代作家的职业化（郭延礼） 齐鲁学刊 1999－06

2000 年第 3 期

传播符号的分类及其功能（李彬）

中国青年政治学院学报 2000－02

2000 年第 5 期

跨文化传播及其对旅游目的地地方文化认

同的影响（李蕾蕾）
深圳大学学报（人文社会科学版）2000 - 02

2001 年[①]

2002 年第 2 期

解读整合营销传播学（竺培芬）
上海交通大学学报（社会科学版）2001 - 04

2002 年第 5 期

网络语言：一种全新的语言模式（毛立群） 浙江师范大学学报 2002 - 03

论网络时尚与网络语言的互动（贺又宁）
贵州民族学院学报（哲学社会科学版）2002 - 03

2002 年第 6 期

论新闻监督司法的制度设置（张泽涛）
法律科学 2002 - 05

2003 年第 2 期

网络哲学论纲（常晋芳）
现代哲学 2003 - 01

2003 年第 3 期

网络与女性就业机遇探析（赵小华）
唯实 2003 - 03

2003 年第 4 期

试论电视知识分子（时统宇）
现代传播（北京广播学院学报）2003 - 02

2003 年第 5 期

网络文学：民间话语权的回归（欧阳友权） 淮阴师范学院院报 2003 - 03

2003 年第 6 期

数字化时代：人类感性方式的第三次革命（齐鹏） 河北学刊 2003 - 05

全球化语境与当代传媒文化（王岳川）
湖南城市学院学报 2003 - 04

“媒介帝国主义”与传播霸权（贺建平）
贵州民族学院学报 2003 - 04

2004 年第 2 期

网络社会学建构（夏学銮、刘曙光）
北京大学学报（哲学社会科学版）2004 - 01

2004 年第 4 期

新闻自由与个人名誉的艰难平衡——关于美国媒体的诽谤诉讼（任东来）
南京大学学报：哲学·人文科学·社会科学 2004 - 03

2005 年第 1 期

网络政治学研究的对象、内容、技术路线及其他（吴海晶）
湖北行政学院院报 2004 - 06

2005 年第 4 期

互联网公共论坛：政治参与和协商民主的兴起（陈剩勇、杜洁）
浙江大学学报（人文社会科学版）2005 - 03

网络文学前沿问题的学术理清（欧阳友权）
湖南师范大学社会科学学报 2005 - 03

2005 年第 6 期

全球化时代文化研究若干新概念简析（何平、陈国贲） 山东社会科学 2005 - 10

2006 年第 2 期

当代传播美学纲要（张涵）
郑州大学学报（哲学社会科学版）2006 - 01

2007 年第 2 期

大众文化：从“大话”到“恶搞”（李育红）
内蒙古师范大学学报（哲学社会科学版）2007 - 01

论恶搞行为在中国当代大众文化中的生存形态（詹珊）
福建师范大学学报（哲学社会科学版）2007 - 01

2007 年第 3 期

消费产业与创意文化的勃兴（曹海峰）
中国社会科学院研究生院学报 2007 - 02

新闻语言客观性问题的言语行为分析（胡范铸） 华东师范大学学报 2007 - 02

2007 年第 4 期

国际视角下中国传媒实力的实证分析（胡

---

① 资料暂时缺失。——编者注

鞍钢、张晓群）
清华大学学报（哲学社会科学版）2007－03

2007 年第 5 期

当代中国网络民族主义的社会政治功能透视（吴学兵） 吉首大学学报 2007－05

2007 年第 6 期

博客新闻崇拜的终结（吴晓明）
徐州师范大学学报 2007－05

2008 年第 1 期

互联网时代的执政党政治权威（张亚勇、李民） 中共天津市委党校学报 2007－04

网络传播与我国民族文化的整合创新（张丽萍、路雅琴） 内蒙古大学学报 2007－05

2008 年第 3 期

传媒时代的学术生产——“读图时代”批判（曾军、陈瑜） 探索与争鸣 2008－03

2008 年第 4 期

博客写作与公共空间的私人化问题（黄卓越） 文学评论 2008－03

论传媒消费主义对公共性的瓦解（贾广惠） 人文杂志 2008－03

2008 年第 5 期

媒体生态：西方社会中的网络反文化（黄鸣奋） 学术月刊 2008－07

2009 年第 2 期

全面推动互动电网革命 拉动中国经济创新转型（武建东） 东方早报 2009－02

网络交往与新公共性的建构（陶东风）
文艺研究 2009－01

2009 年第 4 期

当代中国流行文化生成的动力机制（孙瑞祥）
天津师范大学学报（社会科学版）2009－03

2009 年第 5 期

网络表达的民主考量（陈伯礼、徐信贵）
现代法学 2009－04

2010 年第 1 期

群体性事件中的自媒体作用考察（吴晓明） 江海学刊 2009－06

网络群体性事件：舆论生成与政府决策（汪建昌） 中州学刊 2009－06

2010 年第 3 期

网络中的蜕变：失地农民的社会网络与市民化关系探析（沈关宝、李耀锋）
复旦学报（社会科学版）2010－02

2010 年第 5 期

公民网络参政需求的增长与制度回应的博弈（傅慧芳） 北京师范大学学报 2010－04

2011 年第 1 期

全球化背景下的公共舆论——轮非传统安全与软力量的舆论支点（纪忠慧）
清华大学学报（哲学社会科学版）2010－06

全球化语境下“中国形象”的塑造与传播（吴秀明、方爱武）
浙江大学学报 2010－06

2011 年第 2 期

网络参与与政府治理角色变迁之反思（顾丽梅） 浙江社会科学 2011－01

去科层化：互联网在中国政治传播中的功能再考察（潘祥辉）
浙江社会科学 2011－01

2011 年第 5 期

版权制度与新媒体技术之间的裂痕与弥补（吴伟光） 现代法学 2011－03

反网络时代的微艺术（黄鸣奋、谭雪芳）
厦门大学学报 2011－04

2011 年第 6 期

新媒体新闻的演变与社会舆情表达（吴澄、吴晓明）
徐州师范大学学报（哲学社会科学版）2011－05

2012 年第 3 期

论全球化与网络化视阈下的再意识形态化问题（邵发军）
西南大学学报 2012－02

2012 年第 4 期

网络环境下私人复制著作权问题研究（冯晓青） 法律科学 2012－03

论软件产品知识产权保护技术手段的优先性（于志强） 政法论坛 2012－03

数字技术环境下传统媒体发展的再思考——对上海居民媒体选择趋势变化的启示（丁月牙） 经济师 2012－04

2012 年第 5 期

网络政治参与和廉洁政府建设（田湘波、何亚霓） 廉政文化研究 2012－04
微博的文化认同研究（陈华明、李畅）原题为《被深化的后现代化——微博的文化认同研究》 四川师范大学学报 2012－04

2012 年第 6 期

天津《国闻报》与晚清新思想的传播（陈其泰、刘永祥） 河北广播电视大学学报 2012－03

整理：孙 萍（本刊编辑部）

第五篇
国际交流

2016年中国新闻传播研究的国际发表与国际合作
——以SSCI传播学期刊数据库为例
2016年中国学者国际期刊发表新闻传播学论文篇目概览

2016 年中国新闻传播研究的国际发表与国际合作

——以 SSCI 传播学期刊数据库为例

近年来，中国新闻传播学研究的国际论文发表不断增多[①]，为了更好地促进新闻传播学科的国际交流与合作，探讨本学科的理论建设与学术发展，本文在既往研究的基础上，利用文献计量学结合内容分析对 2016 年新闻与传播学研究的国际发表和合著情况进行梳理。我们发现，在 2015 年国际发表进程有所减缓后，2016 年中国新闻传播研究的国际发表重新恢复了快速增长的势头。虽然国际发表中存在的一些问题，包括知名刊物发表量不大、本土议题与国际发表主题之间有差距、国际论文引用量不高等[②]，并没有得到根本改善，但中国学者在发表议题和发文期刊的多样化上取得了新进展。

本文使用科睿唯安（Clavariate）的社会科学索引（SSCI）数据库，以文献计量学为主要手段进行研究。同时，为了弥补文献计量研究的缺陷，我们也辅以必要的访谈，以了解从事国际论文发表的新闻传播学者的实际状况。

2016 年，SSCI 数据库共收录了 79 份新闻传播学期刊。SSCI 数据库收录的期刊在评价学术发表和学术影响方面普遍被认为有权威性和代表性，因而我们主要基于这 79 份新闻传播学期刊考察中国新闻传播学者的国际发表与国际合作。

尽管有专家认为利用 SSCI 数据库评估忽视了传播学的跨学科属性[③]，但由于没有任何一个数据库可以专门针对新闻传播学进行发表方面的统计，而且大多数本领域学者的重要国际发表也以 SSCI 收录的新闻传播学期刊为主，所以基于可行性的原则，本文只能以 SSCI 数据库所收录的新闻传播学期刊为数据来源进行统计。

SSCI 数据库在作者所属国家中，并不区分港澳与中国内地，而我们的目的主要是考察内地学者新闻传播学的国际发表。因此，我们在选择了所有属于中国作者在 2016 年所发表的 SSCI 传播学的文章后，利用 Web of Science 的分析功能，生成所有作者单位，并选择中国内地的学者所在单位。因此，本文的分析数据中，每篇文章至少会包含一名供职于内地的作者，这其中也包含

---

① 张志安、贾鹤鹏：《2014 年中国新闻传播研究的国际发表与国际合作——以 SSCI 传播学期刊数据库为例》，中国社会科学院新闻与传播研究所主编《中国新闻传播学年鉴 2015》，中国社会科学出版社 2016 年版，第 297—307 页。

② 贾鹤鹏、张志安：《新闻传播研究的国际发表与中国问题——基于 SSCI 数据库的研究》，《新闻大学》2015 年第 3 期。

③ Rice, R. E. & Putman, L.,"Communication Journals", *Newsletter of the International Communication Association*, 35 (3), 2007. Retrieved November 21, 2013, from http://www.icahdq.org/publications/publicnewsletter/ 2007/4/2007APRILPF_PRESAPR07.asp.

在内地有兼职或客座教职的国际学者，但总体而言，这样的学者数量很少，不会对我们的样本和结论造成很大的干扰。

此外，在数据样本方面最后要说明的问题是，SSCI 收录期刊的传播学文章，包括论文（article）、书评和社论。在本文的分析中，我们只考虑了体现独立科研水平的论文。

本文以下的分析由 5 部分组成：第一部分，用数据描述中国学者及国内机构在国际新闻传播学期刊的一般发文情况。第二部分，重点考察中国学者和机构国际学术合作及中国学者的国际学术贡献等计量分析指标。第三部分，重点介绍和分析中国学者所发表的研究内容、领域、其国际发表与国内热点题材的差异，并进而分析中国新闻传播学者国际化面临的挑战和可能的解决方式。第四部分，本文将简要探讨中国新闻传播学者的国际发表与该学科国际化的关系。第五部分，我们将总结这项研究的主要发现，并对中国新闻传播学科今后的国际学术合作做出展望。

一、中国内地学者 2016 年在国际新闻传播学期刊的发表概况

2016 年，中国内地学者共计发表国际新闻传播学研究论文 86 篇。这一数字并不包括书评和评论，相比 2015 年的 57 篇和 2014 年的 58 篇都有大幅增长①。

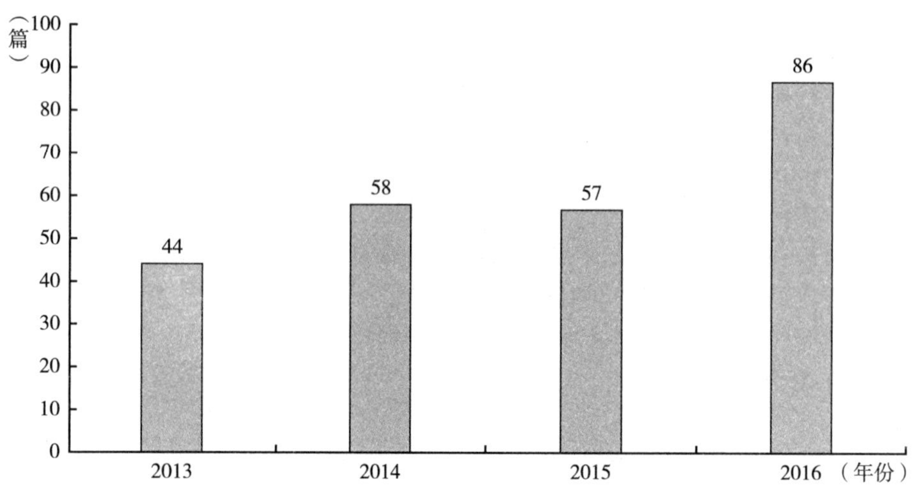

图 1　2013—2016 年内地作者在 SSCI 新闻传播学期刊发表论文数

资料来源：Web of Science。

在 2016 年国际发表较多的内地高校/科研机构中，复旦大学独占鳌头，中国人民大学紧随其后，而老牌强校武汉大学、暨南大学则与新闻传播领域新兴高手上海交大、浙江大学等平分秋色。值得一提的是，武汉大学在国际发表上沉寂多年后开始崛起 。但与此同时，清华大学、北京大学、华中科技大学等上次（2012 年）新闻传播学科评估排位靠前的高校，纷纷被挤出国际论文榜前 10 位。体现国际论文发表方面不稳定的现象还包括，2015 年入榜的北京师范大学、英国诺丁汉大学宁波分校、

① 贾鹤鹏、苗伟山、张志安：《2015 年中国新闻传播研究的国际发表与国际合作——以 SSCI 传播学期刊数据库为例》，中国社会科学院新闻与传播研究所编《中国新闻传播学年鉴 · 2016》，中国社会科学出版社 2016 年版，第 247—257 页。

山东大学和北京交通大学，2016 年也纷纷丧失了前十位的排名。需要指出，江西财经大学能位居新闻传播学科国际发表前列，并非因为该校在 SSCI 传播学收录的管理与电信政策等经济管理类上发文较多，而是因为该校多位作者集中在话语分析类（discourse study）期刊发表论文。虽然国内很多在话语分析类期刊发表论文的学者往往隶属于英语系或其他语言学院系，但话语分析也属于新闻传播学科最主要的一个组成部分。因此，我们倾向于认为某机构学者能否在国际话语分析类期刊发表论文也体现了该机构新闻传播学的国际发表能力。

表 1 2016 年和 2015 年 SSCI 新闻传播学期刊发文总量前 10 位的内地作者单位 单位：篇

2016 年		2015 年	
发文单位	发文总量	发文单位	发文总量
复旦大学	9	复旦大学	5
中国人民大学	5	清华大学	5
上海交通大学	5	北京师范大学	4
江西财经大学	4	中国人民大学	4
暨南大学	4	诺丁汉大学宁波分校	4
武汉大学	4	中山大学	3
浙江大学	4	广东外语外贸大学	2
广东外语外贸大学	3	北京大学	2
南京大学	3	上海交通大学	2
深圳大学/宁波诺丁汉(并列)	3	华南师范大学	2

资料来源：Web of Science，排序为 Web of Science 默认排序；排名顺序为 Web of Science 自动生成。

具体到发表期刊上，从表 2 的统计我们可以看出，2016 年内地作者国际传播学期刊发文集中在综合类国际传播刊物（如《国际传播学刊》）、话语分析类期刊（如《文本谈话》或《话语传播》），以及传统的专注于中国传播学研究的综合类传播学期刊（如《中华传播学刊》）等。与 2015 年国际发表的期刊相比，新兴领域（如移动通信和冲突管理等，包括《国际移动通讯学刊》和《国际冲突管理学刊》等刊物）期刊的发文量大幅度降低，这表明内地学者在这些方面还不够成熟，主要依靠相关学者（一般是海外学者）组织与中国议题相关的专刊来提高发文量。

表 2 2016 年及 2015 年中国内地学者发表论文的前 18 份 SSCI 新闻传播学期刊① 单位：篇

2016 年		2015 年	
期刊英文名/期刊中文名	发表数量	期刊英文名/期刊中文名	发表数量
International Journal of Communication /《国际传播学刊》	9	*International Journal of Mobile Communications* /《国际移动通讯学刊》	10

① 2016 年，内地作者共在 35 份 SSCI 新闻传播学期刊上发文（指论文）。2015 年，内地作者共在 25 份 SSCI 新闻传播学期刊上发文。为便于比较，此处只选取 2016 年内地作者发文两篇以上及 2015 年排名靠前的 18 份。排序为 Web of Science 默认。本文附件包括内地作者 2016 年在 SSCI 新闻传播学期刊上所有发文的列表。

续表

2016 年		2015 年	
期刊英文名/期刊中文名	**发表数量**	**期刊英文名/期刊中文名**	**发表数量**
Telecommunications Policy /《电信政策》	8	*Chinese Journal of Communication* /《中华传播学刊》	8
Chinese Journal of Communication /《中华传播学刊》	7	*International Journal of Conflict Management* /《国际冲突管理学刊》	7
Asian Journal of Communication /《亚洲传播学刊》	5	*International Journal of Communication* /《国际传播学刊》	3
Text Talk /《文本谈话》	5	*Journal of Health Communication* /《健康传播学报》	3
Discourse Communication /《话语传播》	4	*Text Talk* /《文本谈话》	3
Discourse Context Media /《话语文本媒体》	4	*Asian Journal of Communication* /《亚洲传播学刊》	2
Health Communication /《健康传播》	4	*Discourse Communication* /《话语传播》	2
Discourse Studies /《话语研究》	3	*Ecquid Novi African Journalism Studies* /《非洲新闻学研究》	2
International Communication Gazette /《国际传播学学报》	3	*Personal Relationships* /《人际关系》	2
International Journal of Advertising /《国际广告学刊》	3	*Argumentation* /《论据》	1
Journal of Computer Mediated Communication /《计算机辅助传播学刊》	3	*Convergence*：*The International Journal of Research into New Media Technologies* /《融合:新媒体技术研究国际学刊》	1
Discourse Society /《话语与社会》	2	*Discourse Society* /《话语与社会》	1
International Journal of Conflict Management /《国际冲突管理学刊》	2	*Health Communication* /《健康传播》	1
International Journal of Public Opinion Research /《国际舆论研究学刊》	2	*IEEE Transactions on Professional Communication* /《IEEE(电气和电子工程师协会)职业交流专刊》	1
Media Culture Society /《媒体文化社会》	2	*International Journal of Advertising* /《国际广告学刊》	1
Public Relations Review /《国际冲突管理学刊》	2	*Journal of Advertising* /《广告学刊》	1
Television New Media /《电视与新媒体》	2	*Journal of Broadcasting Electronic Media* /《广播与电子媒介学报》	1

资料来源：Web of Science。

2016 年，不仅发文量有大幅度上升，署名为中国内地的作者也在最有影响力的国际传播学期刊——《传播学研究》(*Communication Research*)、《传播学刊》(*Journal of Communication*) 与《计算机辅助传播学刊》等取得了突破，其中在《计算机辅助传播学刊》上尤其是以内地学者为第一作者的发文量达到 3 篇。

当然，差距仍然存在，《传播学研究》上发表的一篇论文一作是澳门大学学者，第二作者虽然是清华大学身份，但并非属于清华新闻与传播学院。《传播学刊》的唯一作者 Peter Vorderer 虽然与上海交通大学媒体与设计学院有隶属关系，但其标明的作者第一单位是德国曼海姆大学。而《计算机辅助传播学刊》的三篇论文的第一作者分别为深圳大学营销系、中国人民大学心理学系以及北京航空航天大学经管学院。尽管如此，中国内地作者如此集中地在 SSCI 传播学期刊的顶级刊物中发表论文仍然属于历史性突破。

二、2016 年中国学者境外发表中的国际合作

以往的研究表明，本土学者与含港澳在内的境外作者的合作是国际新闻传播学论文发表的重要因素之一。2016 年内地作者发表的 86 篇国际新闻传播学论文的境外作者中，美国作者最多，这既是因为美国在整个新闻传播学研究的世界领先地位，也由于大量中国赴美留学生毕业后留美执教或从事研究工作，并与国内作者合作。由于欧美国家及中国香港地区作者较为熟悉国际新闻传播学期刊的规则和学术话语，所以与他们合作，也有利于论文在国际期刊的发表。

表 3　与中国内地学者合著国际论文前 10 位的机构及合作论文数量　　单位：篇

2016 年		2015 年	
合作机构	论文数量	合作机构	论文数量
澳门大学	6	新加坡南洋理工大学	4
香港中文大学	4	美国马里兰大学	4
香港城市大学	3	香港中文大学	3
新加坡南洋理工大学	3	美国堪萨斯州立大学	3
美国西北大学	3	加拿大艾伯特大学	3
香港浸会大学	2	香港城市大学	2
美国宾州州立大学	2	美国内布拉斯加大学	2
美国阿拉巴马大学	2	美国亚利桑那州立大学	1
美国大学伊利诺伊大学香槟分校	2	班达尔工艺大学	1
德国曼海姆大学	1	英国卡迪夫大学	1

资料来源：据 Web of Science 推算。

同样值得关注的是，2016 年的国际发表的首要境外合作对象，除香港中文大学、香港城市大学和新加坡南洋理工大学外，其他变化非常大。这与中国内地作者的国际发表尚数量稀少、没有形成稳定的学术合作网络有关。很多合著与合作，往往基于作者间偶然的因素，或者由于内地作者到境外进行访学。国

际合著、合作伙伴的变化，说明稳定的国际合作关系尚有待形成。

三、中国学者国际新闻传播学研究的选题及内容分析

通过阅读中国学者2016年国际发表的论文，我们发现，这一年的研究题材继续呈现出高度多样化的趋势，多篇论文聚焦互联网研究、健康传播研究、网络集体行动和公关的文化因素及广告效果等研究领域。有一些趋势也得以延续，比如政治等宏大议题的持续边缘化，对媒体和采编运作关注的降低等。

2014年健康、风险与科学传播议题都呈现显著增加，而2015年到2016年的国际新闻传播学论文中，健康传播一枝独秀，2016年发表量进一步大幅度增加，但科学传播、环境传播议题则有所减弱。健康传播的蓬勃发展与这一领域在国际传播学领域受到越来越多的关注有关，而科学传播和环境传播在西方近年来主要依托于气候变化这一议题获得显示度，然而国内学界对于气候变化议题却一直缺乏足够关注。

从研究方法上而言，媒体内容分析仍然占据重要地位，这既包括媒体报道的内容分析，也包括媒体报道的话语分析，还有少量以符号为分析单位的量化内容分析。2016年的国际新闻传播学发表论文中，话语、符号分析类的论文数量远远超过了主流大众传播学学者所擅长的内容分析和框架分析。

例如，江西财经大学的冯德斌及其同事就从语用学的角度分析了电视新闻的标题。他指出，电视新闻的标题主要不是用于信息通告，而是为了投射新闻价值来让观众融入其中①。冯德斌还研究了电视的视觉参照（visual reference）体系，指出视觉参照可以分成三个类型，即个人化的、展示化的以及比较性的②，通过这样的分类可以对视觉符号和视觉—语言符号进行更好的归类研究。

其他的学者则从话语研究的角度解读中国新闻生产的矛盾。上海交通大学的郇昌鹏借助大样本的语料分析（corpus analysis），揭示了中国媒体为了符合上级规定而突出积极意义和精英人士的新闻价值，而为了吸引读者，则要凸显新闻作品的个性和负面新闻。实际的过程则往往是两者的动态结合③。郇昌鹏还对比了中国和澳大利亚媒体在报道风险事件时的差别。澳大利亚媒体在报道时优先引用官方信源，而中国记者则往往以自身的存在感见证风险事件。澳大利亚媒体在依赖官方信源的同时，往往通过引用多重信源的观点在文章中营造一种对话，而中国媒体则通过自身存在感凸显了对特定立场的赞同，从而减弱了不同声音之间的对话，但与此同时，中国媒体则特别敞开空间来体现普通百姓的顾虑或呼声④。

话语分析的学者从文本入手揭示的新闻生产过程，与主流新闻学研究中通过访谈、调研等方式发现的记者面临的挑战及应对策略，既互相呼应又互相补充。从总体上而言，近年来中国学者在国际新闻传

① Montgomery M., Feng D. B., "Coming up Next: The Discourse of Television News Headlines", *Discourse & Communication*, 10 (5), 2016, pp. 500 – 520.

② Feng, D., "Identifying the Participants: Reference in Television News", *Visual Communication*, 15 (2), 2016, pp. 167 – 198.

③ Huan C. P., "Leaders or Readers, Whom to Please? News Values in the Transition of the Chinese Press", *Discourse Context & Media*, 13, 2016, pp. 114 – 121.

④ Huan C. P., "Journalistic Engagement Patterns and Power Relations: Corpus Evidence from Chinese and Australian Hard News Reporting", *Discourse & Communication*, 10 (2), 2016, pp. 137 – 156.

播学期刊发表的文章，研究媒体与新闻生产过程的呈现逐年降低的趋势，但仍然不乏这方面的优秀作品。例如中山大学王海燕以其一贯的细腻关注着女性新闻从业者的生存和工作状态。她发现，女新闻工作者面临着不友好的工作合同和薪酬体系、软弱的女性工会和编辑部流行的黄色文化的侵袭①。

随着中国崛起和中非协作、“一带一路”等项目的启动，中国媒体的国际影响力和发展中国家媒体从业者对中国的认知也成为了学者关注的对象。中国传媒大学的张艳秋解读了中国媒体对中国在肯尼亚的影响发挥的作用②。她的调查显示，中国媒体总体上有助于增进肯尼亚公众对中国的了解，并将其角色视为为中肯关系提供潜在利益的另类信息渠道。然而，调查结果也显示，中国媒体作为参与肯尼亚的软实力尚未显示出预期效果。与西方媒体的支配性地位相比，中国媒体在肯尼亚的影响力有限。因此，中国媒体应该考虑一个平衡的战略，通过回避中国新闻界的陈规陋习、积极应对非洲自由的媒体环境以及采纳合理的叙事方式在非洲取得有利影响。

另外，中国人民大学的常江和北京语言大学的同事则通过深访调查了乌干达记者对中国的印象③。研究显示，在乌干达记者中，中国的“国家威权主义”是造成中国形象的重要负面因素。然而，在乌干达记者看来，造成中乌文化冲突的最主要根源是当地孤立、封闭、种族主义的华人社区，这一社区与乌干达的本土文化之间存在巨大鸿沟，后者更加珍惜文化多样性。

抗争运动仍然在中国内地学者的境外发表中保持了相当比例。与2015年的国际发表类似，学者的研究仍然聚焦在网络抗争上。复旦大学黄荣贵等分析了广东江门对核废料处理厂进行群体性抗争的将近1.2万条微博，发现微博用作个人对风险的担忧作用要远远大于组织动员。在抗争初期，这些微博更加突出个人与风险的相关性，而在人们即将走上街头的时候，对政府的不信任则成为微博留言的主流④。

暨南大学的高丽则探讨了人肉搜索作为网络抗争的意义。她认为，人肉搜索具有局部性抗争和网络集体行动的特点，而在中国特定国情下，也成为向上级政府反映地方官员不端行为的一种形式。这种形式有望得到默许和延续⑤。

2016年中国作者发表的国际传播学论文中，对新媒体的研究取得了相当程度的突破，这不仅体现在有史以来首次在《计算机辅助传播学刊》上同时发表三篇论文，也体现在这些研究的内容开始探讨一些社交媒体传播的基本行为规律，比如北京航空航天大学的张雷瀚、赵吉昌和其同事就探索了网络热词的诞生和传播过程⑥。

---

① Wang H. Y., "'Naked Swimmers': Chinese Women Journalists' Experience of Media Commercialization", *Media Culture & Society*, 38 (4), 2016, pp. 489 – 505.

② Zhang Y. Q., Mwangi J. M., "A Perception Study on China's Media Engagement in Kenya: from Media Presence to Power Influence?" *Chinese Journal of Communication*, 9 (1), 2016, pp. 71 – 80.

③ Chang J., Ren H. L., "How Native Cultural Values Influence African Journalists' Perceptions of China: in-depth Interviews with Journalists of Baganda Descent in Uganda", *Chinese Journal of Communication*, 9 (2), 2016, pp. 189 – 205.

④ Huang R. G., Sun X. Y., "Dynamic Preference Revelation and Expression of Personal Frames: How Weibo is Used in an Anti-nuclear Protest in China", *Chinese Journal of Communication*, 9 (4), 2016, pp. 385 – 402.

⑤ Gao L., "The Emergence of the Human Flesh Search Engine and Political Protest in China: Exploring the Internet and Online Collective Action", *Media Culture & Society*, 38 (3), 2016, pp. 349 – 364.

⑥ Zhang L. H., Zhao J. C., Xu K., "Who Creates Trends in Online Social Media: The Crowd or Opinion Leaders?" *Journal of Computer-Mediated Communication*, 21 (1), 2016, pp. 1 – 16.

他们发现，微博上的大V赞许对新生的热词的传播影响非常有限，这进而影响到传播学的一个基本结论在社交网络时代的应用，即社交网络的传播趋势是大众促成的还是得益于意见领袖。其他研究则表明，Web 2.0模式的QQ、博客等形式的便利交往，有助于组织内部的交流及组织与客户的交流，Web 2.0的使用与组织绩效有明显的相关性。这一基于中国商务人群样本的结论虽然不算新奇，但对企事业单位如何管理员工对新媒体的使用有积极价值①。

健康传播领域的研究延续了国际传统主流的范式和方法，一方面表现为媒体报道的话语和框架建构，另一方面是以说服受众为目的的健康行为干涉研究。例如台湾与大陆学者联合发现，台湾媒体对自杀行为的封面报道，往往凸显眼球效应，违反了有关自杀行为传播的伦理准则，对社会心理造成了不好的影响。不仅如此，在《苹果日报》打入台湾市场后，在竞争压力下，台湾主流纸媒对自杀行为做的吸引眼球型的轰动报道更加变本加厉②。

2016年中国作者发表的健康传播研究，主体仍然是研究信息如何干涉人们的健康行为以及人们健康知识的获取这两大健康传播研究的基本方向③。南京大学温乃楠的研究显示，收益与损失框架和时间距离的相互作用影响人们接种宫颈癌疫苗的意愿④。在事先缺乏了解宫颈癌疫苗的参与者，现时收益和将来损失组合的信息表述方式，比将来收益和现时损失都更能调动接种积极性。文章虽然使用了理论式的表述，但研究结果比较容易理解，因为绝大多数人们对宫颈癌仍然很生疏，也不认为自己处于这一癌症的威胁中（现时损失），所以只有让其现在就感受到接种疫苗的好处，且明白不接种将来会遭受损失，才更能调动其态度。

山东大学的杨晓冬（发表论文时在新加坡南洋理工大学）等人则在研究处理信息的暗示与系统模型（heuristic-systematic model）时发现，人们对社交媒体的关注和社交媒体的可信度，激发了人们对系统的信息处理，促进了人们对食品安全的风险感知，但研究并没有揭示出信息暗示所发挥的作用⑤。与之类似，吉林大学公共卫生学院张馨遥则与美国同行合作，揭示了信源的可获取性和可信性是人们寻求网络健康信息的必要条件但不是充分条件，在信源可以获取和可信的情况下，人们寻求健康信息的行为还要受到获得相关信息是否有益以及对操作互联网的自我效能两个变量的调节⑥。

2016年，政治传播、公共关系和广告领域的学者继续贡献了内地作者国际新闻

① Wong L. H. M., Ou C. X. J., Davison R M, Zhu H, Zhang C., "Web 2.0 and Communication Processes at Work: Evidence from China", *IEEE Transactions on Professional Communication*, 59 (3), 2016, pp. 230 – 244.

② Chiang Y. C., Chung, F. Y., Lee C., Shih H., Lin D. C., Lee, M. B., "Suicide Reporting on Front Pages of Major Newspapers in Taiwan Violating Reporting Recommendations between 2001 and 2012", *Health Communication*, 31 (11), 2016, pp. 1395 – 1404.

③ 贾鹤鹏、苗伟山：《科学传播、风险传播与健康传播的理论溯源及其对中国传播学研究的启示》，《国际新闻界》2017年第2期。

④ Wen N. N., Shen, F. Y., "Communicating to Young Chinese about Human Papillomavirus Vaccination: Examining the Impact of Message Framing and Temporal Distance", *Asian Journal of Communication*, 26 (4), 2016, pp. 387 – 404.

⑤ Yang X. D., Chen L., Feng, Q., "Risk Perception of Food Safety Issue on Social Media", *Chinese Journal of Communication*, 9 (2), 2016, pp. 124 – 138.

⑥ Cao W. D., Zhang X. Y., Xu K. B., Wang Y. X., "Modeling Online Health Information-Seeking Behavior in China: The Roles of Source Characteristics, Reward Assessment, and Internet Self-Efficacy", *Health Communication*, 31 (9), 2016, pp. 1105 – 1114.

传播学发表的重要份额。总体而言，中国大陆政治传播领域的学术发表产出偏少。政治传播研究历来是中国新闻传播学界的敏感领域，加之意识形态的阻隔，中国内地的政治传播议题是否能被国际学术界接受，也是一个难点问题。有趣的是，这一年，大陆学者的目光不约而同地集中到了中国政府形象及国家领导人新闻发布制度。西安交通大学的吴锋（发表论文时供职于江南大学）和华东师范大学的易妍分别针对一年一度的中国总理在两会的新闻发布会进行研究，合计发表了3篇国际论文。其中，吴锋的研究分析了总理如何应对记者提问，以及影响总理应对记者提问方式的影响因素①，该研究还于2017年8月获中国新闻史学会学会奖二等奖。易妍则分别应用舞台戏剧学（dramaturgical）② 和社会学体制化（sociological institutionalism）③两种理论框架，阐释了中国政府传播策略的演进。上述两位学者的探索成果表明，只要选题角度适当，中国的政治传播议题也能获得国际学界的认可。

四、中国新闻传播学者境外发表的影响力

我们在《中国新闻传播学年鉴·2016》的相关章节中，对有国际发表记录的学者进行了采访，并汇报了其国际发表动机、态度以及具体的写作过程遇到的困难等因素。为了更好地理解新闻传播国际发表的影响，我们在2016年工作的基础上④，进行了进一步的采访和分析。限于篇幅，本文仅对相关研究发现进行汇报而省略了对方法论和数据的探讨。

在产生显著知识贡献方面，我们首先使用文献计量手段进行评估。利用 Web of Science 数据库进行检索，我们发现，从1995年到2015年，工作单位为中国内地机构的280名作者参与发表了SSCI收录的传播学期刊（2015年时为76份）中的255篇论文。截至2015年年底，这些论文累计引用数为894次，篇均3.5次。很显然，在整个21年时间里，篇均被引数只有3.5次。这说明，这些论文没有得到国际学术界的广泛关注。

通过访谈，我们进一步发现，虽然有国际发表经历的新闻传播学者普遍更加认可国际论文的质量，但他们也表示，国际传播学主流理论主要脱胎于西方研究问题和研究范式，中国问题很难得到重视。一位学者指出，为了说明自己研究的中国问题的重要性，需要花费很多笔墨在文章中解释。另一位学者则认为，研究美国问题天然就具有合法性，而研究中国议题则必须说明这些议题如何与主流理论具有相关性。不仅如此，多位学者反映，他们在文章中很少引用中文研究成果，因为他们认为，西方主流核心期刊上的文献比中文参考文献更能让编辑和审稿人信服。

我们广泛咨询了受访学者如何看待其国际发表与国内新闻传播学研究的关系。受访者普遍指出，他们发表的国际论文，在文章结构、研究范式、研究问题和数据处理上与国内学术相差很大。他们认为，

---

① Wu F., Zhao, H., "How to Respond to Journalists' Questions? A New Perspective on Chinese Premiers' Aggressiveness at Press Conferences (1993 – 2015)", *Asian Journal of Communication*, 26 (5), 2016, pp. 446 – 465.

② Yi Y., "Information Control and Political Impression Management: A Dramaturgical Analysis of the Chinese Premier's Press Conference", *International Journal of Communication*, 10, 2016, pp. 5473 – 5493.

③ Yi Y., "The Structural Evolution of the Chinese Premier's Press Conference: A Study in Institutionalization", *Asian Journal of Communication*, 26 (3), 2016, pp. 223 – 239.

④ Jia H., Miao W., Zhang Z., Cao J., "Paradox and Eclecticism: An Empirical Investigation of Chinese Communication Scholars' International Publication", *Asian Journal of Communication*, 27 (2), 2017, pp. 172 – 192.

国际论文主要围绕着理论问题展开，而国内论文则着重于对现实问题或事件的观察描述、诠释和对策研究。国际论文往往围绕着理论发展提出研究假设或问题，而国内论文在理论梳理和既有文献分析方面通常没有严格的要求。在这种情况下，两者的学术范式很难彼此融合。

在此基础上，受访学者们承认他们很少与国内同行或同事开展国际发表的合作。不少青年学者更加看重与国际同行的合作，而对于已经熟悉国际学术生产套路的资深学者而言，不少人指出由于两种范式的巨大差异，要开展合作很难。

如果说注重境外发表的学者在英文论文生产中难以与国内同行合作主要是技术性因素造成的，那他们的中文论文写作则因为体制性因素更加难以与国内学者达成协作。国内绝大多数高校对中文论文的考评往往只计算第一作者，这使得合作难以进行。通过学术合作来收获国际学术生产成果的溢出效应也因而很难实现。

值得一提的是，尽管受访学者普遍承认其国际发表没有在国内外产生显著学术影响，国际发表过程中也会遭遇或明或暗的国际偏见，但他们都认为国际发表对于提升本学科的学术水平具有长期的促进作用。虽然很多学者都同意，在发表过程中，适应国际学术体系在一定程度上影响了他们在论文中对中国问题的深入探讨，但大多数人坚决反对过分强调学术本土化，认为这将导致学术的故步自封，更难实现学术进步。

五、总结与讨论

2016 年，中国内地学者在国际新闻传播学期刊发表了 86 篇研究型论文，比 2014 年的 58 篇和 2015 年的 57 篇有大幅度提升。这一结果显示，在经过 2015 年的增长停滞后，中国内地作者在国际新闻传播学刊物发文又恢复了迅速上升的势头。

在与境外机构的合作发表论文中，2016 年合作单位较 2015 年乃至 2014 年的巨大变化，也体现了我国内地学者与国际同行之间尚未形成稳定的学术合作关系与学术共同体。其中，中外合办大学或海外大学的中国校区正在成为国际发表的新生力量，但尚没有与内地其他高校或研究机构的学者合作发表的记录。

就内容而言，2016 年的国际论文在领域和议题上继续呈现高度多样化态势。其中健康传播作为传播学子学科的发展态势最为显著。这既有现实层面的原因和需求，又有学术上的考量。从现实层面而言，随着中国社会的繁荣进步，人们对食品安全、生活健康以及医疗质量等议题的关注不断上升，而公共卫生事业的进步也需要传播学者不断提出更好地进行健康行为干涉的方法和路径。从学术发展上看，西方的健康传播正在成为传播学的主流之一。对于我国学者而言，这个领域的议题相对具有更多国际共性，相关研究可以跨越制度障碍和社会情境的特殊性。大力发展健康传播也是促进我国新闻传播学国际化的一个主要通路。可以预期，今后健康传播在我国学者的国际发表中仍将保持稳步增长的态势。

此外，我们也发现，在宏观政治性话题趋于减少的同时，学者在理论层面上对政治事件的分析更加成熟。如吴锋和易妍等对中国总理新闻发布会的解读，就从多个维度多个视角，将这一中国政治生活中的重要事件的理论意义进行了充分阐释，体现了大陆学者构建中国政治传播话语体系的努力。

在学者对群体性或对抗性事件的研究方面，互联网行动已经成为压倒性研究议题。这固然与中国近年来的群体性事件不断增多的现状有关，也是因为新媒体研究作为传播学的热点领域，因此更容易受到国际学界的关注。可以预期的是，2017 年及以后的国际发表，线上的集体行动将继续成为研究的热点和亮点。

基于论文发表者的访谈和计量学的研究发现，中国学者发表的国际新闻传播学论文还没有得到国际学术界的关注。中国新闻传播学者的国际发表也尚没有对本学科在中国的进步做出显著贡献，但造成这一点的原因也与不合理的学术考评制度密切相关。受访学者普遍抵制以学术本土化为口号反对国际发表的呼吁。

各种障碍性因素，尤其是部分内地高校在考评方面的不合理，给追求国际发表的学者造成很大压力。如果通过国际发表学习到的研究手段既不能直接体现为国内知识生产方面的优势，其国际发表又不能在考评中获得与付出的劳动量相应的报偿，那么就学者个人而言，国际发表的动力衰减几乎是必然的。

大量体制性因素不仅会影响持续进行国际发表的动力，也会阻碍国际发表对我国人文社科领域学术进步的促进。例如，以论文篇数而不是学术质量来衡量学者成果的行政化学术考评体系，让普通学者从事国际学术生产尤其是持续从事国际发表“很不划算”。多数从事新闻传播国际论文发表产出的内地学者认为，无论是论文篇幅、投入精力、发表难度等方面，国际论文与国内论文发表存在巨大差异。他们也缺乏动力将通过国际发表而取得的学术能力广泛应用到自己的国内学术生产。同样，他们也很难通过利用中英文两种研究范式的差异来实现不同学术文化间的对话。因为不论是前者还是后者，都需要投入更大的、几乎得不到报偿的精力来设计选题、搜集数据、磨合文体甚至对既有学术体制和学术习惯进行对抗。

另一个明显的体制性障碍则是我国人文社科评估中广泛存在的，即不承认论文合著者学术贡献的僵化规定，这不仅不利于国际发表对学术进步发挥促进作用，甚至会在极大程度上窒息整个社会科学的发展。因为像自然科学一样，现代社会科学越来越依赖跨学科、跨领域和跨地域的合作来实现不同学术视角、传统和研究方法的交融。

不论是目前我们通过计量学研究所揭示的中国内地学者的产出，还是我们访谈中所提及的各种体制性、机制性的障碍，都在切割国际论文生产与国内知识生产和本土关怀之间系统的联系。一方面，考评制度导致的付出与回报的不平衡；另一方面，也无益于两种学术文化之间的对话。

不过，我们注意到，2017 年中国内地教育界大力推行“双一流”建设，其中一个重要指标是该学科的国际发表论文产出数，部分顶尖“双一流”大学在人才引进、职称晋升及年度奖励方面将 SSCI 论文产出数作为重要考量依据，在这些体制性激励因素的影响下，未来中国内地新闻传播学领域的国际发表产出将进一步增长。最后，我们要再次说明，SSCI 数据库收录的新闻传播期刊并不能代表一个学科的全貌，虽然从研究的可行性上而言，利用 SSCI 收录的新闻传播期刊仍然是考察中国新闻传播学者国际发表状况的有效办法，但读者在把握本文研究结论时，对研究的局限性需要保持必要认知。聚焦于涉华研究主题的 SSCI 收录的非传播学类别的学术期刊（其中有内地新闻传播学者的论文发表）尚未纳入本研究的视野，我们将在今后的研究中弥补这些缺憾。

撰稿：贾鹤鹏（美国康奈尔大学博士候选人）
苗伟山（中国社会科学院新闻与传播研究所助理研究员）
吴　锋（西安交通大学新闻与新媒体学院教授）

2016 年中国学者国际期刊发表新闻传播学论文篇目概览

1. 篇名:*Dynamic Preference Revelation and Expression of Personal Frames: How Weibo is Used in an Anti-nuclear Protest in China*

作者:Huang, Ronggui; Sun, Xiaoyi

第一作者单位:复旦大学

所发期刊及卷期:*CHINESE JOURNAL OF COMMUNICATION*, 9(4), 385 - 402

内容提要:This study explores the use of Weibo in a protest against a nuclear fuel processing plant in China. This study argues that social media play an important role in the development of protests in non-democratic societies through the mechanism of preference revelation, which blurs the boundary between offline protests and the individualized expression of preferences on social media. Of Weibo tweets which were posted prior to the occurrence of the offline protest, 11,788 protest-related were examined with the aid of a supervised machine learning technique. The results showed that the revelation of personal preferences in the form of individualized expressions of opposition were more common than mobilization and coordination, and such preferences were legitimized by the personal frames of risk and the distrust in government. The use of Weibo to mobilize potential opponents to the project, primarily by calling for the expression of opposition, was less frequent than the use of Weibo to express personal frames. Furthermore, the prevalence of Weibo usage changed dramatically. In the first few days of the protest, the revelation of personal preferences and personal frames of risk were prominent, whereas personal frames of distrust in government were common in the days leading to the street protest.

2. 篇名:*Business is Business? Stakeholders and Power Distributions in Guanxi-related Practices in the Chinese Public Relations Profession: A Comparative Study of Beijing and Hong Kong*

作者:Wu, Fang; Chen, Zhuo; Cui, Di

第一作者单位:上海交通大学

所发期刊及卷期:*PUBLIC RELATIONS REVIEW*, 42(5), 867 - 878, DEC. 2016

内容提要:As a special type of relationship exercised at the level of the individual in Chinese culture, guanxi has been claimed to pervasively affect business practices in China. Using a contextual perspective, this study compared guanxi-related practices in Beijing and Hong Kong, two Chinese societies with a similar confucian heritage but different institutional and cultural traits. Four group interviews were conducted to identify the characteristics of guanxi-related practices, their main stakeholders, and the power relationships that exist between them. Public relations practitioners from Hong Kong and Beijing engage in guanxi-related practices with similar main stakeholders, except that only practitioners from Beijing valued guanxi with the government. Findings from the group interviews demonstrate regional differences in the closeness components, source of connections, and basic principles governing guanxi-related practices.

3. 篇名:*Effects of Media Exemplars on the Perception of Social Issues with Pre-Existing Beliefs*

作者:Yan, Yan; Liu, Jun

第一作者单位:武汉大学

所发期刊及卷期: *JOURNALISM & MASS COMMUNICATION QUARTERLY*, 93 (4), 1026 – 1049, DEC. 2016

内容提要:Exemplification studies usually examined the influence of media exemplars on people's perceptions of fictional or controversial issues, but neglected the circumstances when people have prior beliefs. The present research tested the effects of media exemplars on people's perceptions of Chengguan-vendor conflicts, a social issue with strong prior beliefs in China. The typical between-group exemplification effect was not evident; a relative, within-group exemplification effect was found; and a progressively decaying exemplification effect emerged. Yet, when evaluating belief/attitude formation and change beyond the media context, initial belief emerged as the most prominent and the only consistent predictor of subsequent perceptions.

4. 篇名:*Is the Agenda Set? State of Agenda-setting Research in China and Korea*

作者:Zhou, Shuhua; Kim, Yeojin; Luo, Yunjuan; et al.

第一作者单位:美国阿拉巴马大学

所发期刊及卷期:*ASIAN JOURNAL OF COMMUNICATION*, 26(6 Special Issue: Si), 566 – 582, DEC. 2016

内容提要:Agenda setting is one of the most recognized communication theories. This thematic analysis aims to provide an overview of agenda-setting publications in China and Korea. Results indicated that the output of agenda-setting research was impressive in both countries. Korean studies mirrored U. S. studies in terms of topical focus, but research in China narrowly concentrated on social issues. Chinese agenda-setting research was typically a-theoretical and lacking in methodological diversity, while such problems were less acute in Korean studies. More studies have moved on to the Internet and social media in both countries. Implications are discussed and new directions for future research are suggested.

5. 篇名:*How "Sustainable" is Development Communication Research?*

作者:Servaes, Jan

第一作者单位:华中科技大学

所发期刊及卷期: *INTERNATIONAL COMMUNICATION GAZETTE*, 78 (7 Special Issue: Si), 701 – 710, NOV. 2016

内容提要:This article argues that a focus on sustainability will allow us to engage the complexity that communication research for development and social change routinely encounters. We start with a brief historical overview, move to the need for sustainability as an organizing principle, then to a consideration of some theoretical and methodological approaches to sustainability, and finally to conclusions concerning the state of the field.

6. 篇名:*Media Niche of Electronic Communication Channels in Friendship: A Meta-Analysis*

作者:Liu, Dong; Yang Chia-Chen

第一作者单位:中国人民大学

所发期刊及卷期:*JOURNAL OF COMPUTER-MEDIATED COMMUNICATION*, 21(6), 451 -466, NOV. 2016

内容提要:The current landscape of communication technologies is characterized by a wide variety of choices. As each medium provides different affordances, each may occupy a different niche and be used in different relationships. Drawing on the theory of the niche, we did a meta-analysis involving 27 effect sizes from 22 independent samples to test the correlation between media selection/use and friendship closeness. Results showed that the 5 communication channels filled 2 different friendship closeness niches. Mobile phone calls and texting had stronger positive correlations with friendship closeness than instant messaging, social network sites, and online gaming. Culture, but not gender, moderated some of these correlations: Friendship closeness had a stronger positive association with SNS use and online gaming in collectivist cultures.

7. **篇名**:*Suicide Reporting on Front Pages of Major Newspapers in Taiwan Violating Reporting Recommendations between 2001 and 2012*

作者: Chiang, Yi-Chen; Chung, Fung-Yu; Lee, Chun-Yang; et al.

第一作者单位:台湾中山医学大学

所发期刊及卷期:*HEALTH COMMUNICATION*, 31(11), 1395 -1404, NOV. 2016

内容提要: Media reporting can lead to the acceptance of incorrect ideas and information by the general public, which in turn can impact behavior. A number of studies have found that suicide reporting in the media can lead to an increase in the suicide rate or copycat suicides. Therefore, the aims of this study are to (a) investigate front-page reporting of suicide in four major newspapers in Taiwan; (b) investigate violation of recommendations for reporting suicide by the four major newspapers in Taiwan; and (c) investigate the impact of important events and government policy on front-page reporting of suicide (i. e., the effect of the Apple Daily newspaper entering the market, and the start of media monitoring). We carried out content analysis of reports of suicide on the front pages of the four newspapers with the highest rates of readership in Taiwan (China Times, Liberty Times, Apple Daily, and United Daily News) between 2001 and 2012. We used the chi-squared test, chi-squared test for trend, and analysis of variance to analyze trends in violation of reporting recommendations and potential associated factors. We found that (a) suicide was most commonly reported as a front-page headline and as a whole-page spread by the four major newspapers in Taiwan, with many reports including photographs; (b) reporting of suicide by the four major newspapers in Taiwan frequently violated World Health Organization (WHO) recommendations for suicide reporting in the media; (c) following the entry of the Apple Daily newspaper into the Taiwanese market, reporting approaches to suicide by the other three major newspapers changed to more sensational photos and texts; and (d) monitoring of suicide reporting by the Taiwan Suicide Prevention Center appears to have been only partially effective. In summary, reporting of suicide by the four major newspapers in Taiwan could be further improved. Effective regulation of suicide reporting by newspapers could reduce the impact of this reporting on readers. In addition, regular assessment of observance of the WHO recommendations for suicide reporting by newspapers is an important part of suicide prevention.

8. 篇名:"*Coming up Next*": *The Discourse of Television News Headlines*

作者:Montgomery, Martin; Feng, Debing

第一作者单位:澳门大学

所发期刊及卷期:*DISCOURSE & COMMUNICATION*, 10(5), 500 – 520, OCT. 2016

内容提要:Despite the adoption of the term headline for both print news and broadcast news, their roles in the different media are not the same. Print headlines are mostly contiguous with the story to which they refer. Broadcast headlines, however, are often at some temporal distance from their associated news item. In the print medium every story carries a headline. In broadcast news only some items are headlined. And yet, whereas the linguistic properties of print headlines have been much studied, almost no attention has been given to broadcast headlines. This article uses a corpus of headlines from BBC television news to explore their discursive form and function. It isolates a basic structure of {heading (+ supplement)} for television news headlines and delineates a repertoire of patterns through which the structure is realised. In doing so, it suggests that the core function of television news headlines is to engage with the audience by projecting aspects of their news values forward through the programme.

9. 篇名:*How to Respond to Journalists' Questions? A New Perspective on Chinese Premiers' Aggressiveness at Press Conferences* (1993 – 2015)

作者:Wu, Feng; Zhao, Hong

第一作者单位:江南大学

所发期刊及卷期:*ASIAN JOURNAL OF COMMUNICATION*, 26 (5), 446 – 465, OCT. 2016

内容提要:This study extends the framework describing journalists' aggressiveness at politicians' press conference and develops five dimensions to measure politicians' aggressiveness in response to journalists' questions (initiative, directness, assertiveness, adversarialness, and accountability). Using the records from Chinese premiers' press conferences (1993 – 2015), this research investigates five factors which might affect premiers' aggressiveness: the administrative life cycle, economic conditions, journalists' country of origin, the topic of questions, and number of questions. The results show that premiers exhibit less assertiveness during honeymoon periods and more assertiveness in other years. Premiers are more adversarial amid good economic growth but less adversarial during poor economic growth. They are more assertive and adversarial in response to questions related to politics and the military and less so in response to questions related to other areas. Premiers display more initiative and accountability toward journalists who ask more questions and less toward those who ask fewer questions. Premiers are more assertive and adversarial toward journalists from developed countries but less so toward those from developing countries. Over the past 23 years, premiers' initiative, directness, and adversarialness have decreased while their accountability has gradually increased. The theoretical contributions of this research are discussed.

10. 篇名:*War on Women*: *Interlocking Conflicts within the Vagina Monologues in China*

作者:Huang,Yalan

第一作者单位:暨南大学

所发期刊及卷期:*ASIAN JOURNAL OF COMMUNICATION*, 26 (5), 466 – 484, OCT. 2016

内容提要:Chinese university students' promotion and performance of the feminist play The Vagina Monologues in 2013 triggered a heated debate and a strain of misogyny in social media, which demonstrated how people perceived feminism in China. Through quantitative content analysis and qualitative text analysis of 533 online comments on this feminist activity, this paper investigates the conflicts and contradictions within feminism in China and four frames (meaning packages) are identified. Three of them, namely the public-private conflict'frame, the Western-Chinese conflict' frame, the class conflict' frame, were employed to express opposition, whereas only one feminist frame held a supportive stance. Feminism in China is found to be perceived as morally deviant, foreign-rooted, and intertwined with issues like nationalism, social polarization, and a modernization-tradition contradiction. In this event, social media facilitated the diffusion of misogyny as well as served as public sphere wherein diverse and deliberative discussion was allowed.

11. 篇名:*Follower-Followee Network, Communication Networks, and Vote Agreement of the US Members of Congress*

作者: Peng, Tai-Quan; Liu, Mengchen; Wu, Yingcai; et al.

第一作者单位:新加坡南洋理工大学

所发期刊及卷期: *COMMUNICATION RESEARCH*,43(7),996 – 1024,OCT. 2016

内容提要: The digital traces of U. S. members of congress on Twitter enable researchers to observe how these public officials interact with one another in a direct and unobtrusive manner. Using data from Twitter and other sources (e. g. ,roll-call vote data), this study aims to examine how members of congress connect and communicate with one another on Twitter, why they will connect and communicate with one another in such a way, and what effects such connection and communication among members of congress have on their floor vote behavior. The follower-followee and communication networks of members of congress on Twitter demonstrate a high degree of partisan homogeneity. Members of congress prefer to follow or communicate with other members who are similar to them in terms of partisanship, home state, chamber, and public concern. This condition is known as the homophily effect in social network research. However, the magnitude of the homophily effect is mitigated when the effects of endogenous networking mechanisms (i. e. reciprocity and triadic closure) in such networks are controlled. Follower-followee ties can facilitate political discourse among members of congress on Twitter, whereas both follower-followee and communication ties on Twitter increase the likelihood of vote agreement among members of congress. The theoretical, methodological, and practical implications of the findings are addressed.

12. 篇名:*Media Use, Cognitive Performance, and Life Satisfaction of the Chinese Elderly*

作者:Sun, Shaojing; Zhang, Shuangyue; Fan, Xitao

第一作者单位:复旦大学

所发期刊及卷期:*HEALTH COMMUNICATION*,31(10),1223 – 1234,OCT. 2016

内容提要:Media use and aging is an important interdisciplinary topic pertaining to communication, gerontology, and psychology, among others. Integrating research on media-induced recovery and life satisfaction, the present study examined media uses and effects in the context of health and aging. Specifically, data from a large random sample were analyzed to investigate the relationships between media use, cognitive performance, and life satisfaction among the Chinese elderly. Results, in general, lent support to the slightly modified structural model. Specifically, media-induced recovery outcomes can be categorized into proximate (e. g. , cognitive, performance), intermediate (e. g. , health satisfaction), and distal levels (e. g. , life satisfaction). Also, situational factors (e. g. disease history) had statistically significant effects on media-induced recovery outcomes. Theoretical and practical implications of the research findings were discussed, and future research directions were suggested.

13. 篇名:*Chinese Females'date Refusals in Reality TV Shows: Expressing Involvement or Independence?*

作者:Ren, Wei; Woodfield, Helen

第一作者单位:广东外语外贸大学

所发期刊及卷期: *DISCOURSE CONTEXT & MEDIA*, (13), 89 – 97 Part: B, SEP. 2016

内容提要:The majority of pragmatics research on the speech act of refusals has employed production questionnaires or role-plays to elicit data. Research employing more naturalistic data is needed to explore the actual performance of refusals, particularly in those socially sensitive contexts, such as date refusals and within a public domain such as the reality TV show. The present study investigates the under-researched topic of date refusals on reality TV shows in China. The corpus in the present study comprised 38 female date refusals collected from a popular Chinese TV dating programme over a year. It was found that when refusing a date invitation in the TV show, Chinese females employed a limited range of pragmatic strategies. Their date refusals were mostly realized by means of apologies, and reasons, and to a lesser degree through adjuncts to refusals (including positive comments and gratitude) and direct refusal strategies. In addition, the Chinese females demonstrated a preference for strategies of involvement politeness in their date refusals. The paper also discusses the possible impact of the genre of reality TV shows on the Chinese females date refusals.

14. 篇名:*Leaders or Readers, Whom to Please? News Values in the Transition of the Chinese Press*

作者:Huan, Changpeng

第一作者单位:上海交通大学

所发期刊及卷期: *DISCOURSE CONTEXT & MEDIA*, (13), 114 – 121 Part: B, SEP. 2016

内容提要:This paper takes news values as the analytical point of entry to understand the working of Chinese press in the wake of its marketization reform. The reform has resulted Chinese newspapers in facing an increasingly tightening tension between the political power of the government and economic forces of the market. Drawing on four different but complementary datasets-news policy documents, media editorial meetings, interviews with Chinese journalism practitioners and a newly constructed corpus of Chinese news reporting, this study found that maneuvering news values concerning different news actors and events constituted a distinctive way for Chinese journalism practitioners to circumvent the dilemma. To please leaders, the news values of Eliteness and Positivity were foregrounded, while to please readers, the news values of Personalization and Negativity were highlighted. The findings are important for understanding Chinese journalists' mindsets to accommodate structural changes of Chinese press in journalistic practices.

15. 篇名:*Globalization and Territorial Identification: A Multilevel Analysis across 50 Countries*

作者:Wang,Yan

第一作者单位:南开大学

所发期刊及卷期: *INTERNATIONAL JOURNAL OF PUBLIC OPINION RESEARCH*,28(3),401 -414,Fall. 2016

内容提要:无

16. 篇名:*Web 2.0 and Communication Processes at Work: Evidence from China*

作者: Wong, Louie H. M. ; Ou, Carol X. J. ;Davison,Robert M. ;et al.

第一作者单位:香港城市大学

所发期刊及卷期: *IEEE TRANSACTIONS ON PROFESSIONAL COMMUNICATION*,59(3),230 -244,SEP. 2016

内容提要:Research problem: Web 2.0 applications, such as instant messengers and other social media platforms,are fast becoming ubiquitous in organizations,yet their impact on work performance is poorly understood. Research question: What is the relationship between Web 2.0 use, and work-based communication processes and outcomes in China? Literature review: Literature in the fields of information systems and media and communication research supports the value of Web 2.0 for organizations. However, how Web 2.0 can facilitate the organizational communication process and subsequently improve performance is underinvestigated. By adapting and extending the communicative ecology framework and previously published work, we developed and tested a theoretical model to investigate these impacts in the Chinese workplace. Methodology: We conducted a quantitative study using the survey method, with participants randomly selected from a panel database in China. Results and conclusions: We analyzed survey data from 179 organizational employees and found that vertical and horizontal communication contribute significantly to individual and teamwork performance, with high levels of variance explained. In this study, we provide empirical evidence of how Web 2.0 applications enable employees to reach out to collaborators and business partners, thereby boosting individual productivity and team collaboration. The study also highlights the fit between Web 2.0 and the need for organizational horizontal communication in this era of knowledge, information, and creativity. Future researchers should verify the research model in different countries, including local contextual characteristics as either independent variables or moderators.

17. 篇名:*The Expanding Territory of Organizational Communication in China*

作者:Kang,Dongjing;Jia,Moyi;Ju,Ran

第一作者单位:中国农业大学

所发期刊及卷期: *CHINESE JOURNAL OF COMMUNICATION*, 9(3), 232 - 263, SEP. 2016

内容提要: The field of organizational

communication has been dominated by the Euro-American intellectual tradition. In order to create a multicultural field, this study proposes a Chinese-centered perspective to examine organizational communication in Mainland China. Based on a search of the Chinese National Knowledge Infrastructure (CNKI) database using the key words organizational communication, the authors collected 129 articles that were published from 1996 to 2014. Using a Chinese-centered perspective, the authors then developed a codebook based on the thematic analysis of the collected articles. A content analysis was employed to analyze year-to-year distributions, definitions of organizational communication, topical areas, theoretical orientations, and methods that were reported in the articles. The results were used to map the current trajectory of organizational communication studies in China. Based on our findings, we recommend that organizational communication scholars acknowledged local philosophies and build local frameworks in order to promote the global inclusivity of the field of organizational communication.

18. 篇名: *Watching Online Videos Interactively: The Impact of Media Capabilities in Chinese Danmaku Video Sites*

作者: Liu, Lili; Suh, Ayoung; Wagner, Christian

第一作者单位: 中国科技大学

所发期刊及卷期: *CHINESE JOURNAL OF COMMUNICATION*, 9 (3), 283 - 303, SEP. 2016

内容提要: In China, the implementation of a Danmaku social media system to sustain and raise user interest in online video sites is an increasingly widespread phenomenon. Danmaku technology is used to display users' messages in written text on the online video stream. Little is known about the effects of this form of interactive enhancement. The aim of this empirical study is to evaluate the evolving media capabilities of the Danmaku system and their effects on users' perceptions of interactivity and their intentions to continue using Danmaku. We draw on media synchronicity theory and apply it to a stimulus-organism-response model. Using this framework, we hypothesize that the media capabilities of the Danmaku system, namely its transmission velocity, parallelism, symbol sets, rehearsability, and reprocessability, elicit increased interactivity, which influences users' instantaneous intentions to share and to continue the use of the Danmaku system. The results showed that both users' instantaneous intention to share and their intention to continue to use were significantly affected by the perceived interactivity. Unlike the results of previous studies, our findings showed that all five media capabilities positively affected the users' perceptions of interactivity. The potential theoretical and practical implications of our findings are discussed.

19. 篇名: *The Recontextualization of Revolutionary Symbolic Capital in Chinese Online Grassroots Discourse*

作者: Liu, Qing; Ouyang, Huhua

第一作者单位: 广东外语外贸大学

所发期刊及卷期: *DISCOURSE & SOCIETY*, 27(5), 500 - 515, SEP. 2016

内容提要: This article explores the mobilization power of online grassroots discourse often criticized by researchers as a threat to the Habermasian public sphere. The study takes a historical perspective and attempts to see elements of grassroots discourse as a recontextualization of Chinese revolutionary discourse. The high-profile Yao Jiaxin murder case is taken as the background, and an online open letter and its reply that have attracted wide attention to the event are selected as data for analysis. The theoretical approach utilizes Fairclough's discourse analysis investigating discursive transformation in social and cultural change, and his synthesis of intertextuality analysis and Gramsci's hegemony theory is found to be particularly helpful in the discussion. Two aspects of the text will be analyzed in detail - the emotional appeal and the strategy of inclusion/exclusion based on class division, as well as how such rhetoric is challenged and marginalized in new social contexts.

20. 篇名: *Modeling Online Health Information-Seeking Behavior in China: The Roles of Source Characteristics, Reward Assessment, and Internet Self-Efficacy*

作者: Cao, Weidan; Zhang, Xinyao; Xu, Kaibin; et al.

第一作者单位: 美国天普大学(Temple University)

所发期刊及卷期: *HEALTH COMMUNICATION*, 31(9), 1105 - 1114, SEP. 2016

内容提要: The outbreak of severe acute respiratory syndrome (SARS) in 2003 marked the explosion of health information seeking online in China and the increasing emergence of Chinese health websites. There are both benefits and potential hazards of people's online health information seeking. This article intended to test part of Wilson's second model of information behavior, including source characteristics and activating mechanisms, and to identify the relationships among perceived access, perceived expertise credibility, reward assessment, Internet self-efficacy, and online health information-seeking behavior. Data were drawn from face-to-face surveys and an online survey of health information seekers (N = 393) in China. The results showed that source characteristics predicted activating mechanisms, which in turn predicted online health information-seeking behavior. Activating mechanisms, that is, reward assessment and Internet self-efficacy, mediated the relationship between source characteristics (i. e., access and credibility) and online health information-seeking behavior. Strategies for improving information access, expertise credibility, and Internet self-efficacy are discussed in order to maximize the benefits of online health information seeking and to minimize the potential harm.

21. 篇名: *National Image of World Major Countries in Chinese Undergraduates' Minds an Evaluation Based on Components of a Nation*

作者: Li, Weidong; Wang, Qinghua; Li, Jing; et al.

第一作者单位: 华中科技大学

所发期刊及卷期: *PUBLIC RELATIONS REVIEW*, 42(3), 476 - 478, SEP. 2016

内容提要: Based on components of a nation, this paper proposes a national image evaluation system from five dimensions including territory, sovereignty, government, corporation and population, and conducts an empirical research on the images and ranking of ten major countries in the world in the eyes of Chinese undergraduates. It is found that there is no obvious correlation of economic performance with overall national image index, while global competitiveness has a significant influence on national image.

22. 篇名: *Historical Constructions of Journalistic Communication in China: on Three Definitions of News*

作者:Huang, Dan

第一作者单位:复旦大学

所发期刊及卷期: *CRITICAL STUDIES IN MEDIA COMMUNICATION*, 33(3), 215 - 231, AUG. 2016

内容提要: This paper examines three definitions of news in the history of journalism studies in China. Xu Baohuang's definition emphasizes the facts, with an aim to establish an objective and neutral press model. Lu Dingyi defines news through reporting, which has since then transformed into the principle of reporting with the facts. Fan Changjiang prioritizes the masses in his definition, attempting to explore new ways for the operation of party-owned newspapers in the new era.

23. 篇名:*A Struggle for Trustworthiness: Local Officials' Discursive Behaviour in Press Conferences Handling Tianjin Blasts in China*

作者:Wang, Xueyu

第一作者单位:南通大学

所发期刊及卷期:*DISCOURSE & COMMUNICATION*, 10(4), 412 - 426, AUG. 2016

内容提要:This article explores the discursive behaviour of Chinese local officials in press conferences handling the recent 2015 crisis of Tianjin blasts. Drawing upon the previous analyses on relations of trust and discourse, and on the crucial aspects of trustworthiness, it examines how the officials struggled for trustworthiness discursively, and how their doing' trustworthiness varied in two phases of crisis communication. The analysis reveals markedly different approaches to the officials' doing' trustworthiness in two phases. In the unsatisfactory' phase, the officials mainly constructed the aspect of expertise, with few expressions conveying integrity and none conveying care; while in the well-handled' phase, the officials constructed all three aspects. In addition, their discursive strategies of constructing expertise changed from extensively using techs' to combining techs' and vernacular language, and those of constructing integrity changed from not saying what lacks evidences to providing information with adequate evidence. Effects of different aspects and discursive strategies on trust are also discussed.

24. 篇名: *Rhetorical Relations Revisited across Distinct Levels of Discourse Unit Granularity*

作者:Zhang, Hongxin; Liu, Haitao

第一作者单位:浙江大学

所发期刊及卷期: *DISCOURSE STUDIES*, 18(4), 454 - 472, AUG. 2016

内容提要:In accordance with the compositionality criterion and hierarchy principle of Rhetorical Structure Theory (RST), this study reframes each tree in the RST Discourse Treebank into three new dependency trees with ultimate nodes being clauses, sentences, and paragraphs, respectively, which also draw on an analogy between syntactic and discourse trees. Detailed percentages of various RST relations at the three granularity levels are examined, illuminating the discourse processes of organizing units of one granularity level into those of the next upper level and suggesting certain homogeneity and interaction across levels in the Treebank, particularly at the two upper levels. The study demonstrates the applicability of RST analysis between same-level terminal units. With unique analytical advantages, the newly constructed discourse dependency trees provide new research prospects.

25. 篇名:*Communicating to Young Chinese about Human Papillomavirus Vaccination: Examining the Impact of Message Framing and Temporal Distance*

作者:Wen, Nainan; Shen, Fuyuan

第一作者单位:南京大学

所发期刊及卷期: *ASIAN JOURNAL of COMMUNICATION*, 26 (4), 387 - 404, AUG. 2016

内容提要:This research investigated the influence of message framing (gain or loss) and temporal distance (present or future) on the intention of Human papillomavirus (HPV) vaccination. A total of 156 Chinese undergraduates participated in a controlled experiment in Macau, a Special Administrative Region of China. Results showed that message framing and temporal distance interacted to impact the intention of HPV vaccination. Particularly, among participants who had no prior knowledge of HPV vaccine, the gain-present and loss-future framed messages resulted in more positive attitudes toward the message, higher degree of perceived severity of HPV infection, and more likelihood to get HPV vaccination than the gain-future and loss-present framed messages. Implications of the findings were discussed.

26. 篇名:*How to be Heard on Microblogs? Nonprofit Organizations' Follower Networks and Post Features for Information Diffusion in China*

作者: Chen, Yi-Ru Regina; Fu, Jiawei Sophia

第一作者单位:香港浸会大学

所发期刊及卷期:*INFORMATION COMMUNICATION & SOCIETY*, 19 (7), 978 - 993, JUL 2, 2016

内容提要:This study tackles the gap in public relations research on what drives users of microblogs in China to follow nonprofit organization (NPO) accounts and share (retweet) their posts, from a multidimensional perspective of the NPO, the microblog audience, and the post features. Using a content analysis of Sina Weibo data of 95 NPO accounts, results suggested that an NPO's status on Weibo is a significant predictor of its follower number. Follower numbers and activeness directly affected the NPO's number of retweets. Informative posts and posts that fulfill multiple gratifications were found to be more sharable than other post types. In addition, a post's originality, media richness, inclusion of opinion leaders, and endorsement by influential users all contributed to its level of circulation. This knowledge is essential for NPOs to spread information and build online communities that facilitate dialogic engagement and quality organization-public relationships with their stakeholders on social media in China's context.

27. 篇名:*Sustainability of Rural Informatization Programs in Developing Countries: A Case Study of China's Sichuan Province*

作者:Liu, Chun

第一作者单位:西南交通大学

所发期刊及卷期: *TELECOMMUNICATIONS POLICY*, 40 (7 Special Issue: Si), 714 - 724, JUL. 2016

内容提要:Traditionally, the role of telecommunications carriers is often limited to providing connections in rural informatization programs. This paper illustrates the case of Sichuan's government-carrier cooperative rural informatization model, where the carriers serve as both the information aggregator and distributor. A close historical analysis reveals that this seemingly unprofitable rural informatization service was originally conceived by competing carriers as a marketing strategy to gain a competitive advantage in less lucrative markets. However, when the government decided to promulgate such an informatization program nationwide, the business practice turned into one of the carrier's de facto obligations. Thus, Sichuan's model is a mixture of the passive fulfillment of political duty and the proactive pursuit of business interests. A sustainability failure analytical framework is applied to test the sustainability of Sichuan's model, which is found to be at risk of financial, social and institutional sustainability failures.

28. 篇名: *Recontextualization and Transformation in Media Discourse: An Analysis of the First-Instance Judgment of the Peng Yu Case*

作者: Wu, Jianguo; Huang, Shanshan; Zheng, Rong

第一作者单位: 华南理工大学

所发期刊及卷期: *DISCOURSE & SOCIETY*, 27(4), 441 – 466, JUL. 2016

内容提要: Enlightened by Van Dijk's Context Model Theory and Wodak's Discourse-Historical Approach, this article puts forward the Discourse-Historical-Contextual Approach as the analytical framework for the study of the recontextualization and transformation processes involved in media discourse. It is then applied to the analysis of the First-Instance Judgment of the Peng Yu Case. Through exploring the relevant context models, the article examines why a text is interpreted differently when it is circulated in different contexts. The study also reveals, by investigating the traces of previous texts in subsequent texts, how intertextuality is formed as well as how specific transformations are used in the processes. It is hoped that this study will provide some insights into the understanding of recontextualization and transformation processes in media discourse.

29. 篇名: *A Discursive Analytical Path of Appellate Court Opinions: Evaluation of Ideological Positioning in Bush v. Gore 2000*

作者: Chen, Ruina; Liu, Haitao

第一作者单位: 浙江大学

所发期刊及卷期: *TEXT & TALK*, 36 (4), 391 – 415, JUL. 2016

内容提要: Appellate court opinions are written records based on the debates and discussions on hard cases among nine Justices in the US Supreme Court. This important genre type resists any easy paradigm of examination due to its extreme complexity in both language and law. In this paper, we propose an analytical path built upon White's framework (2006) of "evaluative semantics and ideological positioning." In particular, we attend to evaluative mechanisms employed by Supreme Court Justices to legitimize their decision and interpretation of complicated jurisprudences. The functionality of these mechanisms and their rhetorical potential are elaborated in the context of multiple opinions of Bush v. Gore 2000. The analysis in this paper complements Miller's (2002) pioneering endeavor to analyze this case. In addition, it bears out Crompton's (2004) prediction of the existence of Rhematic Progression (RP) in the discourse, and beyond which, its intensified form-Rhematic Progression with Derived Rhemes (RPDRs)-occurs in the dissenting opinion of Justice Stevens.

30. 篇名: *Chinese University EFL*

Teachers' Knowledge of and Stance on Plagiarism

作者:Hu,Guangwei;Sun,Xiaoya

第一作者单位:新加坡南洋理工大学

所发期刊及卷期:*COMUNICAR*,(48),29 -37,JUL 1,2016

内容提要:Plagiarism has engendered increasing concern in academia in the past few decades. While previous studies have investigated student plagiarism from various perspectives, how plagiarism is understood and responded to by university teachers, especially those in English-as-a-foreign-language (EFL) writing contexts, has been under-researched. As academic insiders and educators of future academics, university teachers play a key role in educating students against plagiarism and upholding academic integrity. Their knowledge of and attitudes toward plagiarism not only have a crucial influence on their students' perceptions of plagiarism but can also provide insights into how institutions of higher education are tackling the problem. The study reported in this paper aims to address this imbalance in research on plagiarism by focusing on a sample of 108 teachers from 38 Chinese universities. Drawing on both quantitative and qualitative data that comprise textual judgments and writing samples, it examines whether EFL teachers in Chinese universities share Anglo-American conceptions of plagiarism, what stance they take on detected cases of plagiarism, and what factors may have influenced their perceptions. Findings from this study problematize the popular, yet over-simplistic, view that Chinese EFL writers are tolerant of plagiarism and point to academic and teaching experience as influences on their perceptions and attitudes concerning plagiarism.

31. 篇名:*The State of Media Studies in China*

作者:Wu,Jing

第一作者单位:北京大学

所发期刊及卷期:*TELEVISION & NEW MEDIA*,17(5),392 -396,JUL. 2016

内容提要:The article first delineates the transformations of China's media institutions since the reform and opening up policy of the 1980s and argues that marketization and new media technologies are two important factors in shaping media operations and culture in contemporary China. Then the author introduces the changes in perspective, problematic and research methods in the academic field of media studies in China. The article also uses some recent research articles to illustrate the author's point about the state of media studies in China.

32. 篇名:*The Karl Marx Problem in Contemporary New Media Economy*:*A Critique of Christian Fuchs' Account*

作者:Kangal,Kaan

第一作者单位:南京大学

所发期刊及卷期:*TELEVISION& NEW MEDIA*,17(5),416 -428,JUL. 2016

内容提要:This article focuses on five flaws of Christian Fuchs' approach of Web 2. 0 economy. Here, Fuchs' views on immaterial production, productivity of labor, commodification of users' data, underestimation of financial aspects of digital economy, and the violation of Marx's laws of value production, rate of exploitation, fall tendency of profit rate, and overproduction crisis are put into question. This article defends the thesis Fuchs fails to apply Marxian political economy to the contemporary phenomena of Web 2. 0 economy. It is possible to avoid Fuchs' errors, and another approach is possible to remake Marxism relevant for an analysis of the new media economy.

33. 篇名: *Searchable Talk as Discourse Practice on the Internet: The Case of "binders-full of women"*

作者:Zhu, Hongqiang

第一作者单位:澳门大学

所发期刊及卷期: *DISCOURSE CONTEXT & MEDIA*,(12),87 -98,JUN. 2016

内容提要: This paper examines the phrase binders full of women as an example of searchable talk in the micro-blogging sphere of Twitter. The data were collected and sampled in terms of its temporal development on Twitter. Drawing on the content analysis combined with descriptive statistics, the paper identified and compared the Twitter users as Journalist users and Ordinary users who are engaged with Twitter communication. It shows that Journalists tend to initiate the topic at the early stage of communication. Soon afterwards, the Ordinary participants dominate the Twitter communication. The tweets are textually characterized into three different categories on the formal grounds: Hashtags, Hashtags plus texts and anything with "a link" or "a retweet", in the heteroglossic context of micro-blogging sphere. The categorization of tweets contributes as a methodology to distinguish the discourse practice performed by different Twitter users. The results show that both Journalist and Ordinary favor to post the informative tweets throughout the sampled period. The quantity of interactive tweets is becoming less favorable; however, in contrast, the tweets on the indeterminate plane gain high popularity from the early phase of the period. Our comparison indicates that the boundary between Journalist and Ordinary seems to be indistinct in terms of their contents.

34. 篇名: *The Policy-Opinion Nexus: The Impact of Social Protection Programs on Welfare Policy Preferences in China*

作者:Im, Dong-Kyun; Meng, Tianguang

第一作者单位:韩国首尔大学

所发期刊及卷期: *INTERNATIONAL JOURNAL OF PUBLIC OPINION RESEARCH*,28(2),241 -268,SUM. 2016

内容提要: This study investigates the policy-opinion nexus in China. Using nationally representative survey data and propensity score matching, it examines the effect of policy on opinions in four welfare domains: pension, educational subsidies, health care, and minimum livelihood assistance. Our findings show that individuals' experience with welfare policy tends to reinforce the idea that the government should take responsibility for welfare, and this experience also influences their opinions about other welfare programs. This paper contributes to the literature by using a novel methodological approach and using a new dependent variable concerning individuals' feeling of entitlement for social welfare. The results show strong evidence of the contingent nature of policy feedback process, and show how interpretive effects operate through spillover feedback effects.

35. 篇名: *Request Sequence in Chinese Public Service Calls*

作者:Li, Li; Ma, Wen

第一作者单位:上海大学

所发期刊及卷期: *DISCOURSE STUDIES*,18(3),269 -285,JUN. 2016

内容提要:This study examines the characteristics of request sequences in Chinese public service calls. The data analysis indicates that a prominent characteristic of Chinese public service calls is the frequent appearance of insert expansions and non-minimal post-expansions, with the latter occurring after both preferred response and dispreferred response. This is closely related to participants' institutional identities and epistemic asymmetry; operators handling such service calls should pay due attention to this asymmetry to ensure mutual understanding in conversation.

36. 篇名：*The Structural Evolution of the Chinese Premier's Press Conference: A Study in Institutionalization*

作者：Yi, Yan

第一作者单位：华东师范大学

所发期刊及卷期：*ASIAN JOURNAL OF COMMUNICATION*, 26(3), 223 – 239, MAY 3, 2016

内容提要：A given political communication practice is firmly related to the structure it locates in. This paper concerns such communication in the Chinese context, with a focus on the case of the Chinese Premier's Press Conference (CPPC). Informed by sociological institutionalism, it divides the CPPC's evolution into three stages - habitualization, objectification, and sedimentation, each of which has different characteristics of structural evolution due to different historical and cultural conditions. It argues that the structure of the CPPC has evolved to a "semi-institutionalized" one, involving both formal and informal components. The informal components within this structure lead to negotiations among different decision-makers on the information that is delivered at the CPPC and to the public. It reveals the nature of Chinese political structure today, that is, wherein every decision-making undergoes a bargaining process within the system.

37. 篇名："*Naked Swimmers*": *Chinese Women Journalists' Experience of Media Commercialization*

作者：Wang, Haiyan

第一作者单位：深圳大学

所发期刊及卷期：*MEDIA CULTURE & SOCIETY*, 38(4), 489 – 505, MAY. 2016

内容提要：In accordance with the global trend of women's employment in journalism, China has witnessed an unprecedented increase in women's participation in the news profession over the last two decades. However, while accounting for more than 40% of the labor force in journalism, women still tend to occupy roles with lower pay and less power. Against this background, this article tries to provide an insight into the obstacles in the path of the success of women journalists in Chinese media. Through in-depth interviews with the journalists, three major constraining mechanisms are identified: women-unfriendly job contracts and salary systems, weak women's associations and trade unions, and the prevalence of a sexist newsroom culture.

38. 篇名：*Comparative Cultural Economy and Game Industries in Asia*

作者：Fung, Anthony Y. H.

第一作者单位：香港中文大学

所发期刊及卷期：*MEDIA INTERNATIONAL AUSTRALIA*, 159 (1), 43 – 52, MAY. 2016

内容提要：This article examines the development of different models of Asian game industries. In Asia, globalization has meant the penetration of Western ideas and the homogenization of culture. However, nowadays, the game industry in Asia has demonstrated new collaboration models in which game industries are dependent on Western cultural industries in alternative ways. There are also new economies that are independent of the Western cultural economy in terms of production, distribution, marketing, value chains, workforce, regulations, and more importantly, the notion of creativity. Based on interviews and empirical studies that were conducted in China, Japan, Korea, and SE Asian countries from 2012 to 2014, this analysis reveals a few alternative routes of collaboration and non-collaboration that contrast the type of cultural economy found in the United States and the United Kingdom.

39. 篇名:*Amateur Gold Farming in China: "Chinese Ingenuity", Independence, and Critique*

作者: Liboriussen, Bjarke

第一作者单位:诺丁汉大学宁波校区

所发期刊及卷期: *GAMES AND CULTURE*, 11 (3 Special Issue: Si), 316 - 331, MAY. 2016

内容提要: Informed by a mix of theoretical sources and interviews with middle-class Chinese amateur gold farmers, this article argues that within China, the figure of the Chinese gold farmer might function as focus for reflection on Chineseness and China's role in an increasingly interconnected world, rather than as a carrier of third-world stereotype as it tends to do in the West. The concept of shanzhai often associated with sometimes comical, sometimes innovative Chinese copying of foreign consumer goodsis employed as a key analytical tool and helps highlight the themes of Chinese ingenuity, independence (from game operators and to some extent also parents), and critique (of games).

40. 篇名:*Identifying the Participants: Reference in Television News*

作者: Feng, Debing

第一作者单位:澳门大学

所发期刊及卷期: *VISUAL COMMUNICATION*, 15(2), 167 - 198, MAY. 2016

内容提要: This article presents a generalized model of reference relations in the discourse of television news based on Montgomery's principles of intelligibility, Halliday and Hasan's reference cohesion, Martin's identification system, Tseng's cohesive reference and some intersemiotic models. Reference in television news involves reference patterns from the verbal track (verbal reference), the visual track (visual reference) and across the two tracks (visual-verbal reference). Based on the categorization of verbal reference, this study classifies visual reference as personals (such as visual reappearance), demonstratives (such as proximity and direction) and comparatives (such as similarity and difference). Reference across visual and verbal tracks includes three general types of visual-verbal reference, i. e. complementary, visual-as-bridge and parallel, among others. Through these patterns of reference and their reference chains, participants in television news can be tracked and identified. This model is applied to a comparative analysis of two news items broadcast separately by BBC's News at Ten and CCTV's News Simulcast. Differences and their implications are presented and discussed.

41. 篇名:*A Multidimensional Analysis of Metadiscourse Markers across Written Registers*

作者: Zhang, Man

第一作者单位:华中师范大学

所发期刊及卷期: *DISCOURSE STUDIES*, 18(2), 204 - 222, APR. 2016

内容提要: The existing metadiscourse studies have focused on relatively specific registers. Metadiscourse in written and/or spoken registers in general has received little attention. To explain more fully the nature of metadiscourse, this article undertakes a comprehensive linguistic analysis of metadiscourse markers in written registers based on a reflexive model of metadiscourse. Specifically, this article conducts a multidimensional analysis of register variation of metadiscourse markers across the press, general prose, academic prose and fiction in the Freiburg update of the Lancaster-Oslo/Bergen Corpus of British English (500 texts; 1, 000, 000 words). Three Metadiscourse Dimensions are extracted and interpreted: writer presence, text presentation and reader guidance. Mean dimension scores are computed as a basis for functional interpretation of register variation. Results show that the appropriate use of metadiscourse markers crucially depends on the register. Metadiscourse markers are more pervasive in more informational and abstract registers (academic, general prose, editorials), especially for the function of text presentation. On the contrary, metadiscourse markers are rare in narrative and concrete registers (fiction, press, reportage), and are mostly used for the purpose of reader guidance.

42. 篇名: *Journalistic Engagement Patterns and Power Relations: Corpus Evidence from Chinese and Australian Hard News Reporting*

作者: Huan, Changpeng

第一作者单位:上海交通大学

所发期刊及卷期: *DISCOURSE & COMMUNICATION*, 10(2), 137 - 156, APR. 2016

内容提要: In this article, I explore the ways in which journalists engage with different news sources in Chinese and Australian hard news. Based on the analysis of a comparable corpus of Chinese and Australian hard news reporting on risk events, the study investigates the cultural variability of engagement patterns and indicates how text patterns point to distinctions in the ways the power relations are reproduced in news production processes. Corpus findings show that Chinese and Australian journalists mediate news sources of different statuses in different ways. Chinese journalists tend to close down the dialogic space of elite sources but to open up that of ordinary citizens' sources. Australian journalists tend to contract the dialogic space of elite sources as much as they expand it. It is argued that such different patterns of engaging with news sources are related to the power relations between journalists and news sources in each context.

43. 篇名: *The Emergence of the Human Flesh Search Engine and Political Protest in China: Exploring the Internet and Online Collective Action*

作者: Gao, Li

第一作者单位:暨南大学

所发期刊及卷期: *MEDIA CULTURE & SOCIETY*, 38(3), 349 - 364, APR. 2016

内容提要: For scholars with an interest in Chinese society and politics, protest is not a new subject, especially rural resistance and urban strikes. Numerous studies have been conducted which focus on social movements and popular protests, but the online protests by Chinese Internet users have not received the same amount of attention. The focus of this article is on how Chinese citizens use the Internet as a platform to protest against official misconduct or more specifically the emergence of a type of online protest called the Human Flesh Search Engine (HFSE). This type of protest has largely been overlooked by the literature on protest in China. This study aims to provide an appropriate and comprehensive definition of HFSE as a form of online protest via exploring its structural characteristics and general contexts. Drawing on the findings, I argue that a full understanding of protest in the digital age is possible only when the Internet and online forms of protest are taken into account.

44. 篇名:*A New Model of How Celebrity Endorsements Work: Attitude Toward the Endorsement as a Mediator of Celebrity Source and Endorsement Effects*

作者: Bergkvist, Lars; Hjalmarson, Hanna; Maegi, Anne W.

第一作者单位:诺丁汉大学宁波校区

所发期刊及卷期: *INTERNATIONAL JOURNAL OF ADVERTISING*, 35(2), 171－184, MAR 3, 2016

内容提要: This research introduces attitude towards the endorsement as a mediating variable in the relationships between celebrity source and endorsement factors and brand attitude. It also includes perceived celebrity motive, a variable rarely studied in the previous literature, as an endorsement factor. In a survey study, respondents evaluated four celebrity endorsement campaigns. Mediation analyses show that attitude towards the endorsement mediates the effects of three variables on brand attitude; these variables are celebrity expertise, celebrity-brand fit, and perceived celebrity motive. Moreover, results show that if consumers perceive that the celebrity was motivated to do the endorsement not only by money but also by product quality, this has a significant positive effect on attitude towards the brand.

45. 篇名:*IMC in an Emerging Economy: the Chinese Perspective*

作者: Schultz, Don; Chu, Guangzhi; Zhao, Beryl

第一作者单位:美国西北大学

所发期刊及卷期: *INTERNATIONAL JOURNAL OF ADVERTISING*, 35(2), 200－215, MAR 3, 2016

内容提要: Integrated marketing communications(IMC) planning and implementation vary greatly by market and country. This study, based on the survey data compiled from 135 Chinese marketing executives, focuses on IMC in China's emerging economy, with the goal of providing an outlook of IMC's current development in China while uncovering factors in the country's socioeconomic and business infrastructures that may cause IMC to deviate from the traditional Western model. The study also explores Chinese responses to the rising proliferation of digital media and its implications for IMC development. The study concludes that despite uneven business development and a current lack of training in IMC-related skills, IMC appears to be the inevitable course or the future of Chinese marketing communications. Due to factors unique to the Chinese business landscape, such as government-owned business structures, political nuances in marketing channel relationships, and uneven development of consumer culture, IMC in China will likely evolve differently than in the US. Survey respondents reveal that IMC is progressing much faster in local, privately owned firms than in their state-owned counterparts. The rise of digital media will also disrupt traditional media outlets, providing challenges to the Chinese marketer.

46. 篇名: *Playing for Love in a Romantic Video Game: Avatar Identification, Parasocial Relationships, and Chinese Women's Romantic Beliefs*

作者: Song, Wen; Fox, Jesse

第一作者单位: 四川大学

所发期刊及卷期: *MASS COMMUNICATION AND SOCIETY*, 19 (2), 197 – 215, MAR 3, 2016

内容提要: Previous studies have identified relationships between romantic media consumption and users' romantic beliefs, but romantic video games (RVGs; i. e., games in which players attempt to foster a romantic relationship with a chosen game character, also called dating games or dating simulators) remain understudied. Using a cultivation framework, we conducted an online survey of female Chinese players to determine their consumption of the RVG genre, identification with their avatars, and parasocial relationships with the romantic targets they pursue in the game, as well as their beliefs about romantic relationships. Although the amount of time spent playing RVGs did not directly predict idealized beliefs about romantic relationships, the hypothesized mediation model revealed that it indirectly predicted romantic beliefs through identification with avatars and parasocial relationships with video game characters. We discuss the implications for studying romantic media, dating simulations, interactive narratives, and other video game genres.

47. 篇名: *Ripples of Mediatization: Social Media and the Exposure of the Pool Interview*

作者: Rintel, Sean; Angus, Daniel; Fitzgerald, Richard

第一作者单位: 微软英国剑桥研究院

所发期刊及卷期: *DISCOURSE CONTEXT & MEDIA*, 11 Special Issue: Si, 50 – 64, MAR. 2016

内容提要: During the 2011 UK public sector protests, controversy ignited over the "Miliband Loop", an unedited video from a pool interview showing Labour leader Ed Miliband to have provided largely the same answer in response to six questions. The interviewer subsequently complained in a TwitLonger that the incident epitomized the clash of public relations and journalism. In this paper we unpack the practical production of the pool interview as a delamination of the interview-as-lived from the interview-as-media-production-mechanism. We then explore professional and public understanding (or lack thereof) of exposure of this delamination issue and its relation to politics. While the controversy did not directly affect Miliband's position as leader, it is clear that the Internet is a dangerous place for the old rules of mediatization.

48. 篇名: *"We Should..." Versus "We Will...": How do the Governments Report Their Work in "One Country Two Systems"? A Corpus-driven Critical Discourse Analysis of Government Work Reports in Greater China*

作者: Meng, Cheng; Yu, Yao

第一作者单位: 浙江大学宁波理工学院

所发期刊及卷期: *TEXT& TALK*, 36 (2), 199 – 219, MAR. 2016

内容提要: Critical discourse analysis (CDA) in conjunction with a corpus-driven analytical methodology has evolved into a powerful qualitative and quantitative tool for deconstructing and studying political discourse. This study utilizes a corpus-driven CDA approach to examine the dynamics of power distance and the ideological stance in the context of Greater China, as conveyed in the 2013 Report on the Work of the Government of Mainland China and the Policy Address in Hong Kong. Concordancing software was used to generate frequency lists, co-selection patterns, and concgrams for detailed analysis. In particular, the study examines the differences in usage of the first-person plural pronoun we collocated with modal verbs and related lexical items. Concgrams in discourse analysis offer insights into the discursive practice of political actors in this unique political discourse genre. The findings show that the distribution and utilization of first-person plural pronoun we, and its interplay with other modal verbs and lexical items, comprising a specific "concgram," have provided textual and intertextual evidence for the analytical results of conventional critical discourse analysis. The discussions support that a methodological synergy between corpus linguistics and critical discourse analysis can serve as a powerful tool to deconstruct and analyze political discourses.

49. 篇名:*Evaluation in US and Japanese History Textbooks*

作者:Gu, Xiang

第一作者单位:复旦大学

所发期刊及卷期: *TEXT & TALK*, 36 (2), 221 - 243, MAR. 2016

内容提要:This paper attempts to make a corpus and cross-linguistic study of how the Pacific War is evaluated in US and Japanese history textbooks by drawing upon Systemic Functional Linguistics and the Appraisal System. The global pattern of evaluation in the data is such that the US history textbook gives more value to acts and things, creates an authoritative voice excluding alternative positions, and has a delicate construal for the extent of evaluation. By contrast, the Japanese history textbook displays a subjective affective stance and a flagged authorial voice strengthened by alternative positions. A detailed discourse analysis of the lexicogrammar in the Pacific War narratives of the US and Japanese history textbooks further shows different evaluation orientations for the construal of images of the United States and Japan. The US history textbook characterizes the United States as a state of military power and high morality for its military operations in the Pacific War while censuring Japan's cruelty of attack, whereas the Japanese history textbook highlights Japan's tenacity and voluntary acts on the battlefield while condemning the United States for its immorality of bombing.

50. 篇名:*Mobile Telecommunications Service and Economic Growth: Evidence from China*

作者:Ward, Michael R.; Zheng, Shilin

第一作者单位:美国德州大学 Arlington 分校

所发期刊及卷期: *TELECOMMUNICATIONS POLICY*, 40(2 - 3 Special Issue: Si), 89 - 101, MAR. 2016

内容提要:We contribute to the role of telecommunications service on economic growth in three ways. We separately examine fixed-line and mobile telephone subscription levels. We compare results across periods and regions that differ by the level of development. In addition, we develop a method designed to address endogeneity of telecommunications with respect to growth. We find that mobile services contribute much more to growth but that the effect diminishes as the provincial economy develops more.

51. 篇名:*From Concept to Implementation: The Development of the Emerging Cloud Computing Industry in China*

作者:Yu,Jiang;Xiao,Xiao;Zhang,Yue

第一作者单位:中国科学院科技战略咨询研究院

所发期刊及卷期: *TELECOMMUNICATIONS POLICY*,40(2 -3 Special Issue: Si),130 -146,MAR. 2016

内容提要:Cloud computing has emerged as an important ICT (information and communication technology) innovation that could potentially revolutionize the way computing resources are consumed and provided. In emerging economies,such innovation is regarded as the new way to provide information infrastructure that has the potential for further economic upgrading. In this paper,we investigate the initiation and growth process of the cloud computing industry in China,based on an in-depth case study. We discover that the development of China's cloud computing industry that emerged from an initial concept involves the coevolution of technological and institutional infrastructure leading to a preliminary cloud ecosystem. We also find that such a process involves a wide range of different actors, from the government side to the business side, the interaction among which, in pursuing their own interests, drive the development of the cloud computing industry into being. Finally, situated in the institutional context of China, the government business relationship is witnessed to have changed and evolved along development of such an emerging industry,demonstrating the important and unique roles of both sides in industrial (or even national) wide diffusion of the ICT innovation.

52. 篇名:*Mobile Payments in Japan, South Korea and China: Cross-border Convergence or Divergence of Business Models?*

作者:Miao,Miao;Jayakar,Krishna

第一作者单位:西南交通大学

所发期刊及卷期: *TELECOMMUNICATIONS POLICY*,40(2 -3 Special Issue: Si),182 -196,MAR. 2016

内容提要:Competitive pressures created by the global market,and the demonstration of market potential in one country influences the incentives to adopt successful technologies and business models in similar countries. In this paper,we explore how mobile payment operation models might evolve in China, using the more mature Japanese and South Korean markets for comparison. Comparing existing business models in the three countries, we argue that regulation has affected both the industry structure and the vertical linkages of the different participants in the mobile payments ecosystem. We predict that rather than converging onto the mobile payment models of Japan or South Korea, the Chinese mobile payment industry is likely to see the coexistence of competing business models in the intermediate term. We attribute this to the contradictory incentives created by Chinese financial sector regulation for the participants in the mobile payments industry.

53. 篇名:*China's Increasing Participation in ICT's Global Value Chain: A Firm Level Analysis*

作者:Sun,Yutao;Grimes,Seamus

第一作者单位:大连理工大学

所发期刊及卷期： *TELECOMMUNICATIONS POLICY*, 40(2-3 Special Issue: Si), 210-224, MAR. 2016

内容提要： This paper synthesises evidence from international trade data of China-based ICT companies in order to map their involvement in the ICT global value chain (GVC). The ICT GVC is divided into three types of companies: Own Brand Manufacturers (OBMs), component companies and Electronic Manufacturers (EMS)/Original Design Manufacturers (ODMs). The firm-level trade data provide us with a clear overall picture of the structure and relationships of the three types of companies, while identifying the key players. The evidence shows that China's increasing participation in the ICT GVC is related to modularisation of product architecture globalisation of production, and outsourcing and offshoring of manufacturing, and while several Chinese companies are rising rapidly, China continues to linger in the low value-added segments of the ICT GVC because of its ongoing dependence on foreign technology and its associated intellectual property (IP).

54. 篇名： *Ownership Domination in Standardization: Evidence from Chinese Industrial Firms*

作者： Liu, Xiaolu; Li, Honglin

第一作者单位： 中国人民大学

所发期刊及卷期： *TELECOMMUNICATIONS POLICY*, 40(2-3 Special Issue: Si), 225-241, MAR. 2016

内容提要： This paper empirically analyzes how ownership affects firms' participation in formulating Chinese national standards and trade standards using a large dataset of Chinese industrial firms. Overall examinations show that foreign enterprises are less likely to participate in drafting standards than domestic firms, whereas state-owned enterprises do not have significant advantages over domestic firms of other ownerships in formulating standards. Further extending the study to consider industrial heterogeneity, we find that ownership domination of domestic firms over foreign firms is more serious in formulating trade and voluntary high-tech standards, but is not significant in the case of national and compulsory high-tech standards. This implies that China's standards system seems to be more market-oriented and more communicative with foreign players in its essential areas.

55. 篇名： *Universal Service Policy in China (I): Institutional Elements and Ecosystem*

作者： Xia, Jun

第一作者单位： 北京邮电大学

所发期刊及卷期： *TELECOMMUNICATIONS POLICY*, 40(2-3 Special Issue: Si), 242-252, MAR. 2016

内容提要： The integration of "access" and "applications" into a single national program, as demonstrated in the Chinese case, once succeeded, may constitute a milestone in the arena of universal service policy and implementation. Despite scholarly consensus on the relevance of institutions, none has been found on a systemic examination of institutional variables in explaining the effectiveness of policy and implementation, let alone knowledge gap in a transitional context. Following historical institutionalism and case method, this and the companion paper bridge the gap by synthesizing a conceptual framework which integrates various institutional dimensions and policy elements underpinning the implementation of universal service initiatives. This paper provides a formal institutional perspective on the analysis and assessment, ex ante or ex post, of universal service policy and projects in China. The conceptual framework may serve as the basis for the analysis and assessment of China's rural informatization regime and projects. Meanwhile, the ecosystem model proposed in this paper has a potential of being extended to other countries. This study may collaterally further understanding of China's ongoing market reform from a nonmarket perspective.

56. 篇名: *Universal Service Policy in China(Ⅱ): Case Study and Institutional Variables*

作者: Xia, Jun

第一作者单位: 北京邮电大学

所发期刊及卷期: *TELECOMMUNICATIONS POLICY*, 40(2 -3 Special Issue: Si), 253 -264, MAR. 2016

内容提要: Our companion paper developed an institutional conceptual framework for the analysis and assessment of China's rural informatization regime and projects. Following the conceptual work and based on the case study of specific projects, this paper documents the institutional idiosyncrasies and identifies institutional variables affecting implementation effectiveness in China. If is found that China has fared well in some projects (usually at the construction or technical level) while encountered difficulties in some others (at semantic, service, and even higher levels), due to variance in the enforceability of differing institutional arrangements. China has arguably succeeded, at best, in the supply-side ("access" level) of the rural informatization ecosystem; this is partly because that the Chinese model has emphasized primarily on the formal side of institutions but considerably less so on the informal side. Accordingly, factors contributing to implementation success have, path-dependently, highlighted the functioning of regulative institutions but considerably less so of the normative-cognitive institutions. Policy implications are offered which call for a shift to the demand-side of the rural informatization ecosystem.

57. 篇名: *The Role of E-Governance in Europe's Image of the Chinese Communist Party*

作者: Paulo, Mireia

第一作者单位: 上海里格律师事务所

所发期刊及卷期: *INTERNATIONAL COMMUNICATION GAZATTE*, 78(1 -2 Special Issue: Si), 39 -63, FEB. -MAR. 2016

内容提要: The purpose of this article is to examine official Chinese websites in the framework of e-Governance to understand the opportunities that such a communication tool could bring to improve the European - the European Union countries-audiences' understanding and the image of the central Chinese Government. The research hypothesis is that better accessibility and high-quality information as well as e-services will improve the level of trust of European citizens in the Chinese Government. This research is based on an empirical examination of the way in which official Chinese websites are accessed and perceived by European users. The sample group consists of respondents with a relation to China and studying or working in the fields of business, research, tourism and civil services. The data were collected using an online survey, and the sample totalled 143 respondents. The research revealed that European audiences find a correlation between access to and quality of information and e-services and trustworthiness, as well as a causal relation between quality of information and the improvement of image.

58. 篇名: *The EU Through the Eyes of Chinese Social Media: A Case Study of the Official Micro-blog of Chinese Foreign Ministry*

作者: Song, Lilei; Bian Qing

第一作者单位: 同济大学

所发期刊及卷期: *INTERNATIONAL COMMUNICATION GAZATTE*, 78 (1 – 2 Special Issue: Si), 64 – 82, FEB. – MAR. 2016

内容提要: To promote public understanding of Europe and Sino-European relations, on 24 August 2012, the Ministry of Foreign Affairs of the People's Republic of China opened an official micro-blog through a Sina Weibo account named @ Zhongou Xinshi' (means Sino-Europe messenger' in English). This article uses content analysis methods to examine the posts in this micro-blog so as to find out what is European Union's image in the eyes of Chinese official social media. The main findings of this study revealed that the image of Europe shaped in this Weibo is neutral, i. e., no anti-European sentiments are being expressed. The authors suggest that Chinese authorities need to make efforts to promote dialogue between China and Europe to accurately and effectively communicate via social media.

59. 篇名: *Communication and the Good Life: Why and How Our Discipline Should Make a Difference*

作者: Vorderer, Peter

第一作者单位: 德国曼海姆大学/上海交通大学

所发期刊及卷期: *JOURNAL OF COMMUNICATION*, 66 (1), 1 – 12, FEB. 2016

内容提要: This article addresses whether the discipline of communication can contribute answers to the question what a good life could be, particularly regarding recent developments in new communication technologies. It starts with the assumption that much of human striving results from 3 fundamental needs that new technologies promise to satisfy as they allow us to be online and connected with others almost all the time. It posits that new ways of using electronic media do both, satisfying and challenging human needs at the same time. It suggests that communication scholars should also focus on pressing societal problems, such as understanding the competent handling of these new technologies. Ultimately, it proposes to intensify our attempts to work more interdisciplinarily and more internationally.

60. 篇名: *Sensationalism in Media Discourse: A Genre-based Analysis of Chinese Legal News Reports*

作者: Ge, Yunfeng

第一作者单位: 上海师范大学

所发期刊及卷期: *DISCOURSE & COMMUNICATION*, 10 (1), 22 – 39, FEB. 2016

内容提要: As a type of public discourse closely related to litigation practices, Chinese legal news reports incorporate the important progress in China's judicial reform. Meanwhile, due to the competitive pressure and driven by profit, Chinese legal news reports are characteristic of an evident trend of marketization. This article examines how and to what extent sensationalism invades Chinese legal news reports. The research methodology combines the theoretical paradigms of critical discourse analysis and genre analysis, with particular attention paid to the notions of genre and interdiscursivity. The data include 70 legal news reports in Legal Daily. Analytical results show that Chinese legal news reports, although being a highly institutional genre, include a number of sensational strategies which promote the restructuring of legal news reports in China.

61. 篇名: *A Perception Study on China's Media Engagement in Kenya: From Media Presence to Power Influence?*

作者: Zhang, Yanqiu; Mwangi, Jane Muthoni

第一作者单位: 中国传媒大学

所发期刊及卷期: *CHINESE JOURNAL OF COMMUNICATION*, 9 (1 Special Issue: Si), 71 - 80, JAN 2, 2016

内容提要: In recent years, China has made tremendous efforts to increase its soft power in Africa by expanding the presence of its media on this continent. The objective of this study is to determine the effects of Chinese media in Africa by examining public perceptions of its presence in Kenya, especially with regard to the audience's knowledge about CCTV Africa and China Daily. Against the backdrop of scholarly criticism, the study focuses on the issues of independence and the credibility of Chinese media in Africa. The findings showed that Chinese media in general helped to promote the public's understanding of China, and their role was viewed as providing an alternative channel of information with potential benefits for Sino-Kenyan relations. However, the findings also showed that the engagement of Chinese media as a soft power in Kenya has not yet shown the intended effects. Both the awareness and influence of the Chinese media in Kenya are limited compared to the dominance of Western media. Therefore, Chinese media should consider a balanced strategy to achieve a favorable influence in Africa by addressing the challenges of Chinese journalistic stereotypes, the African free media environment, and reasonable narrative approaches.

62. 篇名: *Chinese Journalists' Discursive Weibo Practices in an Extended Journalistic Sphere*

作者: Fu, Jiawei Sophia; Lee, Alice Y. L.

第一作者单位: 美国西北大学

所发期刊及卷期: *JOURNALISM STUDIES*, 17 (1), 80 - 99, JAN 2, 2016

内容提要: This study examines Chinese journalists' Weibo practices by analyzing 2659 Weibo posts by journalists. Previous studies indicate that Western journalists generally normalize their posting activities on social media to fit their professional standards and practices, but this normalization practice is conducted in a more complicated way in China. Our findings suggest that Chinese journalists' Weibo practices are influenced by four offline journalistic discourses: Party-press, professionalism, market economy, and Confucian intellectual. Overall, Chinese journalists' Weibo discourses exhibit political caution, professionalism deviation, marketing commitment, and Confucian intellectual expression. By comparing officially oriented and commercially oriented journalists, we find that commercial journalists who are subject to less political and organizational control were more politically engaged, professionalism deviant, and socially conscious. This study treats journalists' Weibo as a spin-off journalistic sphere. On this new technological platform, Chinese journalists are able to enjoy increased journalistic autonomy and freedom. Thus, while Chinese journalists normalize their Weibo practices based on their existing offline journalistic discourses, the spin-off sphere of Weibo provides them with new opportunities to deviate from traditional journalistic norms. Yet, we find that official political and organizational control is still tight. Thus, technological innovation and socio-political context are both important in influencing journalists' discursive practices on this extended news sphere.

63. 篇名: *Information Control and Political Impression Management: A Dramaturgical Analysis of the Chinese Premier's Press Conference*

作者: Yi, Yan

第一作者单位: 华东师范大学

所发期刊及卷期: *INTERNATIONAL JOURNAL OF COMMUNICATION*, 10, 5473 - 5493, 2016

内容提要: This study takes a dramaturgical approach to explore the mode of political impression management as a result of the interactions between the Chinese government and journalists at the Chinese Premier's Press Conference (CPPC) over the past 20 years. It argues that an overall script for every role is planned at the backstage to avoid uncertainty and help set up what might be performed and expected on the front stage. Notwithstanding, some flexible arrangements at the front are also specifically designed to deal with accidents. This art of impression management by the Chinese government means the received knowledge generated by the traditional propaganda model that is often linked to China's internal and external behaviors needs to be revisited. This study offers longitudinal evidence to rethink how and why the Chinese government manages public information and its impression at the international level.

64. 篇名: *Reanchoring an Ancient, Emergent Superpower: The 2010 Shanghai Expo, National Identity, and Public Memory*

作者: Gong, Jie

第一作者单位: 四川大学

所发期刊及卷期: *INTERNATIONAL JOURNAL OF COMMUNICATION*, 10, 6017 - 6039, 2016

内容提要: From May through October, 2010, Shanghai hosted the 41st World Expo. Amid China's contemporary ascendancy, this event provided a valuable glimpse into the country's sociopolitical circumstances and communicative dynamics. Employing public memory as the theoretical framework to examine this national spectacle, I argue that the Chinese government executed a publicity campaign to construct its national identity as an ancient, emergent superpower by deploying historical resources for political legitimation and ideological recognition. Such memorial invocations betrayed China's rhetorical (con) quest to reanchor its communist leadership as historically continuous, ideologically inevitable, and culturally indigenous. Moreover, the tension between official assertions and public reactions not only reveals the Chinese government's political, ideological, and communicative contradictions but illuminates the contested crucible of Chinese national identity, public memory, and sociopolitical discourse.

65. 篇名: *The Dual Impact of Social Media under Networked Authoritarianism: Social Media Use, Civic Attitudes, and System Support in China*

作者: Li, Xueqing; Lee, Francis L. F.; Li, Ying

第一作者单位: 香港中文大学

所发期刊及卷期: *INTERNATIONAL JOURNAL OF COMMUNICATION*, 10, 5143 - 5163, 2016

内容提要: Although beliefs in the impact of the Internet on democratization did not quickly materialize, recent research on the linkage between social media use and political engagement has reignited optimism about the democratic influence of new media technologies. At the same time, scholars have noted the capability of authoritarian states to exercise effective control of the Internet and manipulate the online public opinion environment. This study argues that social media can promote elements of a civic culture and system support simultaneously where the state practices networked authoritarianism. Analysis of a survey of university students in Guangzhou, China, shows that public affairs communication via social media relates positively and significantly to five elements of a civic culture: political knowledge, social trust, sense of civic duty, internal efficacy, and collective efficacy. Meanwhile, social media-based public affairs communication does not undermine system support; it even has a strong relationship with optimism about the Chinese government.

66. 篇名: *Greater Work-Related Stress Among Chinese Media Workers in the Context of Media Transformation: Specific Stressors and Coping Strategies*

作者: Wang, Min; Jiang, Zuosu

第一作者单位: 武汉大学

所发期刊及卷期: *INTERNATIONAL JOURNAL OF COMMUNICATION*, 10, 6103 - 6125, 2016

内容提要: A steady rise in unexpected deaths of Chinese media workers from 2011 to 2015 highlights a new social problem. Content analysis of official reports about these deaths reveals the contribution of work-related stress and media transformation. Moreover, surveys and in-depth interviews with 147 Chinese media workers demonstrate that 11 factors related to the current media transformation may magnify work-related stress. These factors stem from characteristics of media transformation, such as the crisis in journalism, the expansion of information and communication technologies, ideological control, and the reorganization of management. This article focuses on newly emerging and Chinese-specific stressors, revealing how media transformation increases stress and causes anxiety. In addition, the article suggests specific coping strategies in the Chinese context.

67. 篇名: *China's Green Public Culture: Network Pragmatics and the Environment*

作者: Liu, Jingfang; Goodnight, G. Thomas

第一作者单位: 复旦大学

所发期刊及卷期: *INTERNATIONAL JOURNAL OF COMMUNICATION*, 10, 2016

内容提要: The rates of environmental degradation and climate change accelerate and challenge taken-for-granted practices of living across the planet. China's recent "smogpocalypse" illustrates how disruptive ecoevents necessitate complex, urgent alternatives and exchange. In this essay, we propose and analyze China's Green Public Culture in terms of its players, networks, media, action, strategy, discourses, and cultural norm. The divergent communication activities of 21st-century green public culture in China are assembled as network pragmatics that cultivate experience, connect practices, tie alliances, express differences, and circulate controversy. Thus, we identify distinctive, emerging networks of cooperation and contestation, the vectors of dissensus that bid to generate and shape resources requisite for living in the Anthropocene.

68. 篇名: *Doing "Authentic" News: Voices, Forms, and Strategies in Presenting Television News*

作者: Feng, Debing

第一作者单位: 江西财经大学

所发期刊及卷期: *INTERNATIONAL JOURNAL OF COMMUNICATION*, 10, 4239 – 4257, 2016

内容提要: Unlike print news that is static and mainly composed of written text, television news is dynamic and needs to be delivered with diversified presentational modes and forms. Drawing upon Bakhtin's heteroglossia and Goffman's production format of talk, this article examined the presentational forms and strategies deployed in BBC News at Ten and CCTV's News Simulcast. It showed that the employment of different presentational elements and forms in the two programs reflects two contrasting types of news discourse. The discourse of BBC News tends to present different, and even confrontational, voices with diversified presentational forms, such as direct mode of address and "fresh talk," thus likely to accentuate the authenticity of the news. The other type of discourse (i. e., CCTV News) seems to prefer monologic news presentation and prioritize studio-based, scripted news reading, such as on-camera address or voice-overs, and it thus creates a single authoritative voice that is likely to undermine the truth of the news.

69. 篇名: *Red-Envelope Cash: Journalists on the Take in Contemporary China*

作者: Xu, Di

第一作者单位: 复旦大学

所发期刊及卷期: *JOURNAL OF MASS MEDIA ETHICS*, 31(4), 231 – 244, 2016

内容提要: This project examines the practice of taking red-envelope cash in contemporary Chinese journalism, which involves journalists accepting cash wrapped in an envelope that is provided by sources or other social agents. On the basis of focus group interviews, in-depth interviews, and personal communication, this project brings journalists' perceptions on this practice to the fore. Journalists predominantly attribute the practice to Chinese cultural factors, especially the Chinese emphasis on guanxi. However, this research argues that culture alone is an insufficient explanation. This project incorporates sociological studies of "informal relationships" to enrich our understanding of the practice.

70. 篇名: *Boost Movie Ticket Sales by Location-Based Advertising: A Bayesian VAR Approach*

作者: Fang, Zheng; Yang, Yang; Xu, Yanyan; et al.

第一作者单位: 成都理工大学

所发期刊及卷期: *JOURNAL OF MEDIA ECONOMICS*, 29(3), 125 – 138, 2016

内容提要: Compared to previous research studying movie advertising focusing on traditional advertising, this study introduce location-based ads (LBA), an important new media advertising, to raise limited coverage of traditional movie advertising. This study explores the role of LBA in generating ticket sales dynamically and compares it with that of pop-up window ads (PWA). Using daily aggregate cinema sales data on about three million consumers, developed time-series models reveal that (a) LBA can affect ticket sales in short and long terms, and its sales impact can last for 9 days across audience segments; (b) compared to low involvement audience segments, sales impact of LBA is 15 times larger for high involvement audience segment in long term; (c) ticket sales impact of LBA are cumulatively 3 times and 47 times stronger than those of PWA in low involvement audience segment and high involvement audience segment, respectively.

71. 篇名:*Strategizing for Creative Industries in China: Contradictions and Tension in Nation Branding*

作者:Fung, Anthony

第一作者单位:香港中文大学

所发期刊及卷期: *INTERNATIONAL JOURNAL OF COMMUNICATION*, 10, 3004 - 3021, 2016

内容提要:This article explores how China has strategized its various creative industries, including music, film, animation, and online games, by implementing a top-down cultural policy for nation branding both domestically and internationally. Based on in-depth interviews with Chinese authorities and personnel at different levels in the industries, I discuss the cultural, political, and social contradictions that are created and reflected by the state-driven cultural policy that regulates these creative industries. The dilemma created by the policy lies in the contradiction between the creative content generated by the industries and the censorship, control mechanism, and bureaucracy of the authoritarian regime. I argue that the state has adopted an interim solution in which it tolerates high levels of cultural influx and the localization of cultural products. The importation of global content with high market value can be regarded as a governmental strategy designed to fulfill market needs quickly and boost the creative national industries with expertise borrowed from overseas but without relaxing the ideological control over content.

72. 篇名:*Nonprofit Communication and Fundraising in China: Exploring the Theory of Situational Support in an International Context*

作者: Zheng, Yue; McKeever, Brooke W.; Xu, Linjia

第一作者单位:对外经贸大学

所发期刊及卷期: *INTERNATIONAL JOURNAL OF COMMUNICATION*, 10, 4280 - 4303, 2016

内容提要:Using a survey of 586 college students from Beijing, China, this study tested the theory of situational support by exploring Chinese students' motivations to participate in nonprofit fundraising events. This study also compared theory variables between Chinese and U. S. college students by looking at similar data from a survey previously conducted with 514 U. S. students. There were differences between the two groups regarding constraint recognition, subjective norms, attitudes toward fundraising, and other variables, perhaps because of Confucianism, collectivism, and other differences between China and the United States. The findings generate a range of theoretical and practical implications including how nonprofit practitioners in China might develop better communication and messaging strategies to segment publics, motivate potential donors, and advance future fundraising efforts.

73. 篇名:*The Efficacy of Chinese News Coverage of Tobacco Control: A Comparison of* *the Media Agenda and the Policy Agenda*

作者:Zhang, Di; Hu, Baijing; Shao, Ruosi

第一作者单位:中国人民大学

所发期刊及卷期: *INTERNATIONAL JOURNAL OF COMMUNICATION*, 10, 1601 - 1621, 2016

内容提要:This study examines the news coverage of tobacco control in China between 2010 and 2012 and compares it with the China Tobacco Control Program (2012 - 2015), a recent national policy initiative. The study finds that the relative salience of second-level tobacco control issues in the media have a moderate positive association with the policy agenda. However, the news coverage of tobacco control was more consistent with the agenda of anti-tobacco control forces than with the agenda of pro-control forces. The implications of the findings are discussed.

74. 篇名: *Political Networking Strategy and Firm Performance: A Moderated Mediation Model*

作者:Lin, Yaqing; Li, Yan; Zhao, Shuming; et al.

第一作者单位:厦门大学

所发期刊及卷期: *INTERNATIONAL JOURNAL OF CONFLICT MANAGEMENT*, 27 (4), 570 - 590, 2016

内容提要:Purpose - By incorporating the resource-based view with the dynamic capability view, this study aims to examine the link between corporate political networking strategy and firm performance in transition economies by focusing on the mediating role of corporate entrepreneurship and the moderating role of dysfunctional competition.

Design/methodology/approach - A large-scale questionnaire survey was conducted among 1,300 senior managers from 650 enterprises in China, and valid survey data were obtained from 401 enterprises.

Findings - Empirical results demonstrate that political networking strategy is positively related to firm performance and that this relationship is fully mediated by corporate entrepreneurship. Moderated path analysis indicates that dysfunctional competition strengthens the direct effect of political networking strategy on corporate entrepreneurship and its indirect effect on firm performance via corporate entrepreneurship.

Originality/value - This research is among the first to examine the mediating mechanism underlying the relationship between political networking strategy and firm performance in the context of transition economies. In addition, existing research has seldom discussed the effects on corporate entrepreneurship of external resource acquisition from government sources. This research fills this important gap and identifies the condition under which political networking benefits corporate entrepreneurship.

75. 篇名:*Postpartum Depression and Social Support in China: A Cultural Perspective*

作者: Tang, Lu; Zhu, Ruijuan; Zhang, Xueying

第一作者单位:美国阿拉巴马大学

所发期刊及卷期:*JOURNAL OF HEALTH COMMUNICATION*, 21 (9), 1055 - 1061, 2016

内容提要:This study explored how Chinese culture affects the relationship between social support and postpartum depression. In-depth interviews with 38 mothers in mainland China showed that discrepancies between expected and perceived available social support and conflicts among social support providers are two major contributors to the stress associated with postpartum depression. These dynamics are deeply rooted in the context of Chinese culture with its distinctive gender roles and family dynamics. These cultural norms further prevent women from seeking social support.

76. 篇名:*The Impact of Marketization on the Communication of Chinese Academicians: A Genre Analytical Perspective*

作者: Zhu, Hongqiang; Ren, Wei; Han, Zhengrui

第一作者单位:暨南大学

所发期刊及卷期: *CRITICAL DISCOURSE STUDIES*,13(5),467 -484,2016

内容提要: Although the profound impact of marketization in academic world has been extensively studied, analytical attention is substantially concentrated on the organizational operation of universities. Less attention has been paid to the impact of marketization on the structure of academic disciplines and the communication of academicians, which is particular true in non-English-speaking countries. Drawing on the theory of genre analysis, this study sets out to investigate how the uptake of market discourse reshapes the structure of one Chinese academic discipline - the Chinese English Language Teaching (ELT) discipline, and how it redefines the pattern of Chinese ELT practitioners' disciplinary interaction. Textual data examined include textbooks, policy documents, curricula, syllabus, and insiders' accounts. Analytical results demonstrate that marketization is both a force driving the commercialization of Chinese ELT academic activities and a force facilitating the fragmentation of the formerly monolithic Chinese ELT discipline.

77. 篇名:*Extending Credit to Small and Medium Size Companies Relationships and Conflict Management*

作者: Wong, Alfred; Lu, Wei; Tjosvold, Dean; et al.

第一作者单位:岭南大学

所发期刊及卷期: *INTERNATIONAL JOURNAL OF CONFLICT MANAGEMENT*,27(3),331 -352,2016

内容提要: Purpose - Funding small- and medium-sized enterprises (SMEs) may be especially valuable in China to stimulate innovation and its emerging market economy. These firms have been advised to build on the Chinese value of guanxi to manage conflicts and develop relationships with banks. This study aims to explore the nature of relationships that help SMEs inform banks and convince them to provide credit.

Design/methodology/approach - As this study's theorizing is about whether banks and firms that manage their conflicts for mutual benefit set the foundation for bank's confidence in extending credit, therefore, both the bank officers and the company managers were asked to provide information for the study. In total, 106 pairs of bank officers in the loan department of four banks and SME managers in Shanghai, China, completed a questionnaire survey for this study.

Findings-Results support the argument that marketing research on customer orientation and organization behavior research on conflict management identify how to develop effective marketing relationships between SMEs and banks in China. Banks that were customer-oriented laid the groundwork for managing conflict cooperatively and not competitively with borrowing firms. Cooperative conflict management in turn was found to convince banks that they could confidently provide credit and to convince borrowers that their transaction costs will be reasonable.

Originality/value - This study identifies that developing guanxi and the capacity to manage conflict cooperatively are an important foundation for providing credit to SMEs in China.

78. 篇名:*Risk Perception of Food Safety Issue on Social Media*

作者: Yang, Xiaodong; Chen, Liang; Feng, Qiang

第一作者单位:新加坡南洋理工大学

所发期刊及卷期: *CHINESE JOURNAL OF COMMUNICATION*, 9 (2), 124 - 138, 2016

内容提要: This study aims to investigate individuals' risk perceptions of food safety by extending the heuristic and systematic information processing model (HSM) to the social media context. Specifically, we examine the predictors of risk perceptions of food safety, including social media attention, social media credibility, as well as systematic and heuristic processing. A convenient sample of 640 adults was collected in China. Structural equation modeling was used to test the effects of social media attention and social media credibility on public risk perceptions of food safety, with information processing as mediating factors. The findings indicated that social media attention and social media credibility motivate systematic processing, which in turn promote risk perception of food safety. However, the mediating effect of heuristic processing was not found. Implications for theory and practice were discussed.

79. 篇名:*Compare Chinese with Americans: How Trait Comparisons Shape Public Perception of Sino-US Relationship and China Policy Issues*

作者: Pan, Ji

第一作者单位:复旦大学

所发期刊及卷期: *CHINESE JOURNAL OF COMMUNICATION*, 9 (2), 173 - 188, 2016

内容提要: This study draws on the social comparison theory and the spread activation literature to explore the effects of opinions about the personal traits of Chinese and Americans on the United States (US) public's perceptions of the Sino-US relationship. The study also explores how perceptions of the Sino-US relationship predict the perceived importance of various Chinese policy issues. The analyses of the secondary survey data showed that comparisons of positive and negative traits had different effects on public opinion about the Sino-US relationship. The respondents who viewed China as a partner or as a competitor also thought that human rights, the freedom of Tibet, and economic issues were important. Those who viewed China as an enemy believed that the selling of arms to Taiwan was important. The implications of the findings for theory construction and national image campaigns are discussed.

80. 篇名:*How Native Cultural Values Influence African Journalists' Perceptions of China: In-depth Interviews with Journalists of Baganda Descent in Uganda*

作者: Chang, Jiang; Ren, Hailong

第一作者单位:中国人民大学

所发期刊及卷期: *CHINESE JOURNAL OF COMMUNICATION*, 9 (2), 189 - 205, 2016

内容提要: Closer economic and political

ties between China and Africa have contributed to the increasingly complicated image of China held on the African continent. With the help of in-depth interviews with 20 journalists of Baganda descent in the Kingdom of Buganda in the East African country of Uganda, this article draws comparisons between Chinese and Ganda cultures to examine how native cultural values shape the ways Ugandan journalists perceive China and China-related affairs. Because of the emphasis in both cultures on respect for authority, China's authoritarian state-capitalism is a significant negative factor contributing to China's image. However, the main source of conflict is the chasm between the isolated, closed-minded, racist expatriate Chinese community and the native culture in Buganda that cherished diversity. This study calls for more Sino-African research on a micro level, based on native culture outside the usual politico-economic frameworks.

81. 篇名：*Celebrity Endorsements: A Literature Review and Research Agenda*

作者：Bergkvist, Lars; Zhou, Kris Qiang

第一作者单位：诺丁汉大学宁波校区

所发期刊及卷期： *INTERNATIONAL JOURNAL OF ADVERTISING*, 35(4), 642 – 663, 2016

内容提要：This paper presents a narrative review of celebrity endorsement research. The review identifies six areas of research on celebrity endorsements (celebrity prevalence, campaign management, financial effects, celebrity persuasion, non-evaluative meaning transfer, and brand-to-celebrity transfer). A review of the research in each area identifies key findings, conflicting results, and research gaps. In addition, this paper reviews the celebrity endorsement literature with a focus on the psychological processes underlying celebrity endorsement effects that has been put forward in the literature. Based on the review an agenda for future research is offered.

82. 篇名：*Taming the Blame Game: Using Promotion Programs to Counter Product-Harm Crises*

作者：Xie, Yi; Keh, Hean Tat

第一作者单位：对外经贸大学

所发期刊及卷期： *JOURNAL OF ADVERTISING*, 45(2), 211 – 226, 2016

内容提要：The present research examines how different kinds of promotion programs (i. e., price discount versus donation promotion) buffer brands from the ill effects of product-harm crises. Drawing on attribution theory, the authors investigate the differential effects of promotion programs on consumer responses following ambiguous product-harm crises. These effects are moderated by promotion depth (i. e., the monetary value of a promotion) and brand reputation. Results show that for low-depth promotions, donation is more effective than price discount when the product-harm crisis involves moderately reputable brands. Importantly, the authors identify blame attribution as the mediating mechanism accounting for the interaction effects. When the locus of causality is external to the focal brand, the interaction effects of promotion programs and brand reputation disappear.

83. 篇名：*The Impact of Recurrent Propositions on Readers' Perceptions of Gist: A Study of Hard News*

作者：Ke, Li Yuan

第一作者单位：华南师范大学

所发期刊及卷期： *TEXT & TALK*, 36(1), 67 – 87, JAN. 2016

内容提要: Employing a systemic functional approach to the analysis of cohesive elements, this paper investigates the impact of recurrent propositions in texts on readers' perceptions of their gist in a study of hard news and their summaries written by competent readers. The results show that the number of times propositions recur in news does not correspond to readers' perceptions of their degrees of importance to the gist of news in which they occur, pointing to the limited role of repetition in identifying important propositions. This study also shows that two factors, namely the textual positions of propositions occurring in news, and the relationships between different propositions, played an important part when readers examined whether propositions were important to the gist of news in which they occur. The study complements the corpus-driven approaches to phraseology by extending the scope of phraseological combinations to include paraphrases and other semantic relations in the identification of identical and similar propositions recurring in individual texts.

84. 篇名: *Visualizing Structural "Inverted Pyramids" in English News Discourse across Levels*

作者: Zhang, Hongxin; Liu, Haitao

第一作者单位: 浙江大学

所发期刊及卷期: *TEXT & TALK*, 36 (1), 89 - 110, JAN. 2016

内容提要: Drawing on an analogy between discourse and syntactic trees, this paper chooses 359 Wall Street Journal articles with multiple paragraphs from the Rhetorical Structure Theory (RST) Discourse Treebank, and converts each discourse tree into three additional dependency ones, at discourse, paragraph and sentence levels, with exclusively elementary discourse units of clauses, sentences and paragraphs, respectively. It empirically tests and visually presents the genre-specific "summary + details" or "inverted pyramid" structuring of news discourse. It further extends the idea of inverted pyramid structuring to the paragraph and sentence levels. It proves that the body of the report also has a similar schematic top-down installment organization with macro-propositions on top. It also visually and statistically presents the rhetorical structures at sentence level, which differ to some extent from grammatical structures. Operated in line with the compositionality criterion and hierarchy principle of RST, the converted trees provide unique analytical advantages and constitute new research prospects.

85. 篇名: *Who Creates Trends in Online Social Media: The Crowd or Opinion Leaders?*

作者: Zhang, Leihan; Zhao, Jichang; Xu, Ke

第一作者单位: 北京航空航天大学

所发期刊及卷期: *JOURNAL OF COMPUTER-MEDIATED COMMUNICATION*, 21 (1), 1 - 16, JAN. 2016

内容提要: Internet slang words can very quickly become ubiquitous because of social memes and viral online content. Weibo, a Twitter-like service in China, demonstrates that the adoption of popular Internet slang undergoes 2 distinct peaks in its temporal evolution, in which the former is relatively much lower than the latter. An in-depth comparison of the diffusion of these different peaks suggests that popular attention in the early stage of propagation results in large-scale coverage, while the participation of opinion leaders at the early stage only leads to minor popularity. Our empirical results question the conventional influentials hypothesis and provide some insights for marketing practice and influence maximization in social networks.

86. 篇名：*Becoming Friends in Online Brand Communities: Evidence From China*

作者：Zhou, Zhimin; Su, Chenting; Zhou, Nan; et al.

第一作者单位：深圳大学

所发期刊及卷期：*JOURNAL OF COMPUTER-MEDIATED COMMUNICATION*, 21 (1), 69 – 86, JAN. 2016

内容提要：With the aid of information technology, consumers have increasingly engaged in social interaction in online brand communities. How can these strangers make friends online? Drawing on embeddedness theory and media richness theory, we examine the antecedents and intermediate mechanisms of online friendship. We theorize that online brand community interactivity aided by instant messaging technology is the main driving force of online friendship, whereas social presence and a sense of yuan (a Chinese concept describing predetermined relations) mediate online friendship development. Online friendship in turn enhances consumer online brand community commitment. We test our conceptual model with a sample of consumers from Chinese online sporting goods forums. The results support our hypotheses and inform online brand community research and practice.

整理：贾鹤鹏（美国康奈尔大学博士候选人）

第六篇
学术出版

序跋选粹

《媒介效果与社会变迁》序

《媒介心理学——记者思维模式与新闻文本生成》写在前面的话

《全球新闻传播：理论架构、从业者及公众传播》总序

《媒介话语的进路》总序

断裂与延续：《人际影响》的影响

——《人际影响：个人在大众传播中的作用》代译者序

全球化背景下的公众舆论

——《美国舆论管理研究》序

《媒介仪式：一种批判的视角》序

《连接与互动——新媒体新论》前言

《近代中国报刊与社会重构的传媒镜像（1915—1937）》

《新闻德性论：原则框架》序

《全球化媒介社会背景下的新闻生产研究》序

书目辑览

2016年中国新闻传播学书目

新闻传播理论

新闻传播业务

新闻传播史

媒介经营与管理

新媒体

广告

广播电视

电影

国外新闻传播论（译）著

论文集及综合性工具书

其他

“中文学术图书引文索引”新闻学与传播学来源书目

《媒介效果与社会变迁》序

媒介的传播有效果吗？这是一个内行和外行都看得懂、提得出的问题。如果有效果，导致其发生的机制和情境是怎样的？可否有把握地操控和导引它？效果可以由传媒单方预设，还是需经过受众的取舍而变化妥协呢？另外，某一静态时间、地域或情境节点上测定的媒介效果，如果放在动态轴线上观察，肯定性和把握性又会有多大呢？对以上媒介效果问题，传播学研究的种种解答，始终在正反两极之间摇摆震荡，至今未有确定的共识结论。这源于研究对象的复杂性与多维度性。

媒介传播效果研究，也是对人的研究。自然科学将人作为一种存在于时间和空间、与众不同的现象和研究对象，具有能够被调查与解释的客观性。这一取向，也许有点过于乐观和简化。有学者指出：人，是能够通过被造现象而被认识的。但人又永远不可能仅仅经由某种现象论的研究方法，而被彻底解释。当人是最终决定何为人的本性的判定者时，则无论宗教的还是无神论的人类学，都只会以问题而非答案告终（安德森，2012）。传播效果研究与“人是什么?”的追问携手同行，前路漫远，是为传播研究面对的主要难题之一。

人类的传播活动由来已久，但借助大众传播媒介扩大传播，则是近期的事情。现在，人的生活正越来越依赖媒介化传播（mediated communication）。那么，什么是媒介（media)，怎样理解媒介呢？它是物理介质、传播渠道，还是传媒机构、传媒体制、专业运行、内容供应，还是它包括所有这些，甚至更多的其他角色、部类和因子呢？过去研究者习惯把媒介看作一个中介，当作实现传播效果的手段。假如把媒介看作桥，那它应该既不脱离此岸和彼岸而独立存在，也不应直接归属于此岸或者彼岸。但是，现实中的“媒介”远非如此单纯、机械与直观。在传播学研究领域中，媒介效果研究随着大众传媒的兴盛普及而红火，但是初期对媒介环节认识的肤浅与单调，也直接局限了效果研究的视野和深度。当把媒介研究和效果研究放在不同时空，乃至将以前和现在的都联系起来，形成连续性观照时，因代代相传而积累下来的传承沉淀，乃至因时间流逝而失去或者反而顽强再现的东西，将会得到怎样的价值评判呢？离开了传者和受者参与，媒体的传播效果当然无从谈起。但是，假如把这些权力、关系以及它们之间的互动都囊括进来，效果研究也就变成传播的政治经济学观察了。总之，种种纠结令媒介效果研究始终与现有方法论爱恨缠绕。

互联网络横空出世，冲破了旧有传播观念的樊篱。互联网络从最早的通信手段，变身传播媒介，再延伸成传播平台，现在已经成为传播环境和生活方式，大幅拓展了现实世界的场域与维度。身处互联网时代，传播学者怎样看待、思考和处理媒介效果问题和研究实例，怎样观测媒介效果的发生和走向，媒介效果可否引导和操控，效果指向是否有生命时限，预设效果是否同时必然捆绑“无效果”“反效果”的成本代价？互联网络传播节点的传受同体（prosumer）的特性，正与每个人作为网络传播实体的特点相同；当中国网络用户已达数亿之众时，媒介效果研究的复杂性指数正直线上升。

自20世纪80年代开始，中国大陆启动了一轮至今势头不衰的译介国外学术著作之浪潮，其对学术和社会的积极推动作用有目共睹。国内传播学界出于偶然或者偏好等原因，深受美国传播学译著的影响；其中施拉姆（Wilbur Schramm）的传播学概论教学模板，至今是众多国人自撰著述的框架底本。欧洲一些传播研究虽然学理思辨深邃，启发性较大，但多数实操和落实不够，译介过来的精品案例和示范不多。这在中国向外学习的过程中，都是不难理解的情况。

中国人熟悉“拿来主义”，其实还有“送来主义”。送者，就是海外华人传播学者群体。2007年，中国人民大学出版社推出的《传播学》（*Mass Communication*）一书，就是“送来主义”的产品。该书的特色是作者群体的华人身份背景。这批撰稿人大都来自中国大陆或大中华地区，在国内大学毕业或在传媒工作一段时间后负笈美欧求学，各自获得博士学位后，留在欧美大学教授传播学并从事相关研究，多数获得资深教职。这群学人深知国内的现况和需求，也非常熟悉和了解海外研究的传统与前沿。他们在人生经历、学术背景、语言文化、思维视角、沟通能力等方面具有的接近性优势，使得他们面向国内读者的学术推介，大大超越了直译和搬运层次。

摆在面前的这本《媒介效果与社会变迁》，是“送来主义”的最新成果。此书由三位海外杰出华人传播学者魏然、周树华、罗文辉主持撰写，其中魏然、周树华亦是当年《传播学》一书的主要撰稿人。如果说《传播学》偏向工具性手册，适合置于案头不时翻检；《媒介效果与社会变迁》则是一本主题集中、内容厚重、直接面向国内学界同人的学术专著。中国大陆地区的传播现象极为丰富，或因制度和技术训练上的双重难度，标志性的优秀媒介效果研究著作一直不多。本书的出版可算是“雪中送炭”。

书中的主要章节都围绕三位资深教授熟悉和长期从事研究的领域和理论，所写的都是基于过往研究的积累和实证成果，内容扎实具体；既有学理观念历史沿革的综述和透视，也有实际研究的讨论分析；在回顾和评价过往成果的基础上，眺望前路，剖析难点，展示出直面时代新挑战的批判精神与智慧供应，学术分量已经超值。作者的叙述和讨论并非面面俱到，但求言之有物有据，预期对开拓国内传播研究视野和提高研究的水平会有切实的帮助。

三位主撰作者过往教过的十余位中美研究生也参加了本书的部分撰稿与写作，成为共同作者。这些年轻的参加者有些事业有成，已经在大学中担任教职，有的还在继续深造。魏然教授说，他对在华人社会中做传播研究，始终抱有如一的热情，并希望有志于此的优秀学生能够参与进来，实现传承的延续。这番话对应着本书三位主要作者的践行，也代表了海内外许多华人传播学者的心声。谁敢断言，未来有关中国传播研究的经典案例，不会出自今天尚为学生者之手？传播是延续的过程，媒介效果也有累积性，因此这方面的研究需要坚守和持续，并且不断开拓创新。媒介效果研究的未来，显然更属于年轻的一代。

邓炘炘

书　介

书名：《媒介效果与社会变迁》

作者：魏然（美国南卡罗来纳大学新闻与大众传播学院终身讲座教授、博导）；周树华（美国阿拉巴马大学传播与信息学院终身教授、博导）；罗文辉（香港中文大学新闻与传播学院教授、博导）

出版社：中国人民大学出版社2016年1月版

简介：媒介效果研究是一个令人着迷却又让人沮丧的领域，因为媒介早已成为现代人生活中不可或缺的一部分，它们无处不在，影响着人们生活的各个层面，但媒介的效果却仍然不易捉摸，显著效果极难观测。《媒介效果与社会变迁》是一部理论与实证研究兼容并蓄的专著，从历史的演进过程探讨媒介效果理论的发展轨迹，介绍最前沿的媒介效果理论及研究成果。本书不仅分析西方主流理论，而且采取华人的视角，结合中国大陆、香港、台湾展开的实证研究，探讨中国人关注的议题，验证西方媒介效果理论的实用性，既指出媒介效果研究面临的问题，又对传媒研究未来的发展进行启发式思考。此外，本书提出效果认知理论作为媒介效果研究的新范式，并把新媒体对媒介效果研究的影响与挑战融入讨论中。

《媒介心理学——记者思维模式与新闻文本生成》写在前面的话

一

2009年去俄罗斯访问时，我从莫斯科大学教授叶甫盖尼·普罗宁（本书作者的父亲）手中接过《新闻创作心理学》的俄文版，到2014年这本专著的中文译本《媒介心理学——记者思维模式与新闻文本生成》书稿的初步完成。

二

正如译者所说，这本书对高等院校新闻传播专业本科生来说，是一本有一定尝试而又不失趣味的新闻写作小型百科全书；对研究生的学术发展来说是一本理论指南；同时也是媒体工作者不可多得的案头书。以下对本书内容做分章介绍。

第1章“问题对象方法”。本章从法国大革命时期著名游艺歌手的歌曲作品说起，指出作为公众交流形式的歌曲之所以会受到大众的喜爱，是因为极具个性化的歌曲在很大程度上反映了现实事件和表达了公众的感受，人们从歌曲中能更为深刻地体会到个人的生活经历并产生共鸣。由此扩展开去，歌曲、新闻报道等所有大众传播形式，它们无论是在接收环节，还是在写作过程以及在传播中都蕴含着大众的经历、价值和行为准则。这便为新闻写作心理学研究的开展提供了可能性和必要性。

大众传播的重要价值是在现实的情景中思索未来的生活前景。随着当下信息空间的延展，几乎每一个人都被吸纳到了大众传媒的神经系统之中，成为其“神经末梢”。然而现实生活场景往往让人陷入两难境地，难以选择未来的生活方向。例如，尽管世界已处于生态虚脱边缘，但仍无法阻止各国的经济扩张，因为世界秩序承受不住生产的全球性萎缩；尽管全球都笼罩在核武器的威胁之下，但人类仍不能拒绝核武器，因为这种平衡恐惧的方法保障着人类的自我防御系统……作为新闻工作者，记者应如何解析。“谁之错？怎么办？”他们应如何选择自己的立场，应支持何种观点，应推动事态何处发展？要想回答这些问题，需要了解大众传播的社会心理效果，熟悉心理学规律，深谙新闻写作究竟会引起受众怎么样的反响。

作者在中文版序中对本书的主要内容做了明确的表述：“本书梳理了大众传播技术发展所带来的新闻工作进化的过程与新闻工作者的创作风格的更替。”通过对受众群体的理论研究和实践调查，本书“帮助我们厘清了大众传播和文化发展各阶段的思维模式与新闻创作的相关性。与每一阶段相对应的世界观，具体的心理问题，职业发展的可能性与限制等，从根本上来说确立了新闻创作的风格与信息传播的性质”。而且，本书在有关章节中，通过表格的方式，对记者的每一种思维模式和与之相对应的新闻文本表述得十分清晰。但是，笔者初次读完这本著作后仍有云山雾罩之感。可能一来不太适应这种有“章”，无“节”、无“目”，也没有标题，一章几万字洋洋洒洒一气呵成的行文方式；二来本书的信息量非常大，涉及的知识面很广（包括政治经济、文学艺术、科学技术、哲学宗教等），所涉猎的学科（包括自然科学和人文科学的方方面面）和人物也很庞杂（有科学家、哲学家、心理学家、文学家等）。这些内容所占的篇幅很大，给人一种游离主题的错觉。

还有，作者从第3章到第8章阐释了记者的六种思维模式（巫术思维、理性思维、实证主义思维、驱动思维、人本主义思维、网络思维）及与之相对应的六种新闻文本（神幻文本、劝导文本、实用主义文本、享乐主义文本、意义显现文本、网络文本）之后，总要在每章的结尾之处，反复重复这样一句话：“源起于新闻写作心理学，最终又回归至新闻写作心理学。”虽然这句话总是跟信息安全技术的某条规则相连接，但是笔者对其内涵仍百思不得其解：何谓“源起于”又何谓“回归至”？带着这两个疑问，通过再次阅读和认真思考，终于产生了“啊哈反应”。

对于所谓主题被掩盖的疑问，我是从以下三个方面重新理解的。

第一，个体思维发展类型的形成是不能独立存在的。

“类型”这个概念是超出个人之上的，所以思维模式并不是“每个人的思想趋势”。而个体活动是从群体活动中派生出来的。因而思维模式从某种原则上来说，是社会性的东西，更确切些是集体性的东西，再准确些是大众的东西。正是因为个体与人类有着这种归属关系，所以虽然作者的写作立足于爬梳记者思维类型的演变过程，但是在行文中却是着眼于整个人类思维模式演变的历史。她把记者个体纳入记者群体里，又把记者群体纳入人类思维的历史沿革中。这种由大（人类）及小（记者个体）、由远（历史）及近（当下）的写作方法，基于个体与人类的关系，符合个体思维发展的规律。

第二，人类历史文化发展是个体心理发展的根源和决定因素。

苏联心理学家列夫·谢苗诺维奇·维果茨基遵循历史唯物主义原理所创立的文化历史发展理论认为，“人的高级心理机能受文化历史制约，人的心理现象离不开社会的影响”。所以“必须从人类社会、历史、文化发展角度理解和解释个体的心理发展，尤其是语言、思维等高级心理机能的发展机制”。德国哲学家和心理学家狄尔泰关于内嵌性的观点也说明了这个问题。他指出：“个体的心理生命依赖或内嵌于一个置身于历史的既定社会的客观精神，即一个社会群体或一个时代在语言、宗教、神话、习俗以及法律、道德和组织中所表达的文化精神。”正是基于这种理论，作者在诠释随着人类历史的变迁，新的思维模式不断更迭时，就必然要从时代的、社会的、学科背景的角度，对具有世界性（或地域性）影响的重大事件，例如核武问题、德国统一、苏联解体、俄罗斯总统选举、美国侵越战争、北约轰炸南联盟、车臣战争等以及能推动生产力发展的科技（包括大众传播技术）成果和自然科学、社会科学的新理论给予较大篇幅的论证。

第三，人类思维发展史也就是人类心理发展史。

这是因为“思维在各种心理机能中”处于“主导地位”。“思维模式，是时代所特有的心理类型，其轮廓由对该时代来说非常现实的心理理论勾画而成。”“从历史角度来说，随着时代和文明更替，心理发展带来了人们思维方法、创作风格与行为模式上比较明显的改变。”正是由于思维在人的心理中处于核心地位，所以作者在阐释人类思维发展的历程时，详尽地介绍心理学的主要流派及其观点也是顺理成章的。

第二个问题，怎么理解“源起于新闻写作心理学，又回归至新闻写作心理学”这句话的内涵。“源起于”是为回答研究新闻写作心理学的目的。对此作者在第1章里做了回答。“源起于”即为什么要研究记者的思维类型及新闻写作文本。作者及其团队通过20余年的调查研究，得出了这样一个结论：“社会政治的两难境地”“被看作是整个20世纪的心理学总结的现象，它在日常生活的呈现中，或多或少会让所有人感觉到刻不容缓的需求，也就是所谓的‘当务之急’，而正是这种‘急’成了记者写作的心理动机。归根到底，正是‘当务之急’，让人带着棘手的问题求助于大众传播：‘谁之错？’‘怎么办？’以及‘如何是好？’”“作为活生生的人，记者也无法避免人类的迷茫。但是职业逻辑和大众传播技术使他得以在消除两难境地的问题上大幅度向前推进，这是任何其他创作形式都无法实现的。”

大众传播也是我们生活的世界，“从心理学角度而言，大众传播不是直接地，而是间接地通过新闻工作者的劳动来理解现实现象”。新闻工作者不能丢弃新闻写作深层的心理机制，因为大众传播效果与记者对受众接收新闻信息时的深层心理机制的把握直接相关。

简言之就是，受众需要通过记者的劳动帮助他们认识并解决社会政治中的两难问题，而记者对自我思维类型的认知和运用以及对受众接收心理机制的准确把握，是提高大众传播效果的关键。这就是“源起于”新闻写作心理学的内涵。

所谓“回归至”，主要是从应用层面而言的。作者没有停留在从理论上厘清不同的思维类型演变的过程，更重要的是在操作层面上给予记者具体的指导。由于思维是内隐的，而记者的写作是把内在的思维过程外化为行为，因而这种“内隐”与“外化”之间就存在着对应关系，即不同的思维类型对应着相应的新闻文本。从第3章到第8章，作者用表格的形式，简明扼要地把六种新闻文本的功能、思维模式的体现以及在新闻写作中主要的表达手法一一列了出来，条分缕析，一目了然，具有很强的可操作性。

本书值得称道的是作者不仅遵循了历史唯物主义原理，而且全书还充满了辩证法，这种例子俯拾皆是。

例如，作者多处强调虽然从纵向看人类思维模式的演变有个历史发展的过程（或曰顺序），但是，它们一旦形成后，就会积淀于人类的集体无意识之中。无论在哪个时代，已经形成的思维模式都会同时起作用。它们之间既是平行的（界限分明），又是互渗的（打破界限），可以同时应用。譬如驱动思维和享乐主义文本在当今的新闻报道中随时可见。

再者，作者认为思维模式与新闻文本不是机械的一一对应的关系。在列出神幻文本的表格后，作者指出，在这个表格中，最主要的内容是，“在各部分之间完全不存在单义的逻辑互联关系。任何一种表达方法都可以解释基本的心理过程中任一环节的积极性，或者一下子就触及所有的环节，抑或一个也不触及。每一种社会交际功能都可以在任一种表达方式的基础上得以实现，也可能不影响它们的各种组合”。劝导文本和神幻文本在一些场景中互相排斥，而在另一场景中又相互补充，因为它们之间可以相互渗透。

从全书看，所谓“回归至新闻写作心理学”是本书的宗旨。但是作者并没有局限于新闻工作者这个群体应具有的思维模式，而是认为这对所有的人都是适用的。作者指出，因为“心理学是生存的工具，思维模式是解决生活问题的最佳方法”。所以每个人都应掌握各种思维模式和写作文本，“并且每个人都能合理地将其应用在相应的生活场景中”。

作者十分欣赏自然科学家乔治·布丰的著名格言“风格即人”，是指“选择风格就是在选择职业命运”。“在思维模式中隐藏着社会群体心理状态和传播过程中创作的相应风格的秘密。”

“风格”不单指记者的写作风格，还与记者的世界观、人格特质相关联。正如作者所言，研究结果“帮助我们厘清了大众传播和文化发展各阶段的思维模式与新闻创作的相关性”。“与每一阶段相对应的世界观，具体的心理问题，职业发展的可能性与限制等，从根本上来说确立了新闻创作的风格与信息传播的性质。”

作者将新闻记者的思维类型、写作风格与世界观、心理状况及其职业发展的前景结合起来，这有助于完善新闻工作者的人格结构和提高其整体素质。

本书不是一部面壁之作，而是一个有理想、有科学精神的团队，在长达几十年的理论探索和实证研究基础上的总结报告。它是由莫斯科大学新闻系的叶甫盖尼·普罗宁教授领导的学者研究小组，在俄罗斯一家著名报纸媒体的编辑部设立心理部，在学界、业界专家及莫大新闻系师生共同努力下历时20余年完成的奋斗成果。

作者深厚的学术底蕴，使其能站在哲学的高度，全方位地审视人类心理发展的历史。本书立意高远，具有高屋建瓴之气势和纵横捭阖、收放自如的文风。

第2章“思维模式与写作风格”，从心理学角度梳理信息传播所折射出来的社会群体心理历史状态的变迁。作为个体，新闻工作者同大众一起处于不断变化的心理历史状态之中，他们也经受着时代的失落、恐惧和希望。他们如何在大众传播中把握受众的心态突变，而又不随波逐流？这需要把人作为研究对象，分析相对稳定的人的心理现象，人的精神自我。

心理是人类生存和发展的基础，它具有创造力。与心理发展相对应的思维模式呈阶段性发展，如从神幻思维到理性思维，到实证思维，到驱动思维等。虽然这些思维模式产生于不同的社会历史背景之下，但是作为人类心理活动的积淀，它们会同时存在于当代人的思想中，并体现着自己应有的价值。随着认识对象和生活环境的改变，每个人都会有意识地选择自己所需要的思维模式来理解和处理周遭事件。在大众传播中，正是思维模式规范着写作风格和文本结构。一名专业的新闻工作者虽受到社会群体心理历史状态的影响，但他能够对新闻写作进行自律，进而形成个体的写作风格。

接下来的第 3 章到第 8 章便详细论述了每一种思维模式及其对应的写作风格，具体分析出现在不同历史时期的思维模式在当下的呈现状态、存在原因及此种思维模式引导下的写作特点、写作要素，以及应如何避免此种思维模式对新闻工作者本人或读者所带来的对新闻信息筛选的干扰等。

第 3 章着重分析巫术思维与神幻文本。在前逻辑时期，人们将“我与世界”主客体混合在一起，借助魔幻咒语和仪式试图来改变自然，进而产生巫术思维。巫术思维衍生出了许多象征符号，这些象征意义在当下仍被大众所广泛接受。与此种思维模式所对应的神幻文本也往往同诸如战争等民族危机时的大众心理建构联系在一起。这些新闻报道让人们寻找的不是信息，而是希望；不是事实，而是评价；不是逻辑，而是感受。它们在很大程度上是集体意识的自我构建和组织方式。

第 4 章着重分析理性思维与劝导文本。随着“我思故我在”思想的出现，人们开始将“我与世界”主客体区分开来。个体的存在不是由政府或家庭决定的，也不是上帝的旨意，而是认知能力使然。人可以认识世界，进而理性地改造世界。与理性思维相对应的劝导文本往往有着教导的口吻，这是导师、先知之语。然而，受众会不会采取相应的行动，这取决于劝导的效果。写作劝导文本首先需要有支撑性的观点，其次要给出受众行动指南。此类文本需要有明确的论证、缜密的逻辑和明晰的结论。具体文本多聚焦于社会生活中的现实问题，提出具体的行动方案。文本的阐释过程让受众了解，个人的权利和义务是并存的，是不可逃避的。

第 5 章着重分析实证主义思维与实用主义文本。当世界的理性图景与充满战争和非理性的现实相左时，人们对理性、对科学都提出质疑，甚至对人本身也不再有期望。于是，提倡为人们的生存和生活提供切实可行的建议的实证主义思维盛行起来。与此对应的实用主义文本很明确：“我不管世界是什么，我只想知道如何在里面生存下来。”特别是美国的大众传媒，它们在文本故事的讲述中通常会明确地回答叙事的六个要素。这些文本不进行道德批评，只针对不同场景给出行为建议。刚刚起步的新闻工作者特别需要熟悉实用主义文本的写作技巧。

第 6 章着重分析驱动思维与享乐主义文本。实用主义、行为主义已是对理性主义的否定，驱动思维更是放大非理性，将个体的满足作为行为的唯一方向，任何世俗约束、权威、职责统统被踩在脚下。当满足与道德相冲突的时候，道德退居第二位。与这种思维模式相对应的享乐主义文本以满足为主要目的。当驱动思维成为大众思维时，色情、八卦等享乐主义文本必定会成为消费市场上大众的选择。然而这些文本带给受众的享受往往是短暂的，不满足于此的受众只能寻找更为强烈的刺激，而最终他们所寻找的只能是疼痛和死亡。因此，本书作者对享乐主义文本持保留态度，认为大众传播要尽量避免这种危险的文本。同时，作者认为驱动思维本身也没有前景，它更多是一种“贪欲”。

第7章着重分析人本主义思维与意义显现文本。当心理学家们对奥斯维辛集中营的幸存者进行调查时，他们发现，许多人之所以能幸存下来，是因为总有诸如完成作品、科研等这样或那样的目标在支撑着他们——概言之，人的存在不仅需要一种平衡，而且需要一个目标；没有了目标人就失去了存在的价值。马斯洛的人本主义与这些调查结果不谋而合，其为个体的生存找到了永恒的价值和意义命在。人本主义思维强调价值的实现完全取决于个体本身。因此，与人本主义思维相对应的意义显现文本尊重每一位受众，努力呈现事件的各个方面，给受众以独立判断和解决问题的空间。人本主义思维能够抵抗大众意识中的非理性主义、驱动思维中的享乐主义；让人重归人的本性，重新构建人的价值，使人健康成长。在本书作者看来，意义显现文本是理想新闻学的理想写作原则。

互联网这一全球性的传播现象是本书第8章着重研究的对象。相对于其他章节，本章篇幅较长，对当下网络传播中的具体问题进行了学理方面的剖析。当电脑悄悄地出现并快速蔓延至日常生活的许多角落，当互联网将地球连接成一个“村”或一个“都市”，人们在接受网络传播方式的同时也渐渐地形成了网络思维。网络传播的广泛应用促使个体的思维方式开始趋于开放式、对话式、交互式。网络的超链接让受众越来越领略“无所不知”的状态，在信息的筛选中充分发挥自主性。其次，受众不单单筛选信息、接受信息，同时也成为信息的传播者。他可以借助网站等形式进行自我展现，在自我展现时也会关注其他个体并主动接受他们的影响。网络思维更为突出的特点是让个体消解现实、虚拟和幻想的边界，在网络虚拟世界里体验在现实生活里不能达到的状态。网络文本更是融合了不同的传播渠道，将传播变得多屏展示化、交互化、即时开放化等。

第9章再次强调新闻从业者应当对不同的思维模式予以了解，并对不同风格的文本都有一定程度的驾驭能力；强调自律等因素在新闻写作中的重要性；同时也指出新闻写作过程中所涉及的思维模式具有普遍性。虽然新闻写作是个体行为，但是它却不仅仅局限在个人的心理层面上，因为只有符合小到编辑部的规范，大到国家的审查制度，新闻工作者的作品才得以问世。此外，不同媒体为了打造自己的招牌文本，形成品牌效应，往往要求自己的新闻工作者侧重于某一种写作风格，使其不同文本具有内在的系统性。

在作者的讲述中，每一种思维模式的形成和演变总是与著名的心理学家的名字联系在一起，诸如弗雷泽、弗洛伊德、康德、皮亚杰、霍尔、维果茨基等。作者深入浅出地阐述了这些学者们的观点，并将抽象的理论阐释与新闻写作案例分析紧紧地结合在一起。更值得一提的是，在本书的主体章节中，与文字论述相对应之处，多配以简明概要的图例，诸如从社会交际功能、基本心理过程以及表现方法等方面概括出每一种思维模式及其对应文本所使用的场合，以及这种文本的撰写要素。这些对未来的新闻工作者熟悉新闻写作的性质、新闻写作中的内在问题具有启迪意义，也为新闻从业者应对当下的传播问题提供了具体的写作策略。

本书可能是自苏联解体后从俄文译为中文的第一本媒介心理学方面的专著。在翻译和审校的过程中难免会有不当、不妥、不足及有待商榷之处，敬请读者不吝赐教。

刘京林

书 介

书名：《媒介心理学——记者思维模式与新闻文本生成》
作者：［俄］叶琳娜·普罗宁娜
译者：薛冉冉
审校者：刘京林；张举玺
出版社：中国人民大学出版社 2016 年 1 月版
简介：该书是自苏联解体后从俄文译为中文的第一本媒介心理学方面的专著。注重分析的是新闻选择、新闻生产等问题背后的一般规律，强调从心理学角度梳理信息传播过程中折射出来的不同历史时期社会群体的心理状态变迁。在作者的讲述中，每一种思维模式的形成和演变总是与著名的心理学家的名字联系在一起的，诸如弗雷泽、弗洛伊德、康德、皮亚杰、霍尔、维果茨基等。作者深入浅出地阐述这些学者们的观点，并将抽象的理论阐释与新闻文本分析紧密结合在一起，讲解大众传播与文化发展各阶段的思维模式与新闻文本的相关性，分述记者的 6 种思维模式（巫术思维、理性思维、实证主义思维、驱动思维、人本主义思维、网络思维）及与之相应的 6 种新闻文本（神幻文本、劝导文本、实用主义文本、享乐主义文本、意义显现文本、网络文本）。该书不是面壁之作，而是一个有理想、有科学精神的团队，在 20 余年理论探索和实证研究基础上的总结报告。

《全球新闻传播：理论架构、从业者及公众传播》总序

1648 年以前的世界，不过是一个个隔离的孤岛，虽然出现过古埃及、美索不达米亚、古印度及中国四大古代文明体系，但这几大文明基本上只有地域性影响力，全球性秩序还没有成为表征那个时代的重要概念。欧洲 30 年战争后签订的《威斯特伐利亚和约》，把王权和神权的边界确定下来，承认国家主权不可随意被剥夺，欧洲文明开始了全球性扩张，主权国家的概念也影响到世界格局的确立，全球性秩序逐渐成为一个很重要的概念。

近几百年来，一直是欧洲文明主导着世界秩序。不过海湾战争后，特别是苏联解体和东欧剧变、两极格局的结束变成了美国一家独大的世界格局，这个阶段世界秩序出现了一个新的特征，那就是人权、民主等普世原则等成为超越主权的新的游戏规则，成为美国强势在全球施展影响力的主要工具。当然，最近俄罗斯在乌克兰的动作多少从美国制定的游戏规则和美国近几年单方面行动的作为中获得了一些灵感。尽管第 68 届联合国大会 2014 年 3 月 27 日投票通过有关乌克兰问题的决议，申明对乌克兰主权和领土完整的承诺，同时敦促各方通过直接政治对话和平解决乌克兰危机，但俄罗斯置联合国决议于不顾的可能性会比较大。因为根据《联合国宪章》，联合国大会决议与联合国安理会决

议有所不同：前者具有政治影响力，但没有法律约束力；后者具有强制性，相关国家必须接受并履行。

尽管金砖国家在迅速崛起，但当今世界格局，仍然是美国一家独大。美国除了军事和外交方面的强势影响外，美国还借助其先进的传播交流技术（尤其是交通与传媒技术）的飞速发展，主宰着全球的经济、消费与文化的全球化进程。至少到目前为止，我们可以认为，无论是国际分工、国际贸易体系、国际金融都存在严重的不平等现象，美国主导的经济、文化与政治游戏规则成为这个世界的不二法则。

网络社会的兴起、跨境物质的流动、全球各地区间人类生活方式的互相连接使得“社会”这一概念发生了巨大变化。符号和人都很复杂、易变，产生了一种由“社会化”到“信息”“传播”的转变。[①] 安娜贝拉·斯瑞伯尼（Annabelle Sreberny，2000）曾指出，“当代修辞学主张，我们生活在一个单一的世界里，在其中，事件与空间均已消亡，距离的体验已不复存在”[②]。诚然，随着海底电缆、卫星电视、移动电话以及互联网的出现，国际电信使得时空逐渐消亡，让全世界的人际关系获得自身的即刻性和内在性。全球信息传播重新界定了全球和地方的物理界限，厘定了时间的线性进程，这些都不再虚幻。[③]

新兴的媒介技术和通信手段，尤其是因特网，让人们产生了错觉，以为重构时间与空间是20世纪90年代的现象。麦克卢汉一样观察到，空间消亡而时间成为关注的中心是电子时代的决定性结果。但事实上，传播权力并没有因为传媒技术的进步发生根本性的改变，不少学者的研究便表明，全球数字鸿沟仍然存在，在线信息往往以欧美国家为中心，国家信息流，仍然是从发达国家流向非发达国家，发达国家（尤其是美国）生产的文化产品、娱乐产品，仍然主导着全球文化消费市场。但正因为美国的强势地位，让许多人开始反思“西方是最好的”这一观点存在的问题，包括法国、日本在内的发达国家，更包括中国、俄罗斯、印度、南非等金砖大国，重新评估自己传统文明的价值和意义，一股去西方化、“脱美”的风潮正席卷全球，“欧洲中心论”“冲击—反应”“传统与现代”等传统模式无不一再受到更广泛、更严厉的挑战。

与世界权力格局向东转移的同时，重建国际信息新秩序也成为自醒自觉民族和国家的普遍认同。问题是，世界权力的转移是否会导致新的国际冲突？世界和平的理想，是否能够从中国、印度这样的传统文明中获得新的营养？未来的国家实力，如何在硬实力与软实力之间找到一种良性的平衡？不同文明之间的冲突真的是世界潜在的规律？

笔者认为，影响世界和平最关键的因素是资源稀缺所导致的利益之争，但与此同时，那种“你们”与“我们”、“东方”与“西方”之类的二元思考框架，也影响着人们无法超越自我格局的思维定式。这种“你们”与“我们”、“西方”与“东方”的区隔，不仅表现在地缘政治、经济

① Lash, S., Urry J., *Economies of Sign and Space*, London: Sage, 1994; Castells, Mannel, *The Rise of the Network Society*, Oxford: Blackwell, 1996.

② Sreberny, Annabelle, “The Global and the Local in International Communications”, In James Curran and Michael Gurevitch, eds., *Mass Media and Society*, 3rd edition (93－119), London: Arnold, 2000.

③ Appadurai, A., *Modernity at Large: Cultural Dimensions of Globalization*, Mineapolis: University of Minnesota Press, 1996; Bass, A., *Translator's Introduction to J. Derrida. In Writing and Difference*, ix－xx. Chicago: University of Chicago Press, 1978.

利益之中，也表现在意识形态和文化价值等方面。从“黄祸论”到“中国威胁论”、从亨廷顿的“文明冲突论”到布热津斯基的“全球权力危机论”、从福山的“历史终结论”到保罗·肯尼迪的“美国的衰落论”，都能够发现“西方”与“非西方”、“我们”与“他们”的实质性区别。诚如保罗·柯文所言：“美国人在处于逆境时，依然可能在感情的最深处不由自主地回到那种经过夸大的‘我们’与‘他们’的两分法思想中去，认为‘我们’代表‘文明’，‘他们’则代表文明的对立面。”[①] 这种思维定式以自我为中心，建构对于他者的想象，误解、误读与认知偏见在所难免。民族国家间、宗教信仰间，乃至思想观念与意识形态间之隔离与冲突盖与此有着密切勾连。在全球化时代，社会交往频度、广度和交往技术都较以往有着根本区别。因此笔者认为，人类社会唯有完善“与他人共在”的交往理性，超越“东”/“西”的二元思维定式，方能化解文明之冲突，建立起和平的世界交往秩序。[②]

历史上从来不乏智者对此进行深入的思考。芝加哥大学的谢尔登·波拉克（Sheldon Pollock）教授曾出版过一本专门论述世界主义精神的著作，名叫《世界主义》。在该书中，他专门讨论了印度的世界主义精神，以及这种精神与欧洲历史上出现的世界主义精神之间的差异。与世界主义对等的概念——“天下”，同样见之于中华文明。它的确隐含了“世界主义”的含义。“天下主义”与西方的“世界主义”尽管存在差异，但它仍可以看作是古希腊“世界主义”的对应词（杰拉德·德兰迪、郭忠华，2011）。[③] 在西方，随着希腊城邦扩张到波斯，然后又到印度，四海为家的世界主义思想便自然而然萌生了。古希腊犬儒学派的代表人物第欧根尼声称“我是一个世界公民”，第一次清楚地表达出世界主义最初的理念之一就是追求个人自由。而智者学派的安提丰（Antiphoon）的雅典思想家就“以毫不含糊的词语断言，所有的人都是平等的，并谴责贵贱之分和希腊人野蛮人之分”，他的见解“表述了一种坚定的世界主义”[④]。之后斯多葛派的哲学家们认为，世界主义是一种普世观念，反映了人类成员间亲密而安全的关系，就其本身而言，它不是一种个人的自由行为。斯多葛派批评了古希腊人思想中将政治团体局限于城邦的倾向。芝诺（Zeno）认为，一个理想的世界城市应建立在一个囊括更广泛的人类社会成员的基础之上，他强调政治责任来源于强烈的主观情感。公民是宇宙整体的一部分，即国家应当是一个世界国家的想法，形成了罗马人和基督教思想的世界普救说的基本观点，给当代社会展现了一种超越我们现在所属社会的人类社会的景象。

1772 年法国著名思想家让 - 雅克·卢梭在他的《关于波兰政府的思考》一书中，预见到了一个新时代的来临。在这个新时代里，再没有法国人、德国人、西班牙人甚至英国人之分，而只有一种人的存在——欧洲人。他们有共同的品位、一样的激情以及相同的生活方式。1784 年康德发表了《世界公民观点下的普遍历史》，宣称历史正在趋向于缔造一个世界

① ［美］保罗·柯文：《在中国发现历史——中国中心观在美国的兴起》，林同奇译，中华书局 2002 年版，第 59 页。

② 吴飞：《与他有人共在：超越“我们”/“你们”的二元思维》，载《新闻与传播研究》2013 年第 10 期。

③ ［英］杰拉德·德兰迪、郭忠华：《“世界主义”共同体如何形成——关于重大社会变迁问题的对话》，载《学术月刊》2011 年第 7 期。

④ ［德］E. 策勒尔：《古希腊哲学史纲》，翁绍军译，山东人民出版社 1992 年版，第 97 页。

主义共和政体的秩序，而这一秩序将取代由民族共和国组成的世界。1795 年 9 月 29 日 71 岁的康德写下了著名的《永久和平论》一文[①]，在这篇文章中，他明确提出了法律层面上的世界主义（第一次明确提出了世界主义宪法），开创了世界主义政治哲学，再次将世界主义推到学术前台。不过，尽管世界主义的思想无论在自由主义者还是在马克思主义者那里都可以找到知音，但在理论和实践上却很长时间处于停滞状态。

直到冷战之后，随着南非种族隔离制度的瓦解、信息技术革命、全球化和移民运动，以及各种全球性问题的出现、全球公民社会的壮大和全球治理的发展，世界主义的理念也得到广泛的复兴和发展。人们发现，国家不再是国际体系中的唯一行动者，尽管它仍然是最重要的行动者。相反，在处理全球公民社会的事务中，国家已越来越力不从心，各种跨国组织和国际协议（如联合国、世界贸易组织、APEC、G20、奥委会、绿色和平组织等）发挥着越来越大的作用。[②] 尤其是在“9·11”事件之后，恐怖分子、买卖武器者、洗钱者、贩毒者、拐卖妇女儿童者和知识产权的现代抢夺者都是通过全球网络运作的。与此同时，各国政府官员——警方调查员、金融监管者，甚至法官和立法者——越来越在全球范围的网络上交换信息和协调行动以打击全球犯罪，解决共同的难题。[③] 尽管正在形成的全球公民社会是否能组成一个世界之城仍不确定，但它的确为建立一种新的世界主义奠定了基础。

当然“世界主义”不过是众多关于国际新秩序思考的一种向度，其他诸如现实主义国际政治、文明冲突论、天下体系、依附理论、文化帝国主义、软实力论等，都各领风骚，在国际关系与全球传播中占有一席之地。

近几年中国一直主张建立公正合理的国际政治经济新秩序，并明确提出和平共处五项原则是建立国际新秩序的基础。其基本内容是：各国政治上应相互尊重，共同协商，而不应把自己的意志强加于人；经济上应相互促进，共同发展，而不应造成贫富悬殊；文化上应相互借鉴，共同繁荣，而不应排斥其他民族的文化；安全上应相互信任，共同维护，树立互信、互利、平等和协作的新安全观，通过对话和合作解决争端，而不应诉诸武力或以武力相威胁。但这种新秩序的建立，注定是一个漫长的历史过程。

总之，进入 21 世纪以来，地球虽然还是那个世界地球，但全球秩序发生了一些重大的变化。全球化、新媒体技术、软实力、符号资本等成为传播学研究者最为关切的核心概念。而随着中国通过改革开放，经济上取得巨大发展，GDP 超过日本成为全球第二大经济实体，作为世界重要成员的国家身份认同变得异常强烈，中国领导人顺势提出了中国梦旗帜，积极参与国际事务，努力重构自己大国形象并谋求在世界格局中的有利地位。因此重构与自己实力相当的国家形象就变成当下最热闹的研究课题。但如何向世界说明中国，如何清晰地表达中国的和平发展理念，同时又如何向国人说明“中国梦”以求形成整合力量，仍然是相当复杂而艰难的工作。

---

① ［德］康德：《永久和平论》，何兆武译，载《历史理性批判文集》，商务印书馆 1990 年版，第 97—144 页。

② 参见［英］罗兰·罗伯逊、［英］扬·阿特·肖尔特、王宁等主编《全球化百科全书》，译林出版社 2011 年版。

③ ［美］斯劳特：《世界新秩序》，任晓等译，复旦大学出版社 2010 年版，第 1 页。

为此，浙江大学传媒与国际文化学院组织翻译了这套丛书。这些著作从多个不同的角度，来分析全球传播与跨文化传播方面的理论与实践问题，对中国学界、政界，甚至商业领域都有着重要的参考意义。丛书的译者，大多有较长时间的相关领域的研究和学习经历，数位译者在海外工作，这确保了翻译的质量有一定保证。浙江大学出版社有一支优秀的出版编辑队伍，他们辛苦的劳动和认真细致的工作，使这套丛书得以顺利出版，特此致谢！

吴　飞

书　介

书名：《全球新闻传播：理论架构、从业者及公众传播》

作者：［美国］帕梅拉·休梅克（Pamela J. Shoemaker）（美国雪城大学公共传播新学院教授）；［以色列］阿基巴·科恩（Akiba A. Cohen）（以色列特拉维夫大学传播学教授，特拉维夫大学传播学系系主任）

译者：刘根勤；周一凝；李紫鹏

出版社：浙江大学出版社 2016 年 1 月版

简介：《全球新闻传播：理论架构、从业者及公众传播》围绕新闻传播学研究的重要性，探讨了全球文化传播与新闻研究的理论架构，分析了世界范围内具代表性的国家在传播学领域的表征，从而发掘跨国文化媒介之间的异同；同时基于相关数据与社会学现象，剖析了新闻学的内容以及其形成的力量，再联系公众传播，激发读者以一个创新开阔的视野发现传播学的新意。

《媒介话语的进路》总序

一直景仰好友展江教授翻译学术著作的系统工作。窃以为，从他译著的选题可以看到他的学术品位，也可以体会到他对中国改革大势的分析。今年初夏，我们在上海和北京短暂相聚，他谈起“传播学研究方法系列”的构想，约我帮助推荐些书目，并为译丛写序。我虽然知道自己才疏学浅，但展江约请，我唯有从命。

学术著作的翻译出版热，现已覆盖了众多学科。在传播研究领域，热度似乎更高一些，现已有多种译丛、译著或原版著作面世。但是，以研究方法为核心的译丛，至今尚未看到，虽然市场上有一些零散的研究方法译著。以此观之，展江与喻国明教授主持的这套译丛，是在填补市场上的一个空白。

市场的空白只是表象，这个译丛的价值更来自学术（不仅是学科）发展的需求。我曾在个别场合批评国内传播研究的方法欠缺和“赶超发达国家”的焦躁。[①] 这话当然并非针对个人，而是针对由历史所形成的现状。多年的思想和学术空间的丧失，导致了学术研究的空白，这不仅表现在思想的萎缩，而且表现在研究方法的缺失、研究实践的匿迹、学者群体的瓦解。因此，近 20 多年来，社会与人文各学科，几乎无一不在恢复或重建当中。至于传播研究，因为曾被当作“资产阶级新闻学”打压，更兼本身就有身份不明、内涵不清的“内患”，起步更加艰难一些。今天，学术研究恢复了点元气，而且有了繁荣之象，传播研究亦不例外。学术译著的出版热就是表现之一。但是，在资本与权力结合的新的历史旋涡中，学术似乎难以抵挡名、利、权的诱惑和压力，确立独立思考、潜心考察、缜密梳理、厚积薄发的价值取向，提高建立于此之上的学术品位，仍是亟待努力的事业。出版“传播学研究方法系列”是这努力的一部分。

就传播研究这一领域来说，这种努力应当包括三个方面：澄清传播研究的学术根基和内涵，建立共享的学术话语平台，发展独立而多元的经验研究。

一门学科的建设，须致力于明确研究对象、发展基础理论、建立与此配套的研究方法。就目前状况来看，国务院学位委员会已将新闻学与传播学并列为“新闻传播学”下的二级学科[②]，这似乎为“传播学”作为一门学科正了名；多种原创与翻译的“传播学”教科书，似乎也对传播学的研究对象与基本理论概念勾勒出了一个大致的轮廓。这些都标志着学科建设的起步。但是，作为一门学科，“传播学”是什么仍是一片混沌，这不仅表现在传播学专业面临开设什么课程、以什么为培养目标等这些实际问题当中；而且表现在传播研究做什么和怎么做的困惑之中。以我的一孔之见，这些问题和困惑的根源在于传播研究目前缺乏实绩，无力彰显传播研究如何提出并解答中国社会的现实问题的功用。[③]

若再追究下去，这背后的主要原因之一还是研究方法的缺失。比如，各新闻与传播院系要么开不出研究方法课，要么仅有一两门方法概论课；发表于各种学术期刊的论文，很多仍然或缺乏方法的表述，或体现不出什么严谨的方法，有的是天马行空式的抽象思辨，有的是蜻蜓点水式的案例描述，有的是就事论事的工作总结，还有的是不见理论脉络的数据堆砌。当然有不少论著采取了当代社会科学的方法，个别采用量化方法的论文甚至做了很复杂的多元统计分析，但是，即便这些论著中也有不少存在着对经验观察分析不严谨、资料分析与理论论述脱节、盲目应用西方理论概念等问题；至少在传播研究领域，真正能够以能动和反思的方式运用某种研究方法，并将之与理论分析严密结合的论著尚很少见，比之其他社会科学和人文学

① 参见潘忠党、朱立、陈韬文《当前传播研究的课题与挑战》，见陈韬文、朱立、潘忠党编《大众传播与市场经济》，香港炉峰学会 1997 年版，第 7—20 页。自从中国加入“世贸”，还加上了“狼来了”的恐惧和“时不我待”的兴奋。

② 参见童兵《新闻学与传播学（高校“十五”新闻传播学学科研究规划及课题指南）》，见中国高校人文社会科学信息网（http：//www. sinoss. com），2011 年。这种以政府的官方力量划分学科的做法，当然也有限制学科发展的作用，比如，将“传播学”作为“新闻传播学”下的二级学科，等于是鼓励大众传播研究，抑制其他传播研究（如人际传播）的领域。深圳大学的吴予敏教授曾指出过这一弊病。参见吴予敏《传播研究——开放的知识平台》，载《中华读书报》2002 年 3 月 29 日。

③ 也就是说，如卜卫所著的《大众媒介对儿童的影响》（新华出版社 2001 年版）这样既有系统的经验分析又提出并解答现实问题的著作还太少，不足以构成目前传播研究文献的主干。

科，至少显得相形见绌。①

研究方法不仅包括研究操作所遵循的逻辑和程序以及所采纳的手段，还包括引导出这些操作处方并由之所体现的本体论和认识论原理。换个方式说，研究方法不仅体现为研究的操作手册，而且体现为构成我们世界观的基本思辨逻辑。在庸俗反映论、二元冲突论、单一决定论、线型进化论的多年笼罩之下，引介当代西方社会科学和人文研究（包括传播研究），如不系统介绍方法和方法论，不潜心做经验研究②，以分析和解答中国现实的问题，难免形成无源之水、无本之木的局面，导致或空中楼阁或淮橘成枳的危险。而在这样的背景下，呼吁“中国化”或“本土化”，除了空谈之外，还有将学术套入政治的枷锁的危险。

因此，我很赞同展江和喻国明教授对“传播学研究方法系列”的构想，即通过这套译丛，不仅出版讲授各种研究方法的著作，而且译介阐发各种方法论的著作；不仅包括一些可以帮助学生、学者研习并在自己的研究中时常查询的教科书，而且包括一些对某种方法在研究中的运用起到示范作用的研究专著。这套译丛的构想还依据传播研究作为多学科交叉的领域这一特点，以学科疆域开放为取向，容纳各社会科学和人文学科的方法及方法论著作。在这个大场景内，一些已经翻译出版的方法和方法论著作，在学理上应当是这套丛书的当然成员，这不仅包括如涂尔干的《社会学方法的规则》、韦伯的《社会科学方法论》、格尔茨的《文化的解释》（或译《文化的洽释》）、福柯的《知识考古学》、米尔斯的《社会学的想象力》等在内的经典，也包括一些教科书（如巴比的《社会学研究方法》），以及一些体现或探讨某种方法的研究专著（如凡迪克的《作为话语的新闻》、马尔库斯和费切尔的《作为文化批评的人类学》等）。希望这个译丛能够与已经出现的各种理论专著和教科书译丛一道，起到系统介绍西方传播研究及其学科根基与关联的作用，并能激发探讨中国现实问题的经验研究专著。如果有了这么三大类型的著作——理论和方法译介，探讨中国现实的经验研究专著，以及在此基础上形成的言之有物的教科书，那么，我们就有了传播研究领域的基本文献积累，也就能够形成整个学科的学术平台，并为学术群体的形成提供必需的文献和话语支撑。这么来看，“传播学研究方法系列”不仅是在填补目前学术书市的一个空白，而且是铺垫传播学科的一块基石。

研究方法并非价值中立，这一点已从对美国实证主义的媒介效果研究、英国的

---

① 比如笔者手头一些非常值得一读的社会学著作，就在方法的运用上具备这些特点，包括如李强等著《生命的历程》（浙江人民出版社 1999 年版），李书磊著《村落中的“国家”》（浙江人民出版社 1999 年版），李培林著《村落的终结》（商务印书馆 2004 年版），王名、刘国翰、何建宇著《中国社团改革》（社会科学文献出版社 2001 年版），李培林、李强、孙立平等著《中国社会分层》（社会科学文献出版社 2004 年版）。笔者所看到的当然非常有限，但这有限的陈列，已足以令我们传播学者汗颜。所谓传播学文献中研究方法的缺失，以及由此造成的学科内涵单薄，通过这样的比较，尽可一目了然。

② 所谓经验研究，英语的表达是 empiricalrese-arch，中文也译作实证研究。但是，在通常的学术交流中，我感到“实证研究”的概念更加强调以实证主义为根基的量化研究，语义有些狭窄，排除了其他取向和形态的经验研究，比如历史学和社会学的方法、建立在社会语言学基础上的话语分析（discourseanalysis）、建立在符号学（semiotics）基拙上的文本分析、源自文化人类学的民族志（ethnography）方法等。笔者在此采用“经验研究”的提法，为的是强调考察现实社会的方法的多元，强调传统统划分中的量化与质化方法所共享的基本特性，即以经验观察作为理论建构的现实依据，同时也为了涵盖作为多学科交叉领域的传播研究所必然面临的多种形态的经验对象。关于质化研究的部分方法，参见陈向明《质的研究方法与社会科学研究》，教育科学出版社 2000 年版。

文化研究、欧洲大陆的批判学派研究的介绍中得到了一些体现。[①] 由于方法的多元，由于方法与意识形态的千丝万缕的联系，还由于方法即规范性要求（prescription）这一基本特性，不同方法及其取向之间往往会有认识论和价值判断的冲突，这种学术冲突经常还表现为不同学派之间的社会学意义上的冲突。前一个意义上的冲突是学术思想和取向之间应有的交锋，是促进学术发展和繁荣的必然过程；而后一个意义上的冲突却往往是将学术传统或取向教条化、将学术交锋政治化的表现，是妨碍学术发展的绊脚石，是分化学术社区的毒药。以译丛的空间，力图容纳各种不同的方法，而不是抽象地、脱离具体研究问题和学术语境地评判任何一种方法的优劣，可以起到这么两个作用：一是彰显不同研究方法的内在逻辑、程序和手段，以帮助规范经验研究；二是在显示各种研究方法之区别的同时，显示各种经验研究共享的原则、倾向和话语资源，以形成学者们相辅、相成、相争的“诠释社区”（interpretive communities）。[②] 在这些社区各自内部和相互之间，形成共享的学术品位、评判标准和审评与讨论的习俗。这是个建构学术研究的自主空间的过程，也就是排除职称、资历、权位、资本等因素干预学术评判与讨论的过程。

我们不能将本套丛书中任何一本书作为教条来阅读和应用。对本套丛书中的任何一本书，哪怕是教科书，都不能以阅读食谱或医生的处方的方式阅读。缺乏反思与批判的阅读任何一部方法或方法论的著作，都难免作茧自缚。这不是编者们希望看到的影响，也不是我在此呼吁掌握研究方法、理解方法论的初衷。我们阅读研究方法的书，是为提升自己研究的能力、增强自己研究的基本功。研究方法的功用在于帮助我们提出、探讨并解答现实问题，而且必须是由理论之“脚手架”所支撑、反映我们的人文关怀、根植于我们所处的历史现实的“真问题”[③]。我们对于任何一种方法的掌握，只能体现在我们对问题的研究当中，必须经过一个从一般意义上的“处方”到具体的研究课题和场景的转换过程。这个过程绝不可能仅仅通过阅读研究方法书来完成。也就是说，研究方法的提升，必须经过不断的研究实践，必须体现于研究实践的积累。阅读是为了研究实践，阅读与研究实践必须同步进行。

同时，我们还要认识到研究方法的局限。就各种不同研究方法来说，我们每个人都有自己的偏好，应当发展自己的专长，而不必希求——因为基本不可能做到——成为熟练掌握“十八般武艺”的“全能”学者。长于一技是好事情，为当代学术研究的技术要求日益复杂、分工日益细致所必需。但是，我们应当时刻提醒自己，首先，任何一种研究方法都有意识形态的束缚，因此对自己所采取或善于运用的方法必须有深入的反思；其次，任何一种研究方法都只能帮助我们提出、探讨并解答某一类现实问题，同时排除另一些同样甚至可能更加具有理论和社会意义的问题。没有任何一种研究方法可令我们提出并解答所有的现实问题。这些对我们自己的提醒，可帮助我们时时关注研究的历史和社会场景，以及话语表达的语境，时时批判地检点自己。只有这样，我们才可以保持开放的思维境界，防止自己成为某一方法的奴隶，防止自己陷入以学术争论来划分敌我阵营的陷阱之中。

① 参见李金铨《视点与沟通：中国传媒研究与西方主流学术的对话》，载《新闻学研究》（台北）第77期；陈世敏《华夏传播学方法论初探》，载《新闻学研究》（台北）第71期。

② 参见李金铨《视点与沟通：中国传媒研究与西方主流学术的对话》，载《新闻学研究》（台北）第77期。

③ 参见《秦晖文选：问题与主义》（长春出版社1999年版），尤其是其中《有了真问题，才有真学问》（第134—142页）和《求索于“主义”与“问题”间》（第431—468页）。

当然，那种简化自己不懂、不会的研究，对其嗤之以鼻，信奉自己熟练掌握的方法，将之尊为万能武器的现象是很难杜绝的，如有幸遇到，不足为怪；若某友人有此表现，可作人之常情看待，继续友谊。倒是我们自己应当沉下心来，发展自己的专长，实现不仅“知其然”，而且“知其所以然”的理解，并在自己的研究中细致不苟地、敏感反思地运用自己所擅长的方法。所谓学术研究中的多元，不仅是对现实的描述，而且应当是对我们学术研究实践模式的概括。希望“传播学研究方法系列”成为这种学术实践的一个起点，也成为我们学术社区共享的一份资源。

潘忠党

书 介

书名：《媒介话语的进路》

作者：［新西兰］艾伦·贝尔（Allan Bell）（奥克兰大学英语系语言学项目高级研究员）；［澳大利亚］彼得·加勒特（Peter Garrett）（威尔士卡迪夫大学语言与传播研究中心语言与传播高级讲师）

译者：徐桂权

出版社：中国人民大学出版社第1版（2016年1月1日）

简介：《媒介话语的进路》属于“传播学研究方法系列”译丛。该书诞生于1995年7月召开的“卡迪夫媒介话语圆桌会议”（Cardiff Round Table on Media Discourse），是将其讨论的核心论文汇编成册，最终形成了这本关于媒介话语进路的文集。该书不仅介绍了媒介话语研究的有用的框架，而且也展示了媒介话语研究的现状，通过对媒介文本范例细致的分析，而由此对这些话语的进路作了深入的阐释，包括这些文本的生产与接受，以及社会政治的维度，并且在这些媒介话语进路的应用方面提供了较为实用的指导。

断裂与延续：《人际影响》的影响

——《人际影响：个人在大众传播中的作用》代译者序

在传播学术史的研究与探讨中，一般有两种相互对立的话语。其一是施拉姆（Schramm，1997）建构起来，并被罗杰斯（2002）重申的以“四大奠基人”为传播学科源起的学术史话语。这一历史话语体系以传播效果为核心，将整个传播学术史大体划分为强效果论（“魔弹论”）阶段、有限效果论阶段和新强效果论阶段，诸多传播理论按其效果观以及提出的时间，在一个线性的时间轴上各居其位、各安其所。在这个谱系中，拉扎斯菲尔德以及传播学的哥伦比亚学派当仁不让地处于历史转折点的核心位置，被认为是“魔弹论”的终结者和有限效果论的重要开创者。而开启这一重要转折进程的，是拉扎斯菲尔德所领导的两项重要研究以及据此出版的两部著作——伊里县调查与《人民的选择》、迪凯特调查与《人际影响》。

与此同时，近十多年来兴起了重新评价与重写传播研究学术史的潮流。在这一话语体系下，“四大奠基人”被认为是施拉姆一手创造出的“神话”，其目的之一在于让传播学能够攀附上政治学、社会心理学等主流学科，从而更快得到学界承认。在这一“神话”体系中，美国式的实证传统成为传播研究的主流，而以杜威为代表的芝加哥学派偏向于人文的路径，以及欧洲的批判主义的路径均被忽视，甚至受到贬抑。在对这种历史谱系的批判中，作为“美国传统”的重要代表，拉扎斯菲尔德以及哥伦比亚学派几乎成为众矢之的，受到猛烈批评。更值得注意的是，再晚近些，出现了对于上述批判的进一步反思与“批判”。此处所说的“批判”与批判者，并非简单地站在主流路径上与第二种历史话语展开论争，而是认为上述相互对立的两大历史话语系统都有失偏颇，有将其自身意识形态化的倾向。一方面，施拉姆及其路径的追随者们对传播研究的框架定有其狭隘之处；但另一方面，鼓吹芝加哥学派、批判传统等其他路径的学者们，出于确立自身正当性的需要，往往在将哥伦比亚学派视为稻草人进行否定与批判时，裁剪、修正了哥伦比亚学派的学术思想，忽略了该学派一些重要的探索与贡献。换言之，主流路径的研究者们对于传播学源流与发展的认识是一种有着自身目的的建构，那么它的批判者们，比如凯瑞（James Carey），同样也在建构，并受到其所处情境的影响。

该书基于拉扎斯菲尔德在1944年领导进行的迪凯特研究，而就在四年前，拉氏刚刚进行了著名的伊里县调查，出乎意料地发现大部分选民所获取的竞选信息以及他们的决策依据，并非如预想那般来自大众媒体，选民们似乎更倾向于从其他个体那里获得信息，并受到直接影响。由此，拉扎斯菲尔德等人提出了“意见领袖”与“二级传播”的假设。但是，什么样的人才是意见领袖？他们具有哪些属性？他们与他们的追随者之间是怎样的关系？二级传播的具体过程如何展开？受到研究时间、经费等各方面的限制，这些问题并没有在伊里县调查中得到确认与检验。因此，拉扎斯菲尔德迫不及待地想要展开一项新的研究，对这些意外得来却悬而未决的假设进行检验。

应该说，学者们对哥伦比亚学派学术传统的批评确实击中要害。就拉扎斯菲尔德本人而言，尽管将接受各方资助作为应用社会研究所乃至他本人的生存发展之道，但就学术旨趣而言，他并没有将仅为赞助者服务作为研究的根本目标。受到罗伯特·默顿及其中层理论（middle-range theory，又常译作“中距离理论”）的巨大影响，拉扎斯菲尔德没有满足于对若干变量的描述与归纳，而是希望将研究对象置于相对更为广泛与复杂的网络中，得出对人类行为的一定程度的抽象概括。在这点上，将拉扎斯菲尔德与霍夫兰及其耶鲁学派做一番比较，就会发现二者间的重要差别。在迪凯特调查中，拉扎斯菲尔德在完成雇主委托任务的基础上“夹带私货，加入了对公共”事务领域影响流动的调查，正是其理论努力的体现之一。

在沿用了伊里县调查中所采用的“小样本反复研究法”（panel study）的基础上，迪凯特调查又加入了“滚雪球法”（snowballing）和“指认”（designation，包括自我指认与相互指认）的方法来进行社会关系测量，以期能够更加精确地抓住人际关系网络中的意见领袖。这是迪凯特研究在方法上的创新之处。在数据分析中，拉扎斯菲尔德和卡茨构建了“生命周期”(life-cycle)、社会经济地位和“合群性”(gregariousness)三个指标，以探求意见领袖的属性与特质。具体而言，在日常生活用品购买领域，生命周期是决定一个女性能否成为意见领袖的最重要因素——“大家庭妻子”(即45岁以下，已婚并育有两个或两个以上子女的女性)更容易成为这方面的意见领袖，合群性亦有一定影响，但社会地位在这一领域中对于能否成为意见领袖几乎没有什么作用；在时尚领域，与购物领域相似的是，生命周期是意见领袖的决定性因素“女孩”(即单身的小于35岁的年轻女性)是主要的时尚意见的输出者，但与前者不同的是，在这一领域中社会地位与合群性这两个指标都在发挥作用，不过值得注意的是，当影响在不同社会地位的女性间流动时，中间社会阶层的女性与高社会阶层的女性在成为意见领袖方面的比例相当，而不是人们容易想象到的那样简单地自上而下流动；在电影观看领域，同样是生命周期要素最为关键——当需要寻找一位电影“专家”时，所有年龄层次的女性都转向了“女孩”群体，而社会地位要素和合群性要素与获得电影意见领袖地位之间的联系很弱。然后，麻烦来了：在公共事务领域，前三个领域中几乎都属于决定性变量的生命周期要素在决定谁能成为这一领域的意见领袖方面作用十分有限，而社会地位成为最重要的决定因素，这一领域中的影响也更为频繁地由较高层级向低层级人群流动，而不是相反，呈现出明显地“垂直(向下)流动”的特征。

由上可以看出，公共事务领域的加入，使得拉扎斯菲尔德和卡茨对于意见领袖的概括陷入了无法“确认”的境地。尽管在上述前三个领域中都存在着明显的意见“水平流动”的特点，但正如吉特林所言，如果沿续伊里县调查的传统，以政治生活为核心考察对象的话，那么对于意见领袖特性以及意见流动的归纳，与《人际影响》“勉强”得出的结论就可能是完全相反的。如果进一步追问的话，拉扎斯菲尔德所选择的这三个变量是否恰当呢？其他社会领域中的影响流动又会是哪些变量起主导作用呢？男性群体中的意见领袖又由哪些因素决定呢……这样一来，确实如批评者所说，《人际影响》中对于意见领袖和意见的人际流动过程的概括没有什么确定性与规律性可言，仍相当粗糙，并不能算作真正的中层理论。其中，也确实可以看到赞助者对研究的巨大影响，这是“管理研究”终究难以回避的问题。因此丹·席勒(Dan Schiller)十分尖锐地批评说，拉扎斯菲尔德的研究必须符合赞助厂商的目标，这使得迪凯特调查在指标选择与建构上就已经对女性进行了侮辱与伤害(比如将年长于35岁的单身女性排除在调查之外，因为她们“通常已经被排除在婚姻市场之外”)，这种对研究对象进行“剪裁”的操作方法自然不可能带来普遍性的结论，而且阶级、性别、种族等结构性要素在这项研究中消失无踪或无法掌握，因此迪凯特调查以及此后哥伦比亚学派的研究路径模糊、回避了传媒生产与传播行为背后的真问题——作为劳动者的“人”以及隐藏于传播行为背后的政治、经济的结构性力量，这使得美国传播研究走入了狭窄的巷道。

在《人际影响》的第一部分中，卡茨由大众传播过程的四个中介变量入手，指出另外还存在一个重要的但尚未被充分研究的中介变量——人，或者说人际关系。在这点上，以我们的后知之明来看，《人际影响》及其后哥伦比亚学派进行的新药扩散的研究甚至可以视为现在很流行的社会网络分析的先驱。以此为视角，卡茨对当时逐渐盛行的小群体研究进行了梳理，提出了“初级群体（primary group，又常被译作首属群体）的再发现”的论断，并将之作为架构《人际影响》全书理论体系的基础。通过对“霍桑实验”、《美国士兵》以及“扬基城系列研究”的简单回顾，卡茨指出，这些研究不仅发现了初级群体确实存在的可靠的经验证明，还进一步提示我们，初级群体将个体联结起来，构成了个体行动的情境，因此必须将关系情境因素与个体行动有机联系起来加以分析，才有可能更为清晰地揭示人类行为背后的普遍动因与模式。从传播思想史的角度看，这一理论基点的确定，其意义有以下两方面：

其一，明确地将哥伦比亚学派的研究与大众社会理论以及霍夫兰等人拉开距离。细究文本我们可以发现，虽然拉扎斯菲尔德和霍夫兰的研究确实都以“效果”为核心，但二者的效果观和研究路径实则有着根本性的差别。霍夫兰继承了其老师华生的行为主义心理学的衣钵，在其劝服研究中更多地从个体心理学的视角出发，将个体与其社会联系隔离开来，并试图通过对促成个体态度改变的少数具体变量进行测量，来推知一般大众的普遍情况，强调的是方法论上的纯粹性而排除其他，追求的是变量间因果关系的精确描述以及对个体行为的准确预测（柯林斯、马科夫斯基，2006：14）。从这点上讲，尽管霍夫兰的研究否定了大众社会理论下的强效果观，但从根本上看，霍夫兰对“人”的认识与大众社会理论是完全一致的，即将人视为原子化的、彼此隔绝孤立的存在，并继而很自然地采用了个体主义的研究视角。同时，这也使他的研究带有强烈的“刺激—反应”色彩，个体处于被动接受的地位，其主体性与能动性几乎完全消失不见。而拉扎斯菲尔德则与此截然不同，在《人际影响》中，两位作者不厌其烦地强调个体不是与社会相隔离的，而是无时无刻不处于与其他人的相互影响之中，处于社会群体之中，传播研究应将人置于复杂而多变的情境中，去追踪影响的流动。

其二，从《人际影响》中，可以解读出哥伦比亚学派与芝加哥学派之间可能存在的承袭关系。在詹姆斯·凯瑞（James Carey，1997）看来，这两个学派是割裂而且对立的，四大奠基人以及后来的研究们抛弃了芝加哥学派的民主理想与传统，走到了维护既有规制的保守一面，因此，美国传播研究的传统是断裂的。凯瑞的这一叙述极具影响力，在很大程度上被奉为对美国传播研究史的经典解读。不过，这也带来了新的问题：芝加哥传统是如何以及为何失却的呢？哪些人、哪些力量促成了这样的断裂？它又是为何在20世纪60年代以后逐渐开始被学者们所关注从而“再度发言”的呢？……在对这些问题的追问中，学者们逐渐发现，哥伦比亚学派与芝加哥学派的对立，似乎也是一种凯瑞等人所建构的“神话”。

在《人际影响》中，卡茨认为，初级群体对于身处其中的个体而言，其影响首先在于使得个体与群体保持一致——由于群体规范与压力的存在，个体想要获得并维持与他人的紧密联系，就必须使自己接受群体整体的意见和价值观。这并非一个理性计算的结果，人们在不自觉中遵循着这样的传统，个体由此受到群体内他人的根本性影响，从而使群体能够保证整体一致性。其次，群体具有“提供现实”的功能，它是环境意义的提供者（因为环境自身无法进行自我解释），由此个体完成了对于现实的建构，并与群体内他人共享并保持一致。最后，在初级群体中，人们通过互动完成价值共享。此时，个体的意见和态度在与群体内其他成员的互动之中产生，并在这种互动中得以维持，因此初级群体成为一个“参照群体”（reference group），其成员从中获得解释、意见和影响，然后形成他们对于外部世界的反应。在此基础上，卡茨将初级群体与人际网络中的影响流动联系起来，探讨了当个体面对群体外部流入的影响企图时，群体共享规范对个体反应所起到的作用，分析了对人们面对面接触产生了实质影响的不同因素，以及初级群体网络与大众媒介之间存在的关联，由此完成《人际影响》的整体理论建构。

而在库利的初级群体思想中，最引人注目的无疑是他将初级群体看作“人性的养育所”，即在与初级群体内他人交流的过程中，个体的人逐渐发展起自我，“形成‘社会本性’（socialnature）与个体思想”，从而完成社会化。因此，传播，尤其是初级群体内的传播，是“社会人”形成的基础，使人成为人，使人与社会融为一体、密不可分。库利将初级群体视为“人”产生与发展的根本，这一思想在《人际影响》中确实并未得以体现，但这是否就意味着卡茨与拉扎斯菲尔德是在误用或曲解库利的概念呢？其实不然。因为除了强调初级群体对于人的社会化过程的根本性意义外，库利也提出了初级群体的其他一些特征与功能，而这往往是《人际影响》的批评者们所忽视的。库利认为，在初级群体中，“亲密关系的结果，是在精神上使个体与普遍整体融合在一起，因此特定个体的特定自我，至少在目的上，就是与群体的普遍生活和目标相一致”。群体内当然可以存在着多样性与竞争，群体也允许每个人有不同的情感，“但是这些情感……处于（群体的）共同精神的规制（discipline）之下。个体可以有自己的愿望，但他的愿望的首要目标，是与群体内他人的期望相一致，个体忠诚于（群体的）普遍标准与规则”。在此，我们完全可以看出，在库利对初级群体的剖析中，同样强调个体与群体保持一致，遵从群体的共享规范。此外，库利亦论及了初级群体的“提供现实”与价值共享的功能，认为正是在初级群体中，人们体认并获得了社会中占主导地位的思想、价值观与行为规范，从而把自己一体化到社会整体之中（库利，2013，第3章）。

由上可见，《人际影响》并未明显地误读与曲解库利的“初级群体”的概念，只是由于研究取向、研究目标与研究方法的不同，卡茨与拉扎斯菲尔德更多关注了外部世界（大众媒介）与群体的互动、群体内的人际互动行为及影响流动过程，而库利则更为强调初级群体对个体自我的形成及社会化的意义。因此，与其说《人际影响》的作者们歪曲了库利与芝加哥学派思想，甚至由此质疑《人际影响》的理论意义及其历史和现实的启发价值，毋宁说是不同的学者们都以初级群体为基点，沿着不同的方向与维度进行思考与探索。在这里，《人际影响》体现了出了对于芝加哥学派思想的继承与发展，而不是歪曲、割裂、对立。

《人际影响》还反映了在传播研究形成初期，该领域与更广大的社会学以及其他社会科学的密切合作，大量社会学家和社会学理论与传播研究产生了重要的“化学反应”。但是近年来，传播研究与社会学可以说是渐行渐远。卡茨（Katz，2009）发表了《社会学为何抛弃了传播研究》，提醒学界注意这一现象。其后他又与批判者普利（Pooley and Katz，2008）一起发表了《再议社会学为何抛弃大众传播研究》，修正了部分看法。这两篇文章从另一个侧面说明了《人际影响》发表前后传播研究与社会学的关系，以及社会学，包括芝加哥学派社会学在其中扮演的重要的角色。

《人际影响》往往被认为是开启“有限效果论”的重要著作之一（甚至卡茨

本人也这么认为），但实际上，在这本书中，并未对大众媒介的影响效果做出明确的回答。一方面，作者认为意见领袖往往比其追随者更多地接触大众媒介；另一方面，我们也可以质疑说，接触并不等于受到影响，“信息流”也不一定等于“影响流”。此外，拉扎斯菲尔德与哥伦比亚学派也往往被认为开启了聚焦于媒介与短期态度转变的研究路数，并影响了后来的研究者。确实，在《人际影响》的一开始，卡茨就强调说大众媒介研究的最重要旨趣，是去探究一个较短的特定时间段内，大众媒介在试图影响（通常是改变）意见或态度方面的有效性，亦即要研究大众媒介“宣传运动”（campaigns）的影响。不过需要注意的是，在书中的不同地方，作者也数次强调，传播效果绝不仅止于短期影响，按照拉扎斯菲尔德的区分，以四种类型的大众媒介的“刺激”和四种类型的受众“反应”为指标，可以划分为16种不同的效果类型（Lazarsfeld，1948）。另外，由于筑基于“初级群体”这一极具学术价值与活力的概念基础之上，《人际影响》在人际互动、群体规范、价值共享、意义赋予等方面讨论，实则为后来的研究提供了多元而富于弹性的可能路径，其中就包含了社会网络研究、文化研究、公共领域、参与式民主等学术资源对接的可能性。从卡茨本人以后的研究经历看，其视野也由短期效果拓展开去，“达拉斯”研究、“媒介事件”研究等，都已经涉及了更宽广的社会文化因素或者媒介的中长期影响，用卡茨自己的话来说，这是他研究生涯中的另一条主线——文化（或者说是功能）的路径（卡茨，2014）。

因此，当我们回过头去阅读这本出版于1950年的经典著作，需要的恰是通过对文本的细读，抛开或修正可能存在的标签化认识，走入传播思想史叙事中的“灰色地带”，重新反思那些已经约定俗成的“共识”，去发现“延续共识”中的断裂与罅隙，“断裂共识”中的继承与沿袭。从这个角度上讲，翻译出版《人际影响》一书，最重要的价值并不在于让我们重温拉扎斯菲尔德与卡茨对“意见领袖”与“二级传播”所做出的具体理论概括，而是能让更多有兴趣思考传播研究历程的人们走近文本，在细读的基础上反思既有的，特别是已被意识形态化的主流叙事，再配合对知识生产机制与动因的反思，发现被遮蔽的其他可能性，反思历史，照亮未来的传播研究。

张　宁

书　介

书名：《人际影响：个人在大众传播中的作用》

作者：［美国］伊莱休·卡茨（Elihu Katz）；［美国］保罗·F. 拉扎斯菲尔德（Paul F. Lazarsfeld）

译者：张宁

出版社：中国人民大学出版社2016年4月版

简介：《人际影响：个人在大众传播中的作用》首版于1955年，报告了在美国伊利诺伊州迪凯特市所做的先驱性研究的结果。这项研究验证了保罗·拉扎斯菲尔德无意中的发现，即源自大众媒介的讯息在传播过程中经由了“意见领袖”的中转，这些“意见领袖”能够在他们所处的人际网络中为其他人筛选、解释并扩散自己的所见所闻。本项经典性的研究聚焦于日常生活中的决策制定过程，包括公共事务、时尚、电影观看、消费行为等，为大众媒介与人际影响间互动关系的后继研究开辟了新的领域。

全球化背景下的公众舆论

——《美国舆论管理研究》序

在非传统安全与软力量的交集中，公众舆论是极其重要的研究范畴。

从非传统安全的角度看，国内外舆论常常能够转化成一种社会事实，改变一国政府的内外政策或政治议程，成为传统安全因素之外的一种软威慑。从软力量的角度看，一国政府对于国内外舆论的有效管理，不仅有利于执政地位的巩固，而且能将其转化为应对安全危机的社会资本，进而赢得国际关系的主动权。从国家安全和国际关系的宏观视野出发，舆论学的某些概念及其相互关系不仅获得了新的内涵，而且有可能得到更进一步的界定和分析。对此相关问题的学术探讨，有助于认识全球化背景下的新型国际关系以及维护国家安全的新动向。

一、安全问题的全球性展开与世界民意

在传统安全视阈下，对公众舆论的策动和回应仅仅是政治、经济和军事手段之外的一种辅助性手段，很少被当作安全问题的一种独立变量来看待。换言之，尽管冷战时期的舆论争夺十分激烈，然而美苏两大对立阵营构建起的舆论壁垒，仅仅作为意识形态斗争的工具，服务于政治角力、军事讹诈以及外交斡旋与谈判，并没有超越政治、经济和军事等传统安全范畴之外。

舆论成为非传统安全与软力量支点的前提条件有三个。首先，诸如突发性公共卫生事件、生态环境恶化、能源危机和恐怖主义袭击等全球性安全问题，催生了超越主权国家疆界的利害相关群体，在共同的利害关系面前，人们有可能不分国家和种族，形成大体一致的利益指向。这意味着公众范围无限扩大，为跨越主权国家疆界的舆论主体——国际公众——的出现准备了条件。其次，传播技术的发展和全球媒体的出现，使得世界范围内的人们可以在同一时间接受相似的信息，在充分知情的前提下对全球性问题做出自己的理性判断，为国际舆论的最终形成提供了意识动力。最后，当国际公众凭借互联网等新媒体平台进行充分的交流与互动，并将共同意见诉诸各国主流媒体或游行示威等集体表意行为时，舆论压力就会在世界范围内蔓延，直至对主权国家的经济社会安全形成某种威胁，使之不得不对相关的政治议程及政府决策做出调整。

显然，新型国际关系中的舆论已不再是主权国家诉诸宣传机器的“排泄物”，它愈渐超越了意识形态斗争的樊篱，有可

能成为世界人民的共同意识。换言之，未来各国的经济社会发展与安全问题，不仅受制于国内外经济、政治和军事等传统安全因素，也受制于国际舆论生态以及舆论话语权掌握在谁的手中。美国提出的“民主+人权”口号，实际是借助舆论修辞手段，为主导国际事务和世界格局而设置舆论框架，从而为武力干涉、先发制人的对外强硬政策提供合法性，最终服务于美国的全球利益与国家安全战略。在非传统安全因素不断凸显的全球化时代，任何主权国家的政府，不仅要密切关注国际舆论的变化，而且要在内外政策的制定过程中，主动汲取国际舆论的合理内核，不断提高舆论的修辞能力和策动能力，在顺应世界民意大趋势的前提下，维护本国利益和国家安全。

在世界多极化与一体化交互渗透的新型国家关系格局下，舆论主导权也是不可让渡的国家主权，没有舆论安全也就没有国家安全。

二、舆论安全、舆论失控和舆论失调

舆论安全是指维护主权国家根本利益与安全的正向舆论免受威胁损害的客观状态。如果主权国家的社会舆论受到敌对势力或他国政府及国内外大众传媒的误导，对国内和国际公共事务失去清晰的判断，乃至形成不符合世界和平与本国根本利益的错觉，那么，该国的舆论安全就不复存在。舆论的不安全状态主要表现为短时期的舆论失控与长时期的舆论功能失调，前者易受突发性公共事件的刺激，在短时间内形成舆论的巨大风暴，对社会架构造成冲击；后者易在权力缺乏监督和假话盛行的环境下滋生蔓延，使得当权者失去了明察秋毫的舆论镜鉴，乃至人亡政息。

舆论失控是指舆论量度和强度均超过了社会框架的负载能力，使得掌权者和政府管理机构无法在法定权限范围内进行有效的社会管理，造成社会局部或整体的失序和动荡。21世纪初期发生在独联体国家的“街头政治”和“颜色革命”，是舆论失控状态导致政权更迭的典型案例。本来，“街头政治”并不是新生事物，但在西方势力策动的舆论压力下，这些独联体国家的合法政府完全被束缚了手脚，处于进退维谷的被动境地。在此，舆论安全已经不是意识形态和社会制度之争，而是作为非传统安全因素出现的国家安全与利益之争。究其原因，冷战结束后的国际舆论主导权一直被美国所控制，在美国看来，独联体国家虽是一个松散的联合体，但仍是俄罗斯抵御西方遏制的一道屏障，因此，建立亲西方的独联体国家政权远比亲俄罗斯政权更符合美国的利益与安全。事实表明，舆论失控在短时期内大规模爆发，极易引发社会动荡和社会失序，给外国势力的干预提供了可乘之机。当独联体国家的政府被舆论失控所裹胁时，其国家安全的命运就掌握在美国及亲西方势力的手中，并服务和服从于美国的全球战略和国家利益。

舆论功能失调包括舆论属性的畸变和舆论预警机制的失效，两者经常互为因果关系，在法制不健全和民主化程度较低的社会中表现尤为突出。舆论属性的畸变，表现为社会舆论缺乏对公共事务进行臧否褒贬的锋芒，或对公共事务的判断有失公允，使得社会舆论的内容指向发生偏差。例如，在权力制衡机制匮乏而消费文化盛行的社会里，人们普遍对公共事务缺乏兴趣，相反，一夜暴富和名人隐私成为人们津津乐道的话题。与此相应，特殊的私人利益假冒公共利益的名义，通过有计划地制造新闻和精心策划的自我宣传，吸引人们的注意力。在这一过程中，舆论以公共利益为基准并通过公开讨论和批判而达成意见一致的基础彻底崩溃。

与疾风暴雨式的舆论失控相比，舆论功能失调对国家安全的威胁更隐蔽，也更易被人们所忽视，正如有学者在总结苏联解体的教训时指出："实际上，危险已在节日游行时满街漂亮的标语口号和欢呼声的背后潜滋暗长。"[①] 多年以来，苏联政治和社会生活中到处弥漫着美丽的假话，公众舆论监测社会环境的机制彻底失效，由此造社会性的言行不一和双重人格，人们说出来的话与真实想法之间存在着很大距离。如果不看到舆论功能失调对于国家安全的威胁，就无法理解 14 个人中就有 1 人曾是苏共党员的苏联社会，为什么在苏联解体时表现出令人窒息的平静和冷漠。如果说那些为使腐败合法化的既得利益者和苏共上层的亲西方势力，是威胁苏联国家安全的"硬力量"，那么，畸变与失调的社会舆论则是威胁苏联国家安全的"软力量"。

三、舆论一律、舆论和谐及舆论稳态

造成舆论功能失调的原因很复杂，但多数情况下与掌权者对"舆论一律"的迷信有关。苏联领导集团为神化意识形态和维护个人权威的需要，一方面对持有不同意见的党员干部进行残酷打击，另一方面开动宣传机器，报喜不报忧，使整个社会舆论呈现为整齐划一的陈词滥调。这种表面上的"众口一词"掩盖了深层次的社会矛盾，使舆论的张力不断加大，实际为后来的舆论失控埋下隐患。

"舆论一律"虽是特定历史时期的一个特定概念[②]，但从人们约定俗成的理解来看，其含义早已经"去语境化"，意指社会舆论被官方的一种意见所垄断。从苏东国家演变的历史教训看，由"舆论一律"所造成的灾难对国家安全的威胁不容小觑。舆论作为一种自在的意见形态，不同于自为组织的纲领政策，不可能对各种问题都表现得十分理智，因此，"舆论中同时含有理智和非理智的成分是正常的"[③]。理解和尊重舆论的"自在"属性，是理解舆论不能"一律"的前提，正如哈耶克所说："我们所必须学会理解的是，人类文明有其自身的生命，我们所有欲图完善社会的努力都必须在一个我们并不可能完全控制的自行运作的征途中展开，而且对于其间各种力量的运作，我们只能希望在理解它们的前提上去促进和协助它们。"[④]

从维护国家安全的角度讲，舆论和谐是主权国家应对非传统安全威胁的最佳状态。舆论和谐的基本含义是指在根本利益一致的基础上求大同存小异，既要允许和保护支流舆论的多样化，又要保持主流舆论的稳态，形成社会意识的融合状态。主流舆论是绝大多数社会公众的意见，对社会整体意识走向具有重要影响。主流舆论的稳态，是指主流舆论始终代表时代发展方向，表现为评价公共事务的稳定性、建设性和客观性，与民意的概念存在很大程度的重合。与此相对，支流舆论的内容粗糙易变，以"圈层"的形式分散于社会生活的各个角落，表现为人们在日常生活中的口头议论以及通过私媒体或自媒体的写作和交流等多种形态，是真理与谬误交织的混

---

① 黄苇町：《苏共亡党十年祭》，江西高校出版社 2004 年版，第 66 页。

② 毛泽东 1955 年在《驳"舆论一律"》一文中提出，在人民内部实行"舆论不一律"的方针，享有充分的自由。对反动分子实行"舆论一律"的方针，只许反动分子规规矩矩，不许他们乱说乱动。参见《毛泽东选集》第五卷，人民出版社 1977 年版，第 157—159 页。

③ 陈力丹：《舆论学——舆论导向研究》，中国广播电视出版社 1999 年版，第 21—23 页。

④ ［英］哈耶克：《自由秩序原理》（上册），邓正来译，生活·读书·新知三联书店 1997 年版，第 81 页。

合体。在舆论和谐的状态下，支流舆论常常以其触觉灵敏和反应迅速的特点，为主流舆论注入新的活力，而支流舆论的偏差与谬误则被主流舆论所修正和同化。

主流舆论的稳态，是舆论和谐的基础和前提。换句话说，只有主流舆论始终保持稳态，避免大起大落，才能使主流舆论不断吸收各种支流舆论的有益成分，祛除其中的有害杂音。另外，支流舆论的活跃与繁荣，则是舆论和谐的表征与动力，只有最大限度地允许支流舆论的充分表达，才能使主流舆论自动获得免疫能力。中国经验的重要一点是，执政党采取一切措施保持主流舆论的稳态，使得整个社会在急剧的利益调整与结构转型过程中没有出现大的舆论动荡。

四、舆论引导、舆论修辞和舆论管理

舆论和谐与主流舆论的稳态，均是不断更新的动态过程。没有一劳永逸的舆论和谐，也不存在一成不变的舆论稳态。正因为如此，舆论引导（也称舆论导向）在中国被提到“福祸论”[①] 的高度。舆论引导的基本含义是指新闻媒体在新闻报道中以党的基本路线和方针政策为指导，坚持新闻报道的党性原则，为维护党和人民的根本利益服务。从中国实际出发，舆论引导的效果依赖于三个主要方面，一是保持和提高党报党刊等传统媒体的影响力和权威性；二是贯彻落实《中华人民共和国政府信息公开条例》；在一切突发事件的第一时间发布新闻；三是倡导新闻媒体的社会责任，防止各种私利对新闻传播公益原则的侵袭。

西方没有“舆论引导”这一概念，但在“意见的市场”上，新闻媒体、政府、各种利益集团和非政府组织每天都在设置公众议程（agenda setting），实际与中国特色的舆论引导存在某些方面的重合。在权力分散、传媒业独立于政府之外的制度环境下，西方新闻业进行舆论引导的基本动力是行业自律和社会监督，而非政党或政府的指令。对于西方政府公权力和其他社会力量而言，舆论引导的基本途径则是舆论修辞。所谓舆论修辞，是指为获得最大多数公众支持而精心设定的话语策略，包括对舆论调查数据的选择性使用与选择性解释、舆论调查的“问题措辞效应”（question-wording effects）、舆论参考群体的选择以及把复杂的政策提炼成简单易记的口号等。例如，“无论在什么情况下，自由派领导人在表达自己所持立场时更愿意借用保守派术语，以此吸引保守主义者同自由主义公民一道支持其政策”[②]。

舆论修辞策略分为三类：利用民意测验或焦点小组，找出最能吸引公众的政策观点和符号；很明确地传递信息、不离题（staying of message）、制作适于媒介报道的简洁故事，影响舆论；利用引爆策略，不改变公众的基本价值观和偏好，而是促使公众对政策领域已经存在的重要问题给予优先考虑。[③] 舆论修辞与话语理论及框架理论均有密切关联。话语理论先驱巴赫金强调，意义既不在于主观心理，也不在于客观体系，而在于人们的相互对话及具体语境之中。米歇尔·福柯认为，话语是各种机构通过一种界定和排斥的过程运用其

① 1996年9月26日，江泽民在人民日报社视察时指出：“舆论导向正确，是党和人民之福；舆论导向错误，是党和人民之祸。”参见《江泽民文选》第一卷，人民出版社2006年版，第564页。

② William G. Jacoby, “Variability in Issue Alternatives and American Public Opinion”, *The Journal of Politics*, Vol. 52, No. 2.（May, 1990）, pp. 579 – 606.

③ Lawrence R. Jacobs and Robert Y. Shapirl, *Politicians Don't Panter*, The University of Chicago Press, 2000, pp. xiii – xvi.

权力的手段。显然，“话语与语言不同，它涉及的是思想和传播的交互过程与最终结果，体现出制造与再造意义的社会化过程”①。“小到一个独立的符号或单独一句话，大到一篇文章、一部作品甚至无形的舆论等等，所有这些表述或话语都不是各说各话，各行其是，而是处在交往与对话的社会历史网络之中。”② 冷战格局解体后，美国一方面采取穷兵黩武、先发制人的强硬政策，另一方面始终强调以民主和自由为代表的“普世价值”，将“赢得人心”作为建立世界新格局的重要筹码。“9·11”事件发生后，美国政府通过“民主国家”“极权国家”或“无赖国家”“要么与我们一道，要么与恐怖分子一道”等话语的界定与排除功能，建立起一系列舆论修辞策略，屡屡成功地实现了其对国内外舆论的引导。

对美国而言，“民主”不仅是界定与排斥、制造与再造舆论的手段，而且是确定国际舆论框架的逻辑起点。美国学者恩特曼（Robert M. Entman）指出：“框架能使受众注意现实的某些侧面，而忽略其他侧面，并可能由此导致受众的不同反应。”③ 早在第一次世界大战期间，由于不满足于国内外公众简单地把美国参战归结为“国家利益之战”或“争夺势力范围之战”，美国政府一再申明，德国的潜艇战是向人类的宣战，是向所有国家的宣战，整个人类都面临着威胁。威尔逊总统向国会演讲时强调说：“必须使世界适于民主的推行。世界和平必须树立在经过考验的政治自由的基础之上……我们只是捍卫人类权利的战士之一。当这些权利得到各国的信念和自由所能提供的最大保障的时候，我们便心满意足了。”④ 正如美国历史学家所指出，这一框架“赋予美国参战以道义上的和利他主义的含义，用强烈而真纯的民主政治的字眼描绘干涉，披上为上帝而战的正义法衣”⑤。很显然，在国际舆论场中设置舆论框架，是美国政府一贯的话语策略，并成为美国政府处理国际事务的传统，最终为美国的国家安全战略服务。

英语中的议程设置、舆论修辞等概念的上位概念是舆论管理。据考证，英语中的“管理”（management）来自拉丁词managgiare，原意是指“训练和驾驭马群”⑥，后引申为管理。一般认为，管理就是有效地支配和协调各种资源并努力实现目标的过程。因此，把舆论管理等同于“事前审查”“媒体管制”以及“舆论钳制”等极权主义手段，是不符合英语习惯的。日本学者前川良博人指出：“以达到组织目的为目标，有计划有组织地付出努力的有系统的行为称之为管理（management）。”⑦ 按照一般管理理论关于管理的定义方法，舆论管理是指为实现舆论目标而进行的有计划有组织的系统行为，同样遵循一般管理活动的计划、组织、指挥、协调和控制等一系列过程。具体来说，舆论管理包括舆论引导（议程设

① 刘建明：《新闻学前沿：新闻学关注的11个焦点》，清华大学出版社2005年版，第46页。

② 李彬：《符号透视：传播内容的本体诠释》，复旦大学出版社2003年版，第291—292页。

③ Robert M. Entman, “Framing: Toward Clarification of a Fractured Paradigm”, *Journal of Communication*, Vol. 43, No. 4, 1993, pp. 51 - 58.

④ ［美］德怀特·L. 杜蒙德：《现代美国》，宋岳亭译，商务印书馆1984年版，第271页。

⑤ ［美］阿瑟·林克、威廉·卡顿：《一九〇〇年以来的美国史》，刘绪贻等译，中国社会科学出版社1983年版，第184页。

⑥ 曾仕强：《中国管理哲学》，（台北）东大图书股份有限公司1981年版，第18页。

⑦ 转引自邵培仁主编《媒介管理学》，高等教育出版社2002年版，第16页。

置）、舆论修辞、舆情监测与分析、舆情预警和控制等范畴。

舆论管理概念的提出，缘于宣传分析的衰落，至今已经成为诊断西方公共领域的关键现象。20 世纪 30 年代，伴随着管理学人际关系学派的横空出世，现代管理学不仅扩大了管理理论的人文内涵，也将管理的概念拓展为社会科学领域的学术话语。这使舆论管理成为西方公共关系学与管理学长期磨合的一个结果。在美国，政府主导的舆论管理活动可以追溯至杰克逊的“厨房内阁”（kitechen cabinet），其时，由阿莫斯·肯德尔负责的新闻班子，一方面将公众舆论“过滤”后向总统提出建议，另一方面通过新闻媒介向公众鼓吹总统的决策。这一传统经麦金利、老罗斯福和塔夫脱三届政府的不断探索，至威尔逊时代已经日渐成熟，白宫的新闻发布制度也在这一时期固定下来。实际上，新闻发布的舆论引导（议程设置）功能，离不开舆论修辞的策略和技巧，更离不开舆论管理的视野与思维的指导。“二战”结束以后，美国政府的舆论管理逐渐深入到社会生活的各个层面，包括白宫及政府各职能部门对舆论修辞策略的使用；政府对利益集团、院外活动和外国代理人的依法登记与管理；政府利用“缓冲门”对各类思想库的舆论软调控；等等。历经百余年，美国的舆论管理始终未曾断流，并在非传统安全问题越发突出的国际背景下，得到了更为系统的提升与完善。

五、结语

在全球化和全球治理的格局中，凡是能够充分调动舆论资源、科学制定舆论目标、有效地组织和调控舆论的政府，必能在国际交往中站在权力合法性的制高点，不战而屈人之兵。反之，就要处处被动，甚至付出经济、军事和政治上的代价。因此，在非传统安全与软力量的交叉视阈下研究舆论的形成与演变规律，不仅为执政党和国家安全事业提供学理支撑，而且有益于职能部门理性地把握舆论的微变，从而及时有效地调整自己的行动。撇开中西方文化差异和制度安排的差别，社会舆论在安全问题及软力量中的角色、地位和功能却是极其相似的，2008 年拉萨“3·14”事件中的西方反华舆论，给我们带来这方面的思考与警示，而独联体国家“颜色革命”以非暴力方式实现政权更迭的教训，也不能不引起我们高度重视非传统安全因素中的舆论软力量。或许可以这样预言，未来世界秩序与各国安全，将在很大程度上取决于主权国家是否拥有丰富的内外舆论资源，以及在全球范围内“制造同意”的能力。

纪忠慧

书　介

书名：《美国舆论管理研究》

作者：纪忠慧

出版社：新华出版社 2016 年 4 月版

简介：《美国舆论管理研究》这部专著从理论与实践、历史与现实、机制与方法等多个层面，全面探讨了美国舆论管理的自由主义逻辑及其与公共生活之间的社会动力学机制。舆论管理的合法性在于拓展公共讨论的空间，培育公共精神，但又与公共秩序和国家安全等重大利益存在冲突和竞争。随着政治统治技术和媒介环境的演变，美国的舆论管理应时而动、因势而变，形态多样而又有章可循，最终服务于美国国家利益。该书的研究结论，打破了许多人误以为美国舆论完全依靠“意见市场”自然进化的浪漫想象，深化了人们对于新媒体环境下政治与新闻相互作用、相互驯化的规律认识。

《媒介仪式：一种批判的视角》序

尼克·库尔德里（Nick Couldry）教授的《媒介仪式》一书，以前就有耳闻，但是一直未能完整、认真地阅读全书。在该书中译本即将出版之际，承蒙译者和编辑的信任，托我写点推荐意见，我才有机会较为细致地阅读本书。我自己在既往的研究中零星地思考过一些传媒（或传播）与仪式方面的理论问题。以下文字，是我个人一点不成熟的思考，讲得不对的地方，若库尔德里教授有机会看到，也希望他指出。

因为无法判断这本书在英文学术界中的具体情况，我通过“谷歌学术搜索”（Google Scholar），查看了几本相关书籍，得到如下结果：截至 2016 年 1 月 18 日，库尔德里的《媒介仪式》一书的引用次数达到 916 次；在同一时间，戴扬和卡茨（D. Dayan & E. Katz）的《媒介事件》（*Media Events*，1994）一书的引用次数是 1979 次，罗滕比勒（E. W. Rothen-buhler）的《仪式传播》（*Ritual Communication: From Every-day Conversation to Mediated Ceremony*，1998）的引用次数是 386 次，詹姆斯·凯瑞（J. W. Carey）的《作为文化的传播》（*Communication as Culture*，*Revised Edition*：*Essays on Media and Society*，2008）的引用次数是 4106 次。在上述几本讨论传播和仪式的相关书籍中，从谷歌学术搜索显示的引用情况来看，差别还是较为明显的。尽管这样的结果并不能作为判定学术影响力的唯一标准，但是从这样一种引用情况中，我们也可以从一个侧面看出不同书籍（或作者）在英文学术界的“知名度”。应该说，出版了 10 余年的《媒介仪式》一书有这么高的引用次数，表明这本书在英文学术界还是有较高的“知名度”的。

前面讲到戴扬和卡茨所说的“媒介事件”与库尔德里所说的“媒介仪式”之间有相通之处，两者均是由于传媒的介入所产生的一种新的仪式形态，这样两种新的仪式形态在大众传媒普及之前，是缺少其生产的基础的，也是不可想象的。因此，传播学者这样一种“发现”，对于拓展传播研究的理论视野，丰富社会人类学仪式研究，无疑具有重大的学术意义。但是，戴扬和卡茨所说的“媒介事件”，与库尔德里所讨论的“媒介仪式”，又存在非常大的差别。这两者之间的者还可以通过进一步比较这两本书来进行归纳，在这里，我只想简单谈两点。

第一，“媒介仪式”并不包括媒介对既有仪式的呈现。戴扬和卡茨所说的“媒介事件”，是指“那些令国人乃至世人屏息驻足的电视直播的历史事件”（戴杨、卡茨，2000：1），戴扬和卡茨早期归纳出的“媒介事件”的三种脚本，其中“加冕”本身就是仪式，“竞赛”和“征服”本身并非仪式，而是由于传媒的介入，使得这两类具有新闻意味的事件具有了仪式的意味。在这三类脚本中，本身就是仪式的“加冕”，应该是库尔德里不感兴趣的。库尔德里在《媒介仪式》一书中这样写道：“在讨论媒介时，对于那种可以被称为‘仪式’的‘次要’用法，即媒介呈现既有的仪式行为（例如对宗教仪式的电视转播），我也没什么兴趣”（《媒介仪式》中译本，第25页）。

紧接着，库尔德里教授又这样写道：“很显然，如果我们仅在这种次要意义上使用‘媒介仪式’这一术语，那么我们就没必要去探讨‘仪式’的根本意义了”（《媒介仪式》中译本，第25页）。

库尔德里在对“媒介仪式”进行界定时，其实并未讲到这一点。库尔德里对“媒介仪式”的界定是：“媒介仪式是围绕关键的、与媒介相关的类别和边界组织起来的形式化的行为，其表演表达了更广义的与媒介有关的价值，或暗示着与这种价值的系。”《媒介仪式》中译本，第33页）在本书中给出这个正式的界定之前，库尔德里还对“媒介仪式”做出过一个更简单的界定：“媒介仪式指任何围绕关键的、与媒介相关的类别和边界组织起来的行为。”（《媒介仪式》中译本，第2页）由此可见，库尔德里所使用的“媒介仪式”概念，已经超出了狭义的仪式范畴，指向了更为一般性的“形式化的活动”，当然，这种“形式化的活动”是与媒介相关的，并且是重要的。这样一种界定，又直接源于库尔德里对仪式的理解。在《媒介仪式》一书的开头，库尔德里就把人类学对“仪式”的解释归纳为这样三个方面：

（1）习惯性的行为（任何习惯或重复的模式，无论其是否有特殊的意义）。

（2）形式化的行为（例如，在某一种文化里对餐桌有规则且有意义的摆放方法）。

（3）涉及某种更广义的价值观的行为（比如圣餐，在基督教中它包含着与终极价值——上帝——直接接触的意味）（《媒介仪式》中译本，第3页）。

库尔德里所说的“媒介仪式”，主要涉及上述第二、三方面的意义（或者是两者的结合），他认为“第一种解释没什么意思”（《媒介仪式》中译本，第3页）。

虽然库尔德里的“媒介仪式”概念主要基于上述第二、三个方面的意义，但是库尔德里在后面又把“媒介呈现既有的仪式行为”排除在“媒介仪式”的范畴之外，这多少让人有些难以理解。

第二，库尔德里对“媒介仪式”的讨论是基于一种批判视角的。关于这一点，库尔德里在本书的副标题中已经做了清楚的交代。在《媒介仪式》一书中，库尔德里用了一章（第四章）的篇幅对“媒介事件”进行了反思。在这一章里，库尔德里讲到了“媒介仪式”和“媒介事件”的联系。这段话比较长，但是为了看清库尔德里的思路，直接引用如下。

它（媒介事件——引者注）与“媒介仪式”的联系来自那个总体的行动框架的组织功能，也就是使得发生在很多地点的大量行为聚合起来，并可被称为一个“媒介事件”的这样一种事实或是建构起来的事实（我暂时把这一点放在一边）。这一事实是，通过那个媒介事件的叙事框架，社会的集体属性被确认、强化或者维系。换句话说，媒介事件是一种大规模的、专注于媒介的社会过程，通过对媒介仪式迪尔凯姆式的解读得出的价值或者至少是假想的价值，是这个过程的总体组织框架，通过这一社会过程确认社会凝聚力。所以，在媒介事件的框架下，会发生很多可以被称为“媒介仪式”的本地性行为，因为行为框架把这些行为与媒介展现的价值联系在了一起（《媒介仪式》中译本，第67—68页）。

在此基础上，库尔德里又这样写道："尽管戴扬和卡茨的观点具有潜在的国际视野，但是其前提假设在国际层面上越发显得不合理。我们真的能说任何在一百多个国家播出的公共事件在每一个地点都起到团结社会的效果吗？当然不能"（《媒介仪式》中译本，第75页）。

因此，库尔德里改写了戴扬和卡茨的论述，他这样写道："媒介事件展现给我们的不是在媒介里庆祝节日（它们从来不庆祝节日），而是媒介权力在'庆祝节日'。因为，恰恰是在媒介事件这种特殊的情绪化情境里，媒介每天所主张的权力才最有可能被如其所愿地忽略"（《媒介仪式》中译本，第79—80页）。

库尔德里从"媒介仪式"与"媒介事件"的关联讲起进而到了改写戴扬和卡茨的论述，简单说来，戴扬和卡茨遵循的是一种建构的视角，而库尔德里所采取的是一种批判视角。这样的批判是否公允？有待商榷。

在我看来，上述两点，是彰显库尔德里的"媒介仪式"与戴扬、卡茨的"媒介事件"区别的两个最主要的方面。在此，我也不想再做展开说明，以上个人观点若能起到抛砖引玉的效果，那是最好。

在我自己既往的研究中，也曾讲到过另一种"媒介仪式"（郭建斌，2012，2014），我所说的"媒介仪式"和库尔德里教授在本书中所说的"媒介仪式"完全不同。因此，在阅读库尔德里的《媒介仪式》一书时，对于他把"媒介呈现既有仪式行为"排除在"媒介仪式"之外，我还是心存疑惑。那些由媒介呈现出来的既往仪式与没有媒介参与的仪式之间到底有着怎样的差别？媒介对于既往仪式的呈现难道真的不值得关注？这样一些问题，我想另找机会再做讨论。

库尔德里的《媒介仪式》一书的翻译、出版，肯定会给中文传播研究带来一些新鲜的学术话语资源，如同当年戴扬和卡茨的《媒介事件》和詹姆斯·凯瑞的《作为文化的传播》的中译本的问世。在当下中国，库尔德里所说的那种围绕媒介而生发出的"对中心的迷思"，以及对媒介内容生产地的"朝觐"，等等，已经有较为具体的观察对象。对于这样一些现象，沿着库尔德里所提供的理论视角，是可以做出精彩的研究的。

但是，媒介（或传播）与仪式研究作为一个传播学、人类学等交叉学科的新兴研究领域，库尔德里的观点并非完全无懈可击，甚至还存在一些难以自洽的地方。世界那么大，不要奢望任何一个理论能够解释所有的问题，对现实进行深入的体察，不同理论话语之间相互碰撞，对具有现实意义的问题做出理论性的回答，这是任何社会科学研究的不二法则。同时，正如我在前面讲到的，这样一本"导论"（或概论）性质的书所做的一般性讨论，还需结合具体的现象进行更为深入的探讨，而不能把它们作为重要的理论结论来对待。

郭建斌

书 介

书名：《媒介仪式：一种批判的视角》

作者：［英］尼克·库尔德里（Nick Couldry）（伦敦政治经济学院媒介与传播学教授）

译者：崔玺

出版社：中国人民大学出版社 2016 年 10 月版

简介：《媒介仪式：一种批判的视角》是一本媒介人类学著作。媒介是我们每个人日常生活中无法逃避的一部分。但媒介的重要性有时会凌驾于日常惯习之上，这本书就告诉我们如何很好地理解这个时刻。在危机降临或者凯旋的时候，媒介需要在公众中打造出一种社区共同体的感受，通过塑造人们的个人行为，让我们相信它有这种能力。在媒介饱和的时代，该书让我们重新思考已经被广为接受的对仪式性行为的认识，它把仪式与权力、管制和监视等问题直接联结起来，并且探究了媒介构建的仪式空间，阐述了媒介权力在其中的合法化。

《连接与互动——新媒体新论》前言

按照马克·波斯特（Mark Poster）在《第二媒介时代》一书中的说法，互联网出现后，各式各样的新媒体带来了“第二媒介时代”。新媒体凭借其海量信息、用户互动、超文本传播等技术优势，尤其是3.0网络的诞生和基于这一网络的移动新媒体应用，让社会各构成部分之间紧密交织，相互影响，协同发展。正是在这一背景下，《连接与互动——新媒体新论》一书逐步酝酿成形。本书试图探索新媒体与技术、政治、经济、社会、文化、法律、道德伦理、教育、管理、艺术以及新媒体用户心理之间的互动，并将社会的各构件连接起来，聚合成体。研究这种连接与互动的成因、积极意义与消极后果、存在问题与应对思考等。

本书共分为11章。第一章谈论的是新媒体与技术的问题。之所以将这一问题放在本书的开篇之处，是因为新媒体的诞生和发展都不得不依赖于技术创新。技术的发展催生了新媒体的发展和大众化，而新媒体又由于大众化之后对技术提出了更高的要求，受众的商业化又进一步驱动了技术创新，进而促动了整个社会价值理念及社会行为模式的变迁。从Web1.0到2.0，从单向传播到实时互动，新媒体彰显出人的力量和科技的力量的叠加，并呈现出前所未有的奇观。新媒体的技术发展以及未来趋势是本章关注的重点。

本书第二章至第五章分别谈论新媒体与政治、经济、社会、文化的问题。目的是从宏观上把握新媒体的特征和影响，重点考察新媒体与社会宏观互动的关系，从传播学的角度解读新媒体的兴起对社会的重构以及与传播理论的互动影响，进而为传播学提出了迭代升级的时代命题。

本书第六章至第十一章分别涉及新媒体与法律、道德伦理、教育、管理、艺术和心理等中观层面的结合，对这些学科领域与新媒体结合作了跨学科、全方位的新媒体研究，这样既可以研究新媒体的方方面面，比起之前的研究来说，更强调了跨学科研究的独特视角，突破已有研究的路径，完善了新媒体传播的研究体系。

随着新媒体技术的不断发展，与之相关的跨学科文化现象也次第登上传播舞台，人们的经济生活、政治生活、精神生活的虚拟化问题同样成为新媒体发展一个无法绕开的话题。本书从上述内容出发，对新媒体传播做出全方位解读——既描述新媒体内部特质，又分析其和各个领域相互影响的外在表现，既分析形成原因，更探讨未来趋势，并从当代新媒体的实际运作情况出发，以新闻学、传播学的研究范畴为基础，引入信息科学、经济学、政治学、心理学、法学等学科的理论和方法，将其系统地与新媒体研究结合起来考察，从而完善了新媒体传播的研究体系。

本书每一章不仅对新媒体与各学科领域进行宏观、中观梳理，对具体案例的分析则可以从微观的细节上还原新媒体在现实中与这些领域互动的原貌，从广度和深度两方面进行挖掘。同时，本书力求突出以下特点：

一是突出新媒体与社会各构件之间的双向互动影响。新媒体的发展对于技术、政治、经济、社会、文化、法律、道德伦理、教育、管理、艺术以及新媒体用户心理具有重大影响，同时，这些社会因素对于新媒体发展同样具有重大影响。分别讨论这种双向影响，更全面认知新媒体的发展特征。

二是注重分开讨论新媒体与社会各构件之间双向互动影响的优与劣。正如爱因斯坦说的那样，“科学是一种强有力的工具。怎样用它，究竟是给人带来幸福还是带来灾难，全取决于人自己，而不取决于工具”。同样，新媒体亦好亦坏，亦侠亦盗，却在不停地改变着我们，以及我们生存的世界。需要辩证地看待新媒体连接与互动特征。

三是注重理论分析与案例讨论结合。本书在行文体例上，以近几年新媒体传播实践中的一些经典案例为引，再结合这些具体案例条分缕析地描述其发生过程、出现原因，进而预测未来。着力回答：传媒科技的发展变化究竟给当代社会的政治、经济、文化、社会结构、社会科学各个领域带来了哪些影响？我们该如何来理解、来面对这些影响？并且，当下自媒体等新媒介的普及拓宽了互动交流的渠道，当代社会的政治、经济、文化、社会结构、社会科学各个领域交互影响着新媒体的发展，在双向互动发展中，新媒体和各种学科的关系越来越密切，这些领域又是如何塑造着新媒体的过去和未来，对社会产生连接作用的？这些问题正是我们认识新媒体技术的过程中应该解决的。

四年来，我和我的博士生们结合新媒体发展的最新趋势，针对新媒体发展及其与社会不同构件之间的互动关系，以及对于社会的连接作用，在课堂内外展开讨论，对于新媒体有了更为深刻和全面的认知，并将这些讨论观点进行梳理，整理成书。本书作为新媒体跨学科研究的著作，适合高校修习新媒体传播和与之相关跨学科课程的博士、硕士研究生及高年级本科生作为学习使用。适合新闻传播学和社会科学研究方面的其他理论工作者参考。适合传媒业界从业人员阅读。

蒋晓丽

书　介

书名：《连接与互动——新媒体新论》

作者：蒋晓丽

出版社：中国社会科学出版社 2016 年 10 月版

简介：21 世纪新媒体技术日新月异地发展，新媒体使用的广度和深度也随之加强，产生了较为深远的影响。纵观新媒体的发展历程，新媒体的技术和形态不仅在不断更新，新媒体与人们的生活、与社会各个领域也在相互交融、相互影响，一幅由新媒体主导的、多姿多彩的社会画卷正在展开。《连接与互动——新媒体新论》一书，则是立足于新媒体这一社会特殊子系统，探讨其与技术、政治、经济、社会、文化、法律、伦理、教育、管理、艺术、心理等社会子系统之间的相互关系与互动作用。

《近代中国报刊与社会重构的传媒镜像(1915—1937)》

就历史变革而言，1915 年至 1937 年中国经历帝制复辟等诸多风云变幻。就共产党而言，这是新民主主义革命的开始；就国民党而言，这是资产阶级民主共和国确立及建设的过程。这一历史时段面临着国家—社会关系的重构，其间报刊是偏向国家层面的意识形态，还是偏向社会底层意义上的秩序重建？社会重心的重建关系社会性质及社会形态的定位，而报刊视域中现代性重构依靠科学还是人文？等等。这些涉及传播内容。报刊如何参与架构？参与的人有哪些？这些问题值得探索。国家—社会之间关系重构，涉及意识形态从国家层面向社会层面渗透。中国封建社会所谓社会通信系统大多秉承上传下达，是垂直的关系。虽然京报、邸报可能在其中处于重要甚至是核心的位置，但京报或邸报的上谕、奏章等无外是上传下达的另一种表述。京报或邸报等多体现社会秩序由上到下的纵向关系，所谓“下”，并非大众意义上的社会底层，即京报或邸报的读者往往属受过良好教育的精英阶层，否则他们无社会资本或条件得到报刊。从其时识字率普遍低下就可以看出这一点。相比之下，近代中国西学东渐。报刊的通上下、通中外与舆论支撑亦有关系，舆论（包括舆论游弋等）与地理空间关系的呈现往往是报刊展示的重点。外来文化对中国传统文化结构而言是镶嵌性，但中国知识分子往往将其当作启蒙的思想资源看待。爱屋及乌，英美等国诗歌乃至小说等文艺作品也被大批量地译介；另外，中国的文化传统依然与日常生活方式密切勾连且惯性运转。这两个方面又柔和地渗入政治意识形态的建构之中。总体而言，近代国家—社会关系架构上呈现新变化，基于阶级利益差别的资产阶级、无产阶级政党组织，有其复杂的章程与规范，政治权力把握上有各自的战斗力。它们有自己的报刊作为喉舌或舆论平台。当然，近代政党报刊也非一蹴而就的，有历史的渐进过程。

因国家—社会之间嵌入政党，报刊的话语表述往往离不开政党—国家框架，近代政党—国家的政治模式涉及以党治党、以党治国等，此类模式对政治家或政客而言有个经营、运作的过程；对党报党刊的媒介系统来说，以报刊为核心但新媒介广播等陆续介入，整个传媒系统形成了中央—地方的模式。中央与地方的区分又有中间领域，诸如省、市的关联等。从历史时段来看，近代报刊经历了北洋政府至国民党统治的政治转向，与此对应，报刊的

“政党—国家”话语系统的形成、发展乃至嬗变也有个过程。由此看来，近代报刊与军政利益集团乃至政党的关系密切。首先，近代报刊与袁世凯军政利益集团的兴衰有内在的关联。其次，近代报刊面对政治分歧而有所抉择。诸如中国共产党的创始人陈独秀、李大钊及欧美派自由主义知识分子的代表性人物胡适等的分歧。陈独秀与胡适的分歧不仅仅是个人的政治理念的不同，更重要的是他们是近代中国两个政治社群的代表性人物，涉及社会主义与自由主义的分野。就政治组织乃至派系而言，陈独秀等共产党与蒋介石、汪精卫等国民党之间存在中间地带，即后来所谓的第三条道路。而胡适等自由主义者显然与国民党走得更近一些。第一次国共合作末期，国民党内部也有分歧，蒋介石推行法西斯军事独裁，但标榜开明专制；汪精卫除了在军事上主张分共、清共外，口号上倡导西方议会制基础上的民主，抗战时期实际上是要和日本媾和。面对诸多政治幻相，媒介事件—政治事件—社会事件的内在勾连值得重视，诸如报道中正反意见等。问题是报刊史学怎么揭示这些问题，诸如栏目的安排、文章刊载的频率、是否注意平衡等。再如近代报刊中学术通信及时政评论是有意识的选择，还是完全根据社会热点进行设计？近代学人论政是政治宣传还是学术争鸣？其时学术与政治的关系如何？学人论政在舆论引导上朝什么方向？时评刊物之类在知识分子由边缘走向中心的努力中扮演了什么角色？这些刊物是否通过留学国别等学缘而聚合一大批知识分子，从而形成了学术共同体？社会建构下学术共同体有无分裂的趋势？所谓自由主义派系报刊在社会重心面临重构中为何有民主与独裁的论争？由这些刊物建构的社会思潮如何酝酿及形成高潮？与旧的思潮是何关系？与文化精英的传统性、现代性是何关系？等等。就媒介研究本身而言，报刊的议程设置与社会议程设置的关系如何？尤其是报刊与欧战后世界碎片化的媒介镜像是什么关系？党—国话语系统下民国自由知识分子办报的努力与媒介社会化、媒介党化是什么关系？等等。再如：民国时期言论报国与学人论政是何关系？学人论政的途径是否存在言路堵塞？报刊作为知识分子政见聚合的平台，在社会建构的学理面临独裁或民主的抉择中有无分裂的趋势？《近代中国报刊与社会重构的传媒镜像（1915—1937）》，旨在对这些问题进行探索。

一、本书主线、脉络

本书属于中国近代报刊史探索系列，部分思路源自笔者在复旦大学传播学博士后流动站研究期间的出站报告，绝大部分内容是笔者 2003 年以来研究成果的延续。中国近代史探索书稿第一、二卷分别于 2008 年、2010 年出版。此书集中于 1915 年至 1937 年，仍属广义上的近代报刊。其时报刊分为党报（国民党党报、共产党党报等）、民间报刊（介于国共两党政治影响之间）。据此，笔者认为，研究的视角也可有多个取向。诸如有了共产党、国民党的政治影响，报刊论政的派系或组织意识更加明显了，等等。本书主要内容分为：第一编，欧战语境下社会重建与报刊中新思潮；第二编，五四运动前后报纸副刊的改革与京沪新思潮中政治取向；第三编，新民主主义革命语境中报刊与知识精英言路渐次分野。

近代报刊的政治宣传的成功与否，涉及社会的结构、行动、话语等。从话语层面唤醒革命的分析，涉及概念史、舆论史。报刊是如何革命话语的方式呼应社会政治变革的？有学者论述弗雷德里克·詹姆逊所谓“从经转到维：从对文本的多维度和多层面的兴趣，转到了只是适当地可读（或可写）的叙事的多重交织状况；从解释的问题转到了编史问题；从谈论句子的努力转到（同样不可能的）谈论生产方式的努力”的思想转变时，称：“詹姆逊把聚焦从强调文本的多维度，如它的意识形态、精神分析、形式、神话——象征层面（这些需要复杂的、多种方式的阅读实践），转向强调如何把文本纳入历史序列，以及历史如何进入文本并促进文本的构成。”近代政治乃至社会变革就像层峦叠嶂的崇山峻岭连成的山脉，山与山或连绵或断裂，而整体上有走向。传媒无疑是载体，像山脉间的河水，其倒影无疑是社会变迁的传媒镜像。传媒呈现什么，以何种方式呈现则又有自己的规律。

社会与报刊的关联，若山水之间的关联。报刊呈现的文本与社会变迁的互动关系，也应当置于历史语境中作多维解读。所谓报纸包括报与刊两部分。近代报刊在1915年至1937年期间经历了两个高潮。其一是五四新文化运动期间，报与刊都得到了充分发展，且有报向刊转向的过程。报多归类于新闻纸，而引进新文化则需要一定思想深度的社会评论等。随着民主、科学为旗帜的新文化运动向纵深发展，报纸的期刊化、杂志化这一趋势，愈发明显。而随着政治形势的发展，特别是国民党政治力量日益膨胀，1926年广州的国民政府已有党国体系雏形。随着南京国民政府的成立以及全国形式上的统一，以国民党为执政党的党国体系1927年大体确立。与此同时，中华苏维埃政权有初步发展。缘于国民党内部有所谓民主或独裁的两种政治趋向及诸多利益诉求，一度爆发了1930年的以蒋冯阎李为首的中原大战。战后，蒋介石荡平“路障”，成了名副其实的元首，开启了所谓约法训政时代。此时中国，红色的苏维埃与国民党的党国系统对峙。两者之间有中间政治派系。而三种政治势力都纷纷筹办报纸或期刊，建立并经营自己的舆论阵地。此为第二次报向刊生长，即所谓报纸杂志化时期，所刊载的时政评论多注重学理深度。但大多数报刊既要面对国民党的党国话语的阐述，又要致力社会秩序的重构。

1915—1937年的中国社会虽有转型趋向，但性质没有根本变化，仍属近代。期间经历欧战及其世界地图的重绘。世界大战造成了欧洲的碎片化，整个社会秩序混乱，面临重构。在思想先锋李大钊看来，“这回大战，有两个结果：一个是政治的，一个是社会的”。什么是政治的结果？“政治的结果，是‘大……主义’失败，民主主义战胜。”即：“我们记得这回战争的起因，全在‘大……主义’的冲突。当时我们所听见的，有什么‘大日耳曼主义’‘大斯拉夫主义’，‘大……主义’。我们东方，也有‘大亚细亚主义’‘大日本主义’等等名词出现。我们中国也有‘大北方主义’、‘大西南主义’等名词出现。‘大北方主义’、‘大西南主义’的范围以内，又都有‘大……主义’等等名词出现。这样推演下去，人之欲大，谁不如我，于是两大的中间有了冲突，于是一大与众小的中间有了冲突，所以境内境外战争迭起，连年不休。”① 这显然是“大……主义”给世界造成的碎片化。就本质而言，“‘大……主义’就是专制的隐语，就是仗着自己的强力蹂躏他人欺压他人的主义。有了这种主义，人类社会就不安宁了。大家为抵抗这种强暴势力的横行，乃靠着互助的精神，提倡一种平等自由的道理。这等道理，表现在政治上，叫做民主主义，恰恰与‘大……主义’相反。欧洲的战争，是‘大……主义’与民主主义的战

① 《庶民的胜利》，《新青年》1918年11月15日第五卷第五号；又见《李大钊文集》（上），人民出版社1984年版，第594页。

争。”以世界为参照，“我们国内的战争，也是‘大……主义’与民主主义的战争。结果都是民主主义战胜，‘大……主义’失败”[①]。与“政治的结果”相比较，“社会的结果，是资本主义失败，劳工主义战胜”[②]。可见，这是从社会底层来考量的结果。欧战给世界带来的是碎片化的政治恶果，其时主义多是中国早期的马克思主义者作为学理去探讨世界的出路，而他们眼中社会重建侧重从社会底层出发。

欧战后的中国其国家与社会的关系面临着重构，历史任务艰巨，一个重要的任务就是社会重心的重建。就归属而言，媒介系统可属于国家，也可属于社会。就媒介而言，可作为国家的喉舌，也可作为社会公共空间的重要平台。近代报人常兼有学人身份，他们对政治往往有高度热情，文人或学人论政也属情理之中。

近代报刊不但报道资讯，也是文人或学人论政的舆论平台，报刊风格的变化往往呈现了近代知识分子的言说方式。以通中外、达新知为旨趣的近代报刊也塑造了近代知识分子的思维方式甚至改变他们在大众传媒下生活姿态。而中国近代报刊业务的探索，涉及近代报刊的方方面面。报刊作为近代言论自由的主体，追求新闻自由应是题中应有之义。另外，国民党所谓以党治国是 1927 年之后中国社会重要的政治现实。而作为党的喉舌党报党刊无疑要立足本党利益的政治宣传。由于社会—国家架构之中有政党政治存在，近代报刊言论多有政治宣传性质，涉及社会秩序的调整，也涉及社会框架的稳定。

1915 年到 1937 年为中国近代报刊史探讨重要历史时段，涉及民间报纸、党报。以 1937 年抗战爆发为历史断限，以 1931 年为分水岭，早期主要是内战，尔后则面临着外战。其时中国经历了北洋军阀时期、1924 年至 1927 年大革命时期。其后至抗战前夕，形式上是国民政府时期。就政治框架设置而言，近代中国政党制度有个兴起到完善的过程，在政治结构上逐步形成了党国体系。就政权的控制而言，所谓党国体系，涉及执政党、在野党等；就党与政治关系而言，涉及以党治党、以党治国等层面。实际上，早在袁世凯至段祺瑞执政时期，中国已出现数目繁多、名称五花八门的政党，且有各自的派系流变，诸如进步党到后来的研究系，安福俱乐部到后来的安福系，等等。他们都有自己的喉舌与舆论阵地。由于军阀利益纷争，1927 年国民党政权取得形式上的统一，但那只是表象，背后仍有区域意义上军阀纷争，而 1930 年中原大战可谓区域意义混战弥漫全国。而中国共产党领导下的根据地也是重要的政治力量。总体而言，混战语境下政治秩序松散，这与中国自由主义的兴起和发展有内在的勾连。从这种意义上看，近代报刊既面临着政党的渗透，也面临着中间政治势力胡适等倡导的自由主义的渗透。换而言之，媒介既有党化的趋势，也有自由主义之下的公共化的趋势。而媒介的党化与媒介的公共化、社会化显然有其矛盾。这一矛盾涉及国家与社会的关系离合。

本书涉及救亡图存语境下报刊文本分析与业界幕后分析。从报刊的内容表述的形式而言，包含文字与图片等，还包含文字与图片等的组合。近代报刊总体上以文字为主（画报除外），当然，随着时代发展，两者比重有所变化。报刊的内容涉及访员（后来或曰记者），访员及后来的记者属社会职业选择或社会身份，作为职业

① 《庶民的胜利》，《新青年》1918 年 11 月 15 日第五卷第五号；又见《李大钊文集》（上），人民出版社 1984 年版，第 594 页。

② 同上。

主体的人毕竟在思考，新闻报道及评论具有主观性是显然存在的。报刊的内容还涉及编辑。编辑往往作为信息或内容的把关者，也对资讯内容进行选择。总之，从媒介本身而言，报刊具有客观性的特点，而报刊编辑、作者、读者等毕竟涉及人的传播，人的思想则有主观的趋向，正如彭明所说的“报刊资料是重要的历史资料，但并非都是可靠的资料，因它总带有一定的宣传性质，由于各自的立场、角度、动机和时机的不同，报道混乱以致失真的情况是经常发生的”①。这一点近代报刊史研究者须重视。

二、研究思路、方法及重难点

（一）研究思路及方法

在研究思路上，本书将报刊视作载体的研究，而不仅仅关注报刊的内容。报刊作为载体，其本身存在经营与销售等。将报刊活动视作新闻传播是题中应有之义，所谓传播毕竟属于行动学科的研究范畴。传播不等于写新闻，不能仅仅拘泥新闻文本上的字词造句等。传播与技术相关，不成问题。传播涉及内容。这可从政治学、社会学等层面去研究近代中国面临帝国主义的语境。其中包括殖民者、被殖民者。从经济到信息殖民化等，存在着同化或教化、反抗关系。从历史学层面考察近代报刊办刊旨趣，我们更多地看到民族主义。这亦关联着殖民者与被殖民者政治身份的区分及认同。近代报刊政治语境涉及帝国统治。所谓帝国又包含本土与他者。就列强的先后次序而言，又有老帝国与新帝国之分。就东亚而言，政治统治秩序，既包含旧有的朝贡王朝体系，又有老帝国英国对中国的半殖民统治，还有日本作为新帝国对中国的入侵等。从中国大陆来看，则有所谓东学或西学，显然有他者的目光。由此来看，考察近代报刊不仅仅涉及报刊的语言、概念、文本、文体，还有问题及其意义。这又涉及文化研究的理论与路径。

在研究方法上，近代报刊史探索系列侧重历史学与媒介学的学科交叉。报纸毕竟是媒介，相当于河床，是信息的载体。而信息则属媒介内容。前文提及媒介是客观的，而媒介内容涉及的人则有主观的性质。从媒介学来看，信息与媒介的关系不仅仅存在着逻辑上主观、客观之辨，而且有着现实的关联。媒介既可作民主或专制的工具，也有市场的属性。20 世纪三四十年代的中国报刊又与资本主义市场盛衰密切关联。我们研究近代报刊侧重其政治属性的同时，也要适度关注其商业运作的倾向或企业化特征。这属于理念，也是研究的进路。

（二）重点难点

媒介呈现的是信息的时空关系，救亡图存语境下近代报刊涉及外在环境与内在网络。背后涉及的是社会的关系。内在网络包括人际脉络与社会资本，包括同学、同志、同人等业缘，也包括同乡、同省、同国等地缘。党报与同人办报、本土报刊与西方对华报刊的差别就在这里，背后所涉军政利益集团又关系报刊的业务兴衰。权力在其中扮演了重要角色。报刊的兴衰涉及报人、报刊与利益集团的社会、文化性格或特征。

换言之，报人、报刊与利益集团的社会、文化性格或特征的呈现密切相关。这些既是地理的又是历史的。中国的社会关系往往受同志、同事、同门、同学、同人等关系的制约。这五个“同”构。其中同人、同学、同志，属于同利、同功之类。中国社会关系既是历史的又是地理的。诸如同乡地缘关系往往在中国日常人际交往

---

① 彭明：《五四运动史》（修订本），人民出版社 1998 年版，第 4 页。

中扮演着重要角色。就地理空间而言，有局部、整体区分；就时间而言，有历史连续性或断裂性。正因为这几套关系的存在与暗中牵扯，近代中国往往做不成事情，或做得不甚理想。由此而言，中国办报经验可以是历史的，也涉及地域的。北京、上海等地报刊较为典型地呈现了这些。报刊与地域的关系十分复杂，有开化与同化这一矛盾纠葛。所谓开化就是与外界的普遍性接轨；所谓同化就是将源自外地的资讯呈现的生活样态或方式，纳入本地化之中。这两种趋向虽呈现对立但往往同在。问题是报刊的品牌与地域空间的关系如何？另，报人或报刊在地理空间亦有迁移的现象。这种迁移是主动的还是被动的，往往反映了报刊或报人是过客观光的心态，或是以本土居民的心态来刊载新闻或时评，特别是跨区域办报，等等。诸如此类的问题无疑关联着报刊与地域形象的媒介呈现与建构。要揭示这些显然有难度，但本书对《新青年》乃至抗战及解放战争中诸多报刊的历史轨迹的跟踪，意在展示这些。

三、本书稿问题探索的切入点

近代中国经由皇权专制走向君主立宪，再走向民主共和等政治范式的转变。近代报人或学者、传媒与国家、社会的角色认同的关系极其复杂。前文亦述及文人办报与政客办报其对现实的政治变革的认同往往有别。这会影响到报刊内容的选择。面对政党—国家这一新的政治关系在近代国家—社会架构中的嵌入，近代报刊是偏向国家或意识形态，还是偏向从底层进行社会秩序的重建？分析近代报刊发展的脉络和规律，意在加强对近代战争与中华民族心理创伤的关系探讨。此外，以往对陈独秀、胡适等报刊传播思想史研究重在经典文本、精英思想的内在发展逻辑及学术传承的理路，较少关注近代“问题与主义”论争中社会思潮的形成、自由主义与社会主义分歧下精英人物的时评价值取向。笔者将社会思潮史与报刊史结合起来，进行交叉研究，并试图在这方面进行有益的探索。

将救亡图存下中国现代报刊探索视作过程，进行分析，而不仅仅是作为历史事件来分析。本书意将近代国家、社会的话语乃至意识形态重构置于历史变局之中，意以新闻自身发展的职业精神与宣传策略之间对峙与融通这一矛盾发展变化为暗线，作为分析的切入点。

王天根

书　介

书名：《近代中国报刊与社会重构的传媒镜像（1915—1937）》

作者：王天根

出版社：合肥工业大学出版社 2016 年 11 月版

简介：《近代中国报刊与社会重构的传媒镜像（1915—1937）》属于中国近代报刊史探索系列丛书，部分思路源自作者在复旦大学传播学博士后流动站研究期间的出站报告，绝大部分是作者 2003 年以来研究成果的延续。报刊在发展过程中是与社会相关联的，而报刊呈现的文本与社会变迁的互动关系应当置于历史语境中作多维解读。近代报刊的政治宣传的成功与否，涉及社会的结构、行动、话语等，报刊怎样以话语的形式唤起社会变革，而社会变革又是如何影响报刊的是值得深思和探讨的。全书的主要内容分为三编，包括欧战时期的报刊与中国社会重心的重建，军阀混战时期的报刊与报人新闻救国之梦，抗战前夕报刊与学人论政等内容。其中，重点论述了中国共产党的党报为什么在国统区那么受欢迎，党报为什么也能办得好看，报刊的政治宣传的成功与否涉及社会结构、行动、话语等问题。

《新闻德性论：原则框架》序

离别珞珈山七年之后，金礼兄终于在博士论文的基础上完成了对新闻人的德性的思考，对于在学术旅途中跋涉的人来说，这无疑是卸下了一个思想包袱。的确，他一直背着这个思想包袱，踽踽独行，殚精竭虑，现在放下了，我也为之感到轻松。可是，刚刚轻松下来，他又执意请我作序，我转而焦虑起来：六月徂暑，难觅清凉，不免心浮气躁，如何找回冷静地谈论新闻人的德性的感觉？谁知他的一句话让我只能忍受焦虑：没有序的书相当于“裸奔”，难道老师想让我“裸奔”？

无奈之下，我不由自主地把焦虑转移给新闻界的几个老朋友。想到他们都是大忙人，没有时间精读，便通过微信先私聊一下，然后传上文本，请他们问问自己：你对这个话题感兴趣吗？在快速浏览中，你在什么地方停下来读了一下？有什么感觉？回应倒是在意料之中，除了一人懒洋洋地说“太深奥了，提不起兴趣”之外，其他人均表示了谨慎的兴趣。一方面觉得只有讲自律、讲新闻的职业精神和理想，新闻才不会死；另一方面又认为，不解决体制机制问题，光讲新闻道德框框是没有用的。目光停留之处主要在于“耙粪：社会正义作为新闻实践原则”“毋伤害与新闻侵权”，但觉得德性这个概念太形而上，一时对接不上。显然，学界与业界之间的“沟”在这里凸显出来，这本书所确立的基本问题“新闻伦理如何成为问题”并未引起记者的注意，记者们更急于知道“没有制度保障的新闻道德如何运作”。这些带着理想苦苦支撑的记者朋友看到了眼下的困境：在各种焦虑之下，新闻道德变成了一个“剪不断、理还乱的问题，新闻道德抉择往往简化为守约。这样一来，关于新闻道德共识的讨论失去了，道德主体成为木偶，道德能力被消解，职业共同体也就名存实亡。

从这个意义上讲，这本书提出的“新闻伦理如何成为问题”是根本性的问题，它是面向道德主体进行反思的问题：我可以自主地进行道德选择吗？我可以不受阻碍地将道德选择付诸实践吗？我如何获得属于新闻人的道德能力？它也是新闻职业共同体的自省：如何把新闻从职业提升为志业，使之成为为理想与责任所召唤而从事的职业？新闻道德规范如何获得伦理学意义上的正当性？只有不断讨论这些问题，才能找回属于新闻人的道德共识与道德主体，拥有新闻人的道德能力。对于把新闻传播作为志业而又深陷困惑的人们，应该可以从这里得到某种启发。

作者聚焦普遍性的新闻伦理规则，试图寻找判断新闻实践是非、正误、善恶的原则与依据，在应然层面对新闻实践建立具有确定性和普遍性的知识。其视野对接上伦理学的义务论传统，针对新闻伦理中的基本伦理规则，梳理规则之间的关系和结构，并力图以契约论的方式说明这些规则的根据，直接回应新闻实践中的伦理失范现象。通过梳理与辨析新闻史中的具体伦理规范，作者将新闻自由、追求真相、维护社会正义和毋伤害归纳为具有普遍性的新闻伦理规则。这样就明确了新闻人的基本义务，在为新闻实践划出底线的同时，也表明了实践的自由度。义务论传统的思维特性也为作者所吸收，即并不完全依赖结果为行为进行辩护，体现了一种对义务本身的尊重与对功利的超越，以及道德价值本身的崇高和正当。然而，这一特性也暴露了义务论传统的弱点，即忽略道德的历史性与情境性。

如果普遍性是可能的，那么进一步的问题就是：如何确认规范的具体内容和形式？如何理解各民族文化传统中的伦理思想在普遍性中的作用与地位？如何看待和处理在运用同一准则时，源自文化差异、理解差异和具体运用所引发的分歧乃至冲突？为此，作者把我们带入德性伦理学的视野：

溯源而上，亚里士多德的德性论展现在我们面前：人有规定自身本质的功能，让这些功能得到良好发挥的品质就是德性，只有明确了人的本质功能，才能探寻德性（1098a13－18）。以德性伦理的视域来探讨新闻伦理，就会把目光投向这样的问题：新闻实践应具有怎样的社会功能？什么是好的新闻实践？新闻实践的内在目的是什么？然后，顺着这些问题进入历史情境探讨“合乎道德”的规定性，在不同的历史、情境和文化中，人们会自然地对“新闻实践应具有的功能”产生不同的“重叠共识”，比如新闻实践的民主参与功能、信息传播功能、联系社会功能、文化传承功能等，进而提出不同的行为规范，赋予规范不同的重要性和结构，自然地显现出情境性和历史性。

可惜的是，作者过于迷恋新闻道德的确定性与普遍性，有点偏离德性伦理的思想理路，由此看来，把相互扞格的义务论与德性论结合在一起并非易事。如果作者能进一步觉察普遍性和情境性的辩证关系，在价值引导的抽象层面注重普遍性，在规范行为的具体层面观照特殊性和灵活性，把握道德思维的结构、层次与普遍性的关系，或许能更好地超越义务论传统的局限。

德性伦理事关道德动力的养成。在权力和资本的力量冲击新闻理想的时代，德性伦理关注品质，关注道德情感，能兼顾外在的行动和内在的动力，应在新闻伦理实践中发挥更多的作用，值得理论界给予更多的关注。具体而言，正义感召唤媒体关注社会公平，关注歧视和不平等，拒绝和揭露贿赂；同情心召唤媒体关注弱者，帮无声者发声，给无力者力量；勇气让媒体敢于面对挑战与危险；愤慨使人鸣不平。德性伦理努力将知行结合，促成德性的养成，培育道德情感，塑造相应的文化，使人们相互感染，形成稳定和持续的动机，让德性成为人的“第二天性”。

德性伦理着力实践智慧。在《尼各马可伦理学》中，亚里士多德强调有德性之人应善于把握“适当”，分辨什么是适当的时间、适当的场合、适当的人、适当的原因，会用适当的方式感受各种感情，应在具体的环境中拥有分寸感和选取中道的智慧（1106b19—21）应用伦理学不只是对道德规则的应用，更是对实践智慧的应用。它要求在经验中学习处理不确定性和进行反思，学会为具体实践建立原则，为原则寻找适用范围。我们如果不培养实践智慧，行动者就如同只学习了驾驶原则而从未开过车的驾驶员和试图在岸上学会游泳的孩子。围绕实践智慧来践行原则，《孟子·离娄上》曾有精彩的辨析：“男女授受不亲，礼也；嫂溺授之以手者，权也。”这种处理好灵活性与原则性的方法，可以形成理论和实践的有机关联，或许能更好地推进对应用问题的探索与解析。

德性伦理能把我们带入以问题为中心而非以学科为界限的研究视角，让多种智慧与实践结合。就新闻实践而言，德性伦理要关注什么是好新闻，什么是新闻的理想功能。何为“好”、何为“理想”，需要基于社会的整体观察，要综合各门学科的看法。与仅关注底线相比，关注理想的德性伦理会拓展视域，将更多的理论资源纳入思考，促成与实践的深度衔接。

自媒体的发展似乎使人人都能进行新闻生产，网络的发达逐步放大了媒介的影响，新闻伦理也因此和更多人相关。当这种相关变得意义深远且范围广泛时，新闻伦理或许会摆脱职业伦理的定位，被逐步并入社会公德。那么，作为社会公德的新闻伦理如何可能？这也许是当下必须面对的一个核心问题。

这样看来，新闻人的德性这个思想包袱还是放不下来。就当下的情势来看，这个思想包袱好似西西弗斯推着的石头，让人感到思想劳动的无效无望。但我和金礼兄还是相信西西弗斯的感觉，能与无效无望的命运抗争的心灵是充实的、幸福的。

是为序。

单　波

书　介

书名：《新闻德性论：原则框架》
作者： 王金礼
出版社： 北京大学出版社 2016 年 12 月版
简介：《新闻德性论：原则框架》主要针对新闻道德主体引发的新闻伦理问题进行了相对深度的探讨。自媒体发展下人人都可以进行新闻生产，那么新闻伦理使用和遵循的范围也就越广。本书主要聚焦新闻伦理的规则，试图寻找判断新闻实践的是非、正误、善恶的原则与依据。在理论层面建立了新闻实践过程中应该遵循的新闻伦理的知识和准则，其研究从伦理学的视角切入，运用其传统和学理知识，梳理规则之间的关系和结构，并且通过契约论来回应现实中的新闻伦理失范的现象。该书将追求新闻自由、新闻真相以及新闻应该发挥的监督作用等作为普遍的新闻准则，明确了新闻的权力和义务。

《全球化媒介社会背景下的新闻生产研究》序

青年学者李蓉博士的新著《全球化媒介社会背景下的新闻生产研究》付梓之际，我想到800多年前预告新世纪到来的第一位诗人但丁，他那时意识到了“世界”的存在，他说：我的国家是世界。这种认识成了现代世界被发现的时代标志。“世界”取得真正现代的意义，开始于18世纪，它的标志是法国的《百科全书》和瑞典学者林耐的动植物种属分类法。到了

19 世纪，“世界”在广度和深度上得到了巨大发展。这个时代的特点是人类社会结束了相互隔绝的状态，开始意识到一切民族无不以某种方式同其他所有民族相联系。马克思和恩格斯就此写道：“各个相互影响的活动范围在这个发展进程中越是扩大，各民族的原始闭关自守状态由于日益完善的生产方式、交往以及因交往而自然形成的不同民族之间的分工消灭得越是彻底，历史也就越是成为世界历史。”

在今天，尽管世界范围内以新闻传播连接的政治、经济与文化的交流还存在这样那样的鸿沟与壁垒，但爆炸式扩张发展的各种媒介，特别是互联网上的社交媒体，已经将世界编织成一个息息相通的网络整体。它不仅是虚拟的，也是现实的。当代新传播技术催生了“无人机”新闻、众包新闻、付费墙新闻等新闻传播和产制的全新形式，广泛地影响着全球新闻传播的路径和版图，新闻价值和叙事范式的转型也在引发业界和学界的思考。如李蓉在她的书中所说：“席卷世界的新媒体革命，已经成为全球化的一个结构性因素。新媒体以其无孔不入的技术优势，全面植入全球政治、经济、文化的交流与冲突之中。新媒体在成为全球化的助力器的同时，也日益重塑着全球社会形态。”在这样的境遇中，新闻的产制也因媒介变革而发生了前所未有的颠覆性改变。

2012—2015 年玛丽·梅克尔（Mary Meeker）的互联网发展趋势报告，主题一直是互联网对社会的“重塑”（Re-Imaging）当我们真正拥有了如千里眼、顺风耳一样的现代网络通信技术，当我们每一个人依托移动终端而成为随时随地的信息生产者或者消费者之时，是否意味着我们将更加了解身处的世界？在思考新媒体的发展趋势时，我们会觉察到一些悖论，这也是新媒体时代必须面对的新问题：

其一是精准信息推送与信息窄化。新媒体基于用户兴趣而提供精准信息推送，长此以往将造成用户信息无形中的“窄化”，即只接收自己选择的信息和愉悦自我的信息。网络传播带来的在更大空间中的个体相遇以及随之而来的个人信息窄化，使得形成信任或达成共识的基础变得薄弱了。

其二是精准定位与用户的信息安全。精准定位所依托的对用户信息的收集，需要以精细的个人信息存储为前提，那么，用户的信息安全将成为新的社会问题。

其三是传播的“去专业化”与治理的专业化。新媒体时代人人都是传播者，信息的传播正在“去专业化”，然而不规范的信息传播造成传闻充斥。净化网络空间，需要运营商、制造商和专业传播工作者合作，但实现协同合作就必须解决诸如利益的再分配、技术的突破等难题。

其四是表达渠道的扩展和技术的发展与对人的深度控制。互联网赋予了每个人更多的自我表达和社会参与的权利，人人都可以借助互联网发言。但新的问题出现了：虽然每个人都可以自由地发出信息，但发出的声音绝大部分没有接受者。

其五是技术的发展并不一定带来人的权利的真正延伸。现代传播技术对人的控制，本质上远远大于传统时代。

总之，新媒体给人们的生活带来了越来越多的方便，但在享受技术红利时也要防止人的异化。人创造了新的传播技术，但不该被自己创造的东西所控制，要防止为物所役。渠道的多元与内容的短缺、信息相对过剩与优质资源的稀缺，是凸显出的新问题。新媒体造就的趋向无限快节奏的生活方式，也可能会给人们的精神世界带来新的困扰。这些矛盾和问题，需要我们深入探究和妥善处理。

在网络化世界的现实中，或者如李蓉所言的全球网络社会中，这些问题是中国的，也是世界的。因此，我们就要有充分的自觉意识和强烈的好奇心，去探究与我们所走的路径不大相同的西方新闻世界——他们有哪些最新的收获与困惑？又有哪些应对与反思？关于这些问题，李蓉颇为认真地展开了探索，因而她的书值得一读。

新媒体技术的快速发展，打破了既有的传播秩序与格局，以往的传播学理论已明显不适用于研究新的传播现象。近期新闻传播学界展开了诸多关于学科发展与重建的探讨。我认为从修补角度谈传播学的发展，恐怕是没有出路的。传播学的架构仅是工业革命和大众传播的产物，随着互联网对观念的重构、对消息传递的重构、对内容生产的重构、对人们日常生活消费的重构，以及新一代人对互联网用途的重构，“媒体”可能是任何一种想象不到的形态，原有的传播学理论已经无法说明新的传播现象。传播学只有与其他相邻学科结盟、开展跨学科研究，才能解释各种互联网传播现象。

传播学若要实现自身的发展与重建，走出目前危机状态的方向有两个：

一是传播学中应引入更多的方法研究，才可能处理互联网传播的各种数据。例如各种大数据新闻的得出，需要运用一定的计算模型来处理、鉴别大数据，为此，传播学研究者也必须拥有高等数学知识。对网络数据的统计，目前还没有有效的从样本推论整体的可靠研究方法，而创新互联网条件下的科学方法论，需要传播学与统计学的结盟才有可能。数据方法研究，在李蓉这本著作中有所呈现。她吸纳了西方学者的一些既有相关成果，用以支撑自己的描述或推论。

二是更多地运用社会学、心理学、社会心理学和其他相关学科的理论来说明各种新传播现象，通过更多的对互联网传播形态的研究，形成新的适应新传播环境的理论假设。而在这种情形下，传播学不大可能再作为独立的学科创新理论假设，而需要与相邻学科合作，甚至融合，才可能取得较为公认的理论研究成果。也就是说，只有通过跨学科研究，才能建构起适应各种互联网传播形态的理论假设和模式。

从跨学科融合的角度看，李蓉的这本著作做出了具有一定深度的尝试。她的新闻生产研究是以媒介传播如何参与社会重构为基点展开的。“移动共生与人际关系的拆聚”“新媒介与人际传播”“移动媒介与移民身份认同”“新媒体与社会内聚力”等诸多前沿思考，以及新媒介新闻生产所带来的人种学问题、性别问题、代际问题、大众心理时题等案例的分析，是在传播社会学、传播心理学的视野中展开。

这本书研究的是新传播技术引发的全球新闻生产的转型、嬗变，这是一个颇具前沿性的学术领域。我一向主张新闻学、传播学的研究要具有“放眼世界”的自觉意识和开阔视界，我一直试图描绘一幅完整的世界新闻传播地图，李蓉的这部新著相当于就此目标做了一篇绪章。而如何应对互联网发展带来的机遇与挑战，需要在以下三方面多加思考：公众需要的新闻价值和其他信息价值的回归、叙事范式的创新、传播技术的探索性变革。有一句电影台词很有寓意：“你建好了，他就会来。”我们需要投身建设，不断尝试，最终会感动上帝的。如毛泽东在《愚公移山》里说的，这个上帝就是人民。而人民是永远需要新闻的。

陈力丹

书　介

书名：《全球化媒介社会背景下的新闻生产研究》

作者：李蓉

出版社：浙江工商大学出版社 2016 年 12 月版

简介：席卷世界的新媒体革命，已经成为全球化的一个结构性因素，新媒体技术的快速发展，打破了原有的传播架构。以往的传播学理论也已经不适应当今快速发展的时代。互联网的发展渗透到我们生活的方方面面，包括对观念的重构、对消息传递的重构、对内容生产的重构、对人们日常生活消费的重构，以及新一代人对互联网用途的重构。

该书从传播方法和传播理论两个层面对于传播学的研究进行了进一步的深化，具体来说：在传播方法方面，作者引入了西方学者的一些既有的数据方法，用以支撑自己的描述或推论；在传播理论方面，作者通过社会学、心理学等多学科交叉互动，探讨新闻生产是以媒介传播而参与的社会重构这一论点展开阐述，包括"移动共生与人际关系的拆聚""新媒介与人际传播""移动媒介与移民身份认同""新媒体与社会内聚力"等问题。可以说，《全球化媒介社会背景下的新闻生产研究》以全球化媒介社会为背景，在媒介与人、媒介与社会的互动关系视野中，深入研究了融媒体新闻生产与传播的最新状态与发展趋势，为转型期新闻产业发展、传播理论研究提供了富有前瞻性的学理思考。

·书目辑览·

2016年中国新闻传播学书目

新闻传播理论

媒体人之于转型时代的别样观察　谭俞雄 著，中国传媒大学出版社，2016年1月

镜像中的中国国家形象　刘琛、张玉宁、陈俊侠、周杜娟 著，中国人民大学出版社，2016年1月

环境传播：议题、风险与行动　戴佳、曾繁旭 著，清华大学出版社，2016年1月

新闻传播理论探索与实践研究　刘宝珍 著，华中科技大学出版社，2016年1月

大众传媒回应与引领当代社会思潮研究　宫京成 著，人民日报出版社，2016年1月

传播的力量　戴剑平 著，世界图书出版公司，2016年1月

在线社交网络信息传播实证分析与模型研究　吴联仁 著，南开大学出版社，2016年1月

"媒"田守望者：当代中国大众传媒社会责任研究　杨晓强 著，新华出版社，2016年1月

在线社会网络中舆情话题传播机制研究　丁学君 著，东北财经大学出版社，2016年1月

传统与现代的激荡：报刊中的"歌谣运动"研究　张弢 著，社会科学文献出版社，2016年3月

国际新闻媒介　万晓红、张楠 主编，清华大学出版社，2016年3月

发展传播理论与方法　郭琴 著，世界图书出版公司，2016年3月

转型期网络舆论生态：动因、机制与模型　刘朝霞 著，中国社会科学出版社，2016年3月

新闻框架论：传播主体的架构与被架构　肖伟 著，中国人民大学出版社，2016

年3月

传播学十二讲 成振珂 著，新世界出版社，2016年3月

人即媒体：2050传媒大预测 杜积西、严小芳 编著，北京师范大学出版社，2016年4月

土风巴韵：土家族传播研究 庹继光、李缨 著，复旦大学出版社，2016年4月

马克思主义新闻观读本 童兵 主编，复旦大学出版社，2016年4月

泛传播时代的媒介想象 杨华 著，中国社会科学出版社，2016年4月

传播视野下的集体记忆建构 张庆园 著，中国社会科学出版社，2016年4月

传播学原来这么有趣：颠覆传统教学的18堂传播学课 王建强 著，化学工业出版社，2016年5月

媒介素养与传媒批评 程丽蓉、蒋忠波 主编，科学出版社，2016年5月

大众非言语传播的功能研究 王亿本 著，中国社会科学出版社，2016年5月

社会转型下的中国"媒介审判"现象研究 付松聚 著，中国社会科学出版社，2016年5月

现代中国新闻观念的兴起 涂凌波 著，中国传媒大学出版社，2016年5月

媒介素养教育研究 胡婷婷 著，电子工业出版社，2016年5月

实体信息传播：改变我们关于信息和传播的观念 赵建国 著，北京师范大学出版社，2016年5月

传播边界的消失——互联网开启文明再造时代 高钢 著，中央广播电视大学出版社，2016年5月

精神交往论：马克思恩格斯的传播观（修订版） 陈力丹 著，中国人民大学出版社，2016年5月

品牌传播学 余明阳、朱纪达、肖俊崧 著，上海交通大学出版社，2016年6月

西方人际传播学说研究 刘蒙之、楚天天、孙婷婷 著，陕西人民出版社，2016年6月

新形势下媒体国际传播与话语权竞争 冷凇 著，中国社会科学出版社，2016年6月

新闻学实用教程 黄东英 主编，复旦大学出版社，2016年6月

新闻美学散步 宋汉炎 著，中国和平出版社，2016年6月

中国突发事件传播模式研究 腾朋 著，中国社会科学出版社，2016年6月

国际媒体及其涉华报道研究 吴军 主编，对外经济贸易大学出版社，2016年6月

国际传播学教程 程曼丽 著，北京大学出版社，2016年7月

新闻并非易碎品 李家杰 著，中央编译出版社，2016年7月

北欧媒介研究 王宇 著，社会科学文献出版社，2016年7月

解析中国新闻传播学2016 陈力丹 著，中国人民大学出版社，2016年7月

当代媒介文化民粹化倾向研究 陈伟球 著，中国书籍出版社，2016年7月

新闻学 徐宝璜 著，中国传媒大学出版社，2016年7月

陈力丹带你读新闻传播学经典 陈力丹 主编，中国人民大学出版社，2016年8月

社交网络信息传播 张熙 编著，电子工业出版社，2016年8月

传播学定性研究方法（第二版） 李琨 著，北京大学出版社，2016年8月

媒介与人生 陈亚旭 主编，武汉大学出版社，2016年8月

媒介文化传播 陈默 著，中国传媒大学出版社，2016年8月

传播的焦虑 夏德元 著，上海科学技术文献出版社，2016年9月

媒介化生存与大学生成长 覃川、戚天雷 著，中国传媒大学出版社，2016年9月

跨文化视野里我国环境新闻发展中的问题与超越 王积龙 著，上海交通大学出版社，2016年9月

新闻话语功能分析 翁玉莲 著，中国社会科学出版社，2016年9月

传播学导读 刘俭云 著，中国社会科学出版社，2016年9月

新闻理论经典著作选读 胡钰 著，清华大学出版社，2016年9月

中国政治传播研究：基础与拓展（第1辑） 荆学民 主编，中国传媒大学出版社，2016年10月

互联网时代网络舆论发生机制研究 余红 著，华中科技大学出版社，2016年10月

媒介丁村：民族文化的数字景观 阮艳萍、王雯 著，科学出版社，2016年10月

新闻正义论 何芳明 著，新华出版社，2016年10月

广播新闻学 申启武 著，暨南大学出版社，2016年10月

风险视域下的公共危机事件报道研究 王宁 著，中国传媒大学出版社，2016年11月

中国声音的国际传播力研究 吴瑛 著，上海交通大学出版社，2016年11月

网络谣言研究 严富昌 著，中国书籍出版社，2016年11月

新闻传播理论 赵淑萍 著，中国传媒大学出版社，2016年11月

环境传播：媒介、公众与社会 高芳芳 著，浙江大学出版社，2016年11月

小团体传播 熊慧 著，厦门大学出版社，2016年11月

符号创造价值：媒介空间与文化资源的资本转换 李义杰 著，浙江大学出版社，2016年11月

学术博客用户行为：理论模型与实践研究 甘春梅 著，科学出版社，2016年12月

中文人文社会科学学术期刊评价体系研究 赵均 著，中国传媒大学出版社，2016年12月

新媒体与舆论：十二个关键问题 张志安等 著，中国传媒大学出版社，2016年12月

语用学视角下的新闻转述研究（语用学学人文库） 景晓平 著，暨南大学出版社，2016年12月

新媒体时代马克思主义大众化传播研究 隋秀英 著，辽宁师范大学出版社，2016年12月

印度新闻自由与法治研究 王生智 著，学习出版社，2016年12月

新闻传播业务

融合与对话：传媒与文学评析 蔡靖芳 著，人民日报出版社，2016年1月

新闻演讲录 孙德宏 著，海豚出版社，2016年1月

中国报纸新闻文体嬗变（1978—2008） 刘勇著，中国人民大学出版社，2016年1月

新闻评论进行时：实践、互动、鲜活的写作理念 靖鸣、潘智琦 著，社会科学文献出版社，2016年2月

理念、策略与探索：外语出版实务研究 庄智象 著，复旦大学出版社，2016年3月

多重视角下的新闻传播 诸葛蔚东、张增一 编，科学出版社，2016年3月

上海高校出版方略 上海市出版协会 编，复旦大学出版社，2016年3月

出版文化理性再研究 郝振省 著，中国书籍出版社，2016年3月

上海近现代出版文化变迁个案研究 陈丽菲 著，上海辞书出版社，2016年3月

现代校对实训教程 尤建忠 编著，浙江工商大学出版社，2016年3月

媒变：中国报纸全媒体新闻生产“零距离”观察 窦丰昌 著，中山大学出版社，2016年5月

英汉新闻转述话语比较研究 赖彦 著，中国社会科学出版社，2016年4月

人民日报记者说：典型人物采访与写作 费伟伟 主编，人民日报出版社，2016年4月

方正飞翔数字出版实战指南 王旭等 主编，文化发展出版社，2016年4月

总编视角 李向玉 著，社会科学文献出版社，2016年4月

悠然读书，洒脱为文：一位80后主编的工作札记 续小强 著，中国书籍出版社，2016年4月

媒介社会学视野下的人物报道转型研究 盛芳 著，中国社会科学出版社，2016年4月

播音主持艺术 鲁景超 主编，中国传媒大学出版社，2016年5月

电力新闻摄影实战攻略 梁山 著，中国电力出版社，2016年5月

“互联网”时代出版业发展路径研究 程忠良 著，中国科学技术大学出版社，2016年5月

新闻照片标题档：一位图片编辑的编稿手记 张蔚飞 著，中西书局，2016年5月

反弹琵琶写新闻——新闻写作创新的一种逆向思维视角 陈朝晖 著，清华大学出版社，2016年5月

播音主持快速入门十八招儿（第2版） 赵秀环 编著，中国传媒大学出版社，2016年6月

传统主流媒体舆论引导效能与创新研究 马利等 著，中国社会科学出版社，2016年7月

深一度：新闻采访与写作 陈秉科 编著，中国广播影视出版社，2016年7月

新媒体内容生产与编辑 杨嫚 主编，西南师范大学出版社，2016年7月

从文学到出版——基于文化与商业的双重视角 秦艳华、路英勇 著，中国传媒大学出版社，2016年8月

视听内容的产业链开发 曹畅 编著，中国传媒大学出版社，2016年8月

大众传媒对城乡统筹发展的作用研究 廖宇翃 著，中国传媒大学出版社，2016年8月

节目主持人概论 赵佳音 著，哈尔滨工程大学出版社，2016年8月

融合趋势下的媒体发展策略研究 梁玉峰 著，光明日报出版社，2016年8月

图书编校易出错误例析 王忠诚 著，东北林业大学出版社，2016年8月

互联网信息编辑实务 水淼 主编，安徽科学技术出版社，2016年8月

新媒体时代新闻传播业的变革 左晶 著，知识产权出版社，2016年8月

网络编辑 王欣 主编，机械工业出版社，2016年8月

新媒体背景下的汉语新闻英译研究——以《中国日报》手机报为例 李中强 著，厦门大学出版社，2016年8月

新闻写作实训教程 张勋宗 主编，西南交通大学出版社，2016年8月

数据新闻入门教程 陈积银、曹树林 主编，西安交通大学出版社，2016年8月

欧美传媒政策的范式转型：以媒介融合为语境 陈映 著，中国社会科学出版社，2016年8月

播音与主持实训教程 高虹 主编，清华大学出版社，2016年9月

播音员主持人最易读错的100个词语 姚喜双、邹煜 主编，商务印书馆，2016年9月

伴着新闻话天下：茸城微录集 何锋 著，上海文艺出版社，2016年9月

童书大时代 海飞 著，安徽少年儿童出版社，2016年9月

新闻评论三十八策　张登贵 著，复旦大学出版社，2016年9月

新闻评论教程　王兴华、孙劲松、王从波 编著，北京师范大学出版社，2016年9月

新闻编辑实验教程　柴玥 编著，电子工业出版社，2016年9月

新闻报道叙事原理研究　欧阳明 著，华中科技大学出版社，2016年9月

现代校对实用手册　杜维东、杜悦、冯凌 编著，金城出版社，2016年9月

口语传播范例与作品分析　庚钟银 主编，高等教育出版社，2016年9月

科学出版社作者编辑手册　汪继祥 主编，科学出版社，2016年9月

图书编辑校对实用手册　黎洪波 主编，广西师范大学出版社，2016年9月

2014年度报道与年度记者　廖金生 主编，暨南大学出版社，2016年9月

媒介融合时代的传媒集团企业文化建设——以宁波日报报业集团为样本的研究　何伟 著，浙江大学出版社，2016年9月

播音主持创作基础理论与实训教程　施玲 著，浙江大学出版社，2016年10月

国际新闻编译　尚京华、李新宇 编著，中国传媒大学出版社，2016年10月

跨屏时代的受众测量与大数据应用　刘燕南 主编，中国传媒大学出版社，2016年10月

播音主持基本功训练掌中宝——语音·发声　吴洁茹、王璐 编，中国传媒大学出版社，2016年10月

大洋非线性编辑实用教程·高级篇　刘杰锋等 著，中国传媒大学出版社，2016年10月

好好说话：新闻主播的陈述式播音　崔志刚、贺红梅 著，山西教育出版社，2016年10月

英语语音与播音教程　吴敏苏、洪丽、唐惠润、丁硕瑞 编著，中国传媒大学出版社，2016年10月

数字电视网络制播技术　杨盈昀、王彩虹 编著，中国传媒大学出版社，2016年10月

全媒体制播技术　段永良、宋燕燕、周洪萍、董丽花 编著，中国广播影视出版社，2016年11月

综艺主持实训教程　邹加倪、刘畅 编著，中国广播影视出版社，2016年11月

一本书学会社会新闻写作　吴惠凡 著，人民日报出版社，2016年11月

书林守望 撞进编辑这扇门　郝铭鉴 著，首都师范大学出版社，2016年11月

数字出版个案研究　张大伟、于成 著，高等教育出版社，2016年11月

消费时代的电视真人秀研究：基于表演学视角　李绍元 著，中国书籍出版社，2016年11月

夜耕录——一位编辑的自选论评集　王昶 著，广西师范大学出版社，2016年11月

融合新闻写作　李兰 编，浙江大学出版社，2016年11月

视听语言教程：影视·元素·艺术感　李玲 著，中国传媒大学出版社，2016年12月

得失寓于细微中——编审的感悟　周少英 著，福建教育出版社，2016年12月

媒介融合时代的编辑与出版　刘运峰、李广欣 编，南开大学出版社，2016年12月

播音主持艺术语言表达　马欣、白龙 编著，科学出版社，2016年12月

新闻传播史

世界新闻传播史（第三版）　陈力丹 著，上海交通大学出版社，2016年1月

被编辑的文学——编辑对上海沦陷时期文学的影响　石晶晶 著，浙江大学出版社，2016年1月

革命与媒介——辛亥首义的报刊动员及报道 丁苗苗 著，上海三联书店，2016年2月

外国电影史 刘立滨 著，中国电影出版社，2016年3月

《东方杂志》广告研究 罗奕 著，厦门大学出版社，2016年3月

中国早期电影管理史（1896—1927） 王瑞光 著，中国文联出版社，2016年4月

《新青年》广告研究 汪耀华 著，上海书店出版社，2016年4月

清末上海中文报纸中的日本广告研究 谢薇 著，上海三联书店，2016年4月

抗战时期《广西日报》（桂林）广告研究（1937—1945） 陈洪波 著，厦门大学出版社，2016年5月

外国新闻传播史 张昆 主编，高等教育出版社，2016年6月

中国报学史 戈公振 著，中国传媒大学出版社，2016年8月

伊朗大众传媒研究：社会变迁与政治沿革 任孟山、张建中 著，中国传媒大学出版社，2016年8月

中国出版业现代化研究：1800—1949 邓咏秋 著，国家图书馆出版社，2016年8月

报刊舆论与中国近代化进程 刘兴豪 著，光明日报出版社，2016年8月

中外广播电视史 郭镇之 著，复旦大学出版社，2016年8月

翻译出版与学术传播——商务印书馆地理学译著出版史 肖超 著，商务印书馆，2016年9月

大时代里的小杂志：《读书》杂志研究 庞海音 著，中央编译出版社，2016年9月

一个人的出版史（2003—2015） 俞晓群 著，上海三联书店，2016年9月

新闻史论 杨青山、郑思礼 编著，科学出版社，2016年10月

丁酉记事 商务印书馆（南京）有限责任公司 编，商务印书馆，2016年10月

中国电影通史 丁亚平 主编，中国电影出版社，2016年10月

电影史双语读本 游飞 主编，北京大学出版社，2016年10月

雾中风景：中国电影文化（1978—1998） 戴锦华 著，北京大学出版社，2016年11月

中国电影美术教育五十年 敖日力格 主编，中国电影出版社，2016年11月

新修地方志早期广播史料汇编（上、下） 赵玉明、艾红红、刘书峰 主编，中国广播影视出版社，2016年11月

语言革命的社会指向——对中国近代史的一种传播学考察 黄华 著，广西师范大学出版社，2016年11月

峨眉影魂：四川电影人口述历史 张锦 编，中国电影出版社，2016年12月

厦门老报刊广告 洪卜仁 著，厦门大学出版社，2016年12月

《满洲日日新闻》研究 谷胜军 著，厦门大学出版社，2016年12月

中国新闻传播学教育研究的知识图谱：2000—2014 陆丹 著，武汉大学出版社，2016年12月

大学精神与大学出版：民国中央大学“学人办刊”研究 赵丽华 著，中国传媒大学出版社，2016年12月

媒介经营与管理

版权经济论：泛版权经济的文化创新与文化金融市场体系建构 皇甫晓涛 著，光明日报出版社，2016年1月

我国区域性报业集团数字报业发展研究——以宁波日报报业集团为中心的考察 闻学峰 著，浙江大学出版社，2016年1月

数字传媒时代欧美版权体系重构 赵

为学、尤杰、郑涵 主编，上海交通大学出版社，2016年1月

出版企业动态能力研究 杨玲 著，中国人民大学出版社，2016年1月

梦想与现实——经营出版经验谈 陈忠坤 著，团结出版社，2016年2月

大众传媒视域下中俄两国健康类科普期刊研究 王丽 著，中国社会科学出版社，2016年4月

党报主体角色建构——基于多媒体条件的报纸战略思维 刘明洋、徐苒 编著，山东大学出版社，2016年4月

转型与抉择——十字路口的传媒业 张辉锋 著，人民日报出版社，2016年5月

网络传播价值体系研究 邓晓旭 著，中国社会科学出版社，2016年5月

媒变：中国报纸全媒体新闻生产"零距离"观察 窦丰昌 著，中山大学出版社，2016年5月

数字出版企业版权战略管理 王志刚 著，社会科学文献出版社，2016年5月

中国出版企业资本运营研究 代杨 著，中国社会科学出版社，2016年5月

媒介融合时代的传媒集团企业文化建设：以宁波日报报业集团为样本的研究 何伟、朱春阳 主编，浙江大学出版社，2016年6月

社会化媒体商业模式创新研究 窦毓磊 著，中国传媒大学出版社，2016年9月

媒介问题内容产制研究——一种批判的视角 商建辉 著，中国传媒大学出版社，2016年9月

数字营销传播经典案例教程 程明、钱广贵 编著，中国建筑工业出版社，2016年9月

在中国办社区报——《珠江时报》系列社区报"媒体型服务业"的探索 李国臣、戴满香 著，广东南方日报出版社，2016年9月

我国出版集团竞争力综合评价体系研究 刘畅 著，浙江大学出版社，2016年10月

传媒发展的范式革命：传统报业的困境与进路——基于2015—2016中国报业景气状况调查与研究 喻国明、丁汉青 主编，人民日报出版社，2016年10月

私营出版业社会主义改造研究 张春燕 著，中国社会科学出版社，2016年10月

我国数字出版产业政策优化发展研究 崔洪铭 著，世界图书出版公司，2016年10月

互联网+时代的传播变革 李本乾 主编，上海交通大学出版社，2016年10月

数字内容安全技术 隋爱娜、曹刚、王永滨 编著，中国传媒大学出版社，2016年10月

有用才王道：媒介融合时代的媒体生存法则 陈接峰 著，科学出版社，2016年11月

思考出版：文化的力量——广西师范大学出版社经营实务 广西师范大学出版社 著，广西师范大学出版社，2016年11月

媒介融合趋势下的出版变迁与转型 汪曙华 著，中国传媒大学出版社，2016年12月

论出版的文化自觉 张雨晗 著，中国传媒大学出版社，2016年12月

自出版管理问题研究 宋嘉庚 著，中国传媒大学出版社，2016年12月

中国数字出版内容国际传播研究 赵树旺 著，中国传媒大学出版社，2016年12月

中国出版产业政策研究：社会转型与价值观建构 刘大年 编，中国传媒大学出版社，2016年12月

出版传媒上市公司投融资研究 李瑞 著，中国传媒大学出版社，2016年12月

中国数字出版产业政策研究 侯欣洁 著，中国传媒大学出版社，2016年12月

当前出版企业转型问题研究 陆颖 著，中国传媒大学出版社，2016年12月

南方传媒研究62：南方·淬火 南方报业传媒集团、南方传媒学院 编，广东南方日报出版社，2016年12月

新媒体

互联网的社会意义：以网络参与和网络游戏为例 黄少华 著，浙江大学出版社，2016年1月

新媒体时代抗议性谣言传播及其善治策略研究 雷霞 著，中国社会科学出版社，2016年1月

变革时代的数字出版 张新新 著，知识产权出版社，2016年1月

互联网时代的阅读产业 蒋多 著，知识产权出版社，2016年1月

新媒体革命：为什么传统媒体屡战不胜 孙坚华 著，电子工业出版社，2016年1月

网络舆情概论 周蔚华、徐发波 著，中国人民大学出版社，2016年1月

数字出版教程 匡文波 著，中国人民大学出版社，2016年1月

中国网络媒体20年（1994—2014） 闵大洪 著，电子工业出版社，2016年1月

舆情大数据指数 刘志明 著，社会科学文献出版社，2016年1月

新媒体：融合与发展 黄楚新 著，人民日报出版社，2016年1月

新媒体时代的版权与技术 龙井瑢 著，陕西师范大学出版社，2016年2月

众媒时代 腾讯传媒研究院 编，中信出版社，2016年2月

数字出版形态研究 贺子岳 著，武汉大学出版社，2016年3月

美国舆论管理研究 纪忠慧 著，新华出版社，2016年5月

共识与分歧：网络舆论的信息传播研究 于德山 著，社会科学文献出版社，2016年5月

大数据时代媒介集团的发展研究——基于对汤森路透的考察 万丽萍 著，中国社会科学出版社，2016年4月

社交媒体意见领袖研究：以新浪微博平台为例 芦何秋 著，武汉大学出版社，2016年4月

传播边界的消失——互联网开启文明再造时代 高钢 著，中央广播电视大学出版社，2016年5月

网络媒介在社会动员中的作用研究：从内地到边疆 马强 著，光明日报出版社，2016年6月

中国城市社区媒体研究 周敏 著，中国传媒大学出版社，2016年6月

媒介平台论：新兴媒体的组织形态研究 谭天 著，中国人民大学出版社，2016年7月

新媒体概论 周茂君 编，西南师范大学出版社，2016年7月

新媒体营销 周丽玲、刘明秀 编著，西南师范大学出版社，2016年7月

突发公共事件舆情应对研究 官建文 等 著，中国社会科学出版社，2016年7月

新媒体环境下突发事件的危机管理与应对 姚广宜 主编，北京大学出版社，2016年7月

新媒体浪潮下的公益组织传播策略研究 吴欢超 著，浙江大学出版社，2016年7月

凤凰全媒体 刘长乐 著，民主与建设出版社，2016年8月

全媒体时代央广品牌建设路径探索——以音乐节目中心为范例 刘灵爽 著，中国传媒大学出版社，2016年8月

互联网舆情理论分析 李维杰、刘晖、吴世忠 著，科学出版社，2016年8月

大学新闻专业网络传播教材：网络传播概论 杜骏飞 主编，福建人民出版社，

2016年8月

融合媒体与商务传播 程金福 编著，复旦大学出版社，2016年8月

网生新闻网站与高品质报道——来自欧洲的实践与经验 赵如涵 著，中国传媒大学出版社，2016年9月

国际传播：全媒体生产链重构 刘滢 著，新华出版社，2016年10月

新媒体新论（第二版） 谭天 主编，暨南大学出版社，2016年11月

新媒体创新论丛：新媒体与文化艺术产业 殷俊、邓若伊 主编，复旦大学出版社，2016年1月

新媒体与社会发展研究 卢嘉 著，中国水利水电出版社，2016年12月

重塑美国：美国新媒体社会的全面建构及其影响 吴心伯 著，复旦大学出版社，2016年12月

部落化生存：新媒体对社会关系的影响 刘凯 著，上海三联书店，2016年12月

广告

广告学概论（第2版） 张建华 主编，机械工业出版社，2016年1月

广告经营与管理（第二版） 张金海、程明等 著，高等教育出版社，2016年1月

广告理论与实务 乔辉 主编，机械工业出版社，2016年1月

隐藏的说客：潜意识广告研究 林升梁 著，厦门大学出版社，2016年1月

广告传播学 徐小娟 著，北京首都经济贸易大学出版社，2016年1月

广告设计 汪丹、刘军 主编，合肥工业大学出版社，2016年1月

重构营销生态 田卉 著，知识产权出版社，2016年1月

广告理论与实务（第三版） 娄炳林 主编，教育出版社，2016年1月

数字环境下的广告实战研究：理论、案例与分析 薛敏芝、胡雅 编著，上海交通大学出版社，2016年1月

广告基础与实务（第二版） 赵寰 主编，东北财经大学出版社，2016年1月

网络广告学（第4版） 杨立钒 主编，电子工业出版社，2016年1月

中外广告法规与管理 倪嵎 编著，上海人民美术出版社，2016年1月

广告的超越：中国4A十年蓝皮书 丁俊杰、陈刚 著，中信出版社，2016年1月

中国广告法律法规选编与题典 曹予生 主编，上海科学技术文献出版社，2016年1月

图解广告学 曹明香、王多明 编著，东北财经大学出版社，2016年1月

融合力：广告商务理论与实务 刘千桂 著，企业管理出版社，2016年1月

广告心理学 丁艳艳、王瑞春 主编，清华大学出版社，2016年1月

广告法律法规 王桂霞 主编，清华大学出版社，2016年1月

"百年麦肯"美国早期广告设计研究：20世纪商业文化变迁下的广告艺术（1902—1945） 郅阳 著，光明日报出版社，2016年1月

字体与版式设计（第2版） 张璇 主编，清华大学出版社，2016年1月

企业形象（CI）设计（第2版） 龚正伟 主编，清华大学出版社，2016年1月

广告策划 陈玲、胡欢、栾黎荔 主编，合肥工业大学出版社，2016年2月

新媒体广告（第二版） 舒咏平 主编，高等教育出版社，2016年2月

现代广告学（第二版） 苗杰、李国强 主编，中国人民大学出版社，2016年2月

广告原理与实务（第五版） 赵兴元、仲晓密 编著，东北财经大学出版社，2016年2月

中国当代广告原型研究 刘潆檑 著，湖南师范大学出版社，2016 年 3 月

广告传播引论 程金福 著，复旦大学出版社，2016 年 3 月

现代广告设计（第 2 版） 侯立平、郑健鹏 主编，首都经济贸易大学出版社，2016 年 3 月

广告人手记 叶茂中 著，北京联合出版公司，2016 年 3 月

影视广告拍摄实务 赵兴 著，北京联合出版公司，2016 年 3 月

平面广告设计应用 金鑫、高文胜 主编，北京理工大学出版社，2016 年 4 月

广告主的身份建构：历史社交语用学视角 王雪玉 著，南京大学出版社，2016 年 4 月

广告设计 李巍 著，西南师范大学出版社，2016 年 4 月

日本广告行为行政规制研究 陈肖盈 著，法律出版社，2016 年 4 月

广告理论与实务读本 查灿长、孟茹 主编，上海交通大学出版社，2016 年 5 月

广告经营与管理 廖秉宜 著，西安交通大学出版社，2016 年 5 月

新形态广告设计 孙鹏 编著，高等教育出版社，2016 年 5 月

广告设计四字诀 罗萍 著，厦门大学出版社，2016 年 5 月

广告文案（第 2 版） 何辉 著，人民出版社，2016 年 5 月

网络广告（第 2 版） 张建军 著，东南大学出版社，2016 年 5 月

现代广告经典案例评析 吕晖 主编，重庆大学出版社，2016 年 5 月

广告文案写作理论与实务 张冰 主编，重庆大学出版社，2016 年 5 月

广告策划：理论、案例、实务（第 2 版） 钟静 著，人民邮电出版社，2016 年 5 月

广告呈现与传播中的近代澳门社会——基于中文广告的研究 徐莉莉 著，上海交通大学出版社，2016 年 6 月

网络广告设计 陈超华 编著，北京邮电大学出版社，2016 年 6 月

新媒体广告营销案例集 郭斌 主编，经济管理出版社，2016 年 6 月

尖叫感：互联网文案创意思维与写作技巧 马楠 著，北京理工大学出版社，2016 年 6 月

广告学教程（第 3 版） 何辉 著，人民出版社，2016 年 6 月

广告创作与分析：从分析作品开始学做广告（第 3 版） 何辉 著，人民出版社，2016 年 6 月

供应链价格与广告决策研究 谭建 著，中国社会科学出版社，2016 年 6 月

城市街道景观中的广告元素特征研究：以哈尔滨市中央大街为例 王树东 著，光明日报出版社，2016 年 6 月

广告呈现与传播中的近代澳门社会 徐莉莉 著，上海交通大学出版社，2016 年 6 月

数字营销再造："互联网 +"与"互联网"浪潮中的企业营销新思维（服务篇） 胡振宇 著，机械工业出版社，2016 年 6 月

互联网 +：营销创意新玩法：营销创意 10 大法则与案例解说 陈伟航 著，北京时代华文书局，2016 年 6 月

应用广告学 刘茜 主编，北京理工大学出版社，2016 年 7 月

探索与创新：福建省广告协会二十载创业之路 黄应寿 主编，厦门大学出版社，2016 年 7 月

广告中的两性研究 周雨 著，厦门大学出版社，2016 年 7 月

现代广告学（第八版） 何修猛 编著，复旦大学出版社，2016 年 7 月

平面广告设计手册 孙芳 编著，清华大学出版社，2016 年 7 月

广告设计原理 陈高雅 编著，机械工业出版社，2016年8月

商业广告 周德明 主编，上海科学技术文献出版社，2016年8月

新媒体广告 张玲 编，西南师范大学出版社，2016年8月

实用广告文案写作 武小菲、成毅涛 编著，清华大学出版社，2016年8月

互联网广告法律制度理解与应用 刘双舟 著，中国工商出版社，2016年8月

跨文化影视广告创意 聂艳梅 著，上海财经大学出版社，2016年8月

广告与文化人类学经典读本 许正林、祝璇璇 主编，上海交通大学出版社，2016年8月

全媒体整合广告策略与案例分析 朱江丽 编著，中国人民大学出版社，2016年8月

网络广告学 殷洁 编著，法律出版社，2016年8月

广告的力量 萧冰、王茜 主编，上海交通大学出版社，2016年9月

广告赏析与批判 张毅莲 主编，厦门大学出版社，2016年9月

国家广告产业园集约化发展研究 颜景毅 著，社会科学文献出版社，2016年9月

广告策划一本通 滕红琴 主编，广东旅游出版社，2016年9月

新媒体广告 康初莹 主编，华中科技大学出版社，2016年9月

POP广告设计攻略 姜健、田莉 主编，华中科技大学出版社，2016年9月

互联网DSP广告揭秘 精准投放与高效转化之道 曲海佳 著，人民邮电出版社，2016年9月

语类的复杂性和广告对政治语篇的侵殖 王宏俐 著，科学出版社，2016年10月

一纸缠——“老剪报”杠上小广告 王力 著，人民出版社，2016年10月

平面广告创意设计 程亚鹏 主编，北京大学出版社，2016年10月

当代传媒与文化研究丛书：基于创新的中国广告演化研究 秦雪冰 著，世界图书出版广东有限公司，2016年11月

广告文案 乐剑峰 著，中信出版社，2016年11月

广告策划 苏徐 著，机械工业出版社，2016年12月

广告心理学（第四版） 黄合水 著，厦门大学出版社，2016年12月

互联网时代公共关系的理论与实践 姚曦、黎明 编，中国建筑工业出版社，2016年12月

重构与再定义——中国广告业的创新与发展 中国广告协会学术委员会 编，厦门大学出版社，2016年12月

中国广告学知识生产研究——基于知识科学的视角与文献计量学的分析 曾琼 著，湖南人民出版社，2016年12月

广告主数字媒体营销传播 邵华冬、陈怡 主编，中国传媒大学出版社，2016年12月

中日广告文化比较研究 董彬、孙顺华 编，中国社会科学出版社，2016年12月

影视广告策划与创作 于海礁 著，吉林大学出版社，2016年12月

广播电视

媒眼 张先 著，山东教育出版社，2016年1月

电视娱乐节目的公益性传播研究 周敏 著，人民日报出版社，2016年1月

凤凰卫视这些年 张林 著，现代出版社，2016年1月

2015中国互联网电视发展蓝皮书 张余、邵以丁 主编，中国传媒大学出版社，2016年1月

电视发展新论 胡智锋等 著，中国社会科学出版社，2016年1月

乡村里的中国 焦波 著，中国电影出版社，2016年1月

媒介主持论：电视节目主持传播研究 刘秀梅、邵慧 著，中国传媒大学出版社，2016年3月

电视节目编辑与制作 宋静华、万平英 编著，国防工业出版社，2016年2月

新媒体时代的电视新闻生产——平台思维与流程再造 张柱 著，中国人民大学出版社，2016年2月

广播影视行业组织的实践探索与理论思考 张海涛 著，中国广播电视出版社，2016年3月

电视媒介仪式与文化传播 张兵娟 著，中国社会科学出版社，2016年3月

中国当代流行音乐的传播与接受研究 张锦华等 编著，中国传媒大学出版社，2016年3月

美国公共电视：观念、价值与规制 王哲平 著，中国社会科学出版社，2016年3月

中国网络电视台发展研究 杨状振等 著，人民出版社，2016年4月

重构——"三网融合"对广播电视新闻传播的影响 何志武 著，华中科技大学出版社，2016年4月

媒体话语中元语用表达的语用研究——以争辩性电视节目为例 刘平 著，科学出版社，2016年5月

道路交通安全科普类电视节目策划 公安部道路交通安全研究中心 编，人民交通出版社，2016年5月

广播电视新闻学 杨琳 主编，西安交通大学出版社，2016年5月

中国区域广电媒体市场拓展与广告营销 王文科 主编，中国传媒大学出版社，2016年6月

电视新闻频道发展研究 宫承波、刘逸帆 主编，中国广播影视出版社，2016年6月

广播电视新闻实务 于松明 主编，国防工业出版社，2016年6月

电视新闻播音主持创作艺术 王秋硕 著，浙江大学出版社，2016年8月

广播剧创作教程 王国臣 编著，北京大学出版社，2016年8月

全媒体时代央广品牌建设路径探索：以音乐节目中心为范例 刘灵爽 著，中国传媒大学出版社，2016年8月

势：中国城市广电的哲学观照——珠三角和长三角城市广电发展比较研究 李志良 著，暨南大学出版社，2016年8月

电视传媒竞争研究 黄中才、周小荣 著，人民日报出版社，2016年8月

全国广播电视新闻从业者调查报告 丁迈、继赫、董光宇 著，中国发展出版社，2016年8月

电视编辑 邬建中 编著，四川大学出版社，2016年8月

媒体融合 创新发展 张子扬 主编，江苏人民出版社，2016年8月

大数据时代的电视媒体营销研究：基于网络整合营销4I原则的视角 刘峰 著，中国书籍出版社，2016年8月

真实如何呈现：阐释学视野下的纪录片叙事策略 靳斌 著，社会科学文献出版社，2016年8月

电视传媒竞争研究 黄中才、周小荣 著，人民日报出版社，2016年8月

中国农业电视发展战略研究 高广元 著，中国传媒大学出版社，2016年8月

广播播音与主持 庚钟银 主编，高等教育出版社，2016年8月

电视节目摄制与编导（第2版） 王蕊、李燕临 编著，国防工业出版社，2016年8月

互联网时代：电视的变革与迁徙 萧盈盈 著，知识产权出版社，2016年9月

电视文艺理念与形态 晏青 著，暨南大学出版社，2016年9月

电视民生新闻：成长与转型　王雄 著，世界图书出版公司，2016年9月

表现：电视化传播语汇的全解构　唐晓晔 著，群言出版社，2016年9月

电视新闻字幕中最易写错的100个词语　姚喜双、邹煜 主编，商务印书馆，2016年9月

美国电视研究　李宇 著，中国广播影视出版社，2016年9月

电视节目形态三元结构论　刘宝林 著，中国传媒大学出版社，2016年9月

交通即沟通：中国交通广播的社会价值　吴红雨、徐敏、邵志择 著，浙江大学出版社，2016年10月

美国品牌电视新闻节目研究　连少英 著，中国传媒大学出版社，2016年10月

电视剧国际交易研究　孙铭欣 著，中国传媒大学出版社，2016年10月

真实的建构与消解——美国电视真人秀中的身体与社会　吕琪 编，四川大学出版社，2016年11月

码字——李松电视、新闻、文学作品选　李松 著，中南大学出版社，2016年11月

全媒体制播技术　段永良、宋燕燕、周洪萍、董丽花 编著，中国广播影视出版社，2016年11月

电视导演基础　李康、李思婳 著，中国广播影视出版社，2016年11月

中国历史电视剧审美研究　杜莹杰 著，中国传媒大学出版社，2016年11月

文稿播读——语体语态基础训练教程　徐士勇 著，中国广播影视出版社，2016年11月

新中国播音创作简史　喻梅 著，中国传媒大学出版社，2016年11月

民族民间文化艺术影视资源的管理与研究　许雪莲 著，学苑出版社，2016年12月

后殖民主义视域下的印度电影研究　焦玲玲 著，黑龙江大学出版社，2016年12月

广播4.0时代的融合发展与理论创新　申启武 著，暨南大学出版社，2016年12月

理念与路径——中国影视文化软实力　胡智锋 著，中国传媒大学出版社，2016年12月

三网融合背景下中国广播组织权制度的反思与重构　赵双阁 著，社会科学文献出版社，2016年12月

影视字幕汉西翻译中的中国传统文化元素的转换　高羽 著，对外经贸大学出版社，2016年12月

视听语言教程：影视·元素·艺术感　李玲 著，中国传媒大学出版社，2016年12月

电视摄影　陈刚、李振营、丰瑞 编，中国传媒大学出版社，2016年12月

电影

电影节奏：从剧作到影像　侯海涛 著，北京师范大学出版社，2016年1月

重构与融合：电影产业新格局　靳斌 著，知识产权出版社，2016年1月

新世纪国产影视戏剧创作发展的新现象与新问题　周斌、厉震林 主编，中国电影出版社，2016年1月

贾樟柯电影研究　张利 著，安徽文艺出版社，2016年1月

电影符号学教程　马睿、吴迎君 著，重庆大学出版社，2016年2月

影视导演艺术教程　朱玛、朱丹 著，中国电影出版社，2016年2月

电影与全思化　罗晓明、龚艳 主编，中央民族大学出版社，2016年2月

影视戏剧评论第2辑　胡德才 主编，中国电影出版社，2016年3月

中国新时期电影回顾　刘树生 著，北

京时代华文书局有限公司，2016 年 3 月

华语电影叙事的文化身份 陈明华 著，暨南大学出版社，2016 年 3 月

电影江湖的真功夫——中国动作电影面面观 张海 著，西南财经大学出版社，2016 年 3 月

红色电影事业家汪洋 汪林立 著，中国电影出版社，2016 年 4 月

电光倒影导演的狂欢 《南方人物周刊》编辑部 著，译林出版社，2016 年 4 月

日本电影纵横谈 舒明 著，北京大学出版社，2016 年 4 月

从文学到电影：改编的九种可能性 田莹 著，西北大学出版社，2016 年 4 月

当代俄罗斯电影 李芝芳 著，北京时代华文书局，2016 年 5 月

建构和想象：中国电影中的国家形象之研究 李晓灵、王晓梅 著，中国社会科学出版社，2016 年 5 月

想象中国：二十世纪八十年代中国电影研究 王海洲 著，中国电影出版社，2016 年 5 月

电影作品中的心理效应解析 王浩宇 著，光明日报出版社，2016 年 5 月

好莱坞模式：美国电影产业研究（第 2 版） 陈焱 著，北京联合出版公司，2016 年 6 月

艺术电影美学 刘志 著，中国电影出版社，2016 年 6 月

文化魅影：中国电视剧文化研究 张慧瑜 著，中国电影出版社，2016 年 6 月

离席：为什么看电影 黄以曦 著，世界图书出版公司，2016 年 6 月

去往“他处”的旅程（新中国电影空间美学研究） 马聪敏 著，中国社会科学出版社，2016 年 6 月

中国电影评论文集 鲁德俊 著，中国书籍出版社，2016 年 6 月

好莱坞动画电影类型研究 王波 著，社会科学文献出版社，2016 年 6 月

电影眼看世界 张同道 主编，中国广播影视出版社，2016 年 6 月

电影讲稿 徐葆耕 著，北京大学出版社，2016 年 7 月

中国当代电影编剧访谈录 郑宜庸 著，中国电影出版社，2016 年 7 月

实践理性：大卫·波德维尔电影理论研究 刘亭 著，中国传媒大学出版社，2016 年 7 月

全球化与大电影：中国电影海外市场竞争策略可行性研究 丁亚平 著，文化艺术出版社，2016 年 7 月

电影产业国际竞争力评价研究 杨柳 著，上海交通大学出版社，2016 年 8 月

百年中国电影理论文选 丁亚平 主编，中国文联出版社，2016 年 8 月

中国早期电影广告文化史研究 徐文明 著，中国电影出版社，2016 年 8 月

影视剧片段改编教程 赵彬彬 著，中国电影出版社，2016 年 8 月

邵氏武侠电影笔记 黄丹、谢啸实 著，上海三联书店，2016 年 8 月

唯有道者：赵军电影文集 赵军 著，中国电影出版社，2016 年 8 月

幕味：重访影史与策展实践 沙丹 著，北京联合出版公司，2016 年 8 月

孟买之声：当代宝莱坞电影之旅 王志毅 著，海豚出版社，2016 年 8 月

电影美术设计语言 全荣哲 著，北京联合出版公司，2016 年 9 月

中国电影明星研究三编 陈晓云 主编，中国电影出版社，2016 年 9 月

新媒体语境下的影像生产与话语重构 陈晓云 主编，中国电影出版社，2016 年 9 月

联华公司及其电影创作研究 员晓明 著，中国文联出版社，2016 年 9 月

中国电影产业国际竞争力测度研究 金雪涛 著，中国传媒大学出版社，2016

年9月

走出上海：早期电影的另类景观 叶月瑜等 编，北京大学出版社，2016年10月

电影理论基础（第2版） 陈晓云 主编，北京联合出版公司，2016年10月

中国纪录电影——览一诗话：审美选择 高峰 著，人民文学出版社，2016年10月

中国电影的跨文化制作与海外传播研究 历震林、万传法 主编，中国电影出版社，2016年10月

一个人的电影史：王朔与"后新时期"中国电影 桂琳 著，中国电影出版社，2016年10月

电影中的身体语言 杨扬 著，中国传媒大学出版社，2016年10月

影史纵横 李道新 著，中国文联出版社，2016年10月

电影理论基础 陈晓云 主编，北京联合出版公司，2016年10月

网络文化与电影快评 查宇 著，四川科技出版社，2016年11月

掘金网络大电影——大IP时代电影人与"资本侠"的交响曲 林凯、谌秀峰 著，中国广播影视出版社，2016年11月

法国喜剧的电影改编 史烨婷 著，浙江大学出版社，2016年12月

后殖民主义视域下的印度电影研究 焦玲玲 著，黑龙江大学出版社，2016年12月

抗战时期北平电影活动史料集 孙柏、苏涛 编，中国戏剧出版社，2016年12月

西方民族志电影经典——人类学、电影与知识的生产 徐菡 著，云南人民出版社，2016年12月

艺术影像：22部中国新生代导演电影的文学阐释 王晓平 著，学林出版社，2016年12月

当代中国电影的创意研究：理论与实践 陈旭光 著，安徽教育出版社，2016年12月

亚洲类型电影：历史与当下 周星、张燕 主编，中国电影出版社，2016年12月

国外新闻传播论（译）著

媒介心理学：记者思维模式与新闻文本生成 ［俄］叶琳娜·普罗宁娜 著，薛冉冉 译，中国人民人学出版社，2016年1月

媒介话语的进路 ［新西兰］艾伦·贝尔、［澳大利亚］彼得·加勒特 编，徐桂权 译，中国人民大学出版社，2016年1月

融合新闻学实务 ［美］珍妮特·柯罗茨 著，嵇美云 译，清华大学出版社，2016年1月

如何撰写和发表SCI期刊论文（第二版） ［美］金坤林 著，科学出版社，2016年1月

广告调查：理论与实务（第2版） ［美］乔尔·J. 戴维斯 著，杨雪睿、田卉 等 译，中国人民大学出版社，2016年1月

科学的广告 ［美］克劳德·霍普金斯 著，李宙、张雅倩 译，北方妇女儿童出版社，2016年1月

有权无责——英国的报纸、广播、电视与新媒体（第七版） ［英］詹姆斯·卡瑞、珍·辛顿 著，栾轶玫 译，清华大学出版社，2016年1月

国际传播理论前沿 ［美］迈赫迪·萨马迪 著，吴飞、黄超 译，中国传媒大学出版社，2016年2月

国家戏剧：埃及的电视政治 ［美］里拉·阿布-卢赫德 著，商务印书馆，2016年2月

抄工与学者：希腊、拉丁文献传播史 ［英］L. D. 雷诺兹、N. G. 威尔逊 著，苏杰 译，北京大学出版社，2016年2月

传播与社会影响 ［法］加布里埃尔·塔尔德 著，中国传媒大学出版社，2016年3月

实用主义与其他著作 ［美］威廉·詹姆斯 著，中国传媒大学出版社，2016年3月

自由和文化 ［美］约翰·杜威 著，中国传媒大学出版社，2016年3月

美国社交媒体的冲击与影响 ［美］董庆文、白贵、赵树旺等 著，中国传媒大学出版社，2016年4月

当科学遇见电影 ［美］大卫·柯比 著，王颖 译，上海交通大学出版社，2016年4月

炮声中的电影：中日电影前史 ［日］佐藤忠男 著，岳远坤 译，世界图书出版公司，2016年5月

大众传播概论：媒介素养与文化（第8版） ［美］斯坦利·J. 巴兰 著，何朝阳 译，中国人民大学出版社，2016年5月

传播不确定性：对新兴和争议性科学的媒体报道 ［美］莎朗·M. 弗里德曼、莎朗·邓伍迪、卡罗尔·L. 罗杰斯 编著，刘军等 译，北京科学技术出版社，2016年6月

编剧路线图：推动故事发展的21个关键问题（电影篇） ［美］Neil Landau 著，李志坚 译，人民邮电出版社，2016年6月

媒介与全球化 ［英］特希·兰塔能 著，章宏 译，中国传媒大学出版社，2016年6月

初识传播学：在信息社会正确认知自我、他人及世界 ［美］埃姆·格里芬 著，展江 译，北京联合出版公司，2016年6月

我们在为什么样的广告买单：广告人的潜意识诱导术 ［英］罗伯特·希思 著，任永欣、郑昊沫 译，北京世界图书公司，2016年6月

穿帮：电影大师的秘密生活 ［美］罗伯特·施耐肯伯格 著，王敏 译，北京联合出版公司，2016年6月

美国传播研究的开端：亲身回忆 ［美］韦尔伯·施拉姆 著，王金礼 译，中国传媒大学出版社，2016年7月

众媒时代，我们该如何做内容 ［美］安·汉德利 著，王琼 译，中国人民大学出版社，2016年7月

***The International Handbook of Mobile-Assisted Language Learning*（移动辅助语言学习指导手册）** ［加拿大］阿格涅茨卡·帕拉拉斯、穆罕默德·阿里 主编，中央广播电视大学出版社，2016年7月

科学研究概论 ［美］E. B. 威尔逊 编著，石大中等 译，北京科学技术出版社，2016年8月

王国与权力：撼动世界的《纽约时报》 ［美］盖伊·特立斯 著，张峰、唐霄峰 译，上海人民出版社，2016年8月

传播策划：综合路径 ［加拿大］谢瑞·德弗罗·弗格森 著，柯泽等 译，中国传媒大学出版社，2016年8月

新媒体批判导论 ［英］马丁·李斯特等 著，吴炜华、付晓光 译，复旦大学出版社，2016年8月

广告说服力：基于实证研究的195条广告原理 ［美］斯科特·阿姆斯特朗 著，吴国华、林升栋、康瑾、杨松 译，商务印书馆，2016年8月

1001种图书营销方法 ［美］约翰·克雷默 著，张志强 译，译林出版社，2016年8月

人际传播关键主题：文化、身份与表演 ［英］安尼·希尔等 著，刘蒙之、景琦 译，世界图书出版公司，2016年9月

媒介与文明 ［加拿大］马歇尔·麦克卢汉 著，何道宽 译，机械工业出版社，2016年9月

媒介即按摩：麦克卢汉媒介效应一览 ［加拿大］马歇尔·麦克卢汉 著，何道宽 译，机械工业出版社，2016年9月

媒介仪式：一种批判的视角 ［英］尼克·库尔德里 著，崔玺 译，中国人民大学出版社，2016 年 10 月

武士道残酷物语——铃木尚之电影剧作选集 ［日］铃木尚之 著，汪晓志、毛保红 译，上海三联书店，2016 年 10 月

指向未来的麦克卢汉：媒介论集 ［加拿大］马歇尔·麦克卢汉、理查德·卡维尔 著，何道宽 译，机械工业出版社，2016 年 10 月

透视图书出版（第四版） ［英］克拉克、菲利普斯著，李武 译，中国书籍出版社，2016 年 11 月

文本盗猎者：电视粉丝与参与式文化 ［美］亨利·詹金斯 著，郑熙青 译，北京大学出版社，2016 年 11 月

电影中的僵尸文化 ［美］肖恩·麦金托什、马克·莱弗里特 编，王潇 译，世界图书出版公司，2016 年 11 月

由内而外的电影创作：激发灵感的五把钥匙 ［美］杰德·丹恩鲍姆等 著，赵丹 译，中国传媒大学出版社，2016 年 11 月

闪回：电影简史 ［美］路易斯·贾内梯、斯科特·艾曼 著，焦雄屏 译，北京联合出版公司，2016 年 11 月

新酷儿电影 ［美］B. 卢比·里奇 著，丁亚琼、马磊 译，世界图书出版公司，2016 年 12 月

电影剧作问题攻略（修订版） ［美］悉德·菲尔德 著，钟在丰、鲍玉珩 译，北京联合出版公司，2016 年 12 月

有价值的新闻 ［美］詹姆斯·T. 汉密尔顿 著，展宁、和丹 译，浙江大学出版社，2016 年 12 月

新媒体与体育传播 ［澳］布雷特·哈金斯、大卫·罗维 著，张宏伟 译，中国传媒大学出版社，2016 年 12 月

万物皆无序：新数字秩序的革命 ［美］戴维·温伯格 著，李燕鸣 译，山西人民出版社，2016 年 12 月

社会网络数据分析 ［美］Charu C. Aggarwal 著，陈哲、郭世泽、郑康锋 译，武汉大学出版社，2016 年 12 月

丑闻的力量：大众传媒中的符号学 ［意］约翰奈斯·艾赫拉特 著，宋文 译，四川大学出版社，2016 年 12 月

大众传播的效果 ［美］约瑟夫·克拉珀 著，段鹏 译，中国传媒大学出版社，2016 年 12 月

论文集及综合性工具书

新闻见证——道德楷模赵亚夫 镇江报业传媒集团 编，江苏大学出版社，2016 年 1 月

中国媒介素养研究年度报告：2014 彭少健 主编，中国广播影视出版社，2016 年 1 月

中国新闻奖作品选（2014 年度·第二十五届） 中国新闻奖评选委员会办公室 编，新华出版社，2016 年 1 月

企业社会责任与中国发展（2014） 中国传媒大学广告学院、中国传媒大学公关舆情研究所 编，中国传媒大学出版社，2016 年 1 月

新媒体与社会（第十五辑） 谢耘耕、陈虹 主编，社会科学文献出版社，2016 年 1 月

扬帆起航：上海外国语大学国际新闻传播卓越人才培养探索 邓惟佳、姜智彬 主编，世界图书出版公司，2016 年 1 月

乘风破浪：上海外国语大学全球重大事件双语新闻报道实践 邓惟佳、姜智彬 主编，世界图书出版公司，2016 年 1 月

华文传播与中国形象——第九届世界华文传媒与华夏文明国际学术研讨会论文集 张昆 主编，华中科技大学出版社，2016 年 1 月

经典策划 119 上海市出版协会 编，华东师范大学出版社，2016 年 2 月

南方传媒研究58：南方报业2015年度记者 南方报业传媒集团、南方传媒学院 编，广东南方日报出版社，2016年2月

传播前沿——博士后研究成果文集（2015） 山东省新闻出版广电局 编，山东大学出版社，2016年2月

新闻与传播评论（2015年卷） 武汉大学新闻与传播学院 编，武汉大学出版社，2016年2月

在中财讲财经新闻 谭云明 编，中国经济出版社，2016年3月

新媒体前沿发展报告（2015） 胡正荣 主编，社会科学文献出版社，2016年3月

中国媒体发展研究报告2014年·媒体卷 武汉大学媒体发展研究中心、武汉大学新闻与传播学院、武汉大学“社会转型与中国大众传媒改革”创新基地 编，武汉大学出版社，2016年3月

法制新闻研究2015年卷 慕明春、孙江 主编，中国政法大学出版社，2016年4月

2016中国媒介素养研究报告 彭少键 主编，中国广播影视出版社，2016年4月

跨文化传播研究文集（第一辑） 林升栋 编著，厦门大学出版社，2016年4月

影视风控蓝皮书：中国影视舆情与风控报告（2016） 司若 主编，社会科学文献出版社，2016年4月

2016中国电影艺术报告 中国电影家协会理论评论委员会 编，中国电影出版社，2016年5月

2016中国电影产业研究报告 中国电影家协会、中国文联电影艺术中心 著，中国电影出版社，2016年5月

中国电影、电视剧和话剧发展研究报告（2015卷） 周斌 主编，复旦大学出版社，2016年5月

中国网络视频年度案例研究2016 王晓红、付晓光 主编，中国传媒大学出版社，2016年5月

传媒蓝皮书：中国传媒产业发展报告（2016） 崔保国 主编，社会科学文献出版社，2016年5月

传媒领袖大讲堂（第六辑） 谢耘耕 主编，社会科学文献出版社，2016年6月

中国新闻传播研究2014 高晓虹 主编，中国传媒大学出版社，2016年6月

新媒体蓝皮书：中国新媒体发展报告No.7（2016） 唐绪军 主编，社会科学文献出版社，2016年6月

新闻传播学理论前沿——在媒体融合的视域下 强荧、戴丽娜 主编，上海社会科学院出版社，2016年6月

2015年湖北省新闻出版广电发展报告 湖北省新闻出版广电局、武汉大学国家文化发展研究院 组编，武汉大学出版社，2016年6月

融合坐标——中国媒体融合发展年度报告（2015） 人民日报社 编，人民日报出版社，2016年7月

杭州学刊 杭州市社会科学界联合会、杭州市社会科学院 编，社会科学文献出版社，2016年7月

2015中国电影产业市场蓝皮书 侯光明、吴曼芳 主编，中国电影出版社，2016年7月

北大新闻与传播评论（第十辑） 程曼丽 主编，北京大学出版社，2016年7月

北大熏出来的评论 曹林、王昱 编，北京大学出版社，2016年7月

中国电视收视年鉴2016 徐立军 主编，中国传媒大学出版社，2016年7月

2015南方传媒前沿论坛 戴剑平 编，世界图书出版公司，2016年8月

出版物发行知识词典 王岩镔、徐炯 主编，上海辞书出版社，2016年8月

南方传媒研究61辑：创业者·南方报人 南方报业传媒集团、南方传媒学院 编，广东南方日报出版社，2016年8月

IAI广告作品年鉴·2016 丁俊杰等著，中国传媒大学出版社，2016年8月

2016年中国广播收听市场年鉴 黄学平 著，中国传媒大学出版社，2016年8月

中华经典海外传播首届国际学术研讨会论文集 李怀亮、王永 主编，光明日报出版社，2016年8月

浙江数字出版网络视听新媒体发展报告（2014—2015） 浙江新闻广电出版局 编，浙江大学出版社，2016年8月

两岸合编词典研讨集 李行健、仇志群、钮葆 主编，高等教育出版社，2016年9月

纪录片蓝皮书：中国纪录片发展报告（2016） 何苏六 主编，社会科学文献出版社，2016年9月

全球电视剧产业发展报告（2016） 张海涛、胡占凡 主编，中国广播影视出版社，2016年9月

广电蓝皮书：中国广播电影电视发展报告（2016） 国家新闻出版广电总局发展研究中心 编，中国广播影视出版社，2016年9月

新闻传播学前沿2016 中国传媒大学新闻传播学部新闻学院 编，中国传媒大学出版社，2016年9月

中国书业年度报告2015—2016 伍旭升 主编，商务印书馆，2016年9月

学报编辑论丛（2016） 刘志强 主编，上海大学出版社，2016年9月

2016年版中国科技期刊引证报告（扩刊版） 北京万方数据股份有限公司 编，科学技术文献出版社，2016年10月

2016年版中国科技期刊引证报告（核心版）社会科学卷 中国科学技术信息研究所 编著，科学技术文献出版社，2016年10月

2015—2016中国出版业发展报告 范军 著，中国书籍出版社，2016年10月

中国新闻传播教育年鉴（2016） 中国新闻史学会新闻传播教育史研究委员会 编，武汉大学出版社，2016年10月

宁波广播电影电视发展报告（2016） 宁波市广播电影电视学会、宁波市广播电影电视发展研究中心 编，中国广播影视出版社，2016年10月

培养编辑名家 打造出版精品——中国编辑学会第16届年会获奖论文 中国编辑学会 编，人民出版社，2016年10月

中国百年新闻经典——消息卷（修订版） 刘梓良 总编，人民出版社，2016年10月

中国百年新闻经典——通讯卷（修订版） 刘梓良 总编，人民出版社，2016年10月

中国百年新闻经典——摄影卷（修订版） 刘梓良 总编，人民出版社，2016年10月

中国百年新闻经典——评论卷（修订版） 刘梓良 总编，人民出版社，2016年10月

中国百年新闻经典——漫画卷（修订版） 刘梓良 总编，人民出版社，2016年10月

讲好中国故事：网络传播案例集 国家互联网信息办公室 编，人民出版社，2016年10月

国际传播论文集：第十七辑 夏吉宣、邢博 主编，中国国际广播出版社，2016年11月

清华新闻传播学前沿讲座录（第三辑） 史安斌 主编，清华大学出版社，2016年11月

中国新闻传播学研究最新报告（2016） 童兵 主编，复旦大学出版社，2016年11月

读者说：广西师范大学出版社30年书评选集 广西师范大学出版社 编，广西师范大学出版社，2016年11月

理想与现实的新睿碰撞——首届长三角影视传媒研究生学术论坛论文集 汪友宝 编，中国电影出版社，2016年11月

新闻传播与媒介法治年度研究报告2016 陈绚、杨秀 著，中国人民大学出版社，2016年11月

中国广播收听年鉴（2016） 徐立军 主编，中国传媒大学出版社，2016年11月

消费时代的电视真人秀研究：基于表演学视角 李绍元 编，中国书籍出版社，2016年11月

广播媒体创新发展的实践探索与理论思考 中国广播电影电视社会组织联合会、中央人民广播电台 编，中国广播影视出版社，2016年11月

北京传媒蓝皮书：北京新闻出版广电发展报告（2015—2016） 北京市新闻出版研究中心 编，社会科学文献出版社，2016年12月

客家学刊（第四辑） 赣南师范学院客家研究中心 编著，中国社会科学出版社，2016年12月

国际传播蓝皮书：中国国际传播发展报告（2016） 胡正荣 主编，社会科学文献出版社，2016年12月

新媒体社会责任蓝皮书：中国新媒体社会责任研究报告（2016） 钟瑛 主编，社会科学文献出版社，2016年12月

新媒体与社会（第十六辑） 谢耘耕、陈虹 主编，社会科学文献出版社，2016年12月

中国媒体关注度报告2016 何伟 编，中国传媒大学出版社，2016年12月

中国新闻传播学年鉴·2016 中国社会科学院新闻与传播研究所 主办，中国社会科学出版社，2016年

治学例话（第三辑） 唐绪军主编，中国社会科学出版社，2016年12月

其他

《新周刊》2015年度佳作·相信力 《新周刊》杂志社 组编，漓江出版社，2016年1月

乡村里的中国 焦波 著，中国电影出版社，2016年1月

主持人即兴口语表达 周云 著，中国传媒大学出版社，2016年1月

水木书谭：新闻与文化的交响 李彬 著，新华出版社，2016年1月

凤凰卫视这些年 张林 著，现代出版社，2016年1月

四季如歌：媒体上的UIBE（2014） 张小锋、乔雪竹 主编，光明日报出版社，2016年1月

燃泪天堂：新华社记者直击中东真相 陈聪 著，新华出版社，2016年1月

洞见 田雄 著，蓝天出版社，2016年3月

新闻之见 李昌文 著，山东人民出版社，2016年4月

这一代的书香：三十年书业的人和事 俞晓群 著，浙江大学出版社，2016年5月

中国出版家·赵家璧（中国出版家丛书） 芦珊珊 著，人民出版社，2016年5月

中国出版家·章锡琛（中国出版家丛书） 章雪峰 著，人民出版社，2016年5月

中国出版家·巴金（中国出版家丛书） 孙晶 著，人民出版社，2016年5月

林白水文选 福建省新闻学会、福建省林白水研究会 编，福建人民出版社，2016年6月

绿色的推进力 覃哲 著，中国社会科学出版社，2016年7月

行知学刊 吴俊、韦丹、刘海涛 主编，西南交通大学出版社，2016年7月

中国新闻界的“半边天” 陈崇山 编著，中国社会科学出版社，2016年8月

公共外交·案例教学 赵启正 主编，中国传媒大学出版社，2016年8月

即兴口语表达 童肇勤 编著，浙江大学出版社，2016年8月

纸日月 张冠生 著，海豚出版社，2016年10月

书峰问巅 隅人 著，河南人民出版社，2016年12月

整理：中国社会科学院新闻与传播研究所助理研究员 贾金玺

“中文学术图书引文索引”新闻学与传播学来源书目

2015年7月，南京大学和中国图书评论学会在北京联合召开了“中文学术图书引文索引”（Chinese Book Citation Index，CBKCI）项目成果发布会。“中文学术图书引文索引”项目是南京大学在建设“中文社会科学引文索引（CSSCI）”成功经验的基础上启动的。该项目以收录1992年以来中国大陆出版的中文人文社会科学原创学术专著为目标，并与CSSCI引文数据库进行整合，共同构建成为涵盖学术期刊、学术集刊、学术专著等多重出版形态的符合学术规范和科学评价需求的大数据平台。2016年12月，中国图书评论学会、南京大学中国社会科学研究评价中心联合编制了《“中文学术图书引文索引”来源书目手册》。

“中文学术图书引文索引”收录了1992—2012年中国大陆正式出版的学术图书，其中，“新闻学与传播学学科来源书目”97种。

序号	书名	作者	出版社	出版时间（年）
1	传播学引论	李　彬	新华出版社	1993
2	西方新闻采访与写作	刘明华	中国人民大学出版社	1993
3	中国新闻传播学说史（1949—2005）	徐培汀 裘正义	重庆出版社	1994
4	期刊编辑学概论	徐柏容	辽宁教育出版社	1995
5	书籍编辑学概论	阙道隆 徐柏容 林穗芳	辽宁教育出版社	1995
6	新闻传播学	黄　旦	浙江大学出版社	1995
7	大众文化与当代乌托邦	陈　刚	作家出版社	1996
8	中国新闻评论发展史（近代部分）	曾建雄	广西师范大学出版社	1996
9	编辑学原理论	王振铎 赵运通	中国书籍出版社	1997
10	传播学总论	胡正荣	中国传媒大学出版社	1997
11	西方新闻事业概论	李良荣	复旦大学出版社	1997

续表

序号	书名	作者	出版社	出版时间(年)
12	现代大众传播学	张国良	四川人民出版社	1998
13	报业经济与报业经营	唐绪军	新华出版社	1999
14	传播学教程	郭庆光	中国人民大学出版社	1999
15	受众心理与传媒引导	郑兴东	新华出版社	1999
16	现代新闻理论	刘建明	民族出版社	1999
17	新闻学导论	李良荣	高等教育出版社	1999
18	传播学	邵培仁	高等教育出版社	2000
19	理论新闻传播学导论	童　兵	中国人民大学出版社	2000
20	外国新闻传播史	郑超然 程曼丽 王泰玄	中国人民大学出版社	2000
21	战后美国传播学的理论发展:经验主义和批判学派的视域及其比较	殷晓蓉	复旦大学出版社	2000
22	中国近代图书事业史	来新夏等	上海人民出版社	2000
23	双重视域:当代电子文化分析	南　帆	江苏人民出版社	2001
24	网络新闻学	杜骏飞	中国广播电视出版社	2001
25	新闻学概论	李良荣	复旦大学出版社	2001
26	中国新闻事业发展史	黄　瑚	复旦大学出版社	2001
27	大众传媒与大众文化	潘知常 林　玮	上海人民出版社	2002
28	媒介分析:传播技术神话的解读	张咏华	复旦大学出版社	2002
29	弥漫的传播	杜骏飞	中国社会科学出版社	2002
30	新闻学核心	李希光	南方日报出版社	2002
31	中国近代报业发展史:1815—1874(增订版)	卓南生	中国社会科学出版社	2002
32	中国近代现代出版通史(全四卷)	叶再生	华文出版社	2002
33	走进美国大报	辜晓进	南方日报出版社	2002
34	单向度、超真实、内爆:批判视野中的当代西方传播思想研究	石义彬	武汉大学出版社	2003

续表

序号	书名	作者	出版社	出版时间(年)
35	当代西方新闻媒体	李良荣 洪　兵 孙　玮 沈　浩等	复旦大学出版社	2003
36	十年:从改变电视的语态开始	孙玉胜	生活·读书·新知三联书店	2003
37	晚清报业史	陈玉申	山东画报出版社	2003
38	新闻价值论	杨保军	中国人民大学出版社	2003
39	传播的观念	陈卫星	人民出版社	2004
40	媒体文化与消费时代	蒋原伦	中央编译出版社	2004
41	传者图像:新闻专业主义的建构与消解	黄　旦	复旦大学出版社	2005
42	独乡电视:现代传媒与少数民族乡村日常生活	郭建斌	山东人民出版社	2005
43	国家形象传播	张　昆	复旦大学出版社	2005
44	媒介批评:立场、范畴、命题、方式	李　岩	浙江大学出版社	2005
45	西藏新闻传播史	周德仓	中央民族大学出版社	2005
46	新闻理论教程	杨保军	中国人民大学出版社	2005
47	新闻叙事学	曾庆香	中国广播电视出版社	2005
48	中国传播思想史(全四卷)	金冠军 戴元光 徐培汀 余志鸿	上海交通大学出版社	2005
49	中国网络媒体的第一个十年	彭　兰	清华大学出版社	2005
50	转型中的新闻学	李希光	南方日报出版社	2005
51	媒介素养概论	张　开	中国传媒大学出版社	2006
52	蜕变的尴尬:对百年中国现代化与报刊话语嬗演关系的研究	田中阳	湖南教育出版社	2006
53	新闻活动论	杨保军	中国人民大学出版社	2006
54	控制沟通:美国政府的媒体宣传	沈国麟	上海人民出版社	2007
55	媒介大融合:数字新媒体时代下的媒介融合论	王　菲	南方日报出版社	2007
56	中国数字娱乐产业发展战略研究	李思屈 赵小波 关萍萍 梁明洪等	社会科学文献出版社	2007
57	传媒与文化:文化视角下的传媒研究	蒋晓丽 石　磊	华夏出版社	2008

续表

序号	书名	作者	出版社	出版时间(年)
58	当代西方传媒制度	郑　涵 金冠军	上海交通大学出版社	2008
59	火塘·教堂·电视:一个少数民族社区的社会传播网络研究	吴　飞	光明日报出版社	2008
60	精神交往论:马克思恩格斯的传播观	陈力丹	中国人民大学出版社	2008
61	媒介生态学:媒介作为绿色生态的研究	邵培仁 刘　燕 方玲玲 任　琦等	中国传媒大学出版社	2008
62	媒介与社会性别研究:理论与实例	曹　晋	上海三联书店	2008
63	新闻理论十讲	陈力丹	复旦大学出版社	2008
64	中国出版通史(全九卷)	肖东发 周少川 曹　之 李致忠等	中国书籍出版社	2008
65	众声喧哗:网络时代的个人表达与公共讨论	胡　泳	广西师范大学出版社	2008
66	1949—2009 新中国古旧书业	赵长海	吉林文史出版社	2009
67	当代中国传媒社区的新进路	白　贵 尹亚辉 王　艳 王　梅等	河北人民出版社	2009
68	理性与传媒发展	柯　泽	上海三联书店	2009
69	文化与经济的博弈:出版经济学理论研究	吴　赟	中国社会科学出版社	2009
70	我们的防火墙:网络时代的表达与监管	李永刚	广西师范大学出版社	2009
71	分散与融合:数字报业研究	石　磊	中国社会科学出版社	2010
72	跨文化传播的问题与可能性	单　波	武汉大学出版社	2010
73	媒介地理学:媒介作为文化图景的研究	邵培仁 杨丽萍	中国传媒大学出版社	2010
74	媒介经济与中国经济	李本乾 陈晓云 陈　蕾 董　静	上海交通大学出版社	2010
75	清末民初报刊与革命舆论的媒介建构	王天根	合肥工业大学出版社	2010
76	群体性事件:信息传播与政府应对	曾庆香 李　蔚	中国书籍出版社	2010

续表

序号	书名	作者	出版社	出版时间(年)
77	新闻道德论	杨保军	中国人民大学出版社	2010
78	新中国新闻传播60年长编(1949—2009)(上、下)	刘家林	暨南大学出版社	2010
79	执政党与大众传媒:基于党的执政能力建设的研究	丁柏铨 陈堂发 胡素华 夏雨禾等	江苏人民出版社	2010
80	中国报刊法制发展史(全五卷)	倪延年	中国政法大学出版社	2010
81	对外传播及其效果研究	程曼丽 王维佳	北京大学出版社	2011
82	环境传播:话语、修辞与政治	刘　涛	北京大学出版社	2011
83	近代报刊与辛亥革命的舆论动员	王天根等	黄山书社	2011
84	民国出版史	吴永贵	福建人民出版社	2011
85	网众传播:一种关于数字媒体、网络化用户和中国社会的新范式	何　威	清华大学出版社	2011
86	微博:一种新传播形态的考察:影响力模型和社会性应用	喻国明 欧　亚 张佰明 王　斌	人民日报出版社	2011
87	消费文化传播与媒体社会责任	蒋建国	中国社会科学出版社	2011
88	政治传播:历史、发展与外延	段　鹏	中国传媒大学出版社	2011
89	作为劳动的传播:中国新闻记者劳动状况研究	王维佳	中国传媒大学出版社	2011
90	表达的力量:当中国公益组织遇上媒体	曾繁旭	上海三联书店	2012
91	传播公地的重建:西方另类媒体与传播民主化	罗　慧	社会科学文献出版社	2012
92	传播学科的奠定:1922—1949	胡翼青	中国大百科全书出版社	2012
93	从虚拟幻象到现实图景:网络舆论与公共领域的构建	罗坤瑾	中国社会科学出版社	2012
94	和谐与冲突:中国突发事件报道研究	张光辉	郑州大学出版社	2012
95	江西苏区报刊研究	陈信凌	中国社会科学出版社	2012
96	舆论学:舆论导向研究	陈力丹	上海交通大学出版社	2012
97	中国近代图像新闻史:1840—1919(全六卷)	韩丛耀等	南京大学出版社	2012

第七篇

高校学术概况

中国传媒大学2016年学术发展概况

中国人民大学新闻学院2016年学术发展概况

复旦大学新闻学院2016年学术发展概况

南京师范大学新闻与传播学院2016年学术发展概况

四川大学新闻学院2016年学术发展概况

河北大学新闻传播学院2016年学术发展概况

武汉大学新闻与传播学院2016年学术发展概况

北京大学新闻与传播学院2016年学术发展概况

暨南大学新闻与传播学院2016年学术发展概况

清华大学新闻与传播学院2016年学术发展概况

中山大学传播与设计学院2016年学术发展概况

天津师范大学新闻传播学院2016年学术发展概况

安徽大学新闻传播学院2016年学术发展概况

汕头大学长江新闻与传播学院2016年学术发展概况

南京大学新闻传播学院2016年学术发展概况

郑州大学新闻与传播学院2016年学术发展概况

华南理工大学新闻与传播学院2016年学术发展概况

浙江大学传媒与国际文化学院2016年学术发展概况

厦门大学新闻传播学院2016年学术发展概况

重庆大学新闻学院2016年学术发展概况

华中科技大学新闻与信息传播学院2016年学术发展概况

中国传媒大学2016年学术发展概况

一、学术成果概述

2016年，中国传媒大学获批国家级、省部级科研项目、课题34项，其中国家级11项，省部级23项。出版著作、教材101部，其中编著20部，教材13部，论文集2部，译著5部，专著61部；发表论文239篇。

二、学校现任领导

校长	党委书记	副校长	党委副书记	校长助理
胡正荣	陈文申	袁军、廖祥忠、蔡翔	刘守训、赵晖	王　志

三、所承担的国家级、省部级科研项目、课题

1. 2016年立项的国家级、省部级科研项目、课题

项目类型	项目名称	项目负责人
国家社会科学基金重点项目	国外互联网治理的理念模式及借鉴研究	王四新
国家社科教育学重点项目	社会变迁过程中青少年价值观的发展与影响机制研究	鲁景超
国家社会科学基金一般项目	文化领域供给侧问题研究	范　周
国家社会科学基金一般项目	新媒体环境下的重大突发事件舆论引导研究	高晓虹
国家社会科学基金一般项目	中国华语电视节目在海外受众中的传播效果研究	刘燕南
国家社会科学基金一般项目	舆情生态治理下的政务新媒体传播路径及效果研究	邹　煜
国家社科艺术学一般项目	世界各国文化法律、文化政策比较研究	魏晓阳
国家社科艺术学一般项目	当代中国电视娱乐节目的文化价值导向及传播研究	游　洁
国家社科艺术学一般项目	媒介融合时代视听内容生产研究	张国涛
国家社科艺术学青年项目	互联网时代公共文化服务体系建设研究	刘京晶
国家社科艺术学青年项目	互联网+时代的中国传统音乐文化传播模式研究	朱星辰

续表

项目类型	项目名称	项目负责人
教育部人文社会科学研究一般项目	中国电视体制创新的理念与路径研究	邓文卿
教育部人文社会科学研究一般项目	习近平总书记系列重要讲话精神研究专项任务	胡正荣
教育部人文社会科学研究一般项目	中国外层空间对外战略研究	仪名海
教育部人文社会科学研究一般项目	十八大以来教育系统反腐倡廉的传播效果评估与传播策略创新研究	赵　晖
教育部人文社会科学研究基地重大项目	中国主流媒体融合创新研究	段　鹏
教育部人文社会科学研究重点项目	互联网群体传播引发的社会问题研究	隋　岩
教育部语用司重点项目	政务新媒体语言使用状况监测与研究	段　鹏
新闻出版广电总局部级社科研究特别委托项目	基于《梅益工作日记》的新中国广播电视发展史研究	袁　军
新闻出版广电总局部级社科研究重点项目	国民听书率研究	蔡　翔
新闻出版广电总局部级社科研究重大项目	基于大数据的电影项目风险评估与风险控制研究	司　若
新闻出版广电总局部级社科研究重点项目	媒介融合背景下城市广电媒体改革发展研究	王晓红
国家语言文字委员会重点、重大项目	热点话题动态捕捉与趋势预测研究——以语言文字舆情为例	程南昌
新闻出版广电总局部级社科研究特别委托项目	推进融合发展、打造新型主流媒体研究	庞　亮
新闻出版广电总局部级社科研究一般项目	娱乐类节目的内容引导与跨屏传播管理研究	卜彦芳
新闻出版广电总局部级社科研究一般项目	“互联网+”时代广电媒体公共文化服务供给创新研究	高慧军
文化部专项一般项目	视听媒体虚拟现实（VR）作品内容创作研究	郭艳民
省级人文哲学社会科学基金基地重大项目	建设首都国际交往中心的文化贸易途径研究	李怀亮
北京市社科基金基地重大项目	媒介生态视野中的首都艺术影院发展策略研究	潘可武
北京市社会科学界联合会决策咨询重点、重大项目	党管媒体与依法管网相结合研究	段　鹏
北京市社会科学界联合会决策咨询重大项目	网络出版管理、服务现状及政策建议研究	刘燕南
外交部一般项目	非洲国家对中非产能合作的舆情研究	罗　雪
北京市社科基金青年项目	受众参与框架下提升北京市政务新媒体影响力研究	顾　洁
北京市社科基金重点项目	京津冀新生代农民工对社交媒体的使用及其社会认同研究	王锡苓

2. 2016 年结项的国家级、省部级科研项目、课题

项目类型	项目名称	项目负责人
教育部语用司研究重点项目	县市级政府网站语言文字使用状况监测与研究	段　鹏
北京市社会科学界联合会重大项目	舆论主动引导机制研究	唐远清
国家其他部委重点项目	用户收视行为数据分析模型研究及直播卫星数据业务规范	段　鹏
国家其他部委重点项目	社交电视国际发展趋势与技术政策研究	段　鹏
教育部人文社会科学研究基地重大项目	媒介融合背景下提高我国广播电视舆论引导能力研究	段　鹏
国家新闻出版广电总局部级社科研究一般项目	广播影视国际传播与中华文化传播战略研究	乐　琦
国家新闻出版广电总局部级社科研究一般项目	广播电视节目宏观调控政策措施研究	朱星辰
国家新闻出版广电总局部级社科研究一般项目	新中国成立 60 年中国电影摄影发展成就研究	梁　明
国家新闻出版广电总局部级社科研究重点项目	中国农村广播影视公共服务体系建设三大问题及其对策研究	杨乘虎
教育部人文社会科学研究一般项目	外媒针对中国事件新闻报道的语言学研究——批评话语分析的视角	侯福莉
国家社科基金一般项目	媒介融合背景下中国电视剧产业发展战略转型	李胜利
教育部人文社会科学研究青年项目	网络动员与社会转型:当代中国网络群体性事件研究	任孟山
教育部人文社会科学研究一般项目	微博参与社会管理的长效机制建设研究	谢进川
国家社科基金一般项目	传播学视域中的马克思主义大众化研究	刘东建
国家社科基金一般项目	媒介融合环境下的传媒法规与伦理研究	王　军

四、主要学术成果

1. 著述、教材情况

作者	著作类型	著作名称	出版社
艾红红	著	中国民营广播史	台湾花木兰文化出版社
包新宇	著	文献纪录片研究	知识产权出版社
曹晚红	著	中外生活服务类节目新模式分析	人民邮电出版社
陈文玲	著	村庄的记忆、舆论与秩序	北京大学出版社

续表

作者	著作类型	著作名称	出版社
陈娴颖	著	游戏链接生活——动漫游戏的3.0时代	知识产权出版社
陈娴颖	著	中国文化产业园区治理模式研究	社会科学文献出版社
丁　迈	著	全国广播电视新闻从业者调查报告	中国发展出版社
丁明拥	著	中国戏剧史学史稿	中国传媒大学出版社
丁明拥	著	周贻白与20世纪中国戏剧史学	中国文联出版社
杜莹杰	著	中国历史电视剧审美研究	中国传媒大学出版社
范　周	著	文化产业论纲	社会科学文献出版社
范　周	著	言之有范——读屏时代的文化思考	知识产权出版社
范　周	著	重构·颠覆　文化产业变革中的互联网精神	知识产权出版社
冯　亚	著	电视音乐艺术概论	开明出版社
冯丙奇	著	病毒式传播研究	中国传媒大学出版社
胡智锋、刘俊、杨乘虎、张国涛、赵曦	著	电视发展新论	中国社会科学出版社
胡智锋、杨乘虎、赵曦、张国涛、涂彦	著	电视艺术新论	中国社会科学出版社
黄京华	著	2011—2015年中国广告业发展报告——消费者	中国工商出版社
姬德强	著	数字化中国:有线电视数字化的政治经济学	中国广播影视出版社
姜　燕	著	声音的力量:中国电视剧声音理论与创作研究	中国传媒大学
蒋　多	著	互联网时代的阅读产业	知识产权出版社
靳　斌	著	真实如何呈现:阐释学视野下的纪录片叙事策略	社会科学文献出版社
靳　斌	著	重构与融合:电影产业新格局	知识产权出版社
李　煜	著	中国广播现代性流变——国民政府广播研究(1928—1949)	中国传媒大学出版社
刘　俊	著	融合时代的传媒艺术	中国传媒大学出版社
刘　亭	著	实践理性:大卫·波德维尔电影理论研究	中国传媒大学出版社
刘江红	著	中国社会结构变动与文化政策演进	社会科学文献出版社
刘京晶	著	互联网时代公共文化服务的治理变革	知识产权出版社
刘文杰	著	从责任避风港到安全保障义务——网络服务提供者的中介人责任研究	中国社会科学出版社
芦　影	著	平面的意蕴	中国人民大学出版社
陆佳怡	著	媒体外交:理论与实践	中国传媒大学出版社
陆嘉宁	著	黑色记忆:战争创伤影像杂谈	中国文联出版社
罗　雪	著	知识传播有效性理论及其路径	中国发展出版社
马　谛	著	娱乐节目主持艺术	中国传媒大学出版社
牛慧清	著	电视的理念	中国社会科学出版社

续表

作者	著作类型	著作名称	出版社
秦俊香	著	平民化与史诗化:电视剧风格论	中国传媒大学出版社
秦学智	著	传媒教育学(普通素养篇)	中央编译出版社
任孟山	著	伊朗大众传媒研究:社会变迁与政治沿革	中国传媒大学出版社
任孟山	著	那些书与人的相遇	中国文联出版社
宋　蕾	著	影视剧制片项目风险管理研究	中国传媒大学出版社
苏　颖	著	作为国家与社会沟通方式的政治传播:当代中国政治发展路径下的探讨	中国社会科学出版社
涂凌波	著	现代中国新闻观念的兴起	中国传媒大学出版社
汪　涛	著	中国世界文化遗产:探究与传播	经济日报出版社
王　晋	著	网络服务提供者著作权侵权责任研究	知识产权出版社
王保华、李磊磊	著	中国高等教育舆情报告 2016	高等教育出版社
王利丽	著	新世纪中国电视剧创作与审美研究	中国国际广播出版社
王青亦	著	制造性别:现代中国的性别传播	社会科学文献出版社
文春英、顾远萍	著	当代中国大众传媒研究	中国传媒大学出版社
萧盈盈	著	互联网+:电视的变革与迁徙	知识产权出版社
徐　辉	著	电视艺术新概念——中国电视艺术大事记	中国广播影视出版社
杨　扬	著	电影中的身体语言	中国传媒大学出版社
杨剑飞	著	文化产业园区生命周期研究——基于中韩园区的对比	社会科学文献出版社
阴军莉	著	受众与媒介人物准社会关系研究	现代教育出版社
喻　梅	著	新中国播音创作简史	中国传媒大学出版社
袁庆丰	著	黑皮鞋:抗战爆发前的新市民电影——1933—1937 年现存中国电影文本读解(下册)	台湾花木兰文化出版社
袁庆丰	著	黑皮鞋:抗战爆发前的新市民电影——1933—1937 年现存中国电影文本读解(上册)	台湾花木兰文化出版社
张净雨	著	叠影重重——重拍片叙事策略研究	中国传媒大学出版社
赵　均	著	中文人文社会科学学术期刊评价体系研究	中国传媒大学出版社
赵如涵	著	网生新闻网站与高品质报道:来自欧洲的实践与经验	中国传媒大学出版社
赵瑞琦	著	十年:全球危机与解读	中国书籍出版社
赵书波	著	基于互联网的艺术品交易问题研究——以众筹推动博物馆艺术产业开发为中心	知识产权出版社
卜希霆	编著	创意营造学	社会科学文献出版社
卜希霆、王青亦、刘文杰、郑波	编著	网罗城镇——未来城市的想象力	知识产权出版社

续表

作者	著作类型	著作名称	出版社
陈莹峰	编著	广电实战——2016 城市台台长管理实战	中国传媒大学出版社
丁俊杰、陈刚	编著	广告的超越——中国 4A 十年蓝皮书	中信出版集团
丁俊杰、林卉、刘英力	编著	口述历史在中国:多元化视角与应用	广西师范大学出版社
范周、卜希霆、杨剑飞	编著	创新·创意·创业——海峡两岸文创研究报告 2015	中国传媒大学出版社
何　伟	编著	中国媒体关注度报告(2016)	中国传媒大学出版社
何苏六	编著	中国纪录片发展报告 2016	社会科学文献出版社
金德龙、陈灿	编著	中国微电影 2016	中国传媒大学出版社
金雪涛	编著	文化产业投融资:理论与案例	经济科学出版社
刘秀文	编著	俄语新闻体裁运用与划分教程	黑龙江人民出版社
毛明华	编著	再现与重构	中国传媒大学出版社
齐勇锋	编著	中国文化的根基:特色文化产业研究(第二辑)	光明日报出版社
司若、赵丹	编著	影视风控蓝皮书:中国影视舆情与风控报告(2016)	社会科学文献出版社
索亚斌	编著	类型与作者:当代中国电影商业美学研究	作家出版社
王晓红、陈欣钢、田维钢	编著	媒介融合语境下的新闻传播教育改革	中国传媒大学出版社
王晓红、付晓光	编著	中国网络视频年度案例研究 2016	中国传媒大学出版社
阎　亮	编著	配音演播	中国传媒大学出版社
杨　燕	编著	戏曲电视剧创作新论	中国广播影视出版社
赵书波	编著	艺术品管理新逻辑——基于互联网 + 分享经济的探讨	社会科学文献出版社
段　鹏	译著	大众传播的效果	中国传媒大学出版社
康　瑾	译著	广告说服力	商务印书馆
吴炜华、付晓光	译著	新媒体批判导论(第二版)	复旦大学出版社
杨雪睿、田卉	译著	广告调查:理论与实务(第二版)	中国人民大学出版社
赵新利	译著	中国品牌全球化	中国传媒大学出版社
陈　默	教材	媒介文化传播	中国传媒大学出版社
陈刚、李振营、丰瑞	教材	电视摄影	中国传媒大学出版社
刘　宏	教材	新闻传播理论	中国传媒大学出版社
李　智	教材	媒介批评	中国传媒大学出版社
邵华冬、陈怡	教材	广告主数字媒体营销传播	中国传媒大学出版社
宋培义、谭华、刘洁	教材	影视制片管理	中国传媒大学出版社
谭　笑	教材	跨媒体营销策划与设计	中国传媒大学出版社
王　珏	教材	影视录音工艺与技巧	中国传媒大学出版社

续表

作者	著作类型	著作名称	出版社
吴　颖	教材	艺术管理与市场	中国传媒大学出版社
许行明	教材	电视节目编辑(第二版)	中国传媒大学出版社
张龙、崔林、张树华	教材	电视直播与现场报道	中国传媒大学出版社
张燕、王苏	教材	电子媒介经营与管理	中国传媒大学出版社
赵淑萍	教材	广播电视新闻采访与写作(第二版)	北京师范大学出版社
高晓虹、田维钢、付晓光	论文集	中国新闻传播研究 2014(下)	中国传媒大学出版社
齐勇锋	论文集	中国文化产业十家论文集	云南大学出版社

2. 发表论文情况

第一作者	论文名称	发表刊物名称	发表年月
白文刚	文明传播中的受众动机与传播效果	南京社会科学	2016/12
曹培鑫	从“出版传奇”到“流行阅读”——《万历十五年》在大陆出版历程研究	出版发行研究	2016/7
曾庆香	中美媒介建构“2015 年中美首脑会晤”框架的符号分析——一种跨文化传播个案的框架分析路径	西北师范大学学报(社会科学版)	2016/7
曾祥敏	浅论区域公益微视频的价值诉求和话语表达	中国电视	2016/11
曾祥敏	以更大智慧审视媒体变革与发展的现实问题——“电视论丛”的多维价值与多重品格	新闻记者	2016/10
曾祥敏	具有代表性的视频网站自制节目发展策略研究——基于节目类型形态、产制模式、盈利模式的分析	中国电视	2016/3
陈京炜	试论当代游戏与意识形态传达	现代传播(中国传媒大学学报)	2016/7
陈京炜	引擎电影的平凡之路	当代电影	2016/7
陈京炜	数字阅读替代纸本阅读的形态研究	现代出版	2016/5
陈卫星	新媒体的媒介学问题	南京社会科学	2016/2
陈莹峰	省级卫视艺术内容资源的管理流程构建	现代传播(中国传媒大学学报)	2016/9
成文胜	移动互联时代新闻作品著作权保护的现实困境——以《新京报》为例	当代传播	2016/9
成文胜	占据制高点　融合新媒体　提升舆论引导力——“人民共和国党报论坛”第十二届(2015)年会综述	现代传播(中国传媒大学学报)	2016/2
崔蕴鹏	巨幕、立体到 VR:影像“距离”空间的补全	当代电影	2016/12
戴　清	避免“泛综艺化”倾向　开掘文艺节目的历史文化内涵	中国电视	2016/8

续表

第一作者	论文名称	发表刊物名称	发表年月
戴　清	影视剧作品的评价标准——第二届“艺术与传媒”高端论坛综述	现代传播（中国传媒大学学报）	2016/7
戴　清	2015 年中国影视评论状况综述	艺术百家	2016/1
丁明拥	20 世纪中国戏曲史学的发展——从王国维到廖奔	艺术百家	2016/1
丁艳华	双重镜头里的幻象与真实——“虚幻”的人物传记影片《皮相猎影》	当代电影	2016/6
窦毓磊	Facebook VS 微信：中外社会化媒体商业模式对比研究	现代传播（中国传媒大学学报）	2016/1
段　鹏	论“中国梦”的对外传播策略——基于对《华盛顿邮报》和 CNN 有关“中国梦”报道内容分析研究	现代传播（中国传媒大学学报）	2016/8
段　鹏	试议新媒体环境下的地方电视新闻变革路径	河南社会科学	2016/5
范　周	“一带一路”战略背景下的中国文化软实力建设研究	同济大学学报（社会科学版）	2016/11
范　周	正确理解文化领域供给侧结构性改革	东岳论丛	2016/10
丰　瑞	中国纪录片制片人的历史考察与现实思考	现代传播（中国传媒大学学报）	2016/11
冯　亚	作为时空的艺术：无电场域音乐的存在方式	现代传播（中国传媒大学学报）	2016/10
冯宗泽	虚与实的光影尝试——浅谈虚拟现实电影的观赏特性	当代电影	2016/12
冯宗泽	互联网语境下中国影视的个体与社群	现代传播（中国传媒大学学报）	2016/9
付京香	新媒体环境下大学英语教学信息资源库建设构想	现代传播（中国传媒大学学报）	2016/10
付晓红	迷宫：中国近年犯罪片的叙事空间研究	当代电影	2016/11
高晓虹	立时代之潮头　领文化之繁荣——第 30 届中国电视剧“飞天奖”评述	中国电视	2016/1
高晓虹	媒体融合背景下传统媒体舆论引导面临的困境与出路	新华文摘	2016/3
耿益群	数字环境下欧盟媒介素养政策演进趋势	现代传播（中国传媒大学学报）	2016/1
龚伟亮	听取“乡土文化复兴”的蛩音——第二届河阳论坛暨“乡村、文化与传播”学术周活动综述	现代传播（中国传媒大学学报）	2016/12
顾　洁	新制度主义理论下的互联网治理模式与理论框架重塑	当代传播	2016/1
哈艳秋	试论五四时期毛泽东的报刊实践与报刊思想	现代传播（中国传媒大学学报）	2016/10
韩伯维	新世纪中国商业古装电影创作中戏剧元素的运用	当代电影	2016/5

续表

第一作者	论文名称	发表刊物名称	发表年月
何　佳	日趋“景观化”的怀旧空间与时尚空间	当代电影	2016/11
何苏六	映像中国:纪实影像对外传播的国家形象研究	现代传播（中国传媒大学学报）	2016/12
何苏六	中国纪录片生态的失衡与重构	中国电视	2016/8
侯　军	微相·圣像·形像——从德莱叶的电影《圣女贞德的受难》谈起	基督教思想评论	2016/8
胡黎红	四家大型互联网电影企业的差异化竞争评述	当代电影	2016/9
胡智锋	2015 年中国电视研究论文述评	艺术百家	2016/9
胡智锋	关于传媒学术研究的几点思考	社会科学战线	2016/7
胡智锋	2015 年中国电视研究著作述评	艺术百家	2016/5
胡智锋	进程与困境:模式引进时代中国电视的内容生产与产业发展	深圳大学学报（人文社会科学版）	2016/5
皇甫刚	雇主品牌结构与求职倾向关系	心理与行为研究	2016/9
黄　锐	创新驱动发展机理分析与实证研究	中国科技论坛	2016/8
黄　石	虚拟现实电影的镜头与视觉引导	当代电影	2016/12
黄典林	意识形态的概念谱系及其对传媒文化研究的影响	现代传播（中国传媒大学学报）	2016/8
黄典林	重读《电视话语的编码与解码》——兼评斯图亚特·霍尔对传媒文化研究的方法论贡献	新闻与传播研究	2016/5
黄升民	管控与融合:中国的媒体与资本在长期博弈中摸索前行	现代传播（中国传媒大学学报）	2016/11
江逐浪	探析 VR 作品对电影隐含作者的影响	当代电影	2016/12
江逐浪	中国文化传统中的道德英雄原型在当代影视剧中的转化	现代传播（中国传媒大学学报）	2016/8
姜　燕	景观中的声音意象与空间流动——以新世纪中国内地喜剧风格电影为例	当代电影	2016/11
姜　燕	中国内地电视剧声音创作实践历史研究	现代传播（中国传媒大学学报）	2016/9
姜　燕	浅论电视剧声音创作中“节奏”的艺术魅力	中国电视	2016/8
蒋　多	文化外交视域下“一带一路”的现实与未来	中国文化产业评论	2016/3
蒋志琴	设计家水墨表达类型论析——以李立新、杨志麟、李亦文为例	南京艺术学院学报（美术与设计版）	2016/7
金梅珍	我国数据新闻教育的困境与对策	现代传播（中国传媒大学学报）	2016/3
荆学民	探索品牌传播与政治传播良性互动新境界	新闻大学	2016/2

续表

第一作者	论文名称	发表刊物名称	发表年月
康秋洁	“中国形象”的另一维度——从自我认知开始	现代传播（中国传媒大学学报）	2016/4
郎劲松	政府认同差异化：对农政策传播的新困境——基于湖北省S市实地调研的研究	现代传播（中国传媒大学学报）	2016/11
李　力	追寻那一抹时代的气息——赵晓时电影摄影研究	当代电影	2016/1
李　频	木文先生借我用图片	现代出版	2016/7
李　频	中国期刊数字传播转型的认知起点和可能的实践路径	出版发行研究	2016/5
李　勇	数字技术与电影空间——由奥斯卡摄影奖入围影片看数字技术对电影空间的影响	当代电影	2016/6
李　煜	数据新闻时代，新闻教育还需要新闻史吗——以新闻史教学实践为中心的探究	现代传播（中国传媒大学学报）	2016/11
李　智	“互联网＋”语境下纪录片的话语重构和影像赋权	当代电影	2016/10
李丹林	互联网革命、宪法文化与传媒监管	现代传播（中国传媒大学学报）	2016/9
李怀亮	美国文化全球化扩张与渗透背景下的百老汇	红旗文稿	2016/7
李继东	构建舆论引导新格局需要重视微观话语的针对性	红旗文稿	2016/12
李巧针	美国女子学院：现状及改革动向	高教探索	2016/1
李文宁	觉醒与决绝——台湾新生代女导演王毓雅作品分析	当代电影	2016/12
李玥阳	红军不怕远征难——革命历史题材影视剧中的长征	文艺理论与批评	2016/9
刘　昶	中国广播电视记者现状研究——基于社会学的某种观照	现代传播（中国传媒大学学报）	2016/3
刘　洁	纪录片：在场与伦理道德的紧张	现代传播（中国传媒大学学报）	2016/10
刘　俊	论传媒艺术的大众参与性——传媒艺术特征论之三	现代传播（中国传媒大学学报）	2016/1
刘　楠	诵读艺术传播的后现代语境转向	现代传播（中国传媒大学学报）	2016/4
刘　硕	妙手生花的人与妙不可言的事——浅谈电影剪辑的隐形魅力	当代电影	2016/9
刘　硕	霾里看花：2015年中国电影创作观察与现象研究	当代电影	2016/4
刘　亭	从电影改编论“浮士德”形象的现代性	当代电影	2016/10
刘　亭	1959年：中国电影民族化美学的高峰	当代电影	2016/2
刘海舰	“看到”与“感受到”——手持摄影画面与斯坦尼康摄影画面的比较研究	当代电影	2016/6

续表

第一作者	论文名称	发表刊物名称	发表年月
刘晓希	“动态照明”视觉认知的影响因素研究——以日本“东京晴空塔”夜景照明为例	装饰	2016/3
刘新鑫	《我的战争》:割裂的视角与摇摆的类型	电影艺术	2016/11
龙小农	中国影视对非传播的渠道建设与效果分析	当代电影	2016/3
龙小农	从“兄弟”到“命运共同体”:中国建构对非洲话语体系的理念与实践	现代传播（中国传媒大学学报）	2016/1
卢　迪	中国新媒体影视作品类型化的市场分析	中国电视	2016/4
鲁景超	传媒变局对播音主持人才培养的影响和要求——基于对中国传媒大学毕业生的问卷与访谈	现代传播（中国传媒大学学报）	2016/4
陆佳怡	媒体外交视野下的国际争端:以美俄媒体对叙利亚化武事件的媒介化协商为例	国际新闻界	2016/10
陆嘉宁	现实 or 寓言? ——2015 年当代少数民族题材影片创作分析	当代电影	2016/8
罗　琳	追凶者也:风格杂糅与叙事断裂	电影艺术	2016/11
罗　雪	西方对非公共外交传播策略研究	现代传播（中国传媒大学学报）	2016/8
马　铨	中国网络视频行业的现状和未来——中国网络视频年度高峰论坛综述	现代传播（中国传媒大学学报）	2016/6
马建丽	2012—2015 年中国译制片发展现状研究	现代传播（中国传媒大学学报）	2016/7
孟　伟	广播内容生产与运营的新理念	河南社会科学	2016/8
苗　棣	2014—2015 年世界电视剧市场趋势观察	现代传播（中国传媒大学学报）	2016/12
潘　桦	网络小说改编电影的跨媒体叙事解读——从《鬼吹灯》系列电影改编说开去	现代传播（中国传媒大学学报）	2016/12
潘可武	媒介视角中的网络剧	西南民族大学学报（人文社会科学版）	2016/11
彭文祥	媒介:作为艺术研究解释范型中的“第五要素”——基于媒介文化新生态语境的美学思考	现代传播（中国传媒大学学报）	2016/6
蒲　剑	中国电影产业的人才短板及对策	现代传播（中国传媒大学学报）	2016/7
齐　骥	供给侧与需求侧协同视角下的文化产业发展研究	深圳大学学报（人文社会科学版）	2016/11
齐　骥	文化产业供给侧结构性改革的要素与行动逻辑研究	东岳论丛	2016/10

续表

第一作者	论文名称	发表刊物名称	发表年月
齐　骥	我国文化产业供给侧结构性改革的探索与思考	福建论坛（人文社会科学版）	2016/8
秦俊香	一个女人的传奇史诗——简评电视剧《芈月传》	中国电视	2016/5
秦瑜明	文化类视听节目应注重精准的媒介生态定位（摘要）	新华文摘	2016/6
任孟山	中国国际传播的全球政治与经济象征身份建构	现代传播（中国传媒大学学报）	2016/9
邵　军	宏佛塔出土绢画题材内容再探	敦煌研究	2016/8
邵　军	试论美术考古与历史题材影片的美术设计	当代电影	2016/5
沈　浩	数据新闻：现代性视角下的历史图景	新闻大学	2016/4
施旭升	媒介新生态语境中的传媒艺术发展和理论创新——首届“艺术与传媒”高端论坛综述	现代传播（中国传媒大学学报）	2016/3
施旭升	传媒整合时代艺术何为——首届“艺术与传媒”高端论坛综述	文艺研究	2016/2
舒　怡	新媒体影响下的新兴艺术跨界融合	现代传播（中国传媒大学学报）	2016/1
司　若	2015 中国电影产业“乌云现象”分析	当代电影	2016/4
司　若	电影项目风险评估的指标与方法体系研究	当代电影	2016/2
宋　戈	网络媒介语境下苗族文化的生存选择——基于贵州黔东南施洞镇的个案研究	贵州社会科学	2016/11
宋　戈	现代媒介与苗族文化变迁——以黔东南施洞镇为例	贵州民族研究	2016/2
宋　凯	从内容到渠道：基于芒果 TV 看传统电视媒体转型	现代传播（中国传媒大学学报）	2016/7
苏　颖	舆论领袖的失灵——当代中国政治传播中介链条的断裂	国际新闻界	2016/4
隋　欣	新媒介环境听觉文化复兴的可能	当代传播	2016/7
隋　岩	互联网群体传播时代的网络语言与准社会交往	社会科学战线	2016/11
隋　岩	叙事重构时代	现代传播（中国传媒大学学报）	2016/4
隋　岩	社会化媒体传播中的主体性崛起与群体性认同	新闻记者	2016/2
孙　斌	科技与艺术的交融——论多媒体技术在电视综艺节目中的运用	中国电视	2016/2
孙百卉	真实反映社会现实　深刻探讨人性蜕变——评电视剧《中国式关系》的艺术性与思想性	中国电视	2016/11
孙英春	传统、软实力与中国文化的“全球视域”	浙江学刊	2016/3
孙振虎	虚拟现实技术背景下纪录片的创作路径研究	中国电视	2016/11

续表

第一作者	论文名称	发表刊物名称	发表年月
孙振虎	基于 T2O 模式的电视节目创新研究	现代传播（中国传媒大学学报）	2016/8
孙振虎	浅析受众卷入度对娱乐教育节目励志思想的传播价值	中国电视	2016/7
谭　苗	当代少数民族题材电影的草原叙事	当代电影	2016/8
谭　笑	电影营销领域中的新媒体元素应用	当代电影	2016/7
田维钢	历史的温度：纪录片《旅顺记忆 1904—1905》的叙事张力	中国电视	2016/9
田维钢	社交媒体时代电视受众如何变用户——来自《罗辑思维》的启示	当代传播	2016/7
涂凌波	草根、公知与网红：中国网络意见领袖二十年变迁阐释	当代传播	2016/9
涂凌波	实用主义影响下学理与术业之并重：再论 20 世纪初中国新闻教育观念	现代传播（中国传媒大学学报）	2016/3
万彬彬	试论虚拟现实（VR）技术对纪录片发展的影响	现代传播（中国传媒大学学报）	2016/10
万彬彬	试论 IP 与纪录片及其对中国纪录片产业发展的影响	中国电视	2016/4
王　栋	基于因子分析的企业竞合关系评价体系研究	科研管理	2016/
王　婧	论纪录片影像叙事的拼贴形式与意合逻辑	当代电影	2016/5
王　韡	中国流行音乐演唱的社会学宏观考察——基于社会干预、社会效应与社会生产的视角	现代传播（中国传媒大学学报）	2016/6
王　韡	民国时期电影歌曲的演唱风格研究	中央音乐学院学报	2016/5
王　昕	关系　理解　参与：大数据与广告互动的三个关键问题	现代传播（中国传媒大学学报）	2016/11
王　昕	融合背景下传统媒体的发展误区与创新路径	甘肃社会科学	2016/11
王　昕	中国社会主流文化变迁的广告镜像	兰州学刊	2016/11
王　茵	民族·都市·个体——以《告别》为例探析当代少数民族家庭情节剧新变奏	当代电影	2016/8
王　茵	穆德远影像风格研究	当代电影	2016/1
王灿发	微信谣言传播“破窗”特征及修补策略探讨	中国出版	2016/8
王栋晗	创业导向与企业绩效：制度创业的观点	经济体制改革	2016/9
王黑特	2015 年现实题材电视剧述评	中国电视	2016/4
王黑特	网络动画与电视动画的叙事差异探析	现代传播（中国传媒大学学报）	2016/2
王杰文	论民俗传统的“遗产化”过程——以土家族“毛古斯”为个案	北京师范大学学报（社会科学版）	2016/7

续表

第一作者	论文名称	发表刊物名称	发表年月
王锦慧	韩国电视节目进入中国电视市场的模式及其影响	现代传播（中国传媒大学学报）	2016/10
王可越	跨文化影响与中国动画	中国电视	2016/2
王可越	艺术的传媒化：当代媒介与艺术的共生	现代传播（中国传媒大学学报）	2016/1
王利丽	农村题材电视剧中的城市想象与主题建构	中国电视	2016/12
王利丽	2015：网络自制剧的异军突起	当代电影	2016/4
王青亦	女书传播的主体、渠道及其启示	现代传播（中国传媒大学学报）	2016/11
王青亦	国族革命背景下女性报刊出版景观——《中国新女界杂志》考略	现代出版	2016/3
王润珏	“互联网＋时代”的传媒产业：转型指向与技术陷阱	现代传播（中国传媒大学学报）	2016/12
王润珏	卫视节目版权引进面临拐点？	读书	2016/10
王晓红	中国网络视频产业：历史、现状及挑战	新华文摘	2016/10
王晓红	中国网络视频产业：历史、现状及挑战	现代传播（中国传媒大学学报）	2016/6
王晓红	2015 年电视综艺节目的创新思考	中国电视	2016/5
王樱朴	试论音乐如何联觉刻画电影人物的精神特征	当代电影	2016/5
王永恩	论田汉抗战戏曲的创作理念	戏剧	2016/10
王永恩	战争的诗篇——20 世纪 80 年代以来苏联卫国战争戏剧的中国舞台呈现	俄罗斯文艺	2016/10
韦　杰	大众性音乐期刊的更名改版和发展趋势	现代出版	2016/9
文春英	“媒体 X”：再论媒体的社会功能	现代传播（中国传媒大学学报）	2016/12
吴敏苏	Snapchat Discover 上的 CNN：动因、特点与挑战	现代传播（中国传媒大学学报）	2016/9
吴炜华	传播情境的重构与技术赋权——远距家庭微信的使用与信息互动	当代传播	2016/9
谢伦灿	激荡创新，文化产业竞争力提升的根基与使命	现代传播（中国传媒大学学报）	2016/6
徐　辉	绵延的灵性空间——从近年来国产动画片说起	当代电影	2016/11
徐竟涵	“剧情之外的美感”——浅析贾樟柯“混杂性”的纪实美学	当代电影	2016/6
徐智鹏	新媒体时代纪录片“第一人称”叙事风格研究	当代电影	2016/5

续表

第一作者	论文名称	发表刊物名称	发表年月
薛永斌	省级电视媒体领导者领导力提升对策研究	现代传播（中国传媒大学学报）	2016/8
薛永斌	大学生创业能力培养与提升策略研究——基于创业教育生态系统构建	学术论坛	2016/9
薛永斌	互联网时代期刊品牌延伸策略研究	现代出版	2016/7
严　玲	微信:媒介化生存的新物种	现代传播（中国传媒大学学报）	2016/2
杨　红	非遗数字化需避免流于形式	新华文摘	2016/10
杨　扬	人与技术的博弈——数字媒体时代的电影表演	当代电影	2016/7
杨　悦	韩国偶像剧的消费价值观在我国青少年中的传播研究	现代传播（中国传媒大学学报）	2016/4
杨洪涛	国产都市情感剧的几个关键词	中国电视	2016/10
杨洪涛	历史传记题材电视剧的绚丽绽放——兼谈电视剧《少帅》	中国电视	2016/4
杨洪涛	论谍战剧的悲剧意识	现代传播（中国传媒大学学报）	2016/2
姚小鸥	唐墓壁画演剧图与《踏摇娘》的戏剧表演艺术	文艺研究	2016/1
喻　梅	论播音主持人才选拔路径与机制构建	现代传播（中国传媒大学学报）	2016/8
詹　骞	乡村治理视野下的乡镇政府微博研究	当代传播	2016/3
张　寒	大学——产业界科研成果流动模式的演变:从技术转移到知识交换	科学学与科学技术管理	2016/2
张　晶	“万物一体”思想与中华诗学的审美特征	江苏社会科学	2016/2
张　晶	《庄子》“大美”思想论析	求是学刊	2016/1
张　晶	中国古代文论阐释的多元向度与价值判断	甘肃社会科学	2016/1
张　开	媒介素养学科建立刍议	现代传播（中国传媒大学学报）	2016/1
张　玲	“互联网＋”时代我国时尚电视媒体的转型创新探索	现代传播（中国传媒大学学报）	2016/7
张　玲	我国时尚类电视节目的发展态势及内涵构建	中国电视	2016/3
张　龙	2015 年英国大选中新闻媒体政治修辞的运用与批判——以《太阳报》和《镜报》为例	新闻与传播研究	2016/9
张　龙	中国藏文化题材纪录片国际传播中的“东方主义”困境与出路探析	中国电视	2016/3

续表

第一作者	论文名称	发表刊物名称	发表年月
张　希	类型、叙事、空间、文化衍变与创新——2015 年中国电影启示录	当代电影	2016/4
张　燕	美国期刊业数字化转型的渠道分布态势及启示	现代出版	2016/9
张　燕	传统新闻媒体转战社交媒体的内容运营策略——对澎湃新闻微信公众号的内容分析	出版科学	2016/7
张净雨	空间叙事思维与叙事空间特色——近年中国奇幻片的空间叙事研究	当代电影	2016/11
张净雨	以影作画——画家传记片的视觉化叙事策略研究	当代电影	2016/1
张敬婕	制作出性别敏感的新闻是否可能？——基于对北京市 10 家媒体机构 40 位媒体从业者的深访	现代传播（中国传媒大学学报）	2016/2
张启忠	文化的繁花与故事的"祛魅"——评动画片《小门神》	当代电影	2016/3
张晓红	《人民日报》评论版：特色、亮点及提升空间分析	新华文摘	2016/3
张艳秋	非洲出版业的历史、现状与挑战	现代出版	2016/11
张艳秋	A New Representation of Africa? The Use of Constructive Journalism in Narration of Ebola by CD and BBC	*Ecquid Novi: African Journalism Studies*	2016/9
张艳秋	A Perception Study on China's Media Engagement in Kenya: From Media Presence to Power Influence?	*Chinese Journal of Communication*	2016/3
张一玮	"烟花女儿翻身记"：两部禁娼电影中的女性表演及其文化意义	文艺研究	2016/5
张一玮	感知、空间与都市性：电影中的电梯影像	文化研究	2016/4
张政法	新生态下播音主持教育的适应与调整	现代传播（中国传媒大学学报）	2016/12
张志华	"新地球村"的想像	国际新闻界	2016/10
张宗伟	20 世纪 90 年代以来《西游记》的电影改编	当代电影	2016/10
张宗伟	论历史题材纪录片的当代意识	中国电视	2016/10
张宗伟	新时期以来重大题材文献纪录片的创作	中国电视	2016/9
赵　丹	我国电影院线行业市场结构分析与发展对策	当代电影	2016/8
赵　曦	最大程度切近历史　呈现最真实的长征	中国电视	2016/11
赵　曦	和平年代战争题材纪录片的价值再发掘	现代传播（中国传媒大学学报）	2016/2
赵风民	试析中国当代电影观众视觉思维的方式特征	当代电影	2016/5
赵如涵	互动纪录：融媒体环境中的新闻报道的新理念与新实践	现代传播（中国传媒大学学报）	2016/7
郑丹琪	国家形象片传播策略探析	现代传播（中国传媒大学学报）	2016/12

续表

第一作者	论文名称	发表刊物名称	发表年月
郑丹琪	IP剧也可锻造精品:从《琅琊榜》热播看电视剧创作的新思路	中国电视	2016/4
郑向荣	电视真人秀节目的价值导向与娱乐功能的和谐共振	中国电视	2016/6
周　逵	竞争性的图像行动主义:中国网络民族主义的一种视觉传播视角	国际新闻界	2016/11
周　逵	欢迎来到真实的荒漠	新闻记者	2016/10
周　逵	作为传播的游戏:游戏研究的历史源流、理论路径与核心议题	现代传播（中国传媒大学学报）	2016/7
周　文	现实的抽象与人类的仪式——亚恩·阿蒂斯·贝特朗的纪录片《人类》解析	现代传播（中国传媒大学学报）	2016/5
周丽娜	女性领导力的潜力、能力、权力培养	现代传播（中国传媒大学学报）	2016/9
周艺文	新世纪以来内地电影理论创新批评综述	现代传播（中国传媒大学学报）	2016/10
朱星辰	手抄、印刷与数字出版时代的乐谱传播	出版发行研究	2016/12
朱星辰	音乐作品在新媒体电影中的植入优势	当代电影	2016/7
朱振明	拉美传播研究中的“现代性/殖民性”方案	现代传播（中国传媒大学学报）	2016/6
庄琦春	英国电视剧文化认同探究	现代传播	2016/12

3. 承办会议

（1）2016年6月18日，国务院学位委员会第七届新闻传播学学科评议组与2013—2017年教育部高等学校新闻传播学类专业教学指导委员会联席会议，在中国传媒大学新国际交流中心举行。

（2）2016年4月21日，由中国传媒大学中国网络视频研究中心和五大视频网站联合主办、新闻传播学部承办的“中国网络视频年度高峰论坛暨首届颁奖典礼”在中传国际交流中心举行。

（3）2016年5月28日，“首届全国新闻学博士生学术年会”在中国传媒大学国际交流中心召开。本次年会由中国传媒大学新闻传播学部新闻学院主办，年会聚集了来自国内外高校的学者，围绕“融合·重构·创新——新闻学研究的现实与未来”这一主题畅所欲言，共同探讨新时代、新语境下新闻学研究的理念与范式。

（4）2016年6月17日，中国传媒大学举办了“全球传播与东亚：来自新媒体与社交网络的全球传播灵感”论坛。此次论坛由中国传媒大学主办，新闻传播学部电视学院承办，国际中华传播学会（CCA）、美国韩裔传播学会（KACA）协办，主要着眼于新媒体技术带来的文化交融，讨论全球传播给东亚传播学者带来的挑战与机遇，并思考在当今时代，传播者怎样发出最有力的声音，什么才是最有效的交流。

（5）2016年6月20日—7月1日，由教育部人文社科重点研究基地——中国传媒大学广播电视研究中心、加拿大西蒙菲莎大学传播学院、英国西敏寺大学传播与媒介研究所和香港中文大学新闻与传播学院联合主办的“传播、文化与全球南方：第八届四校联合国际暑期班”在浙江省丽水市缙云县成功举办。本届暑期班由中国传大学长江学者讲座教授赵月枝担任执行院长的河阳乡村研究院联合丽水学院承办，缙云县图书馆、中国传媒大学传播政治经济学研究所协办。

（6）2016 年 9 月 22 日，由教育部人文社科重点研究基地——中国传媒大学国家传播创新研究中心（原广播电视研究中心）和郑州大学新闻与传播学院、新媒体研究中心、穆青研究中心联合主办的第十六届中国传播论坛（2016）暨第二届“新媒体公共传播”国际学术研讨会在郑州大学召开。

（7）2016 年 10 月 15 日，2016“广播电视学学科建设”学术研讨会在中国传媒大学国际交流中心召开。来自中国人民大学、中国传媒大学、华中科技大学、中央人民广播电台、《光明日报》等高校和媒体的数十位专家学者，围绕赵玉明教授主持的教育部人文社科重点研究基地——中国传媒大学广播电视研究中心重大项目“广播电视学学科体系研究”终期成果《广播电视学学科体系建设研究》（中国广播影视出版社 2015 年版）进行了热烈讨论，并探讨了新媒体环境下广播电视学学科的定位及发展等前沿问题。

（8）2016 年 11 月 5—6 日，“第六届全国广播学术研讨会”在中国传媒大学国际交流中心举行，来自全国各地的 50 多家广电媒体及新闻院系代表近 200 人参加了此次会议。

（9）2016 年 12 月 9 日，2016 中国传播论坛系列活动之第二届“媒介融合变革时代的电视发展”学术论坛在中传国际交流中心召开。本届论坛由教育部人文社科重点研究基地——中国传媒大学国家传播创新研究中心（原广播电视研究中心）主办，华东师范大学传播学院、浙江大学传媒与国际文化学院和上海师范大学人文与传播学院联合协办。来自业界和学界的五十余位专家学者，就媒介融合背景下电视政策、产业、文化和理论的创新等议题，进行了深入研讨，达成了广泛共识。

五、新闻传播学刊物及学术网站

1.《现代传播（中国传媒大学学报）》

核心学术期刊《现代传播（中国传媒大学学报）》系国家社科基金资助期刊，CSSCI 来源期刊，教育部“名刊工程”入选期刊，中文核心期刊，中国人文社科核心期刊。

《现代传播》原名《北京广播学院学报》（人文社会科学版），1979 年创刊，1994 年 8 月更名为《现代传播（北京广播学院学报）》，2005 年 1 月经国家新闻出版总署批准改用现名。该刊是以广播电视为中心的中国权威传媒学术期刊，国内外公开发行。

《现代传播》开设有传媒观察、传播文化、新闻学与传播学、传媒艺术、繁荣哲学社会科学前沿、纪录片研究、媒介经营与管理、新媒体研究、传媒教育、随笔札记、学术动态、来稿摘登。

2.《中国国际传播发展报告》

《中国国际传播发展报告》（国际传播蓝皮书）由教育部人文社科重点研究基地——中国传媒大学国家传播创新研究中心（原广播电视研究中心）组织，2014 年出版的第一部，会聚了从事国际传播实务的政府部门、主流媒体、教育文化以及其他信息传播机构的领导、专家与国内外知名学者，共同编撰而成。此蓝皮书计划每两年出版一次，期待此书能够成为政府决策的思想库、业界实操的数据库以及学术研究和广大传媒爱好者学习和讨论的资料库。

3.《全球传媒蓝皮书：全球传媒发展报告》

该书分析世界主要国家和地区传媒发展态势。书中从全球传播业总貌、传播行为、社会化传播和新闻消费四个层次分析了全球信息传播发展态势；从总体发展概况、行业与市场结构和发展趋势三个层次分别梳理和分析中国、美国、日本、英国、法国、韩国、俄罗斯和印度等国家和地区的传媒市场发展情况；从社会化传播影响的角度讨论了全球视听新媒体、有线电视机顶盒、传统电视转型等问题。本书自2011年以来已经连续出版5年，形成了优质、默契的研究团队，取得了很好的成绩：《全球传媒发展报告》总报告荣获第五届“优秀皮书报告奖”。

4.《新媒体前沿发展报告》

《新媒体前沿发展报告》由中国传媒大学国家传播创新研究中心（原广播电视研究中心）携手国内外相关领域的优秀学者和业界精英，致力于深入研究全球传媒和新媒体的发展现状及趋势。该书自2011年以来已经连续出版5年，形成了优质的研究团队，入选教育部哲学社会科学系列发展报告培育项目。

5.《国际传播》

主办单位：中国国际广播电台；协办单位：中国传媒大学、北京外国语大学。围绕中心，服务大局，联结中外，沟通世界。立足实践性，紧密贴近我国国际传播工作实际；突出对外性，着力解决我国对外传播中存在的理论和实践问题；兼顾学理性，为我国国际传播提供理论指导和决策参考；体现前瞻性，提升我国国际传播的主动性和主导性，促进国际传播实现国家战略和外交政策目标。

6.《媒介研究》

中国传媒大学国家传播创新研究中心（原广播电视研究中心）出版的网络期刊《媒介研究》是教育部主管的在线期刊，是一本立足于中国媒介领域的纯学术刊物，它以每期一个研究主题的方式组织内容，关注新的传播现象，倡导新的媒介思维。期刊网址：http：//rirt. cuc. edu. cn/media/。

7.《现代出版》

《现代出版》杂志由国家教育部主管，中国大学出版社协会、中国传媒大学出版社主办，逢单月10日出版。2012年刊物正式成为中文核心期刊和中文社会科学引文索引（CSSCI）来源期刊。2013年，刊物开始面向全国征订发行。《现代出版》同时与中国知网、万方数据、龙源等多家数据库开展合作，致力于反映出版业改革发展动态，展示理论研究成果，交流编辑出版实务，弘扬现代出版文化。

8.《中国新闻传播研究》

新闻传播学部出版《中国新闻传播研究》（半年刊），对当年的新闻传播学界的热点话题进行探讨与梳理，内容涵盖新闻传播学界各类媒介发展状况、内容生产创新创优之处、传播技术的最新发展等各个方面，对学界和业界有一定的理论与实践指导意义。反映了新闻传播学界最新的研究成果。《中国新闻传播研究》分为新媒体评论、广播电视观察、媒介前沿、理论与历史等板块。

9.《中国网络视频案例研究报告》

中国网络视频研究中心每年都发布当年的《中国网络视频案例研究报告》。报告遴选该年度中国网络视频传播生态中最具代表性、最具影响力的案例，进行深入解析，透视网络视频行业发展的大格局、大趋势。以单个案例为切口，透视现象背后的产业格局、内容生产、传播理念、行为效果、文化分析以及利益纠葛。

10.《中国新闻传播学评论》

新闻传播学部传播研究院出版《中国新闻传播学评论》系列辑刊，中国传媒大学出版社出版。其旨在打造一个开放包容的学术平台，尤其关注中青年优秀学者的作品，紧贴国际学术前沿，关注本土问题。

2014 年出版第一辑，每年出版一辑。

11. 《媒介》杂志

杂志 2001 年创刊，是中国传媒大学广告学院创办和运营的国内权威的媒介行业专业期刊，《媒介》杂志围绕媒介主题，探讨媒介现状、发展和趋势，深入剖析媒介新现象、新动态、新观念、新模式、新技术，该杂志已经出版 100 期。《媒介》杂志除了每月一期的纸质出版以外，每月还推出传统媒体和新媒体两个《媒介月讯》电子刊。学生可以参与媒介杂志内容的采编，通过一手的采访、调研、写稿件、发表文章，了解媒体领域的变化，参与纸质媒体和电子媒体日常运作。

12. 《新闻传播学前沿》

中国传媒大学新闻传播学部新闻学院主编的《新闻传播学前沿》由中国传媒大学出版社出版，主编哈艳秋、刘昶。全书 40 余万字，主要有前沿话题、新闻工作群众路线、新闻传播史、新闻传播理论、新闻传播事务、实证研究、传媒文化与传媒教育、网络与新媒体、媒介经营与管理、域外传播等栏目。自 2004 年出版至今，已经连续出版 11 年。

供稿：中国传媒大学

中国人民大学新闻学院 2016 年学术发展概况

一、学术成果概述

2016 年，中国人民大学新闻传播学科科研统计共承担 6 个国家级、省部级科研项目，其中国家级项目 3 个，省部级项目 3 个；出版著作、教材 15 部；发表论文 165 篇。

同时，学院主办、承办了 2016 年中国体育电视发展论坛、国际传播学协会 2016 年会·北京后续会议、第二届“食药安全与传播创新青年学者论坛”、中国人文社会科学论坛 2016：中俄新闻教育与传媒发展、第十二届“中国记者节大型公益论坛”、方汉奇新闻史学思想研讨会暨方汉奇从教 65 周年纪念大会等大型学术会议。

二、学院现任领导

院长	执行院长	党委书记	副院长	副书记
赵启正	郭庆光	蔡雯	胡百精、周勇、杨保军	张辉锋、蒙彬

三、2016 年学院新晋升教授

姓名	职称	研究方向
张辉锋	教授	媒介经济

四、所承担的国家级、省部级科研项目、课题

1. 2016 年立项的国家级、省部级科研项目、课题

项目类型	项目名称	项目负责人
国家社会科学基金项目重大项目	中俄媒体交流、战略传播与全球治理中制度性话语权的构建研究	赵永华
全国艺术科学规划项目一般项目	20 世纪前期中国设计的“西化”倾向与民族化探索	王树良
国家社会科学基金项目一般项目	我国数据新闻的理念、实践及其人才培养模式研究	许向东
教育部人文社科项目基地重大项目	社会关系网络视域下的舆情演化的类型、突变点及其特异性研究	胡百精
教育部人文社科项目基地重大项目	网络舆情的国家治理范式创新：社会安全态势感知、识别与预警机制研究	周　勇
教育部人文社科项目专项任务项目	习近平总书记新闻宣传舆论工作系列重要讲话研究	郑保卫

2. 2016 年结项的国家级、省部级科研项目、课题

项目类型	项目名称	项目负责人
教育部人文社科项目基地重大项目	新传媒时代新闻活动主体关系研究（新闻主体论）	杨保军
教育部人文社科项目基地重大项目	欧洲五国新闻传播史研究	陈立丹
教育部留学归国人员科研启动基金项目	中美新闻发布会媒体关系维护策略比较研究	张　迪
教育部留学归国人员科研启动基金项目	美剧的中国受众之研究	陈　阳
教育部留学归国人员科研启动基金项目	社会化媒体使用对老年人社会关系构建的影响研究	潘曙雅
教育部人文社科项目普及读物项目	微博时代的舆情管理——领导干部通俗读本	喻国明
北京市社科联项目青年社科人才资助项目	大数据时代北京传媒业的变革与创新研究	方　洁

五、主要学术成果

1. 著述、教材情况

第一作者	著作名称	出版社
陈　绚	新闻传播与媒介法治年度研究报告(2016)	中国人民大学出版社
陈　绚	新闻传播伦理与法规教程	中国人民大学出版社
陈继静	笔锋胜剑:新闻媒体如何塑造美国历史	新华出版社
黄　河	风险沟通:环境、安全和健康风险沟通指南	中国传媒大学出版社
匡文波	数字出版教程	中国人民大学出版社
刘　宏	新闻传播理论	中国传媒大学出版社
栾轶玫	有权无责	清华大学出版社
王树良	49 个成就平面设计的关键词	上海人民美术出版社
王树良	利奥塔眼中的艺术	重庆大学出版社
杨保军	新闻主体论	人民日报出版社
殷　强	我的中国梦——图览侨联三十年不凡岁月	中国华侨出版社
殷　强	汉风藏韵——金铜佛像影像艺术	中华书局
于东东	鸟类摄影	中国摄影出版社
张辉锋	转型与抉择:十字路口的传媒业	人民日报出版社
张金玺	美国公共诽谤法研究:言论自由与名誉权保障的冲突与平衡	中国人民大学出版社

2. 发表论文情况

第一作者	论文名称	发表刊物名称	发表年月
蔡　雯	融合转型的传媒业需要什么样的新闻传播人才?——对近年传媒业人才需求状况的观察与分析	新闻记者	2016/12
蔡　雯	新闻传播教育改革热点观察——基于近五年新闻教育改革研究成果的综合检索	当代传播	2016/5
曹　璞	"无形学院"视域下的传媒经济学:静态结构与动态演进	新闻大学	2016/6
常　江	虚拟现实新闻:范式革命与观念困境	中国出版	2016/5
常　江	重构叙事?虚拟现实技术对传统新闻生产的影响	新闻记者	2016/9
常　江	资本的力量:聚焦阿里巴巴收购《南华早报》	新闻界	2016/1
常　江	美国主流媒体对中国与印度形象再现的话语差异	新疆大学学报(哲学·人文社会科学版)	2016/7
常　江	电视产业结构如何作用于电视文化:中美两国比较分析	深圳大学学报(人文社会科学版)	2016/5
常　江	中国语境下的电视新闻调查性报道:基于对《新闻调查》(1996—2006)的个案考察	国际新闻界	2016/3

续表

第一作者	论文名称	发表刊物名称	发表年月
常 江	超越二元对立:外宣视频《"十三五"之歌》的传播效果与中国对外传播的后结构转向	新闻大学	2016/2
陈 绚	论记者的私德与媒介的公德	山西大学学报(哲学社会科学版)	2016/1
陈 阳	为什么观看美剧不影响国族主义?——全球化背景下的中国受众	国际新闻界	2016/9
陈力丹	党性和人民性的提出、争论和归结——习近平重新并提"党性"和"人民性"的思想溯源与现实意义	安徽大学学报(哲学社会科学版)	2016/11
陈力丹	"一带一路"下跨文化传播研究的几个面向	江西师范大学学报(哲学社会科学版)	2016/1
陈力丹	关系:移动互联时代传统媒体转型的逻辑起点——读第20个玛丽·梅克尔的互联网报告	编辑之友	2016/7
陈力丹	坚持以人民为中心的新闻工作导向	国际新闻界	2016/7
陈力丹	努力缩小我国互联网与世界先进水平的差距	新闻记者	2016/2
陈力丹	平和发展的挪威新闻传播业	新闻界	2016/6
陈力丹	从动荡走向平稳发展的乌干达新闻传播业	新闻界	2016/3
陈力丹	从合作社会主义走过来的圭亚那新闻传播业	新闻界	2016/4
陈力丹	海纳百川的荷兰新闻传播业	新闻界	2016/4
陈力丹	走向法治化新闻自由的智利新闻传播业	新闻界	2016/9
陈力丹	从严控封锁走过来的阿尔巴尼亚新闻传播业	新闻界	2016/11
陈力丹	党报的组织性	新闻界	2016/10
陈力丹	马克思参与编辑的《寄语人民》周刊	新闻界	2016/11
陈力丹	传播学面临的危机与出路	新闻记者	2016/8
陈力丹	2015年中国新闻传播学研究的十个新鲜话题	当代传播	2016/1
陈力丹	2015年中国的新闻传播学研究	国际新闻界	2016/1
陈力丹	泛众传播视域下的新闻真实	新闻与写作	2016/3
陈力丹	社交新闻聚合网站的新闻价值运作路径——以嗡嗡喂为例	当代传播	2016/11
陈力丹	新《广告法》实施后"广告新闻"现象分析	新闻界	2016/1
陈力丹	牙买加:加勒比地区新闻传播业发达的国家	新闻界	2016/2
丁汉青	美国动画电影票房的影响因素分析及预测模型建构——与真人电影的比较研究	新闻大学	2016/2
丁汉青	电影生产方式与票房间关系的实证研究	国际新闻界	2016/1
丁汉青	中国传媒上市公司股权结构对经营绩效的影响	当代传播	2016/5

续表

第一作者	论文名称	发表刊物名称	发表年月
丁汉青	传媒业转型员工转型前后工作满意度对比研究	现代传播（中国传媒大学学报）	2016/2
董俊祺	韩国网络空间的主体博弈对我国信息安全治理的启示——以韩国网络实名制政策为例	情报科学	2016/4
董俊祺	网络治理的多方博弈——韩国网络实名制的历史回顾	南京理工大学学报（社会科学版）	2016/6
方　洁	媒体人眼中的数据新闻实践：价值、路径与前景——一项基于七位媒体人的深度访谈的研究	新闻大学	2016/4
房宪鹏	新市场环境下出版社渠道管理的应对策略	出版发行研究	2016/6
冯建华	记者拒证权研究：价值模式与发展趋向	新闻与传播研究	2016/4
冯建华	新媒体环境下记者拒证权的伦理困境与核心问题	华南师范大学学报（社会科学版）	2016/8
甘险峰	新媒体素养教育的自组织境域研究	现代传播（中国传媒大学学报）	2016/5
高贵武	公共电视媒体的公益之道——央视《等着我》栏目的成功及启示	电视研究	2016/9
高贵武	3C 理论视角下的电视媒体流程再造	中国出版	2016/7
高贵武	中央人民广播电台：从窑洞到北京的发展历程	新闻界	2016/9
高贵武	新媒体环境下的主持传播格局演变	国际新闻界	2016/3
韩晓宁	基于技术接受模型的传媒众筹支持意向影响因素研究	国际新闻界	2016/2
韩晓宁	体制内媒体从业者生存状态研究——以编制因素与职业忠诚度为视角	当代传播	2016/7
胡百精	公共传播研究的基本问题与传播学范式创新	国际新闻界	2016/3
胡百精	互联网、公共危机与社会认同	山东社会科学	2016/4
胡百精	互联网与共同体的进化	新闻大学	2016/2
胡百精	公共关系的哲学批判与回应	现代传播（中国传媒大学学报）	2016/6
胡百精	互联网、公共危机与社会认同	社会科学文摘	2016/5
黄　河	移动互联网背景下政府形象构建的环境、路径及体系	国际新闻界	2016/8
江　波	网络小说盈利模式优化策略研究	出版广角	2016/6
金　韶	“社群经济”的传播特征和商业模式	现代传播（中国传媒大学学报）	2016/4
匡文波	大数据热的冷思考	国际新闻界	2016/8
匡文波	个人信息安全与隐私保护的实证研究——基于创新扩散理论的大数据应用视角	武汉大学学报（人文科学版）	2016/11

续表

第一作者	论文名称	发表刊物名称	发表年月
匡文波	走向合作规制:网络空间规制的进路	现代传播（中国传媒大学学报）	2016/2
匡文波	从 IP 热看出版业的创新发展	出版广角	2016/7
匡文波	新媒体环境下实体书店的发展策略——以先锋书店为例	出版广角	2016/12
李　彪	反向驯化:社交媒体使用与依赖对拖延行为影响机制研究——以北京地区高校大学生为例	国际新闻界	2016/3
李　彪	融媒时代“动新闻”的三种模式	新闻记者	2016/1
李　彪	当前社会舆情场域态势与话语空间转向研究——基于网络舆情新变化的分析	暨南学报（哲学社会科学版）	2016/7
李　彪	虚拟社会认同建构机制与引导策略研究	江淮论坛	2016/3
李　彪	集成经济视角下移动阅读产品的赢利模式及启示	出版发行研究	2016/4
李　彬	20 世纪以来中国传播学发展历程回顾	现代传播（中国传媒大学学报）	2016/1
李　镓	手机传播与底层群体的抗争情绪疏导研究——基于 N 市周边县、镇、村的调研	编辑之友	2016/5
李　燕	大数据时代的新闻生产新方向——以央视体育频道《陈言网事》为例	电视研究	2016/11
李春雷	突发群体性事件中微舆论场的治理研究	江西师范大学学报（哲学社会科学版）	2016/7
李红祥	进化论与中国近代新闻历史书写	编辑之友	2016/2
连　娜	基于社群的实体书店商业模式研究	编辑之友	2016/6
连　娜	基于社群的专业期刊赢利模式再造	出版发行研究	2016/7
林羽丰	新闻评论中的“神话”——基于一次“效用神话”说服效果的准实验	新闻界	2016/6
刘　波	坚守与创新:电视深度报道的挑战与突破路径——以《新闻调查》为例	新闻界	2016/11
刘　旸	电视的转型升级:大屏生态——基于智能电视用户行为与媒介生态学理论研究	电视研究	2016/4
刘保全	第二十六届中国新闻奖精品赏析	当代传播	2016/11
刘保全	新闻要有文化含量	当代传播	2016/7
刘宏宇	论微博现实困境的形成机制及解决途径——基于腾讯微博案例调查研究	国际新闻界	2016/4
刘琳琳	传统主流媒体环境报道的“变”与“不变”——针对十八大前后《人民日报》环境报道的比较研究	国际新闻界	2016/2
刘双庆	中国报纸对医患形象的再现研究——基于四起医患暴力冲突事件的叙事分析	当代传播	2016/5

续表

第一作者	论文名称	发表刊物名称	发表年月
刘双庆	社会网络分析视野下的健康传播	现代传播（中国传媒大学学报）	2016/4
刘小燕	论政府与公众间距离的形成	中国人民大学学报	2016/7
刘小燕	论政府与公众的适当距离与顺畅沟通	国际新闻界	2016/12
刘莹莹	中国共产党的第一份理论刊物《共产党》	新闻界	2016/4
刘莹莹	延安新华广播电台	新闻界	2016/4
陆学莉	“喉舌”:党报性质的一种喻证	新闻界	2016/1
栾轶玫	从“里约奥运”看奥运传播框架的重构	新闻与写作	2016/9
莫常红	从数据类型角度探讨提升图书出版发行的新路径	编辑之友	2016/5
倪　宁	复杂的用户:社交媒体用户参与广告行为研究	国际新闻界	2016/10
潘亚楠	互联网综艺热现象研究	中国广播电视学刊	2016/3
潘亚楠	新闻游戏:概念、动因与特征	新闻记者	2016/9
彭　兰	拓展“关联”:新闻网站专业性重塑	编辑之友	2016/2
彭　莹	“众筹”模式对出版产业链的影响和再造	出版科学	2016/5
秦　汉	媒介体制:一个亟待梳理的研究领域——专访加利福尼亚大学圣地亚哥分校传播学院教授丹尼尔·哈林	国际新闻界	2016/2
任晓敏	全民摄影时代摄影记者面临的挑战与对策	编辑之友	2016/8
宋建武	互文视阈下的媒体公众号:同质化表征及成因	编辑之友	2016/8
隋　洁	周恩来主编的革新报纸——《天津学生联合会报》	新闻界	2016/8
孙利军	变革与坚守:数字时代出版业自救之路	中国出版	2016/1
孙桐桐	指导工人运动的《劳动周刊》	新闻界	2016/3
汤　璇	利益相关者雾霾应对行为研究	江西社会科学	2016/5
王　斌	“政经博弈说”及其发展:中国新闻改革中国家—市场关系的理论考察	国际新闻界	2016/9
王　斌	基于新媒体的基层治理创新路径:以城市社区为考察对象	暨南学报（哲学社会科学版）	2016/7
王　斌	媒介传播与社会抗争的关系模式:基于中国情境的分析	江淮论坛	2016/5
王　斌	中国新闻改革中的“嵌入”与“脱嵌”关系	山西大学学报（哲学社会科学版）	2016/11
王海涛	组织架构视角下都市报内容的结构性缺失与变革路径	中国出版	2016/1
王海涛	专业内容生产者永非“夕阳的人”——商榷“传统书写人面临职业生存危机”	中国出版	2016/10
王润泽	技术与观念的互动:民初传播技术进步与新闻业务发展	国际新闻界	2016/3
王树良	自我认同与符号消费:网络自制节目中的符号建构研究——以《奇葩说》为例	国际新闻界	2016/10

续表

第一作者	论文名称	发表刊物名称	发表年月
熊　壮	列宁批评的现象:“作家管写,读者管读”	新闻界	2016/10
徐　智	微信朋友圈信息流广告用户参与效果研究	国际新闻界	2016/5
许向东	对中美数据新闻人才培养模式的比较与思考	国际新闻界	2016/10
杨　军	领导干部的“圈子”心态及破解	中国党政干部论坛	2016/11
杨　雅	互联网思维下“渠道权力”问题研究——论突发事件报道动员中传统媒体的角色	编辑之友	2016/2
杨保军	新闻真实需要回到“再现真实”	新闻记者	2016/9
杨保军	非职业新闻传播主体间关系初论——一种大众化新闻传播视野中的考察	现代传播（中国传媒大学学报）	2016/11
杨保军	论新兴媒介形态演进规律	编辑之友	2016/8
杨保军	论新闻控制的结构、目标与追求	新闻大学	2016/12
杨保军	新闻理想与理想新闻	兰州大学学报（社会科学版）	2016/11
杨保军	简论新闻控制的观念手段	当代传播	2016/9
杨莉明	社交媒体广告效果研究综述:个性化、互动性和广告回避	新闻界	2016/11
叶　俊	新闻的有机运动:新闻真实的概念与实现方法	编辑之友	2016/4
虞国芳	历史人文纪录片《千年包公》创作谈	电视研究	2016/10
喻国明	传统媒体预测经济的“大数据+”模式及实践价值	编辑之友	2016/1
喻国明	互联网时代的新权力范式:“关系赋权”　“连接一切”场景下的社会关系的重组与权力格局的变迁	国际新闻界	2016/10
喻国明	“互联网+”环境下中国传媒经济的涅槃与重生——2015年中国传媒经济研究的主题与焦点	国际新闻界	2016/1
喻国明	复杂网络格局下的全球传媒产业:现状、焦点与进路——2015年国际传媒经济研究热点议题知识图谱	当代传播	2016/5
喻国明	关系赋权:社会资本配置的新范式——网络重构社会连接之下的社会治理逻辑变革	编辑之友	2016/9
喻国明	试析传统媒体与新媒体的合作模式与操作要点	中国地质大学学报（社会科学版）	2016/7
曾繁文	基于文化产业人才素质结构的出版人才培养路径探析	中国出版	2016/2
张　超	新闻业的数据新闻转向:语境、类型与理念	编辑之友	2016/1
张　超	“出场”的叙事:出镜记者的叙事视角初探	编辑之友	2016/5
张　超	出镜记者的“陌生化”叙事策略	电视研究	2016/9
张大淼	互联网时代新闻消费者的特征观察——皮尤研究中心《当代新闻消费者》报告的解读	当代传播	2016/9
张辉锋	影视剧项目投资价值的实物期权评估模型	国际新闻界	2016/10

续表

第一作者	论文名称	发表刊物名称	发表年月
赵立敏	论现代性语境下人类时间意识的倒转、断裂与重构	西北大学学报（哲学社会科学版）	2016/1
赵启正	“一带一路”公共外交先行	江西师范大学学报（哲学社会科学版）	2016/1
赵永华	全球治理视阈下“一带一路”的媒体合作：理论、框架与路径	国际新闻界	2016/9
赵永华	张闻天：《关于我们的报纸》	新闻界	2016/7
赵永华	俄共（布）八大关于党和苏维埃报刊的决议	新闻界	2016/4
赵永华	《消息报》替帕尔乌斯“作广告”事件	新闻界	2016/9
赵云泽	“长尾效应”下自媒体营销方式探析	新闻记者	2016/9
赵云泽	中国新闻史教学改革的新探索：翻转式课堂的应用	新闻大学	2016/4
赵云泽	辅佑政事与延揽民意：先秦时期社会传播活动的功能考察	国际新闻界	2016/6
赵云泽	晚清在华外报：作为新知与意识形态的桥梁	现代传播（中国传媒大学学报）	2016/8
郑保卫	习近平新闻宣传舆论观的形成背景及理论创新	现代传播（中国传媒大学学报）	2016/4
郑保卫	从印刷、电报到互联网——论马克思主义媒介技术观的历史演变	新闻大学	2016/4
郑保卫	从宣传研究到传播研究：对拉斯韦尔宣传定义的知识社会学考察	国际新闻界	2016/2
郑保卫	论习近平党的新闻舆论工作重要讲话的理论创新	中国广播电视学刊	2016/4
郑保卫	论复杂性突发事件的舆论引导策略——基于天津爆炸事故舆论引导的反思	新闻爱好者	2016/2
郑保卫	大数据时代的政府传播模式变革与理念创新	现代传播（中国传媒大学学报）	2016/12
郑保卫	“一带一路”背景下西藏文化对外传播策略研究	当代传播	2016/3
郑保卫	论习近平党的新闻舆论工作重要讲话的背景及意义	新闻爱好者	2016/4
郑保卫	马克思主义新闻观教育的形成、推进及意义	中国大学教学	2016/12
郑保卫	2015 年新闻启示录	当代传播	2016/1
郑保卫	认清定位　把握原则，做好党的新闻舆论工作	当代传播	2016/3
钟　新	政治竞选中全球议题的媒体议程分析：基于《纽约时报》美国总统大选的气候报道研究	国际新闻界	2016/4
钟　新	跨国企业在公共外交进阶中的角色演变	新疆师范大学学报（哲学社会科学版）	2016/1
钟悠天	互联网金融视野下的出版众筹	中国出版	2016/4

续表

第一作者	论文名称	发表刊物名称	发表年月
周　俊	网络流行语传播的微观影响机制研究——基于12例公共事件的清晰集定性比较分析	国际新闻界	2016/4
周　勇	尊重网络传播规律,促进网络健康发展	新闻与传播研究	2016/6
周　勇	由“时间”向“空间”的转向:技术视野下中国电视传播逻辑的嬗变	国际新闻界	2016/11
朱汉祺	现代情境里的政治传播	当代传播	2016/3
朱立芳	新闻理论的建构与批判:对“报纸消亡论”争鸣的思考	编辑之友	2016/4

3. 承办会议

(1) 2016年4月16日，“2016年中国体育电视发展论坛”在中国人民大学新闻学院电视演播厅举行，此次论坛由中广联合会体育传播工作委员会与中国人民大学新闻学院联合主办，中国人民大学新闻学院广电系承办。

(2) 2016年6月14日，由中国人民大学新闻学院主办的“国际传播学协会2016年会·北京后续会议”（ICA 2016 Beijing-Post Conference）在中国人民大学国学馆举行，会议主题为“媒介传播理论的反思与创新：比较作为权力的理论和作为理论的权力”。

(3) 2016年6月29日，第二届“食药安全与传播创新青年学者论坛”在中国人民大学新闻学院举行。论坛由国家食品药品监督管理总局指导，中国人民大学新闻学院、食品药品安全新闻传播青年学者联盟和中国人民大学食品安全治理协同创新中心联合主办，中国医药科技出版社协办。

(4) 2016年7月9日，“中国人文社会科学论坛2016：中俄新闻教育与传媒发展”暨“中俄新闻教育高校联盟”成立大会在中国人民大学国学馆举办。论坛由中国人民大学主办，中国人民大学新闻学院承办，中国人民大学俄罗斯研究中心协办，旨在全面促进和深化两国在新闻传播教育领域的交流合作。

(5) 2016年11月8日，第十二届“中国记者节大型公益论坛”在中国人民大学八百人大教室举行。该论坛由中国人民大学新闻学院和北京大学电视研究中心联合举办。论坛邀请了十余位新闻学者及资深媒体人，以“直播什么”为主题，共同探讨了“直播”这一传媒热点话题。

(6) 2016年12月17日，方汉奇新闻史学思想研讨会暨方汉奇从教65周年纪念大会在中国人民大学文化大厦举行。除中国人民大学师生外，来自全国各大高校的80余名师生参加了会议。会议由杨保军教授主持。

六、新闻传播学刊物

《国际新闻界》

《国际新闻界》是由中华人民共和国教育部主管、中国人民大学主办的新闻传播学综合性学术月刊，刊载国内外新闻传播学各领域理论和应用研究的原创性成果。该刊为新闻传播学科唯一的国家社科基金首批资助期刊、全国中文核心期刊、全国新闻核心期刊、中文社会科学引文索引（CSSCI）来源期刊之一。1961年4月25日，《国际新闻界简报》第1号创刊，至1965年12月共出版24期。创刊号注明“内部教学参考资料请勿外传”，由中国人民大学新闻系编辑，主要介绍国际新闻界的动态和有关资料。创办时虽然只是内部刊物，但在中国隔绝于世的特殊情境中，它开启了一扇窥见外部世界的窗口。其中1964年9月25日至1965年9月25日期间，因该刊人员参加农村社会主义教育运动停刊一年。此次复刊为了读者查阅方便，特将本刊第1号至第22号所载的全部内容，分类编成目录索引，附于该期末尾。中断期间，国际新闻界发生的重要事件，仍予补译刊登。“文化大革命”使得中国人民大学新闻系历经停、分、合的磨难，该刊在“文化大革命”期间停刊。

1979年5月，《国际新闻界》恢复出版，刊载内容主要包括国际新闻界动态、报刊宣传述评、新闻理论、新闻业务、报刊史、新闻教育、新闻事业、新技术等，约两个月出版一期，总字数约五万字。这为我国改革开放以来新闻学研究的恢复和重建、传播学的引进做出了里程碑式的贡献。中国人民大学和其他新闻教育、研究单位老一代新闻传播学者们为该刊的发展付出了很大的心血。

1981年3月11日，《国际新闻界》经教育部批准，自该日起公开发行。该刊此时的刊载内容扩展为国际新闻界动态、外国报刊宣传述、新闻理论、新闻业务（新闻采访与写作、编辑、评论、新闻摄影、广播、电视、广告、报业管理等）、新闻事业史、新闻教育、新闻事业、新技术等，每三个月出版一期，十六开本，64页左右，约10万字。

1995年至2006年期间，《国际新闻界》是以介绍国际新闻传播事业发展概况为主，集学术性、新闻性于一体，探讨新闻传播前沿课题，提供世界传媒发展的最新动态，介绍叱咤风云的国际新闻界人物，探讨国际传播中的最新热点问题和重大新闻事件。

1999年开始，《国际新闻界》正式实行来稿同行专家匿名审稿制度。评审委员由中国人民大学新闻学院学术委员会委员、《国际新闻界》特邀编委及校外专家组成。1999年该刊被评为全国新闻核心期刊，同年入选全国中文核心期刊。该刊的“本期话题”栏目曾获全国学术期刊金奖。

2005年第5期起，《国际新闻界》不再只刊登外国以及涉及外国与中国关系的稿件，而是以国内外新闻传播学各研究领域（包括新闻传播业务）的学理研究为主，综合体现本学科的学术志趣和发展趋势。

2006年开始，《国际新闻界》又由双月刊改版为月刊，研究内容包括新闻传播史论、大众传播业界、广播影视、编辑出版、广告、公共关系和传媒经济的各种理论与实践问题，网络信息传播、传播科技的各种现象和问题，以及与传播相关的跨学科领域的研究，成为“大传播”所有领域的各种研究课题的探讨空间和研究成果发表的园地。

2010年第4期开始，该刊的网站和在线投稿审稿系统开通，初步实现投稿和审稿的数字化管理。同期该刊对注释与文献进行中英对照的改版，加强了该刊的国际化程度，也为外国学者了解中国的新闻传播研究的基本文献提供了一扇窗口。

2013年第1期开始，该刊在国内新闻传播学期刊中首次采用国际学术期刊通行的16开版本。同年8月，该刊新网站和新远程投稿及编辑系统启用，全面实现投稿和编辑的数字化管理。

供稿：中国人民大学新闻学院

复旦大学新闻学院2016年学术发展概况

一、学术成果概述

2016年，复旦大学新闻传播学科科研统计共承担国家级、省部级科研项目、课题11项，其中，国家级5项，省部级6项；出版著作、教材12部；发表论文62篇。同时，学院主办、承办了17次国内外大型学术活动会议。

在国家及上海市有关部门的关心支持下，复旦大学新闻学院与清华大学新闻与传播学院于2016年春联合组建“中国特色社会主义新闻学教学研究基地”。

二、学院现任领导

院长	党委书记	副院长	副书记
尹明华	周桂发	孙玮、李双龙、张涛甫	杨鹏、陆柳

三、2016年学院新晋或引进教师（正高级以上）

1. 2016年新晋升教授

姓名	职称	研究方向
马　凌	教授	外国新闻传播史、政治传播学、马克思主义新闻思想
周　笑	教授	媒介管理、媒介经济、新媒体文化、创意产业

2. 2016年引进教授（正高级以上）

姓名	职称	研究方向
张力奋	特聘教授	国际传播、财经新闻、英国新闻制度史

四、2016年新设学术科研机构

省部级研究中心（所）

在国家及上海市有关部门的关心支持下，复旦大学新闻学院与清华大学新闻与传播学院于2016年春联合组建“中国特色社会主义新闻学教学研究基地”。基地依托复旦大学新闻学院马克思主义新闻观高峰学科以及清华大学马克思主义新闻学与新闻教育改革研究中心，旨在搭建全国新闻传播理论工作者的交流平台，聚全国之力，正本清源，开拓创新，结束近百年来中国新闻教学照搬照抄、迷信苏美、有学无论、有教无学的混乱局面。基地响应习近平总书记提出的“善于融通古今中外各种资源，特别是马克思主义的资源、中国优秀传统文化的资源、国外哲学社会科学的资源”的要求，强化新闻学的真理性、科学性、当代性和国际性，建设以马克思主义为指导、以中国特色社会主义理论为核心的新闻学理论体系、教学体系和教材体系。

基地性质：研究型、智库型、国际化的前沿学术机构

领导机制：双主任制

主任：清华大学新闻与传播学院院长柳斌杰教授、复旦大学新闻学院书记尹明华教授

刊物：内参性、智库型刊物《马克思主义新闻学与当代媒介社会》

年会：两校轮流举办高水准国际前沿学术会议

五、所承担的国家级、省部级科研项目、课题

2016年立项的国家级、省部级科研项目、课题

项目类型	项目名称	项目负责人
教育部人文社会科学重点研究基地重大项目	沟通城市:新媒介背景下中国城市传播状况调查和评估	李良荣
上海市哲学社会科学规划委托课题	日本情报中的中国近现代报刊史料汇编	秦绍德
上海市浦江人才计划	媒介融合深化背景下上海报业集团数据新闻生产的支持生态建设研究	邓建国
国家社会科学基金青年项目	大数据时代新闻业的发展形态与发展趋势研究	周海晏
国家社会科学基金青年项目	新常态背景下中国网络社会心态演进研究	郑　雯
国家社会科学基金一般项目	媒介融合深化背景下“数据驱动的新闻生产”之现状、趋势及支持生态系统研究	邓建国
上海市哲学社会科学规划一般课题	《申报·自由谈》(黎烈文时期)与左翼文人的交往研究	伍　静
上海市哲学社会科学规划系列研究课题	提升上海对外文化贸易国际竞争力研究	朱春阳
上海市哲学社会科学规划系列研究课题	上海传统媒体与新媒体融合发展问题研究	窦锋昌
国家社会科学基金重大项目	中国特色社会主义新闻传播理论的构建	李良荣
国家社会科学基金重点项目	传播秩序视野下的网络强国战略研究	廖圣清

六、主要学术成果

1. 著述、教材情况

第一作者	著作名称	出版社
陈建云	舆论监督与司法公正	上海人民出版社
陈建云	向左走向右走——一九四九年前后民间报人的出路抉择(修订版)	台湾花木兰文化出版社
陈建云	大变局中的民间报人与报刊(修订版)	台湾花木兰文化出版社

续表

第一作者	著作名称	出版社
窦锋昌	媒变——中国报纸全媒体新闻生产“零距离”观察	中山大学出版社
顾　铮	当代摄影文化地图	浙江摄影出版社
胡春阳	人际传播学:理论与能力	北京师范大学出版社
李华强	设计、文化与现代性——陈之佛设计实践研究(1918—1937)	复旦大学出版社
刘海贵	土家族传播研究	复旦大学出版社
沈国麟	全球思想版图 2015	上海人民出版社
童　兵	马克思主义新闻观读本	复旦大学出版社
张大伟	数字出版个案研究	高等教育出版社
周　笑	重塑美国:美国新媒体社会的全面建构及其影响	复旦大学出版社

2. 发表论文情况

第一作者	论文名称	发表刊物名称	发表年月
陈建云	马克思主义新闻观的核心理念	当代传播	2016/12
陈建云	兼顾新闻自由与审判公正——美国法律处理传媒与司法关系的理念与规则	新闻大学	2016/12
邓建国	机器人新闻:原理、风险和影响	新闻记者	2016/12
邓建国	时空征服和感知重组——虚拟现实新闻的技术源起及伦理风险	新闻记者	2016/12
窦锋昌	普利策奖深度报道奖项的“选题常规”——基于 10 年间 7 项普利策奖获奖报道的全样本分析	新闻大学	2016/10
胡春阳	经由微信的人际传播研究(二)	新闻大学	2016/6
黄　旦	Historical Construction of Journalistic Communication in China: On Three Definitions of News	*Critical Studies in Media Communication*	2016/10
黄　旦	媒介融合:从产业形态转向社会形态	现代传播(中国传媒大学学报)	2016/1
黄　旦	千教万教教人学真	新闻记者	2016/4
黄　旦	报纸革命:1903 年的苏报——媒介化政治的视角	新闻与传播研究	2016/6
黄　旦	如何重新理解新闻学	新闻记者	2016/7
黄　旦	千手观音:数字革命与中国场景	探索与争鸣	2016/11
黄　瑚	新媒体时代专家型新闻人才的认知与实践	新闻大学	2016/12
廖圣清	大学生 APP 使用状况调查——基于上海的实证研究	暨南学报(哲学社会科学版)	2016/3
廖圣清	群体性事件中参与主体的策略演化博弈分析	新闻大学	2016/12
林溪声	从“走转改”看马克思主义新闻观的践行	当代传播	2016/11

续表

第一作者	论文名称	发表刊物名称	发表年月
刘景芳	China's Green Public Culture: Network Pragmatics and the Environment	*International Journal of Communication*	2016/10
刘景芳	Investigative Journalism, Environmental Problems and Modernization in China	*Chinese Journal of Communication*	2016/10
刘景芳	信息传播科技(ICT)在环境保护中的双重角色——一个中美环境运动的个案比较研究	国际新闻界	2016/3
刘景芳	中国绿色话语特色研究——以环境NGO为例	新闻大学	2016/10
陆　晔	"液态"的新闻业:新传播形态与新闻专业主义再思考	新闻与传播研究	2016/7
陆　晔	Liquid Journalism and Journalistic Professionalism in the Era of Social Media: A Case Study of an Online Outlet's Coverage of the Oriental Star Accident	*Communication and the Public*	2016/12
陆　晔	Mass Media, New Technology and Ideology: An Analysis of Political Trends in China	*Global Media and China*	2016/6
马　凌	理解马克思:当代传记的视角	当代传播	2016/12
孟　建	传播的逻辑:寻求多元共识的亚洲文明对话	现代传播(中国传媒大学学报)	2016/7
潘　霁	Compare Chinese with Americans: How Trait Comparisons Shape Public Perception of Sino-US Relationship and China-policy Issues	*Chinese Journal of Communication*	2016/7
潘　霁	恢复人与技术的"活"关系:对"使用与满足"理论的反思	国际新闻界	2016/9
孙　玮	从新媒介通达新传播	暨南学报(哲学社会科学版)	2016/1
孙　玮	媒介融合与中国民粹主义	探索与争鸣	2016/4
孙　玮	空间争夺战——中国大城并区的媒介话语分析	探索与争鸣	2016/11
孙　玮	可沟通:构建现代城市传播网络	探索与争鸣	2016/12
孙少晶	Is There a Gender Difference in Cyber-victimization? A Meta-analysis	*Journal of Media Psychology*	2016/12
孙少晶	Media Use, Cognitive Performance, and Life Satisfaction of the Chinese Elderly	*Health Communication*	2016/12
童　兵	试析马克思主义新闻观的哲学基础	南京社会科学	2016/1
童　兵	事事处处都要尊重新闻传播规律	新闻记者	2016/4
童　兵	论潜在舆论和潜在舆论场及其引导	当代传播	2016/5
童　兵	从范畴认知深化马克思主义新闻观研究——对习近平关于新闻舆论、网络传播和哲学社会科学工作讲话提出的十对范畴的思考	新闻大学	2016/10

续表

第一作者	论文名称	发表刊物名称	发表年月
吴　舫	Business is Business? Stakeholders and Power Distributions in Guanxi-related Practices in the Chinese Public Relations Profession:A Comparative Study of Beijing and Hong Kong	*Public Relations Review*	2016/8
谢　静	微信新闻:一个交往生成观的分析	新闻与传播研究	2016/4
谢　静	连接城乡:作为中介的城市传播	南京社会科学	2016/9
徐　笛	数据新闻:发展现状与趋势	中国出版	2016/5
徐　笛	Red-Envelope Cash:Journalists on the Take in Contemporary China	*Journal of Media Ethics*	2016/10
徐　佳	追求真理、开宗立派、改革创新——中国特色社会主义新闻学理论创新研讨会综述	新闻大学	2016/10
徐　佳	从“人民报刊”到“全球人民的互联网”——在全球信息传播治理新格局中探索马克思主义新闻观	当代传播	2016/12
徐　佳	人工智能及其商用前景	中国传媒产业发展报告	2016/5
杨　击	纪录片三论:起源、构造和真实性	新闻大学	2016/12
殷晓蓉	传播学历史维度的特点	新闻记者	2016/3
殷晓蓉	格物穷理 知行合一——评《人际传播学:理论与能力》	新闻大学	2016/10
张大伟	国际全民阅读相关立法的具体措施及其启示	中国编辑	2016/2
张大伟	论出版公益性改革的“整体性”思路	中国出版	2016/2
张大伟	“谷歌侵权案”判决中的合理使用:新技术、新市场与利益再平衡	新闻大学	2016/12
张殿元	国家创新发展视域中的新文化景观	中国地质大学学报(社会科学版)	2016/3
张涛甫	跨文化传播中的“文化反哺”——兼论“韩流”现象	当代传播	2016/3
张涛甫	中国舆论治理的三维框架	现代传播(中国传媒大学学报)	2016/9
张涛甫	新闻学的创新与重建——基于2015年中国新闻学研究的考察	山西大学学报(哲学社会科学版)	2016/9
张涛甫	在新一代大学生中播撒马新观	当代传播	2016/12
周　笑	新媒体产业年度趋势解析及战略远景展望——平台全能化成为新动力机制	新闻大学	2016/6
朱春阳	构建国家软实力:我国影视产业发展顶层设计的逻辑起点——读殷俊教授《动漫产业与国家软实力》有感	新闻大学	2016/2
朱春阳	我国影视产业国际竞争力政策的反思	中国电视	2016/2
朱春阳	媒体融合,传统媒体向新媒体学习什么	新闻记者	2016/5
朱春阳	2015中国媒介融合发展回顾	中国传媒产业发展报告	2016/7

3. 承办会议

（1）2016年6月15日，“复旦大学—萨尔斯堡大学传播与社会发展学术研讨会”在上海召开，由复旦大学新闻学院主办。此次会议主题为“传播与社会发展”。

（2）2016年11月15日，由复旦大学新闻学院主办的“2016媒介融合与人才培养国际研讨会”在上海召开，此次会议主题为“媒介融合与人才培养”。

（3）2016年12月29日，由复旦大学学术委员会社会科学部、复旦大学信息与传播研究中心主办，复旦大学新闻学院承办的“数字化时代的政府治理”学术研讨会在上海召开，此次研讨会围绕“数字化时代的政府治理”议题进行讨论。

（4）2016年7月16日，2016第六届中国报刊与社会历史研究学术研讨会在安徽合肥召开，此次会议由安徽大学报刊与社会发展研究中心、复旦大学信息与传播研究中心主办，复旦大学新闻学院承办，会议主题为“近代报刊与区域社会（1919—1949）”。

（5）2016年11月25日，第四届传播视野下的中国研究论坛（2016）暨“媒介、交往与近代化中国”学术研讨会在广州召开，此次会议由《学术月刊》杂志社、复旦大学信息与传播研究中心主办，暨南大学协办，复旦大学新闻学院承办，会议主题为“媒介、交往与近代化中国”。

（6）2016年11月26日，由复旦大学信息与传播研究中心主办，复旦大学新闻学院承办的“识字街头 - Voice on Street”城市传播参与式朗读会在上海召开。此次会议主题为“识字街头 - Voice on Street”。

（7）2016年12月2日，“城市、媒介与历史”圆桌论坛在悉尼举办，此次论坛由复旦大学信息与传播研究中心、悉尼理工大学艺术与社会科学学部传播学院主办，复旦大学新闻学院承办。此次论坛围绕“城市、媒介与历史”主题进行讨论。

（8）2016年12月5日，“城市传播”圆桌论坛在布里斯班举办，此次论坛由复旦大学信息与传播研究中心、昆士兰大学人文与社会科学学部、昆士兰大学高等人文研究院主办，昆士兰大学传播学院协办，复旦大学新闻学院承办。此次论坛主题为“城市传播”。

（9）2016年12月6日，由复旦大学信息与传播研究中心、昆士兰科技大学创意产业学院主办，复旦大学新闻学院承办的“数字城市”圆桌论坛在布里斯班举办。论坛主题为“数字城市”。

（10）2016年6月6日，第二届中外传播与文化比较学术讨论会在上海召开，此次会议由复旦大学信息与传播研究中心、复旦大学新闻学院、中国人民大学新闻学院、美国哥伦比亚大学新闻学院主办，复旦大学新闻学院承办。此次会议主题为“全球城市与地方性知识：网络力量”。

（11）2016年6月14日，2016年国际传播学会年会后会暨第十四届中国互联网研究年会在上海举办，此次会议由复旦大学新闻学院、复旦大学信息与传播研究中心、复旦大学上海新媒体实验中心主办，复旦大学新闻学院承办。此次会议主题为“媒介化：数字革命与中国场景”。

（12）2016年12月18日，“城市·建筑·传播”学术研讨会暨中国建筑学会建筑传媒学术委员会（ASCMCC）第二次会议在上海召开，此次会议由中国建筑学会建筑传媒学术委员会、同济大学建筑与城市规划学院、时代建筑杂志、复旦大学信息与传播中心主办，同济大学艺术与传媒学院等协办，复旦大学新闻学院承办。此次会议主题为“城市·建筑·传播”。

（13）2016年12月15日，“传播与中国·复旦论坛（2016）”在上海举办，会议围绕“构建现代传播网络：城市传媒融入城市传播”这一主题进行深入讨论。此次会议由复旦大学信息与传播研究中心、复旦大学传播与国家治理研究中心、复旦大学新闻学院主办，*Asian Journal of Communication*、《传播与社会学刊》《新闻与传播研究》《学术月刊》《中国社会科学报》《现代传播》等协办，复旦大学新闻学院承办。

（14）2016年12月2日，由复旦大学新闻学院、清华大学新闻与传播学院联合主办，中国特色社会主义新闻学教学研究基地协办，复旦大学新闻学院承办的“马克思主义新闻观学界培训工作坊”在上海举办。此次会议主题为“马克思主义新闻观学界培训”。

（15）2016年12月1日，马克思主义新闻观与中国媒介化社会建设研讨会暨第二届民意中国论坛在上海举办，会议围绕“渊源·践行·展望——马克思主义新闻观与中国媒介化社会建设”这一主题进行深入探讨。此次会议由复旦大学新闻学院、清华大学新闻与传播学院联合主办，中国特色社会主义新闻学教学研究基地、复旦大学传媒与舆情调查中心协办，复旦大学新闻学院承办。

（16）2016年6月3日，中国特色社会主义新闻学教学研究基地揭牌典礼暨中国特色社会主义新闻学理论创新研讨会在上海成功举办，此次会议由复旦大学新闻学院、清华大学新闻与传播学院联合主办，复旦大学新闻学院承办。

（17）2016年12月16日，第四届传播与国家治理论坛暨首届互联网治理智库联盟高峰论坛在上海成功举办，此次会议由复旦大学发展研究院、复旦大学传播与国家治理研究中心、中山大学互联网与治理研究中心联合主办，复旦大学新闻学院、中山大学传播与设计学院、复旦大学信息与传播研究中心协办，复旦大学新闻学院承办。此次会议主题为“网络理政：数字政府建设与城市治理”。

七、新闻传播学刊物

《新闻大学》

《新闻大学》为国家教育部主管、复旦大学主办、复旦大学新闻学院主编的新闻传播学学术刊物，双月刊，逢单月15日出版。目前为全国新闻核心期刊，中国社科期刊学术论文统计数据库核心期刊，中国人文社会科学论文与引文数据库首批来源期刊。主要栏目有新闻史论、传播学、新闻业务、新媒体研究、广播电视、媒介与文化、媒介经营管理、广告与公关研究、新闻传播教育、新闻传播伦理等。

2016年，《新闻大学》启动新一轮改版：每期开设本期特稿栏目，邀请国内外名家对新闻传播学前沿问题进行专题研究；突出编辑策划功能，增进编辑与作者的互动交流沟通；邀请海外编委加盟编委会，开拓国际化视野；改革编辑出版流程，强化编校质量关；美化版面，突出时代感和学术气息。新一轮改版，提高了刊物的文章质量、优化了用户阅读的视觉效果、密切了刊物与作者和读者的关系，取得了良好的效果。2016年本刊刊发的论文有3篇被《新华文摘》全文转载、多篇被中国人民大学书报刊复印资料中心全文转载，为历年综合转载量最高的一年，很好地扩大了刊物的社会影响力。

《新闻大学》现任主编为张涛甫教授，常务副主编为朱春阳教授。

供稿：复旦大学新闻学院

南京师范大学新闻与传播学院 2016年学术发展概况

一、学术成果概述

2016年，南京师范大学新闻与传播学院稳步发展，新晋教授1名；承担国家级、省部级科研项目5项，其中国家社科基金及子课题3项，省部级科研项目2项；出版著作、教材9部，发表论文31篇；举办第三届民国新闻史高层论坛、中国新闻史学会媒介法规与伦理研究会成立大会暨学术研讨会、第三届江苏省传媒学科研究生论坛等大型学术论坛和学术活动。

倪延年、王继先、薛传会、张晓锋、王桂平、李歌等著《中国新闻法制通史》获江苏省哲学社会科学优秀成果奖一等奖；张晓锋、虞文俊的论文《香江不设防——沦陷前后的香港新闻业及其管制》获江苏省哲学社会科学优秀成果奖二等奖。

二、学院现任领导

院长	党委书记	副院长	副书记
张晓锋	顾永林	骆正林、俞小松、刘荃	沈　菲

三、2016年学院新晋或引进教师（正高级以上）

姓名	职称	研究方向
邹　军	教授	新媒体传播、互联网治理

四、所承担的国家级、省部级科研项目、课题

1. 2016年立项的国家级、省部级科研项目、课题

项目类型	项目名称	项目负责人
国家社科基金重点项目	新媒体视觉文化传播研究	于德山
国家社科基金一般项目	大数据时代网络舆情与社会治理研究	骆正林
国家社科基金重大项目子课题	百年中国新闻史史料整理与研究	张晓锋
江苏省社科基金一般项目	城市老年群体的互联网社会支持研究	庄　曦
江苏省社科基金一般项目	江苏地区红色新闻传播活动史研究(1921—1949)	王继先

2. 2016 年结项的国家级、省部级科研项目、课题

项目类型	项目名称	项目负责人
教育部人文社科研究青年项目	喉舌与训政:国民党新闻事业研究(1927—1937)	刘继忠

五、主要学术成果

1. 著述、教材情况

第一作者	著作名称	出版社
范文道	薪火相传:徐悲鸿艺术精英作品集	江苏美术出版社
洪海江	管理者的 360 度沟通	中国财富出版社
李　康	电视导演基础	中国广播影视出版社
骆正林	舆论传播与社会治理案例分析	中国广播电视出版社
倪延年	民国新闻史研究 · 2016	南京师范大学出版社
于德山	共识与分歧:网络舆论的信息传播研究	社会科学文献出版社
张　宁	人际影响:个人在大众传播中的作用	中国人民大学出版社
张　弢	传统与现代的激荡——报刊中的歌谣运动研究	社会科学文献出版社
庄　曦	流动儿童与媒介:移民融合中的传播与社会化问题	社会科学文献出版社

2. 发表论文情况

第一作者	论文名称	发表刊物名称	发表年月
卜新章	高校传媒实验教学中心媒体融合发布平台的建设	实验室研究与探索	2016/8
卜新章	媒体融合时代移动互联网的特征探析	编辑学刊	2016/8
程　晨	从女性形象解读美国电视界中的女性主义困境	中国电视	2016/12
高山冰	妥协的自由——民国南京临时政府新闻事业管理体制研究	现代传播(中国传媒大学学报)	2016/5
顾理平	个人隐私数据“二次使用”中的边界	新闻与传播研究	2016/9
顾理平	网络舆论监督中的权利与义务平衡	社会科学战线	2016/3
顾理平	网络世界的隐私认知与权利保护——评《中国网民网络信息隐私认知与隐私权保护行为研究》	新闻记者	2016/2
胡　颖	我国网络隐私权的立法保护研究	新闻大学	2016/2
胡　颖	戏曲网络传播的现状分析与对策研究	戏曲艺术	2016/2
靖　鸣	新浪大 V 传播行为的变化与思考——以突发公共事件为例	现代传播(中国传媒大学学报)	2016/5
靖　鸣	微信“晒客”行为及其自我认知研究	武汉大学学报(人文社会科学版)	2016/6

续表

第一作者	论文名称	发表刊物名称	发表年月
李培林	拍客的"图谋"——泛视觉文化语境下的公民摄影现象研究	江苏社会科学	2016/2
刘　荃	建国以来我国动画研究的流变及影响因素研究	现代传播（中国传媒大学学报）	2016/6
刘　荃	技术、资本与制度——中国电视产业数字转型的困局、条件与路径	新闻大学	2016/4
刘　荃	理·事·情——试析电视剧《三八线》的审美旨趣和艺术特色	中国电视	2016/10
刘　荃	体育博物馆的传播与动员机制研究——以南京奥林匹克博物馆为例	体育与科学	2016/5
刘继忠	"国难"语境下国民党青年新闻人民族主义话语探析（1936—1937）——以《中外月刊·中国动向》为考察中心	现代传播（中国传媒大学学报）	2016/12
骆正林	奥林匹克运动会的景观制造与价值传播	体育与科学	2016/11
倪延年	论民国前国人的对外新闻交流及其特征	现代传播（中国传媒大学学报）	2016/6
王　瑞	简论媒介对于经验"自我"意识的影响	现代传播（中国传媒大学学报）	2016/1
于德山	媒介文化研究的综合范式、想象力及其启示	中国社会科学评价	2016/2
虞文俊	沙俄统治下"关东州"新闻事业及其管制——兼谈日俄战争中的新闻战	新闻与传播研究	2016/11
张　宁	进步民主与传播观念的变迁——由杜威-李普曼论争说谈起	现代传播（中国传媒大学学报）	2016/11
张　朋	建国前夕国民党统治区的新闻界乱象及其应对——以《报学杂志》为中心	新闻与传播研究	2016/11
张　朋	《新青年》第八卷出版经费来源的史实考辨	党史研究与教学	2016/4
郑　蓓	我国儿童广告研究的现状与趋势	现代传播（中国传媒大学学报）	2016/7
郑　蓓	电视儿童广告的真实性分析	学海	2016/4
郑　蓓	试论儿童广告的伦理缺失与社会责任	中国广播电视学刊	2016/6
庄　曦	社会变迁对生命历程的影响	新闻记者	2016/10
宗　戎	试论新媒体时代影视剧的数据化推荐	中国电视	2016/2
邹　军	全球互联网治理的模式重构、中国机遇和参与路径	南京师大学报（社会科学版）	2016/3

3. 承办会议

（1）2016年11月12日，中国新闻史学会与南京师范大学新闻与传播学院共同主办第三届民国新闻史研究高层论坛。中国社会科学院中国特色社会主义理论体系研究中心研究员尹韵公，北京大学战略传播研究院院长、教授程曼丽，暨南大学新闻与传播学院副院长、教授邓绍根，以及该校人文社科研究院副院长、教授张晓锋分别作《红星何以能够照耀中国：兼论中国新闻史研究》《从文化政治的角度看清末西方传教士及其报刊出版活动》《民国“新闻自由”概念史：从新名词到关键词》《偶像与镜鉴：新记〈大公报〉视野下的“孙中山”（1926—1928）》的专题演讲。来自国内外数十所高校科研院所的80多位专家学者参加了此次论坛。

（2）2016年11月19日，南京师范大学新闻与传播学院主办的中国新闻史学会媒介法规与伦理研究委员会成立大会暨学术研讨会召开。来自全国近70所高校的专家学者与会。经选举，顾理平教授当选首任会长。中国新闻史学会会长、清华大学新闻与传播学院常务副院长陈昌凤与校长胡敏强共同为“媒介法规与伦理研究委员会”揭牌。

（3）2016年11月20日，南京师范大学新闻与传播学院主办的江苏省第三届传媒学科研究生论坛举行。论坛特邀河北大学新闻信息传播学院教授孙旭培、清华大学教授陈昌凤、南京师范大学教授顾理平、北京师范大学教授张洪忠分别围绕“‘互联网+’与大数据”方面的研究展开了主题演讲。论坛以“‘互联网+’与大数据：新技术孕育新生态”为主题，遴选出85篇论文的学者参会。在“互联网+”新的社会形态下，全国近50家高校研究生对传媒行业凸显出的新生态展开理性探讨。

4. 科研获奖

奖励类别	获奖等级	获奖项目名称	获奖人
江苏省哲学社会科学优秀成果奖	一等奖	中国新闻法制通史（6卷8册）（专著）	倪延年、王继先、薛传会、张晓锋、王桂平、李歌
江苏省哲学社会科学优秀成果奖	二等奖	香江不设防——沦陷前后的香港新闻业及其管制（论文）	张晓锋、虞文俊

六、新闻传播学刊物

《江苏政务舆情》

《江苏政务舆情》依托舆情与社会治理研究中心，以舆情研判为基础，提供智库类综合信息服务。通过对网络媒体和平面媒体海量信息进行监测、采集、汇总、分析，并识别其中的关键信息，做出预警并以简报的形式定期向江苏省政府提供分析报告，提出舆论引导的建议和对策。编辑团队由新闻与传播学院专家教授、骨干教师及研究生等组成。团队定期召开稿件分析会，就报告撰写过程中出现的问题进行专题研讨；及时与省政府办公厅新闻处进行沟通，就报告形式、内容等进行磋商；不定期邀请校外专家、业界骨干进行专题指导。至今已为省委宣传部、省政府办公厅提供一百余份常规报告及30余份专题报告，2016年有多份得到副省长的批示。为发挥宣传思想文化“主战线、主阵地、主力军”作用，巩固壮大积极健康向上的主流舆论，巩固和提高政府执政的权威性和公信力，构建和谐社会、和谐媒介生态环境提供科学依据。

供稿：南京师范大学新闻与传播学院

四川大学新闻学院2016年学术发展概况

一、学术成果概述

四川大学新闻学院2016年新增教授2人；2项课题获国家社会科学基金一般项目立项，1项课题获教育部人文社会科学研究青年项目立项；1项国家社会科学基金青年项目、2项四川省哲学社会科学规划项目结项；公开出版学术专著7部，在CSSCI期刊（不含扩展版）以第一署名单位发表论文48篇；3项成果获四川省第十七次哲学社会科学优秀成果奖；11篇博士学位论文和1篇博士后出站报告获通过；原创中英双语学术期刊《符号与传媒》（*Signs & Media*）入选CSSCI来源集刊，共建学术期刊《新闻界》入选CSSCI来源期刊；此外，还举办了2016年传播符号学高层论坛。

二、学院现任领导

院长	副书记
曹顺庆	熊　兰

三、2016年学院新晋或引进教师（正高级以上）

姓名	职称	研究方向
陈雪奇	教授	新闻学
张　放	教授	传播学

四、所承担的国家级、省部级科研项目、课题

1. 2016年立项的国家级、省部级科研项目、课题

项目类型	项目名称	项目负责人
国家社会科学基金一般项目	媒介融合背景下我国新型主流媒体的竞争力构建与评价研究	操　慧

续表

项目类型	项目名称	项目负责人
国家社会科学基金一般项目	基于门槛分布规律的谣言扩散模式与引导机制研究	陈雪奇
教育部人文社会科学研究西部和边疆项目	二十一世纪以来中外领导人国事访问的媒介再现研究	刘　娜
四川省哲学社会科学“十三五”规划重点项目	当代符号学新视野:马克思主义与符号学融合发展研究	胡易容
四川省哲学社会科学“十三五”规划青年项目	移动视频化传播趋势下的网民行为研究	张　悦
四川省哲学社会科学“十三五”规划青年项目	“互联网 +”时代四川省数字出版产业链建设研究	曾元祥

2. 2016 年结项的国家级、省部级科研项目、课题

项目类型	项目名称	项目负责人
国家社会科学基金青年项目	清末民初画报研究	徐　沛
四川省哲学社会科学“十二五”规划一般项目	四川文化品牌整合与创新研究	侯　洪
四川省哲学社会科学“十二五”规划青年项目	政务微信传播效果测评及优化策略研究	张　放

五、主要学术成果

1. 著述、教材情况

作者	著作名称	出版社
操　慧	中国广播文化的建构	中国广播影视出版社
胡易容	当代马克思主义符号学思潮文选	四川大学出版社
李　静	声音历史的观念足迹:中国广播新闻传播观念的演进研究(1949—2009)	中国广播影视出版社
欧阳宏生	理念　范式　方法——传媒研究方法论	四川大学出版社
张玉川	广播受众心理与行为分析	中国广播影视出版社
朱天、王炎龙	媒介影像中的城市记忆	四川人民出版社
蒋晓丽等	连接与互动:新媒体新论	中国社会科学出版社

2. 发表论文情况

第一作者	论文名称	发表刊物名称	发表年月
白　雪	电子书用户阅读体验偏好实证研究	数字图书馆论坛	2016/3
蔡尚伟	“一带一路”上的文化产业挑战及对中国文化产业发展的建议	西南民族大学学报(人文社会科学版)	2016/4

续表

第一作者	论文名称	发表刊物名称	发表年月
蔡尚伟	文化产业发展问题及改革方向——以传媒产业为例	人民论坛	2016/8
车南林	“一带一路”上的中国广播电视媒体合作历程	西南民族大学学报(人文社会科学版)	2016/11
陈华明	传媒组织伦理失范与规范探析	编辑之友	2016/10
陈　侠	Cultural Threats in Culturally Mixed Encounters Hamper Creative Performance for Individuals with Lower Openness to Experience	*Journal of Cross-Cultural Psychology*	2016/6
侯　洪	国家形象叙事的“他者”视域:从《超级中国》说起	新闻界	2016/1
胡易容	宏文本:数字时代碎片化传播的意义整合	西北师范大学学报(社会科学版)	2016/7
胡易容	符号景观世界的“四度自然”——回应居伊·德波	西南民族大学学报(人文社会科学版)	2016/8
胡易容	从“数字化生存”到“符号的栖居”——论数字人文学的符号学界面	华南师范大学学报(社会科学版)	2016/4
黄顺铭	逝后的性别差异:一个“资本”视角——《人民日报》讣闻报道的内容分析	国际新闻界	2016/7
姜海生	论多重视域下认知传播学的本质特性	中州学刊	2016/1
蒋晓丽	后互联网时代传媒时空观的嬗变与融合	社会科学战线	2016/11
蒋晓丽	场景:移动互联时代的新生力量——场景传播的符号学解读	现代传播(中国传媒大学学报)	2016/3
蒋晓丽	传播学与符号学:融合与发展——“2016 年传播符号学高层论坛”会议综述	现代传播(中国传媒大学学报)	2016/10
蒋晓丽	中国新闻传播学研究为何缺乏原创理论	新闻与写作	2016/1
蒋晓丽	符号学视域下主流媒体对范长江的人物形象建构——以人民网相关报道为例	新闻与写作	2016/12
蒋晓丽	大数据时代媒介技术的伦理问责	西南民族大学学报(人文社会科学版)	2016/7
蒋晓丽	“互联网＋”时代艺术与传播关系的嬗变	当代文坛	2016/1
蒋晓丽	互动仪式理论视域下网络话题事件的情感传播研究	湘潭大学学报(哲学社会科学版)	2016/3
李　畅	社交媒体在社会突发暴力事件风险传播中的情感动员研究	新闻界	2016/8
李　畅	框架理论下微信对拟态环境的重构	当代传播	2016/5
梁湘梓	认知传播的理论溯源、建构模式与现实考察	编辑之友	2016/9
梁湘梓	论互联网时代“广播＋”的创新模式	湖南师范大学社会科学学报	2016/7
刘　芬	中美行业协会类出版奖励比较研究	出版发行研究	2016/2

续表

第一作者	论文名称	发表刊物名称	发表年月
欧阳宏生	乡土历史与现实的传播使命——论当下乡土纪录片的认知传播作用与缺失	现代传播（中国传媒大学学报）	2016/1
欧阳宏生	意义·范式与建构——认知传播学研究的几个关键问题	现代传播（中国传媒大学学报）	2016/9
欧阳宏生	认知传播视阈下的电视批评观	编辑之友	2016/5
欧阳宏生	认知传播视域下的电视内容生产	中国出版	2016/5
欧阳宏生	论互联网时代“广电媒体+”之融合创新模型的建构	西南民族大学学报（人文社会科学版）	2016/1
饶广祥	叙述学如何向全域敞开:评赵毅衡的《广义叙述学》	英美文学研究论丛	2016/12
宋　雯	Playing for Love in a Romantic Video Game: Avatar Identification, Parasocial Relationships, and Chinese Women's Romantic Beliefs	*Mass Communication & Society*	2016/3
王炎龙	基于空间生产视角的实体书店转型探究	中国出版	2016/4
吴　建	谣言研究中被遗忘的先驱——巴斯德及其经典文献的考察	新闻界	2016/2
吴　建	媒介可信度的实证研究——基于省域居民的大样本调查	西南民族大学学报（人文社会科学版）	2016/2
徐　沛	清末民国画报上的战争叙事与国家神话——以中日军事冲突的图像表征为例	新闻与传播研究	2016/10
曾元祥	超小型出版:大众消费类数字期刊出版的新路径选择	出版发行研究	2016/6
曾元祥	从需求价格弹性看我国图书定价的错位现象	出版科学	2016/1
张　骋	“互联网+”时代报业转型的进路——以《华西都市报》为例	新闻界	2016/4
张　放	论“computer-mediated communication”的中译定名问题——基于学术史与技术史的考察	新闻与传播研究	2016/9
张　放	微信春节红包在中国人家庭关系中的运作模式研究——基于媒介人类学的分析视角	南京社会科学	2016/11
张雯雯	英雄归来:电视剧《琅琊榜》的文化定位及审美意义	中国电视	2016/3
张耀辉	移动互联时代的信息生产与知识运营——以“罗辑思维”为例	出版广角	2016/7
朱　天	新媒体传播环境下青少年媒介素养教育研究的现状研究	新闻界	2016/12
朱　天	网络传播环境下新闻节目的民意表达和公共参与	电视研究	2016/8
朱　天	典型人物形象的媒介呈现与意义建构——对央视《新闻联播》2015 年度“典型人物报道”框架的观察分析	电视研究	2016/12
朱　天	国内电视媒体“典型人物报道”变革的三种取径——基于央视《新闻联播》2015 年相关报道的框架分析	西南民族大学学报（人文社会科学版）	2016/10

3. 承办会议

中国中外文艺理论学会文化与传播符号学分会、四川大学新闻学院于2016年7月4日、5日在成都共同举办了“2016年传播符号学高层论坛”。论坛以“传播学与符号学”为主题展开讨论。来自清华大学、南京大学、浙江大学、中国人民大学、中国传媒大学等单位的80余位传播符号学领域学者专家与会。

六、新闻传播学刊物

《符号与传媒》

四川大学新闻学院符号学—传媒学研究所主办的学术刊物《符号与传媒》(*Signs & Media*)入选CSSCI来源集刊。

《新闻界》

四川大学新闻学院与四川日报报业集团共建的学术刊物《新闻界》入选CSSCI来源期刊。《新闻界》创刊于1985年，以“交流新闻实践经验，研究新闻写作技巧，探讨新闻理论客体，反映新闻战线动态，促进新闻事业发展”为宗旨，集传媒理论研究、传媒运作实务研究及资讯为一体，深受传媒领域及相关产业的理论研究者和中、高层从业者欢迎。期刊曾连续多次入选中国新闻核心期刊和中国社会科学引文索引期刊，是全国具有权威性、指导性和影响力的传媒专业学术期刊之一。

七、特色学科简介

四川大学网络与新媒体是目前国内唯一独立设置的网络与新媒体博士点，由教育部高等学校新闻传播学类专业教学指导委员会副主任蒋晓丽教授领衔，是中国新闻史学会舆论学研究会、中国新闻文化促进会传播学分会副会长单位。现拥有教授5人（其中博士生导师3人），师资队伍中含教育部高等学校新闻传播学类专业教学指导委员会副主任1人（蒋晓丽）、全国专业学位研究生教育指导委员会委员2人（蒋晓丽、王炎龙）、国家社会科学基金重大项目首席专家1人（蒋晓丽）、新闻出版广电总局全国新闻出版领军人才1人（王炎龙）、全国百篇优秀博士论文提名获得者1人（张放）。

四川大学网络与新媒体以文、理跨学科的网络舆论与新媒体传播、网络人际传播研究为特色，近五年承担包括国家社会科学基金重大项目“新形势下提升舆论引导力对策研究”和重点项目“传统媒体与新型媒体融合发展研究”在内的国家社科、自然科学基金项目9项，并参与国家科技支撑计划项目“新媒体资源管理关键技术研究与集成平台应用示范”，在《新闻与传播研究》上发表《网络人际传播中印象形成机制的实验研究》《在线集体记忆的协作性书写——中文维基百科“南京大屠杀”条目（2004—2014）的个案研究》等代表性论文5篇，发表“Playing for Love in a Romantic Video Game: Avatar Identification, Parasocial Relationships, and Chinese Women's Romantic Beliefs”等SSCI收录论文4篇，其中2篇分获首届全国优秀新闻传播学论文奖和第二届中国新闻传播学学会奖优秀学术奖。近五年还获得教育部高等学校科学研究优秀成果一等奖1项，四川省哲学社会科学优秀成果奖一、二等奖各1项，三等奖4项。

供稿：四川大学新闻学院

河北大学新闻传播学院2016年学术发展概况

一、学术成果概述

2016年，河北大学新闻传播学院承担国家级、省部级科研项目、课题14项，其中国家级3项，省部级11项；出版著述、教材6部；发表论文14篇。同时学院新设河北省新型智库·文化产业研究中心。

2016年，学院还承办了第十届全国新闻与传播心理研讨会暨中国社会心理学会传播心理专业委员会第七届年会、中国传统村落保护与开发国际论坛等学术会议。

二、学院现任领导

院长	常务副院长	党委书记	副院长	副书记
韩立新	杜浩	王景明	彭焕萍	滑晓军

三、2016年新设学术科研机构

省部级研究中心（所）

2016年，学院新建河北省新型智库·文化产业研究中心，负责人为杜浩。河北省文化产业发展研究中心旨在建设河北省特色鲜明的文化产业发展创新平台，成为河北省文化产业理论研究、资政建言、应用研究、人才培养基地，打造国内一流、国际知名的文化产业高端智库，推动河北省文化产业创新发展。

四、所承担的国家级、省部级科研项目、课题

1. 2016年立项的国家级、省部级科研项目、课题

项目级别	项目名称	项目负责人
国家级	网络空间未成年人保护的法律规制研究	彭焕萍
国家级	新媒体对青年学生心理健康发展的影响研究	张雅明
国家级	明代唐诗选本与明代诗歌批评	孙欣欣
省部级	文化艺术人才职业社会化评价体系建设工程[职业:文化经纪人(演出及艺术品方向)]	韩立新
省部级	新形势下新闻教育创新与转型研究	邵宝辉
省部级	河北省媒体融合发展策略研究	彭焕萍
省部级	河北省党报壮大主流意识形态的策略研究	刘　赞

续表

项目级别	项目名称	项目负责人
省部级	河北省智库型主流媒体构建研究	连　娜
省部级	连接与重组:跨界媒体形态的形成与演变	韩立新
省部级	跨文化视域中的“刘荒田现象”传播研究	彭　翠
省部级	主流媒体借力“榜样示范”弘扬社会主义核心价值观策略研究	赵　巍
省部级	“互联网 +”语境下网络 IP 视听产业价值网理论研究	杨状振
省部级	清末民国时期期刊商业广告研究	王玉蓉
省部级	河北省传统村落文化数字化保护和微传播研究	王雪梅

2. 2016 年结项的国家级、省部级科研项目、课题

项目级别	项目名称	项目负责人
国家级	“三网融合”背景下网络电视台的建设、发展与影响研究	杨状振
省部级	中国传统文化出版“走出去”问题及策略研究	刘燕飞
省部级	新媒体环境下河北省新闻出版业融合发展路径研究	余　人
省部级	新媒体背景下河北涉农媒体与农村文化转型研究	刘　莹

五、主要学术成果

1. 著述、教材情况

作者	著作名称	出版社
白　贵(第二作者)	美国社交媒体的冲击与影响	中国传媒大学出版社
商建辉	媒介问题内容产制研究:一种批判的视角	中国传媒大学出版社
田建平	宋代出版史	人民出版社
赵树旺	数字出版:国际化变革与发展	科学出版社
赵树旺	中国数字出版内容国际传播研究	中国传媒大学出版社
赵树旺(第二作者)	传播学研究方法:讨论与评价(译著)	南京大学出版社

2. 发表论文情况

第一作者	论文名称	发表刊物名称	发表年月
韩立新	时空转移与智慧分流:媒体的分化与重构	新闻与传播研究	2016/5
金　强	浅析“一带一路”背景下中国伊斯兰学术发展与中伊学术生态营造	回族研究	2016/11
连　娜	基于社群的实体书店商业模式研究	编辑之友	2016/6

续表

第一作者	论文名称	发表刊物名称	发表年月
连　娜	基于社群的专业期刊盈利模式再造	出版发行研究	2016/7
孙　瑛	机器人新闻:一种基于大数据的新闻生产模式	编辑之友	2016/3
陶　丹	“互联网＋”时代我国版权经营特色初探	中国出版	2016/9
田建平	华文出版视域中中国传统文化定义的现代性	中国编辑	2016/11
杨金花	大数据在图书选题判断中的应用	出版发行研究	2016/9
余　人	微信广告发展与监管思考	编辑学刊	2016/1
余　人	议程设置在图书选题策划中的应用	编辑学刊	2016/3
余　人	先生未去,风范永存	编辑学刊	2016/5
余　人	大学生微信阅读的优化与拓展	编辑学刊	2016/9
余　人	新广告法中互联网广告规定的更新与局限	中国出版	2016/2
余　人	从传播学视角看新型电子有声读物的崛起与发展	出版发行研究	2016/9

3. 承办会议

（1）2016 年 9 月 24—25 日，第十届全国新闻与传播心理研讨会暨中国社会心理学会传播心理专业委员会第七届年会在河北大学召开。

（2）2016 年 11 月 21—24 日，中国传统村落保护与开发国际论坛在河北大学召开。

六、新闻传播学刊物及学术网站

1. 学院官网（http：//jc. hbu. edu. cn/）

学院官网（http：//jc. hbu. edu. cn/）改版于 2012 年 5 月，自改版至今，由学院编辑出版系副主任金强副教授任总编辑并带队，组建了师生工作团队。团队大概每一个学年调整一次队伍，目前已到第五届。目前网站分为活动部、对外联络部、技术及资源整合部三个大部门，在学生中分设副总编辑和办公室人员，负责具体事务协调和分配，学生总数约 20 人，核心团队为记者团、编辑团和翻译团。学院网站由学院主要领导担任顾问，遇到特殊重大新闻，需要学院领导过目后发稿，一般性新闻则由总编辑负责，具有一定的自主性和灵活性，也提高了稿件发布时效。目前还建有英文版网站，海峡两岸华文出版论坛官方网站，河北大学伊斯兰国家社会发展研究中心网站，也由金强老师负责，进行与学院有关的直属学术机构权威信息的发布。

目前新闻传播学院主站保持了良性运作，从稿件质量、发稿频率、点击量方面都显示出了特色和优势。网站主要特色是总编辑负责制，思路清晰，行动迅速，避免多头领导；新闻发布及时，一般当天事情当天报，最多不超过三天；新闻事件做到有图有真相，图文并茂，尤其是加大图片使用量，使新闻可观性强；新闻稿件作者实名制，不论老师和学生，均享有署名权；设置下载中心，将与学院多数人利益相关的信息和资料进行上传，方便大家查阅和存档。因此，网站的各个主要板块从改版以来，均处于良性工作状态，很好地服务了学院和直属学术机构。

2. 《正声报》

《正声报》前身《关老报》，2010 年 4 月 15 日，河北大学关心老一辈工作委员会成立大会召开。随即，新闻传播学院积极响应学校号召，依托专业优势，顺应发展需要积极创办了《关老报》。2013 年 3 月，《关老报》改版为河北大学新闻传播学院院报——《正声报》，并在此基础上成立了正声报社，进一步拓展业务内容，实现多渠道、多方式采集、编写、传播新闻。2014 年，报社增加新媒体部门，主要负责微博、微信的运营，紧跟时代潮流，重视报纸的同时大力发展新媒体。2015 年，正声报社创立了网站、电台，配合报纸，进一步借助网络的优势，更加及时、真实地展现校园生活及河大学子的精神面貌。

《正声报》下设新闻、评论、调查、专题、交锋、人物、副刊等八个版面。新闻中主要介绍校内师生关心的学校新闻热点。评论中点评当前国际国内时事，同时成为发表学生自己看法的阵地。调查关注大学校园中的种种现象，通过问卷等方式分析原因并提出有效的建议，其中关于学校宽带网络速度慢、学苑路维修难的报道均引起相关部门的关注并推动了问题的解决。专题每一期均会选取一个与学生学习、生活紧密相关的内容进行挖掘，涉及新闻学院专业分流、就业去向等内容，为学生提供指导。交锋是同学们对身边热点问题进行观点碰撞的园地。人物则展示河北大学师生积极向上的精神风貌。副刊提供新鲜有趣的生活服务性质的内容。

3. 《直觉》

《直觉》杂志由学院主要领导担任顾问，由河北大学新闻传播学院编辑出版系副主任金强副教授任指导老师，日常运作以学生自主管理为主，具有一定的自主性和灵活性，遇到特殊情况需要经过相关领导和指导老师的审批。学生团队实行任期制，每届任期为一年，目前已经是第七届。《直觉》杂志社分为采编部、制作部、新媒体部三个大部门，在学生中分设社长和主编负责具体事务的协调和分配，目前杂志社共有部长 10 名。目前建设有“直觉电子杂志”微信公众号、直觉手机报，微博等运营平台。其中《直觉》电子杂志以“人物通讯”“时事新评”“专题报道”“副刊”为核心板块，内容涉及校内外的诸多领域和行业。

供稿：河北大学新闻传播学院

武汉大学新闻与传播学院 2016 年学术发展概况

一、学术成果概述

2016 年，武汉大学新闻与传播学院获批国家社科基金项目 3 项、教育部人文社科重点研究基地重大项目 5 项、湖北省社科基金项目 2 项、湖北省教育厅项目 2 项。获第十届湖北省社会科学优秀成果奖二等奖 1 项，三等奖 3 项，湖北省教育厅人文社科奖 1 项。首次获得国际性科研奖励：单波教授的专著 *The Ethics of Intercultural Communication* 获美国克利福德 · 克里斯琴斯伦理学奖。学院继续实施学术精品工程，强化了学术质量建设。学院教师在重要出版社出版学术著作 4 部，发表 SSCI 论文 2 篇，CSSCI 源刊论文 75 篇，奖励期刊《新闻与传播研究》3 篇，《新华文摘》全文转载 1 篇。

二、学院现任领导

院长	党委书记
强月新	吴爱军

三、2016年新设学术科研机构

校级研究中心（所）

负责人姓名	职称	机构名称	中心宗旨(任务、目标等)
单　波	教授	跨文化传播研究中心	中心围绕跨文化传播的经典理论和本土问题开展研究,创造出一系列高水平的学术成果。全球化时代文化交流日益密切,向世界传播中国文化需要跨文化传播的理论支撑,我国近年来将"一带一路"作为国家发展战略,如何塑造良好的国家形象更是成为亟待解决的时代命题
谢湖伟	教授	数字媒介与数字传播研究中心	中心旨在面对行业变局,连接新媒体行业和高校教学科研,为新闻传播学科发展进行前沿探索的媒介融合科研平台
陈　瑛	教授	动漫产业发展研究中心	武汉大学动漫产业研究中心是为湖北省的动画产业发展提供战略思路的第一个大型产业发展研究中心,直接为湖北省产业规划的制定提供依据,并为湖北省动画企业的发展规划提供依据
张　卓	教授	视听传播研究中心	武汉大学视听媒介研究所旨在通过研究视听媒介传播,透视视听现象、研究媒介特征、提供研究报告、探讨传媒实践,为新闻传播学高校师生以及广播电视与新媒体理论研究者提供学术交流平台
吕尚彬	教授	城市传播与品牌发展研究中心	第一,回应国家城镇化战略需要,集中解决城市及中小城镇形象定位与传播的理论和实践问题。第二,解决创新型国家建设过程中自主品牌发展的理论与实践问题。第三,培育和提升武汉大学传媒经济与广告学科的影响力
王　琼	副教授	数据新闻研究中心	产:将与国内数据新闻生产媒体或机构保持深度互动,并开展交流与合作。持续产出具有广泛传播力、影响力和创新力的数据新闻作品和数据交互模型,研发数据新闻生产相关工具。学:首先在相关专业本科生、研究生教学中逐渐融入数据新闻这一学术议题的内容,带动更多的本科生、研究生关注并多向度地开展相关实践和研究。力争能够开设相关课程。研:以融媒体、跨学科的理论视角,就数据新闻的生产、传播、消费展开多维度的立体研究。不断凝练和强化在特定领域的优势,以此树立该团队的学术地位。积极开展与国际相关研究团体的合作与沟通,逐步扩大国际影响

四、所承担的国家级、省部级科研项目、课题

2016 年立项的国家级、省部级科研项目、课题

项目类型	项目名称	项目负责人
教育部人文社科基地重大项目	“一带一路”战略构想与跨文化传播	徐开彬
教育部人文社科基地重大项目	新媒体环境下中国媒体新闻传播创新研究	夏倩芳
教育部人文社科基地重大项目	传媒智能化背景下中国传媒和广告产业竞争力研究	吕尚彬
教育部人文社科基地重大项目	互联网传播形态与中西部社会治理	石义彬
教育部人文社科基地重大项目	互联网传播形态与中国传播能力建设	强月新
国家社会科学基金青年项目	基于多点民族志方法的农村互联网实践及其社会生活影响	冯　强
国家社会科学基金后期资助项目	两种范式的对话:西方媒介效果研究的历程与转向	张　卓
国家社会科学基金一般项目	中国互联网广告监管制度研究	廖秉宜

五、主要学术成果

1. 著述、教材情况

第一作者	著作名称	出版社
肖　珺	跨文化虚拟共同体:连接、信任与认同	社会科学文献出版社
吕尚彬	快乐长沙:城市形象定位与魅力表达	红旗出版社
程　明	数字营销传播经典案例教程	中国建筑工业出版社
陈　刚	共识的焦虑:争议性议题传播的话语变迁与冲突性知识生产	人民出版社
谢湖伟	“互联网+”时代:传播融合的嵌入性反思	红旗出版社
周茂君	新媒体概论	西南师范大学出版社
王　琼	众媒时代、我们该如何做内容	中国人民大学出版社
周丽玲	新媒体研究	西南师范大学出版社
洪杰文	新媒体技术	西南师范大学出版社
杨　嫚	法律意识的媒介构建及其局限	科学出版社
杨　嫚	新媒介内容生产与编辑	西南师范大学出版社
廖秉宜	广告经营与管理(2016)	西安交通大学出版社
余晓莉	美国广告批判研究	人民出版社

2. 承办会议

(1) 2016 年 7 月 28 日至 31 日，首届“数据与媒介发展论坛”举行。由武汉大学媒体发展研究中心、武汉大学新闻与传播学院主办，新华网融媒体未来研究院、武汉大学镝次元数据传媒实验室联合主办，由武汉大学新闻与传播学院广播电视系承办。

（2）2016年11月19日，由武汉大学新闻与传播学院新闻系承办的全国“网络时代的新闻传播”博士论坛暨第七届华中地区研究生新闻传播学术论坛，在武汉大学新闻与传播学院举行。

3. 新闻与传播学院2016年教师科研获奖情况统计表

姓名	职称	成果名称	成果形式	获奖名称	等级
周　翔	教授	传播学内容分析研究与应用	著作	第十届湖北省社会科学优秀成果奖	二等
单　波	教授	新闻传播学的学术想象与教育反思	著作	第十届湖北省社会科学优秀成果奖	三等
陈　刚	教授	“不确定性”的沟通：“转基因论争”传播的议题竞争、话语秩序与媒介的知识再生产	论文	第十届湖北省社会科学优秀成果奖	三等
廖秉宜	副教授	中国广告产业发展与创新研究系列论文	论文	第十届湖北省社会科学优秀成果奖	三等

六、新闻传播学刊物

《中国媒体发展研究报告》

《中国媒体发展研究报告》，该报告属年卷本，每卷由数十篇调查报告、研究论文组成。报告对中国传媒的发展及相关研究进行总体的扫描与透视，并就媒体发展的若干重大问题形成专题研究报告。该报告以年度出版的形式，对传媒的产业实践予以追踪，对产业变革予以回应，并对产业的整体发展趋势予以探索。同时，该报告还提供中国传媒产业发展的相关资料库。该成果是目前国内对媒体发展追踪研究中一部具有权威性、专业性、全面性的研究报告与咨询报告。

《新闻与传播评论》

《新闻与传播评论》关注国内外新闻传播的前瞻性、前沿性理论与实践问题，追求正确的价值取向、开展国际对话、深化学术交流，努力促进新闻传播学科的发展。该书以马克思主义新闻观为指导，以贯彻落实习近平总书记关于新闻舆论工作系列讲话精神与要求为方针，立足于我国新闻传播的重大理论与现实问题，聚焦于我国网络传播能力的提升、新闻舆论引导力的增强、新闻传播公信力的建设等重要成果的发表，不断深化学术探讨，积极开展国际对话，努力为增强国家新闻舆论引导和新媒体传播发展提供智力支撑。

供稿：武汉大学新闻与传播学院

北京大学新闻与传播学院2016年学术发展概况

一、学术成果概述

2016年，北京大学新闻与传播学院承担国家社科基金一般项目1项；出版著述、教材6部，其中专著3部；发表学术论文21篇。

2016年，学院还举办了首届中国跨语际生命传播思想峰会、山西卫视电视戏曲艺术专题研讨会、首届北京大学新闻传播学博士生论坛、北京大学“传播大讲堂”系列活动、“中国电视年度掌声·嘘声”评选发布与对话论坛、第十二届中国记者节大型公益论坛等大型学术会议和学术论坛。

二、学院现任领导

院长	党委书记	副院长	副书记
陆绍阳	陈　刚	陈刚(兼)、俞虹、吴靖、刘德寰	卢　亮

三、所承担的国家级、省部级科研项目、课题

2016年立项的国家级、省部级科研项目、课题

项目类型	项目名称	项目负责人
国家社科基金一般项目	中国当代广告口述史(1979—2010)	祝　帅

四、主要学术成果

1. 著述、教材情况

作者	成果类型	著作名称	出版社
程曼丽	主编	北大新闻与传播评论	北京大学出版社
程曼丽	主编	北大新闻学研究会学术文库	清华大学出版社
师曾志	书籍	互联网公益影响力:互联网公益:角色、功能与方向	北京日报报业集团同心出版社
吴惠凡	专著	一本书学会社会新闻写作	人民日报出版社
严富昌	专著	网络谣言研究	中国书籍出版社

2. 发表论文情况

第一作者	论文名称	发表刊物名称	发表年月
陈　刚	数字逻辑与媒体融合	新闻大学	2016/4
陈汝东	论中国话语文明的历史走向	现代传播(中国传媒大学学报)	2016/6
程曼丽	中巴经济走廊建设的舆论环境分析	当代传播	2016/2
胡　泳	“网络主权”辨析	新闻与传播研究	2016/1
胡　泳	中国互联网治理的历史演变	现代传播(中国传媒大学学报)	2016/4
胡　泳	互联网内容走向何方？——从UGC、PGC到业余的专业化	新闻记者	2016/8
陆　地	泛媒语境下公民传播的责任伦理建构	现代传播(中国传媒大学学报)	2016/10

续表

第一作者	论文名称	发表刊物名称	发表年月
陆绍阳	人鱼恋、原型拓展和艳俗美学	当代电影	2016/4
陆绍阳	《百鸟朝凤》的乡土叙事:寻找更合理的叙事逻辑	电影艺术	2016/4
陆绍阳	桑弧创作论	当代电影	2016/12
吕　艺	论当代报纸视觉传播特点及其价值——基于"静态"图像与"动态"图像的分析	国际新闻界	2016/3
王洪喆	从"迷妹"到"小粉红":新媒介商业文化环境下的国族身份生产和动员机制研究	国际新闻界	2016/12
王维佳	专业主义的挽歌:理解数字化时代的新闻生产变革	新闻记者	2016/10
王异虹	中国涉外媒体在德国的信任度研究	国际新闻界	2016/6
肖东发	2015年出版产业十大关键词解读	编辑之友	2016/2
肖东发	探寻东方"印"迹——中韩日雕版印刷国际学术研讨会一席谈	出版发行研究	2016/2
肖东发	中国出版史研究的领域、方法及价值——《明清文化传播与商业互动研究》序	现代出版	2016/5
肖东发	创建中国出版博物馆　保留东方文明印记	中国编辑	2016/1
祝　帅	雕版印刷与书法传播	中国书法	2016/1
祝　帅	论标准的合法性与复杂性	中国书法	2016/2
祝　帅	书法研究的"问题"与"材料"	中国书法	2016/5

3. 承办会议

（1）2016年1月9—10日，首届中国跨语际生命传播思想峰会在北京大学举行。峰会以“空间·符号·智慧”为主题，国内外50余位知名学者就人工智能、大数据、哲学等对人类社会当下与未来的影响进行了探讨。

（2）北京大学新闻与传播学院等15所院校、广东广播电视台、中国电视满意度博雅榜组委会联合主办的2015年度中国电视满意度博雅榜于2016年2月26日在长沙揭晓。湖南卫视、北京卫视和浙江卫视荣膺卫星频道十强的前三甲。

（3）2016年4月29日，由北京大学新闻与传播学院、山西省委宣传部共同主办，北京大学电视研究中心、山西广播电视台联合承办的“山西卫视电视戏曲艺术专题研讨会”，以及晚间在百周年纪念讲堂上演的《走进大戏台》“如歌的行板——中国戏曲公开课·北大行”活动在北京大学举行。

（4）2016年5月28日，北京大学新闻与传播学院开办了北京大学“传播大讲堂”系列活动。活动邀请国内外各大主流媒体的领军人物、知名记者、互联网企业的IT精英等，包括跨学科高端前沿的专家学者来学院举办讲座，希望以此能够向北京大学的学生、一线新闻媒体从业者、企业品牌及公关部门人员、相关专业研究学者们带来不同视角、激发对新闻实践与传播产业的再思考。5月至12月学院举办了8期“传播大讲堂”，白岩松、翟惠生、黄志敏、段永朝、陈小川、安格斯·菲利普斯、唐·E.舒尔茨等业界精英及国内外知名专家学者先后应邀到学院演讲。

（5）2016年6月17日，首届北京大学新闻传播学博士生论坛在北京大学新闻与传播学院举行。北京大学、中国人民大学和北京外国语大学的相关领域教授担任论坛点评人，来自全国多所大学新闻传播学院系的近20位博士研究生在论坛发言。论坛的主题是“社会变革与传媒角色”。

（6）2016年6月18日，由北京大学、美国夏威夷大学、北京环球时报公益基金会共同举办的第三届中美媒体论坛在北京大学燕京学堂报告厅举行。本届论坛联手环球时报基金会，聚焦政治、经济、外交事务中的中美热点问题及媒体报道，以促进两国媒体的交流，并共同探讨中美关系的现状与未来。

（7）2016年9月24日至25日，“第五届新闻史论青年论坛暨北京大学新闻学研究会年会”在吉林大学举办。此次学术会议上，“日本对华新闻侵略”研究成为学者们研讨的热点，近半数参会论文以此为研究主题。来自中国以及日本、新加坡等地的80余名新闻史学界专家学者聚集吉林大学新闻与传播学院，围绕“新闻传播与文化政治：近代以来亚洲新闻事业研究”主题展开热烈研讨。

（8）2016年11月8日，为庆祝第十七届中国记者节，由中国人民大学新闻学院和北京大学电视研究中心联合举办的第十二届中国记者节大型公益论坛“直播什么”在中国人民大学开讲。论坛设有“电视·传统·挑战”“媒介·技术·视觉”“信息·人·表达”“草根·文化·反思”四个单元。各单元分别就当下媒介环境对传统电视媒体带来的挑战、直播对媒介及其技术和视觉方面带来的影响和变化、直播在信息和传者及表达方面的特征，以及网络直播的特性及其社会文化影响四个主题进行讨论。

（9）2016年12月22日，“中国电视年度掌声·嘘声”评选发布与对话论坛在北大英杰交流中心拉开帷幕，由北京大学电视研究中心的研究员们，针对这一年中国电视媒体对当下公共事件的报道和节目传播，以掌声和嘘声的方式，表达自己独立的学术立场，独特的社会发现，独到的专业评论，发出学人富有社会责任感和北大精神气质的价值选择、专业判断与学术观点。

五、新闻传播学刊物

1.《广告大观》

《广告大观》杂志是经国家新闻出版广电总局批准，面向国内外公开发行的广告营销与传播类专业期刊。该刊是国内唯一以旬刊出版的广告营销与传播类专业期刊，按上中下旬分别出版《广告大观》（综合版）（上旬刊，即《创意传播》）、《广告大观》（理论版）（中旬刊，即《广告研究》）、《广告大观》（媒介版）（下旬刊，即《媒介》）。主编为陈刚。

2.《北大新闻与传播评论》

《北大新闻与传播评论》汇集了北京大学新闻与传播学院以及部分其他高校的教师的代表性学术成果，内容分为国际传播、创意产业、视觉传播、编辑出版、传播学理论与方法等几个部分。该刊由北京大学出版社出版，负责人为程曼丽。

供稿：北京大学新闻与传播学院

暨南大学新闻与传播学院2016年学术发展概况

一、学术成果概述

2016年，暨南大学新闻与传播学院全年获批国家级、省部级科研项目16个，其中国家社科基金重点项目3个，国家社科一般项目2个，教育部人文社科规划资金1个，国务院侨办1个；学院新建校级研究中心——传播大数据研究实验室；出版著作、教材31部；发表论文48篇。

2016年，学院举办了第四届数字营销传播研究与应用国际研讨会、第二期“两岸四地青年学者研修班”、2016年中国新闻史学会学术年会、第九期“传媒领袖讲习班”、广州新观察系列研讨会议、第四届传播视野下的中国研究论坛、首届中欧博士研修班、新闻教育70周年庆典暨第五届南方传媒学术论坛、中国高校影视学会广播专业委员会成立大会暨首届中国广播创新发展高端论坛等大型学术会议。

二、学院现任领导

院长	执行院长	党委书记	副院长	副书记
范以锦	支庭荣	杨先顺	张晋升、邓绍根	姚淑兰

三、2016年学院新晋或引进教师（正高级以上）

1. 新晋升正高职称教师

姓名	职称	研究方向
汤景泰	教授	新闻评论、网络新闻学

2. 引进教师（正高级以上）

姓名	职称	研究方向
罗　昕	教授	网络传播
甘险峰	教授	新闻业务

四、2016年新设学术科研机构

校级研究中心（所）

传播大数据研究实验室，主任：支庭荣、汤景泰。该实验室重点强化技术平台建设，以构建统一的“数据湖泊”和细分的“数据仓库”为手段，以提升现代组织的“数字治理”能力为目标，以增进大众的“信息福利”为旨归，聚焦“重大理论难题、重大现实挑战、重大社会关切”，致力于搭建跨学科、开放式的研究中心。

五、所承担的国家级、省部级科研项目、课题

项目类型	项目名称	项目负责人
国家社科基金重点项目	海外华文传媒促进“一带一路”信息互联互通的机制创新研究	彭伟步
国家社科基金重点项目	全球化国际话语权的博弈:以中俄传媒交流为例	吴　非
国家社科基金重点项目	十八大以来新闻舆论在治国理政中的作用机制研究	林爱珺
国家社科基金一般项目	基于大数据的政府网络传播力评估与研究	谭　天
国家社科基金一般项目	社会思潮视阈下突发公共事件中的华语竞争与价值引领研究	王玉玮
教育部人文社科规划资金	基于大数据的社会心态与舆论研究	曾凡斌
国务院侨办	新形势下侨乡文化协同发展研究	晏　青
广东省社科规划项目一般项目	青少年流行文化消费形态与理论创新研究——以广州为例	高　丽
广东省社科规划项目一般项目	大数据时代青年农民工的社会心态与文化认同危机研究	周述波
广东省哲学社会科学“十三五”规划2016年度学科共建项目	国家形象类图像信息的传播效果评价模型研究	陈广耀
2016年度广东省教育厅省级教改项目一般类教改项目	在线开放课程建设的教学设计创新与实践探索	刘　涛
广州市社会科学规划2016年课题项目一般项目	基于大数据的社会心态与舆论分析研究	曾凡斌
2016年度《广州大典》与广州历史文化研究课题	晚清广州报人研究	黎　藜
2016年度《广州大典》与广州历史文化研究课题	广州老字号口述史研究	李　苗
2016年度《广州大典》与广州历史文化研究课题	近代报刊中的女性形象建构研究	许　珍
广州市哲学社会科学“十三五”规划2016年度马克思主义理论与实践专项课题	习近平互联网管理思想视阈下的社会舆情引导机制研究	罗　昕

六、主要学术成果

1. 著述、教材情况

作者	著作名称	出版社
蔡铭泽	新闻传播学(教材,第五版)	暨南大学出版社
陈曦子	标准日语高级视听说教材——教师用书(上、下册)	华南理工大学出版社
陈曦子	标准日语高级视听说教材——学生用书(上、下册)	华南理工大学出版社
陈曦子	标准日语中级会话教程(上、下册)	华南理工大学出版社
陈曦子	新编标准日语高级视听说教材	华南理工大学出版社
陈致中	台湾报业:历史、现状和展望	风云时代出版社
陈致中	赢在认同感:中国背景下的组织文化认同研究及对传媒的考察	暨南大学出版社
邓绍根	《万国公报》传播近代科技文化研究	台湾花木兰文化出版社
胡逢瑛、吴非	俄罗斯公共外交与地缘政治——乌克兰危机下普京时代的再造	台湾独立作家出版社
嵇美云	融合新闻学实务(译著)	清华大学出版社
李苗	AR:场景互动神器	社会科学文献出版社
林爱珺	舆情信息工作指南(修订版)	经济日报出版社
刘　涛	100 个人眼中的中国十年/行走	经济日报出版社
刘　涛	100 个人眼中的中国十年/记录	经济日报出版社
刘家林、王明亮	宋郁文诗文选集	暨南大学出版社
罗　昕	网络传播导论(“十二五”国家级规划教材,第二版)	中国人民大学出版社
申启武	广播 4.0 时代的融合发展与理论创新	暨南大学出版社
申启武	广播新闻学	暨南大学出版社
谭　天	媒介平台论新兴媒体的组织形态研究	中国人民大学出版社
万木春	数字营销再造:互联网 + 与 + 互联网浪潮中的企业营销新思维服务篇	机械工业出版社
肖　伟	新闻框架论:传播主体的架构与被架构	中国人民大学出版社
晏　青	电视文艺理念与形态	暨南大学出版社
晏　青	社交媒体营销战商业营销新思维	经济日报出版社
阳　翼	大数据时代的营销传播	社会科学文献出版社
阳　翼	大数据营销	中国人民大学出版社
喻季欣	雪域苍穹:广东第七批援藏全景纪实	广东人民出版社
曾凡斌	互联网使用与中国中间阶层的政治参与研究	中国社会科学出版社
张　岚	舆情观察——邻避现象(第 11 辑)	人民日报出版社
张　岚	舆情观察——话语建构(第 12 辑)	人民日报出版社
张潇潇	中国“90”后与生活	经济日报出版社
朱　磊	詹文浒文集	世界知识出版社

2. 发表论文情况

第一作者	论文名称	发表刊物名称	发表年月
陈广耀	结果不确定离散型否定句加工机制：锚激活与限制满足模型的修正与补充	心理科学	2016/9
陈伟军	社会主义核心价值观引领舆论导向	中国出版	2016/4
陈致中	健康传播信息对受众健康行为影响之实证研究——基于饮食行为倾向的实验	现代传播（中国传媒大学学报）	2016/7
邓绍根	跨语际旅行："记者"一词在中国演变历史再考察	现代传播（中国传媒大学学报）	2016/4
邓绍根	2016年中国新闻史学会学术年会在暨南大学成功举办	暨南学报	2016/9
邓绍根	2016年中国新闻史学会学术年会综述	现代传播（中国传媒大学学报）	2016/9
邓绍根	缘结《中国新闻事业通史》	新闻记者	2016/10
邓绍根	"舆论"词源考证	中国社会科学报	2016/4
邓绍根	培养数字时代"大传播人才"	中国社会科学报	2016/11
邓绍根	党媒姓党的理论根基、历史渊源和现实逻辑	新闻与传播研究	2016/8
邓绍根	"记者"一词十年研究	新闻记者	2016/6
范以锦	内容传播力如何转变成赢利模式	新华文摘（全文）	2016/3
冯广超	Do Difference Scores Make a Difference on the Third-person Effect?	*Communications in Statistics-Simulation and Computation*	2016/2
冯广超	Do not Force an Agreement: A Response to Krippendorff	*Methodology-European Journal of Research Methods for the Behavioral and Social Sciences*	2016/9
冯广超	A Comparative Study of the Differences in Online Film Ratings between US and Chinese Audiences: An Analytical Approach Based on Big Data	*Asian Journal of Communication*	2016/11
黄雅兰	War on Women: Interlocking Conflicts within the Vagina Monologues in China	*Asian Journal of Communication*	2016/8
嵇美云	"内部的局外人"——宗教对西方传播学媒介环境学派的影响	新闻大学	2016/10
嵇美云	互联网环境下媒体融合的瓶颈及策略选择	现代传播（中国传媒大学学报）	2016/11
林爱珺	论新闻舆论工作队伍建设——学习习近平新闻舆论工作座谈会讲话的体会	新闻记者	2016/5
林如鹏	切实形成舆论引导的合力	中国社会科学报	2016/4
林如鹏	政治逻辑、技术逻辑与市场逻辑：论习近平总书记的媒体融合发展思想	新闻与传播研究	2016/11

续表

第一作者	论文名称	发表刊物名称	发表年月
刘 涛	西方数据新闻中的中国:一个视觉修辞分析框架	新闻与传播研究	2016/2
刘 涛	风险、流动性与“不确定性”批判:通往马克思主义阶级分析范式	南京社会科学	2016/5
刘 涛	视觉抗争:表演式抗争的剧目结构与符号矩阵	西北师范大学学报(社会科学版)	2016/7
刘 涛	“传播环境”还是“环境传播”?——环境传播的学术起源与意义框架	新闻与传播研究	2016/7
刘 涛	情感抗争:表演式抗争的情感框架与道德语法	武汉大学学报	2016/9
刘 涛	作为知识生产的新闻评论:知识话语呈现的公共修辞与框架再造	新闻大学	2016/12
刘 涛	仪式抗争:表演式抗争的视觉意象与修辞原理	中外文化与文论	2016/12
刘 涛	一元主导与多维互动:马克思主义新闻观教学体系建设的现状、理念与路径	中国大学教学	2016/12
刘 涛	西方数据新闻中的中国:一个视觉修辞分析框架	人大复印资料《新闻与传播》全文转载,原载《新闻与传播研究》	2016/2
申启武	媒体融合时代广播的创新发展之路——第五届全国广播学术研讨会综述	现代传播(中国传媒大学学报)	2016/2
谭 天	作为空间产品的电视节目	现代传播(中国传媒大学学报)	2016/2
谭 天	治网于草野,取信于草根——习近平网信思想解读	新闻与传播研究	2016/5
汤景泰	网络社群的政治参与与集体行动——以 FB“表情包大战”为例	新闻大学	2016/6
汤景泰	政治逻辑、技术逻辑与市场逻辑:论习近平总书记的媒体融合发展思想	新闻与传播研究	2016/11
汤景泰	情感动员与话语协同:新媒体事件中的行动逻辑	探索与争鸣	2016/11
汤景泰	风险表征与放大路径:论社交媒体语境中健康风险的社会放大	现代传播(中国传媒大学学报)	2016/12
王 媛	对低俗广告话语修辞框架的再批评	美术观察	2016/3
王 媛	国家形象与公益广告	美术观察	2016/6
晏 青	电视剧女性话语策略及局限突破——以女性主角的历史题材电视剧为例	中国电视	2016/5
晏 青	沉浸与交互:叙事性传媒艺术的认知重启与实践	现代传播(中国传媒大学学报)	2016/9
杨先顺	T2O 营销传播模式中消费者行为意向的影响因素研究	现代传播(中国传媒大学学报)	2016/9

续表

第一作者	论文名称	发表刊物名称	发表年月
喻季欣	文明之路的动物通道	中国社会科学报	2016/10
曾凡斌	在研究方法上与国际同行同步	新闻记者	2016/10
张　蕾	刻板印象视角下的地域冲突、责任归因与个体态度——基于香港与广州青年群体的实证研究	暨南学报	2016/5
张晋升	网络信息传播中的舆论偏向与社会治理——基于两起网络虚假信息事件的传播分析	新闻记者	2016/4
张潇潇	全球模式与地方性知识:电视生产社群的民族志阐释	国际新闻界	2016/7
赵思洋	The Political Economy of Energy Resources between China and ASEAN States	*The Chinese Economy*	2016/9

3. 承办会议

（1）2016 年 6 月 16 日，第四届数字营销传播研究与应用国际研讨会在暨南大学召开。此次会议邀请了众多学界业界的重量级人物，吸引了国内外数十所高校，以及多家知名企业的广泛参与。

（2）2016 年 6 月 20 日至 24 日，由国际中华传播学会（CCA）与暨南大学联合举办的第二期“两岸四地青年学者研修班”在暨南大学顺利开班并结业，来自两岸四地的 30 名学员修完课程，并获得结业证书。该期研修班邀请国际知名专家学者担任主讲人。研修班围绕此次课程主题“大数据时代的传播学量化研究方法”，具体讲授了内容分析、实验等多种量化研究方法，议题涉及社交媒体、视觉传播、健康传播等多个方面。

（3）2016 年 6 月 25 日至 26 日，“中国新闻史学会学术年会暨第二届新闻传播学学会奖颁奖典礼”在广州暨南大学召开。学术年会以“中国气派　世界眼光：新媒体时代的新闻与传播研究”为主题，举办了 5 个主题发言、20 场主题论坛和 2 个圆桌会议，颁发了“新闻传播学会奖”及优秀二级分会。来自全国各地 100 多家新闻传播教育或研究单位的 220 多位专家学者参加了此次学术年会，发表学术论文 120 多篇。

（4）2016 年 7 月 10 日至 17 日，暨南大学、华南新闻传媒联合培养研究生示范基地、广州市万科房地产有限公司联合举办了第九期“传媒领袖讲习班”。

来自美国、英国、韩国和中国的传媒专家学者、高校青年教师与学生近 400 人参加了该期讲习班。

（5）“广州新观察”圆桌会议由广州市社科联、暨南大学、南方日报社主办，旨在引导社会科学专家学者更多地关注我国改革开放和现代化建设中的理论前沿和现实问题，及时为广州市的城市建设和深化改革献计献策，积极地发挥思想库和智囊团的作用。“广州新观察”系列学术研讨会立足于从广州的视角看世界，从世界的视角看广州，精选热点话题，力求视角新、观察细、探讨深、对策性强，形成广州学界的声音，推动广州市的建设与发展。

（6）2016 年 11 月 26 日至 27 日，以“媒介、交往与近代化中国”为主题的第四届“传播视野下的中国研究”论坛在暨南大学新闻与传播学院举办。

此次论坛以媒介、交往关系建构为主线，探讨了近代媒介、社交网络和近代中国的社会转型，并反思了各种话语建构与背后的结构，来自内地和香港高校的近30位学者在长达一天半的时间里，展示分享了25项中国新闻传播学界的最新研究成果。

其间，论坛依次围绕“媒介变革与近代知识变迁”“媒介变革与近代政治生态”“媒介、交往与文化建构”和“媒介与社会传播形态革新”四个主题展开。

（7）2016年12月5日，首届中欧博士研修班开幕式在暨南大学新闻与传播学院举行，此次中欧博士研修班由暨南大学新闻与传播学院和国际媒介与传播研究协会（IAMCR）联合主办。

活动共吸引23个国家和地区的81名博士生报名。经严格审核后，来自全球11个国家的23名博士生入选并参与研修班的学习。

（8）2016年12月10日，暨南大学新闻教育70周年庆典暨第五届南方传媒学术论坛在暨南大学管理学院举行。

庆典仪式中，暨南大学党委书记林如鹏为传播大数据联盟16个成员单位授牌。暨南大学新闻与传播学院执行院长、教授支庭荣对传播大数据创新联盟进行了介绍。

（9）2016年12月15日至16日，中国高校影视学会广播专业委员会成立大会暨首届中国广播创新发展高端论坛在广州举办。此次会议是在中国广播电影电视社会组织联合会与中国高校影视学会的指导下，由广东广播电视台与暨南大学主办，暨南大学新闻与传播学院和广东广播电视台珠江经济台承办。

七、新闻传播学刊物及学术网站

1. 学术期刊《舆情观察》

《舆情观察》丛书是由暨南大学新闻与传播学院舆情与社会管理研究中心、凯迪数据研究中心主编，2016年4月出版的《舆情观察（11邻避现象）》、2016年12月出版的《舆情观察（12话语建构）》是该丛书的第十一辑和第十二辑，分为“卷首”“重磅”“焦点”“新生代·新生态”“信息图”“说文解字”“问卷宝”“分析师手记”“年度观察”“声像志”“世界舆情”“专论”“编后记”等10多个栏目。主要内容包括：互联网使用对群体性事件的影响、国企邻避事件舆情次生现象分析及应对——以“8·12”天津塘沽大爆炸事故为例、网络吐槽式评论的话语形式与幽默机制；2015年司法舆情研究报告——司法诉讼类、论网络交互平台中官方舆论场的构建——以《人民日报》新浪法人微博的新闻评论为例、授权话语——新中国成立以来近30年域外涉华纪录片的话语实践、涉警舆情：网民逐步走向理性——2015年涉警舆情研究报告等。

2. 学术网站——中国公益广告网

1998年创办，2014年起由暨南大学新闻与传播学院开始管理运营，目前正在进行改版作业。中国公益广告网以服务公共利益为宗旨，以谋求多方共赢为目标，以科学的传播策略和专业的广告技巧，专注于公益广告事业，将线上传播和线下服务相结合；以网络新媒体技术传播公益广告，以专业的创意能力和运作能力提供公益广告和公益活动的策划、创意、制作和执行服务；与肩负社会责任的党政机关、公益社团、工商企业、广告传媒携手共进，传播公益文化，彰显公益力量，共创和谐社会。网站地址：http：//www. cnpad. net/。

供稿：暨南大学新闻与传播学院

清华大学新闻与传播学院2016年学术发展概况

一、学术成果概述

2016年，清华大学新闻与传播学院承担国家级、省部级科研项目15项，其中国家级科研项目2项，省部级科研项目13项；出版著作、教材16部，其中专著9部，教材2部，编著5部；发表论文51篇。同时学院新设两个研究机构：清华大学文化创意发展研究院和中国特色社会主义新闻学教学研究基地。

同时学院还举办了2016清华（海南）文化产业高峰论坛、"2016未来媒体沙龙"之"纸媒的媒介融合之旅"专场、第七届传媒发展论坛、2016清华财经新闻论坛、清华复旦共建中国特色社会主义新闻学教学研究基地揭牌仪式、第四届范敬宜新闻教育奖颁奖典礼暨第二届媒体总编与新闻学院院长高层论坛、清华大学文化创意发展研究院成立大会、2016清华国家形象论坛、第十一届中国健康传播大会等大型学术活动和学术会议。

二、学院现任领导

院长	常务副院长	党委书记	副院长	副书记
柳斌杰	陈昌凤	胡钰	崔保国、史安斌、周庆安	梁君健

三、2016年学院新晋或引进教师（正高级以上）

2016年学校启动人事制度改革，实行准聘、长聘制。长聘教授有：尹鸿、熊澄宇、陈昌凤、彭兰、雷建军、王君超、史安斌、胡钰、李彬、崔保国。

四、2016年新设学术科研机构

1. 清华大学文化创意发展研究院

清华大学文化创意发展研究院为非实体交叉学科科研机构，挂靠新闻与传播学院，共建院系为艺术博物馆，属于校级研究机构。坚持"开放、共享、公益"的建设原则，坚持"集聚创意、引领文化"的发展理念，致力于打造"学科交叉、产业引导、全球视野"的研究平台。管委会主任为陈旭，院长为柳斌杰，执行院长为胡钰。

2. 中国特色社会主义新闻学教学研究基地

中国特色社会主义新闻学教学研究基地是由清华大学新闻与传播学院、复旦大学新闻学院共建的研究型、智库型、国际化的前沿学术研究机构，属于校级研究机构。宗旨是发挥两院的独特优势与合力，强化中国特色的新闻教育体系，在马克思主义新闻学教育方面正本清源、形成特色，再造中国新闻传播教育新模式。主任是清华大学新闻与传播学院院长柳斌杰和复旦大学新闻学院院长尹明华。

五、所承担的国家级、省部级科研项目、课题

1. 2016 年立项的国家级、省部级科研项目、课题

项目类型	项目名称	项目负责人
国家社科基金	基于大数据分析的社交网络用户身份构建研究	吕宇翔
国家科技重大专项重大课题	转基因生物技术发展科普宣传与风险交流	金兼斌
北京市社科基金规划项目	IP 转化与中国电影的系列化策略研究	梁君健
北京市社科基金规划项目	传媒创新创业的理论与实践研究	曾繁旭
北京市社科基金规划项目	“一带一路”背景下中国国家形象在欧盟的传播策略研究	张　莉
北京市社科基金规划项目	北京社交媒体风险放大与舆论引导研究	卢　嘉
中央网信办	网络舆论与意识形态研究	胡　钰
中央网信办	网络传播规律及舆论引导机制研究	卢　嘉
国家互联网信息办公室	90 后青少年社会心理及网络行为特征研究	沈　阳
外交部	社交媒体公共外交策略比较研究	卢　嘉
外交部	借助来访活动开展政策宣示、舆论引导和公共外交	周庆安
中宣部对外宣传局	国务院新闻办新闻发布评估	周庆安
北京市委宣传部	京津冀对外宣传和新闻发布工作协同创新研究	史安斌
北京市委宣传部	当前中国影视创作现象的文化反思	尹　鸿
北京市互联网信息办公室	互联网共治体系研究	崔保国

2. 2016 年结项的国家级、省部级科研项目、课题

项目类型	项目名称	项目负责人
国家社科基金	舆论引导力与社会舆情预警系统研究	李希光
国家社科基金	新中国六十年新闻事业史研究	李　彬
国家社科基金	领导干部的媒体素养和媒体执政能力研究	史安斌
教育部社科项目	中美新闻发布的机制构建和传播效果比较研究	史安斌

六、主要学术成果

1. 著述、教材情况

作者	著作名称	出版社
崔保国	中国传媒产业发展报告（2016）	社会科学文献出版社
崔保国	数字文化产业的未来	清华大学出版社
戴　佳、曾繁旭	环境传播：议题、风险与行动	清华大学出版社
范　红	国家形象多维塑造	清华大学出版社

续表

作者	著作名称	出版社
杭 敏	*Media Corporate Entrepreneurship: Theories and Cases*	Springer
胡 钰	新闻理论经典著作选读	清华大学出版社
李 彬、曹书乐	欧洲传播思想史	复旦大学出版社
卢 嘉	新媒体与社会发展研究	中国水利水电出版社
彭 兰	新媒体导论	高等教育出版社
史安斌	清华新闻传播学前沿讲座录(第三辑)	清华大学出版社
熊澄宇	世界数字文化产业现状与趋势	清华大学出版社
熊澄宇	熊澄宇集	云南大学出版社
熊澄宇	中国文化产业政策研究	清华大学出版社
尹 鸿	2016 中国电影艺术报告	中国电影出版社
赵曙光	*Media Economics: Theoretical Analysis Based on Practices in China*	McGraw-Hill
赵曙光	*The Fatal Conversion Rate: The Trap of Omnimedia Transformation*	McGraw-Hill

2. 发表论文情况

第一作者	论文名称	发表刊物名称	发表年月
崔保国	传媒产业发展的格局与趋势分析	传媒	2016/5
崔保国	近十年来我国网络剧发展趋势探析	电视研究	2016/8
戴 佳	Publicity Strategies and Media Logic: Communication of Environmental NGOs in China	*Chinese Journal of Communication*	2016/12
苟凯东	“互联网+”时代电视新闻生产的创新路径分析	电视研究	2016/4
苟凯东	电视新闻可读性:技术赋权与关系重构	电视研究	2016/8
郭镇之	用文化的力量影响世界:试论中国文化中心的海外传播	新闻与传播研究	2016/2
杭 敏	国际财经媒体评述与未来发展趋势	传媒	2016/12
胡 钰	论马克思主义新闻观的时代内涵	思想教育研究	2016/3
胡 钰	构建中国特色新闻学:何以可能与何以可为	国际新闻界	2016/8
胡 钰	央企形象与国家形象	中国软科学	2016/8
胡 钰	马克思主义新闻观教育的着力点	现代传播(中国传媒大学学报)	2016/7
胡 钰	科学把握党性和人民性的统一	红旗文稿	2016/7
李 彬	新中国与新文化	当代传播	2016/11
李 彬	三个故事	当代传播	2016/1
李 彬	20 世纪以来中国传播学发展回顾	现代传播,人大复印报刊资料《新闻与传播》转载	2016/1

续表

第一作者	论文名称	发表刊物名称	发表年月
李 彬	再塑新闻魂——浅谈马克思主义新闻观及其科学与价值	新闻记者，人大复印报刊资料《新闻与传播》转载	2016/6
李希光	为什么美国媒体会"遗漏"重要新闻？	红旗文稿	2016/5
梁君健	合法性的重新确立——贝特森和米德的视觉人类学实践	西南民族大学学报（人文社会科学版）	2016/11
梁君健	内容众筹与当代纪录电影的互联网美学	当代电影	2016/10
梁君健	文化传统与当代民族教育：《喜马拉雅天梯》的影视人类学发现	民族教育研究	2016/4
梁君健	发掘历史中个体的人文价值来滋养当代社会	新闻记者	2016/10
刘新传	When Health Information Meets Social Media: Exploring Virality on Sina Weibo	*Health Communication*	2016/9
彭 兰	移动时代的节点化用户及其数据化测量	暨南学报（哲学社会科学版）	2016/1
彭 兰	移动化、智能化技术趋势下新闻生产的再定义	新闻记者	2016/1
彭 兰	拓展"关联"：新闻网站专业性重塑	编辑之友	2016/2
彭 兰	万物皆媒——新一轮技术驱动的泛媒化趋势	编辑之友	2016/3
彭 兰	"新媒体"概念界定的三条线索	新闻与传播研究	2016/3
彭 兰	智媒化：未来媒体浪潮	国际新闻界	2016/11
彭 兰	变化的用户与变革的版图	2016 传媒蓝皮书	2016/4
沈 阳	中国网络意见领袖社区迁移影响因素及路径分析	国际新闻界	2016/2
史安斌	以战略传播和议题管理新思维开创我国对外舆论工作新格局	中国社会科学报	2016/4
史安斌	虚拟—增强现实技术的兴起与传统新闻业的转向	新闻记者	2016/1
史安斌	"去政治化""去意识形态化"的神话——美国媒体价值观传播的历史脉络与实践经验	新闻记者	2016/3
史安斌	国际传播能力提升的路径重构研究	现代传播（中国传媒大学学报）	2016/10
史安斌	虚拟现实新闻：理念透析与现实批判	学海	2016/11
史安斌	践行供给侧改革战略 推进电视行业转型升级	电视研究	2016/8
史安斌	"新十亿"阶层的崛起与全球新闻传播的新趋势	新疆师范大学学报	2016/12
徐 煜	The Hierarchy of Influences on Professional Role Perceptions among Chinese Online Journalists	*Digital Journalism*	2016/3
尹 鸿	互联网+背景下的电视剧多元转向	电视研究	2016/3
尹 鸿	2015 年中国电影产业备忘	电影艺术	2016/2
尹 鸿	通向小康时代的多元电影文化	当代电影	2016/3

续表

第一作者	论文名称	发表刊物名称	发表年月
尹　鸿	中小成本合拍片的国际化路线	当代电影	2016/7
尹　鸿	中国电影产业格局中的技术美学	当代电影	2016/11
尹　鸿	为电影批评存言立传	艺术评论	2016/12
张　莉	Reflexive Expectations in EU-China Relations: A Media Analysis Approach	*Journal of Common Market Studies*	2016/6
张　铮	小微文化企业对我国文化产业发展作用及其培育环境的再认识	同济大学学报（社会科学版）	2016/1
曾繁旭	移动互联网时代内容创业的盈利模式	新闻记者	2016/4
赵曙光	传统电视的社会化媒体转型：内容、社交与过程	清华大学学报（哲学社会科学版）	2016/1
赵曙光	社会化媒体的公益营销渠道和参与创新	传媒	2016/2
赵曙光	禀赋结构、比较优势与传统媒体转型	新闻记者	2016/9
赵曙光	美国社交媒体关注的中国议题——基于 2015 年 Twitter 高影响力账号的描述性分析	新闻记者	2016/10

3. 承办会议

（1）2016 年 1 月 15 日，在海南举办的第二届海南文化产业博览会上，清华大学国家文化产业中心举办了“2016 清华（海南）文化产业高峰论坛”。熊澄宇教授和来自北京大学、中国社会科学院等高校和研究机构的专家学者，分别就国家宏观战略和文化产业市场化运作、国内外特色文化创意产业发展经验等相关主题，以及我国文化产业发展趋势做出权威解读。

（2）2016 年 4 月 14 日，由清华大学马克思主义新闻学与新闻教育改革研究中心、融媒体网共同主办的“2016 未来媒体沙龙”之“纸媒的媒介融合之旅”专场在清华大学成功举办。与会者分别从学界、业界的角度，对中国传统媒体的媒介融合路径、前景及误区进行对话。

（3）2016 年 5 月 6 日，由清华大学新闻与传播学院主办，社会科学文献出版社、中国新闻史学会传媒经济与管理学会联合承办的“第七届传媒发展论坛暨《中国传媒产业发展报告（2016）》发布会”在清华大学举行。本次论坛的主题为“影响未来的力量”，重点围绕互联网发展，讨论影响未来社会及传媒发展的各种要素和力量。在本次论坛上，发布了《中国传媒产业发展报告（2016）》。

（4）2016 年 5 月 27 日，由清华大学新闻与传播学院主办的“2016 清华财经新闻论坛”在学院环球资源厅举行。论坛的主题为“网络空间的中国经济报道与信息传播”，论坛分设四个议题：网络空间的经济信息传播、国内与国际视角中的网络空间经济报道、网络空间经济报道与传播的前沿技术与实践发展和财经新闻与经济传播教育发展。论坛邀请了中外媒体与教育研究机构的专家，从经济新闻的国内报道、国际传播以及国外报道等视角，结合媒介融合、数据新闻与虚拟现实技术的应用与发展来探讨中国经济报道与信息传播。

（5）2016 年 5 月 29 日，“中国特色社会主义新闻学教学研究基地”在北京举行揭牌仪式。基地由清华大学新闻与传播学院、复旦大学新闻学院共建，并在两院分别挂牌。

基地揭牌当日，还举办了首次“中国特色社会主义新闻学”论坛，与会专家学者围绕“马克思主义新闻观研究与新闻学理论创新”的核心议题，探讨中国特色新闻学的理论体系与教材建设等主题。

（6）2016 年 11 月 29 日，第四届范敬宜新闻教育奖颁奖仪式暨第二届媒体总编与新闻学院院长高层论坛在清华大学主楼报告厅举行。来自业界的媒体总编、部分新闻院系的院长、第四届范敬宜新闻教育奖的获得者及部分师生代表共 150 多人出席颁奖典礼和论坛。

在随后举行的第二届媒体总编与新闻学院院长高层论坛上，业界的媒体总编、部分新闻院系的院长围绕“融媒体时代的新闻担当”“融媒体时代的新闻教育与人才培养”两个议题进行了深入对话和互动交流。

（7）2016 年 12 月 10 日，清华大学文化创意发展研究院（简称“文创院”）成立大会在清华大学艺术博物馆举行。清华文创院于 11 月 23 日经清华大学校务会批准成立，为非实体交叉学科科研机构，挂靠新闻学院，共建院系为艺术博物馆，坚持“开放、共享、公益”的建设原则，坚持“集聚创意、引领文化”的发展理念，致力于打造“学科交叉、产业引导、全球视野”的研究平台。

（8）2016 年 12 月 17 日，“2016 清华国家形象论坛”在清华大学主楼接待厅举行。本次论坛以“创新与融合——国家形象与战略传播”为主题。清华大学党委副书记、清华大学国家形象传播研究中心副理事长邓卫，《人民日报》副总编辑吕岩松出席开幕式并致辞。

在论坛开幕式上，清华大学出版社与清华大学国家形象传播研究中心联合举行了《国家形象研究》的新书发行仪式。清华大学国家形象传播研究中心联合清博大数据、华夏幸福基业股份有限公司共同发布了“华夏幸福特色小镇品牌传播力指数”。

（9）2016 年 12 月 3 日，由清华大学和国家卫计委共同举办的第十一届中国健康传播大会在北京召开。会议向包括 94 岁的吴孟超院士在内的 38 位医务人员颁发“2016 中国健康传播大使”奖，表彰他们为中国健康传播事业做出的杰出贡献。

七、新闻传播学刊物

《全球传媒学刊》

《全球传媒学刊》是由教育部主管、清华大学主办的正式学术期刊，2014 年经国家新闻出版广电总局批准，由清华大学新闻与传播学院具体承担编辑工作。

该刊曾以电子刊形式出版过 16 期，并从中精选论文组成 8 本辑刊，由清华大学出版社正式出版，产生了一定的学术影响。

《全球传媒学刊》以学术创新和学术生产为己任，重点发表来自国内和国际学者的原创性学术研究成果；同时，也观察中国和世界传媒发展的新趋势，介绍全球新闻传播研究领域的新思想、新方法和新的学科前沿，着力推动新闻学和传播学理论、历史和现实研究。该刊编委会主任柳斌杰，副主任崔保国，主编郭镇之。

供稿：清华大学新闻与传播学院

中山大学传播与设计学院2016年学术发展概况

一、学术成果概述

2016年，中山大学传播与设计学院新闻传播学科科研统计共承担国家级、省部级科研项目、课题11项，其中国家级项目4项，省部级项目7项；出版著作、教材6部；发表论文55篇。

学院还主办了第三届华南青年传播学者年会暨2016中国新闻业研究圆桌论坛、“视觉、观看与历史记忆”学术研讨会、首届互联网治理智库联盟高峰论坛等大型学术会议。

二、学院现任领导

院长	党委书记	副院长	副书记
张志安	王天琪	李艳红、张宁、杨小彦	李庆双

三、所承担的国家级、省部级科研项目、课题

1. 2016年立项的国家级、省部级科研项目、课题

项目类型	项目名称	项目负责人
国家社科基金重大项目子课题	互联网群体传播的特点、机制与理论研究子课题三	张志安
国家社科基金一般项目	新媒体情境下的宗教传播研究	张少科
国家社科基金青年项目	传播学视阈下中国留学生政治观念及行为的影响因素研究	林功成
国家社科基金青年项目	社交媒体对当代青年政治参与的影响的引导机制研究	卢家银
教育部哲学社会科学研究重大课题攻关项目	大数据时代国家意识形态安全风险防范体系构建研究	张志安
教育部人文社会科学研究专项委托项目（国务院港澳事务办公室港澳研究所）	香港“激进本土主义”论述的系统分析和批判：以媒体话语为中心的考察	陈楚洁
教育部人文社会科学青年基金项目	互联网影响下编营分离制度的变迁与重构研究	刘颂杰
教育部人文社会科学青年基金项目	风险争议中的认知差异与风险沟通研究——以食品安全事件为例	张　洁

续表

项目类型	项目名称	项目负责人
2015—2017 年度中国侨联课题	在美留学经历对中国留学生政治观念的影响	林功成
广东省社科规划 2016 年青年项目	社交媒体环境下官方话语转型与传播策略创新——基于广东政务新媒体的研究	曹 洵
广东省社科规划 2016 年一般项目	基于大数据挖掘的广东网民社会心态研究	何凌南

2. 2016 年结项的国家级、省部级科研项目、课题

项目类型	项目名称	项目负责人
教育部人文社会科学研究专项委托项目（国务院港澳事务办公室港澳研究所）	香港"激进本土主义"论述的系统分析和批判：以媒体话语为中心的考察	陈楚洁
全国艺术规划重点基金项目	摄影艺术研究:新中国摄影发展史	杨小彦
国家社会科学基金一般项目	微观动员与话语空间建构:都市集体行动的另类传播	聂静虹
教育部青年项目	整合与分化:基于需求分析的全媒体存取研究	梁广寒
教育部人文社会科学研究规划基金项目	城市抗争型公共事件的议题呈现与媒介生态	张 宁
广东省委宣传部/省财政厅	微电影发展与管理研究	李艳红

四、主要学术成果

1. 著述、教材情况

作者	著作名称	出版社
徐桂权	从群众到公众:中国受众研究的话语变迁	人民日报出版社
张 洁	社会风险治理中的政府传播研究:变迁、差异与革新	中山大学出版社
张志安	新媒体与舆论十二个关键问题	中国传媒大学出版社
张志安	互联网与国家治理年度报告(2016)	商务印书馆
张志安	中国新闻业年度观察报告(2016)	人民日报出版社
周如南、陈敏仪	社会组织公共关系	中国社会出版社

2. 发表论文情况

第一作者	论文名称	发表刊物名称	发表年月
陈 敏	告别"黄金时代"——对 52 位传统媒体人离职告白的内容分析	新闻记者	2016/2
陈 敏	"逐自由而居":新媒体语境下评论社群的话语建构	国际新闻界	2016/12

续表

第一作者	论文名称	发表刊物名称	发表年月
陈　敏	从学术知识生产看新闻传播学硕士论文的规范写作——基于15位研究生导师的访谈	新闻记者	2016/8
邓理峰	新媒体环境里新闻专业主义的重建:企业的能动性与可能性	现代传播（中国传媒大学学报）	2016/4
邓理峰	青年学生的核电认知、态度及核电科普偏好——基于广州大学城的调查	科普研究	2016/2
邓理峰	风险—收益感知对核电公众接受度的影响机制分析——基于广州大学城的调研	南华大学学报（社会科学版）	2016/8
邓理峰	客观知识与主观知识:青年学生的核电知识水平及对核电态度的影响	科学与社会	2016/6
丁汉青	美国动画电影票房的影响因素分析及预测模型建构——与真人电影的比较研究	新闻大学	2016/2
龚彦方	基于“内生比较优势”的专业化重构:当代新闻生产机制研究——来自某自媒体“虚拟编辑部”的田野调查	现代传播（中国传媒大学学报）	2016/12
黄建友	中国信息公开立法模式变革探讨	当代传播	2016/3
赖凯声	中国城乡家庭人情消费及其影响因素研究——基于CGSS2010数据的实证分析	消费经济	2016/10
李　莹	农民工性健康信息搜寻行为影响因素与群体差异——基于公众情境理论视角	湖南农业大学学报（社会科学版）	2016/2
李艳红	“商业主义”统合与“专业主义”离场:数字化背景下中国新闻业转型的话语形构及其构成作用	国际新闻界	2016/9
李艳红	培育劳工立场的在线“抗争性公共领域”——对一个关注劳工议题之新媒体的个案研究	武汉大学学报（人文科学版）	2016/11
廖宏勇	“图像”的“图像”——论信息图表的视觉表征与建构	中南大学学报（社会科学版）	2016/2
廖宏勇	矛盾与并置——信息设计作为技术美学的方法论立场	美术研究	2016/6
林功成	大学生的社交焦虑、自我表露与网上互动——对微博社交行为的路径分析	青年研究	2016/7
刘颂杰	从“技术跟随者”到“媒体创新者”的尝试——传统媒体“新闻客户端2.0”热潮分析	新闻记者	2016/2
卢家银	“自始终是持不同思想者的自由”:罗莎·卢森堡的言论自由观评析	国际新闻界	2016/7
卢家银	社交媒体与移动APP新闻使用对青年政治抗议的影响	现代传播（中国传媒大学学报）	2016/5
卢家银	孤儿作品版权保护的三大模式评析	编辑之友	2016/1

续表

第一作者	论文名称	发表刊物名称	发表年月
Jia, Hepeng	Road to International Publications: An Empirical Study of Chinese Communication Scholars	*Asian Journal of Communication*	2016/10
聂静虹	政府主导的传媒中介式协商:现状及问题——以中山市西区旧城改造为例	学术论坛	2016/1
聂静虹	共识型协商:旧城改造报道的另一种可能	广西民族大学学报(哲学社会科学版)	2016/5
王海燕	女性调查报道记者的性别迷思——社会刻板印象建构的视角	新闻大学	2016/8
王海燕	传播政治经济学视野下的新媒体研究——彼得·戈尔丁(Peter Golding)教授学术访谈	新闻记者	2016/7
王海燕	我国媒体的外交角色与外交策略——以斯诺登事件相关报道为例	现代传播(中国传媒大学学报)	2016/4
王海燕	记者怎么想、怎么做和两者间的差距——"全球记者角色表现"项目负责人克劳迪娅·马拉窦学术访谈	新闻记者	2016/5
王海燕	Differences within the Mainland Chinese Press: A Quantitative Analysis	*Asian Journal of Communication*	2016/10
王天琪	新媒体语境下高校思想政治教育话语权论析	思想教育研究	2016/12
王天琪	新媒体时代社会主义核心价值观的传播与践行	青海社会科学	2016/9
郗艺鹏	自媒体环境下的大学生社会信任表征	重庆社会科学	2016/6
熊　迅	影像、仪式与传播网络:视觉人类学的进路	广西民族大学学报(哲学社会科学版)	2016/5
徐桂权	主体建构与利益博弈:现实建构主义视角下亚投行报道的框架分析	国际新闻界	2016/6
杨小彦	"后学院"的意义:当代性在主流领域的展开	美术研究	2016/4
展　江	媒体为何被判罚逾百万赔偿金?——360公司诉"每经"名誉侵权案解读之二	新闻界	2016/11
张　宁	消解作为抵抗:"表情包大战"的青年亚文化解析	现代传播(中国传媒大学学报)	2016/9
张　宁	政党—环境视角下政党宣传范式的转变与创新	新闻与传播研究	2016/9
张　宁	政治传播中的"非传播"现象	新闻记者	2016/8
张　宁	公益孵化与公益报道:青年公益领袖成长的影响要素研究	青年探索	2016/11
张志安	网络舆论的概念认知、分析层次与引导策略	新闻与传播研究	2016/5
张志安	从"媒体平台"到"平台媒体"——海外互联网巨头的新闻创新及启示	新闻记者	2016/1

续表

第一作者	论文名称	发表刊物名称	发表年月
张志安	微信舆论研究:关系网络与生态特征	新闻记者	2016/6
张志安	互联网与中国新闻业的重构——以结构、生产、公共性为维度的研究	现代传播（中国传媒大学学报）	2016/1
张志安	从新闻传播到公共传播——关于新闻传播教育范式转型的思考	暨南学报（哲学社会科学版）	2016/3
张志安	网络空间法治化的成效、挑战与应对	新疆师范大学学报（哲学社会科学版）	2016/5
张志安	网络时政新闻的亲近性文本研究——以三家央媒2016年全国“两会”报道为例	新闻大学	2016/6
张志安	互联网时代舆论引导范式的新思考	人民论坛·学术前沿	2016/3
张志安	网民社会心态与舆论引导范式转型	社会科学战线	2016/5
张志安	大数据、网络舆论与国家治理	社会科学	2016/8
张志安	个体情绪 社会情感 集体意志——网络舆论的非理性及其因素研究	新闻记者	2016/11
张志安	应用新闻传播研究的困惑、追问与反思——中国新闻史学会应用新闻传播学研究委员会成立研讨会会议综述	现代传播（中国传媒大学学报）	2016/11
周如南	农民抗争政治的行动逻辑与治理启示——以G省W村农民土地维权事件为例	湖南农业大学学报（社会科学版）	2016/10

3. 承办会议

（1）2016年10月22日至23日，第三届华南青年传播学者年会暨2016中国新闻业研究圆桌论坛在中山大学传播与设计学院召开。在22日举行的华南青年传播学者年会中，来自多所高校和机构的青年学者围绕“互联网与新闻业重构”“新媒介的传播逻辑”“媒介、风险与公共传播”以及“身份、记忆与文化研究”等主题进行了四场共15篇论文的研讨。论坛还举行了《中国新闻业年度观察报道2016》的首发仪式，以此回顾总结过去一年中国新闻业的发展，也为新闻业的研究带来了更广阔的议题与思路。

（2）2016年12月4日至6日，“视觉、观看与历史记忆”学术研讨会在中山大学传播与设计学院举办。研讨会主题中的三个关键词：视觉、观看与历史记忆。

（3）2016年12月17日，首届互联网治理智库联盟高峰论坛由中山大学互联网与治理研究中心、复旦发展研究院传播与国家治理研究中心在上海复旦大学共同举办，政界、业界、学界近百名嘉宾出席会议，专家围绕“网络理政”展开深入对话交流。本次论坛下设五个分论坛，就“范式创新与全球网络空间治理”“舆论转型与网络社会研究”“数字政府与智慧城市建设”等议题展开了深入探讨。

供稿：中山大学传播与设计学院

天津师范大学新闻传播学院2016年学术发展概况

一、学院发展概况

2016年，天津师范大学新闻传播学院承担国家级、省部级科研项目、课题12项，其中国家级项目1项，省部级项目11项；出版著述、教材3部；发表论文11篇；新晋教授1名。

二、学院现任领导

院长	党委书记	副院长	副书记
孙瑞祥	苏嶙	李秀云、荣荣、杨静	裴巧玲

三、2016年学院新晋或引进教师（正高级以上）

姓名	职称	研究方向
王薇	教授	外国新闻史

四、所承担的国家级、省部级科研项目、课题

1. 2016年立项的国家级、省部级科研项目、课题

项目类型	项目名称	项目负责人
国家哲学社会科学基金项目	集体行动论下的新媒体社群组织研究	张传香
教育部人文社会科学规划一般项目	现行全球互联网治理模式研究	张建军
天津市教育科学规划(一般)项目	经典诵读与优秀传统文化进课堂的路径与方式研究	步新娜
天津市教育科学规划(一般)项目	亲子真人秀节目对天津家庭教育的影响研究	韩红梅
天津市哲学社会科学规划(一般)项目	互联网思维下国产动画电影创新策略研究	褚亚男
天津市哲学社会科学规划(一般)项目	媒体话语权建构语境下毛泽东政论研究	步新娜
天津市哲学社会科学规划(一般)项目	传媒职业伦理及其“道德立法”	李　蓓
天津市教育科学规划(重点)项目	部校共建背景下新闻传播教育教学体系的改革与重构	赵雅文
天津市哲学社会科学规划(重点)项目	党中央“治国理政”的文化主权战略与传播研究	刘卫东

续表

项目类型	项目名称	项目负责人
天津市哲学社会科学规划(重点)项目	新媒体舆情应对及社会治理机制	孙瑞祥
天津市哲学社会科学规划(重点)项目	自媒体的舆论场及导向研究	王艳玲
天津市哲学社会科学规划(重点)项目	新媒体视阈下马克思主义新闻观研究	赵雅文

2. 2016年结项的国家级、省部级科研项目、课题

项目类型	项目名称	项目负责人
国家哲学社会科学基金项目	当代杰出新闻学者口述实录研究	陈　娜
省部级一般横向项目	电视频道广告经营的品牌战略与营销创新研究	孙瑞祥
省部级一般横向项目	众筹助力创建幸福家庭活动:以救助贫困母亲为例	于全兴
省部级一般横向项目	新媒体教学资源与课程整合研究	王　旭
教育部人文社会科学规划一般项目	媒体危机管理能力评价研究	荣　荣
天津市哲学社会科学规划(重大委托)项目	"十三五"时期天津推动传统媒体和新兴媒体融合发展、提升传播影响力研究	王　强
天津市哲学社会科学规划(一般)项目	全球化语境下纪录片的话语表达与文化功能研究	陈留留
天津市哲学社会科学规划(重大委托)项目	天津传统媒体与新兴媒体融合发展研究	李秀云

五、主要学术成果

1. 著述、教材情况

作者	著作名称	出版社
胡振宇	数字营销再造——"互联网+"与"+互联网"浪潮下企业营销新思维(服务篇)	机械工业出版社
殷　莉	中国近现代新闻出版法制研究(上、下)	台湾花木兰文化出版社
张　慷	视觉符号传播与当代视觉文化转型	天津科学技术出版社

2. 发表论文情况

第一作者	论文名称	发表刊物名称	发表年月
陈建群	东汉后期至北魏露布演变的轨迹	新闻大学	2016/6
褚亚男	关于沦陷期间天津电影审查制度变迁的历史研究(1937—1945)	当代电影	2016/3

续表

第一作者	论文名称	发表刊物名称	发表年月
韩红梅	中国商业电影中的“价值表述”问题探析	现代传播（中国传媒大学学报）	2016/4
李　蓓	职业伦理视角下传媒伦理的社会功能	学术交流	2016/4
李秀云	20世纪三四十年代左翼报人的新闻理论——从《文艺新闻》到《新闻记者》	学术交流	2016/12
刘卫东	当代中国马克思主义新闻观科学化大众化的时代表达	中国地质大学学报（社会科学版）	2016/5
刘卫东	从“南海仲裁”谈中国战略文化传播体系的构建	当代传播	2016/9
孙卫华	社会转型与农村、农民的影像再现——以20世纪80年代的农村题材电影为例	天津师范大学学报（社会科学版）	2016/1
孙卫华	近代以来中国政治话语模式的历时性考察	当代传播	2016/7
孙卫华	表达与参与：网络空间中的大众政治模式研究	新闻大学	2016/10
王艳玲	风华绝代的梅派艺术：诗意表达的极致	戏曲艺术	2016/2

3. 承办会议

（1）2016年5月，天津师范大学新闻传播学院召开“中美对话：新闻传播教育与理论前沿”小型学术论坛。

（2）2016年9月，华中科技大学教授吴廷俊为天津师范大学新闻传播学院研究生做报告：《双城互补：天津大公报1936年南下上海的文化解读》。

（3）2016年12月，天津市“千人计划”特聘教授，美国肯塔基大学拉尔斯教授为天津师范大学新闻传播学院教师讲授调查研究方法强化培训课程：“SPSS和调查数据的使用”。

供稿：天津师范大学新闻传播学院

安徽大学新闻传播学院2016年学术发展概况

一、学术成果概述

2016年，安徽大学新闻传播学院获批省部级纵向课题4项和横向课题2项，其中纵向课题包括国家社科基金项目重大项目子项目1项，教育部人文社科青年基金项目1项，安徽省社科青年项目2项；出版学术专著1部，编著6部；发表学术论文43篇，其中发表在CSSCI期刊11篇。

二、学院现任领导

院长	党委书记	副院长	副书记
姜　红	李　军	吕萌、蒋含平、刘勇	郭文豪

三、2016 年学院新晋或引进教师（正高级以上）

姓名	职称	研究方向
佘文斌	教授	网络与新媒体传播、媒介文化

四、所承担的国家级、省部级科研项目、课题

1. 2016 年立项的国家级、省部级科研项目、课题

项目类型	项目名称	项目负责人
国家社科重大项目子课题	“中国特色社会主义新闻传播理论的构建”子课题二“来源与借鉴研究”及课题专题报告“国内外新闻学和传播学研究成果借鉴”的研究	王天根
教育部人文社科青年基金项目	近代上海报业采访研究(1872—1927)	刘　丽
安徽省社科基金青年项目	“大湖名城”:传播视野中的城市公共空间问题研究	胡昭阳
安徽省社科基金青年项目	安徽省政务微平台协同运作机制研究	刘　丽
横向课题	南京农业大学学校形象的现状、问题与对策研究	刘　勇
横向课题	安徽省新闻发言人第三方评估体系设计与实施	姜　红

2. 2016 年结项的国家级、省部级科研项目、课题

项目类型	项目名称	项目负责人
国家社科基金一般项目	民国时期名记者群体研究	蒋含平

五、主要学术成果

1. 著述、教材情况

作者	著作名称	出版社
蒋含平、李新丽	中国新闻传播史文选	合肥工业大学出版社
刘　丽	马克思主义新闻观导论	合肥工业大学出版社

续表

作者	著作名称	出版社
王天根	近代中国报刊与社会重构的传媒镜像(1915—1937)	合肥工业大学出版社
邬盛根、胡安琪	广告赏析与批判	厦门大学出版社
左　靖	碧山 09:米	中信出版社
左　靖	《百工》01	同济大学出版社
左　靖	平民设计,日用即道:第 15 届威尼斯国际建筑双年展中国馆	同济大学出版社

2. 发表论文情况

第一作者	论文名称	发表刊物名称	发表年月
胡昭阳	新视野与新路径:互联网 + 时代的新闻传播学研究	现代传播(中国传媒大学学报)	2016/10
胡昭阳	"众包科学"的组织类型及其特征	科技管理研究	2016/2
姜　红	有意义怎样有意思——政治社会化视角下的共青团微新闻生产研究	中国地质大学学报	2016/11
罗　锋	影像中的家国人事——2015 中国电视纪录片创作评析	中国电视	2016/6
罗　锋	"底层"的言说及命名:"去政治化"与重返阶级想象之可能——以中国纪录片为中心的考察与反思	人大复印资料·影视艺术	2016/2
余文斌	重建文化连接:境外电视节目模式的改编	中国编辑	2016/11
童　云	"互联网 +"时代广播电台运营模式探析	现代传播	2016/2
王天根	传媒视域下"问题与主义"论争及南北呼应	历史教学	2016/10
王天根	庚子政潮及对中外开平矿权纠葛的影响——兼论 1907—1912 年前后官场与市场之离合	史学月刊	2016/11
王天根	清末新政语境下吴芝瑛捐产助学事件及其省思	厦门大学学报(哲学社会科学版)	2016/11
王天根	卢沟桥事变与《大公报》新闻时评及其舆论聚焦	兰州学刊	2016/12

3. 承办会议

(1) 2016 年 5 月 14 日，安徽大学新闻传播学院和日本北海道大学国际公共关系传播学院在安徽大学磬苑校区共同主办了中日媒介文化学术研讨会，两校师生就中日媒介文化展开了一场跨国界的学术交流。

(2) 2016 年 5 月 19 日，由安徽大学新闻传播学院与北京北大方正电子有限公司共同主办的“媒体融合与创新：中国新闻传播教育改革高峰论坛”在安徽合肥举行。国内外 30 余所高等院校的专家学者以及媒体业界专家共聚一堂，围绕当前媒体融合创新的趋势下新闻传播院校融合媒体实验室建设、创新人才培养等话题展开交流与分享。会上，由安徽大学新闻传播学院与方正电子共同建设的“安徽大学—北大方正电子媒体融合实验室”正式成立。

(3) 2016 年 7 月 16 日至 17 日，第六

届“中国报刊与社会历史研究”学术研讨会在合肥隆重举行。此次会议由安徽大学新闻传播学院、中国报刊与社会历史研究所主办，《安徽大学学报》编辑部、复旦大学信息与传播研究中心、《历史教学》编辑部、《史学月刊》编辑部联合承办。会议围绕“近代报刊与区域社会（1919—1949）”的议题，分两大会场同时进行，共计十四场的专题展开研讨。

（4）2016年7月24日，由安徽大学新闻传播学院主办，中国人民大学出版社、中国传媒大学出版社、北京大学出版社三方协办的第九届“中国青年传播学者论坛”在合肥召开。本次论坛主题为“新视野与新路径：互联网+时代的新闻传播学研究”。论坛采取“一对一”的对谈模式，与会学者可不拘泥于主题任意发挥。在为期一天的论坛讨论中，青年学者们围绕“新闻史与传播学史”“互联网时代的新闻”“社交媒体”“媒介与传播学”“网络现象”“政治传播与公共传播”六大研究板块展开学术交流与研讨。

（5）2016年11月12日，安徽大学第四届“舆情与社会发展论坛”拉开帷幕。本次论坛由安徽大学新闻传播学院主办，由安徽大学舆情与区域形象研究中心、安徽大学舆情与区域发展协同创新中心共同承办。在此次论坛期间举行的6场舆情与社会发展分论坛中，来自全国多所高校和研究机构的30位嘉宾围绕着“传播革命的挑战与机遇：新改革时代下的国家（区域）治理”的主题宣讲了论文。

（6）2016年12月3日，安徽省第八届新闻传播学科研究生论坛在安徽大学磬苑校区举行。论坛由安徽大学新闻传播学院主办，中国广视索福瑞媒介研究（CSM）协办，新浪安徽提供媒体支持。论坛以“交往·媒介·互联：新改革时代的新闻与传播”为主题，共收到来自全国69所高校和研究机构的209份投稿和论文，在专家双盲匿名评审后有49篇论文入选。

供稿：安徽大学新闻传播学院

汕头大学长江新闻与传播学院 2016年学术发展概况

一、学术成果概述

2016年学院新建校级研究中心——国际互联网研究院；承担国家级、省部级科研项目、课题4项；出版著作、教材4部；发表论文4篇。同时还举办了第十二届研究生论坛——新闻与传播学分论坛。

二、学院现任领导

院长	党委书记	副院长
范东升、方兴东	杜式敏	白净、毛良斌

三、2016 年学院新晋或引进教师（正高级以上）

姓名	职称	研究方向
方兴东	教授	互联网发展、网络空间治理
吴伯凡	教授	应用传播
罗文坤	教授	广告理论
Takanori Kato	教授	新闻实务与理论

四、2016 年新设学术科研机构

校级研究中心（所）

国际互联网研究院，院长/主任：方兴东。中心宗旨：研究院以互联网精神为本，定位为全球互联网研究学术高地，力求在科研、政策研究、产业与技术创新方面实现突破，推动中国互联网产业全球化，改进完善中国互联网治理，成为中国与全球互联网产业与学术界对接沟通的重要桥梁。

五、所承担的国家级、省部级科研项目、课题

1. 2016 年立项的国家级、省部级科研项目、课题

项目类型	项目名称	项目负责人
中国网络空间研究院项目	网络统战工作研究	赖明明
国家互联网信息办公室网络社会工作局项目	国家互联网信息办公室委托项目	毛良斌
国家互联网信息办公室网络社会工作局项目	国际网络社会组织发展与实践研究	范东升
国家互联网信息办公室项目	G20 互联网国别发展报告	方兴东

2. 2016 年结项的国家级、省部级科研项目、课题

项目类型	项目名称	项目负责人
广东省教育厅人文社科研究项目	基于新媒体的新闻教学改革研究	樊林君

六、主要学术成果

1. 著述、教材情况

作者	著作名称	出版社
郝　雨、白　净	媒体大变局与传媒教育改革	上海大学出版社
黄卫平、丁　凯、赖明明	魔咒与契机——中国经济新坐标	中国人民大学出版社
赖明明	香港转口贸易	经济日报出版社
魏永征	新闻传播法教程（第五版）	中国人民大学出版社

2. 发表论文情况

第一作者	论文名称	发表刊物名称	发表年月
Joseph Weber	How Chinese Journalism Students View Domestic and Foreign Media	*Human Rights Quarterly*	2016/2
陈岳芬	深刻理解“话语研究”	新闻大学	2016/2
范东升	《中国的西北角》的版本学研究初探	新闻与传播研究	2016/9
方兴东	基于网络生态理论的网络空间安全发展研究	新华文摘(全文转载)	2016/10

3. 承办会议

2016年12月2日，汕头大学长江新闻与传播学院举办汕头大学第十二届研究生论坛——新闻与传播学分论坛。论坛以“新媒体与互联网传播”为主题，探讨新媒体的社会影响，论坛最终评出10篇优秀学术论文颁发证书与奖金。

供稿：汕头大头长江新闻与传播学院

南京大学新闻传播学院2016年学术发展概况

一、学术成果概述

2016年，南京大学新闻传播学院在学术研究的各个方面都取得了可喜的进展。在学术交流方面，先后召开了4个重要的学术会议。在师资队伍建设方面，王辰瑶和王成军分别晋升为教授和副教授，师资队伍人数稳中有升。在学术成果方面，获得教育部重大攻关项目1项，获得国家社科基金一般课题4项，省级课题3项，并获得江苏省社科成果奖二等奖1项，三等奖1项；出版专著8部，独作、一作或通讯作者发表SCI、SSCI与CSSCI论文50多篇。还举办了博士之家、南大新传读书会、硕士之家等各种学术活动。

二、学院现任领导

院长	执行院长	党委书记	副院长	副书记
卜　宇	杜骏飞	刘　源	张红军、李　声、胡翼青	范　赟

三、2016年学院新晋或引进教师（正高级以上）

姓名	职称	研究方向
王辰瑶	教授	新闻理论、新闻实务

四、所承担的国家级、省部级科研项目、课题

1. 2016 年立项的国家级、省部级科研项目、课题

项目类型	项目名称	项目负责人
教育部社科基金重大项目	中华艺术精神在当代艺术实践中的传承发展研究	周　凯
国家社科基金一般项目	"互联网 +"昆曲协同创新保护传承模式研究	周　凯
国家社科基金一般项目	基于民族认同感的两岸媒体抗日集体记忆话语研究	周海燕
国家社科基金一般项目	青少年网络族群冲突的驱动机制研究	胡菡菡
国家社科基金一般项目	基于"情感"视角的当代中国公共舆论研究	袁光锋
江苏省社科基金项目	"一带一路"背景下提升江苏新闻媒体国际传播能力研究	周　凯
江苏省社科基金项目	江苏省科学传播与公民参与研究	温乃楠
江苏省社科基金项目	供给侧改革视角下江苏传媒产业转型发展研究	朱江丽

2. 2016 年结项的国家级、省部级科研项目、课题

项目类型	项目名称	项目负责人
国家社科基金一般项目	大众传媒与新生代农民工城市适应研究	郑　欣
国家社科基金一般项目	中国近现代通讯社发展史(1872—1949)	陈玉申

五、主要学术成果

1. 著述、教材情况

作者	著作名称	出版社
巢乃鹏	中国网络传播研究(第 8 辑)	南京大学出版社
杜骏飞	全球智库指南	江苏教育出版社
韩丛耀	图像论	中国摄影出版社
潘知常	头顶的星空——美学与终极关怀	广西师范大学出版社
潘知常	谁劫持了我们的美感——潘知常揭秘四大奇书	学林出版社
王　雄	电视民生新闻:成长与转型	世界图书出版公司
郑丽勇	2015 中国数字营销白皮书	中国人民大学出版社
朱江丽	全媒体整合广告策略与案例分析	中国人民大学出版社

2. 发表论文情况

第一作者	论文名称	发表刊物名称	发表年月
卞冬磊	传播思想史的两条河流	国际新闻界	2016/8
巢乃鹏	The Internet Ecological Perception, Political Trust and Political Efficacy of Chinese Netizens	*Telematics and Informatics*	2016/12
巢乃鹏	Task Switching Behaviors in Online Multitasking	*Journal of Advances in Computer Networks*	2016/1
巢乃鹏	自我的分裂:角色扮演网络游戏青少年玩家的自我认同研究	新闻大学	2016/2
陈堂发	网络批评性表达不应过度援引“寻衅滋事”追责	新闻记者	2016/9
丁柏铨	新媒体语境中重大公共危机事件舆论与社会心理关系研究	中国地质大学学报	2016/5
丁柏铨	十八大以来中国共产党新闻舆论观研究论纲	中国出版	2016/8
丁柏铨	舆情研判:特征把握、内涵解读和对策研究	当代传播	2016/4
丁柏铨	中国互联网金融舆情监测与研究论析	西南民族大学学报	2016/5
丁柏铨	“舆论引导”论:理论体系及创新发展	中州学刊	2016/2
丁柏铨	对马克思主义新闻观研究中若干问题的思考	编辑之友	2016/10
丁和根	中国三网融合政策演化的政治经济学分析	中国出版	2016/5
丁和根	建设科学的中国当代舆论学	学术界	2016/11
杜骏飞	对话 2015 传播学研究:网络社会的建构及其可能	编辑之友	2016/2
杜骏飞	2015 年中国新闻传播学期刊发展分析	新闻与传播研究	2016/12
段京肃	丝绸之路文化传播力的传承与发展	当代传播	2016/1
韩丛耀	论中华民族特色图像媒体基本程式	中国出版	2016/2
韩丛耀	视觉传说中的图像	艺术百家	2016/7
韩丛耀	知识社区对出版的介入	中国出版	2016/8
胡翼青	重塑传播研究范式:何以可能与何以可为	现代传播(中国传媒大学学报)	2016/1
胡翼青	功能主义传播观批判:再论使用满足理论	新闻大学	2016/1
胡翼青	社交媒体如何盈利:对 BuzzFeed 的个案研究	编辑之友	2016/7
胡翼青	双面霍尔:从编码/解码理论出发	河北学刊	2016/9
李　明	定量内容分析法在中国大陆新媒体研究中的应用——以六本新闻传播类期刊为例	中国地质大学学报	2016/6
潘知常	美育问题的美学困境	郑州大学学报	2016/5
潘知常	美学的重构:以超越维度与终极关怀为视域	西北大学学报	2016/6
王辰瑶	《经济学人》为什么成功?——网络时代媒介定位再思考	中国出版	2016/1
王辰瑶	新闻使用者:一个亟待重新理解的群体	南京社会科学	2016/1
王辰瑶	编辑部创新机制研究——以三份日报的“微新闻生产”为考察对象	新闻记者	2016/3
王辰瑶	《卫报》“开放新闻”实践的个案研究	编辑之友	2016/7

续表

第一作者	论文名称	发表刊物名称	发表年月
夏文蓉	一则社会新闻为何引起舆论热议？——对"大学生掏鸟获刑10年半"新闻文本的研究	新闻记者	2016/2
王成军	The Collective Direction of Attention Diffusion	*Scientific Reports*	2016/9
王成军	Tracing the Attention of Moving Citizens	*Scientific Reports*	2016/9
温乃楠	Communicating to Young Chinese about HPV Vaccination: Examining the Impact of Message Framing and Temporal Distance	*Asian Journal of Communication*	2016/3
温乃楠	Does Gender Matter? Testing the Influence of Presumed Media Influence on Young People's Attitudes toward Cosmetic Surgery	*Sex Roles*	2016/9
袁光锋	"情"为何物？——反思公共领域研究的理性主义范式	国际新闻界	2016/4
周海燕	环境公害报道：受害者叙事、议程设置与理性协商——以常州外国语学校事件为例	新闻记者	2016/5
周海燕	对话2015新闻理论研究：新闻学的危机与转向	编辑之友	2016/3
周　凯	西方国家如何通过文化产业传播核心价值观	红旗文稿	2016/1
周　凯	顺应时代潮流　站稳舆论阵地	中国出版	2016/4
周　凯	历史文化遗产保护与活化利用研究——以鼓楼区民国历史文化街区品牌建设为例	文化产业研究	2016/6
郑　欣	消费式融入：新生代农民工的城市生活实践及其抗争	中国地质大学学报	2016/1
郑　欣	媒介的延伸：新生代农民工城市适应研究的传播学探索	西南民族大学学报	2016/6
郑　欣	身份再造：传播学视野下新生代农民工公民意识研究	山西大学学报	2016/7
朱江丽	户籍改革、人口流动与地区差距——基于异质性人口跨期流动模型的分析	经济学季刊	2016/1
朱江丽	企业空间分布影响因素研究——通讯设备制造业企业的微观数据分析	重庆大学学报	2016/5
朱江丽	中国图书出版的经济绩效——基于面板向量自回归的脉冲分析	出版科学	2016/11
朱丽丽	资本、政策与新媒介：电视综艺背后的规制	当代传播	2016/6
朱丽丽	网络迷群的社会动员与情感政治	南京社会科学	2016/8
朱丽丽	《超越西方霸权》的视野、方法论与文化根性	新闻记者	2016/10

3. 承办会议

（1）2016年3月25日至27日，由中国新闻史学会新闻传播思想史研究委员会、南京大学新闻传播学院和《国际新闻界》杂志共同主办的"中国新闻史学会新闻传播思想史研究委员会成立大会暨第三届中外新闻传播思想史高峰论坛"在南京召开。来自国内多所知名高校的学者出席了此次盛会。在此次会议上，二级学会中国新闻史学会新闻传播思想史研究委员会在南京大学新闻传播学院正式挂牌。

（2）2016年5月29日，由南京大学新闻传播学院媒介经济与管理研究所与江苏广播电视总台战略规划与媒体融合研究中心主办的首届江苏传媒产业发展论坛在南京大学举行。本届论坛的主题为“突破与困境：2016 年的江苏传媒产业”，同时分设“传媒产业发展：基于江苏的总体性考察”和“传媒产业发展：江苏实践的分行业探析”两个主题分论坛。来自相关高校和媒体的 50 多位专家学者对江苏传媒产业发展的热点、焦点和难点问题进行研讨。

（3）2016 年 9 月 25 日，第一届计算传播学论坛在南京大学费彝民楼成功召开。此次计算传播学论坛的主题为：计算传播时代，由百度与南京大学联合主办，南京大学双创示范基地国际合作“创新创业支持平台”、南京大学计算传播实验中心、南京大学新闻传播学院共同承办。

（4）2016 年 10 月 15 日至 16 日，第十三届中国传播学大会暨南京大学新闻传播专业建设 80 周年庆典在南京大学鼓楼校区隆重举行，本次大会由中国传播学会、中国社会科学院新闻与传播研究所、南京大学新闻传播学院共同主办，来自全国多所高校的近 200 位学者参加了此次大会。大会的主题是：“公共传播：新理念新挑战新机遇”。

六、新闻传播学刊物

出版了 CSSCI 来源辑刊《中国网络传播研究》（*Chinese Journal of Computer-Mediated Communication*）的第八辑，该辑刊是目前国内唯一一种新媒体传播学 CSSCI 来源集刊，2016 年的执行主编为巢乃鹏教授。

七、特色学科简介

计算传播学是近年来南京大学新闻传播学院重点建设的特色学科。从 2015 年以来，两年的时间里，该专业从无到有，在软件和硬件上都取得了可喜的进展。

从科研上看，2015 年 2 月学院开始建设计算传播学实验中心、奥美数据科学实验室、谷尼舆情实验室、慧科新闻数据库实验室、可视化实验室等科研平台，积累了海量的互联网人类传播行为数据，建成小型计算集群、大内存计算工作站以及 NAS 数据存储平台，具备了全面发展和开拓计算传播学的基础。在此基础上，该实验中心的研究员们在计算传播学领域发表了大量研究成果，发表多篇高影响因子的 SCI/SSCI 论文。

从教学来看，学院积极推动计算传播学研究与教学改革，全面调整课程体系，积极优化教学方法，现已形成“计算传播学的编程基础”“新闻可视化”“数据新闻”“计算广告”“计算传播”等相关本科课程和南京大学“二三三”硕士品牌课程“大数据挖掘与分析”，合作出版《社交网络上的计算传播学》（中国科学出版社），为计算传播学人才培养和教学改革进行了诸多积极探索。

在学术交流方面，南京大学新闻传播学院联合百度、中国中文信息学会社交媒体处理专委会、香港城市大学媒体与传播系多家单位围绕计算传播学举办了首届“计算传播学论坛”，并规划在 2017 年召开第二届计算传播学论坛和首届计算传播学工作坊（2017），发起建立计算传播网，并负责日常维护计算传播学会议交流微信群组。通过积极行动，已经逐步为国内外计算新闻传播学研究搭建开放而有益的学术交流平台。

供稿：南京大学新闻传播学院

郑州大学新闻与传播学院2016年学术发展概况

一、学术成果概述

2016年，郑州大学新闻与传播学院承担国家社科基金项目7项，省部级项目5项；出版学术著作和教材9部；发表学术论文138篇，其中中文核心期刊和CSSCI期刊论文73篇。

2016年，学院承办了部校共建新闻学院工作推进会，举办国际学术研讨会2次，邀请国内外学者举办高规格学术讲座近20场（其中有5场国外学者的学术讲座），举办博士教师学术论坛5次。

二、学院现任领导

院长	党委书记	副院长	副书记
张举玺	焦世君	张淑华、郑素侠	孙保营

三、2016年学院新晋或引进教师（正高级以上）

1. 新晋正高职称教师

姓名	职称	研究方向
张淑华	教授	新媒体和公共传播

2. 新引进正高职称教师

姓名	职称	研究方向
刘宪阁	教授	新闻思想史

四、所承担的国家级、省部级科研项目、课题

1. 2016年立项的国家级、省部级科研项目、课题

项目类型	项目名称	项目负责人
国家社会科学基金项目一般项目	中国礼文化传播与认同建构研究	张兵娟
国家社会科学基金项目一般项目	大学生网络公共传播行为与网络媒介素养教育研究	罗雁飞

续表

项目类型	项目名称	项目负责人
国家社会科学基金项目一般项目	互联网时代中国电影的跨界融合问题研究	陈晓伟
国家艺术基金项目一般项目	行将消失的中原窑洞	延　婧
国家社会科学基金项目重大项目子课题	十八大以来中国共产党新闻舆论观研究	董广安
国家出版基金一般课题	动物组织器官再生的比较蛋白组学研究	杨秦予
国家出版基金一般课题	现代英汉药物名词规范词典	杨秦予
河南省高等学校哲学社会科学基础研究项目重大项目	公共政策传播:理论演进与体系建构	张淑华
河南省高等学校哲学社会科学创新团队一般项目	新媒体公共传播	张淑华
河南省教育厅人文社科研究项目重点项目	新媒体环境下期刊经营发展模式的转型变革	向　飒
河南省社科规划项目一般项目	河南省青少年网络公共传播行为问题及对策研究	罗雁飞
河南省哲学社科规划委托项目一般项目	习近平新闻传播思想研究	詹绪武

2. 2016 年结项的国家级、省部级科研项目、课题

项目类型	项目名称	项目负责人
国家社会科学基金项目青年项目	新中国新闻学 60 年(1949—2009)	赵智敏
国家艺术基金项目摄影创作人才资助项目	"郑州国棉"转型记——一座棉纺城的变迁记忆	延　婧
河南省社科规划项目一般项目	网络文化的媒介环境及其社会影响研究	郑达威
河南省政府决策研究招标课题一般课题	河南省促进技术转移的体制机制创新研究	宗俊伟

五、主要学术成果

1. 著述、教材情况

作者	著作类别	著作名称	出版社
韩文静	专著	参与的激励:数字营销传播效果的核心机制研究	社会科学文献出版社
孙保营	编著	新闻传播学子实践之路——"勿忘人民"大学生新闻作品大赛优秀成果(2016 第三辑)	郑州大学出版社
孙保营	编著	新闻传播学子实践之路——寒假乡土纪实(2016 第二辑)	郑州大学出版社
孙保营、王晓宁、杜建锋、熊　杰	编著	新闻传播学子实践之路——媒体发表作品集锦(2016 第一辑)	郑州大学出版社

续表

作者	著作类别	著作名称	出版社
薛冉冉、刘京林、张举玺	译著	媒介心理学:记者思维模式与新闻文本生成	中国人民大学出版社
颜景毅	专著	国家广告产业园集约化发展研究	社会科学文献出版社
张举玺	专著	苏联晚期媒介生态与体制	中国社会科学出版社
张淑华	编著	新媒体与传播的公共性建构	郑州大学出版社
张淑华、孙保营	编著	云生活与后媒体时代的舆论场重构	郑州大学出版社

2. 发表论文情况

第一作者	论文名称	发表刊物名称	发表年月
常燕民	虚无主义的网络偏向与祛除策略	现代传播（中国传媒大学学报）	2016/9
常燕民	社交媒介的外部性与治理路径	新闻爱好者	2016/1
陈晓伟	“私人订制”微电影传播价值研究	郑州大学学报（哲学社会科学版）	2016/7
楚明钦	中国股市价格异常波动中的舆论传播效应	理论月刊	2016/8
楚明钦	新媒体时代中原文化的传播路径	青年记者	2016/6
楚明钦	生产性服务嵌入、技术进步与中国装备制造业效率提升	财经论丛	2016/3
楚明钦	长三角产业区域分工与合作——基于生产性服务业与装备制造业融合的研究	云南财经大学学报	2016/2
褚金勇	新媒体书写与传统作家“立言不朽”观念的转型——以莫言为中心的考察	新闻爱好者	2016/12
董广安	国家领导人媒介形象的跨文化传播——以人民网的报道为例	青年记者	2016/12
韩文静	再论广告产业发展要素	湖北大学学报（哲学社会科学版）	2016/3
李　瑛	“积极老龄化”背景下电视节目满足老年受众心理需求研究——以河南电视台《金色好声音》为例	中国电视	2016/10
李　瑛	差异发展、创新模式、调配资本:汤森路透的转型战略	中国记者	2016/9
李　瑛	新媒体环境下纸媒推动“积极老龄化”的策略	新闻爱好者	2016/3
李帮儒	全真道在鹿邑太清宫的传播	中国道教	2016/2
李凌凌	社会化传播背景下舆论场的重构	中州学刊	2016/9
李凌凌	后喻文化:信息时代的文化反哺	新闻爱好者	2016/1
李凌凌	特朗普竞选中的传播策略分析	新闻爱好者	2016/10

续表

第一作者	论文名称	发表刊物名称	发表年月
刘宪阁	从"爱的宗教"到"报恩主义"——理解报人张季鸾心态的一条线索	兰州学刊	2016/12
刘宪阁	学点儿政治学	青年记者	2016/12
刘宪阁	到底是哪家报纸影响了长征落脚点	青年记者	2016/11
刘宪阁	再说跨学科	青年记者	2016/10
刘宪阁	徐铸成怎样写张季鸾	青年记者	2016/9
刘宪阁	袁世凯收买日本舆论之一例	青年记者	2016/8
刘宪阁	时人眼里的大公报之一例	青年记者	2016/7
罗雁飞	自媒体公众号广告传播风险解析	现代传播（中国传媒大学学报）	2016/11
罗雁飞	媒介融合研究的特点与问题	新闻爱好者	2016/10
南振中	聚合资源　协同育人	新闻战线	2016/8
史历峰	"图述新闻"：解码大数据　新闻可视化	新闻爱好者	2016/1
史历峰	中国主流网媒数据新闻可视化实践现状与问题研究	中国广告	2016/1
孙保营	"互联网+"背景下电信诈骗的防治对策探析	黄河科技大学学报	2016/11
孙保营	河南省农村居民消费行为特征及其优化研究	当代经济	2016/6
孙保营	新媒介时代大学生阅读素养的培养困局及提升策略	华北水利水电大学学报（社会科学版）	2016/8
汪振军	网络公共领域的道德绑架与交往理性——以范玮琪阅兵晒娃事件为例	郑州大学学报（哲学社会科学版）	2016/9
汪振军	学术评价导向亟待改革	河南日报	2016/12
汪振军	汉字传承与国家文化安全	河南大学学报（社会科学版）	2016/1
王晓宁	新媒体对城中村居民城市融入影响研究——以郑州市西史赵村为例	新闻界	2016/7
王晓宁	媒介视野中的城乡冲突——以《南方周末》报道（2007—2012）为例	郑州大学学报（哲学社会科学版）	2016/5
王晓宁	传播与赋权：城中村改造中的赋权实践——以郑州金水区大铺村为例	新闻知识	2016/10
王一岚	新媒介事件与当前意识形态构建新趋势	中州学刊	2016/10
王一岚	新闻事件流行语的意识形态表征	郑州大学学报（哲学社会科学版）	2016/11

续表

第一作者	论文名称	发表刊物名称	发表年月
王一岚	反向社会情绪:舆论引导的靶标——以"山东非法疫苗案"和"雷洋案"为研究对象	新闻爱好者	2016/12
王振宇	论新媒介环境中的相声艺术传播	现代传播（中国传媒大学学报）	2016/8
王振宇	试析数据新闻报道的形象化	编辑之友	2016/10
王振宇	新媒体环境中新闻评论公共性的转变	新闻爱好者	2016/1
魏　猛	论时空因素对新闻评论的影响	新闻知识	2016/9
熊　杰	积极心理学视域下高校辅导员职业幸福感提升研究	改革与开放	2016/4
徐　键	论当代艺术品国礼的文化输出意义及时代转型	郑州大学学报（哲学社会科学版）	2016/9
延　婧	试论"对立统一"与新闻摄影运筹	美与时代(上)	2016/1
颜景毅	中国广告学的学科逻辑与原创进路	新闻大学	2016/6
颜景毅	国家广告产业园集群化发展的路径选择	新闻爱好者	2016/11
颜景毅	广告产业竞争力研究的检视与展望	广告大观（理论版）	2016/10
颜景毅	西部地区广告产业发展的战略选择	青年记者	2016/7
颜景毅	省域广告产业竞争力分析模型	青年记者	2016/6
颜景毅	内容聚合用户　整合连通路径	声屏世界·广告人	2016/7
张兵娟	中国玉礼文化的认知传播与认同建构——以电视纪录片《玉石传奇》为例	郑州大学学报（哲学社会科学版）	2016/5
张兵娟	电视仪式传播:理论、范式与研究视角	新闻爱好者	2016/1
张兵娟	新媒体环境下祭礼仪式的转型与国家共同体建构——以国家公祭网为例	新闻爱好者	2016/12
张兵娟	"礼仪美术"的影像叙事与文化认同建构——论纪录片《我从汉朝来》的传播价值	中国电视	2016/12
张兵娟	系列微纪录片《城殇》的创新特色	中国广播电视学刊	2016/8
张淑华	节点与变量:突发事件网络"扩音效应"产生的过程考察和一般模式——基于对"鲁山大火"和"兰考大火"的比较研究	新闻与传播研究	2016/7
张淑华	传播的共享与创新:"中国传播论坛"暨"新媒体公共传播"(2016)国际研讨会综述	现代传播（中国传媒大学学报）	2016/12
张淑华	从学术到学科:2015 年中国公共传播研究综述	新闻大学	2016/12
张淑华	失范与失控:公共事件网络传播的"扩音效应"研究——以"区伯事件"为例	郑州大学学报（哲学社会科学版）	2016/7

续表

第一作者	论文名称	发表刊物名称	发表年月
张淑华	社会性突发事件网络“扩音效应”的发生机制及其内在逻辑	新闻爱好者	2016/1
张淑华	数据新闻:源流追溯、邻域及概念辨析	新闻爱好者	2016/12
郑达威	网络文化的演变与传播工具的公共性	当代传播	2016/1
郑达威	互联网思维的传播学批判	传媒	2016/7
郑素侠	媒介使用与农民工子女的城市形象认知——基于河南省三所农民工子弟学校的实证研究	新闻大学	2016/4
郑素侠	信息社会下青少年的媒介素养教育	青年记者	2016/5
周宇豪	网络反腐意见表达的特征与问题	青年记者	2016/12
周宇豪	从“爆吧”现象看网络民意与网络暴力	东南传播	2016/5
宗俊伟	电视剧人声叙事的时间机制	现代传播（中国传媒大学学报）	2016/8

3. 承办会议

（1）2016 年 6 月 17 日，中宣部、教育部在郑州大学召开 2016 年共建新闻学院工作推进会。推进会意在深入学习贯彻习近平总书记系列重要讲话特别是党的新闻舆论工作座谈会重要讲话精神，总结交流部校共建经验做法，研究深化共建工作有效举措，更好培养造就高素质新闻后备人才。

（2）2016 年 9 月 22 日，第十六届中国传播论坛（2016）暨第二届“新媒体公共传播”国际学术研讨会在郑州大学召开。研讨会由中国传媒大学国家传播创新研究中心，郑州大学新闻与传播学院，郑州大学新媒体研究中心、穆青研究中心共同主办，大会主题为“传播的共享与创新”。

（3）2016 年 12 月 23 日，由新华通讯社—郑州大学穆青研究中心和新闻与传播学院主办的“名记者与传媒发展国际学术研讨会”在郑州大学穆青研究中心举行。来自全国多所高校及媒体的专家学者、新闻管理者、媒体工作者共 50 余人出席了本次研讨会。全国十余家中央级及省级媒体参与了论坛的报道。

六、特色学科简介

根据《郑州大学“十三五”发展规划》要求，结合郑州大学新闻与传播学院“十三五”发展规划之“学科建设”“人才队伍建设”“学术组织建设”关于“人才队伍建设”措施，2016 年启动了“青年教师职业导师培养机制”。

郑州大学新闻与传播学院在发展历程中逐步形成了自己的学科特色。为了让这些特色更加鲜明，在全国学界发挥优势，营造出适合学院内外发展的环境，学院从目前科研人才存量实际出发，选择了 4 个学科方向，以保证团队成员快速形成合力，早出成果，多出成果，出高质量成果。4 个学科方向分别是穆青与新中国新闻史研究、新媒体公共传播研究、文化（影视、广告）产业研究、舆论思想与舆论场研究。

供稿：郑州大学新闻与传播学院

华南理工大学新闻与传播学院 2016 年学术发展概况

一、学术成果概述

2016 年，华南理工大学新闻与传播学院承担国家级、省部级科研项目、课题 9 项，其中国家级项目 3 项，省部级项目 6 项；出版著述、教材 17 部；发表论文 29 篇。

学院还主办了中国广播电视暨新媒体研究会年会、媒体融合与传媒改革学术讲座、2016 第 15 届中国广告教育学术年会等 12 次大型学术会议。

二、学院现任领导

院长	党委书记	副院长	副书记
苏宏元	欧阳斌	朱剑飞、段淳林、曹智频	黄广发

三、2016 年学院新晋或引进教师（正高级以上）

1. 新晋教师

姓名	职称	研究方向
陈　娟	教授	媒介与社会、食品安全传播和数据新闻等

2. 引进教师

姓名	职称	研究方向
蒋建国	教授	媒介文化、新闻传播史

四、所承担的国家级、省部级科研项目、课题

1. 2016 年立项的国家级、省部级科研项目、课题

项目级别	项目名称	项目负责人
国家级	大数据与国家品牌形象的构建研究	段淳林
国家级	昆体良《修辞学原理》译注与研究	黄汉林

续表

项目级别	项目名称	项目负责人
国家级	多卷本《中国报刊阅读史》	蒋建国
省部级	“居安思危”——危化品安全教育科普系列活动	段淳林
省部级	“防危杜渐”——危化品安全应急科普教育系列活动	段淳林
省部级	有效利用信息科技提高城市凝聚力——构建“城市新移民信息选择与社会认同”传播模型	杨克青
省部级	大数据环境下的食品安全风险监测方法研究与应用	陈　娟
省部级	参与社会治理:传统媒体的社区化转型	陈　娟
省部级	从文字报国到行动报国——晚清报人的民族主义办报实践(1840—1900)	郑宇丹

2. 2016 年结项的国家级、省部级科研项目、课题

项目级别	项目名称	项目负责人
国家级	伦理学视野下新媒体影像传播的社会伦理问题及其道德规制研究	周建青
省部级	新闻与传播实验教学中心	曹智频
省部级	基于实践能力培养的视听教学改革研究	周　煜
省部级	“大学美育”精品视频公开课	苏宏元
省部级	人文通识教学团队	曹智频
省部级	传播学专业综合改革试点	苏宏元
省部级	广东省新媒体与品牌传播创新应用重点实验室	段淳林
省部级	广东省科技部门信息公开的成效与影响因素分析	刘银娣
省部级	优化科技环境与创建科研服务品牌——基于广东高校科研群体的实证研究	佘世红
省部级	图书馆公共数据库的科普传播及其限制:广州与台北的公共图书馆之比较研究	刘忠博
省部级	文化学建设的广东传统和战略性前瞻研究	黄有东

五、主要学术成果

1. 著述、教材情况

作者	著作名称	出版社
朱剑飞	前沿视听——中国传媒改革的理性探索(上、下)	中国出版集团、世界图书出版公司
张庆园	传播视野下的集体记忆建构	中国社会科学出版社
段淳林	整合品牌传播——从 IMC 到 IBC 理论构建(第二版)	中国出版集团、世界图书出版公司
胡　兵	全媒体实训平台教程	华南理工大学出版社
郑宇丹	新中国民营报纸的消失(1949—1957)(上、下)	台湾花木兰文化出版社

续表

作者	著作名称	出版社
徐肖楠	灵性生存:走向文学与生命的深处	华南理工大学出版社
苏宏元	高效的数据表达	中国传媒大学出版社
谭元亨	《十三行世家》现代卷之一《赝城》	中山大学出版社
谭元亨	《十三行世家》现代卷之一《地下城》	中山大学出版社
谭元亨	广府人史纲(上)	中山大学出版社
谭元亨	广府人史纲(下)	中山大学出版社
谭元亨	城市晨韵	广东高教出版社
谭元亨	惊蛰雷	西苑出版社
谭元亨	雕塑百年梦	西苑出版社
谭元亨	中国儿童文学	广东高等教育出版社
谭元亨	无处逃遁	羊城晚报出版社

2. 发表论文情况

第一作者	论文名称	发表刊物名称	发表年月
刘银娣	欧美数据新闻人才培养路径探析	中国出版	2016/1
刘银娣	从海量数据中挖掘新闻故事:数据新闻内涵探析	中国出版	2016/5
江　虹	我国互联网电视产业融资方式探析	现代传播	2016/7
李小华	纸质媒体数据新闻实践特征及趋势分析——以《南方都市报》为例	当代传播	2016/3
李小华	基于数据新闻热的审视与思考	中国出版	2016/4
李小华	文化工业视域下的 IP 电影热潮思考	中国出版	2016/9
李小华	客家方言的“得”字结构及其性质分析	湖南师范大学社会科学学报	2016/1
周建青	我国“互联网+科技展览”发展问题与策略探析	科技管理研究	2016/12
陈　娟	视角·话语·内容:农民工城市融入的传播研究	现代传播	2016/5
赵　泓	论民国时期撰稿人与报刊编辑出版的互动关系——以张恨水与《旅行杂志》的关系为例	中国编辑	2016/3
赵　泓	陈济棠治粤时期的地方性出版管理	出版科学	2016/3
郑宇丹	建国初期报纸行业的公私合营与股息分配	新闻与传播研究	2016/4
郑宇丹	人文与技术的紧张对新闻教育的影响	编辑之友	2016/4
徐肖楠	在诗歌中向着太阳飞翔的天堂鸟	当代作家评论	2016/7
徐肖楠	书生的诗意力量:让文学恢复生存精神选择	当代文坛	2016/10
高　辉	基于购物过程体验的享乐性购物研究述评	外国经济与管理	2016/4

续表

第一作者	论文名称	发表刊物名称	发表年月
高　辉	多维传播格局下青年群体的网络视频新闻消费探析	中国出版	2016/3
黄有东	朱谦之与“文化哲学”在中国的构建	学术研究	2016/8
黄桂萍	引领新常态　融合促发展——中国广播电视学与新媒体研究会2016年会综述	现代传播（中国传媒大学学报）	2016/8
韩红星	新加坡实体特色书店发展及启示	中国出版	2016/2
韩红星	原生模式:美国媒体广告的创新和趋向	编辑之友	2016/12
韩红星	传统媒体转型之路:《福布斯》模式	中国出版	2016/8
蒋建国	西方利益集团对媒体话语权的影响与控制	马克思主义研究	2016/5
蒋建国	微信朋友圈泛化:交往疲劳与情感疏离	现代传播（中国传媒大学学报）	2016/8
蒋建国	晚清阅报组织与公共阅读的发展	社会科学战线	2016/2
蒋建国	办报与读报:晚清报刊大众化的探索与困惑	新闻大学	2016/2
蒋建国	地方空间与网络文化的地方性建构	贵州社会科学	2016/10
蒋建国	网络媒体的价值冲突与文化反思	南京社会科学	2016/4

3. 承办会议

会议名称	会议地点	会议时间	会议类型
中国广播电视暨新媒体研究会年会,主题“引领新常态融合促发展”	广州	2016. 5. 20	国内学术会议
广州市媒体融合培训班学术讲座“地方主流媒体推动融合发展的战略思考”	广州	2016. 7. 11	国内学术会议
媒体融合与传媒改革学术讲座	桂林	2016. 10. 24	国内学术会议
“我国主流媒体推动媒体融合发展的战略思考——关于媒体融合的发展瓶颈与路径依赖”学术讲座	南宁	2016. 11. 24	国内学术会议
“南派纪录片的崛起与‘读懂中国’的因应”学术讲座	南宁	2016. 11. 25	国内学术会议
华南理工大学新闻与传播学院燧石论坛第32期“全球品牌应该如何定位?”	华南理工大学	2016. 3. 18	国际学术交流
大数据与智能品牌用户体验研讨会	华工中心酒店	2016. 4. 26	国内学术会议
“广告、品牌和整合营销传播”学术讲座	华南理工大学	2016. 5. 31	国际学术交流
华南理工大学青年学术沙龙“大数据与跨学科融合发展”	华南理工大学	2016. 10. 13	国内学术会议
2016第15届中国广告教育学术年会·1212广告中国论坛暨第三届新媒体发展与创新国际论坛	华工音乐厅	2016. 12. 11	国际学术交流

供稿：华南理工大学新闻与传播学院

浙江大学传媒与国际文化学院 2016年学术发展概况

一、学术成果概述

2016年，浙江大学传媒与国际文化学院承担国家级、省部级科研项目、课题立项9项，其中教育部社会科学司研究项目立项2项，全国哲学社会科学规划办公室研究项目立项3项；出版教材、专著16部，其中专著10部，译著5部，论文集1部；发表各类学术论文124篇。

二、学院现任领导

院长	常务副院长	党委书记	副院长	副书记
韦　路	王建刚	王庆文	范志忠	金芳芳

三、所承担的国家级、省部级科研项目、课题

2016年立项的国家级、省部级科研项目、课题

任务下达单位	项目名称	项目负责人
教育部社会科学司	中国城市化进程的影像表达与美学诠释	林　玮
教育部社会科学司	转型时期的通俗剧想象:香港国语电影研究(1949—1979)	李媛媛
全国艺术科学规划领导小组办公室	中国电视剧创作现状与传播方式研究	范志忠
全国哲学社会科学规划办公室	莎士比亚戏剧中的身体疾患现象研究	徐群晖
全国哲学社会科学规划办公室	知识社会学视角下争议性科学议题的多元建构与传播研究	高芳芳
全国哲学社会科学规划办公室	华夏传播观念研究	邵培仁
科技部	转基因生物新品种培育科技重大专项“转基因生物技术发展科普宣传与风险交流”立体化科学传播体系	刘于思
杭州市哲学社会科学规划办	城市杂志与杭州城市形象叙事——以《新周刊》《三联生活周刊》为例	周根红
浙江省哲学社会科学规划办公室	大数据时代中国形象研究	韦　路

四、主要学术成果

1. 著述、教材情况

作者	著作名称	出版社
陈　强	湖上吹水录	生活·读书·新知三联书店
陈　强	秘响旁通:比较诗学与对比文学	复旦大学出版社
范　昀	义乌名士文化(区域文化)	上海人民出版社
高芳芳	环境传播:媒介、公众与社会	浙江大学出版社
高力克	自由与国家:现代中国政治思想史论	浙江大学出版社
胡志毅	中国话剧艺术史第五卷	江苏凤凰教育出版社
胡志毅	戏剧与媒介——第九届华文戏剧节学术研讨会论文集	浙江大学出版社
李红涛	理解国际新闻:批判性导论	中国传媒大学出版社
钱培荣	一种新的社会调研方法	浙江大学出版社
沈建平	塞尚及其画风的发展	广西美术出版社
沈建平	艺术的理论与哲学	江苏凤凰美术出版社
王　杰	文化、治理与社会——托尼·本尼特自选集	中国出版集团东方出版中心
王　杰	寻找乌托邦——现代美学的危机与重建	人民文学出版社
王　杰	文化与社会——马克思主义与20世纪中国文学理论发展研究	中国社会科学出版社
吴红雨	中国交通广播的社会价值	浙江大学出版社
张丽萍	全球传播:理论、利益相关者和趋势	中国传媒大学出版社

2. 发表论文情况

第一作者	论文名称	发表刊物名称	发表年月
范志忠	萨米拉·马克马巴夫:残酷现实中的诗意生存	当代电影	2016/9
范志忠	2015年中国电影报告	浙江传媒学院学报	2016/4
何扬鸣	简析1927—1937年的浙江新闻事业	浙江传媒学院学报	2016/6
胡晓云	2016中国茶叶区域公用品牌价值评估报告	中国茶叶	2016/5
胡晓云	深入实施农业品牌战略　真正实现农业供给侧改革	中国合作经济	2016/3
胡志毅	中国戏剧节的源流及特征	中国文艺评论	2016/10
胡志毅	梦幻、梦境与神话仪式——汤显祖的《牡丹亭》与莎士比亚的《仲夏夜之梦》	艺术评论	2016/10
黄　清	传播学的想象力何以可能:评吴飞的《重建巴别塔》	国际新闻界	2016/8
李　杰	认知神经科学与新闻传播研究新范式	新闻与写作	2016/8
李　杰	认知神经科学方法在媒体效果测评中的应用研究——以电视剧收视率预测为例	现代传播(中国传媒大学学报)	2016/9

续表

第一作者	论文名称	发表刊物名称	发表年月
李东晓	分权体制与地方政府的媒介治理——以“守土有责”的地方性理解与实践为视角	新闻记者	2016/5
李东晓	中国政治语境下的媒体反腐及其变迁	郑州大学学报（哲学社会科学版）	2016/3
李东晓	微信用户健康养生信息的传播行为分析	浙江传媒学院学报	2016/8
李东晓	微屏时代谁在传播健康？——对微信平台健康养生信息兴起的传播学分析	现代传播（中国传媒大学学报）	2016/4
李红涛	Mediating the Message in the 21st Century	*Asian Journal of Communication*	2016/5
李红涛	文化记忆:时代、历史与媒介	国际学术动态	2016/4
李红涛	“点燃理想的日子”——新闻界怀旧中的“黄金时代”神话	国际新闻界	2016/5
李红涛	Talk Radio, the Mainstream Press, and Public Opinion in Hong Kong	*Chinese Journal of Communication*	2016/1
林　玮	在日常生活与媒介世界之间——英美主流媒体如何面对网络用语	传媒评论	2016/6
林　玮	Approaches to Ezra Pound in Modern China: A Case Study on Jiang Hongxin's a Study on Ezra Pound	*Foreign Literature Studies*	2016/6
林　玮	向内转:新世纪以来中国城市电影的空间批判	当代电影	2016/9
潘一禾	从中西文化差异看杭城如何迎接 G20	杭州（周刊）	2016/1
潘一禾	努力用小说和影视来“开采”杭城历史与记忆	杭州（周刊）	2016/6
邱　戈	学术自律的哲学思考与学术公共场域建构	改革	2016/3
邵培仁	为历史辩护:华夏传播研究的知识逻辑	社会科学战线	2016/3
邵培仁	传播理论的胚胎:华夏传播十大观念	浙江学刊	2016/1
邵培仁	百年导演梦:1905—2015 华莱坞导演人种志研究	当代传播	2016/3
邵培仁	全球化语境下华莱坞电影题材选取问题探究——以 2015 年华莱坞电影为例	新闻大学	2016/2
邵培仁	华莱坞:拥抱中国电影 4.0——兼论历史、现状与未来	江苏师范大学学报（哲学社会科学版）	2016/7
邵培仁	天地交而万物通:《周易》对人类传播图景的描绘	浙江社会科学	2016/8
邵培仁	本土化方法革新:一种认知传播视角的回应	现代传播（中国传媒大学学报）	2016/5
邵培仁	线上新闻的全球地理想象:新华网国际新闻之检视	当代传播	2016/9
邵培仁	从思想到理论:论本土传播理论建构的可能性路径	浙江社会科学	2016/1
邵培仁	亚洲电影在中国:华莱坞的跨地方生产与本土现代性实践	新闻爱好者	2016/6
邵志择	治外法权与清末报律的制定	新闻与传播研究	2016/2

续表

第一作者	论文名称	发表刊物名称	发表年月
邵志择	“圣诞老人”在近代中国的流行及其商业化利用——以上海为中心的考察	史林	2016/4
王　杰	“文化经济时代”重提当代文学艺术批评的功能	学术界	2016/8
王　杰	重提先锋性——关于当代中国文学的语境问题及其意义解读	马克思主义美学研究	2016/10
王　杰	暴虐的“乡愁”——评电影《百鸟朝凤》	上海艺术评论	2016/8
王　杰	当代文化中的审美认同与认同危机——电影《刺客聂隐娘》的讨论	马克思主义美学研究	2016/10
王　杰	艺术、政治与美学的革命:王杰与阿列西·艾尔雅维奇的对话	马克思主义美学研究	2016/10
王　婧	To Make Sounds inside a “Big Can” Proposing a Proper Space for Works of Sound Art	*Leonardo*	2016/2
王玲玲	马克思主义新闻观素养的习得——以浙江省新闻从业人员马克思主义新闻观素养调研为例	新闻战线	2016/10
韦　路	国外舆论研究现状及启示	中国报业	2016/8
韦　路	中国形象研究的问题及反思	新闻与写作	2016/4
吴　飞	超媒体时代的国际传播战略思考	新闻与写作	2016/1
吴　赟	中外实体书店产业扶持政策的初步比较和分析	出版广角	2016/10
吴　赟	大学出版业人力资源现状与问题分析	中国出版	2016/1
吴　赟	大数据出版若干问题探析	编辑之友	2016/8
吴红雨	媒体公益:另一种角色期待	中国广播电视学刊	2016/7
张节末	样板戏话语体系的形成——以《沙家浜》版本变迁为例	贵州社会科学	2016/4
张丽萍	拉美媒体的转型与发展——世界系统理论的视角分析	拉丁美洲研究	2016/6
章　宏	《功夫熊猫 3》:中美电影合拍中的文化杂糅	江苏师范大学学报(哲学社会科学版)	2016/7
赵　瑜	互联网电视的规制及其政策张力	新闻大学	2016/6
赵　瑜	试析我国综艺节目发展的困境与未来	中国文艺评论	2016/10

供稿：浙江大学传媒与国际文化学院

厦门大学新闻传播学院2016年学术发展概况

一、学术成果概述

2016年，厦门大学新闻传播学院获国家级、省部级规划项目立项10项，其中国家社科基金项目3项（含艺术学）、国家自然科学基金项目1项、福建省社科规划项目6项。同时出版专著14部；发表20余篇核心刊物论文，其中一类核心刊物论文10篇。

二、学院现任领导

院长	常务副院长	党委书记
张铭清	黄合水	郑树东

三、2016年学院新晋或引进教师（正高级以上）

姓名	职称	研究方向
邱红峰	教授	环境传播、健康传播、风险传播、传播与社会
朱至刚	教授	中国传播史、传播观念史

四、所承担的国家级、省部级科研项目、课题

2016年立项的国家级、省部级科研项目、课题

项目类型	项目名称	项目负责人
国家社科规划青年项目	台湾大学生的媒介素养与政治认同研究	罗　慧
国家社科规划青年项目	党管媒体原则在国有传媒企业治理中的实践路径及效应研究	殷　琦
国家社科艺术学一般项目	台湾数字内容产业发展与中华民族优秀传统文化传承研究	吴琳琳
国家自科基金青年项目	女性生理周期对其社交网络参与行为影响的研究：进化心理学的视角	陈　瑞
福建省社科规划重点项目	南海问题中的美国媒体外交与中国应对策略研究	李德霞
福建省社科规划一般项目	政府新闻发言人胜任力模型及相应选拔培养机制研究	曾秀芹

续表

项目类型	项目名称	项目负责人
福建省社科规划一般项目	威胁诉求公益广告效果实验研究	王　霏
福建省社科规划青年项目	新媒体情境下政府新闻发布的实证研究	宫　贺
福建省社科规划青年项目	大数据危机公关机制研究	胡　悦
福建省社科规划青年博士项目	美国记者俱乐部研究	李　啸

五、主要学术成果

1. 著述、教材情况

第一作者	著作名称	出版社
陈素白	镜像与流变:转型期中国城市居民消费变迁(1978 年至今)	厦门大学出版社
陈晓彦	台湾文化创意产业政策研究	九州出版社
陈嬿如	中国宣传战役研究	施普林格
林升栋	跨文化传播研究文集(第一辑)	厦门大学出版社
孙慧英	手机媒体与社会文化	世界图书出版公司
吴琳琳	当代台湾财经杂志发展研究	厦门大学出版社
谢清果	华夏文明与传播学本土化研究	九州出版社
谢清果	两岸关系与新闻宣传研究	九州出版社
谢清果	华夏传播学读本	世界道联出版社
谢清果	大道上的老子——《道德经》与大众传播学	九州出版社
熊　慧	小团体传播	厦门大学出版社
阎立峰	台湾传媒与台湾文化研究	九州出版社
周　雨	广告中的两性研究	厦门大学出版社
朱至刚	早期中国新闻学的历史面相:从知识史的路径	厦门大学出版社

2. 发表论文情况

第一作者	论文名称	发表刊物名称	发表年月
白海青	Understanding the Behavior of Sharing Information of Wechat Users: An Integrated Model	*Advances in Intelligent Systems Research*	2016/9
陈　瑞	The Reversed Endowment Effect in Living Goods Transaction	*Advances in Consumer Research*	2016/10
陈　瑞	反酒后驾车广告的说服效果:规避伤害与克制冲动	国际新闻界	2016/3

续表

第一作者	论文名称	发表刊物名称	发表年月
陈　瑞	Fickle Men, Faithful Women: Effects of Mating Cues on Men's and Women's Variety-seeking Behavior in Consumption	*Journal of Consumer Psychology*	2016/4
陈素白	终端促销对女性消费者购买决策的影响——以化妆品行业为例	现代广告	2016/3
陈素白	锚定效应在网络口碑领域中的考察:以豆瓣电影在线评分为例	国际新闻界	2016/3
宫　贺	修辞的观念与公关修辞路径:中西比较的视角	现代广告	2016/10
宫　贺	公共健康话语网络的两种形态与关键影响者的角色:社会网络分析的路径	国际新闻界	2016/12
胡　悦	危机公关理论述评	现代广告（学术版）	2016/9
胡　悦	危机传播中的数字化记忆魔咒——以食品安全报道为例	当代传播	2016/6
黄合水	大数据中各省份“涉毒”形象研究	重构与再定义	2016/12
黄合水	如何讲好中国品牌故事	对外传播	2016/9
黄裕峯	台湾舆论场的政党角力	台湾研究	2016/10
黄裕峯	2015 年台湾地区新闻传播学研究综述	东南传播	2016/8
黄裕峯	海峡两岸共办期刊媒体探析	新闻战线	2016/1
李德霞	中越南海冲突事件中的中国主流媒体角色、存在问题及应对策略:基于新华社与越通社相关英文报道的对比研究	新闻春秋	2016/12
李德霞	南海领土争议中的日本主流媒体角色研究	中华文化与传播研究	2016/12
林升栋	未来广告六大趋势	青年记者	2016/6
林升栋	反腐倡廉公益广告要有效果意识	青年记者	2016/5
邱红峰	激发应对效能与自我效能:公众适应气候变化的风险传播治理	国际新闻界	2016/5
邱红峰	技术安全框架还是环境正义框架？从东山 PX 事件看政府风险传播的困局与破解	中国地质大学学报（社会科学版）	2016/1
邱红峰	集体主义文化与艾滋歧视报道的第三人效果	新闻界	2016/11
史冬冬	理念·价值·文化:中国形象广告片的反思性研究	现代广告（学术版）	2016/6
孙　蕾	漂绿广告的七类虚假环境诉求及案例分析	现代广告	2016/12
孙　蕾	漂绿广告的虚假环境诉求及其效果研究	国际新闻界	2016/12
孙慧英	新闻客户端的社会热点叙事研究	东南传播	2016/8
王　霏	那书,那人,和那些研究——写于《决策心理:齐当别之道》出版时	心理与行为研究	2016/12

续表

第一作者	论文名称	发表刊物名称	发表年月
谢清果	作为儒家内向传播观念的“慎独”	暨南学报	2016/10
谢清果	华夏媒介批评的概念、思想流变及其价值取向	南昌大学学报	2016/4
谢清果	华夏舆论传播的概念、历史、形态及特征探析	现代传播（中国传媒大学学报）	2016/3
谢清果	中西传播理论特质差异论纲	现代传播（中国传媒大学学报）	2016/11
谢清果	华夏公共传播的概念、历史及其模式考察	华侨大学学报	2016/2
熊　慧	媒体和组织因素对地方报记者职业角色认知的影响	新闻界	2016/12
熊　慧	全媒体时代大学生的媒介角色认知研究	东南传播	2016/12
阎立峰	台湾地区新闻自律的历史、现状与问题	现代传播（中国传媒大学学报）	2016/7
叶　虎	微传播环境下我国网络流行语论析	现代传播（中国传媒大学学报）	2016/7
岳　淼	论闽台影视产业的合作发展——开放型区域经济的视角	现代传播（中国传媒大学学报）	2016/2
曾秀芹	冒险性户外运动爱好者的限制因素和协商策略研究	体育科学	2016/12
赵振祥	菲华社会的路向之争与文化反思	厦门大学学报（哲学社会科学版）	2016/5
周　雨	房地产广告中的环境审美思想	中华文化与传播研究	2016/12
邹振东	强者传播与强势传播——舆论的弱原理在传播实践中的运用	中国舆情指数报告 2016	2016/9
邹振东	台湾舆论研究的存在和发展	台湾研究	2016/5

六、新闻传播学刊物

《现代广告》

《现代广告》学术季刊主编为黄合水，现任执行主编为林升栋（厦门大学）、王晶（厦门大学）、罗子明（北京工商大学）、胡晓云（浙江大学）、星亮（暨南大学）、李华君（华中科技大学）等。

该刊系中国广告协会主办，由现代广告杂志社编辑出版，是目前大陆唯一一本采用国际规范匿名审稿的广告学术期刊。刊物自 2010 年始由厦门大学新闻传播学院承办，此后多家全国知名高校陆续参与编辑工作。该刊质量得到广泛认可，影响力日益扩大，被多个学校定为广告专业核心期刊。

2016 年春季刊刊登了八篇学术论文，设置了“广告史与广告法”“理论与模型研究”“广告管理与广告内容”三个栏目，其中既有对热点问题新版《广告法》修订的审视，又有对广告产业集群化发展中知识溢出效应机理的深度探讨，在终端促销、公益广告和会展活动等实操性强的广告业务领域也有所涉猎。夏季刊刊登了九篇学术论文，设置“理论与模型研究”“媒体与广告效果研究”“广告史与广告文化”三个栏目。秋季刊发表七篇学术论文，设置“公关理论研究”和“新媒体与受众研究”两个栏目。冬季刊设置三个栏目：

“网络传播与制度研究”“环境传播研究”和“受众行为研究”，共计八篇学术论文作为年终大餐，以飨读者。

《中华文化与传播研究》

《中华文化与传播研究》创刊于2013年，由厦门大学传播研究所主办，前三年为年刊，2016年改为半年刊。主编为谢清果，副主编为李展、毛章清、曹立新、何钦明。该刊的编辑出版得到厦门大学哲学社会科学繁荣计划（2011—2021）支持。

2016年该刊共出刊两期。上半年刊主题为“民族/文化心理研究”，刊发论文议题涉及中华文化传播、中阿文化传媒交流互动、新疆民族心理与政策、文化心理视野下的族群冲突等。下半年刊主题为“华夏文明传播研究”，刊发论文议题涉及集体主义脉络下的人际关系、人际传播学的“据”与心性之学之“礼”、视觉文化研究的流变等。

七、特色学科简介

厦门大学新闻传播学院近年来致力于发展国际新闻学特色专业。厦门大学新闻学教育可追溯至1922年创办的“新闻学部”。此后经过三次科系调整，于1926年取消新闻学系。1983年教育部批准厦门大学恢复新闻学教育，成立新闻传播学系，开设国际新闻和广告学等两个本科专业。国际新闻专业以其学制五年，重视培养英语能力和国际视野而形成特色。1984年新华社《对外参考》评论说“厦门大学国际新闻专业的开办，填补了我国高等文科教育的一项空白”（1984年第9期）。国际新闻专业自开办以来，向《人民日报》、新华社、《中国日报》等中央媒体以及各省地方主流媒体输送了许多优秀人才。

1998年，根据教育部新颁布的学科及专业目录，厦门大学国际新闻专业更名为新闻学专业，其国际新闻办学方向不变。从2012年起，在学校的支持下，新闻学专业每年面向全校本科新生选拔具有马克思主义新闻理想而且英语好的学生，编为“国际新闻实验班”，旨在为中国特色社会主义建设事业培养新型国际传播人才。

供稿：厦门大学新闻传播学院

重庆大学新闻学院2016年学术发展概况

一、学术成果概述

2016年，重庆大学新闻学院共承担国家社会科学基金项目3项，重庆市社科基金项目7项，国家信访局招标课题1项；出版著作、教材4部；发表论文36篇；举办了3次全国性和区域性学术会议。

二、学院现任领导

名誉院长	院长	党委书记	副院长	副书记
马胜荣	董天策	卓光俊	张　瑾	魏世平

三、2016年学院新晋或引进教师（正高级以上）

姓名	职称	研究方向
刘海明	教　授	新闻伦理、媒体版权、媒体应急管理和网络舆情
龙　伟	研究员	新闻出版史、医疗社会史、文化传播史

四、2016年新设学术科研机构

院系级研究中心（所）

青少年新媒体研究中心，主任：曾润喜。中心宗旨：研究青少年新媒体使用心理与行为，研判青少年网络舆情，创新青少年思想政治引领模式。

五、所承担的国家级、省部级科研项目、课题

2016年立项的国家级、省部级科研项目、课题

项目类型	项目名称	项目负责人
国家社会科学基金项目一般项目	战时陪都重庆形象建构研究	张　瑾
国家社会科学基金项目一般项目	抗战时期日本在华新闻侵略与殖民传播研究（1931—1945）	齐　辉
国家社会科学基金项目青年项目	西部老年人口健康素养状况及促进机制研究	李成波
重庆市社科规划办哲学社会科学规划研究项目一般项目	移动互联网时代高校网络安全教育策略研究	刘庆庆
重庆市社科规划办哲学社会科学规划研究项目一般项目	新媒体环境下律师庭外言论传播及其法律规制研究	杨天红
重庆市社科规划办哲学社会科学规划研究项目一般项目	互联网虚拟社会风险管理框架与治理机制研究	曾润喜
重庆市社科规划办哲学社会科学规划研究项目特别委托项目	抗日战争胜利70周年宣传中的“重庆元素”	董天策
重庆市社科规划办哲学社会科学规划研究项目青年项目	网络迷因的文化内涵和传播机制研究	吴明华
重庆市社科规划办哲学社会科学规划研究项目青年项目	日俄战争时期（1904—1905年）日俄在华报刊宣传战研究	李松蕾
重庆市社科规划办哲学社会科学规划研究项目青年项目	新媒体环境下的科技风险传播研究	邹　霞
国家信访局招标课题	“互联网+”时代创新农村基层信访工作模式研究	田先红

六、主要学术成果

1. 著述、教材情况

作者	著作名称	出版社
李成波	北京市老年人生活满意度研究(2000—2010年)	中国人口出版社
李兴亮	荧屏中的历史消费	吉林出版集团
蒲俊杰	逐影(小说)	长江文艺出版社
张　峰	楚文字讹书研究	上海古籍出版社

2. 发表论文情况

第一作者	论文名称	发表刊物名称	发表年月
董天策	新闻传播研究的问题意识与学术追求	新华文摘	2016/4
董天策	从网络集群行为到网络集体行动——网络群体性事件及相关研究的学理反思	新闻与传播研究	2016/2
董天策	自媒体传播在公共卫生事件中的信息噪音——以《疫苗之殇》大讨论为例	新闻记者	2016/5
郭小安	舆论的公共性与公众性:生成、偏向及融合——一项思想史的梳理	新闻与传播研究	2016/12
郭小安	媒介动员视角下表演式抗争的发生及剧目	现代传播(中国传媒大学学报)	2016/5
郭小安	网络民族主义运动中的米姆式传播及共意动员	国际新闻界	2016/11
郭小安	新媒体从业人员的政治效能感和政治参与意愿——一项针对成、渝两地新媒体从业者的调查研究	新闻大学	2016/8
Howard Christopher	Re-orientating Japanese Cinema: Cold War Criticism of "Anti-American" Films	*Journal of Film, Radio and Television*	2016/4
李松蕾	北大新闻学茶座(49)——李秀云教授谈"中国新闻学术史的过去、现在及未来"	国际新闻界	2016/1
李松蕾	北大新闻学茶座(53)——卓南生、吴廷俊、彭家发鼎谈"新闻史研究之我见"	国际新闻界	2016/10
刘茂林	基于云计算的教育出版模式的构建	出版发行研究	2016/11
马　晶	律师庭外言论的规制——兼论《刑法修正案(九)》泄露案件信息罪	重庆大学学报(社会科学版)	2016/7
马　晶	数字作品首次销售原则的适用及版权人利益再平衡	科技与出版	2016/7
汤天甜	不同平台的网络视频新闻比较研究——以人民网、央视网、新浪网为例	中国出版	2016/10
汤天甜	网络风险事件中的集体行动研究	中州学刊	2016/11

续表

第一作者	论文名称	发表刊物名称	发表年月
田先红	“群众”抑或“公民”:中国信访权利主体论析	华中师范大学学报（人文社会科学版）	2016/5
Weiwei Zhang	Two Billion Eyes:The Story of China Central Television	*International Journal of Communication*	2016/10
杨　秀	地方政府应对网络谣言的现状及问题反思——基于“打击网络谣言”典型案例的研究	重庆大学学报（社会科学版）	2016/11
杨石华	参考文献:引进版学术图书扩容的一个潜在宝库	科技与出版	2016/1
杨石华	“罗辑思维”图书营销中的知识图景建构与呈现:基于图书文案的实证研究	出版科学	2016/6
杨石华	民国时期中国报人对新闻道德的讨论与突围(1914—1949)	新闻与传播研究	2016/2
杨石华	知识的诱饵:“在线试读”的图书营销功能研究	科技与出版	2016/6
杨石华	中国公共关系研究反思:一个知识合法性视角	新闻界	2016/5
杨天红	律师庭外言论的规制——比较法的考察与借鉴	大连理工大学学报（社会科学版）	2016/1
张　峰	论古文字中戈字变体及相关诸字形音义	江汉考古	2016/4
曾润喜	互联网环境下公众议程与政策议程的关系及治理进路	管理世界	2016/10
曾润喜	媒介议题、公众议题与政策议题的转变及关系	现代传播	2016/3
曾润喜	基于知识管理视角的大数据研究网络与结构研究	情报学报	2016/11
曾润喜	信息媒介使用在中国:概念梳理与理论进展	图书情报工作	2016/10
曾润喜	强势模因视角下网络流行语的语义演变及流行理据	语言文字应用	2016/5
曾润喜	“互联网+”缘何爆红?——基于网络流行语舆情表征的互文性解读	情报杂志	2016/4
曾润喜	重视网络社会风险　保障国家政治安全	中国行政管理	2016/6
曾润喜	移动互联情境知识传播平台管理效果研究——基于全国406个大学图书馆微信公众号的调查	图书馆	2016/7
曾润喜	政策议程互动过程中的公民网络参与及合作解	国际新闻界	2016/6
曾润喜	基于政治信息视角的网络谣言风险发生机理与治理研究	图书与情报	2016/8
曾润喜	社区支持感对城市社区感知融入的影响——基于户籍身份的调节效应检验	中国行政管理	2016/12

3. 承办会议

（1）2016年7月11日至16日，由中国新闻史学会网络传播分会、重庆大学社会科学学部、重庆大学新闻学院共同主办的“网络与新媒体讲习班”（第二期）在重庆大学举行。来自140多家单位的300多名研究生、青年教师以及媒体从业人员参加学习研讨。

（2）2016年10月15日至16日，中国信息化专家学者“围观基层”系列活动第八站——“围观重庆·健康医疗大数据实践与应用”研讨会在重庆大学新闻学院三楼会议室召开。本次研讨会由重庆大学新闻学院、重庆市卫生和计划生育委员会、中国新闻史学会网络传播史研究委员会和中国电子商务协会智慧城市委员会共同主办，工信海威·中迪健康医疗数据研究中心协办。来自全国30余家单位的近50名专家学者参与本次研讨会。

(3) 2016年12月16日，重庆大学新闻学院主办的“传播媒体与文化建设高端论坛”隆重举行。来自全国各地的30余位专家学者、媒体工作者、新闻管理者出席了本次研讨会。重庆市委宣传部张永才副部长、重庆大学党委常委、宣传部长胡学斌教授、社科处处长袁文全教授等出席开幕式。

供稿：重庆大学新闻学院

华中科技大学新闻与信息传播学院 2016年学术发展概况

一、学术成果概述

2016年，华中科技大学新闻与信息传播学院共承担国家社科基金一般项目2项；出版著述、教材10部；共发表论文25篇。同时2016年学院还新设华科新媒实验室和华中科技大学媒介与文明学术前沿创新团队。

2016年学院还举办了新闻评论开放教育建设会、第二届中国新闻史青年学者论坛、第四届国家传播战略高峰论坛、“中国新闻史学会公共关系分会首届学术年会暨第九届公关与广告国际学术论坛”系列会议等大型学术会议和学术活动。

二、学院现任领导

院长	书记	副院长	副书记
张　昆	詹　健	钟瑛、陈先红、何志武	李　磊

三、2016年学院新晋或引进教师（正高级以上）

姓名	职称	研究方向
袁艳	教授	媒介地理学、跨文化传播、移民身份与媒介使用、电视文化研究

四、2016年新设学术科研机构

1. 华科新媒实验室

华科新媒实验室由华中科技大学新闻与信息传播学院联合湖北睛彩视讯公司共同成立，项目负责人为钟瑛教授。实验室旨在聚焦新媒体产业，探索新媒体创新和实践，展示和孵化新媒体研究成果。主要从以下三个方面开展对新媒体舆情的研究工作：1. 热点舆情监测；2. 重点舆情分析；3. 新媒体舆情数据库的构建。2016年5月，上线同名微信公众号“华科新媒实验室”。2016年11月5日，在北京中国科技会堂权威发布新媒体创新指数及考察排名。在国内首次推出了系统科学的新媒体创新评价指标，并对当下最热门的11类移动客户端进行了创新评估及系统排名，客观展示了我国新媒体创新发展的现状。实验室还上线了第三方数据监测服务平台——“华彩指数”，用于衡量中国移动互联网渠道新媒体的社会责任指数及传播能力，反映新媒体的社会传播健康状态和发展趋势，并每年出版《新媒体与社会责任》蓝皮书。

2. 华中科技大学媒介与文明学术前沿创新团队

华中科技大学媒介与文明学术前沿创新团队成立于2016年10月。它不仅是华中科技大学评选设立的跨学科前沿创新团队，也是学校一流学科建设中设立的十大团队之一。其主旨在于从媒介形态和媒介技术切入对于人类文明的观照和理解，具有突出的学科基础性、交叉性和前沿性。其计划在两年时间内完成团队队伍建设、平台建设以及学科方向凝练，从学术译丛、学术系列专著、学术会议、工作坊、学术沙龙以及学术大讲堂等多个方向发力，推出一系列相关成果。目前团队共形成了媒介史、媒介地理学、媒介伦理、政治传播、广告文化、网络传播、视听新媒体七个研究方向。

五、所承担的国家级、省部级科研项目、课题

2016年立项的国家级、省部级科研项目、课题

项目类型	项目名称	项目负责人
国家社科基金一般项目	讲好中国故事的“元叙事”传播战略研究	陈先红
国家社科基金一般项目	基于新媒体的民意表达与公共政策的互动研究	何志武

六、主要学术成果

1. 著述、教材情况

作者	著作名称	出版社
邓秀军、刘静	出镜记者案例分析	北京大学出版社
何志武	重构——“三网融合”对广播电视新闻传播的影响	华中科技大学出版社
李贞芳	公共关系调研与评估	华东师范大学出版社
欧阳明	新闻报道叙事原理研究	华中科技大学出版社

续表

作者	著作名称	出版社
舒咏平	新媒体广告	高等教育出版社
于婷婷	广告投放	华中科技大学出版社
张　昆	中国新闻传播教育年鉴(2016)	武汉大学出版社
张　昆	外国新闻传播史	高等教育出版社
赵振宇	应对突发事件:舆论引导系统论	中国社会科学出版社
钟　瑛	网络传播导论(第二版)	中国人民大学出版社

2. 发表论文情况

第一作者	论文名称	发表刊物名称	发表年月
陈先红	战略传播的世界观:一个多案例的实证研究	新闻大学	2016/2
陈先红	公共关系学的想象:视域、理论与方法	现代传播	2016/5
李华君	论认知与行为过程中的国家品牌塑造策略	现代传播	2016/6
李华君	抗战胜利70周年阅兵仪式的象征符号、阈限和国家认同建构	新闻大学	2016/4
李卫东	National Image of World Major Countries in Chinese Undergraduates' Minds—An Evaluation Based on Components of a Nation	*Public Relations Review*	2016/3
李卫东	新媒体应用开放平台的云传播网络模型及结构特征分析	新闻与传播研究	2016/9
李卫东	“互联网+”时代的国家传播战略	现代传播(中国传媒大学学报)	2016/2
李卫东	国家形象评估理论初探	中州学刊	2016/1
李卫东	私密社交网络的革命性影响及其治理挑战	华中科技大学学报(社会科学版)	2016/9
牛　静	世界主义、民族主义与全球媒介伦理的建构	新闻与传播研究	2016/2
石长顺	现代视听新媒体产业模式创新研究	现代传播(中国传媒大学学报)	2016/2
舒咏平	国外消费者的中国品牌形象认知——基于对义乌市场外商的问卷调查	新闻大学	2016/4
舒咏平	新媒体广告的“原生困境”与管理创新	现代传播(中国传媒大学学报)	2016/3
孙发友	由“教化”到“共鸣”:新中国爱情电影的涵化转向	西南民族大学学报(人文社会科学版)	2016/7
孙发友	“一带一路”话语的媒介生产与国家形象建构	西南民族大学学报(人文社会科学版)	2016/11
唐海江	五四一代报刊知识分子成长的另一面向——以青年成舍我的思想经历为个案	学术交流	2016/1

续表

第一作者	论文名称	发表刊物名称	发表年月
唐海江	互联网革命与新闻传播学科重构之反思——一种技术自主性的观点	社会科学战线，人大复印报刊资料全文转载、新华文摘观点摘编	2016/7
唐海江	“造健全之舆论”：清末民初士人对于舆论的表述及其群体认知	新闻与传播研究	2016/12
徐明华	十年来中国国家形象的变与不变	现代传播（中国传媒大学学报）	2016/12
于婷婷	智能手机使用对“90后”大学生生活方式的影响研究	新闻大学	2016/8
张　昆	中国公众的世界观念调查报告（2015）	新华文摘全文转载	2016/3
张　昆	一流大学传媒教育定位的困惑与思考	新闻记者	2016/2
张　昆	党报集团（报社）融合变革的现存问题及突破路径	现代传播（中国传媒大学学报）	2016/3
张　昆	我国公众心目中的邻国形象及其影响因素——基于两轮全国性民意调查（2014—2015）	新闻与传播研究	2016/10
张　昆	新闻传播年鉴编纂的必要性论析	现代传播（中国传媒大学学报）	2016/11

3. 承办会议

（1）2016年10月19日，50多位来自全国各地的评论界专家聚首华中科技大学，召开新闻评论开放教育建设会。会议由华中科技大学和阿里巴巴集团联合举办，华中科技大学新闻评论研究中心和新闻学院承办。与会专家和资深媒体人对当下新闻评论教育中存在的问题、如何提高学生对新闻评论的兴趣和素养、如何加强评论教学与业内的互动等议题进行了深入交流。

（2）2016年11月19日，第二届中国新闻史青年学者论坛在华中科技大学开幕。论坛由中国新闻史学会、中国社会科学院新闻与传播研究所、华中科技大学新闻与信息传播学院联合主办。本次论坛以青年学者为主体，也邀请了部分资深学者与之对话，50余位与会代表来自全国各新闻传播院系。会议主题为“洞见与脉络：新闻史中的个案研究与超越”，既对过往的个案研究进行了回顾与总结，也在各节点、个案之间形成了对话，为新闻史研究的纵深开掘提供了进一步空间。

（3）2016年11月27日，由华中科技大学新闻与信息传播学院和国家传播战略协同中心共同主办的“第四届国家传播战略高峰论坛”在华中科技大学举办。50余位来自政界、学界、业界、军界的海内外嘉宾和学者，共同就“中国故事，中国声音，中国战略”这一主题，针对国家形象与国家传播能力建设、中国故事与国际话语权、中国声音与国际舆论、国家传播战略与跨文化交流、国际品牌战略与对外传播（跨国企业与国际品牌战略、公共关系与国家软实力）等议题，进行了广泛而深入的学术讨论。

（4）2016年12月2—6日，“中国新

闻史学会公共关系分会首届学术年会暨第九届公关与广告国际学术论坛”系列会议在香港浸会大学举办。来自海内外的250多位学界、业界代表参加了会议。会议鼓励多种观点的碰撞，搭建国际学者与专业人士交流平台，促进公关行业发展，实现公关理论研究国际化，加强学界、业界在公关理论、实践和教育等方面的合作。

七、新闻传播学刊物

《新闻与信息传播研究》

《新闻与信息传播研究》是由华中科技大学新闻与信息传播学院主办的新闻传播类学术刊物。1987年春季创刊，当时名为《新闻探讨与争鸣》，1990年更名为《新闻学探讨与争鸣》，2000年更名为《新闻与信息传播研究》。

《新闻与信息传播研究》为季刊，每年4期，至2017年9月，共出版了123期。该期刊以促进新闻传播理论研究、培育新闻传播专业人才为目的，秉持“尊重学术研究，鼓励意见争鸣”的原则，始终致力于提供优质的学术研究作品。其设置的栏目包括史海探幽、公关探索、传播研究、媒介观察、理论探讨、传媒法制、声屏世界、品牌研究、媒介管理、广告研究、网络时代、他山之石、出版时空、传媒教育、业务论坛、学术动态等。

该刊主要的阅读对象为新闻传播领域的研究者、学生以及该领域的实务从业者，向我国高校图书馆、新闻传播学院资料室等科研机构以免费赠阅的方式发行。

供稿：华中科技大学新闻与信息传播学院

第八篇

研究机构及社团概况

研究机构概况

中国社会科学院新闻与传播研究所2016年概况

上海社会科学院新闻研究所2016年概况

四川省社会科学院新闻传播研究所2016年概况

天津社会科学院舆情研究所2016年概况

河北省社会科学院新闻与传播学研究所2016年概况

安徽省社会科学院新闻与传播研究所2016年概况

北京市社会科学院传媒研究所2016年概况

新华社新闻研究所2016年概况

人民日报社研究部2016年概况

学术社团

中国新闻史学会及其二级学会2016年概况

中国社会科学院新闻与传播研究所2016年概况

一、机构概述

1. 人员情况

截至2016年年底，中国社会科学院新闻与传播研究所（以下简称“新闻所”）共有在职人员45人。其中，正高级职称人员10人，副高级职称人员13人（含资格2人），中级职称人员15人，高、中级职称人员占全体在职人员总数的84.4%。2016年晋升的研究员为刘晓红、黄楚新。党委书记、副所长赵天晓，所长唐绪军，纪委书记、副所长季为民。

2. 机构设置

2016年，新闻所的机构设置为：综合办公室（主任黄双润），马克思主义新闻学研究室（主任黄楚新，副主任向芬），传播学研究室（主任姜飞，副主任张丹），网络学研究室（主任孟威，副主任张化冰），媒介研究室（主任殷乐，副主任冷淞），信息室（主任杨瑞明，副主任杨斌艳），编辑室（主任钱莲生，副主任朱鸿军）。

设有6个非实体研究中心、1个实体中心、2个实验室和2个基地。6个非实体研究中心，1个为院级研究中心：中国社会科学院新媒体研究中心（主任唐绪军）；5个为所属研究中心：媒介传播与青少年发展研究中心（主任卜卫），传媒发展研究中心（主任黄楚新），世界传媒研究中心（主任姜飞），传媒调查中心（主任刘志明），广播影视研究中心（主任殷乐）。1个实体中心：北京新闻与公关发展中心（主任赵天晓）。2个所属实验室：全球影视与文化软实力实验室（主任殷乐），中国舆情调查实验室（主任赵天晓，首席专家刘志明）。2个所属基地是：中国跨文化传播研究与实践基地（主任姜飞），国情调研浙江缙云基地（主任赵天晓）。

新闻与传播研究所主管的教学机构和全国性学会各1个：中国社会科学院研究生院新闻学与传播学系（主任唐绪军，副主任宋小卫），中国新闻文化促进会传播学分会（会长唐绪军，秘书长姜飞，副秘书长黄双润、张丹）。

3. 学术委员会、职称评审委员会

新闻所第九届学术委员会由唐绪军、卜卫、宋小卫、时统宇、王怡红、刘晓红、姜飞、陈卫星（中国传媒大学）、崔保国（清华大学）9人组成。唐绪军任主任委员，宋小卫任副主任委员。

新闻所第九届副高级专业技术资格评审委员会由唐绪军、宋小卫、卜卫、时统宇、钱莲生、王怡红、姜飞、段鹏（中国传媒大学）、渠敬东（北京大学）9人组成。唐绪军任主任，宋小卫任副主任。

二、科研工作

1. 科研成果统计

2016年，新闻所共完成专著5种，122万字；论文97篇，82.7万字；译文1篇，1万字；理论文章10篇，3.5万字；论文集3种，114.9万字；蓝皮书1种，46.5万字；编辑出版学术期刊13期，180万字；编辑出版年鉴2种，344万字。

2. 科研课题

（1）新立项课题

2016 年，新闻所共有新立项课题 9 项。其中，国家社会科学基金课题一般项目 2 项：“冷战时期两岸文宣研究（1949—1991）”（主持：向芬），“移动传播的现状、前景及其影响和对策研究”（主持：黄楚新）；所级国情调研基地项目 1 项：“新常态下乡村生态与文化复兴的传播学研究”（主持：赵天晓、卜卫）；中国社会科学院青年人文社会科学研究中心社会调研项目 1 项：“地方媒体的‘两微一端’研究：以酒泉市为例”（主持：季芳芳）；所级创新工程项目 5 项：

2016 年新闻所创新工程项目总题目为《公共传播时代的新闻实践研究与传播理论创新》，其下设立 6 个创新项目，1 个重点项目：

项目一：互联网治理与新媒体发展研究。“互联网治理问题研究”是中国社会科学院落实中央领导关于“围绕重大理论和现实问题加大开展中外合作研究力度”的指示精神，确定由新闻所牵头研究的八个重大问题之一。“新媒体发展研究”是新闻所的优势研究项目，《中国新媒体发展报告》是其年度研究成果的汇集。2016 年该项目依托“中国社会科学院新媒体研究中心”开启了“NM 国家传播指数系列研究”。该项目的首席研究员是殷乐，执行研究员黄楚新、刘志明；研究助理王凤翔。

项目二：中国特色传播与社会发展研究。我国虽然在经济总量上已经位居世界第二，但仍然是一个发展中国家，有自己的特殊国情，中国特色传播与社会发展研究应该成为重点研究的领域。创新工程首期，该项目取得了较好的研究成果，值得继续做下去。2016 年的主要任务有：理论与方法论研究，发展专题研究，人权、发展与传播政策以及媒介伦理研究，学科课程设置和教材编写。该项目的首席研究员是卜卫，执行研究员刘晓红，研究助理张逸。

项目三：基于全球经验的传播理论研究。在关注信息传播技术（ICTs）变迁、媒体融合发展、传播学理念和理论转型等形势背景下，全面梳理以美国为代表的传播学知识谱系和学术地图，构建与中国大国地位、国际角色和跨文化实践相匹配的“跨文化传播”理论框架、学科体系和培训大纲。从学术话语权建设和发出中国声音的视角出发，研究推动中国的传播学走出去的方法和措施。该项目的首席研究员是姜飞，执行研究员张丹、冷凇。

项目四：国内外媒体融合机制研究。2014 年，中央深化改革领导小组发布了《关于推动传统媒体和新兴媒体融合发展的指导意见》，开启了媒体融合的新进程。这一进程无疑将持续较长一段时期，值得跟踪研究。2016 年本项目重点关注媒体融合的实际操作、体制机制创新案例，从中找准媒体融合发展的难点与痛点，有针对性地从理论层面加以分析总结，探寻规律，指导媒体的融合发展。该项目的首席研究员是孟威，执行研究员张建珍，研究助理雷霞。

项目五：中国特色的新闻传播理论研究。自 20 世纪 70 年代末现代新闻传播学引入中国后，其主要概念和理论成说都是建立在西方经验基础之上的。当前，中国社会转型与深化改革创造了无数鲜活的传播事例，积累了众多传播经验，为新闻传播学的中国本土理论创新提供了难得的机遇和充分条件。本项目重点关注“马克思主义新闻观研究”“当代中国媒体与传播法治建设研究”“新闻传播学跨学科研究”。该项目的首席研究员是宋小卫，执行研究员杨瑞明、向芬。

项目六：我国新闻传播学一流期刊建设。本项目是上一轮创新工程项目“我国新闻传播学一流核心期刊建设”的延续，包括本学科顶级学术月刊《新闻与传播研究》的编辑出版，原有的《中国新闻年鉴》和新创刊的《中国新闻传播学年鉴》的编撰，《治学例话——全国新闻传播学优秀论文品鉴》的编辑，以及季刊《新闻学传播学文摘》的编辑。这些定期出版物共同构成了我国新闻传播学一流学术期刊群。该项目的总编辑是钱莲生，执行编辑张满丽、刘瑞生、韩智冬，编辑助理肖重斌、王颖。

所重点项目：习近平新闻舆论思想研究。2016年2月19日，习近平总书记视察了人民日报社、新华社、中央电视台，主持了党的新闻舆论工作座谈会，并发表了重要讲话。习近平总书记的这一讲话，是马克思主义新闻学最新成果，是新时期党的新闻舆论工作的行动指南。有鉴于此，在上述六个项目不变的基础上，单独设立所重点项目“习近平新闻舆论思想研究”，由所长唐绪军牵头，全所科研人员共同参与。

（2）结项课题

2016年，新闻所结项课题有：国情调研项目1项：“新常态下乡村生态与文化复兴的传播学研究”（主持：赵天晓、卜卫）；院青年学者资助项目1项：“三网融合趋势下的版权管理体系研究”（主持：朱鸿军）。

（3）延续在研课题

2016年，新闻所共有延续在研课题8项。其中，国家社会科学基金课题特别委托项目1项：“媒体社会责任报告制度研究”（主持：宋小卫）；国家社会科学基金课题一般项目3项：“我国社交媒体著作权保护研究”（主持：朱鸿军），“移动终端谣言传播与社会认同影响及对策研究”（主持：雷霞），“中国网络广告发展史（1997—2016）”（主持：王凤翔）；院青年学者资助项目1项：“三网融合趋势下的版权管理体系研究”（主持：朱鸿军）；中国社会科学院亚洲研究项目1项：“新媒介环境下印度传媒业的发展态势与媒介政策”（主持：张放）；所重大课题1项：“理论新闻传播学基础研究”（主持：宋小卫）；全国科学技术名词审定委员会委托课题1项：“新闻学与传播学名词审定”（主持：唐绪军）。

3. 获奖优秀科研成果

2016年，新闻所共有9项成果获奖。其中，获“第七届优秀皮书类”一等奖1项：《中国新媒体发展报告（2015）》（主编：唐绪军）。获“中国社会科学院2016年度优秀科研成果奖”专著类三等奖1项：《中国传播学30年》（主编：王怡红等）；获论文类三等奖1项：《“八卦新闻”之流变及传播解析》（作者：殷乐）。获“院优秀对策信息奖”二等奖2项：《应对网络历史虚无主义逆袭的对策》（作者：孟威）、《推进中国价值观有效国际传播的对策建议》（作者：姜飞）；获“院优秀对策信息奖”三等奖3项：《调动体制内专家学者网上发声积极性的对策建议》（作者：唐绪军）、《公众对十八届五中全会的反应及引导建议》（作者：唐绪军、刘志明）、《西方媒体新闻报道新动向及其启示》（作者：殷乐、唐绪军）。获“2016年中国新闻史学会方汉奇奖”三等奖1项：《台湾民主转型中新闻传播的变迁与发展》（作者：向芬）。

三、学术交流活动

1. 学术会议

2016年，新闻所主办和承办的学术会议主要有：

（1）1月6日，新闻所、北京第二外国语学院、中国社会科学出版社共同在北京举行“文化传播前沿研究与翻译实践平台”合作框架协议签订仪式。新闻所所长唐绪军，新闻所党委书记、副所长赵天晓，北京第二外国语学院校长曹卫东、副校长邱鸣，中国社会科学出版社社长兼总编辑赵剑英出席发布会并讲话。

（2）4月8日，由新闻所、中国社会科学出版社联合主办的中国新闻传播学新品力作发布会暨《中国新闻传播学年鉴》出版研讨会在北京举行。中国社会科学院副院长李培林出席会议并讲话。中国社会科学院科研局局长马援，中国新闻史学会会长、清华大学新闻与传播学院副院长陈昌凤，中国社会科学出版社副总编辑郭沂纹出席会议并致辞。教育部高等学校新闻传播类专业教育指导委员会秘书长高晓虹应邀出席会议。新闻所所长唐绪军系统介绍了发布会推出的《中国新闻传播学年鉴·2015》《治学例话——全国新闻传播学优秀论文品鉴（第一辑）》《治学例话——全国新闻传播学优秀论文品鉴（第二辑）》《马克思主义新闻传播史论的研究历程——中国学界文选》《新闻学传播学文摘 2015. NO.1》《中国跨文化传播研究年刊（第一辑）》6种产品。《新闻学传播学文摘》副主编殷乐、《治学例话》副主编钱莲生详细介绍了两种图书的编辑过程。新闻所学术委员会副主任宋小卫宣读了第三届（2014年度）全国新闻传播学优秀论文遴选结果；会上还给获奖者代表颁发了证书。新书发布会由中国社会科学出版社副社长李丕光主持。

新闻所党委书记、副所长赵天晓，中国社会科学出版社社长兼总编辑赵剑英出席了下午举行的《中国新闻传播学年鉴》首届编辑出版研讨会并讲话。新闻所所长唐绪军主持会议。中国社会科学出版社年鉴与文摘分社社长张昊鹏介绍了2015年卷的编辑出版情况。《中国新闻传播学年鉴》副主编、编辑部主任钱莲生介绍了2015年卷栏目设置及编辑情况，并就2016年征稿工作进行了部署。来自北京大学、清华大学、中国人民大学、复旦大学、浙江大学等全国各大新闻传播院系和研究机构的主要负责人及专家学者约70人参加了系列活动。

（3）2016年4月21日至22日，《中国新闻年鉴》第35届全国工作会议在石家庄市召开。新闻所党委书记、副所长、中国新闻年鉴社社长赵天晓，中共河北省委宣传部常务副部长、《中国新闻年鉴》特约编委杨永山，河北省记协主席相金科等出席会议并致辞。《中国新闻年鉴》主编钱莲生总结了2015年卷年鉴编撰情况，部署了2016年卷年鉴供稿工作。中国新闻年鉴社副社长孙京华、新闻所党办主任黄双润出现会议。中央主要新闻媒体、部分省（直辖市、自治区）新闻媒体的代表共五十余人参加了会议。

（4）6月21日，以“新契机·新挑战·新实践”为主题的《中国新媒体发展报告》（2016）发布暨新媒体发展研讨会在北京举行。会议由新闻所和社会科学文献出版社联合举办。中国社会科学院副院长、党组成员李培林，中央网信办网络新闻信息传播局副局长陈云峰，社会科学文献出版社社长谢寿光出席会议并致辞。新闻所党委书记、副所长赵天晓主持会议。《中国新媒体发展报告》主编、新闻所所长唐绪军介绍了报告的主要内容。《中国新媒体发展报告》副主编、新闻所马克思主义新闻学研究室主任黄楚新主持了随后召开的新媒体发展研讨会。

（5）8月22日至23日，以“信息传播技术、发展与社会变革”为主题的中国社会科学论坛在北京召开。论坛由中国社会科学院学部主席团主办，新闻所与丹麦哥本哈根大学媒介、认知与传播系（the Department of Media, Cognition and Communication, University of Copenhagen, Denmark）联合承办，旨在探讨信息传播技术在发展和社会变革中的角色和作用，并推动以人为本的发展传播学理念。论坛开幕式由新闻所党委书记、副所长赵天晓主持，新闻所所长唐绪军致欢迎词。来自丹麦、瑞典、英国、芬兰、联合国开发署、联合国儿童基金会等国际机构、中国社会科学院等国内相关学者参会。

（6）10月15日至16日，第十三届中国传播学大会在南京召开。大会以“公共传播：新理念、新挑战、新机遇”为主题，由中国传播学会、中国社会科学院新闻所以及南京大学新闻传播学院联合主办。南京大学党委副书记、教授朱庆葆，中国传播学会会长、中国社会科学院新闻所所长唐绪军，南京大学新闻传播学院院长卜宇，北京大学新闻与传播学院院长、教授陆绍阳等出席大会并致辞。唐绪军以“新的传播时代呼唤新的传播概念”为题进行了主旨演讲。中国社会科学院新闻所副所长季为民宣布了2015年度全国新闻传播学优秀论文的遴选结果。来自全国各地多所新闻研究机构和新闻传播院系的百余位学者参加此次会议。

（7）10月22日，首届中外合作互联网治理论坛在北京举行。论坛以“全球视野，中国实践”为主题，由新闻所和北京师范大学新闻传播学院联合举办，加拿大多伦多大学麦克卢汉中心和美国宾夕法尼亚大学互联网政策观察室协办。中国社会科学院副院长李培林、北京师范大学校长董奇、中国网络空间研究院副院长侯云灏出席本次论坛并致辞。新闻所所长、研究员唐绪军以“互联网治理的‘中国方案’”为题做了主旨发言。新闻所党委书记、副所长赵天晓主持了论坛开幕式。

（8）11月19日至20日，由中国新闻史学会、新闻所、华中科技大学新闻与信息传播学院联合主办的第二届中国新闻史青年学者论坛在华中科技大学召开。会议的主题是“脉络与洞见——中国新闻史的个案研究及其超越”。

（9）11月24日，中国社会科学院舆情调查实验室与腾讯公司联合举办的“中国网络舆情生态分论坛”在北京召开，共同探讨2016年网络舆情生态环境下的新特征与新趋势。政府部门领导、大学教授、舆情专家等嘉宾100多人进行研讨。

（10）2016年，新闻所中国舆情调查实验室共举办了6次“新媒体与大数据沙龙”。主题分别为构建新媒体＋舆情大数据的共享平台、深入探讨新媒体时代的新影响力传播、2016中国旅游影响力论坛、舆情大数据与国家治理现代化、新媒体与政务舆情管理和中国（袁家村）乡村旅游高峰论坛。

2. 全国新闻传播学优秀论文遴选

新闻所继2013年首次举办全国新闻传播学优秀论文遴选活动后，于2016年举办了第四届（2015年度）全国新闻传播学优秀论文遴选活动。中国社会科学院图书馆调查与数据中心利用国家哲学社会科学学术期刊数据库等文献资源，搜集了165种期刊2015年发表的10831篇新闻学与传播学论文作为此次遴选的备选文本。经新闻所学术委员会委员和各研究室主任的初评、复评，最终以投票的方式从中选出了10篇优秀论文。

3. 国际学术交流与合作

2016年，新闻所共派遣出访16批20人次，接待来访3批16人次。与新闻所开展学术交流的国家和地区有英国、丹麦、美国、日本、比利时、荷兰、南非等国家。

（1）1月24日至2月3日，受中宣部国际传播局委托，新闻所研究员姜飞担任国际传播效果评估团团长，率团赴肯尼亚、坦桑尼亚、南非三国四个城市，就中国媒体对非洲国际传播效果进行整体调研和评估，并撰写内部报告。

（2）1月24日至4月23日，新闻所助理研究员张化冰赴日本北海道大学进行学术交流与访问。张化冰于2011年申请到中国社会科学院与日本学术振兴会“论文博士”项目，该项目为期5年，该次为张化冰执行该项目的最后一年。

（3）2月2日至10日，美国密苏里大学副教授田艳到新闻所访问，访问的主要议题包括人际传播、大众传播和新媒体等。

（4）2月17日至20日，新闻所研究员卜卫受邀赴香港参加由香港中文大学和香港浸会大学主办的“数字文化与公共领域”国际研讨会。

（5）3月1日至31日，新闻所副研究员朱鸿军参加香港城市大学媒体与传播系举办的“中国大陆新闻传播青年学者访问项目2015—2016”，进行为期一个月的访学。

（6）4月5日至5月4日，新闻所副研究员向芬参加香港城市大学媒体与传播系举办的“中国大陆新闻传播青年学者访问项目2015—2016”，进行为期一个月的访学。

（7）6月9日至14日，新闻所研究员殷乐赴日本开展学术交流。一是参加国际传播协会（International Communication Association，ICA）2016年年会；二是应邀与哥本哈根大学媒介、认知与传播系教授克劳斯·延森（Klaus Jensen）领衔的项目团队讨论“人民的互联网”和中外互联网治理论坛合作事宜。

（8）7月4日至12日，新闻所博士后黄艾受邀参加了由台湾政治大学传播学院举办的“两岸传播青年学者学术交流会”。与会学者围绕“新媒体”“风险传播与健康传播”“两岸传播教育研究现状”三个议题进行讨论。

（9）8月22日至31日，新闻所研究员姜飞受邀参加由文化部组织的“对外传播能力建设海外调研小组团”，访问了芬兰、比利时和丹麦3国，与芬兰外交部、芬兰文化教育部、欧盟欧中一带一路委员会等政府机构以及欧洲学院亚洲研究所、丹麦孔子学院、丹麦音乐孔子学院等方面的专家进行交流。

（10）9月1日至30日，新闻所研究员黄楚新赴美国密苏里大学进行了为期一个月的学术访问。该项目是中国社会科学院与美国密苏里大学的协议项目。

（11）9月16日至18日，新闻所所长唐绪军应香港浸会大学传理学院院长、教授黄煜的邀请，赴香港参加“《传播与社会学刊》十周年暨华人传播研究与学术期刊国际学术会议”。

（12）10月18日，由中华全国新闻工作者协会邀请的，以俄罗斯记者联盟秘书沙菲尔·铁木儿为团长的俄罗斯新闻代表团一行6人到新闻所访问。此次访问的主题为中国在新闻媒体立法、监督、管理方面的制度和措施。

（13）12月4日至11日，新闻所欧洲学术访问团一行6人，赴丹麦哥本哈根大学和荷兰阿姆斯特丹大学参加国际会议并探讨深化双边交流合作事宜。访问团团长为新闻所党委书记、副所长赵天晓，团员有新闻所媒介室主任、研究员殷乐，编辑室主任、编审钱莲生，信息室主任、副研究员杨瑞明，助理研究员曾国华和助理研究员曾昕。其间，殷乐赴布鲁塞尔参加了国际学术会议。

四、学术出版

2016年，新闻所编辑出版的期刊、年鉴、蓝皮书等主要有5种。

1.《新闻与传播研究》（月刊）

2016年，《新闻与传播研究》共出刊13期，其中增刊1期。全年刊登学术论文约180万字。

2016年，该刊以习近平总书记系列重要讲话精神特别是习近平在哲学社会科学工作座谈会上的重要讲话为引领，加强选题策划和栏目建设，积极采取一系列创新举措，把期刊内容建设作为自身发展的重中之重。

其一，凸显一个核心。在原有的“马克思主义新闻学”专栏基础上，特别开设了“本刊特约·学习习近平同志重要讲话体会”专栏，每期刊发 2—3 篇理论文章。全年共刊发《试论习近平的新媒体观》《新媒体在凝聚共识中的主渠道作用与实现路径》《尊重网络传播规律 促进网络健康发展》《为人民讲话 让人民讲话 讲人民的话——习近平新闻思想的人民观》《“党媒姓党”的理论根基、历史渊源和现实逻辑》等理论文章 14 篇，约 15 万字。

其二，打造两个专题。第一，推出“新媒介（报刊）史书写”专题——注重学术研究范式的突破。刊出的《报纸革命：1903 年的〈苏报〉》《报刊与政府关系的重组：报律风波中的“共和”想象》《作为关系的新闻纸：〈申报〉与晚清义赈》《大世界与〈大世界报〉：空间、报纸与娱游者》，拓展了媒介研究的空间维度，丰富了报刊史研究的视角。第二，推进“可沟通城市”理念专题研讨——注重学术研究的延展效应。刊出了《数字媒体时代城市文化消费空间及其公共性》《城市认同叙事的展演空间》《第三种论坛：体制性网络空间的公共性透视》《镜像苏州：市民参与和话语重构》《引向城市共同体的标识?》5 篇成果。

其三，夯实既有栏目。该刊继续夯实既有的“新闻学”“传播学”“新闻传播史”“新闻传播法制”“传媒经济”“新媒体”“媒介分析”“传媒文化”等栏目；努力办好“《新闻学与传播学名词》审定过程文存”栏目，自 2014 年第 7 期至 2016 年第 12 期，在该专栏发文 33 篇。

2016 年，该刊编辑部推出了以下创新举措：

其一，开设微信公众号，加强与作者互动。利用“新闻与传播学术前沿”微信公号，推送重点文章，在加大对学术观点传播力度的同时，加强编辑部与作者的互动。

其二，合作举办工作坊，培育作者队伍。编辑部与云南大学新闻学院联合举办了主题为“文化研究：仪式·展演·空间”的工作坊，与中国社会科学院新媒体研究中心、上海交通大学新媒体与社会研究中心、中国新闻史学会舆论学研究会联合举办了主题为“新媒体与国家治理”的工作坊，以期发现优秀作者、上佳选题和优秀论文。

其三，完善在线投稿系统，坚持双向匿名评审。

其四，继续举办优秀论文评选活动，为学界树立榜样。

《新闻与传播研究》系国家社科基金资助期刊、中国人文社会科学（CECIISS）顶级期刊、中文社会科学引文索引（CSSCI）来源期刊、中文核心期刊和全国“百强报刊”。主编唐绪军，执行主编钱莲生，学术顾问孙五三，副主编刘瑞生、朱鸿军。该刊每月 25 日出版。

2.《中国新闻年鉴·2016》（年刊）

《中国新闻年鉴·2016》是该刊自 1982 年创刊以来连续编辑出版的第 35 卷，全面系统地记录了 2015 年中国新闻传播事业的发展变化情况。

卷首图片记录了 2015 年党和国家领导人对新闻界的亲切关怀以及重大报道、重要活动、事业发展、友好往来、重要会议等的精彩瞬间。正文内含“重要文献”“事业发展”“学术成果”“综合资料”四大板块，涵盖 20 编。具体内容如下：

“重要文献板块”包括“要文”“典章”两编。“事业发展板块”包括“综述”“中央主要新闻媒体、社团概况”“各地新闻事业概况”“港澳台新闻传播业概况”“新媒体”五编。“学术成果板块”包括“习近平新闻思想研究专题”“高峰论坛”“新论”“经验与思考”“史海钩沉”“新书”和“调查”七编。“综合资料板块”

包括“评奖与表彰”“人物”“机构”“统计”“纪事”和“附录”六编。

该卷年鉴重点突出：其一，凸显年度新闻实务研究热点。根据2015年新闻学研究热点，特别设立了“习近平新闻思想研究专题”，在“新论”栏目里选取了“舆论导向”“传媒生态”“国际传播”“媒体融合”“大数据与传媒”“媒体智库”等关键概念，集纳了相关研究的优秀成果。其二，凸显年度新闻界亮点。“综述”特别刊发了中国记协发布的《中国新闻事业发展报告（2015）》。该卷在卷首编制了《本刊所涉缩略语释读》。

《中国新闻年鉴》编委会常务副主任唐绪军，中国新闻年鉴社社长赵天晓，副社长孙京华，主编钱莲生。全书204.6万字，2016年12月出版。

3.《中国新闻传播学年鉴·2016》

2016年卷是该刊连续出版的第2卷，全面、真实反映了2015年我国新闻学与传播学学科发展的实绩。全书以16篇连缀成卷，内含4个板块：历史篇、成果篇、综合篇和概况篇。

历史篇设“历史回眸”栏目，梳理和回顾百年来以及改革开放30多年来中国马克思主义新闻学、广播电视、新媒体以及学术论争、舆情研究、媒介经济等研究领域的发展状况。成果篇涵盖“研究综述”“论文选粹”“论文辑览”“国际交流”“学术出版”“学术期刊”6个栏目，全方位反映了2015年我国新闻传播学研究的成果（包括论文和著作）。综合篇涵盖“学术评奖”“科研项目”“学人自述”“学术动态”4个栏目。概况篇涵盖“高校学术概况”“研究机构及组织与社团概况”“港澳台学术概况”“研究生学苑”“海外特辑”5个栏目。其中：“高校学术概况”栏目介绍了20余家主要新闻传播学院系2015年在学术研究方面的情况。“研究机构及组织与社团概况”栏目介绍了社会科学院系统5家研究所和中央级媒体（新华社、《光明日报》）2家研究机构、1家学会（中国新闻史学会）的发展情况。“港澳台学术概况”栏目介绍了香港、澳门和台湾地区主要高校新闻传播学教学和研究机构的情况和学人自述等内容。“研究生学苑”栏目重在反映我国研究生教育的状况。主要收录了2015年度5篇优秀博士学位论文的内容提要；继续刊登2006—2010年中国新闻传播学博士学位论文篇目；根据专家建议，特别收录了早年（1978—1988年）我国新闻传播学硕士学位论文篇目，首批收录了中国社会科学院研究生院新闻系、原北京广播学院、复旦大学新闻系三家单位硕士毕业生论文篇目。“海外特辑”栏目重在反映国外新闻传播学2015年研究热点以及主要国际学术会议概况。

此外，卷首图片按“新声”“新生”“获奖”等板块编排。

该卷在编辑上呈现以下特色：其一，在相关栏目篇首，以研究报告、综述为纲，统揽全篇，体现鉴书的学术性、宏观性。刊发了《2015年中国新闻传播研究的国际发表与国际合作》《2015年中国新闻传播学论著出版情况研究报告》《2015年中国新闻传播学专业期刊研究报告》《2004—2015年国家社科基金新闻传播学结项课题绩效表现及影响因素研究报告》等。其二，在编排上保持鉴书特色，努力体现鉴书的条目化。每个条目（文章）标题通栏编排；正文除“历史回眸”通栏编排外，一律双栏编排。按鉴书规范，条目作者不在目录署名，一律放在文末。为便于检索，在卷末编制了全书人名索引。

该书主编唐绪军，副主编钱莲生。全书140.3万字，2016年12月由中国社会科学出版社出版发行。

4.《中国新媒体发展报告·No.7》

2016年出版的《中国新媒体发展报

告》是“新媒体蓝皮书”系列的第7本。全书分为总报告、热点篇、调查篇、传播篇和产业篇5个部分，深入探讨了中国网络空间新型犯罪、个人信息安全、媒体融合、互联网国际舆论、微信谣言、电子商务、新媒体新闻、搜索引擎、新媒体版权、云传播、微视频。同时，还总结了中国移动阅读、电视融媒体、手机视频、中外数字报纸等新媒体产业的发展状况。

报告指出，2015年国家战略持续助推新媒体发展，传统媒体与新兴媒体通过优势互补、“一体化”发展深度影响中国社会各层面发展，新媒体影响力不断深入与扩大。在我国大力推动网络和信息化事业发展的顶层设计强化下，新媒体连接多行业多领域发展，成为中国社会转型新阶段的关键因素。各种新技术、新理念、新形态、新模式的竞相呈现，推动中国成为网络强国。

报告指出，2015年，国家“互联网+”行动计划的政策推动，为中国媒体的融合发展注入了新的动力。传统媒体与新兴媒体优势互补“一体化”发展，通过新技术、新理念、新形态、新模式推动媒体深度融合，并促进产业活力的焕发。移动社交网络应用普及，大数据拓展加速，以云计算、H5等新技术为创新点的新闻客户端表现更具个性化，跨行业合作创造新机遇，“中央厨房”、多端互动成为热点。

蓝皮书对中国新媒体发展的未来提出了十大展望。“互联网+”效应持续显现，将成为全产业发展经济驱动因素；移动互联领域成为新媒体发展主战场，移动化发展热潮不减；媒体融合发展成为行业自觉；新的媒体生态圈和媒体生态系统逐步成形；视频直播、微视频、移动视频进入赢利阶段，移动广告成为新的发力点；智能技术向跨行业渗透，逐步进入相对理性发展时期；网络文化产业发展进一步推进，提质增效是重点；微政务精细化发展，网络舆论影响政府决策和中国政治进程；自媒体“变现”热潮涌现；新媒体资本市场合作与竞争并存。

蓝皮书的各分报告也提出了一些新发现、新观点。例如，版权侵犯已成为制约新媒体发展的瓶颈，青少年参与网络犯罪的“暴力化”倾向愈加明显，超四成人“讨厌”大数据，谣言真伪难辨时七成受访者表示“宁可信其有”，男性识别谣言能力高于女性。

该报告主编唐绪军，副主编吴信训、黄楚新。全书46.5万字，社会科学文献出版社2016年6月出版。

5.《治学例话——全国新闻传播学优秀论文品鉴》（第三辑）

该书是“全国新闻传播学优秀论文品鉴”系列的第三辑，收录了第三届（2014年度）全国新闻传播学优秀论文遴选结果、作者小传、优秀论文遴选意见和作者写作回眸等内容。该辑收录的论文有：《新媒介环境下的中国受众分类：基于2010全国受众调查的实证研究》（作者：沈菲、陆晔等）、《“玩转我的iPhone，搞掂我的世界!”——探讨新传媒技术应用中的“中介化”和“驯化”》（作者：潘忠党）、《公共人物理论视角下网络谣言的规制》（作者：郭春镇）、《在地经验，全球视野：国际传播研究的文化性》（作者：李金铨）、《制造职业荣誉的象征：中国官方新闻奖的制度实践（1980—2013）》（作者：黄顺铭）、《作为反思性实践的新闻专业主义——以邓玉娇事件报道为例》（作者：李艳红、龚彦方）、《策略性框架与框架化机制：乌坎事件中抗争性话语的建构与传播》（作者：周裕琼、齐发鹏）、《制度嵌入与技术规训——实名制作为网络治理术及其限度》（作者：姜方炳）、《历史记叙与新闻真实性观念的发生》（作者：王蔚）、《新媒体涉私内容传播与隐私权理念审视》（作者：陈堂发）、《中国新闻从业者的社交媒体运用及其影响因素：一项针对上海青年新闻从业者的调查研究》（作者：周葆华）。

该书主编唐绪军，副主编钱莲生。全书31.5万字，中国社会科学出版社2016年12月出版。

供稿：中国社会科学院新闻与传播研究所

上海社会科学院新闻研究所2016年概况

一、基本情况

1. 人员

截至2016年年底，上海社会科学院新闻研究所在职人员共20人。其中正高级职称2人，副高级职称6人，中级职称10人。现任所长强荧，副所长张雪魁、戴丽娜。

2. 机构

新闻所现设有所长室、副所长室、所办公室（主任陈骅）及四个研究中心，分别为舆情研究中心（主任张雪魁）、全球互联网治理研究中心（主任戴丽娜）、新闻与传播研究中心（主任吕鹏）和新媒体研究中心（主任王蔚）。

3. 学术委员会、职称评审委员会组成情况

新闻所学术委员会成员共6人。学术委员会主席强荧，学术委员会委员分别为张雪魁、戴丽娜、吕鹏、王蔚和白红义。

新闻所职称评审委员会成员共6人。职称评审委员会主席强荧，职称评审委员会委员有张雪魁研究员、戴丽娜副研究员、吕鹏副研究员、王蔚副研究员和办公室主任陈骅。

二、科研工作

1. 科研成果

新闻研究所2016年度主要科研成果有：专著4部、在核心期刊发表的论文16篇、专报15篇（其中被采用6篇，被批示9篇）、研究报告10部、教材1部、译著1部。

2. 科研课题

2016年立项课题：

序号	课题类型	项目名称	负责人
1	国家社会科学基金课题	“新报刊史”视阈下革命文化的城市传播史研究（1949—1966）	董　倩
2	上海市哲学社会科学基金课题	上海新闻从业者的职业伦理认知及其影响因素研究	丁方舟
3	市委办局招标（定向）课题	媒体人辞职潮的表现、影响及对策	王　月
4	市委办局招标（定向）课题	《纽约时报》的数字化转型策略分析	丁方舟
5	院重大课题（国家高端智库课题）	互联网国家治理能力与舆论引导力提升研究——解决网时代“不挨骂”问题	强　荧
6	院重大课题（国家高端智库课题）	中国和西方国家话语体系的差别及中国特色对外话语体系的重点和难点研究	强　荧

续表

序号	课题类型	项目名称	负责人
7	院重大课题	上海文广集团改革绩效评估	强 荧
8	院级招标(定向)课题	主导意识形态、党管媒体与媒介研究	吕 鹏
9	院级招标(定向)课题	青少年参与式媒介素养研究	同 心
10	院级招标(定向)课题	中俄互联网比较研究	戴丽娜
11	横向课题	欧盟国家互联发展研究	戴丽娜
12	横向课题	网络时代侨务工作方法创新研究	戴丽娜
13	横向课题	涉质监突发舆情传播规律研究	强 荧
14	横向课题	“上海质监”微信公众号影响力评估	强 荧
15	横向课题	互联网+环境下科普信息传播模式创新策略研究——以黄浦区为例	王 蔚
16	横向课题	媒体人辞职潮的表现、影响及对策	王 月
17	横向课题	上海实践中国特色社会主义道路经验总结研究	强 荧

2016年结项课题:

序号	课题类型	项目名称	负责人
1	国家社会科学基金课题	网络环境下突发事件的信息传播与管理研究	戴丽娜
2	横向课题	新舆论生态下的质监宣传阵地建设	强 荧
3	横向课题	上海实践中国特色社会主义道路经验总结研究	强 荧

3. 获奖优秀科研成果

论文《如何当好党报的“自贸区”》(作者:强荧、焦雨虹)获第二十五届上海新闻奖二等奖;论文《网络空间媒介生态变迁与国家治理》(作者:强荧、王月)获第二十五届上海新闻奖三等奖;论文《转型社会中的政治信任与网络抗议——基于中国网络社会心态调查(2014)的因子分析》(作者:方师师)获选第三届“全国新闻学青年学者优秀学术成果”;论文《“理想”与“新媒体”:中国新闻社群的话语建构与权力关系》(作者:丁方舟)获上海市哲学社会科学优秀成果奖二等奖。

三、学术交流活动

1. 学术活动

序号	日期	地点	主办单位	会议主题	活动名称
1	2016.6.11—12	上海社科院国际社科创新基地	上海社科院新闻所	移动传播:媒介与社会	第四届淮海新闻论坛
2	2016.10.21	上海社科院新闻所	上海社科院新闻所	移动传播:媒介与社会	东华大学人文学院副教授焦雨虹在研究所举办讲座

2. 国际学术交流与合作

（1）9月5日至9日，所长强荧与李敬、同心、孟晖、陈骅5人赴日本进行学术交流，考察日本华人周刊社和日本朝日新闻社，双方就媒介融合、数据可视化等前沿媒介话题展开研讨。

（2）副研究员白红义获得国家留学基金委员会访问学者项目资助，赴美国宾夕法尼亚大学安纳伯格传播学院访学一年并就“新媒体语境下的新闻民族志研究”进行研究。

（3）副所长戴丽娜赴俄罗斯科学院参加第五届“术语与知识”国际学术研讨会并作发言。

（4）副研究员王蔚赴香港城市大学参加中国内地新闻传播青年学者访问交流活动。

（5）方师师博士赴台湾政治大学、澳门科技大学进行交流。

（6）丁方舟博士赴日本参加CIA国际传播学年会。

供稿：上海社会科学院新闻研究所

四川省社会科学院新闻传播研究所2016年概况

一、发展概况

1984年，教育部批准成立四川省社会科学院新闻专业硕士授予点，四川省社会科学院于1985年设置了与硕士授予点相对应的直属院管理的研究机构——“新闻宣传研究室”，主任陈昌荣。1992年6月，林之达接任新闻宣传研究室主任工作。

新闻宣传研究室实行开门办学。由新闻宣传研究室发起、组织召开了两次全国性的学术研讨会。一是1992年10月13日至15日召开的国内首次“扫黄”理论研讨会；二是1995年6月26日至29日与中国社会科学院新闻研究所合作，在成都召开了全国第四次传播学研讨会。1996年院党委决定将新闻宣传研究室升格为新闻传播研究所，由林之达任所长。2001年至2015年张立伟任所长，2015年彭剑接任所长。

新闻所科研主攻方向为：中国发展新闻学。2004年，发展新闻学被评为四川省社会科学院重点扶持的特色学科。2009年，中国发展新闻学被评为四川省社会科学院重点扶持的优长学科。截至2014年年底，新闻传播研究所共有研究人员16人，学术秘书1人，其中研究员2人，副研究员8人，助理研究员4人，实习研究员2人。下设研究室3个：舆论引导研究室、新媒体研究室、传媒经营与管理研究室。新闻所科研人员共获国家课题9项，省部级课题20多项。获中国新闻奖论文二等奖2项，四川省哲学社会科学奖等奖励多项，出版学术专著多部，每年有几十篇论文发表于本学科核心期刊。2008年初，中国人民大学复印报刊资料《新闻与传播》公布了2007年度转载量作者单位排行榜，在全国700余个高校新闻传播类专业点和研究机构中，四川省社会科学院新闻所名列第九。

新闻专业硕士授予点，是西南地区最早获国家教育部批准的硕士点。新闻专业研究生教育注重理论与实践结合，采取与业界合作教学等多种形式，促进研究生开拓视野，打牢功底。1984年招生以来，新闻专业毕业的研究生，或到北京、上海、广州、南京、深圳、厦门、杭州、长沙、重庆、成都等地工作，逐步成长为大专院校、科研机构或传媒的中层干部与业务骨干；或去中国社会科学院、中国人民大学、复旦大学、香港树仁学院、加拿大、新加坡等地攻读博士学位，大多成为重要研究型人才和业界精英。

二、科研工作

2016年度，新闻所按照四川省社会科学院“2211”工作要求，积极组织工作，认真开展学科建设，在获得课题、省政府奖、对策建议、大报论文等几方面比较突出。

1. 全所新立项课题

国家社科基金课题1项，“社交媒体环境下的政治传播研究”（主持：彭剑）。

四川省政务调研课题1项，“四川政务新媒体传播状况调研”（主持：刘文帅）。

四川省社会科学院课题1项，“藏传佛教当代新思想研究”（主持：朱勇钢）。

四川协同创新中心项目1项，“新媒体时代健康信息传播路径研究”（主持：罗子欣）。

成都市课题1项，“新媒体时代重大突发公共事件新闻发布与舆情引导”（主持：黄琳）。

2. 在研课题

国家社科基金课题“美国报业数字化转型研究”（主持：余婷）。

国家社科基金课题“新媒体环境下的科普传播”（主持：罗子欣）。

国家社科基金课题“城市骚乱中英美社会化媒体传播模式及管理研究”（主持：陈实）。

国家社科基金课题“藏疆公民政治认同视角下现代民族政治传播体系建构：基于中美涉藏涉疆报道的比较研究”（主持：杨嘉嵋）。

“四川十三五残疾人事业发展规划”课题（主持：王卉）。

2015年四川省社会科学院年度课题“大数据背景下的政府应急决策机制研究”（主持：陈玉霞）

成都市政法委课题“成都市平安建设基础建设与防范工作机制研究”（参与：陈玉霞）。

四川省委宣传部委托课题“提升新闻宣传时效性研究”（参与：余婷）。

3. 结项课题

2016年，全所结项课题如下：

国家社科基金课题“社会化媒体舆论传播与引导研究”（主持：彭剑）。

教育部青年基金课题“中美电视法治节目比较研究——以‘社会与法’频道和‘法庭’频道为视域”（主持：杨嘉嵋）。

省社科规划课题“加快完善文化管理体制研究”（主持：蹇莉；参与：黄琳、陈玉霞等）。

成都市文广新局委托课题“成都市公共文化服务体系建设调研课题”（参与：赵萍萍）

国家软科学研究计划项目“国家技术创新工程中试点示范区域监测评价指标体系研究——以四川省为例”（主持：罗子欣）。

成都市软科学研究项目“科技资源向企业流动与传播的障碍研究”（主持：罗子欣）。

4. 获奖项目

“加快成都中心城区优化升级的对策建议”（彭剑参与）2015年12月获成都市新型智库贡献奖。《首位城市在提质升位中应注重旧城经济发展》（调研报告，彭剑参与）2016年3月获成都市第十二次社会科学优秀成果二等奖。

5. 专著

《中美电视法治节目比较研究——以

"社会与法"频道和"Tru TV"频道为视域》（作者：杨嘉嵋），四川大学出版社2016年4月出版。《社会化媒体舆论传播与引导》（作者：彭剑），上海三联书店2016年9月出版。

6. 对策建议获省领导批示

四川省社会科学院纪委办公室《新旧〈中国共产党纪律处分条例〉对比》课题组（陈实参与并执笔），获省纪委书记王雁飞批示。

7. 大报大刊论文

《美国众筹新闻内容盈利的启示》（作者：余婷、陈实），2016年5月21日《光明日报》；《美媒"吸粉"三板斧》（作者：余婷、陈实），2016年8月6日《光明日报》；《美国媒体如何用VR报道与盈利》（作者：余婷），2016年10月29日《光明日报》。

8. 全所发表论文情况

其中一类期刊3篇，核心期刊论文9篇，CSSCI 7篇，公开13篇。具体为：陈实9篇，一类2篇（合著），二类1篇，其余为公开；余婷6篇，其中一类期刊3篇，CSSCI 2篇，转载1篇；张立伟论文5篇，CSSCI 2篇，其中核心期刊3篇。蹇莉5篇，其中CSSCI期刊1篇，核心1篇；彭剑3篇，其中CSSCI者1篇、核心期刊1篇、公开1篇。黄琳核心期刊1篇。王卉2篇。刘文帅2篇。赵萍萍论文2篇。陈玉霞2篇。何煜雪2篇。

三、2016年学术交流

2月，张立伟赴克拉玛依为《克拉玛依日报》及南疆新闻联盟作讲座，题目是《把报纸办得更好——纸媒的止跌与复苏》。

3月，新闻所全体科研人员参加四川省社会科学院主办、新闻所承办的"学习贯彻习近平总书记在党的新闻舆论工作座谈会上重要讲话精神专家座谈会"。

4月，新闻所党支部彭剑、朱勇钢赴喜德县慰问结对帮扶农户。

4月，新闻所赴简阳石盘镇方家林村开展"深入生活、扎根人民"主题实践活动。

4月，张立伟为《四川经济日报》作讲座，题目是《把报纸办得更好——纸媒的止跌与复苏》。

4月，张立伟为《华西城市读本》创办5周年，在内江、泸州、宜宾、自贡分别作主题报告《报纸引导与城市营销》。

5月25日，陈玉霞赴北京参加北京大学和中正舆情共同主办的"教育行业舆情风控与行为意识管理研讨会"。

5月，陈玉霞参加四川大学新闻传播学院硕士研究生论文评选。

6月，新闻所邀请教授喻开志作计量经济学研究方法讲座。

6月，新闻所获四川省社会科学院优秀研究所第三名。

6月，彭剑参加四川广电厅"四川广电村村通向户户通升级"课题评审。

7月，张立伟受聘为"四川省社会科学评奖学科组评审员"，参加四川省第十七次社会科学优秀成果评奖。

8月，张立伟赴包头为"2016年第九届全国地方新媒体发展高峰论坛"作主题演讲，题目是《集成报道：新老媒体合力讲好本地发展故事》。

8月，张立伟为四川广播电视台新闻采编人员作培训，题目是《讲好中国故事——以集成报道为抓手》。

11月，张立伟任四川省社会科学系列高级职称评审评委。

2016年1月至8月，杨嘉嵋参加密苏里大学新闻学院每周一次的学术讲座。

供稿：四川省社会科学院新闻研究所

天津社会科学院舆情研究所2016年概况

一、机构概况

天津社会科学院舆情研究所创成立于1999年10月，其前身为“天津社会科学院舆情调查研究中心”。该所自成立以来一直致力于舆情研究学科建设，是国内第一家以“舆情”命名的专业研究机构，出版了国内第一部系统研究舆情范畴的学术专著。同时，该研究所积极服务于中宣部舆情信息局、国家网信办、天津市委宣传部等有关部门，以社情民意调查和数据分析为载体，充分发挥为中央及地方党政工作服务的智库作用，获得了中央有关部门领导和天津市主要领导的批示肯定。

截至2016年年底，该所共有专职科研人员10人，其中研究员3人，副研究员5人，助理研究员2人。学科背景主要为社会学、政治学、经济学等。

二、科研工作

1. 科研成果

2016年度共完成科研成果39项，主要代表作品如下：

《天津市公安局“万人评警”问卷调查分析报告》（作者：王来华等），2016年1月提交天津市公安局督察部。

《坚持正确导向　践行新闻舆论工作职责使命》（作者：叶国平），2016年2月29日《天津日报》。

《舆情视角下协商议题形成的方式和条件》（作者：于家琦），《中共浙江省委党校学报》2016年第5期。

2. 科研课题

2016年新立项及在研的课题主要有9项，天津市文明办委托咨询课题2项，具体如下：

2016年天津社科院重点（应急）课题1项：“突发事件中的微信传播与舆情治理机制研究”（主持：叶国平）。

2015年度天津社会科学院重点研究课题1项：“协商民主的具体实现路径研究”（主持：郭鹏）。

2015年度天津社会科学院社会治理与公共政策研究中心研究项目2项：“政治信任与政府治理——以天津为例”（主持人张文英）；“民众话语权与网络舆情研究”（主持：郭鹏）。

2015年度天津市哲学社会科学规划资助一般项目1项：“基层协商民主中舆情表达与政府回应机制研究”（主持：郭鹏）。

2014年度国家社科规划特别委托项目1项：“舆情表达机制建设与协商民主体系构建”（主持：王来华）。

2014年度国家社科规划青年课题1项：“舆情视角下中国政策议程设置模式及完善路径”（主持：于家琦）。

2014年度天津社会科学院重点研究课题1项：“21世纪的舆情理论研究与实践”（主持：毕宏音）。

2013年度天津市哲学社会科学规划资助一般项目1项：“网络社会舆情视角下公共政策形成的过程和机制研究”（主持：于家琦）。

2013 年度天津社会科学院重点研究课题 1 项："公共服务常态运行的舆情监测与应对研究"（主持：于家琦）。

天津市文明办委托咨询课题 2 项："天津市文明区县测评体系""天津市文明区县测评"（主持：叶国平）。

三、2016 年主要学术交流活动

2016 年，该所主要围绕公共政策、基层治理、舆情表达等主题开展学术交流活动，具体如下：

1 月，于家琦、郭鹏赴浙江温岭开展"社会主义协商民主与基层治理"调研活动。

4 月，王来华、毕宏音等赴广东开展"舆情表达机制建设与协商民主体系构建"调研活动。

5 月，于家琦赴新加坡参加南洋理工大学人文社科学院与斯坦福大学协商民主中心共同举办的"公共政策和公共咨询：亚洲的协商民主"研讨会并交流发言。

7 月，王来华、郭鹏赴北京参加中宣部舆情信息局主办的"2016 年全国社会心态调查"问卷设计会议并交流发言。

11 月，王来华、郭鹏赴北京参加中宣部舆情信息局主办的"2016 年全国社会心态调查"数据研讨暨分析报告起草会并交流发言。

供稿：天津社会科学院舆情研究所

河北省社会科学院新闻与传播学研究所 2016 年概况

一、机构概述

河北省社会科学院新闻与传播学研究所于 1989 年 12 月正式创建，是河北省内以研究新闻传播规律、服务省委省政府以及各类媒体为主要业务的专业科研机构。新闻与传播学现为河北省社会科学院重点培育学科。

人员、研究室等机构基本情况

（1）截至 2016 年年底，该研究所共有在职人员 10 人。其中正高级职称 2 人，副高级职称 3 人，中级职称 5 人。现任所长田苏苏，副所长梁跃民。

（2）内设机构：该所内设广播电视网络新闻研究室（主任孙荣欣）、新闻与传播学理论研究室（主任王全领）和新闻与传播学业务研究室（主任张芸）三个研究室。

（3）学术委员会：该所学术委员会主任：田苏苏（研究员），学术委员会委员：梁跃民（研究员）、孙荣欣（副研究员）、王全领（副研究员）。

二、科研工作

1. 科研成果及主要学术贡献

2016 年，该所共完成学术论文、研究报告、著作等各类科研成果 61 项（包含完成著作 1 部，参与编写著作 1 部，发表论文、研究报告、参加会议等 61 项），比上一年增加 34 项，增幅超过 100%。其中，符合河北省社科院资助标准的重要科研成果 41 项。

正式出版著作 1 部：由中共河北省委网络安全和信息化领导小组办公室组织，

副所长、研究员梁跃民主编，所内副研究员张芸、副研究员孙荣欣、副研究员王全领、副研究员韩春秒、助理研究员包来军以及所外 2 人参与编写的《河北省互联网 2015 年发展报告》，2016 年 11 月由河北人民出版社出版。

参与撰写著作 1 部。副研究员孙荣欣、研究员梁跃民及院外一人参与中共河北省委宣传部政治思想工作研究会主编的《春风化雨》一书的第六章“提升人文关怀和心理疏导的基本素养”的撰写，该书由河北教育出版社出版。

该所研究员梁跃民主持，副研究员张芸和院外一人共同完成的关于加强河北省对外传播能力建设专项调研活动的最终成果《加强我省对外传播能力建设调研报告》得到中共河北省委常委、宣传部部长田向利批示。助理研究员包来军完成的《亟待加强新媒体对长征胜利 80 周年的宣传报道》被中共中央办公厅《每日汇报》采用。副研究员孙荣欣、研究员田苏苏合作完成的《亟待加强和创新对红军长征胜利 80 周年的宣传报道》被中共中央办公厅《每日汇报》采用。副研究员孙荣欣与研究员田苏苏、副研究员张芸合作完成的调研报告《新形势下我省新闻队伍面临的困境及对策研究》，得到中共河北省委常委、宣传部部长田向利肯定批示。副研究员孙荣欣完成的《我省传统媒体和新兴媒体整合发展的路径研究》，得到中共河北省委常委、宣传部部长田向利批示。副研究员韩春秒完成的《基层建设：优化“两学一做”新闻舆论营造建党 95 周年良好社会氛围》得到中共河北省委常委、宣传部部长田向利批示。

此外，2017 年该所科研人员积极参加各媒体的采访，并积极参与各媒体的栏目设置的相关策划等工作。主要参与了河北电视台、河北广播电台、长城网、石家庄电视台等新闻媒体的栏目策划，接受了河北电视台河北新闻联播等栏目的专家采访。研究员田苏苏和研究员梁跃民作为专家，多次参与中共河北省委宣传部、河北省记协组织的评奖工作。研究员梁跃民到衡水市、定州市进行了马克思主义新闻观等专题讲座等。

2. 科研课题

2016 年，全所主持的科研课题共 8 项。其中，研究员梁跃民主持河北省社科基金项目“统筹利用外宣资源，加强对外宣传能力建设”。副研究员孙荣欣主持河北省社会科学院课题“我省传统媒体和新兴媒体整合发展的路径研究”；河北省广电协会课题“省级卫视新闻节目传播力影响力研究”。副研究员张芸主持河北省人社厅课题“河北省人才培养工程资助项目：媒体融合背景下新型主流媒体的建构路径研究”；河北省社科联“河北省社会科学发展课题（民生调研）：京津冀协同发展背景下我省主流媒体国际传播能力建设研究”；河北省社会科学院重点委托课题“媒介融合背景下我省传统媒体传播核心价值观的创新路径”。副研究员韩春秒主持河北省社会科学院重点课题“构建新型传播体系框架下基层广播电视台如何绝境求生”。助理研究员包来军主持河北省社会科学发展研究课题“大学生‘中国梦’和社会主义核心价值观传播践行研究”。

3. 获奖优秀科研成果

2016 年，全所获奖的优秀科研成果共计 21 项，具体情况见下表。

河北省社会科学院新闻与传播学研究所2016年度获奖优秀成果一览

序号	奖项类别	成果名称	第一作者
1	河北省社会科学院重要科研成果奖	新形势下我省新闻队伍面临的困境及对策	田苏苏
2	河北省社会科学院重要科研成果奖	加强我省对外传播能力建设调研报告	梁跃民
3	河北省社会科学院重要科研成果奖	2015河北省互联网发展报告	梁跃民
4	河北省社会科学院重要科研成果奖	网络空间精神文明建设——以河北省为例	梁跃民
5	河北省社会科学院重要科研成果奖	我省传统媒体和新兴媒体整合发展的路径研究	孙荣欣
6	河北省社会科学院重要科研成果奖	发展新媒体,先过质量关	孙荣欣
7	河北省社会科学院重要科研成果奖	媒体应加强对长征胜利80周年宣传	孙荣欣
8	河北省社会科学院重要科研成果奖	利用冬奥会契机加强“美丽河北”对外传播的建议	张　芸
9	河北省社会科学院重要科研成果奖	基层建设:优化“两学一做”新闻舆论营造建党95周年良好社会氛围	韩春秒
10	河北省社会科学院重要科研成果奖	扩大《中国新闻传播学年鉴》影响力研究	包来军
11	河北省社会科学院重要科研成果奖	互联网+时代下坚持党管新闻的重要性研究	包来军
12	河北省社会科学院重要科研成果奖	茶文化纪录片对万里茶道文化传播的启示	包来军
13	河北省社会科学院重要科研成果奖	世界历史人文纪录片视野下“一带一路”历史文化建设	包来军
14	河北省社会科学院重要科研成果奖	一带一路纪录片中的青海形象传播研究	包来军
15	河北省社会科学院重要科研成果奖	中国纪录片对外传播话语体系建设研究	包来军
16	河北省社会科学院重要科研成果奖	当前影视纪录片文艺评论的忧思及建议	包来军
17	河北省社会科学院重要科研成果奖	影视纪录片中历史虚无主义表现、原因及批评	包来军
18	河北省社会科学院重要科研成果奖	一带一路纪录片与中欧文明互动交流精神研究	包来军
19	河北省社会科学院重要科研成果奖	影视跨文化传播视野下的陆上“丝绸之路”纪录片发展史、特点及启示	包来军
20	河北省社会科学院重要科研成果奖	国际传播视域下的一带一路纪录片研究	包来军
21	河北省社会科学院重要科研成果奖	从一带一路藏地纪录片看中国文化的国际软传播	包来军

三、重要学术会议及学术交流

1. 学术交流活动

研究员田苏苏参加了纪念中国人民抗日战争暨反法西斯战争胜利70周年研讨会。副研究员张芸参加了第五届软实力与创新驱动发展高层论坛。助理研究员包来军参加了中国社会科学院有关研究所举办的13个研讨会。

2. 国际学术交流与合作

研究员梁跃民参加了中华文明与人类共同价值观国际学术研讨会，提交与院外一人合作的论文《试论中华优秀传统文化的时代价值》，获得研讨会征文三等奖。

供稿：河北省社会科学院新闻与传播学研究所

安徽省社会科学院新闻与传播研究所2016年概况

一、机构概况

截至2016年年底，安徽省社会科学院新闻与传播研究所（以下简称新闻所）在职科研人员7人，其中：研究员2人，副研究员1人，助理研究员3人。全所科研人员结构日趋合理，具有博士学位的人员有3人，学科背景主要有新闻传播学、社会学、政治学、历史学等，副所长、研究员方金友主持工作。新闻所内设两个研究室：新闻与传播研究室（主任王慧）；信息与咨询研究室（主任胡凤），挂靠一个研究中心：安徽省旅游发展研究中心（执行主任常松）。

二、科研工作

1. 科研成果

2016年，新闻所完成科研成果12项，其中著作2部，40多万字；论文5篇，4万多字；研究报告5篇，10万多字。具体如下：

著作主要有：《新媒体传播与舆论引导》（主编：常松），安徽师范大学出版社2016年5月出版；《安徽蓝皮书：安徽社会发展报告（2016）》（副主编：方金友），社会科学文献出版社2016年4月出版。

论文主要有：《全媒体背景下党报发展的“变”与“不变”》（作者：王慧），《新闻战线》2016年第4期；《论胡适启蒙救国思想及其媒介建构》（作者：王慧），《学术界》2016年第5期；《微传播的时代背景与主要特征》（作者：方金友），《学术界》2016年第9期；《分解与重构：安徽近代白话报刊中的行省意识研究》（作者：胡凤），《安徽史学》2016年第6期；《革命与教育视阈下的安徽公学研究》（作者：胡凤），《合肥学院学报》2016年第5期。

研究报告主要有：《关于安徽省当前中小学生课外辅导状况的调查报告》（作者：胡凤），入选《2016安徽基础教育发展报告》，重庆大学出版社2016年出版；《微传播时代涉皖舆情分析与治理》（作者：胡凤），安徽省社会科学院内刊《咨政》，2016年3月16日；《合宁旅游通道对策研究》（执笔：方金友）；《铜陵市服务业发展第十三个五年规划》（执笔：方金友）；《铜陵市养老服务业第十三个五年规划》（执笔：方金友）。

2. 科研课题

2016年，新闻所新立项课题5项：

国家社科基金一般项目“微传播的舆情分析与治理路径研究”（主持：方金友）。

安徽省社科基金一般项目“媒介融合背景下新型主流媒体建构研究”（主持：刘莲莲）。

安徽省社会科学院省领导圈定课题“合宁旅游通道对策研究”（主持：常松）。

安徽省社科创新重大课题“长三角世界级城市群合肥副中心研究”（主持：方金友）。

合肥市社科基金项目“提升安徽省主流媒体的传播公信力影响力研究——以合

肥市为例”（主持：刘莲莲）。

2016年，在研课题主要有：2014年度国家社科基金一般项目“微博舆情与公众情绪互动研究”（主持：常松）。

三、学术交流

3月，胡凤参加“文献传播与历史研究”高端学术论坛暨国家社科基金重大项目开题研讨会，提交论文《科学图书社与安徽近代的文献传播》。

7月，方金友、常松参加在兰州市召开的中国社会学会年会，方金友主持“中国农村小康社会建设”分论坛。

10月，胡凤到安庆市参加第七届皖江地区历史文化研讨会，提交论文《科学图书社与皖江地区的文化传播》。

11月，胡凤参加中国新闻史学会主办第二届中国新闻史青年论坛，提交论文《分解与重构：安徽近代白话报刊中的行省意识研究》；刘莲莲参加安徽大学舆情与社会发展论坛，并作题为《国家治理语境下网络参与的媒介镜像》的发言。

12月，方金友到安徽芜湖市参加安徽省社会学会五届三次会议及学术年会，增补为副会长兼秘书长；常松、方金友应邀到池州市参加首届健康中国论坛，就健康传播与健康文化等话题进行交流与研讨；常松、王慧应邀参加第十三届人民共和国党报论坛，提交论文《习近平总书记关于新闻舆论工作论述研究》。

供稿：安徽省社会科学院新闻与传播研究所

北京市社会科学院传媒研究所2016年概况

一、机构概况

1. 历史沿革

北京市社会科学院传媒研究所是经北京市机构编制委员会办公室［（2013）88号］文正式批准成立的研究机构。该所同时挂“北京市文化创意产业研究中心”牌子。2012年5月23日，中共北京市委常委会通过的《“人文北京”行动计划2012年度折子工程》中明确指出：发挥北京文化创意产业研究中心平台作用，加大对文化创意产业理论和发展实践的研究。

该所自成立至今，一直由研究员郭万超任所长（正处级），并兼任北京文化创意产业研究中心主任；2016年10月，仇博任所长助理（北京市委宣传部挂职干部）。

该机构的主要职责是开展传媒理论与应用对策研究，同时在文化创意产业研究领域具有较强的影响力。同时，发挥研究人员原有优势，开展当代中国发展理论与政策、城市发展等领域的研究。2010年，经国家人力资源和社会保障部批准，北京市社会科学院设立博士后工作站。传媒研究所作为博士后工作站点已经与中国社会科学院新闻与传播研究所、北京大学、中国传媒大学等合作招生全脱产博士后3名，目前设立“文化创意产业”“互联网与新媒体”“传媒经济”等研究方向。

该所每年出版《创意城市蓝皮书——北京文化创意产业发展报告》《传媒与文化创意产业论丛》等出版物。该所人员目前已出版著作12部；另主编或参编书15部；在《求是》《经济学动态》《现代传播》《光明日报》等刊物发表论文180多篇；多项成果获中央及北京市领导的重要批示或被中央内参采用；主持国家课题6项：国家社会科学基金课题2项（其中1项为特别委托），中宣部特别委托课题1项，“十二五”国家重点图书出版规划项目2项，中国博士后科学基金课颢1项；主持北京市社会科学基金课题和其他横向课题40余项；参与国家自然科学基金课题、美国福特基金课题、北京市社会科学基金重大课题等多项；获国家人事部、《人民日报》和中央统战部等10多项奖励。中央电视台、《人民日报》《光明日报》、中央人民广播电台等对该所人员研究成果进行过报道或采访。

2. 人员、研究室等基本情况

截至2016年年底，该所共有正式人员编制14人。其中在职人员5人（包括研究员1人、副研究员1人、助理研究员3人）；兼职或特聘研究人员10人。

该所设有新媒体与互联网研究中心、文化创意产业研究中心两个研究中心。

二、科研工作

（一）科研成果

2016年，北京市社会科学院主要围绕习近平总书记治国理政理念及讲话、“一带一路”倡议、文化创意等进行研究。

全年出版著作情况：

《走向文化创意时代》（作者：郭万超），经济日报出版社2016年6月出版；《文化创意产业前沿——文化创意产业与新媒体论丛第二辑》（主编：郭万超），经济日报出版社2016年7月出版；《创意城市蓝皮书：北京文化创意产业发展报告》（主编：郭万超），社会科学文献出版社2016年12月出版。

全年发表文章情况：

《“一带一路”战略下我国影视文化产品“走出去”策略研究》（作者：赵玉宏），《现代传播（中国传媒大学学报）》2016年第2期；《习近平总书记的大国领袖特质》（作者：郭万超），《前线》2016年第4期；《“一带一路”开创大国崛起新模式》（作者：郭万超），《人民论坛·学术前沿》2016年第11期；《产业融合比如塑造新的市场结构》（作者：郭万超），《中国民商》2016年第11期；《中华优秀传统文化传承和弘扬的现状》（作者：郭万超），《中国国情国力》2016年第12期；《影视翻译与我国文化软实力提升》（作者：赵玉宏），《青年记者》2016年12月；《文化产业融合发展路径探析》（作者：赵玉宏），《文化月刊》2016年第16期。

《文化经济学视角下中国道路的内在动因与文化复兴》（作者：郭万超），《一带一路背景下的中国文化战略》，中信出版社2016年1月出版；《国家治理现代化：现代化的新阶段》（作者：郭万超），《大家小文（社科美文精选）/北京日报理论周刊文存》，北京日报出版社2016年5月出版；《别再与历史机遇失之交臂——从国内国际经验看京津冀协同发展的五大任务》（作者：郭万超），《京津冀协同发展研究报告》，河北大学出版社2016年6月出版。

《“赏花经济”初现产业轮廓》（作者：郭万超），2016年5月7日《中国文化报》；《中华文化具有竞争力》（作者：郭万超），2016年8月29日《北京日报》；《迈向创意城市 北京的短板在哪》（作者：郭万超），2016年8月30日《中国企业报》。

（二）科研课题

1. 国家课题

（1）国家社会科学基金特别委托项目“全球视野下中国道路的内生特性研究”（主持：郭万超）。

（2）中共中央宣传部项目“传承和弘

扬中华优秀传统文化的现状、意见与建议”（主持：郭万超）结项。

2. 北京市社会科学院课题

（1）北京市社会科学院一般课题“中国省域文化产业竞争力研究”（主持：郭万超）结项。

（2）北京市社会科学院论丛《文化创意产业前沿——文化创意产业与新媒体论丛第二辑》（主持：郭万超）结项。

（3）北京市社会科学院一般课题“扩大北京市文化创意产品有效供给研究”（主持：赵玉宏）结项。

3. 其他课题

（1）中央网信办委托课题“网络文明的基本现状、存在问题域对策研究报告”，郭万超为课题顾问。

（2）北京市委办公厅委托课题“北京市加强国家文化中心建设重点问题深度研究”（主持：郭万超）结项。

（3）北京市宣传文化高层次人才培养资助项目“国际视角下当代中国社会主义核心价值观培育研究”（主持：郭万超）结项。

（4）北京市文资办课题“上海文化创意消费发展现状、经验及其对北京的借鉴”（主持：郭万超）结项。

4. 内参采纳

（1）《构建当代中国哲学社会科学知识体系刻不容缓》（编号为：YQCY－26－1，作者：郭万超），中宣部《舆情传阅》，2016年5月23日。

（2）《互联网已经成为舆论斗争的主战场主阵地最前沿》（作者：郭万超），中央网信办内参，2016年8月。

（3）《主要发达国家文化中心建设的基本经验》（作者：郭万超），《北京宣传通讯》，2016年9月7日。

5. 其他

郭万超入选“北京市高层次创新创业人才计划”北京市哲学社会科学与文化艺术领军人才，北京市人才领导工作小组。

《文化创意产业促进北京转型升级》（作者：郭万超）2016年7月获北京新闻学会一等奖。

三、主要学术活动

3月25日，传媒研究所与北京市委办公厅共同举办“贯彻中央城市工作会议精神，加强北京历史文化保护”研讨会，北京市委办公厅信息室主任（副厅级）、现北京市东城区委常委、宣传部部长周家雷、中国艺术报社社长、中国文艺评论家协会副主席向云驹，《光明日报》文化遗产版主编李韵等共20多人参加。

4月16日，郭万超在中国特色文化产业博览会上发表题为“中国文化产业发展新趋势”的演讲。

4月28日，在中国文化产品交易会，郭万超发表题为“传统文化的现代化、产业化问题”的演讲。

6月1日，在第四届中国国际服务贸易交易会上，郭万超发表题为“文化创意产业人才培养”的演讲。

8月16日，在中国区块链产业大会上，郭万超发表题为“区块链产业面临的挑战与机遇”的演讲。

8月25日，郭万超在中国创意工业创新奖颁奖典礼上发表题为“创意给工业插上翅膀”的演讲。

12月9日至11日，首届中国舆情学年会在上海交通大学举行，郭万超发表题为“互联网已经成为舆论斗争的主战场主阵地最前沿”的演讲。

12月16日，在首届河北省文化创意产业博览会暨第五届河北省特色文化产品博览交易会上，郭万超发表题为“中国文化创意产业发展趋势”的演讲。

四、学术社团、期刊

1. 下属民办社会科学研究机构：北京天合产业发展研究院（北京市民政局正式

注册法人机构）。

2.《创意城市蓝皮书：北京文化创意产业发展报告》每年由社会科学文献出版社出版。

3.《文化创意产业与新媒体论丛：文化创意产业前沿》为每年连续出版物。

供稿：北京市社会科学院传媒研究所

新华社新闻研究所2016年概况

一、基本情况

新华社新闻研究所，成立于1980年，是全国媒体中成立最早、规模最大的专业新闻研究机构。主要职能是加强新闻理论、新闻实践和新闻创新研究，当好新华社党组的“思想库”“智囊团”。同时，作为新华社国家高端智库传播战略研究中心，新闻研究所积极承担中央及部委委托的全局性、战略性重大课题研究，为政府提供智力支持。2016年，新闻研究所入选美国宾夕法尼亚大学《全球智库报告2015》评出的“中国顶级智库”，列第32位。

1. 人员

截至2016年年底，新闻研究所在职人员46人。其中正高级职称人员11人，副高级职称人员13人，中级职称人员22人。

新闻研究所主要负责人：所长、党组书记马义；副所长、党组成员刘光牛；党组成员、所长助理朱智宾。

2. 机构

新闻研究所设8个处室：（1）办公室（副主任陈兴平）；（2）新闻报道研究室（主任李龙师、副主任董彩兰）；（3）国际传播研究室（主任文建）；（4）文化产业研究室（主任周燕群、副主任翟跃文）；（5）新闻理论与新闻史研究室（副主任万京华）；（6）新闻业务编辑室（主任张维燕、副主任马昌豹）；（7）新媒体与舆论研究室（主任李勇华、副主任南隽）；（8）编辑出版中心（主任文璐）。

3. 职称评审委员会组成情况

新闻研究所新闻专业职务评审委员会由不少于11名委员组成，其中包括主任委员1名，副主任委员1名。评审委员会由新闻研究所党委常委和抽签评委组成。党委常委成员为常任评委，抽签评委从全所具有副高以上职称人员中产生。职称评审委员会负责评定本所业务人员副高以下职称，报新华社人事局职称办备案；负责向新华社新闻业务正高级职务评审委员会推荐正高职务参评人员。

二、科研工作

（一）科研成果

完成了多个中宣部、国家社科基金项目、国家出版基金重点项目、中国记协项目及新华社和研究所重点课题等研究工作。

在新闻理论研究方面，以对习近平新闻舆论工作论述的系统梳理、研究和阐释课题为代表的研究项目，取得了较好成果。编印了《习近平论新闻舆论工作》，被作为中宣部相关司局干部学习材料、中国记协干部学习教材、省部级干部新闻发布和媒体素养专题研讨班培训教材。同时，课题组开展了深入研究，组织力量撰写系列解读文章，从2016年2月1日开始，陆续在《中国记者》杂志上刊登，并通过新华网、新华社客户端等平台突出展示。先后发出的7篇研究解读文章分别被人民网、求是网等110多家网站以及今日头条、北京市思想政治工作研究会等很多客户端、微信公众号转载，在客户端总点击量达500多万次。《习近平论新闻舆论工作》和习近平新闻舆论工作论述研究解读系列文章分别获得新华社2016年社级优秀作品和新闻研究所好稿。此外，作为编写组单位，继续组织中宣部、中国记协《马克思主义新闻观百问》教材编写工作；继续参与中国记协《中国新闻事业发展报告》编写工作。

在加强新闻实践研究方面，强化党中央治国理政新理念新思想新战略报道研究，围绕全国两会、G20杭州峰会等做好重大报道研究。在新闻创新研究方面，紧密追踪国内外传媒发展最新动向，撰写研究报告。同时，从新华社报道实践中发现创新亮点，总结推广经验，举办创新作品代表作《红色气质》研讨会。在新闻史研究方面，在新华社建社85周年之际再版《新华社烈士传》等；承担的国家社科基金课题重大项目“民国新闻史研究”的子课题“民国时期新闻通讯业研究”取得阶段性成果；继续参与国家出版基金重点项目《中国名记者》丛书的编撰工作。

此外，创办《传媒研究专报》，更好地为新华社党组提供决策参考。把握新华社国家高端智库建设机遇，主动认领13个重点课题，将研究成果直接送达国家相关部门。参与新华社产品研究院筹备组建，对产品研究院整体框架设计、运行机制的研讨和方案制订提出建设性意见建议。

1. 专著

（1）《新华社烈士传》，由新华出版社2016年11月出版。

（2）《新闻舆论工作新课题与新探索——2015年新华社学术年会论文选》，由新华出版社2016年11月出版。

2. 论文

（1）《努力建设国际一流世界性通讯社——2015年新华社新闻学术年会综述》（作者：李成），《中国记者》2016年第1期。

（2）《一个前媒体人的“互联网+停车场”创业——对话“好停车”联合创始人李嘉陵》（作者：万小广），《中国记者》2016年第1期。

（3）《时政类微信公号：现状、问题与对策》（作者：郭宇靖、万小广），《中国记者》2016年第1期。

（4）《困境与突破：对当前国际传播格局和有效传播中国声音的思考——以中西方媒体对〈查理周刊〉事件的报道为例》，（作者：申琰、陈佳），《中国记者》2016年第1期。

（5）《把握重点 深刻领会习近平同志新闻宣传论述的核心内涵》（作者：万京华、王会、谭林茂），《中国记者》2016年第2期。

（6）《从新媒体的界定看如何打造新型主流媒体》（作者：万小广），《中国记者》2016年第2期。

（7）《新闻人如何与“算法”共事——对话“一点资讯”副总裁兼总编辑吴晨光》（作者：程征），《中国记者》2016年第2期。

（8）《站在历史和时代高度讲好中国故事》（作者：程征、李学梅），《中国记者》2016年第2期。

（9）《把握职责目标与方向定位·提高新闻舆论工作质量水平——深刻领会习近平同志新闻舆论工作的重要论述》（作者：张垒）《中国记者》2016年第3期。

（10）《把握时代需求·推进新闻舆论工作全方位创新——习近平新闻舆论工作创新论探析》（作者：马昌豹），《中国记者》2016年第3期。

(11)《社会化传播时代如何报道现场新闻——以BBC〈广角镜〉追踪直播老牌钢铁厂倒闭过程为例》(作者:贺俊浩),《中国记者》2016年第3期。

(12)《把握时代特征和规律 提高新时期调查研究水平——践行习近平调查研究观的媒体视角》(作者:李成),《中国记者》2016年第4期。

(13)《把握国际话语权·有效传播中国声音——习近平外宣工作思路理念探析》(作者:文建),《中国记者》2016年第4期。

(14)《"融"时代的两会报道创新与亮点》(作者:万小广),《中国记者》2016年第4期。

(15)《三家央媒2016两会"推特"报道的盘点与启示》(作者:蒋玉鼐),《中国记者》2016年第4期。

(16)《在互联网的创业创新中实现新闻理想——对话"小猪短租"副总裁潘采夫》(作者:张垒),《中国记者》2016年第4期。

(17)《"讲好中国故事"需要四个转向》(作者:李成),《中国记者》2016年第5期,《新华文摘》2016年第18期摘登了有关内容和观点。

(18)《媒体人,准备好用技术思维来"改变世界"了吗?——对话滴滴媒体研究院副院长喻尘》(作者:张垒),《中国记者》2016年第5期。

(19)《把握传媒变革趋势·积极占领新兴舆论阵地——学习贯彻习近平总书记关于新兴媒体发展战略重要论述》(作者:南隽),《中国记者》2016年第6期。

(20)《转型,是每个传统媒体人都应该考虑的事——对话〈环球企业家〉前执行副主编、新媒体研究者仇勇》,(作者:张垒),《中国记者》2016年第6期。

(21)《把握历史使命·勇于发展和创新当代中国新闻理论——深入学习习近平关于党的新闻舆论工作的新论断新观点》(作者:刘光牛),《中国记者》2016年第7期。

(22)《俄罗斯外宣媒体国际传播的困境与突破》(作者:陈怡),《中国记者》2016年第7期。

(23)《新媒体创业成功的关键是什么——对话网易原总编辑、盖范GetFun创始人兼CEO陈峰》(作者:张垒),《中国记者》2016年第7期。

(24)《讲好中国故事的几个路径创新》(作者:程征),《中国记者》2016年第9期。

(25)《看路透研究院2016数字新闻分报告如何解读网络视频新闻的现状与未来》(作者:陈怡),《中国记者》2016年第9期。

(26)《人民日报媒体融合发展战略与启示》(作者:万小广·程征),《中国记者》2016年第10期。

(27)《严细相宜 情系新闻——记新华社著名记者冯健》(作者:万京华),《中国记者》2016年第11期。

(28)《报业逆势增长的聚焦战略》(作者:陈国权),《中国记者》2016年第11期。

(29)《经济类期刊转场新媒体:不变的是对内容价值的"信仰"——对话好奇心日报创办人、〈第一财经周刊〉原总编辑伊险峰》(作者:张垒),《中国记者》2016年第11期。

(30)《我国媒体重大涉华议题报道国际影响力探析及建议——新华社与美联社南海仲裁案近期Twitter报道对比分析》(作者:蒋玉鼐),《中国记者》2016年第12期。

(31)《从〈红色气质〉到〈国家相册〉:新华社领衔编辑陈小波讲述背后的故事》(作者:翟铮璇),《中国记者》2016年第12期。

(32)《当代中国新闻理论的重要创新与发展——习近平新闻舆论观阐述分析》(作者：刘光牛)，《中国出版》2016 年第 7 期。

(33)《三大通讯社视频业务转型及启示》(作者：陈怡)，《电视研究》2016 年第 4 期。

(34)《主流媒体对外传播的社交媒体策略——以新华社在海外社交网站的传播为例》(作者：刘滢)，《对外传播》2016 年第 1 期。

(35)《持续高效培训带来巨大价值——以 BBC 学院、波因特学院为例》(编译；张宸)，《中国报业》2016 年第 7 期。

(36)《数字时代美国媒体的发展状况与趋势——解读皮尤报告〈新闻媒体状况 2016〉》(编译：张宸)，《新闻与写作》2016 年第 9 期。

(37)《“最糟糕的一年”——皮尤报告揭示美国报业困局》(编译：张宸)，《中国报业》2016 年第 13 期。

(38)《〈世界报业趋势〉调查发布：读者已经成为出版商最大收入来源》(编译：张宸)，《中国报业》2016 年第 13 期。

(二) 科研课题

1. 委托课题

2016 年 11 月，完成中宣部关于加强和改进新闻舆论工作调研，就如何提高党的新闻舆论工作质量和水平、推动媒体融合转型发展、加快提升中国话语的国际影响力、培养造就适应时代要求的新闻舆论工作队伍、加强和改善党对新闻舆论工作的领导等内容，完成调研报告，提出具有可操作性的对策建议。

完成国家高端智库 13 项重点课题，包括《中国共产党对外形象塑造与传播创新研究》等。

2. 新华社重点课题

参与新华社“采编力量布局”重大调研，负责组织了三大通讯社采编力量布局调研，分析了国内新闻资源与媒体采编人力分布格局，撰写了《数字时代国内外媒体采编力量布局趋势报告》。参与新华社“提高海外落地率”重大调研，执笔撰写调研总报告。具体牵头编写《新华社采编业务基本规范》。完成了美国大选媒体报道研究课题，针对美国大选中出现的主流媒体集体失准、社交媒体重要性凸显等新现象新趋势，撰写了研究报告《不死的上帝在哪里——从大选报道看美国媒体“客观公正”的虚伪性》。

3. 国家社会科学基金课题

国家社会科学基金青年项目“国际电视新闻频道全球传播与拓展战略研究”(主持人：陈怡) 以免于鉴定的形式结项。

(三) 获奖优秀科研成果

1.《习近平论新闻舆论工作》(内部学习资料)(作者：“习近平总书记新闻舆论工作论述研究”课题组)，被评为新华社优秀新闻作品。

2. 习近平新闻舆论工作论述研究解读系列文章(作者：“习近平总书记新闻舆论工作论述研究”课题组)，被评为新华社优秀新闻作品。

3.《2016 年四大技术趋势对媒体的影响及应对》(作者：申琰)，被评为新华社优秀新闻作品。

4.《我国媒体重大涉华议题报道国际影响力探析及建议——新华社与美联社南海仲裁案近期 Twitter 报道对比分析》(作者：蒋玉鼐)，被评为新华社优秀新闻作品。

5.《媒介融合的结果是分化——对于媒介形态演变规律的探讨》(作者：陈国权)，被 2016 年中国科技传播论坛暨中国科技新闻学会第十三次学术年会评为“中国科技新闻学会获奖论文”一等奖。

新闻研究所2016年优秀作品

作品题目	作者	编辑
一等奖(20篇)		
习近平论新闻舆论工作		马　义　刘光牛　万京华　王　会　谭林茂
把握时代特征和规律 提高新时期调查研究水平——践行习近平调查研究观的媒体视角	李　成	马　义　刘光牛　马昌豹　梁益畅
新媒体专线改造升级模拟发稿测试评价报告	贺俊浩	朱国圣　董彩兰
如何提升海外社交媒体报道的影响力？——来自脸谱公司内部的秘笈	蒋玉鼐	李龙师
国内自主全球资讯国别平台“世界说”上线值得关注	程　征	周燕群
特别策划·学习贯彻“讲话精神”,不断提高能力水平	中国记者	集　体
俄罗斯卫星通讯社的突破与困境	陈　怡	文　建
把握重点 深刻领会习近平同志新闻宣传论述的核心内涵	万京华　王　会　谭林茂	马　义　刘光牛　陈国权　马昌豹
把握传媒变革趋势 积极占领新兴舆论阵地——学习贯彻习近平总书记关于新兴媒体发展战略重要论述	南　隽	刘光牛　张　垒　马昌豹
从对世界五大通讯社互引关系的研究看国际传播中我社对媒介议程的影响力	陈　怡	文　建
新华社烈士传	新闻理论与新闻史研究室集体	新闻研究所集体
国内移动直播现状分析及对我社进一步加强“现场新闻”报道的建议	何慧媛	朱智宾　李勇华
我国媒体重大涉华议题报道国际影响力探析及建议——新华社与美联社南海仲裁案近期Twitter报道对比分析	蒋玉鼐	朱智宾　李龙师　文　璐
西方三大通讯社涉疆报道新动向及传播策略研究	张　倩	朱智宾　李龙师
国际主流媒体如何使用Instagram——以美联社、路透社、法新社为例	蒋玉鼐	李龙师　庞晓华
不死的上帝在哪里——从美国大选看西方新闻报道“客观公正”的虚伪性	国际传播研究室集体	马　义
网络视频新闻的现状与未来——解读路透研究院2016数字新闻分报告	陈　怡	文　建　马昌豹　陈国权
“侠客岛”内容与运营特色分析及启示	周燕群　程　征	朱智宾　庞晓华
人工智能对传媒业的影响及对我社相关工作的建议	何慧媛	朱智宾　李勇华
“不负韶光”新锐青年特刊		新闻业务集体
二等奖(79篇)(略)		

三、学术交流活动

1. 新华社国家高端智库论坛“战略与路径：构建融通中外的话语体系”

2016 年 4 月 7 日，新闻研究所承办的新华社国家高端智库论坛“战略与路径：构建融通中外的话语体系”在新华社总社召开。中宣部副部长、国家高端智库理事会理事长王晓晖在开幕式上致辞，代表中共中央政治局委员、中央书记处书记、中宣部部长刘奇葆对论坛召开表示祝贺；社长蔡名照发表主题演讲。周树春、刘思扬、周宗敏出席论坛。

围绕论坛主题，来自《人民日报》(海外版)、《中国日报》、中国新闻社、中国外文局等中央主要对外传播媒体和机构的负责人，北京大学、清华大学、中国人民大学、中国传媒大学的学者作了主题发言。专家学者们就如何成功构建融通中外的话语体系进行了探讨和交流。中宣部新闻局和新华社有关部门负责人，新华社国家高端智库国情与战略研究中心、经济研究中心、舆情研究中心、公共政策研究中心、传媒战略研究中心、世界问题研究中心及中央电视台、中央人民广播电台等社外媒体记者共 110 人参加论坛。

2. “品鉴微电影《红色气质》——融媒时代正面报道的创新”研讨会

2016 年 6 月 27 日，新闻研究所组织社内外业界、学界相关专家及相关媒体数十人在新华社总社座谈，以“品鉴微电影《红色气质》——融媒时代正面报道的创新”为题，与《红色气质》部分主创人员进行了交流研讨。研讨会上，来自影视界、高校、媒体界的专家和业界同行认为，该片作为政论纪实片，用 9 分 5 秒展现中国共产党 95 年风雨历程中的责任与担当、信仰和品格、情怀与气质，用现代科技手段让影像、音乐、讲述有机结合，创意新颖、视角独特、制作精良、富有时代气息，内容、形式和传播方式均有重大突破创新，是具有开创性、标杆性的精品之作。焦裕禄的外孙、表演和演唱过多部焦裕禄题材影音作品的中国歌剧舞剧院歌唱家余音也受邀在研讨会中发言。他认为，影片中用特效将焦裕禄补进全家福照片是给他们全家最大的礼物。《红色气质》兼具红色精神、人文追求与艺术气息，真实、可信、感人。

3. “人工智能与媒体未来”研讨会

2016 年 11 月 30 日，新闻研究所主办的“人工智能与媒体未来”研讨会在新华社总社举行。会上，新华社国家高端智库传播战略研究中心与新华网融媒体未来研究院共同发布了《智能编辑部发展报告》。来自国家新闻出版广电总局、中国人民大学、微软、百度、奇虎 360、新浪等机构的专家学者和新华社总社有关部门，围绕人工智能在媒体行业的实践运用、未来走向进行了研讨。新华社总编室、新闻研究所、新媒体中心负责同志参加会议。该会议是新闻研究所作为传播战略研究中心主办的“传播战略论坛”首场研讨，由新闻研究所与中国传媒科技杂志社承办。

4. 2016 年新华社新闻学术年会

2016 年 12 月 6 日，新闻研究所承办的 2016 年新华社新闻学术年会在新华社总社举行。该届年会正值新华社建社 85 周年的历史节点，主题是“不忘初心 牢记使命 深入推进新闻舆论工作创新发展”，共设“红色基因与时代使命”“新闻舆论工作创新”“对外传播体系构建”三个论坛。新华社社长蔡名照出席开幕会并讲话，他就进一步推进新闻舆论工作创新与与会人员进行了交流，一是紧紧围绕迎接和宣传党的十九大推进内容创新；二是紧紧围绕扩大覆盖面、提高影响力，推进产品创新的系统化；三是紧紧围绕争夺国际话语权，通过创新加快走向世界的步伐。新华社总编辑何平主持会议，周树春、刘思扬、张宿堂等社领导出席开幕会。年会共收到论文150余篇，35位与会代表在论坛上发言。新华社总社各部门、各单位主要负责人，新闻研究所特约研究员、部分论文作者，国内新闻理论界、新闻史学界知名专家、学者，以及社内对研究工作感兴趣的人士260余人参加各个论坛。

四、期刊

主办刊物《中国记者》，系月刊，主编文璐。

该刊是北京大学专业机构评选认定的全国新闻核心期刊。2016年11月揭晓的中国新闻奖，《中国记者》共有4篇论文获得中国新闻奖新闻论文类别奖励，在总共17篇此类别文章中，占比23%，为所有同类新闻学术期刊最高。

2016年，《中国记者》共出版了12期正刊和1期增刊《构建融通中外的话语体系：对外传播战略与路径研究》（增刊114页，出版时间2016年6月），共计约400万字。2016年栏目上没有大的调整。目前，《中国记者》杂志微信公众号“京原路8号”粉丝数已近万人。

全年刊载的有代表性文章有：《构建融通中外的话语体系·开辟中国和世界交流对话新境界——在首届新华社国家高端智库论坛上的致辞》（作者：王晓晖）、《新闻工作者要潜心践行“实事求是”》（作者：田聪明）、《弘扬新华精神·始终不忘初心·忠实履行党中央“喉舌”“耳目”职责——写在新华社建社85周年之际》（作者：蔡名照）、《深入推进创新发展·加快建设国际一流的新型世界性通讯社》（作者：蔡名照）、《坚持创新为要·打造精品力作·不断增强新闻舆论传播力引导力》（作者：蔡名照）、《与党和人民同呼吸，与时代共进步——学习贯彻习近平总书记在党的新闻舆论工作座谈会上重要讲话》（作者：何平）、《创新、创新、再创新》（作者：何平）、《习近平视察解放军报　洞悉传媒发展大势》（作者：慎海雄）、《以坚定的历史自觉服务中央治国理政大局——学习贯彻习近平总书记关于新闻舆论工作重要讲话精神》（作者：周树春）、《牢记职责和使命，做好党的新闻舆论工作——学习习近平总书记党的新闻舆论工作“48字要求”》（作者：郑保卫）、《坚持党性原则，尊重新闻规律——学习习近平总书记重要讲话的体会》（作者：陈力丹）、《做勇于担当、善于传播的新闻人》（作者：赵振宇）、《“大国工匠”背后的新闻坚守》（作者：高思杰）、《承担党的新闻舆论工作职责，做中国电视播音、主持“国家队”》（作者：康辉）、《反转新闻中如何体现媒体责任：敢于交锋、善于发言、强化“时度效”》（作者：陈芳）。

供稿：新华社新闻研究所

人民日报社研究部2016年概况

一、机构概况

2016年，人民日报社研究部设5个室（处）：综合室、媒体发展战略研究室、新闻传播理论研究室、新闻报道业务研究室、教育培训处。

截至2016年年底，人民日报社研究部在职人员28人。其中正高职称4人，副高职称3人，中级职称12人。研究部主要领导：主任崔士鑫，副主任王刚、丁丁。

二、科研工作

1. 重点课题

完成中宣部、中国记协等上级领导机关单位部署的一系列重点课题。主要有：《提升新闻宣传品质的关键要素——对进一步把握好时度效问题的认识与思考》《改进创新 更“接地气”——关于进一步增强宣传报道吸引力影响力的研究报告》《关于加强和改进党的新闻舆论工作的五个问题》《关于新媒体领域落实党管媒体原则和“两个所有”要求的调研报告》《媒体形态日益多元复杂 新闻版权保护亟待加强——关于媒体融合背景下新闻作品版权保护的调研报告》《关于加强和改进我国高校新闻教育的调研报告》等。

2. 媒体融合发展调研

关注媒体融合发展新动态，围绕融合发展进程中出现的新情况新问题，开展调研。自2016年10月底起，研究部领导率调研组先后赴新华社、中央电视台、光明日报社、央广网等中央级媒体和上海、浙江、湖北、四川、广东、江苏等省市主要报业集团共10多家单位，了解融合发展最新情况，撰写调研报告，为报社融合发展提供借鉴。参与《融合坐标——中国媒体融合发展报告2015》一书的策划、统筹及编写。

3. 社科基金重点项目

研究部申请的“主流媒体运用移动传播、推动媒体融合发展的现状、前景及其影响和对策研究”课题，获准国家社科基金重点项目立项。

4. 学术论文及阅评文章

在《新闻战线》《中国记者》《中国报业》等期刊发表学术论文10余篇。围绕办报中心工作，编发《新闻传媒阅评》40期，关注重大主题宣传、战役性报道和改革创新亮点。

三、新媒体建设：“研究事儿”微信公众账号和“煮酒话媒”“智观天下”融媒体工作室

“研究事儿”（ID：rmrbyjb）是由人民日报社研究部于2016年5月19日在微信公众平台开通的账号，账号主体为人民日报社，由研究部新媒体编辑组负责运营。以“观澜传媒业、探究舆论场”为主旨，设有“说事”“观媒”和“开课”等栏目。“研究事儿”坚持正确舆论导向，突出研究职能，围绕新闻传播领域的现实问题，推送《号外号外！“2·19”讲话，人民日报怎么学!》《平山里庄：〈人民日报〉从这里走来》《定了！中央厨房就这么建!》等原创文章100多篇，单篇最高阅读量过万。文章被多家媒体转载，影响力日益扩大。“煮酒话媒”和“智观天下”融媒体工作室于2016年年底成立，陆续推出一批融媒体产品。

四、其他工作

1. 部校共建

开展部校共建是中央做出的一项重大决策。2016年春季和秋季学期，研究部组织报社采编部门负责人和业务骨干，赴清华大学新闻与传播学院分别讲授“国情教育”课程5次，“新闻传播理论”5次，其中研究部人员4次承担“新闻传播理论”授课任务。深度参与“范敬宜新闻教育奖”评选、颁奖和相关论坛工作。安排专人参与该奖的筹备、评选、颁奖等事宜。安排接收清华大学新闻与传播学院优秀实习生20余人到报社采编部门、国内分社、新媒体中心开展实习和实践教学，专人指导、严格考察，对新闻后备人才的培养发挥了积极作用。

2. 智库建设

部领导率调研组，先后赴清华大学、中国人民大学、新华社等多家首批国家高端智库试点单位调研，形成人民日报社建设高端智库的对策建议。起草的《关于成立人民日报社高端智库工作委员会和高端智库学术委员会的决定》《人民日报社高端智库建设管理办法》获社领导肯定，编委会于2016年11月18日通过并印发了上述文件。

3. 教育培训

教育培训工作围绕报社推进媒体融合发展总要求，开创融合发展培训新模式，创立专题业务培训新品牌，拓展培训成果分享新途径，在结构上划分出“互为补充、各有特色、突出重点”的人民培训、人民讲堂、采编发研讨（原称“人民研讨”）的三大板块，增强针对性和实效性，在培训数量和效果提升方面取得较大突破。2016年在社内共举办各类培训班16期，培训2833人次；举办人民讲堂11期，培训2500人次。

4. 新闻研究网建设

“人民日报新闻研究网”于2010年7月26日上线，经过几年的建设发展，形成了栏目齐全、内容丰富的独立页面。“新闻研究网”通过5大板块、11个栏目，及时发布传媒界重大事件及新闻研究领域重要成果。2016年网站重点文章更新速度加快，页面质量和文章数量进一步提升，全年共上传研究文章1289篇，更新主页“研究推荐”文章近400篇。

5. 对外供稿工作

完成中宣部等单位组织的《马克思主义新闻观百问》一书部分内容的编写工作，承担27个题目内容的写作、统稿及编校工作，成稿总计9.1万字。完成《中国新闻年鉴》（2016年卷）和《中国新闻事业发展报告》（2016）人民日报社供稿任务，共提供总计9万多字的专题内容。

供稿：人民日报社研究部

·学术社团·

中国新闻史学会及其二级学会2016年概况

中国新闻史学会（CAHJC）是中华人民共和国境内新闻传播学方向唯一的一家以研究中外新闻传播历史与现状、促进新闻传播学发展为宗旨的全国一级学术团体。学会于1989年4月经国家民政部正式批准，1992年6月在北京广播学院成立，业务主管单位为国家教育部。中国新闻史学会现任（第五届理事会）会长为清华大学新闻与传播学院教授陈昌凤，名誉会长为中国人民大学荣誉教授方汉奇、中国传媒大学教授赵玉明、北京大学教授程曼丽。副会长有丁俊杰、黄瑚、刘家林、单波、王润泽、张昆、赵振祥等人。学会联席秘书长为清华大学教授史安斌、暨南大学教授邓绍根，副秘书长为清华大学副教授常江。学会秘书处和学会新闻史志资料中心设在清华大学新闻与传播学院。2016 年中国新闻史学会在新闻学界的大力支持和共同努力下，通力合作，运行平稳，顺利开展各项工作，业绩显著，取得了一些新的进展。

一、学术活动

2016 年学会主办的学术年会精彩纷呈，各二级分会学术活动空前活跃。2016 年 6 月 25 日至 26 日在暨南大学举办的中国新闻史学会学术年会以“中国气派世界眼光：新媒体时代的新闻与传播研究”为主题，举办了 5 个主题发言、20 场主题论坛和 2 个圆桌会议。100 多家新闻传播教育或研究单位的 220 多位专家学者参加了此次学术年会，发表学术论文 120 多篇。学会与中国社会科学院新闻与传播研究所、华中科技大学信息与传播学院联合主办的“第二届中国新闻史青年论坛”取得了辉煌的成果，会议的主题是“洞见与脉络：新闻史中的个案研究及其超越”，举办了十场专题学术研讨会（华中科技大学，11 月 19—20 日）。学会还联合中国人民大学新闻学院、北京大学新闻学研究会于 2016 年 12 月 17 日主办了“方汉奇新闻史学思想研讨会暨从教 65 周年纪念会”，近百位来自海内外的专家参加了会议。此外，2016 年学会还联合举办了多场学术会议。二级分会组织的学术研讨会年内达近 20 场，会场遍布中国各地乃至海外。

二、第二届“新闻传播学学会奖”

第二届“新闻传播学学会奖”新增了新闻学与传播学学术奖，保留原有的新闻史专项奖（方汉奇奖），在学界产生了非常积极良好的影响。“优秀学术奖”新闻学与传播学奖获得者包括：夏倩芳、袁光锋（一等奖）；许正林，黄顺铭、李红涛，吴瑛、李莉、宋韵雅（二等奖）；曾繁旭，邓理峰，刘涛，李沁，张明新、叶银娇，赵云泽（三等奖）。“优秀学术奖”方汉奇奖（新闻史专项奖）得主包括：胡太春（一等奖）；俞凡，李杰琼（二等奖）；李春，妥超群、韩亮，向芬，祝帅（三等奖）。授予复旦大学新闻学院教授周葆华“杰出青年奖”；授予中国人民大学新闻学院教授何梓华、中国传媒大学教授赵玉明“终身成就奖”。授予北京大学新闻与传播学院客座教授卓南生“卓越学术奖”，授予中央民族大学教授白润生、中央电视台冯雪松“组委会特别奖”。6 月 25 日在暨南大学举办的第二届学会奖颁奖典礼隆重而热烈。第三届学会奖征集工作已于 2016 年 12 月 15 日启动，2017 年 2 月 28 日截止征集。

三、二级学会发展概况

按照 2015 年学会确定的二级学会年度工作报告制度，中国新闻史学会常务理事会第五届第四次会议（厦门，2016 年 4 月 23 日）上，常务理事们认真听取了各二级学会的报告，认为这些二级学会在凝聚学术力量、发展各学科方向方面发挥了重要的影响，做出了许多实事。常务理事会评选出新闻传播教育史研究委员会、外国新闻史研究委员会、网络传播史研究委员会三个二级分会为 2015 年度优秀二级学会。

2016 年，相继成立的二级学会包括传播思想史研究委员会、应用新闻传播学研究委员会、媒介法规与伦理研究委员会、编辑出版研究委员会，传播学研究委员会转入学会并举行了换届大会。另有四个二级分会的申请得到常务理事会的审议并获通过，它们是：传播学研究委员会、全球传播与公共外交研究委员会、媒介法规与伦理研究委员会、应用新闻传播学研究委员会。2016 年已有二级学会均召开了年度学术会议、理事会议，其中有的二级学会一年内召开数次研讨会、工作坊，学术热情高涨。

四、学刊出版

《新闻春秋》如期出版4期，征稿对象有所扩大，稿源质量有所提升。期刊按时寄送会员。2016年年初学会与江南影视艺术学院签订了《新闻春秋》合作协议。学会副会长王润泽、副秘书长常江、常务理事赵云泽等主持期刊出版工作。

五、国际交流

近两年学会积极开展国际学术交流活动。学会参与联合主办的第二届“向世界传播中国”（Networking China and the World）新闻与传播学国际研讨会2月21日在特拉维夫大学举行，学会10位代表参加了研讨会。本届研讨会主题为“全球化时代下中国如何提升国际形象、推动建立公平公正的国际传播新秩序”。首届“向世界传播中国”学术研讨会2014年1月在美国纽约举行，主旨是对外传播中讲好中国故事、有效传播中国文化、实现与西方文化的和谐共存与对话，增进国际学者和媒体对中国的了解。“向世界传播中国”学术研讨会由学会副会长王润泽发起并组织。

学会还参加了2016年8月22日至23日在韩国大田举办的亚洲传播与新闻学会联合论坛。代表团成员包括来自公共关系舆论学、网络传播史、少数民族新闻传播史等二级学会的会长、副会长陈先红（华中科技大学）、谢耘耕（上海交通大学）、彭兰（清华大学）、陈虹（华东师范大学）、于凤静（大连民族大学），副秘书长常江（中国人民大学）等。会议由韩国新闻传播研究学会（KSJCS）会长赵盛谦组织，国际传播学会（ICA）2016会长汪炳华出席，来自中国、韩国、日本、新加坡、印度、斯里兰卡的代表参加，代表亚洲11个新闻传播学会。

学会的学术研究正在向国际化方向开展。英国学刊 *Interactions: Studies in Communication & Culture* 刊出“中国媒介史研究专辑”，刊出的有来自世界各国的学者对中国历史上的报刊、广播、电视对中国社会发展影响的研究成果。专辑由欧洲学者瑞士 Gabriele Balbi 博士（Università della Svizzera Italiana，USI），中国新闻史学会会长、清华大学陈昌凤，北京大学吴靖联合主编。

此外，公共关系史分会还在新西兰（2016年1月）、中国香港（2016年12月）等地召开了国际学术会议。

六、公众号、网站等日常工作

学会的微信公众号自2015年年末2016年年初，集中推出了“致敬首届新闻传播学学会奖”系列文章15篇，全面介绍了获奖人物的学术事迹、学术作品。公众号编辑转发了《人民日报》专题刊出的新闻史专家方汉奇、于友等先生的专文。网站运转正常，将进一步提升其影响力。网站于2015年开通了会员注册与缴费功能。学会顺利完成了年检工作、年度财务审计工作。

撰稿：邓绍根（中国新闻史学会联席秘书长）

第九篇
学术评奖

第二十六届（2015年度）中国新闻奖（新闻论文）
第十四届全国广播影视学术论文评选获奖作品
第四届（2015年度）全国新闻传播学优秀论文遴选
中国新闻史学会第二届“新闻传播学学会奖”

第二十六届（2015年度）中国新闻奖
（新闻论文）

2016年11月2日，第二十六届中国新闻奖揭晓，17件新闻论文作品获奖，其中一等奖1件，二等奖8件，三等奖8件。

中国新闻奖是经中央宣传部批准的全国性年度优秀新闻作品最高奖，由中华全国新闻工作者协会主办。中国新闻奖创办于1990年，每年评选一次。

奖次	题目	作者(主创人员)	编辑	刊播单位	报送单位
一等奖	把握对外传播的时代新要求——深入学习贯彻习近平同志对人民日报海外版创刊30周年重要指示精神	杨振武	张　垚	人民日报	人民日报
	空缺				
二等奖	媒体“涉恐”新闻的伦理探讨	许丽花	周　岩	新闻记者	上海记协
	网络新闻信息伤害的应对与规制	孔德明	雷　萌	中国新闻出版广电报	海南记协
	历史传播中电视媒体的担当与创新——以北京卫视《档案》栏目为例	徐　滔　马　宏　王　寅	李嘉卓	新闻与写作	北京记协
	小记者，撬动都市报媒体融合的一着好棋	丁晓斌	文　璐	中国记者	自荐
	基于物联网技术的数字报业转型路径探索	刘先根　彭培成	武艳珍	新闻战线	湖南记协
	文新结合 实践提炼 以奖促刊——江西日报《井冈山》副刊作品蝉联中国新闻奖的启示	任　辛　柳易江	冷　梅	新闻战线	江西记协
	在“一带一路”背景下如何做好对台传播	刘丽贞	莫玉玲	中国广播	福建记协
	重大主题报道如何做到“三品合一”——以江苏广电总台全媒体系列节目《你所不知道的中国》为例	陈　辉	梁益畅	中国记者	江苏记协

续表

奖次	题目	作者(主创人员)	编辑	刊播单位	报送单位
三等奖	突发事件,靠什么终结舆论追问?	吴心远	刘　鹏	新闻记者	上海记协
	新媒体挑战下,欠发达地区县级民族报转型之惑	肖泽伟		中国记者	辽宁记协
	从七家中国媒体实践看海外社交平台媒体传播效果评估	刘　滢	万小广	中国记者	新华社
	藏语广播在新媒体冲击下的发展探索	王东智		中国广播	甘肃记协
	城市电视台电视问政节目的探索与思考	覃露莹	陈富清	中国广播电视学刊	广西记协
	用副刊演绎一座城市?——以新民晚报“夜光杯”为例	刘伟馨	高海珍	新闻与写作	中国报纸副刊研究会
	全媒体时代党报副刊的“本土化”意识	王小微	卢文炤	青年记者	吉林记协
	新媒体时代城市电视台的转型与发展	王忠云	樊丽萍	中国广播电视学刊	中广联合会
	空缺				
	空缺				
	空缺				

供稿：中国记协

第十四届全国广播影视学术论文评选获奖作品

2016年11月7日，中国广播电影电视社会组织联合会给各省、自治区、直辖市、副省级市及省会市广播电影电视协(学)会，中广联合会各一级社团，中央三台（中央电视台、中央人民广播电台、中国国际广播电台——编者注）、中国传媒大学、海峡之声广播电台学会，各专业委员会，各学术研究基地发出通知《关于发布第十四届全国广播影视学术论文评选结果的通知》（中广联办字［2016］304号）称，第十四届全国广播影视学术论文评选终评会议于9月20日在福州举行。该届选送的论文183篇。经过复评和终评两个阶段，评选出一等奖27篇、二等奖37篇、三等奖47篇。

奖次	类别	作品	作者	推荐单位
一等奖	内容研究类	中国电视农村节目的困境与突围	李　兵	湖南省广播电视协会
		重大主题报道如何做到“三品合一”——以江苏广电总台全媒体系列节目《你所不知道的中国》为例	陈　辉	江苏省广播电影电视协会
		话语结构的交叉与重组——《华广快乐EZGO》节目形态探析	赵志刚　柳林岚　周　均	海峡之声广播电台学会
		素人真人秀如何打造现象级节目	王永连	安徽省广播电视协会
		善用数据新闻 创新报道方式	石　勤	中央人民广播电台广播学会
		失衡的天平——当前传统媒体在案件报道中的若干问题	王宝卿	中央电视台学会
		网络时代电视媒体的创新路径分析	张文佳　田青春	黑龙江省广播电视协会
		对城市形象的再书写——纪录片《百年南京》创作谈	朱建宁	南京市广播电影电视学会
		求真求实:城市广播求证新闻的实践和思考	陶廷龙	宁波市广播电影电视协会
		抢抓反暴恐传播先机	张福欣　徐　莹	新疆维吾尔自治区广播电视协会
		生命伦理类电视节目的新闻伦理研究	王占宏	河南省广播电视协会

续表

奖次	类别	作品	作者	推荐单位
一等奖	新媒体研究类	新媒介生态下广播媒体的生存逻辑探析	宫承波　田　园	中广联合会广播新闻节目工作委员会
		强化平台意识 传播主流声音 ——“荔枝新闻”客户端的探索和思考	卜　宇	江苏省广播电影电视协会
		关于对台广播走向媒体融合的几个问题	郭红斌	中广联合会对台港澳广播节目委员会
		移动互联网时代广播媒体的创新策略	李　静	深圳市广播电影电视集团
		试析传统媒体如何打造微信评论	盛玉红	中国国际广播电台学会
	媒体经营研究类	广播电台媒体融合的版权问题与策略研究	扎西顿珠 董启宏　李明等	中广联合会广播版权委员会
		中国纪录片产业发展模式与生态系统考察 ——兼论央视纪录频道的产业实践	张国涛	中国高等院校影视学会
		站在IP的风口,广电媒体能做什么?	刘　星	湖南省广播电视协会
	决策管理及其他研究类	顺应时代要求 走融合发展之路 ——中国国际广播电台媒体融合实践	王庚年	中国国际广播电台学会
		移动互联网时代的广播发展研究	王　求　王渝新 樊璇等	中央人民广播电台广播学会
		台湾广播受众分析与对台广播发展战略	王　磊	中广联合会对台港澳广播节目委员会
		中央厨房:媒体融合视域下城市广电的新闻生产体制建设	陈韵强　赵亚光	江苏省广播电影电视协会
		受众视角的军事广播融合发展策略	刘洪涛	海峡之声广播电台学会
		宣传、商业与艺术的三驾马车 ——中国当代电影主持变迁研究	张　磊	中国传媒大学
		关于电影产业升级的若干关键词	厉震林	中国电影文学学会
		应时而动 顺势而为 ——新的时代背景下恪守新闻职业道德的思考	马来顺	河北省广播电视协会

续表

奖次	类别	作品	作者	推荐单位
二等奖	内容研究类	新与优:电视栏目的版权驱动力辩证分析——以《大王小王》为例	余　华　姜歆远	湖北省广播电视学会
		从知行合一上创新社会主义核心价值观宣传	顾亦兵	武汉广播电视学会
		运用电视问政新形态问出政府职能新变化	胡桂林	中广联合会城市广播电视台工作委员会
		广播电视外宣节目的受众定位	罗　成	广西广播电影电视协会
		用镜头展现"口述历史"的魅力	赵京梅	北京市广播电视协会
		"互联网+"时代《百家讲坛》该如何创新	苑文刚	中央电视台学会
		有车必有辙 花开自有因 ——浅析《我是歌手》的制胜之道	高　菲	中广联合会电视文艺工作委员会
		让新闻更有力量	丁杨明	宁波市广播电影电视协会
		后选秀时代电视综艺节目的创意模式	郭肖华	厦门市广播电视学会
		用新文化史的方法研究广播史	高铁军	中广联合会广播电视史研究委员会
		文化类视听节目如何适应融媒体环境	秦瑜明　林宸西	中广联合会广播电视研究发展委员会
		中国电影缺五种故事	李亦中	中国高等院校影视学会
		文化益智类节目的理念及功能探析——以陕西卫视《唐诗风云会》为例	李　荣　郝飞婷	陕西广播电视学会
		《政风行风热线》节目特色浅析与创新探讨——以西藏人民广播电台《政风行风热线》为例	王清江　杨晓英	西藏自治区广播电视协会
		浅析广播问政节目创新 ——以《成都面对面·政风行风热线》节目为例	申　焱	成都市广播电视协会

续表

奖次	类别	作品	作者	推荐单位
二等奖	新媒体研究类	广播微信公众平台用户实证研究	周宇博	中央人民广播电台广播学会
		广播电视网络同步播放中的版权问题研究	王昆伦	中广联合会广播版权委员会
		对台广播的媒体融合路径	邹志伟	海峡之声广播电台学会
		新媒体环境下主持人使用网络语言探析	周　晶	北京市广播电视协会
		城市台网络新媒体发展历程与探索	林小勇	厦门市广播电视学会
		融合元年:央视新媒体实践的探索与思考	张腾之	中广联合会广播电视文艺(栏目剧)工作委员会
		新媒体格局下如何讲好中国故事	虞国芳　卫　莹　朱旭红	安徽省广播电视协会
	媒体经营研究类	数字付费电视产业的市场环境及平台的发展战略分析	刘保平	中广联合会数字付费频道工作委员会
		大数据与小数据的融合共生——节目生产、营销与评估的一种新思路	郑　宇	浙江省广播电影电视学会
		内容创新,机制创新,渠道创新——江苏广播新一轮改革创新的思考和探索	黄　信	江苏省广播电影电视协会
		大数据与"微"营销——社交媒体大数据对电影营销的若干新拓展	司　若	中国传媒大学
		新媒体环境下电视的主业与副业	信险峰	吉林省广播电视协会
	决策管理及其他研究类	媒体融合的梦想如何照进现实	任志宏	山西省广播电视协会
		政务微博的发展与公务员群体媒介素养教育提升	邹驯智　臧海群	中广联合会媒介素养研究培训基地
		融合力评估在广播电视宣传管理中的作用	戴　松　苏进跃	湖南省广播电视协会
		新型城镇化背景下中小城市广播发展探析	王　宇　孙鹿童	中国传媒大学
		互联网思维下的新型主流媒体建构	石长顺　梁媛媛	中国高等院校影视学会

续表

奖次	类别	作品	作者	推荐单位
二等奖	决策管理及其他研究类	新媒体生态下县级广播电视的融合发展之路	孔　莉	中广联合会城市广播电视台工作委员会
		北京电视台的新媒体发展之路	秦新春	北京市广播电视协会
		创新与融合:深挖精挖两会富矿	周文力　刘红明	广西广播电影电视协会
		突发公共事件媒体应急平台构建研究	李冶陶　何　涛	四川省广播电视学会
		互联网时代提高我省广播电视主流媒体传播力研究	段　瑛　杨文珺　谭开燕	云南省广播电视协会
三等奖	内容研究类	文化折扣与国际传播	石　乐	中国国际广播电台学会
		传统媒体热线新闻的创新路径:信息整合和媒介融合	谢先进	北京市广播电视协会
		让典型人物报道“动”起来	唐务逊	大连市广播电视协会
		当代中国传媒语境下电视新闻编辑与观众的收视需求	文　红	山西省广播电视协会
		试论情感类谈话节目主持人的“话语暴力”	刘　健	新疆维吾尔自治区广播电视协会
		新媒体背景下突发事件报道的创新路径	邓晓芳	山东广播电视协会
		论广播新闻的发现	尚晓光	吉林省广播电视协会
		试论纪录片在国际传播中的作用	张　雪	中广联合会对外广播宣传工作委员会
		试论大型晚会主持最佳状态培养	羊　晏	新疆维吾尔自治区广播电视协会
		新传媒环境下广播运营新态势——以甘肃都市调频为例	赵　燕	甘肃广播电视协会
		论媒体公信力建设与新闻专业精神重塑	金跃华	浙江省广播电影电视学会
		融媒体语境下对农广播普法节目传播之问题与对策——以《举案说法》为例	康　乐	中广联合会对农广播宣传工作委员会

续表

奖次	类别	作品	作者	推荐单位
三等奖	内容研究类	新媒体时代广播的内容建设——以青岛新闻广播为例	王丽君	青岛市广播电视协会
		中国电视新闻传播实践中"两种话语"现象辨析	朱天 姚婷	中广联合会西部学术研究基地
		地方媒体如何报道突发性灾害——以抚顺广播电视台抗洪救灾报道为例	刘薇	辽宁省广播电视协会
		国共合作抗战背景下抗战广播宣传的特点及其作用	哈艳秋 张帆	中广联合会广播电视史研究委员会
		地方广播媒体如何讲好中国故事	魏玉玺	贵州省广播电影电视协会
		多板块设置 多元素表达——浅议城市电视台"联播"编排模式的拓展路径	陈斌	安徽省广播电视协会
		影视民族学视角下的安多藏区新闻传播发展方向探析	斗拉加	青海省广播电视协会
	新媒体研究类	国际主流媒体的融合战略分析	黄廓 姜飞	中国国际广播电台学会
		在媒体融合发展中推进现代传播	雷喜梅	武汉广播电视学会
		媒体融合形势下传统媒体的突围	左光瀚	河南省广播电视协会
		试论新媒体环境下传统媒体的发展空间	牟彦彦	中央电视台学会
		融合传播是提升媒体核心竞争力的必由之路	张志军 贾永 杨力科	河北省广播电视协会
		社交媒体使用与身份认同研究:以"皮村"乡城迁移者为例	王锡苓	中广联合会高校传媒研究基地
		浅析"新型主流媒体"之构建	郑甦	福建省广播电视协会
		促进广播与新媒体融合的三件法宝	张亮	吉林省广播电视协会
		社交媒体环境下健康传播发展机遇与挑战——以微博为代表展开讨论	武楠	中广联合会高校传媒研究基地

续表

奖次	类别	作品	作者	推荐单位
三等奖	媒体经营研究类	浅谈全媒体环境下版权管理和交易	李登清　李　佺　许　玲	中广联合会电视版权委员会
		融合背景下的广播生存与发展	尚焕霞	山东广播电视协会
		确立基于受众关系需求的广播媒体新价值	刘星河	南京市广播电影电视学会
		电视媒体的广告智能识别需求和实现探讨	陈定球　孙彦沙　李小旦	湖南省广播电视协会
		跨界融合　谋变破局——新环境下城市电视台经营策略分析	谭春鸿	广州市广播电影电视学会
		基于波特五力模型理论的云视机场频道经营环境分析	李　倩	云南省广播电视协会
	决策管理及其他研究类	探析大数据时代收视率调查体系的创新与优化	汤天甜　江红春	重庆广播电视协会
		著作权集体管理制度现状及展望	李志艳　程守法	山东广播电视协会
		电视媒体实施战略成本管理的目标构想	李晓红　李逸群	陕西广播电视学会
		“互联网 +”时代媒体的责任坚守	江　燕	河北省广播电视协会
		新形势下传统大众媒体存在问题及节目监管对策	赵　洁	福建省广播电视协会
		“向台湾报道台湾”——涉台报道的三个命题	王晓萌	福建省广播电视协会
		豫剧电视剧发展现状分析及对策研究	李　丽	河南省广播电视协会
		2014 年度电视综艺节目网络影响力竞争分析	王　莹	中央电视台学会
		文化类节目的公益坚守与市场突围	黄永文	广西广播电影电视协会
		移动互联时代的广播受众生态以及应对思考——内蒙古广播电视台广播受众调研报告	吴向阳　樊晓峰　塔　娜	内蒙古自治区广播电影电视协会
		反思与重构:法定许可制度下的付酬机制——兼评《著作权法》(修改草案)第五十条	刘东升　李德利	中广联合会电视版权委员会
		从生活方式与审美心理看城乡观众的收视取向	曾学远	江西广播电视协会
		扎根基层　探索“走转改”长效机制——天津农村广播在基层建立采访实践基地的实践与思考	邢小军　王　峙　张洪霞	中广联合会对农广播宣传工作委员会

来源：中国广播电影电视社会组织联合会网站

第四届（2015 年度）全国新闻传播学优秀论文遴选

第四届（2015 年度）全国新闻传播学优秀论文的遴选结果于 2016 年 10 月 15 日召开的第十三届中国传播学大会上揭晓。中国社会科学院图书馆调查与数据中心利用国家哲学社会科学学术期刊数据库等文献资源，搜集了 165 种期刊 2015 年发表的 10831 篇新闻学与传播学论文作为此次遴选的备选文本；经新闻与传播研究所学术委员会委员和各研究室主任的初评、复评，最终以投票的方式从中选出了 10 篇优秀论文。评审委员会给每篇作品撰写遴选意见。

全国新闻传播学优秀论文遴选活动由中国社会科学院新闻与传播研究所于 2013 年创设。

第四届（2015 年度）全国新闻传播学优秀论文遴选结果如下（按论文发表的期刊数顺序排列，同一期刊数按作者姓氏音序排列）。

序号	论文	作者	论文出处
1	我国网络有害信息的范围判定	尹建国	《政治与法律》2015 年第 1 期
2	连续与断裂：帕克与传播研究芝加哥学派神话	刘海龙	《学术研究》2015 年第 2 期
3	告别“街头发言者”：美国网络言论自由二十年	左亦鲁	《中外法学》2015 年第 2 期
4	互联网与观念市场	胡　泳	《国际新闻界》2015 年第 3 期
5	阈限性与城市空间的潜能——一个重新想象传播的维度	潘忠党　於红梅	《开放时代》2015 年第 3 期
6	社交媒体，职业“他者”与“记者”的文化权威之争——以纪许光微博反腐引发的争议为例	陈楚洁　袁梦倩	《新闻大学》2015 年第 5 期
7	新闻生产即记忆实践——媒体记忆领域的边界与批判性议题	李红涛　黄顺铭	《新闻记者》2015 年第 7 期
8	可沟通城市指标体系建构：基于上海的研究（上、下）	复旦大学信息与传播研究中心课题组（课题组成员：谢静、孙玮、潘霁、周海晏、葛星）	《新闻与传播研究》2015 年第 7、8 期
9	论民国新闻事业的起源、发展历程及历史评价问题	倪延年	《现代传播（中国传媒大学学报）》2015 年第 8 期
10	十八世纪中国的新闻与民间传播网络——作为媒介的孙嘉淦伪奏稿	詹佳如	《新闻与传播研究》2015 年第 12 期

全国新闻传播学优秀论文遴选活动评委会为每篇论文撰写的遴选意见如下。

我国网络有害信息的范围判定　尹建国

遴选意见：

《我国网络有害信息的范围判定》一文，紧扣网络治理者和网络使用者、网络经营者的重要关切，契合网络建设的法治需要。其研究探索，具有明确的问题意识和切近的现实意义。作者对网络有害信息范围的类型建构，以及有关“通过制定行政解释基准、创建行政执法指导案例库、发布司法指导案例和参考案例等形式，实现对网络有害信息的统一解释”的建议，不无见地和前瞻性。文中所涉网络有害信息审查标准的持论，虽非完解，但对促进直面这一问题的持续关注和深入思考，或有助益。

连续与断裂：帕克与传播研究芝加哥学派神话　刘海龙

遴选意见：

《连续与断裂：帕克与传播研究芝加哥学派神话》一文，打破了传播学科史由宏大叙事所形成的学派之间的固有知识结构，通过新的文献史料的爬梳与清理，以芝加哥学派重要代表人物帕克的传播思想为轴心，探讨了由凯里发轫与构建的“芝加哥学派”的意义框架，敞现了在芝加哥学派与哥伦比亚学派之间所深藏着的相互性关系，即断裂与联系。作者通过连续性地插入思考的灰色地带，有可能给传播思想史的中国研究带来变数。其学术贡献有以下数端：对元叙事结构形成足够的追问与反省，打破以标签化的方式处理学派之间的复杂关系；触及了西方传播思想史研究中的二元对立问题；显露出“学派”这个概念的合法性危机；对芝加哥学派的质疑与帕克传播思想的发掘，具有原创性的发现；较好地保持了传播学科与学术思想史研究不同学派之间面对面的距离。

告别“街头发言者”：美国网络言论自由二十年　左亦鲁

遴选意见：

《告别“街头发言者”：美国网络言论自由二十年》一文，通过分析和梳理大量文献及案例，探讨了美国法学界如何在网络时代重新思考言论自由，以及这种思考是如何逐渐完成从前网络时代向网络时代转型的。作者解析了“街头发言者”模式的形成过程及其社会条件，指出了网络时代对“街头发言者”模式来自三个方面的挑战，脉络清晰地厘清了其中盘根错节的问题。论文对网络时代“基础设施”的角色和作用的分析尤为切中肯綮，为我们思考言论自由提供了一种全新的可能性，对我们探索言论自由的“中国道路”亦有所助益。

互联网与观念市场　胡泳

遴选意见：

《互联网与观念市场》一文，梳理了“观念市场”（marketplace of ideas）概念的西方理论由来和发展，研究了在互联网传播中，中外学者对这一概念的理解和差异，讨论了观念市场在互联网语境下的适用度，以及大规模参与对观念市场的影响等问题。论文对互联网传播应用这一观念颇有新见，认为“这一模式也有其有力的地方，因为它强调表达自由的重要性，以及信息在观念市场中自由交换所带来的益处”。该文理路清晰，注重前后联系，明晰勾勒了个人见解。

阈限性与城市空间的潜能——一个重新想象传播的维度　潘忠党　於红梅

遴选意见：

《阈限性与城市空间的潜能——一个重新想象传播的维度》一文，借用文化人类学的“阈限性”概念，探讨全球化和新媒体时代空间与人的传播实践的互构动态关系，以重新想象新媒体时代的传播学研究。作者通过缜密的论证，提出“阈限性与城市空间的潜能共同构成重新想象传播学的一个维度”——经由阈限，人们获取共融的体验，这是一个主体及其能动性得以建设并经历的过程，公共性则在构成主体性的“主体间性”中产生。这一观点为我们打开了聚焦人的实践以及在实践中实现行动者的主体性这样一个考察空间的理论视域。

社交媒体，职业“他者”与“记者”的文化权威之争——以纪许光微博反腐引发的争议为例　陈楚洁　袁梦倩

遴选意见：

《社交媒体，职业“他者”与“记者”的文化权威之争——以纪许光微博反腐引发的争议为例》一文，以某“微博曝料者”在雷政富不雅视频事件中的争议表现为例，运用社会学的研究方法，重申了“好记者”的职业边界和文化权威。该文的学术贡献不仅在于较好地提供了一个借鉴国外研究方法考察本土新闻界现实问题的有说服力的案例，而且对于在网络新媒体传播环境下如何重新定义“好记者”乃至“好媒体”，都具有令人耳目一新的有益启示。

新闻生产即记忆实践——媒体记忆领域的边界与批判性议题　李红涛　黄顺铭

遴选意见：

媒体与记忆是21世纪多学科研究的热点。《新闻生产即记忆实践——媒体记忆领域的边界与批判性议题》一文，通过清理已有的学术成果，重新界定了媒体记忆研究的边界与内涵，提出媒体记忆的研究应以新闻媒体为核心，聚焦新闻媒体与记忆建构的关联及其社会影响。论文将新闻生产视为记忆实践的主张，以及由此所引出的多元扩展的传播研究与反思性议题，为传播学介入记忆领域的探讨，审视过去与当下的历史文化，并争取独特的理论创见，寻找到可能的路径与突破口；同时，也为传播取向的媒体与记忆的跨学科研究，提供了视野开阔的脉络与框架。

可沟通城市指标体系建构：基于上海的研究（上、下）

复旦大学信息与传播研究中心课题组，课题组成员：谢静、孙玮、潘霁、周海晏、葛星

遴选意见：

在主流传播研究普遍关注信息传递的过程，注重信息传递的效果而非传播建构的意义，强调虚拟性大众传播相对于实体空间传播的优越性，以及将世界与媒介的关系简单理解为“真实—再现”关系的学术氛围下，《可沟通城市指标体系建构：基于上海的研究》（上、下）一文提出了“可沟通城市”概念，并在此概念下，突破既有城市研究的褊狭、隔离状况，打通城市研究的学科壁垒，以传播的观念回应了各个维度的城市问题。研究所建立起的城市评估体系克服了现存评估指标体系的缺憾，能够更全面反映人们对于理想城市的期待。该项研究通过理论的综合与包容，以及扎实的城市沟通实证，将传播的丰富意义凸显出来，彰显了曾经被遮蔽的元素，打破了传递与接收的二元对立，通过中介化实践将二者融合为一体。

论民国新闻事业的起源、发展历程及历史评价问题　倪延年

遴选意见：

《论民国新闻事业的起源、发展历程及历史评价问题》一文，以客观史实为支撑对学术界存在定义不清的几组概念进行了重新界定，提出了自己新的见解。比如，论证了“‘中华民国新闻事业的起源时间点’可追溯到孙中山1893年7月在澳门参与《镜海丛报》的发行活动”。带着批判精神对过去学界划分的民国新闻业五个阶段提出了质疑，认为应以“中华民国”中央政府为存在前提断代新闻史，划分民国新闻史发展阶段的逻辑基点也应是“中华民国”政府演变过程中的重大事件时间点，而不是其他社会政治事件，并据此给出了新的分期界定。并且，从正反两个方

面客观梳理评价了民国新闻业的发展状况。该文将新闻史研究回归到对历史文本的客观解读之上，具有重要的学术参考价值。

十八世纪中国的新闻与民间传播网络——作为媒介的孙嘉淦伪奏稿　　詹佳如

遴选意见：

《十八世纪中国的新闻与民间传播网络——作为媒介的孙嘉淦伪奏稿》一文，饶有新意地考察和描述了明朝中期市镇贸易的繁荣与社会的市场化过程，如何助使奏稿这样的政治性媒介组织起纵横交错的民间传播网络，从而满足同时也创造出政治权力与民间讯息互动的新需求与新资源。其研究成果为理解近代中国新旧传媒交迭更替的内生动力及其多样化的连续性提供了独特的观点和视角。

供稿：中国社会科学院新闻与传播研究所

中国新闻史学会第二届“新闻传播学学会奖”

2015年12月15日，中国新闻史学会发出《第二届“新闻传播学学会奖”作品征集通知》，重申“新闻传播学学会奖”的设立，旨在通过评选、奖励新闻与传播学研究的优秀成果，凝聚学界力量、弘扬学术精神，激励学术新人的成长，促进中国新闻与传播学的深入开展。第二届“新闻传播学学会奖”评选2014年1月1日—2015年12月31日发表于国内国际学术期刊的论文、国内外出版社出版的著作，每项奖项中同学科著作类作品不超过1件。与第一届评选相比，通知规定：本届起在“优秀学术奖”中设立“方汉奇奖”，即新闻与传播史专项成果奖。以中国新闻史学会创始人方汉奇命名的该奖项，目的是鼓励新闻与传播史的研究。新闻与传播史类研究成果，除可申请新闻学与传播学相关成果奖项外，同时可申请此专项奖。

新闻传播学学会奖由新闻与传播学界国家一级学会中国新闻史学会主办，由教育部高等学校新闻传播学类专业教学指导委员会合办。2016年2月29日，作品征集截止。2016年4月5日前，作品完成了专家双盲式评审；4月9日，学会奖定评会在清华大学新闻与传播学院举行。4月23日，评选结果在厦门召开的常务理事会上审议通过。4月29日至5月6日，第二届“新闻传播学学会奖”评选结果进行了公示。6月26日，在广州暨南大学举办的“2016年中国新闻史学会学术年会”上举行了第二届新闻传播学学会奖颁奖典礼。第二届“新闻传播学学会奖”获奖作品和人选名单如下。

<table>
<tr><th>序号</th><th>奖项</th><th>等级</th><th>获奖作品</th><th>获奖者</th><th>获奖作品出版者</th></tr>
<tr><td rowspan="8">1</td><td rowspan="8">优秀学术奖（“方汉奇奖”——新闻与传播史专项）</td><td>一等奖</td><td>《中国近代新闻思想史》（增订本）上、下卷两册</td><td>胡太春</td><td>东方出版社2015年12月版</td></tr>
<tr><td rowspan="2">二等奖</td><td>《再论新记〈大公报〉与蒋政府之关系——以吴鼎昌与蒋介石的交往为中心的考察》</td><td>俞　凡</td><td>《新闻与传播研究》2015年第1期</td></tr>
<tr><td>《半殖民主义语境中的“断裂”报格：北方小型报先驱〈实报〉与报人管翼贤》</td><td>李杰琼</td><td>中国社会科学出版社2015年1月版</td></tr>
<tr><td rowspan="5">三等奖</td><td>《当代中国传媒史1978—2010》</td><td>李　春</td><td>漓江出版社2014年6月版</td></tr>
<tr><td>《从“Thibet”到“Tibet”：近现代美国入藏考察与〈纽约时报〉涉藏报道》</td><td>妥超群
韩　亮</td><td>《新闻与传播研究》2015年第1期</td></tr>
<tr><td>《台湾民主转型中新闻传播的变迁与发展——一项基于对台湾新闻传播界深度访谈的研究》</td><td>向　芬</td><td>《厦门大学学报》（哲学社会科学版）2015年第3期</td></tr>
<tr><td>《耶路撒冷与麦迪逊大道有何相关——李尔斯关于美国广告文化起源的新教伦理阐释》</td><td>祝　帅</td><td>《国际新闻界》2015年第11期</td></tr>
</table>

续表

序号	奖项	等级	获奖作品	获奖者	获奖作品出版者
	优秀学术奖（新闻学与传播学）	一等奖	《"国家"的分化、控制网络与冲突性议题传播的机会结构》	夏倩芳 袁光锋	《开放时代》2014年第1期
		二等奖	《基督教传播与大众媒介》	许正林	上海人民出版社2015年6月版
			《在线集体记忆的协作性书写——中文维基百科"南京大屠杀"条目（2004—2014）的个案研究》	黄顺铭 李红涛	《新闻与传播研究》2015年第1期
			《多种声音 一个世界——中国与国际媒体互引的社会网络分析》	吴　瑛 李　莉 宋韵雅	《新闻与传播研究》2015年第9期
		三等奖	《媒体作为调停人：公民行动与公共协商》	曾繁旭	上海三联书店2015年6月版
			《声音的竞争：解构企业公共关系影响新闻生产的机制》	邓理峰	中国传媒大学出版社2014年1月版
			《社会化媒体与空间的社会化生产——列斐伏尔和福柯"空间思想"的批判与对话机制研究》	刘　涛	《新闻与传播研究》2015年第5期
			《泛在时代的"传播的偏向"及其文明特征》	李　沁	《国际新闻界》2015年第5期
			《新媒体技术采纳的"间歇性中辍"现象研究：来自东西方的经验证据》	张明新 叶银娇	《新闻与传播研究》2014年第6期
			《记者职业地位的殒落："自我认同"的贬斥与"社会认同"的错位》，	赵云泽	《国际新闻界》2014年第12期
2	卓越学术奖		《中国近代报业发展史1815—1874》（增订新版）	卓南生	中国社会科学出版社2015年5月版
3	杰出青年奖			周葆华	
4	终身成就奖			何梓华	
				赵玉明	
5	组委会特别奖		《守护好我们的精神家园——白凯文少数民族文化文选》	白润生	人民日报出版社2014年5月版
			（1）《寻找方大曾》（纪录片）； （2）《方大曾：消失与重现》（著作）	冯雪松	（1）中国摄影出版社2000年版；（2）上海世纪出版集团2014年版
6	组委会特别成就奖			于　友	

供稿：邓绍根（中国新闻史学会联席秘书长）

第十篇
科研项目

项目名录

国家社科基金2016年度重大项目立项一览表（新闻学与传播学）

国家社科基金2016年度重点项目、一般项目、青年项目立项一览表（新闻学与传播学）

国家社科基金2016年度西部项目立项情况（新闻学与传播学）

国家社科基金2016年度中华学术外译项目立项名单（新闻学与传播学）

国家社科基金2016年度后期资助项目立项名单（新闻学与传播学）

国家社科基金2016年度后期资助项目结项名单（新闻学与传播学）

教育部2016年度人文社会科学重点研究基地重大项目（新闻学与传播学）

教育部2016年度人文社会科学研究规划基金、青年基金、自筹经费项目（新闻学与传播学）

教育部2016年度人文社会科学研究西部和边疆地区项目立项（新闻学与传播学）

国家新闻出版广电总局2016年度部级社科研究项目立项名单

国家社科基金2016年度重大项目立项一览表
（新闻学与传播学）

批准号	课题名称	首席专家	责任单位
第一批			
16ZDA008	基于大数据的中国宏观经济景气衡量方法研究	刘涛雄	清华大学
16ZDA013	信息网络技术驱动中国制造业转型战略、路径和支撑体系研究	张金隆	华中科技大学
16ZDA014	“互联网+”驱动传统产业创新发展路径及模式研究	梅国平	江西师范大学
16ZDA015		张　骁	南京大学
16ZDA044	基于“互联网+”新动能成长的我国绿色制造体系构建研究	张　伟	南京航空航天大学
16ZDA047	基于大数据融合的气象灾害应急管理研究	李廉水	南京信息工程大学
16ZDA059	大数据驱动下的政府治理能力建设研究	张小劲	清华大学
16ZDA074	中国参与网络空间国际规则制定研究	黄志雄	武汉大学
16ZDA085	大数据时代计算社会科学的产生、现状与发展前景研究	李　强	清华大学
16ZDA086		罗教讲	武汉大学

来源：全国哲学社会科学规划办公室网站

国家社科基金2016年度重点项目、一般项目、青年项目立项一览表
（新闻学与传播学）

课题名称	负责人	工作单位	所在省市	项目类别	预期成果	计划完成时间	批准号
移动传播背景下的新闻理论更新与实践对策研究	谢金文	上海交通大学	上海	重点项目	专著 论文集	2019/6/30	16AXW001
新媒体生态下党报评论的国际传播与效果评估研究	卢新宁	人民日报社	机关	重点项目	专著 论文集	2018/12/31	16AXW002

续表

课题名称	负责人	工作单位	所在省市	项目类别	预期成果	计划完成时间	批准号
主流媒体运用移动传播、推动媒体融合发展的现状、前景及其影响和对策研究	杜飞进	人民日报社	机关	重点项目	专著 研究报告	2019/6/30	16AXW003
中国出版人口述史研究及数据库建设	魏玉山	中国新闻出版研究院	机关	重点项目	研究报告 其他	2019/6/30	16AXW004
中国对缅甸国际传播效果评估研究	单晓红	云南大学	云南	重点项目	研究报告	2018/8/30	16AXW005
国外互联网治理的理念、模式及借鉴研究	王四新	中国传媒大学	高校	重点项目	研究报告	2018/12/31	16AXW006
海外华文传媒促进“一带一路”信息互联互通的机制创新研究	彭伟步	暨南大学	广东	重点项目	专著	2019/6/30	16AXW007
新媒体视觉文化传播研究	于德山	南京师范大学	江苏	重点项目	专著 论文集	2019/12/30	16AXW008
从苏区到延安时期马克思主义新闻思想中国化的历程及经验研究	张品良	江西财经大学	江西	一般项目	专著	2018/12/30	16BXW001
社会底层青年群体心理极化的传媒干预研究	李春雷	江西师范大学	江西	一般项目	专著 研究报告	2018/12/30	16BXW002
大数据时代青少年诚信发展及培育机制研究	吴月华	上海交通大学	上海	一般项目	论文集 研究报告	2019/9/30	16BXW003
严肃游戏传播社会主义核心价值观的设计策略与运行模式研究	陈月华	哈尔滨工业大学	黑龙江	一般项目	专著	2018/6/30	16BXW004
网络新闻框架对大学生政治参与影响和引导机制研究	靳雪莲	重庆邮电大学	重庆	一般项目	专著 论文集	2019/6/30	16BXW005
“新报刊史”视阈下革命文化的城市传播史研究（1949—1966）	董　倩	上海社会科学院	上海	一般项目	专著	2020/6/30	16BXW006

续表

课题名称	负责人	工作单位	所在省市	项目类别	预期成果	计划完成时间	批准号
基于民族认同感的两岸媒体抗日集体记忆话语研究	周海燕	南京大学	江苏	一般项目	专著 研究报告	2018/12/31	16BXW007
抗战大后方新闻史研究(1937—1945)	蔡 斐	西南政法大学	重庆	一般项目	专著	2019/12/30	16BXW008
抗战时期日本在华新闻侵略与殖民传播研究(1931—1945)	齐 辉	重庆大学	重庆	一般项目	专著	2019/12/31	16BXW009
冷战时期两岸文宣研究(1949—1991)	向 芬	中国社会科学院	社科院	一般项目	专著	2020/12/31	16BXW010
新中国连环画传播史研究	蒋新平	广西民族大学	广西	一般项目	专著	2019/6/30	16BXW011
中国近现代媒介批评的逻辑与范型研究	胡 丹	南昌大学	江西	一般项目	专著	2020/6/30	16BXW012
清末民初日本在华报纸研究(1901—1921)	曹晶晶	苏州大学	江苏	一般项目	研究报告	2019/6/30	16BXW013
基于大数据的政府网络传播力评估与研究	谭 天	暨南大学	广东	一般项目	研究报告	2019/6/30	16BXW014
基于公众低碳态度与行为的政府气候传播机制研究	徐 红	中南民族大学	湖北	一般项目	专著	2019/12/31	16BXW015
媒介融合深化背景下“数据驱动的新闻生产”之现状、趋势及支持生态系统研究	邓建国	复旦大学	上海	一般项目	研究报告	2019/6/30	16BXW016
我国社会性科学议题的科学传播模式与公众认知模式的偏差研究	吴琦来	中国科学技术大学	安徽	一般项目	论文集	2019/12/31	16BXW017
我国数据新闻的理念、实践及其人才培养模式研究	许向东	中国人民大学	高校	一般项目	专著 论文集	2018/12/31	16BXW018
新媒体编辑的叙事规律研究	李建伟	河南大学	河南	一般项目	专著 研究报告	2018/6/30	16BXW019

续表

课题名称	负责人	工作单位	所在省市	项目类别	预期成果	计划完成时间	批准号
大数据与国家品牌形象的构建研究	段淳林	华南理工大学	广东	一般项目	专著 研究报告	2019/12/31	16BXW020
当代英国纸质媒体中的中国形象研究(1950—2015)	胡衬春	南通大学	江苏	一般项目	专著 论文集	2019/12/30	16BXW021
提高我国藏区党媒"两微一端"的传播力研究	詹　恂	电子科技大学	四川	一般项目	研究报告 论文集	2019/6/30	16BXW022
舆情生态治理下的政务新媒体传播路径及效果研究	邹　煜	中国传媒大学	高校	一般项目	论文集 研究报告	2018/12/31	16BXW023
媒介融合背景下我国新型主流媒体的竞争力构建与评价研究	操　慧	四川大学	四川	一般项目	专著	2021/7/1	16BXW024
"互联网+"时代传媒产业价值链重构与生态化转型研究	吴玉玲	北京工商大学	北京	一般项目	论文集	2019/6/30	16BXW025
新媒体时代的媒体商业模式创新研究	张建中	西安外国语大学	陕西	一般项目	专著	2018/5/25	16BXW026
移动互联网时代传统媒体移动化转型路径及策略研究	官建文	人民网股份有限公司	机关	一般项目	研究报告	2018/12/31	16BXW027
资本、技术、制度影响下的网络媒体内容生产研究	申玲玲	西北政法大学	陕西	一般项目	专著	2019/12/31	16BXW028
《辞源》百年编修出版研究	彭小琴	河南科技大学	河南	一般项目	论文集 研究报告	2019/6/30	16BXW029
出版生态视野下数字阅读消极影响的消解路径研究	周　斌	北京印刷学院	北京	一般项目	专著 研究报告	2019/12/1	16BXW030
数据资产视角下出版大数据的构建与应用模式研究	张　博	上海理工大学	上海	一般项目	论文集 研究报告	2018/12/31	16BXW031

续表

课题名称	负责人	工作单位	所在省市	项目类别	预期成果	计划完成时间	批准号
数字出版视阈下的公有领域问题研究	刘蒙之	陕西师范大学	陕西	一般项目	研究报告	2019/12/10	16BXW032
学术著作出版机制建设研究	刘永红	人民出版社	机关	一般项目	论文集 研究报告	2018/6/30	16BXW033
民营影视产业发展研究	詹成大	浙江传媒学院	浙江	一般项目	专著 其他	2018/6/30	16BXW034
中国电视剧规避“文化折扣”的策略研究	李法宝	华南师范大学	广东	一般项目	专著	2019/12/30	16BXW035
中国话语电视节目在海外受众中的传播效果研究	刘燕南	中国传媒大学	高校	一般项目	专著 研究报告	2018/12/30	16BXW036
BBC中国题材记录片与中华文化对外传播话语体系研究（2000—2015）	王 鑫	辽宁大学	辽宁	一般项目	专著 论文集	2020/6/30	16BXW037
基于泛在媒体网络的中国电影跨文化绩效提升涂径研究	李 敏	南京航空航天大学	江苏	一般项目	论文集 研究报告	2019/12/30	16BXW038
微电影价值引导及创作传播机制研究	徐 莹	浙江理工大学	浙江	一般项目	论文集	2018/12/31	16BXW039
新媒体时代中国广播剧振兴路径研究	徐伟东	东北师范大学	吉林	一般项目	专著	2019/12/30	16BXW040
战后日本二战题材的纪录片研究	崔亚娟	北京联合大学	北京	一般项目	研究报告	2019/12/30	16BXW041
大数据时代网络舆情和社会治理研究	骆正林	南京师范大学	江苏	一般项目	专著 研究报告	2019/12/30	16BXW042
“网络欺凌治理”的国际经验及其对我国网络治理的启示研究	王哲平	浙江工业大学	浙江	一般项目	论文集 研究报告	2019/7/30	16BXW043
中国礼文化传播与认同建构研究	张兵娟	郑州大学	河南	一般项目	专著	2019/6/30	16BXW044
健全社会公共事件网络舆情监控、预警及治理机制研究	涂 艳	中央财经大学	高校	一般项目	论文集 研究报告	2018/12/30	16BXW045

续表

课题名称	负责人	工作单位	所在省市	项目类别	预期成果	计划完成时间	批准号
讲好中国故事的"元叙事"传播战略研究	陈先红	华中科技大学	湖北	一般项目	论文集 研究报告	2019/12/31	16BXW046
大数据对心理战信息传播的影响及对策研究	张前承	解放军西安政治学院	军队	一般项目	研究报告 论文集	2017/12/30	16BXW047
数字代沟、数字反哺与老龄化社会媒体素养提升研究	周裕琼	深圳大学	广东	一般项目	论文集 研究报告	2019/7/1	16BXW048
网络政治传播与青年政治认同研究	吕催芳	广西大学	广西	一般项目	研究报告	2019/12/31	16BXW049
新媒体情境下的宗教传播研究	张少科	中山大学	广东	一般项目	论文集	2019/12/31	16BXW050
当代日本对华舆论形成的结构和机制研究	周维宏	北京外国语大学	高校	一般项目	专著 工具书	2018/12/30	16BXW051
对外传播中的译语话语权研究	熊　欣	广西科技大学	广西	一般项目	专著	2019/12/20	16BXW052
基于大数据的中国大陆英文媒体"中国梦"对外传播效果及叙事策略研究	程　维	北京第二外国语学院	北京	一般项目	专著 研究报告	2019/12/1	16BXW053
媒介化公共外交的机制与运用策略研究	赵鸿燕	对外经济贸易大学	高校	一般项目	论文集	2019/7/1	16BXW054
中医药文化在欧美传播的话语体系研究	吴　凯	云南中医学院	云南	一般项目	研究报告	2019/6/30	16BXW055
微传播的舆情分析与治理路径研究	方金友	安徽省社会科学院	安徽	一般项目	研究报告	2018/12/30	16BXW056
新媒体时代证券市场舆论引导研究	刘瑾鸿	中央民族大学	高校	一般项目	专著	2019/7/30	16BXW057
"两微一端"时代反沉默螺旋传播及网络舆情引导机制研究	马　龙	武警部队学院	军队	一般项目	专著 研究报告	2019/2/15	16BXW058
本土媒体报道国际新闻的跨文化伦理问题与解决路径研究	唐佳梅	广东外语外贸大学	广东	一般项目	论文集 研究报告	2018/12/30	16BXW059

续表

课题名称	负责人	工作单位	所在省市	项目类别	预期成果	计划完成时间	批准号
媒介形态变迁背景下的受众研究	陈 静	浙江财经大学	浙江	一般项目	专著	2019/12/30	16BXW060
"一带一路"背景下中国对东盟地区的国家形象传播战略研究	吴献举	广东财经大学	广东	一般项目	专著	2021/6/30	16BXW061
"一带一路"沿线国家汉语教材中国形象传播策略研究	樊小玲	华东师范大学	上海	一般项目	专著 研究报告	2019/6/1	16BXW062
中国与"一带一路"沿线支点国家文化产业优先合作领域的战略选择研究	冯根尧	绍兴文理学院	浙江	一般项目	研究报告	2019/6/30	16BXW063
中华蚕桑文化传播融入"一带一路"话语体系构建研究	陶 红	西南大学	重庆	一般项目	论文集 研究报告	2019/12/31	16BXW064
近现代回族报刊与回族国家认同构建研究	刘 莉	宁夏大学	宁夏	一般项目	专著	2021/6/30	16BXW065
融媒时代社会群体性突发事件信息传播及负面效应控制机制研究	熊 萍	湖南第一师范学院	湖南	一般项目	专著 研究报告	2019/12/30	16BXW066
社会思潮视阈下突发公共事件中的话语竞争与价值引领研究	王玉玮	暨南大学	广东	一般项目	专著 其他	2018/12/30	16BXW067
媒介接触与使用对流动儿童社会化的影响研究	王 倩	山东师范大学	山东	一般项目	专著 研究报告	2019/4/30	16BXW068
网络空间未成年人保护的法律规制研究	彭焕萍	河北大学	河北	一般项目	专著	2020/12/31	16BXW069
性别议题的媒体表达与提升国际话语权研究	刘利群	中华女子学院	高校	一般项目	研究报告	2018/12/31	16BXW070

续表

课题名称	负责人	工作单位	所在省市	项目类别	预期成果	计划完成时间	批准号
全媒体语境下宗教极端思想“伊吉拉特”在新疆的传播及其应对策略研究	罗小东	新疆大学	新疆	一般项目	研究报告	2018/6/30	16BXW071
社会化媒体传播对西北回族地区文化生态影响机制研究	顾广欣	宁夏大学	宁夏	一般项目	专著 论文集	2018/12/30	16BXW072
微博语境下西南边疆地区党报舆论正向引导机制研究	周燕琳	广西财经学院	广西	一般项目	研究报告	2019/12/30	16BXW073
维吾尔族青年网络政治参与及话语表达研究	金玉萍	新疆大学	新疆	一般项目	研究报告	2019/6/30	16BXW074
乡村传播学视野下的乡村文化建设路径创新研究	谢太平	西南政法大学	重庆	一般项目	论文集 研究报告	2020/12/30	16BXW075
新媒体语境下“河西走廊”多民族地区政治传播研究	朱　杰	西北民族大学	甘肃	一般项目	专著 研究报告	2018/12/30	16BXW076
新闻传播对藏羌彝文化产业走廊的协同创新作用研究	俞运宏	西南民族大学	四川	一般项目	专著 论文集	2019/12/30	16BXW077
社会动员中的网络情绪研究	周　莉	华中师范大学	湖北	一般项目	专著 研究报告	2019/12/31	16BXW078
社交媒体环境下的政治传播研究	彭　剑	四川省社会科学院	四川	一般项目	研究报告 专著	2018/10/30	16BXW079
移动互联网背景下新型农业科技传播模式及网络构建研究	李天龙	西安邮电大学	陕西	一般项目	研究报告	2019/6/30	16BXW080
扶贫传播与革命老区贫困人口社会发展研究	张瑜烨	湖北大学	湖北	一般项目	研究报告	2019/12/31	16BXW081
社会性别视角下的媒介暴力及其话语研究	范红霞	浙江大学城市学院	浙江	一般项目	专著	2019/8/31	16BXW082

续表

课题名称	负责人	工作单位	所在省市	项目类别	预期成果	计划完成时间	批准号
基于新媒体的民意表达与公共政策的互动机制研究	何志武	华中科技大学	湖北	一般项目	专著	2018/12/31	16BXW083
新广告法语境下中国互联网广告监管制度研究	唐　英	成都理工大学	四川	一般项目	专著 研究报告	2018/7/15	16BXW084
新环保法下我国民族地区企业环境信息公开与舆论监督问题研究	颜春龙	贵州民族大学	贵州	一般项目	研究报告	2018/12/31	16BXW085
中国当代广告口述史(1979—2010)	祝　帅	北京大学	高校	一般项目	专著 其他	2018/12/31	16BXW086
中国互联网广告监管制度研究	廖秉宜	武汉大学	湖北	一般项目	专著 论文集	2018/12/30	16BXW087
基于大数据分析的社交网络用户身份构建研究	吕宇翔	清华大学	高校	一般项目	研究报告	2018/6/30	16BXW088
集体行动论下的新媒体社群组织研究	张传香	天津师范大学	天津	一般项目	专著	2020/6/30	16BXW089
社交媒体传播与“健康中国”构建研究	赵高辉	东华大学	上海	一般项目	专著	2019/6/30	16BXW090
移动传播的现状、前景及其影响和对策研究	黄楚新	中国社会科学院	社科院	一般项目	专著	2018/12/16	16BXW091
大数据与个人信息隐私安全研究	申　琦	华东师范大学	上海	一般项目	研究报告	2019/6/30	16BXW092
基于门槛分布规律的谣言扩散模式与引导机制研究	陈雪奇	四川大学	四川	一般项目	研究报告	2019/6/30	16BXW093
网络媒体伦理规范研究	阴卫芝	中国政法大学	高校	一般项目	专著	2019/12/31	16BXW094
微博民间舆论场发育、构建与风险规避研究	鲁佑文	湖南大学	湖南	一般项目	论文集 研究报告	2019/6/20	16BXW095

续表

课题名称	负责人	工作单位	所在省市	项目类别	预期成果	计划完成时间	批准号
中国动画产业创新发展研究	耿　蕊	长沙理工大学	湖南	一般项目	论文集 研究报告	2019/12/30	16BXW096
青少年网络族群冲突的驱动机制研究	胡菡菡	南京大学	江苏	一般项目	专著	2019/5/20	16BXW097
传播学视阈下中国留学生政治观念及行为的影响因素研究	林功成	中山大学	广东	青年项目	论文集	2019/6/30	16CXW001
台湾大学生的媒介素养与政治认同研究	罗　慧	厦门大学	福建	青年项目	专著	2020/12/31	16CXW002
知识社会学视角下争议性科学议题的多元建构与传播研究	高芳芳	浙江大学	浙江	青年项目	论文集	2019/6/30	16CXW003
东北地区革命文化传播史研究（1905—1949）	田　雷	黑龙江大学	黑龙江	青年项目	专著	2019/6/30	16CXW004
民国报刊新闻述评的发生研究(1911.10—1949.9)	刘英翠	河南大学	河南	青年项目	专著	2018/12/28	16CXW005
党报在移动智能终端上的传播效果研究	张梓轩	北京交通大学	高校	青年项目	研究报告 其他	2019/9/1	16CXW006
大数据时代新闻业的发展形态与发展趋势研究	周海晏	复旦大学	上海	青年项目	论文集 研究报告	2018/12/31	16CXW007
应对城市大型集会舆情风险的政府危机传播困境及对策研究	刘　路	四川师范大学	四川	青年项目	论文集 研究报告	2019/12/31	16CXW008
党管媒体原则在国有传媒企业治理中的实践路径及效应研究	殷　琦	厦门大学	福建	青年项目	专著	2019/6/30	16CXW009
媒体融合背景下新型主流媒体建构及绩效评价研究	李睿渊	浙江传媒学院	浙江	青年项目	研究报告	2019/12/31	16CXW010
传统媒体和新兴媒体融合发展中的版权授权机制研究	付继存	清华大学	高校	青年项目	研究报告	2018/12/31	16CXW011

续表

课题名称	负责人	工作单位	所在省市	项目类别	预期成果	计划完成时间	批准号
数字出版模式下少数民族地区文化传承的版权问题研究	张慧春	内蒙古大学	内蒙古	青年项目	专著	2018/12/31	16CXW012
“互联网＋”时代电视媒体的转型研究	柴巧霞	湖北大学	湖北	青年项目	专著	2019/9/30	16CXW013
中国电视纪录片中的国家形象研究	陈　婷	上海政法学院	上海	青年项目	专著	2019/6/30	16CXW014
中国文化人类学纪录片创作理念的嬗变研究(1957—2015)	赵　鑫	曲阜师范大学	山东	青年项目	专著	2020/12/31	16CXW015
基于社交媒体的健康传播话题与趋势监测研究	何　睿	上海财经大学	上海	青年项目	研究报告 其他	2018/12/31	16CXW016
基于移动互联网的信息传播路径与扩散模式研究	易　龙	中南大学	湖南	青年项目	专著 研究报告	2019/12/31	16CXW017
争议性科技议题的公众参与科学传播研究	胥琳佳	中国科学院大学	高校	青年项目	研究报告	2018/6/30	16CXW018
移动互联时代信息传播动力学模型构建及应用研究	宋广华	中南财经政法大学	湖北	青年项目	论文集 研究报告	2019/12/31	16CXW019
新媒体环境下以“标志性建筑”为对象的中国国家形象传播研究	李凌燕	同济大学	上海	青年项目	专著 研究报告	2018/12/30	16CXW020
基于“情感”视角的当代中国公共舆论研究	袁光锋	南京大学	江苏	青年项目	专著 论文集	2020/12/31	16CXW021
网络公共事件中政府舆论传播的受众反向认知研究	刘　锐	上海交通大学	上海	青年项目	论文集 研究报告	2019/12/31	16CXW022
我国法律引入“被遗忘权”的可行性研究	李　兵	浙江工业大学	浙江	青年项目	专著	2019/6/30	16CXW023

续表

课题名称	负责人	工作单位	所在省市	项目类别	预期成果	计划完成时间	批准号
“一带一路”背景下中国在东盟地区的国家话语权建构和战略传播研究	罗　奕	广西艺术学院	广西	青年项目	研究报告	2019/7/31	16CXW024
丝绸之路文化的网络符号生产与认同机制研究	王小英	西北师范大学	甘肃	青年项目	专著	2019/12/31	16CXW025
中国语境下媒体参与构建和谐劳动关系的理念与路径研究	吴　麟	中国劳动关系学院	高校	青年项目	研究报告	2019/12/31	16CXW026
精准扶贫政策信息的多级流动与数字化传播对策研究	孟　伦	河海大学	江苏	青年项目	专著 论文集	2019/12/30	16CXW027
乡村文化符号传播中的时间介质研究	彭凌玲	大连理工大学	辽宁	青年项目	论文集 研究报告	2019/12/30	16CXW028
网络动员在国外社会骚乱事件中的作用机制与管理模式研究	张恒山	南京财经大学	江苏	青年项目	专著 研究报告	2019/12/31	16CXW029
老年群体社交媒体使用困境及其社会支持研究	石晋阳	扬州大学	江苏	青年项目	专著 论文集	2019/6/30	16CXW030
基于多点民族志方法的农村互联网实践及其社会生活影响研究	冯　强	武汉大学	湖北	青年项目	专著 论文集	2019/6/30	16CXW031
民族地区公众网络参与社会政策与社会认同度提升的关系研究	杨逐原	贵州民族大学	贵州	青年项目	专著	2019/12/31	16CXW032
中日动漫文化价值导向及其传播效果比较研究	邓　进	广西师范大学	广西	青年项目	论文集 研究报告	2021/7/1	16CXW033
大数据背景下恐怖主义信息的新媒体传播及其应对研究	石小川	武汉大学	湖北	青年项目	论文集 研究报告	2018/12/31	16CXW034

续表

课题名称	负责人	工作单位	所在省市	项目类别	预期成果	计划完成时间	批准号
移动互联网时代青年网民的公共舆论事件参与研究	李先知	首都经济贸易大学	北京	青年项目	研究报告 论文集	2019/6/30	16CXW035
新常态背景下中国网络社会心态演进研究	郑　雯	复旦大学	上海	青年项目	论文集 研究报告	2019/6/30	16CXW036
自媒体侵犯名誉权的归责问题研究	李　洋	西北大学	陕西	青年项目	专著 论文集	2019/12/30	16CXW037

来源：全国哲学社会科学规划办公室网站

国家社科基金2016年度西部项目立项情况
（新闻学与传播学）

课题名称	姓　名	单　位
“一带一路”对外传播话语权的生成逻辑及实现机制研究	赵　波	成都理工大学
大数据时代网络思想政治教育模式创新及实证研究	李怀杰	电子科技大学
网络时代暴恐信息传播法律治理创新研究	赵丽莉	新疆财经大学
李善兰传播西方科学历史研究	张必胜	遵义医学院
美国主流媒体中的新疆形象（2000— ）	李晓峰	新疆大学
大众创业背景下社会网络对大学生就业的作用机理研究	谭建伟	重庆理工大学

来源：全国哲学社会科学规划办公室网站

国家社科基金2016年度中华学术外译项目立项名单
（新闻学与传播学）

学科	项目名称（中文）	原著作者或主编	资助文版	申请人
新闻学与传播学	符号中国	隋　岩	韩文	隋岩（中国传媒大学）
新闻学与传播学	符号中国	隋　岩	俄文	隋岩（中国传媒大学）

来源：全国哲学社会科学规划办公室网站

国家社科基金2016年度后期资助项目立项名单
（新闻学与传播学）

项目名称	申请人	工作单位
中国文化传播与国家软实力	杨永军	山东师范大学
华夏传播观念研究	邵培仁	浙江大学
颠覆与重构:危机沟通新论	陈　虹	华东师范大学
两种范式的对话:西方媒介效果研究的历程与转向	张　卓	武汉大学
世博会在中国近代百年传播研究(1851—1949)	魏殿林	中国计量大学
中国近代书刊形态变迁研究	沈　珉	浙江工商大学
互联网时代媒体平台经济发展的理论与实践	林　翔	武汉工商学院
中国网民网络媒介素养实证研究	王天德	浙江传媒学院
互联网时代的影像新闻研究	彭华新	深圳大学
政府门户网站公众满意度概念模型研究	李海涛	中山大学
会议新闻传播活动论	李春雨	绥化学院
中国西部民族地区媒介素养培养模式研究	李　苓	四川大学

来源：全国哲学社会科学规划办公室网站

国家社科基金2016年度后期资助项目结项名单
（新闻学与传播学）

证书号	批准号	项目名称	负责人	工作单位
20165016	12FFX015	马克思主义法学理论在中国的传播与发展(1919—1966)	张小军	长安大学
20165031	13FXW007	社会转型背景下的应急传播研究	江作苏	华中师范大学
20165253	12FGL006	社会网络视角下的农村信息服务研究	彭　英	南京邮电大学

来源：全国哲学社会科学规划办公室网站

教育部2016年度人文社会科学重点研究基地重大项目
（新闻学与传播学）

序号	学校名称	基地名称	项目名称	责任人	所在单位
1	北京语言大学	对外汉语研究中心	汉语国际传播的理论重构和政策优化	Max Haller	北京语言大学
2	复旦大学	信息与传播研究中心	沟通城市：新媒介背景下中国城市传播状况调查和评估	李良荣	复旦大学
3	武汉大学	媒体发展研究中心	传媒智能化背景下中国传媒和广告产业竞争力研究	吕尚彬	武汉大学
4	武汉大学	媒体发展研究中心	新媒体环境下中国媒体新闻传播创新研究	夏倩芳	武汉大学
5	中国传媒大学	国家传播创新研究中心	中国主流媒体融合创新研究	段　鹏	中国传媒大学
6	中国人民大学	新闻与社会发展研究中心	网络舆情传播的“情绪感染—演变”机制与社会影响的临界点研究	张洪忠	北京师范大学

来源：教育部网站

教育部2016年度人文社会科学研究规划基金、青年基金、自筹经费项目
（新闻学与传播学）

学校名称	项目类别	项目名称	申请人
常州工学院	规划基金项目	“互联网+”背景下苏南地区手工艺类非物质文化遗产传播研究	邢丽梅
东华大学	规划基金项目	数据新闻可视化研究	苏　状
广东财经大学	规划基金项目	习近平新闻思想视阈下的舆论引导机制创新研究	莫继严
湖北第二师范学院	规划基金项目	基于“互联网+”重大舆情引导创新与协同治理研究	黄芙蓉
湖南师范大学	规划基金项目	民族复兴语境中的媒介偶像创新性建构研究	尹金凤
暨南大学	规划基金项目	基于大数据的社会心态与舆论研究	曾凡斌
江苏大学	规划基金项目	经济新常态下新闻出版企业多元化战略、公司治理与公司绩效研究	朱乃平

续表

学校名称	项目类别	项目名称	申请人
山东工商学院	规划基金项目	互联网+背景下数字出版产品研发风险识别及预警研究:基于竞争情报视角	张毅君
上海工程技术大学	规划基金项目	新媒体对城市老人社会适应的影响及引导机制研究	丁卓菁
深圳大学	规划基金项目	媒介融合趋势下新闻生产的社会学分析	王海燕
四川传媒学院	规划基金项目	网络“正能量谣言”的舆论生成与治理对策研究	刘　彤
苏州大学	规划基金项目	新媒介影像传播与文化创新研究	杜志红
西安石油大学	规划基金项目	基于移动互联网的西北地区农民信息传播路径与扩散模式研究	王小宁
中国传媒大学	规划基金项目	中国电视体制创新的理念与路径研究	邓文卿
中南大学	规划基金项目	中国广播电影电视税制史研究	王晓生
安徽大学	青年基金项目	近代上海报业采访研究(1872—1927)	刘　丽
北京交通大学	青年基金项目	社交媒体平台上的中国形象与国际传播策略研究:基于 Twitter 的大数据分析	李　冰
北京交通大学	青年基金项目	社会化媒体环境下的城市阶层互动与空间建构	陈静茜
电子科技大学	青年基金项目	风险管理视角下的科学信息传播与危机沟通研究	王　理
东北师范大学	青年基金项目	晚清民国女性报刊对国民性别观的现代性启蒙研究	温彩云
对外经济贸易大学	青年基金项目	数据新闻在中国的本土化问题研究:现状、困境及路径选择	张淑玲
广州大学	青年基金项目	移动互联网视角下的城市老年居民与社会支持研究	尹　杭
杭州电子科技大学	青年基金项目	移动互联环境下我国媒介素养的测评及影响因素研究	李金城
杭州电子科技大学	青年基金项目	基于文化自觉的中国数字娱乐产业发展研究	李　婷
湖州师范学院	青年基金项目	大数据视阈下影视产业发展战略研究	吴卫华
华东师范大学	青年基金项目	中国近代新闻记者的职业生涯研究(1911—1937)——基于工作社会学的视角	路鹏程
华东师范大学	青年基金项目	媒介融合背景下的数据新闻生产与传播策略研究	孟　笛
华南师范大学	青年基金项目	少数民族题材电视剧的叙事模式与国家认同研究	刘晓伟
华中农业大学	青年基金项目	新媒体使用对新生代农民工社会融入的影响研究	乔同舟
华中师范大学	青年基金项目	国家形象视域下的中国企业海外危机传播研究	陈欧阳
黄冈师范学院	青年基金项目	移动互联网时代下的数字阅读研究	吴　瑶
吉首大学	青年基金项目	民族话语的网络传播与建构研究	粟幸福
青岛大学	青年基金项目	20 世纪 80 年代丛书出版、传播与阅读研究	张文彦
上海大学	青年基金项目	法律外的秩序:版权作品使用共识研究	尤　杰
上海交通大学	青年基金项目	“一带一路”国际舆情的生成演变机制及引导策略	万旋傲
上海政法学院	青年基金项目	民国报刊的客观性观念研究	孙　健
太原理工大学	青年基金项目	印度主流英文报刊对“一带一路”倡议的认知研究	张旺斌

续表

学校名称	项目类别	项目名称	申请人
天津师范大学	青年基金项目	现行全球互联网治理模式研究	张建军
武汉纺织大学	青年基金项目	国家领导人形象在网络社群中的传播效果研究	熊　蕾
湘潭大学	青年基金项目	西方主流媒体话语中的“中国制造”形象研究	李秋杨
浙江理工大学	青年基金项目	旅游外交2.0:旅游目的形象的境外社交媒体传播战略研究	刘　曦
中国海洋大学	青年基金项目	社交媒体中抑郁症社群中的互动行为及影响研究	张　晨
中国矿业大学	青年基金项目	台湾政党变革对报业发展的影响研究	张彦华
中南财经政法大学	青年基金项目	跨媒体网络事件检测与跟踪研究	张承德
中山大学	青年基金项目	互联网影响下编营分离制度的变迁与重构研究	刘颂杰
中山大学	青年基金项目	风险争议中的认知差异与风险沟通研究——以食品安全事件为例	张　洁
重庆理工大学	青年基金项目	突发公共事件的非线性病毒式传播模型及其网络舆情应对策略研究	刘小洋

来源：教育部网站

教育部2016年度人文社会科学研究西部和边疆地区项目立项（新闻学与传播学）

学校名称	项目类别	项目名称	申请人
广西大学	青年基金项目	晚清报刊与口岸城市文化嬗变研究——以汉口为例	汪苑菁
四川大学	青年基金项目	二十一世纪以来中外领导人国事访问的媒介再现研究	刘　娜
西安体育学院	青年基金项目	大众媒介趋利逻辑对“90”后新生代消费异化的影响研究	王　翔
西北大学	青年基金项目	民国时期《纽约时报》驻华记者群中国报道研究	李　莉

来源：教育部网站

国家新闻出版广电总局2016年度部级社科研究项目立项名单

序号	课题名称	申报人
1	大视频时代电视媒体融合发展路径研究	李春良
2	我国传媒产业统计评价体系的构建与应用研究	寿剑刚
3	视听新媒体内容创作生产与引导研究	彭　锦
4	社会资本介入影视业对中国传媒经济影响力研究——以浙江为例	詹成大
5	视听新媒体新业态发展与管理研究	刘剑秋
6	关于媒体融合中电视广告经营的创新策略研究	任学安
7	电视剧与互联网融合发展趋势与管理对策研究	李　昕
8	通过儿童观众测试辅助制定儿童节目标准、评估节目效果	王异芳
9	中国电影技术编年史(1949—2016)研究	张　伟
10	基于大数据的电影项目风险评估与风险控制研究	司　若
11	广播影视基本公共服务标准化均等化研究	刘文岚
12	网络自制综艺节目传播研究	孙文涛
13	新形势下广电主持人培养模式研究与实践探索	倪琦珺
14	媒介融合背景下电视新闻舆论传播力引导力影响力公信力研究——基于《新闻联播》38年数据库的分析	李　风
15	“广电+”——广播电视在“互联网+”时代的发展形态与趋势研究	郑思慧
16	媒体融合背景下纪录频道专业化发展策略研究	肖党荣
17	基于大数据分析的广电用户文化消费需求挖掘和应用示范	聂克庆
18	融合背景下广电媒体舆论引导能力建设研究——基于广电APP产品的视角	林小勇
19	广播电视公益广告播出现状与促进建议	莫晓俊
20	媒介融合背景下广电行业新秩序构建研究	苏会军
21	广电媒体与智慧城市建设研究	张建红
22	推进融合发展打造新型主流媒体研究	刘晓龙
23	媒介融合背景下城市广电媒体改革发展研究	王晓红
24	中国电影国际传播研究	黎　煜
25	电影大国向电影强国嬗变中的中国电影“走出去”战略研究	乐可锡
26	融媒时代加强影视精品创作研究	司安民
27	中国传统戏曲节目在新兴媒体时代的生产机制和传播机制研究——从文化自觉到文化自信与文化自强	曹　毅
28	融媒体时代电视节目创新创优研究	孙宝国
29	新疆基层广播电视服务及需求调查研究	林　涛

续表

序号	课题名称	申报人
30	视听新媒体新业态发展与管理研究	陈小锐
31	广播影视企事业单位法律顾问制度初探	仇　刚
32	多级联动应急广播体系预案及运行机制研究	刘超靖
33	新媒体下广播影视业在精准扶贫中的作用研究——以甘肃为例	管钰年
34	“互联网 +”时代新型主流广播媒体的构建	薛　可
35	“一带一路”战略视野下广播影视对外传播研究	刘　娜
36	中国电视节目在国际市场的开拓与创新	陈永庆
37	广电媒体与新兴媒体融合发展中的版权问题研究——以湖南的实证调研为进路	何炼红
38	媒介融合背景下广电媒体报道未成年人新闻守则研究	王伟亮
39	西北边疆广播电视核心能力建设对策研究	姚爱民
40	“互联网 +”时代地方广播影视发展研究	白妙青
41	闽南话播音主持水平测试标准	赵铁骑
42	电视重大主题宣传创新研究	刘若欠
43	“互联网 +”时代广电媒体公共文化服务供给创新研究	高慧军
44	VR 影视的视听规律和发展形态研究	刘　辉
45	娱乐类节目的内容引导与跨屏传播管理研究	卜彦芳
46	广播影视企业社会效益评价考核体系建设研究	包国强
47	中波台在应急广播体系建设中的职责探析	李　钢
48	网络小说改编的电影研究	周　夏
49	“互联网 + 电影”中国电影产业运营模式改革与创新研究	吴曼芳
50	全球化视阈和“一带一路”战略下亚洲电影产业竞争力与创作影响力研究	张　燕

来源：国家新闻出版广电总局网站

第十一篇
学人自述

曹　璐	叶凤英	何道宽
龚文库	刘京林	柯惠新
蒋晓丽	哈艳秋	刘卫东
黄　瑚	白　贵	杨伯溆
陈卫星	何扬鸣	刘燕南
沈　浩	苏宏元	何苏六
陈建云	支庭荣	王天根
谢　静	张晓锋	周葆华

曹　璐

曹璐，女，1937年10月生于河北保定。中国传媒大学新闻学院教授，广播新闻方向博士生导师。1955年考入北京大学中文系新闻专业。1958年院系调整至中国人民大学新闻系。1959年毕业进入北京广播学院（现中国传媒大学）新闻系任教。2007年退休，延聘至2016年6月最后一位博士生毕业。1979年任新闻系副主任。1989年任新闻系主任兼广告系主任。1995年任新闻传播学院院长。2005年任广播战略发展研究中心主任。先后担任中国新闻奖、中国广播新闻奖、交通广播奖、城市广播奖、“金话筒奖”评委以及中央人民广播电台、北京人民广播电台顾问。曾担任教育部新闻教育指导委员会委员，新闻教育学会秘书长、常务理事，中国广播电视学会理事等。曾被评为全国优秀新闻工作者，获中国记协贡献奖、新闻教育韬奋一等奖，国务院政府特殊津贴获得者。2007年获“中国传媒大学突出贡献教授”。2014年获中国传媒大学“突出贡献奖”。2017年获中国传媒大学新闻学院终身成就奖。

主要代表著作和科研成果有：《广播新闻业务》《广播新闻理念与实务创新研究》《新闻专稿教程》《解读广播》等。承担的科研课题主要有：“卫星直播及其对策”“21世纪广播发展研究”“广播电视热点研究”“世界广播体制研究”“中国国家民族广播发展研究”“中日广播对比研究”等，其中多项获奖。

治学自述

自1959年至2016年，在57年的教学生涯中，我始终庆幸自己毕生的两个选择：一是选择了做教师，使人生进入“终生学习的状态”；二是选择研究广播：毕生学广播，教广播，感悟广播。感悟广播媒介的深刻变革，学习和分享中国广播人源源不竭的创新智慧。感谢学校、学生、广播界同人对我的厚爱、包容和支持。改革开放时代为我提供了较为开放的学术视野和人生事业平台。回顾自己的进步和成果，我更加珍惜“站在巨人肩膀”的机遇，也更加意识到自己在教学科研工作中存在的诸多短板与不足。自己的主要感悟有以下几点：

其一，在传承中拓展创新。

1959年年初创建的北京广播学院（简称“广院”）新闻系在办学方面可以说是白手起家，但广院新闻系在办学力量和师资培养方面体现了鲜明的系统办学和专业办学的特点，为之后广播新闻教育和人才培养工作做了奠基性贡献。从广院至中传（“中国传媒大学”的简称），今天的广播新闻方向从本科至硕士、博士有了较健全的培养模式和较丰硕的教学科研成果。饮水思源，这正是对广院初创期广播新闻教育奠基性贡献的传承和拓展。“十年浩劫”后广院迎来了发展期，为了适应教学和广播振兴的人才培养需求，广院新闻系连续推出广播新闻教材。其中，2004年立项的“广播新闻理念与实务创新研究”总课题成果为6本专著，即：《广播新闻理念与实务创新研究》《中国广播产业报告》《广播新闻报道与广播节目创新》《广播频率专业化研究》《世界广播发展研究》《现代传播技术与广播发展研究》。该项目获中国传媒大学“211工程项目”一等奖。如今中传广播新闻方向已先后拥有5名博士生导师，中青年骨干正进入出成果时期，团队如何在传承中发展创新，是机遇更是挑战。

其二，科研的国情视角与建设性思路。

20 世纪 80 年代以来，中国广播经历了从低谷走向振兴至 21 世纪进入新媒体时代重塑广播的深刻变革，广播一线的实践经验和创新成果为广播新闻教学提供了鲜活的内容与理论思考。这期间，我和广播研究团队完成了省部级课题“21 世纪广播发展研究”“应急广播研究”“中国民族广播发展研究”等，体现了较鲜明的国情特色和建设性思路。

1997 年担任广播新闻方向博士生导师以来，力求将博士生培养与广播学科建设相结合，论文选题力求体现国情特色和广播媒介新的发展变革，寻找有效落点，如：《国情特色与应急广播》《老年社会与老年广播》《中国广播体制研究》《国家广播军事报道研究》《对农广播发展研究》《新媒体时代重塑广播》《社会转型与城市广播发展研究》《广播传播学》等，这些成果已先后出版。由于导师水平和论文作者的种种局限，存在粗放化、简单化等不同程度问题，特别在理论思考的建设性思路和寻找有效落点方面仍需深化。

其三，他山之石的借鉴与思考。

学校为广播科研提供了较为开放的对外交流平台。1992 年我代表学校参加了东北亚地区传播学研讨论坛，做了题为“中国广播电视发展态势”的发言。2001 年赴东京参加日本大学艺术学问《IT 艺术》研讨会，发言的题目是“网络时代传统媒介在线生存”。2007 年赴莫斯科参加中俄新闻教育交流，发言的题目是“中俄广播发展路径的共性与个性”。目前来看，这些发言介绍性大于针对性，但参加这类活动不仅开拓了学术视野，也促进了与境外广播学者的交流合作。如：与日本大学放送学科桥本孝良教授合作课题“日本的应急广播”；与英国马里兰大学著名广播学者安德鲁教授联合培养博士研究生，并两次邀请安德鲁教授来我校讲学等。这种“请进来”“走出去”的学术交流为我和团队开拓了他山之石的研究视角。

2012 年完成了教育部课题“中外广播体制研究”，课题选择了样本国家英、美、日、俄及中国（含大陆、港澳台地区）的广播体制和有关法律法规做了较为深入的分析解读。课题对改革发展中的中国广播体制给予了制度层面的观照和思考。由于资料渠道和水平的局限，课题对亚洲和非洲代表性国家的广播体制未能涉及，对近年来代表性国家广播体制的演变趋势尚待跟进。

其四，实现教学与科研的良性循环。

“教学科研两手抓，两手都要硬”，这个要求很正确，但做起来很不易。57 年的教师生涯，始终热爱和敬畏讲台。自 1977 年以来（包括 20 年双肩挑时期），始终坚持为本科生和硕士生授课。时间越久，越感到当今课堂教学的难度。尽管主观上努力认真对待，但整体上难以摆脱“满堂灌”的模式。如何激发学生的创造精神和动手能力，如何形成活跃的课堂学习气氛，这些“如何”对于告别讲台的我已来不及弥补。幸好后继有人，一批中青年教师正在进入爱讲台、爱广播、爱学生的良好状态，我欣慰地看到“青出于蓝胜于蓝”的前景和希望。

叶凤英

叶凤英，女，笔名叶子，祖籍浙江省宁波市，1938 年生于上海。中国传媒大学（原北京广播学院）教授，博士生导师。

1959 年考入北京广播学院新闻系。1963 年毕业后，进入内蒙古包头人民广播电台担任记者。1970 年，调入陕西电视台任记者、编辑。1979 年，回北京广播学院新闻学电视专业任教。2009 年退休。1981 年、1985 年两度作为访问学者赴德国电视台进修学习。曾任中国新闻教育学会副秘书长，中国广电协会城市广电（电视新闻）工作委员会顾问，中国新闻奖、中国广播电视新闻奖评委，享受国务院颁发的政府特殊津贴。

16 年广播电视记者工作、30 年电视教学生涯，经历了电视学科从专业到系再到学院的发展历程，也见证了从电视无学科到多学科理论建设的演进，是电视新闻学科的创建者之一。

主要著作有（按出版时间排序）：《电视创作技巧论》《电视新闻探索录》《电视记者工作》《电视新闻学》《电视采访学》《电视新闻节目研究》《电视采访——探寻事实真相》《电视新闻——与事件同步》。合著有：《中国电视应用学》（任主编、撰稿人）、《中国电视名记者谈采访》《电视节目创新研究》《节目栏目频道研究》。科研著作多次获奖，其中《电视新闻——与事件同步》获国家级“全国优秀教材奖”，并被推荐为高校相关专业的应用教材。

治学自述

我是广院（“广院”系北京广播学院的简称，中国传媒大学的前身）1959 级首届学生。新学院没有著名的教授，但集合了一批从全国广电系统来的、既有丰富新闻工作经验又有厚实理论基础的教师队伍，他们在教学上展现的记者风采、渊博知识及对职业的热情，深深影响着青年学子，也为我后来从事教学工作树立了楷模，并引导了我的治学之道：密切结合实际，教学科研两手抓，开放创新出成果，立德树人要传承。

1979 年年底，因为符合“能拍、能写、能讲”的专业教师聘用条件，我有幸回母校任教，任务是讲“画面编辑”课并撰写教材。中国电视 20 世纪 60 年代末才起步，电视新闻沿用了新闻电影的模式。我是新闻系电视摄影专业毕业，培养目标是电视记者，从专业名称就可见当时“重摄影”的观念。而在我从事电视记者的生涯中，也都是自己用 16 毫米摄影机拍摄，回台冲洗编写解说词后编辑成片。因此回校任教之初，我写的教材还延续了“重摄影轻采访”的旧思路。1980 年代，我两度去德国电视台进修学习，跟随当地记者去工作时才发现国外的电视新闻是“采摄分家”，摄影记者用 ENG 拍摄，采访记者在现场作报道，一切在新闻现场同步完成，更符合新闻快速报道的要求。由此，我对电视记者工作有了全新的认知，回国后从事教学也有了新的思路。正巧赶上电视系调整细化专业课，我受命创始开设“电视采访”课程，并把国外学到的新知识进行了系统梳理，撰写《电视记者工作》一书，呼唤中国电视新闻要培养出镜报道记者，培养记者型主持人，要开创由主持人主持的新闻杂志节目，呼唤教学与实践的创新。

电视是实践性很强的学科，只有教学科研两手抓才能引领实践发展，电视一线工作者也在呼唤理论的介入与创新。当时作为全国唯一的专业教学单位，电视系理所应当地承担起这份使命与责任，做理论建设的拓荒者。1990 年代初，电视系集 30 位老师的智慧，在总结实践规律基础上深化理论阐述，共同完成了 230 万字的理论巨著——《中国应用电视学》，系统并前瞻性地构架起中国电视理论框架，打破了“电视无学”之说，为电视创建独立学科体系奠定了基础。我是书稿副主编之一，并撰写了书中“电视采访”和“电视新闻节目”两个章节，由此也进一步明确了个人的教学科研方向。

做学问如同开矿，要专而深，在深的基础上拓宽学术思路，进行理论创新。20

世纪90年代，是中国电视新闻起飞的年代，中央电视台先后推出《东方时空》《焦点访谈》《新闻调查》《面对面》等一系列对新闻作深入报道的栏目，以崭新的电视语态传播新闻，为荧屏带来一股清风，传播影响空前。我带领硕士、博士研究生深入新闻实践第一线作调查研究，参与节目策划、研讨、评奖等，用个案分析方法进行节目研究、频道研究，边讲课边梳理充实，不断修订更新教材。从《中国电视名记者谈采访》到《电视采访学》，再到《电视采访——探寻事实真相》；从《电视新闻探索录》到《现代电视新闻学》，再到《电视新闻——与事件同步》，科研脚步与电视新闻发展同步前进，理论建设与实践并驾齐驱。感谢一线工作者的辛勤耕耘，他们为教学科研提供了宝贵素材。在肥沃的实践土壤上才能结出理论硕果。

立德树人是教师神圣职责，“凡是能领导人做学问的教授，必能指导学生如何做人”，从深受1959级学生敬爱的温济泽老师身上深切感悟到教师人格魅力对学生影响之大。治学之道既是因学科特点所致，也是因师辈传承。要做好记者必须先做好人，电视学院毕业生如今是电视战线朝气蓬勃的主力军，是各台业务骨干，我指导的博士研究生则在各大高校从事科研与教学工作。他们这一代正好赶上了多媒体融合、多元化发展的传媒新时期。令人欣慰的是，在媒介发展变化中，他们能坚持理论与实践相辅相成的教学科研之路，如同火种传播一样，把治学理念不断地传承、发展。

何道宽

何道宽，男，1942年生，四川洪雅人。深圳大学英语及传播学教授、政府津贴专家、资深翻译家。1959年考入四川外国语学院英语系，1963年留校任教，1978年考上南京大学研究生，1980年至1981年以交换学者身份游学美国。1993年调任深圳大学。曾任中国跨文化交际研究会副会长、广东省外国语学会副会长，现任中国传播学会副理事长、深圳翻译协会高级顾问，从事英语语言文学、文化学、人类学、传播学研究30余年，率先引进跨文化传播（交际）学、麦克卢汉媒介理论和媒介环境学，著译文字逾2000万字。

著作有《夙兴集：闻道·播火·摆渡》《中华文明撷要》（汉英双语版）、《创意导游》（英文版）。

论文40余篇，主要有：《介绍一门新兴学科：跨文化的交际》《论美国文化的显著特征》《麦克卢汉：媒介理论的播种者和解放者》《莱文森：数字时代的麦克卢汉，立体型的多面手》《麦克卢汉的昨天，今天和明天》《媒介环境学：从边缘到庙堂》等。

译作80余种，主要有：《帝国与传播》《传播的偏向》《理解媒介》《机器新娘》《理解新媒介：延伸麦克卢汉》《字母表效应》《麦克卢汉的误读：如何矫正》《软利器》《数字麦克卢汉》《媒介环境学》《技术垄断》《口语文化与书面文化》《作为变革动因的印刷机》《无声的语言》《超越文化》《传播学概论》《交流的无奈》《游戏的人》《裸猿》《文化树》《文化科学》等。

治学自述

吾从事教学科研和学术翻译50余年，著述30余年，著译论逾2000万字，感慨良多。

1963年于四川外国语学院毕业，留校执教。先后于1979年、1987年和1991年晋升讲师、副教授和教授。1993年转深圳大学工作。2002年退休，学术进入“从心所欲”阶段。

我的学术生涯分为四个阶段。

第一阶段（1963—1982年）为积累期，潜心教学、拓宽加深。获重庆市和学校的科研奖和教学奖十余种。

第二阶段（1983—1993年）为突进期，教学科研齐头并进，教学、研究、出版渐入佳境。

（1）1983年撰文两篇率先引进跨文化传播（交际）学。

（2）1992年3—4月应美国新闻总署“国际访问学者”的邀请访问一个月，研究美国学，获益匪浅。

（3）1992年率先引进麦克卢汉的媒介理论，出版《人的延伸：媒介通论》，此间出版《思维的训练》《文化树》《超越文化》《希腊小奴隶》等10部译作。

第三阶段（1993—2001年）为成熟期，要点有：

（1）1995年参与组建中国跨文化交际研究会并担任副会长，努力嫁接外语口的跨文化交际和新闻传播口的跨文化传播。

（2）出版学术译著《理解媒介》（第二版）、《数字麦克卢汉》和《麦克卢汉精粹》。《理解媒介》2008年入选“改革开放30年最具影响力的300本书”。

（3）发表论文10余篇，要者有：《论美国文化的显著特征》《试论中国人的隐私》《麦克卢汉在中国》等。

（4）2000年、2001年先后获评为深圳市政府津贴专家和广东省南粤优秀教师。

第四阶段（2002年至今）为学术创新爆发期和巅峰期，完成译作60余部，著译论逾1500万字。2007年率先引进媒介环境学。2010年获中国翻译协会授予资深翻译家称号。

人生感悟：

（1）“立德”“立功”“立言”是我的追求，希望两千余万字的著译论给后人留下一些有用的东西。

（2）30余年来，我的人文社科著译跨越人类学、社会学、文化史、思维科学、传播学、政治学、心理学、文学，从中悟出了一个道理：原来人文社会科学是相通的。

（3）老而弥坚、炉火纯青。只要脑子好使，就要把学问做下去，直至永远。

高峰体验：

（1）1963年毕业前夕，我的毕业论文《评介几部权威的英语词典》获高度评价，郭子均、樊德芬、邹抚民三位教授破例设家宴款待表彰我，使我深受鼓舞。

（2）1963年至1966年任教初期，担任口语课和听说领先试点班教学，省市各地不辞辛苦来校观摩者不绝于途，我小有名气。

（3）1980年至1981年公派留学美国戈申学院，“葬身”图书馆，在结业典礼上被誉为“读书狂”，我决心把一些人类学和传播学经典引进国内，踌躇满志。

（4）1986年10月，赴京参加中国文化书院与中国未来研究会合办的“文化与未来”研究班，毛遂自荐，连续几天在北大讲演厅为6位世界著名未来学家担任口译，酣畅淋漓，深受欢迎，名扬文化圈，十几盘口译的录音带（含《罗马俱乐部与未来研究》《伊斯兰阿拉伯文化》《未来的文化与文化的未来》《电子高技术文化》《太平洋文化圈》）成为中国文化书院的函授教材。

（5）30余年来，参与策划、主持并主译译丛10种：重庆出版社“外国文化研究丛书”，中国人民大学出版社“传播学大师经典译丛”“麦克卢汉研究书系”“莱文森研究书系”，北京大学出版社“媒介环境学译丛”，中国传媒大学出版社“大师经典译丛”，复旦大学出版社“新闻与传播学译库”，花城出版社“尘封的历史书系”“赫伊津哈经典书系”，商务印书馆“荔园文创译丛”，影响日隆。

（6）2013 年，深圳大学和国内外同人聚首，举行“庆祝深圳大学建校 30 周年暨何道宽教授从事教学科研和翻译工作 50 周年座谈会”，有同事希望我能“再干 20 年”，我深受鼓舞。

人生遗憾：

1986 年 10 月，为感谢我出色的口译工作，中国文化书院破例邀请我参加书院导师的聚会。可惜我因近一个星期高强度的口译工作而病倒，不能参加这次“同人聚会”。那次的聚会有梁漱溟、冯友兰、季羡林等数十位顶尖的大师和学者，我失去了当面向他们请教的机会。我不敢说有资格和他们交往与对话，但如果能以特殊贡献者的身份出席聚会，恐怕还是能为我开启一扇学术研究的大门吧。

龚文庠

龚文庠，男，本科毕业于北京大学西语系，“文化大革命”后首届硕士生，毕业于 1981 年。现为北京大学教授，博士生导师。1984—1987 年在美国伯克利加州大学做访问学者，开始关注传播学。回国后努力推动北京大学建立新闻与传播学院，于 2000 年受北京大学校方委托主持建立新闻与传播学院，并担任学院首届负责人（2001—2006 年）。曾任北京大学国关学院（原国政系）国际传播系主任（1988—1997 年），中国传播学会副会长（2006—2011 年）。曾在香港中文大学、英国牛津大学做访问学者；在瑞典皇家工学院、以色列耶路撒冷希伯来大学讲学。现任北京大学传播与文化研究所所长。

治学自述

我原专业是外国语言文学，涉足新闻传播学算是转行。早听业内人士说“新闻无学”，又说“传播学无界”，但既然列入国家学科目录，就是可以从事教学与研究的领域。窃以为，在信息和社会如此快速发展的当今，没有必要坚守旧的学科壁垒，很多领域都是相通的，跨越边界能够拓宽视野，“转行”也不是坏事。几位公认的传播学奠基人是社会学、心理学、政治学等方面的专家，他们从研究选举、媒体受众、战时宣传、群体心理等角度，发展出这门具有实践性和兼容性的新学科。根据教学需要，我循着这条道路研究“说服学”，并开设了说服学这门课，目的是培养学生掌握说服的工具，同时又能智慧地对待无处不在的说服信息。我重视教学与研究的结合，努力从亚里士多德《修辞学》到先秦诸子的著述，再到现代相关理论，通过梳理、综合、评判，结合各类实例，探寻人类说服式传播行为的规律、模式、效果，发表了《说服学的起源和发展趋向——从亚里士多德三手段谈起》《论标语的传播功能》《说服学：攻心的学问》（专著）等。

我关注的另一个领域是跨国传播和跨文化交流，尤其是与说服学相关的国家形象问题。如何改善国家形象，曾是一个时髦话题。我认为，关键问题是对形象的认识。从说服学角度看，国家形象是受众的看法，同一个国家在不同受众眼里会有不同的形象，如美国，在日本人眼里、法国人眼里、朝鲜人眼里、伊朗人眼里，肯定大不相同。因此，一定程度上，形象是虚幻、可变的，它不属于这个国家，而属于受众。另外，形象也有相对的稳定性，它依然建立在现实的基础上，是对现实的一种曲折反映。国家形象主要取决于国家的实力和行为。所以我认为，“设计和建构国家形象”是一个伪命题，因为现实已经存在，不可能再设计，而且“建构形象”是设计者的意图，说服信息产生的效果却往往不受说服者控制，有时甚至背道而驰。我发表了《建构中国形象的三个重要因素》《换一个视角：也谈对外传播》《解读与真实：观察跨国传播的一个角度》《百年斯诺：让世界了解中国》等。由于国际传播与国际关系紧密相连，我也探讨“信息主权”问题，发表了《再论信息主权》(*Information Sovereignty Reviewed*)、《谁主宰美国的新闻传播》《试论跨国传播对国际关系的影响》(合写)等。

传播学的跨界性质决定了该学科的多元性和多种视角。例如文化批评、法规政策视角等貌似“不务正业”的题目我都曾关注。传播学研究的是人类的沟通行为，文化是不可缺席的因素。我们主编《世界传播学经典书系》(中英文版)，选取注重文化批判的经典著作，涵盖媒介研究、组织传播、跨文化交流、电子媒介等多个方面。经典书系分英文版和中文版，而英文版是原著影印本，加上我们的导读和部分译文，每部英文中译本都有原作可以对照。翻译本身既是跨文化传播的工具又是研究的对象。如“舶来”的学科 communication，现在通译为“传播学”，就被方便地误解为“宣传+广播”，又有人把新闻与传播混为一谈，还出现了将传播学视为新闻学之分支的怪现状。我们时常在激烈争论之后才发现原来问题出在对术语、概念的翻译上。

我曾为联合国教科文组织翻译出版过一部《信息自由：多国法律比较》，是关于各国信息法规的重要专著。当时中国刚公布了《国务院信息公开条例》(2007年)，而信息政策与传播活动和传播学研究有直接关系。于是我邀请原作者曼德尔(Toby Mendel)来参加信息公开法规国际研讨会，并与北京大学法学院合作开展对国内落实信息公开条例现状的研究。保障公民信息获取权是国际主流思想，与我国宣布的“政务公开”，保障公民知情权、参与权的信息政策合拍，而且提供了值得借鉴的实践经验，我发表了《信息公开与传播伦理》等论文。

我的体会是两个结合：一是教学与学术结合，二是研究与时代结合。高校教师，教学是本职，研究不是脱离而是服务于教学。新媒体时代技术推动社会发展，例如对说服的研究，就面临受众群体结构的快速变化。不了解大数据、算法(algorithm)、后真相时代(post-truth era)等新概念，说服研究就只能是考古研究了。

刘京林

刘京林，女，1944年出生，河北南宫人。中国传媒大学(原北京广播学院)教授，博士生导师。现任中国传媒大学新闻学院传播心理研究所所长。曾任中国社会心理学会传播心理专业委员会主任委员、中国社会心理学会常务理事。1963年考入北京师范学院(现首都师范大学)中文系。1965年加入中国共产党。1968年至1970年在河北蔚县4646部队劳动锻炼。1970年分配到北京市和平门中学任教。1974年转至宣武区教育局(现西城教育局)工作。1981年调到北京广播学院新闻系任教至今。其间曾于1983—1984年和1987—1988年两次到北京师范大学心理学系进修心理学。还于1985—1987年在中科院心理研究所心理学函授大学学习心理学(包括社会心理学、心理学史、实验心理学、心理测验等七门课程)，获得毕业证书并被评为优秀学员。

在广播学院主要从事新闻心理学和传播心理学的教学科研工作。曾任新闻系教工党支部书记和系党总支副书记。1994—1996年任学校宣传部副部长。1982年被评为广电部先进工作者。1995—1996年度、2005—2006年度两次被评为北京市优秀新闻工作者。

主要科研成果有：

专著《新闻心理学概论》（第二版1996年获广电部高校科研成果奖二等奖，第五版2015年获第四届中国大学出版社图书奖优秀教材一等奖）；《大众传播心理学》（1999年获国家广电总局高校科研成果奖二等奖）；《传播心理学理论与实践》（论文集，2015年出版）。

论文《试析受众的认知偏差——兼论新闻报道的负面心理影响》获第九届中国新闻奖（1998年度）；《浅析网民的心理生活空间》2002年获广电部高校优秀科研成果二等奖；参与编写《心理咨询百科全书》中有关新闻心理学词条。主编、编著、审校有关新闻与传播心理学的著作共13本。

治学自述

性格决定命运。我有闯劲儿、有毅力，接受新生事物快，责任心强，办事认真。这是我能几十年坚持新闻与传播心理学教学科研工作并取得一些成绩的内因。

1980年代，当我刚刚接触到心理学时，就对它产生了强烈的兴趣，甚至执意放弃系党总支副书记的职务，义无反顾地到北京师范大学心理学系和中国科学院心理学所学习心理学。因立足于新闻系，又受到前人的启发，我决定选择新闻心理学作为自己教学和科研的方向。随着传播学传入中国，我又与时俱进地把研究范围扩展到传播心理学。当时，在我国新闻心理学、传播心理学都属于新兴的交叉学科，缺乏可借鉴的资料。承担这类学科的教学和科研任务，需要多门学科的理论基础，还要善于将不同学科的理论和知识有机地结合起来。这对于我这个改行者而言难度非常大。但我凭着对这门学科的热爱，对培养有心理学素养的准新闻工作者的责任和顽强的拼搏精神，终于闯出了一条路。

在1993年出版了《新闻心理学概论》。该书从第一版到2014年的第五版，历经20余年，至今仍然是国内新闻心理学课程的主要教材之一。其第五版还于2015年被大学出版社协会评为新闻传播类优秀教材一等奖。1993年出版的《大众传播心理学》于2005年出修订版，至今仍有学校在使用。我深知，要想使这门学科在国内健康发展，仅靠个人的力量是不行的。在学校、学院和中国社会心理学学会领导的大力支持下，我紧紧依靠我院传播心理研究所师生集体的力量，从1994年始至2016年，共组织召开了十届全国新闻与传播心理研讨会。通过这个平台将国内其他高校和媒体志同道合者的力量凝聚在一起。经过二十多年的努力，使这门学科在教学、科研和培养人才及为新闻实践服务等方面取得了显著的成绩，在国内学界和业界得到了比较广泛的认同。目前，新闻与传播心理学的发展还存在不少问题。首先是教学、科研的专业人才非常匮乏。由于新闻与传播心理学的教学和科研人员在大多数新闻学院里不是专职而是兼职（如由新闻学、传播学或心理学的教师兼任），致使这支队伍流动性大，长期处于不稳定状态。其次，新闻与传播心理学的学科框架还不完善，基础理论还比较薄弱，基本概念还需要给予科学的界定，研究方法还需要多元化。再有，走出校门为新闻传播第一线服务还远远不够。

柯惠新

柯惠新，1945年4月（阴历）出生于

广东省兴宁县。毕业于北京大学数学力学系数学专业。日本九州大学理学博士（统计学）。

中国传媒大学教授，博士生导师，调查统计研究所名誉所长，女教授协会名誉会长，2013 年 7 月退休。

教育部高等学校数学与统计学教学指导委员会委员（曾任），全国统计教材编审委员会委员，中国信息协会市场研究业分会名誉会长，中国市场信息调查业协会副会长，全国市场、民意和社会调查标准化技术委员会副主任。第 8、9、10 届北京市政协委员，第 11 届全国政协委员。

从事统计学和研究方法类课程的教学和相关的研究工作。

出版了《民意调查实务》《调查研究中的统计分析法》《市场调查》《传播统计学》《传播研究方法》《媒介与奥运——一个传播效果的实证研究》（共三个系列）、《统计使人更聪明》等。

主持的科研课题主要集中在以下 6 个领域：（1）抽样调查、市场研究、民意研究；（2）数据分析、统计应用；（3）互联网与青少年研究；（4）媒介与奥运研究；（5）广播电视节目评价指标体系研究；（6）舆论与舆情监测研究。

治学自述

我从小喜欢数学、物理，中学时的理想是成为像居里夫人那样的科学家。但最终接受命运的安排，成为人民教师。1980 年来到北京广播学院基础部讲授高等数学，1986 年成为教育部公派访问学者到日本九州大学，其间攻读了理学博士学位（统计学）。

1989 年回国后为广告专业的学生讲授统计学，开始为培养新闻传播的复合型人才编写教材，而且渐渐开始与该专业的研究者结合在一起，将统计学的相关知识应用到新闻传播/广告的研究，特别是在随后参与的“亚运会广播电视宣传效果调查”中，发现自己无意中进入了一个全新的领域。

1990 年 9 月，我应邀参加了当时首都 8 家新闻单位联合组成的亚运会宣传效果调查组，负责（亚运会后的）数据处理工作，遇到了一个又一个“难题”。所幸的是，最终都攻克了。课题组对我的工作给了很高的评价，特别是亚运会广播电视传播效果数学模型，被认为是填补了我国新闻传播学研究中的一项空白。通过这次成功的合作和深度参与，我发现了一片可以大有作为的新天地。

我明确了自己今后的新方向：在科研方面，将实证研究和数理统计的理论与方法有效地应用于传播学研究、受众研究和市场研究。在教学方面，开设交叉型课程，培养文理综合的新闻传播人才。1992 年，我们成立了调查统计研究所（SSI），合作编著了《调查研究中的统计分析法》等教材；我主持或作为主要参与者进行了多项课题的研究。1998 年，学校决定将我们研究所从基础部全员转入新闻传播学院，从此，我和我的团队正式加入了传播学学科。同年，我开始担任传播学专业传播研究方法方向的硕士生导师，2000 年起担任这个方向的博士生导师。2005 年，我们还成功申请了全国第一个“媒体市场调查与分析”的本科专业，从 2005 年开始招收本科生。从此，我们有了本科、硕士、博士和博士后几个层次的学生和合作者。

虽然我进入了传播学领域，但由于没有系统地学习过传播学的理论和历史，因此我清楚自己在理论上的弱势。但是，我觉得最有效的办法并不是费力去弥补自己的弱项，而是要更好地去发挥自己的强项；同时，通过团队的合作，将不同专业背景的人结合在一起，大家互相学习、优势互补，从而高质量、高效率地开展传播学领域的专业研究。近年来所主持的课题主要在以下几个方面：

（1）实证研究的设计。例如“中国人民银行城镇储户调查抽样方案设计”“中国互联网发展统计调查抽样方案设计”“中国质量管理现状抽样调查方案设计”“全国建筑行业和房地产相关企业抽样调查的抽样方案设计”“河北省收视率调查抽样方案设计”“中国证券市场投资者信心调查抽样方案设计”“中国科协学会能力提升专项外部评价方案”等。

（2）对实证研究方法的研究。例如“非抽样误差与推断研究”“网络调查和网络统计方法研究”“大众传播研究方法的研究”等。

（3）评价的指标体系研究。例如“全国省级电台、电视台人员编制标准研究”“广播电视节目评估体系研究”“中国网民网络关注度综合指数模型研究”“佩剑价值评价体系研究”“广播电视品牌评估体系研究”“对外传播效果的评估体系研究”“互联网视频研究”“国民数字生活形态与综合指数模型研究”等。

（4）媒介传播效果研究。例如“陕西人民广播电台听众调研”“互联网与青少年创造力研究”“北京奥运申办传播效果研究”“雅典奥运传播效果研究”“北京奥运传播效果及国家形象研究”“小学生互联网使用行为研究”“银幕与屏幕比较研究”“2009 青少年网瘾研究”“上海市博会/广州亚运会媒介传播效果研究”“人民日报读者调研报告”“首都居民观影行为研究”“新兴听众音频收听行为研究”等。

（5）舆论与舆情监测研究。例如“大陆、香港、台湾舆论机制的个案研究——对三地主要报纸关于台湾 9·21 地震报道内容分析”“重大事件的舆情监测与分析研究”等。

（6）其他研究。例如“中国汽车品牌顾客满意度调查报告”“亚太地区数字化综述”“广播影视事业单位收入分配研究”“中国传媒大学硕士研究生（普通文科）教育改革调研”“中国传媒大学硕士研究生（普通文科）就业状况研究”“中国传媒大学博士生教育问题研究”“网民安全上网研究报告”等。

这些年持续的、高强度的教学和研究工作，虽然非常紧张，但是从中所获得的快乐也是其他任何娱乐、享受或休息所无法替代的。

蒋晓丽

蒋晓丽，女，中共党员，博士，四川大学新闻学院教授，博士生导师，四川省新闻传播学一级重点学科带头人，四川省学术带头人，国家社科基金重大招标项目首席专家，四川省哲学社会科学重点研究基地社会舆情与信息传播研究中心主任，兼任中外文艺理论学会文化与传播符号学分会会长、中国舆论学研究会副会长、中国传播学研究会副会长、教育部新闻传播学教学指导委员会副主任、教育部本科教学评估委员会专家等职。在《新闻与传播研究》等权威及 CSSCI 来源期刊上发表学术论文 100 余篇，其中多篇被《新华文摘》等转载或摘录；出版著述 20 余部。此外，作为第一负责人主持国家重大、重点、特别委托、一般项目及教育部，省级重大、重点及一般科研项目 13 项；主持多项国家“九五”“十

五”“十一五”规划重点教材项目；多项成果获教育部、四川省社科优秀成果一、二等奖。

学习经历：1978 年 8 月至 1982 年 6 月，在四川大学历史系读本科，获学士学位。1985 年 8 月至 1988 年 6 月，在四川大学历史系读硕士研究生，获硕士学位。1993 年、1998 年、2002 年三次在美国康奈尔大学亚洲研究系做访问学者、访问教授。1998 年 8 月至 2002 年 6 月，在四川大学文学与新闻学院读博士研究生，获博士学位。2006 年 10 月至 12 月，在澳大利亚悉尼大学、墨尔本大学学习、培训。2007 年 7 月至 8 月，在美国华盛顿州立大学学习、培训。

治学自述

我于 1982 年毕业于四川大学历史系，同年留校以来，一直在教学科研一线工作，并长期在学校宣传管理部门兼职。1992 年 6 月，破格晋升副教授。1998 年 7 月，晋升正教授，硕士生导师。1994 年 8 月至 2010 年，先后任四川大学党委宣传部副部长、四川大学党委宣传部部长、新闻中心主任、《四川大学报》主编。2003 年 7 月至今，担任四川大学文学与新闻学院博士生导师。治学 30 余年来，我对传媒与文化、公共传播、新媒体与社会、传播符号学等问题进行了持续和深入的关注与研究，取得了一些成绩。

第一，文化与传媒。当今媒介技术的日新月异，不仅改变了人们对世界和自我的认知，也影响了人类社会的相互关系和文化传承；不仅为人类社会带来了诸多的便利，也产生了诸多问题。我以创新性的角度来观照当下社会文化与媒介技术的发展现实，提出了“传媒化生存”这一重要理念，并在此基础上形成了独到的研究特色，撰写出一批重要的学术著作和研究论文。对此理念进行系统阐述的学术著作有《奇观与全景：传媒文化新论》（2010 年版，获“四川省第十五次哲学社会科学优秀成果二等奖”）、《文化视野下的现代传媒研究》（2008 年版，获“四川省第十四次哲学社会科学优秀成果二等奖”和“教育部第六届社科优秀成果奖”）。其中，《文化视野下的现代传媒研究》是四川大学文化与传媒研究的标志性学术著作，为传媒文化系统研究奠定了重要的学术基础，建构了基本的理论框架。

第二，公共传播。借助长期在宣传管理一线工作的经验优势，我还密切关注媒介公共传播与社会发展的相关问题，其中主要针对危机传播中的媒介应对、社会管理中的舆论引导等论题进行了深入研究，并争取到了国家社科基金重大招标项目“新形势下提升舆论引导力对策研究”等课题，在这一领域的代表性学术著作有《媒介宣导与抚慰功能——兼论在西部地区的特殊作用》（2008），该专著在系统梳理传媒功能相关理论研究的基础上，结合当今中国社会现实，提出了传媒的“宣导抚慰功能说”，从学术渊源、理论内涵、产生背景、功能模式等方面对传媒宣导抚慰的功能进行了全面系统的阐述。

此外，我还对舆论引导和社会管理等更宏大的社会议题进行了深入的研究。在该领域的系列研究成果，对舆论引导的合法性和可行性做了新的阐释，从党政基层干部媒介素养、社会管理、舆论引导力评估体系等多个角度提出了具有创新性的理念，如干部的“执网能力”“社会管理网络化”“网络管理社会化”等，为当下的舆论引导尤其是网络舆论引导提供了相应对策。相关著作《舆擎中国——新形势下舆论引导力提升方略研究》获教育部第七届社会科学优秀成果奖一等奖、四川省社科优秀成果奖。

第三，传播符号学。近年来，我还对传播学与符号学进行了思考与研究。我认为，在学科发展的进路中，传播学和符号学在理论逻辑上始终有着无法割裂的联系，二者逐渐交叉融合形成了传播符号学这一全新的研究范式，为我们开辟了新的研究路径。新媒体技术带来的新闻传播生态的变革，使新闻学、传播学研究都遭遇着不同程度的范式危机，我从传播学与符号学的学科关联出发，探讨了驱使当下传播学与符号学走向联盟的具体的逻辑关联以及基于传播学与符号学联盟所形成的全新研究范式在当下的生成发展状况和未来的应然走向等问题，试图通过符号学理论体系对当代传播实践做出解读。此研究领域的代表性成果有学术著作《传播符号学访谈录》（2017），学术论文《从“客体之真”到“符号之真”：论新闻求真的符号学转向》（《国际新闻界》2013 年第 6 期）、《联盟与超越：传播符号学的生成发展和应然指向》（《国际新闻界》2017 年第 8 期）等。

哈艳秋

哈艳秋，女，1951 年 9 月出生。中国传媒大学（原北京广播学院）新闻学院教授，博士生导师。现任教育部马克思主义理论工程重点项目“中国新闻传播史”教材编写首席专家、中国广播电视协会广播电视史研究委员会理事、中国新闻史学会特邀理事、《中国名记者》丛书编委、《新闻传播学前沿》主编。

1969 年 3 月参加工作。1974 年进入北京广播学院新闻系编采专业读书。1977 年毕业留校。1984—1987 年，师从赵玉明教授攻读广播电视史方向研究生，获法学硕士学位，毕业后继续留校任教至今。其间，于 1991 年 3 月至 9 月由学校公派赴日本朝日电视台研修。1999 年评为教授，2005 年成为博士生导师。至今已培养广播电视史方向博士、硕士研究生近 90 人。

长期以来，主要从事中国广播电视史、中国新闻传播史方面的研究和教学工作，主持的国家社科项目、省部级科研项目、国家广电总局项目和中国广播电视协会课题 10 余项，著作 20 余部（包括与人合著），发表广播电视史、新闻传播史方面论文百余篇，总共 300 余万字。所著（含参与编著）的教材、专著、论文曾在教育部、国家广电总局（广电部）、中国广播电视学会等主办的有关论文著作评选中多次获奖。

在教学上，主讲“中国广播电视史”“中国新闻史”“中外新闻思想研究”“广播电视理论与历史”等课程，其中，由其独立完成的我国第一部《中国新闻史课件》获得国家广电总局优秀课件奖（部级），其主讲的“中国新闻史”课程 2008 年被评为北京市精品课程（省部级）。

1990 年获得首届中央三台奖，获得“优秀青年教师”称号。1996 年被评为国家广电总局“精神文明建设先进个人”。2010 年被评为北京市师德先进个人。2013 年在中国广播电视协会第五届全国“十佳百优”评选中被评为“十佳”广播电视理论工作者。

代表性著作有《中国新闻事业史教程》《中国广播电视通史》《中国电视史》《中国解放区广播史》以及《实用广播电视新闻学》《应用广播学》《中国新闻史》《当代中国广播电视史》等。

治学自述

我 1951 年 9 月出生于沈阳，后在哈尔滨长大。1969 年 3 月从哈尔滨到黑龙江香兰农场工作，成为知青。1970—1974 年在农场子弟校担任教师。1974—1977 年在北京广播学院新闻系编采专业学习。1977 年毕业后留在广播电视史教研室从事教学和研究工作，迄今为止工作已有 40 年。我从一名知青成长为一名教师、教授，在 40 年的学术道路中，学术研究带给我的不只是精神上的富足，更多的是人生道路上的丰满与充盈。

40 年来，随着时间的推移，随着教学和研究工作的深入，我对广播电视史、新闻史有了很深的情结，特别是 1984—1987 年，师从赵玉明教授攻读研究生，在广播电视史的研究上又向前迈出了学术上坚实的一步。广播电视史作为一门历史科学，本就应该很好地加以研究总结，但遗憾的是，有些人认为广播电视无学，广播电视史就更没有学问可言，这导致我们一度对这门学科的认识研究很不够。1987 年，我在《中国广播电视学刊》第 3 期上发表论文《广播史学研究刍议》，首先提出“广播史学”一词，并明确了广播电视史学的定义，集中探讨了广播电视史学研究的对象，广播电视史学研究的学术价值和社会价值，提高了广播电视史学的学术地位。这篇文章在夯实广播电视史学的学科地位方面做出一定贡献，也促使我在广电史领域进行更为深入的理论思考。

对日伪广播史的研究是我又一研究成果。1984 年，我在攻读硕士研究生期间，就已经开始对日伪广播有所研究。我的硕士论文《伪满广播简论》就是专门研究日本在占领东北期间在广播领域的情况，特别是从广播领域揭露日本侵华战争的罪行和发动侵略战争的铁的事实，此后日伪广播成为我研究的重点课题之一。1980—1990 年代，在《新闻研究资料》《北京广播学院学报》（即《现代传播》）上发表了多篇有关伪满广播的论文。2005 年抗战胜利 60 周年之际，我完成了《日本侵华时期的日伪广播研究》，对从 1931 年“九一八”事变至 1945 年 8 月日本投降 14 年间日本在中国沦陷区建立的日伪广播电台的情况、宣传内容、宣传手段和节目播出控制等进行认真的研究分析，认为日伪广播的存在是与日本帝国主义在中国推行殖民主义政策分不开的；日伪广播是日本帝国主义统治中国文化事业的一个缩影。关于对日伪广播的研究在中国广播电视史学界产生影响。

同时，我在赵玉明老师带领下也加强了对解放区广播史的研究。1992 年由赵玉明任主编、我任副主编并承担全书写作工作的《中国解放区广播史》出版，得到日本新闻协会会长、上智大学新闻学教授春原昭彦的高度评价。

关于对旧中国广播的研究，代表性论文是 1993 年发表的《简论旧中国对广播的研究》，文章注重勾勒旧中国广播研究的全貌，从代表性学者的研究成果入手，揭示旧中国对广播研究的关注重视程度，指出旧中国广播研究的局限性。该文曾获得 1996 年国家广电总局二等奖，并被《媒介研究》等全文转载和多次引用。

改革开放以来，我的研究思想也随着时代产生新的延展。虽然我专注于广播电视史领域的研究，但是同时我也十分关注改革开放以来特别是新世纪以来广播电视领域的改革创新、难点热点等问题，例如发表了《我国广播电视制播分离研究》《我国广播电视三网融合发展策略研究》《我国广播电视节目低俗化的现状及其策略》等文章。关注当下问题的目的，是因为今天的现实就是明天的历史，与其等到进入历史后再研究，不如现在就开始重视、着手研究。历史与现实是紧密相连、密不可分的。

在学术中，我坚持“认真、严谨、求实”的治学态度，坚持“板凳需坐十年冷，文章不著半字空”的精神。当年为了查阅伪满广播的资料，我在北京、大连、沈阳、长春、哈尔滨等地的档案馆、图书馆以及省、市广播电视局翻阅大量资料，除中文资料外，还搜集了大量日文资料，边翻译边研究并挖掘出很多过去鲜为人知的材料，提出了一些具有价值的观点和理论。

在工作上，我坚持“凡事都要脚踏实地去做，不驰于空想，不骛于虚事”的工作态度。在研究生的培养中，我坚持理论结合实际，坚持要求学生“在学中干、在干中学”。经过几年学习，学生很快掌握了研究方法，树立了科学规范的研究态度。作为一名广播电视史、新闻史教学的一线教师，我珍爱自己的职业，珍爱每一位学生。在教育这个神圣的殿堂里，我能用自己的微薄的力量培养国家所需要的人才，即使前进的路上不时荆棘满地，但是我仍乐在其中，并视之为最大的人生财富！

刘卫东

刘卫东，男，1954 年 12 月生于天津。天津师范大学新闻传播学院首任院长，政治学博士，中国传播学会副会长，中国传媒大学党报党刊研究中心博士生导师（兼），天津市重点学科新闻传播一级学科带头人，天津市教学团队带头人，国家级特色专业——新闻学专业带头人，国家级实验教学示范中心主任，天津师范大学学术（位）委员会委员，学校学术规范委员会委员，天津师范大学战略文化与传播研究所所长，天津市哲学社会科学联合会委员，天津市教学名师，天津市精品课程负责人，天津师范大学新闻传播学院教授委员会牵头人。

治学自述

我的新闻传播学术生涯是伴随着传播学正式引进中国开始的。1982 年 8 月至 1983 年 7 月，我被学校派往中国人民大学新闻系进修，在甘惜分老师门下研修新闻理论。同时，系统聆听方汉奇、张隆栋、郑兴东、蓝鸿文、郑超然、何梓华、成美、秦珪、付显明等老师的课程。其间，在中国社会科学院研究生院新闻系学习，系统聆听沈如刚老师的“新闻理论”和王武录教授的“采访与写作”等课程。

1982 年 5 月，威尔伯·施拉姆到中国。11 月 23—25 日，中国社会科学院新闻研究所召开首届中国传播学年会，我参加了此次会议，萌发了将传播学引入新闻学，构建“新闻传播学”的尝试，并于 1988 年撰写了我的第一部学术著作《信息论与新闻》，试图用信息论中的传播模式构建“新闻学理论”体系。经查阅当年《中国新闻年鉴》发现，这是中国大陆第一部用信息论系统研究新闻传播的专著。1999 年我出版了《新闻传播学概论》。两部著作获得天津市社科优秀成果三等奖。1995 年，在成都召开的中国传播学第四届年会上，我采用定量分析的方法撰写的《经验范围与传播效果》一文获得二等奖。另有两篇论文获得中国广电协会和天津市社科联年会一等奖。迄今为止，我参加了全部 14 届中国传播学年会。

2005 年，我考取天津师范大学政治学博士生，师从著名学者高建、徐大同教授。在西方政治思想史中探寻传播学思想渊源，拓展学术视野。在海外做访问学者及出席国际会议期间，先后见到麦克姆斯、肖、David Weaver 及李瞻教授等著名学者，受益匪浅。

传播学引进中国大陆35年，历经长期的“本土化”探索和“国际化”接轨过程，已经进入智能传播研究新时代，传播学正在实现当年威尔伯·施拉姆的预言：它将成为可以解释所有学科的一门新兴学科。从人类信息传播本质上看，传播学日益彰显出其特有的“第二哲学”特征。基于此种认识，我的传播学研究开始转向“传播技术文化”“传播技术哲学”“政治文化与媒介生态学”等新领域，陆续出版了《政治文化与媒介权力》《当代新闻传播》等著作，发表了《技术迁移与制度变革》《战略文化与国际传播》等方面的论文。

我先后主持国家社科规划重点项目及省部级课题。研究领域涉及媒介政治学与战略文化、传播技术哲学等。此外还出版《新闻摄影基础》《公共关系大辞典》等著作，参与撰写了《当代新闻学》（1986年）、《报道与论译》（1997年）、《传播道德论》（2005年）、《新闻心理学教程》（2008年）。2006年，参加中央马克思主义理论工程重大项目“新闻学概论”研究，撰写“新闻法治”一章。总计出版著作10余部，在学科级、CSSCI和核心期刊发表论文50余篇。另有《传播学论纲》和《新闻学论纲》两部书稿即将付梓。

2003年，我校新闻传播学院成立。在担任院长期间，我关注新闻传播教育改革，先后发表《构建卓越新闻人才培养质量保障体系》《非语言符号传播在教育教学中的应用》《开启马克思主义新闻观教育新境界》《以马克思主义新闻观为统领，构建完善新闻传播教育体系》等20余篇文章。

此外，先后获得教育部“马克思主义工程建设精彩一课”主讲人、天津市“五一”劳动奖章、天津市公共关系20年先进个人、天津市优秀共产党员等荣誉。

从2014年起，先后三次受聘担任中国新闻奖、长江韬奋奖审核委员会委员。受聘为南开大学传播系、中国传媒大学传播心理研究所、复旦大学“985”基地、郑州大学穆青研究中心、教育部高校教师培训中心等机构的兼职教授（研究员）。

黄　瑚

黄瑚，男，1955年出生于上海。博士，复旦大学新闻学院教授，博士生导师，曾任常务副院长。兼任教育部高等学校新闻传播学类专业教学指导委员会副主任、中国新闻史学会副会长等。美国东西方中心和夏威夷大学进修学者（1991—1992年）、美国北卡罗来纳大学访问学者（1999—2000年）、香港珠海学院（2003年）、台湾铭传大学（2006年）客座教授。

治学自述

我自1986年7月起在复旦大学执教，主要从事中国新闻史教学与研究工作。我的早期研究成果主要是填补空白之作，特别是发现了当时国内学界认定已失传的在美国檀香山出版的《檀山新报》《新中国报》和在英国伦敦出版的《飞龙报篇》，其中《飞龙报篇》的发现将欧洲华文报刊史的起源提前了近30年。1999年8月，在我的博士学位论文基础上修改而成的《中国近代新闻法制史论》由复旦大学出版社出版，为国内第一本全面系统阐述从古代到1949年前中国新闻法制历史的研究专著，订正了不少前人的舛误之处。2001年3月，《中国新闻事业发展史》出版，大胆地将中国新闻事业发展规律与社会发展历史诉求相结合进行历史分期，打破了新中国成立后定于一尊的撰写体例，抛弃了中国新闻史与中国革命史完全同步的历史分期法。2009 年 1 月，《中国新闻事业发展史》第二版由复旦大学出版社出版，明确地将中国新闻事业的发展历史分为近代报刊在中国出现及其长足发展（1815—1895 年）、以民办报刊为主体的民族报业勃兴与新闻事业全面发展（1895—1927 年）、两极新闻事业出现与发展（1927—1949 年）和社会主义新闻事业的建立与发展（1949 年— ）四大阶段。这本教材后被评定为普通高等教育“十一五”国家级规划教材。

1991 年，我去美国夏威夷东西方研究中心与夏威夷大学进修，发现国外新闻教育课程体系中都设有新闻法与新闻伦理的课程。1992 年回复旦大学新闻学院后，我为自己开辟了另一个研究方向，即新闻传播法与新闻传播伦理。1994 年，在国内率先开设并主讲“新闻法规与新闻职业道德”课程，初为复旦大学新闻学院的本科生、硕士生选修课程，后升格为本科生、硕士生必修课程和博士生选修课程，课程名称曾改为“新闻传播伦理与法规”等。1998 年 3 月，我撰写的《新闻法规与新闻职业道德》由四川人民出版社出版，系国内公开出版的第一本新闻法规与新闻伦理教材。2001 年 12 月，《新闻伦理学》由新华出版社出版。2002 年，我邀请了钟瑛、顾理平等国内 9 所高校新闻传播院系的专家学者共同撰写《新闻法规与职业道德教程》，2003 年 9 月由复旦大学出版社出版；其第二版改名《新闻传播法规与职业道德教程》于 2010 年 12 月出版；第三版于 2017 年 8 月出版，先后被评定为普通高等教育“十一五”“十二五”国家级规划教材。2006 年 10 月，我与邹军、徐剑合作撰写的《网络传播法规与道德教程》由复旦大学出版社出版，系国内最早出版的网络传播法规与伦理教材之一。

进入 21 世纪后，我在担任复旦大学新闻学院副院长、常务副院长期间，根据对国内外新闻传播教育现状与前景的考察与研究所得，领衔主持新闻传播教育改革，在新闻传播教育理论与实践方面做出了一些贡献，包括 2012 年在复旦大学新闻学院推出新闻传播学类专业“2 + 2”跨学科本科教学培养模式。该模式旨在培养专家型新闻传播人才，不仅打破了新闻传播学类各专业之间的界限，而且还打破了新闻传播学类专业与经济学等其他学科、专业的界限。所谓“2 + 2”模式，就是四年本科教学培养过程分成 2 个为时 2 年的阶段：在第一个“2”阶段（即第一、第二学年），要求学生任选 1 个非新闻传播学类专业（目前可供学生选择的专业有经济学、社会学、法学、政治学等 8 个专业）；在第二个“2”阶段（即第三、第四学年），要求学生在系统修读了一门非新闻传播类专业主要课程的基础上，进一步修读新闻传播学类专业课程，并在教师的指导下完成跨学科的理论、知识与技能的复合。

白　贵

白贵，男，1956 年出生于内蒙古呼和浩特。河北大学新闻传播学院院长，教授，博士生导师。1982 年 1 月毕业于河北大学中文系，进入内蒙古大学中文系，先后任助教、讲师、副教授。1992 年起，任内蒙古大学中文系新闻专业负责人。1999 年进入河北大学，被评、聘为教授，从事新闻学概论、报纸编辑学教学，并任新闻学硕士生导师。2000 年 10 月，河北大学新闻学院成立，担任首任院长。2003 年 6 月，开始担任博士研究生导师。2010 年河北大学新闻传播学学科被国务院学位委员会批准增列为一级学科博士点，作为学科创始人担任该学科带头人、博导。

主要兼职有教育部新闻传播学学科教学指导委员会委员（第二、三、四届）；中国传播学学会副理事长；中国新闻史学会少数民族新闻传播史研究委员会副会长；中国高校影视学会常务理事；中国高教学会播音与主持艺术专业委员会常务理事；中国回族学会副会长；河北省新闻传播教育学会会长；河北日报集团首席专家；河北省报业协会副会长；中国传媒大学特聘研究员；华中科技大学兼职博士生导师；台湾南华大学客座教授；河南大学兼职教授；郑州大学兼职教授；沈阳师范大学兼职教授；河北师范大学兼职教授；河北科技大学兼职教授；石家庄学院兼职教授；廊坊师范学院兼职教授；衡水学院兼职教授；唐山师范学院特聘教授。

治学自述

我于 1978 年 3 月在河北大学中文系就读，在学校期间和整个 1980 年代，主要致力于美学研究。在大学期间即在《内蒙古社会科学》《河北大学学报》（哲社版）发表《文艺为政治服务质疑》等论文。1982 年进入内蒙古大学，继续治理与美学的思考，这种思考贯穿至今。

1992 年起任内蒙古大学中文系新闻专业负责人，进入新闻教育领域。我先后在报社、电台、电视台、出版社从事兼职工作，积累了丰富的实践经验。1993—1996 年在内蒙古人民广播电台主持的《热线 21 点》直播节目，成为著名品牌栏目。曾主持过大型电视节目《集邮知识大赛》等。这段实践经历使我一直对广播电视怀有持续的兴趣，发表了一系列研究电视的论文，诸如《电视栏目淘汰制：现实意义与问题》《法治类电视节目媒体利益与媒体责任关系刍议》等。

1999 年，我再次回到河北大学，师从詹福瑞先生攻读古代文学的博士学位。我将 1980 年代的美学与 1990 年代的传播学研究结合在一起，将诗话研究作为自己的研究领域，发表了系列论文，包括《中国古代诗话的“存诗”、“存人”功能——诗话传诗功能研究之一》《诗话勃兴于宋代的条件与成因》《略论诗话传诗中的“意见领袖”现象》《“诗文评”五种模式与诗话之关系浅说》。

由于自己的穆斯林身份和自己工作的领域，有一个持续关注的领域即是回族与传媒的关系、互动、历史等，不但发表了一系列论文，有《论回族发展过程中传媒资源利用的几个问题》《中国近现代回族报刊波动现象浅析》《民国时期回族报刊社会对话活动的基本模式——以〈月华〉为例》《回族新文化运动与回族报刊之互动关系》，而且还获得了 2008 年度国家社科基金项目“近现代回族报刊史”，被国家社科规划办评为优秀结项课题，填补了相关学术领域的空白。在此基础上再次获批 2014 年国家社科基金项目“新媒体与当代中国伊斯兰教的传播研究”。

我在下列领域出版了重要著作、论文和研究报告：（1）在传播研究方面，出版了专著《当代中国传媒社区的新进路》，被北京大学出版学专家肖东发先生誉为“以扎实的学养和敏锐的学术触角关注到了中国当下最具生机的传媒业态新进展，并创造性地将其整体纳入‘社区’的视域之下，带领读者进行了一次中国传播版图新时空的穿越之旅”。（2）在广播电视研究方面，出版了专著《视听中国的世纪跨越》等。（3）在新闻业务研究方面，与同事合作出版了《当代新闻写作》《报纸编辑精品导读》。（4）在美学研究方面，出版专著《美学的基本理论》。（5）在服务社会的研究方面，在出版方面有著作《出版传媒研究——变革中的河北出版业》；在互联网方面有《国内主要网络舆情研究机构及存在问题》《当前网络舆情态势及特点》《微博舆情演变中意见领袖的特征及影响》研究报告，均受到高度评价，有的被编辑进重要文件中。受河北省互联网管理中心委托撰写年度报告《2012—2015年河北省互联网舆情报告》；在报业方面，《做大做强河北出版集团的思路和建议》获得省委宣传部部长艾文礼批示："作为社科基金项目成果应得到应用，请出版处和出版集团认真阅研借鉴和采纳。结果望告。"

杨伯溆

杨伯溆，男，1956年出生于河北。北京大学新媒体研究院教授，博士生导师，创意产业研究中心主任。杨伯溆从加拿大多伦多大学获得社会学博士学位，从加拿大温莎大学获得传播学硕士学位。在相关领域受过严格的系统学术训练。

治学自述

我的研究以"社会变革"一线贯穿，自20世纪80年代我攻读硕士学位以来，便一直坚持这个学术方向，直到现在。这几十年来，我的研究对象不管是传统媒体还是新媒介，经济发展还是社会关系，从国内到国外，从国际到全球，所聚焦的问题，无不在"媒介与社会变革"这个范围之内。

在"媒介与社会发展"这个范围内，或许我为学界做出的较为重要的贡献包括对"全球化"的探索，以及对"个人空间"的概念化。前者突出的是21世纪传播社会背景的挖掘，而后者则较为深入地展示了当代社会手机传播所带来的社会变革。

在过去的十余年里，我一直关注并从事着网络和新媒体的研究。让我深感兴趣并做了一系列研究的是个人和群体在网络和新媒体传播中所展示出的强大自主力量，以及我们灵活有效的传统社会结构对个人和群体无所不在的制约。在我十余年前的研究论文中，曾十分尖锐地指出网络传播对个体孤独感的诱发和促进。在我十余年后的论文里，则更多地关注了孤独的个人通过新媒体在编织社会关系网方面的努力，特别是对传统的社会关系的颠覆，以及对社会结构重构的努力。

当然，在我的持续学术生涯中，特别是在对社会变革的探索中，我的最终着眼点是探索和挖掘个体与社会结构之间的关系。而媒介在其中所起的作用或者说扮演的角色，则是真正了解这一关系的关键所在。个体和社会结构之间的关系，其实就是微观和宏观之间的关系，方法上也可以从定性和定量之间的鸿沟来理解的关系。我持续地追逐着这个社会学前沿问题，并为之入迷。

我是一个科研工作者，但更是一个教师，一个一线教师。我一直承担着北京大学新闻与传播学院和新媒体研究院的博士生研究方法课程。在漫长的教学生涯中，我深切地体会到我国传播学界对研究方法所持的妥协态度，以及同学们对学习研究方法的热忱。诸如此类，激励着我活跃在教学第一线。

或合作，或单发，我的科研成果散见在国内外不同学科的杂志中。这包括*Media Development*、*Knowledge*、*Technology & Policy*、《世界经济与政治研究》《二十一世纪（香港）》《社会学研究》《新闻与传播研究》《现代传播》《国际新闻界》《中国传媒报告》等杂志。代表作《全球化：起源，发展与影响》由人民出版社出版，并被境内外不同大学选为专业课的教材。

陈卫星

陈卫星，男，1957年出生于四川成都。中国传媒大学新闻传播学部传播研究院副院长暨国际传播研究中心主任，教授，博士生导师，中国传媒大学学术委员会委员。1982年毕业于武汉华中师范大学历史系，1986级北京电影学院摄影系研究生，1994年在法国格勒诺布尔－阿尔卑斯大学传媒学院获信息传播学博士学位，1994—1996年任巴黎《欧中经贸》杂志主编。2005年应联合国教科文组织邀请赴欧洲担任国际传播客座教授，2009—2010年欧盟高校联合体伊拉斯莫斯世界项目（Erasmus Mundus Programme）访问教授，2014年法国洛林大学客座教授。学术兼职有中国新闻史学会新闻传播思想史研究委员会会长，中国社会科学院新闻与传播研究所学术委员会委员，中山大学特聘教授，西安外国语大学讲座教授。曾出任2009年连州国际摄影节总策展人。

治学自述

我于1997年回国任教，第一个工作单位是广州暨南大学新闻系。广州是20世纪90年代中国改革开放的样板田，产业形态的多元、信息交换的频率和移民社会的活跃形成一种生气勃勃的社会氛围。珠江三角洲是我的第一个田野，当时要解决的问题就是在分管广告专业之后，如何在一个有报人办学传统的学科建制当中发展广告专业的问题。为此，我通过调查研究，了解珠三角的广告业市场，组织业界高层和专业教师的对口交流，调整完善课程体系。同时，深入了解广州地区的媒体现状，立体上聚焦生产资料市场、消费市场和人才市场的活跃所折射的社会意识的开放，由此成就在国内独领风骚的报业媒体、在地区文化的内部竞争中相互交错的电视媒体以及折射城市化新景观的广播媒体，结合参与研究生教学，充分意识到改革开放所带来的社会生产力的解放和社会主体的意识自觉，由此产生的经济结构的开放和社会利益的整合之间的信息螺旋，成为社会转型舆论形态的新特征。对这个问题的思考后来一直是我思考传播学的中国问题的一个社会框架。

在理论工具的借鉴方面有两个主要选项，一个是法国贝尔纳·米涅教授对传播政治经济学的更新，把法兰克福学派单数的文化工业转换为复数的文化产业—内容产业；一个是法国学者雷吉斯·德布雷的媒介学思想，从历史发展的整体性角度思考具体时空断面的媒介形态和社会组织的结构关系。从我所指导的1998级硕士研究生杨桂荣开始，当时暨南大学新闻系的硕士生先后在《新闻与传播研究》上发表数篇论文。结合国外的学习和国内的思考，1999年在广东人民出版社出版的《传播的表象》成为这一时期我思考传播学学术观念和学科内涵的一个参考。

21世纪的来临伴随着中国加入世贸组织的强大身影，在积极推进经济全球化的同时，社会转型所推动的社会建构的叙事如何成为中国语境的传播学学术叙事的有机组合？在《中国现代化的传播学反思》一文中，我提出从生产主体多元化到利益主体多元化和象征主体多元化之间的历史主义逻辑，并认为在利益交换和功能互补的前提下，大众传播体系的建构是寻找一个社会意识多元互动的传播网络，而不是一个单一性的权力关系或者是线性的因果关系。简而言之，中国的社会转型在信息传播层面上导入三个新的维度：第一，新的社会生产主体的涌现丰富了传播关系。第二，信息资源的营利性和新的利益主体的崛起要求推动信息在经济层面和象征层面的再生产赋予一种合法化形式来与自己的经济利益和象征利益相匹配。第三，传播网络的配置是创造一个社会调解的空间。这个逻辑结构是我对中国社会转型的传播学定义。

我撰写、翻译和主编的著作有《传播的观念》《以传播的名义》《世界传播与文化霸权》《普通媒介学教程》《国际关系与全球传播》《网络传播与社会发展》《全球化背景下的广播电视》以及两套丛书：《新闻传播学·新视界译丛》（华夏出版社 2010 年版）和《中国·传播·世界》（上海交通大学出版社 2011 年版；上海三联书店 2012 年版）。科研成果先后获得中国教育部第三届、第四届人文社会科学优秀成果奖和北京市第九届哲学社会科学优秀成果奖等。

何扬鸣

何扬鸣，男，1957 年出生于浙江杭州。历史学博士，浙江大学新闻系教授，博士生导师。2000 年德国基尔大学访问学者，2002 年美国丹佛大学访问学者。

治学自述

我的学术活动开展得比较迟，1990 年 9 月才入职于当时的杭州大学新闻系（即现在的浙江大学新闻系），主要从事新闻史的教学与研究。我主持过浙江省一般和重点社会科学基金课题多项，也主持过国家一般和重点社会科学基金课题多项。

在 20 多年教学和研究生涯中，我能够秉持正本清源、追求创新的理念。我始终有这样的想法：由于独特的经济和文化的影响，浙江自古以来一直是新闻传播和新闻事业的先进区域，它在新闻传播和新闻事业的诸多方面不仅体现着浙江的地方特色（也体现了地方或者区域的一般规律），而且在全国范围甚至在国际范围都有一定的意义。

在大陆，有关新闻史的教材很多，但是这些教材不仅低水平的重复现象严重，而且充满着各种各样的错误。我注重原始资料的挖掘，注重个案的研究。《东南日报》是民国时期一家著名的大报，1949 年以后被历史所湮没了。我从档案馆里、从海内外原东南日报社人员中还原了不少历史记忆，形成了系列的成果，纠正了中国新闻史研究中不少错误，并且有助于对原东南日报社人员在社会生活中、在思想观念中的拨乱反正。

世界近代报刊、世界近代新闻事业源于西欧，是百多年以来国内外相关论著、教材和辞典里所写的“定论”。通过对 12 世纪南宋都城临安（今天的杭州）丰富的新闻传播活动的考证、梳理，并根据当今世界公认新闻传播理论进行分析，我质疑了西欧是世界近代起源地的传统经典理论，认为南宋临安的报刊、南宋的新闻事业领先于西欧数百年，南宋临安理应是世界近代新闻事业的起源地，相关论著、教材和辞典里的相关论述有重新思考的必要。对我的观点，国内多家杂志或书稿对文章进行了转载，多家报刊或书稿还作了高度评价。海外的反应也是积极的，英国的 *Journalism Studies* 的匿名审稿人评价道：“This is a highly significant paper that promises to address the Eurocentrism of dominant press history.”

我在下列领域里撰写了一些论著：《20世纪中国新闻学与传播学·宣传学和舆论学卷》（复旦大学出版社2002年版）、《民国杭州新闻史稿》（杭州出版社2013年版）、《东南日报南京大屠杀报道研究》（浙江大学出版社2014年版）、《〈东南日报〉研究》（浙江大学出版社2018年版）等。我也在下列领域里编辑过一些论著：《老报人忆〈东南日报〉》（浙江人民出版社1997年版）、《新闻·历史·足迹——项孔言新闻作品选》（浙江大学出版社2010年版）、《浙江大学新闻传播学科发展口述史》（浙江大学出版社2017年版）、《史量才及其〈申报〉研究》（浙江大学出版社2018年版）等。

刘燕南

刘燕南，中国传媒大学受众研究中心主任，教授，应用传播学和应用舆论学专业博士生导师。毕业于中国人民大学新闻学院，师从甘惜分教授学习新闻传播理论，获博士学位。曾先后在华中科技大学船舶与海洋工程系、中国社会科学院研究生院新闻系学习，获工学学士和法学硕士学位。

主要从事传播理论与方法、受众与视听率、网络舆情、数据挖掘等方面的教学和科研工作，主持了包括国家哲学社科在内的近二十项纵向课题和三十多项横向课题，多次参与传播效果与评估体系研究、受众分析、视听率调研、节目评奖和节目策划、网络舆情分析等方面的工作。

出版了《跨屏时代的受众测量与大数据应用》《国际传播受众研究》《电视收视率解析》《大众传播研究：现代方法与应用》《电视传播研究方法》《受众分析》《美国商业电视的竞争》《台湾报业争战纵横》等多本著译作，主编了《受众·传播·文化》博士文丛（共6本）。其中，《电视收视率解析》系国内第一本系统研究收视率问题的著作，2001年获得国家广电总局高校科研成果一等奖，《大众传播研究：现代方法与应用》（合译）所属《高校经典教材译丛·传播学》系列2000年获得国家广电总局高校科研成果一等奖，《电视传播研究方法》2005年获得北京市高校精品教材奖。

发表学术论文一百余篇，其中《跨屏受众行为测量：现状、问题与探讨》《电视节目评估体系解析》《电视评估：公共电视vs.商业电视》等或被人大复印资料《新闻与传播》全文转载，或被《新华文摘》转载或观点摘要，有多篇论文获得各种奖励。

2000年获得第七届霍英东教育基金会全国高校青年教师奖，2011年被评为“北京市优秀新闻工作者”，2013年获得国家广电总局“十佳百优”广播电视理论工作者称号。

治学自述

1997年夏天，我博士毕业后来到中国传媒大学（时称北京广播学院）电视学院。当时学院正策划推出电视学系列教程，从学科的完整性来看，还需要方法类内容。我因为本科学的理工科，研究生转读新闻传播学，便想利用文理交叉的学科优势，结合我对电视的兴趣，做点创新尝试，于是自告奋勇申报了《电视传播研究方法》一书。1998年前后，学校申请博士点，计划出一套传播学书系，鼓励大家报选题。时值电视业市场转型风头正劲，人们对新的收视率机制既不解又好奇，需求比较迫切，我考虑到该书的成熟仍需时日，便将其中的收视率部分抽出来，重新架构，加强系统性和深度，单独成书，我的导师甘惜分先生还专门为这本书撰写了序言，序言中说“研究电视收视率是每一位电视工作者的责任”。这便是《电视收视率解析》一书的由来。

现在来看，这本书虽然多次再版重印，获得过科研成果一等奖，但是在案例分析和应用模式探索方面还有不少提升的空间，面临新媒体冲击，这套体系也需要更新。收视率是引进的，我们实践中对收视率指标的分析应用，却有不少是基于国情的创新，应用的广泛性和深入性甚至超过一些西方电视业发达国家，这与我国电视市场更复杂、竞争更加激烈密切相关。这一段经历，也成为我开始结合实际思考问题和从事研究的一个契机。

我的专业方向是应用传播学，这是个内涵丰富、外延广泛的概念，不过主旨明确。我的研究主要注重三个方面：一是对接中国的传播实践，将学科发展逻辑与现实需要相结合，做偏重应用的传播研究尤其是受众研究。比如，从中国电视市场结构与受众选择之间的匹配或互动关系，探讨视听率机制问题以及对电视竞争的影响，呼吁规范市场，建立数据秩序。2010年，学校与中国国际广播电台合作推出《国际传播人才培养系列丛书》，我主持撰写了《国际传播受众研究》一书，构建起“理论、方法、实务”相结合的学术框架，尤其是联系国际传媒实践，从“受众—效果”维度出发，探讨如何将传播战略落实到具体操作中。当时，也意识到将资源投入与效果评估有效结合的重要性，但是引而未发，因为“走出去”工程刚起步不久，传播效果评估尚未引起关注。近年来，我相继主持了国家哲学社科项目“中国华语电视在海外观众中的传播效果研究”和国家外文局重点课题“国际传播效果评估指标体系研究”，连续五年主持“中央电视台中文国际频道海外华语观众调查”项目。在研究实践中感受到，深入了解和激活国际受众，这是国际传播致效的前提；而评估传播效果，应基于科学的顶层设计和清晰的目标模式，这样才有对标性，实际评估才不会无的放矢。

二是注重研究方法的探索和应用，跟进技术驱动的新方法及新应用。传播研究方法尤其是量化方法是受众及效果分析的重要武器，但长期以来一直是教研弱项，人称“想说爱你不容易”。我撰写《电视传播研究方法》时，仅构建框架便几经反复，用了六年多时间，屡屡搁浅，中间还穿插翻译了《大众传播研究：现代方法与应用》一书。写作期间，因案例难寻，我还会“以身试法”，在课题研究中采用相关方法，考察其适用性和实操性，探索更新路径，有些成果作为案例写入书中，更多的是“交了学费”。近年来，节目跨屏传播和收视研究成为主流，传统的电视受众测量遭遇挑战，我主编了《跨屏时代的受众测量与大数据应用》一书，对跨屏受众测量方法和大小数据的融合问题进行研究，探讨解决方案。目前看来，问题仍然比答案更多。

搭建具融合性、前沿性、开放性的学科平台，创新研究，这是第三个重点。数字时代对传播学科的跨界交叉和融合发展提出了新要求，创新成为必选项。受众研究中心成立后，我们又建立了融媒体数据实验室，新增融媒体传播专业硕士方向；开设“跨媒体传播与效果研究前沿”全校博士生选修课，聘请一流学者和业界专家授课；对接网络舆情、数字出版、战略传播等新兴研究领域，推出《受众·传播·文化》博士文丛计划；同时，开设“中传受众研究中心”公众号，定期推送前沿动态和原创观点，作为与社会互动的窗口。总之，建平台只是开始，建好平台要付出更多努力。

沈 浩

沈浩，男，1963年3月出生，籍贯上海。中国传媒大学新闻学院教授，博士生导师。传播学专业媒体市场调查与分析方向的专业主任，中国传媒大学调查统计研究所所长，中国传媒大学大数据挖掘与社会计算实验室主任。现任中国市场调查行业协会会长。

1986年毕业于北京师范大学数学系，分配到中国传媒大学（原北京广播学院）工程基础部任教。1990年在华东师范大学计算机科学与技术系高校助教进修班学习。2000年在香港城市大学英文系做高级访问学者。2005年在中国传媒大学攻读传播研究方法方向博士。2012年获得博士学位。1998年被评为副教授。2008年被评为教授。2015年起任博士生导师。

目前兼任华南理工大学兼职教授，担任阿里研究院专家顾问，阿里数据经济研究中心特邀研究员，百度大数据与人工智能专家顾问，CTR媒体融合研究院专业指导委员会专家委员，中央网信办《网络传播》杂志学术委员会委员，中国信息协会常务理事，人民网新媒体智库顾问，未来商习院导师。曾任中国统计教育学会第五届理事，益普索中国市场咨询有限公司首席技术顾问，零点有数集团首席大数据科学家，保利房地产集团股份有限公司品牌智库顾问学者。

主要著作有《数学物理方程》（教材）、《调查研究中的统计分析法》《Excel数据分析与高级应用》《数据展现的艺术》《触手可及的大数据分析工具Tableau案例集》《大数据变革——让客户数据驱动利润奔跑》（译著）、《数据素养》（译著）、《广播电视传媒公信力研究》等。先后发表了《大数据助力社会科学研究：挑战与创新》《传播学研究新思路：复杂网络与社会计算》《数据新闻：现代性视角下的历史图景》《理解与选择：融媒体时代的新闻终端与新闻端口》《媒体人如何理解大数据》《数据新闻发展与数据新闻教育》等40多篇学术论文。

获评国家信息中心发布《2017年中国大数据发展报告：十大最具影响力的大数据领域学者》。获中国市场研究行业发展20年学术贡献奖，中国市场研究行业发展30年特别贡献奖。获第三届全国教育科学研究优秀成果奖三等奖。获2005年度中国传媒大学优秀教学奖三等奖。获中国网络科学论坛十周年特别贡献奖。1994年获优秀教师称号，获得中央三台奖。

拥有20多年的统计和数据分析经验，精通多种统计技术分析方法，擅长传播研究方法、大数据挖掘、网络分析、空间地理分析和数据可视化、多变量数据分析、市场研究定量模型、统计分析软件和模型。

治学自述

光阴如织，我已在中国传媒大学任教31年了。当初大学数学系毕业分配到北京广播学院工程基础部，教了十年工科专业的数学课程，后来转到新闻传播学领域教了二十多年传播研究方法相关课程。作为中国传媒大学新闻学院的老师，可能外界对我的评价更多的是大数据挖掘专家、数据可视化追逐者、市场研究新技术的探索者。

1986年从北京师范大学数学系毕业的时候，我和许多人一样立志要学计算机科学，当年考研报考的是航天部一院的导弹可靠性工程，我们那年代的年轻人都是振兴中华的热心青年，可惜外语差了4分没考上，只好服从分配。但我依然对计算机专业心存念想，想着也许能去有大型计算机的气象学院，可是最后却被分到了北京广播学院，也就是现在的中国传媒大学，一个我当时都没注意过的学校。

二十多年前，我从数学教学转到新闻传播领域，开始了所谓“跨界跨学科”发展。当时国内市场研究刚刚起步，在柯惠新老师的带领下，我开始涉足国内早期的市场研究，一边在学校教书，一边帮企业提供市场研究方法和培训，用专业技术帮助企业解决实际问题，用企业丰富的案例反馈教学实践。

2000 年去香港做访问学者，结识了著名传播学者祝建华博士，在定量研究技术和学术上受到了很大的触动，尤其是接触了“社会网络”研究。之后我开始在学术理论和方法论层面主攻传播研究方法和市场研究定量统计模型。

2003 年开始，我逐渐转向数据挖掘领域。作为国内早期涉足数据挖掘的研究者，我见证和推广了在新闻传播领域的定量研究新技术和传播研究方法，包括收视率分析、电视节目综合评价系统、节目满意度评测等，主要涉足新闻传播和市场研究领域的传播效果研究、数据分析、统计建模以及市场细分、广告效果测试、品牌研究等。

2005 年，为了适应社会经济发展的需要，充分挖掘办学的潜力，我负责的教研室创办了国内第一个传播学“媒体市场调查与分析”专业方向，培养新闻传播学领域懂经营会管理、掌握计算机的数据分析研究人才，并与多个市场研究公司建立实践教学基地，希望能把这个专业办成国内最好的专业，能在业界拥有一定的影响力。

如果十年前是小数据与传播学的融合诞生了媒体市场调查与分析专业方向，那么，十年后的今天，大数据与新闻学的融合，我又主导创建了新闻学“数据新闻报道”专业方向。

从教 30 多年，从最初的抽样数据关注市场研究技术，一直追逐也抓住了最前沿的科技发展趋势和研究热点，从大数据挖掘、机器学习、文本挖掘、社会网络分析、数据可视化、自然语言处理，到今天的深度学习和人工智能发展等。有一些很重要的软件工具，我是国内第一个使用并推广的。教学过程中，也把这些新技术教给学生，在国内发表了一系列相关论文和推广文章。掌握很多分析软件和工具对我来说也是学习和解决问题的重要方法，因为研究方法本身要有完整的方法论和软件工具的，这样才能很好地解决新闻传播学或商业相关问题。

现在我的大数据挖掘与社会计算实验室里，都是新闻传播学领域对大数据挖掘、人工智能有兴趣的本科生、研究生和博士生。我经常办一些兴趣小组或讲座，博客、微信公众号也成了我的第二课堂。《2017年中国大数据产业发展报告》中，我被评为国内十大最有影响力的大数据领域学者。

苏宏元

苏宏元，男，1963 年出生，江苏太仓人。博士毕业于奥地利萨尔茨堡大学文化与社会科学院传播系，现任华南理工大学教授，博士生导师，新闻与传播学院院长。

长期从事新闻传播实践、教学研究和行政管理工作，先后任职于江苏人民广播电台、西藏广播电视厅新闻中心和南京师范大学新闻与传播学院，先后出版《网络传播学导论》《广播电视学》和《新闻采访学》等著作和译著《高效的数据表达》。学术兼职包括中国高校影视学会常务理事、中国新闻史学会网络传播史研究委员会常务理事、中国社会科学院新媒体研究中心特聘研究员等，兼任广东省本科高校新闻传播学类专业教学指导委员会副主任委员、广东省第六届学位委员会学科评议组成员。

2015 年 6 月 8 日获广东省第十一届新闻金钟奖。2016 年入选由中国新闻传播教育史学会组织编撰的首部《中国新闻传播教育年鉴》“全国新闻传播教育界的主要学者”名录。

治学自述

我于 1983 年从北京广播学院（现中国传媒大学）文艺编辑系毕业，先后任职于江苏人民广播电台文艺部、西藏广播电视厅新闻中心、江苏人民广播电台经济部。这一段媒体从业经历对我后来的新闻传播学研究起到了很好的“导向”作用。

1991 年 4 月，我调入南京师范大学中文系新闻学专业，开始转向新闻教学和研究工作。结合本人的实践经验，主要着力于新闻和广播电视业务研究，发表了《你知道什么是“新闻敏感”吗？——对新闻敏感的心理学探析》《新闻文体的基本特征》等论文，编写了《新闻采访学》《广播电视学》等专业教材。根据亲身的职业体验和认识，融合心理学、文学等相关理论，我对新闻敏感形成、发展的心理机制和新闻文体的本质特征、基本类型和相关元素作了较为具体的探究。

2001 年 10 月，我赴奥地利萨尔茨堡大学自费留学，攻读传播学博士学位。在此期间，视野得以扩展，知识结构得以更新。2007 年 11 月回国，被华南理工大学聘用，并先后担任系主任和新闻与传播学院院长，学术兴趣也开始转向。

首先是新媒体和网络传播，尤其在网络传播与新闻学的交叉点上“做文章”。除了出版《网络传播学导论》一书（中国社会科学出版社 2010 年 12 月版），同时发表了一系列论文，如《Web2.0 时代网络深度报道的特征分析》《网络首页“无限”延长性探讨》和《网络传播重构新闻生产方式：协作、策展与迭代》等，对网络新闻报道的理念和方式逐步有了比较深入的理解和认识。我认为，网络传播已极大地突破了传统大众传播的线性传播模式，新闻生产方式也发生了根本性的变化，其基本特征可概括为：协作（新闻生产主体多元化）、策展（新闻资源的“整合”和“增值”）和迭代（新闻的“无限”更续和延展）。

承续网络新闻报道研究，我的研究触角自然延伸到了数据新闻这一新领域，先后主持了国家社会科学基金项目“数据新闻学发展前沿研究”（2014 年），发表了《从计算到数据新闻：计算机辅助报道的起源、发展、现状》（《新闻与传播研究》2014 年第 10 期、《新华文摘》2015 年第 2 期和《广东社会科学年鉴》2014 年卷全文转载），翻译出版了《高效的数据表达》一书（中国传媒大学出版社 2015 年 12 月版）。算是国内较早在数据新闻这一领域进行探索的研究者之一吧。

其次，我对影视传播仍未“忘怀”，对媒介文化这一被新闻传播学界相对冷落的领域的研究兴趣与日俱增，发表了《从跨文化传播视角解析好莱坞的“中国风”》《电视节目分类刍议》《电视媒体与时尚文化——试析中国电视的时尚化》和《网络文化的内在价值及其呈现》等若干篇什。我相信，传递文化至少不比监测环境和引导舆论低一个层次，对人和社会的影响甚至更为持久而深透。

由于担任行政职务多年，我对学科建设也有所思考，提出了“多维度全方位重构新闻传播学科”等主张，未见直接的回应，但仍“固执己见”。

其他可以一提的是，我曾获得华南理工大学“我最喜爱的导师”的荣誉称号。

我所主持的教育部精品视频公开课“大学美育”是华南理工大学重点推出的人文通识课。说到底，教书育人仍是我们这些书生的本分，不应掉以轻心。

30多年一晃过去了，我俨然成了新闻传播学界的一位“年轻老人”。所取得的成绩有限，但或多或少从侧面见证了学界内外的风雨沧桑，感触良多。就此打住，并与学界同人共勉。

何苏六

何苏六，中国传媒大学新闻传播学部副学部长，中国纪录片研究中心主任，教授，博士生导师。

文化部国家公共文化服务体系建设专家委员会委员，中国科教影视协会副理事长，中国广播电视协会纪录片工作委员会副理事长、常务理事，中国电视艺术家学会纪录片学术委员会副会长，CCTV栏目综合评估专家，SMG首批智库成员，国家留学基金委出国项目评审专家，文化部智库委员会成员，密苏里新闻学院高级访问学者，教育部新世纪优秀人才，北京市新世纪社科百人工程、北京市“四个一批”人才、国家广电总局“十佳百优”理论人才入选者，中国电视艺术家协会第23届“中国纪录片学术盛典”年度人物。

在纪录片政策、产业研究、行业标准、学科体系建设以及纪录片国际传播、公众传播等领域走在前列。在多个部委参与外宣项目评审，在中央和地方多家媒体机构参与项目策划、指导，受邀担任媒体智库人员。

国家纪录片蓝皮书《中国纪录片发展报告》主编；“中国纪录片学院奖”总策划、总导演；“纪录片综合评估系统”项目主持人。主持国家社科基金项目“我国纪实影像的国际传播与影响力研究”、教育部新世纪人才资助项目“中国题材纪录片国际化传播与国家形象构建及影响力研究”、亚洲传媒中心项目“纪录片在构建东亚汉文化圈中的功能研究”、国家广电总局项目“国产纪录片繁荣发展策略研究”和“纪录片产业发展政策研究”等。

主要著作有《纪录片蓝皮书：中国纪录片发展报告》《中国电视纪录片史论》（专著）、《纪录片创作完全手册》（译著）；主要论文有《纪录片的观念》《中国纪录片30年：话语权与话语的演进》《中国题材纪录片的国际传播现状及发展策略》。

创办的“中国纪录片论坛”已连续举办9届。担任“中国纪录片百年盛典”活动总策划总导演。

执导的纪录作品屡次获国际国内大奖。纪录片《母亲，别无选择》获联合国教科文组织第五届国际青年电视节大奖；纪录片《千秋基业——邓小平与中国教育》获新闻出版总署首届音像制品一等奖，中国首届文献纪录片“经典作品”奖；纪录片《迁徙的人》获2007年四川电视节“金熊猫”奖最佳长纪录片奖。

先后在多个国内、国际纪录片节展中担任评委、评委会主席。联合国教科文组织第六届国际青年电视节评委会副主席，“中国纪录片学院奖”评委会主席，“五个一工程”奖、中国新闻奖、长江韬奋奖、中国（广州）国际纪录片节、英国东方纪录片节、中国电视“金鹰奖”、中国政府“星光奖”等多项国际国内影视节的评委工作。

治学自述

我大学本科学的是汉语言文学，毕业

论文写的却是社会学，并试着考了费孝通先生的社会学专业研究生。专业成绩还不错，但由于当时社会学恢复不久，报考的人数颇多，该专业当年的考取率是“百里挑一”，没能如愿。不过那一段时间自学的社会学，以及相关学科如经济学、哲学等知识，对我后来学术研究方向的确立和研究视野思路的拓展，都有较大程度的影响，受益匪浅。

1993 年，我研究生考取的是电视新闻专业纪录片方向。说实在并非我当年心里可以确定的选择，因为当时我对纪录片理解并不深刻。不过，由此我的研究与纪录片结下情缘，从没间断也从未改变，无论是中国纪录片发展顺利辉煌还是曲折低迷，我一如既往地坚持。我发现纪录片的人文意识和社会观察都与我以前的汉语言文学和社会学等相关专业的知识修养有关联，并成为我纪录片研究和创作的后盾和源泉。

在攻读研究生学位期间，我发表了一些论文，诸如《1982—1993：中国纪录片研究的研究》《纪录片的观念》《真实高于月亮》等，成为那个年代纪录片研究的一种新思路、新气象，也与我以前的知识积累有关。而这个阶段所做的一些初步研究，也为后续研究储备了一定的势能。后来攻读博士学位专业方向的选择也与此关联。

2005 年，我博士论文的题目是《中国电视纪录片史论》。这是一个极具挑战性的课题，可查阅的资料、可借鉴的观点都稀缺。不过这项填补空白的工作，是非常值得做的，而且是刻不容缓的一项工程。那是我至今最畅快的一次写作旅程，近 15 万字的文字是用连续四周时间（不包括周末休息）写完的，几乎是一气呵成。最后完成得还不错：找到了一些应和实际的观察方法，提出了一些原创性的观点，所得出的结论也还经得起推敲和印证。文中把中国电视纪录片 1958—2005 年的发展历程分作四个时期：政治化纪录片时期、人文化纪录片时期、平民化纪录片时期、社会化纪录片时期，指出在近 50 年的时间里，中国纪录片从政治化逐步演变到社会化，其间可以解读、值得解读的内容很多。根据风格、类型、功能等彼此关联映照的多种环境因素，从社会思潮、美学思潮、技术、市场、政治、历史等维度进行分析，其发展的总的轨迹是一个从国家工具形态逐步演变为大众媒介形态，从政治产品演变为文化产品，从国内走向国际，从民族走向世界，从个人行为走向社会行为的过程。

此后单独成文的《中国纪录片 30 年：话语权与话语的演进》是当时观察的一个延伸，甚至后来的《我国纪实影像国际传播功能和效果研究》，某种意义上来说，也是“史论”研究后的衍生品。

我觉得一个学者坚守自己的学术领域和方向很重要。人的精力有限，而且任何一个领域都会不断出现新的问题，研究是无止境的。一个事业或行业出现问题的时候，正是研究最有价值的时候，这种问题意识使得研究更有质感；而当一个行业蓬勃发展的时候，危机意识也往往能让你的研究具有前瞻性和别样的思考价值。当然，即便是同一个领域的研究，随着情势的变化，外延也是需要拓展的。

2010 年，国家对于国产纪录片扶持政策出台（本人也参与相关政策的调研咨询），中国纪录片开启了一个新的时期。尽管我的“史论”还没有续写，不过我已经把这个时期中国纪录片的发展概述为“政治化产业纪录片时期”。纪录片是中国社会发展的晴雨表，政治的因素始终是决定纪录片总体表征和发展走向的关键性因素，有时影响题材内容，有时影响时态语态，有时影响风格形态，有时更是决定荣辱兴衰。

对于新时期的中国纪录片的发展，我们不再是一个观察者、研究者，有时还是一个见证者、推动者。顺势成立的中国纪录片研究中心，先后创设了“光影纪年——中国纪录片学院奖”“纪录片蓝皮书——《中国纪录片发展报告》”“纪录片综合评估体系”“中国纪录片论坛”“中国纪录片产业数据季度发布”等项目品牌，从纪录片国家政策咨询、行业标准制定、前沿和理论问题研究、产业发展和国际传播等多方面对中国纪录片发展跟踪解析、建言献策、提供方案。

2010 年成立中国纪录片研究中心之时，我写了一段话，作为中心未来的使命，其实也是给自己的一个激励——“汇聚国内外富有责任、学识和热情的学者、同人的智慧，在现实的环境下，尽其所能，切合实际地逐步推动中国纪录片事业的健康发展，以至繁荣”。

陈建云

陈建云，生于 1967 年 8 月，河南省南召县人。复旦大学新闻学院教授，博士生导师，新闻系主任，兼任中国新闻史学会常务理事、中国新闻史学会新闻传播教育史研究委员会副会长等职。

1986 年 9 月至 1990 年 6 月、1997 年 9 月至 2000 年 7 月就读于河南大学中文系、文学院，先后获得文学学士、硕士学位。2000 年 9 月至 2003 年 7 月就读于复旦大学新闻学院，获得文学（新闻学专业）博士学位。2003 年 7 月留校任教，2009 年 4 月至 8 月曾在日本爱知大学做访问学者。

治学自述

我于 2003 年 7 月毕业于复旦大学新闻学院，获得文学（新闻学专业）博士学位，留校任教至今，主要从事中国新闻传播史、新闻传播法规与职业伦理的教学与研究工作。

我本性喜爱历史，大学、研究生所受教育及从事的工作都与文史相关，实为人生幸事。梁启超在《中国历史研究法》中有言：“夫史者何？记述人类社会赓续活动之本相，校其总成绩，求得其因果关系，以为现代一般人活动之资鉴者也。”即史学通过探究历史是何、为何等“本相”，为当今社会治理与个人发展提供有益的借鉴。研究历史可以资鉴当代，通晓历史能够使人胸襟开阔，人生充满敬畏与温情。新闻是新近发生的事实的报道，新闻传播学似乎不必研究陈年旧事。但是，如果说新闻传播事业是社会的守望者，新闻传播史学则是新闻传播事业的守望者——它通过对新闻传播发展规律的总结、对新闻传播思想演变轨迹的考察，守望新闻传播事业捍卫社会公正的良知与精神。在新闻传播史领域，我主要关注近现代中国民间报人的心灵史和私营报刊的发展史。10 多年来，我重点做了王芸生、徐铸成、储安平、成舍我、曹聚仁、陈铭德等民间报人和《大公报》《文汇报》《新民报》《世界日报》《观察》周刊等私营报刊的个案研究，试图探究政治变迁与报人命运、报刊兴衰的复杂关系。在该领域的研究与写作中，我秉承了重视史料、独立论断、立论公允、精彩呈现的一贯理念。

我的另一个研究领域是新闻传播法规与职业伦理。新闻传播法是保护新闻传播自由、规范新闻传播活动的法律，新闻职业伦理是新闻业得以生存并获得社会尊重的道德底线。新闻传播法是保护新闻传播自由的法哲学基础，新闻传播活动与国家安全、社会秩序和公民权益的关系，新闻职业伦理的基本原则，网络传播时代新闻传播法与职业伦理的新变化，是我一直比较关注的几个问题。近年来，我致力于传媒与司法关系问题的研究。追求社会公平正义虽然是新闻媒体和司法机关的共同价值目标，但是两者长期处于紧张状态，需要彼此规约和调适。实现司法机关与新闻媒体的良性互动，保障舆论监督以促进司法公开，加强审判独立以排除外力影响，“努力让人民群众在每一个司法案件中都能感受到公平正义”，以司法公正推动我国整个经济社会的公平正义，是我聚焦传媒与司法关系问题的主旨所在。研究新闻传播法规与职业伦理，体现了我对新闻传播业的现实关怀。

在上述两个研究领域，我的主要成果有以下4部专著：《中国当代新闻传播法制史论》（山东人民出版社2005年版）、《大变局中的民间报人与报刊》（福建教育出版社2008年版，台湾花木兰文化出版社2016年修订版）、《向左走　向右走——一九四九年前后民间报人的出路抉择》（福建教育出版社2010年版，台湾花木兰文化出版社2016年修订版）、《舆论监督与司法公正》（上海人民出版社2016年版）。

支庭荣

支庭荣，男，1969年出生于江苏。暨南大学新闻与传播学院教授，博士生导师，执行院长，舆情研究中心副主任，马克思主义新闻理论研究中心副主任。本硕博先后就读于南京大学哲学专业、复旦大学新闻学专业、中国人民大学传播学专业，2007—2009年在北京大学信息管理系从事博士后研究，2014—2015年在美国宾夕法尼亚大学安伦伯格传播学院任访问学者。2011年入选教育部新世纪优秀人才支持计划，2015年入选广东特支计划宣传思想文化领军人才。兼任教育部“马工程”《西方传播学理论评析》编写组成员，中国新闻史学会视听传播研究委员会会长，新疆大学、内蒙古师范大学、昆明理工大学等校兼职教授。出版著译编10余部，发表CSSCI期刊论文30多篇，主持国家社科基金重大项目、西部项目、青年项目3项，获教育部高校人文社科成果三等奖、教育部高校优秀教材二等奖、广东省哲学社科一等奖和二等奖、广东省教育成果一等奖等省部级奖励7项。2016年、2017年获中国传媒经济年度观点奖。

治学自述

学术道路既是一个“输入”与“输出”的过程，也是一个自己与国家、与社会，与经典、与现实，与他人、与自我反复对话、不断叩问的过程。

数千年家国，数千里山河。我初中“狼吞虎咽”《岳飞传》《说唐》《三侠五义》《钢铁是怎样炼成的》等文学作品，种种细节早就忘记了，但是精忠报国的念头一直埋在心底。1996年，我踏入新闻传播学之门，对于传播与国家治理一类议题始终报以热情，先后对“国家形象传播”“传媒监察力”“国家传播安全”“传媒国际竞争力”“传播联结与社会和谐”“集合传播权”等与国家战略相关的系列话题的概念化进行了探讨。2003年春，广州“非典”势头正炽，我蜷居校园，草成《大众传播生态学》，将西方的媒介环境学派、市场生态位研究与本土的社会转型语境相糅合，挖掘社会—媒介—人三者的关系结构和属性特征，重构产业—内容—精神的特置话语空间，梳理政府在其中的角色，仿佛超然物外。只是这一计划由于南北西东的连番迁徙和纷至沓来的冗务羁縻，尚远未完成。2012 年起，我作为广州市舆情重点研究基地的项目统筹，陆续推出《中国形象全球调查》伦敦卷、约翰内斯堡卷、多伦多卷和圣保罗卷。其他卷次大约还要等待合适的机会，再继续编下去。

来者不可测，往者犹可追。我高中读了不少毛泽东和鲁迅的作品，大学跟着接受了比较系统的马克思主义哲学教育。在这一阶段，马克思的俯仰天地的终极关怀，以及思辨与实证兼修的屠龙缚虎功力，在我的心扉上多少留下了印痕，多年以后不可或忘。我最近几年敲出了几篇研究马克思主义新闻理论的文字，其实是大学毕业 20 年之后的重新出发，但又自然而然，毫无违和之感。我们对于马克思的再评价，在经历了风云 40 年市场经济和信息技术大洗礼之后，在与西方各种思潮有时十分尖锐的交锋、辩驳之后，在经过内心的多次权衡之后，依然可以置于人类思想史的高峰之上，这对于每一位马哲出身的学人来说，都是一件十分幸运的事情。

本立而道生，物格而知至。我的另一个用力较勤的领域是传媒经济与管理。这主要受益于我在企业的一小段经历，读硕士期间旁听《西方经济学》，到高校授课之所需，博士阶段主攻传媒经济，博士后侧重图书出版，以及近年旁骛媒体融合。大学毕业后，我对实操的关注一度远远超过了对理论的关注，花费了不少力气来了解中国社会、中国媒体的运作，虽然保持了一点距离，但是确实竭力随时代风气深潜至形而下的层面。同样幸运的是，学术界的前辈和同事对我勉励有加。我独著或作为团队成员，完成 3 部“十一五”和“十二五”国家级规划教材、2 部译著，在新闻事业经营管理和传媒经济学的课程体系方面做出了一些探索。当然，新兴媒体的勃兴加速了传统媒体的式微，我已将重写教材列入研究日程。而近年主编的《中国媒体融合发展报告》，只是一个小小的开端。

王天根

王天根，男，1971 年出生于安徽芜湖。历史学博士。现任安徽大学新闻传播学院教授，博士生导师，安徽省“皖江学者”特聘教授。2005—2007 年在复旦大学新闻学院做博士后研究，2011—2012 年在英国威斯敏斯特大学从事访问研究。在《新闻与传播研究》《近代史研究》、*Frontiers of History in China* 等发表论文近百篇。研究成果获教育部第六届高等学校科学研究优秀成果奖二等奖、教育部第七届高等学校科学研究优秀成果奖三等奖。现主持国家社科基金重大项目、国家社科基金重点项目等。曾入选教育部“新世纪优秀人才支持计划”，2016 年起享受国务院政府特殊津贴。

治学自述

治学离不开中西文化的根基。我的研究主要是中国近代文化史、中国近代传播史以及以此为背景的近现代史。近代中国涉及中西文化的交流，一方面是西学，另一方面是国学。我本来学的是英语专业，总体来说对英美等西方文化比较了解。我在 1997 年考上研究生，硕士阶段选择了中国史，自此就从西学语言学习转向国学的学习。

为打下国学根基，我在中国史的学习

过程中常向广西师范大学的钟文典教授请教。他是北京大学毕业的老教授。他说近代国学以章太炎和龚自珍等为代表人物。考虑到章太炎的学术影响及政治色彩，我把章太炎作为研究对象，希望借此为我在文字学和古文方面打下根基。从1997年开始，我较为系统地阅读了章太炎的学术著作，包括其小学、经学、中国传统典籍等著作。我的硕士论文以章太炎伦理思想的研究为选题。现在回忆起来，这一阶段的研究工作补充了国学根基。

2000年，我进入北京师范大学攻读博士学位，继续研读中国近现代史，师从龚书铎老师。我觉得章太炎是近代中国国学的典型代表，但是中西文化的交流还涉及西学。因我本来英语专业背景，所以考虑以近代中西学代表人物严复为继续研究的对象。严复的西学思想涉及跨文化交流，其跨文化交流的代表作是他翻译的《天演论》。我博士论文最初设想是研究《天演论》的版本。严复翻译《天演论》经过了多次修改，形成了多个版本，而版本变化实际上反映了严复思想尤其是他对西学认知的变化。此外，《天演论》的传播在清末民初社会动员中的意义重大，通过《天演论》揭示近代中国西学传播及其引发的社会进化论的思想动员非常重要。

为从传播角度研究《天演论》，我决定从历史学转到传播领域进行探索。博士毕业后，我到复旦大学新闻学院传播学博士后流动站做研究，希望能够将传播理论与严复的西学传播及其社会动员结合起来。因此，2005年我在复旦博士后研究期间出版了《〈天演论〉传播与清末民初的社会动员》。在博士后研究工作中，除了这部兼涉历史学与传播史学的著作外，选择了中国近代报刊传播作为博士后出站报告的研究方向。报刊传播相当于近代中国的新媒体，可开辟的空间较大，我决定独自撰写四卷本的报刊通史。第一、二卷两卷《晚清报刊与维新舆论建构》《清末民初报刊与革命舆论的媒介建构》的研究时段是1815—1915年的一百年。第三卷《近代中国报刊与社会重构的传媒镜像》是1915—1937年，主要涉及报刊与社会重构关系的探索；第四卷是1937—1949年报刊与国家重建关系的研究。后两卷涉及国家和社会的分析框架。目前第一、二、三卷均已出版。实际上，前两卷是独立成体系的，即清末民初报刊与维新到革命的舆论嬗变，具有相对连贯的问题意识。而第三卷的起点是新文化运动，实际上是进入了一个新时代，所以第三卷和第四卷是独立的，且第三、四卷的分析框架亦发生了变化，侧重国家与社会的分析路径。因此，我将1915—1949年作为一个独立的、新的报刊史的探索历程。

在写作报刊史的过程中，我发现有必要进一步把握西方传播理论框架，同时结合中国的历史文献，在传播学探索上体现中国的问题意识。为将报刊通史写好，我申请国家留学基金赴英国访学，在学习西方传播理论的同时，思考中国研究的在地化，也即全球网络中的中国问题。其间，我去不列颠图书馆查找资料时，在中国历史文献上有重大发现，如清末军机处和圆明园的文献、小马礼逊作为香港总督中文秘书搜集到涉及中国军事、政治、经济、文化等诸多方面的军事情报。通过继续查找，我获取比较系统的中国近代珍稀文献。这些文献传递着其如何从中国传播到西方、如何实际性地发挥情报方面的功能等问题。现在我的课题组正在努力揭示中国文献在西方跨语境、跨文化传播的来龙去脉。同时，这些文献中亦涉及中国历史、地理、政治、经济、文化、社会，反映中国社会变迁历程，对其深入研究至关重要，亦需要对其进行历史考证。目前我正承担不列颠图书馆藏中国近代珍稀文献研究的国家社科基金重大项目，该项目涉及兼及历史文献学和传播学，所以我们举办“文献传播和历史研究”的高端学术论坛，在全国引起反响，且在《史学月刊》上刊发5篇笔谈。这5篇笔谈从传播的角度切入文献，不但分析文献的内容，而且把分析的文献作为载体，考察其在跨文化、跨语境传播过程中所发挥的作用，其中有3篇被人大复印资料转载，还有一篇被《新华文摘》转载。

回溯我从中西文化交融到传播学和历史学兼顾的研究过程，我总觉得我们要把西方理论框架和中国问题意识结合起来，同时注意用中国材料来融通西方的理论解释框架，建立中西之间的关联。西方理论框架毕竟是在西方语境中产生，它用于解决中国问题之时理应注意本地化，也就是西方传播学本土化的问题。这个本土化的过程中既涉及中国的问题，亦关涉中国的材料。

“书山有路勤为径，学海无涯苦作舟。”治学就像登山，涉及眼界和脚踏实地。在攀登学术高峰的过程中，要有登顶意识。学术路径像登峰一样，越攀登人越少，只有登顶才能环顾四周，才能开阔视野和眼界。同时，在向上攀登的过程中，一定要脚踏实地地跨过一层层台阶，否则就会有摔下去的可能。“学海无涯苦作舟”涉及治学过程中的定力以及学术想象力。“学海无涯”就如同人在大海里游泳，每个人出发时都想远离海岸。但要注意到越远离岸边风险越大，等到看不到岸的时候，是否有一定的方向感、定力、精力和持续力再游回岸边。在“学海”中不仅要有离岸意识，更要有回岸的能力和方向感以及对空间的把握。总之，无论是在攀登学术的高峰还是在学术海洋中畅游都要注意学术根基的培育，都要注意西学国学间的关联和跨学科的融通。

谢　静

谢静，女，1971年出生于湖南湘西，苗族。复旦大学新闻学院教授，博士生导师，复旦大学信息与传播研究中心研究员，复旦大学媒介素质研究中心主任，中国传播学会组织传播专业委员会副理事长，教育部“新世纪优秀人才”。2001—2002年美国纽约州立大学奥尔巴尼分校、2008年新加坡南洋理工大学、2009年香港中文大学访问学者。

治学自述

我1989年就读于复旦大学新闻学院，1996年研究生毕业留校任教。硕士期间开始发表论文，逐渐步入学术生涯。第一篇论文《信息高速公路的冲击——关于信息高速公路对大众传媒之影响的评估》发表于《新闻大学》1994年冬季号，如今看来稚嫩、浅薄，但却是国内较早关注互联网的文章，也为此后我的新闻传播研究预埋了关注新技术、新媒体的种子。22年后在《新闻与传播研究》上发表的论文《微信新闻：一个交往生成观的分析》，深入剖析了技术和媒介对于新闻实践的影响，在理论深度和现实敏感度方面远非当初所能比拟，正好勾勒出一个学者的成长之路。

我的学术之路并非简单、笔直。最开始的研究与当时大多数同行一样，主要关注媒介的运作和内容，多从操作和实务层面入手，并无特定的理论框架。直到开始博士论文写作，才在大量阅读国外学术文献之后，找到自己的理论路径。有关媒介批评的研究，从最初的一般性内容分析和伦理讨论，转为以叙事学和专业主义理论来建构美国媒介批评的研究框架，形成了个人独特的视角，作为研究成果的博士论文《建构权威·协商规范》获得上海市马克思主义学术著作出版资助，在此基础上撰写的《美国的新闻媒介批评》专著被列为中国人民大学出版社的研究生教材。此后，我把相关框架运用于国内媒介批评研究之中，撰写了一系列论文，其中《媒介受众的批判意识建构》一文在2006年传播学年会上被评为优秀论文。

不过，很快我就停止了类似研究。虽然围绕媒介实践的话语和叙事仍然层出不穷，我也可以继续调用不同的概念，如场域、民粹主义等，进行不同主题的分析，但是在研究框架上却感觉难以推陈出新，于是，我开始将视线转向当时较少受人关注的组织传播和社区传播领域。组织传播研究得益于2001年在美国的访学，来自美国、法国等的多种理论视野和研究路径给我很大刺激，让我得以突破再现与话语分析的单一框架，尝试将实践与话语结合起来进行探讨。归国后我开展了一系列本土研究，其中，发表于《开放时代》的《公益传播中的共意动员与联盟建构——民间组织的合作领域生产》被中国人民大学报刊复印资料《社会学》全文转载，后又被该社翻译、选入英文精选集《媒体中国》在Brill出版社出版。社区传播研究也经历了从较为狭窄的媒介视角，转到跨越更多学科的地方生产研究，发表了《嵌入的空间：网络论坛与城市社区建构——以上海中远两湾城社区论坛“群租房事件”为例》《地点制造：城市居民的空间实践与社区传播》《社区传播：空间与人的网络重构》等研究成果。

近年来，在复旦大学信息传播研究中心的学术团队影响、带动之下，我又开始在社区传播研究的基础上，尝试向城市传播研究拓展，已经发表了《可沟通城市：网络社会的新城市主张》《连接城乡：作为中介的城市传播》等研究成果。这次转移不仅进一步开拓了研究领域，而且在研究范式上努力创新，有意识地突破传统的、单一的、再现性的研究框架，将城市和媒介的物质性、身体的实践性维度，与传统的话语和文化维度整合起来，力图打破既有的二元对立思维定势，形成新的理论概念和研究框架。这样的范式创新，不仅体现在城市传播这一新的研究领域，而且也应用于传统的新闻和传播研究，《微信新闻》即是新范式下的研究成果，以及正在开展的城市公共传播、媒介化治理和社区传播研究等，都借此获得新的想象空间。

反观自己短短20余年的学术之路，一方面是学术路径和框架上的求新努力；另一方面则是保持高度的现实敏感，始终从本土的实践变化前沿获取灵感，在理论与实践的碰撞中寻找自己的研究对象与话题，以期在学术上有所创新的同时，于社会实践亦有所贡献。

张晓锋

张晓锋，男，1973年出生于江苏江阴。现任南京师范大学新闻与传播学院院长，教授，博士生导师。1995年和2001年先后毕业于南京师范大学电化教育（教育技术学）专业，获理学学士、教育学硕士；2005—2008年在复旦大学新闻学院新闻学专业攻读博士，获文学博士学位；2009年在台湾世新大学舍我纪念馆从事博士后研究。入选江苏省“青蓝工程”中青年学术带头人，先后获江苏省哲学社会科学优秀成果

一、二、三等奖，获江苏省教学成果一、二等奖。兼任中国新闻史学会常务理事、台湾与东南亚新闻传播史研究委员会副会长、江苏省科教影视协会理事长、江苏省传媒艺术研究会副会长、台湾世新大学舍我纪念馆协同研究员、复旦大学新闻传播与媒介化社会研究基地兼职研究员、南京大学亚洲影视与传媒研究中心研究员等。

治学自述

1995 年本科毕业留校于刚刚成立的新闻与传播学院。在此后的教学、学习与科研的相互促进中，实现了从教育技术学到新闻传播学的转型，学术研究则经历了从业务至理论，再回归历史、史论并重的过程。

最初开展的是电视实务教学与研究，试图让自己从新闻传播的门外汉初步“入门”。依托于讲授的电视制作类课程，2001 年完成首部著作《电视编辑思维与创作》（中国广播电视出版社），与以往电视编辑类著作不同的是，这本书着力探讨了电视编辑的思维过程，包括思维的观念、形态和操作手法等，当时希望能够体现出一定理论深度。2004 年出版《电视制作原理与节目编辑》，特别补充了各类电视节目演变历史的章节。2007 年出版《当代电视编辑教程》（复旦大学出版社），2010 年修订出版；2010 年出版《电视新闻策划》（北京师范大学出版社）。后两部著作均于 2014 年入选“十二五”国家级规划教材。

在实务教学与研究的同时，也一直试图在理论方面有所探索。2006 年先后出版了《解构电视：电视传播学新论》（中国广播电视出版社）、《传媒协同发展论》（新华出版社）两部著作，试图实现学术研究的理论拓展。2005 年，童兵老师接受了我这样一位跨学科的学生入门。在 2006 年准备博士学位论文开题报告时，我曾试图选择一个偏重新闻传播史的论题，以使自己的转型能够有一个比较厚实的史论根基。后来，在实际写作中，确定了“新闻职业精神”这样一个难度高、偏重理论的论题，实在有些不自量力，甚至力不从心。但是，在导师的鼓励下最终完成了对“新闻职业精神”这一个相当抽象命题的初步理论建构。2011 年《新闻职业精神论纲》正式出版。

对于新闻传播史的研究可以说有必然性，也有偶然性。说必然是因为之前的电视制作、电视传播等研究中均贯穿了历史的视角和节目制作史、传播史的内容；说必然，则是起步于一个十分偶然的场合，2007 年，我与倪延年教授同时赴台湾参加“第五届华文传媒与华夏文明国际学术研讨会”，过程中倪老师邀请参加他主持的国家社科基金重点项目“中国新闻法制发展史研究”。虽然自感底气不足，但盛情难却，又加上对历史的一点兴趣，于是鼓足勇气承担了“港澳台卷”这一研究。2009 年下半年在台湾世新大学舍我纪念馆从事博士后研究期间，不仅大量搜集了台湾和香港地区新闻传播事业、法制相关的文献，同时也对史学研究作了进一步探索。因此，2010 年和 2012 年先后获批教育部人文社科研究青年项目“台湾广播电视发展史研究”和国家社科基金项目“台湾近代新闻史研究 1885—1949”两个新闻史研究课题。2015 年，《中国新闻法制通史·港澳台卷》正式出版，并于 2016 年获江苏省哲学社会科学优秀成果奖。同期，先后在《新闻与传播研究》《江海学刊》等期刊发表了《英国殖民统治时期香港地区新闻法制的历史考察》《日本殖民统治时期台湾地区新闻法制的历史考察》《扶持与统制：日本殖民统治时期台湾地区广播事业的历史考察》《香江不设防——沦陷前后的香港新闻业及其管制》等论文。如今，新闻传播史研究已经成为本人的一个主要研究方向。

多年来，始终怀有一种不苟的信念，那就是勤能补拙，只有不断地尝试和付出才会有所收获。常常以“雄关漫道真如铁，而今迈步从头越”自勉。

周葆华

周葆华，男，1979年出生于江苏。2005年在复旦大学新闻学院获得传播学博士学位。现为复旦大学新闻学院教授，院长助理，新媒体传播专业硕士项目主任，兼任复旦大学传媒与舆情调查中心副主任、信息与传播研究中心研究员等。曾为新加坡南洋理工大学交换研究生，美国宾夕法尼亚大学、香港中文大学、香港城市大学、香港浸会大学等校访问学者。主要从事新媒体传播研究，先后出版论文、著作50余篇(部)。曾任国务院学位委员会新闻传播学科评议组秘书，2014年入选国家万人计划“青年拔尖人才”，2016年入选教育部首批青年“长江学者”，2016年获得新闻传播学国家级学会“杰出青年奖”。

治学自述

我于1996年进入复旦大学新闻学院求学，先后直升硕士、博士，并于2005年留校任教，从那时至今以复旦大学新闻学院为基地从事教学、科研和社会服务工作。其间也有多次出入美国、中国香港等地的学术经历，从前辈学者和师友那里获益良多，也锤炼了自己的学术视野和眼界。我的学术取向和兴趣是做具有人文关怀和批判精神、有思想有温度的经验研究（以实证研究为重点）。我服膺米尔斯的“社会学想象力”，希望将个人的学术研究与生命历程、社会问题紧密相连（这是我早年研究从城市移民开始的动力源头）。我认为学术研究应当以问题意识为先，以理论创新为旨，以关怀社会为核，以激荡思想为翼。我喜欢量化实证研究的规范、严谨、缜密，但拒绝粗浅的“数字游戏”，我中意贴地行走、躬耕田野的酣畅与鲜活，也欣赏思辩、批判与文化研究的洞察与灼见。我认为方法应多元并蓄，无论质化、量化，皆应与理论环环相扣，生发基于逻辑、富于生命的扎实研究。我认为新闻传播应走出狭窄天地，与其他人文社会科学乃至自然、技术学科多元交叉，在历史与比较、数据与思想之间穿梭交织，不断激发传播学的想象力。我认为中国传播学者要直面中国问题，既虚心学习西方理论，又不亦步亦趋，在追求理论创新的基础上进行自主的学术生产与平等对话。

具体来说，我目前的研究主要以新媒体与社会的交互关系为核心，主要集中在如下三个领域：

第一，受众与传播效果实证研究。我从读研开始就致力于受众与传播效果研究，曾出版专著《效果研究：人类传受观念与行为的变迁》（复旦大学出版社2008年版），并在近年参与完成了复旦大学“新传播形态下的中国受众与传播效果”大型实证调查。在此基础上集中围绕新媒体使用与阶层分化的关系完成系列论文，其中 *New Media Use And Subjective Social Status* 发表于SSCI期刊，是首篇系统探讨新媒体使用与主观阶层认同关系的实证论文，该研究阐释并发展出“新媒体资本”（new media capital）概念；论文《从“同一效果”到“差异效果”》更进一步，在国内首次运用“多层分析”的思路和方法，阐释新媒体所产生的“差异效果”（differential media effects）。目前在负责教育部项目“移动互联网使用与城市公众的生活方式”，希望继续深化新传播形态下的受众与效果研究。

第二，新媒体舆论研究。希望立足新媒体对转型期中国社会舆论的影响阐释和发展舆论学概念。主要成果包括：SSCI 期刊论文 *Expressive Behaviors across Discursive Spaces and Issue Types* 提出并实证检验中国公众意见表达中的“反沉默螺旋”机制；《突发事件中的舆论生态及其影响》《“新媒体事件”传统媒体报道的多元性》等系列论文集中研究中国场景中的“新媒体事件”（new media events），其中《突发公共事件中的媒体接触、公众参与与政治效能》以“政治效能”为核心概念分析厦门 PX 事件，《作为“动态范式订定事件”的“微博事件”》集中阐释“动态范式订定事件”概念，都是基于“事件”又跳出“事件”研究舆论机制的概念化努力。近年则开始尝试将计算社会科学方法运用于新媒体舆论研究领域，希望结合网络数据挖掘推进理论探索。

第三，新媒体影响下的新闻业研究。立足新媒体环境，追踪并阐释新闻业的变化。其中，发表于《传播与社会学刊》（香港）的两篇论文《从“后台”到“前台”》和《内外之间的关联政治》，借用社会学和国际政治研究中的经典概念，阐释新媒体环境下新闻业的“可视化”以及国际新闻生产与内容呈现中的“关联政治”机制；在《新闻与传播研究》上发表的论文《中国新闻从业者的社交媒体运用及其影响因素》则重点阐释新闻范式对新闻从业者社交媒体使用的影响，这些研究都赢得学界同人好评，也获得不少奖励，令我深受鼓舞。

我希望在后续研究中继续坚持做好有关怀有思想的实证研究，始终立足中国问题，努力追求理论创新，学海无涯，奋勉为之。

第十二篇
学术动态

会议综述

全球化时代新闻传播全英文教学实践与省思

——“华语世界英文传播教育的经验与想象”研讨会综述

移动互联与传播创新

——2016年中国新媒体传播学年会综述

第九届“中国青年传播学者论坛”综述

应用新闻传播研究的困惑、追问与反思

——中国新闻史学会应用新闻传播学研究委员会成立研讨会会议综述

含英咀华厚积薄发，心怀担当与时俱进

——第十三届中国传播学大会会议综述

互联网治理：实践、规则与发展

——首届中外合作互联网治理论坛会议综述

国际舆论场中的中国故事、中国声音和中国战略传播

——第四届国家传播战略高峰论坛综述

互联网时代下广告的创新与未来

——2016年第15届中国广告教育学术年会综述

学术纪事

2016年中国新闻传播学术大事记

· 会议综述 ·

全球化时代新闻传播全英文教学实践与省思

——“华语世界英文传播教育的经验与想象”研讨会综述

2016年4月16日，“华语世界英文传播教育经验与想象——上海卓越新闻传播人才教育基地教学研讨会”在华东师范大学举行，大中华区两岸四地一流传播教育专家应邀参会，共同探讨和交流全英文传播专业课程教育的经验和心得。

副校长、教授汪荣明，教务处处长、教授雷启立，传播学院院长、教授严三九出席研讨会开幕式，传播学院副院长、教授陈虹担任主持。

全球化背景下，中国正日益紧密地拥抱世界，国际化发展成为高等教育发展的新趋势。培养具备全球视野和国际化教育背景的高素质新闻传播人才，向世界传播中国，让世界走近中国，是全球化时代我国新闻传播教育工作者们面临的重大挑战。新闻传播学科全英文专业课程建设目标是什么？全英文专业课程教什么？谁来教？谁来学？如何教？未来全英文传播教育发展方向是什么？一系列现实问题引发学界思考。

一、全英文传播教育目标与使命

近年来，中国内地高等教育建设经历了重点课程建设、双语课程建设以及当前的全英文课程建设阶段。全英文传播教育须首先厘清课程培养目标与使命，这是开展有效教学实践的前提。雷启立强调，随着中国开放程度不断提升、国际交流日益频繁，开设全英文专业教学课程是高等教育国际化发展的必然选择和重要环节，有助于完善专业课程体系，改革教学模式，加强国家合作和对等交流。中国人民大学新闻学院钟新教授提出全英文传播教育的两大使命：第一，培育国际视野，即培养学生关注世界、了解世界、研究世界、理解世界、爱护世界、贡献世界的兴趣和能力；第二，增强国际对话能力，即培养学生使用英语进行表达、倾听、寻求对话与合作的兴趣和能力。中国传媒大学新闻传播学部副学部长王晓红教授认为，促进全球沟通是新闻传播教育者的任务与使命。从国家战略发展来看，全英文教学对接国家国际新闻人才储备。而针对非国际新闻专业学生的全英文教学培养，实质上是对学生的一种养成教育，可以提升学生英语沟通、表达能力，为其继续深造和国际交流奠定基础。严三九介绍了华东师范大学传播学院全英文课程建设目标与理念，为培养学生在跨文化语境中交流、竞争与合作能力，华东师范大学传播学院秉承“全球视野、中国声音”理念，从学科建设出发，用战略眼光大力推进全英文课程建设，积极探索“跨学科、跨文化、跨媒介、跨领域”新型传播人才模式，实现真正意义上的“大传播”。

自2000年起，台湾大力推动高等教育国际化发展，这也成为台湾高校英语授课的起点。台湾师范大学大众传播研究所陈炳宏教授指出，在地全球化、为国际交流做准备、增强英语能力是台湾推动高等教育国际化的目的。目前，英文传播专业学位设置和全英文教学已经成为台湾高等教育国际化评判的重要指标。具体到教学实践层面，台湾辅仁大学传播学院副院长、教授习贤德认为，首先，从全球化竞争角度，全英文教学在推动国际化方面具有重要作用，可以为学生营造在地国际化环境，强化国际竞争力；其次，从学校生源结构角度，全英文教学吸引海外留学生，增进国际学生的互动、交流；最后，从课程设置角度，全英文专业课程设置辅助配合学院整体专业课程发展，强化专业间的差异性。

二、"教什么"：全英文传播教育理念内容

中西方新闻传播教育理念与模式、中西文化存在本质差异，在中西交融的跨文化传播时代，全英文传播教育理念如何转变？全英文教学有哪些侧重点？与会专家学者基于自身教学实践进行经验探讨与思考。

关于英语教学与研究如何做到中西合璧、融会贯通，香港城市大学媒体与传播系讲座教授、美国明尼苏达大学荣誉教授李金铨认为，首先应进入英文思考的语境。中西方学术范式具有明显差异，中国学术注重直觉的智慧，常有结论、洞见，却很少交代推理过程，且常用演绎法，喜欢宏观思考，诉诸权威；西方传统社会科学主要是概念、逻辑和证据三方面的结合，所以必须要有主旨，还要有论点、推理、论据，这种归纳法比较严谨，微观思考，但有时"见树不见林"。中西方学术传统可以相互配合、学习与渗透，但必须正确处理文化的特殊性与理论的普遍性。

随着新兴媒介技术的发展，新媒体产业发展迅速，新媒体时代国际新闻传播人才成为培养重点。陈虹指出，华东师范大学传播学院一直在思考应该如何加强新型传播人才培养，全英语课程教学建设为我们的培养打开了一扇窗户。近年来，华师大传播学院与美国西北大学梅迪尔新闻学院、上海外语频道联合培养国际新闻传播人才，集合三方力量，打造更适合学生需求的全英文课程。目前，已陆续开设"国际新闻理论与实务""数据新闻学""国际传媒英语听说训练"等十门全英文专业课程，其中，三门课程入选上海市示范性全英文教学课程，两门课程入选上海外国留学生全英文示范性课程。

上海交通大学媒体与设计学院副院长、教授邵国松介绍了目前上海交通大学媒体与设计学院正在构建的全英文项目体系，包括新媒体全英文硕士项目、新媒体全英文博士项目、文化管理全英文硕士项目、设计和艺术全英文硕士项目、设计与艺术全英文博士项目等。其中，新媒体全英文项目旨在培养新媒体时代国际化新型传播专业人才，其开设的核心课程囊括新媒体理论、技术等多个层面，包括新媒体史论（History and Theory of New Media）、新媒体技术（New Media Technologies）、多媒体报（Multi-Media Reporting）等。

陈炳宏介绍了台湾新闻传播学院全英文课程情况。其中，台湾铭传大学开设的全英文课程数量最多；台湾政治大学、台湾世新大学分别开设了国际传播英语硕士学位、说服传播国际硕士学位，是课程体系较完整、以学位推动全英语教学的两所传播学院；台湾师范大学是台湾最早推动英文授课的学校之一，其大众传播研究所共开设四门英文课程，即大众媒介与大众社会（Mass Media and Mass Society）、口语传播研究（Studiesin Speech Communication）和流行文化研究（Studiesin Popular Culture）。

在分享经验的同时，学者们也对全英文传播教育理念创新与范式融合进行思考。陈炳宏对于台湾院校英文授课教师和英文课程学习者的访谈发现，当前对于全英文

传播教育主要存在五大困惑：第一，国际化逻辑的困惑，即英语授课与国际化的关联性问题；第二，专业学习的误谬，即专业知识与英语的关联性问题；第三，立论基础相对薄弱，即专业学理学习为何需用英语授课；第四，语言沟通精准度不易掌握，即用普通话表达还是用英语表达更为精准；第五，容易增加学习的困难度，即用英语讨论会妨碍习得知识的交流。澳门大学传播学系陈怀林副教授认为，全球化背景下，全英文传播教育“新瓶能够装旧酒吗”？具体来说，首先，我国的新闻教育与西方有很大差异，全英文教学不仅体现了语言上的差异，还包括教育理念的差异；其次，在教材使用方面，不仅仅要考虑中英文翻译的差异，还要考虑中西方教材使用体系的差异；再次，在教育方式上，中西方研究方法、学术规范均不同，应考虑其中的差异；除此之外，还应考虑全英文传播教育对学生未来就业方向、竞争力与发展机遇的影响。全英文传播专业教学如何从传统的中文教学理念中走出来，在教学实践过程中深刻理解与体会西方研究范式与教学方法，亟须更具体的机制设置。

三、“谁来教”：全英文传播教育师资主体

教师作为教育教学过程中的主导者，其教学水平与科研能力直接影响教学效果，就目前全英文传播教育实践情况来看，师资紧缺是各高校全英文教学普遍面临的问题。中国传媒大学教授王晓红指出，现有师资最大的问题是会说英语不代表会教英语，会教英语不代表能用西方人的思维来解读问题，而有多年教学经验又有新闻传播专业背景的外籍教师又十分缺乏。

全英文传播教学科研质量的关键即国际化师资建设，邵国松以上海交通大学新媒体全英文项目为例指出，目前全英文教学国际化师资建设主要面临以下问题：一是本土化和规范化问题，需要平衡中西方学术差异，将本土重要议题和西方科学方法相结合，集两方之长，中西贯通；二是目前主要通过“外籍教师＋海归教师＋本土教师”的招聘模式，实现师资建设的多元化，但也会遇到待遇、文化差异等问题。副教授陈怀林也指出，在已有师资主体中文教学传统基础之上，全英文教学师资是以聘请长期或短期外籍教师为主，还是多为海归教师提供平等机会？这其中涉及全英文教学师资主体在语言、经验、英文教学在地化等多方面问题。从全英文教学长期发展来看，系统培训英文教学人才十分必要而紧迫。

全英文授课奖励条例为推动全英文教学师资建设提供保障。陈炳宏指出，目前，台湾高校全英文授课奖励方式主要有三种：第一种，通过加进课程学分数的方式，减轻全英文授课教师学分数负担；第二种，提供课程经费补助；第三种，全英文授课教师可以获得TA的优先申请权。但目前，台湾开设全英文教学的高校有较为完整全英文授课规定条例的只占一半。

四、“谁来学”：全英文传播教育培养对象

全英文传播教学评估效果直接反映到培养对象身上，不同培养对象的需求、培养目标和培养方式不同，因而，必须明确全英文传播专业课程的培养对象，并将其细分化，因材施教。陈虹介绍了华东师范大学国际新闻主播全英文课程建设培养目标，国际新闻主播是国家媒介语言的主要表达者，也是国家媒介形象的代表及建构者。尽管中国实力日益增强，但是国际媒介形象有待提高，培养良好塑造、精准传递国家形象的国际新闻主播已成为新时代的重要议题。对此，华东师范大学传播学院与美国西北大学梅迪尔新闻学院、上海外语频道合作，联合培养具有“国际视野、沟通能力、创新精神、文化底蕴、媒介素养、外语特长”的高素质新型国际新

闻传播人才。

陈怀林认为，从教育阶段来看，要考虑全英文教学针对的是本科生教育阶段还是研究生教育阶段，在此基础上基于语言水平和专业水平进行进一步细分，并以澳门大学传播学系研究方法课程实践为例，指出对于本科生来说，研究方法的全英文课程学习较为注重语言水平，对专业水平要求不高；而对于研究生来说，除了对英语有要求外，对专业基础也有要求，若未修读过本科的研究方法课程，则需从头学起。

王晓红指出，中国传媒大学新闻传播学部全英文教学专业针对本科生和研究生有不同的培养项目，本科生有两个项目：一个是国际新闻传播方向，另一个是与学校外语学院合作建立的英语实验班；硕士生也主要有两个项目：一个是国际新闻传播方向，另一个是国际项目（面向国际招生），体现多元性。关于培养目的，本科阶段主要通过涉外专题学习、英语实验班带动、参与国际项目，让学生建立英语学习兴趣和国际化视野，从“概念—叙事—理念”层面了解国际传播现状，培养兴趣与关注；研究生阶段则注重学生英文文献研读和参加国际教授工作坊实习，在中英语境转化中培养多维度思考，增强学生英语学习的接受与理解能力，加强国际合作。

上海交通大学媒体与设计学院国际化办学针对留学生和中国学生制订了不同的培养方案。邵国松指出，针对留学生的培养方案涉及听、说、读、写、英文报告等多种能力培养，进而建构整体知识框架；而针对中国学生的全英文课程则主要注重理解能力。在全英文传播教育人才培养方面，在维持已有本科留学生现状的基础上，注重优化生源结构，同时大力提升留学生攻读硕士。

五、“如何教”：全英文传播教学体系建设

完善的教学体系建设是全英文传播教育卓有成效的保障。新闻传播学科具有同社会发展前沿交融的特性，尤其是在网络化传播时代，全英文教学对教师教学水准和职业操守提出了新的挑战，同时还涉及教材选择、教学案例选择、培养对象语言水平等一系列具体教学考量和难点，全英文教学模式探讨成为学者关注的重点。

中国人民大学教授钟新介绍了中国人民大学国际新闻传播硕士项目英语教育模式：第一，系统化的专业课程建设，重在强化英语应用能力，夯实基本功，包括英语消息写作（English News Writing）、英语评论写作（English Opinion Writing）、英语特稿写作（English Feature Writing）、多媒体报道（Multi-Media Reporting）、英汉新闻编译（News Editing and Translation）等课程。第二，系列化的国际新闻传播前沿讲座，讲座议题涉及国际政治报道、国际财经报道、国际社会文化报道、国际气候变化报道、环境问题报道、恐怖主义问题报道、国际贫困问题报道等。第三，组织化的充分利用“请进来”“走出去”英语教育资源，其中，“请进来”交流资源包括外国高校访问团、外国新闻媒体访问团、参与课程的非洲记者、参加访学项目的巴基斯坦记者等；“走出去”教育资源包括外国驻华文化中心各种英文活动、外交部例行新闻发布会、中国记协新闻茶座等。第四，国内主流英文媒体实习、海外英文媒体实习。

王晓红以英语实验班的运作模式为例，分享了中国传媒大学新闻传播学部全英文教学经验。为了加强跨文化背景下新闻传播人才培养，新闻传播学部与该校外语学院合作，成立教学联席会议，建立英语实验班，确定两年制教学体系，即一年级选拔 80 人进入英语实验班，普遍提高学生英

语水平，二年级实行淘汰机制，选拔并培养专业的国际新闻传播人才。与此同时，开展海外精英学者短期驻校项目，利用校园电视台英语栏目“NEWS BATONGLINE”开展多层次国际合作，探索国际慕课资源，通过建立课外学习社群、海外交流交换、国际联合创作、海外小学期、参加国际会议等国际实践，倡导学生在真实环境中学习。在培养模式探索的过程中，也面临如何平衡课程；必修学分减少，如何兼顾专业与英文；开课数量较多，如何形成合理体系；强调全英文，如何避免“西方崇拜”等体系建设问题。

香港中文大学新闻与传播学院院长、教授冯应谦提出，全英文教育体系建设，从教育教学层面来说，应注重与学生的英语交流；根据学生知识接受能力适时改善与提升英文课程内容、水准与进度；通过聘请外籍教师培养良好的英文教学氛围；通过英文课程实践训练全面营造英文学习环境等。从学院管理层面来说，应聘请一定数量英文授课教师，并注重对已有专业教师的培养；增强国际交流与教学评估体系建设；注重学院机构之间的沟通合作；制订合理的英文教学方案与课程设置；从政策上给予全英文教学足够的支持等。

六、未来全英文传播教育的想象

对全英文传播教育现实问题的思考推动学界对未来新闻传播教育国际化发展以及全球化时代新闻传播人才培养模式的想象，这也是本次研讨会的聚焦点。

钟新指出，今后中国新闻传播教育的国际化发展，一方面，要注重师资国别、语别的多样化，为学生营造更加国际化的日常学习和生活环境；另一方面，在夯实汉语新闻传播教育的基础上，大幅度提高英语新闻传播课程比例，实现双语能力均衡发展的目标；对于外国留学生，要分层次制订培养计划，例如，为汉语好的外国留学生打造汉语新闻传播教育项目（与中国同学同班 + 专设部分课程），为无汉语基础的外国留学生设计全英文新闻传播教育项目，辅以基础汉语学习；除此之外，要为本科、硕士、博士生在学习期间争取更多的国际交换、学习机会。关于全英文专业课程的开设，陈炳宏认为，专业课程英语教学应该是一个循序渐进的过程，由公共英语学习逐渐向专业课程英语学习引导，高年级课程应比低年级课程优先，研究生课程应比本科生课程优先，实作课程（例如英文报告、英文小论文等）应比专业理论课程优先，外籍教师应比本国教师优先，尽快建设完善的全英文传播专业教学体系。

华东师范大学紫江特聘教授、华东师范大学—康奈尔比较人文研究中心主任吕新雨强调，随着中国的崛起，讲好中国故事、传播好中国声音、提升中国软实力成为中国高等教育国际化的动力所在。全英文传播教育涉及国际传播政治性、美国中心主义等一系列学术政治问题，在这一过程中，文化主体性、人才培养目标等问题亟须引起学界重视。在当前“一带一路”政策背景下，小语种传播人才培养优势明显。

全球化时代，跨文化交流成为趋势，跨文化传播的重要性日益凸显，“文化化”成为国际化传播的核心。《新闻记者》主编刘鹏博士指出，全英文传播教育不仅仅是教师能够教、学生愿意听、听得懂，从英文教学体系建设到中西方学术范式的融会贯通，从对国际化的焦虑到对全球化传播人才培养模式的探索，折射出学界对跨文化传播背景下新闻传播教育理念的思考。与会学者一致认为，新闻传播教育的国际化发展不应只局限于英语课程，而应向法语、西班牙语、德语、日语等多元化语种教学发展，将外语作为一种跨文化传播工具，促进本国文化、本土文化的国际化传播，最终实现“文化化”教育理念。

作者：秦 静、潘 玉
摘自：《新闻记者》2016 年第 6 期

移动互联与传播创新

——2016 年中国新媒体传播学年会综述

2016 年 5 月 14 日，中国新媒体传播学年会在浙江大学召开。年会由中国新闻史学会网络传播史研究委员会主办，浙江大学传媒与国际文化学院承办，会议的主题是“移动互联与传播创新”。会议围绕“移动互联与传播创新”主题设置了 15 个专场讨论，分别是：媒体融合与传媒转型、电子政务与社会治理、网络表达与社会参与、网络伦理与社会规制、移动媒体与社会关系、移动媒体与传播理论、移动媒体与策略传播、大数据与传媒发展、移动媒体与网络舆情、知识传播与内容生产、移动媒体与政治传播、移动媒体与网络文化、网络抗战与社会运动、仪式传播与社会建构、传媒教育与网络素养。

一、新媒体对于社会结构的影响

布法罗纽约州立大学传播系教授洪浚浩作了《新媒体对西方社会政治结构与运作模式的冲击及其理论涵义》的主题演讲，他认为：“新媒体对于社会政治生活是否产生影响，产生何种影响，取决于社会的政治体系以及所处的实际发展阶段。新媒体对政治的影响存在一定片面性：两极化的筛选使得公众看不到中立的内容和观点。在新媒体的冲击下重新检测界定主流媒体对社会政治和运作模式的议程设置作用。”

二、新媒体对于新闻传播领域的影响

宾夕法尼亚大学传播系副教授钟布围绕当下大热的人工智能展开主题，就核心算法对于新闻传播的影响作出论述。他表示，“当下算法可以过滤新闻信息，实现由语言识别到语言生成，甚至可以说算法已经能取代一些高级记者，令人担忧的是算法是否有可能取代人们做价值判断。算法可以过滤社交媒体信息，人们习惯于透过算法看世界。现在流行的算法决定论，存在着众多诸如算法审计、算法素养、算法伦理等种种问题，需要仰仗各位研究”。除此之外，网易传媒副总编辑章丰着眼于当下新兴的直播平台，探讨新闻资讯传播的更多形式。丰富传播形式，在竞争中找到新的资讯路径。他给出网易对于新媒体的本质理解，他说，新媒体最核心的本质是赋权，赋予受众们成为新闻生产者，把握新闻的权利，将会成为一种潮流与态度。

三、新媒体对于广告行业的影响

博林格林州立大学媒体与传播学院教授、《新闻与大众传播季刊》主编哈筱盈就当下新媒体环境中广告泛滥现状进行了分析，以谷歌、Youtube 为例，在测量方法、研究方法以及研究结果等方面做出探

讨，指出广告应适应媒体环境，以合适的方式存在。

作者：张　卓
摘自：浙江大学传媒与国际文化学院官网

第九届“中国青年传播学者论坛”综述

2016年7月24日，由安徽大学新闻传播学院主办，中国人民大学出版社、中国传媒大学出版社、北京大学出版社三方协办的第九届“中国青年传播学者论坛”在合肥召开。来自安徽大学、中国人民大学、中国传媒大学、武汉大学、浙江大学等30多家高校及科研机构的青年学者与会。论坛主题为“新视野与新路径：互联网+时代的新闻传播学研究”。论坛采取“一对一”的对谈模式，与会学者可不拘泥于主题任意发挥。青年学者们围绕“新闻史与传播学史”“互联网时代的新闻”“社交媒体”“媒介与传播学”“网络现象”“政治传播与公共传播”六大研究板块展开学术交流与研讨。

一、传播学史与新闻史研究

对学科史核心理念的梳理研究是推动学理建构的重要路径。南京大学教授胡翼青等重新解读了霍尔经典作品《解码，编码》，认为这是今天实证主义对策研究与社会治理研究的有力理论基础。四川外国语大学王金礼指出知识社会学对书写传播学史的价值。四川大学张放考察发现“computer-mediated communication”的出现有其特殊的历史背景，其内涵也随着时代的变迁而发生了明显改变。重庆大学研究员郭小安对舆论的公共性价值做了思想史的梳理。华中科技大学教授唐海江及安徽大学刘丽分别探讨了清末的舆论表达与时局叙事。

二、媒介与传播学研究

中国人民大学教授刘海龙认为，新媒体技术并非刚性地影响着社会，而是从一开始就被各种处于博弈中的社会力量所驯化。它不是单纯的技术，而是一种技术/文化复合体。华东政法大学郭恩强指出，位置性媒介所驱动的一系列新的交往形式，意味着需要重新评估位置在空间体验中的意义。安徽大学童云考察了广播的形态变化、社会影响与进化规律。

论坛中，传播学者们的研究视域相当丰富。中山大学教授张志安指出，中国媒体研究的“本土化”问题框架已经搭建起来，但新的理论框架尚未完全建立。中国传媒大学黄典林、南京航空航天大学张杰介绍了传播政治经济学与人际传播研究本土化的研究实践。安徽大学黄伟迪讨论了少数族群边界与身份的建构逻辑。中山大学教授李艳红引入梵·迪克和费尔克拉夫的分析框架探讨了文本的话语建构模式。

三、互联网时代的新闻研究

与会学者对当前新闻业态进行了前沿探讨。上海社会科学院白红义以新闻创新为统摄性概念，梳理概括了新闻业创新现象的主要议题、研究视角和理论路径。武汉大学闫岩与重庆大学张伟伟以报纸为研究对象，前者从经典框架理论再出发，考察了政府权力、媒介立场对框架表达的影响以及框架的迁移规律；后者提出互联网为我国报纸传媒提供了提升自身公共性的可能性，但其在特定的权力结构中被极大地消解了。安徽大学徐天博与同济大学卞清分别用主题分析法和参与式观察法对新闻人的职业认知及“自我重塑”进行了研究。华东政法大学彭桂兵介绍了他对版权许可方式的四类划分及其与表达自由的关系。

四、社交媒体研究

对社交媒体的研究集中在社会影响与用户特征这两方面。浙江大学教授韦路与谢点以“社会重力模型”为理论基础，表述了互联网信息的国际流动格局以及新媒体时代全球信息传播的失衡现象。厦门大学乐媛认为，社交媒体及其裹挟的民意很难摆脱被党派意识形态所操控或重塑的风险。台湾政治大学王楠提出了关于弹幕用户的“悦T人”概念。

微博与微信也是学者关注的对象。福建师范大学张梅、浙江传媒学院黄敏与上海外国语大学吴瑛等分别以“滞留的集体主义”“政治的再媒介化”及“中国式反腐”描述微博景观。厦门大学黄含韵与云南大学孙信茹对微信朋友圈的隐私管理、个体生活空间与网络虚拟空间的转换进行了各自的探讨。

五、网络现象研究

浙江大学李红涛与四川大学黄顺铭从数字记忆的“嵌入性”视角出发，探究虚拟的平台如何建立“有实质的”祭奠空间以及个体的参与如何被转变或表述为“集体祭奠”。安徽大学刘勇考察分析了“11月11日”议题转变及其背后大众传媒、商业资本、政治力量和公众四者之间的话语呼应、转换和共谋的过程。美国西弗吉尼亚卫斯理大学胡牧与 Artemio Ramir 对中国的网络成瘾研究作了综述与评价。

中山大学卢家银引入结构性威胁理论分析了网络规制对政治表达与政治抗议行为的影响。重庆大学曾润喜、朱利平建构了矩阵模型阐释政策议程互动过程中的公民网络参与与合作解。浙江传媒学院王喆认为，当下的网络民族主义行动需置于国家机构和科技公司共同形塑的网络威权主义脉络中进行捕捉与分析。

六、政治传播与公共传播

与会学者从历史与现代视角、质性与量化研究的不同方面对政治传播议题进行了探讨。中国社会科学院朱鸿军梳理了“经筵”这一中国政治传播仪式的演变历史，总结传播机制的变化对功能实现的影响。华东师范大学潘祥辉从“秦晋之好”出发，提出了女性既是交换媒介，也是流动媒介的新颖观点。重庆大学吴明华以治理术为分析框架，探讨了政府话语模式和修辞方法对生育观念和生育行为的影响。中山大学钟智锦从政治心理的视角阐释了政治新闻如何塑造参与行动。

对公共传播的研究主要集中在科学传播与健康传播领域。安徽大学胡昭阳论述了众包模式对科研组织传播的影响。上海大学吴小坤与厦门大学陈经超各自实验分析了科学知识对大学生认知与态度的影响。

从本届论坛的学术交流情况看来，我国青年传播学者的研究旨趣与研究能力正向着更宽广深厚的方向发展。

作者：胡昭阳（安徽大学新闻传播学院）

摘自：《现代传播（中国传媒大学学报）》2016 年第 10 期

应用新闻传播研究的困惑、追问与反思

——中国新闻史学会应用新闻传播学研究委员会成立研讨会会议综述

2016年8月28日，中国新闻史学会应用新闻传播学研究委员会在中山大学传播与设计学院成立，共有100余家高校理事单位的代表出席成立大会。与会学者围绕“新闻实务研究的理论化路径”“应用新闻传播学的实践创新”“互联网时代的应用新闻传播研究”这三个主题开展专场讨论。学者们就应用新闻传播学研究中业务经验与理论建构的关系、融媒体时代新闻传播教育的课程体系和人才培养模式等应用新闻传播领域的焦点问题展开研讨。

一、新闻实务研究及其理论化路径建构

应用新闻传播学研究的学理提升与理论建构、新闻实务教学与研究的现实困惑等，是这次与会学者关注的焦点。其中，“新闻实务经验对理论研究的意义”尤其令人关注。

康奈尔大学贾鹤鹏博士发出追问，“业界经验如何能成为有价值的研究资源”。对此，中央民族大学文学与新闻传播学院教授岳广鹏认为，应用新闻传播学的研究应该更加注重“实·用”，可以少谈概念、背景和现状，多议对策和出路，“大家已经上车，无须再问为何出发”。贾鹤鹏博士随后做出回应，认为从传播媒介的角度，要做到“实用”，本质上就是要探究媒介效果（包括广告与媒介内容效果），如果要探究效果，则又与理论探究密不可分，“在这个意义上，我想把岳老师的话修改成‘希望以后少谈空的概念、少重复人人皆知的背景和现状’”。

中山大学传播与设计学院副教授邓理峰对此表示赞同，“应用传播学和基础传播学的不同或者‘区分’，不在于是否重视概念和理论，因为两者都重视且离不开概念和理论。两者不同在于彼此侧重关注的研究问题不同”。

复旦大学新闻学院研究员窦丰昌围绕应用新闻传播学理论与实践的错位、科研与教学的矛盾、主流与边缘的互换等现实困惑展开讨论。其中“主流与边缘的关系问题”引起与会学者的共鸣，即应用新闻传播学本应是整个学科的主流领域，但事实却是该领域被不断边缘化。浙江大学传媒与国际文化学院教授赵瑜在发言中对窦昌丰的看法表示赞同，并认为，“解决或者缓解由理论与实践、教学与科研之间相互割裂所带来的尴尬，引入具有丰富业界经验或者不同职业背景的人士参与到（应用新闻传播研究）这个学术共同体中来，这样才可能去弭平（学界与业界）互相没有对话的可能性”。

安徽师范大学新闻与传播学院教授马梅认为，造成这一尴尬现状的原因，一部分是因为其他分支领域对新闻实务研究存在或多或少的轻视和误解，但更重要的原因在于新闻实务研究的学理提升程度确实不足。

广州大学新闻与传播学院教授田秋生则以美国学者迈克尔·舒德森的研究为例，提出应用新闻传播学进行理论建构的两种可能，一是遵从新闻生产社会学路径，“新闻生产的方式与新闻的面貌既受制于

特定的社会结构、组织文化与行为行动者的个体，同时又反作用于其所处的社会情境”；二是促进新闻业务、新闻史与新闻理论的相互融通，借此加强并贯通应用新闻传播学研究与其他分支领域的联系与互动。

二、应用新闻传播实践教学创新及人才培养

1. 技术变迁影响业界实践与学界教育的研究与教学

大数据对业界实践与学界教育的影响越来越深，大数据视角下的数据科学与数据新闻的研究成为研讨的焦点之一。

厦门大学新闻传播学院副教授苏俊斌基于数据科学对新闻生产实践中“人机协同”关系的思考，认为，仅仅把当前数据新闻算法所造成的新闻伦理失范问题归咎于数据科学局限性的认知是值得商榷的，“对人与机器的关系以及‘人’在人机协同实践中位置的判断，是回答这一问题的关键”。对这一问题的反思同样反映在复旦大学新闻学院讲师徐笛以上海三所高校“数据新闻”课程的研究发现中。她认为，学界教师应该更加强调支撑数据新闻背后的“数据素养”，处理好“技能与知识”的关系，“保持对脱离‘知识’‘技能’的批判性认知，才能真正理解由数据新闻导致的新闻职业伦理失范等问题的学术根源与社会后果”。

在媒介融合背景下，随着国际交流日益频繁，各家媒体单位对可参与国际新闻运作的传媒人才需求亦急遽增加，这一趋势反映在学界教育中则是新闻院校对“国际传播”课程的重视。对此，南京师范大学副教授庄曦提出关于国际新闻课程建设的思路设想，在打通不同专业间界限的同时，形成大数据支撑下的“互联网＋”教学文本，保证课程内容的开放性与兼容性，通过搭建“跨专业”“协作式”的融媒体教学与实践平台，激发学生的学习热情和创新能力。

2. 应用新闻传播人才培养模式的思路设想与创新实践

与课程体系建设紧密相关，与会学者就应用新闻传播人才培养模式的研讨很热烈。中山大学传播与设计学院副教授龚彦方对财经新闻课程建设的“跨学科融合探索”，强调在重视通识类经济学课程教学的同时，将专业的财经分析工具、统计工具与财经新闻采编流程的讲授有机结合，通过“信息可视化”而不是文字来呈现财经新闻的教学文本。上海大学上海电影学院副教授陶建杰发现，校园媒体在消息源管理上，呈现出来源固定、记者与采访对象关系不对等、受访周期性等特征，在校园媒体的消息源管理中，通过软硬题材切换进行关系调适，主动为官方平台供稿获得身份认同。与人才培养模式的创新实践相对，与会学者就应用新闻传播人才培养模式的思路设想也给我们带来不少启发。

湖北大学新闻传播学院副教授张萱提出“互联网＋”时代人才培养的三个意识，“‘互联网意识’提醒我们新闻传播人才的培养要‘接地气’；‘责任意识’要求我们有责任引导学生对自己所学专业的正确认知，比如‘新闻民工’说法需要纠正；‘专业意识’要求我们虚心向学生学习，尤其是对新媒体技术的掌握”。对于这一点，北京大学新闻与传播学院副教授何姝也深有感触，“传播技术不断更新迭代，在技术使用和认知上不如学生的确令许多老师感到担心。但很多时候学生需要的可能不是技能知识，而是一个能够指导他们如何团结协作的领导者”。

三、互联网时代的应用新闻传播研究

关于互联网时代的应用新闻传播研究如何开展和创新，与会学者从媒介融合、互联网产业逻辑、舆论场、在线出版等角度进行了研讨。安徽大学新闻传播学院副

教授刘勇认为，“网络社会语境下，与会学者对论文选题十分多元，研讨论文均属于不同领域，相互之间在研究对象与研究旨趣上的拉锯比较大”。这种现象一方面从侧面反映了互联网时代应用新闻传播学的研究空间非常广阔，发展前景令人振奋；但另一方面也说明应用新闻传播学的研究谱系尚未形成，不同学术热点之间的有机联系还不够紧密。

近年来，“媒介融合”成为业界进行数字化转型的关键词，它也是应用新闻传播学在时下的一个重要研究对象。对媒介融合的探讨主要集中在两个方面，一是对移动媒体语境下对媒介融合新趋势的宏观研判，重庆工商大学艺术学院教授殷俊在传播渠道、盈利模式以及人才需求这三个维度上总结国内主流媒体转型的融合趋势；二是对移动媒体语境下新闻采编及其文本呈现方式的微观考察，南昌大学新闻与传播学院副教授王卫明通过对 H5 新闻报道采编原则与方法的研究发现，形式酷炫的 H5 作为一种多媒体新闻文本的呈现方式，其在某种程度上仍然遵从传统媒体时代的采编原则。

在研讨会上，也有学者聚焦应用传播，关注技术变迁给应用传播带来的诸种可能。中山大学传播与设计学院副教授周如南近年来持续关注“互联网时代的公益传播”。此外，与会学者们还讨论了应用新闻传播学的其他议题。

作者：张志安（中国新闻史学会应用新闻传播学研究委员会会长，
中山大学传播与设计学院院长、教授、博士生导师）
束开荣（中山大学传播与设计学院 2015 级硕士研究生）
刘颂杰（中山大学传播与设计学院讲师）
摘自：《现代传播（中国传媒大学学报）》2016 年第 11 期

含英咀华厚积薄发，心怀担当与时俱进

——第十三届中国传播学大会会议综述

2016 年 10 月 15—16 日，第十三届中国传播学大会在南京召开。大会以“公共传播：新理念、新挑战、新机遇”为主题，由中国传播学会、中国社会科学院新闻与传播研究所以及南京大学新闻传播学院联合主办。南京大学党委副书记、教授朱庆葆，中国传播学会会长、中国社会科学院新闻与传播研究所研究员唐绪军，南京大学新闻传播学院院长卜宇，北京大学新闻与传播学院院长、教授陆绍阳出席大会并致辞。来自全国各地多所新闻研究机构和新闻传播院系的百余位学者参加此次会议。

一、会议概况

大会由开幕式、大会主题发言、专题研讨以及工作坊四个环节组成。其中专题研讨分为“传播理论发展与范式转型”“公共传播的理论与实践”“公共传播视野中的国际传播”“公共传播时代：中国经验”“社交媒体与公共传播”“叙事、话语与公共传播”“媒体创新与知识生产”等多个议题；工作坊则进行了“媒介化时代的公共传播和传播的公共性”“计算传播学的理论与实践”“传播批判学派的多维视野”三项主题讨论，使与会学者得以从不同角度充分地探讨问题、分享观点。本届传播学大会的议程设置及研讨内容具有如下三个特点。

第一，聚焦“公共传播”概念，注重学科发展的历史使命和社会责任。本届大会以“公共传播”为核心主题，正是由于充分认识到无论是中国社会还是传播研究均处于一个“新旧交替”的重要时期：国内外政治、经济和文化环境正在发生变化，新的媒体技术和媒体形态在观念和产业层面上同时冲击着传统媒体行业。在这一特殊的历史时期，理论建设和实务经营方面都涌现出了新的机遇和挑战，国内和国际环境中对于信息传通、意见表达的需求更加紧迫，这一切都呼唤中国传播学者肩负起更重要的使命担当。

第二，会议成果百花齐放，老中青三代学者济济一堂。在研讨议题方面，本次传播学大会围绕主题，共设置了13个研讨议题，吸引了100多位不同年龄层次与专业方向的学者进行了研究成果的分享与讨论：其中既关注理论建设，也重视业界实务；既观照国内问题，也敏感于国际动态；既重掘历史经典，也开创本土新知。充分体现了国内传播研究者“向脚下看”“向外面看”“向未来看”的研究旨趣和宽广视野。

第三，充分体现了传播研究的累累硕果与历史厚度。本次传播学大会支持和见证了南京大学新闻传播学院80年专业发展的成果，在大会开幕式上，由南京大学“孙明经新闻传播教育奖”组委会发起，邀请国务院学位委员会新闻传播学学科评议组、教育部新闻学科教学指导委员会、中国新闻史学会、中国传播学会共同主持和参与的首届“孙明经奖”正式启动。这一奖项的设立，旨在激励新闻传播学科师生面向时代要求、精研实务和学术，为新闻传播学的发展贡献力量。在大会开幕式上，中国社会科学院新闻与传播研究所副所长季为民研究员宣布了2015年度全国新闻传播学优秀论文的遴选结果。此次遴选覆盖2015年165种期刊上发表的10831篇新闻学和传播学论文，通过初评和复评环节，《社交媒体职业他者与记者的文化权威之争——以纪许光微博反贪腐引发的争议为例》等10篇论文最终入选。

二、学术争鸣

（一）主题发言：在反思中前进

台湾政治大学教授冯建三在主题发言中与在场学者共同探讨中文传播期刊的学术自由与科技利用的问题。针对这一议题提出了三个观点：第一，他认为当下台湾高校期刊发稿数量逐年下降的主要原因在于学术不自由，而学术不自由的一大重要表现是学者被强制或利诱来使用不习惯、不熟悉的非母语创作论文。他引用德布雷的观点，提醒学者“母语”所蕴含的巨大创造力，用不熟悉的语言去创作，是一种减弱自身学术实力的过程，只是这种过程在所谓“国际化视野”的包装下看不清真容。第二，学术界应该对科技发展有所敏感，这有利于学者对科技进行更好的利用，从而让传播学思想可以以一种更符合科技进化的方式去流通。第三，可以尝试采用同行评鉴和非同行评鉴两种方式评价期刊。

中国社会科学院新闻与传播研究所所长、研究员唐绪军在主题发言中，赋予了“公共传播”以新的解释。他认为，“大众传播”这一诞生自电子媒体时代的术语已经不适合用来统称传统媒体和互联网等新兴媒体的多种形态的传播活动了，而“公共传播”更适合描述和统合新时期的传播问题。之所以使用这一概念，有三方面必要性考量：一是能够统合大众媒体和新兴媒体面对不特定人群的开放性传播行为；二是有利于以“一个标准、一个要求、一条底线”来对传统媒体和新兴媒体实施一视同仁的统一管理；三是有利于媒体治理法制体系的构建。唐绪军同时认为，“注意义务”应当与“公共传播”概念配套使用。前者是法律层面的专业用语，通常指行为人应该采取合理的谨慎态度和行止，以避免给他人和社会造成人身、财产和公共利益损害的义务。在新媒体时代，人人都是传播者，从法理上来分析，公共传播者对其表达和传播的内容，也应该比非公共传播者负有更高的注意义务。在发言的最后，他呼吁在座学者为当下的社会发展从新闻学和传播学角度提供更多的建设性意见。

浙江大学传媒与国际文化学院院长、教授吴飞在主题发言中同与会学者分享了自己关于公共传播学的思考：第一，他认为新闻传播学至少面临两方面的困境。困境之一是新闻传播学科在整个知识体系中地位不明显，受到一定的轻视；困境之二在于新闻传播学局限在学术圈里，对学术圈以外的公众和业态影响很少。第二，他提醒学者在科技和数据时代到来的同时，我们在未来可能被虚拟现实所掌握和控制，而人文主义可能会失去优势。第三，传播学研究应该同时对社会学有新的思考。传播学与社会学一直以来其实是同宗同源的，吴飞借用布洛维公共社会学的概念，提出了“公共传播学”，也就是说，在此概念之下，学者需要把学术研究带入到公共生活空间中去，用公共知识经验和我们的理性思考去应对在社会变迁中产生的诸多问题。

南京大学新闻传播学院教授周海燕分享了自己关于“读报小组”研究的最新进展。她指出，人们的很多术语和知识并不是天然地从脑海中产生的，而是经历了一个教化的过程，新中国成立初期的“读报小组”作为宣传网络建设的重要组成部分，在教化方面起到了非常重大的作用，让一字不识的农民得以了解国家大事，使政治话语走入了日常生活。她在研究中发现，我国的宣传体制中有几条主要研究路径，一是关注制度的设计和运行；二是对宣传观念的源流的考察；三是宣传报道如何通过塑造典型人物来进行政治动员；四是编辑部场域内受制于宣传制度时如何进行新闻生产；五是关注宣传对个人的影响。但过去这部分研究只能停留在个人层面或是受限于特殊人物（如知识分子或社会名人），而无法深入解释宣传对于普通民众的影响是怎样产生的。她希望通过此项研究来对第五条路径有所补充。

北京师范大学新闻传播学院执行院长、教授喻国明在主题发言中提醒，传播学者应在未来的研究中更多地重视技术和技术规则。从传播学未来发展的角度而言，有三个方面的内容需要重点关注：第一，这将是一个“个人被激活”的时代。在互联网上，个体如何来进行一种新的意义上的激活，如何利用、开发或者发挥他的主动性，对这一过程我们还未能充分观察和熟悉；与此同时，个体之间的“连接”关系，也发生了新的变化。可以说，未来互联网传播研究的重点，就是对于个人作为主体性的研究，以及个人之间连接关系的研究。第二，重视关系资源。互联网时代的个人身处连接状态之下所产生的新功能和新价值，均需要关系资源来进行整合、激活、影响和配置。由于关系资源的攫取和应用所造成的影响力，在过去更多地叫作新媒体赋权，而今天就成了关系赋权。在互联网时代，关系资源的激活、利用和把握是社会变革、社会影响力发声以及传播效果实现的最为重要的战略性资源和最为重要的手段。第三，重视作为发生平台的场景。在所有的关系资源的聚合中是需要一个故事性的、有物理意义的平台——场景。它实际上是通过逻辑和非逻辑的资讯、功能来形成一个统合人们社会关系和主体性的一种重要的综合性场域平台，既统合了主体又统合了个体。在未来的互联网传播研究中，场景的研究无疑将成为重点。

（二）专题研讨：多元议题的碰撞与交流

专题研讨会场体现了当代传播研究的多元话语，内容丰富，议题高度关注当下现实。

1. “传播理论发展与范式转型”专题研讨

在“传播理论发展与范式转型”的专题研讨中，研究者们聚焦的议题主要是如何突破现有传播研究范式的观念和路径。

中国传媒大学荆学民认为，不应该将政治传播理解为政治和传播二者机械的“合成物”，政治传播应该是一种政治与传播“同一”的事物，由此所形成的政治传播研究，也应看作政治学与传播学简单机械的“交叉”。在政治传播三种基本形态（政治宣传、政治沟通与政治营销）的基础上，他提出了基于这三者而构成的政治传播模型，并解释了其运作机制。厦门大学苏俊斌对媒介效果的经典理论进行再度检视。通过回顾三项经典案例，他探究了社会结构作为扩散研究的解释变量在不同情景之下被赋予的重要性所经历的变迁，并在此基础上尝试提出传播学在媒介技术与基础理论双重发展的条件下面对扩散问题时需在方法论上做出调适的可能。

福建师范大学陈蕾将研究目光放回传播研究者群体本身，在回顾与观照传播学发展历史与现实的基础上，分析了传播学者选择以传播学为志业的过程中所面临的价值困惑与自我实现困境，试图开辟一条重新理解与实现传播学者主体价值使命的道路，进而为传播学的学术实践灌注创造性动力。

暨南大学姚锦云尝试将本土传播研究的线索追溯到春秋时期，并深入到《易经》文本中，他以“天”的衰落和“德”的兴起为线索，来考察春秋时期人们“意义之网”的变迁，以及由此带来的沟通与交往观念的变化，并通过具体的文本材料《左传》《国语》中的22个《周易》事例加以佐证。

有相当多的学者主张从技术哲学的视角反思传播学。南京大学卞冬磊关注到19世纪中国读书人阅读世界的秩序变动及其对现实认知与交往行为的影响。通过研究他发现，书与邸报曾稳定地构成中国读书人阅读世界的两端，而19世纪阅读秩序的改变，则在中国编织出了一种新的、公共的交往形式。北京师范大学王颖吉通过重掘库恩和伊德关于技术媒介和科学话语的观点，发现研究媒介对科学范式转换的重要影响，正是因为媒介使得科学家的世界图像发生了改变，从而让科学所针对的对象、方法乃至哲学观念都相应地发生了变化，这种变化造成了科学话语转型和科学范式的转化。同是北京师范大学的杨雅则着重探讨了技术哲学视域下对媒介技术的再认识问题，认为虚拟技术转向作为传播技术发展的关键阶段，对在场效应研究具有重要影响。厦门大学胡悦从“蓝瘦香菇”的具体案例出发，探讨基于媒介化理论的危机认知框架问题。他认为在媒介化社会中，媒介影响已经超出以往媒体政治经济学、议程设置、受众使用等传统认知的媒介效果。她从微观、中观和宏观三个角度分别解释了何为危机“媒介化”和媒介危机化，并介绍了媒介化危机化解方法的演变。中国人民大学方惠将研究的焦点投射到电波媒介的发展历程中，通过观察1980—1990年电视黄金时期的社会具体语境中的电视节目表，借用“流程”与“驯化”的理论概念，从本体和表征两个层面探讨其构成和演变，以此勾勒出电视节目时间表与其所表征的电视节目是如何嵌入改革开放进程并服务于现代化情境的。

2. “公共传播的理论与实践”专题研讨

在“公共传播的理论与实践”专题研讨会场，理论研究与实践研究体现出了迥然不同的风格。理论研究者均积极倡导建构公共传播理念，并对现有舆论实践充满担忧。中国社会科学院冯建华围绕“公共传播”这一核心概念，提醒研究者在当前日益交错的传播环境中，不仅仅要防止公共传播的泛化，更要警惕公共传播的异化。同是中国社会科学院的黄楚新认为，在技术的推动下，公共传播时代的新闻生产呈现出新样态，新闻生产的流程、方式与方法均发生了非常重要的变化，技术驱动创新已成为公共传播时代新闻生产变革的主要特点。南京大学丁和根从“科学的”“中国的”和“当代的”三个关键词出发，呼吁建立具有科学框架和本土特色的中国当代舆论学。重庆大学郭小安则回归到思想史脉络中，探讨了舆论的公共性和公众性价值，他认为只有把公众性与公共性结合起来，理解它们的对立、转化、融合关系，才可以丰富舆论的内涵，使舆论研究获得更大的想象空间。

而实践研究者则关注如何更好地解决公共传播中存在的问题。中山大学张宁以P区反烧事件为例，考察外压型民间议题的响应性在稳定政治框架中和新媒体环境下一种新的影响变量“稳定指数”，并基于此分析围绕民间议题进入政策视野过程中的政府、公众、议题提倡者和传播媒介的互动关系及其相互作用的机制。四川大学张放则关注到政务微博的拟人化传播问题，通过运用多因素设计控制实验方法进行科学测评，得出了政务微博拟人化策略在“政务微博形象构建”“政务微博信息传播”“政务微博互动关系”三个层次上的传播效果，并据此提出了政务微博拟人化策略优化的具体对策建议。浙江理工大学陆高峰通过对YD小区的业主维权事件的萌芽、发生、发展和高潮时期的网络跟踪调查发现，不同信息传播渠道、不同信息形式以及舆论领袖在此案例的不同阶段呈现出动态并复杂的影响作用，他认为，在相似事件中，要注意避免过度迷信舆情监控技术。

3. “公共传播视野中的国际传播”专题研讨

在“公共传播视野中的国际传播”专题研讨中，多名学者采用了内容分析或话语分析的方法，从媒介文本出发分析当下中国的国际形象与当下的国际局势，展现了当代中国传播研究的国际视野。一方面，学者们对我国的对外传播能力与制度建设提出了建议。

天津师范大学教授刘卫东认为，在“南海仲裁”闹剧中中国媒体首次以战略文化思维取得了良好传播效果，以此为出发点，如何为国际社会提供具有世界意义的中国价值体系和制度设计，既是当前中国国家战略文化建设的主要任务，也是中国国际传播领域中一项极为紧迫的研究工作。中国政法大学聂书江分析了传播意愿对恐怖主义发展所起到的重要建构作用，以及在恐怖主义发展的历程中传播观念、技术和效用与恐怖主义所形成的对应关系。他认为对于反恐行动而言，除了从物质主义层面对恐怖主义进行打击外，还需要针对网络恐怖主义构建具有自觉意识的反恐传播观。中国政法大学方建移关注国内外涉疆问题的报道状况，通过对《纽约时报》与中国对外主要传播媒体《中国日报》（*China Daily*）的涉疆报道进行对比分析，提出了提升我国对外传播能力和传播效果的若干建议。

另一方面，学者们侧重于讨论媒介话

语场的规律。浙江大学宁波理工学院王国凤重点关注了钓鱼岛争端中甚少涉及的德、澳两国主流媒体，通过文本分析的方法，发现德国媒体隐含的支持中国的态度，并以此提醒研究者，在媒体所在国主导意识形态中，需要关注媒体群体身份和群际关系的建构问题。上海大学吴小坤通过分析西方舆论场中对中国阅兵的呈现及内涵指向，并关联比照国内新闻话语，将米格代尔“自然化”理论在国家范畴的内部指向拓展至外部关联，由此对该理论进行了经验研究的拓展和补充，以期为后续的政治仪式与国家认同的关系研究提供参照。浙江工业大学王彦以美国之音中文台《时事大家谈》节目2015年12月的“中国《反恐法》为何引发轩然大波?”报道作为具体研究样本，从批判论述分析和会话分析角度切入，使用责任框架、情感框架、冲突框架、经济影响框架、道德框架五个常见的电视新闻框架作为分析基本架构，验证了美国的中文电视访谈节目是如何运用框架的竞争与合作来呈现中国反恐怖主义法的实施和讨论的。

4. “公共传播时代：中国经验”专题研讨

在“公共传播时代：中国经验”专题研讨会场，学者们对于一系列中国现象和经典个案进行了研讨。互联网毫无疑问是学者们关注的中心。

南京大学陈堂发关注互联网上淫秽色情内容的治理问题。他发现，对于“互联网是否可因其所具有的特殊工具效用与社会经济发展价值而获得法律责任上的特殊豁免”这一问题，西方国家实际上已经表现出否定的趋势。为此他对在惩治网络淫秽色情内容的具体责任设定方面提出了具体建议。中国社会科学院沙垚通过回到具体历史语境中爬梳不同历史阶段的新媒体实践，发现新媒体与社会相融合的关键机制在于媒介的使用者通过新媒体找到了应对新的时代变迁的办法，只有如此，新媒体本身才可能成为社会整体的有机构成部分。

华东政法大学彭桂兵关注“今日头条”的侵权问题以及由此引发的媒体业界论争，通过借用福柯的话语理论以及雷曼（Reyman）的版权话语应用来对此事件中各参与主体的话语表达和话语策略进行研究。研究发现，传统媒体、门户网站抑或“今日头条”的论争中均缺失了“文化保护叙事”部分。

纽约理工学院张宇通过对雷洋案的分析，探讨了中国网民及其“阐释群体”围绕该具体案例，是如何寻求和传递自己的正义观的。研究发现，中国网民已经能够集体定义某一案例（如雷洋案）对于公共议论而言是否重要。从这个意义而言，网民群体已经不仅仅是官方信息的消费者，同时也是信息的生产者。

“农村与互联网传播”则是本专题中的焦点。江苏师范大学王平基于增权理论，以徐州“铜山论坛” “邳州论坛”以及“天涯论坛”徐州板块内的农民网帖为例，综合考察分析了农民网络利益表达的有效性及其影响因素问题，并从个体主动增权模式和外力推动增权模式两方面，对如何增强农民网络利益表达的实质性效能问题进行了深入探析。

南京邮电大学袁潇关注新生代农民工如何利用手机进行职场适应的问题。她发现，手机的使用不仅有利于为新生代农民工提供职业身份转型的契机，也标志着这一群体现代意识的培养与城市文化形态的逐渐建立。陕西师范大学管成云则看到了数字鸿沟对新生代农民工群体的重要影响，他发现缺少网络化生存能力的新生代农民工等中下阶层被排斥在主流网络社会发展的结构之外，在边缘形成了他们新媒体实践的另类网络社会，而这将形成一种社会资本劣势积累的“新贫”困境。

5. “社交媒体与公共传播”专题研讨

在“社交媒体与公共传播”专题研讨中，社交化媒体如何影响传统媒体与社群是学者们关注的热点。

南京师范大学靖鸣以“王宝强离婚事件”为例，研究了媒体关于私人事件传播的议程设置问题。研究发现，传统媒体的传播主导权和影响力正在逐渐失去，若想有效引导公众议程，应转变观念，对于私人议题可能出现的公共属性要保持高度关注，并在新的媒介环境下提高议程设置能力。

华中科技大学邓秀军关注微信公众号，为了探寻内容在微信公众号平台的重要性，他对1286篇高阅读量微信公众号推文进行研究，以此分析微信公众号推文的来源渠道、内容主题和文本结构对用户阅读行为和使用效果的影响。研究表明，原创性并非高阅读量推文的主要特征，融媒介、超文本的文本传播效果更好。

英国东英吉利大学刘宇昕关注社交媒体的角度则在于探究其在何种程度上影响到主流媒体的态度和内容。他发现，在中国大多数记者认为其在社交媒体中的角色没有改变，并且认为中西方的职业道德规范是相同的，新闻都会作为党和政府的喉舌。

南京财经大学宋祖华探讨了网络和社交媒体中谣言的新特性。在梳理新闻和谣言相关理论的基础上，他分析了谣言在新闻报道中的呈现方式和存在问题，认为现有理论难以满足现实发展需求，需要重新审视新闻和谣言的关系，厘清作为新闻报道对象的谣言现象与谣言本身的区别和联系。

浙江大学城市学院石苑关注媒介融合背景中的迷群文化。在梳理了迷群文化的三次研究转向后，她认为随着媒介现实的改变，迷文化迎来以迷群及其线下活动为研究对象的第四次转向，具体表现在于迷群突破技术壁垒；迷群的文本生产力借助跨媒介叙事，形成全球的共享神话并充分解放；迷群以参与文化的方式构筑仿政治体制模型并展开全球活动。

世新大学刘玲通过质性访谈分析，对远距状态下成年子女与父母的亲子沟通现象进行了描述，研究发现，成年亲子远距沟通渠道主要为社交媒体的即时通信工具，沟通频率随着成年子女年龄、学习情况、个性等方面的不同而发生变化。这种沟通方式消除了现实生活面对面的代际隔膜，变得更加亲切，不易产生冲突，但同时也体现出虚拟环境下的不完全真实、逃避深层沟通的局限。

南京大学白一婷对bilibili网站“外交部天团”相关视频及弹幕进行了个案研究，以此探讨官方意识形态的媒介文本与年轻网民的媒介实践可能会发生何种互动。研究表明，在这个场景中，爱国主义、民族主义和偶像崇拜等情感认同的建构与微观权力的运作密切相关，看似匿名、自由、纷乱的亚文化场域中，存在着意识形态和亚文化实践的双重规训。

6. “叙事、话语与公共传播”专题研讨

在“叙事、话语与公共传播”的专题研讨中，研究者用不同的话语分析方法呈现了各种话语在当代社交平台上的表现。

台湾政治大学臧国仁介绍了自己关于“叙事传播”的研究进展。他认为，近年来科技的发展早已改变了日常生活中的沟通形式和内涵，而相关传播理论则迟滞不前，难以诠释现象的背后脉络。他从“说故事”的角度进入，因为这是人们最日常的沟通行为，是说者与听者持续交换彼此生命经验的人际互动，若以“叙事”为传播研究的新典范就会发现，其实所有传播文本的产出都可以视为“说故事”的历程。

河海大学朱晓兰关注近年来在互联网上流行的性别修辞问题。她认为，关涉性别的粉丝话语代表了女性对男性的审美和消费，甚至暗含了一种“男色消费”的客观存在。此类对抗性话语体现了新的性别政治意涵，身体美学、消费主义和新媒体女性赋权可以在后续的研究中成为理解粉丝涉性别话语实践的几个角度。

中山大学章震等人对《南方周末》的新年献词进行研究，试图通过其中的话语变迁来探讨报纸的角色定位问题以及文本的集体记忆形塑状况。研究发现，在过去20年中，《南方周末》经历了启蒙者、记录者/监督者和解释者等角色认知的变迁，总体上处于“混合型”的角色认知。在社交媒体上，微博用户总体建构了《南方周末》曾出现过“黄金时代”的集体记忆，由此可以看出，话语若从组织化空间进入公共空间，其周围的结构性条件和行动主体将发生位移，原本的话语也将被赋予新的社会意涵。

中山大学陈敏通过对城市标语的关注来研究城市空间的意义生产与争夺问题。在对北京、上海、广州、太原、重庆、成都6座城市党政机关附近主干道两旁的标语进行搜集和分析后发现，在城市空间意义塑造的争夺中，政治力量占据主导，它不仅生产政治标语，也生产公益标语，而且通过将部分政治标语冠以“公益广告”的形式，进一步模糊了政治标语与公益标语之间的区别。

7. “媒体创新与知识生产”专题研讨

在“媒体创新与知识生产”专题研讨会场，研究者们反思了社交化媒体时代的新闻生产，分析了从传统媒体到新媒体的各种新变化。

南京大学王辰瑶分享了关于BuzzFeed个案的研究成果。研究采用克里斯汀森的“颠覆式创新”理论来分析BuzzFeed个案对新闻生产领域的意义。她认为，BuzzFeed实现从新市场向主流市场的迁移有两大策略：社交分发和内容创新，使自己成为传统新闻媒体的对手。但从新闻理念上看，BuzzFeed的颠覆性尚显不足，新闻观念真正意义上的打破与重建，需要更多行动者的创造性实践。

武汉大学周翔的关注焦点是跨文化视角下社会化问答网站知识生产的协作方式与效果分析，她选取了社会化问答网站Quora为研究对象，从跨文化视角探讨文化差异和刻板印象等因素如何被纳入具体的协作方式与动作中，并进而考察其协作生产效果。

华东师范大学申琦通过开展对上海新闻从业人员的问卷调查，从“个人”“报道惯例”与“组织因素”三个层面探讨了新媒介技术环境下影响新闻从业者“把关人”角色的主要因素。研究发现，微博正成为中国传统媒体新闻从业者获取信源的主要方式之一，但使用者从业时间与使用频次呈反相关关系。

潘亚楠通过引用史蒂芬森的“传播游戏论”指出，新闻游戏满足了受众信息获取之外的玩乐需求，它作为后现代语境下西方对话新闻学理念指导下的新闻创新产物，主要具备三个特点：真实与虚拟的融合，拥有开放式结局的液态新闻；沉浸式传播，通过任务完成模式唤起共情体验；视角的转换：从旁观者视角变为第一人称视角。

（三）工作坊讨论：无形学院的融通互动

在浙江大学主办的“媒介化时代的公共传播和传播的公共性”工作坊中，浙江大学的青年学者集体向大家展示了该学院在互联网条件下对公共传播的关注。

汪凯使用文本分析方法研究了互联网上的“毒鸡汤”话语研究发现，这些负能量话语，部分年轻网民以“屌丝”视角对他们的生活际遇与生活体验的具体表达。

网民们以黑色幽默的眼光看待世界与自身，推崇“物质性”价值而压制“精神性”价值，实质上形成了不同于主导文化的意义构形：作为一种感觉结构的关于外部世界的“坚硬现实”意识以及与之相对的“自我贬抑”情感。

李冬晓关注在华国际非政府组织的具体活动，并选取绿色和平（Greenpeace）及世界自然基金会（WWF）为个案，通过采用组织观察、深度访谈以及文献资料分析的方法对企划方式、项目（活动）选择、工作方式、政府关系、公众沟通及媒体策略等进行了比较研究。研究发现，在华国际非政府组织经常扮演议题界定者、事实发现者、问题解决者，较少扮演政权的监督者。

高芳芳以果壳网和天涯论坛为研究对象，考察其中有关全球暖化的网络讨论，就其观点分布状态（同质化 VS. 异质化）和发表态度（客观分享、理性协商、理性质疑、情感宣泄、游离性）进行了具体的描述和分析比较。

吴红雨在研究中关注都市电台的发展问题，通过对杭州都市电台《西湖之声》进行个案分析，研究其在转型压力下如何寻找边界突破，定义新环境下的城市居民，并通过参与性节目的内容来生产建构居民理想中的城市共同体。

苏振华通过运用全国综合社会调查2010的数据，对中国媒体信任的影响因素与发生机制进行了解释。研究发现，使用互联网、地区经济发展和家庭收入水平的提高、年轻化、教育年限增加等因素推动了传统价值观向自我表达价值观转变，并降低媒体信任。若想提高公众的信任度，媒体应更加关切、回应民众的普遍诉求以提升民众的政治效能感。

在南京大学计算传播实验室主办的“计算传播学的理论与实践”工作坊中，张子柯与大家分享了复杂网络信息扩散的几种方式，并通过模型设计的介绍来说明从网络科学的角度应如何去刻画这些扩散方式。秦强关注到线下社会运动与线上信息传播之间的重要关系，通过使用讨论模型，他以占领华尔街运动为例，用量化和计算的方式验证了线上舆论演化的整个过程。

复旦大学周葆华提出了一个问题：过去，传播研究似乎按照理论研究和实证研究的既有模式就能够稳定推进；但如今，数据和信息的大爆炸要求传播研究和更多学科有所交叉。那么，计算传播学究竟为何必要呢？也许浅层次的原因是研究对象有所变化，毕竟新媒体的核心逻辑是数据化；而更重要的是，在这种环境下要想推进传播理论创新，计算传播学是一个很好的突破口。温乃楠介绍了自己基于转基因议题进行的微博情感分析研究。她发现，通过问卷收集到的“民意”即使数量巨大，也无法断言网民对于转基因议题的一般态度，她认为大数据挖掘可以对以上弊端进行规避。此外，她提出了自己基于转基因研究所设计的五个研究角度，以探讨它们从计算传播学角度出发开展研究的可行性。

陈志聪通过对手机通信数据分析处理的具体研究，提出了自己关于计算传播研究的路径思考。他介绍了这项手机通信网络研究的具体步骤和发现，并给出了一些基本的解释。

巢乃鹏基于这项研究，对计算传播学主要的研究方向进行了总结：第一类主要去解决一个问题，包括如何精准地预测和提出解决方案；第二类主要是尝试基于具体问题设立同类问题的解决模型；第三类是从人文社科思路出发，偏向于问题意识和理论建构。在计算传播学的研究中，如果能够在研究中更加明晰问题意识，着重发掘出一些数据背后所潜藏的社会关系和传播关系，将会更有意义。

王成军的研究重新回归经典传播理论“沉默的螺旋”，并试图从中发掘被忽视的“参考群体”的重要性。他提出了如下几个研究问题：第一，沉默的螺旋是否存在边界；第二，目标群体的规模和参考群体的规模对这一理论有着怎样的影响；第三，“沉默的螺旋”随着时间的变化会如何变化。他使用多主体建模的方法来尝试回答这些问题，并对具体的研究步骤进行了说明。

在新闻传播思想史研究会主办的“传播批判学派的多元视野”工作坊讨论中学者们对批判学派展开了多元的解读。

李红艳通过研读《斐德罗》指出，公共写作是否可能的问题实质上是如何面对人性的种种认知的问题，公众和公民作为问题的中心，首先需要被分类；而修辞术的应用也需要被进一步尝试。在此基础之上讨论公共写作才可能有进一步推进的空间。南京大学余晓敏尝试从马克思主义思想入手，思考批判学派主要分支——法兰克福学派、文化研究和传播政治经济学三者的内在异同。她认为，这三者在问题意识和理论意图等方面的异同并没有得到深入揭示，以至于理论本身湮没在纷繁而肤浅的对比之中，若能逐步厘清它们各自的问题意识、理论构思的方式和理论的内在层次，将对于深入理解传播批判研究传统大有裨益。

南昌大学陈世华、中国传媒大学黄典林和福建师范大学吴鼎铭对传播政治经济学进行了批判性的思考。陈世华认为，传播政治经济学研究带有批判学派在学理层面的通病：研究广阔而界限模糊、研究视野的“近视”与“远视”并存、研究方法难有独创、研究结论偏颇等。基于此，他认为学者需要把握传播政治经济学的研究主题，即传播与权力互相建构的问题。黄典林认为，要充分注意到传播政治经济学内部的复杂性，在关注激进左翼批判传统的同时，不能忽略 20 世纪 70 年代以来法国和英国等欧洲国家学者倡导的文化产业的中观和微观分析路径。对宏观制度的分析批判不应脱离于对具体文化产业内部经济活动的经验研究，对于这两者异同的把握，有助于启发中国学者寻找符合本土传播研究实际的学术路径。吴鼎铭通过分析席勒的“劳动”概念，试图勾勒出传播与劳动互动的理论史，并由此审视“劳动”范式的理论价值和方法论意义。他认为应当将人与人、人与社会、人与制度之间的互动与冲突重新纳入到传播研究的核心地位，以助于学者重新审视在数字资本蔓延时代人类传播行为的本质与价值。

安徽师范大学吴欣慰将研究焦点投射于美国文化研究领域，梳理了文化研究相关概念如何登陆美国并进行适应性发展，最终完成自身合法化的过程。她认为，建制化的过程是美国文化研究发展的体制保障，但也将作为社会批判工程的文化研究蜕变为学术产业，造成去政治化危险。另外，美国兼容并蓄的拿来主义传统与本土问题意识的结合，也使得文化研究边界的扩展和核心特征不断模糊，又转而引发了新的学术身份危机。

三、总结与展望

此次会议在中国传播学研究发展历程中具有承前启后的重要意义——互联网环境中那些“起于青萍之末”的新挑战和新问题，早已不复停留于“被发现”的阶段，而是已经深刻影响甚至部分地颠覆新闻传播研究的传统理论构架和行业结构——媒介技术的重大变革已经全面地影响个体的生存和发展、社会结构和社会秩序，新闻传媒行业的社会角色和社会功能面临再度锚定的问题，国内与国际环境因信息传播而加速新变化与新态势的产生。从以上概述大会论文中，毫无疑问可以看到学者们对此种种的深度观照。此次大会召开恰逢其时，既促进了观点和思想交流，也推动着理论建设和学科发展的前导性规划，更昭示着新闻传播研究进入一个新的发展阶段：树立有本土特色的研究新理念，迎接来自社会变革和学科建设的新挑战，把握技术和时代合力创造的新机遇。

作者：何　瑛（南京大学新闻传播学院博士生）
摘自：《新闻与传播研究》2016 年第 11 期

互联网治理：实践、规则与发展

——首届中外合作互联网治理论坛会议综述

2016 年 10 月 22 日，首届中外合作互联网治理论坛在北京举行。论坛以“全球视野，中国实践”为主题，由中国社会科学院新闻与传播研究所和北京师范大学新闻传播学院联合举办，加拿大多伦多大学麦克卢汉中心和美国宾夕法尼亚大学互联网政策观察室协办。中国社会科学院副院长李培林、北京师范大学校长董奇、中国网络空间研究院副院长侯云灏出席本次论坛并致辞。中国社会科学院新闻与传播研究所党委书记、副所长赵天晓主持了论坛开幕式。

来自法国巴黎第九大学、美国宾夕法尼亚大学、美国南加州大学、加拿大多伦多大学、丹麦哥本哈根大学、喀麦隆雅温德第二大学、香港城市大学、北京师范大学、清华大学、中国传媒大学、暨南大学、上海大学、汕头大学、中国社会科学院、上海社会科学院、中国国际问题研究院、国家创新与发展战略研究会等大学和研究机构的 20 余位专家学者与会。

一、开幕式和主题发言

论坛由开幕式、主题发言和四个分论坛组成。四个分论坛的议题分别是“中国互联网治理的实践与思考”“全球互联网治理的政策、法规与模式”“互联网治理的发展与态势”以及“互联网治理的多面向讨论”。

中国社会科学院副院长李培林在致辞中指出，当前互联网的发展呈现出两个特点：一是互联网和手机等新媒体产品的形态日益多元化；二是新媒体的使用者越来越自媒体化。这无形中给互联网治理加大了难度，因此互联网的治理也呈现出两个特点：一是它所带来的矛盾和问题越来越严重，已经影响了社会进步和人们的生活；二是互联网的全球性问题不断蔓延，世界各国和地区的政治、经济、文化合作正不断延展到互联网治理领域，冲突也在所难免。他进一步指出，今天我们应该从前二十年世界各国重点治理本国互联网问题转向不断深化全球互联网治理的合作，加强共享资源、联合打击网络空间犯罪，维护网络空间的安全与秩序。

北京师范大学校长董奇在致辞中指出，互联网治理作为一个全新的课题，无论对政府部门还是研究界都是一项严峻的挑战，而且互联网的国际化特征使得互联网的国际治理成为全球共同关注的议题。不同国家和地区信息鸿沟不断拉大，现有网络空间治理规则难以反映大多数国家意愿和利益，同时侵害个人隐私、侵犯知识产权、网络犯罪等已经成为全球公害。面对这些问题和挑战，建立多边、民主、透明的全球互联网治理体系尤为必要。

中国网络空间研究院副院长侯云灏在致辞中指出，面对世界多极化、经济全球化、文化多元多样和社会信息化的时代潮流，我们必须加强国际合作、携手治理，共同构建和平、安全、开放、合作的网络空间。他提出五点主张：推动尊重网络空间主权是基本前提、加快规范网络空间秩序是基础保障、共同制定网络空间国际规则是关键环节、深入探究网络空间发展规律是重要支撑、积极构建网络空间命运共同体是目标方向。

四位学者作了主题发言。中国社会科学院新闻与传播研究所所长、研究员唐绪军作了题为“互联网治理的‘中国方案’”的主旨发言。他把互联网治理的“中国方案”概括为：一个目标、两大支点、三个理念、四项原则和五点主张。他指出，互联网治理的“中国方案”是一个有机的整体。“推动互联网全球治理体系变革，构建全球网络空间命运共同体”是目标，互联互通和共享共治是达至目标的“两大支点”，共商、共建和共享是达至目标的“三大理念”，“四项原则”是达至目标的基本遵循，“五点主张”则是兼顾当前与长远的实施方案。唐绪军指出，“网络主权”概念是互联网治理“中国方案”的核心与灵魂，共同构建网络空间命运共同体是“中国方案”的愿景。“中国方案”是顺应互联网开放、平等、协作、共享的精神和特点，努力寻求各国利益的“最大公约数”，希望构建一种符合多利益攸关方愿望的互联网发展新秩序。

针对国内互联网治理，北京师范大学新闻传播学院执行院长、教授喻国明在以“互联网治理的有效性前提与操作关键”为题的主题演讲中探讨了互联网治理规则的制定原则与关键要素。他认为，互联网治理的关键在于基于治理目标和诉求建立一整套相关的规则体系以及基于这种规则体系的实践、逻辑。规则制定分为软硬两方面，硬的方面指对国家安全、人民生活和社会秩序有着严重危害性影响的刑法规则；软的方面指各界人士在互联网上的行为规范。喻国明就软规则的制定提出了三个原则。第一，规则边界的制定应该尽可能地低，降到能够最大限度地包容，使人们在规则体系里面各美其美。第二，治理逻辑的前提条件是诉求情感，诉之于关系属性的凝聚能力，将之置于一种关系要素、情感要素所构建的社会场景之下。第三，国家意志的表达（范式）应诉之于魅力，跟老百姓的实际生活、实际诉求关联在一起才能将国家诉求的价值落到实处。

法国巴黎第九大学教授埃里克·布劳萨（Eric Brousseau）发表了题为“合法性机构间设计与竞争中的作用：以互联网治理为例”的发言，对国际互联网治理机构的合法问题展开详细的论述。他通过梳理互联网治理的历史指出，国际互联网治理的核心以渐进的方式转变成如今的国际电信联盟（ITU）和互联网名称与数字地址分配机构（ICANN）之间的治理权之争。两造之争事实上是互联网治理合法性的争夺。国际电信联盟是一个比较弱势的机构，其成员联系也是比较松散的，而且它并没有推出一些具有法律效力的原则和规则。最初，ICANN 也并不是一个理想的机构，它在很大程度上是一个动态的过程，而且是受技术社群领导的。那么是否应由 ICANN 继续管理互联网？美国已经做出了强势的选择——ICANN 主导的多利益攸关方模式。从长期来看这确实是改革的一种方式，但是国际互联网治理也需要各个国家参与进来。以前主权国家发挥的作用并不是很明显，未来需要各国更紧密地合作，进而创造出一系列规则。这点要以2012年ITU迪拜会议的失败为鉴。

美国宾夕法尼亚大学教授门罗·普赖斯（Monroe Price）通过视频发表了题为“互联网治理研究：比较视野”的主题演讲，重点提出了互联网治理研究的几组关键概念，为接下来各分议题的讨论提供一个更具有共识的场域基础。他首先指出，互联网治理分为国家对于互联网的治理和国际互联网治理，前者是指国家在互联网治理中应当发挥的作用以及其如何在一国范围内展开这种治理，后者指的是超越国家边界的国际性的互联网治理体系。因此研究者需要非常准确地找出互联网治理的节点和关键，深刻理解国家治理和超国家治理的要素，尤其是跨国互联网企业的强大影响力。另外他指出研究者和研究机构同国家目标以及其背后资助方之间存在着微妙关系，体现在价值观的坚守、视角转换以及跨平台优势的利用等方面，这些都是互联网治理研究者需要认真思考的问题。

二、互联网治理的中外实践

互联网治理呈现出的新态势与严峻挑战需要用更高的智慧去回应，这种智慧并不是凭空想象的无根之源，而是建立在历史之上的探索求证。互联网的兴起到如今也走过了将近半个世纪的路程，人类面对这一全新的技术逐渐摸索出各类有效的治理方式，积累了宝贵的治理经验。本次论坛不少与会学者分享了其对国内外互联网治理经验的观察和分析，为互联网治理的进一步研究提供了可靠的历史资料和经验借鉴。

来自多伦多大学身份隐私和安全研究所的安德鲁·克莱门特（Andrew Clement）教授发表了其关于全球范围内的国家对互联网行为的监督问题的演讲。他在题为“大规模国家监察及其对全球互联网治理的影响”的发言中展示了“斯诺登事件”中公开的文件里显示出的互联网数据流动情况。这种数据流动以美国为中心，美国在全球范围内通过跨国公司收集信息，同时部署了5万个植入设备。通过大规模的数据检测发现，互联网上的一些通路都是经过美国本土的，美国成了重要的信息拦截点，这就涉及网络主权以及信息安全的问题。斯诺登曝光之前，一些国际组织和全球性基金会确立了以保护人们权利为目的而进行的互联网监管所必须遵循的部分原则，其中很重要的一项就是透明度。从人权法来讲，比例原则为网络行为监督提供了宝贵的框架，但是在这个框架内必须遵守透明度原则。

在具体国家案例层面，来自多伦多大学信息学院麦克卢汉文化技术中心的德里克·肯克霍夫（Derrick de Kerckhove）教授分享了新加坡在数据信息管理方面的实践，他演讲的题目为“透明度与治理”。作为国家智慧平台的一部分，在新加坡城市的各个角落都安装了很多传感器和摄像头，因此个人信息都是可以被获取的，这样做的主要目的是使政府能够监督城市里所有发生的事情。他将这种现象称为数字独裁。这种大范围监控产生的透明性是一个双面问题，人们开始对自己进行约束、自我检查，但是他们又渐渐地把不好的一面藏起来，这将产生社会和政治的影响。德里克·肯克霍夫教授最后提出更多值得深思的问题，数据统治能带来什么利益，有什么危险，将如何进行以及更重要的是面对这种数据统治在什么情况下可以进行反抗？

北京师范大学新闻传播学院教授张洪忠在题为“中国网民的政府信任及影响”的发言中，通过实证调研的数据比较了网民对中央和地方政府的信任度。他的研究发现，总体上网民对政府的信任度从中央到地方逐步下降。从区域空间看，对政府的信任呈现从中央到四方扩散降低的趋势，但是对地方政府的信任度没有这个特征。从媒介接触的角度来看，对于中央政府的信任，博客、微信、新闻网站是一种正相关，而翻墙是一种负相关；网民的微博使用对三级政府信任度均没有显著影响；网民接触新闻网站能够提升对中央政府和省部级政府的信任程度，但对地方政府的信任程度没有提升作用。从网民对政府的信任度产生的后果来看，对中央政府的信任度高低会影响网民对国家经济前景的信心，但对政府清廉、法制等没有影响。而地方政府的网民信任度却面临悖论：一方面网民对地方政府的信任程度会全面影响他们对国家经济前景、政府清廉、法制建设、政策执行力、社会道德的看法；另一方面网民对地方政府的信任度又是相对最低的。最后张洪忠指出，互联网治理需要转变观念，思维需要由控制变为博弈即信息多元博弈，政府应该积极参与其中。

中国传媒大学教授王四新通过题为“逆势而为的中国互联网治理”的发言分析了中国经验的成功原因及其面临的问题。他指出，中国互联网治理很多方面事实上是与西方主流模式相反的。从治理目标来看，早期中国制定的目标是安全，从强调物理层面的安全到信息安全。从立法体系来看，中国走的是边发展边治理的打补丁式路线，到了这两年才意识到要顶层设计。在政策层面，中国对西方操控的国际舆论不太放心，强调信息的可感知、可操控性，进而维护国家安全、国家主权。虽然这些做法在一定程度上背离了西方主流，甚至有些政策遭到强烈的批评，但是在王四新看来，中国互联网蓬勃发展恰恰离不开发展初期对于知识产权保护问题的巧妙处理和在个人数据、个人隐私方面的长期忽视。但是我国主张的把国际互联网治理纳入到联合国的框架已经不可能，未来将面临如何应对多利益攸关方模式以及谷歌、脸书等国际互联网巨头在华等诸多问题。

来自南加州大学安娜伯格学院的洪宇发表了题为“解读十三五规划：关于中国ICT政策的思考”的发言对中国互联网政策进行批判性分析。拓展网络经济新空间是“十三五”规划一个非常重要的表述，互联网和ICT在规划中占据核心位置。政府寻求网络强国，顺着主权逻辑要求对于网络文化和网络安全具备行政和军事层面的管控能力，进而维护网络空间主权。但是在当前的政治经济格局当中，领土逻辑已经不再是互联网时代国家的全部内涵。貌似体现为国家领土逻辑的政府行为事实上是与国家资本主义逻辑相互勾连、互为依托的，同时这两个脉络的逻辑却是相互矛盾、相互消解的，所以说网络安全和网络产业的政治经济格局之间也是互为矛盾的。未来会呈现这样一种可能性，中国互联网还是会进一步融入国家网络空间现有的格局、规则以及次序当中去，但中国的领土和主权逻辑可能需要向资本积累的逻辑做一定的妥协和让渡。

中国社会科学院新闻与传播研究所苗伟山的研究发表了题为“中国互联网治理20年”的发言，重点分析了中国互联网从1994年到2015年的政策变迁。通过对233个政策的内容分析和社会网络分析，经验性地检验了以往描述互联网治理的“九龙治水”的所指，相对明确地辨别出不同的治理主体，揭示出在多头治理中也存在中心—边缘的结构关系。在政策的主题分析上，研究区分了信息服务管理、网络安全、网络经济、资源和基础设施建设四类政策，并细致研究其历史性的变迁。在政策体系上，研究发现中国互联网政策中超过80%是各个部委颁布的部门规章和规范性文件，并且政策之间相互引文的社会网络分析也证实了互联网政策中缺少核心的统筹性法律政策。

三、互联网治理的发展与挑战

约克大学和多伦多大学教授多米尼克·谢夫－杜南德（Dominique Scheffel-Dunand）在其题为“互联网治理：网络空间的根和标识符，过去、现在和未来”的发言中选取了多组互联网标识符，研究它们在国际范围内的意识内涵转化过程。第一组是主权（Sovereignty）和政治独立（Political Independence），从实体和技术层面来看，国家对网络空间具有主权，例如通过加密算法来保护一个国家的秘密以及该国对网络信息的控制，此外还有网络间谍行为等等。第二组是网络空间的法律和网络空间无法性（Lawlessness of Cyberspace），在网络自由市场上个体以及机构之间建立一套权力分配机制，各自争夺管辖权和控制权，那么关键的问题是网络虚拟空间需要一个什么样的机构来约束网络行为，这就涉及了立法与执法甚至是网络无政府主义。第三组概念是隐私与安全，核心的理念在于通过非政府的合作是否能使得网络的隐私安全以及行为者的权利得到更好的保护。第四组概念是国家以及跨国界层面的乌托邦（Utopia）与反乌托邦（Dystopia），由一些机构组成的现有体制让网络空间的治理得以改进，从而使得乌托邦式的网络空间可能达到理想的状态。最后她总结道，通过标识符语义的演变可以反映互联网治理的变化过程，由此可以发现不同的研究主题，构成非常有价值的互联网治理研究领域。

巴黎第八大学和香港城市大学教授莫里斯·本纳扬（Maurice Benayoun）提供了对互联网理解的新视角。他首先提出，互联网经历了多次转变，从最开始服务于军队的部门转化成后来的商业部门，同时2016年美国将国际互联网管理权移交给国际社会又是一次转变。其次，可以从语法的角度理解互联网。互联网让时间和空间得以被控制，而且物质被文法处理成为能够被理解的语言，类似升华的过程。再次，他指出互联网使全球机构和个人成为一个有机体，一个有中枢神经的系统。就这几个本质性特点引出的问题是，互联网到底是一个什么样的地方，真的是否需要我们的治理？从现实的角度来讲，现在ICANN事实上是美国主导的中心化机构，并不符合互联网去中心化特点，这种治理会带来很多局限。因此，需要思考的是有没有其他可替代的方式来治理互联网，一种非集中化的各方能真正参与进来的方式。这是一个转变，也是一个梦想。

哥本哈根大学认知与传播系副教授拉斯马斯·赫尔斯（Rasmus Helles）发表了题为“人民的互联网”的演讲，从国民对媒体的使用角度分析了互联网作为一种战略性的资源对于普通人日常生活产生的影响。他的研究选取三个世界经济中心即中国、欧洲以及美国为样本，进行了对比研究并采用了人口学的调查方法。通过对9个国家人们的媒介使用情况的调查，他发现看电视的比例依然很高，但新技术使得人们有更加多元的选择并形成复杂的媒介使用组合。随后他以丹麦为例阐述媒介技术对国民产生的实际影响。20世纪90年代中期，丹麦政府着力培养人们的数字素养，在IT领域投入了很多资金，特别是通过对公共领域的投资来促进IT产业的发展和成熟。而对人们来说，他们渴望去使用这些公共领域的IT解决方案，这种动力使得IT产业发展和成熟，最后使所有人都能够获得这些数字资源，并且提高了用户友好性。

新媒体技术是否总是带来如此乐观的结果？喀麦隆雅温得第二大学副教授费边·尼科特（Fabien Nkot）提出相反的看法。他在演讲题为“互联网是反民主的吗？”的发言中旗帜鲜明地指出，互联网技术在非洲呈现反民主特性。他指出由于互联网的匿名性，我们无法知道信息的来源，所以我们无从反对。此外，互联网上的虚假信息也导致了反民主。在非洲，互联网已经成了虚假信息传播的基地。他举例指出，这种虚假信息甚至导致了喀麦隆总统辞职，但是没有人对此虚假信息负责，而且这些虚假信息还会进一步影响外界对喀麦隆的理解，影响了外交关系。

北京第二外国语学院教授梁虹在题为“互联网治理的挑战：技术与文化身份的视角”的发言中，从文化研究角度提出了互联网治理中存在于技术与文化间的困境。她认为，互联网加速了全球化进程，实际上在一定意义上加速了文化群体间的文化冲突。问题在于在互联网时代，不同文化群体的文化身份应当如何被定义？有怎么样的特征以及这些新的特征对互联网治理构成哪些挑战？梁虹教授从媒介技术角度出发，考察了伊尼斯的传播偏向理论和麦克卢汉的媒介延伸理论后总结道，在互联网的背景下，文化体现出同质化和碎片化特征，地方性被简单归纳为某一个范围内，很可能在地域上是统一的而在内部是零散的。媒介技术在文化身份的建构过程中起到了很大作用，它超越了地理的限制，用符号连接了离散的社区，通过传播网的形式重新塑造和维护了民族传统和文化身份。因此，在互联网治理过程中，使用者的文化身份问题也由此引发，具体现在：第一，摆脱了地理限制的网络传播，难以在空间上对文化群体进行区分；第二，网络技术使得受众的文化接受变得更加被动，文化身份的认同感减弱；第三，网络技术加深了文化间的误解，文化差异导致的冲突对网络治理提出了新的挑战。

针对互联网治理所面临的挑战，专家学者分别从网络冲突、数据跨境流动、网络隐私以及互联网与国家机密等方面展开讨论。

中国国际问题研究院欧洲所徐龙第发表了题为“网络冲突及其解决”的演讲。他总结了网络冲突的类型，主要有语言冲突、认知或者观念冲突、利益冲突以及国家间军事冲突或网络战争四种。他重点分析了网络战争行为，认为网络战争是最极端的网络威胁或者攻击行为，因此对每一次网络攻击行为是否属于网络战争行为需要进行详细的多角度分析。从攻击者和攻击目标来看，只有国家对国家的攻击才能够被称为战争行为，攻击目标通常包括计算机操作系统及其软硬件。从攻击的目的和后果来看，不同目的的网络攻击造成了不同的结果，个人商业信息丢失、知识产权被侵害、计算机软硬件操作性能被破坏、关键基础设施被摧毁甚至是人员伤亡。但是在最终意义上，判定网络攻击性质或者网络战争发生与否是一种政治上的考量，需要经过最高领导层的决定，是一种政治决策和政治行为。

上海社会科学院信息安全中心的惠志斌从数据跨境流动展开论述，他在演讲题为“数据经济时代网络空间安全全球治理”的发言中讨论了数据跨境流动的控制与利用。近两年来国家数据流动呈现出两个趋势，一是倡导数据全球自由流动，以美国、OECD以及世贸组织等为主要代表；二是数据保护主义，俄罗斯、巴西等均有此相关政策。国外特别是欧美的管理方式主要有六个方面，分别是：以提升数据出境后的保护水平为目标，构建数据跨境流动规范体系；以法定的例外与严格的用户授权，为数据跨境流动提供空间；以驱动数字经济为本位，优先寻求区域内的数据自由流动；以扩大本国法律域外效力为手段，掌握数据跨境流动管理的主动权；以国家安全为考量，推出个人数据本地化存储策略；以反恐合作执法为基点，对相关跨境数据采用约束性的数据保护原则。我国存在的主要问题是，强调对数据跨境流出的限制，缺少鼓励双向流动的措施和机制；基础性立法缺乏，执法能力不足，与国外保护水平存在明显落差，加大了我国企业全球化成本和风险；缺乏立体性制度机制安排，强调“一刀切”式的本地化存储，限制了企业业务需求下的数据流动；跨境企业执法协助义务制度不明晰，导致国际间的不信任；缺乏国际多边和双边机制的构建，跨境数据开放流动和安全保障的客观形势严峻。对此，惠志斌提出，我国数据跨境流动管理的六个原则：鼓励流动，依法管理，安全可控，主体控制，依托企业以及国际合作。

中国社会科学院新闻与传播研究所研究员殷乐介绍了题为“互联网治理中的隐私议题”发言的研究。她从私人关系、私生活在中国演变的历史视角出发，总结了从20世纪80年代到现在人们隐私观念变化的三个阶段：早期印刷媒体的隐私叙事阶段、电视媒体环境下的真人秀隐私阶段以及当今电子媒介的社交媒体阶段。经过实证研究发现年龄、学历以及职业等因素对分享频率有直接影响。年龄越小、学历越高的人群越愿意在社交媒体上分享个人的生活，通过个人生活的分享能为职业行为和政务行为添加人性色彩以达到增加吸引力。同时数据显示主体分享个人生活的比例在一半以下，只有44.1%；分享内容九成以上都是个人生活信息的比例非常少，只有4.2%。

由于互联网对个体以及国家的消解，汕头大学长江新闻与传播学院教授加藤隆则提出了对“互联网治理的答案在互联网上”的质疑，他的演讲集中在互联网时代的泄密问题。他先以日本和美国司法案例为例，论述了在传统媒体时代的国家机密与新闻的冲突，强调了国家利益的优先保护地位。但是到了互联网时代，国家概念被超越，国家文化的舆论约束消解了，像斯诺登、维基解密还有巴拿马文件这类的泄密事件就一下子出现了。互联网时代没有国家的概念，整个社会都讨论同样的事情，但是每个国家和地区可能有不同的意见。新闻和媒体的基本概念越来越模糊，很多概念越来越模糊，受害者与受益者很难分清，那么新的互联网空间应该由谁掌握？加藤隆最后提出，在看待互联网时不能忽略平时的媒体接触即广义的媒体，应通过多元的手段，为互联网治理找到一个较为和谐的答案。

四、国际互联网治理的顶层设计

互联网治理从最开始的技术社群驱动模式到如今的主权国家与各利益相关方全面参与阶段，已经成为国际政治以及国内治理的一个制度设计问题。拥有不同学科背景的与会学者为国际互联网治理的顶层设计提出各自的智识和见解，各方争鸣给这块还需开垦的研究领地提供了无限可能。

清华大学新闻与传播学院教授崔保国发表题为“论网络空间治理模式的合理性与可行性”的演讲，着重研究世界互联网新秩序的构建。他从互联网数字分配机构（IANA）的管理权移交事件说起，提出对ICANN真的能够管理好互联网进而成为网络空间新秩序开端的质疑。因为事实上ICANN并不具备管理世界互联网的合法性。崔保国进一步指出，当今的世界互联网形成三个世界格局，中国和美国属于第一世界。网络空间治理有两种选择，四种模式。两种选择分别是由ICANN来主导互联网治理还是由ITU主导；四个模式包括以美国为代表的多利益攸关方共同治理模式、中俄主张的网络主权模式以及巴西和印度分别提出的模式。从本质上讲，美国的多利益攸关方共同治理模式是利益集团攸关方，背后是资本主义和利益集团所主导，而中国提出的突出主权国家的模式更接近现在联合国的治理模式。现实主义理论、新自由主义理论和建构主义理论等国际关系的三大流派是分析如何建构互联网治理体系的基础理论，世界互联网必须用这种科学的理论结合全球治理的历史演进以合情、合理、合法为原则构建新的秩序。

上海国际问题研究院全球治理研究所的鲁传颖发表了题为“多利益攸关方的理论与实践探讨”的演讲，对国际互联网治理的多利益攸关方模型展开细致的论述。他指出互联网治理体系经过了技术化、商业化以及安全与政治化三个阶段，不同阶段的特点孕育出了多利益攸关方理论，但是经过一次次斗争之后多利益攸关方模式已经成了意识形态的斗争。他主张治理模式之争应该回归到方法论的角度，哪种模式能够治理好互联网就应该被采取。具体从网络主权和多利益攸关方的冲突来看，事实上二者在不同的领域有不同的体现而并非截然相反的路径。在多利益攸关方下，具体部门需要具有合法性才能拥有对应的权力，成为主导行为体。从这个角度出发，不同的治理议题应该得到区分，适用不同的治理机制，最后形成一套机制复合体。

南京师范大学新闻与传播学院邹军考察了IANA管理权移交中体现出的国际互联网治理的趋势，提出中国参与全球互联网治理的机遇和路径。他在演讲中指出，随着IANA管理权的成功移交，国际互联网治理的第一个趋势是赋权社群将取代美国电信与信息管理局，成为互联网新的管理者。第二个趋势是政府干预的门槛被提高，这体现在ICANN新章程里的“全体共识”原则和“回避政策”。第三个趋势是私人部门在治理架构中占据有利的地位，但此私人部门是以美国的跨国公司为代表，事实上强化了美国主导的霸权。中国应该在关键资源管理权的顶层设计中争取更多话语权，同时企业和社会团体等私人部门也应该积极参与全球互联网治理。

五、互联网治理的中国方案

中国已经成为名副其实的互联网大国，是全球互联网治理中不容忽视的一股力量。中国互联网治理的方案不仅关乎中国互联网的发展更是影响着世界互联网格局的走向，对全人类的发展具有深远的意义。本次论坛从中国实践出发，以网络主权为基本理论，积极探讨中国对国际互联网治理和国内互联网治理应有的立场和态度，提出了不少具有重要参考价值的治理方案。

国家创新与发展战略研究会教授郝叶力提出旗帜鲜明的三个视角下网络主权理论，以期让世界听懂中国的互联网主张。世界各国对全球网络治理一直颇多争议，实质上反映的是国家、国民和国际三大网络空间行为体之间的利益诉求。主权是个老问题，但是在网络空间需要有一个新的视角，否则的话就容易陷入二元对立的僵局。“三视角”理论是从国家、国际、国民“三点”出发，引出三个边界条件，在稳定的三角形共视区内将网络空间分成“三层”——基础层、应用层、核心层。核心层包含政权、法律、政治安全和意识形态，涉及了每个国家执政的根基，是一个国家的核心利益。在全球化向深度发展的网络时代，网络全球具有可分性，核心层具有不可侵犯的排他性，基础层和应用层则具有开放共享的让渡性，但不允许滥用互联网的连通性挑战主权国家的核心利益。互联网公共政策的制定权是一个主权问题，国际社会应该尊重各个国家自主选择互联网的发展道路和管理模式，这是各个国家政府承担国家责任、开展国际合作的前提。

对于网络主权的法理基础，中国社会科学院法学研究所副研究员支振锋的题为“网络主权的法理基础”的演讲，从主权概念的历史演进出发提供了网络主权的理论论证。从法理上讲，网络主权是传统主权在网络空间的自然延伸，而非政治现实或意识形态的臆造。与领土、领海、领空等传统主权空间一样，网络空间也是人类可以开展活动的有意义的社会空间，并且可以在某种程度上被占有和控制，因而可以进行政治化、法律化与主权化的理论与实践操作。基于此，主权国家当然可以自主决定互联网发展道路与公共政策，并对网络空间事务进行有效的管辖与治理。但与传统领土、领海、领空等具有客观物理形态的主权空间不同，网络空间是基于物理设施、逻辑规则、人类行为相互交融作用而形成的人为建构空间。常规状态下，人类无法取消或毁灭传统主权空间，但网络空间却有可能因人类的不当或恶意行为而被取消甚至摧毁。因此，对网络主权的强调不是为主权国家的任何网络空间战略、公共政策或其在网络空间的所有行为背书，而是在当前互联网发展不平衡、规则不健全、秩序不合理的情况下，反对网络霸权，保障本国政府、公民与私营部门的网络权利，构建网络空间命运共同体，让互联网更好造福世界人民。从这个意义上说，网络主权虽然是网络霸权国家的心头刺，但却是网络欠发达国家的保护盾。

上海大学教授张咏华发表了“各方合力，尤其是公众参与在互联网治理中的重要性”的演讲，指出互联网传播特点对互联网治理模式提出了特殊要求，国家应该鼓励业界和公众参与互联网治理。长期以来，传播业一直是他律、法律规制和自律相互结合的管理模式，这体现了人类社会在处理自由与必要的限制之间矛盾的智慧和经验。互联网的有效治理应该继承这种精神，将他律和自律相结合并需要对自律进行拓展和创新。突出公众参与的重要性正是这种拓展和创新的核心。

暨南大学新媒体研究中心教授谭天在题为“伦理应该成为互联网治理的基石”的演讲中强调了被忽略的互联网伦理问题。他指出我们现在面临着两个问题，即互联网自身构建的缺失和现实伦理与网络伦理的冲突。信息技术改变了旧伦理问题的底线，并且给旧的伦理问题加上有趣的新花样。由于互联网缺少统一的伦理规范，那么在面对道德选择的时候，针对互联网新的传播环境达成新的伦理共识也就至关重要。互联网的伦理规范需要从三个维度来进行，即技术伦理、商业伦理和社会伦理。网络社会伦理问题的实质是信息权利的异化问题，因此必须确立一种网络生态伦理，让互联网伦理成为互联网治理的基石。

中国社会科学院美国研究所张国庆作了题为“建设网络良好生态需多管齐下”的演讲，指出当下互联网的生态环境并不是很好，需要从多角度提升治理水平。他提出，首先要用法律的手段，必须健全互联网法制，为互联网行为设定法律边界。其次，文化价值观需要跟上互联网的发展速度，以文明的方式进行管理，将国家最好的文化保留下来。再次，从国家治理角度来说，传播也需要艺术性，需要通过好的手段以及受众的配合。最后，互联网的社会治理需要自律和协调，强调共同成长。良好的网络生态建设需要从这些方面多管齐下，这需要国家以及民众的共同努力。

六、结语

互联网治理是一个全新的研究领域，充满了机遇和挑战。互联网技术的高速迭代引领着社会制度的快速变革。网络大时代呼唤更多的研究者投身其中，为互联网以及社会的发展提供更多的智识支持。但是，纵观国内外，对互联网治理的研究依然处于起步阶段，具有解释力的原创性理论依然供不应求，正如不少与会专家一再强调的，互联网治理是一个具有极高价值的研究领域，这对研究者来讲是难得的机遇也是时代所赋予的使命。但也正是它的未被充分开发性，未知远远大于已知，多元化的跨学科背景和开阔的全球视野是研究的重要条件和素质，所以对研究者提出了极大的挑战。本次论坛从全球视野出发，强调多学科的交叉碰撞，以中国实践为立足点，着眼于全球发展，为推动互联网治理的健康发展贡献了智慧。

作者：苗伟山（中国社会科学院新闻与传播研究所助理研究员）
刘金河（清华大学新闻与传播学院博士生）

国际舆论场中的中国故事、中国声音和中国战略传播

——第四届国家传播战略高峰论坛综述

2016年11月27日，由华中科技大学新闻与信息传播学院和国家传播战略协同中心共同主办的“第四届国家传播战略高峰论坛”在华中科技大学举办。50余位来自政界、学界、业界、军界的海内外嘉宾和学者，共同就“中国故事，中国声音，中国战略”这一主题，针对国家形象与国家传播能力建设、中国故事与国际话语权、中国声音与国际舆论、国家传播战略与跨文化交流、国际品牌战略与对外传播（跨国企业与国际品牌战略、公共关系与国家软实力）等议题，进行了广泛而深入的学术讨论。

一、国家形象与国家传播能力建设

当前，我国综合国力与国际地位不断提升，参与国际事务能力也显著增强，但面对复杂的国际形势，中国的国家形象与国家传播能力建设仍有不足。清华大学教授范红从国家形象的非线性传播模式切入，结合自组织理论，提出“基于内稳态维持隐喻的国家形象传播稳态建构、基于劳力分配隐喻的国家形象传播分工协作和基于觅食寻径隐喻的国家形象传播路径探寻”三个策略。

美国布法罗纽约州立大学教授洪浚浩对“后冷战时代”中国国际传播的现状、挑战与展望进行了阐释。他指出中国国际传播的影响在世界舞台上尚未取得相对应的地位、中国的核心价值理念还没有被准确有效地传播出去等问题，提出中国要从被动到主动、从着重于意识形态的抗争到着重于国家形象的构建的转型与定位。

中国传媒大学教授荆学民阐述了中国政治传播的三种逻辑：创建和维护社会秩序的政治“控制”逻辑，创造社会财富的资本“趋利”逻辑，以及揭示社会客观真相的媒体“独行”逻辑，并指出由政治、资本、媒体三种权力所决定的这三种逻辑相互博弈构成了当前中国政治传播的多态景观。

人民网舆情监测室常务副秘书长、人民在线副总经理兼副总编辑单学刚、浙江大学教授韦路、零点调查公司国际关系事业部总经理张慧、美国罗德岛大学副教授叶银娇、中国外文局对外传播研究中心副研究员翟慧霞、华南理工大学教授赵泓，就“塑造理想中的国家形象，是更多迎合‘他者’的想象，还是坚持‘做自己’”这一论题讨论提出：做好自己才能吸引别人，做好自己的同时也要关注对方的需求，二者不是冲突对立而是和谐的；在塑造理想中的国家形象时，不是要“迎合”，而是要“回应”对方的关切，以对方易于接受

的方式把自己的特色展示给对方；国际传播要把握主动权，讲好普通人的故事，转变宏大叙事的“事实”塑造为“价值”塑造，在平民化的趋势下选择鲜活的、有温度的、有情感的故事打动他人；以国际民调了解国外受众的期待、习惯和认知特点，在了解海外目标的基础上再定位，更具针对性地制定传播战略规划。

二、中国故事与国际话语权

讲好中国故事，传播好中国声音，积极参加国际话语权的竞争，是让世界重新认识中国的有效路径。新华社新闻研究所研究员唐润华阐释了讲好中国故事的三个维度，认为讲好中国故事的逻辑前提是做好中国事情，基本原则是遵循传播规律，实现路径是重构话语体系。中国社会科学院新闻与传播研究所传媒发展研究中心主任黄楚新针对如何利用新媒体讲好中国故事，提出如何打通两个舆论场，达成信任共同体是当下亟待解决的关键问题，认为应从内容原创、重大问题不缺失、大处着眼小处着手等方面创新内容生产方式，传播中国特色。

人民网副总编辑、人民在线总经理董盟君以人民网国际传播实践为例，分享了人民网“以正合、以奇胜”以及人民网新媒体智库“民心相通”的经验和策略，认为国际传播重在民心相通，润物细无声，而讲故事已成为软实力或吸引力的流行表达方式。台北市国际公共关系协会理事长黄玲忆以中国人、中国食物、中国经济、中国商品、中国艺术和中国运动等关键词，利用大数据工具实证分析了美国、英国、日本民众在社交媒体或自媒体中对中国相关议题的舆论，提出中国形象传播策略，认为在分众传播时代，文化价值观的差异，看似问题重重，却也是我们可以重点切入的破口。

华中科技大学教授陈先红在《第一届“讲好中国故事创意传播国际大赛”》发布会上面向国内外民众征集国际社会“愿意听”“听得懂”“乐分享”的中国故事，认为创造性地发掘、凝聚、培育真正的“中国故事·世界话语”，是提高中国国际话语权、增强中国国际传播能力、塑造中国国家形象的良好途径。

三、中国声音与国际舆论

在国际舆论斗争中，中国的主流媒体、政府机构、社会组织和意见领袖等在国际舆论场的声音如何，代表了中国的国际影响力和国际舆论引导能力。中译语通科技（北京）有限公司 CEO 于洋结合人工智能时代新闻大数据的背景提出，大数据要能囊括各种语言，在国际舆论传播的研究中，每条数据都不能给它贴上任何语言标签。

美国宾夕法尼亚州立大学传播学院教授钟布以跨学科的视角对如何用地震学模型预测美国“政治地震”做了介绍，他认为科学传播正在引领舆情研判新方向，传播学学者要重视跨学科研究，重视研究思路及路径创新，警惕偏见与情感干扰以及不要轻易排除选项等问题。香港城市大学教授李喜根认为，研究国际舆论与国际传播效果不能只依靠推测和以思辨为基础的分析，要综合运用媒体内容分析、网络传播内容分析以及受众调查等实证方法。

针对“从美国大选看主流舆论场谁主沉浮：传统媒体 VS. 社交媒体”，美国布法罗纽约州立大学教授洪浚浩、中新社党委副书记张明新、华中师范大学教授江作苏、清华大学教授范红、武汉大学教授强月新、《新闻记者》主编刘鹏，分别就这一论题展开了讨论，提出：传统媒体与社交媒体在此次美国大选中处于博弈地位，然而与其说是新媒体的胜利，不如说是民声的胜利，因此，政府不应把重心放在媒体的引导上，更应该关心民众在说什么；此次美国大选体现出二次传播的强效果，其中，情感和情绪是主导二次传播的主要因素，因此，在大数据大智慧的时代，对情感和情绪的测量将成为舆情研究的着力点；在多元化、多极化的背景下，正面宣传要注重时、效、度的问题，以免集中的正面报道造成民众的逆反心理，同时，当下真实的舆论生态是什么样的是急需反思和解决的关键问题。

华中科技大学教授张明新在《中美民众的“世界观念”调查报告（2015—2016)》发布会中提出以下建议：在世界舞台上着力塑造中国的“负责任大国”形象，确立大国信心；拉近国人与全球化进程中“遥远”国度的现实与心理距离；通过加强与主要亚太国家和周边邻国的文化交往，加强战略互信；注意对美日本等国的民意研究，为我国的外交和对外传播提供现实依据。

四、国家传播战略与跨文化交流

国家传播战略是基于国家战略，在国家顶层设计层面对国家传播发展的整体性谋划。华中科技大学教授张昆对“国家传播战略”这一概念进行了溯源，认为国家传播战略的实施路径包括三方面：一是基于国家的物质潜力，建设强大的国家传播体系；二是正视文化差异，尊重传播规律；三是提高从业者跨文化沟通能力，建设一支高水平的职业传播队伍，提高跨文化沟通能力。

北京大学教授程曼丽以美国为例，梳理了1986年至今美国政府先后向国会提交的15份《国家安全战略报告》，认为美国战略传播框架下的议题设置具有以“天下观”设置议题、以“道义论”设置议题、以“合法性”设置议题和以隐性手段设置议题的特点，对我国的对外传播有着一定的借鉴与参考价值。

海南大学教授毕研韬认为战略传播是为促进国家战略利益，综合运用行动、影像和话语，影响目标受众认知进而改变其行为的工具，其影响介质首先是行为，其次是影像和话语，三者需要传递一致的信号。国家大数据专业委员会秘书长彭铁元认为中国政府管理案例库是“四个自信”的完美体现，是国家传播战略的基础性内容和重要组成部分，并从战略传播议程设置以及大数据背景下政府管理案例传播模式创新两个层面论述了中国政府管理案例的国家传播战略路径选择。

五、国际品牌战略与对外传播

当今世界是开放的世界，当今中国是开放的中国，国际品牌战略是对外传播的重要路径。中铁大桥局集团有限公司总经理胡汉舟以其公司的国际桥梁项目为例，提出以心相交，方能成其久远；尊重差异，方能各得其所；融通中外，方能得其所哉。他认为，一个没有故事可以讲给世界听或讲不好自己的故事的企业，不会是一个竞争力强的企业。吴铭国际品牌管理顾问有限公司董事长叶钰从企业的角度阐述了中国企业的国际化运营对于国家形象建设的责任。她认为中国企业的国际化运营要内外兼修，国际品牌运营策略要从初心开始，并提出了“品牌故事+创意制作+社媒平台发放”的运营策略。

中国科学技术大学教授周荣庭介绍了科学传播能力的科学性和人文性表征，提出了提升科学传播能力，加强国际传播影响力的路径：一是加强科学与人文的融合，生产高品质的产品和服务，构建该产业领域的品牌；二是产学研紧密结合，面向全球化和数字创意，培育和发展科技传播产业；三是通过公共外交，通过传统媒体和新兴媒体推动科学共同体与公众对话，促进世界科学资源的交流共享。

针对“个人行为VS. 国家行为——中国声音在对外传播中的主体选择”这一论题，湖北省随州市委常委、副市长、宣传部部长王志勇，西游神话世界文化产业有限公司董事长李祖刚，武汉大学教授周翔，重庆大学研究员郭小安，云南大学教授单晓红及武汉体育学院教授万晓红进行了讨论并提出：对外传播的主体选择有三种，单主体性、多主体性和共主体性。对外传播不仅仅是由国家和政府主导，从战略层面进行的宏大叙事，更是产品、符号、核心价值观等的传播；国家是显性的传播，个体是隐性的传播，讲好“中国故事”不等于讲“好中国故事”，在碎片化、去中心化的传播背景下，个体站在常人的立场，以文化理解、相互沟通的视角自下向上传播，更具故事化、人性化、接地气，更易达到“润物细无声”的传播效果；国人在国外社交媒体中的参与也是增强国际传播影响力的有效途径，国际传播影响力要基于主体间性和文化间性的双重考量，打造政府、媒体、企业、个体等全主体性的传播，保持文化自信和文化反省。

面对复杂的国际舆论场，中国的声音还比较微弱，中国的国家形象还主要由西方主导的舆论塑造，“失声、失语”现象较为普遍。因此，优化战略布局，加强国际传播能力建设，增强国际话语权，讲好中国故事，传播好中国声音，打造出具有较强国际影响力的外宣旗舰媒体和国际品牌。

作者：李卫东（华中科技大学新闻与信息传播学院副教授，博士生导师）
贾瑞雪（华中科技大学新闻与信息传播学院传播系博士生）

互联网时代下广告的创新与未来

——2016年第15届中国广告教育学术年会综述

2016年12月11日，2016年第15届中国广告教育学术年会暨第三届新媒体发展与创新国际论坛在广州大学城举行。会议以“使命与责任：中国广告的创新与未来”为主题，探讨了移动互联网时代下中国广告的创新与未来、广告学理论的转向与重构、数字营销的规范与伦理、广告人才培养模式与教学方法创新、新媒体环境下传统广告融合与创新、广告发展的未来趋势等前沿话题。各位嘉宾就移动互联网时代下广告学和广告教育的发展，从学界和业界不同角度进行了精彩的演讲和分享。具体分享的成果如下：

一、互联网下对广告的重新定义

其中，整合营销传播之父、美国西北大学梅迪尔学院终身荣誉教授唐·E. 舒尔茨带来了题为“广告的未来是什么？”的演讲——在充满着变数、挑战与机遇的今天，广告面临着新的问题。什么是广告？怎样界定广告？我们要研究什么？我们要教授什么？这是业界和学界面临的共同挑战。他认为，广告需要不断变革、创新，使其适应今天和未来的市场环境。因此，我们需要提出一套新的“假设”，提供的解决方案也应该从消费者角度出发；预测将代替投资回报率成为衡量管理能力的标准；品牌比产品和服务更具价值；引入“全品牌传播”概念；新技术的发展使得市场营销实现数据驱动、实时分析；等等。他认为，需要具有前瞻性的目光，不局限于“我们已经研究了什么”，而是“未来是怎样的”，才能紧跟时代发展的步伐，进行理论创新并用理论进行实践指导。

二、未来广告学教育的发展趋势及问题研究

在主论坛上半场，北京大学教授陈刚、美国明尼苏达大学教授许智修、中国传媒大学教授黄升民和广东金融学院副教授姚志伟也进行了演讲，他们从专业学术角度分析了广告学、广告教育和广告研究的发展趋势、存在的问题，并提出针对性意见；在主论坛下半场，武汉大学教授姚曦、美国密歇根州立大学传播学院教授李海容、丁力总监和段淳林教授则从与业界联系更加紧密的实践角度，剖析了移动互联网时代下广告业的技术创新、商业模式创新，以及广告学科的新动向。

三、媒体环境下消费者的广告消费行为研究

在六大平行分论坛研讨中，美国德克萨斯大学奥斯汀分校传播学院教授李玮娜和美国伊利诺伊大学香槟分校传媒学院副教授 Kevin R. Wise 分别带来了题为“了解现今媒体环境下的消费者”和“行为方式如何影响人们正在浏览手机图片时的反应”的演讲。分论坛包括大数据与品牌传播创新、数字营销的发展与规范、中国广告创新人才培养、数字时代的广告艺术传播、新媒体环境下传统广告融合与创新、计算广告与广告的未来发展等前沿话题。

摘自：中国社会科学网

2016年中国新闻传播学术大事记

1月

○8日，新闻教育家、新闻学者、中国人民大学荣誉一级教授甘惜分在北京逝世，享年100岁。

○19日，中国新闻史学会京津冀常务理事会扩大会议在北京召开。

2月

○21日，第二届“向世界传播中国”新闻与传播学国际研讨会在特拉维夫大学举行。会议由以色列特拉维夫大学孔子学院与中国人民大学新闻学院共同主办，中国新闻史学会协办，探讨新闻媒体发展与国际传播等议题。

3月

○6日，新闻史学家、复旦大学新闻学院教授宁树藩在上海逝世，享年95岁。

○25—27日，第二届中国舆论学论坛在北京举行。论坛由中国新闻史学会舆论学研究专业委员会主办、人民网舆情监测室承办。

○26日，中国新闻史学会新闻传播思想史研究委员会成立大会暨第三届中外新闻传播思想史高峰论坛在南京大学举行。

4月

○8日，中国新闻传播学新品力作发布会暨《中国新闻传播学年鉴》第一届编辑出版研讨会在北京举行。会上发布了《中国新闻传播学年鉴》《马克思主义新闻传播史论的研究历程——中国学界文选》《治学例话：全国新闻传播学优秀论文品鉴》《新闻学传播学文摘》等新书。会议由中国社会科学院新闻与传播研究所、中国社会科学出版社联合主办。

○9日，中国认知传播学会2016年年会（第三届）暨国际学术研讨会在浙江越秀外国语学院举行。

○16日，“2016年中国体育电视发展论坛”在中国人民大学举行。论坛由中广联合会体育传播工作委员会与中国人民大学新闻学院联合主办，中国人民大学新闻学院广电系承办。

○16日，“华语世界英文传播教育经验与想象——上海卓越新闻传播人才教育基地教学研讨会”在华东师范大学举行。

○16日，第11届中国传媒大会在成都召开，大会主题论坛为“互联网+传媒智造”。

○23日，中国新闻史学会常务理事会第五届第四次会议在厦门召开。

5月

○6日，第七届传媒发展论坛暨《中国传媒产业发展报告（2016）》发布会在清华大学举行。论坛的主题为“影响未来的力量”，重点围绕互联网发展讨论影响未来社会发展和传媒发展的各种要素和力量。论坛由清华大学新闻与传播学院主办，社会科学文献出版社、中国新闻史学会传媒经济与管理学会联合承办。

○7日，立格联盟新闻传播学院院长论坛暨中华全国法制新闻理论研究专业委员会成立大会在华东政法大学召开。会议议题包括两方面：一是宣布成立中华全国法制新闻协会法制新闻理论研究专业委员会；二是举办立格联盟新闻传播学院院长论坛，七所政法院校新闻传播学院院长共话“互联网+时代的传播规范”。

○ 14 日，2016 年中国新媒体传播学年会在浙江开幕。年会的主题是“移动互联与传播创新”。会议由中国网络传播学会主办，浙江大学传媒与国际文化学院承办。

○ 21 日，“引领新常态，融合促发展”论坛暨中国广播电视学与新媒体研究会 2016 年年会在华南理工大学召开。

○ 27—29 日，中国跨文化交际学会第十二届年会暨跨文化交际能力与多语种国际化人才培养研讨会在大连外国语大学召开。

6 月

○ 3 日，清华大学新闻与传播学院与复旦大学新闻学院共建的“中国特色社会主义新闻学教学研究基地”在复旦大学新闻学院举行揭牌仪式。

○ 14 日，“国际传播学协会 2016 年会·北京后续会议”（ICA 2016 Beijing-Post Conference）在中国人民大学国学馆举行。会议的主题为“媒介传播理论的反思与创新：比较作为权力的理论和作为理论的权力”。来自美国、英国、德国以及国内高校的专家学者参加。会议由中国人民大学新闻学院主办。

○ 16 日，“2016 第四届数字营销传播研究与应用国际研讨会”在暨南大学召开。

○ 18 日，第三届中美媒体论坛在北京大学举行。论坛聚焦中美媒体对话，剖析政治、经济、外交三大话题。

○ 18—19 日，“全球化时代的传播、媒介与政府治理”国际学术论坛在中国传媒大学举行。论坛由中国传媒大学新闻传播学部与美国国家传播学会（NCA）联合举办。

○ 18—19 日，第二届传播与公共性国际会议在北京召开，会议的主题是“身体、生活空间与移动媒体”。会议由浙江大学传媒与国际文化学院、宾夕法尼亚大学安尼伯格传播学院和威斯康星大学传播艺术系联合主办。

○ 21 日，《中国新媒体发展报告》（2016）发布暨新媒体发展研讨会在北京举行。会议的主题为“新契机·新挑战·新实践”。会议由中国社会科学院新闻与传播研究所和社会科学文献出版社联合举办。

○ 24—26 日，“马克思主义新闻观教学与研究高峰论坛”在甘肃兰州召开。论坛由复旦大学新闻学院和兰州大学新闻与传播学院联合发起，兰州大学新闻与传播学院承办。

○ 25 日，2016 年中国新闻史学会学术年会暨第二届新闻传播学学会奖颁奖典礼在暨南大学举行。年会的主题为“中国气派 世界眼光：新媒体时代的新闻与传播研究”。

○ 25—26 日，中国新闻史学会外国新闻史研究委员会学术年会在广州暨南大学召开，年会主题为“新媒体、新挑战、新机遇”。

○ 25—26 日，中国新闻史学会视听传播研究委员会主办的 2016 卫生经济学国际研讨会在广州市召开。会议主题包括视觉传播理论、新媒体与视觉文化批评、新媒体与图像事件研究等。

○ 29 日，第二届“食药安全与传播创新青年学者论坛”在中国人民大学新闻学院举行。该论坛系全国食品安全宣传周食品药品监管总局主题日活动之一。

7 月

○ 4—5 日，2016 年四川大学传播符号学高层论坛在四川大学举行。会议由四川大学文学与新闻学院、中国中外文艺理论学会文化与传播符号学分会联合主办。

○ 9 日，“中国人文社会科学论坛

2016：中俄新闻教育与传媒发展”暨“中俄新闻教育高校联盟”成立大会在中国人民大学举办。论坛由中国人民大学主办，中国人民大学新闻学院承办，中国人民大学俄罗斯研究中心协办，旨在全面促进和深化两国在新闻传播教育领域的交流合作。

○ 16 日，首届国家传播学高层论坛在安徽师范大学召开。论坛旨在推动以国家为主体和内涵的传播现象、问题、挑战、战略及规律的学术研究，促进“中国故事全球表达，世界故事中国叙事”，服务国家利益，助推社会发展，推进文明创新，构建开放包容的国际学术平台。

○ 16 日，第六届“中国报刊与社会历史研究”学术研讨会在合肥开幕。研讨会的主题为“近代报刊与区域社会（1919—1949）”。会议由安徽大学新闻传播学院、中国报刊与社会历史研究所共同主办。

○ 16 日，第七届全球传播论坛在贵阳举行。本次论坛由上海交通大学与贵州民族大学、贵州省传播学学会、云南大学、四川大学、台湾世新大学、美国普渡大学、丹麦哥本哈根商学院、国际传播学会（ICA）等共同举办。论坛以“全球网络化与大数据时代的文化认同与区域发展”为主题。来自美国、新加坡、日本、中国香港、中国台湾等国家和地区的 120 余名传播领域专家学者参加了此次论坛。

○ 23—24 日，新世纪第六届新闻评论高层论坛暨第十一届红辣椒时评研讨会在湖南益阳召开。论坛由华中科技大学新闻评论中心、湖南红网联合主办，湖南红网承办。会议的主题为“新媒体时代新闻评论后备力量的培养”。来自全国新闻评论领域的学者、教育者、评论作者百余人参加了会议。

○ 23—24 日，“第九届中国青年传播学者论坛”在安徽大学新闻传播学院举办。论坛的主题为“新视野与新路径：互联网＋时代的新闻传播学研究”。

○ 28—31 日，首届“数据与媒介发展论坛”在北京举行。论坛由武汉大学媒体发展研究中心、武汉大学新闻与传播学院主办，新华网融媒体未来研究院、武汉大学镝次元数据传媒实验室联合主办。

8 月

○ 22—23 日，“信息传播技术、发展与社会变革——中国社会科学论坛”在北京召开。论坛由中国社会科学院学部主席团主办，中国社会科学院新闻与传播研究所和丹麦哥本哈根大学媒介、认知与传播系协办。

○ 24 日，中国电视节目创新研讨会在北京大学举行。

○ 28 日，中国新闻史学会应用传播学研究委员会在中山大学传播与设计学院成立。100 余家高校理事单位的代表出席成立大会。与会学者围绕“新闻实务研究的理论化路径”“应用新闻传播学的实践创新”“互联网时代的应用新闻传播研究”这三个主题开展专场讨论。中山大学传播与设计学院院长、教授张志安任会长。

9 月

○ 22 日，第十六届中国传播论坛（2016）暨第二届“新媒体公共传播”国际学术研讨会在郑州大学召开。研讨会由中国传媒大学国家传播创新研究中心和郑州大学新闻与传播学院、新媒体研究中心、穆青研究中心联合主办。

○ 24 日，“第三届中国传媒公信力论坛”在北京师范大学举办。会上，北京师范大学新媒体传播研究中心发布了《2016 年中国网民的政府信任度报告》。

○ 24—25 日，第九届（2016）中国新闻学年会在浙江传媒学院举行，年会的主题为“中国新闻学的未来发展之路”。会议由中国高等教育学会新闻学与传播学专业委员会新闻学组主办，浙江大学传媒与国际文化学院及浙江传媒学院新闻与传播学院共同承办。

○ 25 日，第一届计算传播学论坛在南京大学召开。

10 月

○ 10 日，第二届河阳论坛暨“乡村、文化与传播”学术周在浙江缙云开幕。论坛的主题是“乡土文化复兴：机遇与挑战”，论坛从历史、文化、经济、媒体等多个维度，探寻乡土文化传承、保护、发展、复兴之路。

○ 14—15 日，中国高等院校影视学会第十七届年会暨第十届中国影视高层论坛在苏州举行。会议的主题为“‘全球化’与‘后全球化’：中国影视的进程与前景”。会议由该学会和苏州大学联合主办，苏州大学凤凰传媒学院承办。本次年会决定成立“媒介文化专业委员会”。

○ 15 日，“2016 新媒体国际论坛”在上海举办，论坛主题为“未来媒体：机遇与挑战”。论坛由上海交通大学媒体与设计学院与国际传播学会（ICA）共同主办，清华大学新闻与传播学院、北京大学新闻与传播学院、复旦大学新闻学院、中国人民大学新闻学院、中国传媒大学移动互联与社会化媒体研究中心合办。

○ 15 日，中国传媒法治建设高峰论坛暨首届“何微法治新闻奖”启动仪式在西北政法大学举行。

○ 15 日，第十三届中国传播学大会暨南京大学新闻传播专业建设 80 周年庆典在南京大学举办。传播学大会的主题为“公共传播：新理念、新挑战、新机遇”。会议由中国新闻文化促进会传播学分会、中国社会科学院新闻与传播研究所、南京大学新闻传播学院主办。

○ 15 日，“广播电视学学科建设”学术研讨会在中国传媒大学召开。会议围绕广播电视学科建设、新媒体环境下广播电视学科的发展问题进行了研讨。会议由中国传媒大学、中国新闻史学会主办。

○ 22 日，“中国人民大学马克思主义新闻观研究中心”揭牌仪式暨“马克思主义新闻观与当代中国新闻业论坛”在中国人民大学举行。

○ 22 日，以“全球视野 中国实践”为主题的首届中外合作互联网治理论坛在北京举办。论坛由中国社会科学院新闻与传播研究所和北京师范大学新闻传播学院主办，加拿大多伦多大学麦克卢汉中心和美国宾夕法尼亚大学互联网政策观察室协办。

○ 28—30 日，首届中国国际舆论学年会暨海丝国际舆情研讨会在广州召开。会议由中国新闻史学会舆论学研究委员会、广东外语外贸大学主办，来自国内的百余名学者就国际舆论学及国际舆情研究的基础理论与实务操作等相关议题进行了探讨。

○ 29 日，第三届（2016）时尚传播国际论坛在东华大学举行。

11 月

○ 4—5 日，中国新闻教育史学会 2016 年学术年会暨马克思主义新闻理论研讨会在沈阳召开。会议由中国新闻教育史学会、辽宁大学新闻与传播学院、复旦大学新闻传播与媒介化社会研究国家哲学社会科学创新基地共同主办。会上举行了《中国新闻传播教育年鉴·2016》首发式。

○ 5 日，第六届全国广播学术研讨会在北京召开。会议的主题为“广播的创新发展”。广播业界、学界等同人就在新媒体浪潮席卷之下，传统广播业如何更好地适应新的时代要求、满足广大群众的需求等问题进行了探讨。

○ 5 日，“2016 中国传媒经济与管理年会——舆论新格局·传媒新常态学术研讨会”在西安交通大学召开。会议由中国新闻史学会传媒经济与管理研究委员会、西安交通大学、中共陕西省委网络安全和信息化领导小组办公室联合主办，西安交通大学新闻与新媒体学院承办。

○ 8 日，第十二届“中国记者节大型公益论坛”在中国人民大学举行，论坛以“直播什么”为主题。

○ 9 日，“马克思主义的世界传播”高端论坛在北京召开。论坛由中国传媒大学和中共中央编译局联合主办，由中国传媒大学马克思主义学院、马克思主义传播与大众化研究中心承办。

○ 11 日，第十六届中国新闻传播学科研究生学术年会暨复旦大学博士生学术论坛之新闻传播学篇在复旦大学新闻学院召开。

○ 12 日，第四届“舆情与社会发展论坛”在安徽大学举行。论坛由安徽大学新闻传播学院主办，由安徽大学舆情与区域形象研究中心、安徽大学舆情与区域发展协同创新中心共同承办。

○ 12 日，由中国新闻史学会与南京师范大学主办的第三届民国新闻史研究高层论坛在南京举行。

○ 12—13 日，华中师范大学新闻传播学院主办的“新媒体与社会变革：融合·互联·共享”首届国际学术研讨会召开。

○ 15 日，“发现、重构和共享：国际互联时代的新闻与传播人才培养”国际论坛在复旦大学举行。

○ 18 日，由武汉大学研究生院、新闻与传播学院举办的“武汉大学全国新闻学博士生论坛”暨“第七届华中地区研究生新闻传播学术论坛”在武汉大学举行。

○ 19 日，“新中国舆论学研究三十年”论坛暨中国人民大学舆论研究所成立三十年纪念研讨会在中国人民大学举行。论坛由中国人民大学新闻与社会发展研究中心、中国人民大学新闻学院及中国新闻史学会主办，中国人民大学舆论研究所承办。

○ 19 日，“中国新闻史学会媒介法规与伦理研究委员会”成立大会在南京师范大学举行。

○ 19—20 日，中山大学传播与设计学院联合政治与公共事务管理学院，举办首届“政治与传播·中山大学论坛”。会议主题为“重构政治传播空间：媒介化、政治化与公共治理”。

○ 19 日，第二届中国新闻史青年学者论坛在华中科技大学开幕。论坛由中国新闻史学会、中国社会科学院新闻与传播研究所、华中科技大学新闻与信息传播学院联合主办。会议主题为“洞见与脉络：新闻史中的个案研究与超越”。

○ 19 日，中国新闻史学会媒介法规与伦理研究委员会成立大会在南京师范大学举行。

○ 19 日，“海外华文传媒与跨文化传播”学术研讨会在云南大学召开。会议由中国新闻史学会台湾与东南亚华文新闻传播史研究会主办、云南大学新闻学院承办。会议围绕针对华文媒体个案研究、跨文化传播的传播学解读、跨文化传播与新媒体应用、跨文化传播与新闻生产等议题进行了研讨。

○ 27 日，第三届大数据传播论坛在中山大学传播与设计学院举办，论坛由中山大学大数据传播实验室、粤港澳发展研究院、港澳与内地协同发展创新中心和广州市大数据与公共传播重点研究基地共同主办。

○ 27 日，第四届国家传播战略高峰论坛在武汉举行。论坛主题为“中国故事 中国声音 中国战略”。与会专家学者围绕讲什么样的中国故事、如何讲好中国故事等进行研讨。论坛由华中科技大学新闻与信息传播学院和国家传播战略协同中心共同主办。

○ 27 日，中国高等院校影视产业与管理研究会成立大会在四川成都召开，清华大学新闻与传播学院影视传播中心主任尹鸿当选会长。学会为中国高等院校影视学会下设的专业委员会。

12 月

○ 1—4 日，第十一届全国体育新闻传播学术研讨会在广州体育学院举行，会议主题是“媒介融合：创新创业与新闻人才培养”。

○ 2—3 日，2016 年湖北新闻与传播教育学会暨“传媒转型与新闻传播教育重构”论坛在中国地质大学（武汉）召开。

○ 3 日，“2016 年中国传播学论坛”在苏州召开，论坛的主题为“新媒体、新文化与传播研究的转型”。论坛由中国新闻史学会传播学专业委员会主办，清华大学教授熊澄宇当选为中国新闻史学会传播学专业委员会新一任会长。

○ 3 日，中国新闻史学会编辑出版研究委员会成立大会暨河南大学编辑出版教育 30 年高层论坛在河南大学召开。会议由中国新闻史学会、全国出版专业学位研究生教育指导委员会、全国高校出版专业教学指导委员会主办。会上专家学者围绕数字传播时代编辑出版学的学术研究、学科建设、人才培养、行业发展等问题进行了探讨。

○ 10—11 日，首届中国舆论学年会在上海召开。年会由中国新闻史学会舆论学研究委员会（CAPOR）、上海交通大学舆论学研究院共同主办。

○ 11 日，2016 年第 15 届中国广告教育学术年会暨第三届新媒体发展与创新国际论坛在广州大学城举行。会议以“使命与责任：中国广告的创新与未来”为主题。

○ 14 日，北京市委宣传部与中国人民大学新闻学院部校共建工作推进会在中国人民大学举行。双方就部校共建中国人民大学新闻学院的近期项目与长期规划进行了洽谈。

○ 17 日，“创新与融合——国家形象与战略传播”第三届国家形象论坛在清华大学召开，论坛由清华大学国家形象传播研究中心主办。

○ 17 日，方汉奇新闻史学思想研讨会暨方汉奇从教 65 周年纪念大会在中国人民大学举行。大会由中国人民大学新闻学院、中国新闻史学会、北京大学新闻学研究会主办。

○ 17 日，传播与中国 · 复旦论坛（2016）在复旦大学闭幕。论坛主题为“构建现代传播网络：城市传媒融入城市传播”。

○ 23 日，以“联通 VS. 孤岛：网络大数据迷思”为主题的“互联网 + 城市未来”圆桌思想会系列第一期在中山大学举办。会议探讨了大数据时代传播与国家治理的新策略与运用，提升社会各部门的传播能力，更好地为公众提供服务，推动城市治理数据化、现代化。

○ 30 日，由中国社会科学杂志社、暨南大学联合主办的“舆论引导新格局”高端论坛在广州召开，学者们就当前舆论引导格局的新形势、新变化、新举措进行了探讨。

撰稿：叶　俊（中国社会科学院新闻与传播研究所助理研究员）

第十三篇
研究生学苑

2016年新闻传播学优秀博士学位论文选粹

《中国报纸形态演化进程研究》内容摘要

《中共在国统区及海外统战宣传之研究（1937.07—1947.02）》内容摘要

2016年新闻传播学博士学位论文、博士后出站报告篇目辑览

中国新闻学硕士学位论文篇目辑览（1978—1988）

新闻传播学研究生入学试题选登

2016年新闻传播学优秀博士学位论文选粹

编者：在2016年我国部分高校进行的优秀博士学位论文评选中，有新闻传播学论文被评为优秀论文。这里收录清华大学、暨南大学校级优秀博士学位论文的内容摘要。

《中国报纸形态演化进程研究》内容摘要

新媒介层出不穷，传统媒介遭遇困境与挑战，媒介格局发生巨变的背景下，研究报纸形态演化进程及趋势，探讨媒介生存与发展的条件与战略战术，具有特别重要的价值与意义。

该文以媒介环境学派的视角，借鉴生物进化论中生物演化的框架，以及管理学、营销学中的竞争理论，通过对改革开放三十多年来报纸外观、种类、介质三种演化进程中案例及数据的梳理分析，总结归纳成功的演化形态的共性特征，反思失败的演化形态的经验教训；据此得出报纸形态演化的趋势和原则：报纸"中间形态"在获得多种功能或特性的同时必然弱化自身特性、优势，在面对其他媒介竞争时，缺乏核心竞争力，更容易居于劣势；进一步认为，在竞争增多，面对衰退威胁时，报纸只有实现分化，摆脱"中间形态"才能更有效地应对媒介竞争。

在对报纸形态演化进程及趋势进行分析总结的前提下，该文继续探讨推动报纸形态演化的各种动力因素及其构成的动力机制。将竞争、需求、社会、政治、经济、技术六个因素建构起一个媒介演化动力机制的模型，并将六个因素分为两个层次，其中，竞争与需求为第一个层次，是驱动因素；社会、政治、经济、技术为第二个层次，构成了媒介演化的外部环境因素。各种因素在报纸演化中所起的作用都不一样。甚至单个因素所起的作用力在不同时期不同条件下都有所不同。比如政治因素，大部分时候是阻力，束缚逐渐宽松时阻力减少，有时候政治因素又是一些媒体延续"生命周期"的拉动力。

在对报纸形态演化进程的研究及报纸演化动力机制的分析基础上，横向比较境外报业发展情况，纵向比较其他媒介，如电影、广播重拾竞争优势的过程与特点，该文进一步对报纸未来发展走向进行探讨。认为，报纸应该如电影广播那样，通过对自身独特优势的强化来获得未来发展空间。

研究报纸形态演化进程的目的并不仅仅指向报纸未来发展趋势、报业的转型策略等；更在于其中所体现的关于媒介演化的普遍趋势与原则，也适用于新媒介的诞生、发展、存续、衰弱、分化的演化进程研究。

作者：陈国权（清华大学新闻与传播学院2016届博士生）
导师：崔保国（清华大学新闻与传播学院教授）

《中共在国统区及海外统战宣传之研究（1937.07—1947.02）》内容摘要

国民党何以失去中国大陆曾是引发无数人追问的一个命题。特别是在冷战背景下，更一度成为政治史、外交史、国共内战史、中美关系史等领域最活跃、最富争议的话题之一。对这一问题的回答无非主要有这几种：政治腐败说、经济崩溃说、军事无能说。该研究从宣传角度，特别是中国共产党城市办报和统战宣传这个视角来对这个问题进行考察。

大革命失败后，中国共产党的城市办报活动遭到毁灭性打击，报刊宣传的活动空间被压缩到经济自然条件俱恶劣的农村根据地。在国民党的严密封锁下，中国共产党的声音难以突破空间阻隔，传播到国统区和海外。抗战爆发后，中国共产党以国共第二次合作为契机，重新恢复和发展了其遭到重创的城市宣传系统。通过公开合法办报和地下宣传等手段，中国共产党对国统区内的各阶层民众以及海外的华侨华人、外国人士，成功地进行了统战为目的的宣传，使得他们对中国共产党的认识从扭曲到清晰，对中国共产党的态度从害怕到了解，到接近，进而同情，乃至支持。

中国共产党凭借巧妙的统战宣传，成功扭转了国统区和海外舆论和民心向背，使得“天命”朝自己这边倾斜。笔者认为，国民党的失败远非一句“宣传失利”或者“中国共产党宣传得法”可轻描淡写予以解释。笔者通过考察后认为，由于中国共产党对宣传理解比国民党更为全面，秉持一种“大宣传观”，把一切行动都看作宣传，注重宣传与实践“言行一致”，宣传政策的调整注重根据形势的变化因势利导，积极响应各阶层民众的呼吁和要求，赢得了民众的好感和信赖；加之，中国共产党因为处于在野的地位，可以针对民众对国民党统治的种种不满，而在宣传手段和宣传内容上做出调整，而无须担心这种承诺无法实现或达到民众预期时所承受的压力。而国民党作为执政者，宣传做得越好，反而越容易给民众造成“宣传不实”的印象，起到意想不到的“反效果”。

作者：王明亮（暨南大学新闻与传播学院2016届博士生）
导师：刘家林（暨南大学新闻与传播学院教授）

2016 年新闻传播学博士学位论文、博士后出站报告篇目辑览

（按照大学所在地行政区域排序）

中国社会科学院研究生院新闻学系与传播学系

1. 2016 年博士学位论文

论文题目	作者	专业	指导教师	通过年份
当代中国新闻法制理论的文献基础研究	陈雪丽	新闻学	宋小卫	2016
网络表达的注意义务研究	张冬冬	新闻学	宋小卫	2016
工伤疾痛经验的建构与传播——基于贵州、重庆两地返乡工伤者的田野调查	张灵敏	新闻学	卜　卫	2016
中国社会转型期科学传播行动主义研究	朱巧燕	新闻学	卜　卫	2016

2. 2016 年博士后出站报告

论文题目	作者	专业	指导教师	通过年份
从管理到治理：中国互联网规制的历时性考察	原平方	传播学	卜　卫	2016

北京大学新闻与传播学院

1. 2016 年博士学位论文

论文题目	作者	专业	指导教师	通过年份
社会化媒体用户影响力研究	安　静	传播学	谢新洲	2016
西方报人与清末政治：外报首位驻华记者莫理循研究（1897—1912）	陈　冰	传播学	程曼丽	2016
参与式文化的研究及抵御理论的探索：以《机器猫》百度贴吧为例	陈天虹	传播学	杨伯溆	2016
台湾电影产业发展策略研究——基于跨国集团与本土企业、政府关系之嬗变	陈靖霖	传播学	程曼丽	2016
境外社会化媒体在中国社会运动中的作用机理研究——以香港“占中事件”为例	郝建峰	传播学	谢新洲	2016

续表

论文题目	作者	专业	指导教师	通过年份
传播学视角下的公共文化服务体系构建研究——以北京市的实践为例	胡　鹏	传播学	程曼丽	2016
基于创意传播管理理论的高等教育机构声誉建设研究	黄兆玺	传播学	陈　刚	2016
Cosplay 的价值建构	黄薏文	传播学	刘德寰	2016
我国传统节日对外传播战略研究	匡　野	传播学	陆　地	2016
广播与移动互联网融合策略研究	李　玥	传播学	陆　地	2016
移动通信用户的身份识别及使用行为研究	刘京雷	传播学	谢新洲	2016
资本运营影响下的中国广告产业发展研究(2001—2013)	刘志一	传播学	陈　刚	2016
中美跨国公司社交媒体组织—公众关系策略研究	逯义峰	传播学	杨伯溆	2016
中国旅游形象传播研究——以韩国人来华旅游为例	权玹廷	传播学	关世杰	2016
台湾学院式广告教育学科发展研究	苏怡和	传播学	陈　刚	2016
基于互联网产品视角的中美互联网产业发展研究(1994—2014)	王成文	传播学	陈　刚	2016
微博编辑部场域中的新闻生产与权力实践——基于人民日报微博的实证研究	王舒怀	传播学	徐　泓	2016
两岸妈祖文化的传播路径与发展研究	谢雅卉	传播学	陆　地	2016
美国独立电影行业融资与发行渠道研究	余　点	传播学	陆绍阳	2016

2. 2016 年博士后出站报告

论文题目	作者
新媒体环境下政府新闻发布与舆论引导机制研究	吴惠凡

清华大学新闻与传播学院

1. 2016 年博士学位论文

论文题目	作者	专业	指导教师	通过年份
现阶段中国民间公益组织传播模式研究	曹　维	新闻传播学	尹　鸿	2016
中国报纸形态演化进程研究	陈国权	新闻传播学	崔保国	2016
中国老年人健康信息获取研究——基于东城社区的调查	公　文	新闻传播学	郭庆光	2016
新生代农民工媒介使用中的自我身份建构研究	郭旭魁	新闻传播学	郭庆光	2016
信息传播技术背景下女性华人移民的身份协商	黄雅兰	新闻传播学	陈昌凤	2016
民间说唱艺术的都市传播路径	李寅飞	新闻传播学	熊澄宇	2016
虚拟世界主义视阈下的全媒体新闻研究	刘　滢	新闻传播学	史安斌	2016

续表

论文题目	作者	专业	指导教师	通过年份
争议性新闻传播中的敌意媒介效果与意见表达研究	马　萍	新闻传播学	郭庆光	2016
媒介化表演:恐怖组织的宣传策略演进	万　婧	新闻传播学	郭镇之	2016
地缘政治与文化全球化的角力:国际电影节体系的建构	王笑楠	新闻传播学	尹　鸿	2016
网络知识建构对受众的态度行为影响——以转基因技术为例	游淳惠	新闻传播学	金兼斌	2016
新媒介环境下医生自我赋权与医患沟通研究	赵　璞	新闻传播学	李希光	2016

2. 2016 年博士后出站报告

论文题目	作者
新媒体与社会发展——新媒体的研究视角	方　伟
互联网驱动下我国纪录片产业变革研究	孙　平
国家形象非线性塑造与传播研究	郑晨予

中国人民大学新闻学院

论文题目	作者	专业	指导教师	通过年份
新闻理论视野中的公共性研究	安　平	新闻学	杨保军	2016
中国政府白皮书传播研究(1949—2015)	陈　硕	传播学	倪　宁	2016
广告定制化传播研究——观念、应用与实践	董俊祺	传播学	倪　宁	2016
介入现代性:新媒体影响下的藏区宗教社会	尕藏草	传播学	彭　兰	2016
中国电视媒体与商业视频网站竞争关系研究	韩瑞娜	广播电视学	周小普	2016
传媒变局中新闻从业者职业认同研究	胡晓娟	新闻学	周建明	2016
中国社区媒体的合作发展策略研究	贾　茜	新闻学	蔡　雯	2016
移动互联网环境下营销传播的创新机制研究	金　韶	传播学	倪　宁	2016
《华侨日报》兴衰史(1925. 6. 5—1995. 1. 12)	柯慧琳	新闻学	方汉奇	2016
国家与社会关系视阈下的互联网行政管理体制研究(1994/2015)	李　彦	传播学	陈　绚	2016
范式增益:中国新闻学反思与超越	李刚存	新闻学	郑保卫	2016
电影作为世俗弥赛亚——本雅明媒介技术观研究	廖金英	传播学	陈力丹	2016
网络舆情事件的传统媒体建构	林荧章	新闻学	张　征	2016
新媒体背景下中国环境传播中的议程建构研究	刘琳琳	传播学	彭　兰	2016
建构主义视角下医患暴力冲突议题的新闻生产研究	刘双庆	新闻学	涂光晋	2016
媒体融合背景下的电视媒体转型发展研究	刘晓雪	传播学	倪　宁	2016
出版企业基于价值网络的商业模式创新演进研究	彭　彦	传播学	匡文波	2016

续表

论文题目	作者	专业	指导教师	通过年份
网络时代基督教宗教权威的消解与建构——基于山东省基督教会的研究	钱　婕	传播学	陈力丹	2016
健康理念的组织传播研究——以医疗组织场域内康复理念的传播为例	任天浩	传播学	匡文波	2016
21 世纪以来中国政府对国际组织的话语认同与重构研究	汤　璇	广播电视学	钟　新	2016
乡村青少年日常生活中的手机使用与现代体验——基于六营村中学生的田野研究	万新娜	传播学	陈　绚	2016
互联网语境下医患传播研究	王　群	传播学	倪　宁	2016
基于双层博弈框架的中国气候传播策略研究	王彬彬	新闻学	郑保卫	2016
现象学视域下“在场”效应的多重维度研究	杨　雅	传媒经济学	喻国明	2016
中国网络空间的内容规制研究——以规制行动者关系为视角	杨春华	传播学	匡文波	2016
教育网络舆情研究	杨迪雅	新闻学	周建明	2016
苏联新闻体制的构建与转型研究	姚晓鸥	新闻学	赵永华	2016
现代化与正当性:中国共产党宣传观念变迁研究	叶　俊	新闻学	郑保卫	2016
内容与效果的失衡:中国对外传播的现状、困境与创新	于美娜	传播学	赵启正	2016
上海《时报》新闻业务变革研究	余　玉	新闻学	王润泽	2016
移动互联网对传播方式变革的影响研究	张　军	传播学	倪　宁	2016
网络舆情的逆向选择与治理——博弈论与信息经济学视角	钟悠天	传播学	周蔚华	2016
流动的空间与固化的阶层:新媒体环境下进城家政女工社会资本研究	朱瑞娟	传播学	彭　兰	2016

河北大学新闻传播学院

论文题目	作者	专业	指导教师	通过年份
中国大陆媒体对伊斯兰国家报道研究(2001—2015)	金　强	新闻学	白　贵	2016
《纽约时报》受众拓展研究	高　菲	新闻学	杨秀国	2016
大众媒体对科学的误读与重建问题研究	李占军	传播学	胡连利	2016
土耳其执政党(正义与发展党)与大众媒体关系研究(2002—2016)	Osman Erol	新闻学	白　贵	2016
数据新闻研究	任瑞娟	新闻学	白　贵	2016
澳大利亚媒体法保障表达自由研究	王释云	新闻学	孙旭培	2016

复旦大学新闻学院

1. 2016 年博士学位论文

论文题目	作者	专业	指导教师	通过年份
都市共同体的再生产:报纸的上海(1980—2003)	何顺民	新闻学	孙　玮	2016
合法性视角下台湾《自由时报》"九合一"选举报道研究	华汝国	新闻学	黄　瑚	2016
转型期大众文化杂志的现代追求——《读者》研究	黄　强	新闻学	童　兵	2016
媒体融合环境下中国视频网站研究	黄　艳	广播电视学	孟　建	2016
消闲公共性:从《游戏报》(1897—1901)到《大世界》(1917—1927)	季凌霄	新闻学	孙　玮	2016
"流动的地方":远洋船员的传播关系与空间实践	林光耀	传播学	谢　静	2016
从"乡土"文化到"本土"文化:乡土文学论战与台湾新电影的再解读	吕怡婷	传播学	吕新雨	2016
社会转型期乡村节庆民俗组织化传播研究——基于陕西省凤翔县的考察	宁　威	新闻学	黄芝晓	2016
财经新媒体企业成长过程中的业务转型研究	其　实	新闻学	童　兵	2016
中国文化创意产品"走出去"策略研究——基于"价值链"的视角	田新玲	新闻学	刘海贵	2016
早期《申报》报人新闻伦理认知及实践研究(1872—1898)	夏　冰	新闻学	黄　瑚	2016
转型期中国西北城市媒体中房地产广告及其空间生产研究:以兰州为例	徐　婧	传播学	曹　晋	2016
作为话语的"中国"——基于《经济学人》(1993—2015)中国封面故事的研究	于嵩昕	广播电视学	孟　建	2016
作为媒介的地铁:传播视野中的上海轨交与都市生活	张昱辰	新闻学	孙　玮	2016
网络社会中的新媒体中介化在场	郑博斐	新闻学	童　兵	2016
国际电信联盟与中国崛起——四十年来国际电信联盟与中国电信政策	左　志	传播学	吕新雨	2016

2. 2016 年博士后出站报告

论文题目	作者
调查性报道与舆论监督研究	付　海
改革开放以来我国出版业的发展历程、现状及问题研究	孟　晖
东欧版的"光荣革命"——对匈牙利圆桌谈判第四和第五工作委员会谈判进程的考察	郜浴日
媒介融合时代广播电视新媒体法治管理研究	张殿宫

武汉大学新闻与传播学院

论文题目	作者	专业	指导教师	通过年份
大数据时代广告的变革与重构	蔡立媛	广告传播理论	张金海	2016
政府情境式危机沟通策略及效果研究——以“毒胶囊”事件为例	陈　昕	新闻传播理论	秦志希	2016
公共外交视野下我国主流媒体的国际传播力研究——以新华通讯社为例	程小玲	新闻传播实务	罗以澄	2016
中国视频网站内容生产研究	戴山山	广告传播理论	吕尚彬	2016
媒介融合背景下地方广播公共性构建研究——以深圳新闻广播《民心桥》为例	戴思洄	媒介发展	罗以澄	2016
失衡与再平衡:市场化背景下荆楚网的新闻生产研究	邓　为	新闻理论	秦志希	2016
当代美国大众传播史学研究:基本脉络与观念批评	杜永利	比较新闻学	单　波	2016
公共服务视角下我国教育电视的媒介身份研究	甘永平	新闻传播理论	秦志希	2016
民族地区居民媒介使用对健康行为的影响——基于湘西州的实证研究	龚芳敏	媒介发展	石义彬	2016
新媒体环境下满族文化传播研究	何　江	新闻传播实务	强月新	2016
系列反 PX 事件的网络抗争研究	黄　钦	新闻传播实务	夏　琼	2016
新闻职业道德的重建及其问题研究	季为民	比较新闻学	单　波	2016
美食中国的形象建构与意义输出——《舌尖上的中国》的跨文化解读	姜可雨	跨文化传播学	单　波	2016
微信使用与环境风险传播的话语互动研究	李　镓	新媒体发展	周　翔	2016
互联网自然灾害风险信息对个体风险感知的影响机理研究	李　凯	新媒体发展	刘丽群	2016
“他者”的纪实影像——以当代中国题材欧美纪录片为例	李倩岚	广播电视	王瀚东	2016
当代浙商媒介形象呈现研究——基于《方正 apabi 报纸资源数据库》(1992—2014)	李文冰	新闻传播实务	强月新	2016
1910—1950 年代美国社会学者传播研究的反思性考察	李孝祥	国际传播研究	王瀚东	2016
媒介“家居化”:传播技术与中国东南地区的家庭空间建构	林　颖	媒介发展	石义彬	2016
手机媒体社交功能开发与使用问题的实证研究	刘圣红	比较新闻学	单　波	2016

续表

论文题目	作者	专业	指导教师	通过年份
逃避孤独:乡镇退休老人的日常交流与再社会化	刘欣雅	比较新闻学	单　波	2016
网络媒体资本运营及其产业发展研究	聂　莉	媒介经营与管理	张金海	2016
媒介融合路径研究——基于中国报业媒介融合现状的考察与分析	秦祖智	媒介经营与管理	张金海	2016
突发事件中地方政府新媒体传播能力再造研究——基于“上海外滩踩踏事件”的考察	任景华	传播学理论	冉　华	2016
移动互联网时代的媒体业态变革与行业优化:一种媒介进化论的视角	尚明洲	媒介发展	石义彬	2016
参与式文化语境下的青少年网络媒介素养研究	师　静	新闻传播实务	强月新	2016
新媒体赋权视角下我国网民言论表达及其权力规制研究	王丹艺	新闻传播实务	罗以澄	2016
媒介化政治:社交媒体场域中传媒话语关系研究	王凤仙	媒介发展	冉　华	2016
认同与忠诚:在线品牌社群社会资本对品牌的作用机制研究	王　佳	广告传播运作与管理研究	姚　曦	2016
我国网络隐私信息传播:问题与对策研究	王俊荣	新闻传播实务	罗以澄	2016
大数据时代个人隐私的分级保护研究——基于传播法规和伦理的视角	王　敏	新闻传播实务	江作苏	2016
超越公民文化:结构化视角下我国网络公民文化研究	王　润	传播理论	石义彬	2016
媒介形态研究	谢伍瑛	媒介经营与管理	张金海	2016
居住空间分异与交流重构:基于对三矿居民生活区的考察	辛文娟	跨文化传播学	单　波	2016
新媒体环境事件的群体间传播研究——以茂名反PX事件为例	杨志开	跨文化传播学	单　波	2016
中国教育政策传播的公共性建构	余冠仕	比较新闻学	单　波	2016
大数据背景下我国经济新闻生产研究——以财新网为例	袁　满	新闻传播实务	强月新	2016
风险社会视域下的网络舆情治理研究	张发林	新闻传播文化研究	秦志希	2016
媒介融合背景下中国报业体制变革研究——基于报业组织管理和生产为中心考察	张瑜烨	媒介经营与管理	强月新	2016
美联社涉华新闻生产(2006—2015)研究	朱　佩	新闻传播实务	罗以澄	2016

华中科技大学新闻与信息传播学院

论文题目	作者	专业	指导教师	通过年份
跨文化视域下的当代中国形象研究——基于 BBC 与 NHK	陈　欢	新闻学	张　昆	2016
中国品牌国际传播中的自媒体研究——基于企业官网英文版和 Twitter 的内容分析	戴世富	传播学	舒咏平	2016
媒介镜像与自我表演:网络受众的身份认同研究	董　朝	新闻学	孙发友	2016
媒介环境学视阈下的数字阅读研究	吴　瑶	广播电视学	何志武	2016
上海新闻记者职业团体研究(1921—1937)	徐基中	新闻学	吴廷俊	2016
自主品牌构建国家形象的逻辑起点	杨敏丽	传播学	舒咏平	2016
游戏理论视角下的综艺真人秀节目研究	张　洁	广播电视学	何志武	2016
政府传播对政府公众关系的影响研究	张　凌	传播学	陈先红	2016
我国古代官方信息传播的伦理性特征研究——以信息传播意义上"保""报"关系为中心的考察	赵　尚	新闻学	刘　洁	2016
困境与裂变:省级党报集团融合发展战略研究	周　钢	新闻学	张　昆	2016

厦门大学新闻与传播学院

论文题目	作者	专业	指导教师	通过年份
美国记者俱乐部研究	李　啸	新闻学	赵振祥	2016
中国公民主观话语权的影响因素及影响效应	刘　毅	新闻学	张铭清	2016
台湾电视综艺节目与政治关系研究——以政治模仿秀中的政治任务形象为例	叶秀端	新闻学	阎立峰	2016

中山大学传播与设计学院

论文题目	作者	专业	指导教师	通过年份
独立纪录影像实践与另类公共性的建构——基于"民间记忆计划"的案例研究	宋嘉伟	行政管理(公共传播管理方向)	吴　飞	2016
媒体公关化:组织变迁中的舆情业务及影响研究	吴　涛	行政管理(公共传播管理方向)	张志安	2016

续表

论文题目	作者	专业	指导教师	通过年份
转型社会政务微信创新扩散的影响因素与机制研究——基于广东区县级政府的实证考察	曾丽红	行政管理（公共传播管理方向）	陈卫星	2016
互联网时代新闻作品版权的法律保护问题研究	张明羽	行政管理	胡舒立	2016
隐形的暴力:作为视觉表象的阶级斗争(1927—1976)	郑梓煜	行政管理（公共传播管理方向）	杨小彦	2016

暨南大学新闻与传播学院

论文题目	作者	专业	指导教师	通过年份
台湾解严后媒体健康传播的发展历程与困境	盛竹玲	新闻学	林如鹏	2016
中共在国统区及海外统战宣传之研究(1937.07—1947.02)	王明亮	广告学	刘家林	2016
视觉文化语境中的网络原创视频研究	王志永	新闻学	蒋建国	2016
中共中央南方局报人群体研究	吴自力	传媒经济学	范以锦	2016
文化传播视阈下澳门形象的定位与传播研究	颜南源	新闻学	林如鹏	2016
台湾电视新闻频道发展20年(1994—2013)	杨荆荪	新闻学	林如鹏	2016

四川大学新闻学院

1. 2016年博士学位论文

论文题目	作者	专业	指导教师	通过年份
“美丽乡村”建设背景下的乡村传播研究——以浙江省安吉县为例	冯结兰	新闻学	蔡尚伟	2016
品牌生成机制与传播的符号学研究	蒋诗萍	传播学	赵毅衡	2016
英语世界的中国广告文化研究(1905—2015)	李金正	文艺与传媒	曹顺庆	2016
“互联网+”时代下的电视传播理念嬗变	李　朗	新闻学	欧阳宏生	2016
曼纽尔·卡斯特的网络文化思想研究	刘可文	文艺与传媒	蒋晓丽	2016
交互式电子音乐的多媒融合创作研究	陆敏捷	文艺与传媒	蒋晓丽	2016
社交媒体中科学信息分享研究	罗子欣	新闻学	蒋晓丽	2016
电视参与社会纠纷解决的机理与实践研究	谭　舒	新闻学	欧阳宏生	2016
标志的符号学研究	熊铮铮	文艺与传媒	蒋晓丽	2016

续表

论文题目	作者	专业	指导教师	通过年份
美国大学对社交媒体的使用研究——以 Facebook 为例	张　晴	新闻学	蒋晓丽	2016
媒介融合背景下中国电视文化身份研究	张雯雯	广播影视文艺学	欧阳宏生	2016

2. 2016 年博士后出站报告

论文题目	作者	专业	指导教师	通过年份
大学生微博政治参与研究	王　菁	传播学	蒋晓丽	2016

中国新闻学硕士学位论文篇目辑览（1978—1988）

暨南大学

入学年份	论文作者	论文题目	毕业年份	指导教师
1987	宫之涛	从 CNN 看九十年代电视新闻发展趋势	1993	李子先
1988	骆建基	新时期报告文学的突破与问题	1990	陈　朗
1988	莫石伟	论记者采访的提问艺术	1990	陈　朗
1988	车永进	从美国电视看电视新闻杂志节目的传播优势	1991	李子先
1988	尤肖吾	港澳新闻采访方法研究	1991	陈　朗
1989	童　威	论深度报道优势与我国开展深度报道的必要性	1992	李子先
1989	刘渊源	对外报道的针对性	1992	梁洪浩

四川省社会科学院

入学年份	论文作者	论文题目	毕业年份	指导教师
1985	彭　鹰	读者——书籍编辑出版工作的重要因素	1988	李有明 陈昌荣
1985	谭小涛	书籍的传播及其实现的条件	1988	李有明 陈昌荣
1987	谷　群	编辑劳动及其考评核定方法初探	1990	李有明 陈昌荣
1987	王　伟	从民主主义到社会进步——简论四川近现代进步书刊的传播	1990	李有明 陈昌荣
1987	吴智刚	戊戌维新至辛亥保路时期成都地区报刊发展的特点	1990	李有明 陈昌荣
1988	陈海峰	编辑主体论	1991	陈昌荣
1988	刘　萌	试论新华日报副刊	1991	李有明
1988	王伊洛	试析近现代职业编辑与古典编辑活动	1991	陈昌荣
1988	张辉学	鲁迅编辑出版思想的多维探索	1991	李有明
1988	赵志立	论编辑在传播中的地位和作用	1991	陈昌荣

新闻传播学研究生入学试题选登

中国社会科学院研究生院2016年研究生入学试题

博士研究生入学试题

专业名称：新闻学

研究方向名称：新闻法治与伦理研究、传媒经营管理研究、传播与社会发展研究、跨文化传播研究

考试科目名称：新闻传播理论与历史

1. 以“communication”这个概念为例，简述何为概念化并描述概念化的过程。(20分)

2. 简述传播学批判研究的主题与核心关怀。(20分)

3. 从历史与现实相结合的层面，试论新媒体时代传播研究的中心问题。(30分)

4. 从“人无法不传播”的定律出发，试论传播研究怎样才能促进人的生活更美好。(30分)

专业名称：新闻学

研究方向名称：传播与社会发展研究

考试科目名称：传播与社会发展理论与实践

1. 以下两题为必答题：

（1）请评述“靠传播而现代化”的主要理论。(30分)

（2）性别（sex）概念与社会性别(gender)概念有何不同？请阐述这种区分有何重要意义。(30分)

2. 以下三题三选二（只计两题，多答不计分）：

（1）评述健康传播的主要理论。（20分）

（2）试论媒介暴力对青少年的影响。(20分)

（3）结合你个人（或家庭）的经历，谈谈你对传播与社会发展的治学旨趣。(20分)

专业名称：新闻学

研究方向名称：传媒经营管理研究

考试科目名称：传媒经营管理的基础理论与实践

1. 以下两题为必答题：

（1）请你谈谈大众媒体的营利模式，并且论证其在新媒体时代的有效性或无效性。(30分)

（2）有人说，传统媒体在新媒体时代要想成功转型，必须依靠互联网思维。你对此同意吗？请阐述你对“互联网思维”的理解。(30分)

2. 以下三题三选二（只计两题，多答不计分）：

（1）传统报纸的发行量对报业经营有什么意义？为什么要对报纸的发行量进行核查？在新媒体时代报纸的发行量还有意义吗？请分别阐述之。(20分)

（2）请阐述你对传统媒体从事电商业务的基本观点。（20分）

（3）请列举你所知道的1位国外研究传媒经营管理的学者，并概述其主要论著及学术观点。（20分）

专业名称：新闻学

研究方向名称：跨文化传播研究

考试科目名称：跨文化传播/国际传播理论与实践

1. 以下两题为必答题：

（1）什么是“高语境/低语境（High/low Context）文化”？你认为中国文化属于“高语境”还是“低语境”文化？为什么？（30分）

（2）如果说“国际传播”（international communication）是跨越国家和地区边界的传播，“跨文化传播（intercultural communication）是跨越文化边界的传播”，那么，请问该如何界定“文化的边界”呢？（30分）

2. 以下三题三选二（只计两题，多答不计分）：

（1）什么是“多元文化主义”（multiculturalism）？该理论/视角是否适用于对中国文化发展的研究？为什么？（20分）

（2）请结合“二战”结束后美国媒体在全球的拓展历程，以及自2004年迄今“中国媒体走出去”的传播实践，谈谈大众媒体（mass media）的跨文化传播角色。（20分）

（3）为了更好地推进媒体在全球范围内的传播效果，提升国际传播能力，试以你的视野及知识积累谈谈如何对这些执行国际传播任务的媒体进行传播效果评估以及相关评估体系建设的思路。（20分）

专业名称：新闻学

研究方向名称：新闻法治与伦理研究

考试科目名称：新闻法治与伦理的学理基础

1. 以下两题为必答题：

（1）请列举一部讨论新闻与传播法制问题或者新闻伦理问题的书（专著或教材皆可），谈谈对该书的阅读印象和看法，例如该书的基本框架和内容、作者的表述和论证风格、书中的重要观点、你的阅读收获等，内容不限。（30分）

（2）“新闻从业者不会人人成为新闻传播法学或媒体法学的专家，但仍需要学习和了解新闻传播法和媒体法的一些基本内容，因为掌握这些知识有助于在工作中把握言行的边界和方向。”请就上述看法谈谈你的理解和认识。（30分）

2. 以下三题三选二（只计两题，多答不计分）：

（1）请就以下事例中的新闻伦理问题给出你的看法和评议。（20分）

2005年5月，一位报社摄影记者拍摄了一组照片，真实记录了一名骑车人冒雨经过福建厦门市厦禾路与凤屿路交叉路段时，因前轮突然陷入一个水坑而翻车摔倒的情景。这组照片经报社和其他媒体发表、转载后引起不同反响。赞赏者认为照片十分生动，反映了当地路政监管存在的问题，批评者指责记者明知路面有坑将危及行人的安全却不做任何事情，只是“守坑待摔”地等着拍一张有人在雨中摔跤的照片。

（2）请简述“传媒法律”与“传媒法规”，“新闻道德”与“新闻伦理”在我国语境中的指涉异同。（20分）

（3）谈谈你的治学兴趣与知识积累。（20分）

硕士研究生入学试题

专业名称：新闻学、传播学

考试科目名称：新闻传播业务

1. 名词解释（每题5分，共35分）

（1）新闻选择

（2）编辑部文章

（3）跨屏传播

（4）节目辛迪加

（5）“两微一端”

（6）可视化报道

（7）网络标题党

2. 简答题（每题10分，共50分）

（1）请简述什么是“内容为王”，并谈谈你对“内容”的理解。

（2）简述移动信息终端（手机、平板电脑等）对新闻业务的影响。

（3）有人认为机器人写作会取代职业记者的写作，你怎么看？

（4）新闻媒体应该如何报道人的死亡？

（5）徐宝璜在1919年出版的《新闻学》一书中说：“切不可将意见加杂于新闻之中迷惑读者。”据此，请你谈谈怎样在新闻报道中坚持客观、公正的原则。

3. 业务操作题（共65分）

根据所提供的阅读材料，完成以下3项工作：

（1）编写一篇100字左右供微信公共号发布的消息；（10分）

（2）编写一篇200字左右供广播口播的消息；（25分，其中标题5分）

（3）撰写一篇500字左右供报纸刊发的短评。（角度自选，题目自拟。30分）

【阅读材料】

为什么科研诚信年年宣讲，学术不端却年年发生——

41篇中国论文被撤再次拷问学术道德

“科研诚信年年宣讲，学术不端年年发生。”

在5月22日举行的第17届中国科协年会科学道德建设论坛上，教育部科技委学风建设委员会主任吴常信的这句话，从某种意义上成了我国近些年来科学道德建设现状的一个注脚。

眼下就有一个例子。

科学道德建设论坛已经连续召开7年，旨在就科学道德与学风建设中的重大问题开展探讨、向社会展示科技界抵制不良学风的决心，因与会者言辞犀利、频频炮轰学术不端现象而备受关注。就在5月22日论坛“开讲”的前夜，中国科协道德与权益专门委员会有关人员还针对近期的一个学术不端事件召开了近3个小时的会议。

所谈事件，正是前不久英国大型医学学术机构BioMed Central（以下简称BMC）宣布撤销在其属下刊物发表的43篇论文，其中41篇来自中国，理由是“发现有第三方机构有组织地为这些论文提供虚假同行评审”，此事件引起科技界乃至整个社会的广泛关注。

尽管事件的最终调查结果尚未出炉，但其中令人咂舌的“撤销”数字，还是让不少人再次关注到学术不端及学风建设的老问题，“为什么我们反复说这些问题，却依然没有得到根本上的遏制？”

在当天的论坛致辞中，中国科协主席、中国科学院院士韩启德就提到这个问题：“如今，学术不端成了过街老鼠，人人喊打，但是，人人喊打的同时，老鼠还是很猖獗地活着，甚至还有人一边喊打，一边还做老鼠，为什么？”

他说，科技界应该从中央反腐成绩中得到启示。反腐力度之所以大，很大程度上在于决心大、魄力大——要实现不敢腐、不能腐、不想腐的目标。科技界也该如此，下大决心，加大力度。

“要实现不敢腐”，关键在于要有严厉的惩处，但韩启德认为，科技界当前针对学术不端的惩处力度，并不令人满意。

吴常信对此也有同感。他以“千人计划”入选者王志国学术不端事件为例，这位加拿大蒙特利尔大学前教授、我国某医科大学药学院心血管药物研究所前所长曾被曝光，在两篇不同的文章中重复使用作了修改的同一张蛋白图。随后，对同一问题，王志国所在的国外和国内单位，给出了两种态度——

加拿大蒙特利尔大学组成专门委员会进行调查，并将调查结果公布于蒙特利尔心脏研究所网站，后撤销当事人职务，关闭当事人所在的实验室。

与王志国合作的国内某医科大学，则对外称“蛋白图重复使用系实验室一名技术员所为”。后来，王志国也辞去了该校职务，并关闭了实验室，但是由其本人所为，而非校方“勒令”的结果。

更令吴常信感到啼笑皆非的是，这所医科大学校学术委员会公布了一份意见，该意见称，校学术委员会认为本校与王志国合作的药理实验室研究的数据和结论是正确的。此外，王志国教授作为国际公认的科学家，没有学术造假的依据。“国际公认的科学家和有没有造假之间有逻辑关系吗?”吴常信问。

在大会上，吴常信还列举了我国多个部门有关科研诚信的明文规定，其中包括，2009年由科技部、教育部等十部门联合发布《关于加强我国科研诚信建设的意见》，“这说明，我们并非没有相关的法规规定，只是执行力度不够”。

正如论坛现场的一位广东省教育厅的干部所说，有规定但不执行，有机构但不作为，如此，即便有了学术不端，要么不查，查了，结果也是不了了之。“没有惩戒和处罚，如何让人‘不敢腐’。”他说。

在BMC撤销论文事件中，韩启德注意到一个细节：41篇被撤销的中国论文，不少是中国医学界的学者所投。这也引出了一个老话题：有的医生忙得连上厕所的时间都没有，但还要为了评职称，在下了手术台后去写论文，这样的论文，质量高的能有几篇呢?

“这事关最高价值的评价问题。”中国科学院大学党委副书记马石庄教授说，通常来看，医生的最高价值取向是救人，教师是育人，而科学家是探索未知，那么，当一名医生的研究和救人发生冲突，该选择哪个?当一名大学教授在出成果和育人之间发生冲突时，又该如何选择?

“如果选择结果不符合最高价值，就说明我们当下的评价体系出现了问题。”马石庄说。

第二军医大学教授、中国工程院院士王红阳也注意到了这个问题，她说：“对医生、教师应该进行分类评价，不能用一个标准来衡量。”她说，“有的医生，更擅长甚至只擅长给病人开刀、开处方，而不具备做研究的能力，或没有那个时间。如果一刀切，就不免有学术不端的可能性。”

正如韩启德所说，“要想做到不能腐，必须完善评价体系”。

但这个过程并不容易。

南开大学校长龚克曾在学校尝试开展一次“去论文化”的改革，其对象是体育老师。“体育老师也要发表文章?把课教好就可以了嘛。”让龚克没想到的是，这个改革想法遭到体育教研组的“反对”。“如果不写论文了，我们怎么评职称呢，你说你篮球打得好，他说他羽毛球教得好，没法比较，该评谁好呢?”结果，论文还是要写。

或许，正应了论坛现场一位教师所说的，以前评职称并不用发论文，原因很简单，因为人少，现在人多了，处在一种僧多粥少的态势，这就带来了一个问题：除了论文，还有哪种评价更科学?正如高考，就是在第二种选择出现之前一种相对公平且科学的选择。

当然，要做到不想腐，在韩启德看来，还要从科学道德教育抓起。对这一点，北京大学常务副校长柯杨颇有感触。

柯杨从BMC事件联想起和北大新生的一次交流。当着她的面，一位大一新生说，“我的目标是得诺贝尔奖”。柯杨听后哭笑不得：“我不好意思去批评这个学生，因为他讲了一个很励志的想法。但这种声音所折射的，确实不是本着对兴趣、科学纯粹追求而产生的想法，甚至可以说有些急功近利。”

“这和我们一直以来的科学教育以及科学道德教育的缺失不无关系。”柯杨说，“在这种情况下，我们对科学的态度常常出现两个极端，一个是将其奉为神明，以至于对任何学术权威甚至是每个带点头衔的人都会‘膜拜’；另一种就是急功近利，从上到下对科技的功利心，让搞科学的人很难静下心来，甚至会做一些亵渎科学的事情。”她说，BMC事件或许只是一个案例，但从未来学术环境的营造以及未来科学家的培养角度来看，切实有效的科学道德教育刻不容缓。

本报广州5月22日电

本报记者　邱晨辉

《中国青年报》(2015年5月23日，第1版)

专业名称：新闻学、传播学

考试科目名称：新闻传播历史与理论

1. 名词解释（每题5分，共35分）

（1）政治传播

（2）《中国的西北角》

（3）传播基础结构

（4）新闻价值

（5）新闻敲诈

（6）史量才

（7）“开天窗”

2. 简答题（每题10分，共40分）

（1）简述抗战时期中外记者西北参观团的活动情况。

（2）简要评析新闻史上著名的新闻事件“萍水相逢百日间”。

（3）概述新闻报道的全面性原则。

（4）简述传播学“纽约学派”及其代表人物和主要学术观点。

3. 论述题（共75分）

（1）释论“新闻受众”与“新闻用户”的区别与联系（20分）

（2）谈谈1956年我国社会主义新闻工作改革的经过、意义和成效。(20分)

（3）什么是“新媒体”？试论述新媒体给传统媒体时代的传播理论带来哪些方面的改变。(35分)

中国传媒大学2016年研究生入学试题

博士研究生入学试题

专业名称：新闻理论与历史

1. 论述新媒体环境下的党管媒体原则与国家的意识形态安全。(30分)

2. 论述大数据时代新闻传播理念及新闻生产模式的变化。(30分)

3. 论述“反客里空”运动的历史背景、实际情况及历史意义。(40分)

专业名称：传播理论与历史

1. 简述健康传播的起源和基本概念并谈谈你对健康传播在中国发展的想法。(30分)

2. 简述新媒体时代“把关人”理论的变迁和你对此问题的认识。(30分)

3. 2016年2月，习近平总书记在党的新闻舆论工作座谈会上指出：“要加强国际传播能力建设，增强国际话语权，集中讲好中国故事，同时优化战略布局，着力打造具有较强国际影响的外宣旗舰媒体。”

试论述在媒体融合背景下，如何制定我国对外传播的策略、提升我国对外传播的能力、打造我国对外传播的旗舰媒体。(40分)

专业名称：国际新闻理论与历史

1. 评述新闻舆论宣传在中国抗日战争时期的特点及其作用。(50分)

2. 论述大数据时代舆论引导的特点与规律。(50分)

专业名称：舆论学基础

1. 联系实际，试论如何增强舆论引导的效果。(50分)

2. 怎样理解舆论学是新闻哲学？(50分)

专业名称：广告理论与广告史

1. 名词解释（10分）

程序化购买

2. 简答（30分）

请谈谈你对中国广告博物馆功能定位及内容建设的看法。

3. 论述（60分）

有研究报告称，我国互联网历时20年的发展，在经历了基础初创期、产业形成期和快速发展期之后，目前进入了融合创新期。请阐述互联网融合创新的特征，及其对广告行业发展的影响。

专业名称：传媒经济学基础理论

1. 简要叙述互联网的分离功能及其对企业组织结构的影响。(30分)

2. 简述SCP（市场结构—市场行为—市场绩效）的基本框架，并说明市场集中度指标中的CRn及其使用时应注意的问题。(30分)

3. 论述互联网逻辑给影视业带来的新模式。(40分)

专业名称：新闻史论

1. 论新时期党的新闻舆论工作的职责与使命。(50分)

2. 评述《新青年》的办刊活动。(50分)

专业名称：新闻采编

1. 主流媒体如何做“看不见的宣传”？(25分)

2. 互联网新兴媒体如何融合创新？(25分)

3. 试评“十二五”期间我国的新闻业务研究。(50分)

专业名称：报刊理论

答题要求：第一题答案应在1000字以上；第二题、第三题答案应在700字以上。

1. 结合习近平总书记在新闻舆论工作座谈会上的重要讲话精神，试论新闻工作者如何从全局出发把握新闻舆论工作。(50分)

2. 结合实例分析我国媒体对重大灾难事件的报道策略。(30分)

3. 试述党报如何在融合发展中实现人才的转型升级。(20分)

专业名称：传播业务

1. 请谈谈你对传播学研究和社会发展的关系的理解。(40分)

2. 请阐释当今时代的新媒体如何影响当代中国社会生产和生活及整个社会形态

的变迁。(30分)

3. 阐述网络化语言表达的传播效应。(30分)

专业名称：国际传播

1. 分析国际传播在国家安全中的作用。(30分)

2. 举例并分析近年来非西方国家国际媒体崛起现象。(30分)

3. 论述讲好中国故事在“一带一路”倡议中的重要意义。(40分)

专业名称：受众与传媒生态

1. 新媒体时代电视频道专业化的方向和出路何在？与受众市场细分之间有何关系？试应用相关传媒生态理论对此进行探讨。(30分)

2. 目前越来越多的电视节目在网络平台播出，应该如何评估电视节目的综合传播效果？试就纳入网络指标建构综合性的电视节目评估体系的目的、意义、原则和方法进行探讨。(30分)

3. 我国某国际广播传媒计划对其传播效果进行一次海外听众调查。试围绕某一主题或事件，设计一份调研方案，详细说明调研主题、目的、调研范围和对象、调研方法、主要内容，并设计一份调查问卷。(40分)

专业名称：传媒政策与法规

共两题，任选一题，阅读第一段英文或根据中文题目，写一篇格式完整的文章。对于其中涉及的知识和问题，有较为准确的理解和把握（50分）；能够运用一定的学科理论阐释问题（30分）；表达具有逻辑性、语言通顺。(20分)

1. The internet holds enormous potential for development. It provides an unprecedentedvolume of resources for information and knowledge and opens up new opportunities for expression and participation. Every party members should assumes its responsibility of promoting freedom of expression on Internet and has integrated it to its regular program. The principle of freedom of expression must apply not only to traditional media but also to the Internet and all types of emerging media platforms which will definitely contribute to development, democracy and dialogue.

2. 论媒介融合对传媒监管的影响。

专业名称：社会科学研究方法

1. 请比较二阶按比例分层抽样与配额抽样的差异。(20分)

2. 请用实例讨论介入式研究的研究伦理问题。(25分)

3. 随着互联网的发展与普及，人们越来越多地利用互联网搜集数据和资料。请说出其中三种常用的方法，并分析其利与弊。(25分)

4. 目前有一个机构想对某高校内所有微信公众号进行研究。现请你帮助该机构设计完成这项研究。要求：提出研究问题、明确研究对象、界定研究概念及操作化、进行问卷设计、给出抽样方案。由于时间有限，请在你提出的研究设计中至少包括上述三项内容。(30分)

专业名称：国际关系史论

1. 简析马歇尔计划的产生背景及其对战后世界秩序的影响。(30分)

2. 试述国家利益对国际关系的决定性作用。(30分)

3. 阐释“文化帝国主义”概念的内涵及其对国际关系的影响。(40分)

专业名称：政治学

1. 谈谈你对“意识形态”这个概念的基本理解。(15分)

2. 综合分析论证题：从以下两段话的

导引中，运用政治学理论中的政治价值的分层传播原理，论证中国政治文明的国际传播战略。(85 分)

政治文明是人类各民族各国家历史悠久的政治文化中所积淀的有益于人类的积极成果。因而，政治文明的本质特征是没有“政治冲突性”。但是，政治文明却并不据此成为远离人类生活的虚无缥缈的精神幽灵，而是通过各种载体外化和体现在人类的政治生活之中。因此，政治文明的另一个特征是“有国别而无国界”。国际政治传播中的意识形态、政治价值、政治思想、政治文化都程度不同、形态各异地承载和传播着人类的政治文明。正是由于意识形态的对立性、政治价值的层级性以及政治文化的民族性，国际间政治文明的传播与相融，需要形成“共振”才能实现。

人类的政治传播，传播的内容归根结底是一种政治文明。若姑且把人类的政治文明用“西方”和“东方”做最简单的形态划分（当然不是最科学的，这里的“西方”与“东方”具有空间的、地域的、文化形态的、意识形态的等综合性的意义），那么西方的政治文明发展至今，总结出了一些基本的理念和原理，同样，基于中国政治实践的中国特色政治文明也有一些基本的理念。从政治传播角度看，作为没有“政治性”的政治文明是特殊性和普遍性的统一，也是经验与规范的统一，无论是其特殊性还是其普遍性都离不开政治传播。特殊性意味着其在特定的经验政治中生成，这种生成的过程本身就是一个扩展和传播的过程；普遍性意味着其规范价值意蕴在其生成的政治系统以外被接纳、认同，这更是一个传播和共振的过程。这就是说，无论在特定的政治系统中，还是不同的政治系统间，政治文明与政治传播都是共生共荣的。在随着传播技术迅猛发展人类政治文明不断走向深度融合的新时代中，当我们把来自于某地区某国度的政治治理成果总结升华政治文明的时候，所着力诉求的是其对于人类政治所具有的普遍指导意义，这种意义的实现所依赖的正是政治传播。进而言之，支撑中国社会改革开放迅猛发展几十年的中国特色的政治文明，当通过有效的政治传播惠及全世界，造福全人类。

专业名称：国际新闻业务

1. 评论题

最近一段时间以来，“南海军事化”的议题被西方媒体炒得沸沸扬扬，请就此问题写篇评论。(共 50 分，1000—1200 字)

2. 论述题

习近平在 2016 年 2 月的新闻舆论工作座谈会上讲到，要加强国际传播能力建设，增强国际话语权，集中讲好中国故事，同时优化战略布局，着力打造具有较强国际影响的外宣旗舰媒体。就这一段话，以及当前我国的国际传播，说说自己的看法。(共 50 分，1000—1200 字)

专业名称：广播电视理论与历史

1. 从媒介融合的角度来分析广播电视的发展。(50 分)

2. 请你谈谈广播电视在知识传播中所起的作用。(50 分)

专业名称：广播新闻

1. 结合长江沉船事件或天津滨海新区危险品仓库爆炸事件中广播媒体的表现，谈谈你对广播媒体应如何优化事故灾难类突发事件报道的看法。(60 分)

2. 你认为广播“互联网 +”的主要问题或困境在哪里？是否所有的电台都需要基于“互联网 +”进行未来的发展设计？(40 分)

专业名称：电视学理论与实务

1. 当前“数据新闻”从理论到实践在

电视新闻报道方面都很活跃。谈谈你对数据新闻概念的认识，并举例分析其在电视新闻报道中的功能优势与局限，以及对电视信息传播变革的积极意义。(50 分)

2. 在媒体融合发展的进程中，传统媒体逐渐由单一内容媒体向社交媒体、场景媒体发展，广播电视媒体应如何适应这一趋势发展？请结合当前广播电视发展的实际谈谈你的观点。(50 分)

专业名称：编辑出版理论与实践

1. 2016 年 3 月 10 日起正式生效的《网络出版服务管理规定》在哪些方面有突破？主要影响在哪里？(25 分)

2. 从版权资源的角度说明出版融合所面临的问题，在制度和法律层面你有何建议？(25 分)

3. 从人类传播技术进步看出版业创新发展的趋势。(50 分，1500 字左右)

专业名称：广告传播

1. 简述并评析 2015 年我国广告学术研究的热点内容。(30 分)

2. 请阐述广告与社会价值取向之间的关系，并结合实例，谈谈你对广告导向性的看法。(20 分)

3. 2015 年，广告品类中出现了微信朋友圈广告，宝马、Vivo、可口可乐等广告出现在不同用户的微信朋友圈里。请简述微信朋友圈广告的传播特征，并分析信息流广告的传播效果。(25 分)

4. 请结合新《广告法》的实施分析百度贴吧中“血友病吧”被商业化事件。(25 分)

附“血友病吧”相关材料：

血友病吧商业化事件始末

百度贴吧：

百度贴吧自 2003 年 12 月诞生以来，最初是为了使搜索引擎搜索到的内容更加丰富，每一个贴吧都是一个独立的社群，本身不以盈利为目的。百度贴吧中的血友病吧是全国人气最高的一个血友病交流地。

事件背景：

2016 年 1 月 9 日，有网友爆料百度贴吧将血友病吧经营权卖出，原吧务组成员被撤换，新吧主是通过花钱获得这个身份，并试图通过身份获利。此事在媒体上持续发酵，网友举报称，除血友吧外，不孕不育吧、糖尿病吧、癫痫吧等热门疾病吧也被引入商业合作的吧主，在 3259 个健康保健类贴吧中，有近 40% 的热门疾病贴吧已被卖。

百度回应：

百度 1 月 12 日上午发出声明，“病种类贴吧全面停止商业合作，只对权威公益组织开放”。百度还表示会在 2016 年针对一些垂直和专业领域，开始尝试引入专业机构。

贴吧商业化：

百度贴吧新的商业化道路始于 2013 年年底。2015 年，百度试水“贴吧合伙人制度”，初衷是尝试商业机构与吧友共同管理的运营模式。在这个信息越来越透明的时代，如何平衡好商业和用户利益，是每个企业都面临的问题。百度卖贴吧的事件引起了社会对百度盈利模式的又一次质疑。2008 年和 2011 年，央视就曾曝光百度自身“竞价模式”中可能存在的虚假广告问题。这次，百度又一次站到了风口浪尖。“血友病吧事件”也引友人们对百度贴吧未来走向的关切。

各界评论：

《人民日报》评论：互联网时代的社群高度垂直、黏度十足，确实有商业价值；然而，开发手段不宜简单粗暴。赤裸的商业操作剥去了魅力化的关系群，实在有些杀鸡取卵。

中国互联网协会副秘书长石现升：贴吧属于开放平台，怎么进行管理，包括所有权归属以及产生的经济效应、社会效应归属也需要行业组织认定。在没有法律规定的情况下，吧主和平台的关系需要看不违背公共利益和公共道德的用户协议。

法律界人士：百度贴吧本身的定位就是一个大家表达意见、信息交流的平台，那么转让经营权是不妥的，不能以交流的名义做商业平台，那样的话就涉嫌以非商业名义进行广告行为，侵害了公众知情权。

专业名称：媒介经营与管理

1. 阐述媒体市场竞争的几种基本战略模式，并选择其中一种通过案例加以说明。(30 分)

2. 论述媒体组织如何加强内容资产的版权管理并使版权的价值最大化。(30 分)

3. 资源学派的代表人物杰伊·巴尼以资源理论为依据，建立了一个组织内部分析框架 VRIO (Value, Rareness, Imitability, Organization)。请用 VRIO 框架分析媒体组织的内部条件，并说明其竞争意义。(40 分)

专业名称：国际文化贸易理论

1. 试述国际文化贸易动因理论。(30 分)

2. 试述国际文化贸易对文化多样性的影响。(30 分)

3. 试述全球化对文化产业内容生产的影响。(40 分)

专业名称：产业经济学

1. 简要叙述企业资源位与产业资源位之间的关系与转化规律。(30 分)

2. 简要叙述互联网的连通与分离功能及其对产业组织的影响。(30 分)

3. 试述信息粗交流国际文化贸易中的应用途径与前景。(40 分)

专业名称：互联网特性研究

1. 请结合实例，阐述我国主流媒体新闻社交化发展与转型特点。(40 分)

2. 请分析 2015 年我国视听新媒体在内容生产和创新领域的主要特点。(30 分)

3. 近年来，复兴路上工作室的《领导人是怎样炼成的》《十三五之歌》等作品的传播引起世人关注。以此为例，分析网络视频环境中的政治传播的新模式与新趋势。(30 分)

硕士研究生入学试题

考试科目名称：新闻与传播专业综合能力

1. 简答题（每题 15 分，共 45 分）

（1）简述知沟理论。

（2）简述怀特把关研究的优缺点。

（3）简述并评价传播的二功能说。

2. 论述题（每题 30 分，共 60 分）

（1）请结合实际论述新媒体环境下的舆论引导问题。

（2）你认为“讲好中国故事”面临的困境在哪里？如何破解？

3. 案例分析题（45 分）

2015 年 11 月 8 日中国记者节，微信朋友圈里一条《“快笔小新”上岗了！84 岁新华社起用“机器人记者”》的消息几乎刷屏了。你认为“机器人”是否会取代记者？传统的记者是否会因机器人记者的出现而“下岗”？

考试科目名称：出版综合素质与能力

1. 选择题。从 4 个备选答案中选出 1 个最合适的答案。(每题 1 分，共 15 分)

(1) 孟子发展了孔子的思想，不包括____。

A. “水则载舟，水亦覆舟”

B. “不以仁政，不能治天下”

C. “民为贵，社稷次之，君为轻”

D. “施仁政于民，省刑罚，薄税敛”

(2) 帝王谥号主要依据其生前行为而定。下列各项中属于谥号的是____。

A. 秦始皇　B. 汉武帝

C. 唐太宗　D. 清康熙帝

(3) 先秦诸子中最早提出“爱人”主张的是____。

A. 老子　B. 孔子

C. 墨子　D. 孟子

(4) ____是人类最早使用的金属。

A. 铜　B. 铁　C. 银　D. 铅

(5) 我国第一部诗歌总集是____。

A. 《诗经》　B. 《离骚》

C. 《论语》　D. 《左传》

(6) “山城”是我国____市的雅号。

A. 洛阳　B. 西安

C. 重庆　D. 福州

(7) ____市被称为“六朝古都”。

A. 洛阳　B. 西安

C. 南京　D. 北京

(8) 《源氏物语》是____的古典文学名著。

A. 俄罗斯　B. 英国

C. 日本　D. 德国

(9) ____是“五岳”中的“中岳”。

A. 泰山　B. 嵩山

C. 华山　D. 恒山

(10) 士族以“门第”为标准，“门第”主要指____。

A. 家族的规模　B. 家族的出身

C. 家族的建筑　D. 家族的地位

(11) 清代的三法司是指____。

A. 刑部廷尉御史台

B. 刑部大理寺都察院

C. 刑部大理寺御史台

D. 刑部廷尉都察院

(12) 形成风的主要原因是____。

A. 空气上升与下降的对流运动

B. 水平方向上气压的差异

C. 地势高低的不同

D. 不同高度空气的密度不同

(13) 在人类社会的发展史上，经历了三次科技革命，其标志为____。

A. 蒸汽机的发明、纺织机的发明、电子计算机的发明

B. 蒸汽机的发明、电力的发明、电子计算机的发明

C. 蒸汽机的发明、电力的发明、电子计算机的发明和原子能的发明和使用

D. 蒸汽机的发明、纺织机的发明、原子能的发明和使用

(14) ____不属于法国。

A. 凯旋门　B. 比萨斜塔

C. 埃菲尔铁塔　D. 卢浮宫

(15) 下列有关文学常识的表述正确的一项是____。

A. 《左传》也称《春秋左氏传》或《左氏春秋》，是儒家经典之一，它既是一部内容丰富的史书，又有很强的文学性，作者相传为孔子同时代的左丘明。

B. 罗贯中的《三国演义》一书中有很多故事家喻户晓。例如：桃园三结义、三英战吕布、三顾茅庐、三气周瑜、三打祝家庄等。

C. 鲁迅的《狂人日记》收在短篇小说集《彷徨》中，是中国现代文学史上第一部白话小说，作品鲜明地表现了对愚弱国民“哀其不幸，怒其不争”的态度。

D. 《父与子》《变色龙》《装在套子里的人》都是俄国作家契诃夫的短篇小说。

2. 填空题。在空格中填写恰当汉字，使之成为正确的成语或诗句。(共20分)

(1) 成语填空。(每空1分，共10分)

(　)然屹立　　春意(　)然

(　)然物外　　(　)然无存

（ ）然泪下　　（ ）然不动

病人膏（ ）　（ ）海桑田

重蹈（ ）辙　出奇（ ）胜

（2）诗句填空。（每空1分，共10分）

造化钟神秀，__________。（杜甫《望岳》）

常恐秋节至，__________。（汉乐府《长歌行》）

相顾无相识，__________。（王绩《野望》）

坐观垂钓者，__________。（孟浩然《望洞庭湖赠张丞相》）

__________，烟波江上使人愁。（崔颢《黄鹤楼》）

__________，轻罗小扇扑流萤。（杜牧《秋夕》）

晨兴理荒秽，__________。（陶渊明《归园田居》）

__________，衣冠简朴古风存。（陆游《游山西村》）

__________，我言秋日胜春朝。（刘禹锡《秋词》）

__________，青草池塘处处蛙。（赵师秀《约客》）

3. 标点古文题。将下列古文加上标点符号，抄写在答题纸上，并翻译成现代汉语。（共30分）

郑人游于乡校以论执政然明谓子产曰毁乡校，何如子产曰何为夫人朝夕退而游焉以议执政之善否其所善者吾则行之其所恶者吾则改之是吾师也若之何毁之我闻忠善以损怨不闻作威以防怨岂不遽止然犹防川大决所犯伤人必多吾不克救也不如小决使道不如吾闻而药之也然明曰蔑也今而后知吾子之信可事也小人实不才若果行此其郑国实赖之岂唯二三臣仲尼闻是语也曰以是观之人谓子产不仁吾不信也

4. 改错题。改正下列句子中的用词不当之处，并简要分析。（每题2分，共10分）

（1）厨师用自己精心特制的米饭招待客人，客人觉得非常美味。

（2）同学们纷纷表示要尽最大努力，完成今年的植树目标。

（3）加味逍遥丸的主要成分是柴胡、当归、白芍、白术等配制而成的。

（4）在自然灾害面前，人民子弟兵所表现出的这种大无畏精神是值得我们可歌可颂的。

（5）工作方法改进后，速度大大提高了，是原来的一倍。

5. 逻辑简析题。（每题5分，共15分）

（1）有人说，“三联书店王中发稿最讲究‘齐、清、定’”，这一话语中主要的预设有哪些，请分别写出来。

（2）在一艘出海的船上，有位新海员还没有见过船长。这位新海员总喜欢穿着夹克衫不戴帽子在甲板上看海。一天，当他又在甲板上看海时，船长走了过来。船长突然停下来捡起了一个烟头，对这位海员大声说道：“我想知道这该死的东西到底是谁的？”这位海员略思片刻，然后慢条斯理地对那位船长说：“伙计，我说它是你的，因为是你发现了它。”请简要复述这位海员的论证过程，并说明其论证是否可靠。

（3）下列论证是用什么方法得出结论的，前提对结论的支持程度强吗？请简要回答。

为了更好地估计当前社会公众掌握管理基本知识的情况，《管理者》杂志在读者中开展了一次管理知识有奖问答活动。回收答卷并评分后发现，60%的参加者对于管理基本知识掌握的水平很高，30%左右的参加者也表现了一定的水平。《管理者》杂志因此得出结论，目前社会公众对于管理基本知识的掌握还是不错的。

6. 阅读题。下文为《一个屏幕伪社交症患者的自白》一文节选，阅读后请回答

文后问题。（共20分）

一个屏幕伪社交症患者的自白

回到屏社交，这技术上的一场完美革命，久而久之，在人性上不啻为深刻的由"深社交"向"浅社交"的全面退化。从此，社交礼仪等一切经验俱已成灰，直抒胸臆、无所顾忌的屏社交接管了我们的社交。其现实后果是，像我和另外一部分人，在屏社交里是活跃分子，一旦面临真实的生活现场，时常手足无措，不安，紧张，抑郁，成为"新常态"。

屏社交以其技术便利，最大限度地释放了人们难以餍足的贪欲，却无法帮助我们消化不断囤积的社交欲念和严重过剩的社交存量。正如在真实的有轻松氛围的社交中，没有人会去录音，可在屏社交中，几乎人人都很在乎聊天记录的备份和再转移——尽管你未必有闲情逸致再次查阅它。

屏社交给一个人带来的改变应该是因人而异的，对有些人来说，屏社交与现实世界好比异面直线，交叉程度非常低，对有些人来说，两个世界早已打成一片难分彼此。屏社交还给公共社交带来了其他一些东西。几乎任何一个公共社交活动，都会被拍照分享——因为几乎任何一个人都有强烈的"自我中心主义"，人最关注的永远是自己，他需要时时确认在场以及当下的感受，然后通过分享它进一步强化这种确认。我们内心不安，分享的动作使我们成功地假装自己很忙，假装我们在人群中如鱼得水并不孤单。屏社交的网络环境提供了这样的便利，同时又强化了这种分享（假装）冲动。这是我们在餐厅、商场的电梯过道、影院的买票队伍、地铁、公车、高铁等任何地方掏出手机和 iPad 的根本原因，我们不安的心灵需要一个外在、可控的从容支点。

我从屏社交里反省到的最有痛感的一条经验是，屏社交让陌生人社交侵蚀甚至取代了熟人社交。我们最熟悉的亲友常常不是屏社交中最积极的点赞党。比如我的母亲，她并没有一个智能手机，也不识字，她无法在我最精彩最有趣的那条动态下点赞，亦无法在我那条"感冒一个月还没好"的动态下给我赠送"药"和"拥抱"的屏图标。由于屏幕壁垒，她甚至无法获悉我的任何信息。这对她是不公平的。她是世上极少数几个可以不计成本、千里迢迢来看我的人，却很难拥有我的信息。屏社交使我们轻易获得了来自浅社交的点赞和关怀，这固然弥足珍贵，毕竟无法与最亲密的亲友相提并论。可是，沉浸在屏社交里我们，不是天天都很享受这种屏上的点赞和关怀并且无法自拔吗？这是为什么呢？

因为我们孤独，我们是如此的渴望被关注被关怀。即便是屏社交里成本很低的关注，我们也倍感温暖和珍惜，因为它在电光火石间唾手可得。在屏社交里，我们并不是真的需要"真实的帮助"，而是需要被人"立刻注意到"，点赞和跟帖就起到了这样的效果。

有人说，是微信微博这些屏社交工具让人变得越来越孤独。我的看法恰好相反，适当使用屏社交工具，有助于缓解人类的孤独境况，爱微信的人都不喜欢孤独，但过度使用又让我们重新坠入孤独之境。正因为人类的内心是如此孤独，如此没有着落，如此渴望关心，我们才如此热爱屏社交，试图从中得到慰藉，在这过程中，孤独得到了一些缓解。而正是在这样一个过程促使我们反省自身的孤独状况，我们不愿意承认自身的孤独，所以引咎于外，让微信微博背了黑锅。

我已经明白，屏社交只是战胜孤独的一种工具，而非逃避孤独的密室。

（1）结合语境解释以下词语（每词3分，共12分）

屏图标　屏社交　点赞　"深社交"

（2）简要问答（8分）

作者在文末说："屏社交只是战胜孤

独的一种工具，而非逃避孤独的密室”，请问作者这里“密室”的实际意义是什么？作者借以表达的核心观点是什么？

7. 写作题（共 40 分）

阅读下列短文，请以“看得见”的思想为主题写一篇议论文。要求：自拟标题，中心明确；论述、分析较为充分、全面，有自己的观察、思考或见解；书写规范，无病句错别字及标点错误，字数在 800 字左右。

思想是看得见的

与时俱进的先进思想，是一本杂志的灵魂。二十多年来，《读者》杂志与改革开放同步，在人们生活各领域的思想观念方面，为改革开放推波助澜，这是它鲜活的生命力所往。

《读者》杂志所传递的，都是“看得见”的思想，它总是在一个个动人的故事中，透射出思想的光芒。

——一位年轻人的婚姻选择：要一个“完美无缺”的好人，还是一个有缺点但有个性的普通人？

——一位喜欢收藏的人士，终于没有买回那件心仪已久的藏品，而是留在了公共展馆。心动了，他就去看一看。他觉得，已将宝物收藏到了心中。

——铁凝的小说。姑娘的男友为了向她表“忠心”，拼命揭开前女友的“文革疮疤”，终于令姑娘忍无可忍，离开了这个自私而狭隘的男人。

——中日孩子在夏令营中的较量，一方温驯、懒惰、弱不禁风，另一方顽强、坚忍、独立。

四个小故事，说的都是生活琐事，并不惊天动地；但分别反映了个性、开放、宽容、独立的意识，而这些恰恰便是现代人的品格的组成要素之一。正是这些通俗、亲切、生动的故事，使新的思想、新的观念潜移默化至读者的心中。

国家政治经济的改革，必须与提高国民素质同步。而这正是大众文化传媒肩负的任务。

开会、学习、读社论、发文件，是思想教育的传统途径。但对于《读者》杂志来说，它更着眼于“看得见”的思想。仔细想想又有哪些思想在生活中看不见、摸不着呢？

考试科目名称：新闻与传播专业基础

新闻理论

1. 填空题（每题 1 分，共 10 分）

(1) 顾名思义，媒介批评就是对（ ）的批判。

(2) 维护新闻（ ）是新闻工作者起码的职业道德。

(3) 在（ ）社会中，新闻舆论具有一定的阶级性。

(4) 1895 年德国的科兹教授在海德堡设立了最早的（ ），这标志着新闻学在欧洲的兴起。

(5) 新闻是一种具有（ ）的信息。

(6) 广义新闻学一般包括理论新闻学、历史新闻学和（ ）新闻学。

(7)（ ）是中国新闻史上最先出现的具有较大权威性的中央封建官报。

(8) 人类的新闻传播活动起源于（ ）社会。

(9) 新闻舆论属于社会的上层建筑（ ）领域。

(10) “新闻自由”，亦即出版自由，属于（ ）民主权利中的一种。

2. 名词解释（每题 5 分，共 20 分）

(1) 信息 (2) 新闻价值

(3) 新闻他律 (4) 事件性消息

3. 论述题（每题 10 分，共 20 分）

(1) 试论马克思主义新闻本源观。

(2) 简略评述新闻事业性质的多重属性。

新闻史

1. 填空题（每题 1 分，共 10 分）

（1）我国现存最早的古代原始形态的报纸是唐代的（　　）。

（2）我国最早出现的民间报纸是南宋时期的“小报”，当是还出现了我国最早的新闻记者的雏形——专门探听消息的人，叫作（　　）。

（3）1923年10月20日创刊于上海的《中国青年》创始人是（　　）。

（4）1923年美国人（　　）在上海开办了中国第一座广播电台。

（5）传教士（　　）主编的《万国公报》是中国近代史上基督教在华最大的出版机构、教会联合组织广学会所创办的。

（6）“文化大革命”的直接导火索是姚文元在上海《文汇报》上发表的一篇文章，这篇文章的标题是（　　）。

（7）法国波旁封建王朝时期的著名“三大官报”是政治性的《公报》、文学性的《文学信使报》和科学性的（　　）。

（8）英国新闻史上第一张成功的便士报是（　　）。

（9）美国新闻史上两位著名的黄色新闻大王是：约瑟夫·普利策和（　　）。

（10）在西方新闻传播史上，曾对自由主义新闻理论做出过重大贡献的三位代表性人物是：英国的（　　）、美国的托马斯·杰斐逊和英国的约翰·密尔。

2. 名词解释（每题5分，共20分）

（1）《申报》　　（2）三社四边协定

（3）林白水　　（4）两报一刊

3. 论述题（每题10分，共20分）

（1）论评述我国近代资产阶级革命派报刊宣传活动与历史贡献。

（2）试比较分析西方政党报刊与廉价报刊的不同之处及原因。

新闻业务

1. 名词解释（每题5分，共20分）

（1）书面采访　　（2）通讯

（3）新闻选择　　（4）新闻敏感

2. 请根据以下材料作答（30分）

“垃圾靠风刮，污水靠蒸发”，农村垃圾治理是我国乡村建设的老大难，也是世界性难题，尤其近年来大量出现的废旧塑料包、农膜、秸秆等因处理不当污染环境，甚至威胁到“菜篮子”和“米袋子”的安全。

据住建部统计，截至2013年末，全国58.8万个行政村中，对生活垃圾进行无害化和非无害化处理的仅占37%，全国村庄生活垃圾无害化处理率只有11%。同期城市生活垃圾处理率为95%，其中无害化处理率达89%。

记者围绕“垃圾围村”能否突围、通过垃圾整治带动农村人居环境改善等问题，组织一组深度报道。

（1）请就这一现象策划一组深度报道，列出前期准备中应搜集哪些方面背景材料。（5分）说明获取这些材料的途径。（5分）

（2）“垃圾围村”能否突围？展开调查、求证，设计详细的采访提纲，包括调查目的、调查路径、层次、区域和采访对象。（20分）

出版专业基础

1. 名词解释（每题5分，共20分）

（1）专有出版权　　（2）重版率

（3）直接成本　　（4）出版物标识

2. 简答题（每题15分，共60分）

（1）中国近代颁布了哪些著作权法？各有什么特点？

（2）简述选题策划的主要内容。

（3）图书质量检查的范围包括哪些？

（4）简述大数据对出版业的影响。

3. 写作（70分）

阅读以下材料后，请以此为启发，写一篇文章。

GoPro CEO Nick Woodman：我们是一家内容生产公司

11月12日，2015年腾讯网媒体高峰

论坛在北京举行。Re/code 执行主编 Kara Swisher 和 GoPro CEO NickWoodman 就中国市场、内容战略、媒体发展等话题进行了交流。GoPro 是全球知名运动拍摄设备品牌，也是一个分享平台和内容生产平台。以下是对话的部分内容：

Nick Woodman：GoPro 是一个全球化公司，做内容是我们的第一大战略。我们之所以能在全球有这么快的扩张速度，是因为我们的受众非常欣赏我们的内容。我们在中国市场增长飞快，也是得益于我们的内容。我们是一家内容生产公司。

Kara Swisher：跟大家说一下你的内容战略，因为这是你的核心，你并不只是卖设备。

Nick Woodman：对，我们就是一个内容公司，内容是我们的核心，硬件只是辅助。我们要确保我们的大量投入是在软件开发当中，这些软件不仅仅是去捕捉内容，还要把内容放到云端，让用户的手机能够去接入、分享，所以 GoPro 不是以硬件为中心去开展业务。

Kara Swisher：你如何看待你们所创建的内容呢？

Nick Woodman：我们要推动人们去追寻自己的激情。比如我们去推动大家旅行，让他们通过 GoPro 编纂他们的游记，跟大家去分享。我们会一直给他们一些奖励，比如 500 美元一张照片，1000 美元一个视频。这样的话，他们一直获得 Gopro 的一些报酬，他们会成为专业的旅行者，他们一直是在路上创造内容。

……

有人认为，“现在、未来引领媒体发展的，不可能是传统意义上的媒体。”作为编辑出版专业的考生，你怎么看？请自拟标题，写一篇 1200 字左右的文章。要求观点鲜明，主题明确。

新闻传播史论

1. 名词解释（每题 6 分，共 30 分）

（1）精确新闻报道

（2）中国新闻奖

（3）哈瓦斯通讯社

（4）约翰·弥尔顿

（5）社会责任理论

2. 简答题（每题 15 分，共 60 分）

（1）简述“苏报案”的起因、经过和影响。

（2）简评《晋绥日报》的反“客里空”运动。

（3）简述新闻工作的“三贴近”原则与要求。

（4）简要评述“知识沟”理论。

3. 论述题（每题 30 分，共 60 分）

（1）简论新兴媒体的发展给政治传播带来的影响。

（2）“新记”《大公报》的办报方针是什么？该报是否始终贯彻了这一方针？

传播历史与理论

1. 名词解释（每题 6 分，共 30 分）

（1）瓦尔特·本雅明

（2）拟态环境

（3）社会化媒体

（4）国家形象

（5）滚雪球抽样

2. 简答题（每题 15 分，共 30 分）

（1）请简述人类传播演进的历史阶段。

（2）请简述中国古代的邸报与小报。

3. 论述题（每题 30 分，共 90 分）

（1）试论互联网时代用户的“使用与满足”。

（2）试论当代中国社会转型中浮现的互联网伦理问题。

（3）“沉默的螺旋”在互联网时代是否仍然存在？请选择近年来重大的舆论事件进行分析。

互联网信息理论

1. 简答题（每题 20 分，共 60 分）

(1) 简述传统模式与互联网模式传播讯息的区别。

(2) 列举你所知道的 SNS 社交媒体网站，简述信息在 SNS 社交媒体中的传播方式和传播途径。

(3) 简述互联网媒体如何创新扩散的。

2. 论述题（每题 45 分，共 90 分）

(1) 详细论述你对传统媒体与新媒体融合发展的看法，并请举一个实例进行说明。

(2) 我国“十三五”规划纲要重点提出实施“互联网 +”行动计划，请详细阐述你对“互联网 +”的理解，并请举一个案例进行说明。

新闻实务

必选题综合（80 分）

1. 名词解释（每题 5 分，共 30 分）

(1) 新闻线索　(2) 第二代导语

(3) 新闻背景　(4) 编采分离

(5) 集中编排　(6) 政论性按语

2. 简答题（每题 10 分，共 30 分）

(1) 新闻采访提问的原则与方法。

(2) 新闻编辑的中介作用。

(3) 突发事件报道中受众的作用与价值。

3. 论述题（20 分）

请结合实际论述网络新闻评论的发展现状及趋势。

广播电视学

选作（70 分）

1. 现场报道记者如何有效地选择现场、利用现场，用现场说话？（20 分）

2. 如何认识多元语态下舆论焦点形成的新特征？（20 分）

3. 结合 CCTV 近年的《数字十年》《据说春运》《述说命运共同体》等节目，对我国电视数据新闻的实践与创新进行分析。（30 分）

国际新闻学

选作（70 分）

1. 简答题（每题 10 分，共 30 分）

(1) 媒介的议程设置是指什么？

(2) CNN 是一家什么样的媒体？请简要评价。

(3) 国际新闻的报道原则有哪些？

2. 问答题（每题 20 分，共 40 分）

(1) 习近平 2014 年 8 月 18 日在中央全面深化改革领导小组第四次会议的讲话中指出，要推动传统媒体和新兴媒体融合发展，这个讲话对我国国际新闻传播的意义是什么？

(2) 什么是硬实力、软实力、巧实力？

新闻学、舆论学、编辑出版学

选作（70 分）

1. 综合应用题（20 分）

请按照消息写作的要求，将下面材料改写成一条 400—500 字的消息，自拟消息标题。

2007 年 10 月，吕义聪代表公司参加了全国第三届汽车装调工职业技能大赛．在决赛中，吕义聪凭借娴熟的技术，顺利地在规定时间内排除了所有故障，以绝对优势夺得了冠军，并获得了全国汽车装调工操作技术能手的称号。

荣誉没有使吕义聪骄傲，他将目光投到了改革创新上。2011 年 6 月，吕义聪进入公司技术质量科。16 个科员里，只有他没有接受过高等教育。他下定决心，“在专业方面，我一定不能输给他们。理论方面的积累，我也要努力赶上去”。

面对一辆辆成品车和其他企业的竞品车，吕义聪反复地拆装零部件，寻找改善改进点和创新提升点。如今，他已经拥有数十项改善创新成果，其中“变速器油封装配工具”“空调制冷系统效果提升装置”还获得了国家专利。2012年9月，台州市人才工作领导小组办公室、台州市人力资源和社会保障局批准“吕义聪技能大师工作室”正式命名挂牌。

2007年5月，浙江省委、省政府授予吕义聪浙江省职工技能状元金锤奖，并奖励给他10万元。当同事们纷纷为他计划如何使用这笔钱时，他却做出了一个出人意料的决定：拿出一部分钱捐献给台州本地的孤儿院。他说：“我从小就是个孤儿，我要用一颗常怀感恩的心帮助别人。”

为帮助广大员工在工作中学习和进步，吕义聪制订专业培训计划，定期开展汽车专业理论知识培训和技能训练课程，为公司培养内生型实用性人才。他带出的十几名整车调试技能高手，很多都成了集团调试班组的“当家花旦”，有的更凭借技术优势转入了集团的其他系统。

10多年前，吕义聪的父母先后离世，留下年幼的妹妹需要照顾。困境下，他毅然挑起了身上的重担。

吕义聪首先进入一家汽车修理铺当学徒。他知道，只有埋头苦学，未来才有可能在这个行业闯出一片天地。积累了两年的经验之后，吕义聪对汽车制造产生了兴趣，他特别希望能够进入一家汽车生产工厂里工作。后来，他顺利应聘成为吉利汽车金刚公司的一员。

吕义聪首先被安排在生产线上做装配工作。凭借着踏实认真的工作态度、一丝不苟的工作精神，很快便脱颖而出，成为一名整车调试员。

为了掌握技术要领，吕义聪喜欢钻进成品车里研究汽车故障，常常忘记吃饭和下班。弄懂了一个技术原理，他会像孩子一样一蹦老高；解决了一个技术难题，他又会赶紧把故障模式记录下来。就连他家的床头也贴着大大的汽车原理图，床边更堆满了各类汽车书籍。

勤学苦练的吕义聪日益发挥出不可替代的作用。别人处理不了的技术难题，到他这里就能迎刃而解，他成了公司小有名气的技术能手。但他心里清楚，“越是学得多，越觉得目标更远”。

2007年1月，金刚公司承接一批出口车订单，即将交付时，发现部分车辆行驶时有异响。经众多技术人员调试后，故障仍然无法排除。

这时，吕义聪站了出来，他说：“给我一辆车，让我开出去试试。”大家都怀疑地看着他，然而他却目光坚定。半个小时后，吕义聪回到了现场，胸有成竹地说，是动力转向液壶和发动机怠速控制阀出现了故障。经检查，问题果然出在这里，大家都向他投来钦佩的目光。

如今的吕义聪，除及时解决员工反映的问题外，还带领团队进行技术攻关。同时，为了与国外团队进行合作交流，他带头开始了全新的学习课程：CAD软件二维功能、CATIA软件三维功能、英语……他说，过去我们只考虑如何解决简单的单件缺陷问题，现在我们要解决综合性的复杂问题。在他的引领下，公司员工也纷纷致力于提升自己的专业技术。

“每一次想要放弃的时候，就对自己说，再坚持一下。”吉利集团金刚公司总装分厂技术质量员吕义聪是这么说的，也是这么做的。

作为一名80后汽车产业工人，学历不高的吕义聪最近赢得了许多荣誉：全国劳动模范、全国五一劳动奖章、全国五四青年奖章、浙江省劳动模范、台州市十大杰出青年……耀眼光环的背后，是他自学成才的奋斗历程。

2. 新闻评论写作（50分）

下面是中国网信网刊发的一些“标题党”“图片党”的表现。请围绕这一材料反映的现象，写作一篇新闻评论。

标题及标题图片	内容	手段
惊呆！福建幼儿园发生火灾孩子直接被从二楼扔下	图片 + 文字：福建幼儿园发生火灾楼下有消防人员、群众施救，为抢救孩子，教师将孩子从火场抛至楼下气垫上，无一人伤亡	利用公众对于儿童的关注，将儿童与火灾、被扔等直接关联，刺激读者阅读
李湘在大街上被人强行拖行	图片：一个人两手各拖一个印刷了李湘代言的大头宣传纸袋，在地上行进	以名人负面新闻为噱头
老公偷偷在家安了摄像头，看到令人震惊的一幕	视频：保姆趁户主家中无人，疯狂虐待户主年幼的孩子	利用具有性别标志的称呼挑动读者遐想
天啊！这个必须曝光！ + 裸女图片	视频：关于白菜被喷洒了甲醛事件的调查新闻	惊悚 + 低俗图片的"引吸式"阅读
中国人打美国人了，暴爽！没wifi 也要看	视频：一场中美选手参加的拳击比赛，中国选手战胜了美国选手	以国家、民族荣誉感为噱头

要求：

拟文章标题；

紧密结合当前社会现实；

论点集中、鲜明，力求新颖、有深度，文字简洁、生动、流畅；

1000 字左右。

传播实务

必选题综合（80 分）

1. 名词解释（每题 10 分，共 40 分）

（1）全球传播　（2）象征符

（3）符号互动论　（4）文森·莫斯可

2. 简答题（每题 20 分，共 40 分）

（1）简述梅罗维茨的媒介情境论。

（2）简述媒介审判及其把关。

传播学（不含传媒政策与法规方向）

选作（70 分）

论述题（第 1 题 30 分，第 2 题 40 分，共 70 分）

（1）评述传播学的批判学派。

（2）请对"中国梦"的对外传播战略和策略加以论述。

传播学专业传媒政策与法规方向

选作（70 分）

1. 认真阅读下列法条，并就法条提出自己的综评。要求准确理解法条意思，指出法条中涉及的主要法律问题。联系实际，逻辑严密，条理清楚，字数不低于 1000 字。(30 分)

网络服务提供者不履行法律、行政法规规定的信息网络安全管理义务，经监管部门责令采取改正措施而拒不改正，有下列情形之一的，处三年以下有期徒刑、拘役或者管制，并处或者单处罚金：致使违法信息大量传播的；致使用户信息泄露，造成严重后果的；致使刑事案件证据灭失，情节严重的；有其他严重情节的。

单位犯前款罪的，对单位判处罚金，并对其直接负责的主管人员和其他直接责任人员，依照前款的规定处罚。

有前两款行为，同时构成其他犯罪的，依照处罚较重的规定定罪处罚。

2. 论述题（40 分）

谈谈你对传媒法的看法（可从历史、现实、比较等多个角度展开论述），字数不低于 1500 字。

传媒教育

选作（70 分）

1. 简答题（每题 15 分，共 30 分）

（1）请简述陶行知“生活即教育”思想。

（2）请简述传播媒介变迁与“童年的消逝”。

2. 论述题（40 分）

当前互联网重构了线下的世界与生活，请对比印刷媒介论述互联网的教育影响。

传媒经济学

选作（70 分）

1. 请阐述传媒产业价值链的形成及其整体价值能力。（30 分）

2. 如何理解新媒体情境下受众注意力的碎片化现象？对于受众的注意力碎片化问题，该如何应对？（20 分）

3. 互联网是一个重新聚合社会资源、市场资源的一种结构性力量，在它的作用之下，整个的传媒业态、整个社会的基本面貌，它的社会资本、社会资源，会在互联网的重新架构之下，呈现出一种跟传统社会完全不同的面目。这就是互联网对于我们这个社会的真正意义。如果我们还是把它仅仅看成是一个渠道、通路、手段的话，那我们是在犯一个历史性的错误。请根据以上观点，谈谈你对互联网引导下传媒经济发展的认识。（20 分）

广告传播实务

1. 名词解释（每题 6 分，共 30 分）

（1）广告主　（2）数据库营销

（3）从众　（4）品牌延伸

（5）市场细分

2. 简答题（每题 10 分，共 30 分）

（1）什么是危机？危机有哪些特征？

（2）试阐述价格作为营销手段的基本含义。如何制定价格战略？

（3）如何理解独特销售主题？

3. 材料分析题（30 分）

材料：

（1）微信刚刚推出时，由于其相比短信、彩信更出色的产品体验，以及“摇一摇”等新奇的功能，成为移动互联网时代新型的社交平台，甚至很快就超过风头正劲的微博。一度，微信发展成为占据腾讯公司市值一半的“独角兽”型产品。

（2）目前微信拥有超过 6 亿用户、1000 万以上微信公众号，还有游戏、表情商店、微信支付、电子商城等直接产生交易的载体和工具。据调查，微信成为近 30% 用户手机上网使用流量最多的应用，覆盖 90% 以上的智能手机，是国内移动互联网用户使用频次最高、时间最长的工具软件，远高于微博、购物、视频、地图、邮件等服务，占据着移动互联网生态中非常重要的一极。

（3）但也有越来越多的人开始抱怨微信占据了他们的大部分时间，认为微信不但没能帮助大家解决“社交恐惧”的问题。反而成了“时间杀手”。

（4）《2015 年 9 月中国微信 500 强的月度报告》中披露的微信公众号数字：

①60.4% 的账号仍在提高发布强度，而仅有 30.2% 平均阅读数有所增加。②36.6% 的自媒体在 9 月份提高了发布强度，平均阅读数却在下降。③21.8% 的自媒体降低了发布次数，其阅读数也在下降。④5 月至 9 月，微信总阅读数保持平缓下滑趋势。

过往的种种实例表明，每个互联网产品，都有一个生命周期。以上材料也验证了，对于微信的未来，各方也莫衷一是，对此问题，也请你谈一谈自己的看法。同时结合自媒体时代的发展趋势，假如没有了微信，探讨一下企业的品牌推广都有哪些渠道可供选择。

4. 论述题（每题30分，共60分）

（1）请论述广告主与广告代理商的关系，并进一步论述当广告代理商为广告主进行广告策划的一般程序和主要内容。

（2）请结合新世纪以来新经济、新技术的背景，论述社会化媒体发展现状及其对于广告与营销的意义。

互联网实务

1. 名词解释（每题6分，共30分）

（1）网络众筹　（2）赫芬顿邮报

（3）网络名人应坚守的“七条底线”

（4）网络推手　（5）群体智慧

2. 简答题（每题20分，共40分）

（1）简述网络舆情与网络舆论的关系。

（2）谈谈你对“两个舆论场”的看法。

3. 论述题（30分）

分析用户生产内容（UGC）对大众传媒的影响。

4. 材料分析题（50分）

结合下面的优衣库不雅视频事件的材料，分析我国治理不良网络信息的现状、问题及对策。

2015年7月14日晚上，一则试衣间的不雅视频在微博和微信热传，很多人以为是厂商的广告。然而当网友打开视频时，不禁惊呆了，视频中，一对青年男女在服装店试衣间内半赤裸性爱。不雅视频立即引来网民对视频当事人、拍摄目的等的猜测，一些网民从视频内容的诸多细节，甚至分析出不雅视频系“动用两个不知名的职业演员”表演以抓人眼球。视频中男女主角的微博也疑似被人曝光。该事件在网上发酵迅速，并且有多位微博段子手第一时间参与，疑似优衣库为推销某全新产品的网络营销行为。

7月15日上午，优衣库官方第一时间回应，坚决否认营销炒作，并提醒消费者正确与妥善使用试衣间。

15日下午，国家互联网信息办公室约谈新浪、腾讯负责人，责令其开展调查，对涉嫌低俗营销等行为进行严厉查处。网信办表示，将坚决打击网络传播淫秽色情行为，构成犯罪的，依法追究刑事责任；同时呼吁广大网民共同维护良好网络生态，及时举报网上违法行为。

15日晚，北京警方已带走包括优衣库不雅视频男女主角等5人进行调查。经查，该淫秽视频中的两名当事人于4月中旬在该试衣间内发生性关系并用手机拍摄视频，后该视频在传递给微信朋友时流出并被上传至互联网。警方将孙某某等人控制，孙某某因将淫秽视频上传新浪微博被刑事拘留，3人因传播淫秽信息被行政拘留。

视听业务

1. 简答题（每题25分，共50分）

（1）什么是证实性报道？

（2）谈谈你对互联网传播中“场景”应用的理解。

2. 论述题（每题50分，共100分）

（1）请论述在媒介融合背景下专业媒体如何对用户生产内容进行求证和管理。

（2）请谈谈互联网背景下以IP为核心的内容生产运营的新机制和新方法。

北京大学2016年研究生入学试题

博士研究生入学试题

专业名称：新闻学

研究方向名称：国际新闻传播、广播电视研究、节庆文化与新闻传播研究、媒体与社会变迁

考试科目名称：新闻专业综合

第一部分：专业综合试题（50分）

1. 谈谈你对党媒姓党的理解。（15分）

2. 结合中国当前舆论发展的实际，说明你是如何理解“媒介即讯息”这句话的。（15分）

3. 谈谈自媒体与公共媒体的关系与发展前景。（20分）

第二部分：专业方向试题（50分）

1. 国际新闻传播

请就中国国际传播能力建设面临的新环境、新问题谈谈你的看法。（50分）

2. 广播电视研究

（1）媒体融合对广电产业发展的影响。（25分）

（2）中国电视节目市场结构发展现状浅析。（25分）

3. 节庆文化与新闻传播研究

（1）浅析“欢乐春节”海外推广活动的价值与影响。（25分）

（2）浅论礼仪教育的现实意义。（25分）

4. 媒体与社会变迁

（1）试应用相关的传媒理论，以互联网为例，分析媒介与社会发展究竟有着怎样的关系。（25分）

（2）你是如何理解新媒介赋权的？在当下中国舆论发展中有着怎样的影响？（25分）

专业名称：传播学

研究方向名称：广告理论与实务、品牌传播、影视文化与产业、话语学理论与实践、当代修辞传播学理论与应用、电视理论与批评

考试科目名称：传播专业综合

第一部分：专业综合试题（50分）

论述题（每题25分，共50分）

1. 大众传播研究是大众传媒时代产生的研究传统和范式，在数字媒体和互联网的条件下，大众传播研究会产生怎样的变化？

2. 谈谈民族志研究在传播研究中的使用，以及新媒体环境下民族志研究所面临的问题。

第二部分：专业方向试题（50分）

1. 广告理论与实务

如何理解发展广告学中的公众性因素？公众性因素对广告产业发展的影响是什么？（50分）

2. 品牌传播

试对品牌消亡论的代表性人物和理论进行介绍，并阐释你的看法。（50分）

3. 影视文化与产业

简答题（每题10分，共20分）

（1）评述当前中国电影产业发展中出

现的“IP电影”“粉丝电影”及“现象级电影”等电影文化景观。

（2）简答章明电影的创作特色。

论述题（每题15分，共30分）

（1）试论费里尼电影前后期的变化。

（2）试比较邵牧君和大卫·波德维尔的电影史观。

4. 话语学理论与实践

论述题（每题25分，共50分）

（1）论述国家话语体系及其建构面临的挑战和发展方向。

（2）结合我国国家话语的发展趋势，阐释话语学研究范式的演化。

5. 当代修辞传播学理论与应用

论述题（50分）

（1）简述中国当代修辞学的发展趋势。（20分）

（2）论述舞蹈传播的修辞属性及其研究方略。（30分）

6. 电视理论与批评

论述题（每题25分，共50分）

（1）请运用传播学理论分析互联网时代从受众到用户的观念变迁与内涵意义。

（2）什么是大数据新闻？请结合具体节目案例进行阐释论述。

硕士研究生入学试题

专业名称：新闻学

研究方向名称：新闻史论、新闻实务、国际新闻

考试科目名称：新闻史论

1. 名词解释（每题5分，共30分）

（1）扒粪运动

（2）《论出版自由》

（3）《国闻周刊》

（4）“星法院令”

（5）哈瓦斯通讯社

（6）公民新闻

2. 简答题（每题10分，共40分）

（1）简述瞿秋白的新闻活动。

（2）请列举《泰晤士报》和《每日电讯报》发展史上的著名新闻人各两位，并简要说明他们的贡献。

（3）简述我党对新闻媒体党性与人民性关系论述的发展过程。

（4）简要对比分析英、法两国的广播电视管理体制。

3. 分析论述题（每题40分，共80分）

（1）结合具体案例，归纳近年来我国新闻腐败的主要表现，并论述遏制新闻腐败的对策。

（2）论述移动传媒给新闻传播带来的挑战与机遇。

专业名称：新闻学

研究方向名称：新闻史论、新闻实务、国际新闻

考试科目名称：新闻实务

1. 名词解释（每题5分，共30分）

（1）“8.19”讲话

（2）二级传播

（3）事实真实

（4）维克托·迈尔-舍恩伯格（Viktor Mayer-Schönberger）

（5）融合报道

（6）新闻舆论

2. 简答题（每题10分，共40分）

（1）试述“走转改”活动的内涵和现实意义。

（2）新闻报道能够实现客观性与倾向性的统一吗？浅谈你的观点。

（3）试述你对提高新闻报道吸引力和凝聚力的意见。

（4）浅谈你对某些国际媒体主张启用机器人撰写新闻的看法。

3. 分析论述题（每题 40 分，共 80 分）

（1）试分析论述大数据技术对新闻生产的影响及在我国的适用情况。

（2）结合《查理周刊》遇袭事件的背景，分析论述西方新闻自由观的特点与弊病。

专业名称：新闻与传播硕士（MJC）

考试科目名称：新闻与传播专业基础

1. 简答题（每题 15 分，共 45 分）

（1）什么是数据化可视新闻？优缺点何在？

（2）如何看待新闻策划？

（3）新媒体广告的特性。

2. 论述题（每题 30 分，三选二，共 60 分）

（1）如何理解周边传播及其与“一带一路”倡议的关系？

（2）试论中国影视节目创新的必要性和创新环境。

（3）电视实况直播，是直观了解正在发生的新闻事件最好的方式，但 2015 年 11 月 13 日巴黎发生恐怖袭击案，法国电视台关闭了实况直播报道，请根据你所掌握的新闻理论，谈一谈你对这项举措的理解。

3. 案例题（45 分）

材料一：

2015 年 4 月 24 日，十二届全国人大常委会第十四次会议修订通过了《中华人民共和国广告法》。该新《广告法》于 9 月 1 日起已正式实施。

根据国家工商总局监测数据显示，从 4 月底新广告法颁布，到 9 月 1 日正式实施，4 个月时间内，违法广告数量下降近 70%。新广告法实施的第 1 月，情况进一步好转，与新法颁布前相比，违法广告数量下降 80% 以上，违法广告时长下降 90% 以上。10 月份，违法广告数量和时长又有超过 50% 的下降。新广告法实施以来，违法广告几项主要数据指标已经连续两个月实现 50% 左右的下降。

材料二：

2015 年 11 月 3 日上午 12 时许，北京某信息技术公司为推销其 APP 产品，提高品牌曝光度，组织了十几名穿着比基尼的女模特在人群密集的公共场所开展营销活动，这些女子衣着暴露，在手臂上、臀部印有该公司名称及“用我”等文字和二维码。

目前，该案已进入行政处罚阶段，被媒体称作“北京新广告法第一案”。

请结合上述材料，并利用广告学相关理论，回答以下问题：

（1）与此前的广告法相比，新《广告法》的主要修订体现在何处？（10 分）

（2）“北京新广告法第一案”中所做出的行政处罚决定，主要依据了新《广告法》中哪方面的规定？（10 分）

（3）在新媒体时代，互联网广告和新的广告营销形式层出不穷，你以为在加强传统广告管理的日常监测的同时，国家广告监管部门还应着手进行怎样的举措，从而适应新媒体时代对于广告监管所赋予的新要求、新使命？（25 分）

专业名称：新闻与传播硕士（MJC）

考试科目名称：新闻与传播专业综合能力

1. 名词解释（每题 10 分，共 50 分）

（1）自媒体　　（2）创客

（3）三网融合　　（4）3D 打印

（5）O2O

2. 简答题（每题15分，共30分）

（1）媒体转型的内涵。

（2）新媒体的出现给媒体的分类带来了什么变化？

3. 论述题（每题35分，三选二，共70分）

（1）中国电视娱乐节目发展现状评述。

（2）阿里巴巴集团近期一系列并购案的启示。

（3）谈谈你对互联网谣言产生与扩散的看法，并阐述你对互联网谣言的识别、澄清、终止继续传播的构想和建议。

专业名称：传播学

研究方向名称：国际传播与文化交流、大众传播（含广播影视）、编辑出版学

考试科目名称：大众传播

本卷分为四部分。第一部分为共同题，所有方向必答。第二部分为大众传播方向题，其他方向不答。第三部分为编辑出版方向题，其他方向不答。第四部分为国际传播与文化交流方向题，其他方向不答。（每个方向试题满分为150分）

第一部分：共同题（50分）

试以传播学的视角，分析移动社交时代互联网中的社会交往对中国政治、经济、文化发展有哪些重大影响，并说明原因。

第二部分：大众传播方向（100分）

1. 简答题（每题20分，共40分）

（1）你如何看待“三屏合一”世界的到来？

（2）请简述“受众商品论”（audience commodity）理论的要点和现实意义。

2. 论述题（每题30分，共60分）

（1）请从信息社会理论的角度谈谈你对“分享经济”（sharing economy）的理解，结合具体案例。

（2）请从传媒研究的视角解读“天猫2015双十一狂欢夜晚会”。

第三部分：编辑出版方向（100分）

1. 简答题（每题20分，共40分）

（1）简要阐述中国古代类书的编辑成就。

（2）新媒体环境下图书阅读的意义。

2. 论述题（每题30分，共60分）

（1）试举例说明，商务印书馆在古籍出版方面的贡献。

（2）请论述互联网的兴起对中国编辑出版工作的重大影响。

第四部分：
国际传播与文化交流方向（100分）

（注意：英文试题请用英文答题，中文试题请用中文答题。）

1. 简答题 Answer the questions below（20 points each, 40 points total）

（1）Give your opinions about the model of 5w in the perspective of international communication.（英文答题）

（2）简述发展传播学与跨文化国际传播学的关系。（中文答题）

2. 论述题 Choose 2 topics from the followings（30 points each, 60 points total）

（1）What are your opinions about the “Terrorism Attack” in Paris, France in November, 2015? Please give your explanation from the perspective of intercultural and international communication.（英文答题）

（2）How do you explain the international communication by using the concept of high-context and low-context? Please give your examples.（英文答题）

（3）描述你对当下全球传播秩序的理解，并论述社会化媒体对现有传媒格局的可能影响以及这些影响实现的条件。（中文答题）

专业名称：传播学
研究方向名称：广告学、媒体经营管理
考试科目名称：广告学与媒体经营管理

第一部分：共同题（50 分）

1. 什么是市场营销？其在商业组织中具有怎样的地位与作用？（8 分）

2. 什么是社会化营销与数字营销？请简要回答该问题，并以微信朋友圈营销推广为例，扼要分析在私人交往中嵌入营销活动是否适宜。（10 分）

3. 什么是差别定价？差别定价需要什么条件才能有效？请举出五个差别定价的例子，并请简要分析在互联网购物环境下，是否存在差别定价。（12 分）

4. 阅读下面材料，回答问题。（每小题 5 分，共 20 分）

材料 1：今年年初，P2P 行业的一枚“核弹”被引爆，互联网金融企业“里外贷”发布消息称，由于贷款人未能归还款项并失去联系，平台已经无力继续垫付，因此，公司采取了报警处理，并自即日起暂停一切业务。实际上，发布该消息之前，“里外贷”相关人员已经提前“跑路”。从“里外贷”平台建立，到危机爆发，时间不到两年。近来，P2P“跑路”事件日益增多，给互联网金融无疑在泼冷水。P2P 业务的盈利核心在收取两端差价：一段是资产端的利息，即平台吸纳的款项给贷款人贷出之后获得的利息收入；另一段是资金端利息，即平台吸纳零散储户资金所支付的利息。显然，资产端收益必须高于资金端收益，平台才能获利。但是，资产端的收益越高，其风险也就越大，调查显示，“里外贷”在停业发布之前，“里外贷”总成交量 22.48 亿元，其中，等待回收的本息为 9.34 亿元，是平台资本金的 93.4 倍。这意味着，一旦资产端本息不能回收，平台根本没有能力偿还资金端的储户存入款项。调查显示，“里外贷”的这些款项主要出借对象（或资金投向）竟然只有 8 个人。这是银行业中非常忌讳的风险之一，即借款人过分集中。因此，金融风险控制的一个环节就是避免集中投放贷款，而“里外贷”的 8 位借款人中，借款金额最高的一位借款人竟然借到了 3.2 亿元，对“里外贷”这样的小型金融平台而言，集中度实在是太高。而实际上，正是这少数的几个超级借款大户不能返还本息，导致“里外贷”危机爆发，平台停业。

材料 2：今年“双十一”，阿里巴巴电商平台“天猫”一天成交 912 亿元，再次刷新全年纪录。但是，随后不久美国股市的回应却是阿里巴巴的股价下跌，而国内的批评声音逐渐增多，主要集中在这种交易模式中存在的假冒伪劣商品比例过高，并导致退货率居高不下。不仅如此，这种模式相应导致了巨大的浪费。比如物流的高峰集中、退货等，从长期看，对大量企业带来恶性竞争的压力，既无法实现马云的“构建新的商业文明”的理想，也可能绑架成百上千万的企业，不利于产业转型和产业升级。但是，从互联网金融的角度看，即使不考虑交易提成等各种收入，阿里巴巴的资金收益就非常可观，甚至物流周期越长，退货率越高，短期资金沉淀越久，阿里巴巴利润越高。

材料 3：深圳的“一达通”公司最初主要从事外贸的外包业务，当时，出口企业面临通关、退税、物流等一系列繁琐事务，而“一达通”公司通过自己的网络平台，将出口企业的这些零散业务“打包”，通关、退税等统一处理，而物流则“打包”给物流公司，这样，“打包”实现了规模化，从而提高了与服务公司的议价能力，最终也节省了中小企业的出口成本。后来，“一达通”将该模式应用到金融领域，公司通过自己的数据平台，将中小企业融资需求“打包”，按照需求总额与银行对接，这样就等于成为银行的大客户，能享受到优惠的贷款和外汇服务。通过这一方法，中小企业每出口1美元，就可以节省大约3分人民币的资金成本。银行之所以愿意通过“一达通”给中小企业贷款，关键在于其服务平台的“大数据”。作为该平台的客户，中小企业的出口额、退税、信用证和融资记录等都沉淀在“一达通”的网络平台，“一达通”通过这些数据分析企业的资信，降低了以前银行要进行的借贷前资信调查的成本，也降低了银行放贷的风险。2010年，阿里巴巴收购了“一达通”65%的股权，2014年阿里巴巴赴美上市前夕，又收购了剩余的35%股权，使其成为阿里系全资子公司。

问题：

（1）请简述互联网金融企业的核心盈利模式，并扼要分析这一盈利模式与传统的银行业的盈利模式有何异同。这种模式是否改变了金融市场中的资金出借方、借入方与中间人（金融机构）的基本利益关系与金融中介的风险来源？

（2）“里外贷”“一达通”的金融盈利模式有什么异同？阿里巴巴为什么要收购“一达通”？请简要分析阿里巴巴的金融盈利模式。

（3）请简要分析：以阿里巴巴为代表的电商平台对传统的营销模式带来了怎样的冲击？

（4）针对阿里巴巴所遭受的批评，请给出你自己的分析。

第二部分：广告学方向（100分）

1. 简述题（每题10分，共50分）

（1）什么是大数据平台的DMP？请进行简要分析。

（2）新《广告法》什么时候开始执行？谈谈你对新《广告法》的看法？

（3）试对吉田秀雄进行简要介绍。

（4）简述你对发展广告学的看法。

（5）什么是整合营销传播？

2. 论述题（30分）

什么是4A公司？试分析4A公司在当前中国市场所面临的挑战和契机。

3. 案例分析题（每题5分，共20分）

请阅读材料后回答问题。

材料：

继昵称瓶、歌词瓶之后，2015年可口可乐再次在标签上玩出新花样，将消费者熟知的台词印在瓶身上。台词选取了中外经典、热门电影电视剧等49句台词，全面考虑不同性别、不同性格的人群喜好，其共同点都是非常具有正能量，例如“臣妾做不到啊”“万万没想到”“下辈子做兄弟”等，目标对象是感情充沛、充满青春活力的15—30岁的年轻消费者。

2015年5月27日，推出一系列使用不同艺术表达形式重新演绎的影视剧经典海报，开启本次台词瓶营销战役。风格突出的电影海报，围绕着同一主题——“让夏天更有戏”，再现景点，运用社交媒体，多平台传播。当红自媒体集体发声，@顾爷@石榴婆报告@作势@毒蛇电影等都以不同形式宣布台词瓶来了！通过社交媒体传播，官方微博发起话题#可口可乐台词瓶#，攀升至当日最热话题第二名，引起网友关注，激起消费者的自发分享和传播。

在传播形式上，视觉营销利器创意微动图技术也被运用到此次战役，创意微动图是动态摄影和静止图片的结合，将静止的图片和视频结合在一起，“解冻”了尘封在图片中的某一个时刻，一静一动具有如电影般优质的画面，向受众展示了静止时空的魔法，体会“刹那芳华”的视觉效果，总计30多张的创意微动图，官方微博每日一张，带来视觉震撼。微信每周一期内容推文中也运用了创意微动图图片，给受众不一样的视觉体验。同时，在官微以及微信中，注重于消费者的双向交流，通过趣味互动以及有奖机制的设置，引发消费者自动大量转发、评论和回复。

在节日期间，通过创意的互动和内容，有效地传播台词瓶。端午节，官方微信推出了“小可电影院”端午粽子大片H5互动游戏，选取了三部经典电影、电视剧，将里面的经典场景变换为与粽子相关的互动小游戏。例如将《疯狂原始人》改名为《疯狂水果粽》，动手指只要将太阳点到一定亮度就可顺利通关，并出现《疯狂原始人》的经典台词：骑着太阳去明天，掀起了互动狂潮。父亲节，则是推出挑战与爸爸亲密指数的小测试，共设置了10道有趣的题目，每道题目各有三个选项，做完所有题目后统计分数，不同的分数对应不同的亲密测试结果。通过这一系列的举动，成功地向消费者传达可口可乐台词瓶信息。

抓取热点事件快速延展，创意发挥，从情感入手，吸引粉丝自主讨论和传播。例如：范冰冰李晨公开恋情，官方微博实时推出“我们”文案及其配图；黄晓明和Angelababy领证，在可口可乐官方微博上第一时间借势配图推波助澜；高考期间，官方微信推出图文消息并配以原创手绘图为高考考生加油助威；周杰伦升级当爸爸，官方微博及时推出文案以及配文图给予祝福；等等。

另外，与上线电影《煎饼侠》《命中注定》《我是路人甲》结合，推出电影的台词瓶，借势营销。

在此次活动中，优酷土豆也是可口可乐的视频战略合作伙伴。

问题：

（1）可口可乐为什么推出昵称瓶、歌词瓶、台词瓶？为什么只改变瓶身上的标签？

（2）什么是H5？有什么特点？

（3）台词瓶整个活动的特点是什么？请进行分析。

（4）你认为可口可乐的这次数字营销有没有可以改进的地方？请提出你的看法。

第三部分：媒体经营管理方向（100分）

1. 简答题（每题15分，共30分）

（1）什么是报纸发行量的“螺旋效应”？广告是否会加强“螺旋效应”？请给出你的分析。

（2）什么是规模经济与范围经济？请举例说明媒体行业中存在的规模经济与范围经济，并分析其对媒体市场的竞争与产业结构带来的后果。

2. 论述题（20分）

目前，随着自媒体的快速发展，许多传统媒体从业者也转型创办自媒体，关于自媒体将取代传统媒体的声音也出现。请你就微信平台的微信公众号这一自媒体形式的发展为例，简要分析中国的自媒体发展存在的机会和挑战。

3. 案例分析题（50分）

阅读下面材料，回答问题：

今年11月公布的《哈佛商业评论》2015全球最佳CEO百人榜中，腾讯公司董事会主席兼首席执行官马化腾上榜，腾讯的综合排名全球第45位，财务表现全球第2位。马化腾接受《哈佛商业评论》中文版采访时称，在工业经济时代，成功往往是自我设限，遵循报酬递减原理，但是在网络经济时代，成功是自我增强的，遵循报酬递增原理。

请回答下面问题（两个题目分别12分和13分，共25分）：

（1）什么是报酬递减原理和报酬递增原理？网络经济中为什么会有报酬递增发生？在媒体经济中还有哪些报酬递减与递增的情形？请举例说明。（12分）

（2）网络经济中的报酬递增原理给互联网企业的竞争带来哪些重大影响？给互联网行业的产业格局带来什么样的影响？请举实例进行分析，扼要陈述并论证你的观点。（13分）

请阅读材料后回答问题。(共25分)

近期优酷土豆被阿里巴巴收购，使得该视频网站“烧钱”提升内容吸引力的竞争可以继续下去，倚赖大靠山BAT（百度的爱奇艺、腾讯视频、阿里的优酷土豆），竞争更激烈；另外，传统电视业也展开内容“防卫战”，不仅加大了节目购买与自制内容上的投入，而且湖南卫视通过“芒果TV”还“出城”迎战，直接进入视频领域竞争，“以攻为守”，扩大了传统电视业的防御地带。今年6月以来，广电总局对互联网电视盒子推出越来越严格的“整改令”。11月14日，天猫魔盒为响应国家广电总局管理市场的政策进行系统升级，首批屏蔽了81个总局认定的非法应用（视频类客户端App）。据环球网报道，广电总局要求七大互联网牌照商（视频网站和电视盒子品牌方要想在电视机机顶盒领域生存，必须与七大互联网电视牌照商合作，获得其授权），按照四点要求自查自纠，做不到就取消播控权。四点具体要求包括：2015年以后发布的机型严禁支持USB安装应用；严禁内置可访问互联网的浏览器；严禁应用商店或其他手段推送聚合应用软件、视频网站客户端、电台应用软件；严禁应用商店或其他手段推送可以通过手机间接遥控播放视频的遥控器应用。除了天猫魔盒外，搭载了阿里YunOS系统的其他机顶盒也纷纷发布停服升级公告。据《每日经济新闻》报道称，大约70%的机顶盒都受到影响，电视机机顶盒功能损失大半。

问题：

（1）传统电视业的基本盈利模式是什么？(4分)

（2）视频网站的主要盈利模式是什么？视频业如何威胁到电视业的生存？乐视和视频网站以及传统电视业存在什么样的竞争关系？请简要分析论证。(7分)

（3）视频业的竞争是否存在“网络效应”？请简要分析其对产业竞争格局的影响。(7分)

（4）广电总局今年出台的关于电视盒子的整改措施，对传统电视业，以及视频网站的发展将带来怎样的影响？请简要分析。(7分)

河北大学2016年研究生入学试题

硕士研究生入学试题

专业名称：新闻学、传播学

考试科目名称：文史综合

1. 填空题（每题1分，共15分）

（1）先秦历史散文中长于记事的是《________》。

（2）《楚辞》的代表作家除了屈原之外，另外一个是________。

（3）《归去来兮辞》是________的代表作。

（4）南朝永明体诗人作诗讲求“四声八病”，其中四声是指平、上、去________四个声调。

（5）南朝民歌分吴歌和________两大类。

（6）《滕王阁序》的作者是________。

（7）“举杯邀明月，____________。”是李白《月下独酌》一诗中的名句。

（8）唐代诗人白居易主张诗歌要为时

为事而作，提出“文章合为时而著，______________。”

(9) 稼轩是宋代诗人________的别号。

(10) 元代杂剧《倩女离魂》的作者是________。

(11) 明代戏剧史上“汤沈之争”的“汤”是指________。

(12)《红楼梦》的后四十回一般认为由________和程伟元续成。

(13) 现代文学中小说《四世同堂》的作者是________。

(14) 我国地理上有“三山五岳”的说法，其中北岳是指________山。

(15) 近代史上具有重大意义的辛亥革命发生在________年。

2. 古文阅读题（每题1分，共10分）

太史公牛马走司马迁再拜言。少卿足下：曩者辱赐书，教以慎于接物，推贤进士为务，意气勤勤恳恳，若望仆不相师，而用流俗人之言。仆非敢如此也。虽罢驽，亦尝侧闻长者遗风矣。顾自以为身残处秽，动而见尤，欲益反损，是以抑郁而无谁语。谚曰：“谁为为之？孰令听之？”盖钟子期死，伯牙终身不复鼓琴。何则？士为知己者用，女为悦己者容。若仆大质已亏缺，虽材怀随和，行若由夷，终不可以为荣，适足以发笑而自点耳。

(1) 曩者辱赐书（解释画线词）

(2) 推贤进士为务（解释画线词）

(3) 若望仆不相师（解释画线词）

(4) 亦尝侧闻长者遗风矣（解释画线词）

(5) 盖钟子期死（解释画线词）

(6) 太史公牛马走司马迁再拜言（解释画线词）

(7) 士为知己者用，女为悦己者容（翻译句子）

(8) 曩者辱赐书（翻译句子）

(9) 盖钟子期死，伯牙终身不复鼓琴。这句中钟子期和伯牙说的是哪个典故？（回答问题）

(10) 太史公牛马走司马迁再拜言。这里的太史公指的是谁？（回答问题）

3. 名词解释题（每题4分，共20分）

(1) 唐传奇　(2) 元白诗派

(3) 台阁体　(4) 穆木天“纯诗”

(5) 爱美剧

4. 简答题（每题5分，共35分）

(1) 请列出“四书五经”分别指的是哪几本书。

(2) 简要回答汉乐府诗有哪些艺术特色。

(3) 列举出五篇以上屈原的楚辞作品。

(4) 简述苏轼对词开拓发展方面的贡献。

(5) 简要回答散曲和词相比在形式和艺术方面的区别。

(6) 简要回答明代诗文流派公安派的理论主张。

(7) 简要回答1940年代沦陷区、国统区和解放区各有哪些代表作家。

5. 论述题（每题10分，共20分）

(1) 杜甫的诗被称为“诗史”，结合作品分析论述杜甫诗歌叙事方面的成就和特色。

(2) 分析论述《三国演义》与《水浒传》在塑造人物形象方面的不同之处。

6. 作文（50分，字数不少于800字）

我看“心灵鸡汤”

专业名称：新闻学、传播学

考试科目名称：新闻传播综合

第一部分　新闻学概论

1. 简答题（15分）

(1) 对新闻事业双重属性的认识给新闻媒介带来了哪些积极变化？(8分)

(2) 政府的政治活动对大众媒介的利用主要有哪些？(7分)

2. 论述题（20分）

“这是一个产品的时代，得观众者得

天下，真人秀节目准确切中观众的兴奋点，在电视节目的博弈中取得了压倒性的胜利，一些一度收视效果很好的传统的电视访谈类节目开始走向式微。”

结合当前的媒介实际，谈谈当代中国受众群体的信息需求变化及其对传媒的影响。

第二部分　传播学

1. 简答题（每题5分，共15分）

（1）信息主权

（2）“镜中我”

（3）群体意识

2. 论述题（20分）

试论述“沉默的螺旋”理论的要点，并结合新媒体迅猛发展的实际对该理论假说的意义及不足进行评价。

第三部分　新闻史（共30分）

1. 填空题（每空2分，共20分）

（1）古代的传播手段是十分原始的，最早和最常使用的是________传播；

（2）两汉时期，我国已经进入了以________传播为主的时代；

（3）“邸报”这一名称，最早出现在________朝；

（4）中国历史上的第一份近代报刊________，于1815年8月5日在马六甲创刊；

（5）为了提高新闻时效性，________在国内报纸中最早使用了电报；

（6）被称为中国近代留学第一人的容闳于1874年6月16日在上海创办了________，该报是国人在上海办的第一家中文日报；

（7）《中国女报》创刊于1907年1月，主编是________；

（8）北洋政府时期，由邵飘萍创办的中国最早一家比较有影响的通讯社是________；

（9）《新青年》于1915年9月在上海创刊，其创办人是________；

（10）戈公振的________，为中国新闻史研究奠定了扎实的基础。

2. 简答题（10分）

梁启超在总结前人和自己办报经验的基础上，汲取西方资产阶级的新闻理论，形成了比较系统的新闻思想。这些思想主要包括哪些？

第四部分　新闻传播业务（共50分）

1. 判断与解释题（判断下列说法是对还是错，并简要说明理由。每小题5分，共15分）

（1）新闻报道允许一定程度的合理想象。

（2）观察，就是用眼睛观看。

（3）正问，就是不涉及批评、揭露等负面问题，而是从表扬、歌颂等正向角度提出问题。

2. 填空题（每空2分，共10分）

（1）党的十八届五中全会通过了关于________的建议；

（2）记者的知识修养，主要应包括________知识、________知识和社会生活知识；

（3）消息导语，大致可分为概述式、________、________、对比式和评论式等。

3. 写作题（25分）

“吃透两头”，是新闻工作者的一种通常说法。在当今情况下，仅仅吃透“上头”，即中央的路线方针政策和“下头”即基层和群众的实际情况这两头已远远不够，还应吃透第三头即“外头”。换句话说，就是传媒人要有世界意识和国际视角。请围绕“传媒人的国际视角”这个中心，自拟题目，写一篇短文。

要求：紧扣中心，观点明确；

内容实在，避免空话连篇；

字数控制在500字左右。

浙江大学2016年研究生入学试题

硕士研究生入学试题

1. 简述题（每题10分，共50分）

（1）“互联网之父”蒂姆·伯纳斯·李这样描述过新闻未来的方向，“新闻的未来，是数据分析”。数据新闻是在大数据时代背景下，记者重新整合新闻资源创造出来的一种全新的新闻生产方式。请你结合国内数据新闻现状，谈谈对这一新闻生产方式的认识。

（2）简述弗洛伊德对传播学的影响。

（3）简述批判学派与美国学派的分歧（不用阐述美国学派）。

（4）简述约翰·弥尔顿《论出版自由》的背景及主要观点。

（5）简述“公众舆论”具备公共性的必要条件。

2. 论述题（每题25分，共100分）

答题要求：观点鲜明、论证严密、逻辑清晰、表达流畅、书写规范，每题500字左右。

（1）议程设置理论是一个有用的工具，因为它结合了媒体过程与影响的两个重要方面：一是新闻记者如何建构公共生活，二是新闻记者在选择建构方式的时候，将受众的兴趣考虑在内。请结合国内外现状，论述议程设置理论在数字化和碎片化的网络媒体时代的应用与发展。

（2）在2015年6月“东方之星”号客轮长江倾覆的新闻报道中，国内主流媒体公众号表现出色。其中，新华社微信公众化“我报道”充分运用全媒体形式，一次和二次传播效果超出预期……根据上述文字资料，请你谈谈处于社交媒体生态系统下的主流媒体公众号作为权威信息源补充的重要角色，在灾情报道中应该如何全景式揭示真相、引导舆论和传播社会正能量。

（3）站在当今中国背景下，举例论述媒体应如何看待市场与社会责任之间的关系。

（4）在“2015年度普利策新闻奖”获奖名单中，虽然纸媒再次成为最大赢家，但多篇报道却均以“融合新闻”（convergence journalism）形式出现，这可能也预示着媒体未来发展的生存出路。请举例简述“融合新闻”在突发类新闻中的报道手法及今后的发展趋势。

中山大学2016年研究生入学试题

硕士研究生入学试题

考试科目名称：新闻与传播实务及研究方法

1. 名词解释（任选4题，每题10分，共40分）

（1）新闻敏感　（2）新闻职业道德
（3）公正评论　（4）舆论的特征
（5）信度与效度　（6）视觉性

2. 简答题（任选 3 题，每题 15 分，共 45 分）

（1）政府对大众传播媒介的新闻生产的影响方式主要包括哪些方面？

（2）议程设置理论中是如何从研究方法层面确定媒介议程和公众议程之间的因果关系的？

（3）网络时代的“萌文化”是一种典型的图像主因的文化形态，请简要分析其特征与成因。

（4）新闻报道中消息源的使用原则主要有哪些？

3. 论述题（每题 20 分，共 40 分）

（1）谈谈你对“新闻众包”的理解，并简要评析这种新闻生产方式在实际运用中的优势与可能存在的问题有哪些。

（2）近年来各行各业都在讨论“大数据”，请谈谈你认为新闻传播学科面临的大数据是什么。大数据给新闻传播学研究带来了什么样的机遇和挑战？

4. 案例分析题（25 分）

请仔细阅读以下案例材料，然后以百度为行动主体的角度出发，谈谈你认为在贴吧事件中百度遇到的核心问题是什么，并选择一个角度如企业社会责任、传播伦理、网络法治化等来谈谈你的看法。

百度于 2000 年由李彦宏创立，致力于为人们提供“简单、可依赖”的信息获取方式，是全球最大的中文搜索引擎、最大的中文网站。百度贴吧是百度旗下的独立品牌，创立于 2003 年，是一种基于关键词的主题交流社区，与搜索引擎紧密结合，为兴趣而生，准确把握用户需求，并提供一个交流与表达思想的自由网络空间。

数据显示，百度贴吧目前注册用户超过 10 亿，月活跃用户突破 3 亿，共拥有 1900 万个主题吧。由于贴吧聚合了大量精准、细分的用户群，使得很多高人气吧天然地具有较高的营销价值。知名市场研究机构 Statista 曾于 2015 年 3 月对百度贴吧做出市场估值：百度贴吧月活跃人数为 3 亿，活跃度是微博的 1.8 倍，目前微博市值约 30 亿美元，如果通过 MAU 换算的话，百度贴吧的市值应该是 60 亿美元。也有业内人士根据网络社交公司陌陌的估值估算，百度贴吧的市值更是可能高达 115 亿美元。

2016 年 1 月 10 日，百度爆发血友病贴吧出售事件，截至 1 月 18 日，百度已发布两次整改声明（1 月 12 日、1 月 16 日），15 日国家网信办介入，目前事件仍在持续发酵中。在此次贴吧事件爆发之前，百度以往的商业化探索亦饱受诟病。2008 年 11 月，央视曝光百度的竞价排名黑幕。百度竞价排名被指过多地人工干涉搜索结果，引发垃圾信息，涉及恶意屏蔽，被指为“勒索营销”，并引发了公众对其信息公平性与商业道德的质疑。2010 年 7 月，央视曝光百度等搜索引擎为假药网站提供便利、牟取暴利一事，并指出在假药网站的利益链中，百度获得了其中 75% 的收益。2015 年 4 月，百度与甫田系曾因搜索引擎竞价排名价格谈不拢而“翻脸”，百度以业务调整为由，称将拒绝再与莆田系合作，杜绝虚假医疗广告。莆田系则以联盟形式宣称停止对百度的全部广告投放，宣称百度搜索的单次搜索点击成本已经高达 900 元人民币，希望压低百度搜索竞价排名价格。2015 年 6 月 4 日，与此次事件颇为相关的危机苗头显现。百度牛皮癣吧原有的 4 位吧主被撤销，一家“莆田系”民营医院接管后，牛皮癣吧原来极力规避的医疗广告和江湖偏方，卷土重来。尽管几个吧主辗转找到百度贴吧工作人员的收件箱，留言投诉，但对方并没有回应。

2016 年 1 月 10 日，知乎网友“蚂蚁菜”曝光百度贴吧未经原吧主同意，私自将血友病吧出售给某医疗机构，新吧主在上任后贴出大量虚假医疗广告，新吧主本人也被查出曾被媒体报道通过虚假医疗广告行骗。两日（2016 年 1 月 12 日）后，百度公司第一次发布整改声明，宣称百度贴吧所有病种类吧全面停止商业合作，只对权威公益组织开放。1 月 14 日，百度贴吧的“贴吧合伙人”招募网页已经悄悄下架，网页链接直接转到贴吧主页。1 月 15 日，国家网信办就百度贴吧的违法违规等诸多问题约谈了百度公司负责人，次日，百度发布了第二次整改声明，称此事暴露了百度在贴吧商业化运营管理上的失责和对吧友声音的忽视，并汇报了贴吧事件的处理进展以及未来的整改举措。1 月 17 日，百度 CEO 李彦宏公开回应了此前的贴吧被卖事件，表示希望把危机变为机遇，让百度走得更加长远。

此次，百度贴吧事件引起了主流媒体的详细报道和公众的广泛讨论，持续一周占据了各大门户网站的头条。许多专家、媒体在呼吁百度贴吧提高道德水平的同时，更是希望国家建立起完整系统的法律体系以规制互联网空间的正常运行。

考试科目名称：新闻与传播学基础

1. 简答题（每题 20 分，共 80 分）

（1）简述经验主义学派与批判学派对传播研究的不同态度。

（2）新闻客观性的要求是什么？新闻工作能够做到客观吗？为什么？

（3）什么叫政治参与？政治参与的形式有哪些？请简要分析社交媒体对于青年人政治参与的影响。

（4）传播效果研究经历了哪些阶段？各有哪些代表性的研究？

2. 论述题（每题 35 分，共 70 分）

（1）试从新闻生产与受众的角度分析互联网与新媒体技术的发展给新闻业带来的影响。

（2）在中国当下的公共讨论中，微信平台已成为重要的网络舆论场之一。为了更好地治理微信舆论场，国家网信办颁布了一系列规定，例如，依法关停了一批违规微信公众号。请你思考这一现象，对微信舆论场的特点进行分析，并对目前政府对微信的治理策略进行评价。

暨南大学 2016 年研究生入学试题

博士研究生入学试题

专业名称：新闻传播学

研究方向名称：各方向

考试科目名称：2011 新闻传播理论与历史 B 卷

1. 论述近代在华外报突破中国办报禁区过程及其原因。(34 分)

2. 习近平总书记在党的新闻舆论工作座谈会上强调，媒体竞争关键是人才竞争，媒体优势核心是人才优势。要加快培养造就一支政治坚定、业务精湛、作风优良、党和人民放心的新闻舆论工作队伍。请结合当前国际国内形势和新闻舆论工作的具体问题，论述如何加强新闻舆论工作队伍建设。(33 分)

3. 立足于三个理论视角，结合一定的文化现象，解析新媒体文化研究的理论与现状。(33 分)

（说明：答题请注明题号。）

专业名称：新闻传播学
研究方向名称：各方向
考试科目名称：3023 新闻传播业务 B 卷

1. 2015 年纸媒出现了被称为“断崖”式的下滑，你对未来纸媒的前景如何判断？如何在融合转型中实现突围？（34 分）

2. 结合具体案例论述互联网上社会思潮的传播特点。（33 分）

以下 3、4 两题任选一题，且只选一题作答（如两题都答，则只计一题分数）。

3. 如何理解新媒体环境下传统广播电视在“变”与“不变”中转型升级？（33 分）

4. 试论数字营销传播时代传统广告产业发展路径的选择策略。（33 分）

硕士研究生入学试题

专业名称：新闻传播学（科学学位）
研究方向名称：新闻传播学各研究方向
考试科目名称：新闻传播史论 A 卷

1. 名词解释（选做 4 题，每题 5 分，共 20 分，多选不给分）

（1）《天变邸钞》

（2）“新闻书”

（3）延安新华广播电台

（4）第三人效果理论

（5）企业识别系统（CIS）

（6）广告随文

2. 简答题（选做 3 题，每题 10 分，共 30 分，多选不计分）

（1）简述维新期间教会报刊《万国公报》主要内容及其社会影响。

（2）简述西方近现代报业发展的“四度扩张”。

（3）简述传播学中“涵化理论”的主要内涵。

（4）简述英国电视的“双头垄断”模式。

（5）简要分析卡通代言人与真人代言人在品牌传播中的优劣势。

3. 论述题（选做 2 题，每小题 25 分，共 50 分，多选不给分）

（1）论述“拒检运动”兴起原因、经过及其影响。

（2）论述新闻与历史、文学的关系。

（3）论述媒介偏见及其具体表现。

（4）电视节目中植入广告的增加是否会引发传播伦理问题？为什么？

4. 分析题（每小题 25 分，共 50 分）

（1）“文化工业”是霍克海默与阿多诺在《启蒙的辩证法》中提出的一个重要概念，他们认为文化工业凭借现代科学技术手段，大规模地复制和传播商品化了的、非创造性的文化产品。而受众在文化工业面前是被动的，容易受其蒙蔽，并且导致批判性思维的丧失。请结合相关理论对当前媒介消费现象进行相应的分析。

（2）“世界上最远的距离不是生与死，而是我们坐在一起，你却在低头玩手机。”这个网络上流传很广的抱怨，正是很多人真实生活的写照。伴随着智能手机用户的增多，原本作为一种沟通工具的手机，在人们的日常生活中所扮演的角色正发生着变化，“手机依赖症”就成了一个热门话题。结合这一现象，分析“媒介与人”的关系。

专业名称：新闻传播学（科学学位）
研究方向名称：新闻传播学各研究方向
考试科目名称：新闻传播业务 A 卷

1. 名词解释（选做 4 题，每小题 5 分，共 20 分，多选不给分）

（1）解释性报道

（2）病毒式营销

（3）媒介审判

（4）调解类电视节目

（5）跨屏互动

（6）DMC

2. 简答题（选做 3 题，每小题 10 分，共 30 分，多选不给分）

（1）简述新闻报道中引语的使用规范。

（2）简述新媒体环境中，如何拟定优秀的新闻标题。

（3）结合必要的文本案例，简述调查性报道采访和写作特点。

（4）简述电视节目编辑的基本原则。

（5）简述系列广告文案的特点。

3. 论述题（选做 2 题，每题 25 分，共 50 分，多选不计分）

（1）论述数据新闻的概念、特点和表达策略。

（2）结合案例，论述新闻的常见叙事方式。

（3）论述新媒体语境下政府风险沟通的基本流程和策略。

（4）论述整合营销传播的特点及策略。

4. 实务题（选做 1 题，每题 50 分，共 50 分，多选不计分）

（1）根据材料，完成以下两道题。

①写一篇 150 字以下的消息，标题和导语即可（不背离新闻主体的前提下，部分人物、细节和画面等信息可以自由联想）。(15 分)

②写一篇 600—800 字的评论，自选角度，题目自拟。(35 分)

背景材料：2015 年 3 月 21 日，浙江杭州某广场百日大庆，儿童时装秀、比基尼美女洗车秀和中国钢管舞国家队豪车秀，同台上演。现场一名儿童与比基尼女郎在豪车展台同台演出，表情相当淡定。

（2）以社会主义核心价值观“敬业”为主题，创作一篇公益视频广告，写出创意脚本（片长为 1 分钟）。

写出创意阐释与说明。(20 分)

写出广告视频创意脚本。(30 分)

专业名称：广播电视专业学位
研究方向名称：广播电视各方向
考试科目名称：广播电视专业基础 A 卷

1. 名词解释（每题 5 分，共 20 分）

（1）四级办台　　（2）肥皂剧

（3）爱森斯坦　　（4）维尔托夫

2. 简答题（每题 10 分，共 40 分）

（1）简述直接电影的特点及代表性作品。

（2）简述广播评论的特点和要求。

（3）简述 2015 年央视《数说命运共同体》的基本报道理念。

（4）简述美国纪录片导演迈克尔·摩尔（Michael Moore）的代表性作品及其作品特点。

3. 论述题（每题 20 分，共 40 分）

（1）结合艺术个案或现象，就当前中国艺术文化如何处理“全球化”与“本土化”的关系问题进行阐述。（可就某一门类艺术来说，也可综合阐述）

（2）目前，中国真人秀节目大都是引进西方的节目模式，请论述中国真人秀节目的本土创新策略。

4. 分析题（每题 25 分，共 50 分）

（1）“美不自美，因人而彰”，结合案例，谈谈你对这句话的理解。

（2）2015 年是世界反法西斯战争胜利和中国抗日战争胜利 70 周年。假如你是一个纪录片导演，根据这一主题，写出五集系列纪录片的策划方案。

专业名称：广播电视专业学位

研究方向名称：广播电视各方向

考试科目名称：广播电视专业综合能力 A 卷

1. 名词解释（每题 5 分，共 20 分）

（1）真人秀　　（2）审美心理

（3）延时摄影　　（4）杂耍蒙太奇

2. 简答题（每题 10 分，共 40 分）

（1）简述广角拍摄的特点。

（2）简述影视后期制作中常见的编辑软件和包装软件。

（3）简述广播电视新闻策划的选题来源。

（4）简述纪录电影导演维尔托夫的电影观念及代表性作品。

3. 论述题（每题 20 分，共 40 分）

（1）色彩是影视艺术非常重要的表达元素，结合案例，论述影视作品中色彩的叙事特点和表意方式。

（2）“讲好中国故事”是当前媒介工作者非常重要的社会使命。谈谈纪录片在对外传播中如何讲好中国故事。

4. 实务题（每题 25 分，共 50 分）

（1）以“四维空间”为主题，拍摄一个 3 分钟微电影，完成以下两个小题：

写出故事梗概（200 字以内）。（10 分）

写出完整剧本。（15 分）

（2）以“读书日”为主题，拍摄一个 1 分钟的公益视频，完成以下两个小题：

写出创意阐释。（10 分）

写出分镜头脚本。（15 分）

专业名称：新闻与传播专业学位

研究方向名称：各研究方向

考试科目名称：440 新闻与传播专业基础 A 卷

1. 名词解释（选做 4 题，每题 5 分，共 20 分，多选不给分）

（1）敦煌进奏院状

（2）世界信息新秩序

（3）新闻控制

（4）批判学派

（5）NTSC 制式

（6）毛评点（GRP）

2. 简答题（选做 3 题，每题 10 分，共 30 分，多选不计分）

（1）简述马礼逊对近代中国报刊发展的历史贡献。

（2）简述美国新闻界的揭丑运动。

（3）简述“电子乌托邦”思想。

（4）简述“四级办台”政策的现实意义及其局限性。

（5）简述广告创意思维中垂直思考法和水平思考法的区别。

3. 论述题（选做 2 题，每题 25 分，共 50 分，多选不计分）

（1）论述外国记者对抗日战争新闻宣传的贡献和影响。

（2）论述社会主义新闻自由思想及其现实意义。

（3）结合案例论述央视节目主持人频频离职的原因及其影响。

（4）论述广告与社会流行文化的互动关系。

4. 分析题（每题 25 分，共 50 分）

（1）哈钦斯委员会报告认为：“对于我们社会总的价值观念和目标，传媒负有相似的责任。大众媒介每天在报道失败和成就时或模糊、或清晰地涉及这些理想，不管它们是否希望这样做。委员会不要求传媒为了画一幅玫瑰色的油画而浪漫地处理事实，或者用不正当的手段操纵事实。”请结合具体案例分析和阐述传媒在传播社会核心价值观的作用。

（2）根据酷云数据显示，2015 年 11 月 10 日晚湖南卫视在北京水立方现场直播的“天猫双十一狂欢夜”市场占有率高达 28.3866%，强势占据全国所有同时播出节目内容的榜首。天猫后台流量数据跟晚会内容几乎是亦步亦趋，节目走到哪里，明星提到哪些商品，哪些商品的Logo一出现，线上搜索流量就直接暴涨，商品大量涌进购物车、收藏夹，屏幕前的观众边看电视边剁手，创造了一种全新的“边看边买”的购买模式。这台明目张胆全是广告的晚会，收视销售双丰收，此等亮眼成绩或将载入中国电视史册，成为媒体融合“互联网+”的有效样本。请从传媒与经济的关系视角分析与评价此事件。

专业名称：新闻与传播专业学位

研究方向名称：各研究方向

考试科目名称：334 新闻与传播专业综合能力A卷

1. 名词解释（任选4题，每题5分，共20分，多选不给分）

（1）新闻可视化　（2）弹幕

（3）媒介审判　（4）新闻敏感

（5）画面空间　（6）OTT TV

2. 简答题（任选3题，每题10分，共30分，多选不计分）

（1）简述新闻跳笔的特点和使用方式。

（2）简述新闻评论常见的逻辑错误。

（3）新闻写作中白描语言的特点和使用方式。

（4）简述电视“真实再现”的常见表现方式。

（5）简述广告策划中“幽默”效果的常见表现方式。

3. 论述题（任选2题，每题25分，共50分，多选不计分）

（1）新闻系列报道的策划理念和报道方式。

（2）论述新闻可视化的常见策略。

（3）论述“互联网+”思维下传统广播电视媒体转型的新举措。

（4）结合案例，论述企业形象广告的创意策略。

4. 实务题（任选1题，每小题50分，共50分，多选不给分）

（1）根据材料和新闻背景，完成以下两道题。

①写一篇150字以下的消息，标题和导语即可。(15分)

②写一篇600—800字的评论，自选角度，题目自拟。(35分)

2012年5月，有网友在微博上对世界奢侈品协会（以下简称“世奢会”）提出质疑，认为其是“山寨”的“国际组织”。此后《新闻报》和《南方周末》分别刊登报道《“世奢会”被指皮包公司》和《廉价“世奢会”》，然而却引来官司。“世奢会”及其中国首席代表毛欧阳坤坚持和媒体打官司，并将南方报业集团、新京报社向法院起诉，认为报纸引用来源不明的不实信息，公然丑化公司，造成公司是“皮包公司”的负面形象，请求判令停止侵权，出具书面道歉函、撤稿函，在报纸上公开赔礼道歉，赔偿因名誉受损导致的经济损失100万元。

本案被称为中国“第一起真正涉及秘密消息源作证”问题的媒体侵权案件。两家媒体一审败诉；二审中，在向法院提供深喉的身份信息后，两家媒体胜诉。2015年11月9日上午，世奢会（北京）国际商业管理有限公司与南方报业集团、新京报社名誉权纠纷案在北京三中院二审宣判，法院认定两家媒体对“世奢会”的调查报道具备事实依据，撤销原判并驳回了世奢会的所有诉讼请求。《新京报》代理律师王东告诉财新记者，“消息源勇敢站出来做证，是能推翻一审的关键。”法院审理认为，《新京报》和《南方周末》对世奢会现象的调查和质疑具备事实依据，作者写作目的和结论具有正当性，文章不构成对世奢会名誉权的侵害。因二审出现新证据导致一审判决结果不当，所以依法改判。判决书也被不少媒体或律师给予较高评价，认为一定程度上可以作为媒体批评性报道案件的“样本”。

（2）某公司推出一款 RXR 音响产品，创作一篇商业视频广告，写出创意脚本（片长为 1 分钟）。

写出创意阐释与说明。（20 分）

写出广告视频创意脚本。（30 分）

汕头大学 2016 年研究生入学试题

硕士研究生入学试题

专业名称：新闻传播学

考试科目名称：中外新闻史和新闻传播理论

1. 配对题（共 20 分）

（请就 A 组和 B 组中的相关项加以配对，写在答题纸上，例如：A18 - B29）

A1 斯诺

A2 亨利 · 鲁斯

A3 克劳（Carl Crow）

A4 王韬

A5 郭士立

A6 陆定一

A7 便士报

A8 北岩勋爵

A9 史量才

A10 刘宾雁

B1《在桥梁工地上》

B2《纽约太阳报》

B3《每日邮报》

B4《申报》

B5 密苏里帮

B6《红星照耀中国》

B7《东西洋每月统计传》

B8《时代周刊》

B9《循环日报》

B10《我们对于新闻学的基本观点》

2. 名词解释（共 25 分）

（1）黄色新闻（Yellow Journalism）（5 分）

（2）水门事件（5 分）

（3）星法院法令（5 分）

（4）新闻框架（5 分）

（5）苏报案（5 分）

3. 简答题（共 40 分）

（1）简述新闻价值的衡量标准。（10 分）

（2）简述《时务报》的代表人物及其编辑方针。（10 分）

（3）简述曾格案及其对新闻自由的影响。（10 分）

（4）考察传播效果的研究方法有多种，请简述其中 3 种。（10 分）

4. 理解题（共 30 分）

（1）谈谈你对麦克卢汉“媒介决定论”的理解。（15 分）

（2）举例说明“沉默的螺旋”理论在网络传播中的表现。（15 分）

5. 论述题（共 35 分）

（1）因研究目的、研究方向和研究方法的不同，传播学区分为经验学派和批判学派。请阐述传播学批判学派的缘起及其发展、流变。（15 分）

（2）2015 年 11 月 7 日，两岸领导人习近平和马英九在新加坡香格里拉饭店会谈，开启了两岸领导人 66 年来的首次会

晤，引发海内外媒体的强烈关注。请从受众的角度，阐述媒体报道的重点及特色。(20 分)

专业名称：新闻传播学

考试科目名称：新闻与传播学实务

1. 名词解释（每题 4 分，共 20 分）

(1) 今日头条

(2) 数据新闻

(3) 微信公众号

(4)“倒金字塔”结构

(5)“有偿不闻”

2. 简述题（每题 25 分，共 50 分）

(1) 新闻背景在新闻报道中有哪些作用?

(2) 简述隐性采访在实施中可能产生的弊端。

3. 新闻实务题（每题 40 分，共 80 分）

(1) 根据以下材料，撰写两条不同角度的导语（每条导语不超过 100 字，按 2015 年 1 月发稿的要求写作）。

(2) 就此话题撰写一篇 400 字左右的短评并自拟标题。

近年来，移民逐渐成为中国社会的一个显话题，引起诸多议论。不仅如此，中国富人的移民动向还常常引起世界性关注。2014 年上半年，胡润百富调查发现，64%的中国富豪（资产上千万元人民币）正在考虑、申请或已经移民海外，他们的偏好目的地首选是美国。受访者称教育、空气质量和食品安全是移民的主要原因。今年下半年，英国巴克莱银行的报告显示，近半数中国有钱人考虑未来 5 年内移民发达国家，以便为子女寻找更好的教育和工作机会。该报告调查对象资产净值在 150 万美元以上，他们最可能迁往北美和欧洲。2014 年 12 月，《环球时报》记者对生活在美国的中国富豪移民状况进行了采访、调查。

2014 年 2 月，美国《华尔街日报》称，“中国有钱人正在以惊人的规模排队移民海外”。今年 8 月，美国国务院一名官员在介绍投资移民的 EB－5 项目时表示，2014 财年（2013 年 10 月 1 日至 2014 年 9 月 30 日）的 1 万个投资移民签证名额已经用完。这是这个至少投资 50 万美元才能拿到美国绿卡的项目推出 24 年来，第一次把每年 1 万个名额用完。据报道，在 2014 财年，美国政府共签发 10692 张 EB－5 投资移民签证，中国大陆人获得 9128 张，占比高达 85.4%。而在 2006 年，申请该项目的中国人仅 63 人。

近年来，中国经济的飞速发展使中国百万富翁群体迅速壮大，他们当中很多人利用美国的投资移民项目移民美国，所以美国的新移民群体中，中国富豪越来越多。由于中国富人的涌入，与十几年前相比，美国人已改变原来的固有看法，即将中国人与贫穷挂钩，而是承认现在的中国人相当有钱。

据了解，中国富豪子女在美受教育分两种情况，一种是已经上大学或是读研究生的学生，一种是读社区学院或是高中及初中的学生。相对而言，后一种学生更容易出问题。刑事辩护律师邓洪说，很多富豪对子女期望很高，但由于对美国社会缺少了解以及疏于对子女的管教，富豪子女身上出现了很多问题。华裔青少年中因飙车、酒驾引起的刑事犯罪问题，大都来自中国大陆。

著名华人律师申春平说，一个来自江阴的企业家因借高利贷涉案上亿元人民币，他打电话给借贷人承诺在一定期限内还款，借贷人预感他要外逃，于是报警。警方赶到上海浦东机场时，嫌犯搭乘的美国联航班机已经在跑道上待飞，警方要求停飞，联航不理，该企业家就这样来到美国。

记者认识一位在浙江也算有些名气的企业家，他前几年为妻子和儿子办理了绿卡，并花500多万美元在洛杉矶著名的海滨豪华居住区马里布购置了一套豪宅，成了明星科比的邻居，但因距离华人居住的区域太远，他的妻子经常抱怨说，买一块豆腐都要开两个多小时的汽车。人到中年才移民到美国，而美国的高级住宅区往往是在远离人烟的山上或海岸线上，环境虽美，但时间一长，对于习惯了热闹生活的企业家夫人来说实在是太寂寞了，再加上儿子又在遥远的外州上大学，所以她一年中绝大多数时间待在中国，偌大的豪宅只好留给保姆享受。

前几天，记者去洛杉矶一家汽车经销商处买车，令记者吃惊的是，他们的财务经理是个地道的美国白人，但会说许多中国话，而且是中国各地方言。这名经理说，他的中国话都是和中国顾客学的，这两年来自中国大陆的顾客非常多，而且基本上都不讲价钱，所以和中国的客人做生意非常舒坦。在洛杉矶的华人区，小小年纪却开豪车的留学生比比皆是，他们往往是独自在美国生活，父母除了给钱基本上不过问他们在美国的生活状态。在美国，豪华轿车的价格仅仅是中国的1/3左右，所以豪车基本成了这些富豪子女的基本装备。这也让中国留学生驾豪车“出事”成为近年来美国媒体上常见的新闻。

资深地产经纪人阮秉森因工作关系，接触到很多中国富豪。他的感觉是，很多移民到美国的中国富豪都很低调。“富豪平日的生活和很多人想象的不一样，他们不用微信，不愿意使用社交网络，不希望别人知道自己更多的情况，在家最多上上网”。

申春平说，在接触中他发现，移民到美国的中国富豪中，很多人是跟政府做生意发财的，有些钱不干净；但也有一部分富豪的钱是辛辛苦苦挣来的，特别是江浙一带做外贸、做小商品生意的。

阮秉森认为，移民到美国的中国富豪群体构成复杂，很多富豪由于资产来源问题，处于一种不稳定状态，选择移民其实是不得已的选择。一些卷钱过来的“富豪”，面临中国反贪反腐的舆论及执法力度加大的压力，甚至处于惶惶不可终日的状态。又要拼命挣钱，又要转移资产，又希望孩子在美国受到良好教育，这就形成了移民美国两头跑、孩子无法得到完整照顾的状况，很多人心里很矛盾，难言快乐。

很多中国富豪采取这样一种移民模式，即在美国购置豪宅，为家里人办理绿卡，自己仍在国内打理生意。这是因为美国政府对美国公民或绿卡持有者在全球的所得都征税，高额税赋让很多人放弃了成为美国公民的念头，所以很多中国富豪很自豪地说他始终拿中国护照，但从来不提他的妻子和孩子的护照情况。

申春平说，华裔社区有这样一群孩子，年龄在16岁到30岁之间，他们在社区学院登记注册后不去学校，而是吃喝玩乐、游手好闲，做一些很奇怪的事。他的手头上不乏这样的案例：家境不错的男女青少年谈“恋爱”，发生“关系”后女孩报警告男孩强奸，但警方了解情况后将案子销掉。还有的小孩开着宝马车去打架，让警察感到莫名其妙。中国富二代中一些孩子在美国的行为，导致美国民众对中国形成负面印象。

一些富豪移民的生活的确不快乐。申春平说，一名曾有安徽某地级市政协委员或人大代表资格的富豪到美国后，在华人聚居的亚凯迪亚市买了一套豪宅。不过由于语言不通、不会开车，他常常感到寸步难行。谈及移民原因，他说一是为孩子能够受到更好教育，二是觉得国内保护私人财产的法律不完善，觉得把资产转移到美国安全些。两个目的都达到后，由于觉得在美国待着没意思，他就回国了。

一名房地产商在谈到自己的生活时说，他大部分时间生活在国内。去年因拆迁问题发生血案涉及他的公司，他担心被拘，所以在美国待下来了。现在，他每天上网看看家乡的新闻和有关他公司案情的报道，每周也学几次英语，其他时间就是参加同乡会的活动。他的资产让他在美国度过余生无忧，但每天的感觉就是空虚、心里没底。他觉得还是在国内的机会多，不想在美国无所事事地养老。

美国《商业周刊》等媒体曾报道，中国留学生早已成为美国高档车的客户来源。有统计称，2012 年至 2013 年 10 月这段期间，中国留学生在美购入约 155 亿美元新车和二手车，而同期美国学生只购买了价值 47 亿美元的汽车。爱荷华大学附近一家车行的总经理说，中国留学生几乎都是付现金，学生们选好车后打电话给父母，然后他们的父母就会汇钱来。

阮秉森表示，其实中国富豪对子女教育投资很大，很多家庭请专业人士辅导，有的的确教育得不错。他认为，年龄较小的富二代在教育方面出现的问题，除了家长放任的因素，首先和家长不经常在家有关。申春平说，无论是富豪还是贪官，都希望自己的孩子成才，但一些富豪只给孩子钱，再买个大房子让孩子住，自己一走了之。他的一个朋友就是这样，很有钱，买两套房子，把女儿一个人留在美国，结果女孩怀孕了。

《环球时报》记者的一个亲戚在洛杉矶买了一套带泳池的别墅，然后把孩子送到美国。孩子一个人住别墅，开保时捷跑车上学，经常带一帮同学回家开派对。如今两年过去，他的英文仍说得磕磕巴巴，后来了解到，他班上二十几个学生中一半是中国人。

阮秉森说，另一个问题是，由于基本不与本地社区接触，中国富豪对美国社会不了解，对美国教育制度和体系也缺少了解，不知道该为孩子的学业准备什么。事实上，对于多数中国富豪来说，他们的孩子在美国学什么并不是他们关心的，也许他们只是希望自己的后代在海外镀金，感受一下西方的生活方式。不过，加州大学一名家境不错但积极创业的中国留学生对记者说，对于美国华人富二代存在的问题，可能是媒体报道问题，也可能是一些人自我约束能力差，导致很多人对富二代有很多偏见，他周围的大部分同学是认真生活、学习的。

第十四篇
港澳台学术概况

香港地区专辑

香港地区大学新闻传播学院（系）2016年学术发展概况

香港大学新闻与传播研究中心

香港中文大学新闻与传播学院

香港浸会大学传理学院

香港城市大学媒体与传播系

香港地区新闻传播学术期刊2016年概况

Chinese Journal of Communication（CJOC）2016年概况

附：2016年*Chinese Journal of Communication*（CJOC）总目录

《传播与社会学刊》2016年概况

附：2016年《传播与社会学刊》总目录

香港地区新闻传播学人自述

冯应谦　李月莲　肖晓穗　朱顺慈

澳门地区专辑

澳门地区大学新闻传播学院（系）2016年学术发展概况

澳门大学社会科学学院传播系

澳门科技大学人文艺术学院

台湾地区专辑

台湾地区新闻传播学研究2016年综述

台湾地区高校新闻传播学院（系）2016年学术发展概况

台湾政治大学传播学院

台湾中正大学传播学系

台湾世新大学新闻传播学院

台湾地区新闻传播学术出版2016年概况

附：2016年《新闻学研究》总目录

台湾地区新闻传播学人自述

陈百龄　苏　蘅　游梓翔

香港地区大学新闻传播学院（系）2016 年学术发展概况

香港大学新闻与传播研究中心

香港大学新闻与传播研究中心（简称 JMSC）始创于 1999 年。该中心的创立旨在通过提供专业的新闻教育以推动文明社会的发展。除了主要的教学项目以外，该中心也提供专业的短期课程，组织学术活动和公共论坛来讨论现代媒体面临的主要问题。

在课程设置方面，该中心从 1999 年开设两年制、部分时间的新闻硕士课程。2000 年开始设立全日制的研究型硕士学位。2004 年开设本科生教育课程。到现在为止，该中心提供新闻专业的本科学位（BJ）、研究型硕士学位（MPhil）以及哲学博士学位（PhD）的教育。从设立之初，该中心就重视媒介融合的教育，并强调学生讲故事的能力。该中心涵盖新闻报道、新闻写作、新闻摄影和纪录片制作等方面课程。除了核心课程以外，该中心也提供大量的网上公开课程（MOOCs）。在学生培养方面，该中心注重教学与实践相结合的方法。凭借着独特的地理优势，该中心利用香港、内地以及亚洲丰富的媒体机会，为学生提供各种课内外的新闻实践。全英文教学的授课方式为当地、地区和国际化的媒介机构输出了优秀的传媒人才。该中心在数据新闻和电子媒体创业两个方面发展出教学和培训项目。学生掌握多样的媒介技能让他们不管在文字、音频、视频和多媒体以及电子和网络媒体等诸多领域都可以应对自如。毕业学生被《纽约时报》、美联社、CNN、路透社和彭博社等国际媒体以及香港当地新闻机构和中国内地媒体录用。

在学术研究方面，该中心聚焦在媒介法律和伦理、风险和公共健康传播、电子媒介和媒介变革、政府信息公开以及转型社会中的媒体多元化等诸多研究领域。在开放社会基金会（Open Society Fundations）的支持下，该中心对中国媒体的发展进行相关的研究。其中，“微博视野”（Weiboscope）就是一个关于中国社交媒体数据收集和视觉化的项目。另外，“媒介法”项目为记者、学生、学者和媒介律师提供了独特的研究和训练。“风险和公共健康传播”项目是在亚洲领先的关于风险传播和健康新闻的研究机构和训练中心。“香港资讯公开报告”项目于 2013 年在该中心创立并运作，此项目通过保护公民隐私和在网上的言论自由，来推动政府政务透明化进程。

2016 年，该中心通过各种实践活动和学术活动来推动其媒介教育的发展。在实践和教学方面，该中心与谷歌新闻实验室建立了合作的关系，并且开办了第三次网络课程“数据新闻原理”。该中心与香港大学法学院一直保持着密切深度的合作关系。2016 年，双方联合举办了“谁在背后支持你？世界后门的牢固信任和中介”的学术研讨会。另外，《华盛顿邮报》的前驻外记者 Keith Richburg 于 2016 年 9 月份开始任该中心主任一职。

香港中文大学新闻与传播学院

2016 年，香港中文大学新闻与传播学院继续开展一系列以“新媒体科技与社会”为主题的学术活动。为了进一步促进华语传播学者的交流，学院下设的中华传媒与比较传播研究中心（简称 C 研中心）于 2016 年年初推出第九届传播学访问学者计划“传播科技与新媒体事件”工作坊，共有 12 位来自世界各地的华人学者获邀参加工作坊。8 月下旬，中心举办了为期一周，题为“数字方法和社会发展”的研究峰会。教授 Michael Best 等人作为主讲嘉宾出席了峰会。2016 年，该中心还邀请了来自英国伦敦大学学院的教授 Daniel Miller，圣地亚哥州立大学教授 Bey-ling Sha，新加坡南洋理工大学教授 Arul Chib 和清华大学教授王君超等十多位学者进行专题学术讲座，内容涉及公共关系、社交媒体、修辞以及手机传播等研究议题。

为了加强华人传播学者的交流和联系，2016 年，香港中文大学新闻与传播学院继续开展大中华访问学者计划及系列研讨会活动。台湾师范大学教授王维菁、台湾交通大学教授张玉佩、台湾政治大学教授林日璇、华中科技大学教授刘洁、中国传媒大学教授段鹏以及四川大学教授操慧等学者分别就自己研究的议题进行了演讲和讨论，内容涉及游戏、著作权、媒介融合、媒介文化等诸多方面。

在课程教学方面，为了庆祝“企业传播社会科学硕士课程”设立 20 周年，学院于 2016 年 3 月中旬举办了主题为“数字时代下公共关系和策略传播的趋势与挑战”的公关周活动，并且举办题为“撞击与花火：与传讯领袖面对面”的国际论坛。为了拓展学生的国际视野，学院在原有的新闻与传播学课程外，开办全新课程“全球传播”。该课程为四年制，每年设置 40 个录取名额，20 名来自中大，20 个来自英国萨塞克斯大学（University of Sussex）。

在学术成果方面，教授邱林川（Jack Linchuan Qiu）所著的 *Goodbye iSlave: A Manifesto for Digital Abolition* 一书，由美国伊利诺伊大学出版社（University of Illinois Press）出版发行。学生黄广生获得国际传播学会（ICA）会议最佳学生论文奖，学生孙萍获得国际传播学会（ICA）会后会议和第十四届中国互联网研究会议（CIRC）最佳学生论文奖第二名。

香港浸会大学传理学院

2016 年香港浸会大学传理学院通过举办学术讲座、论坛和国际会议来促进其学术的发展。学院下设的媒介与传播研究中心（简称 CMCR）邀请海内外的知名学者，组织开展了十余场学术讲座。该中心邀请了英国伦敦大学学院人类学系教授 Daniel Miller、美国宾夕法尼亚大学传播学院与社会学系双聘教授杨国斌、美国天普大学荣誉教授 Herbert Simons、清华大学新闻与传播学院教授王君超等学者进行学术讲座，内容涉及社交媒体、中国互联网、修辞学、政治传播等诸多研究议题。

2016 年恰逢香港浸会大学建校 60 周年，学校和传理学院联合举办校庆与杰出学人讲座活动。主要邀请了诺森布里亚大学荣誉教授 Peter Golding，探讨了媒介研究的角度、方法和影响。此外，哥伦比亚大学新闻与社会学教授 Todd Gitlin 也受邀做了社交媒体与社会变革、媒体与美国总统大选等研究议题的报告。

为了促进学院内教师之间的沟通与交流，学院也组织了院内教师论坛。其中，电影系叶月瑜（Emilie Yeh）教授分享了她对香港早期电影历史的相关研究。为了促进和鼓励学者申请科研项目，学院邀请学者 Ian Aitken 和 Dominic Yeo 分享他们申请 UGC（University Grants Committee）的过程。两位分享了各自在申请 UGC，General Research Fund（GRF）和 Early Career Scheme（ECS）等科研项目方面的经验。

为了促进学院在公共关系领域的发展，2016 年学院邀请业内人士进行了 4 场公关系列讲座。罗德公关公司的 Charles Lankester，美国公关机构（IPR：The Institute for Public Relations）的主席 Tina McCorkindale 和研究主管 Sarab Kochhar 等人与学生们分享了自身在公关业内的宝贵经验。

传理学院一直注重理论和实践相结合的教学方法，并以传媒实践来推动学院的发展。2016 年，传理学院电影学院举办的“全球华语大学生影视奖”，已经进入第 13 年，该奖项的设立旨在提高大学生的影视创新能力。9 月 10 日，传理学院举行“第五届张国兴杰出青年传播人奖颁奖典礼”，颁发奖项予九位在新闻、创作影音制作和评论组别表现卓越的青年传播人，表扬他们在相关领域的高专业水平，以及他们充分彰显“唯真为善”极富原创精神的作品。为了进一步提升新闻教育素质，培养具有国际视野的优秀新闻专业人才，2016 年，传理学院新闻系举办了“第七届普利策新闻奖得主工作坊”，邀得七位获得美国新闻界最高荣誉普利策奖的得主，以讲座、研讨会等形式与师生、媒体从业员及公众交流心得，分享经验。

在学术成果方面，传播系助理教授陈瀚盈博士的合著论文《千禧年国际广告研究概况》，在第 14 届国际广告研究会议（ICORIA）中获得最佳论文提名。传播系副教授麦嘉盈博士等人与香港癌症基金会合力制作《分甘同味》一书出版。传播系助理教授陈怡如博士被美国公关系研究院新成立的行为认知研究中心选为研究员。该研究院是美国最具影响力的公共关系及企业传讯研究机构之一。电影学院副教授卢伟力博士在“香港舞蹈年奖 2016”中，凭其舞蹈评论著作《寻找香港舞蹈》，荣获“杰出舞蹈服务奖”。

学院多位学生在 2016 年各大媒体赛事中，也取得斐然成绩。传理学院学生钟家杰等人在第 10 届“GATSBY 学生广告创作比赛”中，击败全球超过 1500 支参赛队伍，勇夺赛事最高殊荣。传理学院 9 位新闻系毕业生，于香港报业公会“2015 年度香港最佳新闻奖”比赛 11 个组别中，勇夺 15 个奖项。传理学院学生团队在“两岸四地”青年创新创业比赛中，勇夺三等奖。

香港城市大学媒体与传播系

香港城市大学媒体与传播系持续进步。在2016—2017年全球大学媒体与传播学科排名中位于第三十名（ARWU，世界大学学术排名）和第二十七名（QS）。

媒体与传播系继续发挥其在网络数据研究方面的优势，由祝建华教授主持于12月举办的“人文及社会科学中大数据计算研究方法”工作坊，邀请了社会学、政治学、商学、计算机学和数学的六位专家进行跨学科前沿研究的报告。该工作坊吸引了97位学者参加。6月举办了“高级R Corpus文本分析”工作坊。来自美国、欧洲、新加坡、中国内地和中国香港的27位教师、研究生和媒体从业者参加了暑期班课程。

为了促进与国内各高校新闻传播院系的学术交流，协助国内新闻传播研究与国际接轨，香港城市大学媒体与传播系于2016年3—4月继续开展“中国大陆新闻传播青年学者到访”计划，共有16位来自内地各高校新闻传播院系的青年学者参加。同时，媒体与传播系的学者也前往内地高校进行访问和交流。其中，李喜根教授于2016年10月18日至28日在清华大学访学，并且做了题为“理解和发现新闻传播规律”的讲座，探讨了新媒体研究的创新路径和方法。

该系于2016年举办了20余场学术讲座和近56场业界精英讲座。讲座主题多结合当下新媒体发展背景，探讨传播学理论、方法的革新和案例分析。其中，新加坡南洋理工大学的Vivian Chen和Tai-Quan Peng，美国阿拉巴马大学的周树华教授，香港中文大学的冯应谦和李立峰教授等受邀进行了专题讲座，内容涉及电子游戏研究、计算社会传播学研究、媒介信息处理、韩国流行文化和政治传播等诸多议题。该系也邀请电视台记者、公关公司专家、摄影师、网站编辑、纪录片制作人以及作家等业内人士分享他们的从业经验。其中，CNN前驻亚太地区记者Mike Chinoy，野生动物摄影师奚志农，凤凰卫视张晓文和黄海波，《南华早报》网站编辑Mr Jarrod Watt等人进行了专业的讲座。

奖项方面，在北京举行的第二届“‘家·春秋’大学生口述历史影像记录计划”颁奖典礼上，由李宇宏老师带领摄制的“族印—家庭相册”系列纪录片获得了最佳制作、优秀导师两项大奖。在2016年《中国日报》校园新闻奖中，媒体与传播系学生获得专题视频一、二等奖。

与业界合作方面，由何舟老师带领的团队与凤凰卫视合作，在俄罗斯西伯利亚进行了三场雪原现场多机位直播，讲述俄罗斯十二月党人妻子和十月革命“红白战争”的历史故事，业界认为其直播效果达到卫星直播水平。其后，该团队制作的《百年革命之西伯利亚》纪录片在凤凰卫视播出，受到业界好评。

在国际化方面，50%以上的本科生到世界各国进行一学期以上的学术交流。此外，该系与美国西北大学举办的联合双学位“整合营销硕士”项目正式开办，两位学生将在2017年秋季获得城市大学硕士学位后进入西北大学进行三个学期的学习，学业结束后将获得西北大学的硕士学位。在国际会议方面，第七届亚洲传播学博士生荣誉研讨会和第九届国际公关和广告论坛暨金旗奖颁奖典礼分别于11月中旬和12月初在香港城市大学创意媒体中心举办。

香港地区新闻传播学术期刊2016年概况

Chinese Journal of Communication（CJOC）2016年概况

2016年*Chinese Journal of Communication*（CJOC）出版了4期，共刊登文章35篇。其中，有21篇研究文章，8篇书评，介绍、公告等其他文章6篇。

CJOC 2016年的第一期尝试回答有关中国外交政策和软实力的问题。这一期的文章源于“The Voice of China in Africa”的研究项目。该项目研究的议题之广，涉及中国文化传播者和记者的角色、中国国家形象在非洲的传播、中国的公共政策和软实力策略等方面。这一期刊登的研究文章，主要回答了几个方面的议题：中国媒体的扩张对非洲有怎样的影响，非洲的媒体如何报道中国，中国的媒体如何报道非洲，以及中央电视台扮演着怎样的角色等。

CJOC 2016年的第二期涉及的研究议题可谓百花齐放，百家争鸣。Yanglai Fong和Md. Sidin Ahmad Ishak的文章，通过对比性的内容分析法，探究马来西亚报纸在报道宗教内部争论议题方面的不同。Xiaodong Yang等人的文章探究了社交媒体上关于食品安全的风险意识问题。其他的论文有涉及中美关系、中国政策和文化价值观念影响非洲记者对中国的认知等研究议题。

CJOC 2016年的第三期刊登的研究文章比较贴近社会现实。比如香港城市大学的老师Crystal Jiang的论文探讨了中国城市中的单身女性如何面对媒体的偏见性报道和刻板印象的问题。Dongjing Kang、Moyi Jia和Ran Ju的文章总结了中国组织传播学呈现出快速发展的趋势。另外，还有的学者探究了激励性言语在企业中的作用和中国互联网管制等方面的研究问题。

CJOC 2016年的第四期刊登的研究文章大部分涉及社交媒体的话题。如Marko M. Skoric等人的文章探究了儒家文化背景下的亚洲—社交媒体、政治表达和政治参与。Hsuan-Ting Chen等学者通过对香港、台湾和中国大陆的对比研究，探讨了社交媒体使用和民主参与的议题。而Weiyu Zhang主要对比分析了2011年和2015年新加坡政治大选中社交媒体的使用问题。Ronggui Huang和Xiaoyi Sun的文章则探究了在中国反对使用核武器的抗争中，微博的使用问题。

附：

2016年*Chinese Journal of Communication*（CJOC）总目录

2016 Issue 1

Introduction: The voice of China in Africa: media, communication technologies and image-building (Fei Jiang, Shubo Li, Helge Rønning & Elling Tjønneland)

Research article: China's "soft power" and its influence on editorial agendas in South Africa (Herman Wasserman)

Research article: Perceptions of Chinese presence in Africa as reflected in the African media: case study of Uganda (Goretti L. Nassanga & Sabiti Makara)

Research article: Framing of the Sino-Africa relationship in diasporic/pan-African news magazines (Tokunbo Ojo)

Research article: Mixed messages, partial pictures? Discourses under construction in CCTV's Africa Live compared with the BBC (Vivien Marsh)

Special commentaries: A perception study on China's media engagement in Kenya: from media presence to power influence? (Yanqiu Zhang & Jane Muthoni Mwangi)

Special commentaries: China's media and public diplomacy approach in Africa: illustrations from South Africa (Yu-Shan Wu)

Book review: Talk radio, the Mainstream Press, and Public Opinion in Hong Kong by Francis L. F. Lee (Hongtao Li)

2016 Issue 2

Research article: Framing inter-religious dispute: a comparative analysis of Chinese-, English-, and Malay-language newspapers in Peninsular Malaysia (Yanglai Fong & Md. Sidin Ahmad Ishak)

Research article: Risk perception of food safety issue on social media (Xiaodong Yang, Liang Chen & Qiang Feng)

Research article: Precarious beauty: migrant Chinese women, beauty work, and precarity (Sara Xueting Liao)

Research article: Pluralistic ignorance in Sino-Hong Kong conflicts: the perception of mainland Chinese people living in Hong Kong (Miao Li)

Research article: Compare Chinese with Americans: how trait comparisons shape public perception of Sino-US relationship and China policy issues (Ji Pan)

Research article: How native cultural values influence African Journalists' perceptions of China: in-depth interviews with journalists of Baganda descent in Uganda (Jiang Chang & Hailong Ren)

Book review: Chinese Discourse Studies, by Xu Shi (Sunny Lie)

Book review: Cultural Policies in East Asia: Dynamics between the state, arts and creative industries, edited by Hye-Kyung Lee and Lorraine Lim (Boyun Choe)

Acknowledgement of contributions by reviewers

2016 Issue 3

Research article: Counteracting indirect influence: the responses of single Chinese women to prejudicial media portrayals of single womanhood (L. Crystal Jiang & Wanqi Gong)

Research article: The expanding territory of organizational communication in China (Dongjing Kang, Moyi Jia & Ran Ju)

Research article: Does motivating language matter in leader-subordinate communication? (Pi-Chuan Sun, Fu-Tien Pan & Chien-Wei Ho)

Research article: Watching online videos interactively: the impact of media capabilities in Chinese Danmaku video sites (Lili Liu, Ayoung Suh & Christian Wagner)

Research article: China and global internet governance: toward an alternative analytical framework (Hong Shen)

Book Review: Subaltern China: Rural migrants, media, and cultural practices, by Wanning Sun (Marina Svensson)

Book Review: Social media generation in urban China: A study of social media use and addiction among adolescents, by Hanyun Huang (Mike Z. Yao)

2016 Issue 4

Research article: Social media, political expression, and participation in Confucian Asia (Marko M. Skoric, Qinfeng Zhu & Natalie Pang)

Research article: Social media use and democratic engagement: a comparative study of Hong Kong, Taiwan, and China (Hsuan-Ting Chen, Michael Chan & Francis L. F. Lee)

Research article: Social media and elections in Singapore: comparing 2011 and 2015 (Weiyu Zhang)

Research article: Dynamic preference revelation and expression of personal frames: how Weibo is used in an antinuclear protest in China (Ronggui Huang & Xiaoyi Sun)

Research article: From "whom to blame" to "nothing to fear": documentary narratives, voices, and "dependent destigmatization" of severe mental patients (SMPs) in Hong Kong (Yungeng Li)

Research article: Emotional and relationship well-being for post-1980s Chinese mothers receiving family support for childcare: comparing tangible support and supportive communication (Zheng An)

Book review: Investigative journalism, environmental problems and modernization in China, by Jingrong Tong (Jingfang Liu)

Book review: Media as mediators: Citizen activism and public deliberation, Fanxu Zeng (Guiquan Xu)

Acknowledgement of contribution by reviewers

Editorial Board

《传播与社会学刊》2016 年概况

《传播与社会学刊》于 2006 年 12 月创刊，到 2016 年 12 月出刊满十年。过去十年，学刊从一份新兴的学术期刊，不断茁壮成长，目前已经发展成为全球顶尖的中文新闻传播学刊。2016 年，《传播与社会学刊》出版 4 期（总第 35 期至第 38 期），共刊登各类稿件 30 篇，其中 16 篇为研究论文，专辑论文 3 篇，学术对谈 4 篇，卷首语、专辑序言和传播论坛共 7 篇。

第 35 期收录学术对谈与研究论文共 7 篇文章。它是当前社会媒体与传播现象的缩影。收录的论文在各个方面呈现多样性的特征。具体来说，在媒体方面，论文涵盖报纸、杂志、幻灯、电影、互联网与社交媒体；在时间方面跨及晚清、近代中国、19 世纪 60 年代和 70 年代、直至 21 世纪的今日。语境上论及政治、经济、文化乃至于社会结构的影响；议题上则涵盖族群、移民、社交、性别与联网封锁；媒体与传播角色与功能更包括信息、建构、虚拟、参与、赋权及群集甚至防火墙。

华人传播学门的一代领航者徐佳士于 2015 年辞世。第 36 期《传播与社会学刊》特邀曾受教于徐氏的 6 位资深华人学者缅怀恩师，回望徐氏春风化雨的风范和其独特的新闻教育理念。该期刊登了 4 篇“传媒教育”主题的专辑论文，就其理论与实践的两个切面，讨论传播教育与所处环境的竞合关系，期望进一步思辨传媒教育的“学”与“术”的去向。其中 3 篇论文以“在地”的传播问题意识为本，借不同研究路径检视不同社会情境下的传媒教育实践和理念，从各层面揭示传播教育与传播概念间的辩证关系。

第 37 期所刊登的 5 篇研究论文直接或间接地揭示了“日渐网络化的个人与社

会”的主旨。其中有3篇研究论文分别探讨中国大陆社交媒体企业营销、媒体多工的是与非以及台湾民众网络素养调查等议题，而另外两篇则是与电视有关，但其背后揭示了网络媒体正在“倒逼”电视等传统媒体的媒介发展规律。本期的另一大亮点是加拿大多伦多大学教授巴里·威尔曼与香港中文大学副教授邱林川等人的学术对谈，以“‘网络个人主义’——网络社会的沟通之道”为题，畅论个人、社会与网络的关系，分享“社会网络分析”（方法）与“网络社会研究”（领域）的交集，深入浅出，发人深省。

第38期共刊登一篇学术对谈及6篇学术论文。学术对谈由美国南卡罗来纳大学讲座教授魏然访问美国斯坦福大学教授马克莱珀，这篇对谈主要讨论敌意媒体效应理论的起源、发展与展望，值得关注媒体效果理论的学者细读。该期刊登的6篇学术论文，有5篇集中讨论公共关系相关课题，分别探讨了媒介沟通效果、消费者关系管理、广告效果和危机沟通策略等议题。由于国际传播学会要求附属学刊每年必须至少把一篇学术论文译成英文，在国际传播学会的年会上发表。该期最后一篇以“《传播与社会学刊》年度双语论文”的形式刊登了李立峯的《新闻媒体在社会运动中的公众屏幕功能和影响：香港雨伞运动之“暗角事件”个案分析》。

附：

2016年《传播与社会学刊》总目录

总第35期（2016）

写在卷首：权力、文化与新旧媒体之典范竞争（黄懿慧）

学术对谈：作为批判研究的媒介政治经济学（作者对谈人：珍妮特·瓦斯科、徐亚萍/翻译、编校：徐亚萍）

研究论文：防火墙真的让中国与世隔绝了吗？从整合互联网屏蔽和文化因素的角度来解释网络用户的使用习惯（哈什·塔纳加、吴晓）

研究论文：1968—1978年台湾《妇女杂志》的女性论述建构（孙秀蕙、陈仪芬）

研究论文：城市居民的社会资本、媒介使用对政治参与的影响研究（曾凡斌）

研究论文：脸书使用者的社会资本及政治参与（陈忆宁）

研究论文：从幻灯到电影：视觉现代性的脉络（唐宏峰）

研究论文：陆籍配偶族群媒体之语艺分析：以台湾“两岸家庭论坛”为例（陈宏）

总第36期（2016）

写在卷首：大中华地区传媒教育的情境与展望（宋韵雅）

学术对谈：徐佳士教授与新闻传播教育（作者对谈人：黄煜、冯应谦、朱立、潘家庆、王石番、陈世敏、彭家发、汪琪）

专辑序言：数位时代的传播教育：问题与挑战（朱顺慈）

专辑论文：传、帮、带：民国新闻记者的职业社会化与组织社会化——以《大公报》为例（路鹏程）

专辑论文：新闻教育如何塑造不一样的未来记者：中国大陆与香港新闻学生对记者角色认知的比较研究（2008—2014）（邓力）

专辑论文：网络新闻与交互式叙事书写：从教学立场出发（李明哲）

传播论坛：香港政治传播研究的轨迹与前景（徐来、黄煜）

总第37期（2016）

写在卷首：日渐网络化的个人与社会（张国良）

学术对谈：“网络个人主义”——网络社会的沟通之道（作者对谈人：巴里·威尔曼、邱林川、张人文、甘晨）

研究论文：台湾民众网络素养调查：网络素养、网络经验及生活满意度关系之综合探讨（林淑芳）

研究论文：媒体多工的是与非：从幸福感、社会资本、同侪接受与社会成功来看（陈忆宁）

研究论文：中国社交媒体企业营销中的用户劳动和消费主义主体建构：以新浪微博上的杜蕾斯官方账号为例（黄炎宁）

研究论文：现代“王禄仔仙”卖啥膏药？分析卖药电视节目所提供的社会支持（卢鸿毅、徐薇筑）

研究论文：方言节目与大陆新时期的地方媒体政治：以《百晓讲新闻》为例（庄梅茜）

传播论坛：纪录片中的中国少数民族和中国农民——以《舌尖上的中国》第二季为例（卢垚）

总第 38 期（2016）

写在卷首：《传播与社会学刊》创刊十周年（罗文辉）

学术对谈：敌意媒体效应：一位理论创建者的回顾与展望（对谈人：马克·莱珀、魏然）

研究论文：“救急”的媒介沟通效果：以灾难新闻为例（罗雁红、钟宜珈）

研究论文：从消费者观点检视组织权力运用对消费者关系管理之影响（刘正道）

研究论文：不同关系类型下收送视角对礼品广告效果的影响（董小雪、林升栋、吴琼鳞）

研究论文：危机沟通策略与危机回应形式：危机类型为权变因素之效果研究（黄懿慧）

研究论文：新闻媒体在社会运动中的公众屏幕功能和影响：香港雨伞运动之“暗角事件”个案分析（李立峯）

香港地区新闻传播学人自述

冯应谦

冯应谦（Anthony Y. H. Fung），香港中文大学新闻与传播学院教授、千人计划引进的北京师范大学艺术与传媒学院教授，现为中文大学亚太研究所联席所长。在 2013 年至 2017 年间，曾担任广州暨南大学新闻与传播学院珠江学者，在 2011 年至 2017 年间曾任中文大学新闻与传播学院院长。1990 年代在美国明尼苏达大学新闻与大众传播学院获得学位博士，香港回归后到香港从事教学和研究，除了教学以外，曾从事记者、电视主持、电台广播、专栏作家等工作。研究兴趣和教学领域包括流行文化与文化研究、文化产业与政策、传播政治经济学、性别与青少年身份政治和新媒体研究。在国际发表的文章出版超过一百篇，曾撰编的中英文书籍达十余本，标志性的作品有 *Global Capital, Local Culture: Transnational Media Corporations in China*（2008, Peter Lang）、《歌潮·汐韵：香港粤语流行曲的发展》（2009，次文化出版）、*Policies for the Sustainable Development of the Hong Kong Film Industry*（2009，中文大学出版社）（与 Joseph Chan 和 Chun Hung Ng 合著）、《悠扬·忆记：香港音乐工业发展史》（2012，次文化出版）、*Asian Popular Culture: The Global (Dis) Continuity*

(2013) 和 *Youth Cultures in China* (2016, Polity Press) (与 Jeroen de Kloet 合著)、*Global Game Industries and Cultural Policy* (2016, Palgrave Macmillan) 和 *Hong Kong Game Industry, Cultural Policy and East Asian Rivalry* (2018, Rowman & Littlefield)。

治学自述

亚洲和中国流行文化为我主要的研究范围。在全球化的论述中，我强调了亚洲流行文化和全球化的密切关系。20 世纪初，全球化的流行文化已席卷亚洲，“靡靡之音”已经由上海进入中国市场，好莱坞电影和明星也成为日本等国家吹捧的对象。最有效也最不被留意的是亚洲区的服装，亚洲市场受欧美时尚（fashion）影响，走向西化（westernization）。战后，从 60 年代至 2000 年左右，全球化趋势的步伐更急速，在 2013 年我编的 *Asian Popular Culture: The Global (Dis) Continuity* 中，当代的亚洲流行文化发展出不同的模式，全球化的延续性和非延续性是主要的概念。全球化的延续性仍然是主流，迪士尼、正义联盟、星球大战仍然是风靡亚洲的主流文化产品。然而，随着亚洲的经济起飞，中国的文化国力崛起，本土文化打断了全球化延续性，全球在地化（glocalization）在亚洲越来越明显，上海的迪士尼就是明显例子。再者，也有全球化非延续性的例子，日本的 Pokémon Go 游戏和任天堂反过来攻入欧美市场，中国也有自己的微信、支付宝等，改变了 Facebook 和其他社交媒体在世界的优势。

我近十年的研究，也从流行文化产品本身伸延到文化生产和其深层结构，在 2008 年 *Global Capital, Local Culture: Transnational Media Corporations in China* 一书中已指出中国跟世贸签署协议后，跨国文化/媒体企业发展出独特的中国市场的本土策略，进入亚洲文化市场，从电影工业、音乐工业、互联网内容产业本身，开始跟中国的本土资金和政府合资、共同制作和营销。

从中国的角度，这些合作是中国发展流行文化的试金石。在 2010 年后，我的著作也提到，中国也发展了自身的全盘文化政策，文化产业的概念也逐渐形成。从政策到文化产业基地聚群（Cultural Clusters）也是近年我的著作的主题。我的有关文化产业和政策的出版物围绕电影、电视、动漫、互联网产业和游戏，当中游戏业为国家带动直接的出口增长，成为文化产业的龙头。

我在 *Global Game Industries and Cultural Policy* 一书的章节 Creative Industry and Cultural Policy in Asia Reconsidered 指出，中国和其他亚洲区域自有的文化政策都是一种由国家主导（state-drivers）的文化政策。我也在即将出版的 *Cultural Policy and East Asian Rivalry* 中分析了近年亚洲区的文化产业和游戏政策，的确，韩国和中国的文化政策成为两国的经济增长软实力的催化剂，而且形成一种从商业到文化、国家竞争的生态。

李月莲

李月莲，女，出生于澳门，在香港长大。博士毕业于加拿大英属哥伦比亚大学（UBC），现为香港浸会大学传理学院新闻系教授兼系主任。研究兴趣包括媒介和信息素养、传媒教育、网络新闻、知识社会和网络世代。近年致力推广媒介和信息素养（Media and Information Literacy, MIL），并研究网络世代（Net Generation）如何运用它们的媒介和信息素养，来参与社会及推动改革。同时研究媒介素养和新闻的关系。曾在多个英文SSCI国际学术期刊发表论文，如《中国传播期刊》（*Chinese Journal of Communication*）、《新闻学研究》（*Journalism Studies*）、《传播与教育》（*Comunicar*）、《新闻与大众传播教育者》（*Journalism & Mass Communication Educator*）、《信息、传播与社会》（*Information, Communication & Society*）等。近年与其他教授共同编辑媒介素养论文，2017年出版了两部专著：*The International Handbook of Media Literacy Education* 和 *Multidisciplinary Approaches to Media Literacy: Research and Practice*。

治学自述

我在大学本科及硕士阶段修读新闻与传播学，于香港中文大学毕业后投身新闻界。在采访及编辑生涯中，发觉很多社会人士对传媒有不少批评。尤其是在90年代，香港的传媒环境开始劣质化，煽色腥的新闻越来越多，颇多教师及家长均对传媒很有意见。但我认为传媒具有正面社会功能，如果能够教育受众，让他们对传媒有辨识及监察能力，并懂得善用传媒，应该有助于建立健康的公共空间。当我决定进修博士课程时，便立志将传媒及教育结合，于是选择攻读教育社会学，专注研究媒介素养教育（又称传媒教育），特别关心传媒教育怎样发展成为信息时代的新社会运动。

当我开展学术生涯时，正值世界从工业社会过渡至知识社会，我对这个巨大时代转变非常着迷及感到兴奋，很想了解在新时代教育及新闻如何改变，所以我的研究聚焦在媒介素养教育及网络新闻这两方面。

进入知识社会，数码科技及互联网急速发展，网络世代年轻人的学习模式也革命性地改变，学习不再局限在课堂内，还有通过网络进行。新闻业也被数码科技颠覆，故此我认为媒介素养（Media Literacy）的概念也需要伸延，需要和信息素养（Information Literacy）及数码技能（Digital Skills）结合，组成新的素养概念——媒介和信息素养（MIL）。换言之，传统的媒介素养教育需要范式转移（Paradigm Shift）。

对我来说，年轻人在知识社会将是知识工作者，而资讯和知识是新社会的生产工具，所以年轻人需要具备媒介和信息素养，去掌握信息和创造知识。过去多年，我一直从事这方面的研究，在本地及海外的杂志及学术期刊发表文章，同时在香港及中国内地推广媒介素养训练。我认为研究与实践要互相配合，研究结果指导实践，而实践可深化研究。如果媒介素养教育不能在学校及社区蓬勃发展，那有什么研究可做？故此，我跟志同道合的学者及教师成立了香港传媒教育协会，一边进行教师、学生及家长的媒介素养教育培训，一边做研究。

2011年我应邀参加联合国教科文组织（UNESCO）的国际专家团队，研究媒介和信息素养指标。在2013年，联合国教科文组织出版了报告，名为 *Global Media and Information Literacy Assessment Framework: Country Readiness and Competencies*，并翻译成多国语言版本。

此外，我也得到联合国教科文组织的研究经费，研究参与知识社会所应具备的素养和技能，提出新的素养理论框架“廿一世纪能力”（21st Century Competencies），当中包括思维能力、实务能力及人际能力，之后由联合国教科文组织发表了题为 *Literacy and Competencies Required to Participate in Knowledge Societies* 的论文。

在新闻学研究方面，我认为新闻业面对重大的范式转移。我对数码科技的影响极感兴趣，在十多年前开始研究新闻网站，提出“数码市集”的新闻网站概念，并以“封闭传媒符码”“开放传媒符码”及“参与式开放传媒符码”的概念，分析新闻由纸本至网上报纸再到 Web 2.0 多媒体新闻网站的变化。

我把自己的两个研究兴趣结合，发展新的研究项目，包括研究数码时代年轻人的媒介和信息素养，跟公民参与及社会运动的关系。又将正向心理学及反思教育学引入媒介素养的概念框架，在“假新闻”及“后真相”时代建构新的新闻分析课程。

展望未来，除了上面提及的研究方向外，我还希望从历史社会学的视角，探讨媒介和信息素养能否成为一门学科（Academic Discipline）及它在学术版图上的地位，并了解它在即将到来的“全互联网及人工智能时代”中，能否为人类福祉做出贡献。

肖晓穗

肖晓穗，男，出生于广州。1992 获美国俄亥俄州立大学博士学位。当年加入香港浸会大学，曾任学院研究生委员会主席。现任传播学系教授、《传播与社会学刊》编辑。1995 年当选国际修辞史协会（International Society for the History of Rhetoric）首位亚裔理事。海外访学期间，于 1996 年和 2007 年两度担任哈佛大学费正清研究中心客座研究员，另于 1999 年担任夏威夷东西方研究中心研究员。研究领域包括修辞学、文化批评和中国传播学。曾发表（包括与他人合著或合编）5 部学术著作和 3 本学刊专辑，并在 *Quarterly Journal of Speech*, *Rhetoric Society Quarterly* 等 SSCI 国际期刊上发表多篇论文，另在其他中英文学刊发表论文四十余篇。曾于 1994 年和 2010 年获国际传播学会和中华传播学会优秀论文奖。

治学自述

我于 1988 年到俄亥俄州立大学攻读博士，主修修辞传播。华人学者似乎不大看重这个专业。我与修辞学结缘于一个偶然的机会，由于本科学的是新闻，到美国后，一开始还想着往大众传播学的方向发展。硕士二年级时，读了一篇修辞分析文章，分析《物种起源》的修辞，达尔文审慎的修辞和这篇文章精湛的分析一下子把我震住了，从此迷上了思想运动的修辞和修辞分析。这个方向也正好把我过去对历史、文学和哲学的兴趣统合到一起。俄州州立大学的修辞传播专业在美国名列前茅，为了完整地掌握这门学问，我把这个专业开设的所有研究生课（无论是必修还是选修）一个不落地修读了。

来到香港，发现没有用武之地，所在的传理学院没有专门的修辞课。后来有了，是我提议开设的，也只是一门，取了一个宽泛的名字，“Rhetorical approaches to communication”。也许我该满足了，这还是全香港传播学院系中唯一一门修辞传播课。

目前无论是我们的传播学教育还是传播学研究都欠缺一个修辞学的视角，说起传播学，大家想到的是媒体，今天的人更一个劲儿地往新媒体靠拢。我要说自己是学“修辞传播”的，对方就一脸困惑，像是说“这是什么东西?”“这还用学吗?”

我所说的修辞传播，泛指凭借技巧和恰如其分的语言实现的沟通或传播。我们今天有各种方式的传播，有借助大众媒体实现的传播，即大众传播；有借助科学技术实现的传播，叫技术传播；而修辞传播则偏重语言的手段。这是人类最本原的传播方式，在人类还没有大众媒体，还没有什么媒体科技的时候，能够依靠的就是技巧和适当的语言。今天的人类传播尽管带有很浓的金属腔，但最能体现它是“人类”传播的仍然是技巧和适当的语言，最能打动对方的也还是这种语言。传播/沟通本质上是一门人文主义艺术和学问，但我们今天似乎离这个人文主义视角越来越远。

由于缺乏必要的修辞传播训练，我们学生的修辞表达和修辞分析能力整体上说是薄弱的。学生出来说话，偏向依赖 PPT、灯光、音响等外部手段，现场布置得很红火，但内容经常是贫乏的。学生中从事文本分析的不少，新闻分析、广告分析、电影分析等都属于文本分析，但声称作修辞分析的却凤毛麟角。偶得一两篇“修辞分析”，读起来总是差点火候，未能分析进去，充其量只是分析了作者说些什么，并没有分析作者怎样去说他要说的话。而在我看来，“怎么说”要比“说了什么”能说出更丰富和更重要的东西。

朱顺慈

朱顺慈，女，本科于香港中文大学新闻与传播学院毕业，在英国 Sussex University 修读文化研究硕士后，开始从事不同种类的媒体工作，包括采访、编剧、纪录片制作和各类创作。因为关注传媒教育，半途出家到香港大学教育学院进修，研究学校文化和媒体文化的关系及冲突，2003 年获哲学博士，2007 年回中大新闻与传播学院任教，现职副教授。主要研究兴趣为与青少年相关的媒体议题，例如社交媒体使用和性别现象，曾在 *Asian Journal of Communication*、*Journal of Youth Studies*、*Journal of Sex Research*、*Journalism*、*Information, Communication and Society* 等国际期刊上发表相关论文。工余时间继续参与媒体创作，曾出版小说、制作独立电影，为香港电台电视部制作的环保纪录片，在 2016 年纽约电视节获优异奖。

治学自述

因为性格闲不下来，兴趣又特别多，我在 2007 年前压根儿没想过会加入学术界。过去十年，深切体会到学者在教学、研究和社会服务三方面的责任，总算慢慢厘清了三者之间的关系。研究是为了生产新的知识，教学是传授和分享，承传和开创，相辅相成。一直以来，我最感兴趣的是推动传媒教育，因为深信只有提升全民的媒介素养，媒体生态才会发生根本变化，我希望能在这方面长远地反馈社会。

推动传媒教育，首重实践，亦需要不断更新对媒体使用习惯和模式的认识和了解。我特别关心年轻人，研究他们与新媒体的关系、如何诠释网络现象、在社交媒体上的言行表现等，另外，媒体呈现和汇聚不同价值观，其中性别观念影响不浅，亦是我多年来持续研究的课题。

2011 年，我得到中文大学知识转移基金资助，成立了“火星媒体”（Mars Media）暑期项目，以香港中学生为对象，开展了以体验式学习为主调的媒介素养的教育活动。2017 年，这个已运作六年的计划，获得资助成立社会企业，以“在地经历离地思考”为宗旨，正式对香港社会各界推广传媒教育，通过设计针对不同程度学生和公众的课程，向提升媒介及信息素养（media and information literacy）的方向前进。

《香港地区专辑》撰稿人：

钟历（香港浸会大学传理学院博士候选人，澳门大学传播学硕士）

《香港地区专辑》审稿人：

郭中实（香港浸会大学传理学院新闻系教授）

澳门地区大学新闻传播学院（系）2016年学术发展概况

澳门大学社会科学学院传播系

澳门大学传播学系隶属于澳门大学社会科学学院；2014学年迁入横琴新校园。传播系采用国际化管理体系，坚持国际化的教师队伍，与国际接轨的教学标准的理念。2016年，该系有24位全职学术教师，5位兼职教师，4位教辅人员，教学科研队伍具有多元化学术背景。许多教员在世界著名大学取得博士学位。系主任为教授Tony Schirato，副主任为Timothy A. Simpson。

教学方面，传播系以澳门大学“四位一体”的教育模式为理念，把专业教育、通识教育、研习教育和社群教育四个维度结合起来。该系设有本科、硕士、博士教学课程，以英文授课为主。本科专业方向包括媒介研究、新闻学、公共关系和媒体创意。在课程训练之外，传播系非常注重媒体实践技能的培养和传播技术训练，学生需要熟练掌握新媒体软件程序及视频工作室的各种应用。本科教学主要课程包括英语传播、新闻与公共传播、科学传播和教育课程四类，此外还有英文传播的辅修课程。课程GPA达标要求为2.0。

传播系本科生在课堂教育之外，需要参与各类高级工作室和演播室的媒体制作实践，主要包括报纸编辑、视频新闻采编和微电影制作。学生在当地媒体、传媒公司以及政府相关部门实习。

传播系研究生课程设置理论和实践相结合，以传播学基础、新媒体研究和媒体文化效果研究为核心。学制一年，以课程成绩与论文两项作为评估标准。

传播系博士研究生的专业方向为传播学，始于2009年。该系擅长传播学视角下各种现象研究与文化研究。该系博士生培养同样注重理论与实践的结合，注重交叉学科研究。博士研究生的研究方向既有新闻学研究，也有网络研究、影视研究、跨媒体研究；还有传播学视角下的城市社会学研究、旅游研究等，研究路径主要包括媒介效果和媒介文化研究。

2016年，传播系学者应邀参与多项学术活动，如11月27日至30日举办的“澳门全球传媒产业发展大会2016”，教授吴玫作为大会主论坛中高峰对话环节的主持人，对话主题是“全媒体之路：转型和升级 创新与发展”。

2016年，传播系科研人员出版的主要学术著作有《中国近代报业的起点——澳门新闻出版史（1557—1840）》（作者：林玉凤）、《兰台岁月：纪念南京大学档案馆建馆三十周年（1986—2016）》（作者：吴玫）、《新娘出售——亚洲全球化中的台湾跨国婚姻》（作者：Todd Sandel）。《新娘出售——亚洲全球化中的台湾跨国婚姻》一书在美国费城举办的“第102届美国国家传播协会年度大会”中，获国际与跨文化部授予的“2016年杰出书籍奖”。

学生活动方面，2016年传播系的重点活动包括：3月，传播系博士、硕士生在教授吴玫带领下访问澳门大数据舆情研究公司易研科技，调研从数据收集、数据清理、内容编码到结果分析等相关问题，与业界交流。4月，举办澳门大学传播系第十四届传播周，主题为“创意实践 creative practice”，主要活动包括名人讲演、影片防御、出版刊物等。12月，传播系举办第三届欧盟微电影挑战赛，有60多位澳门大学传播学系的学生参加，围绕“移民”这一话题，运用纪录片等形式来挖掘澳门的移民现象。

此外，传播系学生创办的中文刊物《传人类·廿四媒》及英文刊物 *Umac Bridges Spring 2016*，在《中国日报》香港版举办的2016年校园学报新闻奖评选中，获得两项冠军、四项亚军及一项季军。（根据澳门大学社会科学学院网站资料整理）

整理：曾昕（中国社会科学院新闻与传播研究所助理研究员）

澳门科技大学人文艺术学院

澳门科技大学人文艺术学院目前是澳门科技大学的第三大学院，学院荣誉院长是具有国际影响的中国著名文化学者余秋雨教授，学院院长是张志庆教授。学院主要设有新闻传播、艺术设计和电影管理三个专业，设有澳门影视艺术研究院和澳门传媒研究中心两个研究部门。现有行政人员19名，教学科研人员33名（含特聘教授3人），兼职教授22名。学院一直致力于向海内外招聘具有丰富的教学经验，优秀的研究能力，以及相关实践经验的教学人员，并聘请了海内外相关学科的知名教授作为兼职教授，组建了一支合理高效的教学队伍，发展壮大澳门的新闻传播学教育。

传播学学位课程具备完整的从本科到博士的学位教育体系，设有新闻传播学学士学位课程、传播学硕士学位课程与博士学位课程，每年招收博士生、硕士生及本科生，2016年共有新闻传播学在读本科生705名，传播学硕士生139名，传播学博士生34名。目前的新闻传播学全职教师主要来自海外著名大学，全部拥有博士学位。

学院每年定期开设“传播与艺术名家讲坛”；每学期聘请海内外著名的教授、学者和业内知名人士为兼职教授为学生授课。“传播与艺术名家讲坛”在2016年开展了多场与新闻传播学相关的学术讲座。邀请了余秋雨和美国布法罗纽约州立大学传播系教授洪浚浩为师生进行主题讲座；并结合澳门科技大学成立十六周年校庆以及新闻传播专业的实务特点，邀请了复旦大学信息与传播研究中心主任、教授黄旦，尼尔森网联研究总监杨晓玲开展了以“新媒体传播与创业 CommPlus”为主题的“2016传播周”活动系列讲座。希望通过传播周活动把教学和学术成果应用到传播实践中，更好地了解中国的传播研究，服务推动澳门多元发展。

人文艺术学院注重对外协同创新。2016年，“澳门传媒研究中心”与中国人文社科重点研究基地“复旦大学信息与传播研究中心”展开合作，成为其伙伴研究基地。双方共享学术资源，发挥两所大学各自的优势，协同破解传播理论在内的各种社科问题，并为澳门政治经济民生议题提供理论解释和合理的解决方案。同时，澳门传媒研究中心与中山大学传播与设计学院大数据传播实验室联合澳门传播学会，首次就澳门地区的新媒体使用情况进行系统深入的调查研究，发布了《首届澳门网民新媒体使用习惯调查研究报告》。该项调查结果对于政府及社会各界政策的制定与推行、分析澳门传媒业态等均具有重大意义。

学院也非常重视与海内外的大学以及传媒业界的交流。2016年，接待了孔子基金会理事长王大千及山东侨商联谊会会长吴立春一行、北京人民广播电台编播人员一行等人的访问，并组织参加了“2016澳门文化产业论坛”暨“第九届国际文化创意产业协会研讨会”，共同为澳门的文化创新与产业发展出谋划策。院长张志庆出席“中国高校影视产业与管理专业委员会成立大会暨大数据时代的影视产业高峰论坛”，并当选委员会副主任委员（副会长）。

2016年，学院的教学科研成果丰富并获得多个奖项。学院新闻传播学教研人员共发表4篇SSCI和其他文章及著述；夏冰青博士的研究课题“中国互联网产业资本累积”获得英国威斯敏斯特大学进修中心（The Westminster Institute for Advanced Studies）授予的青年学者研究基金。

人文艺术学院重视学生的课外学习与交流。师生多次前往澳门有线电视、澳门广播电视股份有限公司、《澳门日报》等新闻实务单位参观学习，让同学们了解节目策划、采编、播放等一系列节目制作流程和了解报社的相关知识，近距离观察主播、导播、摄影等各个岗位的工作情况并体验交流。2016年，新闻传播专业学生成果丰硕。学院指导下的澳门科技大学学生记者团出版的报纸《今日科大》连续三年获得“《中国日报》香港版校园学报新闻奖”。新闻传播学系学生在“2016年（新加坡）全球品牌策划大赛中国地区选拔赛”中分别荣获全国品牌策划二等奖和三等奖。新闻传播学系大三学生团队拍摄的作品《细佬》参展2016年第三届两岸大学生华语影像联展暨“凤凰花季”毕业影展，成为澳门地区唯一入选影片的院校。在第二届金莲花杯“看电影、评电影”《中国内地优秀电影展影评文比赛》中有4名学生分获第一名、第二名，以及两个入围奖。传播学硕士生参加的“2016年中国传媒经济与管理年会——舆论新格局·传媒新常态”学术研讨会和“武汉大学全国新闻学博士生论坛暨第七届华中地区研究生新闻传播学术论坛”，其论文获得青年学子分论坛三等奖和二等奖。

撰稿：谢沁霖（澳门科技大学人文艺术学院博士、西北政法学院教师）

·台湾地区专辑·

台湾地区新闻传播学研究2016年综述

一、2016年台湾地区新闻传播学研究

2016年台湾地区的新闻传播学研究有三个重点：一是面对新技术挑战传统印刷技术，图文传播与数字印刷工艺的相关研究成为新热点，论文数量发生显著变化；二是学者们看见新媒介所带动公民参与社会的突出作用，对香港、台湾所发生的突发公共事件、群体性事件、食品安全事件等进行研究；三是研究数量总体增加，体现在电子出版形式的增量上，实证研究依然是主流，集中在应用类研究，其中问卷调查法、访谈法、实验法使用最多，但是运用不同学科的理论和方法，探讨解决共同的问题，这类论文也有显着增加的趋势。尽管挑战传统范式还需时日，交叉学科对新闻传播的理论、方法、研究工具和范例带来了新机遇。基于此情况，必须向读者报告的是2016年新闻传播的数据库在分类上有了重大的变化，最显著的就是CEPS期刊数据库的主题浏览中社会科学下的传播学，门类中66本期刊属于台湾地区的期刊增加到了29本，接近半数，其中《海洋文化》《高雄海洋科大学报》《设计学报》，甚至《会计研究月刊》都被列入检索范围。本文沿用“传统”新闻传播范式进行选择，因此，这样的改变造成文献的检索结果剔除率增高（29本期刊，剔除16本），也增加了撰写者对文献分类归纳一致性（信度）的挑战。数据库的变化，反映新闻传播学门在岛内产生了新变化。此外，以电子出版形式所出版的学位论文、会议论文集、毕业专刊等，都有ISBN书号，与传统意义的印刷出版认定有所差异。这些本领域的电子书基于出版便利性高、成本相对低、读者自主选择高，其外部变化将如何影响学科发展，值得后续关注。对比2015年台湾新闻传播学研究统计（见表1），数量增减变化原因推测如下。期刊论文数量增长157%，主要因为期刊涵盖范围变宽。年内新闻史研究是新亮点，文中见到多位熟悉的大陆学者名字，两岸交流为台湾日渐薄弱的新闻史学研究补充了新力量。研究生学位论文环比下降23%，尽管检索的涵盖范围变广，但是学门内没有较大变化，数量减少无法较好解释，只能姑且推论与台湾社会学历不再是高收入的保证，加上人口减少，考研人数创历史新低有关。学术会议地点集中在台北市，围绕着“新”与“创”两元素，展开多种传播议题的探索。此外，通讯传播委员会所提的“汇流五法”，因为攸关岛内电信、有线电视、频道、OTT及内容产业发展而备受关注，多次举办产官学会议讨论，20场重要会议总体看来学术性与实务性参半。图书出版依然有为数颇多的媒体工作者总结经验，虽然尚未提炼，但一定程度填补了新闻传播的空白，也是未来展开研究的重要素材。将经典著作重编再版的“老书新出”如：《娱乐至死》《布赫迪厄论电视》（大陆翻译：皮埃尔·布迪厄，Pierre Bourdieu）；香港与内地作者在台湾出版的情况也越来越多，如：陈笺的《第一会客室》，万国报馆编、童兵序的《甲午：120年前的西方媒体观察》。

表1 2015—2016年台湾新闻传播学研究统计结果

时间	期刊论文	学术会议	学术出版
2015年1—12月	96	28	28
2016年1—12月	151	20	23

资料来源：本文整理。

二、新闻学研究

1. 新闻史研究

陈淑容研究在台湾发行的《三字集》，探讨台湾话文书写被转换成为召唤庶民情感与动员底层的力量，实验性地被运用到工农运动的现场，作为意识形态宣传与群众动员的工具[①]。陈百龄、杨秀菁皆以20世纪40年代至70年代间为背景，研究岛内新闻工作者处于媒体市场发展与新闻工作中面临的政治挑战[②]。萧旭智从信息流动的角度考察1895年至1930年前后台湾的电报与社会，通过配送速度、新闻电报及社会流动三个角度，描述不同媒介间的速度差异与接力方式。日占时期邮政、铁路、电报、电话、新闻报刊、无线电以及大众传播等的发展造就了现代性的特征：时空压缩。像神经网络一样蔓延的邮便局、日台新闻报道时间差缩小、台湾米商深悉稻谷农作物市场的信息流通，还有电报职业化造成的社会流动，看似越来越紧密，但依然存在不同速度的媒介间如何接力的问题。虽然，信息加速、时空压缩，但具有语言差异的文化、统治与被统治的政治、经济与劳动的阶级差异显然很难加速。在文学中，被殖民的剥夺感以及无奈的生老病死，回荡在传播与对话中，持续骚动[③]。蔡博方借由詹姆斯·凯瑞（James W. Carey）与迈克尔·舒德森（Michael Schudson）的启发，建构一种兼有文化性与批判性的新闻史研究取径，以此梳理《申报》三个时期分别呈现的三种“公民”意象：晚清社会的旁观者、民国初年的贡献者、20世纪20—30年代的知识者[④]。吴廷俊及喻频莲从媒体、语录环境、个人崇拜的角度，研究《解放军报》1960—1969年的历史，文中指出，20世纪60年代初，林彪秉承“大拥大顺”的态度，在全军掀起了“活学活用毛泽东著作运动”。《解放军报》率先对运动展开宣传并将其引领到“语录化”的捷径。毛泽东出于“有必要搞点个人崇拜”的政治谋略，支持了运动的开展。“文化大革命”开始后，“中央文革小组”对新闻界广泛夺权，全大陆媒体与《解放军报》的宣传“共振”，启动了民众心中历史积淀的崇拜心理，使之迅速生长、蔓延并狂热化，对于“一元化的人造秩序”——语录环境的建构与维系发挥着重要作用[⑤]。

2. 突发公共事件与群体性事件报道研究

庄雅竹、梁维真、杨子毅以台北捷运随机杀人案与八仙乐园尘爆案两事件为例，从新闻摄影伦理的角度探讨悲惨报道对真实性与伦理道德规范的影像标准。发现恐怖、血腥与人物的照片容易引起读者对隐私、尊重与感受等问题的批判，提出“亲

① 参见陈淑容《宣传与煽动：工农运动与“三字集”的台湾话文文体实验》，《传播研究与实践》2016年第2期。

② 参见陈百龄《活在危险年代：白色恐怖情境下的新闻工作者群像（1949—1975）》，《传播研究与实践》2016年第2期；参见杨秀菁《战后初期〈台湾新生报〉的发展与挑战（1945—1972）》，《传播研究与实践》2016年第2期。

③ 参见萧旭智《差异速度与接力网络》，《传播研究与实践》2016年第2期。

④ 参见蔡博方《报刊现代性与公民身分：以〈申报〉为例的反思》，《传播研究与实践》2016年第2期。

⑤ 参见吴廷俊、喻频莲《媒体·语录环境·个人崇拜——基于〈解放军报〉（1960—1969）的研究》，《新闻学研究》2016年第127期。

密图”概念以帮助新闻工作者同理思考，在拍摄与决策照片时给予当事人尊重与尊严①。邱玉蝉、游丝涵研究发现，新闻中专家论述着重长期风险、擅用比喻与举例；政府论述则着重立即风险，以合法为根基。专家高风险与政府低风险语言，隐含的可能是不同风险评估观点②。2014 年香港非法“占中”的相关研究中，李立峯分析现场调查数据显示，越活跃于网络媒体的参与者对现场参与程度越高，但现场参与程度越高的参与者倾向于不愿意在“运动”策略问题上听取主要组织者的意见③。张赞国、刘娜研究商业报纸与独立媒体的报道差异，发现商业报纸的话语耸动，操作价值观，而独立媒体视野与传统报纸差异不大④。郑宇君、陈百龄探讨“太阳花学运”期间推特（Twitter）各种语言相关推文（tweets）的趋势变化，发现当运动发生直接冲突时，公民目击及直播频道会带来瞬间大量的信息扩散，另外透过超链接分析发现，公众透过在社交媒体转发或评论即时新闻，作为即时参与运动的另一种形式⑤。郭力昕认为“太阳花学运”的影像复制见证式影像里的感性与戏剧性概念，将使影像和社运的话语或政治意义都趋于单一⑥。林丽云讨论在社会脉络下台大新闻所的学生都是“解严”后世代，学生自发组成报道团队，建立编辑守则以及共同审稿机制，回应读者的支持，形成新闻知识建构与实践逻辑的校园体系，建议新闻教育适当加入学生主体性的讨论并重视培育学生的批判意识⑦。蔡蕙如回顾媒体公共化运动，并提出“批判的媒体识读教育学”的概念⑧。孔令信指出公民运动运用网络直播、募资平台与 O2O 三项技术，完成数字汇流与媒体整合，产生不少商机与媒体新经营模式，能给传统媒体寻求转型借鉴⑨。

3. 新闻实务研究

林思平探讨中国台湾读者对本土报纸《联合报》《中国时报》《自由时报》与中国香港移入的《苹果日报》认知与实践，指出本土报纸固然具备其优势，但其重要性在受众的认知实践中已经存在着裂痕缝隙，形成《苹果日报》与其进行新闻文化角力运作的场域⑩。蔡雁雯、苏蘅则发现《苹果日报》进入台湾后，本地报纸对性侵害报道的数量或版序有变化，岛内报纸关于性侵报道长期存在“强暴迷思”⑪。邱玉蝉探讨新闻报道关于癌症病人的经验，如何影响女性的癌症风险感知。归纳发现，当女性与报道内容有类似背景时，例如年龄、与相似的经验与症状，比较会感知自

① 参见庄雅竹、梁维真、杨子毅《新闻摄影伦理：悲惨报导中真实性与伦理道德问题的平衡》，《图文传播艺术学报》2016 年第 1 期。

② 参见邱玉蝉、游丝涵《食品安全事件的风险建构与沟通：新闻媒体 VS. 政府》，《中华传播学刊》2016 年第 30 期。

③ 参见李立峯《网络媒体和连结型行动的力量与挑战：以 2014 香港“雨伞运动”为例》，《传播研究与实践》2016 年第 1 期。

④ 参见张赞国、刘娜《从定调到解释性界限：“占中”运动、商业报纸与独立媒体》，《传播研究与实践》2016 年第 1 期。

⑤ 参见郑宇君、陈百龄《探索线上公众即时参与网络化社运》，《传播研究与实践》2016 年第 1 期。

⑥ 参见郭力昕《作为“剧场”的新闻/纪实摄影与社运》，《传播研究与实践》2016 年第 1 期。

⑦ 参见林丽云《“太阳花运动”中台大新闻所学生在“E 论坛”的实践》，《传播研究与实践》2016 年第 1 期。

⑧ 参见蔡蕙如《“媒体识读”作为实践“媒体改革”的反思》，《新闻学研究》2016 年第 127 期。

⑨ 参见孔令信《夹脚拖与 iPad 网络直播模式的反思》，《传播研究与实践》2016 年第 1 期。

⑩ 参见林思平《新闻文化角力下的本土报纸受众》，《传播研究与实践》2016 年第 2 期。

⑪ 参见蔡雁雯、苏蘅《性侵报导的强暴迷思与转变》，《新闻学研究》2016 年第 128 期。

己的风险。阅读对病人的报道叙事时，女性会特别注意新的与罕见的风险讯息。女性偏好平铺直叙的癌症风险描述，胜过于耸动的故事。另外，研究中出现有些女性认为新闻中的病人必须为自己的疾病负责，这些不同的诠释，可能和受众的背景有关①。陈百龄则聚焦探讨新闻组织的时间结构化，一方面能确保任务完成，另一方面可能付出内容品质降低和人力透支的代价②。胡元辉研究了英国、澳大利亚、韩国等公共服务媒体建置的公众咨询组织，发现多为法制化组织，KBS 的公众咨询组织较具精英取向，其余组织的成员都具地区性的代表意涵，具有媒体与阅听众的桥梁功能③。台湾公共广播电视集团自 2008 年后大量使用派遣劳工，约 200 名的派遣工占整体员工比例高达 20%；当中多数长年在各部门负责核心工作，薪资福利与进用考核等都由公广集团决定，派遣公司仅是名义雇主，构成“内部外派”（in-house agency work）的假派遣。刘昌德经由问卷调查与深度访谈发现，多数派遣工年纪轻、学历高，却面临工作不稳定与“同工不同酬”的情况，因此虽对公广集团有高度认同，但也对劳动条件普遍不满。2013 年派遣工组成工会，促使董事会一度承诺全面纳编，但资方同时提出的人事缩编规划却引发倾向“排除型”态度的正职员工及企业工会反弹，最后大多数派遣工获得纳编，但少数遭到资遣。公广派遣工会运动展现了追求“公共价值”与青年反抗“工作贫穷化”两项特点，标志出岛内媒体及非典型雇用者工会的里程碑，展现了追求“公共价值”与青年反抗“工作贫穷化”两项特点④。刘慧雯试图了解地方记者在客家族群频道中扮演的角色。发现客家电视台驻地记者对新闻室职权的认识与台北编辑室有落差，台北认为自己扮演编辑室角色，对新闻走向有主导权，地方记者发展出对抗新闻室控制的策略⑤。2015 年到 2016 年间，阿拉伯语和汉语的使用频率首次超过英语，成为全球社交媒体的第一大语言，传统传播秩序的改变，形成“后秩序”⑥。面对阿拉伯、英语等不同观众与市场，位于南方的半岛电视台正进行跨越媒体平台、文化及语言的新闻聚合。台湾学者为掌握半岛聚合模式，前往卡塔尔（State of Qatar，台湾译：卡达）多哈（Doha，台湾翻译：杜哈）的半岛电视台进行参与观察，并深度访问 27 名记者、编辑与新闻主管。关注其如何就消费、生产与分配新闻等不同层面进行新闻聚合，并发现半岛电视台不同于英语世界的新闻聚合模式⑦。

三、传播学研究

1. 传播学应用研究

新技术时期，各种创新以一定的方式随时间在社会系统的各种成员间进行传播的过程被研究者关注。黄丽君研究讯息策略对提升消费者的转基因花卉接受度，统计结果显示信息面向与信息顺序均影响转

① 参见邱玉蝉《阅读新闻报导中他人的癌症经验如何影响常人女性感知自身风险?》，《传播与发展学报》2016 年第 33 期。

② 参见陈百龄《追分赶秒：新闻组织的时间结构化策略——以报社图表产制为例》，《新闻学研究》2016 年第 127 期。

③ 参见胡元辉《民有之外，还要民治!：公共服务媒体建置公众谘询组织之探讨》，《传播研究与实践》2016 年第 2 期。

④ 参见刘昌德《派遣的逆袭：公广集团“内部外派”劳动与派遣工会运动》，《新闻学研究》2016 年第 128 期。

⑤ 参见刘慧雯《客家电视台驻地记者之研究：新闻选择与组织团队的角度》，《广播与电视》2016 年第 39 期。

⑥ 根据史安斌在“第二届中国政治传播研究学术论坛”上的演讲。

⑦ 参见林照真《来自南方：半岛电视台的新闻聚合研究》，《新闻学研究》2016 年第 129 期。

基因讯息对花卉消费者的说服力。相较于对照组，两面信息且将正向信息置于后面的讯息策略对消费者的转基因花卉风险认知与购买意愿具显著性影响①。施琮仁、林宜平、郑尊仁探讨民众对纳米科技发展的态度，发现民众对纳米科技的支持与否，受其本身科学价值观的影响较深，而非纳米知识的多寡。此结果显示，在风险沟通的过程中，提供信息并非增加民众支持度的有效策略，传播者应注意认知捷径的影响。在产品标示方面，风险感知、伦理冲突感知是主要预测变项，可见标示可能成为一种"警告机制"，影响纳米产品之销售②。黄惠萍分析发现，环保团体台湾动物社会研究会运用联盟、困窘与信息策略推动诉求，论述重视道德论证、理据与逻辑合理性，呼应相互性原则及强论点的要求，有助于媒体报道及公众对诉求的了解与支持③。许静文、陈冠汝、林巧岂等以科技接受模式探讨知觉有用及知觉易用对台湾艺术大学的学生使用 RFID 的影响，接受首要因素为便利性④。王孝勇就巴赫金（Mikhail Bakhtin）"时空型"概念的视觉语艺意识与实践进行初探性的理论溯源和理论重构。首先，透过厘清罗兰·巴特（Roland Barthes）的视觉语艺观，勾勒出图文竞合性、符号系统性，以及对话互动性等视觉语艺特定的时空性。其次，改从巴赫金的"时空型"概念出发，尝试归纳演绎其视觉语艺意识为"从文字到图像的意义抛物线""从循序到失速的符号系统性""从在地到全球的意识形态环境"（ideological environment）三点⑤。

2. 受众研究

林鹤通过对偏远及人口较少的新北市立图书馆深坑分馆对社区文化服务的满意度调查，发现当地居民对图书馆的整体服务满意，较不满硬体升级，牵涉市政府在地化政策决策的资金需求及规划⑥。罗彦杰访谈花莲县志工老人、非营利性组织宣传部门主管与失智症专家，整理出老人的信息近用（access to information）习惯，论证以健康促进观点取代筛检，期盼借此改善老人主动寻求相关医疗保健信息与提升自身认知健康的意愿⑦。李传房、江宇震以服务设计观点探讨乐龄族生态导览服务历程体验。指出：（1）确保导览服务的可接近性；（2）透过信息物件串联体验；（3）考量同伴特质的主题式导览；（4）解说员的态度与引导技巧；（5）硬体设施作为体验节点与导览平台；（6）智能手机作为导览的主要媒介⑧。蔡茱婷、许育龄研究发现四个不同的高雄观光码头其游客特性与游憩动机截然不同，不同游客特性在游憩动机与重游意愿上皆有显著的差异，

① 参见黄丽君《讯息策略对提升消费者基改花卉接受度之影响》，《传播与发展学报》2016 年第 33 期。

② 参见施琮仁、林宜平、郑尊仁《奈米科技发展与政策之常民认知》，《中华传播学刊》2016 年第 29 期。

③ 参见黄惠萍《公民团体倡议策略与论述分析：以台湾动物社会研究会反海豹油个案为例》，《传播研究与实践》2016 年第 2 期。

④ 参见许静文、陈冠汝、林巧岂《台艺大学生对 RFID 应用于器材借用方面之接受度》，《图文传播艺术学报》2016 年第 1 期。

⑤ 参见王孝勇《Mikhail Bakhtin"时空型"概念的视觉语艺意识与实践之初探：以 2014 年台北"同志"游行为例》，《中华传播学刊》2016 年第 30 期。

⑥ 参见林鹤《新北市立图书馆深坑分馆读者服务满意度之研究》，《中华印刷科技年报》2016 年第1 期。

⑦ 参见罗彦杰《失智、污名与健康促进：评析台湾对老人的健康宣导策略》，《中国广告学刊》2016 年第 21 期。

⑧ 参见李传房、江宇震《以服务设计观点探讨乐龄族生态导览服务历程体验》，《设计学报》2016 年第 1 期。

且游憩动机均对重游意愿具有正向的影响①。王蓝亭、黄诗佩研究词汇的特性作为图像情感表征的探讨，在不同教育背景及不同年龄的分析中，显示词汇情感表征在认知上有所不同，由此可知不同受试者对于造形与词汇情感表征联想性的判断有所差异性②。贾千庆、刘谕承、梁朝云等整合定性访谈与脑波侦测两种方法，解释不同类型图像对农业传播学生的五种想象力指标的影响，并分析不同想象力指标的脑波样貌，α 波在右脑颞叶区、β 波多在右脑额顶及右颞枕叶两区、γ 波在右脑颞叶区，多显现出较为活化的状态③。张文山、梁朝栋针对资讯传播科技学生，验证自我效能在心理因素与其创业意图之间的中介效果。分析结果显示，创业意图区分为信念与准备两个因素，透过自我效能的中介，负向情绪对创业意图的两个因素都具有强大的预测力，内在动机和后设认知亦皆能显著地预测创业信念与创业准备，而正向情绪却对创业准备具有负向的预测力④。熊方瑜先梳理“小清新”一词的来源与意涵，探讨当代乐迷的社会感知与现代性情感，结果发现乐迷所经历的现代性情感大约可被归为以下四类：“看不见未来的人生”“不喜欢现在的工作”“无奈感的慰藉—审美的救赎” “找不到自我/归属感”⑤。

3. 传播效果与媒介素养研究

张庭瑜探讨用户网络口碑发现：强度最弱的网络口碑对于消费者在信用型产品上的购买意愿影响程度大于强度最强的网络口碑、在网络口碑知觉价值实验中，口碑的“可靠性”，性别间的差异较为显著，且女性大于男性、中介变项“观看口碑频率”不影响消费者对于新的网络口碑之评价及对产品的购买意愿、大多数女性较男性更容易相信网络口碑资讯，并且受到网络口碑影响进而产生购买意愿⑥。周怡均、林如森整合了两份研究，以检验购买情境在虚拟经验和线上购物行为之间所扮演的中介角色⑦。林淑芳探讨青少年网络素养，并分析网络素养对网络风险、网络风险应对及生活满意度的影响。结果发现，家长主动型介入与网络素养能力有关，且网络素养能力高者，生活满意度也较高⑧。黄惠萍搜集了 53 个小学学童媒体素养教学案例进行分析。分析发现，历年教学案例递增，采独立式及融入式约各半，后者以融入社会领域居多。教师多以讨论及讲述教学，最常运用文本分析探讨媒体的商业意涵与性别议题，但近期已渐着重模拟及实作等创造力教学。学童对媒体再现及受众的角色有较佳理解⑨。

---

① 参见蔡茱婷、许育龄《透视岛屿港湾：观光码头之游客特性、游憩动机与重游意愿》，《资讯传播研究》2016 年第 2 期。

② 参见王蓝亭、黄诗佩《不同几何图像与对应词汇之情感表征研究》，《中华印刷科技年报》2016 年第 1 期。

③ 参见贾千庆、刘谕承、梁朝云《验证图像触发想像力：一个脑波仪与质性的整合研究》，《资讯传播研究》2016 年第 2 期。

④ 参见张文山、梁朝栋《自我效能对资讯传播科技学生创业意图的影响》，《资讯传播研究》2016 年第 2 期。

⑤ 参见熊方瑜《“小清新”的忧伤：以陈绮贞乐迷为例》，《传播文化与政治》2016 年第 3 期。

⑥ 参见张庭瑜《网络口碑讯息如何影响信用型产品之购买意愿——以教学网站为例》，《图文传播艺术学报》2016 年第 1 期。

⑦ 参见周怡均、林如森《虚拟经验与购买情境线上购物行为的影响：一个性别差异的研究》，《资讯传播研究》2016 年第 2 期。

⑧ 参见林淑芳《青少年网络素养、家长介入、与网络使用经验》，《中华传播学刊》2016 年第 30 期。

⑨ 参见黄惠萍《从 1999—2011 教学案例检视台湾儿童媒体素养教育》，《新闻学研究》2016 年第 129 期。

四、广告与公关研究

1. 消费者行为研究

庄惠璿、陈新霖以婚纱摄影消费者与潜在消费者作为研究对象，采用问卷调查方法，探讨台湾婚纱摄影消费者的消费价值、生活满意，与其幸福感之间的关联性。结果显示，婚纱摄影消费价值可划分为：尝新、功能、情感、社会、条件五种构念。尝新性与情感性价值均未能显著预测生活满意与幸福感。功能性、社会性与条件性价值都可透过生活满意来间接预测幸福感，其中，条件性价值的间接效果为负向。功能性价值对幸福感尚有显著的直接效果①。林世尧、刘苡辰、郭丞育等得出消费者选择纸质书，而不是选择电子书的使用习惯与购买意愿：首先是纸张的特性，如触摸质感、味道等；其次是消费的方便性；再次是使用的方便性②。张卿卿以多元动机的观点，针对线上影音相关行为提出一个整合性的动机架构，区分“内在动机”与“外在动机”（包括：功能性与信号性），探索这些不同类型动机促发线上影音接收（观赏）、传散（分享）与产制（制作上传）行为的情形③。脑波仪也成为本学科的研究工具之一，吴佩芬探讨在地居民与观光客在体验导览系统前后的个人情感差异与沉浸经验的关联。结果发现两个群体在体验了互动导览系统后，都呈现良好的正面情绪，显示这样的系统可以激发个人情感，并促使人机互动有好的联结。接着，再结合脑波仪探讨使用者体验时状态发现，使用正面情绪是获得沉浸经验的关键因素，当正面情绪较高时沉浸经验也随之提高，当使用者脑波的 β 波如果处于低 β 波，其沉浸经验相对也会较高④。张卿卿从“享乐观点”探讨网络购物的享乐功能，结果显示：网络购物者相较于非网络购物者，其上网娱乐动机较高；网络购物具有“享乐观点”“经济观点”“自由观点”与“避险观点”，其中“享乐观点”相关信念对于网络购物态度与网络购物行为的预测力最高；当“享乐观点”信念与认知相关信念（“经济观点”“自由观点”与“避险观点”）歧异度高时，会抑制网购态度⑤。

2. 品牌形象

张文璟、吴蕙均、陈芃颖等着眼于便利商店吉祥物品牌形象有利于消费者对便利商店品牌偏好，所以若能提升消费者对便利商店吉祥物的正面态度，则能提高消费者对于便利商店品牌的好感度⑥。曾敏婷、尤依白、陈亮宇等探讨手摇饮料企业品牌形象设计应用，归纳出下列结论：各企业识别系统偏重将品牌故事与 CIS 做视觉呈现的结合，偏重于如何透过 CIS 的视觉呈现来营造品牌形象，并强化其企业的经营理念⑦。杨锡彬以《小黄人大眼萌》

① 参见庄惠璿、陈新霖《台湾发展幸福产业的基底？婚纱摄影消费对幸福感的预测模型》，《资讯传播研究》2016 年第 2 期。

② 参见林世尧、刘苡辰、郭丞育等《相较于电子书，消费者对于纸本书的使用习惯与购买意愿之研究》，《图文传播艺术学报》2016 年第 1 期。

③ 参见张卿卿《线上影音接收、传散与产制上传行为探讨：多元动机之观点》，《中华传播学刊》2016 年第 30 期。

④ 参见吴佩芬《特色街区导览系统之使用者情绪与沉浸经验研究》，《设计学报》2016 年第 2 期。

⑤ 参见张卿卿《以网络购物为例探讨媒介作为娱乐的功能》，《中华传播学刊》2016 年第 29 期。

⑥ 参见张文璟、吴蕙均、陈芃颖等《消费者对便利商店吉祥物偏好度的探讨》，《图文传播艺术学报》2016 年第 1 期。

⑦ 参见曾敏婷、尤依白、陈亮宇等《品牌形象设计应用之创作论述——以台湾手摇饮料企业形象设计案为例》，《图文传播艺术学报》2016 年第 1 期。

（Minions，台湾翻译片名：小小兵）动画为例，探讨小黄人从配角变成主角动画的品牌行销成功原因有：（1）小黄人把“共享性”发挥得淋漓尽致；（2）透过异业合作共创行销效应；（3）将人气转为买气的行销商机①。曾宜婷以柏林影展为例，探讨城市影展的品牌意象塑造，认为城市与城市影展之间的关系是共存共荣，互利共生。影展办得好，城市形象能有所提升，而城市所塑造的形象也会转移到影展上。尽管影展能与城市合作一同塑造城市品牌，但影展并非与生俱来作为推销地方品牌的工具。也就是说，当影展与城市合作塑造品牌时，应避免本末倒置，且应避免政府介入过深②。吕明心、傅临超、邱玉蝉等研究 2000 年后台湾“米”广告中所建构的性别角色，发现广告中的传统女性形象并未完全被新女性形象取代，新女性形象背后仍延续传统的性别意识；男性扮演稻米专家、鉴赏家的角色，米饭对于男性而言是权威与力量的展现③。

3. 广告与设计

广告中的视觉和听觉所传播的内容表现特点，具有触发消费者购买的诱因，在消费者的行为决策过程中，扮演重要的角色。周穆谦、林巧悦采用实验法检测包装上的视觉要素如何影响消费者的视觉搜寻，研究得知，不同年龄的受测者对于吸引他们目光的包装货架展示优先性有些趋向是相似的。茶饮料、果蔬汁饮料的看法相似；咖啡饮料、乳制饮料这 2 类饮料的看法亦相似。受测者认为“标题字命名类”为最具优先性的视觉传播要素大类，其次依次为“瓶身设计类”“产品内容资讯类”④。曾荣梅探讨公益广告中人物图像的情感诉求中侧面人像广告在“激发捐款意愿”与“增进心智障碍者自主形象的塑造”中均显著高于正面人像广告的效益⑤。陈素娟、陈婉菁、赵曼华分析消费者对于健康食品包装图文表现的偏好，在包装图文表现部分，同意度最高的变项是数字，其他依次为：他界（研究操作定义为：强调外国进口、珍贵稀少的罕见原料之符码）、保健功能、技术及权威，表示消费者在选购健康食品时数字描述是其所在意的，对于名人代言同意度最不在意⑥。陈雅璇、施乃文、赖文彦探讨包装外观视觉意象对消费者商品价值认知的影响，研究方法采用了语义学解析法（SD 法，Semantic Differential），台湾翻译为“语意分析法”或“语意微分法”或“语意差异法”。结果发现消费者在购买茶叶时，最为注重包装上的“配色组合”，有 57% 受测消费者在购买茶叶时会以此为考量，其次为“包装图像编排”“包装文字设计”⑦。刘子琳、李宜蓁、刘又慈选择最贴近于每人日常的“文学小说的装祯设计”加以研究，探讨文学小说的装帧设计对于消费者在消费时的选择影响。发现书籍加入装帧设计能够吸引消费者的目光，男女与各年龄层对装

① 参见杨锡彬《动画的品牌行销之探讨——以小小兵动画为例》，《中国广告学刊》2016 年第 21 期。

② 参见曾宜婷《城市影展的品牌意象塑造——以柏林影展为例》，《广播与电视》2016 年第 39 期。

③ 参见吕明心、傅临超、邱玉蝉等《男主外，女“煮”内：台湾“米”电视广告的性别形象》，《传播与发展学报》2016 年第 33 期。

④ 参见周穆谦、林巧悦《涉农饮料包装视觉要素之货架展示优先性探究》，《传播与发展学报》2016 年第 33 期。

⑤ 参见曾荣梅《慈善社福广告中之人物图像的效益研究》，《设计学报》2016 年第 2 期。

⑥ 参见陈素娟、陈婉菁、赵曼华《健康食品包装图文编排之偏好研究》，《图文传播艺术学报》2016 年第 1 期。

⑦ 参见陈雅璇、施乃文、赖文彦《包装外观视觉意象影响消费者对商品价值认知——以天仁茗茶桂花茶王为例》，《图文传播艺术学报》2016 年第 1 期。

帧设计感受并无明显差异[①]。叶应萱、叶茜文、叶佳茹等研究台湾唱片专辑包装设计，2002 年至 2005 年倾向使用人像类摄影，搭配水平线和对角线构图，夸张手法的字体并搭配饱和度非常高的色彩。2006 年至 2010 年使用人像类摄影，但插画增加，开始使用色块分割画面，文字则主要使用黑体、明体来表现，处理手法越来越干净，舍弃小字与副标，色彩也渐渐走向不饱和的趋势。2011 年至 2015 年插画开始被广泛地运用，不限于平面插画表现，越来越多专辑尝试以特殊印刷、加工等方式呈现，搭配简洁以及方向性精确的画面构成，让画面与文字的互动性增加，文字则主要使用黑体来表现，结合饱和度低的色彩，以黑色、灰色、白色调的无色彩来构成更干净、简约的风格[②]。张家溱、陈玠安、李映萱分析检视台湾大学生在选择台湾本地或日本的女性杂志时，影响关键在版面结构的"图像"[③]。陈雅骐、谢宇崴、吴尉慈等探讨性别的差异对广告标语修辞使用有所不同[④]。郑雅元、高于涵、方怡文借由问卷调查显示设计是便利商店咖啡营业额提高 15% 的原因之一[⑤]。方菁容、邓成连、卫万里探讨过往评价广告创意的准则，在数字广告时代部分适合[⑥]。林家华、林楷洁、吴志富等指出改善台湾高速路交流道出口图形化指示标志的设计，能有助驾驶理解正确率呈现较佳绩效[⑦]。林廷宜、易敏哲研究电费账单设计提出更新方案[⑧]。翁注重从设计史的发展脉络，检视设计文化此一新兴研究领域的浮现：近因是设计史在 1990 年代受到来自设计研究社群，挑战其学术霸权位置，设计史需要重新建立其正当性。远因则是设计史长期和文化研究、人类学，以及科技与社会研究（STS）等进行跨领域的知识交流，奠定革新的知识基础[⑨]。

4. 市场营销与公关研究

廖信、蔡雨霓、叶振璧研究发现行销休闲影音 APP 价格策略拟定，以"免费购买"为最重要；销售通路策略以"APP 商店"上架为最重要；行销策略推广以"社群行销"为最重要[⑩]。遇异凡、郝宗瑜通过问卷调查与分析读者购买电子书的行销因素后发现，读者对精准、有价值的行销内容与活动，比较愿意接受与参与，且亦是影响他们决定购买与否的过程与实践，因而有意义的内容行销，既可以有效提升读者的关注度以及接受度，甚至为销售量带来刺激性效果[⑪]。赖宗圣针对杂志透过社会弱势在街头贩售的个案研究，了解《大志》（*The Big Issue Taiwan*）杂志以社会责任为目标在台湾的背后运作方式[⑫]。陈奇伟透过深

① 参见刘子琳、李宜蓁、刘又慈《文学小说的装帧设计对于消费者购买欲望之影响》，《图文传播艺术学报》2016 年第 1 期。

② 参见叶应萱、叶茜文、叶佳茹等《台湾专辑封面设计之发展——以聂永真等五人为例》，《图文传播艺术学报》2016 年第 1 期。

③ 参见张家溱、陈玠安、李映萱等《台/日女性杂志版面设计与读者偏好之相关性研究》，《图文传播艺术学报》2016 年第 1 期。

④ 参见陈雅骐、谢宇崴、吴尉慈等《广告标语修辞之性别偏好差异》，《图文传播艺术学报》2016 年第 1 期。

⑤ 参见郑雅元、高于涵、方怡文《聂永真设计对 CITYCAFE 的影响》，《图文传播艺术学报》2016 年第 1 期。

⑥ 参见方菁容、邓成连、卫万里《建构数字广告设计创意评价之构面与准则》，《设计学报》2016 年第 1 期。

⑦ 参见林家华、林楷洁、吴志富等《交流道出口标志设计对驾驶者认知之影响》，《设计学报》2016 年第 1 期。

⑧ 参见林廷宜、易敏哲《民生使用单据之文件设计研究——以电费账单为例》，《设计学报》2016 年第 3 期。

⑨ 参见翁注重《设计史跨界书写探究设计文化研究》，《设计学报》2016 年第 4 期。

⑩ 参见廖信、蔡雨霓、叶振璧《休闲影音应用程式行销策略之研究》，《中华印刷科技年报》2016 年第 1 期。

⑪ 参见遇异凡、郝宗瑜《内容行销对读者购买电子书意愿之研究》，《中华印刷科技年报》2016 年第 1 期。

⑫ 参见赖宗圣《街头杂志行销研究》，《中华印刷科技年报》2016 年第 1 期。

度访谈讨论有关提高实体通路接受意愿纸质书的营销议题[①]。林佳谆、马立懿对电子杂志平台上架、DPS系统上架、APP上架三种不同渠道比较研究[②]。王淑美、谢承宪利用博弈论（Game Theory，台湾翻译：赛局理论），利用霍特林模型（Hotelling model），并纳入时间因素及舒适度因素，研析当地政府与缆车业者互动行为。结果显示观光效益越低，营运成本越高，当地政府出资比例亦越高，而缆车业者的票价亦随着营运成本而上升。另外若缆车对于环境冲击影响过大时，当地政府则倾向向缆车业者收费[③]。自2004年以来，台湾省各县市积极推动影视观光政策，成立电影委员会、协拍中心，并补助影视作品拍摄，以行销境内景点。黄淑铃采取传播批判观点，指出影视观光政策是以付费方式交换场景的植入，借由扶植影视产业，进行城市营销，实际上干预创意表达、削弱作品的文化性[④]。王本壮、周芳怡从三届关机或无（电视、电脑、手机等）银幕周等相关活动的推动单位、宣传方式的纪录与分析，归纳推动的模式与成果[⑤]。傅文成、王隆纲整理台湾地区防卫部门军事力量的危机传播管理，提出“依照议题特性，设定重要程度与处理顺序”“及时扫描新媒体议题发展，并环顾舆情环境”“注意媒介丰富度高之议题较符合目前传统媒体与新媒体之间议题建构的需求”三项实质政策建议[⑥]。彭立沛、官美吟探讨民众文化服务认知与环境传播行为对水梯田复育愿付意愿，研究结果显示，民众的文化服务认知与环境传播行为确实对水梯田复育愿付意愿有正向的显著影响，其环境传播行为扮演了中介变项的角色。因此建议在农地各项政策与业务推动上，推广水梯田的文化生态服务功能的核心价值，善用媒体与网络资讯的传播力量，唤起民众的环境意识广环境传播理念，让民众与各界对水梯田文化服务的功能与价值有更充分的了解，以促进水梯田复育的工作[⑦]。吴静宜对“2015台北设计城市展”活动是否符合其预设的“赋权、帮助利他、社会整合”核心价值进行研究。研究发现：展览强调对人的关切与社会整合，探究人与其情境脉络的社会设计如何进行，强调民众参与和增能，但是缺乏民众参与的积极策略；展览过后可持续性实践的可能性有待强化。对活动议题内涵及服务对象分析后发现，提案多为对问题局部的改善，少有根本性的变革企图，也少有跨领域的合作。最后提出台北市政府应：（1）落实民众参与的实践；（2）可持续性实践的整全规划；（3）更重视改变人心策略的设计；（4）促进跨领域的合作，以真正落实社会设计[⑧]。萧素翠试图解读日本大众传播媒介中广告的深层意涵，研析日本的文化模式对于时下台湾的影响[⑨]。

① 参见陈奇伟《影响台湾纸本书在实体通路绩效之研究》，《中华印刷科技年报》2016年第1期。

② 参见林佳谆、马立懿《电子杂志之不同通路比较研究》，《中华印刷科技年报》2016年第1期。

③ 参见王淑美、谢承宪《政府出资比例对民间兴建缆车意愿之赛局分析》，《传播与发展学报》2016年第33期。

④ 参见黄淑铃《地点置入：地方政府影视观光政策的分析》，《新闻学研究》2016年第126期。

⑤ 参见王本壮、周芳怡《推展台湾关机运动：执行模式与未来发展》，《传播文化与政治》2016年第3期。

⑥ 参见傅文成、王隆纲《应用修正式德菲法评估军新媒体议题管理关键因素之研究》，《新闻学研究》2016年第129期。

⑦ 参见彭立沛、官美吟《文化生态系统服务认知对水梯田复育意愿之影响：环境传播行为观点》，《传播与发展学报》2016年第33期。

⑧ 参见吴静宜《对“2015台北设计城市展”的观察与省思》，《设计学报》2016年第3期。

⑨ 参见萧素翠《他山之石——与时代共鸣的广告》，《中国广告学刊》2016年第21期。

五、广播、电视与电影研究

王淑美由小说《命运难违》所描写的场景切入，参照日占时期报章文献，回顾20世纪30年代，广播在日本热切拥抱现代性的社会气氛中被介绍至台湾，虽带有殖民政府规训人民的意图，但也成为台湾都会生活中使用广播的经验，将精准时间的逻辑融入日常，影响生活韵律，并把台湾带入全球化与资本主义的运作体系[①]。常江研究20世纪80年代大陆《大众电视》的电视批评文章，归纳出主导这一时期中国电视批评的三种主流话语：纪实、审美与控制。电视批评者持有将电视首要视为文化实体而非娱乐工具的本体论共识，体现出强烈的干预主义与温和的精英主义色彩，并对这一时期的电视文化版图产生了巨大的影响[②]。李秀美从政策视角回顾反思台湾的少儿电视挣脱挤压处境的生存之道。主要是媒体政策长期不彰，使得少儿影视在数字化时代，非但无法朝向产业规模开展，反而面临萎缩的危机；再者，传媒具有的市场和教育双元特质的公共性未获重视，以致文化给付孱弱，不足以扶持公共力量保障少儿传播权利[③]。

杨宜婷、黄靖惠以叙事分析和深度访谈法，研究发现电影中女性职场新鲜人在核心事件中呈现感情生活及职场关系的冲突，对于影像中的冲突，受访者一方面认为工作与感情应该平衡，符合社会对女性的期待；另一方面则认同女主角们所具有的成功女性特质，并指出电影赋予女性实践梦想的力量[④]。Alain Brossat、罗惠珍从三部台湾电影中“贱民”人物角色来谈论民主，并提出对民主制度的批评和对歌颂民主的质疑[⑤]。张婉儿透过对第66届柏林影展的实际访察，一方面期待借助来自西方影展的局外人视角，另一方面又随时警惕这些论述背后来自西方的权力操作，透过考察分析，检视在影展期间出版品与策展人在论述台湾电影时的脉络、论述台湾电影的特质、“台湾新电影”时期对现今台湾电影论述的影响等[⑥]。李政亮就大陆电影《英雄》《孔子》《狄仁杰之通天帝国》与《中国合伙人》影像与现实政治社会脉络解析其政治隐喻。前两部架构了现时的中国式政治哲学——以“天下”作为国家理论，以儒学作为社会伦理。《狄仁杰之通天帝国》提出了体制内变革的有效性，《中国合伙人》更进一步提出典范式的角色——民营企业家[⑦]。陈品君将柯金源所拍摄的生态环保纪录片在台湾岛内认同分歧脉络下，对照台湾本土化运动史进行寓言式阅读，探讨其生态环保纪录片背后的想象和意识[⑧]。徐道义研究高动态影像合成中新色彩对应的问题，提出采用自动机制依据影像原始的特性，自动地增强低亮度影像，降低高亮度影像亮度值，以使影像细节资讯能显著地显现出，达影像

---

① 参见王淑美《媒体科技与现代性——回溯三〇年代台湾的广播经验与都会生活》，《新闻学研究》2016年第127期。

② 参见常江《纪实、审美、控制：二十世纪八〇年代中国大陆的电视批评及其文化意涵》，《新闻学研究》2016年第128期。

③ 参见李秀美《台湾少儿电视的回顾、现况与反思》，《传播文化与政治》2016年第3期。

④ 参见杨宜婷、黄靖惠《女性职场新鲜人的成功历程：电影叙事与年轻女性之接收》，《新闻学研究》2016年第128期。

⑤ 参见Alain Brossat、罗惠珍《贱民反叛的三个典范》，《传播研究与实践》2016年第1期。

⑥ 参见张婉儿《德国柏林影展中的台湾电影论述》，《广播与电视》2016年第39期。

⑦ 参见李政亮《影像内外中国梦》，《传播文化与政治》2016年第3期。

⑧ 参见陈品君《纪录片作为国族寓言：我们的另一堂地理课》，《新闻学研究》2016年第129期。

增强之目的[①]。王慈华由柏林影展泰迪熊奖探究影展议题型奖项之设立定位及其内涵。其首先简介 Teddy Award 从柏林影展会外组织成为会内认可奖项的流变，梳理“影展”及“同志/酷儿影展”的构念阐释其意义，同时依据此次参访柏林影展，参与 Teddy Award 相关活动、创办人 Wieland Speck 的访谈内容，就个人现身、社群建构与同志/酷儿思考三个层次反思泰迪熊奖的内涵[②]。

六、新媒体与游戏研究

脸谱（Facebook）、推特是台湾地区广泛运用的新媒体平台，成为商业活动、公共事务、人际网络等重要的传播沟通渠道。傅文成采用实验法，检视台湾防卫部门发言人的脸谱发文策略对受众议题设定及预示效果发现，使用社交媒体时间越多的受众，受脸谱的议题设定效果影响越显著[③]。吴筱玫分析脸谱使用者的打卡实践，发现地标使用和使用者当下心境密切相关，喜欢戏耍的使用者会有虚拟地标出现；延迟打卡或许是基于技术限制，但更多时候，深受日常生活实践脉络的影响。此外，个人是否在意“实存”，也影响补打卡的意愿。用户懂得掌握各种不同机遇，将科技原始设计挪用成资源，去构筑自己的兴趣与欲望，从而开展殊异的行人言说行动[④]。施琮仁以科学社群“Pansci 泛科学”为对象，试图了解社交媒体和公众参与的关系。根据网络调查（N＝1，160），Pansci 使用对于资讯性参与及公民参与皆有正面影响，可见脸谱科学社群的确对于科学的推广有所帮助。第二，公众参与也受到 Pansci 使用动机影响，社交动机同时和两类参与有关，但娱乐、自我定位、资讯动机则仅和公民参与有关。第三，Pansci 使用能够中介（mediate）与调节（moderate）使用动机对公众参与的影响[⑤]。郑宇君、施旭峰通过网址还原技术的应用，解析 2012 年台湾地区领导人选举期间社交媒体大量贴文内含的超链接来源分布，比较中国台湾、中国大陆、中国香港、日本新闻媒体被引用的情况，借此了解新闻媒体与社交媒体的互动关系，以及新闻产制者及消费者在不同情境下的社交媒体策略[⑥]。

王思澄以传统杂志《天下杂志》发展内容取向的新平台“独立评论@天下”为个案，发现独立评论平台是在符合《天下杂志》的数字化方向下发展差异化，尽管新平台与母媒体有不同的价值取向，组织仍支持其成立。研究总结认为，传统媒体在一定的理念共识下，以组织资源支持新平台发展具有差异化的内容，且抛开短期获利的思维，长期而言，新平台能替组织扩展新读者，提升品牌价值，甚至带动数字获利的新契机[⑦]。单文婷透过访谈法进行资料搜集，发现从策略联盟的动机论而

① 参见徐道义《高动态影像合成中新色彩对应之研究》，《中华印刷科技年报》2016 年第 1 期。

② 参见王慈华《由柏林影展泰迪熊奖探究影展议题型奖项之设立定位及其内涵》，《广播与电视》2016 年第 39 期。

③ 参见傅文成《台湾防卫部门发言人脸书讯息策略之议题设定与预示效果研究》，《传播研究与实践》2016 年第 1 期。

④ 参见吴筱玫《网上行走：Facebook 使用者之打卡战术与地标实践》，《新闻学研究》2016 年第 126 期。

⑤ 参见施琮仁《社交网站与公众参与：“Pansci 泛科学脸书专页”使用者研究》，《传播研究与实践》2016 年第 2 期。

⑥ 参见郑宇君、施旭峰《探索 2012 台湾地区领导人选举社交媒体之新闻来源引用》，《中华传播学刊》2016 年第 29 期。

⑦ 参见王思澄《让大船转弯：传统杂志发展新平台——以〈天下杂志〉“独立评论@天下”为例》，《传播文化与政治》2016 年第 3 期。

言，台湾地区的某广播公司与好物市集的跨业合作动机与一般企业联盟都重视互补性资源交换，双方都希望借由资源交换创造商机[①]。张郁敏、蔡介元发展出适合解释网络素人创作内容决策历程的 SSVS 模型，并汇整出各决策阶段所涉及之各式触动点[②]。王嵩音从家长介入的观点探讨其对于青少年在网络上的正面或危险行为的影响。研究发现家长多以限制型介入为主要策略，但是对于降低青少年在网络上涉及色情与暴力之危险以及社交危险行为并没有效果。评价型介入着重于家长利用机会教育和青少年讨论网络的相关议题，则能正向地影响青少年正面网络使用行为。因此身为家长在面对青少年子女的网络使用行为方面，若能使用评价型的介入方法，较能促进青少年的网络的正面使用行为[③]。

陈俊佑探讨《魔法风云会》20 余年来社群得以集结的原因，以个案分析法佐以文献分析，探讨“认真休闲”在社群中扮演的角色与玩家持续参与的诱因。研究结果发现面对自己喜欢的活动，玩家将持续透过自我奉献与自我挑战，进而从中肯定自我，再与志同道合的其他玩家群聚一堂，形成一种特别的次文化，并从游戏过程中感到满意、愉悦，并将此作为继续参与活动的动力[④]。陈延升应用情绪管理理论，研究在新互动科技环境的电玩游戏使用环境下，检视情绪激越与暴力内容对玩家的情绪和享乐经验的影响。研究采用高低激越程度 2（压力和无聊情绪）×刺激潜质程度 2（暴力之拳击游戏和非暴力之保龄球电玩游戏）的二因子实验设计，共有 151 名受测者参与。发现有压力情绪的玩家并不需要调节激越，即使再接触暴力内容游戏，却最终都有正向情绪经验。游戏的刺激潜质高低会影响享乐感，而涉入感是其中的中介变项。此外，享乐感和情绪管理仅有低度关联。性别差异在本研究中没有出现[⑤]。苏有透过 processing 程式语言结合 Kinect 来设计体感的游戏介面，建立了一套人体姿势侦测模型，让使用者在运动的时候，得以取得参数了解自己的姿势状态，对于人体运动的相关推展有所助益，可以应用在医疗方面与体感游戏设计中[⑥]。

七、文化创意产业与图文传播

1. 文化创意产业研究

孙维三借用舒茨（Alfred Schutz）的社会现象学概念，将说故事为再现经验、描述行动；听故事为建构经验、领会行动，希望能协助说故事者开拓叙事观点的视野，组织叙事内容，建立故事结构，以及在感情表达层面引起共鸣[⑦]。陈丽娜探讨了在民间所流传中国龙文化的长远历史及远古的思想意识，在民间传说故事里呈现神圣与凡俗的面向，在庶民传述里更展现它源远流长的生命力。故事传承既有的象征观念，又是庶民百姓想象力的展现[⑧]。赖玉钗以获国际大奖绘本为例，研究跨媒介改

---

① 参见单文婷《台湾广播电台与电子商务网站合作策略分析——以“中国广播公司”与“好物市集”购物网站为例》，《广播与电视》2016 年第 39 期。

② 参见张郁敏、蔡介元《网络素人创作内容决策历程与触动点分析：循序样式探勘技术之应用》，《中华传播学刊》2016 年第 30 期。

③ 参见王嵩音《家长介入行为影响青少年网络正负面使用行为之研究》，《中华传播学刊》2016 年第 30 期。

④ 参见陈俊佑《〈魔法风云会〉社群构成与维持之探讨》，《中华印刷科技年报》2016 年第 1 期。

⑤ 参见陈延升《情绪管理在体感游戏经验的新观点：检视情绪激越程度与游戏刺激潜质的影响效果》，《中华传播学刊》2016 年第 29 期。

⑥ 参见苏有《人体姿势侦测模型研究》，《中华印刷科技年报》2016 年第 1 期。

⑦ 参见孙维三《如何说故事：几个呈现经验的现象学命题》，《中华传播学刊》2016 年第 29 期。

⑧ 参见陈丽娜《神圣与凡俗——试论龙的民间传说故事》，《高雄海洋科大学报》2016 年第 30 期。

编的叙事策略包括改编者的预期视域、虚构读者、五感联想等，均引导建置跨媒介叙事网络。绘本因篇幅较少，改编者需借外延文本及内参文本“补白”，填补原作未言及处。改编者可考量类型之惯例表现或反思公式而赋予新义，开展叙事意涵①。朱宜量结合索绪尔与巴特的符号学理论，审视近一年《瑞丽服饰美容》杂志中283则化妆品广告的美女创意②。黄世辉、张怡棻研究建构出工业遗产空间再利用可适性的检核要项表，其中包括4项检核构面、22项次级要项及次级要项下有所考量相关的含义说明，分别为：“再利用的价值”构面有5项次级要项；“再利用的利益关系人”构面有6项次级要项；“再利用的规划”构面有5项次级要项；“再利用的经营管理”构面有6项次级要项③。陈玺敬、颜惠芸、李仙美等学者探讨策展人如何运用设计思维，在展览规划时如何与创作者共同合作，使艺术画作赋予展品创新观点发挥最大的展览效果。根据“诗情画意——仙云之美油画习作展”的个案，通过理性的认知模式与感性的审美体验，进行了两个相关实验：一是探讨阅听者如何认知艺术家绘画创作的抽象“诗情”意境与具象“画意”情境，另一则是探究不同媒体呈现的画作对观众感受的影响，探讨观众的喜好认知与审美感受④。张恭领由案例取样，来细究不同的转化语言，以建立对照比较的基础，并以明喻的“类比转化”手法，针对同类型的来源素材（织品类），且同为展示场馆的案例进行分析⑤。陈志贤以布迪厄（Bouridieu）观点分析高雄地区民众艺文参与和阶级再制。研究结果发现，受访者最常接触的艺文类型为音乐、电影与动画。回归分析显示，文化资本影响艺文活动的参与类型与数量，而艺文参与又区隔出阶级认同的差异，并再制既有文化资本优势，还带动与社会资本间的流转。整体而言，高雄地区受访者拥有不同的资本组成与资本量倾向于接触不同的艺文类型，而文化资本的多寡又正向地影响艺文参与的多样程度，文化区异与文化杂食两现象并存，艺文参与也造成某些阶级区异与阶级再制效果⑥。

王昭钧、林懿德、陈咏翕以台湾艺术大学为例，从13个系所中各挑选出一位教授，进行深度访谈。分析教授们的论述后总结出现今台湾文创产业的几点问题，分为四大类，分别为：一是台湾人对于文化创意产业的认同：文化扎根不足，缺乏自信以及传统观念束缚，较不重视文艺内容；二是文创产业下各产业链的整合与跨领域的合作情况：产业链的整合与串联与否影响台湾文创产业的整体架构以及缺乏跨领域的整合与相关产业概念，导致体制的松散；三是文创产业人才与文创业者本身对于文化的认知现况：相关工作者对于产业的认知与执行模式的错误以及商品缺乏精神与内容的转换，缺乏相关概念；四是行政系统对于台湾文创产业的政策与相关计划：缺乏相关建设与领先布局以及法规与

① 参见赖玉钗《跨媒介叙事与扩展“叙事网络”历经初探：以国际大奖绘本之跨媒介转述为例》，《新闻学研究》2016年第126期。

② 参见朱宜量《教义与教条：审视杂志中化妆品广告的美女创意》，《新闻学研究》2016年第126期。

③ 参见黄世辉、张怡棻《工业遗产空间再利用可适性之检核要项研究》，《设计学报》2016年第2期。

④ 参见陈玺敬、颜惠芸、李仙美等《策展设计之个案研究——以“诗情画意——仙云之美油画习作展”为例》，《设计学报》2016年第4期。

⑤ 参见张恭领《织品素材运用于建筑明喻的构筑精神》，《设计学报》2016年第1期。

⑥ 参见陈志贤《文化区异或文化杂食？——以Bouridieu观点分析大高雄地区民众艺文参与和阶级再制》，《新闻学研究》2016年第126期。

限制导致资源难以取得[①]。董芳武、黄柏源采用个案研究方法，以台湾十家设计创业公司为研究对象，从产业价值链角度分析设计创业家整合相关资源与掌握市场机会来创造企业价值。根据分析结果，台湾设计创业公司可归纳成三种价值创造模式：设计与制造共创、设计与通路结盟以及利基型设计创意[②]。阎建政、阮濰超借由内容分析及访谈方式进行，分别针对专利法、商标法、著作权法及营业秘密法对文化创意商品的保护。结果显示，规模较小的文创厂商对于智慧财产权的重要性较为轻忽，大多抱持着可有可无的态度，而规模较大些的文创厂商则较为重视智慧财产权的保障，但对于后续智财权的纠纷处理却多认为不易办理，因时间与资金消耗太多，大部分案件整体办下来相当不划算[③]。

2. 图文传播研究

谭纶认为图文书在台湾发展已经有一定程度了，近十年随着图文博客人气高涨，雨后春笋般蓬勃发展，更是涌现一股出书热潮，连带推动插画经济，引起出版社的注意[④]。曾伟胜以探索性的方式，以文献分析法归纳整理相关文献，并初步探讨台湾出版产业在文化创意产业架构下著作权经纪的发展情况[⑤]。贺秋白、徐明珠探讨英国的出版国家级的职能标准，建议出版有关的工作归纳为：内容产制、营销、管理、数字出版，内容产制需由发想、评估、到选编作品，以维护编辑品质；营销出版品要适合读者，评估和分析出版生命周期及做好书目的资料管理[⑥]。徐明珠探讨台湾地区出版业行业标准分类的演进与内涵，最终建议：一是通过纸本与数字同步，或者为了降低成本减少浪费，在出版经营的策略上，采取先电子版本，送上云端，透过手机、平板电脑、桌上电脑，读者们阅读部分内容或大部分内容；试水温，获得出版市场热烈反映以后，再规划纸本印刷出版品、面市的销售。二是运用大数据，贴近出版品市场，理解读者需求；或选题编辑作品内容、组织动员各种资源并复制独一无二的创作、将此创作向公众传播，送到市场读者的手上。三是重新定位“出版产业”，使其不致因为纸本出版的滑落，或科技的当道，无法以内容取胜而持续保有优势及创造需求[⑦]。徐明珠探讨数字出版编辑人才的职能，指出需培育具认识、了解数字出版编辑职能的基础人才，拥有标点符码、文字形音、编辑工具等基础知识；具分析、打造、使用等数字出版编辑职能的中阶人才，拥有消费心理、素材特性、使用介面等中阶知识；具建立、订正、修辞等数字出版编辑职能的高阶人才，拥有出版计划、脚本企划、载体模式等高阶知识[⑧]。

为数不少的学者从技术层面讨论图文传播与印刷出版。严凯杰、吕沅澍、陈宥勋等学者进行影像处理应用于纸张激光雕

① 参见王昭钧、林懿德、陈咏翕《艺术大学教授对文创产业的面临问题以及未来展望之探讨》，《图文传播艺术学报》2016 年第 1 期。

② 参见董芳武、黄柏源《台湾设计创业价值链分析》，《设计学报》2016 年第 2 期。

③ 参见阎建政、阮濰超《文化创意商品智慧财产之保护与管理》，《设计学报》2016 年第 3 期。

④ 参见谭纶《台湾图文书出版近况之初探》，《中华印刷科技年报》2016 年第 1 期。

⑤ 参见曾伟胜《台湾文化创意产业之出版产业著作权经纪研究初探》，《中华印刷科技年报》2016 年第 1 期。

⑥ 参见贺秋白、徐明珠《英国国家出版职能标准之探讨》，《中华印刷科技年报》2016 年第 1 期。

⑦ 参见徐明珠《出版业行业标准分类之探讨》，《中华印刷科技年报》2016 年第 1 期。

⑧ 参见徐明珠《以 Bloom 认知教育目标分类探讨职能导向之数字出版编辑人才培育》，《中华印刷科技年报》2016 年第 1 期。

刻特性的研究[①]。马立懿、刘哲宏研究对比特多龙网版与复合式网版的张力稳定度[②]。罗梅君、李文彬研究色域对映在高动态成像和频谱高传真复印上的应用[③]。李智元、马立懿探讨不同弹性凸版印刷条件对印刷品质的影响程度，借此找到弹性凸版印刷最适印刷条件[④]。陈昌郎、许惟杰研究不同表面张力达因值的 UV 互斥上光油，涂布在相同平版 UV 四色印刷不同性质的纸张品质特性[⑤]。吴钦、徐萱绫、周子瑄等研究利用叠纹特殊的原理来进行防伪技术的改进[⑥]。李珞丞、陈汝文、陈蕾依等实验建议厂商善用反应性染料来当作布料的染料，减少对人体与环境的伤害[⑦]。蔡家闵、徐道义提出利用虚拟实境（Virtual Reality，VR）技术，基于内容的图像检索（Content-based image retrieval）的新方法，建立色彩影像管理[⑧]。陈政雄、李翔祖梳理工业 1.0 至工业 4.0 的理念[⑨]。谢颙丞、魏明珠、张思宇等研究印刷产业加值应用及创新服务的商机，研究结果发现，印刷产业并非夕阳工业，关键在于业者是否有与时俱进的能力，新媒介带来新的行销模式，经由不同的媒介产生异业结合的加值功能，显示印刷市场仍然存在可观的商机，只是经由不同的形式呈现，这些改变也是所有印刷从业人员必须不断学习的方向[⑩]。王筱涵、林孟纬、沈采蓉以问卷调查法作为基础，收集数据并进一步做分析，调查曾经受过设计美感教育背景的群众，对于字型的使用经验和需求，与普通的使用者群众有何不同之处，以及两者对于台湾字型产业未来发展的方向看法是否有所出入[⑪]。吴文和、叶淑铃、张俊泓等研究改善 3D 成像的成品外观成像图像深浅度及精致度[⑫]。罗裕睿、吴芳怡、林宛儒等学者研究得出台湾目前 3D 列印发展困难在：一是市场技术未普及化前提下培育专业绘制人员甚难；二是大陆影响及投资资金不敌其他国家和地区。而市场产业发展 3D 列印条件则为：一是未来将成主流市场；二是开放原始码带来 3D 列表机的普及；三是前端技术成熟带动中后端技术成熟发展[⑬]。

---

① 参见严凯杰、吕沅澍、陈宥勋等《影像处理应用于纸张雷射雕刻特性之研究》，《图文传播艺术学报》2016 年第 1 期。

② 参见马立懿、刘哲宏《特多龙网版与复合式网版张力稳定度之比较研究》，《中华印刷科技年报》2016 年第 1 期。

③ 参见罗梅君、李文彬《色域对映在高动态成像和频谱高传真复印上的应用》，《中华印刷科技年报》2016 年第 1 期。

④ 参见李智元、马立懿《弹性凸版印刷之网纹辊线数对印刷品质影响之研究》，《中华印刷科技年报》2016 年第 1 期。

⑤ 参见陈昌郎、许惟杰《平版 UV 互斥上光不同表面张力之印刷品质特性研究》，《中华印刷科技年报》2016 年第 1 期。

⑥ 参见吴钦、徐萱绫、周子瑄等《叠纹原理在织品上的防伪技术应用》，《中华印刷科技年报》2016 年第 1 期。

⑦ 参见李珞丞、陈汝文、陈蕾依等《童装布料染整之色牢度探讨》，《图文传播艺术学报》2016 年第 1 期。

⑧ 参见蔡家闵、徐道义《应用虚拟实境技术建立色彩影像管理之研究》，《中华印刷科技年报》2016 年第 1 期。

⑨ 参见陈政雄、李翔祖《从工业 1.0 谈到工业 4.0》，《中华印刷科技年报》2016 年第 1 期。

⑩ 参见谢颙丞、魏明珠、张思宇等《从印刷产业趋势看服务创新商机之探讨》，《中华印刷科技年报》2016 年第 1 期。

⑪ 参见王筱涵、林孟纬、沈采蓉《常见繁体中文电脑字型的需求与满意度之研究》，《图文传播艺术学报》2016 年第 1 期。

⑫ 参见吴文和、叶淑铃、张俊泓等《3D 叠纹微透镜用紫外光树脂研制与应用》，《中华印刷科技年报》2016 年第 1 期。

⑬ 参见罗裕睿、吴芳怡、林宛儒等《3D 列印技术之困难与需求》，《图文传播艺术学报》2016 年第 1 期。

八、2016 年重要学术会议

3 月 11 日，由铭传大学传播学院举办的“2016 新媒体与跨平台汇流学术研讨会”在台北市举行。论文主题涵盖新媒体、网络社群、跨平台汇流及资讯图表等最新传播研究议题。

3 月 25 日，由台湾通讯学会主办的“智能城市、物联网与电信市场竞争研讨会”在台北市举行。本次研讨会邀请产官学等各界与谈，从智能城市与物联网、频谱整备与电信市场竞争、频率使用费政策与实务三个主要议题分享实务经验与看法。

4 月 11 日至 12 日，朝阳科技大学传播艺术系在台中市举办“2016 影视剧本创作实务研讨会”。会议邀请岛内与韩国影视编剧专家，进行“什么才是好剧本”论坛、编剧实务工作坊。论坛发表关于韩国影视剧本创作教育、韩国影视剧本开发辅导政策、编剧自我修为等专文。

4 月 25 日至 26 日，由中华数字文化创意发展学会、世新大学、商业发展研究院与台湾资讯传播学会共同主办的“2016 年中华文化创意发展论坛”在台北市举行。六个场次论坛主题研讨包括：（1）文化资源商业整合与开发；（2）文创资产创新加值应用；（3）公有文创资产积极开放与创新加值；（4）资源活化与社会营造；（5）数字内容产业创新发展；（6）文化创意议题等。

5 月 6 日至 7 日，由政治大学数位文化行动研究室、中华白丝带关怀协会主办的“2016 数位创世纪学术实务研讨会”在台北市举行。此次会议的主题包括：（1）e 世代市场秩序与媒体产业伦理；（2）e 世代两岸传播新兴现象；（3）e 世代数字内容创意与叙事；（4）e 世代家庭生活型态与沟通；（5）e 世代数字传播应用与政策辅导；（6）e 世代数字学习、身心健康。

5 月 19 日，由台湾岛内“国防大学”主办的“第十届军事新闻学术研讨会”在台北市举办。此次会议的主题是“从大众到分众——数字环境下的防卫政策行销”。

5 月 19 日，由佛光大学传播学系主办的“第八届传播与发展学术研讨会”在宜兰举办。本届的主题为“传播与新媒体”，议题包括：（1）新媒体与媒体文化素养；（2）新媒体的传播互动性；（3）新媒体在商业应用上的范畴；（4）新媒体与传播管理；（5）新媒体的发展趋势与未来。

5 月 20 日至 21 日，由玄奘大学传播学院、台湾南华大学传播学系、慈济大学传播学系主办的“2016 新世纪、新媒体与新新闻联合学术研讨会”于新竹市举行。强调用跨域学科的多元观点，来看待传播媒体研究的发展、挑战与应用。研讨会主题包含：（1）传播教育；（2）文化创意；（3）健康传播；（4）宗教传播；（5）公共传播；（6）老人传播；（7）传播科技。

5 月 27 日，由静宜大学大众传播学系、静宜大学人文暨社会科学院主办的“第 15 届现代思潮研讨会——变迁中的文化研究景观：新媒体科技与网络文化的视野”在台中市举办。本次会议包括以下议题：（1）新媒体科技对社会文化的影响；（2）跨国传媒集团与文化全球化；（3）网络社会与文化认同；（4）网络政治传播与文化行动主义；（5）新媒体科技与网络文化理论；（6）全球化下的网络文化交流与跨文化传播。

6 月 3 日，由元智大学大数据与数位汇流创新中心主办的“创新、创意、创世纪”研讨会在台北市举办。强调探讨“创新”与“创意”的发想、实践与产业。

6 月 17 日至 19 日，由中华传播学会、中正大学传播学系暨电讯传播研究所主办的“2016 中华传播学会年会——骚动 20 创新启航”在嘉义县举办。此次研讨会的主题包括：（1）传播理论与方法；（2）新闻产业研究；（3）影视产业研究；（4）广告行销研究；（5）传播教育。

7 月 4 日，由政治大学主办的“2016

年政治大学传播学院两岸传播青年学者学术交流会”在台北市举办。本年度共分新媒体与风险传播两大主题。

9月13日，由世新大学、台湾有线宽频产业协会共同主办的“2016CCTF全媒体与万物联网高峰论坛”在台北市举办。论坛共分成三组议题进行研讨：（1）联网电视与多荧服务；（2）新媒体阅听行为分析与应用；（3）智能生活与数字家庭。

10月7日，由台湾通讯学会与元智大学、政治大学、世新大学举办的“宽频网络、新媒体与物联网政策国际研讨会”在台北市举行。会上讨论媒体面对OTT（Over The Top）服务的冲击、宽频网络的竞争及物联网下的电信政策与法规潜在问题与挑战。

10月28日，由义守大学大众传播学系主办的“2016传播与媒体生态学术研讨会”在高雄市举办。会议主题包括（1）主题传播与新媒体；（2）媒体经营理论与实务；（3）传播与网络社群；（4）微电影发展趋势研究；（5）纪录片研究；（6）传播与政治；（7）广告与行销研究；（8）媒体流行文化。

11月11日，由财团法人二十一世纪基金会主办的“影视产业现况评估与规管架构研议座谈会”在台北市举行。论坛分别对有线电视与OTT两大产业现况进行深度分析与评估，与会产官学各界专家共同讨论现况，集思广益为通传会汇流相关规定的方向、内涵提供建言。

11月12日，由台湾艺术大学广播电视学系主办的“2016数位传播赛博光廊暨‘飙心立艺’学术研讨会”在新北市举办。主要议题包括：（1）传播与个人、家庭及社会发展；（2）传播与多元文化；（3）媒体内容、素养与刻板印象；（4）新媒体之政策、文化、技术、艺术与应用；（5）传播人才培育。

11月12日至13日，由政治大学主办的“2016创新研究国际学术研讨会”于台北市举办。本次研讨会以“以人为本的在地创新”作为主题，邀请传播、认知科学、文化创意与数位人文、资讯科技与服务、偏乡教育与未来人才培育、社会创新与创业共六个领域的专家学者，通过跨领域对话方式共同探索创新主题。

11月18日，汇流政策研究室与二十一世纪基金会主办的“数据传输服务之规管论坛”在台北市举办。论坛上电信业主管与通讯传播学者纷纷讨论对“共享经济下通讯政策管制思维”“电信产业与共享经济”与“数据传输与新汇流规定”的见解。

11月19日，由台湾资讯社会研究学会主办的“2016年台湾资讯社会研究学会年会暨论文研讨会”在竹北市举办。2016年会暨论文学术研讨会以“We·Media”（我们·媒体）作为征稿主题，彰显出不同于以往的“自媒体”。主要议题包括：（1）资讯社会；（2）资讯与传播科技；（3）资讯经济与互动媒体；（4）资讯传播与应用；（5）资讯政策与法规。

九、新闻传播学著作和重要教材出版

1. 专著

以报纸为代表的纸质媒介曾经是新闻行业的代名词，在新技术时期却不得不面对诸多现实挑战，陈致中撰写的《台湾报业：历史、现状和展望》从传媒理论与管理科学论述台湾报业的发展道路。五南出版社在50周年社庆时策划推出《出版职人——飞跃50迎向百年》，内容以时间为顺序、以报刊为形式，呈现出台湾出版业的变迁。庄文忠所著《非营利组织与公共传播：理论与实证》以理论与实证的途径，检视非营利组织利用不同的媒体进行大众沟通与公共传播，以达到倡议公共政策、从事社会行销及建立公共关系等目的。庄克仁所著的《新媒体理论与实证研究》，内容区分为理论研究与实证研究两大部分。第一部分为理论研究，就新媒体的传播环境、传播理论（含研究方法）、传播科技、学习社会、新媒体艺术与文化创意，加以介绍和论述。第二部分则是实证研究，以相关实证案例的推理与验算，对照第一部分理论的阐释内容。《大数据与未来传播》汇聚岛内15位学者将大数据的基础概念作一个完整的诠释，分别对定义、研究方法、公民传播、隐私权以及被遗忘权加以分析，解析新闻报道、收视率、广告行销及政治传播在传播领域的运用情形，最后提出媒体采取大数据作为经营策略的建议。

2. 教材出版

尤英夫所著《大众传播法》一书为岛内新闻专业学生及新闻工作者所关注，2016年所发行的第5版，在原有基础上增加“广电三法”的修改争议与对“网路法律”的简要说明，还有部分内容调改介绍岛内通讯传播委员会实际运作的情形。施百俊所著《故事与剧本写作：文创、电影、电视、动漫、游戏》（第2版）、张英珉与吕登贵合著的《自由式（字游式）：给初学者的编剧游戏》都是针对编剧的教材，但在万众影像的时代也可以视为工具书。新版的《大众传播理论与模式》是彭怀恩所著，该书提供系统化的架构，将现行重要的传播理论归纳为结构与过程两大范畴。结构是指影响大众传播的五个脉络因素：社会、文化、政经、科技、规范；过程是指大众传播的五个活动因素：传播者、传播内容、阅听人、媒介、效果。郭贞主编《传播理论》结合岛内传播学领域资深的教师撰写而成，从多元的视角探讨人类的传播行为，该书的内容架构主要纳入媒体中介的传播行为与面对面的人际沟通行为。

3. 媒体工作者著书

媒体工作者的经验总结成为填补空白的一股重要力量。傅达仁是台湾资深体育主播，服务电视生涯50年，其间转播七届奥运等赛事。他以自传结合个人经验梳理《达仁传奇：不为人知的新闻与秘闻》，给相关研究提供一定的素材。香港八卦杂志的前摄影记者欧建梁著书《坑渠盖下的记者：为独家跟踪、监视、窃听》反思检讨狗仔文化对个人、社会与下一个世代的冲击。凤凰卫视《第一会客室》主持人陈笺，她汇整节目中来自政、商、文、社等各界不同的成功人士丰富的阅历与感悟，出版《第一会客室》。资深媒体人陈国祥著书《媒体，宝物或怪兽?》指出具有特定政治立场而将新闻与言论扭曲为塑造政治认同工具的“鼓动型”媒体与“名嘴”，脱离新闻专业理念与规范，助长台湾政党斗争与族群对立的社会现象。优质新闻发展协会出版的《新闻创业相对论》收录18位新闻创业者论述凭借人脉、信誉、知识能力等集结资源、实现梦想的出路，新传播工具不再是财团、政府、政党、宗教的专利。同为优质新闻发展协会出版，胡元辉主编《在地翻转：台湾社区媒体的新浪潮》论述近五十年岛内的社区媒体发展接，面对商业媒体对地方新闻报道量的萎缩，年轻世代投入兴办、参与社区媒体，以期引发社会关注。黄俊儒出版的《新时代判读力：教你一眼看穿科学新闻的真伪》旨在提高大众的媒介素养。

4. 重编再版与译著出版

王榆琮翻译的日本心理学家榎本博明所著《暴走社会：乡民正义、网路霸凌与媒体乱像，我们如何面对反应过度的社会》剖析人们习惯用大声来反映超过自己预期事情的传播心理。杰夫·贾维斯的《媒体失效的年代》试图描绘“与读者的关系”“报道的形式”“商业模式和广告”这三个与媒体从业者息息相关的领域。汤姆·丹迪奇在《社群媒体前两千年》中重新诠释媒体史，最后提出不同观点，认为：“我们过去所处的大众媒体时代，其实是长达两世纪的反常状态。”

近几年，将经典著作重编再版的“老书新出”与大陆学者在台湾出版的情况越来越多，如：王新命原著，蔡登山主编的《走过民国初年的新闻史：老报人王新命回忆录》，波兹曼所著《娱乐至死：追求表象、欢笑和激情的媒体时代》的增修版、法国社会学者布赫迪厄代表作之一《布赫迪厄论电视》。牛海坤的《德文新报研究（1886—1917）》分为上、下册在台湾发行，此外还有殷莉所著《中国近现代新闻出版法制研究》、李永平所著《包公传播研究》、邓绍根所著《万国公报与近代科技文化传播》、李光斗所著《自媒体：如何用网路打造个人、企业品牌，取得实际利益》与童兵作序的万国报馆编《甲午：120 年前的西方媒体观察》等。

5. 电子出版及其他

值得注意的是数字时代，电子出版数量与形态也发生变化。吉星福张振芳伉俪文教基金会 2015 年开始资助岛内硕、博士学位论文的电子出版，对促进学术交流、繁荣学术发展具有十分重要的意义。但是，书名、体例较少修改。如：《媒体在食品安全事件中的风险传播：以食用油报导为例》。另外，论文集、毕业专刊等，也都有电子出版的情况，如：《新世纪、新媒体与新新闻学术研讨会论文集 · 2016》《水草计划 · 铭传大学海外青年技术训练班数位媒体设计科毕业成果专刊》。

撰稿：黄裕峯（厦门大学两岸关系和平发展协同创新中心/新闻传播学院副教授）
黄柳洁（厦门大学新闻传播学院 2015 级硕士研究生）

台湾地区高校新闻传播学院（系）2016 年学术发展概况

台湾政治大学传播学院

2016 年，台湾政治大学在学生培养、国际交流、学术出版等方面都发生了一些新的变化与进展。

在学制方面，传播学院为鼓励多元学习，增加竞争力，自 2013 年起改行大一、大二不分系招生制度。学生大一入学时，为传院学生，在大二下学期进行分流，依照个人志愿申请主修，进入本院三修习专业课程，并完成学位。目前该院三系各有两个专业学程。除三系之外，该院也设有自主学程，让学生经过申请，可依个人未来生涯发展，自己规划传院后两年的学习计划。学生毕业前须修毕校、院共同必修、专业主修或实验学程。学生毕业时之学位证书标注之“学系”为其专业主修之学系或学位学程。2016 年三系第二度分流，总共有 186 名学生参加，其中 75 名同学加入广电系，74 名同学加入广告系，37 位同学加入新闻系。该院自 2016 年起增设大学部英语课程（English Taught Program，ETP），提供以英语教授的专业学程，该院或他院学生得经甄选后参加这一学程，并取得学位注记。

国际交流方面，2016 年，传播学院邀请两位国际影视实务杰出人士到访。美国电影摄影师、美国电视影集导演 John Inwood 于 5 月 23 日访问该院，并发表两场演讲《美国电视影集的制作密技》以及《高科技与电影摄影运用》。11 月 3 日，好莱坞著名情境喜剧导演 Roger Christiansenz 访问传院谈《经典情境喜剧的拍摄拍制》。

近年来，传播学院与亚洲各传院交往日益密切，2016 年下半年传播学院举办两场工作坊。11 月 18 日，传播学院与日本庆应大学合办传播工作坊，以“灾难传播、身份认同及媒体”为题，举行跨校跨院的学术交流。此次研讨会探究日本“3·11”福岛核灾事件以及战争灾难中的新闻传播和替代性媒体，并针对广告文宣中的媒体再制、电影文本传达的民族主义、族裔间的语言和身份认同。12 月 5 日，传播学院接待来访的日本东京大学情报学环院长佐仓统 Sakura Osamu 及水越伸 Mizukoshi Shin 教授并举办“新闻与传播教育”论坛，探讨两院传播教育整合与媒体素养实践。

同时，传播学院于 2008 年和日本明治大学、泰国朱拉隆功大学共同创办“想象亚洲”计划，推动学生共创交流，该计划 2016 年轮由泰国朱拉隆功大学主办，地点在首都曼谷和古城大城（Ayutthaya），主题是“Asian heritages and people mobility: The balance of an imbalance nature”。2016 年与会成员除政大传播学院之外，还包括日本明治大学、中国大陆广西师范大学、新加坡南洋艺术学院、英国伯明翰城市大学，传播学院由陈儒修、王亚维、钟适芳三位老师带着七位研究生前往参加。

两岸交流方面，两岸传播青年学者学术交流会于 7 月 7 日在政治大学传播学院举行，为促进与中国大陆各高校传播院系的学术交流，并协助青年学者了解台湾传播学术发展现况，该院自 2012 年起举办“中国大陆青年传播学者到访”计划迄今。截至 2016 年，已举办 5 届。2016 年有 9 位青年学者分别来自传播学院姊妹院校，介绍各院及本人学术发展方向，并与工作坊邀请的传播学院教师交流。9 月中旬新学期开始，传播学院共有 25 位大陆学生到校报到，加入该院研究生行列。传播学院一直为台湾各校传播领域招收学位生最多的院校，自 2011 年迄今已招收 90 名来自中国大陆的硕博士生。

学术出版方面，新闻系王淑美、康庭瑜，合力编著一本特刊，名为《新闻学研究半世纪——1967—2015》，以四大主题为脉络，搜集各个时期具有代表性的作品，记录这 50 年来，媒体与传播学术的进展。

传播学院在 2016 年也获得一些荣誉及奖励，传播学院讲座教授张卿卿获第六十届教育部学术奖，广告系林日璇获 105 年吴大猷先生纪念奖，新闻系《新闻学研究》获国家图书馆主办期刊评鉴，荣获“最具影响力人社期刊奖”传播类首奖，新闻系校友李威仪创办《摄影之声》（*Voices of Photography*），荣获第 40 届金鼎奖杂志类设计奖。广电研究所邱育南以毕业作品《门》（指导教师：郭力昕、张照堂）获第 38 届金穗奖学生组最佳纪录片。

台湾中正大学传播学系

2016 年，中正大学传播学系主办中华传播学会 20 周年年会暨第七届数位传播国际研讨会“骚动 20，创新启航”，共有 25 场 76 篇论文发表以及 21 场专题讲座，促进实务与学术的对话，成果丰硕。该届年会有来自全台各地传播相关系所、中国大陆地区、海外大学院校 276 位产官学界人士出席，针对媒体消费、文化研究、广电政策等主题热烈讨论，展现跨领域、跨国界的国际研讨会特质。大会邀请到澳大利亚悉尼大学政府与国际关系学系教授 John Keane 以及新加坡南洋理工大学传播与信息学院教授汪炳华担任专题演讲嘉宾，汪炳华也是现任国际传播协会会长，第一位荣任此职位的亚洲学者。研讨会特别安排了“学会二十周年回顾展览”，引领与会来宾走进时光隧道，回顾台湾传播界以及中华传播学会过往二十年发展历程。

教师学术活动方面，王嵩音的论文《家长介入行为影响青少年网络正负面使用行为之研究》，林淑芳的论文《青少年网络素养、家长介入、与网络使用经验》，刊登于《中华传播学刊》。胡元辉两篇专书论文《从草根出发 让沟通民主——台湾小区媒体新浪潮的形成与挑战》，出版于他所编辑的《在地翻转——台湾小区媒体新浪潮》一书，《数字时代创意事业的活水——群众集资的概念与发展》，出版于《在地社会创新与小区参与：从课程、企划到实践》一书。卢鸿毅的论文《现代“王禄仔仙”卖啥膏药？分析卖药电视节目所提供的社会支持》，林淑芳的论文《台湾民众网络素养调查：网络素养、网络经验及生活满意度关系之综合探讨》，皆刊登于《传播与社会学刊》。罗世宏的论文《“黄金时代”的终结：中国大陆传统市场化媒体兴衰与新闻理想实践的另辟蹊径》，刊登于《南华社会科学论丛》；另一篇“Media reform movement in Taiwan”，出版于 *Strategies for Media Reform: International Perspectives* 一书。唐士哲的论文《国家传统重塑：卡诺、亲日、和台湾运动国家主义的霸权斗争》、简妙如的论文“The legendary live venues and the changing music scenes in Taipei and Beijing: Underworld and D22”，皆发表于 2016 年英国 Leicester 大学举办的国际媒体及传播研究年会（IAMCR）。

学生参与活动方面，该系实习媒体《中正 E 报》，首度至嘉义县大林镇新修复的万国戏院，举办第 13 届新传奖“想象”颁奖典礼，奖项包含平面新闻类、广播新闻类、影音新闻类、纪录片、客家、原住民新闻奖，计有全国大专院校（含技职院校）300 余件学生作品投稿参赛。学生毕业制作“小人物”影展，共有 3 部纪录片作品《没有五轻的日子》《完美直线》《流浪者之歌》，分别跨越环境、体育运动与民歌西餐厅文化三个不同领域作纪录。其中《没有五轻的日子》获新北市学生影展“新星奖”非剧情类第一名、纪录片工会举办的“摄区二三事”影展第一名以及神脑国际举办的“原乡踏查”铜牌等奖项。

台湾世新大学新闻传播学院

台湾世新大学以新闻传播起家，创办人是中国著名报人、创立《世界日报》等知名报纸的成舍我。为培养新闻人才，早在 1933 年，成舍我就曾在北平创办“北平新闻专科学校”。到台后，于 1956 年在台北创立“世界新闻职业学校”，并陆续在 1960 年升格为“世界新闻专科学校”，1991 年成为“世界新闻传播学院”，1997 年则改制为综合性的“世新大学”。世新大学现虽拥有四个学院，但新闻传播学院仍是主力，世新每两位学生便有一位以新闻传播为主修。而世新始终坚持“传播贯穿各学门”，这使世新的不同专业均展现新闻传播的品牌特色。

由于成舍我创办世新之初即许下“培养一万名新闻干部回大陆”的宏愿，且以“德智兼修、手脑并用”为校训，重视理论实作结合。世新新闻传播学院无论是培养德智人才数量还是专业类型在台湾均处于领先地位。现在的新闻传播学院拥有学生人数6000人，并拥有8个独立学系，包括新闻学系、广播电视电影学系、公共关系暨广告学系、图文传播暨数位出版学系、口语传播学系、资讯传播学系、传播管理学系及数位多媒体设计学系在内，多数并设有硕士点。而学院另设有独立的传播学博士点。为培养学生实作能力，世新新闻传播学院设有相当完整且专业的实习单位，如《小世界周报》《台湾立报》“世新电台”等，这些实习单位并非单纯的教学单位，而是面向社会展现专业。

为因应新闻传播数字化、行动化、社群化的趋势，世新新闻传播学院近年来全力向“全媒体”（omini media）转型。学院设有全校必修的“全媒体识读”课程，培养世新不同专业学生在全媒体时代“能产并善用”传播内容的能力。另外院内不同专业学生必须修习跨越全院专业的“传播技能”课程，培养全面的传播能力。世新新闻传播学院还设立“全媒体中心”，作为最新传播科技的实验与实践基地。

世新大学新闻传播学院在世界华文与台湾媒体界校友众多。且历年来经常在各种“企业爱用人才”，特别是“媒体爱用人才”中独占鳌头，对台湾新闻传播产业发展影响深远。随着两岸教育交流的逐步推动，世新近年来也成为陆生占比最高的台湾高校，其中多数都选择在新闻传播学院就读，世新大学新闻传播学院的两岸影响力因此与日俱增。

2016年，世新大学新闻传播学院各系举办了“中华文化创意发展论坛”（4月）、“第21届ITS国际电讯传播会议”（6月）、“CCTF全媒体与万物联网高峰论坛”（9月）、“第八届资讯资本、产权与伦理国际研讨会”（12月）等重要学术会议。另外学院旗下出版之学术期刊《传播研究与实践》，持续入选TSSCI，引领台湾传播学术发展。

台湾地区新闻传播学术出版2016年概况

2016年，台湾地区出版的新闻传播学术期刊主要有台湾政治大学传播学院主办的《新闻学研究》《广播与电视》与《广告学研究》，台湾大学新闻研究所主办的《台大新闻论坛》，台湾辅仁大学传播学院主办的《传播文化》，台湾铭传大学传播学院主办的《传播与管理学刊》，世新大学主办的《传播与研究实践》，以及中华传播学会主办的《中华传播学刊》。《新闻学研究》《中华传播学刊》与《传播与研究实践》为台湾社会科学引文索引（TSSCI）期刊，其中，《新闻学研究》创办时间最为悠久也最具影响力。

2016年，《新闻学研究》共出版4期，除每期一篇的编辑室报告外，共刊登论文26篇，其中研究论文15篇，研究志要2篇，书评与书介4篇，纪念专文5篇。其中，有相当比例的论文主题关涉媒体内容，如2016年冬季刊发的《跨媒介叙事与扩展“叙事网络”历程初探：以国际大奖绘本之跨媒介转述为例》、春季刊发的《媒体·语录环境·个人崇拜——基于〈解放军报〉（1960—1969）的研究》、夏季刊发的《性侵报导的强暴迷思与转变》《纪实、审美、控制：二十世纪八〇年代中国大陆的电视批评及其文化意涵》与《女性职场新鲜人的成功历程：电影叙事与年轻女性之接收》、秋季刊发的《纪录片作为国族寓言：我们的另一堂地理课》和《来自南方：半岛电视台的新闻聚合研究》，分别对绘本跨媒介改编的叙事策略、报纸宣传参与语录环境建构、报纸新闻的意义论述系统、杂志中的电视批评话语、电影的叙事及接受、纪录片的国族想象与生命共同体意识、电视的新闻聚合模式进行分析。

相较前几年《新闻学研究》刊发论文对传播科技的高度关注，2016 年该刊发表此类论文数量相对较少，仅春季刊发的《媒体科技与现代性——回溯三〇年代台湾的广播经验与都会生活》、秋季刊发的《应用修正式德菲法评估国军新媒体议题管理关键因素之研究》以及冬季刊发的《网上行走：Facebook 使用者之打卡战术与地标实践》三篇论文讨论了传播科技相关议题，其中第一篇从 20 世纪 30 年代广播进入台湾都会生活的历史过程切入，探讨新传播科技、消费主义与现代性的关联，后两篇则主要关注当下的新媒体使用行为与策略。

《新闻学研究》在 2016 年冬季刊发的《文化区异或文化杂食？——以 Bourdieu 观点分析大高雄地区民众艺文参与和阶级再制》以及夏季刊发的《派遣的逆袭：公广集团“内部外派”劳动与派遣工会运动》则聚焦于阶级政治与劳工派遣等传播政治经济学最常关注的议题，分别对大高雄地区民众的文化资本、艺文活动参与及阶级认同的关系，以及公广集团派遣工会运动中展现的追求“公共价值”与青年反抗“工作贫穷化”特征进行探讨。

为纪念 2015 年 12 月 22 日逝世的台湾新闻传播学建设的先行者徐佳士教授，《新闻学研究》于 2016 年春季刊发了五篇专文予以纪念，台湾知名新闻传播学者陈世敏、何荣幸、邱家宜、程宗明、林丽云、严智宏分别从台湾新闻教育发展、“台湾记者协会”与“卓越新闻奖基金会”创立、台湾媒体改革等视角与事件追忆了徐佳士教授的治学理念、学术贡献、媒体实践以及为人之道。

此外，新闻生产、媒介素养、植入广告、广告创意等内容在其他论文中也有所涉及。

附：

2016 年《新闻学研究》总目录

2016 年冬季刊/总第 126 期

编辑室报告/从电影《薛平贵与王宝钏》说起（冯建三）

地点置入：地方政府影视观光政策的分析（黄淑铃）

文化区异或文化杂食？——以 Bourdieu 观点分析大高雄地区民众艺文参与和阶级再制（陈志贤）

网上行走：Facebook 使用者之打卡战术与地标实践（吴筱玫）

跨媒介叙事与扩展“叙事网络”历程初探：以国际大奖绘本之跨媒介转述为例（赖玉钗）

教义与教条：审视杂志中化妆品广告的美女创意（朱宜量）

理论作为一种实践：评《从大溪绕境到跨国婚姻：台湾社群的互信与合作微探》（黄柏尧）

2016 年春季刊/总第 127 期

编辑室报告/从台湾第一份日报，说到徐佳士教授的“博脑佛心”（冯建三）

媒体科技与现代性——回溯三〇年代台湾的广播经验与都会生活（王淑美）

媒体·语录环境·个人崇拜——基于《解放军报》（1960—1969）的研究（吴廷俊、喻频莲）

追分赶秒：新闻组织的时间结构化策略——以报社图表产制为例（陈百龄）

“媒体识读”作为实践“媒体改革”的反思（蔡蕙如）

博脑佛心：重返新闻专业初心的路途有多远？——追思徐佳士教授新闻教育的核心价值（陈世敏）

进步、坚定而温暖的高大身影——徐

佳士与台湾记协的诞生（何荣幸）

传播潮流巨变翻腾中徐文轻舟已过万重浪（程宗明）

徐佳士：重建台湾新闻专业的先行者——兼记卓越新闻奖基金会的创立过程（邱家宜）

媒体改革路上的明灯——徐佳士老师（林丽云、严智宏）

2016 年夏季刊/总第 128 期

编辑室报告/希腊拟创公营机构代理电视广告（冯建三）

派遣的逆袭：公广集团“内部外派”劳动与派遣工会运动（刘昌德）

纪实、审美、控制：二十世纪八〇年代中国大陆的电视批评及其文化意涵（常江）

性侵报导的强暴迷思与转变（蔡雁雯、苏蘅）

女性职场新鲜人的成功历程：电影叙事与年轻女性之接收（杨宜婷、黄靖惠）

媒体：宽广无边幽深如潭——读 Routledge Handbook of Chinese Media（邓炘炘）

跨媒介叙事与数字传散策略：评析《扩散媒介：网络文化、创建价值及新义》（赖玉钗）

2016 年秋季刊/第 129 期

编辑室报告/论中文传播期刊的后来居上：促进学术自由，善用科技（冯建三）

纪录片作为国族寓言：我们的另一堂地理课（陈品君）

应用修正式德菲法评估国军新媒体议题管理关键因素之研究（傅文成、王隆纲）

来自南方：半岛电视台的新闻聚合研究（林照真）

从 1999—2011 教学案例检视台湾儿童媒体素养教育（黄惠萍）

中共党媒垄断下的记忆（书评）（朱立）

台湾地区新闻传播学人自述

编者按：本栏目陆续刊载台湾地区新闻传播学人的治学思考。按学者姓氏音序排列。

陈百龄

陈百龄，1958 年出生于台湾新竹，台湾大学法律学士、政治大学新闻硕士、美国印第安纳大学博士。1996 年美国印第安纳大学访问学者。曾任政大传播学院整合实验中心主任，政大之声台长，中华传播学会理事、副理事长等职。目前是政治大学传播学院教授、新闻系主任、传播学院副院长、台湾信息社会研究学会监事。

治学自述

我在博士班阶段所受的训练，主要是应用认知心理学设计各种教育和训练的互动媒体，其间也曾经任职印第安纳大学视听中心，带领项目小组，设计计算机辅助教学软件。

1993 年返台任教于政治大学，当时学院仍以传统大众传播课程为主。我根据自己的知识专长，在新闻系开设一些新课程，包括计算机图像处理、新闻图表、信息设计。这些课程目的在启发学生应用数字技术于媒体内容产制。在教学同时，也规划和执行院、系传播教学实验设备的更新，并致力于统整各实验室的人力、空间和经费，以应对数字时代来临。

从任教之初，我便和学院同事钟蔚文、臧国仁等共同组成研究团队，研究讨论主题聚焦于新闻工作的专家研究，也就是“新闻工作者为何以及如何成为该领域的专家?”我们从认知理论角度出发，认为传播工作的核心在于讯息的处理，由此而探索新闻工作者的专业能力特征，并设法发现生手和专家差异为何。最初我们偏向表征论，认为专家和生手能力差异在于表征。但后来逐渐转向配置论，认为专家的知识展现在与情境互动，透过科技和组织的协力，扩增智能，完成任务。这一领域的研究成果，不但应用到具体的课程如“大学报”“信息企画与整合”等中，并且在日后成为本院行政团队实施课程改革和学院组织再造的理论基础。

在所有新闻传播工作领域中，我对于数据搜集和数据呈现这两个领域特别感兴趣。因此有一系列研究是针对数据搜集、新闻查证，以及图像产制等工作领域，进行田野调查。我深入新闻媒体蹲点，进行类似人类学家的观察、访谈和记录，搜集新闻工作者职场活动的各种态样，并将这些资料归纳成为研究书写和教学设计的材料。

在观察新闻工作者如何搜集和呈现资料的同时，我也让自己进入相关场域致力实践和体验。2006 年我在故乡新竹发现一座百余年石碑，背后有三十个地方士绅姓名，我从这些姓名出发，使用各种数据源，重新挖掘出这些人及其家族的历史，在此后十年当中，我陆续撰写了这些人物和家族历史的相关文章，并在 2016 年集结成书，为当地近代社会史料文献增色。也因为这个实践活动，我运用了大量数字工具处理史料，例如，以旧报纸为语料库，进行人名的文本，再运用社会网络分析方法，呈现地方人物的关系。这些实践促发了我对于数字人文研究领域的研究兴趣。最近几年，我的研究兴趣集中于从数字人文角度整合跨领域知识，以观察人和数科技如何协力。

苏 蘅

苏蘅，1955 年出生于台北。台湾政治大学新闻系教授，博士生导师，曾任新闻系主任、政治大学传播学院研究中心主任，现任《新闻学研究》主编。2010—2012 年任国家通讯传播委员会主任委员，2004 年任美国麻省理工学院访问学者，2013 年 1 月任香港中文大学访问学者。2015—2017 年任财团法人信息工业策进会创新应用服务研究所顾问；2015—2017 年任元智大学大数据与数字汇流创新中心特聘研究员。兼任中华民意研究学会理事长、《联合报》“名人堂”专栏作家。

治学自述

我于 1993 年从媒体主管转入学界，进入政治大学新闻系任教，也展开热爱的学术研究工作。第一个研究是“青少年阅读漫画行为与其认知真实的关联性研究”。其时正逢 1990 年代以后，日本以图文视听为主要形式的流行文化进入台湾，在传播媒体与资本商业体系的推波助澜下，持续向整个亚洲蔓延。这项研究关注台湾青少年“哈日”现象，凸显台湾对日本流行文化的欲求，虽然是过往历史的沉淀，但背后暗藏文化主体的空洞，也看到台湾欠缺足以凝聚民众认同的基础。这篇研究后来使我对在台湾浮现的“日本化的文化消费空间”和台湾青少年如何建构本土文化想象两种相应相生的现象产生兴趣，也让我和研究生有机会走到台湾各角落的日本流行文化产品卖场、漫画出租店和多所“国中”、高中、大学，进行青少年和家长的问卷调查。后续研究包括参加汪琪教授主持的“媒介全球化中的观众收视行为分析”整合型多年期研究，持续深耕这个领域，不但增加我对全球化理论与现象的了解，且相关论文荣获新加坡颁发的 Asian Television Write Award，1999 年和 2001 年新加坡年度亚洲最佳电视论文奖。2003 年韩国电视剧开始进入亚洲市场，表面看起来观众多了流行文化产品的选择，实际上这类跨国节目同时是一项“社会装置”，需要更多研究探讨观众为何会把剧种情节和人物场景挪移到生活中。韩国 Korean Broadcasting Institute 特别委托我做另一项“台湾大学生收视韩国及亚洲节目研究”，使我对日韩流行文化社经结构、地缘临近、文化接近、国族历史脉络有另一番了解，2000 年 Wang, G.，Goonasekera，A.，和 Servaes，I. 编辑的 *The New Communications Landscape: Demystifying Media Globalization* 一书（出版社为 Routledge）收录我另一篇论文。可说全球化脉络下不同国家文化产业在内容表现与工业生产结构方面的议题，迄今仍是我的研究兴趣。

另一个研究是新闻和媒体转型。由于进入学术领域前的媒体工作资历，深知媒体不仅是内容消费的重要场域，更是社会生活的基础，我的研究可分为以下几方面：1. 媒介理论与实践的结合，例如台湾媒体环境变迁如何影响新闻产制转变；2. 媒介资本市场化如何影响媒介讯息的产制与传送，以及阅听众对讯息/知识的接收与理解；3. 数字时代的媒介伦理，从伦理理论和社会理论观察及探讨媒介转型过程中忽略什么伦理议题，以及对媒介专业的影响；4. 传播媒介“社交媒介化”，在内容、平台活动、专业竞争出现何种“异化”“疏离”现象，不同世代有何新认知，传播能力如何改变，如何面对挑战，以及与新媒介伦理、社会正义的关系。

在 20 多年的研究生涯中，我的研究“田野”皆在媒介领域，但因为种种机缘，曾经出任台湾主管通讯传播产业的相关部门的最高行政主管，参与转型阶段不同媒体的数字化及汇流政策制定，并对台湾无线、有线、卫星电视和电信法规的修法和政策未来走向做决策；另外也访问过产业领导人、内容产制者、不同类型媒体的用户，增进我对媒体产业转型和实务的理解。因此我的研究议题从传统领域展开，超越既有媒体，进入新媒体和社交网络领域，扩大关心视野，包括传媒造成的种种现象，例如社会、文化、经济面；讯息和知识传递；以及受众、儿童青少年、业者面对传播科技变化带来的种种问题。近年更对新媒介的可信度产生兴趣，主要因为社交媒体平台的信息相对缺乏专业守门，使得网民评估社交媒体平台各种讯息可信度成为重要课题，我也持续投入系列研究。

2014 年以来，我尝试新的研究方法（包括网络数据分析），进行社交媒体信息产制、网民参与互动及可信度评价的研究，已有部分成果在国际传播学会（ICA）年会发表，希望对社交媒体使用与信赖感，以及提出社会理论新方向有所贡献。

下列领域为个人重要著作、论文和研究报告的列举：1. 在社会科学方法论研究方面，出版专著《传播研究调查法》，并获得曾虚白最佳学术著作奖。2. 新闻传播法规研究方面有《大众传播法规》和《公民 vs. 消费者——媒体近用与普及服务》；3. 新闻传播研究方面，出版专著《新闻、公关、与危机处理——传播个案分析》《竞争时代的报纸：理论与实务》《公共卫生危机中政府与媒体如何共舞：检视产生不实新闻的影响因素》《台湾地方新闻》等；4. 传播与跨文化传播方面，有《开放天空下的文化冲击——台湾民众收看外国节目研究报告》《传播全球化研究在台湾》和 *Asian Programs in Taiwan: Its Viewing Pattern, Impact and Meanings*；5. 在新媒体与传播伦理方面，发表论文《新闻伦理教育的困境：大学生伦理观与媒体表现评价的影响》《多媒介时代的新闻与伦理：台湾民众新闻使用、媒介信任与伦理观的关联研究》《不同世代的网络新闻分享与讯息可信度的关联分析》和 *Evolving Journalistic Practices and the Credibility of Online News: Perceptions from Cross-generational Users* 等。

游梓翔

游梓翔，祖籍江西婺源，1967 年出生于台湾台北。台湾世新大学新闻传播学院院长、传播博士学程主任（博导）、口语传播系教授、台湾立报社社长。中山大学、厦门大学 EMBA 兼职教授。中央电视台《海峡两岸》特约评论员。曾任 TVBS 电视台总经理特别助理、世新大学国际学术交流中心主任、口语传播系主任、台北市政府新闻处处长兼发言人、连战宋楚瑜竞选总部发言人、洪秀柱办公室发言人等职。

治学自述

我自学生时代就纵横于台湾演说辩论朗诵竞赛，后来进入台湾政治大学新闻系，主修广播电视。在学期间即因辩论与新闻专长获聘加入了台湾首个政论节目《新闻追击》的制作团队。后赴美攻读口语传播，在美国丹佛大学师从法兰克丹斯教授，获硕士与博士学位。1996 年返回世新大学全台独一无二的口语传播系任教，致力提升口语传播核心基础学科的理论性，完成《演讲学原理》与《认识辩论》。在“传播理论”“商务谈判”以及“简报美学”方面也持续进行教学创新，近年则投入“全媒体”教育革新，让传播展现对网络社群的观照。研究兴趣则以修辞与论辩理论、政治修辞批评、竞选论述以及形象修护为主，相关学术论文发表于 *Asian Journal of Communication*、*Chinese Journal of Communication*、*Argumentation*、《中华传播学刊》《传播研究与实践》等国际与台湾知名期刊。2006 年，发表《领袖的声音》批评及选辑，研究孙中山及两岸各 4 代共 9 位领导人的演说及思想意涵。虽然研究教学兴趣多元，但受恩师法兰克丹斯教授影响，我始终将“传播理论”视为我最初也是最终的追求。我眼中的传播是个“大传播”“全传播”，涵盖人际传播、公众传播、大众媒体与数字媒体（网络与社群媒体）这“人公大数”四大传播类型。其中人际传播与公众传播代表着人类口语传播从私人走向公众，拉大社会影响的历程，而从大众媒体到数字媒体则反映了人类媒体传播从公众向私人，加深个体影响的趋势。传播学或传播理论应该致力成为囊括这四大传播类型的传播学，这需要传统口语传播学与大众传播学的结合，也需要融合互联网与社群研究的研究。实现“大传播”“全传播”的理论与研究是我自许的学术使命。

《台湾地区专辑》撰稿、组稿人：

殷　琦（厦门大学新闻传播学院副教授）

《台湾地区专辑》审稿人：

阎立峰（厦门大学新闻传播学院副院长、教授）

第十五篇
海外特辑

海外新闻学与传播学2016年度研究热点透视

国际新闻与传播学主流期刊2016年热点扫描

2016年国际重要新闻传播学学术会议介绍

海外新闻学与传播学2016年度研究热点透视

2016年又是个国际形势风云诡谲、复杂多变的一年。特朗普当选美国总统、巴西奥运、英国脱欧、朴槿惠"亲信门"、中东难民潮、欧洲系列恐攻等，形成一拨又一拨世界瞩目的新闻事件。衬托于这样的时代背景，全球新闻生产与消费方式也持续经历着深刻的变革。这样的变革同样自然而然地反映在检视现象、探讨本质和创新知识的学术研究成果上。本文从以下三个方面回顾2016年海外新闻学与传播学研究热点：（一）在数据新闻进一步普及的背景下，海外学者对新闻生产与传播技术融合的研究；（二）社交媒体在新闻生产和信息分享中的角色和影响的最新研究；（三）海外尤其是美国，新闻传播教育的发展趋势。

作为对上一年度同类"热点扫描"的延续[①]，本文综述的文献的主要来源是在国际传播学会（International Communication Association，ICA）和新闻与大众传播教育学会（Association for Education in Journalism and Mass Communication，AEJMC）2016年会上所发表的论文。这两家学会是新闻与大众传播学界最为重要的国际性组织，会员包括来自世界各地的传播学者、教师、学生和从业人员。除了负责出版多份传播学的旗舰期刊，这两家学会也定期举办学术年会。年会的主题领域涉猎广泛，不仅包括大众传播、新闻学，还包括与"大传播"相关的各子领域和跨学科领域（如广告、公共关系、政治传播、健康传播、风险传播、环境和科学传播等）。会议所发表的论文都经过至少两名匿名评审的审阅，根据整体质量和对学科的贡献做出接受发表的决定。因此，"两会"是全球学者展示和交流本领域最新学术成果的重要舞台。鉴于所有参会的论文在提交审核时都没有在其他会议或期刊发表过，在"两会"上发表的论文比当年度的期刊论文可以更及时地接触到海外最前沿的新闻与传播学学术动态。

2016年的ICA年会于6月9日至13日在日本福冈市举行。这是日本历史上第一次主办ICA年会，共有来自全球超过40个国家约2500名学者参加。在5天的会议期间，共发表了550篇论文；同时还有26场会前会和5场会后会或工作坊，是ICA史上规模最大的年会之一[②]。第99届AEJMC年会于8月4日至7日在美国明尼苏达州首府明尼阿波利斯市举行，有2080名与会者，在340场主题讨论中共发表论文774篇，并举行了27场会前会[③]。

---

① 魏然：《国外新闻学与传播学2015年度研究热点扫描》，《中国新闻传播学年鉴·2016》，中国社会科学出版社2016年版。

② https：//convention2. allacademic. com/one/ica/ica16/index. php？ cmd = Prepare + Online + Program&program_ focus = main&PHPSESSID = pniup0mhh3tvvbjojqc4rohor0.

③ http：//www. aejmc. org/home/events/post-conference-news/.

一、从数据新闻到“自动化新闻”：对新兴新闻技术的探索、接纳与融合

沿承早年“精确新闻”（precision journalism）的模式，“数据新闻”近年来风靡全球。数据新闻是“新闻数据化”这一理念的体现，即在形式上文字结合图表、数据为主，文字为辅；在实际操作中，记者主要通过数据统计、分析、挖掘等手段，或者从海量数据中寻找并发现新闻线索，抑或是抓取大最数据拓展既有新闻主题的广度与深度，最后依靠可视化技术将整理后的数据化信息以形象化的方式加以呈现，致力于为读者提供客观、系统的报道，以及良好的阅读体验①。

传统新闻报道对采访常以信息采集为主，报道方式多以文字图片或音视频表述，而数据新闻的理念和采访报道方式带来了新闻生产的新范式——它以数据为出发点，围绕数据来组织报道，讲故事。因此，与数据相关的信息处理方法和技术（如统计、数据解析、挖掘等）在新闻生产过程中处于中心地位。“数据新闻”因此也被称为“数据驱动（data-driven）新闻”。

数据新闻的制作不仅是加工数据，也是数据的获取、分析处理、解读和呈现四大要素的有机统一。数据新闻的勃兴对传统的新闻工作提出了新的要求和挑战。这种挑战既来自于日新月异的信息技术，又来自于网络化的、被互联网赋权的公众。这种挑战同时也来自于传统新闻媒体如何优化对内容、渠道及其他影响新闻生产业态的要素的取舍和平衡。正如许多学者指出，由于传者和受众在信息发布和接收上的权利差距正在缩小，公民新闻、开源新闻、众筹新闻、社交新闻等，都改变和重塑了新闻生产的生态格局。职业记者讲述故事、赋予意义的角色，是否会被其他社会分工系统所取代，还有待观察；但传统媒体的信息垄断地位以及记者作为首要的“事实提供者”的特权实际上早已不复存在。公众通过个人信源（爆料）、社交网络参与（协作生产）等方式进入新闻生产流程，传受边界日趋模糊。在新闻生产线上，比起以往，专业记者担负起更多对公众提供和创造的内容进行判断、把关、核实、筛选、解释和整合的工作。

另外，传统媒体权威性虽然弱化，但仍存有权威；公信力尽管下降，却依然保有公信。在社交媒体时代，传统新闻单位仍是“大号”和主要新闻来源。以公众为主体所拼凑起来的松散新闻无法达到传统的新闻作品的质量。然而，即便是松散的、个人化的受众参与，也有可能机构化、组织化，而后转型成非传统的新闻单位，从而逐步形成规模化竞争。当个人、群体、机构甚至机器都开始为公众提供新闻时，数据就成为一种社会资源，而新闻报道则更趋近于一种聚合和呈现信息的终端产品。

在2016年AEJMC年会中，针对数据新闻相关的与会研究②，逐渐从以往对数据新闻表征的观察，深入到数据新闻生产系统内里的探讨。例如，有篇论文通过对数据新闻的先驱——英国《卫报》——的内容分析，发现数据新闻的实践仍然需要在数据解释以及报道的科学性和精确性上下功夫。另有学者通过深度访谈了解到美国的新闻媒介为应对数据新闻的挑战，以及更好地将数据新闻制作融合进传统的新闻生产流程，正经历着内部结构重整的阵痛。还有学者通过话语分析的理论和方法（discourse analysis），以大学新闻学院的学生媒体为例，探讨虚拟现实技术在新闻生

① 常江、杨奇光：《数据新闻：理念、方法与影响力》，《新闻界》2014年第12期。

② http：//www. aejmc. org/home/2016/06/2016-abstracts/.

产中可能的积极作用。

应当指出，随着信息数字化及海量数据的积累和可获得性的不断提高，近年来数据新闻作为新闻生产、供给方式变化的新潮流，正逐步成为新闻界的一种新常态。交互性的社交网络平台，受众以“新闻”为入口、以“信息”为出口的新闻消费模式的变化，计算机辅助报道技术手段，如利用计算机编写新闻和利用算法整合消息资源等，无论自愿或被迫接纳与融合，更为新兴的传播技术正推动着新闻业界进行重大变革。计算技术对自然语言处理的掌握，已经使得根据原始数据自动生成或编写的新闻作品成为可能。可以说新闻界又面临着自“计算新闻学”（computational journalism）最初的数据新闻之后，新一轮的“升级版”数据新闻——“自动化新闻”的冲击。而同时也促使学者对业界发展的新趋势不断进行理论探索。以2016年ICA相关的年会论文为例①。多位学者从不同角度切入讨论计算机相关技术在整理、分类、选择消息源及撰写报道等中的应用，以及它们对传统的新闻业务和社会角色的正反两方面的影响。例如，计算机算法和相关技术能在多大程度上帮助记者更好地完成工作，尤其是耗时繁多的事实确认过程？或者说它们能在多大程度上削弱乃至取代记者业务中最核心的部分？新闻学者和计算机学者为此共同追问：新闻业的未来究竟仍是人的事业，还是终会为机器所掌控？

有学者指出，纵观新闻发展史，数字技术给新闻业创新与进步所带来的欢欣常与它所带给新闻人的担忧一样多。这种新闻与技术相伴的起源与进化当前集中反映在了算法、机器人新闻和无人机新闻上。该学者强调，当我们把更多的注意力放在新技术的同时，我们也许已经忽略了对人自身的信任。而讽刺的是，如“谷歌”和“脸书”这些以计算机与互联网技术起家的巨头企业，却仍然需要雇用传统的新闻记者，对它们提供的新闻内容添加“人”的元素。

计算机算法在新闻报道中的应用最终产生了所谓“自动化新闻”（automated journalism）。在微观层面，随着新闻生产向社交媒体的延伸，自动化新闻使得传统的媒体编辑决策开始嵌套于算法系统中。在宏观层面，算法技术对新闻专业准则产生了冲击；与之相伴随的是对有关算法权力与义务的重要关切，包括如何提供和保障算法的透明性和可究责性。自动化新闻转变编辑报道的权力结构，由此产生一个由统合的平台驱动并经由算法强化了的公共空间。

对此新发展，学者开展了一系列跨学科的实证研究和理论探讨。首先，有学者分析三种应用在新闻采集中帮助记者进行整合和筛选社交网络信息内容的算法工具。其中，Geofeedia允许记者查找任何社交媒体上与任何地理位置相关的信息。Spike和Social Sensor帮助优化对热门话题（trending topics）的确定。这位学者比较了81位记者使用以上工具及推特的经验，包括识别新闻、联系人，以及在社交网络上的内容更新；评估投稿者的可信度，以及识别话题的流行度和围绕新闻事件的受众情绪，以进一步了解和评估计算新闻学所提供的实证并探讨算法工具，对于改变新闻生产可能性。

其次，学者分析无人机作为一种“感应器传播平台”（Sensor Platforms）收集数据并通过社交媒体和新闻媒介即刻分享的状况，指出其涉及新闻工作后所产生的一

① https：//convention2. allacademic. com/one/ica/ica16/index. php? program_ focus = view_ session&selected_ session_ id = 1101922&cmd = online_ program_ direct_ link&sub_ action = online_ program.

系列有待探讨的法律问题。值得关注的是，即便计算机辅助技术或“感应器新闻”可以帮助记者寻找和筛选新闻信息，尤其是依赖于所谓的“数字守门人”（digital gatekeepers）从社交媒体搜寻到新闻热点，也同样达成如传统的新闻守门人那样人为针对信源删选的效果，从而有意或无意地忽略甚至屏蔽社交媒体上对某一事件或某一当事人或机构的多元意见。这种基于算法的偏见似乎也变成了新闻生产中的某种“黑箱”作业。

再次，基于计算机算法的自动化新闻或机器人新闻对新闻内容的生产可以是自动的，也可能是自主的。这一新闻生产的新现象对新闻机构、记者和受众，在社会政治、心理、法律和职业层面都有着重要的影响。其中一个主要的争议点是算法的作者权。如何建立一种既帮助确定自动化新闻的作者身份归属，又不损害公众利益的政策也是一些学者的研究方向。

最后，还有学者比较分析美国、英国、德国和法国四国不同的机构组织，如何回应数字中介的崛起和新闻界的“算法革命”。例如有学者认为算法在新闻生产和扩散中日益重要的角色，挑战的是新闻记者的编辑和新闻选择自主权。另有学者关注美国记者向美国政府有关机构提出获取其计算机信息和软件源代码的请求，以维护新闻机构向公众提供公共事务信息的责任和义务。还有学者强调传统意义上对公共事务透明公开的思路，在算法和数字中介大行其道的今天，已经不足以保证媒体履行其公众义务。他们由此主张算法属于“逆权力”。总之，在宏观层面来说，以上这些议题都是关乎全球新闻界，在处理算法、新闻工作和公众责任之间复杂关系的重要面向。

除了对算法或新兴技术在新闻生产过程的探究，部分学者的视线也从新闻生产角度转向受众立场①。例如，有学者通过两个实验研究比较受众对自动化新闻和传统人工撰写的新闻，在质量、可读性和可信度期望与实际感知方面的差异。研究发现，实验参与者对传统新闻在可读性和质量上期望值高于自动化新闻。其次，无论是人工还是机器撰写的新闻，整体上都不能满足参与者阅读新闻前对新闻作品的期望。再次，参与者对人工撰写的新闻可读性的实际感知高于自动化新闻，而对自动化新闻可信度的实际感知高于人工新闻。此外，还有学者进行了持续三个月的计算新闻学田野调查，侧重从实操、意识形态和机构日常工作流程三个方面来分析“计算文化”与传统新闻理念的交互影响。在“自动化新闻”逐步变得不足为奇的今天，我们对新闻媒介的某种体认是否已经从“媒介即讯息”过渡到“受众即机器”（Our Audience is a Machine）？学者的研究提出了一个值得深入探讨的问题。

二、对社交媒体在新闻生产和信息分享中的角色和影响的深入研究

随着以脸书、推特、Instagram 等为代表的社交媒体或社交网站的不断壮大，受众使用社交媒体获取新闻，以及新闻媒体利用社交网络发布新闻的形式正日渐普及。社交媒体在新闻生产和分享中的重要性也日益凸显。美国皮尤（Pew）研究机构和 Knight 基金会于 2016 年对 9 家社交网站的联合调查显示②，62% 的美国成年人从社交媒体或社交网站获取新闻，比 4 年前（即 2013 年）的同类调查多出 13%。其

① https：//convention2. allacademic. com/one/ica/ica16/index. php？ cmd = Online + Program + View + Session&selected_ session_ id = 1114917&PHPSESSID = 78u84p#pmtup5oepriir34s7.

② http：//www. journalism. org/2016/05/26/news-use-across-social-media-platforms-2016/.

中，三分之二的脸书（Facebook）用户（66%），59%的推特（Twitter）用户和70%的红迪网（Reddit）用户分别从这三家网站获取新闻。如果换算为美国整体成年人口，分别有大约44%从脸书，10%从YouTube，9%从推特获取新闻。通过脸书、Instagram和领英（LinkedIn）三家网站获取新闻的用户数量都有显著增加。同时，受众通过手机或移动端获取新闻的比例继续增长，从2013年的54%增加到2016年的72%①。

有趣的是，大约有三分之二（63%）的美国受众认为家人和朋友是他们获取新闻的重要渠道；其中10%认为是最重要的渠道。但在人际互动日渐成为重要的新闻来源的同时，新闻机构仍然扮演着主要角色。与36%经常从新闻机构获取新闻的网络新闻使用者相比，其中只有一半（15%）的受众经常从关系比较密切的亲朋处获取新闻，更只有6%的人经常从他们不太熟悉的人那里获取新闻。这种差异主要体现在不太热衷于阅读新闻的受众之中。有69%不经常使用新闻的人表示朋友和家人是重要的新闻来源，而这一比例在持续关注新闻的人群中为57%。

在新闻内容供给侧，一份“2016全球社交新闻调查”②发现，记者认为社交媒体对他们的工作极其重要——78%参与调查的记者表示社交媒体有助于增强其受众的黏度。其中更有一半认为社交媒体是他们工作中不可或缺的一部分。记者们认为社交媒体在发表、推广新闻和与受众互动方面尤其有价值。此外，约35%的受访记者经常采用受众提供或生产的新闻内容；29%表示他们会在未来使用更多的众筹和受众提供的内容，并通过社交媒体建立受众与新闻源之间的联系。这些发现显示社交媒体已经融入记者的日常工作体系，尤其在内容分发和与有影响的意见领袖建立联系方面。这份调查同时还涉及各国记者使用社交媒体的差异。尽管参与调查的大多数记者都确认社交媒体已经从根本上改变和重新定义了何为记者，但只有德国和加拿大的记者最常在他们的工作中使用社交媒体，而法国记者在工作中最少使用社交媒体。美国和加拿大的记者对社交媒体的使用最为自信，而芬兰和瑞典的记者对在工作中使用社交媒体的感受正好与此相反。

对社交媒体在新闻以及广义的信息生产和分享中的角色和影响的持续关注，也从当年的“两会”与会论文中反映出来。以AEJMC为例，有关社交媒体和社交网络——包括推特、脸书、Instagram，闪聊、品趣思、红迪网等——的研究几乎涉及所有分会③。首先，最新的有关推特的研究发现，新闻记者已经给予以推特为代表的社交媒体相当的重视。比如讨论社交媒体如何影响新闻生产和新闻价值判断。一项针对53位记者的访谈研究采用行动者网络理论（actor-network theory）和新闻生产层级影响模型（hierarchy of influences model）识别影响新闻生产的因素，并对受众个体通过社交媒体对新闻制作过程的影响进行更深入的探讨，从而帮助更新传统的层级影响模型。另一学者的论文进一步追问，推特如何对记者的新闻判断和报道取舍产生影响？一项包括212位记者的实验发现，日常使用推特的记者比他们的同行更关注可能从推特上出现的新闻信息，暗示推特对记者有议题设定之影响。

其他的研究还发现，记者强烈的职业

① http：//www. journalism. org/2016/07/07/pathways-to-news/.

② https：//www. cision. com/us/about/news/2016-press-releases/cision-releases-2016-social-journalism-study/.

③ http：//www. aejmc. org/home/2016/06/2016-abstracts/.

身份认同构成了新闻场域规则的某种意识形态。尽管记者往往也是最早接纳技术革新的那一批人，但他们对技术的看法和使用与大多数普通人不尽相同。数字技术带给记者更多的是与长期以来确立的意识形态完全相左的体认，从而导致记者常常将传统的做法直接应用于新媒体实操。同时，社交媒体的出现对新闻工作的意义也在于其打破了横亘在记者和受众之间的高墙，为他们的互动提供了更多的可能性与可行性。有学者借用英国社会学家吉登斯的结构化理论，在与记者深度访谈的基础上，采用持续比较分析法（constant comparative analysis）辨析在使用推特和传统新闻采集之间的多重二元对立（multiple dualities）。该学者的另一篇论文指出记者与受众参与之间的三重阻碍——新闻客观性、新闻制作规范、传统新闻价值——影响着互联网对受众个体连接性的强化、受众参与度和真正的网络社区建立。

学者们对当年热点新闻事件的关注也构成每年学术会议的一个看点。例如，美国圣路易斯大学的学者检视记者的职业规范如何影响他们在 Ferguson 市种族冲突危机中对推特的使用。总的来说，记者在危机事件过程中对推特的使用是符合新闻客观性的，但是广电记者的推文（tweet）会被广泛转推（retweet）。学者建议对记者使用社交媒体的政策和危机事件中受众的新闻参与度重新进行评估。同样是对该新闻热点事件的关注，德州的一位学者运用文本分析和访谈“主题标签抗议”（hashtag-protest）参与者，侧重讨论主流媒体对推特主题标签 If they gunned me down 的报道框架。他发现，美国的少数族裔对于这个主题标签的使用引起舆论对新闻媒体负面报道的关注。主流媒体秉持新闻生产惯例，其报道更多地依赖于精英人士和固定的消息源，而忽略社交媒体上抗议者的声音。而社交媒体抗议者则利用主题标签绕开主流媒体以发出自己的声音。对更多使用社交媒体而非主流媒体的年轻世代来说，这种诉求和动员方式尤显重要。

在关注推特在社会运动中与传统媒体的竞合关系的同时，学者们也强调推特在社会运动过程本身中信息传递和动员的角色。社交媒体，尤其是推特，在社会运动中的使用越来越普遍。在一个有关“黑人的命也是命”（Black lives matter movement）的主题标签运动研究中，学者使用计算新闻学和机器学习方法分析推特上的相关推文。研究发现受众使用推特的主题标签清晰地表明自己在黑人被枪击事件中的立场。另一个讨论同一运动的研究检视两个促使推文被转推的关键因素——内容的重要性，如政治、经济、文化和公众议题，以及情感表达。

有关推特的研究还关注不同受众群体或国别。例如某研究使用“社交媒体哀悼”（Social Media Mourning，SMM）模型检视众人纪念名人过世的传播类型，内容分析于 2011—2014 年间推特上名人去世的推文。另一项研究关注推特在全球最大市场之一的日本的推特用户，从社会生态和计算机中介传播的角度探讨可能影响日本推特用户使用强度的因素。结果显示，人际关系动员性（relational mobility）和信息分享意愿为其显著原因。同时，推特上自我信息披露（self-disclosure）与人际关系承诺，以及人际关系承诺与推特使用强度之间分别呈正相关。

除了大量关于推特的研究，有关脸书在新闻使用中的影响的研究，大多从使用者角度切入。例如有学者结合访谈和调查了解新媒体使用者如何感知自己在脸书和谷歌上阅读到的新闻是否经过技术性的个人化筛选或定制。另有学者结合内容分析和访谈比较脸书上推送的新闻与新闻的传统定义之间的差异。作者认为脸书使用者中的“自我表现”（self-presentation）行为影响着他们从脸书上获得的推送新闻的内容。同时，有学者通过测试一个中介模型（moderated-mediated model）发现，771 位用户的“脸友”（Facebook friends）关系的多样化与新闻的阅读和分享呈正相关。

除了最主要的两家社交媒体—脸书和推特——之外，学者近两年的研究触角也开始伸向其他几家快速成长的社交网络。例如，某研究分析在图片分享网站 Instagram 上，有关婚姻平权运动的新闻分享。该研究发现在美国最高法院做出判决的短短几分钟之后，社交媒体用户就使用 #LoveWins参与分享新闻和网上庆祝活动。Instagram 上开始充斥大量来自各家新闻媒体的相关新闻图片。有趣的是，这些图片并非直接来自这些媒体的官方 Instagram 账号，而是由用户自己分享。某种程度上 Instagram 已经成为受众又一个获取新闻，尤其是图片新闻的新来源。

另一项有关闪聊的研究侧重在用户隐私方面。学者从隐私管理理论出发，访谈 75 位闪聊用户，将他们对社交网络上的隐私管理分为隐私所有权、隐私控制和隐私湍动（privacy turbulence）三类，并强调闪聊验证了麦克卢汉“媒介即讯息”的断言。此外，一项研究从品趣思上的 500 幅健康信息图，分析健康素养水平、信源、健康议题类型和是否明示赞助信息等内容，并建议善用品趣思作为健康传播的新平台。还有一项线上人种学研究从“把关人”理论角度出发，分析红迪网用户，即“红迪客”（redditors），对新闻和本地信息的分享与讨论。尽管红迪客主要分享主流媒体的报道，但它的用户投票机制决定新闻报道的优先排序，这在某种程度上反映了比传统媒体更自由宽松的新闻价值。

与 AEJMC 论文相比，ICA 论文涉及的议题更加广泛，探讨的国家更多。在与社交媒体和新闻及信息生产和分享相关的领域，这些论文首先关注社交媒体融入新闻生产整体上所带给传统新闻机构的机遇与挑战。当社交媒体变成新闻报道和媒介品牌行销的新工具后，传统新闻工作规范也随之开始面临新的调整。有学者分析美国和英国 12 家主流媒体社交媒体指南的逐条语句后发现，绝大多数新闻机构都侧重于将社交媒体视为影响记者工作规范和新闻机构声誉的潜在威胁（预防性准则），而非针对如何更好地使用社交媒体来为新闻工作服务提供指导（促进性准则）。

另一项研究分析来自美国 60 个地方新闻机构的 4507 条推文的内容，检视它们在新闻生产中如何策略性地使用推特。结果发现不论是电视台或是报纸，在采用推特来扩散新闻报道时，主要都遵循传统的新闻工作方式。尽管新闻媒体的推特账号的粉丝数、图片使用、主题标签、用户名和推文内容都能预测受众在推特上与该新闻机构的互动参与，但总的来说，美国地方性的新闻机构并未将推特视为对它们现有新闻机构运营模式一种有效的补充。

还有一项研究通过对菲律宾四家网络媒体 16 位高阶编辑记者的访谈发现，四家媒体的编辑决策都重视受众的喜好，但重视的程度取决于该媒体如何在新闻生产把关过程中围绕社交媒体团队进行机构化建制。这种机构化安排由各媒体的背景、性质和目标受众决定，并最终影响受众能在多大程度上影响媒体的新闻选择过程。

一项跨国访谈研究比较社交媒体如何影响日本、韩国和芬兰三国主流报纸的新闻生产和发布。这三个国家是目前世界上少数既保持相对高的报纸阅读率，又互联网、手机和社交媒体都极为发达的国家。作者们强调新闻信息在社交媒体的流动已经模糊了大众传播和人际传播的界限。如同其他学者认为的那样，主流报纸在将社交媒体纳入其新闻生产和发布的过程的同时，社交媒体对传统新闻人而言仍是“妾身未明”。

这些论文对传统新闻理论提出修正和更新，比如“把关人”理论。应当指出，传统的新闻把关人研究侧重信息流动但多少忽略了社交互动方面的影响。随着社交媒体日渐融入新闻生产和消费，个人和社交关系变成了新闻把关过程中潜在的组成部分。学者运用网络分析方法和访谈检视加拿大人如何在社交媒体上，在政治性话题的闲谈来扮演把关人角色。研究发现，由于可能导致的人际关系风险使得人们在脸书上谈论争议性的政治性话题时常语带保留，但在推特上发布和分享政治性信息则更为经常和活跃。可见人们通常是根据人际关系来选择他们在社交媒体上分享的信息类型、内容和频率，结论是“社交属性”限制了政治信息的传播。

除了社交媒体个人用户之外，社交媒体本身也扮演着新闻信息把关人的角色。社交媒体的商业运营模式、市场竞争策略和价值取向都需要通过技术手段加以实现。有学者通过分析脸书上的“趋势话题”和推特上的“此时此刻”（Moments）标签检视社交网络平台对突发新闻和流行话题信息流动的影响。学者认为这些平台通过权威化管理（authoritative curation）和算法个人化（algorithmic personalization）的结合来充当信息把关人的角色。这种把关结果就是社交媒体将受众的信息交换局限在某一个单一平台，由此让社交网站获取利润、突出某些特定的新闻报道，并摒斥不同的观点。

还有议程设置或融合（agenda melding）理论。“议程融合”着眼于媒介外因素与新闻生产过程的相互影响。学者们在瑞士的调查结合记者的推特数据发现，政治人物可以透过推特影响新闻内容。反之，记者也可以透过他们推特上账号之间的“互粉”关系影响政治体系。

再有是始终作为新闻学研究中一个主要议题的“消息来源”。社交媒体的“侵入”改变了信息扩散的方式和新闻内容的专业生产与发布。信息传播技术使用的门槛降低也提高信息控制和信息谬误的风险。德国学者对电视台、电台和报纸记者的访谈后发现，对消息源的信任和通过社交媒体汇集新闻信息的风险的认知，影响记者对社交媒体的使用。记者必须为此开发与消息源有关的新闻采集方式，以确保新闻信息的准确与精确。

ICA 有关社交媒体和新闻的论文的第三类着眼于新闻机构，包括记者与受众通过社交媒体的互动。当前对记者和新闻机构而言，推特已经成为首要的发布突发新闻、聚集受众人气和与公众互动的社交网络平台。近年有关影响受众和记者在社交媒体互动的成因和结果的研究也越来越引起学者重视。例如一项在美国的两波专门小组研究发现，受众对记者在社交媒体上的期待能够影响受众与记者在推特上的互动。其次，这种互动能够降低受众对新闻报道编辑中存在的偏误的感知。记者在社交媒体上的身份认同，同样会对新闻消费产生影响。一项实验研究分析发现，记者在社交媒体上的身份披露，与受众获取该记者的新闻报道的意愿呈正相关，但和他们对报道公正性的认知却呈反相关。前者的正相关如果加诸记者与受众直接的互动，则会得到更进一步的加强，但也可能被视为中介变量的公正性认知影响，而产生间接的反相关。

ICA 有关社交媒体与新闻的论文的第四类重点是它们与政治人物、政治活动，尤其是选举的互动及对政治理念和行为的影响。社交媒体发展至今已经、正在并将继续改变全球的政治和选举活动。从奥巴马 2008 年总统选举期间，社交媒体开始发力，到他 2012 年成功连任，再到 2016 年新一届的总统选举，这是一个新旧媒体合力主宰的世界。然而，应当指出，我们对社交媒体在其中的实质影响相比我们对传统媒体的了解来得少且粗浅。世界各国的传播学者为此展开了一系列研究。例如有学者认为，当前媒体环境给受众带来了前所未有的巨量的新闻和政治信息，但新闻或信息的供给的增加，并不等同于对其需求的相应增长。事实上的情况可能恰恰相反。新闻和政治信息量的增长会导致主动寻求新闻信息的和主动回避新闻信息的受众之间的信息鸿沟。而这最终又导致扩大受众的知识沟（knowledge gaps）和参与沟（participation gaps）。一项使用四轮长期研究（panel study）的论文考察传统媒体和社交媒体使用在2014年瑞典大选和欧洲议会选举产生的政治参与效果。而英国学者关注的是，在2015年英国大选期间，候选人通过社交媒体对支持者进行动员的效果。作者们将候选人在推特上进行的竞选活动的数据和调查数据相结合，以估计这些社交媒体竞选活动的效果。作者们的假设之一是在候选人竞争激烈的选区，利用社交媒体进行的竞选活动变得更为重要，但其效果仍然取决于投票者个体特质。

至于互联网和社交媒体的使用如何对政治参与和投票行为产生影响，日本学者通过全国性选后调查和推特用户调查断言：2013年日本的参议院选举已经被塑形为“互联网选举”。同样，随着有关社交媒体和选举研究的日益深入，对两者在后进民主国家中的研究也提上日程。例如，学者通过调查与专门小组研究相结合的方法，比较在土耳其近期的总统和国会选举，以及在印度近期的全国选举和省议会选举，网络和社交媒体消息源与传统媒体对于投票行为和选择的影响。

社交媒体与政治传播融合，为政治人物和他们的潜在投票者提供了一个建立对话的可能性。其中一种方式是利用人际传播策略将政治人物包装为一个普通的、亲民的个体。一项在线实验比较政治人物脸书账号上个人活动的状态更新与发布正式的政治性信息对受众的影响发现，前者比后者更能让受众对他们产生积极、正面的评价，且更为密切的准人际交往（parasocial interaction）。受众因而提高对政治人物的信任度，并积极影响他们的投票意愿。

除去以上几类，ICA有一些研究涉及受众的新闻消费，但相比有关新闻生产研究的论文数量来说，并不算多。一个有趣的研究发现指出，受众可以使用脸书作为他们日常新闻源的替代者。调查显示能够让受众产生“消息灵通”的自我感受，是他们使用脸书作为替代新闻源的重要原因。而“认知需求”（Need for Cognition）在这种关联中产生中介作用，即高认知需求在自我感受消息灵通的人士中，会减少他们使用脸书作为替代新闻源的可能。值得注意的是，脸书带给受众的消息灵通的感受，主要依赖于脸书用户个人账号上推送的新闻数量，而非他们实际点阅的新闻数量。从这个意义上说，脸书上的新闻内容更像是一道道“开胃前菜”，而非新闻消费的真正主食。

三、美国新闻与传播学教育的新趋势

除了考察过去一年“两会”中能够反映本领域在国外的研究热点之外，海外尤其是美国近期有关新闻学和传播学教育的现状和趋势也值得在此回顾一下，以便从中得到启示。

根据AEJMC下属的学科认证机构“美国新闻与大众传播院校协会”（ASJMC）就美国各高校新闻与大众传播专业招生数量的调查，新闻学专业连续几年下滑，而策略传播（如公关、广告）却持续增长。这种趋势在2015年的调查中尤为明显①。具体来

① Gotlieb, M. R., McLaughlin, B. & Cummins R. G. (2017). 2015 Survey of journalism and mass communication enrollments: Challenges and opportunities for a changing and diversifying field. *Journalism & Mass Communication Educator*, 72 (2), 139-153.

说，2013年、2014年两次调查显示，全美新闻和大众传播专业本科和硕士在册总学生数比2011—2012学年下跌1.1%，在2012—2013学年下跌2.9%。连续两个学年下滑，这是近20年来的首次。比如密苏里新闻学院近两年专业学生人数曾下降9%；印第安纳大学新闻学院五年里下降20%。而科罗拉多大学的新闻学院更是在几年前关门大吉。相较本科的专业在册人数，硕士生的跌幅更大。2015年最新一轮调查发现，硕士招生数又下跌了0.8%。不过，博士生数量在过去学年度都持续上升，在2011—2012学年和2012—2013学年分别上升了4.2个和4.9个百分点；在2013—2014年基本持平。

比较2013年和2015年两次调查的数据发现，策略传播各专业学生数量已经超过传统新闻专业。策略传播专业的本科生数量增长8.4%，而新闻专业的本科生数量相应下降了9.0%。再从专业细分来看，公共关系专业和广告学专业的学生数分别增长4.4%和3.8%。然而新闻学专业在册本科生人数下降16.3%、新闻编辑及平面媒体专业下降13.9%、广电新闻下跌6.7%。以上趋势显示，相对于美国高校整体招生数的增长态势，新闻专业相对于其他专业来说，是落在后面了。虽然没有足够的数据表明美国新闻教育已开始衰落，但传统新闻业近年来的颓势和就业市场的不景气，必然影响到招生和专业学生保有数。

更为重要的是过去20多年来，美国新闻教育的职能不断转型，从过去单纯的以培养记者为主，逐步扩展到培养能从事多种传播相关职业的传播者。在新闻专业就业不够理想的情况下，广告和公共关系专业规模反而由于就业前景良好而得到持续增长。AEJMC的年度调查发现，事实上每10位新传学生中就有7人是广告或公关专业。“大传播”蓬勃发展的状况也能从非新闻类的传播学的相关领域得到某种印证。最近的美国艺术与科学学院的人文学科指数报告（The American Academy of Arts & Sciences' Humanities Indicators Project）显示，虽然修读各类人文学科专业的本科生人数从2012年至2015年下降了9.5个百分点，归类为人文学科的传播学专业（不包括培养记者的纯新闻学专业，但可以包括策略传播相关专业）的本科学位授予数从1987年到2015年增长了44%；其中从2012年到2015年增长8%；在2015年当年占所有人文学科本科学位授予量的近四分之一（24.4%），成为现今美国所有人文学科中比重最大的专业①。

由此可见，从以培养新闻记者为主到逐步确立“大传播”观念，新闻教育和传播教育相互拓展和交汇。处于新闻业变局和传播业兴盛中，国外传统的新闻院校正面临着挑战与机遇并存的新时代。这种发展大传播以及大学传媒素养教育（media literacy）的趋势，对于中国快速增长的新闻传播学院来说，也具有一定的借鉴意义。

（作者感谢美国南卡罗来纳大学新闻与大众传播学院的博士学生朱毅成在收集和整理资料上所提供的帮助。）

撰稿：韩纲（美国爱荷华州立大学新闻与传播学院副教授）
魏然（美国南卡罗来纳大学新闻与大众传播学院新闻学讲座教授、上海交通大学媒体与设计学院长江讲座教授）

① https://www.natcom.org/sites/default/files/publications/NCA_ Spectra_ 2017_ September.pdf.

国际新闻与传播学主流期刊2016年热点扫描

为了对2016年国际新闻传播学界的主要研究热点有一个基本了解，本刊收录并翻译了目前居于影响因子前四位的国际新闻与传播学期刊所刊登的学术论文标题（不包括书评和编辑评论），并选登了部分论文的内容提要和关键词。四本期刊包括《传播学刊》（*Journal of Communication*）、《语言与社会互动研究》（*Research on Language and Social Interaction*）、《传播理论》（*Communication Theory*）和《新媒体与社会》（*New Media and Society*）。

2016年，四本期刊发表文章的议题广泛，跨学科性强。发表论文涉及的内容包括政治传播、跨文化传播、国际/全球传播、健康传播、公共传播（PR）、人际传播、科学传播、组织传播、信息与传播技术、性别研究、发展传播、新闻学研究、大众传播、传播素养等领域。据相关网站资料统计，《传播学刊》全年共发表学术论文48篇，其中信息与传播技术类（ICTs）10篇，新闻学7篇，大众传播4篇，居于前三位。《语言与社会互动研究》全年共发表发表学术论文18篇，其中健康传播类5篇，居于第一位。《传播理论》全年共发表论文24篇，其中信息与传播技术类论文5篇，居于第一位。《新媒体与社会》全年共发表文章18篇，主要是新媒体与跨文化传播相关文章。

一、期刊目录摘译

《传播学刊》（*Journal of Communication*）2016年学术论文目录①

序号	论文题目	论文题目中文翻译	作者	卷	期数
1	Communication and the Good Life: Why and How Our Discipline Should Make a Difference	传播与质量生活：该领域发展变革的原因和途径	Peter Vorderer	66	1
2	Film the Police! Cop-Watching and Its Embodied Narratives	观影警察：警察观察与体现性叙事	Mary Angela Bock	66	1
3	Television and Globalization: The TV Content Global Value Chain	电视与全球化：电视内容的全球价值链	Jean K. Chalaby	66	1
4	The Role of Public Relations in Deliberative Systems	协商系统中公共关系的角色	Lee Edwards	66	1
5	Improving Health in Low-Income Communities with Group Texting	利用群组短信提升低收入群体的健康途径	Amy L. Gonzales	66	1

① 摘自《传播学刊》官方网站。

续表

序号	论文题目	论文题目中文翻译	作者	卷	期数
6	Understanding Innovations in Journalistic Practice: A Field Experiment Examining Motivations for Fact-Checking	理解新闻实践中的创新：真相查询中的动机实验探究	Lucas Graves, Brendan Nyhan and Jason Reifler	66	1
7	Understanding Journalism through a Nuanced Deconstruction of Temporal Layers in News Narratives	理解新闻：新闻叙事的微解构	Motti Neiger and Keren Tenenboim-Weinblatt	66	1
8	How Do Global Audiences Take Shape? The Role of Institutions and Culture in Patterns of Web Use	全球观众如何形成？网络使用模式中机构与文化的角色探究	Harsh Taneja and James G. Webster	66	1
9	A Meta-Analysis of Pornography Consumption and Actual Acts of Sexual Aggression in General Population Studies	一般人群的色情消费与色情侵略行为研究	Paul J. Wright, Robert S. Tokunaga and Ashley Kraus	66	1
10	Informed Citizenship in a Media-Centric Way of Life	媒介中心化生活方式下的被告知民众	Maria E. Grabe and Jessica G. Myrick	66	2
11	Toward Meaningful Connectivity: Using Multilevel Communication Research to Reframe Digital Inequality	有意义的联结：数字化不平等的多层次传播研究	Vikki S. Katz and Carmen Gonzalez	66	2
12	Conceptualizing Change in Communication through Metaphor	修辞传播中变革的概念化	Christian Burgers	66	2
13	Taking Time Seriously? Theorizing and Researching Change in Communication and Media Studies	传播与媒介研究中的理论层面变化发展	James Stanyer and Sabina Mihelj	66	2
14	Staying Ahead of the Digital Tsunami: The Contributions of an Organizational Communication Approach to Journalism in the Information Age	数字化海啸之前：机构传播方法在信息时代对新闻业的贡献	Sandra K. Evans	66	2
15	Leveraging Social Network Analysis for Research on Journalism in the Information Age	信息化时代下新闻业的社会网络分析	J. Sophia Fu	66	2

续表

序号	论文题目	论文题目中文翻译	作者	卷	期数
16	Should We Be Charlie? A Deliberative Take on Religion and Secularism in Mediated Public Spheres	我们应该成为查立吗？媒介公共空间中的宗教与现世主义	Hartmut Wessler, Eike Mark Rinke and Charlotte Löb	66	2
17	Both Sides of the Story: Communication Ethics in Mediatized Worlds	故事的两面性：媒介化世界中的传播道德	Tobias Eberwein and Colin Porlezza	66	2
18	The Social News Gap: How News Reading and News Sharing Diverge	社会新闻鸿沟：新闻阅读与新闻分享的断层	Jonathan Bright	66	3
19	The Persuasive Force of Political Humor	政治幽默的劝服力	Beth Innocenti and Elizabeth Miller	66	3
20	Entertainment and Expanding Boundaries of the Self: Relief from the Constraints of the Everyday	娱乐与自我扩大界限：每日束缚的放松研究	Benjamin K. Johnson, Michael D. Slater, Nathaniel A. Silver and David R. Ewoldsen	66	3
21	The Communicative Accomplishment of Collaboration Failure	合作失败的传播成果	Matthew A. Koschmann	66	3
22	Predictive Validity of an Empirical Approach for Selecting Promising Message Topics: A Randomized-Controlled Study	信息标题选择的预测准确性：基于随机控制的经验研究	Stella Juhyun Lee, Emily Brennan, Laura Anne Gibson, Andy S. L. Tan, Ani Kybert-Momjian, Jiaying Liu and Robert Hornik	66	3
23	Media Ethics Theorizing, Reoriented: A Shift in Focus for Individual-Level Analyses	媒介道德的理论化导向：个人层面的分析	Patrick Lee Plaisance	66	3
24	"How Negative Becomes Less Negative": Understanding the Effects of Comment Valence and Response Sidedness in Social Media	负面如何变得不负面：社交媒体中的评论特征与反馈方向	Hyejoon Rim and Doori Song	66	3
25	Information and Arena: The Dual Function of the News Media for Political Elites	信息与地域：政治精英的新闻媒体双重功效	Peter Van Aelst and Stefaan Walgrave	66	3

续表

序号	论文题目	论文题目中文翻译	作者	卷	期数
26	Audiences and Disasters: Analyses of Media Diaries before and after an Earthquake and a Massive Fire	受众与灾害:地震与大火前后的媒介日记分析	Teresa Correa, Andrés Scherman and Arturo Arriagada	66	4
27	Social Pressure on Social Media: Using Facebook Status Updates to Increase Voter Turnout	社交媒体中的社会压力:关于 Facebook 状态更新以增加投票人数的研究	Katherine Haenschen	66	4
28	Sexy, Strong, and Secondary: A Content Analysis of Female Characters in Video Games across 31 Years	性别、力量与次级:31 年来视频游戏中的女性特殊	Teresa Lynch, Jessica E. Tompkins, Irene I. van Driel and Niki Fritz	66	4
29	There are No Old Media	媒介不会过时	Simone Natale	66	4
30	Reliance on Direct and Mediated Contact and Public Policies Supporting Outgroup Harm	直接媒介化交流与公共政策对支持圈伤害的依赖性研究	Muniba Saleem, Grace S. Yang and Srividya Ramasubramanian	66	4
31	The Impact of Sound-Bite Journalism on Public Argument	公开辩论中的新闻原声影响研究	Eike Mark Rinke	66	4
32	When Arabs and Jews Watch TV Together: The Joint Effect of the Content and Context of Communication on Reducing Prejudice	当阿拉伯人与犹太人一起看电视:内容与情景在减少偏见中的交合作用	Nurit Tal-Or and Yariv Tsfati	66	4
33	Selective Use of News Cues: A Multiple-Motive Perspective on Information Selection in Social Media Environments	新闻暗示的选择性使用:社交媒体环境下信息选择的多目的性	Stephan Winter, Miriam J. Metzger and Andrew J. Flanagin	66	4
34	Effects of Cultural Tailoring on Persuasion in Cancer Communication: A Meta-Analysis	癌症传播的中观分析:劝服的文化量裁作用	Yan Huang and Fuyuan Shen	66	4
35	Implicit and Explicit Attitudes as Predictors of Gatekeeping, Selective Exposure, and News Sharing: Testing a General Model of Media-Related Selection	守门人、选择性浸入与新闻分享的已知和未知态度:媒介相关性选择的一般模型验证	Florian Arendt, Nina Steindl and Anna Kümpel	66	5

续表

序号	论文题目	论文题目中文翻译	作者	卷	期数
36	More than Shoot-Em-Up and Torture Porn: Reflective Appropriation and Meaning-Making of Violent Media Content	凶杀与色情之外:暴力媒介内容的反思式使用与意义产生	Anne Bartsch, Marie-Louise Mares, Sebastian Scherr, Andrea Kloß, Johanna Keppeler and Lone Posthumus	66	5
37	Rebuilding Babel: A Constitutive Approach to Tongues-in-Use	重建《巴别塔》:方言使用的建构性视角	Nicolas Bencherki, Frédérik Matte and émilie Pelletier	66	5
38	Amartya Sen's Capabilities Approach and Communication for Development and Social Change	阿马亚·森的能力途径与为了发展与社会变革的传播	Thomas L. Jacobson	66	5
39	Poles Apart: The Processing and Consequences of Mixed Media Stereotypes of Older Workers	两极分化:对于老年工人交互媒介刻板印象的过程与后果研究	Anne C. Kroon, Martine van Selm, Claartje L. ter Hoeven and Rens Vliegenthart	66	5
40	Microcoordination 2.0: Social Coordination in the Age of Smartphones and Messaging Apps	微协作 2.0:智能手机与信息 APP 时代中的社会协作	Rich Ling and Chih-Hui Lai	66	5
41	Explaining the Formation of Online News Startups in France and the United States: A Field Analysis	法国与美国的网上新闻公司的形成:一个现场的分析	Matthew Powers and Sandra Vera Zambrano	66	5
42	Applying the Gateway Belief Model to Genetically Modified Food Perceptions: New Insights and Additional Questions	门槛信仰模型对于食物觉察力的影响:新观察与新问题	Graham Dixon	66	6
43	Should Altruism, Solidarity, or Reciprocity be Used as Prosocial Appeals? Contrasting Conceptions of Members of the General Public and Medical Professionals Regarding Promoting Organ Donation	利他主义、凝聚力、互惠性可否用于亲社会诉求?针对器官捐献问题上社会大众与医疗人员的不同看法	Nurit Guttman, Gil Siegal, Naama Appel and Gitit Bar-On	66	6

续表

序号	论文题目	论文题目中文翻译	作者	卷	期数
44	Harmonious Contact: Stories about Intergroup Musical Collaboration Improve Intergroup Attitudes	和谐交流:群际音乐合作提升群际态度的故事	Jake Harwood, Farah Qadar and Chien-Yu Chen	66	6
45	The Appearance of Accountability: Communication Technologies and Power Asymmetries in Humanitarian Aid and Disaster Recovery	义务性的表现:人道主义救援与灾难发现中的传播技术与权利不对等	Mirca Madianou, Jonathan Corpus Ong, Liezel Longboan and Jayeel S. Cornelio	66	6
46	Linking Network Structure to Support Messages: Effects of Brokerage and Closure on Received Social Support	网络结构与支援信息:佣金与关闭对于所接受社会支持的影响	Jingbo Meng, Minwoong Chung and Jeffrey Cox	66	6
47	A Bad Workman Blames His Tweets: The Consequences of Citizens' Uncivil Twitter Use When Interacting with Party Candidates	怨天尤人:公众与党派候选人交流中的非文明 Twitter 使用后果	Yannis Theocharis, Pablo Barberá, Zoltán Fazekas, Sebastian Adrian Popa and Olivier Parnet	66	6
48	I Saw You in the News: Mediated and Direct Intergroup Contact Improve Outgroup Attitudes	"我在新闻里看到了你":间接与直接的群际交流对提升群外态度的研究	Magdalena Wojcieszak and Rachid Azrout	66	6

《语言与社会互动研究》(*Research on Language and Social Interaction*) 2016 年学术论文目录①

序号	论文题目	论文题目中文翻译	作者	卷	期数
1	The Body as a Resource for Other-Initiation of Repair: Cupping the Hand Behind the Ear	作为身体根源的他者性纠正:洗耳恭听	Kristian Mortensen	49	1
2	How Doctors Manage Consulting Computer Records While Interacting with Patients	医生如何在与病人交流的同时参考电脑报告	Søren Beck Nielsen	49	1

① 摘自《语言与社会互动研究》官方网站。

续表

序号	论文题目	论文题目中文翻译	作者	卷	期数
3	GIFs as Embodied Enactments in Text-Mediated Conversation	文本对话中 GIFs 的体现性创立	Jackson Tolins and Patrawat Samermit	49	2
4	On Displaying Empathy: Dilemma, Category, and Experience	关于怜悯的呈现：困境、类别和经验	Satomi Kuroshima and Natsuho Iwata	49	2
5	Aphasia and Open Format Other-Initiation of Repair: Solving Complex Trouble in Conversation	失语症与开放性他者修复：解决对话中的复杂问题	Scott Barnes	49	2
6	How Speakers of Different Languages Extend Their Turns: Word Linking and Glottalization in French and German	不同语言的讲者如何扩展转折：法语和德语中的语言连接和全球化	Beatrice Szczepek Reed and Rasmus Persson	49	2
7	Proposals for Activity Collaboration	行动合作议题	Tanya Stivers and Jack Sidnell	49	2
8	When Claims of Understanding are Less Than Affiliative	当理解声称不具亲和力时	Ann Weatherall and Leelo Keevallik	49	3
9	Grammar and Epistemic Positioning: When Assessment Rules	评估体系下的语法和认识情境	Catrin S. Rhys	49	3
10	The Use of Directives to Repair Embodied (Mis) Understandings in Interactions with Individuals Diagnosed with Frontotemporal Dementia	与额颞叶痴呆患者互动中的官方指示策略：修复情境化的理解与误解	Lisa Mikesell	49	3
11	A Relevance Rule Organizing Responsive Behavior During One Type of Institutional Extended Telling	机构性拓展讲述中组织反应行为的相关规则	Anri Zama and Jeffrey D. Robinson	49	3
12	Responding to What is Left Implicit: Psychotherapists' Formulations and Understanding Checks after Clients'Turn-Final Ett? (" That/So")	关于"剩下的是什么"的心照不宣：精神医疗师的构想与理解检查	Aino Koivisto and Liisa Voutilainen	49	3

续表

序号	论文题目	论文题目中文翻译	作者	卷	期数
13	Keeping "Small Talk" Small in Health-Care Encounters: Negotiating the Boundaries between On- and Off-Task Talk	健康护理中的闲谈:任务与非任务谈话中的边界	Bethan Benwell and May McCreaddie	49	3
14	Imperative Directives: Orientations to Accountability	命令指令:责任性指向	Alexandra Kent and Kobin H. Kendrick	49	3
15	Orienting to Emotion in Computer-Mediated Cognitive Behavioral Therapy	电脑中介式认知行为疗法:以情感为导向	Stuart Ekberg, Alison R. G. Shaw, David S. Kessler, Alice Malpass and Rebecca K. Barnes	49	4
16	Practices of Organizing Built Space in Videoconference-Mediated Interactions	视频会议互动中的组建空间实践	Johan Hjulstad	49	4
17	Embedded Reference: Translocating Gestures in Video-Mediated Interaction	浸入式参考:视频交互中的姿势改变	Paul Luff, Christian Heath, Naomi Yamashita, Hideaki Kuzuoka and Marina Jirotka	49	4
18	Providing Epistemic Support for Assessments through Mobile-Supported Sharing Activities	评估的认知支持:以手机分享活动为例	Joshua Raclaw, Jessica S. Robles and Stephen M. DiDomenico	49	4

《传播理论》(*Communication Theory*)2016 年学术论文目录①

序号	论文题目	论文题目中文翻译	作者	卷	期数
1	Ethical Frameworks and Ethical Modalities: Theorizing Communication and Citizenship in a Fluid World	种族框架和种族形态:在流动的社会中理论化传播和公民	Ashley Hinck	26	1
2	Moral Discourse without Foundations: Habermas and MacIntyre on Rational Choice	无根基的道德话语:哈贝马斯和麦金泰尔的理性选择	Jason Hannan	26	1

① 摘自《传播理论》官方网站。

续表

序号	论文题目	论文题目中文翻译	作者	卷	期数
3	Beyond Problem Solving: Reconceptualizing the Work of Public Deliberation as Deliberative Inquiry	超越解决问题:将公共协商工作重新概念化为协商调查	Martín Carcasson and Leah Sprain	26	1
4	Crisis of Command: Theorizing Value in New Media	指挥的危机:理论化新媒介中的价值	Brett Caraway	26	1
5	Beyond "Roaring Like Lions": Comadrismo, Counternarratives, and the Construction of a Latin American Transnational Subjectivity of Feminism	超越"狮吼":互信,反叙事,建立拉丁美洲女性主义的主体性	Teresa Maria and Linda Scholz	26	1
6	Critical Regionalism and the Policies of Place: Revisiting Localism for the Digital Age	批判的地区主义和地方政策:数字时代对地区主义的重新思考	Christopher Ali	26	2
7	Connection Cues: Activating the Norms and Habits of Social Connectedness	连接线索:激活社会联系的规范和习惯	Joseph B. Bayer, Scott W. Campbell and Rich Ling	26	2
8	Feminist Dilemmatic Theorizing: New Materialism in Communication Studies	女性主义的困境理论:传播学中的新唯物主义	Kate Lockwood Harris	26	2
9	Disidentifications Revisited: Queer(y)ing Intercultural Communication Theory	反认同重访:酷儿跨文化传播理论	Shinsuke Eguchi and Godfried Asante	26	2
10	Beyond the Individualism-Collectivism Divide to Relationalism: Explicating Cultural Assumptions in the Concept of "Relationships"	超越个人主义—集体主义对关系主义的分歧:在"关系"的概念中解释文化假设	R. S. Zaharna	26	2
11	Communication in the Fan of Disciplines	在学科领域粉丝中的交流	Barbie Zelizer	26	3
12	Communicating with Objects: Ontology, Object-Orientations, and the Politics of Communication	与对象的沟通:本体、受众导向和传播政治	Brenton J. Malin	26	3
13	Who is Talking? Some Remarks on Nonhuman Agency in Communication	说话的是谁?关于传播中非人类机构作用的评论	Till Jansen	26	3

续表

序号	论文题目	论文题目中文翻译	作者	卷	期数
14	"I Says to Myself, Says I": Charles Sanders Peirce on the Components of Dialogue	自我对话与对话自我:查尔斯·桑德斯·皮尔斯在对话的组成部分	Nathan Crick and Graham D. Bodie	26	3
15	Does it Matter Where You Read? Situating Narrative in Physical Environment	你在哪里读书重要么? 物理环境中的叙事	Anežka Kuzmičová	26	3
16	Curated Flows: A Framework for Mapping Media Exposure in the Digital Age	编排流:在数字时代图绘媒体呈现的框架	Kjerstin Thorson and Chris Wells	26	3
17	Aristotelian Casuistry: Getting into the Thick of Global Media Ethics	亚里士多德式诡辩:进入全球媒体道德的厚重	Sandra L. Borden	26	3
18	Metajournalistic Discourse and the Meanings of Journalism: Definitional Control, Boundary Work, and Legitimation	元新闻话语和新闻的意义:定义控制、边界工作和合法化	Matt Carlson	26	4
19	Changing Power of Journalism: The Two Phases of Mediatization	新闻工作的变革力量:媒介化的两个阶段	Risto Kunelius, Esa Reunanen	26	4
20	How Technology Encourages Political Selective Exposure	科技如何促进政治的选择性呈现	Ivan B. Dylko	26	4
21	Figurative Framing: Shaping Public Discourse through Metaphor, Hyperbole, and Irony	修辞框架:通过比喻、夸张和反讽来塑造公共话语	Christian Burgers, Elly A. Konijn and Gerard J. Steen	26	4
22	Unveiling the Biographies of Media: On the Role of Narratives, Anecdotes, and Storytelling in the Construction of New Media's Histories	揭开媒体的传记:叙事、轶事和讲故事的角色在构建新媒介历史中的作用	Simone Natale	26	4
23	The Sphere, the Screen, and the Square: "Locating" Occupy in the Public Sphere	领域、屏幕和广场:"确定位置"占据公共空间	Billie Murray	26	4
24	Extended Narrative Empathy: Poly-Narratives and the Practice of Open Defecation	延伸叙事移情:多角度叙事和随地大小便	Robin Patric Clair, Rahul Rastogi, Ernest R. Blatchley III, Rosalee A. Clawson, Charlotte Erdmann and Seungyoon Lee	26	4

《新媒体与社会》（*New Media and Society*）2016 年学术论文目录①

序号	论文题目	论文题目翻译	作者	卷	期数
1	Issue-oriented Hackathons as Material Participation	以问题为导向的黑客马拉松作为物质参与	Thomas James Lodato and Carl DiSalvo	18	4
2	Legacies of Craft and the Centrality of Failure in a Mother-operated Hackerspace	手工工艺遗产与母亲创客空间失败的集中性	Daniela K. Rosner and Sarah E Fox	18	4
3	Civic Hacking as Data Activism and Advocacy: A History from Publicity to Open Government Data	公民黑客作为数据行动和倡导:从宣传到公开政府数据的历史	Andrew R. Schrock	18	4
4	Hacking in the Public Interest: Authority, Legitimacy, Means, and Ends	公共利益的黑客行为:权威、合法性、手段和目的	Alison Powell	18	4
5	Mobile Technology Appropriation in a Distant Mirror: Baroquization, Creolization, and Cannibalism	移动技术在远处镜子中的挪用:巴洛克化,克里奥尔化,同类相食	François Bar, Matthew S. Weber, and Francis Pisani	18	4
6	Infrastructural Action in Vietnam: Inverting the Techno-politics of Hacking in the Global South	越南基础设施行动:在全球南方的黑客技术政治颠覆	Lilly U. Nguyen	18	4
7	Pre-hacked: Open Design and the Democratisation of Product Development	预先入侵:开放设计和产品开发的民主化	Mark Richardson	18	4
8	How the Web was Told: Continuity and Change in the Founding Fathers' Narratives on the Origins of the World Wide Web	网络如何被讲述:万维网之父对万维网创立的叙述中的连贯性和多变性	Paolo Bory, Eleonora Benecchi, and Gabriele Balbi	18	7
9	The Cybercultural Moment and the New Media Field	网络文化时刻和新媒体领域	Michael Stevenson	18	7
10	What does the Web Remember of Its Deleted Past? An Archival Reconstruction of the Former Yugoslav Top-level Domain	互联网记住了它过去删除的什么？一个前南斯拉夫顶级域名的档案重建	Anat Ben-David	18	7

① 摘自《新媒体与社会》官方网站。

续表

序号	论文题目	论文题目中文翻译	作者	卷	期数
11	This is the Future:A Reconstruction of the UK Business Web Space (1996 – 2001)	这就是未来:对英国商业网站空间的重建(1996—2001)	Marta Musso and Francesco Merletti	18	7
12	The "Web of Pros" in the 1990s: The Professional Acclimation of the World Wide Web in France	1990年代互联网的优势:万维网在法国的专业环境适应	Valérie Schafer and Benjamin G. Thierry	18	7
13	The Net as a Knowledge Machine: How the Internet Became Embedded in Research	网络作为知识机器:互联网如何嵌入研究	Eric T. Meyer and Ralph Schroeder, Josh Cowls	18	7
14	Mediated Sense of Place:Effects of Mediation and Mobility on the Place Perception of German Professionals in Singapore	媒介化的地域感:媒介化和移动性对于在新加坡的德国职业人的地域感知效果	Tabea Bork-Hüffer	18	10
15	"If You are a Foreigner in a Foreign Country, You Stick Together": Technologically Mediated Communication and Acculturation of Migrant Students	"异乡异客的互相支持":技术传播和移民学生的文化适应	Sun Sun Lim and Becky Pham	18	10
16	Mediated Recognition:The Role of Facebook in Identity and Social Formations of Filipino Transnationals in Indian Cities	媒介化认同:脸书在生活于印度城市中的跨国菲律宾人的认同和社会形成中的角色	Jozon A. Lorenzana	18	10
17	Renegotiating Migration Experiences: Indonesian Domestic Workers in Singapore and Use of Information Communication Technologies	重新协商流动经验:信息传播技术的使用和新加坡的印尼家政工	Maria Platt, Brenda S. A. Yeoh, Kristel Anne Acedera, Khoo Choon Yen, Grace Baey and Theodora Lam	18	10
18	Immigration and Social Capital in a Korean-American Women's Online Community:Supporting Acculturation, Cultural Pluralism, and Transnationalism	移民和韩裔美国妇女在线社区中的文化资本:文化同化支持,文化多元主义和跨国主义	Joong-Hwan Oh	18	10

二、期刊论文摘要选登

传播与质量生活：该领域发展变革的原因和途径

摘要：着眼于通信技术的最新发展，该文探讨了传播学能否就什么是“质量生活”这个问题给出答案。文章首先假设人类的大部分努力出于三种基本需求：互联网在线、与他人建立联系和发展的无时无刻性。新技术的发展能够满足人类这些需求。文中提出，使用电子媒体的新方式不光满足了人类的需求，也对人类社会发展提出了挑战。因此，传播学学者应当关注急待解决的社会问题，包括如何胜任对新技术的管理等。文章在最后还提出了加强跨学科、跨国界合作的观点。

关键词：新技术，媒介使用，质量生活，跨学科与国际学界

作者：Peter Vorderer，［德国］曼海姆大学媒介与传播学系、上海交通大学媒体与设计学院

原载：《传播学刊》（*Journal of Communication*）2016 年第 1 期，p. 1

有意义的联结：数字化不平等的多层次传播研究

摘要：数字化不平等，或者说对于互联网及技术相关的不平等使用权，从互联网进入大众文化开始就受到传播学者的广泛关注。数字化与更广泛的社会不平等提醒我们可以做有意义的数字化联结——通过技术手段的使用来促使技术与信息资源服务于日常生活需求，从而赋权居于弱势地位的个人、家庭和社群。文章对传播研究中的技术介入与其产生的后果进行了总体梳理。在此基础上，我们解释了为什么以个人、家庭和社群影响为基础的多层研究是推进数字化不平等研究的最好路径。

关键词：数字化不平等，有意义的数字联结，社会不平等，技术采纳，多层研究

作者：Vikki S. Katz，［美国］罗格斯大学传播学院；Carmen Gonzalez，［美国］华盛顿大学（西雅图）传播学院

原载：《传播学刊》（*Journal of Communication*）2016 年第 2 期，p. 236

社会新闻鸿沟：新闻阅读与新闻分享的断层

摘要：该文旨在解释社交媒体上新闻共享模式的变化。文章认为新闻编辑拥有相当大的权力，他们通过使用“故事重要性线索”来影响社交媒体上的议题，但在某些新闻报道领域（如与犯罪和灾害有关的报道），这种权力并不适用。这凸显了社会“新闻鸿沟”的存在，即社交媒体能够滤除某些类型的新闻、制造明显区别于传统媒体的社交媒体新闻议题。文中的讨论表明，这一现象能够影响人们对犯罪的看法以及对政治的参与；甚至可能对新闻媒体小报化趋势形成一定程度的逆转。

关键词：社交媒体，新闻，新闻分享，新闻差异，社交网络

作者：Jonathan Bright，［英国］牛津大学互联网研究中心

原载：《传播学刊》（*Journal of Communication*）2016 年第 3 期，p. 343

受众与灾害：地震与大火前后的媒介日记分析

摘要：随着两场灾难的发生，智利 36 名成年人的媒体日记被收集起来：北部海岸地震和 11 天后瓦尔帕莱索发生的火灾。从受众接受理论的角度看，两起事件为我们比较人们的媒体的参与以及媒介灾难反应提供了一个独特的机会。通过对文本语言和计算机语言的分析补充，研究发现，受众的不同反应与灾难的相关类型和接近性有关。在地震频发地区，人们对地震的报道展现出更多理性分析，对于大火的报到则展现更多情绪化反应。同时，接近性

在大火中扮演了预期角色，但在地震中却没有，这说明受众对媒体事件的参与度取决于其所在的具体情境和具体的灾害类型。

关键词：受众，灾害，媒介日记，语言探索与字词计算，文本分析，信息搜寻

作者：Teresa Correa，［智利］迭戈波特尔斯大学新闻学院；Andrés Scherman，［智利］迭戈波特尔斯大学新闻学院；Arturo Arriagada，［智利］阿道夫·伊班奈兹大学商学院

原载：《传播学刊》（*Journal of Communication*）2016 年第 4 期，p. 519

社交媒体中的社会压力：关于 Facebook 状态更新以增加投票人数的研究

摘要：通过对线上提醒选民投票现象的研究，文章发现互联网的广泛使用为提高民众的政治参与度提供了可能性。该研究共进行了三项实验，实验组成员通过 Facebook 的状态更新对其网络关注者进行投票动员。依托 Facebook 的技术支持，实验组成员可以发现其关注者在过去是否参与了选举投票情况。结果显示，Facebook 网络动员产出的投票率大大高于面对面动员方式通常产生的投票率。调查结果表明数字化媒体可能大大提升公民的政治参与度，同时文章也探讨了人们担忧日益数字化的网络社会可能对民主造成损害。

关键词：数字媒体，社交网络，Facebook，政治参与，投票行为

作者：Katherine Haenschen，［美国］德克萨斯州大学奥斯汀分校广播电视电影学院

原载：《传播学刊》（*Journal of Communication*）2016 年第 4 期，p. 542

媒介不会过时

摘要：尽管“旧媒体”一词在学术及通俗刊物中无处不在，探究其概念内涵和影响的尝试却相对较少。该文以媒体与传播学研究中的理论争论为背景讨论了这一概念。将“旧媒体”定义为人工制品、技术，或依据其社会用途做出的定义均存在问题，因为媒体总在不断变化，它抗拒与其历史相关的明确定义。因此，该文提出将新媒体视为一种关系上的概念：它不是将媒体定性为某种属性，而是有关人们如何看待和想象新媒体。话语、日常经验以及情感才是重新定义“旧媒体”的关键依据和背景。

关键词：旧媒体，新媒体，技术，物质性，社会使用，修辞，生活经验，情感，思乡，媒体变化

作者：Simone Natale，［英国］罗浮堡大学社会科学学院

原载：《传播学刊》（*Journal of Communication*）2016 年第 4 期，p. 585

新闻暗示的选择性使用：社交媒体环境下信息选择的多目的性

摘要：该文探究了社交媒体环境下，信息和社会线索的选择性接触对于政治信息的影响。根据启发—系统模型，我们假定读者对于个别暗示的选择性思考是由情境动机决定。在一项参与人数为 137 人的实验中，具有强烈动机目标（包括正确性动机、防御动机、印象动机，以及一个实验对照组）的参与者被要求进行信息搜寻。研究发现，相比较与自己态度不一致的信息，参与者更喜欢与自己态度一致或者中立性的信息。同时，他们也更喜欢被高度推荐的文章。具有防御动机的参与者展现出更强的确认偏见，而印象动机则会放大社会推荐这一因素的影响。这些发现指出了个人在信息选择中出现的褊狭、开放以及各种社会模式是由不同的境况决定。

关键词：选择性使用，线上新闻，社交媒体，社会推荐，启发—系统模型

作者：Stephan Winter，［德国］杜伊斯堡—埃森大学社会心理、媒介与传播学

院；Miriam J. Metzger，［美国］加利福尼亚大学圣巴巴拉分校传播学院；Andrew J. Flanagin，［美国］加利福尼亚大学圣巴巴拉分校传播学院

原载：《传播学刊》（*Journal of Communication*）2016 年第 4 期，p. 669

微协作 2.0：智能手机与信息 APP 时代中的社会协作

摘要：该文研究了移动手机信息应用如何改变人们微协作的方式。该研究是基于作者在新加坡和中国台湾对年轻人进行的五个焦点小组访问。最初，微协作通常被认为是使用社交网络或移动语音通话用进行广泛沟通。后来，越来越多的沟通交流开始使用允许多面交流的手机信息 APP，因为它有助于任务小组的沟通。通常情况下，沟通小组容易成立但难以管理。通过研究手机信息应用，文章推进了对微协作的理解。具体来讲，微协作是工具性和表达性相交互的过程，包括信息小组的功能运作、社会基群的伴随式交流以及文化资讯的群体协作。

关键词：信息应用，手机传播，智能手机，微协作，小组互动

作者：Rich Ling，［新加坡］南洋理工大学信息与传播学院；Chih-Hui Lai，［新加坡］南洋理工大学信息与传播学院

原载：《传播学刊》（*Journal of Communication*）2016 年第 5 期，p. 834

利他主义、凝聚力、互惠性可否用于亲社会诉求？针对器官捐献问题社会大众与医疗人员的不同看法

摘要：在器官捐献这个话题上，用道德诉诸利他主义来影响人们的亲社会行为是一种常见的手段，但传播者可能会忽视利他主义的概念在不同人群、文化和学者之间的差异。在器官捐献的问题上，利他主义作为主要诉求存在一定的争议，有人建议用社会凝聚力和互惠精神替代利他主义作为亲社会的诉求手段。该定性研究探讨了来自以色列的不同群体（29 个焦点小组）以及 140 位医疗专业人员对于器官捐献中使用这三种道德诉求是否恰当的看法。分析提出，在应用利他主义这样的限制性概念时，截然相反的概念体系可能会带来潜在的非预期效应。研究也提出当引入凝聚力和互惠性作为受主观价值影响的亲社会诉求时，人们在沟通层面可能面临的挑战。

关键词：利他主义，器官捐献，凝聚力，互惠性，亲社会价值，传播伦理，健康传播，劝服

作者：Nurit Guttman，［以色列］特拉维夫大学传播学院；Gil Siegal，［以色列］生物伦理学与健康法律中心奥诺学术学院；Naama Appel，［以色列］特拉维夫大学传播学院；Gitit Bar-On，［以色列］生物伦理学与健康法律中心奥诺学术学院

原载：《传播学刊》（*Journal of Communication*）2016 年第 6 期，p. 909

医生如何在与病人交流的同时参考电脑报告

摘要：一般来讲，医生如何在与病人交流的同时在电脑上查找他们的病例信息？根据 52 份在丹麦自然情况下录制的病情咨询录音，我们发现医生有以下几种转向电脑的情况：（1）不提供任何解释；（2）伴随着一个要阅读电脑信息的清晰解释；（3）伴随着提问病人一个问题，这个问题往往暗示了他们在电脑上想搜寻的内容。带有明确解释的这种情况常常会使医生停止与病人的话语交流，而暗示性的问题往往意味着医生在电脑上寻找信息，同时又保持着与病人的交流。数据以丹麦语呈现，带有英文翻译。

作者：Søren Beck Nielsen，［德国］哥本哈根大学北欧研究和语言学院

原载：《语言与社会互动研究》（*Research on Language and Social Interaction*）2016 年第 1 期，p. 58

健康护理中的闲谈：任务与非任务谈话中的边界

摘要：健康护理交流中经常包含了社交的、关系的、闲谈的以及“非任务性”的片段交流，这与机构性的商业会面有很大的不同。该文分析了来自苏格兰医院的外科手术前评估环节的数据，以期研究“任务性”与“非任务性”交流之间的转换。在大部分的实例中，社交和医疗性的对话转换是常规性和无困难的，而且护士与病人都倾向于“非任务性”交流的界限界定。但是，在极少数情况下，病人的社交性谈话会发展成个人倾诉和困难阐释，从而有可能打断机构治疗计划，或者使结束“非任务性”交流成为一个难题。数据使用了大不列颠英语进行展示。

作者：Bethan Benwell，［英国］斯特灵大学英语研究学系；May McCreaddie，［英国］斯特灵大学健康科学学院

原载：《语言与社会互动研究》（*Research on Language and Social Interaction*）2016 年第 3 期，p. 258

批判的地区主义和地方政策：数字时代对地区主义的重新思考

摘要：地区广播正处于西方媒体系统转变的十字路口。尽管监管机构努力应对随之而来的挑战，但如何定义“地区”仍然是当地媒体监管话语中存在的持续论争。由于无法解决这个问题，在监管讨论范围内的社区和利益团体之间出现了人为的二元对立。更大的认识论问题仍未被理论化：我们如何才能以一种富有成效的方式来思考这些问题，而不是将它们简化为一种人为的空间与社会的二分法？通过使用美国、英国和加拿大的实际案例，作者认为新马克思主义批判的地区主义理论是解决这个问题的有用框架。

关键词：地区主义，地区电视，批判的区域主义，媒介政策，媒体管理，英国通信管理局，加拿大广播电视和通讯委员会，美国联邦通讯委员会

作者：Christopher Ali，［美国］弗吉尼亚大学媒介研究系

原载：《传播学理论》（*Communication Theory*）2016 年第 2 期，p. 106

新闻工作的变革力量：媒介化的两个阶段

摘要：目前关于媒介化的概念化，特别是政治媒介化，在很大程度上源于大众媒体时代的想象。该文探讨了这种概念化在当代较为弥散的媒体环境中的有效性。我们正在进入媒介化的一个新阶段，作为媒体核心机构的新闻工作人员与媒介化的效果相互竞争日益激烈。在综合讨论媒介化和“新闻工作的危机”的基础上，该研究基于系统理论的途径将媒介化理解成为一个过程。在这个过程中，有关“公众的注意”的建构改变了媒介化协调机构行动的角色，从而帮助认识新闻工作在大众传播时代和当前媒介环境中的角色。

关键词：新闻学，媒介化，透明度，新闻作品，媒介逻辑，卢曼

作者：Risto Kunelius，［芬兰］坦佩雷大学社会科学与人文学院；Esa Reunanen，［芬兰］坦佩雷大学传播、媒介与戏剧学院

原载：《传播学理论》（*Communication Theory*）2016 年第 4 期，p. 369

手工工艺遗产与母亲创客空间失败的集中性

摘要：一般创客画像经常以中产阶级、受过大学教育的男性技术人员的主要故事对象和历史依据。2012 年起，来自加州旧

金山东湾的创客空间成员们反驳了这些说法。该创客空间由一群母亲运营，她们提出重新塑造男人对创新和进步要求。借用手工艺批判研究和治疗文化研究的视角，这篇文章讨论了创客妈妈们的工作方和“失败俱乐部”的系列工作坊，该项目支持变成妈妈的女性进行创造性追求。通过将女权主义手工艺品遗产与失败的集中性相结合——包括个人的失败和创客文化改革的失败——我们发现，创客成员不仅能激发新的创客活动模式，也撼动了创客本身的本体论。

关键词：手工，创新，失败，女性主义，创客空间，创客，创，母亲身份

作者：Daniela K. Rosner，［美国］华盛顿大学人类中心设计与工程学院；Sarah E. Fox，［美国］华盛顿大学人类中心设计与工程学院

摘自：《新媒体与社会》（*New Media & Society*）2016 年第 4 期，p. 558

网络如何被讲述：万维网之父对万维网创立的叙述中的连贯性和多变性

摘要：该文研究“创新的叙述”的演变，“创新的叙述”这一词汇为“互联网之父”所用。研究资料选自蒂姆·伯纳斯-李和他的同事们自 1989 年到 1993 年所写的文章，以及后来有关詹姆斯·吉利斯，罗伯特·卡里奥和蒂姆·伯纳斯-李的书籍。通过对这些资料进行文本分析，作者确定了 3 组从未变过的常用关键词，以及在描述创新叙事中随时间而改变的、相互冲突的 3 组关键词。变化、连贯与对话、创新交织一起，成为互联网之父在阐述他们的观点时的主要策略。

关键词：连贯/变化，创新/保护，创新的叙述，蒂姆·伯纳斯-李，罗伯特·卡里奥，网络历史，媒介历史，互联网

作者：Paolo Bory，［瑞士］提契诺大学媒介与新闻研究所；Eleonora Benecchi，［瑞士］提契诺大学媒介与新闻研究所；Gabriele Balbi，［瑞士］提契诺大学媒介与新闻研究所

原载：《新媒体与社会》（*New Media & Society*）2016 年第 7 期，p. 1066

网络作为知识机器：互联网如何嵌入研究

摘要：在该文中，作者以跨学科研究的视角探索了互联网的发展，并且将互联网嵌入到该研究结构之中。虽然这是一种“大家都知道”的趋势，但在本研究之前，并没有任何一项研究对这种常识的真实程度，或者其嵌入程度进行量化。作者使用了从斯高帕斯数据库中提取的科学计量数据，探索互联网如何成为一种强大的知识机器，使不仅在技术领域，而且在社会科学、自然科学和人文学科交叉中形成科学基础设施的一部分。

关键词：跨学科，互联网，知识，科学计量数据，万维网

作者：Eric T. Meyer，Ralph Schroeder，［英国］牛津大学互联网研究所；Josh Cowls，［美国］麻省理工学院艾伦图灵研究所

原载：《新媒体与社会》（*New Media & Society*）2016 年第 7 期，p. 1159

“异乡异客的互相支持”：技术传播和移民学生的文化适应

摘要：当移民学生面对迁居的挑战时，与原有家庭和朋友的交流可以增强他们的幸福感；而与当地国家学生的互动可以促进他们对东道国的文化适应。以在新加坡求学的印尼和越南大学生为例，该文研究了技术传播在异国学生的文化适应方面扮演的角色。由于不再使用国内的常用媒介，研究发现，留学生与原有留守家庭和朋友的交流起到支持作用，但却会占据学生的空闲时间，阻碍他们与当地人的互动。社

会媒体传播只促进了同一国文化团体的发展。从积极的方面来说，移民学生把网络世界作为一个文化适应的空间，以更好地理解东道国对外国人的态度，从而更好地为他们与当地人的互动做准备。移民学生必须在与国家身份认同和探索东道国文化相关的媒介传播使用间取得平衡。

关键词：文化适应，歧视，跨国沟通能力，媒介排斥

作者：Sun Sun Lim，［新加坡］新加坡国立大学传播与新媒体系；Becky Pham，［新加坡］新加坡国立大学传播与新媒体系

原载：《新媒体与社会》（*New Media & Society*）2016 年第 10 期，p. 2171

重新协商流动经验：信息传播技术的使用和新加坡的印尼家政工

摘要：该文讨论了信息传播技术的使用如何嵌入到在新加坡的外籍家政工的流动生活中。新加坡的严格的移民制度要求外籍家政工住在雇主家里，家政工们发现他们对信息传播技术的接触和使用经常受到雇主高度的监视和管制。利用梅西的权力几何概念，我们来探究雇主和家政工对信息传播技术日益依赖如何使家庭中的社会关系谈判成为可能。文章论证了外籍家政工对信息传播技术的使用谈判是“持续不间断的”，通过媒介创造的可流动性，使得他们可以实现更大的自主性。然而，值得注意的是，获取信息传播技术的使用权的谈判是建立在女性在作为外籍家政工不平等地位上进行的一种谈判。

关键词：外籍家政工，移民，新加坡，跨国传播，跨国家庭

作者：Maria Platt，Brenda S. A. Yeoh，Kristel Anne Acedera，Khoo Choon Yen，［新加坡］新加坡国立大学亚洲研究所；Grace Baey，［新加坡］自由研究者；Theodora Lam，［新加坡］新加坡国立大学亚洲研究所

原载：《新媒体与社会》（*New Media & Society*）2016 年第 10 期，p. 2207

移民和韩裔美国妇女在线社区中的文化资本：文化同化支持，文化多元主义和跨国主义

摘要：该研究关注被称为“美国姑娘”的韩裔美国女性的网络社区，研究结合社会资本的概念，以及迁移研究的三个重要主题：同化中的合法移民身份、多元主义文化中韩国饮食文化的保留以及在跨国主义中的跨国计划。文章的核心论点是，“美国姑娘”网络社区为其在线会员创造了社会资本。这里强调社会资本的一个重要表现形式——社会资源。对网络会员来说，社会资源相当于她们能够接触到获取合法身份过程中所需要的有价值的信息，例如韩式菜系和他们的跨国移民计划。此外，本研究中发现社会资本的另一种形式——社会支持。在这种情况下，“美国姑娘”网络社区成为一个社会支持者网络，受访者通过传递她们的知识或积极情感回应来帮助信息寻求者解答难题。

关键词：文化同化，民族饮食文化，民族网络社区，合法移民身份，社会资本，跨国计划

作者：Joong-Hwan Oh，［美国］纽约城市大学亨特学院社会学系

原载：《新媒体与社会》（*New Media & Society*）2016 年第 10 期，p. 2225

整理（孙萍 任娟）

2016年国际重要新闻传播学学术会议介绍

1. 国际传播学会（The International Communication Association）

国际传播学会是集科研、教学、应用等多方面为一体的人文传播学会议。国际传播学会的前身是1950年创立的国家社会传播研究，现已经发展为遍布全球80多个国家、拥有4500个会员的国际组织。它的创立是多方协作、共同努力的结果。从2003年开始，国际传播学会正式成为联合国的非政府组织，负责每年召开一次大型的国际会议以及诸多小型地方会议。组织建立国际传播学会的核心成员将新机构的目标定位："促进方法学、哲学、学科课程在传播、话语、新闻等大众媒体领域的发展，从而促进人类关系在各个层面的培训和需求。"2016年的国际传播学会在日本福冈市召开。

国际传播学会鼓励世界范围内的传播学术研究，从而促进人文传播学的发展。它的主要目标有：（1）为传播学研究提供一个发展、实践、反思批判的国际论坛；（2）创建一个高质量学术发表和知识交流的平台；（3）促进来自不同文化、国别的学者之间的包容与论争，从多学科的视角促进传播问题的研究；（4）提升公众对于新闻传播学相关领域的兴趣，包括理论、方法、发现以及应用。目前，国际传播学会旗下共有六本期刊，请参见表1。

表1 国际传播学会名下期刊及主编

期刊名称	现任主编
《传播学研究》(*Journal of Communication*)	Silvio Waisbord
《人类传播研究》(*Human Communication Research*)	Eun-Ju Lee
《传播理论》(*Communication Theory*)	Karin Wilkins
《计算机辅助传播学刊》(*Journal of Computer-Mediated Communication*)	S. Shyam Sundar
《传播,文化与批判》(*Communication, Culture & Critique*)	Sarah Banet-Weiser & Laurie Ouellette
《国际传播协会年刊》(*Annals of the International Communication Association*)	David Ewoldsen

来源：国际传播学会官网。

2. 新闻与大众传播教育协会（The Association for Education in Journalism and Mass Communication）

新闻与大众传播教育协会是一家非营利性的，由新闻与大众传播教育家、学生以及媒体专业人员组成的教育协会。该协会的创立宗旨是促进建立新闻与大众传播教育发展的最高标准，促进最广泛的传播研究，鼓励在课堂中实践多元文化社会的教学，捍卫和保障传播自由，从而实现更好的专业领域实践并使大众获取信息的渠道更为畅通，拓展人们的理解范围。该协会于 1912 年 11 月 30 日在芝加哥成立。2016 年的新闻与大众教育协会年会在美国明尼苏达州的明尼阿波利斯市举行。

目前，新闻与大众传播教育协会是一家非营利性组织，由全球超过 3700 名教育家、学生和专业人士组成。该组织在 1912 年由当时的美国新闻教师协会首任主席（1912—1913）威拉德·格罗夫纳·布莱耶（Willard Grosvenor Bleyer）发起建立，新闻与大众传播教育协会是大学层次中最悠久的，也是最大的新闻与大众传播教育及管理人士的联合组织。新闻与大众传播教育协会每年 8 月召开年会，年会的主题涵盖新闻与大众传播领域的教学、科研以及公共服务等内容，涉及内容从广告与公共关系到电子在线新闻，再到媒体管理与报纸。现旗下有三本传播学期刊，请参见表 2。

表 2　新闻与大众传播教育协会名下期刊及主编

期刊名称	现任主编
《新闻学与传播学专论》(*Journalism & Communication Monographs*)	Linda Steiner
《新闻学与大众传播教育者季刊》(*Journalism & Mass Communication Educator*)	Jami Fullerton
《新闻学与大众传播季刊》(*Journalism & Mass Communication Quarterly*)	Louisa Ha

来源：新闻与大众传播教育协会官网。

3. ［美］国家传播协会（The National Communication Association）

［美］国家传播协会是服务于协会内部的学者、教师与媒体从业人员的专业研究与教学机构。该协会将传播作为其准则，通过人文的、社会科学的以及美学的角度来对多种传播形式、传播模式、传播媒介以及传播结果进行研究。同时该协会致力于培养和倡导自由传播和道德传播，广泛强调对公众和私人生活中传播重要性的鉴赏，推广利用适当的传播来提升人类社会和人际关系的质量，并且利用传播产生的知识信息来解决人类的问题。

［美］国家传播协会每年吸引 5000 多名参与者。此外，协会还举办各种课程与会议，为传播学学者提供专业交流的机会，推动研究领域的更广泛发展。协会为传播学者提供教学设施和专业技术，通过定期的媒体活动和社交媒体来对传播学进行宣传。该协会现出版 12 种学术期刊，请参见表 3。

表 3　［美］国家传播协会名下期刊及主编

期刊名称	现任主编
《传播与批判/文化研究》(*Communication and Critical/Culture Studies*)	D. Robert DeChaine
《传播教育》(*Communication Education*)	Jon Hess
《传播论丛》(*Communication Monographs*)	Tamara D. Afifi
《传播学教师学刊》(*Communication Teacher*)	Deanna L. Fassett
《媒体传播批评研究》(*Critical Studies in Media Communication*)	Sarah Banet-Weiser & Laurie Ouellette

续表

期刊名称	现任主编
《国际传播协会年刊》(*Annals of the International Communication Association*)	David Ewoldsen
《第一修正案研究》(*First Amendment Studies*)	Paul Siegel
《应用传播研究期刊》(*Journal of Applied Communication Research*)	Kathy Miller
《跨国与跨文化交流期刊》(*Journal of International and Intercultural Communication*)	Todd L. Sandel
《演说季刊》(*Quarterly Journal of Speech*)	Mary E. Stuckey
《传播评论》(*The Review of Communication*)	Ramsey Eric Ramsey
《文本与演绎季刊》(*Text and Performance Quarterly*)	Mindy Fenske

来源：［美］国家传播协会官网。

4. 国际媒介与传播研究学会（The International Association for Media and Communication Research）

国际媒介与传播研究学会是一个集媒体机构、传播学者、教育机构为一体的学会。它倡导该领域内部批判学的传统，并致力于追求包容和卓越。该协会旨在促进媒体与传播研究在全世界范围的发展，尤其是鼓励新进学者、女性学者以及来自经济不发达地区的学者的参与。

国际媒介与传播研究学会有许多志愿者的支持，包括超过 80 名部门和工作小组的主席和代表、30 名国际委员会成员、一个由 5 名成员组成的执行小组、许多来自各个委员会和工作组的成员以及学会近 2000 名活跃成员的支持。2016 年国际媒介与传播研究学会的年会在英国莱斯特举行。旗下有一本期刊，请参见表 4。

表 4　国际媒介与传播研究学会名下期刊及主编

期刊名称	现任主编
《政治经济学传播研究》(*The Political Economy of Communication*)	Martin Hirst

来源：国际媒介与传播研究学会官网。

5. 欧洲传播研究与教育协会（European Communication Research and Education Association）

欧洲传播研究与教育协会是由欧洲及其他地区的传播学者、机构和协会组成的协会组织，它致力于发展和提升传播研究和欧洲高等教育的发展质量。欧洲传播研究与教育协会拥有三个网络分支协会（中东欧分支协会、女性分支协会和青年学者分支协会）和 17 个主题部门。协会于 2005 年 11 月 25 日成立于在荷兰阿姆斯特丹举行的首届欧洲传播会议上，由欧洲传播协会和欧洲传播研究联合会这两大欧洲传播研究协会合并而成。

欧洲传播研究与教育协会的活动致力于服务社区、加强传播研究与高等教育质量、提供交流分享与合作机会、促进传播学者的利益。更重要的是，该协会作为社会底层组织，其成员拥有充沛的热情和精力，允许各种主张在此交汇并付诸实践。2016 年第六届欧洲传播会议在捷克首都布拉格举行。现旗下共有三本期刊，请参见表 5。

表 5 欧洲传播研究与教育协会名下期刊及主编

期刊名称	现任主编
《欧洲传播哲学学刊》(*Empedocles: European Journal for the Philosophy of Communication*)	Johan Siebers
《媒体与传播平台学刊》(*Journal of Media and Communication Platform*)	Thao Phan
《广播、声音与社会期刊》(*Radio, Sound & Society Journal*)	Madalena Oliveir Tiziano Bonini Grazyna Stachyra

来源：欧洲传播研究与教育协会官网。

6. 互联网研究者协会（The Association of Internet Researchers）

互联网研究者协会是一个以成员为本的学术协会，致力于促进对互联网研究的修正和学术化，摆脱传统的观念和已有的学术界限。协会成立于 1999 年，是一个国际的、以成员为本的组织。

该协会的前身缘起于 1998 年在德雷克大学举行的题为“万维网与当代文化理论：比喻、魔法与力量”的会议。1999 年 5 月 30 日，在旧金山希尔顿饭店，将近 60 名学者参与的会议中，互联网研究者协会成立。根据《高等教育年鉴》记载，该协会在创立之初的数年内迅速发展，标志着互联网研究的新纪元。如今该协会依然快速发展，已经有将近 400 名学者。协会所支持的 AIR-L 拥有超过 5000 名订阅者。互联网研究者协会每年举行一次学术会议，通过长期沟通的邮寄名单以及其他途径来进行在线商议与合作。该协会 2016 年年会在德国柏林举办。目前旗下尚未有期刊名录。

整理：孙 萍（本刊编辑部）

附录：

《中国新闻传播学年鉴》第二届编辑出版研讨会综述

2017 年 6 月 10 日，《中国新闻传播学年鉴》第二届编辑出版研讨会在郑州大学举行。会议由中国社会科学院新闻与传播研究所、中国社会科学出版社主办，郑州大学新闻与传播学院承办。《中国新闻传播学年鉴》编委单位北京大学、清华大学、中国人民大学、复旦大学、浙江大学、南京大学、武汉大学、华中科技大学、中山大学、华南理工大学、厦门大学、重庆大学、安徽大学、暨南大学、河北大学、南京师范大学、天津师范大学等高校的专家学者代表，人民日报社、光明日报社等媒体研究机构的代表，以及郑州大学新闻与传播学院的师生共计 90 余人参加了研讨会。研讨会总结《中国新闻传播学年鉴》2016 年卷编辑工作，研讨《中国新闻传播学年鉴》2017 年卷编辑大纲。郑州大学党委副书记李兴成，郑州大学新闻与传播学院院长张举玺，中国社会科学院新闻与传播研究所所长、《中国新闻传播学年鉴》编委会主任、主编唐绪军先后致辞。研讨会由中国社会科学院新闻与传播研究所纪委书记、副所长季为民主持。

一

李兴成对《中国新闻传播学年鉴》编辑出版研讨会的召开表示祝贺。他指出，此次研讨会的召开，必将有力促进我国新闻传播学界的学术交流，产出更多高质量的学术成果。他还简要介绍了郑州大学及郑州大学新闻与传播学院近年来所取得的成就。张举玺在致辞中表示，在以互联网为基础的新媒体时代，中国新闻传播业发展日新月异，《中国新闻传播学年鉴》分析和总结新闻传播学年度学术成果，无论是对学界还是对业界，都具有非常重要的意义和价值。

中国社会科学院新闻与传播研究所所长唐绪军在讲话中指出，“录鉴存史”是中国新闻传播学发展的必然要求。随着新媒体的广泛使用，传播、新闻舆论这两个概念已渗入社会的各个方面。近年来新闻传播学科发展迅速，需要一本能够承载学科发展历史记录的年鉴。做好一本学科年鉴，对于组织者来说应具备五个“要”：要有一定的学科地位，要有一个完备的顶层设计，要有一位很好的执行总监，要有一支优秀的编辑队伍，要有一张完备的供稿网络。把年鉴做得全面、实用、经典、权威、方便检索很重要，因此，2016 年卷有一个小小的改革，就是在年鉴最后加了人名索引以方便检索。他希望与会的专家学者能知无不言、言无不尽，为 2017 年卷的编辑工作献言献策。

二

中国社会科学出版社年鉴与文摘分社社长张昊鹏，中国社会科学院新闻与传播研究所编辑室主任、《中国新闻传播学年鉴》副主编钱莲生分别代表出版方、编辑方介绍了年鉴的编辑出版情况。

张昊鹏表示，《中国新闻传播学年鉴》的编撰坚持正确的政治方向和学术导向，坚持2016年习近平总书记在哲学社会科学座谈会上的讲话精神。年鉴编撰是中国新闻传播学界同人努力加强学科体系、学术体系和话语体系建设的表现。《中国新闻传播学年鉴》在出版过程中尊重学术规律、支持学术原创，在保证如期出版的同时，尽可能地保持了学术作品的原汁原味。他认为，评价一本年鉴，还要从差错率、发行量和规范程度来考量；从这几个方面看，《中国新闻传播学年鉴》是一本优秀出版物。作为年鉴的出版方，他希望把年鉴打造成一本全面、实用、经典、权威、便于检索的学科经典。基于此，他提出年鉴出版工作的三个原则：一是把握正确的学术导向和当前话语体系的要求；二是注重学术规律，在遵守年鉴出版规范的基础上，要尊重作者的学术成果；三是形成年鉴的影响力，作为出版方，要同编委会成员及所在教研机构开展深入合作。张昊鹏指出，未来年鉴的编撰要考虑国际交流，可制作精缩英文版，以增加中国新闻传播学与世界的对话交流。

钱莲生重点介绍了《中国新闻传播学年鉴》2016年卷的编撰情况，并部署了2017年卷的供稿工作。他把2016年卷的《中国新闻传播学年鉴》比作一棵大树，认为它根基牢固、主干明确、枝繁叶茂。全书共分16个篇章，140万字，是对中国新闻与传播学的发展现状与历史脉络的梳理与概括。其中，"历史回眸"栏目作为年鉴的根基，主要对20世纪以来我国新闻学、传播学、马克思主义新闻学、广播电视学以及改革开放以来的热点话题研究进行了回顾。年鉴的主干是两个"综述"，包括"学科综述"和"专题综述"，而其他的栏目诸如"学术评奖""科研项目""学人自述""学术动态""高校学术概况""研究机构及社团概况""港澳台学术概况"等就是年鉴的枝叶。他用"三个统一"介绍了年鉴的意义所在：专业化与大众化的统一、模式化与个性化的统一、史书与工具书的统一。钱莲生着重介绍了《中国新闻传播学年鉴》2016年卷的人名索引。作为年鉴的一个创新与突破，人名索引凝聚了编辑人员的辛勤付出。

在指出年鉴记录了中国新闻传播学大发展、大繁荣的同时，钱莲生认为，年鉴也反映出我国新闻传播学界的诸多不足和问题：一是理论研究和实践脱节；二是不加批判地用中国的案例来验证外国的理论；三是学科内部重传播、轻新闻的研究比例失衡；四是学科内外部的边界不够清晰，知识的输入和输出不规则，对于社会学等其他学科借鉴多、贡献少。他进一步指出，面对目前学界的诸多不足，学者们需要"仰望星空"，但也更要"脚踏实地"，努力推进新闻传播学的发展。

在部署年鉴2017年卷工作的时候，钱莲生提出要做到六个方面。第一，着力打造"三大综述"，包括"百年回顾""学科综述"和"专题综述"。他认为，一篇好的综述就是一个领域的学术研究史，写好综述需要全面占有资料、高度概括凝练、保持客观公正。第二，要着力写好"三个概况"，包括"高校学术概况""新闻研究机构概况"和"学会概况"。第三，继续刊载"两个报告"，包括"论著研究报告"和"期刊研究报告"。第四，要尽力组织"两个专栏"，一个是"国际交流"专栏，一个是"研究生学苑"专栏。第五是扎实开展"一个活动"，即"我最喜欢的新闻传播学论著"推荐评选活动。作为此次年鉴的创新项目，活动将采取同行评议的办法，由读者从一百本新闻与传播学著作中投票选出最受欢迎的十本论著。第六是精确描述"一图一人"。2017年卷年鉴将收录甘惜分、宁树藩两位已故老先生的图片专辑。

三

《中国新闻传播学年鉴》编委应邀出席会议，并对年鉴的编撰提出了许多富有建设性的意见和建议。

重庆大学新闻学院院长、教授董天策认为，《中国新闻传播学年鉴》的创办出版正当其时，又功在千秋；新一卷年鉴比上一卷年鉴又有一些创新。比如，增加的人名索引，增益了史书、工具书的功能。比如，书评序跋的刊登，虽然个性化的东西多，但使鉴书的学术内涵更丰富更立体。他建议，在学科性大综述里可以增加专题性探讨，也可以将历史上重要的学术论争和观点讨论纳入专题，组成综述的一部分。他还表示，尽管《中国新闻传播学年鉴》刚刚起步，但是其内容的覆盖范围可以扩展延长，尤其在论文选登方面，可适当增加篇幅。河北大学新闻传播学院原院长、教授白贵指出，一本好的年鉴应该体现两个特点：使用方便和提供借鉴。他同时提出了几个具体建议：一是将国家社科基金文库纳入“科研项目”范畴，二是在学术评奖里面增加省社科优秀成果奖，三是扩大“论文选粹”中的论文选择范围，四是建议“传播学专题”里面增加少数民族传播。

天津师范大学新闻传播学院教授刘卫东认为，《中国新闻传播学年鉴》体现了“权威”和“全面”的双重意义。同时，他希望年鉴可以增加一些历史性的学术会议图片。

南京师范大学新闻传播学院原院长、教授顾理平说，《中国新闻传播学年鉴》的编纂体现了一个国家级新闻研究所的社会责任和学术担当。他重提关于年鉴编纂是“自讨苦吃，功德无量”的八字概括，并提出以下几个建议：一是在年鉴编撰中体现学科的交叉共融性；二是体现新闻传播学国家社科基金的重点项目和重要议题；三是增加新闻传播学机构和教育的介绍。

厦门大学新闻传播学院副院长、教授阎立峰认为，年鉴编纂是凝聚整个学界共识的重要保障，既要凸显总汇功能，也要彰显学术价值。他主张利用大数据的方法解决学术评价问题，通过对文章的下载量、转载量、二次传播量的计量来达到对学术文章定性、定量的兼顾性评价。同时，他指出年鉴需要加强国际化视野，将中国新闻传播学的内容推向世界。

暨南大学新闻与传播学院执行院长、教授支庭荣评价《中国新闻传播学年鉴》内容全面、水准一流、特色鲜明。他指出，年鉴的编纂应该注意对国家重大主题的研究和回应，对中国特色新闻学与传播学创新的回应、对飞速发展的互联网新技术的回应以及对学科互融和学科交叉的回应。

郑州大学新闻与传播学院副院长、教授张淑华指出，年鉴应该对业界的发展动态给予更多关注。同时，她提议使用年度关键词来整合学科内容，增加年鉴张力和解释力。

华中科技大学新闻与信息传播学院副院长、教授何志武建议采用学科等级梳理专题；在“论文选粹”一项，他建议增加论文选择的标准；在高校学术列举上增加层次和顺序；在“科研项目”中增加其他部门的研究项目名称，以及适当考虑高校考试试卷的政策性和保密性要求。

中国人民大学新闻与传播学院院长助理、教授赵云泽提议，制作包括图片和文字在内的年鉴电子数据库，以保存和共享历史资料。同时，将大综述进一步细分，以更好地凸显年鉴的检索作用。他也建议将“论文选粹”和“观点摘编”分专题罗列，放入专题综述。

鉴于综述写作的难度较大，四川大学新闻学院院长助理、教授张放提议各高校毛遂自荐，发挥专长，力争将综述做到全面准确；同时，他建议，在稿件编辑中，各单位能够严格按照编辑文体供稿，尽量减少编辑部的工作压力。

唐绪军最后做了总结讲话。他希望各供稿单位能够主动请缨，积极配合，大家合力提高年鉴学科综述和专题综述的写作水平。他也表示，因为近几年各高校、科研机构的人员更新换代比较快，为方便行政调动和任务分配，年鉴编辑部将聘请新任的院长（所长、主任）担任《中国新闻传播学年鉴》编委，请卸任的院长（所长、主任）等担任特约编委。

附：《中国新闻传播学年鉴》第二届编辑出版研讨会参会人员名单

（按参会代表所在单位行政区划排序）

刘新传（北京大学新闻与传播学院）
李红霞（清华大学新闻与传播学院）
赵云泽（中国人民大学新闻学院）
刘卫东（天津师范大学新闻传播学院）
李秀云（天津师范大学新闻传播学院）
白　贵（河北大学新闻传播学院）
周　晔（复旦大学新闻学院）
庄永志（南京大学新闻传播学院）
顾理平（南京师范大学新闻与传播学院）
丁苗苗（浙江大学传媒与国际文化学院）
王艳芳（安徽大学新闻与传播学院）
阎立峰（厦门大学新闻传播学院）
杨萌芽（河南大学新闻与传播学院）
郑中原（武汉大学新闻与传播学院）
何志武（华中科技大学新闻与信息传播学院）
刘颂杰（中山大学传播与设计学院）
支庭荣（暨南大学新闻与传播学院）
赵思莹（暨南大学新闻与传播学院）
毛良斌（汕头大学长江新闻与传播学院）
赵　泓（华南理工大学新闻与传播学院）
董天策（重庆大学新闻学院）
张　放（四川大学新闻学院）

常　松（安徽省社会科学院新闻研究所）
方金友（安徽省社会科学院新闻研究所）
郭　鹏（天津社会科学院新闻研究所）

王志锋（人民日报社研究部）
白　英（光明日报新闻研究部）

李兴成（郑州大学党委副书记）
焦世君（郑州大学新闻与传播学院）
张举玺（郑州大学新闻与传播学院）
孙保营（郑州大学新闻与传播学院）
张淑华（郑州大学新闻与传播学院）
郑素侠（郑州大学新闻与传播学院）
周宇豪（郑州大学新闻与传播学院）
邓元兵（郑州大学新闻与传播学院）
张　晴（郑州大学新闻与传播学院）

唐绪军（中国社会科学院新闻与传播研究所）
季为民（中国社会科学院新闻与传播研究所）
张昊鹏（中国社会科学出版社）
钱莲生（中国社会科学院新闻与传播研究所）
沙　垚（中国社会科学院新闻与传播研究所）
贾金玺（中国社会科学院新闻与传播研究所）
叶　俊（中国社会科学院新闻与传播研究所）
孙　萍（中国社会科学院新闻与传播研究所）

撰稿：孙　萍（中国社会科学院新闻与传播研究所助理研究员）
叶　俊（中国社会科学院新闻与传播研究所助理研究员）

《中国新闻传播学年鉴·2017》撰稿人及供稿单位名录

第一篇　历史回眸

中国新闻传播史研究一百年（1917—2016）

撰稿：清华大学新闻与传播学院教授　陈昌凤

百年来中国新闻业务研究的发展历程回顾

撰稿：武汉大学新闻与传播学院教授　强月新

安徽省社会科学院助理研究员　刘莲莲

20世纪以来中国传播学科发展历程回顾

撰稿：南京大学新闻传播学院教授　胡翼青

南京大学新闻传播学院研究生　张婧妍

第二篇　研究综述

学科综述

中国新闻学研究2016年综述

撰稿：中国社会科学院新闻与传播研究所研究员　宋小卫

中国应用新闻学研究2016年综述

撰稿：中山大学传播与设计学院教授　张志安

中山大学传播与设计学院科研秘书　江晓雅

中国新闻传播史研究2016年综述

撰稿：暨南大学新闻与传播学院教授　邓绍根

暨南大学新闻与传播学院博士研究生　陈　龙

中国广播电视研究2016年综述

中国广播研究综述

撰稿：中国社会科学院新闻与传播研究所研究员　殷　乐

中国社会科学院研究生院博士生　郭　倩

中国电视研究综述

撰稿：中国社会科学院新闻与传播研究所研究员　殷　乐

中国社会科学院研究生院博士生　高慧敏

中国传播学研究2016年综述

撰稿：中国人民大学新闻学院教授　刘海龙

中国人民大学新闻学院博士生　方　慧

中国网络新媒体研究2016年综述

撰稿：清华大学新闻与传播学院教授　彭　兰

云南民族大学文学与传媒学院讲师　苏　涛

中国传媒经济学研究2016年综述

撰稿：南京大学新闻传播学院教授　丁和根

烟台大学人文学院副教授　郑青华

中国广告学研究2016年综述

撰稿：中国社会科学院新闻与传播研究所副研究员　王凤翔

专题综述

新闻学专题

马克思主义新闻观研究2016年综述

撰稿：中国社会科学院新闻与传播研究所助理研究员　叶　俊

媒介法规研究2016年综述

撰稿：南京师范大学新闻与传播学院研究生　邹　举

南京师范大学新闻与传播学院教授　顾理平

媒体融合研究2016年综述

撰稿：中国社会科学院新闻与传播研究所研究员　黄楚新

中国社会科学院研究生院新闻系研究生　彭韵佳

中国数据新闻研究2016年综述

撰稿：中国传媒大学新闻学院教授　沈　浩

中国传媒大学互联网信息研究院博士生　元　方

社交媒体研究2016年综述

撰稿：中国人民大学新闻学院教授　匡文波

中国人民大学新闻学院博士研究生　童文杰

媒介素养研究2016年综述

撰稿：中国传媒大学传播研究院教授　张　开

中国传媒大学传播研究院博士生　付　玉

传播学专题

政治传播研究2016年综述

撰稿：中国社会科学院大学新闻传播学院教授　何　晶

公共传播研究2016年综述

撰稿：郑州大学新闻与传播学院教授　张淑华

国际传播研究2016年综述

撰稿：华中科技大学新闻与信息传播学院教授　张　昆

华中科技大学新闻与信息传播学院博士生　王创业

微传播研究2016年综述

撰稿：安徽省社会科学院新闻与传播研究所研究员　方金友

人际传播研究2016年综述

撰稿：复旦大学新闻学院教授　胡春阳

健康传播研究2016年综述

撰稿：暨南大学新闻与传播学院研究生　罗　敏

暨南大学新闻与传播学院教授　支庭荣

第三篇　论文选粹

论文选摘

概念、语境与话语："小骂大帮忙"使用之流变

作者：华东政法大学人文学院　郭恩强

从业态转向社会形态：媒介融合再理解

作者：复旦大学新闻学院教授　黄　旦

复旦大学新闻学院博士研究生　李　暄

沉默与边缘发声：当前中国劳动关系治理中的媒体境况

作者：中国劳动关系学院文化传播学院副教授　吴　麟

公共对话外的言论与表达：从新《广告法》切入

作者：耶鲁大学法学院博士研究生　左亦鲁

从标语管窥中国社会抗争的话语体系与话语逻辑：基于环保和征地事件的综合分析

作者：深圳大学传播学院教授　周裕琼

培育劳工立场的在线"抗争性公共领域"

——对一个关注劳工议题之新媒体的个案研究

作者：中山大学传播与设计学院教授　李艳红

电视的物质性与流动的政治

——来自两个城中村的媒介地理学观察

作者：华中科技大学新闻与信息传播学院教授　袁　艳

新传播形态与新闻专业主义再思考

——以澎湃新闻"东方之星"长江沉船事故报道为个案

作者：复旦大学新闻学院教授　陆　晔

复旦大学新闻学院博士生　周睿鸣

第三种论坛：体制性网络空间的公共性透视

——以苏州"寒山闻钟论坛"为个案

作者：苏州大学凤凰传媒学院教授　马中红

网络时代言论自由的刑法边界

作者：东南大学法学院教授　刘艳红

观点摘编

超媒体时代的国际传播战略思考

作者：浙江大学传媒与国际文化学院　吴　飞

从新媒介通达新传播：基于技术哲学的传播研究思考

作者：复旦大学新闻学院　孙　玮

告别"黄金时代"

——对52位传统媒体人离职告白的内容分析

作者：中山大学传播与设计学院　陈　敏

中山大学传播与设计学院　张晓纯

对话2015传播学研究：网络社会的建构及其可能

作者：南京大学新闻传播学院　杜骏飞

努力缩小我国互联网与世界先进水平的差距

作者：中国人民大学新闻学院　陈力丹

"后家族时代"浙江祠堂建筑文化场域内涵刍议

作者：浙江传媒学院设计艺术学院　陈凌广

拓展"关联"：新闻网站专业性重塑

作者：清华大学新闻与传播学院　彭　兰

中国人民大学　刘琳琳

从网络集群行为到网络集体行动

——网络群体性事件及相关研究的学理反思

作者：重庆大学新闻学院　董天策

美国传播学研究的心理战争背景

——一种新的传播学史观

作者：西北政法大学新闻传播学院　柯　泽

办报与读报：晚清报刊大众化的探索与困惑

作者：华南理工大学新闻与传播学院　蒋建国

借船出海：中国媒体"走出去"战略背后的公共话语

作者：悉尼科技大学中国研究中心传播学系　孙皖宁

清华大学新闻与传播学院　赵文才

批判的国际传播研究：传播媒介在全球政治、经济与文化秩序中的角色

作者：北京大学新闻与传播学院 吴 靖

二十年来的中国互联网新闻政策变迁

作者：华东师范大学传播学院 武智勇
华东师范大学传播学院 赵蓓红

中国广播电视记者现状研究
——基于社会学的某种观照

作者：中国传媒大学新闻传播学部传播研究院 刘 昶
中国传媒大学新闻传播学部 张富鼎

当代中国马克思主义新闻观科学化大众化的时代表达

作者：天津师范大学新闻传播学院 刘卫东

论汉语“广告”一词的意义流变

作者：中国社会科学院新闻与传播研究所 王凤翔

民国士人观影的心路历程
——基于《余绍宋日记》中观影笔记的解读

作者：浙江传媒学院 徐洲赤

澳大利亚公共外交探索期的管理与实践研究
——一种国际传播的视角

作者：中国传媒大学—澳大利亚麦考瑞大学 2010 级联合培养博士研究生 叶鸿宇

互联网电视的规制及其政策张力

作者：浙江大学传媒与国际文化学院 赵 瑜

微信新闻：一个交往生成观的分析

作者：复旦大学新闻学院 谢 静

“媒介逻辑”如何影响中国的抗争？
——基于40个拆迁案例的模糊集定性比较分析

作者：复旦大学新闻学院 郑 雯
复旦大学社会学系 黄荣贵

大数据热的冷思考

作者：中国人民大学新闻学院 匡文波
中国人民大学新闻学院 黄琦翔
华南理工大学图书馆 江 波

分权体制与地方政府的媒介治理
——以“守土有责”的地方性理解与实践为视角

作者：浙江大学传媒与国际文化学院 李东晓
华东师范大学传播学院 潘祥辉

社交媒体与移动APP新闻使用对青年政治抗议的影响

作者：中山大学传播与设计学院 卢家银

激发应对效能与自我效能：公众适应气候变化的风险传播治理

作者：厦门大学新闻传播学院 邱鸿峰

时空转移与智慧分流：媒体的分化与重构

作者：河北大学新闻传播学院 韩立新

网络舆论的概念认知、分析层次与引导策略

作者：中山大学传播与设计学院 张志安
中国青年政治学院新闻传播学院 晏齐宏

媒介融合视阈下的手机新闻个性化发展探究

作者：临沂大学传媒学院 周忠元
临沂大学传媒学院 薛 莹

公共关系的哲学批判与回应

作者：中国人民大学新闻学院 胡百精
中国人民大学新闻学院 高 歌

报纸革命：1903 年的《苏报》
——媒介化政治的视角

作者：复旦大学新闻学院 黄 旦

《百鸟朝凤》的乡土叙事：寻找更合理的叙事逻辑

作者：北京大学新闻与传播学院 陆绍阳

新自由主义现代性阴影下的家、审美权威与阶级认同
——《交换空间》与生活方式电视节目的文化政治

作者：北京大学新闻与传播学院 吴 靖
北京语言大学新闻与传播学院 云国强

农民抗争政治的行动逻辑与治理启示
——以G省W村农民土地维权事件为例

作者：中山大学传播与设计学院 周如南
中山大学传播与设计学院 朱健刚

作为知识生产的新闻评论：知识话语呈现的公共修辞与框架再造

作者：暨南大学新闻与传播学院 刘 涛

国外跨屏受众测量的发展特征与思考

作者：中国传媒大学受众研究中心 刘燕南
中国传媒大学受众研究中心 刘 双
中国传媒大学受众研究中心 刘 恬

传播的逻辑：寻求多元共识的亚洲文明对话

作者：复旦大学新闻学院 孟 建
复旦大学新闻学院 于嵩昕

全球模式与地方性知识：电视生产社群的民族志阐释

作者：暨南大学新闻与传播学院 张潇潇
香港中文大学新闻与传播学院 冯应谦

节点与变量：突发事件网络“扩音效应”产生的过程考察和一般模式
——基于对“鲁山大火”和“兰考大火”的比较研究

作者：郑州大学新闻与传播学院 张淑华

网上民间新闻发布会的概念建构与社会意义
——兼论文明维权的新模式
作者：江西师范大学 邱新有
江西师范大学 叶旭洋
江西师范大学 余秋雨
我国食品安全议题的新闻生产常规及规制因素分析
——基于对14名媒体人的深度访谈
作者：武汉大学新闻与传播学院 冯 强
国外舆论研究现状及启示
作者：浙江大学传媒与国际文化学院 韦 路
机器人新闻：原理、风险和影响
作者：复旦大学新闻学院 邓建国
从批判话语分析CDA到传播民族志EoC
作者：香港中文大学新闻与传播学院 李耘耕
恢复人与技术的“活”关系：对“使用与满足”理论的反思
作者：复旦大学信息与传播研究中心 潘 霁
“商业主义”统合与“专业主义”离场：数字化背景下中国新闻业转型的话语形构及其构成作用
作者：中山大学传播与设计学院 李艳红
中山大学传播与设计学院 陈 鹏
个人隐私数据“二次使用”中的边界
作者：南京师范大学新闻与传播学院 顾理平
南京师范大学新闻与传播学院 杨 苗
网络社群传播与社会化阅读的发展
作者：湖南师范大学新闻与传播学院 蔡 骐
《超越西方霸权》的视野、方法论与文化根性
作者：南京大学新闻传播学院 朱丽丽
报纸新闻客户端的发展现状及趋势
作者：人民网研究院 高春梅
搜索引擎网站社会责任的现实考量与提升路径
作者：华中科技大学新闻与信息传播学院 钟 瑛
华中科技大学新闻与信息传播学院 李秋华
华中科技大学新闻与信息传播学院 张军辉
互联网环境下公众议程与政策议程的关系及治理进路
作者：重庆大学新闻学院 曾润喜
清华大学公共管理学院 杜洪涛
华中科技大学公共管理学院 王晨曦
空间争夺战
——中国大城并区的媒介话语分析
作者：复旦大学新闻学院 孙 玮
复旦大学信息与传播研究中心 潘 霁
后互联网时代传媒时空观的嬗变与融合
作者：四川大学文学与新闻学院 蒋晓丽
四川大学文学与新闻学院 赵唯阳
微信春节红包在中国人家庭关系中的运作模式研究
——基于媒介人类学的分析视角
作者：四川大学新闻学院 张 放
政治传播的基本形态及运行模式
作者：中国传媒大学政治传播研究所 荆学民
中国传媒大学政治传播研究所 段 锐
20世纪三四十年代左翼报人的新闻理论
——从《文艺新闻》到《新闻记者》
作者：天津师范大学新闻传播学院 李秀云
天津师范大学新闻传播学院 吴云柯
冲突与调适：微信空间版权正当性的反思
作者：中国社会科学院新闻与传播研究所 朱鸿军

第四篇 论文辑览

2016年国内主要文摘类书刊转载的新闻传播学论文篇目
《新华文摘》
《中国社会科学文摘》
《高等学校文科学术文摘》
人大复印报刊资料《新闻与传播》
《新闻学传播学文摘》
整理：本刊编辑部 孙 萍
《高等学校文科学术文摘》历年转载新闻传播学论文篇目（1984—2013）
整理：本刊编辑部 孙 萍

第五篇 国际交流

2016年中国新闻传播研究的国际发表与国际合作
——以SSCI传播学期刊数据库为例
撰稿：美国康奈尔大学博士候选人 贾鹤鹏
中国社会科学院新闻与传播研究所助理研究员 苗伟山
西安交通大学新闻与新媒体学院教授 吴 锋
2016年中国学者国际期刊发表新闻传播学论文篇目概览
撰稿：美国康奈尔大学博士候选人 贾鹤鹏

第六篇　学术出版

序跋选粹

《媒介效果与社会变迁》序

作者：中国传媒大学新闻学院教授　邓炘炘

《媒介心理学——记者思维模式与新闻文本生成》写在前面的话

作者：中国传媒大学教授　刘京林

《全球新闻传播：理论架构、从业者及公众传播》总序

作者：浙江大学传媒与国际文化学院教授　吴　飞

《媒介话语的进路》总序

作者：复旦大学新闻学院教授　潘忠党

断裂与延续：《人际影响》的影响
——《人际影响：个人在大众传播中的作用》代译者序

作者：南京师范大学新闻与传播学院副教授　张　宁

全球化背景下的公众舆论
——《美国舆论管理研究》序

作者：国际关系学院新闻传播系教授　纪忠慧

《媒介仪式：一种批判的视角》序

作者：云南大学新闻学院教授　郭建斌

《连接与互动——新媒体新论》前言

作者：四川大学文学与新闻学院教授　蒋晓丽

《近代中国报刊与社会重构的传媒镜像（1915—1937）》

作者：安徽大学新闻传播学院教授　王天根

《新闻德性论：原则框架》序

作者：武汉大学新闻与传播学院　单　波

《全球化媒介社会背景下的新闻生产研究》序

作者：中国人民大学新闻学院教授　陈力丹

书目辑览

2016 年中国新闻传播学书目

整理：中国社会科学院新闻与传播研究所助理研究员　贾金玺

“中文学术图书引文索引”新闻学与传播学来源书目

第七篇　高校学术概况

中国传媒大学 2016 年学术发展概况

中国人民大学新闻学院 2016 年学术发展概况

复旦大学新闻学院 2016 年学术发展概况

南京师范大学新闻与传播学院 2016 年学术发展概况

四川大学新闻学院 2016 年学术发展概况

河北大学新闻传播学院 2016 年学术发展概况

武汉大学新闻与传播学院 2016 年学术发展概况

北京大学新闻与传播学院 2016 年学术发展概况

暨南大学新闻与传播学院 2016 年学术发展概况

清华大学新闻与传播学院 2016 年学术发展概况

中山大学传播与设计学院 2016 年学术发展概况

天津师范大学新闻传播学院 2016 年学术发展概况

安徽大学新闻传播学院 2016 年学术发展概况

汕头大学新闻与传播学院 2016 年学术发展概况

南京大学新闻传播学院 2016 年学术发展概况

郑州大学新闻与传播学院 2016 年学术发展概况

华南理工大学新闻与传播学院 2016 年学术发展概况

浙江大学传媒与国际文化学院 2016 年学术发展概况

厦门大学新闻传播学院 2016 年学术发展概况

重庆大学新闻学院 2016 年学术发展概况

华中科技大学新闻与信息传播学院 2016 年学术发展概况

以上概况稿均为相关院（校）提供，执笔人名单详见本刊特约编辑，审稿人名单详见本刊编委

第八篇　研究机构及社团概况

研究机构概况

中国社会科学院新闻与传播研究所 2016 年概况

上海社会科学院新闻研究所 2016 年概况

四川省社会科学院新闻研究所 2016 年概况

天津社会科学院舆情研究所 2016 年概况

河北省社会科学院新闻与传播学研究所 2016 年概况

安徽省社会科学院新闻研究所 2016 年概况

北京市社会科学院传媒研究所 2016 年概况

新华社新闻研究所 2016 年概况

人民日报社研究部 2016 年概况

以上均为相关研究机构提供，执笔人名单详见本刊特约编辑，审稿人名单详见本刊编委

学术社团

中国新闻史学会及其二级学会 2016 年概况

撰稿：中国新闻史学会联席秘书长　邓绍根

第九篇　学术评奖

第二十六届（2015 年度）中国新闻奖（新闻论文）

供稿：中国记协

第十四届全国广播影视学术论文评选获奖作品

来源：中国广播电影电视社会组织联合会网站

第四届（2015 年度）全国新闻传播学优秀论文遴选

供稿：中国社会科学院新闻与传播研究所

中国新闻史学会第二届“新闻传播学学会奖”

供稿：中国新闻史学会联席秘书长　邓绍根

第十篇　科研项目

项目名录

国家社科基金 2016 年度重大项目立项一览表（新闻学与传播学）

国家社科基金 2016 年度重点项目、一般项目、青年项目立项一览表（新闻学与传播学）

国家社科基金 2016 年度西部项目立项情况（新闻学与传播学）

国家社科基金 2016 年度中华学术外译项目立项名单（新闻学与传播学）

国家社科基金 2016 年度后期资助项目立项名单（新闻学与传播学）

国家社科基金 2016 年度后期资助项目结项名单（新闻学与传播学）

教育部 2016 年度人文社会科学重点研究基地重大项目（新闻学与传播学）

教育部 2016 年度人文社会科学研究规划基金、青年基金、自筹经费项目（新闻学与传播学）

教育部 2016 年度人文社会科学研究西部和边疆地区项目立项（新闻学与传播学）

国家新闻出版广电总局 2016 年度部级社科研究项目立项名单

以上均由本刊编辑部根据官方网站资料整理。

第十一篇　学人自述

撰稿：中国传媒大学新闻学院教授　曹　璐

中国传媒大学教授　叶凤英

深圳大学英语及传播学教授　何道宽

北京大学教授　龚文庠

中国传媒大学教授　刘京林

中国传媒大学教授　柯惠新

四川大学新闻学院教授　蒋晓丽

中国传媒大学新闻学院教授　哈艳秋

天津师范大学新闻传播学院教授　刘卫东

复旦大学新闻学院教授　黄　瑚

河北大学新闻传播学院教授　白　贵

北京大学新媒体研究院教授　杨伯溆

中国传媒大学新闻传播学部传播研究院教授　陈卫星

浙江大学新闻系教授　何扬鸣

中国传媒大学教授　刘燕南

中国传媒大学新闻学院教授　沈　浩

华南理工大学教授　苏宏元

中国传媒大学教授　何苏六

复旦大学新闻学院教授　陈建云

暨南大学新闻与传播学院教授　支庭荣

安徽大学新闻传播学院教授　王天根

复旦大学新闻学院教授　谢　静

南京师范大学新闻与传播学院教授　张晓锋

复旦大学新闻学院教授　周葆华

第十二篇　学术动态

会议综述

全球化时代新闻传播全英文教学实践与省思

——“华语世界英文传播教育的经验与想象”研讨会综述

作者：华东师范大学传播学院　秦　静、潘　玉

移动互联与传播创新

——2016 年中国新媒体传播学年会综述

作者：浙江大学传媒与国际文化学院　张　卓

第九届“中国青年传播学者论坛”综述

作者：安徽大学新闻传播学院　胡昭阳

应用新闻传播研究的困惑、追问与反思

——中国新闻史学会应用新闻传播学研究委员会成立研讨会会议综述

作者：中山大学传播与设计学院教授　张志安

中山大学传播与设计学院硕士研究生　束开荣

中山大学传播与设计学院讲师　刘颂杰

含英咀华厚积薄发，心怀担当与时俱进

——第十三届中国传播学大会会议综述

作者：南京大学新闻传播学院博士生　何　瑛

互联网治理：实践、规则与发展

——首届中外合作互联网治理论坛会议综述

作者：中国社会科学院新闻与传播研究所助理研究员　苗伟山

清华大学新闻与传播学院博士生　刘金河

国际舆论场中的中国故事、中国声音和中国战略传播

——第四届国家传播战略高峰论坛综述

作者：华中科技大学新闻与信息传播学院副教授　李卫东

华中科技大学新闻与信息传播学院传播系博士生　贾瑞雪

互联网时代下广告的创新与未来

——2016 年第 15 届中国广告教育学术年会综述

摘自：中国社会科学网

学术纪事

2016 年中国新闻传播学术大事记

撰稿：中国社会科学院新闻与传播研究所助理研究员　叶　俊

第十三篇　研究生学苑

2016 年新闻传播学优秀博士学位论文选粹

《中国报纸形态演化进程研究》内容摘要

作者：清华大学新闻与传播学院 2016 届博士生陈国权

导师：清华大学新闻与传播学院教授　崔保国

《中共在国统区及海外统战宣传之研究（1937. 07—1947. 02）》内容摘要

作者：暨南大学新闻与传播学院 2016 届博士生　王明亮

导师：暨南大学新闻与传播学院教授　刘家林

2016 年新闻传播学博士学位论文、博士后出站报告篇目辑览

中国社会科学院研究生院新闻学系与传播学系

供稿：中国社会科学院研究生院新闻学系与传播学系

北京大学新闻与传播学院

供稿：北京大学新闻与传播学院

清华大学新闻与传播学院

供稿：清华大学新闻与传播学院

中国人民大学新闻学院

供稿：中国人民大学新闻学院

河北大学新闻传播学院

供稿：河北大学新闻传播学院

复旦大学新闻学院

供稿：复旦大学新闻学院

武汉大学新闻与传播学院

供稿：武汉大学新闻与传播学院

华中科技大学新闻与信息传播学院

供稿：华中科技大学新闻与信息传播学院

厦门大学新闻与传播学院

供稿：厦门大学新闻与传播学院

中山大学传播与设计学院

供稿：中山大学传播与设计学院

暨南大学新闻与传播学院

供稿：暨南大学新闻与传播学院

四川大学新闻学院

供稿：四川大学新闻学院

中国新闻学硕士学位论文篇目辑览（1978—1988）

暨南大学

四川省社会科学院

新闻传播学研究生入学试题选登

中国社会科学院研究生院 2016 年研究生入学试题

博士研究生入学试题

硕士生入学考试试题

中国传媒大学 2016 年研究生入学试题

博士研究生入学试题

硕士研究生入学试题

北京大学 2016 年研究生入学试题

博士研究生入学试题

硕士研究生入学试题

河北大学 2016 年研究生入学试卷

硕士研究生入学试题

浙江大学 2016 年研究生入学试题

硕士研究生入学试题

中山大学 2016 年研究生入学试题

硕士研究生入学试题

暨南大学 2016 年研究生入学试题

博士研究生入学试题

硕士研究生入学试题

汕头大学 2016 年研究生入学试题

硕士研究生入学试题

以上试题由相关院（系）提供

第十四篇　港澳台学术概况

香港地区专辑

香港地区大学新闻传播学院（系）2016 年学术发展概况

香港大学新闻与传播研究中心

香港中文大学新闻与传播学院

香港浸会大学传理学院

香港城市大学媒体与传播系

香港地区新闻传播学术期刊 2016 年概况

Chinese Journal of Communication（CJOC）2016 年概况

附：2016 年 *Chinese Journal of Communication*（CJOC）总目录

《传播与社会学刊》2016 年概况

附：2016 年《传播与社会学刊》总目录

香港地区新闻传播学人自述

冯应谦　李月莲　肖晓穗　朱顺慈

本专辑撰稿：香港浸会大学传理学院博士候选人　钟　历

审稿：香港浸会大学传理学院新闻系教授　郭中实

澳门地区专辑

澳门地区大学新闻传播学院（系）2016 年学术发展概况

澳门大学社会科学学院传播系

整理：中国社会科学院新闻与传播研究所助理研究员　曾　昕

澳门科技大学人文艺术学院

撰稿：澳门科技大学人文艺术学院博士、西北政法学院教师　谢沁霖

台湾地区专辑

台湾地区新闻传播学研究 2016 年综述

撰稿：厦门大学新闻传播学院副教授　黄裕峯

厦门大学新闻传播学院硕士研究生　黄柳洁

台湾地区高校新闻传播学院（系）2016 年学术发展概况

台湾政治大学传播学院

台湾中正大学传播学系

台湾世新大学新闻传播学院

台湾地区新闻传播学术出版 2016 年概况

附：2016 年《新闻学研究》总目录

台湾地区新闻传播学人自述

陈百龄　苏　蘅　游梓翔

本专辑撰稿、组稿：厦门大学新闻传播学院副教授　殷　琦

审稿：厦门大学新闻传播学院副院长、教授　阎立峰

第十五篇　海外特辑

海外新闻学与传播学 2016 年度研究热点透视

撰稿：美国爱荷华州立大学新闻与传播学院副教授　韩　纲

美国南卡罗来纳大学新闻与大众传播学院新闻学讲座教授、上海交通大学媒体与设计学院长江讲座教授　魏　然

国际新闻与传播学主流期刊 2016 年热点扫描

整理：中国社会科学院新闻与传播研究所助理研究员　孙　萍

中国社会科学院研究生院博士研究生　任　娟

2016 年国际重要新闻传播学学术会议介绍

整理：中国社会科学院新闻与传播研究所助理研究员　孙　萍

附录

《中国新闻传播学年鉴》第二届编辑出版研讨会综述

撰稿：中国社会科学院新闻与传播研究所助理研究员　孙　萍

中国社会科学院新闻与传播研究所助理研究员　叶　俊

编后记

“一生二，二生三……”

《中国新闻传播学年鉴》一转眼已经3岁。

这本厚厚的大书，书写下中国新闻传播学人又一载仰望星空、思接千载的梦想，更刻记着中国新闻传播学人又一载脚踏实地、砥砺前行的光荣。

在梦想与光荣背后是一个个有名有姓的鲜活的新闻传播学同人不忘初心、艰辛跋涉的身影。

作为学科年鉴，年度学术综述当是重中之重。当编辑部向相关领域的专家、学者发出撰写年度学科综述的邀请函后，我们得到了他们的全力支持。

中国新闻传播史学会会长、清华大学新闻与传播学院常务副院长陈昌凤教授应邀撰写中国新闻史学百年发展历程稿。百忙中的她硬是挤时间利用节假日去图书馆查资料。我们收到她带着“温度”的来信、来稿，热泪盈眶。她在给编辑部的来信中说：

“没想到昨天元旦便发烧到38度，本来是昨天晚上该完成的，结果……”

华中科技大学新闻与信息传播学院院长张昆教授也在主持《中国新闻传播教育年鉴》的编辑出版工作，他在接到撰写国际传播研究年度综述的邀请函后即刻回复编辑部：

“编纂年鉴是件吃力不讨好，但是功在千秋的事情。我们做同样的事情，冷暖自知。我们一定支持、配合你们，这也是我们自己的事情。”

他的一句“这也是我们自己的事情”让我们很是感动。诚然，学科年鉴就是学术共同体同人们的一方精神家园。这方家园的营建需要学术界同人共同努力、热忱奉献。事实上，每一位为年鉴撰写综述及其他稿件的同人都值得我们尊敬。我们深知，一篇好的综述的付出比一篇所谓的“核心”付出的要多得多，写好一篇学科综述、专题综述所具备的学养也非一般论文所比，但是在现行的评价体制下，年鉴的学科综述还算不上“核心”，他们能欣然接受邀约为年鉴撰稿，本身就是一种善举。

本刊编委会副主任委员、中国社会科学院新闻与传播研究所宋小卫研究员把为年鉴写综述当做自己的分内之事，广搜博览，披沙拣金，精心述评。深圳大学何道宽教授，欣然接受邀请为年鉴“学人自述”栏目撰稿，他字斟句酌，数易其稿，其情可赞可佩。

国内学者如是，身在海外的华人学者亦如是。美国南卡罗来纳大学新闻与大众传播学院新闻学讲座教授魏然先生接到编辑部的写作邀请函后，在时间紧、任务重的情况下，联合美国爱荷华州立大学新闻与传播学院副教授韩纲先生共同作战，按时完成海外新闻学与传播学2016年度研究热点综述稿。美国康奈尔大学博士候选人贾鹤鹏先生克服在海外学习十分繁忙的困难，连续多年和同道一起为我们撰写中国新闻传播研究学者国际发表与国际合作情况综述稿。这些都令我们感动。为了表达我们的敬意，我们在卷首设编委会名录、特约编辑名录，在附录专设撰稿人和文章作者名录。

当然，也有不在名单之列的。中国传媒大学原副校长赵玉明教授，人虽已退休，但心系年鉴的发展，多次致电编辑部关心编辑进展，还为编辑部热心提供资料。还有许多同人以不同的方式关心年鉴的发展，囿于篇幅，这里不再一一列举。

2017 年 6 月，主办单位在郑州大学新闻与传播学院召开了《中国新闻传播学年鉴》第二届编辑出版研讨会。近 50 位同人与会，十多位年鉴的编委、特约编辑在会上发言，为年鉴的创新发展献计献策。为了表达我们的谢意，我们在卷首图片专辟“特辑”，同时以综述的形式列入附录，也作历史的存证。

值得感谢的还有中国社会科学出版社的同人们。社长赵剑英编审十分关心年鉴的发展；年鉴与文摘分社社长张昊鹏编审参加研讨会为年鉴编撰贡献智慧；责任编辑彭莎莉女士精益求精，精心编辑，为年鉴高质量出版作出了突出贡献。

“取法乎上，仅得乎中”。由于时间仓促，人力资源有限，年鉴还有诸多不尽如人意之处。专家学者们提出的真知灼见以及编辑部在年鉴会上提出的设想还有待在今后转化为编辑生产力。

我们 2018 年卷再相见。

《中国新闻传播学年鉴》编辑部

2018 年 1 月